역학총서 12

정현의 주역

원제: 周易鄭氏學闡微

林忠軍 지음
손흥철 · 임해순 옮김

예문서원

서문 1

한대漢代의 『역易』 연구자들 가운데 우번虞翻(164~233), 정현鄭玄(127~200), 순상荀爽(128~190)의 세 사람은 지금까지 그 역학 관련 자료들이 비교적 많이 보존되어 전해져 오고 있는 편이다. 이들 가운데 금문今文과 고문古文의 경전을 두루 주석한 정현은 후세에 미친 영향이 매우 크다. 근래 임충군林忠軍 교수는 역학 자료에 대한 충분한 검토를 토대로 양한兩漢에서부터 위魏·진晉·수隋·당唐을 거쳐 송宋·원元에 이르기까지의 상수역학 발전사의 주요 맥락을 정리해서 『상수역학발전사象數易學發展史』 제1, 2권을 완성하였고, 이어서 다시 수 년 동안의 성실한 공부와 연구를 바탕으로 정현 역학에 천착하여 최근에 『주역정씨학천미周易鄭氏學闡微』 1권을 저술하였다. 이 책은 당시 정현이 처해 있던 동한東漢의 사회적 배경과 그의 인생 행적을 따라서 정현 역학의 학술적 연원과 그 가치를 상세하게 밝히고, 현대인의 시각에서 정현 역학에 관한 체계적 연구와 평가를 완전하게 하는 한편 정현 역학의 자료들을 전면적이고 체계적으로 모아서 분류해 정리하였다.

이 책은 상편上篇과 하편下篇으로 나누어지는데, 상편은 모두 9장章으로 되어 있다. 먼저 정현의 『역』이 만들어진 사회적 배경과 정현의 주요한 인생 여정을 설명하고, 이어서 그 역학사상의 연원과 저술을 상세하게 서술하였다. 그리고 정씨역의 천도관天道觀과, 그 천도를 밝히는 상수象數사상 및 천도를 따르는 인도人道사상을 차례로 논술하였다. 이어서 독창적 안목을 발휘하여 역사로써 『역』을 해석하는 의리義理적 방법을 상수象數적 역 해석법과 함께 드러내고, 아울러 훈고訓詁적인 주역 해석의 방법을 거듭 고려하였다. 그리고 마지막 장에서는 정현 『역』의 학술적 가치를 총체적으로 논하였다. 하편에서는 정현이 경經과 전傳을 주석한 역대의 문장을 상세하게 통석通釋하였는데, 해석한 문장마다 빼어난 견해가 섬광처럼 번쩍이고 있다.

　이 책의 상편은 임충군 교수가 근래 몇 년 동안 진행해 온 정현 역학에 대한 연구와 사색의 총결이다. 예를 들어, 이 책의 제1장에서 제齊나라의 학문을 소개할 때에 『상서尚書』, 『시경詩經』, 『춘추春秋』 등이 모두 제齊의 땅에 전해졌음을 밝힌 뒤에 이어서 "『한서漢書』에 나오는, 위상魏相(?~BC 59)이 '숫자로 표시하여 수집한 『역음양易陰陽』과 『명당월령明堂月令』을 바쳤다'라는 말이나 맹희孟喜(BC 90~40)가 '역가易家의 징후, 음양재이陰陽災異의 변화를 얻어 글을 썼다'라는 말은 역학이 제齊나라 학문인 음양재변설을 받아들인 명확한 증거이다"라고 한 저자의 이 견해는 매우 명확하다. 왜냐하면 음양재변은 고대 『주역』의 의미의 주요 특징이기 때문이다.

　한나라 초기 『역』을 전한 첫 번째 사람은 전하田何(생졸 미상)이다. 그는 제齊나라 사람으로 이후 두릉杜陵으로 옮겨 살게 되었다. 저자는 『역위易緯』와 맹孟·경京(孟喜와 京房)『역』 사이의 관계를 자세히 관찰한 끝에, 『역위』류의 책이 "점험占驗을 목적으로 하는 상수역학사상을 내포하고 있는데, 그 내용을 말하면 맹희와 경방의 역학이론이 더욱 많다. 예를 들어 『계람도稽覽圖』와 『통괘험通卦驗』은 맹·경의 역학을 계승하고 종합하여 괘기설을 강론하고 있다'라고 지적하였다. 이 견해도 역시 지극히 옳다. 우리는 전하田何가 당시 『역』을 전할 때 공자孔子의 덕의사상德義思想인 "당시의 해석"(今義) 이외에 주왕손周王孫에게는 따로 "옛 해석"(古義)을 전하였다는 것을 알 수 있다. 경전을 고증하면 이 "옛 해석"이 바로 음양재변陰陽災變의 여러 가지 점험占驗의 내용을 말한다. 곧 임충군 교수가 지적한 대로 맹·경의 학문의 내용은 후세에 전해진 『역위易緯』의 내용과 비슷한 곳이 많다. 이 때문에 청나라 사람들은 아예 『역위』를 맹·경의 작품으로 보기도 했다. 따라서 저자는 제5장 「천도를 밝히는 상수사상」에서 "『역위』의 괘기설은 실질적으로 한나라 사람의 필요에 의해 만들어진 점험학占驗學이다. 괘기卦氣 유행의 상황에 따라 사람들은 자연과 사회, 그리고 사람의 길흉을 판단할 수 있었다"라고 지적하였다. 한역漢易의 재이설(易學災異說)에 대한 깊은 이해를 기초로 저자는 다시 "정씨 역학의 재이설은 고대의 점험술에 속한다"라고 지적하였는데, 정말 한마디 말로 정현 역학의 재이설의 실체를 가리켰다고 할 수 있다.

저자는 제6장 「천도를 본받은 인도사상」에서 "남겨진 『주역周易』의 주석으로 보면 정씨는 천도로부터 인사를 추론한다", "정현 역학의 실질을 말하면, 한대의 다른 역학과 같이 일종의 천인학天人學이다"라고 하였다. 이 때문에 저자는 "상수로 『주역』의 본문을 해석하는 것은 역학 연구에서 정확하고 유효하며 필수적인 방법이며, 이러한 방법은 또한 다른 방법으로 대체할 수 없는 방법"이라고 지적하였다. 저자는 제8장에서 해석학적 관점에서 정현 역학의 방법의 연원과 의의를 논술하고, 아울러 정현이 『역』의 상象을 취하는 방법으로 제시한 "상象으로써 상을 만들고"(以象生象) "상象 밖에서 상을 만드는"(象外生象) 방법 가운데 "상 밖에서 상을 만드는" 경우를 저자는 정현의 독특한 해석 특징인 "효진법爻辰法"을 중심으로 논술하고 있다.

"효진법"은 경방의 "납갑법納甲法"과는 같지 않다. 『건착도乾鑿度』에서는 "양이 움직여 나아가면 음이 움직여 물러난다. 그러므로 양은 7로, 음은 8로 단象을 삼는다"고 하고, 또 "양이 움직여 나아가면 변하여 7에서 9로 가니, 그 기氣의 성장을 상징한다. 음이 움직여 물러나면 변하여 8에서 6으로 가니, 그 기의 소멸消滅을 상징한다"고 하였다. 그러므로 "납갑법納甲法"은 이 정신에 의거해서 곤坤괘에서 미未·사巳·묘卯·축丑·해亥·유酉를 차례로 받아들였다. 반면 정현의 효진爻辰에서는 곤괘의 육효六爻가 미未·유酉·해亥·축丑·묘卯·사巳의 차례로 되어 있는데, 이런 차이가 생기게 된 것은 곧 저자가 지적한 대로 "정현은 세勢에 순응하여 지지地支를 배합하였으며, 경방과 『역위』는 세를 거슬러 지지地支를 배합하였기" 때문이다. "납갑법"은 세를 거슬러 지지地支를 배합하는 방법 즉 『건착도』의 "음이 움직여 물러나면 변하여 8에서 6으로 가니, 그 기의 소멸消滅을 상징한다"는 사상을 드러내었는데, "효진법"은 왜 "세勢에 순응"(順勢)함을 취하였는가? 저자는 "효진은 정현이 발명한 것이 아니라 마땅히 정현이 사용한 것이다"라고 하고, "효진을 정현 일파의 학문이라고 보는 것은 분명히 타당치 않다"고 하였다. 임충군 교수의 이 고찰은 지당하다. 왜냐하면, "효진법" 의 가장 주요 특징은 천도를 운행하는 하늘의 별로써 『역』을 주석한 것이고, 천도 운행이 체현되는 것은 "양이 움직여 나아감"의 순세順勢운행이기 때문이다. 『관자管子』 「형세해形勢解」에서 "하늘은 만물을 뒤덮고, 한서寒暑를 정하고, 일월 운행하며, 성진星辰의 차례를 정하며, 하늘이 항상恒常됨에 리理로써 다스리고 끝나면 다시 시작한다"고 한 말처럼, 이른바 "끝나면 다시 시작한다"라는 말은 분명 순세順勢이다. "만물萬物", "한서寒暑", "일월日月", "성진星辰" 등은 모두 "효진법"에서 펼친 내용이며, 또한 "하늘의 항상恒常함"을 표현하면서 "효진법"이 순세를 취하였으니 아마 그 근원이 오래되었을 것이다.

정말 훌륭한 것은 저자가 책에서 현재까지 유전된, 효진으로써 『주역』을 주석하는 방법에 대해 분석할 때 1) 하늘의 별을 주관하는 효진, 2) 계절을 주관하는 효진, 3) 괘기卦氣를 주관하는 효진, 4) 속상屬相(12동물로 상징하는 띠)과 동물을 주관하는 효진, 5) 오행五行과 방위方位를 주관하는 효진 등으로 세분해서 분석하였다는 점이다. 이와 같이 세밀하게 분류한 사람은 지금까지는 없었다. 이 외에 저자는 이 방법을 객관적이고 공정하게 평가하여, 자연과학지식을 역학 연구에 융합시킨 "효진법"의 방법론을 긍정하였다. 그에 따르면 효진법은 한편으로는 정현의 넓은 지식연원과 그로부터 말미암은 역학 해석에 있어서의 광범한 견해를 보여 주었으며, 다른 한편으로는 한 걸음 더 나아가 상象과 사辭 간의 내재적 관계에 대한 논쟁을 종식시키고 "관상계사觀相繫辭"(상을 보고 괘사와 효사를 살핀다)의 결론을 증명함으로써 상수역학 연구의 사고방향을 열어 보이고 역학에 생기生氣를 주입하였다고 했다. 다만 저자는, 이 방법은 "『주역』 문장의 근본으로 볼 때 그 주석注釋이 대부분 견강부회牽强附會하고 곡해曲解되어 옳지 않다고 지적하였다.

저자는 또 "사실 정현 역학은 인사의 내용에 대해서는 삼례三禮(『예기』, 『주례』, 『의례』)를 더 많이 드러내었다"고 하면서 "정현의 삼례 주석과 『주역』 주석은 마땅히 같은 목적이 있다고 할 수 있다"고 지적하였다. 제8장에서 저자는 "간혹 어떤 학자는 정현이 『역』을 연구함에 상수에 치우쳐 인사에 소홀하다고 여기는데 이것은 잘못된 견해이다"라고 지적하였고, "한편으로 그는 당시의 학술 사조의 영향을 벗어날 수 없었다. 『역』의 '상을 보고 괘사와 효사를 살핀다'에서 상수로 『역』을 공부하는 방법을 도출하였다"고 하였으며, 또 "효진

爻辰 · 호체互體 · 효체爻體 · 오행五行 등의 상을 빌려 천문 · 역법 · 수학을 주관하는 자연지식과 섞어서 『역』을 주석하였으며, 다른 한편으로 그는 서한西漢 이래로 전해진 상수로서 『역』을 공부할 때 생기는 문제점을 본 것 같다"고 하였다. 예를 들면 그 시대의 일련의 중대한 역사 사건을 반영하려면, 당시의 인문 사회적 풍속 및 생산력과 생산방식 등은 상수만으로 분명하게 표현하기 어렵다. 이 때문에 저자는 정현이 역사로 『역』을 공부하고, 예禮로써 『역』을 주석하는 『역』의 공부 방법을 이끌어 내었다. 이와 같은 『주역』 공부 방법은 『주역』 자체에도 갖추어져 있다.

저자는 철학의 차원에서 역사로 『역』을 공부하는 것이 역학의 중요한 방법이 된 이유를 분석하여, "역사로 『역』을 공부하는 것은 완전히 역학易學과 사학史學의 관계에 달려 있다"고 보며, "역학과 사학은 일반과 개별의 관계이고 양자가 서로 구별된다는 전제에서 표현의 수준이 같다"고 생각한다. 한편으로 "사학자는 자발적으로 역학적易學的 사유를 운용하여 발전을 묘사할 뿐만 아니라, 직접 『주역』이나 역학의 언어를 인용하여 역사 현상을 분석하고, 인물의 공과功過를 평가했다." 또 한편으로 "역학연구는 전체 역사 발전과 시시각각의 상호 관련을 통하여 발전 과정을 겪어 왔다." "더 중요한 것은 특정한 역사환경과 특정한 작자는 『주역』을 단순히 역사를 기록한 것이 아닌 '사서史書'(歷史書)가 되도록 결정하였다." 저자는 역사로 『역』을 공부하는 방법을 "역사로 『역』을 주석함", "역사로 『역』을 증명함", "역사로 『역』을 대체함"의 세 가지 방법으로 나누었고, 아울러 정씨의 "역사로 『역』을 연구함"에 대하여 자세하게 논술하고, 아래와 같이 결론적으로 말한다.

정씨가 역사로써 『역』을 연구한 것은 『역전易傳』이나 또는 양한兩漢 역학에 대한 종합적 결론이자 발전이며, 『역전』은 역사로써 『역』을 연구한 선구이며, 금문본今文本의 『역전』에서 문왕이 수감된 사실, 기자箕子가 간언한 일을 인용하여 『역』을 해석한 것이 그 예이다.

이어서 저자는 정현 이전의 역학 문헌이 역사로써 『역』을 공부한 상황을 자세히 조사했고, 특히 그는 "백서帛書 『역전』도 역사로써 『역』을 공부함을 매우 중시하였는데, 예를 들면 「무화繆和」는 일찍이 상商·탕湯, 문왕文王, 진목공秦穆公, 제환공齊桓公, 구천句踐의 일은 곤困괘가 포함한 곤궁의 이치를 설명했다"는 것을 상세하게 설명하였고, 진목공秦穆公, 진문공晉文公, 초장왕楚莊王, 제환공齊桓公의 예를 들어 풍豐괘 구사효를 주석하고, 아울러 백서 『무화』의 여러 단락 중에 언급한 역사인물과 역사사건을 일일이 늘어놓고서, 그가 해석한 각 괘의 괘의卦義를 설명함으로써 저자가 최근 출토된 새로운 자료를 중시하고 이용하였음을 나타내었고, 동시에 한 걸음 더 나아가 역사로써 『역』을 설명하였으니, 그 근원이 정말 오래되었다.

그러므로 이후에 『역』을 말한 자는 모두 『역전』과 백서의 뜻을 이어받아 설명하였고, 예로 『건착도乾鑿度』의 "문왕이 품행을 기르고 쌓아서 광대한 기업을 개척하였다"는 말을 이용하여 승升괘를 해석하고 문왕이 주왕紂王에게 곤경을 당하여 "왕의 덕을 온전하게 하고, 지극한 아름다움과 통한다"는 말로 곤困괘를 해석한 것 등등, 나는 이 해석이 마땅히 백서帛書 『요要』편 "문왕은 인仁하나 그 뜻을 얻을 수 없었으며, 그 헤아림을 성숙하게 하고, 주왕紂王이 무도無道하니 문왕이 일어나, 꺼리고 피한 지 오래였다"고 한 말을 계승한 것이라고 생각한다.

마융馬融(79~166)이 역사로 『역』을 해석하는 내용도 역시 앞사람이 전하고 계승한 것을 얻었다. 따라서 저자는 역사로 『역』을 해석한 것은 결코 정현이 스스로 창안한 것이 아니라 오래된 학술 근원이 있음을 논증하였다. 다만 정씨가 역사로 『역』을 해석한 것은 그 자신의 풍부한 역학의 기초와 예학禮學의 기초에 힘입어 다시 역사로써 그것을 더욱 밝게 드러내었으며, 따라서 남보다 한 수 뛰어났고 홀로 특색 있는 주역해석의 방법을 갖추었다.

저자는 정현이 『예禮』로써 『역』을 주석하는 것에 대해서도 또한 자세히 논하고 평가했으며, 제한된 지면紙面 때문에 일일이 서술하지 않지만, 특별히 꼭 지적해야 할 것은 임충군 교수가 "정현이 『이아爾雅』와 『설문說文』 등 이미 이루어진 훈고訓詁 자료를 많이 인용하여 『주역』 경전의 자의字義를 해석하였다"는 것을 중시하였다는 점이다. "정현이 『이아』에 정통하였다"는 말에 근거하여 저자가 만든 자세한 통계를 보면, 정현이 『역』을 주석할 때 앞뒤로 『이아』의 「석고釋詁」 73조, 「석언釋言」 36조, 「석훈釋訓」 26조, 「석친釋親」 19조, 「석기釋器」 14조, 「석천釋天」 2조, 「석지釋地」 4조, 「석구釋丘」 2조, 「석산釋山」 3조, 「석초釋草」 3조, 「석목釋木」 3조, 「석충釋蟲」 1조, 「석축釋畜」 2조 등 188여 개조를 사용한다. 이처럼 정현의 훈고자료를 통한 경의經義 해석의 태도를 상세하게 고찰한 것은 매우 훌륭하며, 이러한 태도는 또한 하편에서 그가 정현이 경經과 전傳을 주석한 글을 수집하고 종합 해석한 데서 잘 나타나므로 뒤에서 다시 설명할 것이다.

그러므로 저자는 제9장 「정현 역학의 가치를 논하다」에서 정현의 『역』을 평가하며, "금문역과 고문역을 일체로 융합하였으며, 경씨京氏의 금문역과 비씨費

氏의 고문역을 계승한 것 외에 또한 이전의 역학연구의 성과에서 양양을 흡수하는 것에 매우 능숙하였다"고 하였다. 아울러 정현의 『역』이 『자하역전子夏易傳』과 마융 등의 경의經義를 하나하나 고증하였고, 또한 『역위』의 뜻을 많이 취하여 『역』을 주석한 것도 있으며, 이로써 정현의 『역』이 "비서秘書와 위술緯術의 숨은 뜻을 분별하였으며", "역서歷書와 도위圖緯(圖讖과 緯書)의 말에 정통한" 광대하고 정밀함을 드러내었다고 하였다. 그는 선유先儒들이 아직 발명하지 못한 것을 고찰하여 많이 발명하였다. 특히 저자가 "태일太一이 아래의 구궁九宮에 유행한다"와 같은 매우 많은 정현『역』의 자료에서 인증한 것으로부터 우리는 근래 출토된 곽점郭店의 죽간竹簡인『태일생수大一生水』편의 내용의 흔적을 엿볼 수 있으며, 이로써 정현『역』의 매우 많은 내용이 분명히 위로 고문古文의 『역』을 이어받은 것임을 알 수 있다.

그 하편에서 저자는 정현『역』에 대한 석문釋文에서 매우 자세한 고증考證과 변석辨析을 하였다.

정현이 경전을 주석함에 옛 해석을 많이 얻었다. 저자는 이를 위해 매우 많은 노력을 하여 그 뜻의 본질을 구하였다. 예를 들면 정현은 건乾괘 구오의 "나는 용이 하늘에 있으니, 대인을 보면 이롭다"(飛龍在天, 利見大人)는 구절을 해석하기를, "하늘은 청명淸明하며 형체가 없으나 용龍은 거기에 있다"고 하였다. 저자는『건착도』의 "맑고 가벼운 것은 위로 올라가 하늘이 된다" 등의 말로써 "청명하고 형체가 없음"의 근본을 고증하였으며, 이 구절은 또한 백서帛書 『충衷』편에서 하늘은 "가지런히 밝으며 통달한다"고 한 말에 근본한다.

곤坤괘 초육의 "서리를 밟으면 견고한 얼음이 이른다"(履霜堅氷至)는 말을 정현은 "리履의 독음讀音은 예禮다"라고 주석하였는데, 이 주석은 분명히 백서帛書 『역』의 뜻에서 얻었다. 왜냐하면 백서본帛書本 리履괘는 "예禮"로 쓰고, 이 효爻를 "예상禮霜"이라고 썼기 때문이다.

소축小畜괘 구삼의 "수레의 바퀴가 빠졌다. 부부가 서로 반목함이다"(輿說輹, 夫婦反目)를 정현은 "복輹은 복토伏菟이다"라고 주석하였다. 정현의 이 주석은 분명히 금문今文 『자하전子夏傳』의 "복輹은 수레 아래의 복토伏菟이다"(輹, 車下伏菟 也)에서 얻었다.

정현 『역』의 태泰괘 초구에서 "띠풀을 뽑듯이 함께 가야 길하다"(拔茅茹, 以其彙, 征吉)라고 썼다. 아울러 정현은 "인彙"자를 주석하기를 "인은 근면함이다"(彙, 勤也)라고 하였다. 임충군 교수는 "인彙은 일반적으로 '휘彙'(汇)와 통하여 쓰며, 백서帛書에는 '위胃'로 썼다"고 분석하였다. 그리고 "휘彙", "위胃", "위胃"이 세 글자의 음은 서로 가차假借로 통하며, 동시에 황석黃奭(1809~1853)의 고증을 인용해서 이 주석이 "정鄭의 임금이 아니다"(非鄭君也)에서 나왔음을 증명하였다. 이에 근거하여 저자는 "정현에 의하면 같은 경문의 같은 글자는 두 가지 서법으로 쓰일 수 없다"고 지적하였다. 임충군 교수는 또 백서 『주역』 경문에 "위胃"를 서로 비교함으로써, 정현 『역』에 쓴 "인彙"은 "아마 뒷사람이 잘못 베낀 것으로, 마땅히 금본今本에서 '휘彙'로 쓴 것이 옳다"라고 지적하였다. "『석문釋文』은 '휘彙는 음이 위胃이며, 류類이다.' 그러므로 백서에는 '위胃'로 썼다. 위胃는 보통 '위謂'와 가차假借로 통하며, 백서 『계사繫辭』에는 '위謂'는 모두 '위胃'로 쓴다고 하였으니 이것이 그 증거이다. 『이아爾雅』 「석고釋詁」에서 '위謂는 근勤이 다'라고 하고, 단옥재段玉裁(1735~1815)는 정현이 '휘彙는 근勤이다'라고 주석한 것을 '위謂'의 가차假借라고 보았다"고 하였다. 임충군 교수는 『이아』 「석고」에서 "혜嫛는 근勤이다"라는 말은 송상봉宋翔鳳(1779~1860)의 말을 인용하였다고 재인용하였으며, 정씨가 "휘彙"를 "근勤"으로 해석하였다고 보고, "대개 '휘彙'와 '혜嫛'는 음이 비슷하니(옛 음에서 '胃'와 '嫛'는 같은 부수이다), 그러므로 '휘彙'를 '혜嫛로 읽는다"고 하였다. 저자는 또 한 걸음 더 나아가 변석하여 말하기를 "휘彙는 또 류類로 해석할 수 있다. 주준성朱駿聲(1788~1858)은 '휘彙는 마땅히 蝟로 써야 하며 류類이다"라고 하였으며, "단옥재段玉裁는 '胃는 곧 蝟자와 다르다는 것을 보면, 휘彙는 가차假借의 글자이다"라고 하였다. 또 혜동惠棟(1697~1758)의 말을 인용하여 "'비否와 태泰는 그 류類가 반대이다.' 세 음陰과 세 양陽이 '류類가 됨으로 '위, 류類이다'라고 하였다"라고 하였다.

이처럼 궁극에까지 찾아 헤아리고, 마디마다 증거를 찾는 정확한 고증은 저자가 정현 『역』의 경전을 주석한 문장 속에 많이 드러나지만 여기서는 일일이 열거하지 않는다.

물론 책 중에는 토의할 점도 있다, 예를 들면 정현의 『연산連山』의 이름에 관한 해설에 대해 확실한 증거가 없이 "아마도 정현이 글자만 보고 의미를 만들어 내었다"고 경솔히 말해서는 안 된다. 또 예를 들어 곤坤괘 육이의 "곧고 방정하면 익히지 않더라도 이롭지 않음이 없다"(直方大, 不習, 無不利)에 대하여 저자는 원나라 웅붕래熊朋來(1246~1323)가 『정씨고역鄭氏古易』을 인용한 것에 근거하여 "곤坤괘 효사爻辭의 '이상履霜', '직방直方', '함장含章', '괄낭括囊', '황상黃裳', '현황玄黃'의 협운協韻이라고 생각하였으므로 「상전象傳」과 「문언文言」은 모두 '대大'를 주석하지 않고, '대大'자를 연문衍文이라 의심하였다." 아울러 이에 근거하여 정씨의 설이 "일가一家의 학설을 잃지 않았다"고 보았다. 정씨의 이 설은 비록 신통하게 일부 선유先儒의 찬성을 얻었지만, 그러나 백서 『주역』의 경문을 살펴보면, 그 곤坤괘 육이도 또한 "直方大, 不習, 無不利"라고 썼으며, 백서의 이 효의 효사는 금문본과 같으므로 "대大"자는 결코 연문이 아님을 증명할 수 있음에랴! 저자는 책 가운데 최신 출토된 백서 『역』의 자료를 많이 인용하여 정씨 『역』의 정황을 고증하고 변석해 감에, 이러한 소홀함이 마땅히 나타나지 않아야 할 것이다. 물론 정현 『역』의 이와 같은 거대한 학술배경에 직면하면, 우리가 문헌과 경전을 종합하고 개괄하여 득실을 판단할 때, 이와 같이 한 글자 한 구절, 일사일례一事一例의 실수는 또한 모든 연구자들이 피하기 어렵다.

학풍이 진중하지 못한 오늘날, 매우 많은 『역』 연구자들은 고역古易의 상수와 그 괘효사의 문자의 본의에 대하여 깊은 연구 및 훈석訓釋을 원하지도 않으며 할 수도 없다. 그러나 많은 사람들이 『주역』 경전의 철학사상을 분석하고 문장을 쓰면서 변죽만 올린다. 곧 내가 수년 전에 지적한 것처럼, 현재 진정하게 역학 관련 이 부문의 전문적 학술연구, 진정으로 역학의 근본인 상수역학을 공부하여 깊이 탐색하고 소개하는 문장을 써 낸다면 신선新鮮하다고 할 수 있으리라! 특히 최근 십여 년간 대량으로 출토된 역학 자료가 정리되고 출판됨에 따라 사람들이 원전의 본의本義 연구를 더욱더 중시하고, 학자들이 인식하게 된 것은, 단지 먼저 고증과 훈석訓釋을 통하여 이러한 고역의 원래 뜻을 분명하게 하고, 그 중에 깊이 포함된 상수의 의온義蘊을 변석辨析한 후에 비로소 이러한 경의經義에 대하여 철학적 분석을 할 수 있다. 한 사람의 중년학자인 임충군 교수는 이와 같은 큰 공부를 해 나갈 수 있으니, 정현 『역』의 경전을 주석한 문장을 위와 같이 의심을 설명하고 흠결을 해명하고(釋疑伸闕), 여러 의혹을 밝게 서술하여 그 본래의 보습으로 되돌리는 일과 정현의 역학사상을 전면적으로 그려내려고 기획하는 일은 실로 훌륭한 일이다. 동시에 이 전문서는 현대 사람들이 지은 정현 『역』에 대한 글들 중에 가장 전면적이고 상세하며 완전한 논리와 정합성을 갖추고 있다. 내가 윗글에서 이야기한 바와 같이, 저자는 한 사람의 현대인의 시각으로 정현 『역』을 처음부터 자세히 살펴보고, 최신 출토된 역학 자료를 충분하게 확보한 좋은 상황에서, 정현 『역』에 대한 연구에서 선유先儒들이 발명하지 못한 것을 많이 발명할 수 있었으며, 따라서 옛사람들이 정씨역학 연구에서 남긴 일련의 흠결과 놓친 것과 공백을 보충하였다. 그러므로 이 책의 마지막 원고가 완성된 후에 나는 단숨에 끝까지 다 읽고서 책의 원고를 손으로 쓰다듬으며 아름답고도 깊은 감회를 느꼈다. 기쁜 마음으로 위와 같이 서문을 써서 축하한다.

유대균劉大鈞
2005년 5월 30일에 산동대학 운건서재運乾書齋에서

서문 2

임충군林忠軍은 이 책이 나오자 내게 서문을 쓰게 하였고 나는 매우 기쁘게 썼으니 이 어찌 이상하지 않겠는가! 그러나 사실은 이상하지 않다. 산동대학 유대균劉大鈞 일파와 길림대학 김경방金景芳 일파는 비록 상수象數와 의리義理로 분명하지만, 우리의 관계는 항상 잘 조화되어, 마치 물과 우유가 서로 섞이는 것과 같다. 김경방 선생님이 살아 계실 때 유대균 선생은 늘 안부를 묻는 편지를 보냈다. 김경방 선생님도 그들에게 칭찬을 아끼지 않았으며 사석에서 "산동대학이 역학연구를 매우 잘한다. 종합적인 실력으로 말하면, 그들이 우리보다 낫다. 유대균이 사람의 됨됨이도 좋고 문장도 매우 좋다. 적어도 우리보다 못하지는 않다"라고 말씀하셨다. 그 후에 나는 김 선생님의 뜻을 공개적 장소에서 충심으로 전달하였다.

더불어 나는 충군 형에게 정말 감복하였다. 나이로 말하면 그는 나보다 젊지만, 학문으로 말하면 우리는 어깨를 나란히 한다. 이제 막 불혹不惑을 넘긴 제로齊魯의 이 아들은 10년 전에 『주역연구周易硏究』의 중요한 책임자로 중임重任을 맡았다. 그 후에는 두 권의 『상수역학발전사象數易學發展史』라는 대저작을 펴내어 사람들에게 칭찬을 받았다. 그리고 그는 그렇게 겸손하고 공손하며 예의가 밝았다. 그가 책이 나오자 내게 서문을 쓰게 하니 나는 영광스럽고 자랑스럽게 여긴다.

그러나 그가 정현 역학을 연구 저술했음을 생각하니, 나는 또 좀 두려웠다. 이 서문을 내가 쓰는 것이 적당한지 겁이 났다. 여러 해 동안 정현이라는 인물은 줄곧 내 머릿속에서 맴돌았다. 김경방 선생님은 생전에 나에게 제대로 된 정현 연구를 당부하였다. 남경대학교의 광匡 교장이 당시에 중국 사상가

100명의 평전을 주관했을 때, 정현평전鄭玄評傳은 즉석에서 나를 지명하여 저술하게 했다. 나는 2년을 끌다가 하지 못하였고, 후에 다른 사람이 떠맡았지만, 그도 지금까지 제출하지 못했다고 들었다. 정현은 정말 넓고 크고 정밀하고 깊기 때문에, 여러 경전을 주로 주석하여 통하지 않은 경전이 없는 중량급 인물이 정현연구를 해야 함이 분명하다. 특히 정현의 역학易學을 어찌 쉽다고 하겠는가?

충군 형이 보내 준 초고草稿를 받고 나는 처음에는 깜짝 놀랐지만, 초고를 두 번 읽고 나니 마음이 편하였다. 나는 마음속으로 생각하였다. 만약 이 책의 각도를 조금 조정하면 바로 정현평전이 아니겠는가! 남경대학의 사상가 센터는 도처에서 사람을 찾아도 할 수 없었는데, 이제 정현의 고향 산동에서 홀연히 나타났다. 정말 이 상황에 맞는 말로, 쇠 신발이 다 닳도록 찾아 다녀도 찾을 수 없더니, 별로 힘들이지도 않고 찾았다. 나는 충군 형을 그들에게 추천하기로 결심했다.

충군 형은 이 책을 아주 잘 썼다. 훌륭한 점이 아주 많은데, 그것은 넓고 크고 정밀하고 깊으며, 수없이 많은 살마리를 따라 정현을 전체적으로 투철하게 써낸 점이다. 역학에서 이 부분은 매 방면마다 조별로 구분하고 상세히 분석하여 명확하게 목적에 도달한다. 이런 것들은 내가 자세히 말할 필요가 없이 독자들이 책을 보면 자연히 알 것이다.

다만, 나는 다음 몇 가지를 지적하여 독자 제군에게 각별한 주의를 청한다.

첫째, 이 책은 정현에 대한 오해를 풀고 정현에게 공평한 평가를 내렸다. 이정조李鼎祚(생졸 미상)는 『주역집해周易集解』「서序」에서 "정현은 많이 천상天象을

18

헤아렸으며, 왕필王弼(226~249)은 인사人事를 해석하였다"고 하였는데, 이 구절은 천여 년 동안 사람들로 하여금 정현을 크게 오해하도록 하여, 정현이 연구한 『역』은 단지 상수象數만 따지며 의리에 미치지 못한다고 여기게 되었다. 사실은 그렇지 않다. 충군 형은 정확하게 이 의혹을 해소하였다. 그는, "정현은 많이 천상을 관측하였다는 말은 왕필의 역학과 비교하였을 때, 정현이 『역』을 연구함에 천상의 상수에 치중하였음을 가리킨 말이다. 이에 근거하면 사람들이 정현의 『역』 연구가 상수에 치우치고 인사에 소홀하였다고 생각한 것은 하나의 오해다. 사실 정현의 역학은 천상의 상수를 중시하면서도 인사의 의리도 중시하였다. 한편으로 그는 당시의 학술사조의 영향을 벗어나지 못하고, 『역전』의 상을 보고 괘사와 효사를 살피는 것(觀相繫辭)으로부터 상수로써 『역』을 연구하는 방법을 미루어 도출하였다. 나아가 그것을 확대하여 『역전』에서 상을 취함이 부족한 상황에서, 매우 적극적으로 효진爻辰, 호체互體, 효체爻體, 오행五行 등을 빌리고, 천문역법天文曆法과 수학數學의 지식을 섞어서 『역』을 주석하였다. 다른 한편으로 그는 오로지 상수로써 『역』을 연구하는 데서 생기는 문제를 알아내었다. 『주역』의 계사繫辭는 관상觀象 외에도 문자, 사회, 역사 등 인사와도 서로 관련이 있기 때문에 단지 상수를 사용하는 방법으로는 그 의의를 드러내 보이는 것은 불가능하다. 반드시 인문적 방법을 빌리고 더하여 해석해야 한다"고 하였다. 이렇게 정현의 역학을 판단해야 비로소 공평 타당하다.

책 전체의 논술을 보고 후세에 미치는 영향에 대해 논하면, 정현의 의리 방법은 상수 방법과 비교해도 전혀 손색이 없다. 동시에 우리는 정현의 의리방법은 후대의 의리학과는 본질적으로 다르다는 사실도 보았다. 정현의 의리방법에서 의리는 훈고학訓詁學의 시야에 있으며, 주목되는 것은 『주역』 경전의 고유한 인사이며, 『주역』 본의의 해석을 목적으로 한다. 위진魏晉 이후 의리학은 전주箋注를 형식으로 하고, 『주역』의 경전을 해독함으로써 성인의 뜻을 체득하여 갖추고 있는 철학적 의미의 의리를 밝혔다.

과거 우리는, 정현 역학은 단지 상수만 이용하고 의리를 돌보지 않았다고 무턱대고 비판하였고, 이런 까닭에 정현을 오해했던 것이다. 충군 형은 이 점이 매우 중요함을 분명히 설명하였다.

둘째, 그는 정현이 『역』을 해석하는 방법은 다른 사람들과 다르며, 정현은 한두 가지 방법뿐만 아니라 상수, 의리, 훈고의 여러 가지 방법을 종합해서 사용하였음을 우리에게 알려 주었다. 역학사 어떤 하나의 방법이 단독으로 역학해석의 모든 임무를 완성할 수 없다는 것을 증명한다. 따라서 여러 가지 방법을 종합적으로 사용한다는 것은 역학자에게 거의 불가능하다. 왜냐하면, 한 사람의 학력學力과 시간으로는 이러한 일을 해낼 수 있도록 지탱할 수 없기 때문이다. 그러나 정현은 특별하다. 그는 연원이 넓은 학문을 가지고 뭇 책을 널리 읽는 끈기가 있으며, 백가百家를 정제整齊하는 포부가 있으며, 사법師法과 가법家法에 구속 받지 않고 여러 학설을 널리 받아들이는 담량膽量이 있었다. 또 더 중요한 점이 있는데, 정현은 천재였다. 그렇지 않다면, 70년의 짧은 일생에서 여러 차례 전화戰火와 정치적 동란動亂을 겪었는데도 어떻게 여러 경을 두루 주석하고, 경전을 모두 발췌하여 확립해 낼 수 있다는 말인가?

하늘이 준 재질은 학습할 수 없다. 그러나 하늘이 준 재질 이외의 일은 사람마다 할 수 있다. 가장 중요한 점은, 오늘날의 학자들에 대하여 말하면,

어떻게 학파에 얽매이지 않고, 자신의 장점으로 다른 사람의 단점에 비교하지 않을 수 있으며, 어떻게 "교외郊外에서 사람들과 함께하고" "들에서 사람들과 함께할" 것인가 이것을 마땅히 변별해야 한다.

셋째, 이 책은 시대의 풍조에 대해 진정제 역할을 하여, 경망한 풍조의 기세를 누를 수 있다. 오늘날 역학계에는 눈앞의 공과 이익에 급급하고, 허황함을 숭상하며, 유행하는 이름을 추구하고, 도도하게 큰 도리만 따지는 자가 점점 많아지고, 마음을 가라앉혀 차분하게 몇 권의 책을 착실하게 읽고, 원문의 글귀를 파고 또 파고 들어가는 사람은 점점 적어지고 있다. 이것은 결코 좋은 현상이 아니다. 이대로 오래 가면, 우리의 역학은 대代가 끊어질 것이다. 충군 형의 이 책은 살아 있는 정현을 단적으로 우리에게 보여 주었다. 정현 역학은 널리 자료를 인용하여 증명하며, 일언일사一言一事를 반드시 헤아려 고정考訂하고, 동이同異를 변별하고 분석하였으니, 이런 엄밀하고 근면한 학풍은 특히 오늘날 사람들이 거울로 삼을 만하다. 좀 더 소박하고, 좀 더 적게 경솔함을 바로 오늘날에 강력하게 제창해야 한다.

넷째, 이 책이 정현 역학의 장점과 단점을 분명하게 강론하여 독자들이 참고하기가 쉽다. 정현 역학의 장점을 강론한 바가 매우 분명한데, 중요한 요점을 세 가지로 개괄하면, (1) 상수, 의리, 훈고를 하나로 융합해 종합적으로 『역』을 해석하는 정확한 방법; (2) 가법家法과 사법師法에 구속 되지 않고 많은 사람들의 의견을 널리 받아들이는 관대한 태도; (3) 엄밀하고 근면하고 질박한 학풍이다. 단점에 대해서도 분명하게 설명하였다. 정현은 『역전』의 "관상계사觀象繫辭"와 "관상완사觀象完辭"(상을 관찰하여 辭를 완성함)의 원칙을 존중하고 따른다.

그러나 한대漢代의 다른 역학자와 마찬가지로 구체적 실행에서는 과실過失을 면할 수 없으며, 그는 『주역』 경전의 한 글자 한 단어가 성인聖人이 임의로 지은 것이 아니라 모두 상象에서 기원하였다는 것을 굳게 믿어서 적극 선양하였다. 상이 부족하면 상 외에 상을 만들었고, 이 때문에 그 『역』의 주석은 가끔 억지로 맞추어졌거나 곡해曲解가 있어 『역』을 만든 사람의 본래의 뜻과 부합하지 않는 모순이 있다. 이 문제도 이 책에서 이미 분명하게 거론하였으니 독자들이 마땅히 유의해야 한다.

충군 형이 『주역정씨학천미周易鄭氏學闡微』를 저술한 것에 대하여, 나는 잔소리 같이 두서없는 자잘한 말을 보태려 함께 애쓴다. 이를 서문으로 삼는다.

여소강呂紹綱

2005년 4월 장춘長春 동조양東朝陽 골목 우거寓居에서

역자 서문

『주역』은 공자가 위편삼절韋編三絶하며 읽을 만큼 학문적 깊이와 의미가 있는 경전이다. 그런데 이『주역』에 관한 연구는 역사적으로 많은 우여곡절을 겪었다. 살펴보면, 진시황의 분서갱유焚書坑儒(BC. 213)는 초유의 사상 탄압이었다. 『주역』은 당시 의약醫藥 · 점복占卜 · 농업農業 등에서 점복서로 분류되어 요행히 화를 피하였다. 그 후 한무제漢武帝가 태학太學을 설치하여『역易』,『서書』,『시詩』, 『예禮』,『춘추春秋』의 오경박사를 두고 유학을 장려할 때(BC. 136)까지 77년간의 학문적 단절은 여러 방면에서 광범위하고, 장구한 세월에 걸쳐 심각한 영향을 끼쳤다. 이러한 과정에서『주역』 연구인 역학易學은 여러 가지 시대적 변화와 이념에 따라 경문과 주석 등에서 많은 사상적 변화가 생기고 새로운 해석방법이 제기되었다.

역학사를 보면 한대漢代 이후『주역』의 경문은 왕필본王弼本을 중심으로 전해 내려오다가 후일 남송의 왕응린王應麟이『주역정강성주周易鄭康成註』를 지음으로써 잃어버렸던 정현 역학의 일부를 회복하였다.

그리고 긴 시대를 격隔하여 산동대학 임충군林忠軍 교수가 쓴『주역정씨학천미周易鄭氏學闡微』는 가히 역학사의 새로운 장을 마련하였다고 할 수 있다. 그 특징을 정리하면 다음과 같다.

첫째, 이 책에서 한대 역학사의 많은 전거를 찾아 새롭게 조명하고 정리하였다. 그리고 후한 말기 정현鄭玄(127~200)이라는 위대한 대학자의 삶의 여정과 당시 사회의 정황을 매우 사실적으로 서술하였다. 임교수는 상 · 하 두 편을 통하여 정현 역학의 천도관과 상수사상, 인도관과 의리사상을 밝히고 훈고를 통하여 『주역』 경문 해석을 자세히 설명하였다.

둘째, 정현이 『계람도椵覽圖』와 『통괘험通卦驗』을 통하여 한나라 초기의 전하田何·맹희孟喜·경방京房·마융馬融 등이 강론한 주요한 역학사상과 내용도 잘 요약 설명하였다. 이러한 요약 설명 가운데 임교수는 그야말로 정문일침頂門一鍼의 명쾌한 자신의 해석을 제시하였다.

셋째, 이 책을 저술함에 주周나라 이후의 『예기禮記』와 『서경書經』 등 많은 참고문헌을 연구하여 그 이론적 논거와 함께 새로운 『주역』 해석의 모범을 제시하였다.

역자는 이 책을 번역하면서 단순한 번역작업을 떠나 새로운 학문 세계를 경험하였음을 가장 큰 기쁨으로 삼는다.

먼저, 평소의 지론이지만 철학적 사유 없는 역사연구와 역사적 사실과 상황에 대한 지식 없는 사변적 철학 연구를 철저하게 지양해야 한다. 이를 위해 경학에 관한 치밀한 연구가 필요하다. 경학은 대부분 동양학의 기초이기 때문이다. 그런데 이러한 경학에 관한 성실한 연구 없이 무턱대고 번역서 중심으로 동양사상을 연구하면 자칫 사상누각이 될 수 있음을 실감하였다.

다음으로 인공지능(Artificial Intelligence) 시대에도 『주역』은 여전히 인간에게 많은 교훈과 영감을 줄 수 있음을 확인하였다. 『주역』의 세계는 넓고도 깊다. 정현과 한대 역학에 관한 연구와 우리나라 역학자들과의 비교연구는 주역사상을 이해하고 발전시키는 데 충분한 의미가 있다고 생각된다. 예를 들면 다산茶山 정약용丁若鏞의 정현 역학을 비롯한 중국 역학자들에 대한 인식과 평가 및 비평도 새롭게 재조명할 필요가 있다고 생각한다.

마지막으로 역자는 이 책을 번역하면서 경학적 문헌학적 연구의 의미와 내용을 새롭게 인식하였다. 번역 과정에서 옛 선현들의 사유와 삶의 역사를 같이 호흡할 수 있어 많은 밤 홀로 지샘도 즐거웠다. 문장의 한 줄, 한 구절, 주요 개념의 의미를 새겨보는 과정의 고통도 큰 즐거움이었다.

아울러 이 책을 번역할 수 있게 해 준 저자 임충군林忠軍 교수, 중국의 국가사회과학기금國家社會科學基金, 한국의 예문서원藝文書院, 중국의 상해고적출판사上海古籍出版社에 깊은 감사를 드린다.

『주역』이라는 책 자체도 어렵고, 많은 경학적 지식이 필요한 책으로 번역에 오류가 있을 수 있을 것이다. 독자 여러분의 따끔한 질정을 부탁드린다.

2020년 12월
역자를 대표하여
호산재浩山齋에서 손흥철孫興徹 씀

상편

정현 역학의 정해精解

제1장 사회 배경: 조야朝野가 무너지고 나라의 질서와 제도가 사라지다

1. 청의淸議의 풍조에서 당고黨錮의 화禍까지

정현鄭玄(127~200)은 동한東漢 말기의 역학자易學者이자 경학자經學者이다. 그가 생활한 시대는 강대했던 동한의 제국이 여러 모순이 나날이 드러나고 첨예화되면서 바야흐로 한 걸음씩 쇠퇴하여 패망(衰敗)해 가고 있었다. 양한의 통치자들의 수백 년의 경영經營을 거치면서 봉건적 전제체제가 나날이 완비되면서 한때는 봉건질서의 작용이 안정된 때도 있었다. 그러나 봉건적 중앙집권이 더욱 강해지면서 동한의 봉건제국도 새로운 위기를 잉태하였고, 통치자와 서민들 사이, 통치자 내부의 환관宦官과 외척, 사대부와 환관 외척 사이의 모순이 더욱 격렬하게 드러났다. 결국 상층부의 암흑 통치를 반대하는 "당고黨錮의 화禍"[1]를 초래하였고, 하층부에서는 봉건왕조의 타도를 목적으로 하는 황건군黃巾軍이 크게 의거義擧하였다.

동한 초기에는 한 걸음 더 전제주의 중앙집권제를 강화하기 위하여 통치자들

---

1) 역자 주: 후한 말기 桓帝(후한 11대, 재위 146~167) 때 권신인 梁冀가 권세를 과시하자, 사대부들이 이를 비판하고 공격하였고, 양기의 후원으로 황제가 된 환제는 환관의 힘을 빌려 권신 양기를 제거하였으나 오히려 환관들이 정권을 잡고 전횡하게 되었다. 이에 다시 환관과 사대부가 충돌을 하자 환관들은 이들 사대부들을 감옥에 가두었다가 지방으로 쫓아내고 평생 관직 진출을 금지하였다. 이로부터 환관의 횡포와 전횡이 날로 심해져서 결국은 후한이 망하는 중요한 계기가 되었다.

이 재상宰相의 권리權利를 약화시키는 조치를 채택하였는데, 예를 들면 공신을 승상으로 임명하지 않고 공신의 실제 권리를 박탈하였다. 중앙정부에 설치한 삼공三公(太位, 司徒, 司空)은 단지 이름만의 수뇌首腦이지 실제의 권리는 황제가 직접 영도하는 상서대尙書臺에서 조종하였다. 그러나 왕조가 부패한 상황에서 극히 약화된 재상의 권력도 왕권을 더 강화할 수 없을 뿐만 아니라 도리어 외척과 환관이 전권專權을 행사하는 데 이르렀다. 동한은 화제和帝(후한 4대 황제, 재위 88~105) 때부터 외척과 환관이 국정에 참여하여 권력과 이권을 쟁탈爭奪하였다. 화제는 10세에 즉위하여 두태후竇太后(3대 章帝 肅宗의 황후, ?~97)가 국정을 맡으며, 그 형제들이 요직을 담당하였다. 그 후에 화제가 환관의 세력을 이용하여 두씨竇氏의 세력을 완전히 소멸시켰다. 안제安帝(후한 6대 황제, 재위 106~125) 때에는 등태후鄧太后(화제의 황후, ?~121)와 그 형제들이 조정을 장악하였다. 등씨鄧氏가 없어지자 환관인 이윤李閏과 강경江京이 권력을 전횡하였다. 질제質帝(후한 10대 황제, 재위 145~146)의 전후 20여 년에는 양기梁冀(동생이 順帝의 황후가 되자 외척으로 권력을 전횡, 제위를 마음대로 廢立하다가 桓帝에 의해 제거됨. ?~159)의 부자가 서로 이어가 며 권력을 장악하였으며, 양태후梁太后(양기의 누이)가 조정을 장악한 후 외척세력이 극한의 높이에 이르렀다. 외척과 환관의 전횡 때문에 조정 기강이 혼란해지고, 조야朝野의 상하가 불만이 고조되었다. 범엽范曄(南朝의 宋, 398~445)은 "환제桓帝와 영제靈帝의 기간에 왕도王道는 빈껍데기로 궁벽해지고, 조정의 기강은 날로 가벼워지고, 국가의 빈틈은 계속 벌어져서, 어중간한 사람도 그것이 붕괴되리라 고 보지 않는 사람이 없으니, '권력을 쥔 중신'은 그 도적질하려는 음모를 계속하고, 호걸豪杰이라는 사람 가운데 신분이 낮은 지식인의 비판에 굴복하는 자는 인격으로는 선왕의 말을 외우고, 아래로 순리를 거스르는 자를 두려워한다" (『後漢書』, 「儒林列傳」)고 하였다. 사회 상층부에서는 이러한 조정에 대하여 불만을 "청의淸議"(맑고 공정한 언론)의 바람으로 불러일으켰다. 이른바 청의는 관료사대부 가 인물 품평을 통하여 환관과 외척의 죄행을 공격함을 가리킨다. 반고班固(32~92)

는 환제와 영제 시기의 "청의"를 다음과 같이 서술한다.

환제와 영제의 기간에 정무政務는 황폐해지고 나라의 운명이 환관(閣寺)에게 맡겨지고 학사들이 함께하기를 부끄러워하므로 필부가 격분하고 처사는 제멋대로 의론을 전개하였다. 그로써 명성을 드높여서 서로를 품평하고, 공경公卿을 평론하며, 정권을 잡은 권력자를 형량衡量하니, 강직함의 기풍이 이렇게 유행하였다. 무릇 위에서 좋아하면 아래에서는 반드시 더 심하며, 굽은 것을 바로잡고 나면 곧음이 반드시 지나치게 되니 그 이치가 그러하다. 예를 들면 번방范滂과 장검張儉의 무리는 맑은 마음으로 악惡을 싫어하다 결국은 당의黨議에 빠짐이 그러한 일이 아닌가!(『後漢書』, 「黨錮列傳序」)

반고의 위와 같은 서술에 근거하면, 청의淸議의 내용은 문인학사들이 자신들의 정치적 지위를 높이려고 진행한 "명성을 드높이고 서로를 품평"하는 자아 품평과 선전을 위하여 진행한 것 외에 더욱 중요한 내용은 "공경公卿을 평론하고 권력자를 형량衡量"함으로써 황제皇帝의 어리석음과 환관宦官·외척外戚의 권력 전횡에 대한 분개憤慨를 드러내려는 것이다. 이와 같은 '청의'의 풍조는 번질수록 더욱 거세어져서 끝내 영도자가 조직하고 계획된 "당의黨議"(당파의 주요 決議)로 발전하였다. 처음에 당의黨議는 같은 군郡(冀州淸河郡)의 주복周福(생졸 미상)과 방식房植(생졸 미상) 두 사람이 당을 결성하여 풍자하고 공격한 데서 시작하였다. 환제桓帝는 여오후蠡吾侯(아버지 劉翼의 사후에 작위를 이어받아 얻은 爵位의 이름) 대에 감릉甘陵(지금의 山東省 臨淸)의 주복에게서 수학受學하였으며, 제위帝位에 오른 뒤 주복을 상서尙書로 승진시켰다. 이때 같은 군의 방식은 하남윤河南尹(하남성의 장관. 낙양이 治所)이었으며, 그의 고향 사람들 사이에 "세상의 법도는 방백무房伯武(伯武는 방식의 자)이며, (황제의) 스승으로 관직을 얻은 사람은 주중진周仲進(仲進은 주복의 자)이네"라는 노래가 있었다. 또한 "두 집안의 빈객들은 서로를 비꼬았으며, 결국 각각 당을 만들었고 점점 그 간극間隙이 생기고 이로부터 감릉甘陵에는 남당과 북당의 당의黨議가 시작되었다"(『후한서』, 「당고열전서」)고 하였다. 그 뒤 관료로 임용된 지방의 호족들이 정치에 참여하여 지방세력을 공고하게 하였는데, 예를 들면 여남汝南(현 河南省 汝南縣) 태수太守 종자宗資(생졸 미상)가 자기 마음대로 범방范滂(137~169)을 공조功曹(한나라 때 州와 郡의 屬僚)로 삼았고, 남양南陽(河南省 白河 지역) 태수 성진成瑨(?~166)이 자기 마음대로 잠질岑晊(생졸 미상)을 공조功曹로 삼았다. 당시에 "여남汝南 태수는 범맹박范孟博(孟博은 범방의 자)이고, 남양南陽의 종자宗資는 주로 동의同意한다고 서명하며, 남양 태수는 잠공효岑公孝이고, 홍농弘農의 성진成瑨은 단지 앉아서 휘파람만 불었다"라는 노래가 나왔다.

관료사대부를 대표하는 문인학사文人學士[2]의 사상이 예민銳敏하였기 때문에 우환憂患 의식을 갖추었고, 또 그들 가운데 엘리트들은 대부분 태학에 집중되었기 때문에 태학은 청의淸議와 당의黨議의 중심이 되었다. 태학생들은 환관의 죄상을 폭로하고, 과감히 환관을 무시하는 사람을 칭찬하였다. 이응李膺, 진번陳蕃, 왕창王暢 등은 일찍이 서로 다른 방식으로 환관을 징벌하였으며, 그 때문에 이들은 태학생太學生들의 추앙을 받았다. "태학에 입학한 터무니없는 소문은, 제생諸生들이 삼만여 명이었으며, 곽림종郭林宗, 가위절賈偉節이 그 으뜸이었으며, 이응李膺, 진번陳蕃, 왕창王暢은 더욱 서로 찬양하였다. 태학에서 말하기를 '천하의 모범적 사람은 이원례李元禮(元禮는 李膺의 자)이며, 권력자를 두려워하지 않음은 진종거陳宗擧(宗擧는 陳蕃의 자)이며, 천하의 수재는 왕숙무王叔茂(叔茂는 王暢의 자)이다'라는 것이다. 또 발해渤海의 공족公族으로 품계가 올라간 부풍扶風의 위제경魏齊卿은 함께 위험한 말을 깊이 논하고 강직한 말을 감추지 않았다. 공경公卿 이하로부터 그의 악평(貶議)을 두려워하여 (그가 오면) 신발도 채 신지 못하고 그를 맞으러 문으로 가지 않은 사람이 없었다."(『후한서』, 「당고열전서」) 청의의 주범들이 통치자의 이익을 모욕하자 통치자들은 청의를 일삼는 자들을 체포하라는 명령을

---

2) 文人學士는 文人과 文士를 총칭해서 가리키는 말로서 여기서는 문인학사로 지칭한다.

내렸고, 많은 관료와 사대부(예를 들면 李膺, 陳蕃, 張儉 등)와 태학생이 주살되거나 금고禁錮되었고, 이것이 역사적으로 유명한 "당고지화黨錮之禍"이다. 두 차례의 장장 20여 년의 당고지화로 약 1,000여 명이 연루되었다. 그 가운데 많은 문인학사들이 『후한서』「당고열전서」에서 "무릇 당의 일은 감릉甘陵(의 周福)과 여남汝南(의 宗資)에서 시작하여 이응李膺과 장검張儉에서 이루어졌으며, (그 싸움으로) 전국이 도탄에 빠져 20여 년이나 지내야 했으며, 이러한 일들이 만연하여 천하의 훌륭한 선비들에게도 두루 미쳤다"고 하였다. 위대한 경학자인 정현鄭玄(127∼200), 하휴何休(129∼182), 조기趙岐(108?∼201), 순상荀爽(128∼190), 노식盧植(?∼192) 등도 모두 요행을 면하지 못하였다. 당고의 화로 경학의 역량은 극도로 심하게 꺾이고 손상을 입었으며, 당시의 경학연구에도 엄중한 영향을 끼쳤다. "환제와 영제의 기간에 당고가 두 차례 일어나 지사志士와 인자한 사람들이 많이 감옥을 메웠고, 문인학사들이 또한 문장쓰기가 막혔으며, 진실로 이미 선비의 기운은 퇴락하고 손상되어 유풍儒風은 적막해졌다."[3] 한대의 경학이 쇠하여 패망함에 경학 자체의 내용이 번쇄해진 것 외에 당고지화는 경학의 역량을 꺾고 손상을 입힌 중요한 원인이 되었다.

2. 농민운동의 흥기와 한漢제국의 동요

사회의 하층에서 외척과 환관의 암흑 같은 통치와 세금부과가 더욱 무거워지고, 거기에 지진, 바람과 우박, 병충해, 소전염병 등이 끊임없이 습격하고, 노동인민들을 지나치게 핍박하고 길을 막으니 결국 황건군黃巾軍의 대 봉기蜂起가 폭발하였다. 장각張角(?∼184)과 같은 사람들은 양한兩漢의 통치자들을 겨냥하여 참위讖緯화된 유가를 존중하였으며, 도가의 창시자인 노담老聃(老子)을 교주로

---

3) 皮錫瑞, 『經學歷史』(中華書局, 1981), 141쪽.

삼아 태평도太平道를 창립하였으며, 그 교의敎義는 자신의 힘으로 생활하고, 사람마다 평등하며, 일하지 않고 먹는 것과 토지겸병과 재산과 부의 축적을 반대하였다. 장각은 전도傳道와 병의 치료와 같은 형식을 통하여 농민조직을 만들어 통치자를 반대하는 하나의 거대한 역량을 형성하였다. 『후한서後漢書』에는 다음과 같이 기록되어 있다.

처음 거록鉅鹿의 장각이 스스로 "크게 어진 훌륭한 스승"(大賢良師)이라고 칭하고, 황로의 도를 신봉하며 제자들을 양성하여 무릎을 꿇고 머리를 조아리며, 부적과 정화수 주술呪術의 말로써 병을 치료하니, 병자가 자못 치유되어 백성들을 그를 믿게 되었다. 장각이 제자 여덟 명을 사방으로 보내어 세상을 선도하고 교화하게 하여 서로 돌아가며 미혹하였다. 10여 년간 무리가 수십만이 되었으며, 군국郡國(郡과 諸侯國)을 연결하여 청주靑州, 서주徐州, 유주幽州, 기주冀州, 형주荊州, 양주揚州, 연주兗州, 예주豫州 등 여덟 주州4)의 사람들이 모두 호응하였다.…… "창천蒼天은 이미 죽었고, 황천黃天이 바야흐로 세워지니 갑자년에 천하가 대길하리라"며 요언妖言을 퍼뜨렸다.(「皇甫嵩傳」)

그들은 당시 정치적 암흑과 조정의 기강이 혼란함을 틈타 분명한 의식으로 서한西漢 이래 확립된 신학목적론으로 기만성을 갖추고 천인감응의 신학神學으로 연계하여 한漢 왕조의 기운과 운수는 이미 다하여 구할 수 있는 약이 없다고

---

4) 봉기 당시 각 州의 명칭과 위치는 다음과 같다.

하여 창끝을 한대의 통치자에게 겨누었다. 예를 들면 그들은 조조曹操(155~220)에게 보내는 편지에서도 분명하게 "한漢의 운행은 이미 다하고 황가黃家(황건군)가 바야흐로 세워졌다. 하늘의 대운大運은 그대(역자 주; 曹操)의 재능으로 보존할 바가 아니다"(『三國志』, 「魏志·武帝紀」의 注에서 인용)라고 하였다. 이 대규모의 농민봉기는 비록 황보숭皇甫嵩(?~195)과 조조曹操 등이 거느린 관병官兵에 의해서 진압되어 실패했지만, 그러나 봉기蜂起는 "관부官府를 불태우고, 마을을 노략질하여 빼앗고, 주州와 군郡이 거점을 잃고, 수령들은 대부분 도망쳤다. 10일 동안 세상이 호응하니 전국이 진동震動시켜"(『후한서』, 「皇甫嵩傳」) 동한의 봉건통치의 기초를 흔들었다. 범엽范曄의 말을 인용하면, "황보숭이 이미 황건군을 깨뜨려 천하에 위세를 떨쳤으나 조정은 날로 혼란해지고 온 나라는 곤궁해졌다."(『후한서』, 「황보숭전」) 중평中平(後漢 靈帝의 연호) 6년(189) 한의 영제靈帝가 죽고, 유변劉辯(少帝, 176~190, 재위 189.04~189.09)이 황위帝位를 계승하고, 대장군 하진何進(?~189)이 대권을 장악하였다. 그는 원소袁紹(?~202) 등과 결탁하여 상군교위上軍校尉의 환관인 건석蹇碩(?~189)을 죽이고, 밀소주목密詔州牧 동탁董卓(?~192)과 함께 군대를 이끌고 낙양으로 입성하여 환관의 세력을 소멸시켰다. 바로 이때 환관들이 하진을 모살하고, 원소와 하진의 부장들이 궁에 들어와 환관 2천여 명을 죽였으며, 철저하게 환관의 세력을 소멸시켰다. 동탁이 낙양에 군사를 진입시킨 더 중요한 목적은 농민운동에서 커져 버린 주州와 군郡의 관리와 지방의 호족들의 역량을 진압하는 것이었다. 이로써 상대적으로 본래 강대한 중앙집권세력의 힘이 크게 약화되어 점점 전국에 대한 통제력을 잃어버리고, (지방의) 땅을 차지한 세력이 점차적으로 형성되었다. 정권과 이권을 쟁탈하기 위하여 지방의 땅을 차지한 사람들은 장기간의 혼전混戰을 전개하였다. 동탁의 난과 관도지전官渡之戰5)은 봉건세력이 할거하고 혼전을 벌인 대표적인 사건이다. 이와 같은 혼전混戰

---

5) 曹操가 200년(後漢 獻帝 建安 5년)에 지금의 河南省 中牟縣 동북쪽의 官渡에서 당시 四世三公으로 최고의 명문 가문의 출신인 袁紹의 군대를 격파하여 자신의 위치를 공

가운데 조위曹魏(조조의 아들 曹丕가 세운 魏나라)의 집단이 중원의 패권을 차지하였다. 당시 한漢의 종실宗室로 불린 유비劉備(161~223, 蜀의 昭烈帝, 在位 221~223)는 평원상平原相으로 서주목徐州牧을 대신 다스리고 있었으며, 패권을 다투는 가운데 점점 두각을 드러내었다. 동한의 정치가 암흑하고 조정의 기강이 극도로 혼란하여 경학과 연계된 윤리도덕(綱常)을 따르고 실천하였던 유학(名教)도 당시 사람들의 마음에서 그 지위가 함께 낮아졌다. 황건군이 크게 봉기하여 경학에 의지해 유지하던 생존체재를 와해시켰으며, 이로 인하여 관방의 경학도 한나라 말에는 쇠락하고 새로운 사학私學이 그것을 대신하였다.

3. 경학의 융성과 위기

학술적으로 보면 정현은 경학이 번영하다가 쇠락하던 시대에 살았다. 한나라 초에는 장기간의 전쟁으로 생산력이 엄중하게 파괴되고 사회경제가 급격하게 쇠하여 패망하고 인민을 흩어져 갈 곳이 없었다. 『한서漢書』「식화지食貨志」에서는 "한나라가 일어나고도 진秦나라의 폐단이 이어져서 제후들이 함께 일어나고 백성은 직업을 잃고 대기근이 일어났다. 무릇 쌀 한 석石이 오천 냥이 넘고 사람들이 서로 잡아먹으니, 죽는 자가 반이 넘었다.…… 천하가 이미 정해졌으나 백성은 망하여 땅에 묻히니, 천자도 순사醇駟(순수하게 같은 말 네 마리가 끄는 수레)를 갖출 수 없었고, 장상將相도 혹 소가 끄는 수레를 탔다"고 하였다. 통치자들은 사회질서의 안정과 생산의 회복을 위해 진秦 왕조 멸망의 교훈을 심각하게 받아들였다. 그래서 요역徭役을 가볍게 하고 세금을 적게 하며, 휴양과 생식生息의 정책을 취하였다. 도가道家는 "역사에서 성패成敗, 존망存亡, 화복禍福, 고금古今의

고히 한 전투. 赤壁大戰, 夷陵전투와 더불어 삼국시기 3대 전투 중의 하나이며, 적벽대전과 淝水大戰과 함께 약자가 강자를 이긴 3대 전투의 하나이다.

도리를 살펴본 후에 가장 중요한 방법을 잡고 근본을 지키는 것을 알아 청허淸虛로써 자신을 유지하며, (자신을) 낮추고 약하게 하여 스스로를 지킨다"는 사상으로 당시 사회 정치 경제적 요구에 적응하였다. 당시 통치자들을 위하여 창도한 황로학黃老學으로 지배적 지위를 자치하고 유행하였다.

그러나 "문제文帝와 경제景帝의 치세"를 거쳐서 무제武帝의 시대에 이르면 사회경제가 회복되고 발전하였으며, 국력은 전에 없이 강대해지고 "서울과 지방의 (곡물을 저장하는) 곳간과 창고는 모두 가득 차고, 부고府庫(財物을 저장하는 곳간)는 재화財貨가 넘치는"(都鄙廩庾皆滿, 而府庫餘貨財) 번영의 아름다운 현상이 출현하였다. 강대한 사회와 경제의 수요가 고도로 집중되고 대일통大一統6)된 정권은 유일무이唯一無二하고 강력한 사상의 의식형태를 더욱 필요로 하였다. 원래 있었던 황로술黃老術은 이미 없어지고 거기에 의존해 생존하던 사회조건을 대신한 것이 천인지학天人之學이라고 불리던 유가儒家사상이었다. 한무제漢武帝는 동중서董仲舒(BC 179~104)가 건의한 "백가百家를 몰아내고 오직 유술儒術만 존중한다"는 뜻을 받아들여, 유가를 숭상하고 유학을 관학官學으로 정하였다. 그리고 태학을 건립하고 박사博士를 두고 경전에 밝은 사람을 등용하고 학자들로 하여금 유학을 연구하도록 자극하였다. 따라서 유가경전을 (연구의) 대상으로 삼고 해석을 형식으로 삼고 유가의 미언대의微言大義(은미한 말 속에 담긴 큰 뜻)를 상세하게 밝혀냄을 내용으로 삼는 경학이 정치의 수요에 적응하며 일어나서, 높이 드러나 빛나는 지위에 올라섰다.

무제武帝 이후에 다른 제왕들이 모두 그것을 본받았다. 예를 들면 감로甘露 3년(BC 51) 선제宣帝가 석거각石渠閣에서 "여러 유생에게 오경五經의 동이同異를 강론하도록 조서를 내렸다." 의례議禮, 제도制度, 고문考文은 모두 경의經義를 척도로 삼았다. 동한의 광무제光武帝(BC 5/AD 25~57. 제왕의 경우 출생연대/즉위연대로

---

6) 역자 주: 천하는 하나의 통일된 정부와 정권으로 유지되어야 한다는 중화사상.

표현. 이하 같음)는 경술經術을 매우 좋아하여 광범위하게 도圖와 서書를 수집하여 태학을 재건하고 오경박사五經博士를 설립하여 세상의 모든 학사들이 서울로 구름처럼 몰려들게 하여 경학을 가르치게 하였다. 명제明帝(28/57~75)가 즉위하고는 정좌正坐하여 경을 강론하니 여러 유생이 경전을 잡고 그 앞에서 질의와 응답을 하였으며, 공신과 외척의 자손들을 위하여 따로 교사校舍를 지어서 고도의 능력을 가진 사람을 선발하여 수업을 받도록 하였다.

장제章帝(57/75~88)는 선제宣帝를 본받아 경학에 대한 토론을 전개하여 "백호관白虎觀에 크게 많은 유생을 모아서 (경전의) 동이同異를 상세하게 연구하였으며, 한 달을 넘겨서야 파하였다." 영제靈帝는 "여러 유생에게 조서를 내려 오경을 정정正定하게 하고 석비石碑에 새겨서 고문古文과 전서篆書, 예서隸書의 세 가지 서체의 서법으로 서로 참고하고 점검하고, 학교의 문에 세워서 세상이 모두 준칙으로 삼게 하였다. 이뿐만 아니라 경전을 익히면 벼슬에 나아갈 수도 있었다. 한나라 초기에 무제가 처음으로 『춘추春秋』에 밝으며 관직이 없던 유학자 공손홍公孫弘(BC 200~121)을 승상에 임명하자 천하 학사들에게 (『춘추』를 연구하는) 경향이 만연하였다. 원제元帝, 성제成帝, 광무제光武帝, 명제明帝, 장제章帝도 그것을 답습하니 재상宰相과 공경公卿의 지위에 있으면서 경전을 연구하지 않은 사람이 없었다. 통치자가 대대적으로 육성하고 공명과 이익까지 부추겼기 때문에 한나라 말에 경학은 예전에 없던 번영을 이루었다.

『한서漢書』「유림전儒林傳」에서는 다음과 같이 말한다.

무제 때부터 오경박사를 설립하여 문인들에게 열고 과科를 설치하고 시책施策을 구함에 관록官祿으로 권하니 원시元始(전한 孝平帝 때 연호 AD 1년)에 이르는 100여 년에 전문종사자가 넘쳐나게 많아지고 지역적으로 번잡해져서 하나의 경에 대한 설說 백만여 말에 이르고 큰 스승의 무리가 1천여 명에 이르렀으니 대개 이익을 얻는 길이 그러하였다.

"하나의 경에 대한 설說 백만여 말에 이르고 큰 스승의 무리가 1천여 명에 이르렀다"는 말은 당시 서한西漢의 경학이 번영한 진실을 묘사한 것이다. 수적으로 보면 경학을 학습하는 사람의 수는 동한東漢시대가 서한시대보다 더 많다. 피석서皮錫瑞(1850~1908)는 "큰 스승의 무리가 1천여 명에 이른 것은 전한 말에는 이미 충족되었으며, 『후한서後漢書』에 실려 있기를, 장흥張興(?~71)의 제자로 기록된 이가 만 명이며, 모장牟長(생졸 미상)의 제자로 기록된 것이 전후로 만 명이며, 채현蔡玄의 제자로 기록된 이가 육천 명이었고, 누망樓望(20~100)의 제자로 기록된 사람이 9천여 명이었다.…… 전한에 비해 더욱 성대하였다."[7]

한나라 초기 경학의 전수자는 하나의 경에는 한 사람 혹은 몇 사람이 있었다. 『사기史記』「유림열전儒林列傳」에서는 "『시경』으로 말하면, 노나라에서는 신배申培(BC 221?~135?), 제나라에는 원고생轅固生(BC 229?~139?), 연나라에는 한태부韓太傅(생졸 미상)가 있었다. 『상서』로 말하면, 제남濟南의 복생伏生(BC 260~161)으로부터, 『예기』로 말하면 노魯나라 고당생高堂生부터, 『주역』으로 말하면 치천淄川의 전생田生으로부터, 『춘추』로 말하면 제로齊魯의 호무생胡毋生으로부터이며, 조趙에서는 동중서董仲舒로부터이다"라고 하였다.

한나라 초에 『시경』 연구에는 노시魯詩, 제시齊詩, 한시韓詩의 삼가三家가 있었다. 노시魯詩는 신배申培로부터 전하였다. 신배는 노魯나라 사람으로 그가 한나라 초기에는 유학의 어른(老儒)이었기 때문에 "신공申公"이라 칭하였다. 경제景帝 때에 학생으로서 어사대부御史大夫 조관趙綰과 낭중령郎中令 왕장王臧의 추천으로 대중대부大中大夫에 임명되었으니 그때가 80여 세였다. 그 후에 조관과 왕장은 황로학을 좋아하였다는 죄를 얻어 두태후竇太后에게 하옥下獄되었다가 자살하였기 때문에 그는 곧장 면직되어 돌아가고, 일찍이 『시경』를 훈고하여 학생을 가르쳤다. 그가 전한 이 일파의 『시경』을 "노시魯詩"라고 부른다.

---

7) 皮錫瑞, 『經學歷史』(中華書局, 1981), 131쪽.

제시齊詩는 원고轅固로부터 전해졌다. 원고는 제나라 사람으로, 존칭으로 "원고생轅固生"이라 부른다. 경제景帝 때에 시경박사가 되었으며,『노자』를 "한 집안 사람의 말"로 여겨 두태후의 심기를 거슬렸고, 돼지우리에 던져지는 벌을 받았다. 일찍이 청렴과 곧음으로 청하태부淸河太傅가 되었으나 뒤에 질병으로 그만두었다. 무제 때에 다시 현량징賢良徵이 되었는데, 여러 유생들이 많이 질시하고 비방하여 말하기를 '늙은이'라고 하였고, 그때가 90여 세였다. 끝내는 너무 늙어 그만두고 돌아갔다. 그가 제나라 사람이었기에 그가 일파에게 전한 『시경』을 "제시齊詩"라고 부른다.

한시韓詩는 한영韓嬰으로부터 전해졌다. 한영은 연燕나라 사람이며 그때는 "한생韓生"이라 불렸고, 문제 때에 박사가 되었으며, 경제景帝 때는 상산왕태부常山王太傅가 되었으므로 "한태부韓太傅"라고 부른다. 한영이『시』의 의미를 추천하고, 『내전內傳』과『외전外傳』수만 글자를 지었는데, "그 말이 자못 제齊와 노魯의 사이와 달랐다." 연燕과 조趙로 전해진 시는 모두 한영으로부터 전해졌다. 그는 또『주역』을 전하고, 역의 의미를 추천하였으며, 맹희孟喜와 제자 개관요蓋寬饒(BC 105~60)가 스승으로 따르며『주역』을 배웠다. 일찍이 동중서와 변론하였는데 동중서가 그를 따를 수 없었다. 그가 전한 일파의『시경』을 "한시韓詩"라고 한다.

『상서』의 일가는 복생伏生으로부터 전해졌다. 복생의 이름은 승勝으로 제남濟南 사람이며 진秦의 박사였다. 진秦의 금서禁書에는『상서』도 포함되었으므로 한나라에 이르러서는『상서』를 연구하는 사람이 매우 적었다. 문제文帝 때에 전하는 말로는 복생이 벽 속에 감추어진『상서』를 얻었는데, 10편을 잃어버리고 오로지 29편만 얻어서 제로齊魯의 사이에서 가르쳤다. 문제가 교수로 초빙하고자 하였으나 당시의 나이가 90여 세로서 움직일 수 없었으므로 조착晁錯(BC ?~154)을 보내서 받아오게 하였다. 복생은 일찍이『상서대전尙書大傳』을 지었다.

『예기』 일가는 고당생高堂生으로부터 전해졌다. 고당생은 자가 백伯이며 노나라 사람이다. 한나라 초에 『사례士禮』 17편(지금의 『儀禮』)이 있었는데 고당생이 전한 것이다.

『주역』의 일가는 전생田生으로부터 전해졌다. 전생은 전하田何(생졸 미상)이며, 자는 자장子莊으로 전국시대 제나라 전씨田氏 일족이다. 한나라 고조高祖(劉邦) 때 육국六國의 호가豪家들을 관중으로 이주시킬 때, 전하도 두릉杜陵으로 이주하여 호를 "두전생杜田生"이라고 하였다. 공자가 전한 『주역』이 여섯 번 전함을 거쳐서 한의 전하에게 이르렀으며, 한에서는 『주역』은 전하에게 근본을 둔다고 하였다.

『춘추』의 공양公羊의 두 학파는 제齊나라 호무생胡毋生과 조趙나라의 동중서董仲舒이다. 호무생의 자는 자도子都이며, 제나라 사람으로 『공양춘추公羊春秋』를 연구하여 경제景帝 때에 박사가 되었다. 춘추공양학은 제나라에 근원한다. 서로 전해져, 공자는 춘추春秋 가운데 대의大義를 자하子夏에게 전하였고, 자하는 제자인 제齊나라의 공양고公羊高에게 전하였으며, 공양고의 가문에서 오세五世 후손 공양수公羊壽에게 전해졌다. 문제와 경제 시기에 공양수가 제에서 널리 제자를 받아들였으며, 또한 공양학의 정화精華가 제나라의 호무생에게 전해졌다.

동중서는 광천廣川(현재 河北省 枣強縣 東廣川鎭) 사람이며, 소년시절부터 『공양춘추』를 연구하였고, 학문 탐구를 위해 제나라로 가서 호무생胡毋生과 함께 공양公羊의 문하에서 공부하여 공양의 정전正傳을 얻었다. 『공양전주소公羊傳注疏』 권1에서 『효경孝經』을 인용하여 "자하子夏가 공양씨公羊氏에게 전하고 오세 손은 물론 한漢의 호무생과 동중서에 이르렀다"고 한 말에 근거하면, 그는 『공양춘추』를 깊이 연구함에 대단히 각고의 노력으로 일관하였다. 『어람御覽』 권840에서는 『추자鄒子』를 인용하여 칭찬하기를 "동중서는 3년 동안 정원庭園을 내다보지 않았으며, 일찍이 말을 타고도 암말인지 수말인지를 알지 못했다.…… 경전經傳에 만 뜻이 있었다"고 하였다. 사마천司馬遷(BC 145?~86?)이 보기에 공양학의 연구 가운데 동중서의 조예가 가장 깊었다. 『사기史記』「유림열전儒林列傳」에는 "한이 일어나 오대 황제에 이르는 사이에 오직 동중서의 이름만이 『춘추』에서 빛났으니 그는 공양씨를 전하였다"라고 하였다. 한의 경제 원년에 그는 호무생과 함께 박사가 되었다. 무제가 즉위한 후에 현량문학지사賢良文學之士로 천거되었으며, 동중서는 "현량대책賢良對策(天人三策이라고도 한다.)으로 무제에게 상서上書를 올려 무제로부터 높은 평가를 받고 중용되었다.

경학의 전수傳授를 따라서 경학의 파별도 점점 많아졌으며, 관방官方(정부의 공식기구)의 인가를 얻었다. 서한 때는 관학으로 『상서』, 『예기』, 『주역』, 『춘추』의 사경四經을 세우고 각각 일가一家를 두었으며, 『시경』은 삼가三家로 나누었다. 『한서』「유림전」에서 찬양하기를 "처음에 『상서』는 오직 구양歐陽씨, 『예기』는 후后씨, 『주역』은 양楊씨, 『춘추』는 공양公羊씨만 있었다. 효평제孝平帝와 선제宣帝 시기에 대大·소小 하후夏侯의 『상서』, 대·소 대戴의 『예기』, 시施·맹孟·양구梁丘 의 『주역』, 곡량穀梁의 『춘추』를 다시 설립하였다. 원제元帝시기에 다시 경京씨 『역』을 설립하였다. 평제平帝시기에 다시 『좌씨춘추左氏春秋』, 『모시毛詩』, 『일예逸禮』, 『고문상서古文尚書』를 설립하였다"고 하였다. 동한 초에 광무제는 금문 14박사를 확립하였는데, "『역』에는 시施·맹孟·양구梁丘·경京씨, 『상서』에는 구양歐陽·대소 하후夏侯, 『시』에는 제齊·노魯·한韓, 『예禮』에는 대소 대戴, 『춘추』는 엄嚴·안顔"(『후한서』, 「유림열전」)이었다.

여기서 말하는 "구양歐陽은 구양의 학문이다. 복생伏生은 『상서』를 구양생歐陽生에게 전하였는데, 구양생의 자는 화백和伯이며, 천승千乘(廣饒縣의 옛 이름) 사람이다. 구양생은 『상서』를 예관兒寬(倪寬이라고도 한다.)에게 전하였고, 예관은 구양생의 자식에게 전하였으며 대대로 서로 전하여 그의 증손曾孫인 구양고歐陽高(子陽)에게 이르렀고 박사가 되었다. 『한서』「예문지」에는 『구양장구歐陽章句』, 『구양설의歐陽說義』로 기록되어 있다. "후后"는 후창后倉을 가리키는데, 제齊나라 사람이며, 고당생高堂生의 후학이며, 일찍이 『예기』를 서술한 수만 자가 있고 『후씨곡대기后氏曲臺記』라고 부른다. 양楊은 임치臨淄의 양하楊何를 가리키며, 자는 숙원叔元이고, 전하田何의 재전再傳 제자이다. 『한서』「예문지」의 기록에는 『양씨楊氏』 2편이

있다. 대大·소小 하후夏侯는 하후승夏侯勝과 하후건夏侯建을 가리킨다. 복생이
『상서』 제남濟南의 장생張生에게 전하였고, 장생은 하후도위夏侯都尉에게 전하였
고, 도위는 일가친척의 아들 시창始昌에게 전하였고, 시창이 하후승에게 전하고,
하후승은 그의 종형從兄의 아들 하후건에게 전하였다. 하후승의 관직은 장신소부
長信少府에 이르렀으며, 하후건의 관직은 태자태부太子太傅였다. 그러므로 당시
사람들이 하후승을 대하후大夏侯, 하후건을 소하후小夏侯라고 불렀다. 소하후는
『상서』의 장구章句에 대하여 훈고訓詁하였는데 대하후와 서로 차이가 있다.
『한서』「예문지」의 기록에는 『대소하후장구大小夏侯章句』와 『대소하후해고大小夏
侯解故』가 있다. 대大·소小의 대戴는 대덕戴德과 대승戴勝을 가리킨다. 대덕의
호는 대대大戴이고 신도태부信都太傅였으며, 대승의 호는 소대小戴이고 구강태수九
江太守였다. 두 사람 다 양梁나라 사람이며, 정현鄭玄은 대덕과 대승을 "고당생高堂生
의 오전五傳제자"라고 하였다. "대덕은 『예기』 85편을 전했으며, 대승은 『예기』
49편을 전했다."(『禮記正義』에서 『六藝論』을 인용) 엄嚴·안顔은 엄팽조嚴彭祖와 안안락
顔安樂을 가리킨다. 엄팽조의 자는 공자公子이고 동해東海의 하비下邳 사람이며,
선제 때의 박사이고, 관직은 태자태부太子太傅에 이르렀다. 안안락의 자는 공손公孫
이고 노나라 설薛 사람으로 관직은 제군태수승齊郡太守丞에 이르렀다. 엄팽조와
안안락은 함께 호무생의 재전再傳 제자이다. 호무생이 노년에 제나라로 돌아가서
공양학을 노魯나라 사람 휴맹眭孟에게 전하였고, 휴맹은 엄팽조와 안안락에게
전하였다. 두 사람은 휴맹이 자랑스럽게 생각하는 문하생이었다. 시施·맹孟·양
구梁丘·경京씨는 시수施讐·맹희孟喜·양구하梁丘賀·경방京房이다.(뒤에서 상세하
게 설명한다.)

한대의 경학은 하나의 경에 여러 전문가가 있었다. 각 전문가는 또 여러
학설이 있다. 『역』의 시가施家에는 장생張生과 팽조의 학설이 있고, 맹가孟家(孟喜)
에는 적적과 백白의 학설이 있었고, 양구梁丘에는 손孫·등鄧·형衡의 학설이
있었다. 또 경京씨의 학설도 있었으나 아직 학관의 비費와 고高의 학설로 설립되지

는 않았다. 『상서』에는 구양歐陽의 학설과 대大·소小 하후夏侯의 학설이 있는데, 대하후에는 공孔과 허許의 학설이 있으며, 소하후에는 정鄭·장張·진秦·가假·이李씨의 학설이 있고, 또한 공孔씨의 고문상서의 학설이 있다. 『시경』은 제齊·노魯·한韓 삼가三家가 있는데, 노시에는 위偉씨·장張·당唐·저褚씨의 학설이 있고, 제시에는 기冀·광匡·사師·복伏의 학설이 있으며, 한시에는 왕王·식食·장손長孫의 학설이 있다. 이 밖에 모시毛詩의 학설이 있다. 『예』에는 대대大戴·소대小戴·경慶씨의 학설이 있으며, 대대大戴에는 서徐씨가 있고, 소대小戴에는 교橋·양楊씨의 학설이 있다. 『춘추』에는 공양公羊·곡량穀梁·좌전左傳의 삼가三家가 있다. 공양전에는 엄嚴·안顏의 학설이 있는데 이 중 안가顏家에는 냉冷·임任·관筦·명冥의 학설이 있다. 곡량전에는 윤尹·호胡·신장申章·방方씨의 학설이 있으며, 좌전에는 가호賈護·유흠劉歆의 학설이 있다.

한나라 초기에 설립된 『시』, 『서』, 『예』, 『역』, 『춘추』의 오경박사들은 한대에 "효孝로써 세상을 다스린다"를 제창하였다. 동한에서는 오경 이외에 또 『효경』과 『논어』를 더하였고, 관학은 오경에서 칠경七經으로 확대되었다. 『한서』「예문지」의 기록을 보면, 서한에는 『역』에 13가家(학파)가 있었고, 『상서』는 9가, 『시』는 6가, 『예』 13가, 『춘추』는 23가, 『논어』 12가, 『효경』 11가가 있었다. 한대에 경학의 전수와 각종의 파벌의 형성과 그 경을 연구한 수량은 당시의 경학연구가 매우 활발하였음을 반영한다. 그러나 이러한 경학 번영의 배후에는 그 스스로 극복할 수 없는 여러 위기들이 잠재되어 있다. 주요한 내용은 아래 몇 가지로 나타난다.

① 경전에 밝은 사람을 관리로 선발하므로 경학은 벼슬에 나아가 진급하는 계단이 되었다. 경전을 연구한 사람은 눈앞의 성공과 이익에 급급하였으며, 교묘한 수단으로 기회를 엿보며, 겉치레(虛華)를 숭상하고, 많이 듣고 의심나는 것을 해결하려는 생각을 하지 않았으며, 범엽范曄이 "장구章句는 점점 소략해지고 대부분 겉치레로 서로를 숭상하니, 유학자의 기풍이 모두 쇠퇴해졌다"(『후한서』,

「유림열전」)고 한 말과 같다.

② 양한시대 경전의 전수는 스승에서 스승으로 서로 계승하였으며, 입으로 전하는 마음의 전수였기 때문에 경학의 연구에서 사법師法과 가법家法을 중시하게 되었다. 동한의 말에 이르면 많은 가家와 많은 학설을 형성하였다. 곧 하나의 경전에는 여러 학파가 있었고, 하나의 학파에도 여러 학설이 있으며, 다양한 해석(歧義)이 나왔으며, 마치 나무줄기에서 가지가 나누어지는 것과 같았으며, 가지는 또 가지가 나누어지고, 가지에는 잎이 자못 무성하였으며, 점점 그 근본을 잃게 되었다. 범엽이 일찍이 이것을 묘사하여 말하기를 "한이 일어나자 여러 유학자들은 자못 학술과 문예(菣文, 藝文)를 연구하였다. 동경東京(洛陽의 다른 이름. 後漢의 都邑) 때의 학자들도 역시 훌륭한 학파가 있었다. 그러나 문장만 지키려는 무리(守文)들은 단단하고 견고한 성품으로 이단異端이 분분하게 일어나고 서로 언행이 온당하지 않고 격렬하여(詭激), 결국 경經에는 여러 학파가 있고, 학파에는 여러 학설이 있고, 장구는 많은 것은 백여 만 자가 있고, 배우는 것은 헛수고로 공은 적으며, 후일 의심이 생겨도 바로잡을 수 없는 상황에 이르렀다."(『후한서』, 「鄭玄列傳」)

③ 한학漢學에서 경전을 연구한 최대의 특징은 명물훈고名物訓詁(사물의 명칭을 연구하고 그 개념을 해석함)를 중시하는 것이며, 경문經文의 본의를 탐구함을 목적으로 삼는다. 청나라 말기의 항신재杭辛齋(1869~1924)는 일찍이 한학漢學의 이러한 특징을 종합하여 "한학漢學은 사물의 이름을 중시하며, 의미해석을 중시하며, 한 글자 한 의미마다 동이同異를 식별하고 분석하며, 고정考訂의 대열에 뒤섞여 참여하는 것을 꺼리지 않았으며, 그 본래의 유래를 구하여 마땅한 뜻을 부여하였다"(『易學筆談』, 권1)라고 하였다. 경학가들은 어떤 때는 한 구절 혹은 한 글자를 위하여 힘을 아끼지 않았으며, 널리 자료를 인용하여 증명하며, 세심하게 징험(體驗)하여 융통融通함에 이르렀다. 그러나 경전의 스승(經師)의 말에 대해서는 결코 그 경계를 반걸음도 감히 벗어나지 않으며, 심지어는 하나의 글자조차도 고쳐서

도 안 되며, 더욱이 이설異說로 물들여서도 안 되며, 그로써 자기 학통의 엄숙성, 권위성, 연속성을 보증하려 하였다. 피석서의 말처럼 "한나라 사람들은 사법師法을 가장 중시하였다. 스승이 전한 것과 제자가 받은 것이 한 글자도 감히 달라서는 안 되며, 스승의 설과 다른 것은 용납하지 않았다. 사법師法의 엄중함이 이와 같았다." 이와 같은 전주箋注(註釋 혹은 註解)의 학풍은 비록 박실朴實하고 근엄한 기풍은 있지만, 도리어 기계적이며, 케케묵고 고직하며(泥古), 조리가 없이 산만한(支離) 특징이 있다. 곧 사고관신史庫館臣[8]들은 "그 학문은 돈독하고 근엄하나 그 폐단은 구애拘碍됨이다"(『四庫全書提要』, 「經部·總叙」)라고 하였다.

④ 사회의 정치와 경제적 요구에 적응하며, 신학神學이 양한시대에 성행하였으며, 또한 경학과 서로 결합하여 신비적인 색채를 지닌 천인학天人學을 형성하였다. 이와 같은 천인학은 제학齊學(제나라 학문)에서 더욱 뚜렷하게 드러났다. "『복전伏傳』의 오행, 제시齊詩의 오제五際[9], 『공양춘추』에서는 재이災異를 많이 말하였는데 이는 모두 제학齊學이다. 『역』에는 상수象數와 점험占驗이 있으며, 『예』에는 명당과 음양이 있으며, 제학이 다 그렇지는 않지만 그 취지는 대략 같다."[10] 서한시대에 형성되어 농후하게 신학적 의미를 가진 경학은 동한의 통치자들로부터 인정을 받았는데, 광무제는 참위讖緯로 천명을 받았다고 여기고 참위를 깊이 믿었으며, 참위로 경전의 의미를 정정正定하는 풍조가 일어났다. 장제章帝는 친히 백호관에서 경학대회를 열었고, 한 걸음 더 나아가 신학이 경학에서의 합법적 지위를 확립하였다. 신학神學으로써 경전을 연구하여 봉건사회의 질서를 조정하고 사회를 앞으로 향해 발전해 가도록 추동하는 적극적 의의를 가졌다. 그러나 신학과 경학의 결합은 경학의 내용을 잡박雜駁하고 불순하게 만들었으며,

---

8) 역자 주: 청나라 때 편찬한 『四庫全書』와 『四庫全書總目』의 내용을 연구하고 그것을 평가하는 관리를 四庫館臣이라고 한다.
9) 四時와 함께 12干支와 음양변화의 개념을 사용하여 時를 해석하는 방법. 12간지를 다섯 등분으로 나누어 주 왕실의 흥망성쇠의 순환 원리를 체계화해서 설명한다.
10) 皮錫瑞, 『經學歷史』(中華書局, 1981), 106쪽.

그 가운데 많은 학설이 억지로 화합시키고 허황하여 경전의 의미와는 서로 매우 멀어졌다. 피석서는 "도참圖讖은 본래 방사方士의 책이며, 경전의 뜻과는 서로 관섭關涉하지 않는다. 한대의 유학은 비위秘緯(신비한 내용을 담은 책)가 점점 많아져서 결국 참문讖文을 억지로 경의經義와 합치니, 경의와 합친 것은 조금 순수하지만, 참문에 섞인 것은 대부분 잡박하다"[11]라고 하였다.

양한의 경학연구 가운데 존재하는 폐단은 당시 사상가들의 심각한 폭로와 비판을 받았다. 동한의 유명한 사상가인 왕충王充(27~104)은 일찍이 다음과 같이 말하였다.

> 유자들이 말하는 오경은 대부분 그 실實을 잃었다. 이전의 유학자는 본말을 보지 못하였고, 공연히 허설虛說만 만들어 내었고, 후세의 유학자는 앞 스승의 말을 믿고 옛것을 따라 그 까닭을 서술하고, 매우 매끄럽게 사어辭語(文辭 혹은 言辭)를 익히고, 대략 유명한 스승의 학문에 구애되어, 그를 쫓아 스승으로 삼아 배우고, 조그마한 벼슬이라도 얻으면 승진에 급급하여 정밀하게 마음을 써서 고찰하고 근본을 따져볼 겨를이 없다. 그러므로 허설虛說이 전하여 끊어지지 않으며 실사實事는 없어져 볼 수가 없으니 오경은 모두 그 실實을 잃었다.(『論衡』, 「正說」)

왕충은 당시의 경학연구 가운데 존재하는 문제를 비판하였을 뿐만 아니라 창끝을 직접 경학이 밀접하게 관련된 신학으로 겨누었다. 먼저 그는 원기자연元氣自然을 기초로 삼아 경학가들이 선양하던 천인감응天人感應의 사상을 부정하였다. 그는 "무릇 하늘은 의도적으로 사람을 생겨나게 할 수 없으니, 하늘이 만물을 생겨나게 하는 것도 또한 의도할 수 없다. 천지가 기운을 합하니 사물은 우연히 자생自生한다"(『논형』, 「物勢篇」)고 하였으며, "무릇 사람은 하늘을 감동시킬 수

---

11) 위의 책, 109쪽.

없으며, 하늘도 역시 사람과 감응할 수 없다"(『논형』, 「明雩篇」)고 하였다. 그는 또 자연무위自然無爲로써 상서설祥瑞說과 견고설譴告說을 물리쳤다. 그는 천도자연天道自然과 도서圖書는 스스로 이루어졌으며, 참위학讖緯學은 모두 허망虛妄함을 지적하였다. 서응瑞應(임금의 善政에 하늘이 감응하여 나타내는 상서로운 징조) 현상은 천도자연의 법칙을 위배된다. 그것은 때때로 일어나는 현상으로 단지 하나의 교묘하게 들어맞은 것일 뿐이며, "문왕이 일어날 때 마침 붉은 공작이 때맞추어 왔고 물고기가 뛰고 새가 나는 것을 무왕武王이 우연히 보았을 뿐이지, 하늘이 공작이 오고 흰 물고기가 오도록 한 것은 아니다."(『논형』, 「初稟篇」) 그는 재이災異는 자연이 스스로 조성한 것이며 사회의 정치와는 상관이 없다고 생각하여 "무릇 천도자연은 무위無爲이다. 사람에게 견고譴告하는 것은 유위有爲이니 자연이 아니다"(『논형』, 「견고편」)라고 하였다. 견고설은 난세亂世의 산물이니 "견고譴告의 말은 난세의 말이다."(『논형』, 「感類篇」) 그는 또 「복서편卜筮篇」에서 대량의 사실로써 "복서卜筮는 믿을 수 없음"을 설명하였다.

동시대의 장형張衡(78~139), 왕부王符(생졸 미상), 중장통仲長統(179~220) 등도 천인감응의 신학에 대하여 비판하고 논박하였다. 장형은 당시 "유학자는 도참圖讖을 배우는 것과 싸워야 하며, 겸하여 요언妖言을 제거해야 한다"는 기운을 겨냥하여 "도참은 허망虛妄하며 성인의 법法이 아니다"라는 논단論斷을 제출하였다. 또 황제에게 올리는 상소에서 도참을 "세상을 기만하고 세속을 속이고" "세상에 드문 것을 요구하는" 말로 보고 마땅히 금지하여 끊어야 한다고 하였다. 왕부王符는 『잠부론潛夫論』에서 「복렬卜列」, 「무열巫列」, 「상열相列」, 「몽열夢列」의 편장篇章으로 열거하여 전문적으로 당시 유행하던 귀신鬼神, 복서卜筮 등의 미신 활동을 비판하였으며, 이 미신 활동에 종사하는 무축巫祝은 "백성을 속이고, 백성을 미혹시킨다"고 생각하였다. 중장통仲長統은 인사人事의 혼란한 세상을 다스림(治亂)과 천도天道는 상관이 없다고 보았으며, "천하에 왕 된 이와 신하 된 사람은 천도를 알기를 기다리지 않는다. 천도를 이용함을 귀하게 여기는 사람은 별자리를 민사民事에 전수하고 사시四時에 순응하여 공업功業을 일으키는 것을 가리키며, 그 대략 길흉吉凶의 상서로움을 또 어떻게 취하겠는가?'(『群書治要』 권45에서 인용)라고 하였다. 이것은 황제와 대신은 천도에서 결정을 할 것이 아니라 "오직 인사人事를 다할 뿐임"을 말하며, 이용하는 바의 천도는 신학가神學家들이 말하는 천도가 아니라 자연변화의 규율이다. 이러한 비판은 매우 심각하여, 양한시대에 건립된 군권신수설君權神授說과 천인감응의 신학체계를 엄중하게 타격하여 경학의 쇠락을 가속시켰다.

4. 금문경의 몰락과 고문경의 흥기

동한시대 경학 위기의 중요한 표시는 금문경의 몰락과 고문경의 흥기이다. 문자로 기록하는 것과 학문을 연구하는 방법은 서로 다르기 때문에 양한의 경학에는 금문과 고문의 구분이 있다. 일반적으로 말하면 당시 유행하던 예서隸書로 서사書寫(抄寫, 筆寫와 같은 뜻)된 경문, 학관에서 확립된 것은 금문경今文經이었다. 한나라 초기에 경학의 대사大師들이 전수한 경서經書와 한무제 때에 학관에 건립되어 태학의 박사들이 제자들에게 교수하던 경서는 모두 금문경이었다. 한대의 민간에서 출현하여 한대 이전에 쓰인 대전大篆(또 籒書라고도 한다.) 혹은 기타 고문자로 서사書寫된 경문은 고문경古文經이다. 이러한 구분은 경문에 쓰인 문자가 학관에 설립되었는가의 여부를 표준으로 삼는다. 과거의 학자들은 단지 서사書寫로 만든 것을 금문경과 고문경을 구분하는 표준으로 삼았는데, 이러한 구분법은 금문경 속에 있는 고자古字와 고문경 속에 있는 금자今字를 가려낼 수 있는 합리적 해석이 없다는 문제에 부딪쳤다. 예를 들면 출토된 한나라 초기의 죽간竹簡과 백서帛書의 문자는 허신許愼(30~124)과 정현의 금문·고문과는 모두 다 같지 않으며, 고문경도 아직 완전하게 고문으로만 초사抄寫되지 않았다. 복생伏生이 소장했던 『고문상서古文尙書』는 원래 고문으로 서사書寫되었으나 전수과정에서 금문으로 쓰인 책이 있으니 이른바 『금문상서今文尙書』이다. 이 때문에 "만약 금문인가 아니면 고문인가를 중시한다면 그것이 금문경인지 아니면 고문경인지 감정할 수 없다. 만약 조본祖本(최초의 필사본)이 고문인가의 여부에 착안한다면 역시 금문경인가 고문경인가를 감별할 수 없다."[12]

고문경은 서한 말년에 흥기하여 동한에서 성행하였다. 진시황의 재난을 피하여 일부의 재능 있는 학사들이 유가의 경적經籍을 깊이 감추는 모험을 하였다. 한 왕조가 건립된 후에 유가경전에 대한 연구가 회복되고 발전하면서 조정에서는 여러 번 명령을 내려 민간에 흩어져 있는 경전을 수집하였고, 이에 민간에 감추어진 선진先秦의 경서들이 다투어 세상에 나왔으며, 이로 인하여 경서는 한 이전의 대전大篆(籒書라고도 함) 혹은 기타 고문자로 서사된 것을 사용하였기 때문에 고문경古文經이라고 부른다. 그리고 서한에서 세상에 나온 유가의 경적經籍은 한의 경제景帝의 아들인 노공왕魯恭王 유여劉餘(?~BC 128)가 공자의 고택을 헐어서 한대 이전의 소전小篆으로 쓰인 『상서』, 『예기』, 『논어』와 『효경』 등 십수 편을 얻었으므로 이를 고문경이라고 한다. 『한서』 「예문지」에 상세한 기록이 있다.

『고문상서』는 공자 고택의 벽 속에서 나왔다. 무제 말기에 노공왕魯恭王이 공자의 고택을 허물고 그 직위를 높이고자 하고, 『고문상서』와 『예기』, 『논어』, 『효경』 등 수십 편을 얻었는데 모두 고문자였다. 공왕恭王이 공자의 고택에 들어가니 북과 금슬琴瑟과 종경鐘磬의 소리가 들리니 이에 두려워하여 부수지 않았다. 공안국孔安國(BC 156?~74)은 공자의 후손으로 그 책을 다 얻었는데, 이미 발견된 29편 외에 16편을 더 얻었다. 안국이 그것을 헌납하니 저주를 받을 일이라고 생각하여 학관에 진열하지 않았다.

---

12) 王葆玹, 『今古文經學新論』(中國社會科學出版社, 1997), 60~61쪽.

서한시대 공자 고택의 벽 속에서 발견된 고문경 외에도, 기타 지방에서도 그때를 전후로 고문경을 발견하였다. 예를 들면 한나라 초기 북평후北平侯 장창張蒼(BC 256~152)은 『춘추좌전』을 바쳤으며, 노魯나라 엄중淹中에서는 『예고경禮古經』이 나왔으며, 소제昭帝 때는 노나라의 삼로三老가 『효경』을 바쳤고, 하간헌왕河間獻王 유덕劉德(?~BC 130)이 민간에서 구매한 『주관周官』, 『상서』, 『예기』, 『맹자』, 『노자』 등이 있으며, 한의 궁정宮廷 비고祕庫에 소장된 고문경古文經과 민간에서 사적으로 전습傳習된 것이 있다.13) 금문경과 고문경의 편장篇章의 차이가 매우 뚜렷하다. 복생이 전한 『상서』는 29편이고, 공안국의 집에 소장되었던 『고문상서』는 그보다 16편이 더 많다. 단지 『주역』만 예외인데, 문자로 서사된 것 외에 금문경과 고문경의 편장과 문제는 거의 차별이 없다. 『한서』 「예문지」에서 "유향劉向(BC 77~6)이 『고문역경古文易經』을 중심으로 시施・맹孟・양구梁丘의 경전을 헤아려 보니 혹 '무구無咎', '회망悔亡'이 빠져 있는데 오직 비費씨의 경만 고문과 같았다"고 하였다. (금문과 고문) 경학의 두 파는 문본文本(여기서는 敎材 혹은 Text)과 경전연구의 방법의 면에서 경수涇水와 위수渭水처럼 분명하게 드러나서 서로 혼잡하게 섞이지 않는다. 금문파는 당시 통치자의 대대적인 부식扶植에 힘입어 유가경전에 대하여 마음껏 발휘하였고, 아울러 유행하던 음양오행의 천인학과 서로 결합하여 통치자의 이론과 정치적 수요에 영합하여 양한의 현학顯學(유력한 학파)이 되었다. 고문학파는 유가의 경전을 고대의 역사적 문헌이라고 보고 엄격하게 자의字義를 살펴서 경을 해석하였고, 간명하게 요점을 잡아서 유가의 대도大道를 밝게 드러내었다.

동한 초기에 개인들이 전수한 고문경이 점점 풍부하게 전파되었으며, 관학인 금문경과 충돌을 일으켰다. 부친 유향劉向을 도와서 교서校書가 된 유흠劉歆(BC 53?~AD 23)이, 고문으로 쓰인 『춘추좌전』, 『모시毛詩』, 『일예逸禮』와 『고문상서』

---

13) 吳雁南 등 主編, 『中國經學史』(福建人民出版社, 2001), 100~101쪽 참고.

등이 금문경에 비해 더 믿을 만하고 더 가치가 있음을 발견하고, 이러한 고문경을 학관에 설립하자, 박사들의 반대에 부딪쳤다. "애제哀帝(재위 BC 7~1) 때에 유흠에게 오경박사들에게 그 뜻을 강론하게 하였고, 여러 박사들은 간혹 마주 대면하기를 원하지 않았다." 유흠이 편지를 써서 꾸짖기를 "자신의 견해만 악착같이 지키고, 같은 당의 사람들끼리 도와 진리를 시기하고, 임금의 조서를 위반하고, 성인의 뜻을 잃어버리고 문리文吏(문관 혹은 법을 집행하는 하급관리)의 논의에 빠져 있다"(『한서』, 「劉歆傳」)고 하였으며, 그는 또 금문경이 번쇄하여 이해하기 쉽지 않으며, 더욱이 사회에 무익함을 폭로하였다. 그는 다음과 같이 말한다.

문장을 나누고 글자를 분석하고, 번거롭게 말하고 말을 잘게 부수어 학자는 늙도록 심혈을 기울여도 결국 하나의 예藝(여기서는 六經 중의 하나)에도 정통精通할 수 없다. 입으로 한 말을 믿고 전해진 기록을 믿지 않으니, 보잘 것 없는 스승을 옳게 여기고 전고前古를 그르다고 보며, 국가의 대사大事가 있으면, 왕가에 학교를 설립하고, 하늘에 제사를 지내고, 임금이 전국을 순례하는 의례儀禮를 행하였는데, 아득하여 그 근원을 알지 못하였다.(『한서』, 「유흠전」)

반대가 격렬하였고 게다가 어떤 사람이 유흠을 "어지럽게 옛 장전章典을 고쳤다"고 고발하였기 때문에 고문경은 학관에 설립되지 못했다. 평제平帝 때에 왕망王莽(BC 45~AD 23, 新왕조 AD 8~24)이 정권을 잡자 유흠을 기용하고 『좌씨춘추』, 『모시』, 『일예』, 『고문상서』 등의 고문경을 학관에 설립하였다. 왕망이 권력을 찬탈한 후 또 『주관周官』을 관학으로 설립하였고, 유흠은 가신공嘉信公으로 봉해지고 "국사國師"로 불렸다.

유수劉秀(BC 5/AD 25~57, 光武帝)가 동한을 세운 후에 고문경학가와 상서령尚書令 한흠韓歆(?~39)이 조정에 상서를 올려 『비씨역費氏易』, 『좌씨춘추』의 박사를 건립하고자 하였다. 광무제는 조칙을 내려 공경대부와 박사들에게 그것을 토론하도록 하였고, 고문경과 금문경 두 파는 격렬한 논쟁을 전개하였으며, 최종적으로 금문경의 박사 범승范升(?~66?)의 강렬한 반대로 설립되지 못했다. 명제明帝 때에『좌전』,『곡량穀梁』,『고문상서』,『모시毛詩』네 경전을 공개적으로 전수하는 것을 허락하였으나, 박사는 설립하지 않았다. 장제章帝는 경술經術을 매우 좋아하였는데, 특히『고문상서』와『춘추좌전』을 좋아하였고, 즉위 후에는 일찍이 조서를 내려 고문경학가 가규賈逵가 북궁北宮인 백호관白虎觀과 남궁南宮인 운대雲臺에서 강학을 하도록 하였다.

가규는 가문에서 전해오는 고문경古文經을 익혔는데, "약관弱冠 20세에『좌씨전左氏傳』과 오경의 본문을 외울 수 있었으며, 대하후大夏侯의『상서』로써 가르쳤으며, 비록 고학古學이라고 해도 다섯 학파의 곡량穀梁의 학설을 함께 통하였다." 또『좌전』과『국어國語』에도 뛰어났다. 장제章帝는 가규의 경학을 매우 좋아하여 그로 하여금『공양公羊』,『곡량穀梁』두 경전의 대의大義를 상세히 밝혀내도록 하였다. 가규는 통치자의 수요에 영합하여『좌전』이『공양』보다 우월한 37가지 일을 뽑아내어 상주문을 지었다. 장제가 상주문을 본 후 매우 기뻐하여 가규에게 상賞과 하사품下賜品을 내렸고, 아울러 가규에게 명령을 내려『공양』의 엄嚴씨 안顔씨 두 학파의 여러 학생 가운데 20명의 뛰어난 인재를 선발하여『좌전』을 가르치게 하였다. 또한 가규에게 명령을 내려 구양歐陽·대하후大夏侯·소하후小夏侯의『상서』와『고문상서』와의 동이同異, 제齊·노魯·한韓의『시詩』와『모시毛詩』와의 동이同異를 편찬하도록 하였다. 그 후에 장제는 친히 백호관에서 역학易學을 포괄한 학관 내에 있는 학자들과 경학 토론회를 개최하여, "동이同異를 상고하였다." "숙종肅宗은 친히 주관하였는데, 석거각石渠閣[14]의 고사처럼 고명사신顧命史

---

14) 역자 주: 서한 때 蕭何가 만든 장서각의 이름. 閣의 아래에 돌을 쌓아 渠를 만들어 물을 흐르게 하였기 때문에 붙여진 이름. 秦의 圖籍 등 각종 도서를 보관하였으며, 宣帝가 유생들을 이곳에 모아 오경을 비롯한 여러 경전을 강론하게 했으며, 일부는 국정에 참여시켰다.

臣(유언을 받은 史官)으로 삼아 통의通義를 저술하게 하였다. 또 뛰어난 제자들을 모아서 『고문상서』, 『모시』, 『곡량』, 『좌씨춘추』를 듣게 하니 비록 학관을 설립되지 않았으나 그러나 모두 뛰어난 제자를 발탁하여 강랑講郎으로 삼고 왕의 비밀사무를 처리하도록 하였으며, 따라서 은거한 선비들을 망라하여 여러 학파들을 널리 보존하였다."

『후한서』「유림전」에 따르면 안제安帝(94/106~125)는 널리 여러 유학자를 선발하고, 오경박사 유진劉珍이 마융馬融(79~166) 등과 함께 동관東觀에서 『역경』을 포함하여 학관 내의 오경과 기타의 문헌을 교정校訂하여 "탈자, 오자를 정돈하고 문자를 바로잡았다." 최근의 사람 김덕건金德建의 고증에 의하면, 이때의 교서校書는 금문본을 교정하여 고문본으로 만들었다.15) 그리고 영제靈帝 때에 노식盧植도 상서를 올려 고문경 설립을 청하였는데, "고문古文과 과두科斗16)는 실實에 가까운데, 세상풍속에 억압당하고, 소학小學으로 강등되었다. (후한이) 중흥한 이래 통유通儒(세상일에 통달하고 실력 있는 학자)이자 달사達士인 반고班固(32~62), 가규賈逵, 정흥鄭興(생졸 미상)의 부자가 그것을 매우 기뻐하였다. 금문의 『모시』, 『좌전』, 『주례』는 각각 전기傳記가 있으니 그것은『춘추』와 기본적으로 표리를 이루며, 박사를 두기에 적합하여 학관에 설립하였고, 이로써 후일에 도움이 되며 성인의 뜻을 넓혔다"(『후한서』, 「吳延史盧趙列傳」)고 하였다.

그러므로 금문경과 고문경의 싸움은 이미 학파의 문호門戶의 싸움을 포함하였고, 또한 정치적 지위의 싸움도 포함하였다. 고문경은 현실과 일정한 거리가 있기 때문에 금문경과는 달리 관방의 적극적 존중을 받지는 못하였으나 금문경의 연구에서 공리功利와 관련된 문제들을 피하였다. 이 때문에 유흠劉歆이나 노식盧植 등이 학관을 설립하기를 요청한 노력이 성공하지 못하였고, 고문경은 동한의

---

15) 金德建, 『經今古文字考』(齊魯書社, 1986), 261쪽.
16) 역자 주: 科斗는 科斗書, 鳥蟲書, 蟲書라고도 한다. 그 가운데 최초는 鳥蟲이며, 다음이 科斗이다. 科斗는 또 蝌蚪로 쓰기도 하며, 한대 말부터 서체로 쓰이기 시작하였다.

학관에서는 한 자리도 점하지 못하였다. 그러나 그 영향은 도리어 갈수록 더 넓어졌고, 점점 통치자의 묵인과 학계의 인정을 얻어 동한시대에 성행하였다.

『후한서』「유림열전」의 기록을 참고하면, 진원陳元(생졸 미상), 정중鄭衆(?~83?), 마융馬融(79~166), 정현鄭玄(127~200), 순상荀爽(128~190) 등이 전한 비씨역費氏易이 있으며, 거기에 전주傳注를 지었고, 비費씨의 고역古易이 흥하였고, 경京씨의 금문역今文易은 책은 있으나 선생이 없어 쇠미해졌다. 두림杜林(?~47), 가규, 마융, 정현 등이 전한 『고문상서』가 있고 거기에 전주傳注를 지으니 여기서 『고문상서』가 비로소 세상에 드러났다. 사만경謝曼卿, 정중, 가규, 마융, 정현 등이 전한 『모시』가 있고 거기에 전주傳注를 지으니 여기서 『모시』가 크게 일어났다. 정중, 마융, 정현 등이 전한 『주관周官』이 있고 거기에 전주를 지으니 여기서 『주관』의 학문이 크게 일어났으며, 정흥, 진원 등이 전한 『춘추좌전』이 있으니 여기서 『춘추좌씨』의 학문이 크게 일어났다. 여기서 고문경이 동한시대에 성행한 것은 가규, 마융 그리고 정현 등의 노력과 떨어질 수 없음을 알 수 있다. "처음 중흥中興한 후에 범승范升, 진원陳元, 이육李育(생졸 미상), 가규의 무리가 고문학과 금문학을 논쟁하였고, 후에 마융이 북지태수北地太守 유괴劉瓌(생졸 미상)에게 답한 것과 정현이 하휴何休에게 답한 것은 그 뜻이 매우 깊어서 이로부터 고문학이 드디어 밝아졌다."(『後漢書』, 「鄭玄列傳」)

이와는 상반되게 금문경학에서부터 동한에 이르기까지 흥성하지 않고 쇠망해 버린 주요 원인은 태학의 교사校舍가 퇴락하여 없어지고 박사들이 강론하지 않고 학자들도 정업正業으로 삼아 힘쓰지 않았기 때문이다. 『후한서』「유림열전」에서는 "안제安帝가 정무를 맡아본 때부터 예문藝文을 등한시하고, 박사는 자리에만 의지하고 강론하지 않았으며, 학관의 무리들은 서로 태만하고 흩어지고, 교사校舍는 퇴락하여 닫혔다. 국화 화원이 푸성귀(園蔬) 밭이 되고, 목장이 잡목 숲(蒭牧)이 되어 장작더미 아래 놓이고 말았다"고 하였고, 또 "당인들이 이미 죽고 그 고명한 선사善士들이 폐습으로 흐르고 그 뒤 결국 원망과 투쟁이 생겼으며,

다시 편지로 알리고, 또한 사사로이 화폐와 재물을 모으고, 난대칠서蘭臺漆書[17]의 경문의 글자를 정함에 그들의 사사로운 문장에 맞추었다"고 하였다.

5. 상수역학의 홍성과 쇠미

역학으로 말하면 양한兩漢의 역학자들이 고심하면서 논구해 온 상수역학이 시간이 경과되면서 가장 전성기로부터 쇠미해지기 시작하였다. 한대 역학은 공자로부터 전해졌다. 공자는 만년에 『주역』을 좋아하여 책을 맨 가죽 끈이 세 번이나 끊어지도록 연구하여 『주역』에 풍부한 철학적 의미를 부여하였으며, 아울러 『역』을 전수하기 시작하였다. 공자로부터 다섯 번 전하여 한대漢代의 전하田何에 이르렀는데, 『한서漢書』 「유림전儒林傳」에는 다음과 같이 말한다.

노나라의 상구商瞿 자목子木[18]이 공자에게 『역』을 전수받아 노나라의 교비자용橋庇子庸에게 전수하였다. 자용子庸은 강동의 간비자궁馯臂子弓에게 전하고 자궁은 연燕나라의 주축자가周丑子家에게 전하고 자가는 동무東武의 손우자승孫虞子乘에게 전하였으며, 자승은 제齊나라의 전하자장田何子裝에게 전하였다. 진秦의 금학禁學시기에 『역』은 복서卜筮의 책으로 여겨져 혼자서만 금서로 지정되지 않았기 때문에 전수傳授하는 사람이 끊어지지 않았다. 한나라가 일어나자 전하田何는 제齊나라 전도두릉田徒杜陵[19]으로 호는 두전생杜田生이라 하는데, 그는 동무東武의 왕동자중

---

17) 역자 주: 동한시대에 조정에서 각종의 경문에 대하여 모두 한 부의 표준 독본으로 정하여 옻칠로 글씨를 써서 蘭臺에 보관하였고 이것을 蘭臺漆書라고 한다.
18) 역자 주: 商瞿(BC 522~?). 성은 商, 이름은 瞿, 자는 子木, 華夏族으로 춘추시대 노나라 사람이며, 공자에 비해 29세 아래다.
19) 역자 주: 서한의 금문역학의 개창자이며, 田氏易學派의 창시인이다. 자는 子莊(혹은 子裝)으로 淄川(현 산동성 淄博市) 사람이다. 徒杜陵(현 陝西의 西安 동남쪽)이라고 하며, 호는 杜田生이다. 오로지 『周易』을 연구하여 서한에서 박사로 설치한 금문역학은 모두 도두릉으로부터 전수받았다.

王同子中, 낙양雒陽의 주왕손周王孫, 정관丁寬[20], 제복생齊服生 등에게 전하였으며, 모두 『역전』 여러 편을 저술하였다. 이와 함께 치천淄川의 양하楊何에게도 전수하였는데 자는 숙원叔元이며, 원광元光[21] 연간에 태중대부太中大夫가 되었다. 제齊의 즉묵성卽墨成은 성양城陽의 상相이 되었다. 광천廣川의 맹단孟但은 태자문대부太子門大夫가 되었다. 노魯의 주패周覇, 거莒의 형호衡胡, 임천臨川의 주부언主父偃 등은 모두 『역』으로써 대관大官에 이르렀다. 『역』을 말하려는 사람은 전하에 근원한다.

한漢은 전하로부터 몇 대로 전수되어 관학의 사대가四大家와 민간의 양대가兩大家를 형성하였다. 『후한서』「유림열전」에는 다음과 같이 말한다.

전하가 『역』을 정관丁寬에게 전수하였고, 정관은 전왕손田王孫에게 전하였으며, 왕손은 패沛의 사람 시수施讐와 동해東海의 맹희孟喜, 낭야琅邪의 양구하梁丘賀에게 전하였으며, 이로부터 『역』에는 시施·맹孟·양구梁丘의 학문이 있게 되었다. 또한 동군東郡의 경방京房[22]은 양梁나라의 초연수焦延壽에게서 『역』을 전수받아 따로 경씨학京氏學이 되었다. 또 동래東萊의 비직費直이 전한 『역』이 있어 낭야琅邪의 왕횡王橫에게 전수되어 비씨학費氏學이 되었는데, 본래는 고자古字였기 때문에 고문역古文易이라고 한다. 또 패沛의 사람 고상高相이 전한 『역』은 자강子康과 난릉蘭陵의 무장영毋將永에게 전수되어 고씨학高氏學이 되었다. 시·맹·양구·경씨의 네 학파는 모두 박사博士가 되었으나, 비·고 두 학파는 (박사가) 되지 못하였다.

---

20) 역자 주: 자는 子襄이며, 서한 초기의 易學의 大師이다.
21) 역자 주: 元光은 漢武帝의 두 번째 연호로 BC 134~129의 6년간 사용되었다.
22) 역자 주: BC 77~37. 서한의 梁 사람. 자는 君明이며, 頓丘 출신. 본래 李氏였는데 스스로 京씨로 고쳤다. 焦延壽(생졸 미상)에게서 易學을 배웠으며, 孝廉(州와 郡에서 효성과 청렴함으로 추천을 받은 사람)으로 관리가 되었다. 서한시대 유행하던 災異 사상에 밝아 元帝의 총애를 얻어 魏郡의 太守가 되었으나, 이 때문에 당시 권력자였던 石顯과 五鹿充宗 등에게 죽임을 당하였다. 그는 音律에도 밝아서 당시에 쓰이던 律管에 의한 12율의 算定法이 문제가 있다고 보고 準이라는 絃에 의한 음률측정기를 발명하여 60율을 算定하였다. 저서에 『京氏易傳』 3권이 있다.

만약 『역』을 연구하는 방법으로 말하면 서한의 역학은 사대四大 학파로 나눌 수 있는데, "훈고로 대의를 거론한 것은 주周·복服 등이 이들이며, 음양재이를 말하면 맹·경 등이 이들이며, 장구와 사설師說로 말하면, 시·맹·양구·경의 박사의 학문이 이것이며, 단象과 상象으로 경전을 해석한 것을 말하면 비·고가 이들이다."(『續修四庫全書提要』, 「易漢學提要」) 그 가운데 학관學官에 설립된 맹·경의 일파는 금문파에 속하며, 오로지 상수를 말하고, 또한 상수를 빌려서 크게 음양재이를 담론하여 한대는 제학齊學을 위주로 하는 천인天人의 학과 서로 합류하였다. 청淸나라 피석서皮錫瑞는 다음과 같이 말하였다.

> 한나라에는 천인지학天人之學이 있었는데, 제학齊學이 매우 왕성하였다. 『복전伏傳』은 오행을 『제시齊詩』는 오제五際를, 공양公羊의 『춘추春秋』는 재이災異를 많이 말하였는데 모두 제학이다. 『역』에는 상수의 점험占驗이 있고, 『예禮』에는 명당明堂의 음양陰陽이 있으니, 모두 제학은 아니지만 그 의미는 대략 같다. 당시의 유자儒者는 인주人主를 지존으로 여겨서 거리낌이 없었으며, 천상天象을 빌려 경계를 드러내고 대체로 그 임금이 덕을 잃은 자가 있으면 오히려 두려워하고 삼가며 마음을 가다듬어 반성할 줄 알도록 한다. 이 『춘추』는 원元으로써 하늘을 통솔하고, 하늘로써 임금을 통솔하는 뜻이 있으며, 또한 『역』은 신도神道로써 가르침을 베푸는 뜻이 있다.[23]

여기서의 제학齊學은 진한秦漢시기 제나라 땅의 경학연구를 가리킨다. 제나라 땅의 경학연구는 『상서』, 『시경』, 『춘추』가 유명하다. 『상서』는 우리나라에서 가장 빠른 歷史 역사의 전적이며, 또한 유가가 연구하고 익히는 경전의 하나이며, 진시황이 분서焚書할 때 『상서』도 그 속에 포함되었으며, 제남齊南의 복생이 박사가 되었을 때 자신이 가진 『상서』를 자신의 집 벽 속에 감추었다. 한나라가 일어나 "협서율挾書律[24]을 해제하였다." 복생伏生이 그 본래의 경전을 잃어버리고

---

23) 皮錫瑞, 『經學歷史』(中華書局, 1981), 106쪽.

구전口傳으로 29편이 전해졌고, 한나라 문제文帝(BC 202/180~157)가 『상서』를 학관에 설립하고자 하여 복생을 서울로 초청하려고 하였는데, 이때 복생은 이미 90여 세로 올 수가 없었다. 문제는 조착晁錯[25])에게 조칙을 내려 복생에게 가서 수업을 받도록 하였으며, 복생은 또 제남의 장생張生 등에게도 전수하였다. 『상서』에는 『홍범洪範』에서 오행을 전하여 강론하기 때문에 복생이 오행을 전하였다고 말한다. 오행은 본래 자연계가 갖춘 서로 다른 성능의 다섯 종류의 물질을 가리키며, 전국시대 제나라 사람 추연鄒衍[26])이 오행을 이용하여 사회를 해설하였고 오덕종시설을 제출하였으며, 인류사회의 역사변화가 자연계와 같이 수水·화火·금金·목木·토土의 다섯 가지 세력의 지배를 받으며, 왕조의 교체가 오행의 상극相克의 억제抑制의 관계를 나타낸다고 보았다. 예를 들면, "오덕五德은 이기지 못하는 바를 따르는데 우虞는 토土, 하夏는 목木, 은殷은 금金, 주周는 화이다."(『文選』, 「齊故安陸昭王碑」의 李善이 鄒子를 인용한 注) 추자鄒子의 이러한 관점이 당시에 유행하였다. 『사기史記』「역서歷書」에서는 "이때는 오직

---

24) 역자 주: 진시황이 BC 213년 승상 李斯의 건의를 받아들여 博士官이 직무상 소장한 이외의 詩書나 百家의 책들을 郡의 관리인 守나 尉에게 제출하여 소각시키고, 令이 내린 지 30일이 지났는데도 소각시키지 않은 사람은 墨刑에 처하고 城을 쌓는 노동에 처하는 城旦의 형을 내리고, 민간에서 醫藥이나 卜筮, 種樹 등 실용적 책 이외의 모든 책을 보지 못하도록 한 정책. 儒學이 정치이념으로 부활된 서한 惠帝 4년(BC 191)에 협서율이 해제되었다.

25) 역자 주: 晁錯(?~BC 154)은 潁川(지금의 하남성 禹縣) 사람이다. 일찍이 軹縣의 張恢 선생에게 申不害와 商鞅의 刑名學說(법가의 일파)을 배웠다. 낙양의 宋孟, 劉禮와 더불어 같은 스승을 섬겼다. 그는 문학에 뛰어나 太常의 掌故(옛 사실과 관례, 고사를 맡은 벼슬아치)가 되었다. 효문제 때 오직 濟南의 伏生이 秦의 博士 출신으로 『상서』에 조예가 깊어 그를 초빙하고자 하였으나, 그가 이미 90여 세로 너무 연로해 조정으로 초빙할 수가 없었다. 이에 태상에게 조서를 내려 적당한 사람을 복생에게 보내 그의 학문을 전수받도록 했다. 태상에서는 조착을 파견하여 복생에게 『상서』를 전수받게 하였다. 그 외 晁錯와 관련된 많은 역사적 사건과 일화가 있다. 『史記』, 「袁盎·晁錯列傳」 참고.

26) 역자 주: 齊의 음양오행가. 왕조의 흥망은 土·木·金·火·水라는 五行의 순차에 의해 극복된다는 五德終始說을 제창하였다. 燕의 昭王이 碣石宮을 지어 스승으로 모셨으나, 惠王이 즉위한 후 참소로 투옥되자 유월에 서리가 내렸다고 한다. 또한 "大九州說"을 주장하였고 저서에 『鄒子』가 있었다고 하나 전해지지 않는다.

추연鄒衍만이 오덕의 전승에 밝았으며, 흩어져 변화하는 구분이 제후諸侯들에게 드러났다"고 하였다. 『사기史記』「봉선서封禪書」에서는 "추연鄒衍이 음양陰陽으로 왕조의 교체원리를 설명하여 제후들에게 드러났으며, 연燕과 제齊의 해상海上의 방사方士들이 그 술術을 전수받아 통할 수 없게 되니 괴상하고 아첨하고 억지로 꿰맞추려는 무리들이 이로부터 일어나 그 수를 다 셀 수 없었다"고 하였다. "오행"을 이용하여 자연계를 설명하려는 것은 결코 신비하지는 않지만, 그러나 만약 사회의 사람의 일에 비견하고자 하면 신비적 색채를 가지게 된다. 이와 같이 추연의 정합整合으로 비롯된 신비적 오행설이 한대에 이르러 유가들이 경서를 해석하는 중요한 재료 가운데 하나가 되었다. 이로 인하여 어떤 청대 학자는 위서緯書의 기원을 추연으로 귀결시키는데, 결코 기괴한 것은 아니다.

처음 『시경』은 대부분 제나라 땅에서 전수되었다. 서로 전하다가 공자의 제자인 자하子夏가 『시』를 전해주었고, 한나라에 이르러 노魯・제齊・한韓・모毛의 네 학파가 있게 되었다. 노나라 사람 신공申公이 부구백浮丘伯으로부터 시를 전수받아 노시魯詩라고 불렀다. 제齊나라 사람 원고생轅固生이 『시전詩傳』을 지어서 제시齊詩라고 불렀다. 연燕나라 사람 한영韓嬰이 한시내외전韓詩內外傳을 지어서 한시韓詩라고 불렀다. 노나라 사람 모형毛亨이 『시고훈전詩故訓傳』을 지었고, 하남下南의 모장毛萇이 전수받아 모시毛詩라고 불렀다. "제시오제齊詩五際"27)는 또 "사시오제四始五際"28)라고 하는데, 이것은 오행과 지지地支로써 『시경』을 해석하

---

27) 역자 주: 五際는 한나라 초의 『詩』에 齊・魯・韓의 세 학파가 있었다. 『齊詩』의 학자 翼奉(전한 東海 下邳[강소성 邳縣] 사람. 자는 少君. 經學博士와 諫大夫를 지냈다. 蕭望之, 匡衡과 함께 后蒼에게 齊詩를 배워 齊詩翼氏學의 창시자가 되었다.)이 시를 설명함에 음양오행의 설에 맞추어서 정치변화를 추론하였는데, 매번의 卯, 酉, 午, 戌, 亥는 음양의 종시가 좋은 때를 만나는(際會) 해이며, 정치적으로 반드시 중대한 변화가 발생한다고 보았다.

28) 역자 주: 四始. 예전 『詩經』을 설명하는 네 가지 시작이 있는데 학파마다 의견이 달랐다. 첫째, 風・小雅・大雅・頌을 가리킨다. 『詩』 「大序」에서 "일국의 일이 한 사람에 근본하여 변함을 '風'이라고 하며, 세상의 일을 말하고 사방의 풍속을 형용함을 '雅'라고 하며, 雅는 곧 옳음(正)이며, 왕정이 흥하고 폐하는 까닭을 말함에 정치에는

였음을 가리킨다. 예를 들면 간지干支와 오행으로써 시경의 편명을 해석하였다. 『후한서後漢書』「낭의전郎顗傳」의 주에서 "사시四始는 「관저關雎」를 국풍國風의 시작이라 하고, 「녹명鹿鳴」을 소아小雅의 시작이라 하고, 「문왕文王」을 대아大雅의 시작이라 하고, 「청묘淸廟」를 송頌의 시작이다"라고 하였다. 『시위詩緯·범력추汜歷樞』에는 "「대명大命」은 해亥에 있고 수水가 시작이며, 「사모四牡」는 인寅에 있고 목木이 시작이며, 「가어嘉魚」는 사巳에 있고 화火가 시작이며, 「홍안鴻雁」은 신申에 있고 금金이 시작이다"고 하였다. 『한서漢書』「익봉전翼奉傳」에 맹강孟康이 『시외전詩外傳』을 인용하여 "오제五際는 묘卯, 유酉, 오午, 술戌, 해亥이다. 음양이 끝나고 시작하는 만남의 세수歲數가 이에 이르면 변혁變革의 정치가 생긴다"29)고 하였다. 또 『후한서』「낭의전」에서는 『시위·범력추』를 인용하여 "묘卯·유酉는 정사의 변혁이며, 오午·해亥는 천명天命의 변혁이며, 신神은 천문天門에 있고, 출입하는 사람들에게 탐색하고(候) 듣는다"고 하였다. 송균宋均은 주를 달기를 "신神은 양기陽氣이며 임금을 상징한다. 천문天門은 술戌·해亥의 사이에 있으며 건乾이 있는 곳이다"라고 하였다.

춘추공양학은 제나라 땅에 근원한다. 서로 전하여져 공자는 『춘추』 가운데의 대의를 자하子夏에게 전하였으며, 자하는 제자이며 제나라 사람인 공양고公羊高에 게 전하였으며, 공양고로부터 다섯 번 전하여 공양수公羊壽에 이르렀다. 문제文帝

大小가 있으므로 '小雅'가 있고 '大雅'가 있다. '頌'은 盛德의 아름다움을 형용하며 이로 써 그 성공을 神明에게 고하는 것이다. 이것을 四始라고 하며, 『詩』의 지극함이다." (一國之事, 繫一人之本, 謂之'風'; 言天下之事, 形四方之風, 謂之'雅'; 雅者, 正也, 言王政之所 由廢興也, 政有大小, 故有'小雅'焉, 有'大雅'焉; '頌'者, 美盛德之形容, 以其成功告於神明者也. 是謂四始, 『詩』之至也.) 공영달은 정현의 『答張逸』을 인용하여 疏를 달아 "四始는 風, 小雅, 大雅, 頌이다. 이 네 가지를 임금이 행하면 흥하고, 폐하면 쇠한다.(孔穎達疏引鄭 玄『答張逸』云: "四始, '風'也, '小雅'也, '大雅'也, '頌'也. 此四者, 人君行之則爲興, 廢之則爲 衰")라고 하였다. 둘째, 風, 小雅, 大雅, 頌의 첫 篇을 가리킨다. 셋째, 金, 木, 水, 火에 시작의 뜻이 있다고 본다.

29) 역자 주: 이 구절은 본래 『漢書』「翼奉傳」에서 "『易』有陰陽, 『詩』有五際"의 구절에 대 하여 顏師古가 孟康을 말을 인용하여 설명한 내용이다.

(BC 180~157), 경제景帝(BC 157~141) 시대 공양고가 제나라에서 널리 제자들을 받아들였으며, 공양학公羊學의 정화를 제나라의 호무생胡毋生에게 전수하였다. 공양학의 가장 두드러진 특징은 천인감응의 사유와 음양재이의 관념으로 춘추시기에 출현한 자연의 괴이한 현상과 인사를 해석한 점이다. 이것이 곧 한나라 초기의 제학齊學이다. 복서卜筮라고 일컬어지는 『주역』이 제학과 서로 일치하는 공용功用이 있기 때문에 한나라 초기의 이와 같은 특정한 환경에서 매우 빨리 제학과 합하였으며, 제학이 존중하는 음양의 관념과 오행사상, 재이설과 당시 성왕聖王의 "참정參政"으로 일컬어지는 천문天文과 "명命을 아는 술術"의 역법曆法이 하나로 합해져서 역학가들이 『주역』을 이해하고 해석하는 도구가 되었으며, 천도에 치우친 상수역학을 형성하였다. 예를 들면 『한서』에는 위상魏相(?~BC 59)이 "수표數表로서 『역음양易陰陽』과 『명당월령明堂月令』을 채택하여 바쳤다"고 하였고, 맹희孟喜는 "역가易家들이 음양재이의 변화를 탐색한候) 책을 얻었다"고 하였는데, 이것은 역학이 제학의 음양재이의 변설變說을 받아들인 증명이다.

  물론 이 제학의 『상서』의 오행, 『시경』의 사시四始와 오제五際, 『춘추』의 음양재이, 역학의 상수, 예학의 음양과 명당明堂은 당시에는 모두 인사人事의 길흉을 미루어 알고 정치의 득실과 국가의 안위를 고찰하는 도구였다. 비록 그 개념과 방법은 어느 정도 차이가 있지만 그 내용과 효과는 일치한다. 이 점은 『제시齊詩』를 연구한 익봉翼奉이 매우 분명하게 말하였다.

  천자가 자리를 잡고 해와 달이 걸리고 별자리들이 분포되고 음양이 나뉘고 사시가 정해지며, 오행이 배열되니 성인이 그것을 보고 도道라고 불렀다. 성인이 도를 드러낸 후 왕도정치의 상象을 알았으므로 주州·향鄕·읍邑 등이 구획되었으며, 군신이 세워지고 율력律曆이 성립되고, 성패成敗가 드러나니 현자賢者가 보고 경經이라고 불렀다. 현자가 경을 드러낸 후 인도人道의 힘쓸 바를 아니 『시』, 『서』, 『역』, 『춘추』, 『예』, 『악』이 이것이다.(『漢書』, 「翼奉傳」)

맹孟·경京 일파가 시대의 요구에 영합하여 당시의 자연과학과 역학에서 얻은 성과를 흡수하여 천도를 미루어서 인사를 밝히는 상수象數·서점筮占30)의 체계를 건립하였으며, 이에 따라 역학 발전의 큰 방향이 바뀌었으니 역학은 총체적으로 상수로써 『역』을 연구하는 방법(路數)으로 전환하였다.

이러한 역학사에서 중대한 변혁은 맹희孟喜(BC 90~40)로부터 시작되었다. 맹희는 양한兩漢의 상수역학의 선구자이다. 그는 한대의 소제昭帝와 선제宣帝 시기에 태어났으며, 자는 장경長卿, 동해의 난릉蘭陵(지금의 山東 蒼山縣 서남쪽) 사람이며, 그 부친인 맹경孟卿이 『예』와 『춘추』를 연구하여 후세에 전한 것이 『후씨례后氏禮』와 『소씨춘추疏氏春秋』인데 모두 맹경孟卿에게서 나왔다. 맹희는 아버지의 명령을 따라 『역』을 연구하였고, 시수施讐 양구하梁丘賀와 함께 전왕손田王孫에게서 배워서 한대 제일의 역학자인 전하田何의 재전再傳 제자가 되었으며, 스스로 전왕손田王孫의 진전眞傳을 얻었다고 하였으나 전왕손이 죽을 무렵에 배운 거짓말 임을 동문同門인 양구하의 반박을 받았다. 사실 맹희는 유가 문하의 일개 배반자로서 감히 이단사설을 받아들인 역학자였다. 바로 이 사법師法을 어지럽힌 일 때문에 처음 하나라 초에 박사를 설립할 때 "많은 사람들이 맹희를 추천하였으나 위에서 맹희가 사법을 고쳤다는 말을 듣고 결국 등용하지 않았다"(『한서』, 「유림전」) 고 하였다. 한나라 역에는 금문과 고문의 구별이 있으며, 맹씨의 역은 금문今文의 역에 속하며, 일찍이 한의 선제宣帝가 소집한 경학토론회에 참가하여 "석거각石渠閣에서 오경五經을 여러 유학자와 동이同異를 논하였다." 맹희의 저작에는 『맹씨경씨孟氏京氏』, 『재이災異맹씨경씨』, 『맹씨장구孟氏章句』 등이 있으나 모두 없어졌으며, 장혜언張惠言(1761~1802), 손당孫堂(?), 마국한馬國翰(1794~1857), 황석黃奭(1809~1853, 본명 錫麟, 자 右原) 등의 맹씨역孟氏易 집본輯本(없어진 서적의 문장들을 찾아서 수집하여 다시 복원한 책)이 있다. 맹희는 "역학자들이 음양재이를 탐색한 책을

---

30) 역자 주: 龜卜과 蓍草占.

얻어서" 사법師法을 개변하여 괘기설卦氣說을 제출하였다. 『신당서新唐書』에 따르면, 일행一行(683~727, 시호 大惠禪師)의 『괘의卦議』에서는 "12월괘는 맹씨장구에서 나왔으며, 거기서 말하는 역은 기氣에 근본하여 뒤에 인사人事로써 그것을 밝혔다"고 하였다.

괘기설은 역학과 천문역법이 서로 결합한 산물이다. 『주역』 64괘 384효와 일 년 중의 사시四時 12월, 24절기, 72후候[31]에 서로 분배할 것이 곧 괘기설이다. 그 주요 이론은 사정괘四正卦설과 육일칠분六日七分설이다. 청나라 유학자 이도평李道平(1788~1844)은 "감坎, 리離, 진震, 태兌의 사정괘四正卦를 사시四時와 방향의 괘로 보며, 나머지 60괘를 12월에 분포함에 육일칠분六日七分을 주관한다. 또 복復에서 곤坤까지의 12괘를 소식消息(時運의 변화)으로 보며, 나머지 잡괘雜卦는 공公·경卿·대부大夫·후侯를 주관한다. 풍風, 우雨, 한寒, 온溫을 징응徵應으로 여긴다."[32] 이것은 사정괘로써 사시를 주관하고, 네 괘의 24효로써 24절기를 주관함으로 말한다. 그 나머지 60괘는 1년 12월 365¼일을 주관한다. 매 월은 5괘에 해당하며, 복復, 림臨, 태泰, 대장大壯, 쾌夬, 건乾, 구姤, 둔遯, 비否, 관觀, 박剝, 곤坤의 12벽괘辟卦(消息卦)[33]를 임금으로 보고, 12진辰(달)을 주관하며, 그 나머지는 잡괘雜卦를 신하로 보며, 공·경·대부·후로써 주관한다. 64괘와 365¼일을 서로 짝을 지우며, 매 괘는 6일을 주관하면, 5¼일이 남는다. 5¼일을 80분으로 나누면 420분을 얻으며, 이를 64괘로 나누면 7분을 얻는다. 그러므로 육일칠분六日七分의 설이 있다.

맹희의 괘기설은 역학연구에서 하나의 새로운 시대를 열었다. 맹희가 『역전』

---

31) 역자 주: 지구가 태양을 360도 한 바퀴 공전할 때 5度가 1候이며, 날 수로 5日이다. 시간으로는 12(고대의 1시간)×5=60시가 된다. 3후가 1節이자 1氣이며 15일이다. 보통 1년 4季, 1계는 3月, 1월은 2氣, 1기는 3候, 1후는 5일, 1일은 4辰, 1진은 3時이다.
32) 李道平 撰, 潘雨廷 点校, 『周易集解纂疏』(中華書局, 1994), 12쪽.
33) 역자 주: 周易 大衍數의 근본이 되는 12괘로 이 12괘를 음양으로 나누어 12달에 배정한다.

으로 열어젖힌 상수역학의 길은 괘상卦象과 시수蓍數라는 두 가지 핵심과 긴밀하게 둘러싸여 있으며, 고대의 자연과학과 역학의 상수를 일체화된 괘기설로 융합해 내었으며, 철저하게 전국戰國시대에서 한나라 초까지의 『역』을 설명하는 전통을 바꾸어 버렸다. 전국시대 『역전』들이 『역』을 설명하는 데 의리義理와 상수象數를 겸하여 보았으나 의리에 편중되었다. 상수에 대하여 말하면 그것은 단지 일반적인 이론 설명과 구체적인 운용으로 흘렀고, 구체적인 논증과 이론적 체계가 미흡하였다. 예를 들면 「계사繫辭」는 평범하게 상수를 말하였거나 혹 상象과 수數를 서법筮法에 응용하는 데 그쳤다. 「상전象傳」과 「단전象傳」은 상수를 이용하여 『역』을 주석하였으며, 상수와 상수로서 『역』을 연구하는 방법에 대해서는 엄격한 경계구분과 설명이 없었다. 한나라 초기 『역』의 설명은 『역전』의 의리로써 『역』을 연구하는 전통을 계승하였으며, 모두 의리를 주관하고 인사를 바로잡고, 음양과 상수는 말하지 않았다. 이 점에 대해서는 한나라 초의 문헌에 남아 있는 『역』을 설명하는 자료로써 분명하게 증명할 수 있는데, 한나라 초기에 나온 책으로『회남자淮南子』, 『신서新書』, 『설원說苑』, 『춘추번로春秋繁露』 등에 인용된 20여 조목條目의 역학자료는 모두 인사人事를 밝히는 내용이며, 상수를 말한 예는 전혀 없다. 이것은 한나라 초기 맹희의 앞의 역학은 유가의 의리역학이었음을 설명한다. 맹희는 비록 전왕손을 스승으로 따라 정통의 유가역학을 배웠으나 도리어 역학가들이 관찰한 음양재이의 책을 얻어서 한 번에 전승되어 온 사법師法을 바꾸었고, 장차 역학과 당시의 자연과학을 서로 결합하여 처음으로 괘기설을 창안하였으며, 음양재변을 주관하였다. 이것은 그의 역학이 미신의 외피로 풍부하고 과학적 내용을 포함하도록 하였으며, 객관적으로 역학의 이성적 성분을 증강시켜 그 신학적 색채를 희석시켰다. 이러한 의미에서 맹희가 "사법師法을 고침"과 같은 식의 역학의 변혁은 의리를 위주로 하는 유가 역학의 전통에 대한 도전이며, 상수역학에 대한 발전이자 심화이다. 그가 개창한 역학은 자연과학의 방법과 상수로써 『역』을 연구하려는 사고의 맥락이며, 중국역학과 천문역법의 발전을 규정하고 영향을 끼쳤다. 이 때문에 맹희는 한대역학의 상수파뿐만 아니라 전체 상수역학의 창시인이 되었다.

그 후 초연수焦延壽가 그 뒤를 이었다. 초공焦贛은 이름이 연수延壽이며, 양梁의 사람이다. 또 "일찍이 맹희를 따라 역易을 물었다"고 하였고, 스스로 맹희에게서 배웠다고 하였으며, 그의 학생인 경방京房도 "연수의 역은 곧 맹씨학이다"라고 인정하였으나, 맹희의 제자인 "구목瞿牧과 백생白生은 긍정하지 않고 모두 아니다"라고 하였다. 사실 초焦씨는 "홀로 은사隱士의 설을 얻어서 맹씨에게 의탁하였기에 서로 같이 않다." 그 역학은 "재변災變에 뛰어나고, 64괘를 나누어 다시 일용의 일을 고치는데 풍風·우雨·한寒·온溫을 탐구하여 각각 점험占驗이 있었다"(『漢書』, 「京房傳」)고 하였다. 그는 『역림易林』 등의 책을 저술하였고, 맹씨의 상수사상을 발전시켰다.

경방이 초연수에게서 역을 받아서 점험占驗을 내용으로 하는 방대한 상수사상의 체계를 건립하였다. 경방京房(BC 77~37)은 동군東郡의 돈구頓丘(河南 淸豊 서남쪽) 사람으로, 자는 군명君明이며, 본래 성은 이李씨인데 음율音律을 좋아하여 율律을 추론하여 스스로 경京으로 정하였다. 원제元帝(재위 BC 49~33) 때 박사로 정해졌고, 관직은 위군태수魏郡太에 이르렀다. 후일 중서령中書令 석현石顯의 전횡專橫을 탄핵하였다가 체포되어 하옥된 뒤 원제 건소建昭 2년에 죽었다. 역학에서는 초연수를 스승으로 모시고 음양재이陰陽災異에 뛰어났으며, 팔궁八宮·납갑納甲34)·세응世應·비복飛伏·오행五行 등의 학설을 제출하였고,35) 납갑納甲의 서법

---

34) 역자 주: 서한의 역학자인 京房이 공개한 占法의 원칙이다. 十干을 팔괘에 배분하고, 아울러 오행·방위와 서로 배합한다. 곧 乾은 甲에 배분하고, 坤은 乙에 배분하고 甲乙은 木으로 동방을 표시한다. 艮은 丙에 배분하고 兌는 丁에 배분하고 丙丁은 火로 남방을 표시한다. 坎은 戊에 배분하고 離는 己에 배분하며, 戊己는 土로 중앙을 표시한다. 震은 庚에 배분하며 巽은 辛에 배분하며 庚辛은 金으로 서방을 표시한다. 乾은 壬에 배분하며, 坤은 癸에 배분하며 壬癸는 水이며 북방을 표시한다. 甲이 十干의 처음이므로 하나를 들어 나머지를 개괄하므로 納甲이라고 불렀다.

筮法으로 주간主幹하는 서점筮占의 체계를 건립하였으며, 한나라 초기의 전하역학 田何易學의 이당異黨(같은 당내의 다른 파벌)이 되었다. 그의 제자의 말에 근거하면 "경방은 재이災異를 말하는데 일찍이 적중하지 않음이 없었다"("한서』, 「경방전」)고 하였다.

동시에 경방은 맹희의 괘기설을 발전시켰다. 경방은 맹희의 사정괘가 24절기를 주관한다는 말에 동의하지 않고, 따로 독창적으로 진震, 태兌, 감坎, 리離, 손巽, 간艮의 여섯 괘와 24절기를 짝으로 배합하여 여섯 괘가 24절기를 주관하는 사상을 제출하였다. 그는 다음과 같이 말하였다.

입춘立春의 정월의 절節은 인寅에 있고 감괘坎卦의 초육初六으로 입추立秋와 같이 쓰인다. 우수雨水의 정월 중中은 축丑에 있고 손괘巽卦의 초육으로 처서處暑와 같이 쓰인다. 경칩驚蟄의 이월의 절은 자子에 있고 진괘震卦의 초구初九로 백로白露와 같이 쓰인다. 춘분春分의 이월 중은 해亥에 있고 태괘兌卦의 구사九四로 추분과 같이 쓰인다. 청명淸明의 삼월의 절은 술戌에 있고 간괘艮卦의 육사六四이며 한로寒露와 같이 쓰인다. 곡우穀雨의 삼월 중은 유酉에 있고 리괘離卦의 구사이며 상강霜降과 같이 쓰인다. 입하立夏의 사월 절은 신申에 있고 감괘의 육사이며, 입동立冬과 같이 쓰인다. 소만小滿의 사월 중은 미未에 있고 손괘巽卦의 육사이며 소설小雪과 같이 쓰인다. 망종芒種의 오월절은 오午에 있고 진궁震宮의 구사이며 대설大雪과 같이 쓰인다. 하지夏至의 오월 중은 사巳에 있고 태궁兌宮의 초구이며 동지冬至와 같이 쓰인다. 소서小暑의 유월절은 진辰에 있고 간궁艮宮의 초육이며 소한小寒과 같이 쓰인다. 대서大暑의 유월 중은 묘卯에 있고, 이궁離宮의 초구이며, 대한大寒과 같이 쓰인다.("京氏易傳』, 권하)

경씨는 『주역』의 64괘 가운데 감坎, 손巽, 진震, 태兌, 간艮, 리離의 여섯 순괘純卦를 순서대로 차례로 배열하여 1년 24절기로 서로 짝을 지었다. 각 하나의 괘는

---

35) 林忠軍, 『象數易學發展史』(齊魯書社, 1994), 권1, 제3장 "京房象數易學"을 보라.

첫째와 넷째의 두 효를 취하여 하나의 효를 두 절기에 배당하였으며, 하나의 괘는 네 개의 절기를 주관하며, 여섯 괘의 12효는 24절기를 주관한다. 만약 절기를 순서대로 보면 그 배합의 법칙은 감坎, 손巽, 진震의 초효와 태兌, 간艮, 리離 세 괘의 사효가 입춘, 우수, 경칩, 춘분, 청명, 곡우를 나누어 주관하고, 다시 감, 손, 진震 세 괘의 사효四爻와 태兌, 간艮, 리離 세 괘의 초효가 입하, 소만, 망종, 하지, 소서, 대서를 나누어 주관한 뒤에 이와 같은 방법으로 여섯 괘의 초효와 사효 두 효를 취하여 입추, 처서, 백로, 추분, 한로, 상강, 입동, 소설, 대설, 동지, 소한, 대한을 주관한다. 괘의 각도에서 보면 그 배합의 법칙은 감괘의 초효初爻가 입춘과 입추를 주관하고 사효四爻는 입하와 입동을 주관하며, 손괘의 초효는 우수와 처서를 주관하고, 사효가 소만과 대설을 주관하며, 진震괘의 초효는 경칩과 백로를 주관하고 사효는 망종과 대설을 주관하며, 태兌괘의 초효는 하지와 동지를 주관하고 사효는 춘분과 추분을 주관하며, 간괘의 초효는 소서와 소한을 주관하고 사효는 청명과 한로를 주관하며, 리괘의 초효는 대서와 대한을 주관하고 사효는 곡우와 상강을 주관한다.

이상의 분석으로 경씨는 여섯 괘를 이용하여 24절기를 주관하고 매 하나의 효는 모두 두 개의 대립되는 절기를 주관하므로, 분명히 맹희의 사정괘와는 다름을 알 수 있다. 육일칠분의 설에 대하여도 경씨는 새로운 것을 창안하였다. 맹희는 60괘와 $365\frac{1}{4}$일을 서로 배합하였는데, 경씨는 64괘와 $365\frac{1}{4}$일을 서로 배합하였다. 이에 대하여 한대의 왕충王充(27~104)과 당나라 때의 승려 일행一行이 모두 설명을 하였다. 왕충은 "경씨는 64괘를 일 년 중의 육일칠분에 하나의 괘로 처리하였다"(『論衡』, 「寒溫」)고 하였다. 승려 일행은 "경씨는 또 괘효卦爻로써 기간期間을 배분하였는데, 감坎, 리離, 진震, 태兌는 그 작용이 스스로 헤아려 그 첫머리까지 이르며, 모두 73/80을 얻었다. 이頤, 진晉, 정井, 대축大畜은 모두 5일 14분分이다. 나머지는 모두 육일칠분에 해당한다"(『新唐書』를 인용한 『卦議』 권27)라고 하였다. 승려 일행의 말을 살펴보면 경씨의 방법은 이頤, 진晉, 정井,

대축大畜의 네 괘가 주관하는 육일칠분 가운데 73분을 분별하여 줄어 가니 5일 14분(각 1일은 80분)이 되며, 사정괘로부터 나누어 그것을 주관한다. 곧 이頤, 진晉, 정井, 대축大畜이 나누어 5일 14분을 주관하고, 감坎, 리離, 진震, 태兌는 나누어 73분을 주관하며 그 나머지 괘는 불변으로 육일칠분을 주관한다.

경京씨는 일생동안 많은 역학 관련 저작을 저술하였는데『경씨장구京氏章句』, 『주역착周易錯』, 『주역점周易占』, 『주역혼돈周易混沌』, 『경씨역전京氏易傳』, 『주역수림周易守林』, 『주역요점周易妖占』 등이다. 현재 볼 수 있는 것은 겨우『경씨역전』과 청나라 사람 손당孫堂, 마국한馬國翰, 황석黃奭, 왕보훈王保訓의 경씨역에 관한 편집본이 있다.

경씨역의 형성은 한대 역학변혁의 완성을 상징한다. 청의 피석서皮錫瑞는 "전국시대의 제자諸子와 한나라 초기의 제유諸儒가 『역』을 말함에 모두 인사를 중시하고 음양재이를 주로 하지 않았는데, 맹孟·경京이 나옴에 비로소 재이를 말하였다"고 하고, 또 "처음으로 사법師法을 바꾸어 전하田何, 양숙楊叔, 정장군丁將軍으로부터 나오지 않은 사람은 맹희에서 시작하여 경방에서 완성되었다"고 하였다.

『역위易緯』는 맹희와 경방의 역학을 종합하여 천도에 차우치고, 상수를 주요한 특색으로 보는 역학체계를 구성하였다. 『주역』 해석을 근본요지로 삼고, 상수역학이 풍비하던 시대에 만들어진 책인 『역위』는 『주역』의 작자를 신화화하였고, 점험占驗을 목적으로 하는 상수역학의 사상을 포함하였다. 그러나 그 내용으로 말하면 훨씬 많은 것이 맹희와 경방의 역학이론이다. 예를 들면『계람도稽覽圖』와 『통괘험通卦驗』은 맹孟·경京의 역학의 계승하고 통합하여 오로지 괘기설을 강론하였다. 『역위』 가운데 "괘기卦氣는 중부中孚에서 시작한다." 감坎, 리離, 진震, 태兌를 사정괘四正卦로 보고, 60괘(혹 64괘)는 육일칠분을 주관하며, 또 복復에서 곤坤까지 12괘를 소식괘消息卦(변화를 주관하는 괘)로 보고 그 나머지는 잡괘로 공公, 경卿, 후侯, 대부大夫를 주관하며, 풍風, 우雨, 한寒, 온溫을 징응徵應(證驗)으로 보는 등 모두 맹·경의 학문에서 나왔으며, 그 가운데 어떤 관점은 거의 전반적으로 그대로 베낀 것이다. 예를 들면『경씨역전』에서는 "팔괘는 음양으로 나뉘고 육위六位와 오행은 광명하여 사방으로 통하고, 변역變易하여 절기가 확립된다. 천지가 만약 변역變易하지 않고 통기通氣하지 않는다면 오행이 갈마들기를 멈추고 사시四時도 또한 멈추고, 변동이 일어나지 않는다"고 하였다.『건착도乾鑿度』에서는 "역易은 그 덕으로써 말하며,…… 광명하여 사방으로 통하며 역을 본받아 절기가 확립된다"고 하였으며, 또 "변역變易이란 기氣이며, 천지의 변함에 기氣가 통할 수 없으면 오행은 갈마들기를 멈추고 사시도 또한 그치니 군신은 상象의 변화를 취하고 절기가 서로 옮겨간다(혹 화합한다)"36)고 하였다.『경씨역전』에는 "그러므로『역』에서 천하의 리를 가늠하는 까닭은 인륜으로써 정하고 왕도王道를 밝힌다. 팔괘는 오기五氣를 일으키고, 오상五常을 확립하며, 상象은 건곤乾坤을 본받고 음양에 순응하며 군신과 부자의 의를 바르게 한다"고 하였다.『건착도』에서는 "그러므로『역』은 천지를 경륜經綸하고 인륜을 다스리고 왕도를 밝힌다. 이런 까닭에 팔괘로써 오기를 일으키고 오상을 확립하여 운행하게 한다. 상象은 건곤을 본받고 음양에 순응하여 군신과 부자의 의를 바르게 한다"고 하였다. 경씨는 "대연의 수는 50"을 주석하며 "50은 10일을 말하며 12진辰, 28수宿이다"(孔穎達의『周易正義』로부터 인용)라고 하였다.『건착도』에서는 "하루 십간十干은 오음五音이며, 진辰은 12개로 육률六律이며, 별은 28개로 7개의 별자리다. 무릇 50(의 大衍數)은 거대한 문으로 사물이 그로부터 나온다"고 하였다. 허신許愼(30~124)은 『오경이의五經異義』를 인용하여 "『역』 가운데 맹孟·경京이 말한『역』에서 통치자

---

36) 역자 주:『乾鑿度』云: "易者以言其德也,……光明四通, 傚易立節." 又說"變易也者, 其氣也, 天地變不能通氣, 五行迭終, 四時更廢, 君臣取象變節相移(和)." 이 두 인용문에 해당하는 원문은 다음과 같다. "易者其德也, 光明四通, 簡易立節." 又說"變易者, 其氣也, 天不變不能通氣, 五行疊終, 四時更廢, 變節相移(和)." 해석하면, "역은 그 덕이며, 광명하여 사방으로 통하여 簡易하게 절기가 정해진다"고 하였다. 또 "변역하는 것은 그 기이다. 하늘이 변하지 않으면 기를 통할 수 없다. 오행이 겹쳐져 끝나면 사시가 다시 멈추며, 변화의 절기가 서로 옮겨 간다"고 하였다.

를 다섯 가지로 부르는데, 제帝는 하늘의 칭호로 처음이며, 왕王은 찬미의 칭호로 두 번째이며, 천자天子는 작위爵位의 호칭으로 세 번째이며, 대군大君은 홍성興盛하여 다름을 행하는 네 번째이며, 대인大人은 성인聖人의 덕德을 갖춘 사람으로 다섯 번째이다"(『예기』 「曲禮下」의 疏에서 인용)라고 하였다. 『건착도』에서는 "공자가 말하기를, 『역』에는 인군의 다섯 가지 이름이 있다. 제帝는 하늘로 칭하고, 왕은 아름다운 행위이며, 천자는 작호爵號이고, 대군은 미행美行이며, 대군은 윗사람과 함께 다름을 행하고, 대인은 성인의 명덕明德37)이다"라고 하였다.

현대 사람인 종조붕鐘肇鵬(1925~2014)은 여덟 가지 증거를 열거하여 『역위』와 맹·경역학의 관계를 설명하며, "이상의 여덟 조목은 충분히 『역위』가 맹·경역학의 일파임을 조금도 의심 없이 증명하였다"38)고 단정하였다. 청나라 사람 오익인吳翊寅은 아예 『역위』를 맹·경의 작품으로 보았다. 그는 지적하기를 "『역위·건착도』는 맹희가 저술하였고, 『계람도稽覽圖』, 『통괘험通卦驗』은 모두 경방이 저술하였다"(『易漢學考』一, 「易緯考上」)고 하였다. 맹씨역과 경씨역은 대부분 없어졌고 단지 없어진 저작을 수집하여 『역위』와 대조하여 『역위』가 맹·경의 작품이라고 추측하지만, 그 설이 정확하다고 말하기가 매우 어렵다. 다만 그가 『역위』와 맹·경의 역학이 내적으로 연결되어 있다고 주장한 말은 긍정적 가치가 있다.

상수역학의 발전은 동한東漢 때에 전성기를 이룬다. 역학의 연원으로부터 말하면, 동한은 서한西漢을 스승으로 이어받았으며, 서한의 시수·맹희·양구하·경방과 비직·고상이 동한역학의 정통 종파이다. 그러나 양한역학의 표현형식은 또한 서로 다르다. 예를 들면 서한은 사법師法(스승의 이론)을 중시하는데 동한은 가법家法(학파의 이론)을 중시한다. "사법은 그 기원을 거슬러 올라가며,

---

37) 역자 주: 이 책의 해당기록은 "大人者, 聖人聖明德備也"인데, 『건착도』 원문은 "大人者, 聖明德備也"로 되어 있다. 여기서는 원전의 원문에 따라서 해석하였다.

38) 鐘肇鵬, 『讖緯論略』(遼寧教育出版社, 1997), 130~134쪽.

가법은 그 흐름을 순행한다. 사법과 가법이 나뉘는 것은 예를 들면 역에는 시·맹·양구의 학문이 있는데 이것은 사법이며, 시가施家(施讐학파)에는 장생張生·팽조彭祖의 학문이 있고, 맹가에는 적휘·맹孟·백白의 학문이 있었고, 양구梁丘에는 손당孫堂·정형鄭衡의 학문이 있었다."39) 서한은 금문경학인 맹·경역학을 주류로 삼았고, 동한은 고문경학인 비씨역학을 주류로 삼았다. 『후한서』「유림열전」에서는 다음과 같이 말한다.

> 건무建武40)시기에 범승范升(?~66?)이 맹씨역을 양정楊政에게 전수하였으며, 진원陳元과 정중鄭衆은 모두 비씨역전費氏易傳을 전수받았고, 그 후 마융 또한 그것을 전수받았다. 마융은 정현에게 전수하였으며, 정현은 『역주易注』를 지었고, 순상은 또 『역전』을 지었는데, 비씨로부터 일어나 경씨京氏에서 쇠퇴하였다.

시수·맹희·양구하·경방의 역학은 박사로 설립되었으며 민간의 비직과 고상 두 학파는 학관으로 아직 확립되지 않았다. 그 가운데 비직역학은 고문역古文易이었다. 비직의 자는 장옹長翁이며 동래東萊사람으로 대개 서한 말기에 살았으며, 그가 『역』을 연구함에 "괘서卦筮에 뛰어났으며, 장구章句를 모르고 단지 단象·상象·계사繫辭 등 십편十篇과 문언文言으로 상하의 경을 해설하였다."(『한서』, 「유림전」) 『한서』「예문지」에는 "유향劉向은 중고문中古文41)의 『역경』으로 시·맹·양구에게 경전을 가르쳤고, 혹 '무구無咎'와 '회망悔亡' 등을 제거하였으며, 오직 비씨의 경전만이 고문과 같았다"고 하였다. 『후한서』「유림열전」에도 "또한 동래의 비직이 『역』을 전하여 낭야琅邪의 왕횡王橫이 받아서 비씨학이 되었고 본래는 고자古字여서 고문역古文易이라고 부른다"고 하였다. 이로써 본문에서 살펴본 대로 금문역과 고문역은 별반 다르지 않음을 알 수 있다.

---

39) 皮錫瑞, 『經學歷史』(中華書局, 1981), 136쪽.
40) 後漢 光武帝 때의 연호, AD 25~56.
41) 先秦과 兩漢 시기에 쓰인 산문체의 문장.

다만 그 내용상으로 보면 비씨는 『역』을 연구함에 특징적으로 십익十翼으로 경전을 주석하였기 때문에 유가의 의리義理의 유풍遺風이 있다. 비씨역을 전한 동한의 역학가들은 한편으로 유가의 전통을 계승하여 십익으로 『역』을 계속 연구하였다. 다른 한편으로는 또한 당시의 역학사조를 받아들였는데 역학의 "상을 관찰하여 말을 매달음"(觀象繫辭)의 기본 정신에 근거하였으며, 그로써 학생들을 가르치고 책을 쓰고 이론을 확립하는 형식으로 양한시대의 상수역학을 널리 전파하고 발전시켰다. 상수역학으로 말하면 그들은 팔괘의 상을 확대하고 추론하고 끊임없이 상을 취하는 방법을 변화시키고 창안하여, 상象으로써 『역』을 주석하는 목표를 실현하였으며, 서한에 비하여 더욱 자세하고 더욱 방대한 상수역학의 체계를 건립하였으며, 또한 당시 역학의 주류가 되었다. 이것은 상수역학의 전성시대였음을 나타내는 하나의 표현 형식이었다.

동한의 상수역학이 일어나 전성기를 맞게 되는 것은 진원陳元, 정중鄭衆, 마융馬融, 순상荀爽 등의 공로가 없이는 될 수가 없었다. 동한의 진원과 정중이 가장 먼저 비씨費氏의 고문역을 창도하였으며, 비씨의 고문역을 계승하고 밝혀 드러내어 널리 선양宣揚하였다. 진원陳元(생졸 미상)은 자는 장손長孫이고, 창오蒼梧의 광신廣信(지금의 廣西 梧州) 사람이다. 그 부친 진흠陳欽은 평소에 『좌씨춘추』를 연구하였고 유흠劉歆(생졸 미상)과 동시대인으로 스스로 일가를 이루어 일찍이 왕망王莽(BC 45~AD 23, 재위 8~24)의 스승이었으며, 『좌전』을 전수하였다. 진원은 아버지에게서 수업하여 고문경학에 정통하였으며, 동한 초기 박사가 되어 비씨역을 전하였다.(『후한서』「陳元傳」을 보라.) 정중鄭衆의 자는 중사仲師이며 하남河南 개봉開封 사람이다. 관직은 대사농大司農에 이르렀다. 그 부친인 정흥鄭興을 이어 『좌씨춘추』를 연구하였고, 삼통력三統曆[42]을 밝혔으며, 또한 『역』과 『시』에

---

42) 역자 주: 前漢 말기 劉歆이 만든 曆書. 漢武帝 때 BC 104년(太初 1)에 1년을 365.25000 일로 하던 曆法 대신 365.25016일로 하는 太初曆으로 바꾸었고, 이 태초력에 日蝕과 月蝕의 주기와 五星의 운행을 예측하는 계산법 등을 증보하였다. 중국 고대사회는 天文과 政治가 밀접한 관련이 있다고 생각하였다. 삼통력의 형식은 후세의 曆에 모체

도 통하였다. 학자들은 그들 부자를 "선정先鄭"이라고 부르며 정현鄭玄과 구별하였다. 역학으로는 비씨역을 전수하였으며(『후한서』「鄭衆傳」을 보라.), 마융, 순상 등과 고문역의 전통을 이어받았을 뿐만 아니라, 더욱 중요하게는 서한 이래의 상수역학의 사상을 받아들이고 『역』을 주석하는 데 광범위하게 이용하였다.

마융馬融(79~166)은 자가 계장季長이며, 부풍扶風 무릉茂陵(지금의 陝西 興平의 동북쪽) 사람이다. 관직은 남군태수南郡太守에 이르렀으며, 동한 중엽의 대경학가大經學家이다. 그는 사람 됨됨이가 아름다웠고, 준재俊才였으며, 유명한 유학자인 지순摯恂(생졸 미상)에게서 수업하였고, 경적經籍에 널리 통하였으며, 재능이 뛰어나고 여러 경전을 주해하였으며 일세의 통유通儒가 되어 생도들이 항상 천여 명에 이르렀다. 역학으로 비씨역학을 전수받았다. 그의 『역주易注』는 유실되었고, 청나라의 손당孫堂, 마국한馬國翰, 황석黃奭 등의 편집본이 있다. 순열荀悅이 『한기漢紀』에서 효환제孝桓帝(132/146~168)[43] 시대라고 하였으므로 남군태수 마융이 역해易解를 저술하였다는 것에는 자못 이설異說이 많이 생겼다. 그가 역을 주석함에 호체互體, 괘기卦氣, 오행五行, 일상逸象, 효위爻位 등 상수의 격식(體例)을 사용하여(『후한서』, 「마융전」), 동한에서 상수역학의 중요한 대표적 인물이 되었다.

순상荀爽(128~190)은 동한 사람으로 자는 자명慈明이며 다른 이름은 서諝이다. 영천潁川 영음潁陰(지금의 하남성 許昌) 사람이다. 어려서부터 학문을 좋아하여 12살에 『춘추』와 『논어』에 능통하였다. 당시 사람들이 "순씨荀氏의 여덟 용龍 가운데 자명慈明과 견줄 만한 사람이 없었다"고 하였다. 연희延熹 9년(166) 낭중郎中을 공손히 받았다. 헌제獻帝(181/189~220/234)가 즉위한 후 곧 평원상平原相에 취임하였다가 뒤에 진승사공晉升司空이 되었다. 정치적으로 환관宦官의 전횡專橫을 반대하

가 되었다. 그리고 後漢 章帝(57~88) 때인 기원후 85년 四分曆이 제정될 때까지 사용되었다. 사분력은 冬至點의 위치와 24절기의 태양 위치 등에 대해 태초력보다 더욱 정확한 수치를 사용하였다.(네이버 지식백과 참고)
43) 역자 주: 왕이나 황제의 생졸연대의 표시에서 "출생연도/즉위연도~퇴위연도/사망연도"의 순서로 표기함.

였기 때문에 당고黨錮를 당하였으며, 후일에는 또 동탁董卓(?~192)의 난을 제거하는 모의에 참여하였다. 일생을 경학의 저술에 바쳤다. 『후한서』「순상전荀爽傳」의 기록에 근거하면, "『예禮』, 『역전易傳』, 『시전詩傳』, 『상서정경尙書正經』, 『춘추조례春秋條例』를 지었고, 또 한나라 때의 일의 성패成敗에서 교훈으로 삼을 수 있는 일들을 모아 『한어漢語』라 하였다. 또 『공양문公羊問』과 『변참辯讖』을 썼으며, 아울러 그가 논설한 것을 모아 『신서新書』라고 제목을 달았다. 무릇 100여 편이 있는데 지금은 대부분 없어졌다"고 하였다. 『수지隋志』에는 순씨의 『주역주周易注』 10권이 있고, 신新·구舊의 『당지唐志』에도 『주역주周易注』 10권이 있으나 모두 없어졌다. 그의 역학사상은 주로 이정조李鼎祚가 『주역집해周易集解』에서 수집蒐輯한 순씨의 『역주易注』에 보인다. 청나라 사람이 순씨의 역주를 많이 수집하여 수록하였다. 예를 들면 마국한은 『옥함산방집일서玉函山房輯佚書』에서 『주역순씨주周易荀氏注』 3권을 수집하였고, 손당은 『한위이십일가역주漢魏二十一家易注』에서 순씨 『주역주周易注』 1권을 수집하였다. 혜동惠棟은 『역한학易漢學』을 지었으며, 장혜언張惠言은 『주역순씨구가의周易荀氏九家義』를 짓는 등 순씨역학을 모두 상세하게 밝혀내었다.

순씨역학은 그 학파를 말하면 당연히 서한의 비직의 일파에 속하지만, 그러나 사상의 연원으로 보면 결코 비씨일가가 아니며 당시의 각가의 설을 함께 수집한 것이다. 순열荀悅이 일찍이 순상荀爽의 역학을 개괄하여 "효상爻象에 의거하여 음양의 변화의 의미를 계승하였으며, 10편의 글로 경전의 뜻을 해석하였고, 이 연주兗州(산동성 濟寧)와 예주豫州(지금의 湖北 부근)에서 말한 역이 순씨의 학문을 두루 전한다"고 하였다. 순씨역학의 사상체계를 분석하면 다음과 같이 볼 수 있다. 그는 한편으로는 비씨역費氏易의 가법家法을 계승하여 10편의 전문傳文으로 경전의 뜻을 해설하였고, 다른 한편으로 서한 이래의 맹희와 경방 등의 괘기설卦氣說, 효위설爻位說, 세혼설世魂說 등을 받아들여서 『역』을 주석하는 데 이용하였다. 아울러 이러한 기초에서 독특한 경지를 개척하여 건곤乾坤과 음양을 골격으로 하는 역학의 사상체계를 건립하였다. 이른바 음양의 승강升降은 자연계의 두 기인 음양이 오르고 내리고 변화하는 원리에 기초하며, 무릇 양陽이 아래에 있으면 당연히 위로 오르고, 음이 위에 있으면 당연히 아래로 내려간다. 순씨는 건과 곤을 오르고 내림의 학문적 이치를 설명하는 예로 삼았다. 그는 「문언」을 주석하여 "하늘에 근본하는 것은 오름과 친하고, 땅에 근본하는 것은 내림과 친하다"고 하고, 다음과 같이 설명한다.

> 건괘의 구이는 본래 건乾에서 나왔다고 함으로 '하늘에 근본한다고 말한다. 그러나 곤오坤五에 있기 때문에 오름과 친하다. 곤괘의 육오는 본래 곤坤에서 나왔다고 하기 때문에 '땅에 근본한다고 하고, 내려와 건이乾二에 있으므로 내림과 친하다고 한다.

순씨의 견해를 살펴보면 이효가 음효로 하괘에 있는 것이 곤괘의 바른 지위이고, 오효가 양효로 상괘에 있는 것이 건괘의 바른 지위이다. 건괘의 이효는 건양인데 곤의 정위에 있기 때문에 위치가 부당不當하며, 그러므로 곤의 육오六五가 당연히 내려온다. 이렇게 건과 곤의 이二와 오五가 오르고 내리면 이二와 오五의 음효와 양효의 위치가 마땅해진다. 건과 곤의 다른의 효들도 또한 이와 마찬가지여서, 무릇 위치를 잃은 것이 혹 오르고 혹 내린다. 건과 곤이 오르고 내려서 두 개의 기제既濟괘가 만들어진다. 다른 괘의 음양의 효가 승강하고 변화하면 매우 복잡해지는데 양이 오르고 음이 내리는 것이 있고, 양이 내리고 음이 오르는 것도 있으며, 초효에서 오효로 오르는 것도 있고, 이효에서 오효로 오르는 것도 있으며, 세 개의 양陽이 동시에 오르는 것 등등이 있는데, 이러한 종류들은 모두 하나의 격식으로 구애되지 않는다. 오르고 내림과 서로 관련이 있는 것은 괘변卦變이다. 괘변과 승강升降은 하나의 문제에 있는 두 가지 방향으로 효를 따라 말하면 승강升降이고, 괘를 따라

보면 효가 승강한 결과는 한 괘가 변하여 다른 하나의 괘가 되는 즉 괘변이다. 순상의 괘변은 우번의 괘변의 모태母胎이다. 순상과 우번의 괘변설을 비교하여 말하면 충분하게 서로 가깝다.

순씨의 괘변설은 "주注를 보는 것이 26괘이며, 오번과 다른 것은 건蹇, 해解, 췌萃의 세 괘이다"(張惠言의『周易荀氏九家義』)라고 하였다. 예를 들면 둔屯은 감坎으로부터 오며, 몽蒙은 간艮으로부터 오며, 수隨, 고蠱, 서합噬嗑, 비賁, 함咸, 항恒, 기제旣濟, 미제未濟, 손損, 정井, 려旅, 환渙, 곤困 등은 태泰와 비否로부터 온다고 하는 것은 순상과 우번이 대략 같다. 이로써 우번은 순상의 역을 따르고 존중하며, 대부분의 정도는 순씨가 말한 괘변과 나누기가 어려우며, 순씨의 괘변설이 우씨虞氏의 괘변설에서 작용하고 있음을 분명하고 쉽게 알 수 있다. 순상역학의 탄생은 극히 매우 상수역학의 내용을 풍부하게 하였으며 양한의 상수역학의 전성기이며 최종적으로 우씨역학이 탄생하는 사상적 기초를 닦았다.

동한 때에 비씨역학을 전한 사람으로 송충宋忠(宋衷으로 쓰기도 한다)이 있다. 송충(160?~219)은 자는 중자仲子이고 동한의 남양南陽 장릉章陵(지금의 호북 棗陽) 사람이며, 관직은 형주오등종사荊州五等從事에 이르렀다. 왕숙王肅 윤묵尹黙 등에게서 일찍이 수업을 받았으며, 형주학파의 대표적인 주요 인물이다. 유표劉表가 형주목荊州牧되자 널리 유사儒士를 구하여 학관을 개관하여 설립하였으며, 송충 등이 명을 받아『오경장구五經章句』의 저술을 주관하였고, 저서에『역주易注』10권이 있었으나 이미 없어졌다. 송충을 우두머리로 하는 형주학파는 고문역의 관학적 지위를 확립하였고, 비씨역의 "경經으로써 주석을 함"과 "전傳으로써 경을 해석함"의 전통을 유지하였으며, 양한시대『역』을 주석함에 번잡함과 자질구레함의 폐단을 극복하였으므로 의리에 치우쳤는데, 이것이 그의 역학의 가장 큰 특징이다. "상대하여 말하면, 그는 정현이나 순상에 비하여 의리를 분명하게 더 중시하였다. 이른바 의리에 치우침은 곧 역도易道를 존중하였으며, 이성분석과 그 형이상학적 근거를 중시하였다는 말이다. '일음일양지위도一陰一

陽之謂道'에 대하여 송충은 천지만물과 사회의 인간사의 '그렇게 되는 이치'(所以然之理)로 깊이 연구하였다."[44] 동시에 그의 역학은 또한 아직 상수에서 벗어나지 못하였다. 그는 정현과 순상의 역학내용을 흡수하여 승강升降, 호체互體, 괘변卦變, 효상爻象을 운용하여 『역』을 주석하였으며, 또 양한의 상수로 『역』을 연구하는 풍격을 가졌다. 장혜언이 말하기를 "이제 남아 있는 문장으로 추론하면 중자仲子 (송충의 자)는 건乾이 오르고 곤坤이 내리며 괘기卦氣가 동정한다고 한 말은 대게 순씨를 출입한 것이다.…… 경승景升(劉表의 자)의 『장구』는 더욱 빠지고 생략된 것이 많아 고찰하기 어려우나 그 뜻은 정현과 가까우며, 큰 요지는 두 학파가 모두 비씨역이다"(『易義別錄』)라고 하였다.

양한의 상수역학에 대한 공헌이 가장 큰 사람은 우번이다. 우번(164~232)은 자가 중상仲翔이며 삼국三國 오吳나라 회계會稽(지금의 浙江) 사람이다. 어려서부터 학문을 좋아하고 기개가 높았다. 처음에 회계태수인 왕랑王郞의 공조功曹였다가 손책孫策이 회계를 정벌하자 왕랑이 패하였고 우번은 손책에게 귀의하여 다시 공조功曹로 복명復命하였다. 후주后州의 무재茂才(秀才)로 천거되었고, 한소漢召(蜀漢의 劉備?)가 시어사侍御史로 삼았으나 가지 않았다. 손책이 죽은 후 손권孫權(182/225~252)이 일을 주도하자 그는 손권의 기도위騎都尉가 되었다. 성정이 소탈하고 직설적이어서 세속과 타협하지 않았고, 여러 차례 위험을 무릅쓰고 간쟁諫諍을 하고 술김에 실언하여 여러 번 손권을 노하게 함에 단양丹陽 경현涇縣과 교주交州 등지로 좌천되었다. 비록 그가 자주 군신의 예를 잃은 행동을 하였지만 충분히 당시의 예교를 중시하였고, 더욱이 한 사람의 신하로서 두 임금을 섬기지 않는 사상을 숭상하였다. 위魏의 문제文帝(曹丕, 187/220~226)가 이 때문에 항상 그를 위하여 자리를 마련해 두었는데 그에게 조롱을 당한 항복한 장수 우금于禁[45]

---

44) 周立升, 『宋忠易學探論』에 대한 劉大鈞 主編, 『大易集述』(巴蜀書社, 1998), 85쪽.

45) 역자 주: 赤壁大戰에서 曹操 군대의 수군을 지휘하다가 關羽에게 패하여 항복했는데, 옥에 갇혀 있다가 관우가 죽은 뒤 孫權이 조조에게 돌려보냈다. 그 후 조조의 공적을 기린 그림에 그가 항복하는 장면이 들어 있자 부끄러움과 분노로 일찍 죽었다.

도 내심으로는 그에게 탄복하였다.

우번은 일생 난세에 살았으며, 스스로 삼국쟁패의 전쟁에 참여하였다. 그러나 학문을 매우 힘써 구하여 일찍이 멈춘 적이 없었다. 그의 말을 빌리면 "신은 난세에 태어나 군대에서 성장하였고 전장에서 경전을 익혔으며, 선사先師의 설의 가르침을 받아 경전의 의거하여 주석하였다"(「虞翻列傳」을 인용한 『三國志』 「虞翻傳」)고 하였다. 만년에 교주交州에 있는 동안에도 여전히 강학講學을 게을리하지 않았으며, 문하생들이 항상 수백 명이 있었다. 우씨는 『주역』에 가장 많은 힘으로 쏟았고 조예도 가장 깊었다. 이것은 주로 그 세대의 가학에 힘입었다. 그가 조정에서 상주上奏하면서 "고조부高祖父인 고 영릉태수零陵太守 광광은 어려서 맹씨역을 연구하였고 증조부인 고 평여령平輿令 성성은 그 업을 찬술纂述하였으며, 신의 조부 풍風에 이르러 가장 엄밀하였습니다. 신의 선고先考 고 일남태수日南太守 흠歆은 풍風으로부터 전수받아 가중 오래된 책을 가지고 있으며, 대대로 그 학업을 전수하여 신에게 5대째 이르렀습니다"(위와 같음)라고 하였다. 그의 대표작은 『역주易注』인데 우씨본전虞氏本傳과 별전別傳에 의하면 이 책이 쓰인 후에 일찍이 공융孔融 등에게 보여 주었으며, 아울러 조정朝庭에 헌정獻呈하여 당시 사람들의 칭찬을 받았다. 이 밖에 『주역일월변례周易日月變例』, 『경씨역율역주京氏易律歷注』, 『주역집림율력周易集林律歷』 등이 있다. 그러나 이러한 역서易書들은 모두 없어졌다. 그가 쓴 『역주』의 대부분은 당나라 이정조의 『주역집해』에 흩어져 보인다. 청나라의 손당孫堂과 황석黃奭 등의 수집본蒐輯本이 있다. 청나라 혜동惠棟, 장혜언張惠言, 증검曾劍, 방신方申, 기뢰紀磊, 호상린胡祥麟, 이예李銳와 민국의 서앙徐昂 등이 우씨역학을 상세하게 밝혀내었다.

역학에 대한 우번의 공헌은 그가 자신의 심후한 역학의 소양과 스스로의 이해를 이용하여 서한 이래의 상수역학의 연구성과들에 대하여 전면적으로 정리하고 검토하고 청산한 데 있다. 그는 양한 이래의 역학가들이 지나치게 장구를 중시하고 정확하게 상수의 방법을 운용하여 『역』을 주석하지 못하고 따라서 역학연구에서 정상적 궤도를 벗어나 성인이 『역』을 지은 본의本意를 위배하였다고 생각하였다. 예를 들면 그는 "옛사람들이 통달하여 강론함에 대부분 장구에 익숙하며, 비록 비밀스런 생각이 있어도 경經에는 어설프니……여러 전문가의 견해를 살펴본 바가 일반의 풍속을 벗어나지 않으며 뜻도 실제와 부합하지 않은 것도 있다. 문득 모두를 개정改定하여 그것을 바로잡았다"고 하였으며, 또 "한나라 초기 이래로 나라의 영재들이 『역』을 연구하지만 그것을 이해하는 것은 대체로 적다. 효령제孝靈帝[46) 때에 영천穎川의 순서荀諝는 지역知易으로 호가 났으며 신이 그 주석을 보았는데 오히려 더욱 속유俗儒였다.……또 남군태수 마융은 준재俊才로 이름이 났는데 그가 해석한 것은 또한 순서荀諝에 미치지 못한다. 공자는 '함께 배울 수는 있지만 함께 도로 나아갈 수는 없다고 하였는데 어찌 그렇지 않겠는가! 만약 북해北海의 정현鄭玄과 남양의 송충宋忠을 말하면 비록 각각 주석을 하였지만 송충이 정현에 조금 못 미치지만 모두 그 정문正門을 얻지 못하여 세상에 내놓기 어렵다"(「虞翻別傳」을 인용한 『삼국지』「吳志」)고 하였다. 이에 근거하면 그는 양한 이래의 상수역학을 벗겨내고 선별하고 정리한 기초에서 한역漢易 가운데의 의리義理의 부분을 삭제하고 상수로써 『역』을 해석하는 방법을 새롭게 확립하였다.

먼저 그는 팔괘의 상에 착안하여 연구하였다. 그는 『역전』으로부터 시작하고, 한유漢儒가 창도한 것을 계승하여 직접 「설괘」 가운데의 팔괘의 상으로써 『주역』의 괘사와 효사를 설명하였다. 우번이 주석한 쾌夬 구사상九四象의 "총불명聰不明"에 대하여 "감坎은 귀이며 리離는 눈인데 태兌로 꺾어져 들어가므로(折入) (귀는) 밝지만 어둡다"고 하였다. 「설괘」를 보면 감坎은 귀이며 리離는 눈인데 태兌가 꺾어져 붙어 있으므로 우씨가 "감坎은 귀이며 리離는 눈인데 태兌로 꺾어져 들어간다"라고 하였다.

---

46) 역자 주: 생졸 재위 156/168~189. 시호 孝靈皇帝. 이름 劉宏, 解瀆亭侯 劉萇의 아들. 董太后가 어머니다.

그러나 「설괘」에서 열거한 상象은 한도가 있고, 『역전』은 상으로써 『역』을 주석한 방법(易例) 또한 손가락으로 꼽을 만한 숫자이며, 「설괘」 가운데 열거한 괘상과 『역전』에서 취한 상의 체계를 이용하여 완전하게 이처럼 복잡한 계사繫辭의 근거를 드러내었으며, 『주역』 계사들 사이의 관계를 증명하여 상象으로써 문사文辭를 융통하였는데 이것은 실현될 수 없는 것이다. 이 때문에 우번은 혹 「설괘」에서 현실로 이루어진 팔괘의 상에 근거하여 인용하거나 추론하고, 혹은 『주역』의 문사文辭에 대한 고증을 진행하기도 하고, 혹은 다른 문헌에서 방증傍證한 것을 널리 인용하여 상의 수량을 증가시키기도 하였는데 곧 이른바 "상象으로써 상을 만들었다." 이러한 상을 일러 "일상逸象"[47]이라고 한다.

다음으로 우번은 최대한도로 상의 수량을 넓히는 것 외에 또 상을 취하는 방법(혹 易例라고도 한다.)상의 연구를 하였다. 그는 한유 역학의 호체互體, 괘변卦變, 소식消息, 납갑納甲 등 일련의 상을 취하는 방법을 받아들였으며, 아울러 『역전』에 근거해서 다시 새롭게 논증하였다. 예를 들면 "이런 까닭에 왕래往來와 상하上下라는 것은 괘가 전도轉倒된 후에 효의 위치가 나아가고 물러감을 말할 뿐이며, 역가는 승강과 괘변으로 설명한다. 이사二四와 삼오三五는 공효는 같으나 위치가 다르다고 하는 것은 효의 위치가 원근遠近과 귀천貴賤이 있기 때문에 그로써 길흉을 판단할 뿐이며, 역가는 호체의 예로 삼는다. 하늘에서 상을 이룬다는 말은 해와 달 그리고 별을 말할 뿐이며, 우번은 그것을 넓혀서 납갑의 술術로 삼았다"[48]고 하였다. 아울러 이로써 상을 취하여 『역』을 주석하였다.

그러나 한유들이 상을 취하는 방법은 상으로써 사辭를 해석하거나 상사象辭를 하나하나 대응시키는 것이 여전히 완전하지 않을 때 그는 또 온 힘을 다해 생각하고 깊고 오묘한 이치를 탐색하여 창조적으로 방통旁通[49], 반괘反卦[50],

---

47) 역자 주: 『주역』에 수록되지 않은 象辭.
48) 屈萬里, 『先秦漢魏易例述評』(臺北: 學生書局, 1985), 1쪽.
49) 역자 주: 괘상으로 주역해석의 공간을 무한대로 확장하고 연장하는 방법. 이 旁通을 통하여 다른 여러 영역들의 변화와 다양성을 해석하는 방법을 融合이라고 한다. 방

양상역兩象易51), 지정之正, 반상역학半象易學의 체계를 제시하였으며, 또한 이러한 새로운 상수체계와 원래 있던 체계와 서로 배합하여 역사易辭를 해석하였다. 예를 들면 우번은 동인同人 「단彖」의 "들에서 다른 사람들과 함께하니 형통하며, 큰 내를 건넘이 이로우니 건乾의 행함이다"(同人于野, 亨, 利涉大川, 乾行也)라는 구절을 다음과 같이 주석하였다.

방통旁通하면 사괘師卦가 되니 손巽괘와 같다. 건乾은 들판이 되고, 사괘師卦와 진괘震卦는 사람이 된다. 이위二位가 중中을 얻어 건乾과 응하므로 "들에서 사람들과 함께하니 형통한다"라고 한다.…… 건이 사위四位에서 위치를 잃으니 변하여 호체互體로 감坎이 되므로 "큰물을 건너서 이로움은 건乾의 행함이다"라고 한다.

이것이 방통旁通, 호체互體, 효위爻位, 지정之正52)으로써 역사易辭를 해석하는

통과 융합은 서로 함께 동반하는 주역해석 방법이다.

50) 역자 주: 反體라고도 하며, 綜卦, 覆卦라고도 부른다. 反卦는 하나의 괘를 상하로 뒤집어 만들어진 괘를 말한다. 예를 들어 屯卦(䷂)와 蒙卦(䷃), 需卦(䷄)와 訟卦(䷅), 泰卦(䷊)와 否卦(䷋) 등이 반괘 관계이다.

51) 역자 주: 한유들이 상을 취하여 괘를 해석하는 방법 가운데 하나다. 육획으로 이루어진 괘의 상하 두 체로 易位를 이룬 것을 "兩象易"이라고 부른다. 양상역은 우번의 『易注』에 보인다. 예를 들면 「繫辭傳」에 "上古穴居而野處, 盖取諸大壯"이라는 구절이 있는데, 우번은 "无妄괘는 양상역이다"라고 하였다. 大壯괘의 상괘는 震이고 하괘는 乾이며, 무망괘는 상괘가 乾이고 하괘가 震이므로 "양상역"이라고 부른다.

52) 역자 주: "之正"은 虞翻 등이 역을 해석하는 형식인데, 효가 있는 위치가 正位가 아닌 변화된 정위(變正)를 의미한다. 예를 들면 양효가 음효의 위치에 있거나 음이 오랫동안 양효의 위치에 있는 것이다. 곧 정위가 아닌 양효가 변하여 음효가 되고 정위가 아닌 음효가 변하여 양효가 되니 음양이 바른 위치에 있게 된다. 여기서 "之"는 "變"과 같은 뜻이다. 우씨 등이 易辭를 해석할 때 내외의 괘를 따라서 辭에 대응하는 象을 찾을 수 없을 때 위치를 잃은 효를 변정한 후에 이 상을 얻을 수 있었다. 그는 또 역사의 "利貞"을 "之正"을 설명하는 근거로 삼았는데 이것은 역에 본래 있는 것이다. 청나라 사람 王引之는 이것이 가장 기만적인 것이라고 보고 "利"자는 "之"(=變)의 뜻이 아니며, "利貞"은 문자학적으로 變正이 아니라고 보았다. 왕씨가 그 핵심을 보았다. 우번이 주석한 同人괘에는 大川의 辭가 있다. 다만 '동인'에는 坎이 없으므로 그는 동인의 4효인 陽爻를 이용하여 음의 위치에 있으므로 위치를 잃었으며, 4효를 변정하여 陰으로 보았다. 그러므로 2·3·4효의 호체가 감이다. 동인의 2효는 음이

예이다. 동인同人괘는 사師괘와 괘의 그림이 상반되니 방통이며, 동인의 2·3·4의 호체는 손巽이며, 사괘의 2·3·4의 호체는 진震이며, 손巽은 같고, 진震은 사람이니 동인同人괘의 2효는 건괘의 5효와 상응하므로 "들에서 사람들과 함께하니 형통하다"고 한다. 동인의 상체上體 건乾 사四상上의 두 효는 양으로써 음위에 있으므로 위치를 잃었으며, 변정變正하여 감坎이 되고, 감은 건乾으로부터 오므로 "큰물을 건너니 건의 행함이다"라고 하였다. 곧 앞사람의 연구성과를 받아들인 기초에서 옛것을 새 것으로 융합하였고, 한나라 이래 가장 완비되고 가장 조리 있는 상학上學의 해석방법을 건립하였으며, 아울러 이러한 방법으로 역학사에서 가장 방대하고 복잡한 상수역학체계를 구축하였고, 양한역학의 집대성자로서 우번의 역학은 양한의 상수역학의 가장 전성기이자 종결임을 나타낸다.

그러나 상수역학은 『역』을 연구하는 데서 상수의 작용을 지나치게 강조하고, 당연한 가치가 있는 의리를 무시하였고, 역학연구를 한편으로 치우치게 하였다. 한유들의 실수는 상象으로써 『역』을 주석하는 데 있지 않고, 상수의 작용을 과대하여 오로지 상수만 숭상하고 상으로써 상을 만들고 상 외에 상을 만든 데 있다. 그 허다한 방법은 "여러 경문에서 구하여 합하지 않고, 여러 십익에서 구해도 증거가 없으며, 이미 있는 예例에서 징험해도 또다시 서로 모순된다."[53] 그리고 이처럼 『역』을 주석하면 『주역』의 본의와 배치되며, 어긋나 억지로 끌어 맞춘다. 그리고 그들은 사승師承을 중시하고 스승의 설을 지키며 오직 자구字句와 상수에만 착안하여 역학 가운데 내포된 박대정심博大精深하며 일관된 철학적 이치(哲理)를 무시하고, 또 옛것을 고집하고 기계적인 번쇄한 폐단을 드러내었는데, 이것은 사고관신四庫館臣[54]이 "그 학문은 독실하고 엄격하지만

며 3효는 양이며, 4효는 양으로부터 음으로 변하니, "大川"의 상이 있다. "體坎"에서 體는 互體를 의미한다.(이 주의 내용은 역자의 질문에 대하여 저자인 林忠軍 교수가 직접 설명을 보내온 내용이다.)

53) 屈萬里, 『先秦漢魏易例述評』(臺北: 學生書局, 1985), 3쪽.

54) 역자 주: 청나라 乾隆이 『四庫全書』의 編修를 위하여 초대하고 임명한 평민학자들을

그 폐단도 그와 같다", "그 학문은 실증적이고 거짓되지 않지만, 그 폐단 또한 번쇄하다"(『四庫全書總目』, 권7)고 한 말과 같다. 한유들은 오로지 상수만 연구하였으며, 『주역』의 상수를 정상으로 발전시켰으며, 이처럼 『역』을 주석함에 억지로 끌어 맞추니 모순이 백출百出하고 따라서 스스로를 부정하게 되었다. 송유宋儒인 주진朱震이 우번을 비평하며 말하기를 "우씨가 논한 상은 매우 엄밀하지만 억지로 맞추어 어긋나며, 억지로 맞춘 폐단은 간혹 말이 없는 지경에 이르렀다"(『漢上易傳』, 「叢說」)고 하였다. 이것은 우번역학뿐만 아니라 양한의 상수역학이 쇄미하고 전하지 않은 내적인 원인이다.

정현은 일찍이 우번에게서 십수 년을 배웠고, 순상에게도 거의 동시에 배웠으며, 양한의 상수역학뿐만 아니라 전체 경학에서 흥성하였다가 쇄미해지는 과정을 직접 보았으며, 경학이 "길이 구별되고 유파가 나누어지며, 전문專門가가 함께 일어나고 정밀하고 소략함이 달라지고 만나며, 통하고 닫힘이 서로 취하는" 상황을 깊이 느끼고, 성인聖人의 본래 뜻으로 처음의 뜻(원의)을 세우고, 여러 학파들의 설을 모으고 통일시켜, 당시의 학술에서 이단이 분분하고 서로의 궤변이 격렬한 악습을 해소하였으며, 쇠퇴해 가는 역학을 경학 속으로 포괄하려고 하였다.

가리키는 말.

제2장 정현의 삶: 앞 성인의 본뜻을 읽고
백가의 다툼을 정돈하다

정현鄭玄은 자는 강성康成이며, 북해北海의 고밀高密(지금의 山東 高密市) 사람이다. 그는 당시 매우 명망 있는 대갓집에서 태어났으며, 많은 조상들이 학문으로 관료가 되었다. 정현의 원적原籍은 설薛(지금 山東 滕州의 동남쪽)이며, 그의 조부 정방鄭邦(자는 徒)이 양구梁丘(산동 安丘)로 이사하였다. "시조始祖는 자가 도徒이며, 도학으로 출세하였고, 진秦나라에 벼슬하여 공을 세웠으며, 설薛을 식읍食邑으로 삼고 후에 양구梁丘의 동쪽 경계인 회수淮水(濰河)의 동쪽, 여부산礪阜山의 양지로 호적을 정하고(占籍) 재동촌梓桐村이라고 불렀다."(『山左鄭氏族譜質疑』, 권7) 정방鄭邦은 자가 자도子徒이며, 한漢나라이지만 한나라를 피하려는 까닭으로 유방劉邦(BC 247?/202~195)을 유국劉國이라 불렀으며, 공자의 제자이므로 후세에 구산후朐山侯에 봉하였다. 3세인 정창鄭昌은 처음에 오령吳令이었다가 항우項羽(BC 232~202)가 한왕韓王으로 봉하였으며, 한漢은 경전에 밝음을 들어 태원太原과 탁군태수涿郡太守로 삼았다. 그러나 왕리기王利器(1912~1998) 선생의 고증에 의하면, 한대漢代에는 두 사람의 정창鄭昌이 있었는데 서로 150년의 차이가 있다고 한다. 정창은 정현의 직계 친족이 아니며, 그 3세는 그 이름도 모르고 단지 자가 장경長卿이라는 것만 안다. 관직은 촉군속국도위蜀郡屬國都尉였다. 4세 정길鄭吉은 서역西域의 반란을 평정한 공로가 있었기 때문에 안원후安遠侯로 봉해졌다. 7세인 정숭鄭崇은 한의 애제哀帝(BC 26/7~1) 때 상서복야尙書僕射에 이르렀다. 성격이 경직硬直되고 황제에게 권간勸諫하다가 참소讒訴로 인하여 옥중에서 참혹하게 죽었으며, 이로부터 정씨의 가계가 쇄락하였다. 15세인 정현鄭玄 때에 이르러 "나의 가문이 오랫동안 빈한하였다"고 할 만큼 농경생활에 의지하였다. 정현은 한의 순제順帝 (115/125~144) 영건永建 2년 정묘丁卯(127) 7월 5일(戊寅)에 태어나서 헌제獻帝(181/189~234/220) 건안建安 5년(200) 74세로 세상을 떠났다. 일생 동안 주로 학술활동에 종사하였으며, 정현의 일생은 크게 세 시기로 구분할 수 있다.

1. 학문에 통달한 은거한 대유학자를 찾아뵙고, 마음에 든 사람은 모두 존중하며 받아들였다

이 시기는 대략 40세 전으로 정현이 뜻을 세워 학문을 탐구하던 시기이다. 정현은 어려서부터 평범하지 않고, 경학經學・산술算術・천문天文・음양의 점험술占驗術 등을 특히 좋아하였다. 『정현연보鄭玄年譜』에 근거하면, 8~9세에 이미 곱하기와 나누기의 방법을 알았다. 11세에 어머니를 따라 외가(娘家)에 갔을 때 마침 송연연회가 있었고, 함께 같은 또래 10여 명이 입을 옷을 의논하여 미복美服으로 차려입었고, 연회의 전체 분위기가 달아오르고 화목하였다. 그러나 오직 정현만은 흥미를 느끼지 못하고 묵묵히 말없이 있자 그의 어머니가 매우 난감하게 느끼고 여러 차례 가만히 그에게 사람들과 주의하여 교류하고 예의를 잃지 않도록 독촉하자, 그가 대답하기를 "이것은 저의 뜻이 아니고 원하는 바도 아닙니다"라고 하였다. 13세 때 오경五經을 암송하고 천문天文, 점후占候1), 바람관찰(風角), 법술(隱述)을 좋아하였다. 16세 때 신동神童으로 불렸고, 백성들이 진귀한 동실同實의 농산물과 과일을 헌납하고, 현縣에서 부府로 표表를 올리려 하였으나 문사文辭가 질이 낮고 소략하여 그가 개작을 해 주었으며, 또 두

---

1) 역자 주: 구름의 모양・빛・움직임 등을 보고 길흉을 점치는 일.

편의 송시頌詩를 써 주었으며, 후상侯相2)이 그의 재능을 높이 사서 관례冠禮를 베풀었다. 17세 때 집에 큰 바람이 일어나는 것을 보고 현縣에 고하여 "아무 시간에 화재가 일어날 테니 마땅히 화재예방의 제사를 지내고 널리 경계해야 합니다"라고 하였다. (예고한) 때가 되자 과연 불이 났으나 해가 되지 않았다. 그는 어려서부터 경학, 천문, 술수를 좋아하였기 때문에 이들 학문을 위해 후일 『천문칠정론天文七政論』을 지었으며, 『건상력乾象曆』, 『역위』, 『주역』을 주석 하여 분명한 기초를 다졌다.

그가 18세 때 군현에서 설치한 송옥訟獄을 처리하고 부세賦稅를 거두는 작은 관리인 향색부鄕嗇夫가 되었으며, "의지할 데 없는 사람과 고통 받는 사람을 긍휼矜恤하게 여겼기 때문에 고을이 안정되었다." 그러나 그는 관리가 되는 것을 좋아하지 않고 학문에 뜻을 두었다. 그러므로 그는 한가할 때도 집에 돌아가지 않고, 항상 학교學校에서 경전을 읽었기 때문에 집은 가난하고 재물이 없어 고을에서는 그를 칭찬하였다. 그의 아버지는 여러 차례 노하여 꾸짖었지만 여전히 그 뜻을 바꿀 수 없었다. 태산태수泰山太守이자 북해상北海相인 두밀杜密이 그가 인생의 이상을 실현하도록 도움을 준 가장 관건이 되는 인물이다. 두밀杜密(?~ 169)은 자가 주보周甫이며, 동한 영천潁川의 양성陽城(지금 하남성 登封 동남쪽) 사람이다. 일찍이 태산태수, 북해상, 상서령尙書令, 하남윤河南尹, 태복太僕 등의 관직을 거쳤 다. 나쁜 짓을 하는 환관宦官의 자제를 체포하였기 때문에 이응李膺과 명성을 나란히 하였으며, "팔준八俊"3)의 한 사람으로 꼽혔으며, 태학에서는 "천하에 뛰어난 대신으로 두주보가 있다"고 칭송하였다. 끝내 당고黨錮의 화를 당하여 옥중에서 사망하였다. 두밀은 인재를 아꼈으며, 태산태수와 북해상을 재임할 때 행동이 매우 치밀하였으며, 정현이 기재奇才임을 알고, 군직郡職을 맡기고,

---

2) 역자 주: 漢이 侯國에 세운 재상. 백성을 다스리는 일을 주로 하며, 관직의 서열은 縣令과 같다.

3) 동한 말기 장래가 촉망되던 8명의 인물. 李膺, 荀昱, 杜密, 王暢, 劉佑, 魏朗, 趙典, 朱宇 를 가리킨다.

그를 학교에 가서 연구하도록 파견하였다. 두밀의 보살핌과 관심으로 그는 21세부터 비로소 사회적 업무의 간섭과 가정의 굴레로부터 완전히 벗어나 진정으로 학문을 추구하는 기회를 얻었다. 이 기간에 학문을 탐구하는 목적을 이루기 위하여 그는 중국의 대부분을 두루 다녔으며, 명현名賢과 석유碩儒를 방문하고 스승을 모시고 학문을 탐구하였다. 스스로 말하기를 "주周와 진秦의 도시를 주유周遊하고 유주幽州·병주幷州·연주兗州·예주豫州의 지역을 왕래하며, 통인通人의 경지에 이른 학자와 은거한 대유大儒를 찾아뵙고…… 거기서 전수받았다"(『後漢書』, 「鄭玄傳」)고 하였다.

이 기간에 그는 널리 많은 책을 다 읽고, 정밀하게 여러 번 도위圖緯의 말을 섭렵하고, 산술算術에 정진하여 "마침내 벼슬을 그만두고 태학에서 수업하게 되었다. 경조京兆(西安)에서 제오원선第五元先(인명, 생졸 미상)을 스승으로 모시며"[4], 비로소 『경씨역京氏易』, 『공양춘추公羊春秋』, 『삼통력三統曆』, 『구장산술九章算術』에 통하였다. 또 동한의 장공조張恭祖로부터 『주관周官』, 『예기禮記』, 『좌씨춘추左氏春秋』, 『한시韓詩』, 『고문상서古文尙書』를 받았다.

학술적으로 정현에게 비교적 큰 영향을 준 사람은 마융이었다. 정씨는 33세부터 산동(陝西의 동쪽)에서는 더 이상 물어볼 사람이 없자 서쪽 관문(關中 혹은 關西)으로 들어가 부풍扶風(지금의 陝西의 風翔)의 마융을 찾아가 스승으로 섬겼다. 마융馬融(79~166)은 자가 계장季長이며, 81세 때 안제安帝시기 교서낭중校書郎中과 우동관전교비서于東觀典校祕書가 되었고, 또 의랑議郎을 제수 받았다. 환제桓帝 때에 남군南郡(湖北 江陵縣 북쪽)태수가 되었다. 대장군 양기梁冀(?~159)에게 죄를 얻어 면직되었다가 후일 사면을 받아 다시 의랑에 임명되었으나 그는 주로 저술에 힘을 쏟았다. 당시에 마융이 영명한 유학자로 이름이 나자 역사적으로

---

4) 역자 주: 인용부호에 해당하는 이 책의 원문은 "遂辭官到太學受業, 師事故兗州刺史第五元先"으로 되어 있다. 그러나 이 내용의 원래 출전인 『後漢書』「鄭玄傳」에는 "遂造太學受業, 師事京兆第五元先"으로 기록되어 있다. 이 번역에서는 원전의 내용을 따라 번역하였다.

"재능이 높이 널리 통하여 세상에서 통유通儒가 되었다"고 하였다. 가르치는 학생이 항상 수천 명에 이르렀다. 그는 북과 거문고에 능하고 피리 불기를 좋아하였으며, 생명의 의미를 깨닫고 자신의 천성을 따라 자유롭게 행동하며(達生任性) 유학자의 예절에 얽매이지 않았으며, 집의 기물器物과 의복은 많이 사치스럽게 치장하고, 항상 고당高堂에 앉아서 붉은 휘장으로 가리고 앞으로는 학생들을 전수傳授하고 뒤로는 여자 악사들을 세워 두고, 제자들이 순서에 따라 서로 전수하게 하였고, 그의 방에 들어간 사람은 매우 적었다.

정현은 그 문하에 있으면서 고족제자高足弟子(학문과 품행이 우수한 제자)로서 학문을 전수받았으나 3년 동안 그 스승을 보지 못하였다. 그러나 그는 부지런히 분발하여 학문을 닦았고 밤낮으로 쉬지 않았다. 후일 마융이 학생들을 소집하여 도위圖緯를 밝혀 논할 때, 정현이 산술算術에 밝음을 듣고 그를 불러 서로 만났는데, 정현은 "그로 인하여 여러 의문을 질정하였다." 전하는 말에 의하면, 당시 마융은 구고할원법句股割圓法 가운데 7개 문제를 이해하지 못하였는데, 노식盧植(139~192)이 마융의 수제자였는데 다만 두 문제에 대해서만 생각을 말하였으나, 정현은 다섯 문제를 생각하여 말하니 많은 사람들이 감복하였다. 마융으로 하여금 눈을 씻고 보게 하였다. 마융이 노식에 대하여 "공자가 자공에게 '회回는 하나를 들으면 열을 아니 나도 회를 따르지 못하노라'고 하였다. 이제 나와 자네도 이와 같다"고 하였다.

정현은 마융의 문하에서 7년 동안 있으면서 『비씨역費氏易』과 『주관周官』을 배웠다. 학문을 이룬 후에 늙으신 부모를 공양하려는 이유로 귀향하기를 청하였다. 마융은 300여 명을 모아서 그를 위해 송별연을 베풀었다. 정현이 동쪽으로 돌아가자 마융은 탄식하여 말하기를 "정현이 이제 가니 나의 도가 동쪽으로 가는구나!"라고 하였다. 『세설신어世說新語』와 『태평광기太平廣記』의 기록에 의하면, 정현이 학문을 이룬 뒤에 동쪽으로 돌아가자 마융은 정현의 명성을 두려워하여 시기하는 마음이 있었고, 정현도 또한 추살追殺을 의심하여 다리 밑에 숨어서 신발을 물 위에 띄워 놓았다. 과연 마융이 사람들에게 명을 내려 그를 쫓게 하고 아울러 미루어 추산하여 "정현이 흙 아래 물 위에 있고 나무에 의지하니 이는 필시 죽었다"고 말하고 드디어 추격을 중지하라고 명령하니 정현이 이로써 죽음을 면하였다. 그러나 후세의 유자들은 대부분 마융을 변호하여 마융이 대유大儒이며 또한 나이가 이미 매우 많아 이와 같은 일을 할 수 없었으므로 이 말을 믿을 수 없다고 생각하였다.

2. 앞 성인들의 본래 뜻을 생각하고, 백가의 서로 다름을 정리하려고 하였다

이 시기는 대략 41세에서 60세 사이로 정현이 학생을 가르치고 학술연구에 종사하던 기간이었다. 정현이 마융에게 작별을 고하고 고향으로 돌아갔으나 집안이 가난하여 동래東萊(산동의 卽墨縣을 가리킨다. 고대의 제나라 이래로 東萊라고 불렀다. 한나라 초기에 東萊郡을 설치하고, 靑州에 속하게 하여 萊州와 登州를 관할하고, 지방관청은 萊州에 두었다. 卽墨縣은 萊州에 속한다.)에 객지생활을 하면서 자급자족하는 농경생활을 하였다. 아울러 동래의 불기현不其縣의 불기산不其山5)에 서원을 설립하여 생도들을 모아서 학문을 강론할 당시에 이미 따르는 문도가 수백 명이었다. 『후한서』「군국지郡國志・동래군東萊郡」에서는 "불기현不其縣"에 대하여 『삼제기三濟記』를 인용하여 "정현이 불기산에서 교수할 때 산 아래의 생초生草가 큰 부추처럼 잎의 크기가 일척一尺(30cm)이나 되고, 굳세기가 강해서 현지 사람들이 '강성康成의 서대書帶(책을 묶는 띠)'라고 불렀다"고 주석하였다. 한나라 때 불기현은 수隋나라 때 즉묵卽墨으로 편입되었으며, 지금의 청도시靑島市 노산구嶗山區이다.

---

5) 역자 주: 不其縣은 秦나라 때 설치한 현으로 지금은 靑島市 城陽區 지역이며, 琅琊郡에 속하며, 不其山은 靑島의 嶗山의 서북부에 있다.

『삼제기』의 기록을 보면 "불기현 성城의 남쪽 20리에 대노산大崂山과 소노산小崂山이 있는데 바다 쪽에 옛날 정강성이 생도를 여기로 이끌었다." 또 『즉묵현지卽墨縣志』의 기록에는 '불기산은 철기산鐵騎山, 석성산石城山이라고 하며, 즉묵현 동남쪽 20리에 위치하며, 산 아래에 강성서원康成書院의 옛 유적(현재 靑島市 崂山區 演禮村 북쪽)이 있다. 불기산은 마땅히 노산崂山 산맥의 작은 산이다.

그러나 환제 연희延熹 9년(106) 당고黨錮의 화禍가 일어나 조정의 환관들이 주동이 되어 잔혹하게 정직한 사대부들을 박해하였고, 당시 태복太僕을 맡고 있던 두밀杜密(?~169)은 사람들로부터 '팔준八俊'의 한 사람으로 불렸기 때문에 체포되어 감옥에 갇히어 옥중獄中에서 죽었다. 정현은 일찍이 두밀이 북해상北海相일 때 "고리故吏"가 되었기 때문에 "당인黨人"의 명단에 열거되었으므로 이에 연좌連坐되어 같은 군의 손숭孫嵩(생졸 미상) 등 40여 명과 함께 금고禁錮를 당하였다.

정현은 경전연구에 열중하였기 때문에 두문불출하며 고문학 연구에 몰두하였으며, 아울러 당시 유명한 금문학자인 하휴何休의 이론을 정리하기 시작하였다. 하휴何休(130~182)는 자가 소공昭公이며, 임성번任城樊(지금의 산동 濟寧 袞州) 사람이며, 동중서董仲舒의 사전四傳 제자이며, 육경을 정밀하게 연구한 동한시대 유명한 경학자였다. 그는 말이 어눌하였지만(木訥) 아는 것이 많아서 『삼분三墳』, 『오전五典』, 음양산술陰陽算術, 하도낙서의 참위讖緯와 옛날의 고어古語와 역대의 도적圖籍을 외우지 못하는 것이 없었다. 문도들이 질문을 하면 주해를 하였으나 입으로는 말을 하지 못하였다. 일찍이 17년의 시간을 들여 『춘추공양해고春秋公羊解詁』을 지었으며, 또한 금문학자인 이육李育(생졸 미상)이 남긴 학설을 회고하여 기록하였으며, 공양公羊의 본의의 묘리를 얻었으며, 공양을 이어서 좌씨左氏·곡량穀梁을 배열하여 『공양묵수公羊墨守』, 『좌씨고육左氏膏肓』, 『곡량폐질穀梁廢疾』을 저술하였다.

정현은 『발묵수發墨守』, 『기폐질起廢疾』, 『침고육針膏肓』을 지어서 하휴의 관점에 대하여 심각한 비평과 논박을 진행하였다. 하휴와 정현의 논쟁을 기록한 저술은 모두 이미 없어졌다. 현재 사람 송염평宋艶萍이 후인들이 편집한 책에 근거하여 정현이 하휴의 경학을 비판한 방법을 다음 몇 가지 방법으로 개괄하였다. 첫째, 경經을 인용하고 전典에 근거하여 하휴의 "공양대의公羊大義"를 반박하였다. 둘째, 역사사실을 근거로 삼아 하휴의 힐난詰難을 반박하였다. 셋째, 사실을 통하여 도리를 설명함으로써 하휴의 힐난을 반박하였다. 넷째, 춘추의 대의로써 하휴를 공격하며, 그 사람의 논리로 그 사람을 다스렸다. 아울러 마지막으로 "정현과 하휴의 경학의 논쟁은 춘추대의를 중심으로 전개되었다. 논변 가운데 하휴는 충분하게 공양대의를 발휘하여, 탄식하는 기세로 정현을 힐난하였다. 정현은 조용하게 응전하여 경을 인용하고 전典에 근거하여 하였을 뿐만 아니라 역사적 사실을 열거하여 사실을 들어 도리를 설명하는 방식으로 반박을 진행하였으며, 하휴로 하여금 경전經典·사실事實·도리道理에서 더 이상 변론하지 못하도록 하였다. 그리고 공양대의를 이용하여 하휴가 '매우 다른 뜻과 괴상한 이론'이라고 공격하고, 편파적이어서 미치지 못하는 곳을 치고, 하휴가 자신도 대답할 수 없는 문제를 회답하고도 쓰지 않은 여분의 공격력이 더 있었다. 춘추대의는 정현에게서 더욱더 밝게 드러났으며, 하휴가 예상하지 못하였던 것이다"6)라고 하였다. 하휴에 대한 정현의 비판에서 가장 중요한 요점은 하휴 자신도 인정하고 받아들이지 않을 수 없었으며, 감탄하여 말하기를 "강성康成이 나의 방에 들어와 나의 창을 잡고서 나를 정벌하였구나!"라고 하였다.

당고의 기간에 정현은 은거하여 저술함이 100만여 말에 달하고, 『상서중후尙書中候』의 주와 『역』, 『서』, 『시』, 『예』의 사위四緯의 주를 완성하고, 『육예론六藝論』을 지었다. 중평中平 원년(184)에 황건적이 크게 기의起義하자 황제가 당고黨錮를 당한 사람들을 크게 사면하였다. 정현은 사면령을 받아 끝내 자유를 얻었으며, 조정에서는 그를 박사로 삼고, 많은 권문귀족들이 그를 조정의 관리로 추천하였

---

6) 宋艶萍, 「鄭玄與何休的經學之爭」, 王振民 主編, 『鄭玄研究論文集』(齊魯書社, 1999), 229~230쪽을 보라.

으나 그는 일절 사양하고 계속 제자들을 받아들여 학문을 강의하고 책을 저술하며 이론을 확립하였다. 금고禁錮에서 해금解禁까지 모두 14년이 걸렸다.

3. 동료에게서 명예를 드높이고, 자신의 의지로 덕행을 이루었다

이 시기는 60세부터 73세 임종까지로 정현이 고관과 후한 녹봉에 유혹되지 않고 한가하게 본성을 안락하게 하며 일생을 마칠 것을 곰곰이 생각하던 시기였다.

중평中平 3년(186), 대장군 하진何進이 정현의 큰 이름을 듣고, 그를 대장군大將軍의 삼사三司에 임용하여 취직시키고자 하였는데, 주州와 군郡은 모두 하진의 권세 때문에 감히 뜻을 거스르지 못한다며, 결국 정현을 겁박劫迫하니, 정현이 하진을 보지 않을 수 없었다. 하진이 매우 예를 우대하여 의자와 지팡이(几杖)를 수여하였다. 정현은 조복朝服을 받지 않고, 머리는 폭건幅巾(커다란 수건)을 두르고 서로 만났으나, 단지 하룻밤을 지낸 뒤 곧장 물러났다. 당시 제자들은 하내군河內郡의 조상趙商 등 먼 지방으로부터 온 사람들로 수천 명에 이르렀다. 중평 4년(187) 29살의 최염崔琰(163~216)은 정현이 당시의 명유名儒라는 말을 듣고 마침내 공손방公孫方 등과 결의하여 가서 스승으로 모셨다. 중평 5년(188)에 정현과 순상荀爽, 신도반申屠蟠 등 14명이 박사로 보임補任되었으나 모두 가지 않았다. 후장군後將軍 원외袁隗(?~190)가 또 그를 시중侍中으로 천거하였으나 정현은 부친상을 이유로 가지 않았다. 같은 해 10월에 황건군이 북해北海를 공격하여 깨뜨리니 정현과 문하생들은 불기산不其山으로 피난하였으며, 양식이 매우 모자라 정현은 부득이 제자들을 뿔뿔이 돌려보냈다. 이때 그는 『시경』, 『상서』, 『논어』의 주석을 완성하였다.

헌제獻帝가 즉위하고 동탁董卓이 보정輔政이 되어 공거문公車文을 보내 정현, 순상, 신도반 등을 관헌으로 초청하니 순씨는 사공司空으로 승진하였고, 정현과 신도반은 모두 초청에 응하지 않았다. 헌제 초평初平 원년(190)에 산동에서 군사를 일으켜 동탁을 토벌하니 동탁이 크게 공경을 모아서 일을 의논하여 군사를 일으켜 정벌하고자 하니, 정태鄭太가 무력을 쓰는 것을 반대하고 정현의 명성을 이용하여 그것을 평정하려고 하였다. 그는 "동주東州의 정현은 학문이 고금을 통하고, 북해의 병원邴原(생졸 미상)은 뜻이 맑고 높고 곧고 분명하며, 모든 유생이 숭앙하며 뭇 선비들이 본보기로 삼는다. 저 여러 장군들이 그 계획을 문의하면 강약을 충분하게 알 수 있다"(『후한서』, 「정현전」)고 하였다.

황건군이 청주靑州를 함락시키자 북해상北海相 공융孔融이 부상병을 수습하여 군사를 일으켜 스스로 지켰다. 장요張饒가 20만 황건군을 거느리고 익주翼州를 거쳐 청주靑州를 지났다. 공융이 역습하였으나 오히려 패하여 나머지 병사를 수습하여 주허현朱虛縣을 지켰다. 읍성邑城을 설치하고 학교를 설립하여 현량賢良을 천거하여 유술儒術을 밝혔다. 팽구彭璆를 방정方正으로 삼고, 병원邴原을 유도로 삼고, 왕수王修를 효렴孝廉으로 삼고 고밀현高密縣에 고하여 정현특립향鄭玄特立鄕으로 삼아 정공향鄭公鄕이라 부르며 그 문을 통덕문通德門이라 하였다. 또 공경들이 조상趙相으로 추존하였으나 정현은 온당하지 않다고 여겨 가지 않았다.

초평初平 2년(191) 황건군과 관명이 여러 차례 교정하자 전란을 피하여 정현은 서주徐州에서 타향살이를 하였는데 서주목 도겸陶謙이 스승으로 삼는 벗의 예우로 접대하였다. 서주의 남족 성산城山(지금의 山東 費縣 남쪽 100여 리, 혹은 산동의 平邑縣)에서 정현은 『효경』을 주석하였다. 관련 자료의 기록에 의거하면, 산 위에 석실石室이 있는데, 둘레가 5장丈(1장은 3m)으로 속칭 정강성이 『효경』을 주석한 곳이라고 한다. 흥평興平 2년(195), 서주목 도겸이 죽은 후 평원상平原相 유비劉備(161/221~223)가 서주목을 넘겨받았다. 유비는 항상 정현과 같이 교유하며 혼란한 세상을 다스리는 도리의 가르침을 청하였다. 『화양국지華陽國志』 권7의 「유후주지劉后主志」에서는 다음과 같이 말한다.

제갈량이 승상일 때 승상에게 죄인을 사면해 달라는 말을 하자 제갈량은 "치세는 큰 덕으로 하고 작은 은혜는 쓰지 않는다. 그러므로 광형匡衡(전한시대)과 오한吳漢(전한시대)은 사면을 원하지 않았다. 선제도 또한 '내가 진원방陳元方과 정강성鄭康成 두 사람을 대접하면서 매번 볼 때마다 혼란한 세상을 다스리는 도를 갖추는 것을 물으면 일찍이 사면은 말하지 않았다고 하였다. 만약 유경승劉景升(劉表)과 계옥季玉(劉璋)의 부자가 해마다 사면을 내렸는데 다스림에 무슨 이익이 되었는가?' 하였다.

이 기록을 따라서 보면 유비가 가르침을 청한 혼란을 다스리는 도리는 사면정책, 즉 국가를 엄격하게 다스릴 것인가 아니면 관대함으로 할 것인가에 관한 것이었다. 현대의 장숭침張崇琛 선생이 고증한 바에 따르면, 정현은 엄격하게 법을 집행해야 한다고 주장하였다. 왜냐하면, "정현은 원래 고문을 위주로 하고(고문학자는 實을 중시하고 名을 가볍게 본다.), 아울러 고문과 금문을 융합하여 학문체계를 이루었으며, 그는 '삼례三禮'와 『모시』, 『효경』을 주석하였을 뿐만 아니라 『논어』와 『상서』를 주석하였다. 그리고 공자가 '형벌이 적중하지 않으면 백성이 수족을 움직일 바가 없다'고 한 말과, 『상서』에서 반복하여 강조한 '오형五刑'(그 가운데는 사형도 포괄한다.)으로 이루어진 '삼덕三德'의 사상을 그는 마땅히 받아들였기 때문이다."[7]

유비와 정현이 교왕함에 또 하나의 일이 있는데 정현이 일찍이 손건孫乾(?~214)을 천거하였는데 유비가 그를 등용하여 종사관으로 삼았다. 이때 공문거孔文擧(孔融, 153~208)가 북해상이 되어 여러 차례 사람을 보내어 정현이 돌아오도록 청하였다. 건안建安 원년(196)에 정현은 서주로부터 고밀高密로 돌아가는 도중에 황건군 수만 명을 만났는데 그들이 모두 정현을 보고 절을 하였으며, 서로 감히 고밀현高密縣의 경내에 들어오지 않겠다고 약속하였다. 또 기록에 의하면,

---

7) 王振民 主編, 『鄭玄硏究論文集』(齊魯書社, 1999)의 51쪽, 張崇琛, 『劉備"周旋陳元方, 鄭康成"考事』를 보라.

정현은 키가 8척이며 아름다운 눈과 눈썹을 가졌고, 다급하고 곤궁함에 빠져도 예가 아니면 움직이지 않았다. 황건군 수만 명이 길을 가는 도중의 객방으로 가서 모두 절을 하였다. 오직 고밀만이 노략질을 당하지 않았다. 병이 많았기 때문에 정현은 『계자익은戒子益恩』을 써서 70년 인생을 총결산하였다. 그는 다음과 같이 말한다.

나의 집안은 예전에 가난해서 나는 부모와 여러 형제들에게 받아들여지지 않아서 시역廝役(하인)의 관리를 버리고, 주周와 진秦의 도시8)로 유학游學하였으며, 유주幽州·병주幷州·연주兗州·예주豫州의 지역으로 왕래하면서 통인通人의 경지에 있는 사람들과 대유大儒로 한가롭게 은거하는 분들을 찾아뵙고 마음에 들면 두 손 받들어 따르며 받아들였다. 드디어 『육예六藝』를 넓게 계고稽考하고 전기傳記를 두루 섭렵하고, 때로 궁중에 소장된 비서祕書와 위술緯術의 오묘함을 보았다. 40을 지나 비로소 고향에 돌아와 부모를 공양하며, 땅을 빌려 농사를 지으며 날마다 즐겼다. 환관의 우두머리(閹尹)가 정치를 농단함에 당인黨人으로 연좌되어 금고禁錮를 당하고, 14년이 지나 사면령赦免令을 받아 어질고 착하며 행동이 올바르고 도가 있다(賢良方正有道)고 천거되어, 대장군大將軍이나 삼사三司를 부서로 임용되었다(辟=徵召). 공거령公車令으로 다시 임용을 받았는데, 비첩比牒(관방의 문서)에 함께 이름이 올랐던(幷名. 齊名) 사람은 일찍 재상宰相이 되었다. 그와 같은 몇 사람의 공公은 아름다운 덕과 크게 우아함이 있어 왕을 능히 섬길 수 있는 신하이기 때문에 마땅히 중용重用될 만한 사람들이었다. 내가 스스로 헤아려 보고 모두 맡지 않았다. 다만 옛 성인聖人의 원래元來 뜻을 헤아리고 백가百家의 서로 다름을 정리하고자 하고, 또한 여기에 나의 재능을 모두 바치고자 하였으므로 명령을 받아도 따르지 않았다.…… (『후한서』, 「정현전」)

같은 해에 공융이 황건군에게 포위되자 정현의 아들 익은益恩(鄭益)이 위기를

---

8) 역자 주: 周와 秦의 도시는 각각 洛陽과 咸陽(지금의 서안)을 가리킨다.

구하려고 가서 순사殉死하였다. 유복자遺腹子가 태어났는데, 정현이 태어난 해의 간지가 정묘丁卯년인데, 이 남자 아이도 정묘일丁卯日에 태어났으며, 또한 손금(手文)이 자기와 서로 같으므로 그 손자를 소동小同이라 이름 지었다. 응소應劭(153?~196)가 율령을 다듬고 정리하자, 정현은 그 일에 참여하였다. 정현은 유홍劉洪(140?~206)에게서 『건상력乾象曆』을 받아서 거기에 주석하였다.

건안建安 2년(197) 대장군 원소袁紹(?~202)가 정현을 초청하고 빈객賓客들이 크게 모였다. 정현이 가장 뒤에 도착하자 상좌上座로 모셨다. 정현의 키는 8척으로 술은 일곡一斛(20.5L)을 마셨으며, 수려한 눈썹과 밝은 눈을 가졌고, 모습은 온화하고 훌륭하였다. 당시에 많은 호걸과 준걸이 많았고 또한 재변才辯도 있었는데, 정현이 대유大儒임을 알고 허락도 받지 않고 다투어 이단을 설립하고 백가百家가 다투어 일어나 어려운 문제들에 대한 논의를 진행하였다. 정현은 묻는 말에 옳고 그름을 가리어 대답하는 방법으로 모든 질문을 밝히니 모두 아직 듣지 못한 것이어서 탄복하지 않는 사람이 없었다. 원소의 부하이자 원래 태산태수泰山太守인 응소應劭가 태수의 관직으로 스승으로 모시고 제자가 되기를 청하였으나, 정현이 분명하게 거절하였다. 응소가 "그러므로 태산태수 응중원應仲遠(仲遠은 응소의 자)이 스승으로 모시고 제자가 되려는데 어떠신지요?"라고 하자, 정현이 웃으면서 "공자의 문하에서 네 가지 덕행으로 인재를 시험하는데 안회顔回와 단목사端木賜의 무리는 관벌官閥을 말하지 않았습니다"라고 하니 응소가 말을 들은 후 얼굴에 부끄러운 기색을 띠었다. 원소가 찬탄하여 "내가 본래 정군鄭君이 동주東州의 명유名儒라고 하였는데 이제 보니 세상의 덕망 높은 어른이네. 무릇 포의布衣로 세상에 이름을 떨치니 이 어찌 헛되겠는가?"라고 하였다. 건안 3년(198) 헌제獻帝가 허도許都에서 공거문을 보내 대사농大司農으로 삼았고 안거安車 한 대를 보냈다. 고을 수령(長史)들과 송영送迎을 거친 뒤, 정현은 병을 핑계로 집으로 돌아가기를 청하였다. 떠날 때 원소는 성의 동쪽에서 300여 명의 사람들을 소집하여 송별연을 베풀었는데, 연회를 여는 동안 많은 사람들이 모두 일어나서 경배敬拜의 술을 마셨으며, 아침 일찍부터 저녁까지 정현은 300여 잔의 술을 마셨으나 온아溫雅한 모습에 종일토록 약해지지 않았다.

건안 5년(200) 조조曹操(155~220)와 원소袁紹가 관도官渡에서 서로 항거抗拒할 때 서주자사徐州刺史 순욱荀彧(163~212)이 일찍이 정현에게 『주례』에 대한 가르침을 청하였다. 원소가 전세戰勢를 전환하기 위하여 정현의 이름을 빌려서 군자들의 명망을 얻고 백성의 민심을 얻고자 하였다. 그리하여 그 아들인 원담袁譚(?~205)에게 명령하여 사자를 보내 군대를 따르라고 정현을 핍박하여 원성元城에 도달하였는데, 병이 위중하여 계속 나아갈 수 없었다. 이때 병중임에도 불구하고 학술활동을 계속하여 『주역』을 연구하는 데 정력精力을 집중하여 『주역주周易注』를 완성하고 『자서自序』를 지었다. 이해 6월에 원성元城의 사록沙鹿에서 세상을 떠나니 74세였다. 『후한서』의 기록에 의하면 이해 봄에 정현은 일찍 꿈에서 공자를 보았는데, 공자가 그를 보고 이르기를 "일어나 일어나게, 올해의 시일時日에 진辰이 있고, 내년의 시일에는 사巳가 있네"라고 하였는데, 일어나서 참서讖書와 맞추어 보니 목숨이 끝남을 알았다. 박장薄葬을 하라고 유언을 남겼는데 군수郡守 이하 일찍이 수업을 들을 사람들이 상복을 입고 조문을 온 것이 1천여 명이나 되었다. 정현은 처음에 극동劇東에 장례를 지냈는데, 후일 묘가 훼손되자 여부厲皐로 이장하였으며, 현령縣令과 수레를 보내고 정현의 묘를 위해 하나의 정자를 세웠는데 이름을 소인정昭仁亭이라고 하였다.

제3장 역학의 연원과 저술

1. 성현을 찾아 진의眞義를 구하고 배움에 고정된 스승이 없었다

정현의 학술활동을 보면 정현의 학술적 연원은 매우 분명한데, 당시 경학대사인 제오원선第五元先(생졸 미상)으로부터 금문경今文經 즉 『경씨역京氏易』, 『공양춘추』, 『삼통력三統力』, 『구장산술九章算術』을 배워서, 금문경의 소양을 갖추었다. 장공조張恭祖(생졸 미상)를 스승으로 모시면서 『주관周官』, 『예기』, 『좌씨춘추』, 『한시韓詩』, 『고문상서』를 배웠다. 마융馬融으로부터는 『비씨역費氏易』과 『주관』을 배웠으니 또한 고문경을 연구하기 위한 기초를 닦았다.

역학으로 말하면, 정현은 주로 연주자사兗州刺史 제오원선과 남군태수南郡太守 마융에게서 배웠다. 제오원선은 동한의 경조京兆(지금의 西安) 사람이며, 일찍이 연주자사가 되어 『경씨역京氏易』을 연구하였으며, 정현은 제오원선에게서 배워서 비로소 『경씨역』에 통하였다. 경씨역은 서한의 중기에 생겼으며, 음양陰陽과 재이災異에 뛰어나, 팔궁八宮, 납갑納甲, 세응世應, 비복飛伏, 오행五行 등의 학술을 제출하였으며, 당시 사회의 수요에 영합하여 학관이 건립되었고 금문역今文易에 속한다.

비씨역은 서한 말기에 생겼으며 고문역古文易에 속한다. "동래東萊의 비직이 『역』을 전하고 낭야琅邪의 왕횡王橫이 전수받아 비씨학費氏學이 되었고 본래 고자古字로 되었으므로 고문역古文易이라 불렀다."(『후한서』, 「유림열전」) 동한시대에 금문역이 쇠퇴해 은미해지자 고문역이 흥성하였다. 마융이 비씨역을 전수받으니 고문역의 중진重鎭이 되었다. 정현은 마융의 문하에서 7년 동안 학습하였으며, 이별할 때 마융이 한숨 쉬며 사람들에게 말하기를 "정현이 지금 가면 나의 도道가 동쪽으로 가는구나!"라고 하였다. 이로써 정현이 마융의 진전眞傳을 얻었기 때문에 정현의 역학에는 비씨역의 학풍이 있음을 알 수 있다. 동한시대에 비씨역학이 흥기하여 마융과 정현의 사도가 연구하고 전파한 것은 바꿀 수 없는 사실이며, 『후한서』「유림열전」에는 "건무建武(光武帝 때 25.6~56.4 32년간의 연호) 중에 범승范升(생졸 미상)이 맹씨역을 양정楊政(생졸 미상)에게 전수하였고 진원陳元(생졸 미상)과 정중鄭衆(생졸 미상)이 모두 비씨역을 전수받았으며, 그 후에 마융도 그것을 전수받았다. 마융은 정현에게 전수하고 정현은 『역주易注』를 지었으며, 순상荀爽도 『역전易傳』을 지었으니, 이로써 비씨역이 흥기하고, 경씨역이 쇠퇴하였다"고 하였다.

마융과 정현의 역주易注를 비교하면 그 문자와 훈고가 많이 서로 같은 것은 마융의 역학 내용과 『역』을 연구하는 방법이 정현에게 매우 깊은 영향을 주었음을 말해 준다. 그러나 그의 저작에서는 마융의 연구 성과에 대한 언급이나 평론은 아주 적다. 스승의 설을 존숭하던 동한시대에 이 일이 나온 데는 반드시 원인이 있다. 위에서 말한 대로 정현이 마융에게서 배웠고 또한 마융보다 학문이 높았기 때문에 마융은 마음으로 질시하여 정현을 해치고자 하였다는 기록이 있다. 청나라 유학자 왕명성王鳴盛은 마융이 정현을 해칠 수 없었다고 여겼다. 왜냐하면 정현은 마융을 경시하였고 아울러 정현의 저작에는 일찍이 마융의 말을 인용하여 설명한 것이 없었기 때문이다. 그는 "마융이 정현을 해치고자 한 것은 일찍이 이러한 일이 없었으며, 정현이 오히려 마융을 낮추어 본 일이 있다. 대개 마융이 사치가 지나쳐서 지조 있는 선비들이 경시하였는데, 『조기전趙技傳』에 기재된 주에는 정현이 비록 마융을 스승으로 모셨으나 저술 가운데는 마융의 말을 종내 인용하지 않았고, 오직 「월령月令」의 주에서 '속인들이 말하기를 주공周公이 「월령」을 지었다. 아직 고문에는 통하지 않았다'고 한다.

『소疏』에서 '속인은 마음의 무리다'라고 하였다."(『蛾術編』,「說人」) 필자가 보기에 정현의 저작에서 마음의 말을 매우 적게 인용한 것은 아마도 그 스승을 경시한 것이 아니라 정현이 마음의 관점과 학풍을 찬성하지 않았거나 혹은 정현이 보기에 마음의 경학연구는 대부분 앞사람으로부터 나왔고 독창적으로 이룬 것이 없었기 때문일 것이다. 그러므로 저작 가운데 언급하지도 않고 더욱이 반박하지도 않음으로써 스승의 체면을 세워 주고 이로써 스승에 대한 존경을 표시하였다.

당연히 한 사람의 학술연원을 분석함에 단지 사승관계에만 집착해서는 안 되며, 마땅히 종합적으로 고찰해서 그 학술사상과 그가 학습하고 해독한 문헌자료와의 관계를 살펴야 한다. 정현의 역학은 직접적으로 제오원선과 마음에게서 경씨역京氏易과 비씨역費氏易의 연구성과를 계승한 것 외에도 또한 간접적으로 정리하고 연구한 문헌 가운데서 영양을 흡수하였다. 예를 들면 그는 『역위易緯』, 삼례三禮와 『건상력乾象曆』 등의 문헌을 정리하고 주석함으로써 천문, 역법, 위서緯書와 음훈서音訓書 가운데의 지식을 운용한 역학연구에 이르기까지 그의 독특한 천도天道를 중시하는 상수象數의 방법과 인사人事를 밝히는 의리방법을 형성하였다. 이 점은 그의 역학과 『역위』의 관계로 증명할 수 있다.

한대의 『역위』는 『주역』에 대한 해설과 상세하게 밝혀냄이며, 『주역』의 경위經緯는 서로 표리가 된다. 정현이 『역위』를 주석할 때 『주역』을 인용하여 『역위』를 증명하였는데, 예를 들면 『건착도乾鑿度』의 "유형은 무형에서 생긴다" (有形生於無形)는 구절을 주석할 때 "천지는 본래 무형이나 형체를 얻으니 유형有形 은 무형無形에서 생긴다. 그러므로 「계사繫辭」에서 '형이상形而上의 것을 도道라고 한다'고 하였다."『변종비辨終備』의 "암수가 열리고 닫히니, 여섯 아들의 기운이 통한다"(雌雄呿吟, 六節搖通)는 구절을 주석하여 "웅자雌雄는 천지이며, 거음呿吟은 열리고 닫힘이다. 육절六節은 육자六子이며, 요통搖通은 육자六子와 움직이는 천지 의 기氣이다. 「계사」에서 '문을 닫음을 곤坤이라고 하고 문을 여는 것은 건乾이라고 한다고 하였고, 또 '천지가 위치를 정하고 산과 연못이 기를 통한다'라고 하였다."
『건착도』의 "갑자의 괘기는 중부中孚에서 시작한다"(甲子卦氣, 起于中孚)라는 구절을
주석하여 "괘기卦氣는 양기陽氣이다. 중부中孚는 괘명卦名이다. 중中은 화和이며,
부孚는 신信이다. 경에서 '중부돈어中孚豚魚'라고 한 말은 일반 백성이 기른 것을
말한다"라고 하였다.

    그리고 『주역』을 주석할 때 또 『역위』를 인용하여 『주역』을 증명하였다.
정현이 복復괘의 "七日來復"의 구절을 주석하여 "건술建戌의 달은 양기陽氣가
이미 없어지고, 건해建亥의 달에는 순음純陰이 작용하고, 건자建子의 달에 이르면
양기가 생기기 시작하여 이 순음과 하나의 괘의 간격으로 있으며, 괘는 육일칠분
六日七分을 주로 하며, 그 성수成數를 들어 말하면 7일에 되돌아온다고 한다"(『周易正
義』, 「序」)고 하여 분명하게 "정강성이 『역위』의 설을 인용하였음"을 지적하였다.
정현이 소과小過괘의 "亨, 利貞"이라는 구절을 주석하여 "중부中孚는 양陽이며,
11월의 자子에서 곧으며, 소과小過는 음陰이며 유월의 미未에서 곧으며 건곤乾坤을
본받는다"(『漢上易傳』)고 하였다. 이 구절은 『역위・건착도』에서 인용하였다.
그 원문에서 "건乾은 양이며, 곤坤은 음이다. 나란히 주재하여 엇갈려 뒤섞여서
행한다. 건乾은 11월의 자子에서 곧으며, 좌행左行하며, 양의 시간은 여섯 시이다.
곤坤은 유월의 미未에서 곧으며, 우행右行이며, 음의 시간은 여섯 시이며, 이로써
순리를 받들어 한 해를 이룬다"고 하였다. 중부와 소과 두 괘의 납지納支[1]는
건괘 곤괘와 서로 같다. 황석의 고증에 의하면 이 조항은 주진朱震이 잘못
인용하였으며, 본래는 『역위・건착도』이며, 주진이 본 것은 정씨역鄭氏易이며,
왕응린이 편집한 강성역康成易을 주진이 오인하였다. 그러나 정현이 주석한
『건착도』는 그 주석의 문장이 원문과 거의 차이가 없기 때문에 인용하였으며,

---

    1) 역자 주: 納支는 12地支를 분배하는 것이다. 納은 納入 곧 맞추어 분배함이며, 支는
       天干地支의 地支이다. 역학에 "卦爻納支法卦"가 있는데, 爻를 나누어 地支에 분배하는
       것으로 괘로 지지에 분배한다.

아마도 주진이 잘못 인용한 것은 아닐 것이다. 왜냐하면 정현의 역주易注는 유실遺失되어 현존하는 집본은 이지러져 완전하지 않으며, 정씨의 역주에서 더 많이 『역위』를 인용하여 『역』을 주석하였는가를 알아낼 방법이 없기 때문이다. 또 하나 『춘추위春秋緯』를 인용하여 『역』을 증명하였다. 정현은 「계사繫辭」의 "河出圖, 洛出書, 聖人則之"의 구절을 주석하여 "『춘추위』에서 '하河(黃河)는 건乾을 통하여 천포天苞(河圖)를 나타내었으며, 낙洛(洛水)은 곤坤을 흘려서 지부地符2)를 드러내었다'고 하였는데, 황하의 용龍은 그림으로 드러내었고, 낙수의 거북은 글로 이루어졌으며, 하도河圖는 아홉 편이 있고 낙서洛書는 여섯 편이 있다"(『周易集解』, 권13)고 하였다.

　이로써 정현 역학의 형성은 그가 개인적으로 필생의 정력을 다하는 노력과 박학 그리고 유전하던 문헌을 정리한 것과 밀접한 관계가 있음을 알 수 있다. 그가 역학에서 창도한 예禮로써 『역』을 주서하는 방법, 효진爻辰의 방법, 효체爻體의 방법 등은 그가 삼례, 『역위』와 천문역법天文曆法 등의 문헌에 대한 연구에서 얻었다. 예를 들면 호자봉胡自逢(1911~2004) 선생은 "종합해서 말하면 정현 역학이 맹희孟喜·경방京房·비직費直·마융馬融에 근원한다는 것은 거의 의심할 수 없다. 그 장구의 학문은 맹·경·비·마의 여러 학파에서 겸하여 따왔다. 그 효진爻辰은 경씨에게서 본받았으며 위서緯書와 뜻이 합치한다. 십익十翼으로 경을 해석하여 비씨의 가법을 깊이 얻었으며, 인사人事와 예문禮文으로 경을 설명하는 것은 마씨에 근본한다. 그가 논한 역의 세 가지 의미 즉 역도易道의 본원本原, 음양陰陽의 소식消息, 수數의 변화도 또한 위서에서 아울러 취하였다. 그러므로 여러 학파의 장점을 겸하여 정밀하게 선택하고 널리 사용하여 집대성하였다"3)고 하였다. 이것이 정씨역학이 한대의 다른 역학과 다른 관건이 존재하는 곳이다.

---

2) 역자 주: 대지에 나타나는 상서로운 조짐(符瑞).
3) 胡自逢, 『周易鄭氏學』(臺北: 臺灣文史哲出版社, 1990), 99쪽.

2. 백가百家를 가지런히 하고 뭇 경전을 꿰뚫고 저술이 방대하다

역대의 사서史書와 문헌의 기록에 근거하면 정현의 저술은 매우 풍부하다. 『주역주周易注』, 『역찬易贊』, 『역론易論』, 『역위주易緯注』, 『상서주尚書注』, 『상서의 문尚書義問』, 『상서석문주尚書釋問注』, 『서찬書贊』, 『서론書論』, 『상서대전주尚書大傳注』, 『상서중후주尚書中候注』, 『상서위주尚書緯注』, 『하도낙서주河圖洛書注』, 『모시전毛詩箋』, 『모시보毛詩譜』, 『시위주詩緯注』, 『주관예주周官禮注』, 『의례주儀禮注』, 『예기초주禮記抄注』, 『답임효존주례난答臨孝存周禮難』, 『노례체협의魯禮禘祫議』, 『예의禮義』, 『상복경전주喪服經傳注』, 『상복변제주喪服變除注』, 『상복기주喪服紀注』, 『상복보주喪服譜注』, 『삼례목록三禮目錄』, 『삼례도三禮圖』, 『예기묵방주禮記黙房注』, 『예위주禮緯注』, 『악위주樂緯注』, 『좌전주左傳注』, 『침좌씨고황針左氏膏肓』, 『석곡량폐질釋穀梁廢疾』, 『발공양묵수發公羊墨守』, 『박하씨의駁何氏漢議』, 『박하씨한의서駁何氏漢議紋』, 『답하휴答何休』, 『춘추좌씨전분야春秋左氏傳分野』, 『춘추십이공명春秋十二公名』, 『효경주孝經注』, 『효경위주孝經緯注』, 『논어주論語注』, 『논어석의주論語釋義注』, 『논어공자제자목록論語孔子弟子目錄』, 『육예론六藝論』, 『박허신오경이의駁許慎五經異義』, 『답견자연서答甄子然書』, 『건상역주乾象曆注』, 『주비이난周髀二難』, 『일월교회도주日月交會圖注』, 『구궁경주九宮經注』, 『구궁행기경주九宮行基經注』, 『구기비변九旗飛變』, 『한률장구漢律章句』, 『한궁향방주寒宮香方注』, 『자서自序』, 『정현집鄭玄集』, 『정지鄭志』, 『정기鄭記』, 『상서음尚書音』, 『모시음毛詩音』, 『주관음周官音』, 『의례음儀禮音』, 『예기음禮記音』, 『좌전음左傳音』, 『논어음論語音』, 『대대례기주大戴禮記注』, 『이아주爾雅注』, 『자지字指』, 『국어주國語注』, 『사기주史記注』, 『한서주漢書注』, 『노자주老子注』, 『맹자주孟子注』, 『장자주莊子注』, 『충경주忠經注』 등의 저작이 있다.

그 가운데 『주역주周易注』가 가장 늦게 이루어졌으며, 문헌의 기록에 따르면, 『주역주』는 원성元城에서 이루어졌다. 『효경서소孝經序疏』에서는 "원담袁譚의 핍박을 받아서 원성에 도착하여 이에 『주역』을 주석하였다"고 하였다. 청나라 유학자 왕명성은 "이 경과 자서는 모두 객지에서 임종臨終할 때의 글이다. 대개 원성에 자못 오래 머물렀는데 아마 건안 5년 초봄에 이 현에 도달하여 늦여름에 『역주』를 탈고하였는데, 저술은 대략 갖추어졌는데 오직 『춘추전春秋傳』만 아직 주석하지 않아서 옛 원고를 먼저 복건服虔(생졸 미상)에게 주어 위탁할 사람을 얻었으니 여한이 없었으며 이에 드디어 자서自序로서 일생을 마감하였다"(『蛾術編』, 「說人」)고 하였다.

정현의 『역주易注』는 이미 없어졌으나 남송의 왕응린王應麟(1223~1296)으로부터 시작하여 청대에 이르기까지 많은 유학자들이 잃어버린 것을 수집하였다.

1) 남송 왕응린王應麟(1223~1296)의 『주역정강성주周易鄭康成注』 1권

이 책은 『주역집해周易集解』, 『경전석문經典釋文』, 제경의소諸經義疏, 『문선文選』, 『후한서주後漢書注』 등에서 정씨역주를 추출해서 수집하였다. 그러나 매 조항의 주석의 문장은 출처를 분명하게 주석하지 않았으며, 편제도 혼란스러워 경전과 상응하지 않는다.

2) 명 호진형胡震亨(1569~1645)의 『역해부록易解附錄』 1권

이 수집본은 왕응린본을 따라 이정조의 『주역집해周易集解』에서 아직 수록하지 않은 정현의 주를 수집蒐輯하여 『집해集解』의 뒤에 더하고 『역해부록易解附錄』이라고 이름 지었다. 책의 끝에 요사린姚士粦(1559~?)의 『역해부록후어易解附錄后語』가 있고, 또 정현의 주 25조를 증보增補하였다. 다만 인용한 문장은 분명하게 자석으로 드러내지 않았다.

3) 청 혜동惠棟(1695~1758)의 『정씨주역鄭氏周易』 3권

이 수집본은 왕응린, 호진형, 요사린 본을 중첩하여 편집하였으며, 미비한 것을 채록采綠하여 다시 67조를 증보하니 왕응린본에 비하면 92조(요사린본 25조

포함)가 많으며, 왕응린 수집본을 상세하게 고찰하여 주석문의 출처를 표명하였다. 그러나 혜동의 수집본은 글자를 많이 고쳤다.

4) 청 정걸丁杰(1738~1807)의 『주역정주周易鄭注』 12권

그 수집본은 왕응린과 혜동의 두 본을 겹처서 고정考訂하였으며, 정현의 주석에 20여 조를 증보하였다. 정현 역 가운데 글자가 잘못된 것을 하나하나 교정校正하고, 정현이 주석한 『역위』의 문장과 정현이 주석한 『한서』의 문장을 삭제하였다. 『주역정의』에 의거하여 정현 역의 12편을 거듭 정정訂正하였다. 책의 끝에 장혜언張惠言(1761~1802)이 오류를 정정한 8조를 더하였으며, 『역찬易贊』과 『역론易論』 한 편이 있고, 또 장용당臧鏞堂(1766~1834)의 찬사撰寫의 기록과 고정考訂을 부가하였다.

5) 청 원조袁鈞(생졸 미상)의 『정씨역주鄭氏易注』 9권

원조袁鈞가 수집한 『정씨일서鄭氏佚書』는 32종이 있으며, 그 가운데 정현의 『역주易注』는 친히 손으로 써서 정리한 네 종류 가운데 하나다. 원조는 왕응린 수집본의 예를 근심하여 여러 경의經義와 소疏를 취하고 그가 취하여 인용한 것과 다른 수집본을 참고하여 오류를 변석辨析하고 잘못된 것을 보정補正하고 출처를 분명하게 주석하고 고증考證을 더하고, 그 주석(5조)을 보충하고, 무릇 왕응린본이 갖춘 바는 모두 "원집原輯"으로 표시하였다. 그러나 『구가역九家易』과 『구결역九訣易』을 따라 정현의 주석을 수집하여 그 가치를 토론하였다.

6) 청 손당孫堂(생졸 미상)의 수집본

손당은 혜동본을 거듭 교정하여 그 잘못을 바로잡고 탈자脫字를 보충하고 아직 주석하지 않은 것을 주석하였다. 왕응린, 요사린, 원조, 정걸, 장혜언이 인용한 역주문장으로 혜동이 남긴 부분을 보충하고 또 새롭게 4조를 보충하였다.

아울러 『보유補遺』 한 권을 써서 그 끝에 부가하였다.

7) 청 공광림孔廣林(1746~1814?)의 수집본 『주역주周易注』 12권

공광림이 지은 『통덕유서소견록通德遺書所見錄』은 18종이 있으며 정현의 『주역주』 12권은 그 가운데 한 종이다. 이 수집본은 보충하여 주석한 문장은 두 조이며, 아울러 왕응린본의 오류를 교정하였다.

8) 청 장혜언의 『주역정씨주周易鄭氏注』 3권 수집본, 2권 수집본

혜동본을 저본으로 삼고 정걸본, 노본盧(盧植)本, 손당본, 장용당본을 참고하여 정현 역을 상·중·하 세 권으로 나누어 주석하였다. 또 정걸의 후정본后定本 『정씨주역鄭氏周易』 세 권, 진방정陳方正(1939~)이 그것을 산정刪定하였고, 장혜언은 정본定本을 위하여 서문을 썼는데, 왜냐하면 그 책의 교정 체제를 취하였기 때문이며, 다서 호진형과 혜동의 두 학자에 근거하고 노식, 손당, 장용당이 교정한 것을 참고하고, 그 가운데 좋은 것을 가려서 따르고 그렇게 두 권의 본을 이루었다. 이 수집본은 정걸본의 장점을 채록하고 그 단점을 보충하며 왕응린본과 혜동본의 오류를 바로잡았다. 모두 이전의 각 학자들이 보충한 것을 하나하나 주석하여 밝혔으며, 또한 새롭게 두 조를 보충하였다.

9) 청 황석黃奭의 수집본 『주역주周易注』

이 책은 『황씨일서고黃氏逸書考』에 있다. 황씨가 수집한 책은 가장 늦게 나왔으며, 많이 갖추어져 있는데, 책 가운데 서로 다른 주석과 서로 같은 주석을 나란히 수집하였으며, 새롭게 9조를 보충하고, 정현의 주석에 고증과 해석을 더하였다. 많이 갖추었기 때문에 선택한 것이 정밀하지 않으며, 그러므로 그 가운데 정현의 주석이 아닌 것도 수집되었는데, 예를 들면 『의해촬요義海撮要』 중에 수집된 것에는 많은 역주易注가 정현의 뜻과 부합하지 않는다.

여러 학자의 공헌에 대하여 현대 사람인 호자봉은 다음과 같이 평론하였다. "백후伯厚(왕응린의 호)가 창시의 공을 차지하며, 그가 정현 주석을 마르고 주조하였으니 정말 고심하여 이루었다고 할 수 있으며, 훌륭한 공인의 마음으로 홀로 고생하였다. 그를 이은 여러 학자들 가운데 혜동의 공이 가장 먼저이며 새롭게 70여 조를 보충하였으며, 요사린이 27조를 보충하였으니 그 다음이다. 호진형은 오직 오로지 왕응린본을 새겼으며, 공광림은 구례舊例를 따랐는데 이 두 학자는 단지 보충하였을 뿐이다. 정걸의 식별능력은 정밀하고 예리하고 비범하며, 원조袁鈞는 고증하고, 손당은 혜동의 잘못을 바로잡는 신하와 같은 사람으로 충분하게 칭찬할 만하다. 장혜언은 본래 책을 쓰는 자료의 선택에 매우 근엄하였으며 다른 학자들 가운데 가장 뛰어나다. 그리고 부지런히 구하고 빈틈없이 들추어내고, 크고 작은 것을 모두 세세하게 남겼으며, 모든 공로를 망라하여 논하면 황석의 공이 으뜸이며, 이른바 후일에 나온 사람일수록 더 낫다."[4]

---

4) 胡自逢, 『周易鄭氏學』(臺北: 臺灣文史哲出版社, 1990), 15쪽.

제4장 정현 역학의 천도관

정현은 위대한 경학자이다. 그는 필생의 정력을 다하여 양한시대에 확립된 경학과 경학과 관련 있는 여러 선생의 학문을 이해하고 해석하였으며, 그 종지는 "앞 성인들의 본래 뜻을 생각하고, 백가의 서로 다름을 정리하려고 함이다"라고 하였다. 즉 그는 당시 경학연구의 성과를 융회관통融會貫通하여 이를 정리하고 합친 기초에서 백가의 장점을 포괄하여 편집하고, 여러 경전의 본래 뜻을 분명하게 드러낸 계열의 경학저작을 저술하였다. 그러므로 정현과 동시대의 사상가들과 서로 다르며 개념에 내포된 경계와 개념의 운용을 중시하지 않고 논리적 추리를 진행하였으며, 사상체계를 세우려고 의도하지 않았다. 당연히 이것은 결코 그가 사상이 없음을 말하는 것이 아니다. 오히려 그는 경학과 여러 학자들의 학문을 이처럼 구체적이고 세세한 주석을 통하여 깊이 있고 풍부한 사상적 함의를 발현할 수 있었다. 그 가운데 천도관은 그의 중요한 사상 가운데 하나이다. 그것은 주로 『역위·건착도』와 『주역』의 주석 가운데 표현되어 있으며 세 방면의 내용을 포괄하는데, 본무론本無論과 그 상수의 형성, 천도의 법칙과 역易의 세 가지 의미, 음양관, 그리고 사물의 흥쇠興衰가 그것이다.

1. 본무론과 그 상수의 형성

우주의 기원에 관한 문제는 매우 오래되고 오묘한 문제로 중국의 역대

사상가들이 머리를 짜낸 사색과 아울러 합리적 해석을 시도하여 만들어 낸 하나의 중심문제이다. 선진시기 노자가 제기한 "유는 무에서 생긴다"(有生于無)의 명제에서부터 인간의 깊은 반성을 드러낸 굴원屈原의 "천문天問"과 『역전易傳』의 태극이 팔괘八卦를 낳는다는 생각과 장자의 "유시有始, 유미시有未始"의 변론 등에 이르기까지 모두 이 하나의 문제에 대한 시험가능성의 탐색을 진행하였다. 그러나 이 오래되고 풀 수 없는 수수께끼는 모두 사람들이 만족할 만한 답안을 아직 찾지 못하였다.

한대에 이르러 『회남자淮南子』는 도가의 "시작이 있음과 아직 시작이 없음"(有始, 未始)의 전통을 이어받았으며(「俶眞訓」) 아울러 이 기초에서 원기元氣를 우주생성의 체계로 받아들이고 이 수수께끼를 해결하기 위하여 힘써 원기를 이용하려고 하였다. 거기에서 말하기를 "도는 텅 빈 울타리(虛廓)에서 시작되며, 허곽虛廓이 우주를 낳으며, 우주는 기氣를 낳는다. 기는 경계(涯垠)가 있고 맑은 양기는 먼지처럼 미세하게 떠올라 하늘이 되고, 무겁고 탁한 것은 응결하여 땅이 된다"(「天文訓」)고 하였다. 『역위·건착도』는 『역전』의 '태극이 팔괘를 낳는다'(太極生八卦)를 우주가 태극에서 시작하고 태극은 천지와 사계절 그리고 8가지의 자연물질을 낳는 과정으로 해석한다. 또 이 책은 "역易은 태극에서 시작하고 태극은 둘로 나누어져서 천지를 생한다. 천지에는 춘·추·동·하의 계절이 있으므로 사시를 낳는다. 사시는 각각 음양과 강유剛柔의 구별이 있으므로 팔괘를 낳는다"라고 하였다. 여기서 『건착도』의 저자는 하나의 문제를 드러내는데, 태극은 무형無形이며, 천지는 유형有形인데 "무릇 유형이 무형에서 생기며 건곤乾坤은 대체 어디서 생기는가?" 이 문제를 해결하기 위하여 이 책은 태역太易·태초太初·태시太始·태소太素의 네 개 범주를 더하여 설명한다. "태역·태초·태시·태소가 있다. 태역은 아직 드러나지 않은 기다. 태초는 기의 시작이다. 태시는 형체의 시작이다. 태소는 물질의 시작이다. 기는 형질을 갖추어 아직 분리되지 않으므로 혼륜渾淪이라고 한다. 혼륜은 만물이 서로 혼성混成하여 서로 떨어지지 않음을 말하며, 보려고 해도 보이지 않고, 들으려고 해도 들리지 않고, 잡으려고 해도 잡을 수 없으므로 역易이라고 한다"(『역위』)고 하였다. 자신의 학설을 그럴듯하게 꾸미기 위해서는 더욱더 자세하게 우주의 기원과 과정을 묘사하였다.

주의할 것은 이 책은 『회남자』 등과 서로 다르며, 노장老莊과 『회남자』를 대표로 하는 도가의 우주담론은 천인天人을 일관하는 사상체계를 구축하기 위한 것이다. 그리고 『역위』가 탐구한 우주의 생성과 진화는 역학에 근거하며, 상수의 형성의 내재적 근거를 해결하여 하나의 역학체계를 건립하였다. 예를 들면 『건착도』는 말하기를 "역은 무형의 모양이다. 역이 변하여 1이 되고 하나가 변하여 7이 되고, 7이 변하여 9가 된다. 9는 기氣 변화의 끝이며, 이에 다시 변화하여 1이 된다. 1은 형체 변화의 처음이며, 맑고 가벼운 것은 위로 가서 하늘이 되고, 탁하고 무거운 것은 아래로 가서 땅이 된다. 사물에는 시작과 성장과 궁극이 있으므로 세 획으로 건乾을 이루며 건과 곤이 서로 아울러 함께 생긴다. 사물에는 음양이 있고 이로 인하여 중첩하면 여섯 획으로 괘를 이룬다"고 하였다. 정현은 곧 『역위』의 사상노선을 따라서 해설과 상세하게 밝혀냄을 진행하였다. 그는 천지만물은 유형이며 유형의 천지만물은 무형에 기원한다고 생각하였다.

천지는 본래 무형이며 형을 얻으면 유형은 무형에서 생긴다. 그러므로 「계사」에서는 "형이상의 것을 도라고 한다"고 하였다. 무릇 건곤은 천지를 본받아 성질을 상징한다. 그러므로 천지가 있으면 건곤이 있다.(『건착도』 주)

정현은 한 걸음 더 나아가 『역위』에서 제기한 문제를 심화시켜서 "건곤으로써 천지의 도를 확립하니 천지는 건곤에 앞서 생긴다. 천에는 볼 수 있는 상象이 있고 땅에는 머무를 수 있는 형체가 있으며, 만약 건곤보다 먼저라면 곧 천지가 건곤을 낳는다. 혹 말하기를 유형이 무형에서 생기면 어긋난다고 하는데, 이와 같다면 건곤이 어디서 생기겠는가?'(위의 책)라고 하였다. 이 말은 천지는 유형으로 볼 수 있는 것이며, 건곤은 무형의 것이며 형이상의 것이며, 무無는 유有에서 생긴다는 관점을 살펴보면 마땅히 건곤이 천지를 낳는다. 그리고 여기서 '천지가 먼저이며 건곤은 그 다음'이라는 말은 성인이 천지를 본받아서 건곤을 확립하고, 건곤을 이용하여 천지의 도를 표현하였다는 말이다. 이것은 모순이지 않은가? 이것이 문제의 하나이다. 두 번째 문제는 전통적 문제의 하나로 천지는 어떻게 무無에서 유有로 되는가? 이 두 가지 문제를 해결하기 위하여 정현은 『역위』에서 제기한 개념과 우주의 진화의 과정에 대하여 설명하였다.

정현이 보기에 "태역太易"은 최고의 범주이다. 『건착도』에서 "아직 기가 드러나지 않았다"(未見氣)라고 한 구절을 정현은 "그 적연하고 아무런 사물이 없으므로 태역이라고 한다", "태역의 때는 막연漠然하여 볼 수 있는 기가 없다"고 주석하였다. 그는 어떤 때는 "역"과 "태역" 두 개념을 동등하게 보며, 「계사」에서의 "역"을 곧 "태역"이라고 보았다. 그는 『건착도』의 "역은 무형의 경계다"(易無形畔)를 주석할 때 "이것은 태역이 무형임을 밝힐 때 텅 비어 적막하여 보고 듣고 찾을 수 없으니 「계사」에서 '역은 형체가 없다'고 한 말은 이를 가리킨 말이다"라고 하였다. 사실 정현이 말한 "태역"은 곧 노자의 "무無"이다. 정현이 『건착도』의 "태역이 처음으로 드러난다"(太易始著)는 구절을 "태역은 무이다"라고 주석하였다.

『건착도』는 "기의 시작", "형의 시작", "질의 시작"이라는 말을 사용하여 "태초太初", "태시太始", "태소太素"의 세 개념을 분별하여 주석하였다. 정현은 태초는 "원기의 맨 처음"이며, 이미 차가움과 따뜻함의 구분이 있다고 보았다. 태시는 "천상天象의 형태가 맨 처음으로 드러나는 것"이며, 이미 볼 수 있는 징조가 있다. 태소는 "지질地質의 맨 처음"이며 이미 변별할 수 있는 형상形狀이 있다. 그는 『건착도』 권하를 다음과 같이 주석하였다.

태역의 시작은 막연하여 볼 수 있는 기가 없다. 태초는 기의 차가움과 따뜻함이 처음으로 생기는 때이다. 태시는 조짐이 처음 싹트는 때이다. 태소는 질이 처음 형체를 갖는 때이다. 여러 가지 사물이 되면 모두 망울을 이루어 원래 아직 분별되지 않는다.

정현의 해석으로 보면 『역위』에서 사용하는 이 세 개의 개념은 태역과는 본질적으로 구별된다. 태역은 우주의 근본이며 적막하고 광활한 무無이다. 뒤 세 가지로 표현된 것은 기의 형질의 원시적 형태이며 감지할 수 있고 실제로 있는 것이다. 『역위』에서 말하는 세 가지는 아직 분화되지 않고 혼륜되어 있으며, 정현은 『역위』에서 말하는 "혼륜"은 중화中和의 기이며 천지보다 먼저 생겨난 도道 혹은 태극太極이라고 보았다. 정현은 "혼륜渾淪"을 "비록 이 세 가지 처음을 포함하고 있으나 오히려 아직 분리되어 나누어지지 않았다. 노자는 '사물이 혼성混成된 것이 있어 천지보다 먼저 생겼다'고 한다"고 주석하였다. 정현은 「계사」의 "역에는 태극이 있다"(易有太極)는 구절을 "극極 가운데의 도는 순박하고 온화하고(淳和) 아직 나누어지지 않은 기이다"(惠棟, 『鄭氏周易』, 卷下)라고 주석하였다. 『건곤착도乾坤鑿度』의 "태극은 크게 이룸이다"(太極大成)라는 구절을 "태극은 하늘과 같은 급의 물상物象이다"라고 주석하였다. 태역에서 태초 · 태시 · 태소에 이르는 것은 무로부터 유에 이르는 것이다. 정현은 『건곤착도』의 "태역이 처음으로 드러나서 태극이 된다"(太易始著太極成)의 구절을 "태역은 무이다. 태극은 유이다. 태역은 무에서 유로 들어간다. 성인은 태극이 리理는 있으나 형체가 없음을 알았기 때문에 태역이라 하였다"고 주석하였다. 여기서 우리는 정현의 도에 대한 이해는 노자의 영향을 받았지만 또 새로운 뜻도 있었음을 알 수 있다. 노자는 비록 때때로 도 가운데 사물이 있다고 인정하였으나 그보다는 더 많이 "도"를 "무"로 보았다. 그러나 정현은 분명하게 도를 혼륜渾淪되어 아직 분화되지 않는 중화의 기라고 규정하였으며, 분명하게 도가이니 노자보다 발전한 것이다.

우주의 생성에 대하여 『역위』에서는 단지 무에서 유에 이른다고만 하였는데 즉 태역을 따라 태초로 변하고 태시로 변하며 태소로 변한다. 그러나 어떤 변화 방법인지 특히 태역의 무에서 태초의 유에 이르는 것을 설명하지 않았다. 정현은 이에 대하여 독창적 견해를 가졌는데, 그는 『건착도』 권상을 주석할 때 이렇게 설명하였다.

원기가 시작하는 바는 태역이 이미 스스로 적연하여 사물이 없는데 어찌 이 태초를 낳을 수 있는가? 태초는 또한 홀연히 스스로 생겨난다.

역도는 무위無爲이므로 천지만물은 각각 스스로 통할 수 있다.

아름답고 화락(佽易)하기 때문에 천하의 성性은 스스로 얻지 않음이 없다.

하늘은 분명히 지극히 정성되므로 사물은 스스로 움직일 수 있다. 적연함은 모두 오직 빈틈이 없으므로 사물은 스스로 전일할 수 있다.

이 구절은 본래 도가의 무로부터 유로 들어가고 유가 무에서 생겨남을 설명한 것이다. 옛사람들의 감성세계에서 대천세계大千世界는 무로부터 유에 이른다는 것은 다툴 수 없는 사실이었으나, 무와 유가 두 개의 대립하여 받아들일 수 없는 개념이며, 이론상의 해석은 유가 무에서 생기는 것으로, 그럴듯하게 꾸미고 완전히 자연스럽게 한다 해도 하나의 어려운 문제다. 정현은 다른 사상가들과 마찬가지로 이 방면에서 새로운 해석을 하려고 매우 고심하였으며, 객관적 사물이 생겨 나오는(産生)[1] 것을 설명할 때 "자득自得", "자동自動", "자성自

---

1) 역자 주: '産生'의 사전적 의미는 '생기어 나타남'(『표준국어대사전』); '生育, 出産, 出現, 出生'(『漢語大詞典』, 上海: 古籍出版社, 2002) 등이다. 그런데 '産生'은 우주의 발생과 변화과정을 설명하는 데 사용되는 개념으로서 '생겨나다', '생겨나게 하다', '생겨 나오다', '생겨 나오게 하다'의 뜻이다. 따라서 사전적 풀이에서의 용어들이 이러한 개념과 정확하게 일치하지 않는다. 따라서 이 책에서 '産生'은 자동사로 쓰일 때는 '생겨 나오다'로, 목적어가 있는 타동사로 쓰일 때는 '생겨 나오게 하다'로 해석하고자

成", "자통自通", "자전自專" 등의 일련의 개념을 사용하였으며, 아울러 "홀연忽然"이라는 단어로 무로부터 사물에 이르는 한 순간을 설명하였으며, 여전히 유가 무에서 생기는 것을 아직 설명하지 못하였으나, 오히려 무가 유를 생한다는 관점을 부정하였으며, 한대의 왕충王充(27~104) 등의 "원기자연元氣自然", "만물은 우연히 자생한다"는 관점으로 되돌아갔다. 정사신丁四新(1969~) 선생은 "정현은 태역은 본래 무라는 '텅 비어 적막함'(虛豁寂寞), '적연하여 사물이 없음'(寂然無物)의 본질적인 특징을 강조한 것 외에도 거듭 '태초太初' 등 태역과 직접적인 화생化生의 인관관계가 없는 이른바 '태초는 역시 홀연하여 스스로 생긴다'는 뜻을 밝혔다"[2]고 하였다. 이 말은 매우 옳다. 이것은 정현이 『역위』와 우주관에서 구별되는 한 가지이다.

『건착도』는 태역·태초·태시·태소의 개념을 사용하여 천지가 생겨 나옴을 설명하였으며, 천지의 생겨 나옴을 1에서 7에 이르고 9에 이르며 다시 1에 이르는 이와 같은 수數 변화의 과정으로 보았다. 정현은 1에서 7로 9로 다시 1에 이르는 것이 기의 변화 과정이라고 보았으며, 또한 태역·태초·태시·태소는 서로 생성하고 변화하는 과정이며, 이 과정 중에서 천지가 생성된다. 그는 다음과 같이 말한다.

역易은 태역이다. 태역이 변화하여 1이 되고 태초로 변화하였다고 한다. 1이 변화하여 7이 되니 태시로 변화하였다고 한다. 7이 변화하여 9가 되니 태소로 변화하였다고 한다. 이에 다시 변화하여 1이 된다. "일변一變"은 잘못된 것이며, 마땅히 "이二"이다. 2가 변하여 6이 되며 6이 변화하여 8이 되니 위의 7·9의 뜻과 서로 협조한다. 이와 같이 말하지 않은 것은 충분하게 서로 유추하여 밝힐 수 있을 뿐이다. 9는 기 변화의 끝을 말하며 2는 형체의 시작이며 또한 충분히 드러낼 수 있다. 또 곧 다시 1이 된다는 것은 역이 1로 변한다는 말이다. 태역의

한다.
2) 丁四新, 「鄭氏易義」, 劉大鈞 主編, 『象數易學研究』 第二輯(齊魯書社, 1997), 6쪽을 보라.

변화는 또한 오직 이것만은 아니며 이에 다시 변하여 2가 되니 변하여 태초가 되었다고 한다. 2가 변하여 6이 되는 것은 변화하여 태시가 되었다고 말한다. 6이 변화하여 8이 되는 것은 또한 변화하여 태소가 되었다고 한다. 9는 양수陽數이며 기 변화의 끝이라고 한다. 2는 음수陰數이며 형체 변화의 시작이라고 한다. 그러므로 기와 형체는 서로 이를 따른다. 처음 태시太始의 6으로 그 선후를 본다. 「계사」에서 "천天 1, 지地 2, 천 3, 지 4, 천 5, 지 6, 천 7, 지 8, 천 9, 지 10"이라고 하였는데 기수奇數는 양陽이며, 우수偶數는 음이며, 기수는 양을 얻어 합하며, 우수는 음을 얻어 자리하니, 수가 서로 짝하여 도道가 된다고 한다. 공자는 『주역』「계사」에서 이 "천지天地의 수數"를 드러낸 다음에 곧 "공자가 천지의 도를 밝혔다고 하였다"고 한 말은 이에 근본한다. 1이 변하여 7이 되는 것은 이 양효의 상이며, 7이 변하여 9가 되는 것은 이 양효의 변화이며, 2가 변하여 6이 되는 것은 이 음효의 변화이며, 6이 변하여 8이 되는 것은 이 음효陰爻의 상象이다. 7은 남방에 있고 상象은 화火이며, 9는 서방에 있고 상은 금金이며, 6은 북방에 있고 상은 수水이며, 8은 동방에 있고 상은 목木이다. 태역에서부터 태소에 이르기까지는 기이며 형체이다. 이미 사상四象을 이루고 효爻가 여기서 갖추어져서 맑고 가벼운 것은 위로 올라가 천天이 되고 무겁고 탁한 것은 아래로 내려와 땅이 되니 여기서 열림과 닫힘이 있다. 천지는 건곤과 함께하고, 기와 형체는 형질의 근본과 함께하는 동시에 표리表裏가 된다. 유형有形은 무형에서 생겨나며 이 시점을 묻는 말이 이와 같다.

『건착도』의 뜻을 살펴보면, 태역으로부터 태초·태시·태소가 생겨나온다. 태초는 기의 시작이며, 태시는 형체의 시작이며, 태소는 형질의 시작이며, 기의 형질이 혼륜하여 아직 분화하지 않음이 "보려 해도 볼 수 없고, 듣고자 해도 들을 수 없으며, 만지려 해도 만질 수 없다"는 "역易"이니, 이후에 역으로부터 변화하여 1, 7, 9가 나와서 기 변화의 시작, 과정, 종말의 세 고리의 마디를 표시한다. 9로부터 다시 변하여 1이 되는 것은 형체변화의 시작을 표시한다. 이것은 "무로부터 유로 간다", "상象 이후에 수數가 있다"는 관점이다. 정현은 "역"을 "태역"으로, "태초", "태시", "태소"를 분별하여 1·7·9와 동등하게 보았으며, 이에 기초하여 태역이 태초·태시·태소를 낳으며, 이 태역이 수를 낳으며, 태역과 태초·태시·태소는 수數가 바뀌어 달라지는(轉化) 관계이며, 이 수가 바뀌어 달라지는 것은 상象의 변화 즉 기의 형질形質이 생겨남을 반영한다. 여기서 수는 곧 상이며, 정현은 "역이 변하여 하나가 된다"(易變而爲一)는 구절을 주석하여 "1은 북방을 주로 하며 기가 점차로 생겨나는 시작이며 이것이 곧 태초기太初氣가 생겨나는 바이다"라고 하였으며, "1일 변하여 7이 된다"(一變而爲七)는 구절을 주석하여 "7은 남방을 주로 하며, 양기陽氣가 왕성해지는 시작이며, 만물은 모두 여기서 형체를 드러내며 이것이 곧 태시기太始氣가 생겨나는 바이다"라고 하였다. "7이 변하여 9가 된다"(七變而爲九)는 구절을 주석하여 "서방의 양기가 끝나는 바이며 끝의 시작이니 이것은 곧 태소기太素氣가 생겨나는 바이다"라고 하였다. 이러한 상과 수는 '같은 근원의 일체'(同源一體)의 관점은 『건곤착도』에서 "상 이후에 수가 있다"는 사상과 분명히 서로 다르다. 이것은 정현이 『역위』와 우주관에서 구별되는 두 번째이다.

동시에 정현은 또 수의 변화를 음과 양, 가수와 우수의 두 계열로 구분하였는데, 이것은 정현이 『건착도』와 우주관에서 구별되는 세 번째이다. 『건착도』는 수의 화생化生이 두루 하되 다시 시작하는 것, 즉 역으로부터 변화하여 1이 되고, 1이 변하여 7이 되고, 7이 변하여 9가 되며 9가 다시 변하여 1이 되는 것으로 보았다. 여기서 『건착도』는 "복復"이라는 글자를 사용하여 명확하게 수가 변하여 1·7·9가 되는 순환적 변화임을 드러내었다. 정현은 『건착도』 상권上卷의 "다시 변하여 1이 된다"(復變而爲一)는 구절을 주석할 때 또한 그 함의를 나타내었다. 그는 "이 1은 원기의 형체가 드러나지만 아직 분화되지 않는 것이다. 무릇 양기가 안에서 움직여 두루 유행하여 끝과 시작이 있은 연후에 1의 형기를 화생한다"고 하였다. 정현은 비록 이와 같이 주석하였지만, 그는 이러한 관점에 동의하지 않았기 때문에 『건착도』 권하卷下 "'이에 다시 변하여 1이 된다'(乃復變爲一)는 말은 일변一變의 잘못일 뿐이며" 마땅히 "이에 다시 변하여 2가 된다(乃復變爲二)라고 해야 한다"[3]고 하였다. 왜냐하면 만약 2로 고치면 "서로 뜻이 맞으며" "충분히 서로 미루어 밝힐 수 있기" 때문이다. 이 때문에 정현이 개조한 수의 변화는 1은 1·7·9가 번갈아 변한 것이며, 이것은 양의 변화이며 또한 기의 변화이다. 1은 2·6·8이 번갈아 변한 것이며, 이것은 음의 변화로 또한 형체의 변화이다. 두 개의 계열은 앞뒤로 서로 따르며, 정현이 "9는 양수이며, 기 변화의 끝을 말하며, 2는 음의 수이며 형체 변화의 시작을 말한다. 곧 기와 형체가 서로 이에 따른다"고 한 말과 같다. 여기서 두 개의 변화과정은 모두 태역·태초·태시·태소의 변화이다. 그는 "이에 다시 변하여 2가 됨은 또한 변화하여 태초가 됨을 말하며, 2가 변화하여 6이 됨은 또한 변화하여 태시가 됨을 말한다. 6이 변화여 8이 됨은 변화하여 태소가 됨을 말한다"고 하고, 또 "태역에서 태소까지는 기이며 형체이다"라고 하였는데 이것은 곧 천지가 형성되는 과정이다. 맑고 가벼운 것은 위로 올라가 하늘이 되고, 무겁고 탁한 것은 아래로 내려와 땅이 된다. 전자는 기의 변호이며, 후자는 형의 변화이며, 형의 변화는 기의 변화로부터 온다. 사실은 모두 기화氣化의 결과이다. 이뿐만 아니라 그 가운데 6·7·8·9를 대표하는 태시와 태소가 사상四象을 내함內含하며, "7은 남방으로 상象은 화火이며, 9는 서방으로 상은 금金이며, 6은 북방으로 상은 수水이며, 8은 동방으로 상은 목木이다." 이처럼 태역이 음양·천지·사상과 만물로 변화한다는 사상은 이미 한나라 이전의 사상가들의 관점과 서로 다르며, 또한 『건착도』의 노선과 생각의 차이가 분명하게 드러난다. 이것이 정현과 『건착도』의 우주관의 세 번째 구별이다. 정현이 경을 고친 정황으로 보면, 그 설은 그가 경을 주석함에 도리어 경經을 주석하는

---

3) 대만학자 高懷民은 이곳의 경전의 주석은 동일하지 않다고 보고, 이것으로부터 정현의 주석이 옳지 않다고 단정하였다. 「『易緯·乾鑿度』殘篇文解析」(『周易研究』 2001년 제1기)을 보라. 필자(임충군)의 좁은 소견으로는, 정현이 경에 문제가 있다는 것을 발견하면 경을 고치지 않고 단지 주석 가운데서 설명하는 것이 곧 정현의 방식이라고 생각된다.

형식으로 자기의 사상을 상세하게 밝혀냄만 못하다.

『역위』와 서로 같이 정현의 우주진화의 이론은 결코 순수하게 우주의 오묘한 비밀을 연구하기 위하여 시작한 것이 아니라 역학상수의 이론의 객관적 근거를 찾는 데 있다. 그의 우주진화의 이론과 서로 관련이 있는 상수사상은 주로 다음 몇 가지를 포괄한다. 첫째, 『주역』의 괘획䷀䷁을 형성하는 객관적 근거이다. 『역전』은 팔괘가 성인이 천문을 보고 지리를 관찰하고 가까이로는 몸에서 취하고 멀리는 여러 사물에서 취한 결과, 즉 우주는 천·지·인 삼재가 있다는 것에 근거하여 3획의 괘를 그려낸 것이라고 생각한다. 왜냐하면 3획괘는 만물의 리를 다하지 못하여 "삼재를 겸하여 두 개로 하였으므로 역易은 6획으로 괘를 이루기"(「설괘」) 때문이며, 또 "6이라는 것은 다름이 아니라 삼재三才의 도道"(「계사」)이기 때문이다. 『역위』는 『역전』의 관점에 동의하지 않아 보이는데, 『역』은 3획괘와 6획괘가 우주가 생겨 나오는 세 요소에 근원하고 세 요소는 사물의 처음, 과정, 끝의 세 단계를 대표한다고 보기 때문에 『역』은 3획괘와 6획괘가 있다. 정현은 『역위』를 해석함으로써 자기의 관점을 설명하였다. 그는 『역』에 3획의 괘는 태초·태시·태소에 근본하며, 태초는 사물의 처음이며, 태시는 사물의 과정, 태소는 사물의 끝이며, 만물의 발전에는 처음, 과정, 끝의 세 단계가 있으므로 『역』에는 3획의 괘가 있다. 그는 "사물은 태초의 때가 시작과 같으며, 태시의 때는 과정과 같으며, 태소의 때는 끝과 같고, 그 후에 천지가 열리고 닫히며, 건과 곤의 괘상이 여기서 확립되고 3획이 형체를 이루며, 상괘象卦도 역시 그러하다"고 하였다. 이것은 건과 곤이 천지를 본받아서 형성되고, 곧 1·7·9의 기 변화를 거쳐서 하늘을 이루고, 2·6·8의 형체의 변화를 거쳐서 땅을 이루니, 천지의 형성은 모두 세 단계를 거치므로 이 때문에 건과 곤의 3획이 있음을 말한다. 그는 또 천·지·인 삼재의 도로써 괘의 6획의 근원을 설명하였다. 그는 『건착도』의 '여섯 획으로써 괘를 이룬다'(六劃而成卦)는 구절을 주석할 때, "음양과 강유가 인의仁義와 함께한다"고 하였다. 사실 이것은 곧

『건착도』에서 말하는 "하늘에는 음양이 있고, 땅에는 강剛·유柔가 있으며, 사람에게는 인의가 있는데, 이 세 가지를 본받았기 때문에 여섯 위치가 생겼다"는 말이다. 그리하여 전면적으로 제시된 천지와 건곤의 선후문제를 회답하였다.

둘째, 효변爻變의 객관적 근거이다. 효동爻動설에 대해서는 「계사」에 일찍이 논술이 있다. 「계사」에서 "성인이 천하의 움직임을 보고, 그 회통會通을 관찰하여 그 전례典禮를 행함으로써 괘사卦辭와 효사爻辭[4]로써 그 길흉을 판단하였으므로 이를 효爻라고 한다"고 하였으며, 또 "효라는 것은 세상의 움직임을 본받은 것이다"라고 하였다. 이것은 성인이 세상의 변동을 보고서 계발啓發을 받아서 효로 그려내었으며, 효爻가 변동하는 특징은 곧 천하의 변동을 체현體現한 것이다. 그렇다면 도대체 어떻게 천하의 움직임을 본받았는가? 어떤 구체적인 변동을 본받았는가? 「계사」에는 해석이 없다. 정현은 『역위』에 근거하여 진일보하여 상세하게 밝혀내었다. 그는 효변은 음양의 소식消息에 근원한다고 보고 "양이 움직여 나아가면 7이 9로 변해 가고, 그 기의 번식蕃息을 상징한다. 음이 움직여 물러나면 8이 6으로 변해 가고, 기의 소멸을 상징한다"고 하였다. 이에 근거하면 『주역』에는 9와 6의 효의 변동이 있다. 대연大衍의 복서卜筮법에 비추어 보면, 설시揲蓍를 행한 결과는 6·7·8·9라는 네 개의 수를 벗어나지 않으며, 혹 6이 되고 혹 7이 되고, 혹 8이 되고 혹 9가 된다. 7·8은 불변하며, 9·6은 변한다. 이에 대해 정현은 해석하기를 "1일 변하여 7이 되는 것은 이 양효의 상이며, 7이 변하여 9가 되는 것은 이 양효의 변함이며, 2가 변하여 6이 되는 것은 이 음효의 변화이며 6이 변하여 8이 되는 것은 이 음효의 상이다"라고 하였다. 분명하게 정현은 서법筮法에서 음과 양의 효의 움직여 변하는 것을 자연계의 음양의 기의 소멸消滅과 번식蕃息의 변화를 본받았으며, 음양의 효의 정靜함은 음양의 기가 합하여 도가 됨을 본받은 것이라고 보았다. 이 때문에

---

4) 역자 주: 繫辭는 卦辭와 爻辭를 합하여 가리키는 말이다.

그는 "9·6의 효가 변동하는 것을 「계사」에서는 '효가 천하의 움직임을 본받았다'고 하였으며,…… 주역에서 변화를 점치는 것은 그 유동流動을 본받는다"라고 하였다.

셋째, 설시撰蓍를 행하여 효를 정하는 근거가 된다. 「계사」에서는 "네 번 운영하여 역을 이루고 18번 변하여 괘를 이룬다"라고 하였다. 이것은 대연법大衍法을 경과하여 네 번 운영하여 하나의 효를 정함을 말한 것이다. 그렇다면 무엇 때문에 네 번 운영하여 하나의 효를 정하는가? 정현은 네 번 운영하여 하나의 효를 정하는 것은 완전하게 태역으로부터 생겨 나온 사상四象에서 결정한다고 보았다. 그는 "태역에서부터 태소에 이르는 것은 기이며 형체이며, 이미 사상을 이루면 효는 여기서 갖추어진다"고 하였다. 『건착도』의 "효를 네 번 유추하는 것이 곧 술수이다"(推爻四, 乃術數)라는 구절을 주석할 때 진일보한 해석을 하여 "역에는 사상이 있으니 문왕이 그것을 이용하였다. 6을 북방으로 안배하여 수水를 상징하고, 8을 동방에 안배하여 목木을 상징하고, 9를 서방에 안배하여 금金을 상징하며, 7을 남방에 안배하여 화火를 상징한다. 이와 같이 중비하여 하나의 효가 되니 곧 네 번 운영하여 이루며, 이로부터 말미암기 때문에 4·8, 4·9, 4·7, 4·6의 수를 낳는다"라고 하였다. 여기서 "네 번 운영한다"(四營)는 말은 육적陸績(188~219)이나 왕필王弼(226~249) 등이 말한바, 설시를 행하는 과정인 사도四道의 순서가 아니며, 설시를 행한 네 개의 결과(32, 36, 28, 24)이며, 이 네 개의 수는 4에 8·9·7·6을 각각 곱해서 이루어진 것이다. 정현이 보기에 이것은 사상으로부터 결정된다.

넷째, 괘의 6효가 상응하는 근거이다. 이른바 효의 응함은 위치를 차지하는 것으로 말하며, 효의 위치는 "초효初爻는 4로, 이효二爻는 5로, 삼효三爻는 상위上位로 하며 이것을 응應함이라고 한다"(『건착도』)고 하였으며, 효의 위치와 상응하는 도리는 천지의 음양에서 서로 감응한다. 천지로부터 생겨나온 후에 음양의 기가 움직여 감응하며, 건착도에서 "사물이 감하여 움직이며, 종류로서 상응하며, 역의 기는 아래로부터 생기며, 땅의 아래에서 움직이면 하늘의 아래에서 응한다. 어떻게 땅 가운데서 움직이면 하늘의 가운데서 응하며, 땅의 위에서 움직이면 하늘의 위에서 응하는가?'라고 하였다. 『건착도』 한 괘의 여섯 효가 아래에서 위로 감응함을 설명하기 위하여 여기서 다시 땅이 하늘에 감응함을 설명한다. 정현은 『건착도』를 주석할 때 땅이 하늘에 감응함을 강조하였을 뿐만 아니라 하늘이 땅에 감응함도 보았다. 그는 "역은 본래 무형이며 미세함에서 부터 드러남에 이르므로 기는 아래로부터 생기며, 하효下爻를 시작으로 삼는다", "천기天氣는 하강하여 땅에 감응하므로 지기地氣는 올라가서 움직여 하늘에 감응한다", "음은 양에 감응하고 양은 음에 감응함이 실상實狀(實者)이다"라고 하였다. 따라서 정현이 『건착도』와 다른 점은 천지와 음양이 서로 감응하여 행동하는 것을 여섯 효의 위치가 상응하는 이론의 기초로 삼은 것이다.

2. 천도의 법칙과 역의 삼의三義

『역전』은 가장 먼저 『주역』의 "역易"에 포함된 의미에 대하여 개괄하여 "생겨나고 또 생겨남을 역이라고 한다"(生生之謂易)는 명제를 제기하였는데, 곧 역을 생겨나고 또 생겨나서 쉼이 없고 큰 변화로 유행하는 것으로 해석하였다. 『역위』는 「계사」의 설명(辭)의 뜻에 따라 역의 의미를 추출抽出하였다. 『건착도』에서는 "역易이란 변함이며, 변역變易이며, 불역不易5)이다"라고 하였다. 『건곤착도』에서는 "역의 이름에는 네 가지 뜻이 있으니 본래 일월과 서로 받들며, 또한 역은 또 변하며, 변하여 안정된다"고 하였다. 『건곤착도』에서는 비록 "역에는 네 가지 의미가 있다"고 하였지만, 그러나 『건곤착도』와 『건착도』의 문장의 뜻을 대조하면 합병해서 세 가지 의미로 볼 수 있다. 첫째는 사물을

---

5) 역자 주: 만사만물이 변하는 과정에도 결코 변하지 않는 원리가 있다는 의미.

낳는 본원으로 역은 덕德 혹은 도이며, 역은 무위이지만 만물을 낳는다. "역이란 그 덕을 말한다. 실정을 통함에는 (정해진) 문이 없으며, 신묘함을 저장함에 내면이 없으며, 광명하게 사방으로 통하며 역을 본받아 절기를 확립하며, 천지는 찬란하게 밝으며 일원과 성신星辰이 널려 베풀어지니…… 번잡하지도 요란擾亂하지도 않으며, 담박澹泊하고도 잃지 않으니 이것이 그 역이다"(『건착도』, 卷上)라고 하였다. 둘째는 변역이다. 문자학文字學으로 말하면 역易은 상형문자象形文字로 위는 일日, 아래는 월月이며, 일·월이 서로 받들며, 일·월이 왕래함을 상징한다. 즉 『설문說文』에서는 "비서祕書에서 말하기를 일·월이 역이며 음양을 상징한다"고 하였다. 현실의 자연계에서 보면 세계상의 일체는 모두 변화 중에 있으며, "변역이라는 것은 그 기이다. 천지가 불변하며, 기를 통할 수 없고, 오행이 번갈아 끝나고, 사시가 또 멈추고, 군신君臣이 상象을 취하고, 변절變節로 서로 화합하고, 소멸하는 것을 자라게 하고, 기필코 오로지 하는 것은 패敗한다. 군신이 변하지 않으면 조정을 이룰 수 없고,…… 무릇 부녀가 불변하면 집안을 이룰 수 없으니…… 이것이 그 변역이다"(위의 책)라고 하였다. 셋째, 불역 혹은 이미 정해진 천명을 바꿈易定이다. 이것은 세상에서 영원불변의 위치에 나아가 말한 것으로 "불역이라는 것은 그 지위다. 하늘은 위에 있고 땅은 아래에 있으며, 임금은 남면南面하며, 신하는 북면北面하며, 아버지는 앉고 자식은 엎드리니 이것은 불역이다"(동상)라고 하였다. 여기서 『역위』는 우주생성과 생성된 이후를 강조하였으며, 천지와 음양, 일월과 성신星辰, 사시와 절기, 사회와 조대朝代(하나의 王朝), 가정과 부부의 소장消長과 변화 그리고 지위는 영원히 불변이니, 따라서 "역易"은 또 천도와 긴밀한 상관관계가 있는 삼층三層의 함의含義가 있다. 『역위』의 사상적 계발啓發에서 정현은 『역전』「계사」에 근거하여 역의 의미를 또 새롭게 해석하였다.

역이라는 이름에는 하나의 말에 세 가지 의미를 포함한다. 이간易簡(簡易)이 그 하나이며, 변역變易이 그 두 번째이며, 불역不易이 세 번째이다. 그러므로 「계사」에서는 "건乾·곤坤은 그 역의 쌓여서 모임이다"[6]라고 하였고, 또 "역의 문호門戶이다"라고 하였고, 또 "무릇 건乾은 확연하게 사람들에 쉬움을 보여 주며, 무릇 곤坤은 부드럽게(隤然) 사람들에게 간단簡單함을 보여 준다"고 하고, "평이平易하므로 쉽게 알 수 있고, 간명하므로 쉽게 따를 수 있다"고 하였다. 이 말들은 그것이 쉽고 간략한 법칙임을 말한다. 또 말하기를 "그 도는 여러 번 변하며, 변동하여 (한곳에) 머무르지 않고, '상하와 사방'(六虛) 두로 유행하며, 상·하가 일정하지 않고, 강·유가 서로 바뀌며, 표준을 정할 수 없으며, 오직 변화해 나아간다"고 하였다. 이것은 때에 순응하여 변역變易하고 출입과 이동을 하는 것임을 말한다. 또 "하늘은 존귀하고 땅은 낮아 건과 곤이 정해진다. 낮고 높음으로 진열陳列되니 귀함과 천함이 위치를 잡는다. 동함과 정함은 상규常規가 있으며, 강剛·유柔가 갈라진다"고 하였다. 이것은 그 진설陳設하고 안배함이 불역임을 말한다. 이 세 가지 의미에 근거하여 말하면, 『역』의 도는 넓고도 크다.

이상은 정현의 『역찬易贊』에서 인용하였다. 『역위』와 서로 같이 정현의 '역삼의설易三義說'도 천도관에 근본한다. 예를 들면 쉽고 간략한(易簡) 이치가 천지 사이에 존재하며, 천지가 생성하고 만물이 생성할 때 이미 쉽고 또 간략하다. 앞에서 말한 대로 태역이 태초·태시·태소를 낳으니 이것이 간이簡易이다. 그가 『건곤착도』를 주석하여 "만물을 낳는 것은 어렵지 않으므로 쉽게 천지에 견준다"고 하였다. 천지가 만물을 낳으니 이는 천지가 기를 합한 것이며, 마치 동인同人의 남녀가 교구交媾(性交)하여 후대를 생산하는 것처럼 간단하고 쉬우니, 곧 이른바 "천지에 충만充滿(氤氳)하고 만물의 변화가 정순精醇하고, 남녀가 교합交合(構精)하고 만물이 화생化生한다"는 것이다. 또한 "건乾은 큰 시작을 주로 하고 곤坤은 사물을 만들고, 건으로써 쉽게 알고, 곤으로써 간약하게 할 수 있고,

---

6) 역자 주: 이 구절의 원문은 "乾坤其易之緼邪"이다. 여기서 '邪'는 어조사인 耶로 보아야 하며, 緼은 쌓여서 모임(積聚) 혹은 거두어 간직함(收藏)의 뜻이다.

쉬우므로 쉽게 알고, 간약하므로 쉽게 따른다"고 하였다. 자연을 본받는 행동으로 음양의 부호를 핵심으로 삼아 『주역』의 체계를 구성하니 쉽고 간략한 이치가 있다. 근본적으로 말하면 『주역』의 64괘 384효는 한 번 음하고 한 번 양함이 아님이 없을 뿐이니, "한 번 음이 되고 한 번은 양이 됨을 도라고 한다"(一陰一陽之謂道)는 말이 곧 이 뜻이다.

자연계의 시각時刻은 생겨나고 생겨남이 쉬지 않는(生生不息) 변화의 가운데에 있음은 모두가 아는 사실이다. 이른바 변變은 음양이 서로 넓히고 줄임(推摩), 개벽開闢과 소식消息, 교체交替와 전화轉化이다. 「계사」에서 "한 번 닫힘과 한 번 열림을 변화라고 한다"고 하고 "바뀌어 (알맞게) 마름질 하는 것을 변화라고 한다"고 하고, "강·유가 서로 밀고, 변화는 그 가운데 있다"고 하였다. 이와 같이 구체적인 변화의 표현은 우주가 생성된 뒤에 있으면서 대변화가 유행하고 생겨나고 또 생겨나 쉼이 없다. 천지가 변화하여 일·월을 낳고 일·월이 변화하여 광명光明, 사계절을 낳고 사시와 한서寒暑가 변화하여 절기를 낳아 1년을 이룬다. 일 년 사시가 변하하여 만물이 자라고 시들어짐이 회전하고 돌아서 두루 하고 나면 다시 시작한다. 「문언」에서는 "천지가 변화하고 초목이 번성한다"고 하였으며, 「계사」에서는 "하늘에서는 상象을 이루고, 땅에서는 형체를 이루며 변화로 나타난다"고 하고, 또 "태양이 가면 달이 오고, 달이 가면 해가 오니 일·월은 서로 미루어 밝음이 여기서 생긴다. 추위가 가면 더위가 오고, 더위가 가면 추위가 아니 한寒·서暑는 서로 미루어 1년을 이룬다"고 하였다. 자연만 이와 같은 것이 아니라 사회도 또한 그러하다. 「단전」에서는 "천지가 감응하여 만물을 화생한다. 성인이 인심人心을 감응하여 천하게 화평하다"고 하고, "천지가 바뀌어 사시가 이루어지니 탕왕湯王과 무왕武王이 명命을 바꿈에 하늘에 따르고 사람에게 응하였다"고 하였다. 그리고 자연과 자연으로부터 진화되어 나오는 사회의 변하는 근본적으로 일종의 기의 취합聚合과 이산離散이다. "정기精氣는 사물이 되고 유혼游魂은 변한다"는 말은 곧 이 뜻이다. 이것은 곧 정현이 이해한 존재는 객관적 자연계와 사회 가운데의 "변동하여 (한곳에) 머무르지 않고, '상하와 사방(六虛)'으로 두루 유행하며, 상·하가 일정하지 않고, 강·유가 서로 바뀌며, 표준을 정할 수 없으며, 오직 변화해 나아가는" 변역의 이치이며, 변變을 점괘로 삼는 『역』에 있는 변역變易의 뜻은 곧 여기로부터 취한 것이다.

자연과 사회는 비록 흐르고 변화하는 가운데 있지만, 그러나 천지와 음양에서 말미암는 지위는 서로 다르며, 만물에는 귀천, 상하, 등급의 구별이 있다. 앞에서 말한 대로 우주의 생성을 따라서 보면 천지는 기가 하는 바이며, 맑고 가벼운 기는 위로 올라가 하늘이 되고, 탁하고 무거운 것은 아래로 내려와 땅이 된다. 하늘은 위에 위치하고 땅은 아래에 위치하며, 천지가 만물을 낳음에 음과 양의 두 큰 부류로 나누어지니, "하늘에 근본하는 것은 위와 친하고, 땅에 근본하는 것은 아래와 친하다"(「문언」)고 한다. "건도는 남성을 이루고 곤도는 여성을 이룬다."(「계사」) 위에 있는 것은 존귀하고, 아래에 있는 것은 비천하니 존귀와 비천은 구체적인 사물에서 말하면 상호 전환된다고 할 수 있으며, 다만 그 위치는 영원히 변하지 않는다. 곧 하나의 사물은 다른 하나의 사물로 대체할 수 있으며, 하나의 사회는 또 다른 하나의 사회로 전화轉化할 수 있으며, 하나의 사물 혹은 하나의 사회에 대하여 말하면, 천함에서 귀함으로 바뀌거나 혹은 귀함에서 천함으로 바뀔 수 있으나, 위에 있는 것이 존귀하고, 아래에 있는 것이 비천하다는 것은 변함이 없다. 곧 「계사」에서는 "하늘은 존귀하고 땅은 비천하며, 건곤이 정해진다. 낮고 높음이 진열陳列되면 귀함과 천함이 정해진다"고 하였다. 그러므로 『주역』에서 효의 위치는 귀천의 구분이 있으니 예를 들면, "3은 흉凶이 많고, 5는 공功이 많으며, 귀천의 등급이다"라고 하는 말이 곧 그 증거이다. 이것이 정현의 "역"의 불역의 이치이다.

이상의 분석을 통하여 『역위』와 정현의 세 가지 역의 의미는 자연사회의 본래 법칙에서 왔으며, 자연과 사회의 법칙을 반영하고 또한 사회는 자연에 근본한다는 것을 알 수 있다. 이 점에 대하여 당대唐代의 공영달孔穎達(574~648)은 일찍이 분명하게 "『역위・건착도』에서는 '역易이라는 하나의 이름에는 세 가지 뜻이 있으니……'라고 하였는데, 정현은 이 뜻에 의거하여 『역찬』과 『역론』을 지어 말하기를 '역이라는 하나의 이름에는 세 가지 뜻이 있으니, 첫째는 이간易簡이며, 둘째는 변역變易이며, 셋째는 불역不易이다'라고 하였다"(『周易正義』, 卷首)고 말하였다. 그러나 정현의 삼의三義설은 아직 「계사」를 벗어나지 않고, 모두 「계사」의 말을 인용하여 근거로 삼았으며, 이것은 『역위』가 일반적인 천도天道이론을 사용하여 역의 삼의를 설명하는 것과는 분명하게 다르다. 더욱더 중요한 것은 역의 삼의를 해설할 때 정현은 "이간易簡"으로『역위』의 "역易"을 대신하였다. 이에 대하여 대만학자인 호자봉胡自逢 선생은 논술하기를 "정강성은 오직 '이간易簡'이라는 두 글자로써 위문緯文의 '역'자를 대신하였는데, 대개 건乾으로써 쉽게 알고, 곤으로써 능히 간략하니, 이간의 법칙은 건곤이 상을 본받는 데서 나타난다. 그러므로 더욱 간簡이라는 글자는 일찍이 위사緯辭로써 충분하며, 그 뜻(즉 緯意)을 더욱 밝게 드러낼 수 있다. 그러나 간역의 요점인 위문緯文(緯書의 문장)은 교역佼易(정현의 주에서 '佼易은 고요하며 무위함[寂然無爲]을 말한다'고 하였다.)하고 청정淸淨하여, 여러 구절을 번잡하거나 요란하지 않게 또한 자못 잘 드러낸다. 대개 고요하며 무위함과 청정함으로써 '이간'의 준칙으로 삼으며, 번잡하지도 요란하지도 않으니 간이의 시행施行이 그 성과가 되며, 인사人事를 처리하는 데서 나타내 보일 수 있으며, 무사無思와 무위無爲의 요지는 대전大傳에 이미 먼저 있었다"[7]고 하였다. 호 선생은 정현 역의 연원을 강론함에 단지 정현 역의 삼의三義와 『역위』의 내재적 연계를 강조하였을 뿐이다. 사실 정현의 "이간易簡"과 『역위』의 "역易"의 의의는 비록 단순히 한 글자의 차이로 어떤 면에서는 서로 같은 의미도 있지만, 그 많은 내재적 차이가 있다. 『역위』에서

---

7) 胡自逢, 『周易鄭氏學』(臺北: 臺灣文史哲出版社, 1990), 143쪽.

역의 의미는 "역"이 우주의 본원이라는 뜻이 있다. 이러한 우주의 본원으로서의 "역"은 "실정을 통함에는 (정해진) 문이 없으며, 신묘함을 저장함에 내면이 없는" 덕성이며, 그것은 천지만물을 생성할 수 있으며 '적연무위'하고 번잡하지도 요란하지도 않으며, 담박하고 잃어버림이 없는 특징을 갖추고 있으며, 이러한 "역"은 곧 노자의 "도" 혹은 "무無"이다. 그러나 정현의 "이간"은 우주의 본원이 아니며, 또한 당연히 노자나 도가의 적연무위의 특징이 없으나, 천지가 만물을 생성하는 형식이며, 이러한 형식은 용이하고 간단하며 단지 천지의 기를 합한 것이며 음양이 교감한 것일 뿐이다. 또한 이와 같이 천지가 사물을 생성하는 형식은 극히 쉽게 이해하고 인식하고 파악할 수 있다. 철학적으로 말하면, "이간"은 인식론적 의미를 갖추고 있다. 이 때문에 『역위』의 "역"은 정현의 "이간"이 아니며, 이것은 또한 정현이 개조하고 발전시킨 『역위』 사상의 중요한 예증例證이다.

3. 음양의 기와 사물의 흥쇠

정현이 위에서 말한 이론을 살펴보면, 태역이 태초·태시·태소를 생겨 나오게 하고, 태역은 적연하여 아무런 사물이 없으며 아직 드러난 기도 없으며, 태초는 기의 시작이며, 태시는 형체의 시작이며, 태소는 기질의 시작이다. 세 가지는 혼륜渾淪하여 아직 분화하지 않은 중화中和의 기이며, 또한 태극 혹은 도라고 한다. 태극이 유행하면 기·형·질이 된다. 그 가운데 태초는 기의 시작으로 이미 음양이 있으며, 정현은 때로 "차가움과 따뜻함"(寒溫)이라고 불렀다. "태초는 차가움과 따뜻함이 처음 생긴 것이다."(『건착도』 注) 이와 같은 음양의 기와 태극(혹은 道)은 형이상의 도와 형이하의 기器의 관계이다. 정현은 「계사」를 주석하여 다음과 같이 말했다.

도는 방소方所가 없으나, 음양은 방소가 있다. 도는 형체가 없으나 음양은 형체가 있다. 방소가 없으므로 교묘하게 사물을 만드는 신神이 되고, 형체가 없기 때문에 용수用數로서 역易이 된다. 방소가 있으면 상하가 여기서 자리 잡으며, 형체가 있으면 대·소의 형체가 있게 되니 이것이 사물이다. 그러나 이른바 도라는 것은 아직 사물을 떠난 적이 없으니 사물은 도가 아님이 없다. 그러므로 도는 곧 음양은 아니지만 음양을 떠나지 않으며 만물이 말미암는 것이며, 한 번 음하고 한 번 양할 뿐이다. 저 하늘을 본받되 땅이 없고 음을 본받되 양이 없는 것은 만물이 말미암지 않는 것이다.(『周易義海撮要』 권7에서 인용)[8]

이것은 도와 음양의 관계를 말하였다. 여기서 도와 음양이 구별되니, 도는 방소가 없으며 형체도 없고, 신묘하여 예측할 수 없다. 음양은 방소와 형체가 있으니 실제 사물이다. 여기서 그 관계가 이루어지는데, 도는 사물이 아니지만 도리어 사물을 떠나지 않으니 곧 음양을 통하여 체현되어 나온다. 그렇다면 음과 양 이기二氣는 어떻게 천지와 만물을 생성하는가? 정현의 견해에 의하면 음양이 천지를 낳고 천지는 무에서 유에 이르는 기氣의 변화와 형形의 변화라는 두 큰 단계와 여섯 개의 환절環節을 거친다. 1·7·9는 양수로 그 변화는 기의 변화이며, "양기는 안에서 움직이고 두루 유행하여 마침과 시작이 있다." 2·6·8은 음수로 그 변화는 음기의 변화이며, 또한 형과 질의 변화이다. 9에서 2에 이름은 형체변화를 향한 기변氣變의 과도기이니 "9는 양수며 기변氣變의 끝을 말하며, 2는 음수이며, 형체의 변화가 시작됨을 말한다. 그러므로 기와 형은 서로 이것을 따른다." "양이 움직여 나가니 7을 변화하여 9로 가니 그것은 기의 자람을 상징한다. 음이 움직여 물러나니 8을 변화하여 6으로 가니 그

---

8) 『周易義海撮要』에서 인용하는 많은 주역주는 易家의 온전한 이름을 주석하지 않았으며, 이 주석도 또한 단지 "鄭"이라고만 표시하였다. 그러므로 청나라 유학자들이 정현의 易注를 수집함에 많은 부분을 채집하지 않았으나 오직 黃奭이 채집하였다. 생각하면, 현재 이 주석이 정현의 易注가 아니라고 믿을 만한 증거나 증명이 없으므로 정현의 역주로 간주한다.

기가 소멸됨을 상징한다." 맑고 가벼운 기는 상승하여 하늘이 되고, 무겁고 탁한 기는 하강하여 땅이 되니, 천지가 형성함은 기화氣化의 결과이다. 왜냐하면 천지는 함께 원초의 음양 두 기를 받아서 최대의 음과 양을 이루기 때문에 사람들이 감각으로 받아들이는 음양의 기는 모두 천지와 연계되어 있다. 정현은 다음과 같이 설명한다.

> 양기는 해亥에서 시작하며, 자子에서 생기고, 축丑에서 형성되므로 건乾은 서북쪽에 있다. 음기는 사巳에서 시작하며, 오午에서 생기고, 미未에서 형성되며, 음의 도는 낮고 순응하며, 감히 처음에서부터 나아가지 않으므로 정형正形의 위치에 자리한다.(『건착도』 주)

여기에서 음양의 기는 이미 형성된 원초적 기는 아니며, 천지가 형성된 이후 천지로부터 생겨나온, 사계절 변화의 한서寒暑와 냉열冷熱로 형성될 수 있는 기를 가리킨다. 건乾은 하늘이 되고, 양이 되며, 서북의 해亥의 위치에 있다. 그러므로 양기는 10월에서 시작하고 서북西北의 해亥의 위치에 있다. 『설문』에서는 "해亥는 해荄(풀뿌리)이다. 10월의 미약한 양陽이 일어나 왕성한 음陰과 접한다"라고 하였다. 감坎은 정북正北쪽에 있으며, 11월이며, "감坎은 북쪽의 괘명卦名이며, 미약한 양이 소생한다." "양은 감에서 생겨나고, 기는 아직 미약하며, 차가움과 따뜻함을 아직 알 수 없다."(『易稽覽圖』 注) 그러므로 양기는 11월에 생겨 나오며 정북正北쪽이다. 축丑은 동북쪽이며 12월이다. 이 지점 이때에 양기가 자라나고 사물은 끝남에서 시작으로 가기 때문에 양기는 12월에 형성되며 동북쪽이다. 사巳는 4월이며 동남쪽이며, 이 지점 이때는 양기가 바야흐로 왕성해지며 음기는 약하게 생겨나므로 음기는 4월에서 시작하며 남동쪽이다. 오午는 5월이며 정남正南쪽이며, 이 지점 이때는 양기가 가장 왕성하며, 음기가 움직여 생겨나므로 음기는 5월에 생겨나며 정남쪽이다. 미未는

6월이며 서남쪽이며, 곤坤의 위치이며, 곤은 음이므로 음기는 6월에 형성되며 서남쪽이다. 그 가운데 건곤과 천지는 음양의 기의 조상이며, 음양의 기가 생겨 나오고 형성되는 것은 사실 건곤과 음양이 유행하고 전환하는 과정이다. 옛사람의 직관과 느낌에 의하면, 10에서 시작하여 음기(寒氣)는 북쪽으로부터 다가오며, 4월에서 시작하여 양기(열기)가 북쪽으로부터 다가온다. 음기가 극성인 때에 양기가 처음 생기며, 시간에 따라서 이동하며, 음기가 점점 자라고 양기는 점점 소멸된다. 따라서 음과 양 두 기의 교체가 이루어진다. 이러한 과정에서 음양의 두 기가 서로 응하여 교대로 바뀌며(交易), 그는 『건착도』를 "음이 양과 응하고 양이 음과 응하는 것은 실상이다"라고 주석하였다. 『건곤착도』를 "음양은 교대로 바뀌며, 음은 양과 교차하고 양은 음과 교차하며 두루 원만하게 반복한다"라고 주석하였다. 이와 같은 교역交易은 결코 평화로운 교접이 아니며, 일종의 역량의 강약의 대비와 투쟁이다. 예를 들면 그는 『예기禮記』「월령月令」을 "한겨울의 달에…… 음양이 다투면 모든 생명이 동탕動蕩한다"고 주석하였다. 또 "다툼은 음이 바야흐로 왕성한 양에서 일어나려는 것이다. 동탕은 사물이 움직여 싹틈을 말한다"고 하였다. 동시에 음양의 두 기는 또한 서로 포함하며, 서로 안에 숨어 있으니, 곧 양 가운데 음을 저장하고 있으며, 음 가운데 양을 저장하고 있으며, 이것이 또한 음과 양이 교대로 변하고 전환을 실현할 수 있는 관건이다.

　천지가 형성되는 과정에서부터 기수氣數[9]의 변화가 음양의 생장과 성쇠 그리고 그 상관된 방위를 내포하고 있다. 예를 들면 정현은 "1은 북쪽을 주로 하며, 기가 점점 생기기 시작한다", "7은 남쪽을 주로 하며 양기가 장차 왕성해지기 시작한다", "서쪽은 양기가 끝나는 곳이며, 끝남의 시작이다"라고 하였으며, 또 "7은 남쪽에 있고 화火를 상징하며, 9는 서쪽에 있고 금金을 상징하며, 6은

---

9) 역자 주: 氣의 운행에 따라 나타나는 길·흉·화·복의 運數.

북쪽에 있고 수水를 상징하며, 8은 동쪽에 있고 목木을 상징한다"고 하였다. 왜냐하면 음양 두 기가 유행하고 서로 변화하고 전환하면 사방과 사상四象과 서로 연계된 사시와 오행의 변화로 표현된다. 그는 다음과 같이 말하였다.

천지의 기는 각 다섯인데 오행의 차례는 1은 수水이며 천수天數이며, 2는 화火이며 지수地數이며, 3은 목木이며 천수이며, 4는 금金이며 지수이다. 5는 토土이며 천수이다. 이 다섯 가지는 음으로 짝이 없으며, 양은 상대(耦)가 없으므로 또한 합해진다. 지地의 6은 천의 1과 짝이 되고, 천의 7은 지의 2와 상대가 되며, 지의 8은 천의 3과 짝이 되며, 천의 9는 지의 4와 상대가 되며, 지의 10은 천의 5와 짝이 된다. 2와 5, 음양은 각각 합함이 있는 연후에 기가 서로 얻으며, 베풀어 변화가 행해진다. (「계사」 주)

이 말은 천지의 기가 유행하니 수·화·목·금·토가 되고, 오기五氣가 음양으로 나뉘고, 음양이 합하여 베풀어 변화가 행해짐을 표현하였다. 정현의 이해에 의하면, 오행은 토뿐만 아니라 제외하면 수·화·목·금도 또한 시공時空의 특성이 있는데, 수는 북쪽에 있으며 겨울이고, 목은 동쪽에 있으며 봄이며, 화는 남쪽에 있으며 여름이고, 금은 서쪽에 있으며 가을이다. 춘·하·추·동 사시는 음양의 유전流轉을 구체적으로 실현한다. 곧 양기로써 말하면 양기는 북쪽의 겨울에서 생기며, 동쪽의 봄에 자라며, 남쪽의 여름에 왕성해지며, 서쪽의 봄에 끝난다. 음기는 이와 반대로 여름에 생기고, 가을에 자라며 겨울에 왕성해지며, 봄에 끝난다. 음양의 변화를 한 걸음 더 나아가 설명하기 위하여 그는 또한 사시를 더욱 구체적으로 비교하여 팔방八方과 서로 연계된 팔기八氣설을 제기하였다. 그는 「설괘전」을 다음과 같이 주석하였다.

"만물은 진震에서 나온다"는 말은 우레가 소리를 내어 생겨나게 한다는 뜻이다.
"손巽에서 가지런하며 리離에서 서로 드러난다"는 말은 바람이 요동하여 그것을 가지런하게 한다. 혈緊은 새로움과 같다. "만물이 모두 서로 드러난다"는 말은 햇빛이 비추어 광대하게 하여 만물이 모두 양육된다. 지기地氣가 함양하여 빼어나고 잘 자란 사물(秀實)10)이 있게 하니 만물이 즐거워하는 바이다. 전戰은 "음양이 서로 화합하지 않음을 말한다." 서북쪽은 음이다. 그리고 건乾은 순양純陽으로 임하니 군신이 서로 합하는 것과 같다. 감坎은 "노력하는 괘이다." 수水의 특성은 노력하되 권태롭지 않으며, 만물이 귀환하는 곳이다. 만물은 봄에 땅에서 출생하고, 겨울의 기가 닫아 감추니 또한 모두 땅으로 들어간다. "만물은 끝마치는 바가 있으면 시작하는 바도 있다"는 말은 만물은 음기로 끝나고 양기로 시작하니 모두 간艮이 하는 일이다.(惠棟, 『鄭氏周易』, 권하)

진震·손巽·리離·지地(坤), 택澤(兌), 건乾, 감坎, 간艮은 각각 여덟 방위를 대표한다. 진은 동쪽, 손은 동남쪽, 리는 남쪽, 곤은 서남쪽, 태兌는 서쪽, 건은 서북쪽, 감은 북쪽, 간艮은 동북쪽이다. 이와 같이 서로 연계된 여덟 방위는 또 여덟 개의 서로 다른 월분月份(매 달에 대한 계절적 특성이나 의미를 중심으로 붙이는 다른 이름)이 있다. 예를 들면 『역위·건착도』에서는 "진震은 사물을 낳으며 동쪽이며, 2월에 위치하며, 손巽은 동남쪽으로 흩어지며 4월에 위치하며, 리離는 남쪽으로 자라 나가며 5월에 위치하며, 곤坤은 서남쪽으로 길러지며 6월에 위치하며, 태兌는 서쪽으로 수렴하며 8월에 위치하며, 건乾은 서북쪽으로 깎여 가며 10월에 위치하며, 감坎은 북쪽에서 저장貯藏하며 11월에 위치한다"고 하였다. 형식적으로 보면 만물의 생장生長·현명顯明·성숙成熟·수장收藏과 회귀回歸는 지상의 시공과 관련이 있다. 시공의 변환을 따르는 음양의 두 기는 소장消長·추탕推蕩(推移)·교체交替가 있고, 이에 따라 사시의 변화와 그와 상관있는 만물의 생生·왕旺·묘墓·절絶11)이 두루 유행하고 순환한다. 사실 지상에서 시공의 변환과 음양의

---

10) 역자 주: '秀實'은 『논어』 「子罕」의 "苗而不秀者有矣夫! 秀而不實者有矣夫!"에서 유래하며 사람이 잘 성장한 成年을 의미한다. 그러나 여기서는 '잘 자란 사물'을 의미한다.
11) 역자 주: 生·旺·墓·絶은 각각 長生(성장이 아닌 생겨남의 뜻), 旺盛함, 만물이 收藏된 상태, 한 생명의 순환이 끝난 상태를 의미한다.

소식消息은 모두 천도天道 특히 그 태양의 운행과 긴밀한 상관관계가 있다. 남쪽은 덥고, 북쪽은 추우며, 한낮은 덥고, 밤에는 추우며, 여름은 덥고 겨울이 추운 것은 모두 태양의 출몰 혹은 태양과 거리의 멀고 가까움에 따라 말한 것이다. 태양이 있을 때는 양기가 있고 그 반대이면 음기가 있다. 태양과 거리가 가까운 것은 양기가 왕성하고 음기가 쇠하며, 태양과 거리가 먼 것은 음기가 왕성하고 양기가 쇠하다. 음양의 성쇠盛衰는 만물의 생장生長과 수장收藏을 결정한다. 이러한 의미에서 말하면, 음양의 두 기의 소장消長과 시공의 변환은 실제로는 태양의 운행이 서로 다른 시공에 있기 때문에 비롯된다. 옛사람들은 생활 가운데서 발생하고 그와 밀접한 상관이 있는 과학적 실천에서 일찍이 이미 이러한 점을 발견하였는데, 예를 들면 『여씨춘추呂氏春秋』, 『회남자淮南子』, 『예기』「월령」 등의 문헌에 모두 기록되어 있다. 정현은 천문天文과 역법曆法에 정통하였고 이 이치를 깊이 밝혔으며, 그는 「월령」을 주석하여 이러한 사상을 상세하게 밝혀내었다.

맹춘孟春(초봄)은 일월日月이 추자娵訾에서 모이고, 두건斗建[12]은 인寅의 별이다.

중춘仲春(무르익은 봄)은 일월이 강루降婁에서 모이고, 두건은 묘卯의 별이다.

계춘季春은 일월이 대량大梁에서 모이며, 두건은 진辰의 별이다.

맹하孟夏는 일월이 실침實沈에서 모이며, 두건은 사巳의 별이다.

중하仲夏는 일월이 순수鶉首에서 모이며, 두건은 오午의 별이다.

계하季夏는 일월이 순화鶉火에서 모이며, 두건은 미未의 별이다.

맹추孟秋는 일월이 순미鶉尾에서 모이며, 두건은 신申의 별이다.

---

12) 역자 주: 북두칠성의 운전으로 월령을 계산하며, 북두칠성의 꼬리 별 세 개(斗柄)가 가리키는 별자리를 斗建이라고 한다. 斗柄은 북두칠성의 꼬리에 해당하는 5번(衡星)·6번(開陽星)·7번(搖光星)을 가리킨다. 1~4번의 네 별을 魁라 하고 5~7번의 세 별을 杓라 하고, 전체를 합하여 斗라고 한다. 月建은 달의 干支이다. 북두칠성은 매월마다 자루 쪽의 여섯 별이 가리키는 별자리가 있다. 이것을 12개의 地支와 12달을 서로 배합하였다. 예를 들면 동지는 11월로 子에 해당하여 建子月이라고 한다.

중추中樞는 일월이 수성壽星에서 모이며, 두건은 유酉의 별이다.

계추季秋는 일월이 대화大火에서 모이며, 두건은 술戌의 별이다.

맹동孟冬은 일월이 석목析木의 나루에서 모이며, 두건은 해亥의 별이다.

중동仲冬은 일월이 성기星紀에서 모이며, 두건은 자子의 별이다.

계동季冬은 일월이 현호玄枵에서 모이며, 두건은 축丑의 별이다.[13]

진辰은 본래 별(星)을 가리킨다. "옛날 하늘의 상을 관측하여 시간을 알리던 시대에 일정한 별의 형상을 선별하여 1년 사계절을 분별하는 표지를 만들었는데, 이러한 별자리 모양(星象)이 곧 '진辰'의 본래 의미이다."[14] 또 그러한 밝은 별들은 특별하게 사람들의 주의를 끌기 때문에 진辰을 밝은 별들의 대명사로

---

13) 역자 주: 12星次(28수의 차례)는 星辰을 구분한 것이다. 성신의 운행과 절기의 변화를 설명하기 위하여 黃赤道 부근의 一周天을 동짓날을 시작으로 30°씩 12구역으로 구분하여 차례로 壽星·大火·析木·星紀·玄枵·娵訾·降婁·大梁·實沈·鶉首·鶉火·鶉尾로 불렀다. 12별자리의 이름과 학명, 방위각 등을 종합적으로 정리하면 다음과 같다.

12宮(서양 별자리)	12支	12次	각도범위
寶瓶宮(물병자리)	子	玄摠	300°~330°
摩竭宮(염소자리)	丑	星紀	270°~300°
人馬宮(궁수자리)	寅	析木	240°~270°
天蝎宮(전갈자리)	卯	大火	210°~240°
天枰宮(저울자리)	辰	壽星	180°~210°
雙女宮(처녀자리)	巳	妄尾	150°~180°
獅子宮(사자자리)	午	妄火	120°~150°
巨蟹宮(게자리)	未	妄首	90°~120°
陰陽宮(쌍둥이자리)	申	實沈	60°~90°
金牛宮(황소자리)	酉	大梁	30°~60°
白羊宮(양자리)	戌	降婁	0°~30°
雙魚宮(물고기자리)	亥	娵(諏)訾	300°~0°

출처: [네이버 지식백과] 黃道十二宮(한국민족문화대백과, 한국학중앙연구원)
https://terms.naver.com/entry.nhn?docId=795754&cid=46637&categoryId=46637

14) 陳尊嬀, 『中國天文學史』 제3책(上海人民出版社, 1984), 698~699쪽.

칭한다. 예를 들면 『공양전公羊傳』 소공昭公 17년에 "대화大火가 큰 별(大辰)이니, 벌(伐[15])도 큰 별이며 북진北辰도 큰 별이다"라고 하였다. 『좌전左傳』 소공 7년에 "무엇을 여섯 가지 사물이라고 하는가? 대답하기를 '세歲·시時·일日·월月·성星·진辰을 가리킵니다'고 하니 소공이 말하기를 '과인寡人에게 많이 진辰을 말하지만 같지 않다. 무엇을 진辰이라고 하는가? 하니 대답하기를 '일월이 모임을 진辰이라고 합니다'라고 하였다." 두건斗建은 북두칠성이 가리키는 방향이다. 이 때문에 옛사람들은 12진辰의 확립은 일월日月이 모이는 위치와 북두칠성 등의 별이 가리키는 방향에 근거한다. 여기서 정현은 옛사람들의 천문학의 지식을 흡수하여 상세하고 정확하게 1년 12개월의 해와 달의 운행과 서로 만나는 위치와 북두칠성이 하늘을 순환하고 회전하며 건建을 행하는 12진을 설명하였다. 동시에 정현과 당시 사람들은 또한 천지의 시공은 서로 대응하여, 천상天上에는 12진과 상관이 있으며 시공의 의미를 갖춘 12개의 별이 있으며, 지상에는 그와 상응하는 12개의 지地가 있다고 보았다. 정현은 『주례周禮』 「춘관春官·보장씨保章氏」를 "주州(九州) 가운데 여러 나라의 봉역封域이 있는 것처럼, 별에도 또한 구분이 있다.…… 이제 그 존재를 말할 수 있는 것은 12차의 구분이다. 성기星紀는 오吳와 월越이며, 현효玄枵는 제齊, 추자娵訾는 위衛, 강루降婁는 노魯, 대량大梁은 조趙, 실침實沈은 진晉, 순수鶉首는 진秦, 순화鶉火는 주周, 순미鶉尾는 초楚, 수성壽星은 정鄭, 대화大火는 송宋, 석목析木은 연燕이다"라고 주석하였다. 그러므로 하늘의 일월이 북두칠성과 자리하는 위치가 다름이 땅의 음과 양 두 기의 소장消長·변화變化와 음양변화에 의거하여 구분되어 나누어지는 월분 및 만물의 생장 변화의 서로 다른 단계를 결정하였다. 정현은 「월령」을 주석하여 "일월의 운행은 일 년에 12회會이니 성인이 그 회會에 인하여 나누어 대수大數로 삼았다"고 하였다. 나아가 정현은 12율려律呂를 이용하여 12월의 음양의 기의 상생相生·상합

---

15) 전쟁 때 상대의 죄를 밝히고 치는 것.

相合 · 소장消長 · 전화轉化를 설명하였다. 그는 『주례』 「춘관 · 대사大師」를 다음과 같이 주석하였다.

소리의 음과 양도 각각 배합配合이 있다. 황종黃鍾은 자子의 기이며, 11월건月建이며, 별자리는 성기星紀이다. 대려大呂는 축丑의 기이며, 12월건이며, 별자리는 현효玄枵에 있다. 태주大簇는 인寅의 기이며, 정월건正月建이며, 별자리는 추자娵訾이다. 응종應鍾은 해亥의 기이며, 10월건이며, 별자리는 석목析木이다. 고선姑洗은 진辰의 기이며, 3월건이며, 별자리는 대량大梁이다. 남려南呂는 유酉의 기이며, 8월건이며, 별자리는 수성壽星이다. 유빈蕤賓은 오午의 기이며, 5월건이며, 별자리는 순수鶉首이다. 임종林鍾은 미未의 기이며, 6월건이며, 별자리는 순화鶉火이다. 이칙夷則은 신申의 기이며, 7월건이며, 별자리는 순미鶉尾이다. 중려中呂는 사巳의 기이며, 4월건이며, 별자리는 실침實沈이다. 무역無射은 술戌의 기이며, 9월건이며, 별자리는 대화大火이다. 협종夾鍾은 묘卯의 기이며, 2월건이며, 별자리는 강루降婁이다. 별자리와 달의 간지가 교착交錯하고 갈마들어(서로 번갈아들어) 자리 잡음이 마치 속과 겉과 같으니 이것이 그 짝이다. 그것이 상생하면 음양의 육체六體[16]로써 한다. 황종黃鍾은 초구이니 아래로 임종林鍾의 초육初六을 낳으며, 임종은 또 위로 태주大簇의 구이를 낳으며, 남려南呂는 또 위로 고선姑洗의 구삼九三을 낳으며, 고선은 또 아래로 응종應鍾의 육삼六三을 낳으며, 응종은 또 위로 유빈蕤賓의 구사를 낳으며, 유빈은 또 아래로 대려大呂의 육사六四를 낳으며, 대려는 또 위로 이칙夷則의 구오九五를 낳으며, 이칙은 또 아래로 협종夾鍾의 육오六五를 낳으며, 협종은 또 위로 무역無射의 상구上九를 낳으며, 무역은 또 위로 중려中呂의 상육을 낳는다. 같은 위치에 있는 것은 부처夫妻를 상징하며, 다른 위치에 있는 것은 자모子母를 상징하며, 이른바 율律(가락)이 처妻를 취하며 여呂(음률)는 자식을 낳는다.

시간의 추이와 일월과 성신의 운전을 따라서, 특히 해의 운행과 해와 달의

---

16) 본래는 과거시험의 詩 · 賦 · 表 · 策 · 疑 · 義의 여섯 가지를 지칭하는 말이다. 여기서 强 상 · 하, 平 상 · 하, 弱 상 · 하를 가리킨다.

서로 만남과 북두칠성이 가리키는 바를 따라서, 12 별자리가 형성되고 특정한 의미가 부여되며, 곧 시간과 공간의 의미가 있고, 또 음양의 서로 다른 성질의 기를 함유하고 있다. 예를 들면 11월은 별자리는 성기星紀에 있고, 자기子氣이다. 12월은 별자리는 현효玄枵에 있고 축기丑氣이다. 정월은 별자리는 추자娵訾이며, 인기寅氣이다. 2월은 별자리는 강루降婁이며 묘기卯氣이다. 3월은 별자리는 대량大梁에 있고 진기辰氣이다. 4월은 별자리는 실침實沈에 있고, 사기巳氣이다. 5월은 별자리는 순수鶉首에 있고, 오기午氣이다. 6월은 별자리는 순화鶉火에 있고 미기未氣이다. 7월은 별자리는 순미鶉尾에 있고 신기申氣이다. 8월은 별자리는 수성壽星에 있고 유기酉氣이다. 9월은 별자리는 대화大火에 있고 술기戌氣이다. 10월은 별자리는 석목析木에 있고 해기亥氣이다. 12율은 나누어져 양률陽律과 음려陰呂가 되며, 12진辰도 나누어져 음과 양 두 종류의 성질이 되니, 자기子氣·인기寅氣·진기辰氣·오기午氣·신기申氣·술기戌氣는 양기陽氣가 되고, 축기丑氣·묘기卯氣·사기巳氣·미기未氣·유기酉氣·해기亥氣는 음기가 된다. 음양이 교착하여 상생하면 자기는 아래에서 미기를 낳고, 미기는 위에서 인기를 낳으며, 인기는 아래에서 유기를 낳고, 유기는 위에서 진기를 낳으며, 진기는 아래에서 해기를 낳고, 해기는 위에서 오기를 낳으며, 오기는 아래에서 축기를 낳고, 축기는 위에서 신기를 낳고, 신기는 아래에서 묘기를 낳고, 묘기는 위에서 술기를 낳으며, 술기는 아래에서 사기를 낳는다. 음과 양이 같은 위치에 있는 것은 부부夫婦를 상징하고, 다른 위치에 있는 것은 모자母子를 상징한다. 이와 같이 음양의 소식消息(변화)은 12기의 변화이며, 『구가역九家易』에서 「계사」의 "천하의 변화를 둘러싼 것에 지나지 않는다"(范圍天地之化而不過)를 주석할 때 "건곤이 변화하면 천지를 두루 본받지만 12진辰에 지나지 않는다"라고 하였는데 곧 이 뜻이다.

만물은 모두 기로부터 생겨 나오고 구성된다. 그러므로 정현과 그 시대 사람들이 이해하는 12진辰은 12종류의 기일 뿐만 아니라, 그 자체가 율려律呂와 같이 또한 사물이 생겨 나오고 발전하고 소멸하는 과정에서의 12 종류의 상태이다. 『사기』「율서律書」에서는 다음과 같이 말한다. "응종은 양기의 응함이며 작용하지 않는다. 그것과 십이자十二子(地支)는 해亥이다. 해亥는 갖춤(該)이다. 양기를 아래에 저장하므로 해該이다." "황종은 양기가 황천黃泉을 따라서 나오며, 그 지지地支는 자子이다. 자子는 자滋(번성함)이다. 자滋는 만물이 아래에서 번성함을 말한다." "대려大呂는 그 지지地支가 축丑이다. 축丑은 뉴細(묶임)이다. 양기가 위에서 아직 내려가지 못하여 만물이 재앙에 묶여 아직 감히 벗어나지 못하였음을 말한다." "태주泰簇는 만물이 족생簇生(뭉쳐서 생김)을 말하며, 그러므로 태주라고 하고, 그 지지地支는 인寅이다. 인寅은 만물이 처음 생기는 지렁이 같음을 말하니, 그러므로 인寅이라고 한다." "협종夾鍾은 음양이 서로 협측夾厠(서로 섞임)함을 말하며 그 지지는 묘卯이다. 묘卯는 무성함을 말하며, 만물이 무성함을 말한다." "고선姑洗17)은 만물이 깨끗하게 태어남(洗生)을 말하며 지지는 진辰이다. 진辰은 만물의 신盡(蜃興)을 말한다." "중려仲呂는 만물이 여행을 마치고 서쪽으로 나감을 말하며, 그 지지는 사巳이다. 사巳는 양기의 사巳가 다함을 말한다." "유빈蕤賓은 음기가 어리고 적음을 말하며, 따라서 유蕤라고 하며, 위양痿陽(마비된 양기)이 '움직이지'(用事)18) 않으므로 빈賓이라고 한다.…… 그 지지는 오午이다. '오'는 음양이 교차하므로 오午라고 한다." "임종林鍾은 만물이 곧 죽은 기가 매우 많음(林林然)을 말하며, 그 지지는 미未이다. 미未는 만물이 모두 이루어 져서 자미滋味(영양이 많음)가 있음을 말한다." "이칙夷則은 음기가 만물을 해침을 말하며, 그 지지는 신申이다. 신申은 음이 행하여 힘씀을 말하며, 신申이 만물을 해치므로 신申이라고 한다." "남려南呂는 양기가 저장貯藏되어 들어감을 말하며, 그 지지는 유酉이다. 유酉는 만물의 늙음이므로 유酉라고 한다." "무역無射은 음기가 성하여 작용하고, 양기는 남음이 없으므로 무역無射이라고 하며, 그 지지는 술戌이다.

---

17) 역자 주: 고대 음율인 12律의 하나. 음력 3월의 별칭. 악기인 鐘의 이름.
18) 역자 주: 用事는 사전적으로 行事, 辦事, 권력을 장악하다, (감정으로) 일을 처리하다, 典故를 인용하다, 'be in power' 등의 뜻이 있다.

술戌은 만물이 모두 소멸됨을 말하므로 술戌이라고 한다."『설문說文』,『백호통의 白虎通義』,『한서漢書』에도 유사한 기록이 있다.

이처럼 정현의 음양 두 기의 유행과 변화는 간단한 데서 복잡한 데로 이르는 진화 과정을 거친다. 즉 두 기가 분화하여 사기四氣, 팔기八氣, 십이기十二氣가 되는 것이다. 사기四氣·팔기八氣·십이기十二氣는 음양이기陰陽二氣의 특정한 시간 과 공간에서의 구체적인 표현이다. 사기는 사방·사시의 기를 표시하며, 혹은 오행의 기라고도 하는데, 겨울에는 수기水氣가 북쪽에서 오며, 봄에는 목기木氣가 동쪽에서 오며, 여름에는 화기火氣가 남쪽에서 오며, 가을에는 금기金氣가 서쪽에 서 오며, 토기土氣는 그 1년 사계절 그 가운데서 유행한다. 팔기八氣는 1년 4계절 팔방八方에서 오는 기이다. 그것은 춘·하·추·동의 네 기 이외에 다시 네 가가 있으니, 겨울과 봄의 교체기에 동북쪽에서 오는 기, 봄과 여름의 교체기에 동남쪽에서 오는 기, 여름과 가을의 교체기에 서남쪽에서 오는 기, 가을과 겨울의 교체기에 서북쪽에서 오는 기이다. 십이기는 팔기에 비하여 더욱 세분화 하여 1년 12개월의 12방위에서 오는 기이다. 이 때문에 음양의 두 기와 사기四氣· 팔기八氣·십이기十二氣의 관계는, 한편으로 음양의 두 기는 사기·팔기·십이기 의 근원으로서 주재主宰와 통섭統攝의 작용을 갖추고 있으며, 다른 한편으로는 또 사기·팔기·십이기의 밖에 떨어져 있지 않고 그 가운데 존재하며 사기·팔 기·십이기는 음양의 두 기가 끊임없이 양화量化된(양적으로 확산됨) 결과이다. 따라서 더욱더 많은 상황에서 발견되는 사물의 흥쇠興衰와 소장消長의 과정과 사물의 발전과정들은 연속성連續性과 차례성次例性 그리고 왕복하고 순환하는 규율성規律性을 반영하여 드러낸다. 정현이 말한 이러한 음양의 두 기의 변화규율 의 이론은 당연히 당시의 역법과 다름이 없다.

종합하면 정현의 천도관은 주로『역전』과『역위』그리고 도가의 사상에서 얻었다. 무無를 근본으로 하는 본체론은 노자와『건착도』에서 나왔고, 천도법칙 은「계사」와『건착도』,『건곤착도』에서 나왔으며, 음양의 기가 생겨 나오고 유행하는 데 대한 학설은 주로 「설괘전」과 『건착도』의 음양관에서 나왔다. 그러므로 정현의 천도사상의 골격은 「설괘전」 및 『역위』와 기본적으로 일치한다. 서로 다른 점은 「설괘」와 『역위』의 시야에서 자신만의 견해가 많이 나왔다는 것이다. 특히 당시의 천문역법의 지식을 흡수하여 음양의 기가 생겨 나오고 유행하는 더욱 심층적 원인을 드러내었으며, 그 학설을 더욱 구체적이고 상세하게 갖춤으로써 양한兩漢의 철학을 풍부하게 발전시키고 당시의 사회와 정치가 요구하는 경학·문화 발전의 요구에 부응하였다.

동시에 정현의 천도관으로부터 양한의 문화발전의 궤적이 유儒·도道의 지향하는 바와 융합하였음을 알 수 있다. 한나라 초에는 황로黃老의 도가문화가 주도적 지위를 차지하였으며, 무제武帝 이후에 유가가 천하를 일통一統하였으며, 유가와 도가는 겉으로는 물과 불처럼 서로 용납하지 않은 것 같았지만, 사실은 그 둘은 한대에서 형체는 다르나 정신은 합하며, 서로 스며들어 보완하며, 취향趣向은 일치하였다. 한나라 초 도가의 『회남자』는 『장자』, 『관자』의 전통을 이어받아 여러 차례 『주역』의 문장에 나타난 말(文辭)19)을 인용하여 그것을 해석하였으며, 엄평군嚴君平(BC 86~AD 10)20)의 『도덕경지귀道德經指歸』는 『노자』를 해석한 저작이며, 그가 사리事理를 논술하면서 대부분 『주역』경전의 의미를 인용하였고, 엄군평의 제자 양웅揚雄(BC 53~AD 18)은 『주역』을 모방하여 『태현太玄』을 지었는데, 황로와 『주역』을 융합하였는데, 곧 양웅이 "위대한 역易의 손익損益을 관찰하여 노자의 의복倚伏21)을 살펴본다"는 말이 그것이다. 동한東漢의 위백양魏伯陽(생졸 미상)은 『주역참동계』를 쓰면서 『주역』의 개념과 이론을 차용하여

---

19) 역자 주: 文辭의 사전적 의미는 "말과 문자로 알아듣도록 응대하는 말"(言詞動聽的辭令), 또는 문장의 말(文詞), 文章이다. 여기서는 '문장에 나타난 말'의 의미로 이해한다.

20) 역자 주: 嚴君平은 또 莊君平이라고도 한다. 전한 말기의 도가학자이며, 이름은 遵이며, 자는 君平이다. 班固의 『漢書』에 의하면 漢의 明帝 劉莊의 이름을 避諱하여 嚴君平으로 고쳤다고 한다.(baidu.com 嚴君平 항목 참고)

21) 역자 주: 吉凶禍福이 서로 인연하여 일어나고 돌아가는 상태.

단도丹道(鍊丹의 수련법)를 상세하게 밝혔으며, 한대의 유가와 도가의 회통會通의 추세를 반영하였다. 『회남자』, 『도덕경지귀』, 『태현』, 『주역참동계』는 역易을 원용援用하여 도가로 들어간 것(援易入道)이라고 한다면, 그렇다면 한나라 초의 사상가와 『역위』와 동한의 왕충, 정현, 우번虞翻(164~233) 등의 저작은 도가를 원용해서 유가로 들어갔다(援道入儒)고 할 수 있다. 한나라 초에 황로사상이 유행하였는데, "육가陸賈(BC 240?~170), 가의賈誼(BC 200~168), 한영韓嬰(BC 200?~?), 동중서董仲舒(BC 179~104) 등은 모두 서로 다른 정도와 서로 다른 방면에서 황로사상을 인용하여 발휘하였다. 혹자는 황로사상을 이용하여 유가의 사상을 보충하고 해석했다고 하고, 혹자는 황로사상을 그 체계 속으로 받아들여 하나의 이론을 이루었으며, 심지어 꽃을 옮겨 나무에 붙였으며(移花接木), 황로사상을 이용하여 유가사상의 천도관의 근거와 기초로 삼았다고도 한다."[22] 서한의 말기에 책으로 이루어진 『역위』는 도가의 관념과 사상을 흡수하여 우주의 기원과 상수象數의 생겨 나옴을 해설하였는데, "왕충은 자각적으로 황로의 자연自然이라는 관념을 끌어들여 천도관의 기초를 닦았으며,…… 정현이 『건착도』를 주석할 때에 이르면, 체계적으로 노자의 자생自生·자창自彰·자통自通·무로부터 유로 들어감(從無入有)의 개념을 도입하여 무無를 근본으로 삼는 사상으로 역학사상에 근본적 변화를 발생하도록 하였다."[23]

그 후 한나라 말기의 우번이 『주역참동계』와 『노자』를 주석하여 또한 노자의 말과 『참동계』 가운데의 천체납갑설天體納甲說을 받아들여 『역』을 해석하였는데, 이것은 '도가를 원용하여 역으로 들어갔다'(援道入易)고 이른다. 이 이후에 역과 노자, 유가와 도가는 서로 자료를 취하고, 침투浸透하고 융합融合하여 도가특색을 갖춘 역학문화 혹은 역학특색을 갖춘 도가문화를 형성하였다. 이로 인하여 중국문화의 발전사에서 『역위』와 정현의 '도를 원용하여 역易으로 들어감'은

---

22) 金春峰, 『漢代思想史』(中國社會科學出版社, 1997), 67~68쪽.
23) 金春峰, 『漢代思想史』(中國社會科學出版社, 1997), 7쪽.

역학과 노자의 융합이라는 중요한 한 고리이며, 전반적으로 유가와 도가의 합류적 추세를 구체적으로 실현하였다. 만약 한대의 역학과 도가의 융합, 특히 『역위』와 정현의 역학과 도가의 융합이 없었다면, 도가역학과 역학도교의 형성은 불가능하며, 특히 위진현학魏晉玄學과 위진현학을 기초로 하는 유儒·도道·불佛을 겸하여 고려한 송명리학宋明理學의 형성은 불가능하였다.

역학으로 말하면 정현의 천도관은 역학에서 중요한 지위를 차지한다. 역학에서의 의리義理와 상수象數는 서로 보완하고 서로 도우며 하나로 융합한다. 상수는 의리義理에 근본하며, 의리를 분명하게 드러낸다. 의리는 상수의 근본이 되며 상수에 깃들어 있다. 정현의 천도관은 당시의 자연과학을 근거로 삼는 자연철학이며 의리학에 속하며, 그 괘기설卦氣說·효진설爻辰說·기수설氣數說 등은 역학의 부호符號를 이용하여 천도의 운행규율을 묘사描寫하였으며 상수학에 속한다. 그리고 상수의 허다한 개념과 규정 및 내용은 모두 천도와 긴밀한 상관관계가 있으며, 예를 들면 앞에서 말한 괘의 효상爻象·효수爻數·효변爻變·시수蓍數 등은 모두 우주진화와 음양변화를 본받았으며, 이러한 괘의 효상과 시수蓍數를 골격으로 삼아서 건립된 상수의 사상체계도 천도의 유행과 변화의 내용을 취하였다. 가장 분명한 것은 정현이 건곤을 근본으로 삼고, 팔괘를 원인요소(因子)로 삼아서 상수의 이치와 원리에 따라 구축한 괘기설·효진설·효체설爻體說 및 호체설互體說 등의 학설은 상호 융합하여 역학의 상수체계를 이루었으며, 항상 음양을 주체로 삼아서 전개되는 사상四象·팔기八氣·십이기十二氣의 우주대변화의 이론이다. 이러한 의미에서 정현의 상수사상은 천도관의 기초에서 건립된 것이며, 천도관은 그의 상수사상의 기초이다.

제5장 천도를 밝히는 상수사상

정현은 음양이 교감하여 온갖 만물이 유행하여 생겨나고 생겨남이 쉼이 없음은 모두 하늘에 근본한다고 생각하였다. 일월과 별자리의 운행, 음양의 유전流轉, 절기節氣의 교체와 만물의 흥쇠興衰가 천도이다. 성인이 『역』을 지어 천도를 밝히고 인륜을 다스리고 나라를 건설하였다. 『건착도』에서는 "역은 천도를 밝히고 왕업을 정립定立하는 소이所以이다"라고 하였다. 그 가운데 『역』의 상수는 곧 천도를 밝힌 것이다. 그는 『건원서제기乾元序制記』의 "64괘는 각각 달마다 응하는 움직임의 총괄이며, 역법으로 그 도를 기록한다"(六十四卦, 各括精受節, 以曆紀道)는 구절을 주석하여 말하기를 "괄括은 종괄從括이다. '정수절精受節'은 각각 여러 가지 달에 응하여 움직임(用事)을 말한다. 천도를 기록하여 밝힘(紀明)은 한寒·온溫의 절기와 저장을 말한다"고 하였다. 또 태泰괘 「상象」의 "하늘과 땅의 사귐이 태泰이니, 임금이 이로써 천지의 도를 절제하여 이루며, 천지의 마땅함을 서로 도와서 백성을 보조한다"(天地交, 泰, 后以財成天地之道, 輔相天地之宜, 以左右民)는 구절을 주석하여 "재財는 절節이다. 보상輔相과 좌우左右는 보조補助이다. '이以'는 그 음양의 절기節氣를 순응함에 의거하여 내부의 정사를 드러내는데, 봄은 너그럽고 어짊을 숭상하고, 여름은 기르고 양육하고, 가을은 거두어들이고, 겨울은 저장하는데 모두 사물을 이루고 백성을 보조할 수 있다"고 하였다. 상象에 나아가 말하면 역상易象과 역법曆法이 일치하며 "역易은 상象과 같으며, 공자는 역력(曆法)으로써 역易을 설명하였으므로 상象이라고 불렀다"(『건착도』

주)고 하였다. 역상이 밝혀져 보이는 것은 천도를 기록한 역법曆法이다. 수數에 나아가서 말하면, 역수易數와 율력律曆·역수曆數1)가 서로 응하며, 역수易數가 밝게 드러남도 또한 천도의 율력을 기록한 것이다.

1. 괘기설

괘기설은 역학과 역법이 서로 결합해서 생긴 산물이다. 일정한 규율을 따라 『주역』의 64괘 384효와 1년 중의 사계절, 12월, 24절기, 72후候(5일이 一候)를 서로 짝지어 배합한 것이 곧 괘기설이다. 괘기설은 양한의 역학자들이 빌려서 『주역』을 해석한 이론이며, 서법의 체계를 건립한 중요한 방법 가운데 하나이다. 학계의 전통적 관점에 따르면 괘기이론의 형성과 정형定型은 맹희에게로 귀결되는데, 그러나 최근의 학자들이 이의를 제기하였다. 그 중요한 근거는 세 가지이다. 첫째, 『자하역전子夏易傳』은 정井괘 구이의 "정곡석부井谷射鮒"의 "부鮒"를 "하마蝦蟆2)로 해석하였으며, 송유宋儒인 주진朱震(1072~1138)은 이것은 오월괘五月卦라고 밝혔다. 둘째, 위상魏相(?~BC 59)은 일찍이 사정괘四正卦는 사방과 사시를 주관한다는 설을 제기하였다. 셋째, 백서帛書 『역전』에는 익괘益卦는 봄에 짝지우고, 손괘損卦는 가을에 짝지은 것에 관한 기록이 있으며, 이로써 맹희의 이전에 괘기설이 이미 형성되었음을 미루어 판단할 수 있다. 먼저 『자하역전』에서 자하가 "부鮒"를 "새우와 두꺼비"(蝦蟆)로 해석한 것을 보면, 괘기설 가운데 정괘井卦는 분명히 오월에 속하지만, 새우와 두꺼비와 오월은 전혀 관계가 없다. 72후 가운데 4월의 첫 징후徵候는 "땅강아지와 청개구리의 울음"(螻蟈鳴)이며 결코 오월의 후가 아니다. 『예기』「월령」에서 "맹하의 달은 땅강아지와 청개구리

---

1) 역자 주: 律曆은 '律歷'이라고도 하며, 樂律과 曆法을 합해 부르는 말이며, 曆數는 천체의 운행과 기후변화의 순서를 의미한다.
2) 역자 주: "鮒"와 "蝦蟆"의 공통 의미는 두꺼비다.

가 울며, 지렁이(蚯蚓)가 나온다"고 하였다. 괘기의 72후의 려괘旅卦는 땅강아지와 청개구리의 울음과 짝한다. 그러므로 주진은 결코 새우와 두꺼비로부터 오월괘를 추출하지 않았다.

다음으로 역법曆法의 시각에서 말하면 하상주夏商周 삼대의 역법은 각각 다르다. "하나라는 맹춘월孟春月(음력 1월)을 정월로 삼았으며, 은나라는 계동월季冬月(음력 12월)을 정월로 삼았으며, 주나라는 중동仲冬(음력 11월)을 정월로 삼았다. 하나라는 십삼월十三月(음력 1월. 12월 다음이라는 뜻)을 정월로 삼았으며…… 은나라는 십이월을 정월로 삼았고,…… 주나라는 십일월을 정월로 삼았다"(『白虎通德論』, 「三正」)고 하였다. 한대에 사용된 것은 하력夏曆으로 맹춘월을 정월로 삼았다. 그러나 하력夏曆과는 달리 1년을 13개월이 아닌 12개월로 나누었다. 12개의 소식괘消息卦가 사용하는 역법은 한나라 초기의 역법이다. 이 점에 대하여 정현의 『역』주로써 증명할 수 있다. 정현은 림臨괘의 "지우팔월유흉至于八月有凶"의 구절을 주석하기를 "림괘臨卦의 두건斗建[3]인 축방丑方이 움직이는 것이 은나라의 정월이다. 문왕文王의 시대에 주왕紂王이 무도하였으므로 이에 괘로써 은나라 왕가를 위해 흥쇠興衰의 경계를 보임으로써 주나라가 은나라 정월의 수를 바꾸었음을 나타내었다고 하였다. 림괘臨卦는 주나라의 이월이 움직임으로부터 7월과 8월까지 이르면 둔괘遯卦가 그것을 받으며, 이것은 끝나면서 또다시 시작함이며, 왕명王命이 그러하다"(『周易集解』)고 하였다.

정현은 소식괘消息卦를 사용하여 『역』을 주석하였으며, 또한 소식괘인 림괘가 주관하는 월분月份과 은殷·주周의 월분과 구별하였다. 여기서 말하는 12개의 소식괘는 『주역』이 책으로 이루어진 은·주시대에 만들어져 나올 수 없으며, 또한 자하子夏가 생활하던 춘추시대에서도 생겨날 수 없는 것이다. 다시 한 번 백서 『역전』은 이미 괘를 짝짓는 선례가 있으며, 한나라 초기에 위상魏相에게

---

3) 역자 주: 음력의 月建. 북두칠성의 운전으로 月令을 계산하며, 북두칠성의 자루 부분이 가리키는 별자리가 斗建이다.

이미 사정괘四正卦의 사상이 있었으며, 이러한 자료는 괘기설을 연구하는 데 진실로 매우 중요하다. 그러나 그것은 결국 후세에 유행한 비교적 완비된 괘기설이 아니며, 즉 이것만으로는 괘기설이 이미 형성되었다고 결코 완전하게 단정할 수는 없다. 어떤 사상이 형성되는 것은 결코 우연적이거나 고립적이지 않으며, 그것은 결국 앞사람의 자료를 계승하는 기초에서 실현된다. 후자는 전자를 포함하며, 전자가 후자와 연계되는 것은 필연적이다. 만약 이러한 연계가 증거가 된다면 후자는 전자가 있을 때 이미 존재하였음을 추측해서 판단할 수 있으며, 그 연구방법의 득실은 말할 필요도 없이 자명하다. 이 때문에 다른 더 많은 더 나은 결실의 예증이 없다는 조건에서 우리는 백서 『역전』과 위상의 사상이 괘기설의 최초의 형식이며, 맹희가 괘기설의 진정한 창시자라고 말하는 이유가 있다.[4]

경방은 맹희의 괘기설을 계승한 것에 기초하여 64괘기의 사상을 제기하였다. 맹희는 일찍이 진震·태兌·감坎·리離의 네 괘 24효로써 1년의 24절기를 주관하도록 하였는데, 즉 이른바 사정괘四正卦이다. 경방은 사정괘와 손巽·간艮 즉 "육자六子"괘로써 24절기를 주관하였다. 구체적으로 말하면 매 괘에서 초효와 사효를 취하고, 한 효가 각각 두 개의 절기를 주관하며, 여섯 괘의 12효가 24절기를 주관한다. 예를 들면 감괘 초육의 효는 입춘立春과 입추立秋를 주관하며, 육사의 효는 입하立夏와 입동立冬을 주관하며, 손巽괘의 초육은 우수雨水와 처서處暑를 주관하며, 육사는 소만小滿과 소설小雪을 주관하며, 진震괘의 초구는 경칩驚蟄과 백로白露를 주관하며, 구사는 망종芒種과 대설大雪을 주관하며, 태兌괘의 구사는 춘분과 추분을 주관하며 초구는 하지와 동지를 주관하며, 간艮괘의 육사는 청명淸明과 한로寒露를 주관하며 초육은 소서小暑와 소한小寒을 주관하며, 리離괘의 구사는 곡우穀雨와 상강霜降을 주관하며, 초구는 대서大暑와 대한大寒을 주관한다.[5]

---

4) 괘기설의 창제에 대하여 梁韋弦의 관점과 약속이나 한 듯 일치한다. 「卦氣와 曆數·象數와 義理」(『松遼學刊』 2001년 제5기)를 참고하라.

『역위』는 맹희와 경방의 괘기설을 종합적으로 정리하였고, 아울러 자신(『역위』를 말함)의 독창적 견해를 제기하였다. 먼저 역위는 맹희의 사정괘의 학설을 흡수하였다. 『건원서제기乾元序制記』에서는 "감坎괘의 초육은 동지冬至이며 북풍(廣莫風)이며, 구이는 소한小寒이며, 육삼은 대한大寒, 육사는 입춘이며 조풍條風(북동풍)이며, 구오는 우수雨水, 상육上六은 경칩이다. 진震괘의 초구는 춘분이며 명서풍明庶風(동풍)이며, 육이는 청명, 육삼은 곡우, 구사는 입하이며 온풍溫風(남풍)이며, 육오는 소만, 상육은 망종이다. 리離괘의 초구는 하지이며 경풍景風(마파람)이고, 육이는 소서小暑, 구삼은 대서, 구사는 입추이며 양풍涼風(서늘한 바람)이 이르고, 육오는 처서, 상구는 백로이다. 태兌괘의 초구는 추분이며 창합풍閶闔風(가을바람)이며, 서리가 내린다. 구이는 한로, 육삼은 상강, 구사는 입동이며 얼음이 얼기 시작하며, 부주풍不周風(북서풍)이며, 구오는 소설, 상육은 대설이다"라고 하였다. 사정괘가 사방·사계절을 주관하고 24효가 24절기를 표시하는 것은 진실로 합당하지만, 사정괘를 이용하여 여덟 방위의 기氣(바람)를 표시한 것은 분명히 억지로 맞춘 것이다. 『역위』는 아마도 문제를 발견한 듯하여, 한 걸음 더 나아가 건乾·곤坤·손巽·감坎을 사유괘四維卦로 삼아서 사정괘가 표시한 팔풍八風의 부족함을 보충하였다. 『건착도』에서는 다음과 같이 말한다.

진震은 동쪽에서 사물을 낳고 2월에 위치하며, 손巽은 동남으로 흩어지며 4월에 위치한다. 리離는 남쪽에서 자라고 5월에 위치하며, 곤坤은 서남쪽에서 길러지고 6월에 위치하며, 태兌는 서쪽에 수확하고 8월에 위치하며, 건乾은 서북쪽에서 만들어지고 10월에 위치하며, 감坎은 북쪽에 저장되고 11월에 위치하며, 간艮은 동북쪽에서 끝나고 시작하고 12월에 위치한다. 팔괘의 기가 끝나면 사정괘와 사유괘가 분명하게 나누어지며, 생生·장長·수收·장藏의 도가 완비되며, 음양의 체가 정해지고 신명의 덕이 통하여, 만물이 각각 그 종류별로 이루어지니 모두

---

5) 林忠軍, 『象數易學發展史』(齊魯書社, 1984), 제1권 제2편 제4장을 보라.

역易이 포함하는 바이다. 지극하도다! 역易의 덕이여! 공자는 '1년 360일에 천기天氣가 두루 미치며, 팔괘가 움직임이 각각 45일로 바야흐로 1년을 완비한다'고 하였다.

『역위』의 견해에 의하면, 팔괘는 1년 365일(각 괘가 45일을 주관)과 여덟 절기와 여덟 월분月份을 주관한다. 팔괘 가운데 건乾·곤坤이 비록 "정正"(四正卦)이 되지 않고 "유維"(四維卦)가 되지만 도리어 음양의 주가 된다. 『건착도』에서는 "건乾은 천天이다. 끝남이 만물이 시작하는 바가 된다. 그러므로 건乾은 10월에 위치한다.…… 곤坤은 지地이며, 형체가 바르며 6월이다. 사유四維6)가 바르게 기록되고, 경위經緯가 차례가 있고, 법도가 완성된다. 공자는 '건곤은 음양의 주主이다'라고 하였다." 이것이 곧 역학사易學史에서의 "사정四正·사유四維"의 설이다.

동시에 『역위』는 또한 맹희와 경방의 육일칠분六日七分의 사상을 받아들였다. 맹희는 『주역』 64괘에서 감坎·리離·진震·태兌의 네 괘가 나누어서 사방四方과 사계절 그리고 24절기를 주관하며, 그 나머지 60괘는 365¼일을 주관한다. 각 괘는 6일을 주관하며, 60괘는 360일을 주관하며, 또한 5¼이 남는다. 매 1일을 80분으로 나누면, 5일은 400분(80×5)이 되며, ¼일은 20분(80×¼)이며, 5¼일은 모두 420분이 된다. 60괘의 각 괘는 또 7분을 얻을 수 있으니(420÷60), 그러므로 육일칠분六日七分의 설이 있다. 월분月份을 따라서 말하면 60괘와 365¼을 서로 짝지우면, 1년 12개월에서 각 달은 다섯 괘를 주관하니 곧 60괘이다. 각 달의 괘는 법도에 따라 공公·후侯·경卿·대부大夫 등 다섯 작위를 이름 짓고, 그 가운데 복復·림臨·태泰·대장大壯·쾌夬·건乾·구姤·둔遯·비否·관觀·박剝·곤坤의 12괘의 음과 양의 부호는 아래로부터 위로 변화의 차례와 12개월의 음양의 두 기의 소장消長에 대라 서로 꼭 들어맞으므로(吻合), 12괘를 벽괘辟卦로 삼았다. 벽辟은 임금이 되며 12개월을 주관하므로 12소식괘消息卦라고

---

6) 역자 주: 서북·서남·동북·동남을 가리키는 乾·坤·艮·巽.

부른다. 매월의 나머지 네 괘는 잡괘雜卦이다. 『계람도稽覽圖』는 목록의 형식으로 간단하게 맹희의 육일칠분설을 표현하였는데 그 표는 다음과 같다.

소과小過, 몽蒙, 익益, 점漸, 태泰	인寅
수需, 수隨, 진晉, 해解, 대장大壯	묘卯
예豫, 송訟, 고蠱, 혁革, 쾌夬	진辰
려旅, 사師 비比, 소축小畜, 건乾	사巳
대유大有, 가인家人, 정井, 함咸, 구姤	오午
정鼎, 풍豊, 환渙, 리離, 둔遯	미未
항恒, 절節, 동인同人, 손損, 비否	신申
손巽, 췌萃, 대축大畜, 비賁, 관觀	유酉
귀매歸妹, 무망无妄, 명이明夷, 곤困, 박剝	술戌
간艮, 기제旣濟, 서합噬嗑, 대과大過, 곤坤	해亥
미제未濟, 건蹇, 이頤, 중부中孚, 복復	자子
둔屯, 겸謙, 규睽, 승升, 림臨	축丑

위의 배열 가운데, 오른쪽 끝에 있는 태泰 · 대장大壯 · 쾌夬 · 건乾 · 구姤 · 둔遯 · 비否 · 관觀 · 박剝 · 곤坤 · 복復 · 림臨은 소식괘로서 12개월을 주관하며, 기타 괘는 잡괘雜卦이다. 『역위』는 또 경방의 관점을 인용하여 육일칠분을 설명하기도 한다. 동한의 왕충은 "경방은 64괘를 1년에 분포시켜 육일칠분을 하나의 괘로 움직인다"(『論衡』, 「寒溫」)고 하였다. 당나라의 승려 일행一行이 방법에 대하여 설명하기를 "경방은 또 괘효卦爻로써 기간과 짝을 지웠는데, 감坎 · 리離 · 진震 · 태兌가 움직이며, 스스로 나누어져 처음에 이르니 모두 73/80을 얻으며, 이頤 · 진晉 · 정井 · 대축大畜은 모두 5일과 14분을 얻으며, 나머지는 육일칠분이다"(『新唐書』를 인용한 『卦議』 권27)라고 하였다. 이 말은 64괘를 이용하여 1년 365¼일을 표시하고, 사정괘四正卦는 73분을 주관하고, 이頤 · 진晉 · 정井 · 대축大畜은 5일과 14분을 주관하고, 그 나머지가 육일칠분을 주관한다. 『계람도』에서는 자신의 독특한

언어를 이용하여 경방의 이러한 사상을 나타내는데, "갑자甲子의 괘기卦氣는 중부中孚에서 일어나며…… 6일과 7/80로 따르고, 사시괘四時卦는 십일진十一辰(辰은 하루 신)의 나머지 시간(餘)을 따르며, 감坎은 항상 동지일冬至日에서 비로소 '나타나며'(效)[7], 다시 감坎의 7일을 낳으며, 소식괘消息卦와 잡괘는 서로 전해 가는데 각각 중부中孚와 같으며, 태음이 움직임은 소양少陽괘가 나타남과 같으며, 일진一辰은 그 음이 나타남으로 하루 종일이다. 태양太陽의 작동은 소음괘가 나타남과 같으며, 일진一辰은 그 양陽으로 하루 종일이다. 소식괘와 사시괘는 각각 그날을 다한다"고 하였다. 11진辰의 나머지 시간은 73분을 가리킨다. 1일은 80분이며, 12진이며, 1진辰은 6⅔분이며, 11진은 70⅓이다. 73분은 11진과 나머지 시간이다. 이것은 사계절과 소식 그리고 다른 괘가 표시하는 음양의 기가 유행하는 정황을 말한다. 『역위』의 괘기설은 실제로 한나라 시대가 요구하는 점험占驗에 영합한 학문이다. 괘기가 유행하는 정황에 근거하여 사람들은 자연, 사회와 인간의 길흉을 판정할 수 있었다. 예를 들면 팔괘의 기의 점험이 응하는 내용이 "마땅히 추울 때 춥고, 마땅히 더울 때 더우며, 마땅히 바람 불 때 불고, 마땅히 비올 때 비가 온다"(『계람도』)고 하면, 오곡五穀이 풍요롭게 잘되고, 천하가 태평하다. 만약 팔괘의 기가 어지럽고 상도를 잃으면, 천하는 반드시 재이災異가 생기고 사회는 반드시 어지러울 것이다. 『통괘험通卦驗』에서는 다음과 같이 말한다.

무릇 역의 팔괘의 기는 점험의 응함이 각각 그 법도와 같으면 음양이 화합하고, 육율六律이 조화되며, 바람과 비가 때에 맞고 오곡이 성숙하며, 인민이 모여 노래하니 성왕聖王과 명군明君이 태평을 이루는 방법이다. 그러므로 괘를 베풀어 상을 관찰하여 망조를 안다. 무릇 팔괘가 어긋나고 혼란해지면 기강이 무너지고

---

7) 역자 주: 이 책의 82쪽에서 저자는 "效, 謂顯明"이라고 설명한다. '顯明'은 명백하다, 분명하다, 선명하다 등의 뜻이 있다.

일월성신이 그 유행을 잃고, 음양이 화합하지 않고, 사계절이 바뀐다. 팔괘의 기가 나타나지(效) 않으면 재이의 기가 모이고, 팔괘의 기의 응함이 상도를 잃는다.

『시류모是類謀』는 팔괘의 기와 왕조교체가 관계가 있음을 전한다. 가리키기를 제왕과 국가의 쇠망은 모두 징조가 있으며 이 징조는 곧 팔괘의 기가 나타나지 않음이다. "왕조가 망하는 징조"는 "첫째, 진기震氣가 나타나지 않고", "둘째 리기離氣가 나타나지 않고", "셋째 곤기坤氣가 나타나지 않고", "넷째, 태기兌氣가 나타나지 않고", "다섯째 감기坎氣가 나타나지 않고", "여섯째, 손기巽氣가 나타나지 않고", "일곱째 간기艮氣가 나타나지 않고", "여덟째 건기乾氣가 나타나지 않는다." 팔괘의 기가 나타나지 않기 때문에 세상에는 재이가 생겨서 마치 돌이 날고 산이 무너지며, 별이 없어지고 운석이 떨어지며, 사람이 짐승이 괴이해지며 나라가 멸망한다.

육일칠분의 설은 또한 점험占驗을 사용하는 것이며, 『역위』는 매우 많은 지면(篇幅)을 이용하여 소식괘와 잡괘가 나타나지 않아서 생겨 나오는 재이災異를 서술하였다. 『계람도』는 64괘의 기가 한寒·온溫의 구분이 있어 "따뜻한 것은 존중하고, 찬 것은 비하卑下한다." 한 번 존중하고 한 번 비하하는 존중과 비하가 분명하다. 곧 찬 것은 마땅히 차가워야 하며, 따뜻한 것은 마땅히 따뜻해야 하며, 그렇지 않으면 재이가 생겨난다. 소식괘消息卦로써 말하면, 만약 소괘消卦와 식괘息卦가 서로 침범하면 자연계에는 우레와 가뭄과 서리가 때 아니게 와서 "흉년(傷年)의 재난"이 된다. 사회에서는 "모두 일을 해도 이루지 못하며, 자리에 있는 사람이 덕이 있으나 행하지 않는다." 소식괘와 잡괘로서 말하면, "여러 괘의 기의 참·더움·맑음·탁함(寒溫淸濁)이 각각 그 소임과 같다." 만약 소식을 참해하는 것이 혹 음이 정치를 전황하고, 혹 음이 양을 침해하면, 가뭄과 서리가 만물을 죽이며, 만물은 다시 생기지 않는다. 양陽을 얻지 못하면 가뭄이 사물을 해치고 음양도 역시 사물을 해친다. "양이 되면서 목木으로 하면 화재가 나며, 봄에 여름의 물로서 하면 만물을 죽이며, 음이 작동하는데 물은 해로운 것이라 여기며, 가을에 겨울의 음이 내리면 안 된다."

정현의 괘기설은 『역위』에서 얻었으며, 『역위』의 주해를 통하여 자신의 사상을 상세하게 밝혀내었다. 그 내용의 주요한 표현은 아래의 몇 가지이다.

1) 팔괘의 괘기

정현은 "사중사각四仲四角8)"을 이용하여 『역위』의 "사정四正과 사유四維9)"의 개념을 대체하였으며, 사중괘四仲卦는 덕성德性을 존중하는 데 사용하고, 사각괘四角卦로 기시紀時에 이용하였다고 생각하였다. 그는 『통괘험』의 "복희가 역의 사중괘를 만듦에 사중괘는 오행의 덕을 명 받고 사방의 계절을 헤아린다"(伏羲應義作易仲, 仲命德, 維紀衡)의 구절을 주석할 때 다음과 같이 말하였다.

중仲은 사중四仲의 괘를 말하며, 진震·태兌·감坎·리離이다. 명덕命德은 진震이면 그것을 목덕木德이라고 하며, 태兌이면 그것을 금덕金德이라고 하며, 감坎이면 수덕水德이라고 하며, 리離이면 화덕火德이라고 한다. 유維는 사각四角의 괘이니 간艮·손巽·곤坤·건乾이다. 기紀는 수數와 같다. 형衡은 당當과 같다. 유괘維卦는 수를 일으키는 바의 마땅함이며, 만약 사계절의 수에서 간艮이라고 하면 마땅히 입춘에 해당한다.

팔괘는 명덕命德과 기시紀時에 사용될 뿐만 아니라 또한 여덟 종류의 서로 다른 방향을 표시하는 기氣도 될 수 있으니, 곧 진기震氣·손기巽氣·리기離氣·곤기坤氣·태기兌氣·건기乾氣·감기坎氣·간기艮氣가 그것이다. 팔괘의 기가 1년

---

8) 역자 주: 仲春, 仲夏, 仲秋, 仲冬. 네 방위의 각.
9) 四正卦는 기준과 고정을 의미하는 乾·坤·坎·離이며, 사유괘는 변화와 多變을 의미하며, 乾·坤·巽·艮이다.

사계절에 유행함에 팔풍八風이 있다. 팔풍八風은 절기節氣와 지극하게 상응相應한다. 정현은 『예기禮記』 「악기樂記」의 "팔풍은 율律을 따르며 어기지 않는다"(八風從律而不奸)의 구절을 주석하여 말하기를 "팔풍은 규율을 따르니 절기에 응함이 지극하다"고 하였다. 무엇을 팔풍이라고 하는가? 『좌전左傳』 소공昭公 20년의 『정의正義』에서 『통괘험通卦驗』을 인용하여 말하기를 "동북을 조풍條風(북동풍)이라고 하고, 동쪽을 명서풍明庶風, 동남을 청명풍淸明風, 남쪽을 경풍景風, 서남을 양풍凉風, 서쪽을 창합풍閶闔風, 서북을 부주풍不周風, 북쪽을 광막풍廣莫風이라 부른다"고 하였다. 이로써 팔방을 대표하는 팔괘가 절기와 매우 교묘하게 결합하였다는 것을 알 수 있다. 즉 건乾은 서북으로 입동을 주관하고, 감坎은 북방으로 동지를 주관하며, 간艮은 동북으로 입춘을 주관하며, 진震은 동쪽으로 춘분을 주관하고, 손巽은 동남으로 입하를 주관하며, 리離는 남쪽으로 하지를 주관하며, 곤坤은 서남으로 입추를 주관하며, 태兌는 서쪽으로 추분을 주관한다. 팔괘의 기가 유행함에 때에 합당함과 부당함이 있으며, 때에 합당하면 음양이 조화롭고, 만물이 때에 응하여 흥하고 쇠하며, 때에 합당하지 않으면 음양이 조화를 잃고, 만물이 이지러지고 이상異常이 생긴다. 그의 말처럼 "팔괘의 기가 때에 맞지 않게 자신을 드러내면 상도가 아니므로 재이가 많이 생긴다." 여기서 말하는 "때에 합당함"(當時)은 괘기卦氣가 마땅히 응해야 하는 절기에 맞게 드러남을 말하며, "때에 합당하지 않음"(不當時)은 "괘기가 그때보다 먼저 드러남"이나 혹은 "그때보다 뒤에 드러남"을 가리킨다.

정현은 『통괘험』을 주석하여 팔괘의 기의 정황 특히 괘기가 때를 잃었을 때 생겨 나오는 천재天災를 상세하게 설명하였다. 예를 들면 건기乾氣가 입동을 주관한다면 이것은 입동의 앞(左)이나 뒤(右)10)에 생겨 나오는 것과 같아서

---

10) 역자 주: 여기서 말하는 左右는 해당 절기의 앞과 뒤를 의미한다. 이십사절기의 순서는 아래와 같다.
봄: 立春, 雨水, 驚蟄, 春分, 淸明, 穀雨
여름: 立夏, 小滿, 芒種, 夏至, 小暑, 大暑

만물이 손상된다. "입동의 앞은 상강霜降의 곳이며 뒤는 소설小雪의 곳이다. 상강霜降11)이면 사물이 아직 두루 거두어들지 않은 때이므로 그것이 사물에 재해를 끼쳐 반은 죽는다. 소설小雪은 사물을 죽이므로 그 재해가 손상損傷시킨 다." 만약 건기乾氣가 대설과 소설에서 드러난다면, 그것은 "대설과 소설의 곳은 감坎으로 분속分屬되며, 건기가 (乾坎의) 네 양陽12)을 서로 얻어서 드러나므로 화기和氣가 왕성해져서 마땅히 겨울잠을 자야 할 벌레들이 겨울에 돌아다니게 된다. 양기가 여름에 생겨나서 곧 하지에 재난이 행해지게" 된다.

감기坎氣는 동지를 주관하며, 만약 앞이나 다음에 나타나면 가뭄과 용수涌水13)가 생긴다. "동지의 다음은 대설의 곳이며, 대설의 두 기가 바야흐로 응취하면 그 아래는 구름이슬이 내리므로 가뭄이 든다. 소한이면 얼음이 바야흐로 왕성하며, 수水로 행하여 나오니 용출涌出의 상이다."14) 감기坎氣는 입춘의 분기에서

가을: 立秋, 處暑, 白露, 秋分, 寒露, 霜降
겨울: 立冬, 小雪, 大雪, 冬至, 小寒, 大寒

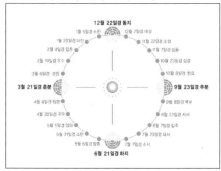

지구의 24절기
출처: https://terms.naver.com/entry.nhn?docId=1529167&cid=47340&categoryId=47340

11) 張惠言은 "'降'자가 빠졌다"라고 하였다. 이 책에서의 원문은 "霜物未遍收"인데, "霜降物未遍收"로 해야 한다는 뜻이다.
12) 張惠言은 "乾坎四陽"이라고 하였다. "乾氣見爲四陽相得"은 "乾氣見爲乾坎四陽相得"이어야 한다는 뜻.
13) 역자 주: 涌水는 일반적으로는 지하수이지만, 여기서는 대량으로 치솟는 재난성의 突水의 의미.
14) 장혜언에 따르면, "右小雪"의 "小"는 마땅히 "大"로 써야 한다. "大小雪"의 "小"는

드러나며, "입춘의 분기는 대한大寒과 경칩驚蟄의 곳이며 간艮에 분속되며, 감기坎氣가 여기서 드러나며, 이를 수기水氣가 타고 나온다고 하고, 그러므로 그 해에는 수재水災가 많아서 강과 하천이 무너지고 도랑과 둑이 파괴된다." 감기坎氣가 "입동立冬의 분기에서 드러나면" 곧 가뭄이다. "입동의 분기는 상강霜降과 소설小雪이며 건乾은 또한 얼음이며 모두 응취하여 비와 구름이슬로 내리는 상이다."[15]

간기艮氣는 입춘을 주관하며, 만약 앞이나 다음에 나오면 사물이 손상되고 산이 무너지고 물이 솟아 나온다. "입춘의 우右는 대한大寒의 곳이다. 앞은 경칩의 곳이며 만물이 생긴다. 그리고 간기艮氣가 대한의 곳에서 드러나므로 서리가 내린다. 간기艮氣가 경칩의 곳에서 드러나면 산이 무너지고 용수涌水가 나온다." 간기가 춘분의 분기에 드러나면 "춘분의 분기는 우수와 청명의 곳이며 진震에 분속된다. 간기가 드러나면 지나치고 진동한다." 그래서 산이 무너지고 사물이 이루어지지 않는다. "동지의 분기에 드러남"은 감기坎氣에 속하고, "감坎은 구름이 되고, 구름의 출현은 반드시 산으로부터 나온다." 그러므로 구름과 안개와 서리가 있으며, "구름과 안개와 서리는 그것이 변화하여 흩어지며 생긴 것이다."

진기震氣는 춘분을 주관하며 다음에 나오면 사물이 반은 죽고, 앞에서 나오면 교룡蛟龍이 나온다. "춘분의 뒤는 우수의 곳이며, 왼쪽은 청명의 곳이며, 사물은 아직 다 자라지 않았으므로 반이 죽는다. 진震은 용龍이며, 진기震氣의 앞에 있으므로 교룡의 종류가 나타난다." 진기震氣가 "마땅히 드러나야 하는데 드러나

군더더기 글자이다. "小雪水方盛"의 "雪"은 마땅히 "寒"으로 써야 한다. 동지의 왼쪽은 소한의 곳이므로 "水"는 마땅히 "氷"으로 써야 한다. 十二月은 얼음이 바야흐로 왕성해진다.

역자 주: 이 부분을 다시 풀어서 설명하면, 이 구절의 원문은 "冬至右, 小雪之地. 大小雪二氣方凝, 其下難, 故旱. 小雪水方盛, 水行而出, 涌之象也"이다. 이 구절을 저자의 주석에 따라 고치면 "冬至右, 大雪之地. 大雪二氣方凝, 其下難, 故旱. 小寒氷方盛, 水行而出, 涌之象也"이다. 여기서는 역주의 내용에 따라 재해석하였다.

15) "難下"는 원래 "下難"으로 썼는데, 黃氏(黃奭)가 의심하여 바꾸었으므로 바르게 고친다.

지 않으면 마루어 때가 늦어진다. 만약 추분에 기氣를 더하면(氣如于秋分)16) 사람이 병든다." 진기震氣는 "입춘의 분기는 곡우와 소만의 때에 가장 빼어나고 실질적이며, 그것이 이루어질 때에 받들고 더해야 한다. 그러므로 다 채우지 못하면 죽게 된다. 음양이 항상 우레가 되는 것은 반드시 구름을 기다려 우레의 기가 가득 차기 때문이 홀로 행하고, 또 그 절기를 지나친다"는 데에서 드러난다. 진기震氣는 "입춘의 분기에 드러나면 만물은 또한 그 절기를 지나친다."

손기巽氣는 입하立夏를 주관하며 만약 앞이나 다음에 나타나면 사물은 손상되고 사람은 병든다. "입하의 뒤는 곡우의 곳이며, 앞은 소만小滿의 곳이다. 곡우의 곳은 또 진震이니 지나치거나 조급한 기로서 손기巽氣로 나타난다. 그러므로 나무가 바람에 날린다. 바람은 만물을 움직여 기르는데, 만약 그 위치가 잘못되어 바람이 불면 또한 마른 사물은 위치를 잃으니 어그러지지 않을 수 없으니 사람은 병이 든다." 손기巽氣가 망종芒種과 소서小暑에 드러나면 바람이 일고, 기가 지나쳐 나무를 꺾는다. 손기는 "춘분의 곳에서 드러나면" 센 바람(盲風)이 불며 "센 바람은 여덟 절기에 응하여 이른다."

리기離氣는 하지를 주관하며 만약 앞이나 다음에 나타나면 만물은 반이 죽고 흉년 든 땅(赤地)이 천리千里가 된다. "하지의 뒤는 망종의 곳이며 앞은 소서의 곳이다. 망종의 때에 논밭에 경작할 수 있다. 리離는 사물을 불태워서 망종의 곳에 드러나면 논의 이삭이 홀로 생겨나고 언덕과 평지(의 농작물)는 죽는다. 흉년 든 땅이 천리라는 말은 가뭄이 매우 심하고 넓음을 말하며, 천리에 우물을 파는데 우물은 곧 심이다." 리기離氣가 드러나지 않으면 "또한 그 재해를 상대하여 받는다." 만약 햇빛이 없다면 오곡은 익지 않으며, 사람은 눈병을 얻는다. 리기離氣가 "대서와 처서의 곳에서 리離는 전쟁이며, 기를 잃었기 때문에 전쟁이 일어난다"17)고 하는 데서 드러난다. 리기離氣가 "입하의 분기에서

---

16) 張惠言은 "'氣如于秋分'에서 '如'는 마땅히 '加'라고 해야 한다"고 하였다.
17) 黃奭은 "氣見大暑之地旱, (故物半死, 地氣失位則地動也)의 세 구절을 살펴보면 원본이

드러나면 음은 반드시 그것을 해치며, 조악한 음식(薄食)을 먹는 사람이 있다."18)

곤기坤氣는 입추를 주관하며, 그것이 앞이나 다음에 나오면 사물은 반은 죽으며 땅이 동요한다. "입추의 다음은 대서의 곳이며, 앞은 처서의 곳이다. 곤坤은 땅이며, 땅은 사물의 양육을 주관하며, 그 기가 대서의 곳에서 드러나면 가뭄이 생기므로 사물이 반은 죽으며, 지기地氣가 위치를 잃으면 땅이 동요한다." 곤기가 추분의 분기(백로와 한로의 곳)에 드러나면 "이 곤은 음의 것이며, 그 도가 고요하면 곤기는 위치를 잃으므로 동요動搖한다. 추분이 태兌를 얻는 데서 드러나면 파괴되고 떨어져 나간 기가 되므로 소서와 대서의 물은 혹 보존되기도 하고 혹 없어지기도 한다."19) 곤기가 "하지의 분기에 드러난다. 여름은 리離가 태양을 주관하며, 정오正午의 해 그림자로 선왕은 토지로 나라를 세웠다. 곤기가 위치를 잃고서 드러나기 때문에 땅이 분열되는 재이가 생기고 땅이 분열되면 물이 흘러넘치니 추세의 자연이다.

태기兌氣는 추분을 주관하며 앞이나 다음에 나오면 사물은 생기지 않고 호랑이가 사람을 해친다. "추분의 다음은 백로白露의 곳이며 앞은 한로寒露의 곳이다. 태兌는 팔월을 주관하며, 그것이 생겨나는 바는 오직 냅가새(薺)20)와 보리이며, 백로가 되면 시들기 시작하므로 만물을 생겨나지 않게 한다. 한로는 살기殺氣가 점점 더 왕성하며, 태兌는 지위를 잃고, 호랑이는 해롭다." 태기가

바른 문장이다.…… 이제 모두 바르게 고친다'고 하였다.

18) 黃奭은 "見于立夏之分也, (陰必害之, 有薄食者)의 세 구절을 살펴보면, 원본이 바른 문장을 잘못 썼으므로 이제 모두 바르게 고친다'고 하였다.

19) 장혜언은 "此灾物'의 '灾物'은 '坤陰物'이라고 해야 하며, '秋' 아래에 '分'자가 탈락했다고 하였다.
   역자 주: 이 구절의 원문은 "此灾物, 其道静, 坤氣失位, 故動搖. 見于秋之得兌, 毁折附決之氣, 故小大之水, 或存或亡"이다. 이에 대해 따라서 장혜언의 주장대로 고치면 "此坤陰物, 其道静, 坤氣失位, 故動搖. 見于秋分之得兌, 毁折附決之氣, 故小大之水, 或存或亡"이 된다. 위 문장의 해석은 고친 구절에 따라 진행하였다.

20) 역자 주: 薺는 냉이 혹은 냅가새를 의미한다. 그런데 냉이는 봄에 자생하며, 냅가새는 냅가새라고도 하며 7월에 개화한다. 추분은 9월이므로 냅가새와 가깝다.

"입동의 분기는 상강과 소설의 곳이며, 호랑이(虎)와 모충毛蟲(털이 있는 벌레)은 금金에 속한다"에서 드러난다. 태기는 "입추의 분기에서 드러나면 태기는 위치를 잃고 곤坤에서 드러난다. 곤은 땅이므로, 못에 있으면 말라 죽는다."

정현은 때로 『역위』의 "불효不效"라는 글자에 착안하여 자연계와 사회에서 출현하는 큰 재이를 설명하였다. '효效'는 '명백함'(顯明)을 말한다. 『방언方言』에서는 "효效는 밝음이다"라고 하였으며, 『사기史記』 「연소공세가燕召公世家」에서는 "자지子之(?~BC 314)[21)에게 나타내 보였다"(而效之子之)고 한 구절에 대하여 『색인索引』은 정현의 주석을 인용하여 "효效는 나타남(呈)이다"라고 하였다. 『예기』 「곡례 상」의 "효마효양자우견지效馬效羊者右牽之"라는 구절에 대하여 정현은 주석하기를 "효效는 나타남(呈見[現])과 같다"고 하였다. 드러나지 않으면 분명하지 않거나 혹은 작용하지 못한다. 그는 『시류모是類謀』를 주석하여 "창제蒼帝(동방의 신)가 망하는 징조는 진기震氣가 드러나지 않았다", "그 재이를 관찰함으로써 서기鼠氣(간신의 기미)가 사람을 먹는다." 진震의 때는 도적盜賊이 일어나는 징조이다. 토룡·용龍·호랑이가 나타나고 창정蒼精(오행 중의 木의 푸른 기운)의 명命을 버리는 것이 옛 주周나라의 쇠함이다. 리기離氣가 나타나지 않음은 음陰 종류의 재이이며, 여자가 거짓으로 무고하고, 무지개가 일어나 해를 가리고, 남방의 (극도로 반복하는) 뱀과 말이 반드시 난을 일으켜 주인이 되고, 돌이 날고 산이 무너지며 천하가 위태해진다. 곤기坤氣가 나타나지 않으면, 토정土精(土星)이 어지러워져 물을 굴복시킬 수 없고, 대어가 나타나고, 신하가 상법常法을 따르지 않는다. 태기兌氣가 나타나지 않으면 태양이 가려져 대낮이 어두워진다. 뇌정벽력(雷霆)이 마구 일어나 세상이 망한다. 감기가 나타나지 않으면 "흙에 장차 물이 마르는 상이 된다." 오곡이 떨어지고 산이 붕괴되고 해가 가려진다. 손기巽氣가 나타나지 않으면, "큰 물과 이름난 냇물이 유통하나 땅의 덕이

---

21) 역자 주: 공자의 제자로 성은 公祖, 이름이 句玆이며, 자가 子之이다.

쇠약해지면 혹 마르기도 하고 혹 떠나기도 한다." 간기艮氣가 나타나지 않으면 "세상에는 장차 성인聖人이 일어난다." 별이 없어지고 운석이 떨어지니, "제후가 천자의 정치를 도둑질하여 행하며", "주장主將이 죽는다." 건기乾氣가 나타나지 않으면, "오성五星[22]과 뭇 별자리들이 모두 광명을 잃으며" 자신姦臣(간사한 신하)이 권력을 멋대로 하고 나라는 패권을 잃는다.…… 팔괘의 괘기가 때에 맞지 않거나 나타나지 않으면, 자연과 인체 그리고 사람의 활동 특히 농업생산에 틀림없이 영향을 끼치며, 이것은 옛사람들이 오랜 기간 생산과 활동에서 반복하여 관찰하고 종합하여 얻은 경험이며, 부정할 수 없다. 그러나 이러한 영향을 결코 과장해서는 안 된다. 그렇지 않으면 신비주의로 빠진다. 만약 정현과 『역위』가 팔괘의 괘기가 때에 맞지 않으면 오히려 자연계의 산천과 작물, 초목 그리고 인체에서 이상 현상을 일으킨다는 논술을 하였고, 대부분 경험성의 인식에 속한다고 한다면, 그러면 그 팔괘의 괘기가 나타나지 않는다는 말은 이 경험적 이론을 사회와 인사人事로 확장시켜서, 자연재해를 억지로 인사에 갖다 붙이는 것이니 반과학적이다.

2) 12소식괘의 괘기와 잡괘의 괘기

『역위』와 같이 정현은 "위에서 이미 팔괘기의 득실을 나타내었으니 이것은 또한 거듭 소식消息의 절후節候(5일이 1후)로써 역도와 천기를 자세하게 밝힌 까닭이다."(『易通卦驗』의 注) 그는 맹희 등이 얻은 12소식괘의 사상을 접수하여 12소식괘를 12 종류의 기가 일 년 사시 열두 달에 유행한다고 보았다. 그는 『통괘험』을 주석할 때 다음과 같이 말하였다.

봄 석 달 절후의 괘는 태泰이며, 대장大壯이며, 쾌夬이다. 모두 구삼九三과 상육上六이

---

22) 역자 주: 歲星: 木星, 熒惑: 火星, 太白: 金星, 辰星: 水星, 鎭星: 土星.

다. 실기實氣가 터져서 따뜻함이 이르지 않은 것은 임금이 밝지 못함의 징조이므로 태양이 그를 위하여 변한다.

여름 석 달 절후의 괘기는 건乾, 구姤, 둔遯이다. 모두 구삼九三과 상구上九이며, 실기는 미약하며, 적기赤氣가 그와 응하면, 전쟁이 있어 320일을 기약하니, 이것은 겨울 석 달의 괘이다.

가을 석 달 절후의 괘기는 비否, 관觀, 박剝이다. 모두 육삼六三과 상구上九는 실제의 기가 터져서 차가움이 이르지 않으니 마땅히 임금이 반대로 상을 주는 징조이다. 임금이 상을 줌은 마땅히 먼 곳을 먼저 해야 한다. 이제 외가外家를 사사롭게 하니 이것이 반대로 함이다. 신하가 자신의 직책에 온힘을 다하지 않고 외가를 사사롭게 함이 그러한 것이다. 큰 가뭄에 상을 줌이 있다.

겨울 석 달 절후의 괘기는 곤坤, 복復, 림臨이다. 모두 육삼六三과 상육上六이다. 실기는 미약하고, 차가움이 이르지 않는 임금의 정치가 공손하고 부드러움의 징조이다. 그러나 화火가 그것을 해치면, 120일 내에 전쟁이 있다. 신하가 전쟁을 시험하려고 한다. 일식日蝕이 있음을 알면 임금이 재난과 전쟁은 멀어지므로 그 기약이 더욱 멀다.

이상의 인용문을 보면 정현은 음양의 효의 수량이 동등하지 않는 것과 배열에 순서가 있는 12괘를 이용하여 열두 달을 표하고, 열두 달의 음양의 기를 최대한도로 양화量化하였다. 태泰·대장大壯·쾌夬는 봄의 석 달을 주관하는데, 정월은 태괘泰卦이며, 태괘는 세 개의 음과 세 개의 양이 있는데 양이 아래에 음이 위에 있다. 이월은 대장괘이며, 대장괘는 네 개의 양과 두 개의 음이 있으며, 삼월은 쾌괘이며 쾌는 다섯 개의 양과 하나의 음이 있다. 건乾·구姤·둔遯은 여름 석 달을 주관하며, 사월은 건괘이며, 건괘는 여섯 개의 양이 있고, 오월은 구姤이며, 구괘는 하나의 음과 다섯 개의 양이 있으며, 유월은 둔遯으로 둔괘는 두 개의 음과 네 개의 양이 있다. 비否·관觀·박剝은 가을 석 달을 주관하며, 칠월은 비괘否卦이며, 비괘는 세 개의 음과 세 개의 양이 있으며, 팔월은 관괘觀로 관괘는 네 개의 음과 두 개의 양이 있으며, 구월은 박괘剝卦이며, 박괘는 다섯 개의 음과 하나의 양이 있다. 곤坤·복復·림臨은 겨울 석 달을 주관하며, 곤괘는 여섯 개의 음이 있고, 십일월은 복復이며, 복괘는 하나의 양과 다섯 개의 음이 있으며, 십이월은 림괘臨卦이며, 림괘는 두 개의 양과 네 개의 음이 있다. 복괘復卦에서 건괘乾卦까지 여섯 달은 아래로부터 위로 감에 양이 커지고 음이 소멸되며, 양으로써 말하면 이것은 번식蕃息이다. 구괘姤卦에서 곤괘까지의 여섯 달은 아래로부터 위로 감에 음이 커지고 양이 소멸하는데, 양으로써 말하면 이것은 소消이다. 그러므로 앞의 여섯 괘는 식괘息卦이며, 뒤의 여섯 괘는 소괘消卦이니 이것이 곧 소식괘消息卦이다. 정현은 괘의 음양의 다소와 그것이 주관하는 계절에 근거하여 12괘를 육양괘와 육음괘로 나누었으며, 아울러 음양괘가 마땅히 이르러야 하는 것은 이르고, 이르지 말아야 할 것은 이르지 않으며, 그렇지 않으면 해와 달이 밝지 않고, 사계절이 질서를 잃고 만물이 생기지 않는다고 생각하였다. 그는 『건원서제기乾元序制記』를 주석하여 "여섯 괘는 태泰·대장大壯·쾌夬·건乾·구姤·둔遯이다. 꽉 찬 양(盛陽)일 때 온기가 나타나지 않기 때문에 양의 사물이 생겨나지 않고 흙의 공력이 일어난다"고 하고, "여섯 괘는 비否·관觀·박剝·곤坤·복復·림臨이며, 꽉 찬 음이 움직이고, 한기寒氣가 나타나지 않기 때문에 만물은 겨울에 번영繁榮하며, 실물實物은 이루어지지 않고, 그 상충相沖은 반드시 대한大寒이 있으니 생물을 손상시키는 것이다"라고 하였다.

그의 이론이 독창적으로 도달한 곳이 여기며, 그는 여기서 괘기를 또 구체적으로 매 괘마다의 효爻에 실행 가능하게 하고, 효를 이용하여 사계절 매월의 음양의 수량을 반영하였다. 예를 들면, 봄의 석 달은 양기가 위로 자라며, 음기가 쇠퇴하고, 태泰·대장大壯·쾌夬가 그것을 주관하며, 모두 구삼九三과 상육上六의 두 효를 취하며, 구삼은 양기를 주관하고, 상육은 음기를 주관한다. 여름의 석 달은 양이 왕성하고 음이 약하며, 건乾·구姤·둔遯이 그것을 주관하며,

모두 구삼과 상구 두 양효를 취한다. 가을의 석 달은 음기가 위로 자라며, 양기는 쇠퇴하고, 비否·관觀·박剝이 그것을 주관하며, 모두 모두 육삼六三과 상구上九의 두 효를 취하며, 육삼은 음기를 주관하고, 상구는 양기를 주관한다. 겨울의 석 달은 음기가 왕성하고 양기가 미약하며, 곤坤·복復·림臨이 그것을 주관하며, 모두 육삼과 상육의 두 음효를 취한다. 효를 이용하여 괘기를 설명하는 것은 맹희와 『통괘험』의 소식괘에 대한 학설의 발전이며, 또한 정현이 괘기이론에 남긴 영향이다.

맹희의 역학을 참고하면, 『주역』 64괘에서 사정괘四正卦를 제외한 60괘를 일 년 365$\frac{1}{4}$과 하나씩 짝을 지우면, 하나의 괘는 6일에 해당하고, 또 5$\frac{1}{4}$이 남는다. 5$\frac{1}{4}$일을 80으로 배분하면 420이 된다. 420을 60으로 나누면 매 괘는 7을 얻는다. 그러므로 괘와 하루를 서로 짝하면 매 괘는 육일칠분을 주관한다. 월분月份에 따라서 살펴보면, 1년은 12개월로 매월은 다섯 괘이다. 매월의 다섯 괘 가운데 소식괘가 벽괘辟卦 즉 군괘君卦가 되고, 그 나머지 네 괘는 잡괘雜卦 곧 신괘臣卦가 된다. 경방은 64괘를 365$\frac{1}{4}$일과 서로 짝을 지었으며, 감坎·리離·진震·태兌의 사정괘는 모두 73분을 주관하며, 이頤·진晉·정井·대축大畜은 모두 5일 14분(육일칠분에서 73분을 差減함)이며, 나머지는 모두 육일칠분이다. 정현은 『역위·건착도』와 『건원제서기』를 주석할 때 주로 이론자체와 이론작용 두 가지 면을 따라서 육일칠분설에 대한 자세한 설명을 진행하였다.

육일칠분의 이론에 따르면 정현은 1년은 365$\frac{1}{4}$일이라고 생각하였다. 5$\frac{1}{4}$을 다시 80으로 나누면 5일은 400분이며, $\frac{1}{4}$일은 20이다. 그는 "6은 후候이며, 80분이 1일이며, 또 7이 있으니, 하나의 괘는 육일칠분이다"(『계람도』 주)라고 하였다. "그 방법은 여분餘分으로 괘에 곱하여 420을 얻고 이를 80으로 나누면 5$\frac{1}{4}$일이 된다. 이것은 방백方伯의 괘 그 이상도 이하도 아니다"(『건원서제기』 주)라고 하였다. 그 가운데 "1일을 4로 나눔이 대분大分이라면 80으로 나눔은 소분이니, 20은 소분이며, 4는 하나의 대분이다"(위의 책)라고 하였다. 매 괘가 육일칠분을 주관하는 것으로 계산하면, 12 소식괘는 72일 84분(6×12, 7×12) 즉 73일 4분이다. 그는 "소식괘는 12개월이며 바로 72일에 위치하며, 여분을 통산하면 84분이며[23], 73일은 4/80이다"(위의 책)라고 하였다. 소식괘는 벽괘辟卦이며, 그 나머지는 공公·경卿·대부大夫·제후諸侯의 괘와 같다. "방백方伯의 괘 그 이상도 이하도 아니다"(方伯不與餘)라는 구절로 이것은 맹희를 계승한 말임을 알 수 있다.[24] 동시에 그는 또 사정괘도 기氣를 주관한다고 보았다. 예를 들면 『계람도』의 "사시괘四時卦는 십일진과 나머지로 따른다"(四時卦十一辰餘而從)는 구절을 주석하여 "'사시괘'는 사정괘를 말하며, 감坎·리離·진震·태兌이며, '사시四時'는 방백方伯의 괘이다. '십일진여十一辰餘'라는 것은 73분이다. '종從'은 하나의 괘를 얻은 것이다"라고 하였으며, "소식과 잡괘가 서로 나아가 각각 중부中孚와 같다"(消息及雜卦傳相去各如中孚)는 구절에 대하여 "'소식'은 육일칠분이며, 사시괘는 73분이다"라고 하였으며, "소식과 사시괘는 각각 73분을 다한다"(消息及四時卦各盡七三分)의 구절을 주석하여 "소식消息은 육일칠분六日七分을 다하며, 사시는 73분을 다한다"고 주석하였으며, "오직 소식과 사시만이 괘가 마땅히 그 날을 다한다"(唯消息及四時, 卦當盡其日)는 구절을 주석하여 "차갑고 따뜻한 기는 소식消息하여 육일칠분을 다하며, 사시는 73분이다"라고 하였다. 이것은 사정괘가 73분을 주관하며, 경방의 설을 이어받았음을 말한다.

정현은 『계람도』에 대하여 "갑자甲子 괘卦의 기가 중부中孚에서 일어난다"(甲子卦氣起中孚)는 관점에서 해설을 진행하였다. 그는 "괘기卦氣는 양기다. 중부中孚는 괘의 이름이다. 중中이라는 것은 화和이다. 부孚는 믿음(信)이다. 경전에서 말하는 '중부돈어中孚豚魚'는 서인庶人이 양육함을 말한다. 서민을 들어 말하면 그 양육함이 미약하다. 미약한 양기가 감坎에서 생겨나서 뇌성雷聲이 된다. 일찍이 아직

---

23) 장혜언은 "八十分有四也. …… '八十日'의 '日'은 마땅히 '有'로 써야 한다"고 하였다. 이에 따라 본문은 '八十有四分'으로 고쳐야 하고 이는 '84분이다'라고 해석해야 한다.
24) 역자 주: 辟卦는 군주의 괘를 상징하며, 方伯卦는 신하의 괘를 상징한다.

사람에게서 듣지 못하고, 율력律曆에서 아는 것이 더욱 유익하게 일어난다. 만약 천자天子가 나와서 경작한다고 하면 제후도 마땅히 경작해야 되기 때문에 말하였다"(『계람도』 주)라고 하였다. 또 "양陽이 감坎에서 생기고 기가 아직 미약하고 차가움과 따뜻함을 아직 알지 못하고 만물이 변형하여, 율기律氣가 먼저 중부를 얻으면 괘기卦氣가 곧 믿고 사랑하여 그것을 기르기 때문에 괘기가 중부에서 일어난다고 말한다"고 하였다. 정현은 이 두 방향을 따라서 괘기가 중부에서 일어나는 원인을 설명하였다. 경문經文으로 보면 중부中孚는 중화中和와 미덥고 참됨(信孚)의 뜻이 있으며, 돈어豚魚는 고례古禮에 쓰는 제기祭器이다. 『의례儀禮』「사혼례士昏禮」에서는 "돼지 한 마리(特豚)를 합쳐서 올리되 발굽은 버리고, 물고기는 14마리이다"라고 하였고, 『예기禮記』「왕제王制」에서는 "서인은 여름에는 보리로 제사지내고, 가을에는 기장으로 제사지낸다.[25] 보리는 물고기를 대신하고, 기장은 돼지를 대신한다"고 하였다. 『국어國語』「초어楚語」에서는 "선비는 돼지와 개의 제사가 있고, 서인은 구운 생선으로 지내는 제사가 있다"고 하였고, 왕인지王引之는 "돈어豚魚[26]는 서인庶人의 예이다"라고 하고 또 "돈어는 곧 예禮의 가벼움이다"(『經義述聞』)라고 하였다. 돈어가 서인庶人들이 지내는 가벼운 예라는 데서 서인庶人(서민) 혹은 중민衆民이 파생되었다. 정현은 "서인庶人을 들어 말하면"이라고 하고 또 중부中孚를 주석하여 "돈어豚魚는 소민小民을 비유比喩한다"(『鄭氏周易』)라고 하였다. 서인庶人의 지위가 비천하고 미약함으로부터 중부의 괘사에 비천하고 미약함과 미약하고 작음의 뜻이 있다. 그리고

---

25) 역자 주: "夏薦麥, 秋薦黍"에서 '薦'은 고기 희생물이 없이 지내는 제사를 말한다. 희생물이 있는 제사를 祭라고 한다. 이때 麥은 물고기를 대신하고 黍는 돼지고기를 대신한다.

26) 역자 주: 豚魚는 대부분 '돼지와 물고기'로 해석하는데, 茶山 丁若鏞(1762~1836)은 "'豚魚'二字, 唯祭祀鼎俎之品, 乃爲連文, 特豚·三鼎·佐以魚腊, 斯之謂豚魚也"라고 하였다. 즉 소박하게 지내는 제사에 쓰이는 수컷 돼지, 세 발 솥, 물고기 포 이 세 가지를 합쳐서 "豚魚"라고 부른다는 뜻이다.(定本 『與猶堂全書』 제2집, 경집 제47권, 『易學緖言』「李氏折中鈔」 참고)

미약하고 작은 것은 양육되어야 하기 때문에 중부中孚를 괘기卦氣의 시작으로 삼는다. 양기를 따라서 말하면, 양기는 감坎에서 생겨나며, 감은 북쪽이며, 11월이다. 『사기』「율서律書」에서는 "11월은 율律 가운데 황종률黃鍾律이며, 황종 률은 양기陽氣가 황천黃泉을 따라서 나온다"고 하는데, 그때 그 양기는 미약하게 황천을 따라 나올 때 한寒·온溫을 아직 알 수 없으며, 뇌성雷聲으로 표현되는 것도 사람이 아직 감각할 수 없기 때문에 중부로서 양기가 미약함을 나타내고 괘기를 중부에서 시작한다. 현재 남아 있는 자료를 보면 정현이 가장 먼저 괘를 중부中孚에서 연구한 역학자이며, 그는 이 방면의 연구에서 역학과 역법에서 중요한 의미를 지닌다.

그 작용으로 말하면, 육일칠분설과 팔괘의 괘기설은 한결같으며, 점험占驗의 재이설에 이용된다. 정현의 견해에 의하면 64괘의 괘기는 군君·신臣과 존尊·비卑의 구분이 있으며, 소식괘는 군君이며, 나머지 괘는 잡괘雜卦로서 신臣이다. 1년 12개월 가운데 임금과 신하가 각각 그 이치를 다하면 공동으로 발생하여 작용한다. 『계람도』에서 "여러 괘기의 한寒·온溫·청淸·탁濁이 각각 그 까닭과 같다"고 하였는데, 정현이 주석하기를 "여러 괘는 64괘이다. 기氣가 움직임은 마땅히 그 기를 드러냄을 말한다. 한·온·청·탁이 각각 그 소이와 같다는 말은 구삼과 상구의 청淸·탁濁이 미약하며[27], 구삼과 상육은 마땅히 온溫이며, 그것이 미약하고 백탁白濁[28]이므로 각각 그 소이와 같이 불렀다. 따뜻함을 말해야 한다면 마땅히 청정淸淨함이다.[29] 이것은 사계절의 기후이며, 각각 그

---

27) 장혜언은 "이것은 오류다. '溫'은 淸淨으로 써야 하고, '寒'은 白濁이라고 써야 한다. 『正光歷』에서는 '九三은 上九와 응하고 청정하고 미약하게 따뜻한 陽氣의 바람이 분다. 九三은 上六과 응하여 마침내 붉게 응결하여 따뜻한 陰雨가 된다. 六三은 上六과 응하여 희고 탁하고 미약하고 찬 陰雨가 된다. 六三은 上九와 응하여 꼭대기에서 응결하여 찬 陽風이 된다'고 하였다. 여러 괘의 위에 있는 양효는 陽風이며, 위에 있는 음효는 陰風이며, 이 주석은 마땅히 九三은 淸淨하고 微溫이라고 해야 한다"라고 하였다.
  역자 주: 원문의 "九三上九淸濁微"를 "九三上九淸淨微溫"으로 해야 한다는 말이다.
28) 장혜언은 "이것도 또한 六三과 上六이라고 해야 한다"고 하였다.

바름을 얻었다"고 하였다. 정현은 태괘泰卦에서 둔괘遯卦까지를 "태양太陽이 움직인다"고 하였고, 비괘否卦에서 림괘臨卦까지를 "태음太陰이 움직인다"고 하였다. 태양이 움직이면 소음少陰은 그 가운데서 유행하며, 태음이 움직이면 소양少陽이 그 가운데서 유행한다. 그는 『계람도』를 주석하여 "태음을 소消라고 하며 비괘否卦에서 림괘까지가 태음이다. 잡괘는 구삼에 소양少陽이 나타나는 것이다. 잡괘의 구삼이 태음 가운데 유행하면 미온微溫이 나타난다. 일진一辰과 그 나머지는 모두 태음을 따라서 차가워진다. 그 음이 나타나면 하루가 다하며, 잡괘(63을 말하며30) 태음 가운데서 유행하면 육일칠분을 다한다"고 하고 또, "태음은 소식消息(黃奭에 의하면 '消'자는 衍文이다.)이며, 태괘泰卦에서 둔괘遯卦까지가 태양太陽이다. 잡괘의 육삼이 태양의 날 가운데 유행하여 미한微寒이 나타나며, 일진一辰과 그 나머지는 모두 태양을 따라서 온溫이 나타나며 육일칠분을 다한다"31)고 하였다. 비록 소식괘와 잡괘가 공동으로 발생하여 작용하지만, 그러나 둘의 지위와 작용은 매우 큰 차이가 있다. "소식괘는 지고무상이지만 한온寒溫을 나타낸다." 이것은 마땅히 임금이 주가 되므로 신하가 보필해야 한다. 소식괘는 잡괘를 이기지만 그 위치를 넘어서는 안 된다. 만약 잡괘의 기가 소식괘를 침입하여 "온괘溫卦는 따뜻함으로 침입하고, 한괘寒卦는 차가움으로 침입하면" 음이 오로지 양의 역할을 하거나 혹은 음이 양을 침범하는 현상이 출현할 수 있다. 정현은 "양은 임금이며 음은 신하인데, 신하가 임금의 정사를 오로지 하는 것은 역시 양을 침범하는 것이며, 신하가 그 임금을 모살謀殺하는 것도 또한 음이 양을 침범하는 것이다"라고 하였다. 구체적으로 말하면, 잡괘가

---

29) 장혜언은 "當云溫則當淸淨"이라고 하였다.
　　 역자 주: 이 책에서의 해당 구절은 "說寒溫當白濁, 則淨消"이다.
30) 장혜언에 의하면 "爲"는 "謂"라고 해야 한다.
31) 黃奭은 "살펴보면 주석의 문장에서 '消息'이라고 하였는데, '消'자는 군더더기 글자다. 또 '微寒'은 원본에서는 '微陽'이라고 썼으므로 이에 근거하여 바르게 고친다"라고 하였다.

소식괘를 침범하면 먼저 몽괘蒙卦의 기가 되고, 다시 비괘比卦의 기가 되고, 다시 진괘震卦의 기가 된다. 몽蒙은 곧 속이는(蒙蔽) 것이니 (그는) "먼저 속이는 것은 신하가 그 임금을 침범하려는 어지러운 기운이 일어난다"고 하였다. 비괘比卦는 서로 싫어함(親比)이며, 진괘震卦는 동작함이 있다. 상응하는 재이가 자연계에 있으니 (그는) "봄과 여름에 추위가 크게 이르며, 가을과 겨울이 따뜻하여 질풍疾風이 집을 들추고 나무를 꺾으며, 태양이 빛을 잃고 그림자는 있으나 형태가 없다"(『계람도』 주)고 하였고, 또 "찬 서리가 만물을 죽인다"고 하였다. 사회에서는 "임금이 신하로 하여금 물어보게 하니 신하가 오히려 임금의 힘을 빌려 위세하니 그를 죽인다(殺之心也)[32]"고 하였다. 신하가 임금을 범하면 "먼저 그 범함을 임금이 깨닫지 못하면 에워싼다. 임금이 다시 깨달으면 침범하는데 이것이 신하가 위령威令을 행하는 것이다. 기가 발동하여 침범하여 머무는 곳이 그 모략이 있다"(위의 책)고 하였다. 이뿐만 아니라, 잡괘가 소식괘를 침범하면 또한 이적夷狄의 군대가 서로 만남으로 드러난다. 정현은 "건乾의 온溫이 마땅히 나타나지 않는 것은 지극히 공허한 일이 발생하였으며, 왕성한 기가 유행하는데 왜 이적夷狄이 사신으로 찾아오겠는가? 소식괘가 나타나면 사계절이 나타나니 곧 사신이 찾아온다. 일설에 의하면 소양괘가 물이 나타나지 않고 지나치게 따뜻함이 심하면 가뭄이 된다. 가을에 영글고 겨울에 눈이 오는데 소음이 나타나지 않으면 가뭄이 되고 적賊이 되고 전쟁이 된다. 비록 소식消息과 사계절이 괘가 나타나 각각 그 날을 다하지만, 식괘息卦는 이록利祿을 주관하고 소괘消卦는 형벌을 주관하며, 사계절과 사방은 형벌과 군사를 주관한다"(위의 책)고 하였다. 또 "차가움으로 침범하고, 병기兵氣로 일어남은 전쟁을 일으키는 것이다. 따뜻함으로써 이적夷狄을 서로 공격하는 도리이다"(위의 책)라고 하였다. 여기에서 정현은 먼저 소식괘와 잡괘에 사회적 등급의 관념을

---

32) 黃奭은 "'心也'의 '心'자는 연문이다"라고 하였다.

부여하였다.

3) 사중괘와 24기

앞에서 말한 대로, 팔괘는 여덟 방향을 주관하며 서로 다른 방향으로부터 오는 기이다. 이 기는 일日·월月·성星·신辰의 운행에 따라서 1년 과정에서 변화하며, 팔괘의 괘기가 된다. 1년 12개월은 매 달마다 두 개의 절기가 있으니 모두 24절기다. 12개월은 12괘가 그것을 주관하며, 그것을 12괘기라고 한다. 그리고 매 달마다 두 개의 절기가 있으니 1년에는 24절기가 있다. 만약 팔괘가 8개의 주요 절기를 주관하고 그로써 1년 절기의 변화를 단지 대략적으로 개괄적으로 설명한다면 24절기의 자세한 변화를 전면적이고 체계적으로 반영할 수 없게 된다. 그러므로 정현은 당시의 천문역법을 결합하고 맹희의 사정괘의 사상을 흡수하고 개조하여 사중괘四仲卦설을 제기하여 상세하게 사괘四卦와 24절기를 구체적 시간과 그 사중괘의 24효와 배치되는 상황을 설명하였다. 그는 『통괘험』을 주석하여 다음과 같이 말한다.

> 동지冬至에는 감괘가 처음 움직이며 육기六氣를 주관하며, 초육은 손巽의 효이며, 손巽은 목이며, 마치 수목의 형상形狀이어서 손巽의 상象이다.
> 소한小寒은 감坎괘에서 곧 구이이며, 구이는 인寅의 기인 목木을 얻으며, 남쪽의 창고이며, 감坎을 따라서 북쪽의 흑색이며, 수차宿次[33]는 마땅히 꼬리에서 나온다.
> 대한大寒은 감괘에서 곧 육삼이며, 육삼은 해亥의 기를 얻으니 물이며, 남쪽의 흑색이며, 계동季冬(음력 섣달)의 토土이며, 북쪽의 황색이다.
> 입춘立春은 감괘에서 곧 육사이며, 육사는 손巽의 효이며, 목木기의 구름을 얻는다.

---

33) 역자 주: 태양의 위치를 赤道輕度의 起點이 되는 赤道宿度인 虛宿 6도를 起點으로 하여 宿度의 총합을 가산해서 赤經 얼마로 표시하지 않고, 기점(허수 6도)에서부터 각 宿次로 채워서 마지막으로 무슨 宿의 몇 度 몇 分 몇 初 단위로 기록한 표시. 적도를 28개의 성좌로 나눈 것을 28宿라 하며, 宿度(별의 위치를 度數로 표기한 것)는 매개수의 적도상에서 차지하는 각도를 의미한다.

우수雨水는 감괘에서 곧 구오이며, 구오는 진辰이 신申 가운데 있으며, 곤의 기를 얻고, 남쪽의 황색으로 감과 유사하므로 북쪽의 흑색이다.

경칩驚蟄은 감괘에서 곧 상육이며, 상육은 사巳의 기를 얻고 사巳는 불이며, 남쪽의 적색이며, 또 손巽의 기를 얻으므로 북쪽의 흰색이다.

춘분春分은 진괘震卦에서 곧 초구이며, 초구의 진震이 자子에 있고, 진震의 효이며, 적곡積鵠의 상과 같다.

청명淸明은 진괘震卦에서 곧 육이이며, 육이의 진震이 유酉에 있고 태兌의 기를 얻으며, 남쪽의 흰색이 되고 호체互體로 간艮이 있으므로 북쪽의 황색이다.

곡우穀雨는 진괘震卦에서 곧 육삼이며, 육삼의 진辰이 진辰에 있으며 건乾의 기를 얻는다. 형태가 수레의 덮개와 비슷하다. 진震은 추위崔葦(모시풀 같은 갈대)이므로 얇은 것만 못하다.

입춘立春(장혜언은 春은 夏로 해야 한다고 하였다)은 진괘震卦에서 곧 구사이며, 구사의 진辰이 오午에 있으며, 오午는 화火이며, 호체互體는 감坎이며, 기가 서로 어지러우므로 자적紫赤색이며 모두 붉다.

소만小滿은 진괘震卦에서 곧 육오이며, 육오의 진辰은 묘卯에 있고 진震의 목木과 같은 위치이며, 진震의 목木은 굽을 수도 곧을 수도 있으며, 오류五六(六五)은 리離의 효이며, 또한 호체가 있고, 감坎의 바퀴이다. 그 형刑을 집행하는 네 가지를 많이 말하였다.

망종芒種은 진괘震卦에서 곧 상육이며, 상육의 효는 사巳에 있으며, 또 손巽의 기를 얻으므로 적색을 모은 것이 불순不純하며, 손巽은 또 길기 때문에 그것을 길게 끈다.

하지는 리離괘가 움직이고, 곧 초구에 위치하며, 진辰의 자子에 있으므로 수파水波가 높고(崇崇) 미약함이 돌고 돈다.

소서小暑는 리괘에서 곧 육이이며, 육이는 리離의 효이다. 남쪽의 황색이며, 오체五體가 손巽이며, 손巽이므로 북쪽의 흑색이다.

대서大暑는 리괘에서 곧 구삼이며, 구삼의 진辰(의 효가)이 진辰에 있으며, 손巽의 기를 얻으며, 리離는 화火이므로 남쪽의 적색이며, 손巽은 목木이므로 북쪽의 창고이다.

입추立秋는 리괘에서 곧 구사이며, 진辰이 오午에 있고, 또 호체는 손巽이므로 위가 붉은 비단과 같이 가지런히 평평하게 늘어선다. 입추는 곧 곤이며, 황색이므로 황색의 비단(弊=帛)이라고 부른다.

처서處暑는 리괘에서 곧 육오이며, 육오의 진辰이 묘卯에 있고 진震의 기를 얻으며, 진震이므로 남쪽의 황색이다.

백로白露는 리괘에서 곧 상구이며, 상구는 간艮의 효이므로 북쪽의 황색이며, 진辰이 술戌에 있고 건乾의 기를 얻고, 임금이 되므로 남쪽의 흑색이다.

추분秋分은 태괘兌卦에서 곧 초구이며, 초구는 진震의 효이며, 남쪽의 황색이며, 태兌와 비슷하므로 북쪽의 흰색이다.

한로寒露는 태괘兌卦에서 곧 구이이며, 구이의 진辰이 인寅에 있고 간艮의 기를 얻으며 형태가 관영冠纓(갓끈)과 비슷하므로 간艮의 상象이다.

상강霜降은 태괘兌卦에서 곧 육삼이며, 육삼은 태兌의 효이며, 양羊이며, 또 위로 숫돌(礪石)의 별로 바로 가므로 위는 양羊과 같고 아래는 숫돌과 같다.

입동立冬은 태괘兌卦에서 곧 구사이며, 구사의 진辰이 오午에 있고 불의 성질이 타올라 위로 가므로 교접交接한다.

소설小雪은 태괘兌卦에서 곧 구오이며, 구오는 태兌의 효이며, 감坎의 기를 얻으므로 흑색이다.

대설大雪은 태괘에서 곧 상육이며, 상육의 진辰이 사巳에 있고 손巽의 기를 얻어서 길러져서 비로소 분화하여 혹 사소한 것(介) 같아서 아직 알지 못한다.

사중괘의 24효를 24절기와 배치한 결과는 네 괘의 24효가 더 이상 단순한 역학易學의 의의에서의 음양이 아니며, 또한 특정하고 구체적인 내함內涵을 갖추고 24절기를 객관적으로 표시하는 변성된 부호이다. 이로부터 이러한 기호와 본래 있던 음양에서 야기된 역학易學의 함의는 매우 자연스럽게 정현이 24기를 이해하고 설명하는 도구가 되었다. 여기서 정현은 사괘의 효진설爻辰說·호체설互體說·효체설爻體說을 이용하여 24절기가 확립되는 근거를 설명하였다. 옛사람들은 생산과 생활의 실천에서 태양운동과 사계절 변화의 대응관계를 발현하였으며, 해 그림자를 정확하게 측량하는 탐구를 통하여 곧 해 그림자의 장단을 측량함으로써 사계절과 한서寒暑의 변화와 밤낮의 장단을 정하였다. 『주례周禮』「대사도大司徒」에서는 "태양이 남중하면 그림자가 짧고 많이 더우며, 태양이 북쪽에 있으면 그림자가 길고, 많이 추우며, 태양이 동쪽이 있으면 해는 석양으로 바람이 많으며, 해가 서쪽에 있으면 해는 아침으로 음陰이 많다"고 하였다. 『후한서』「율력지」에서 "역수曆數가 생겨남에 곧 의표儀表를 확립하고, 태양의 그림자를 헤아리며, 그림자가 길면 태양이 먼 것이 천도天度34)의 단서이다"라고 한 말이 바로 이 뜻이다. 이뿐만 아니라 그들은 또한 해시계(晷)와 하늘의 음양과 구름의 형상과 위치를 이용하여 24절기를 확립할 수 있었다. 정현은 "두 가지는 천기天氣가 정치에 응하는 징표이다. 해시계는 8척尺의 표를 세우면, (가장 긴) 길이는 1장丈(10자) 3척尺(20~30㎝)이며, 길이가 정점에 도달한 뒤는 줄어든다. 양이 시작하여 일어나므로 음기는 하늘로 가고 다시 드러나지 않으며 양의 구름이 기성箕星35)에서 나온다. 24기氣는 동지冬至와 망종芒種은 양이며, 그 위치는 천한天漢(銀河)의 남쪽에 있으며, 하지와 대설은 음이며 그 위치는 은하의 북쪽에 있다. 술수와 점후(術候)에서 양의 구름이 양의 위치에 있으면 밤이 되고, 점후占候가 음의 구름이 음의 위치에 있으면 낮이 된다. 밤이면 별에 맡기고, 낮에는 그 위치를 보고서 그 대략적인 구름이 생긴 모양으로서 한다"(『통괘험』주)라고 하였다. 이것은 24절기를 측정하는 두 가지 방법을 설명한 것이다. 하나는 8척尺의 표를 세워, 표의 그림자의 장단으로 절기를 정하며, 그림자가 가장 긴 13척은 동지이며, 가장 짧은 1.5척은 하지이며, 기타 절기의 그림자의 길이는 모두 두 가지 사인에서 늘고 줄어든다. 이 점에 대하여 『역위·통괘험』과 한漢의 역법曆法의 기록이 극히 분명하다. 다른 하나는 음양의

---

34) 역자 주: 經緯의 도수. 한 번의 밤과 낮에 하늘이 움직이는 단위를 하늘의 1도로 하고 1일로 정한다.
35) 역자 주: 二十八宿의 일곱째 별. 夏至 절기의 가운데 있는 별로 동쪽을 가리킨다.

구름이다. 이러한 기록은 사실 하늘의 구름이며, 혹은 하늘의 기라고도 한다. "무릇 이 음양의 구름은 하늘의 구름이며 하늘이 보이는 기다."(『역위·통괘험』) 이와 같은 구름은 음과 양으로 나뉘며 양의 구름은 저녁에 생기고 은하의 남쪽에 위치하며, 음의 구름은 대낮에 생기며 은하의 북쪽에 있다. 대낮에는 그 위치를 보고, 저녁에는 그 별을 본다. 정현은 24절기의 음양의 구름을 중점적으로 해석하였다. 동지를 예를 들면, "음기가 물러가고 양의 구름이 이에 나오며, 줄기의 끝은 마치 수목樹木의 형상形狀과 같다"(陰氣去, 陽雲出其, 莖末如樹木之狀, 위의 책)고 하였다. 이에 대하여 정현은 "동지는 감坎괘가 움직여서 육기를 주관하며, 초육은 손巽의 효이며, 손巽은 목木이며 수목의 형상과 같다"고 주석하였다. 감坎의 초육은 음효陰爻이며, 효체설爻體說을 보면 초육은 손의 효이며, 손은 목이므로 동지의 때는 양의 구름이 나오는 것이 마치 수목(에서 움이 나오는 것)의 형상과 같다. 이것은 효체爻體를 이용하여 양기陽氣를 해석한 용례이다. 또 대한大寒에 대하여 "검은 양의 구름이 중심에서 나오고, 남쪽은 흑색, 북쪽은 황색이다"(黑陽雲出心, 南黑北黃, 위의 책)라고 하였는데, 정현은 이에 대하여 "대한大寒은 감괘에서 곧 육삼이며, 육삼은 해亥의 기인 수水를 얻어서 남쪽의 흑색이며, 계동季冬의 토土이며 북쪽의 황색이다"라고 주석하였다. 감괘 육삼은 음효이며, 지지地支에서는 해亥에 해당하며, 해亥는 수水이며, 해亥의 기인 수水를 얻는다. 양기는 남쪽에 있고, 해亥는 북쪽에 있으며, 북쪽은 흑색이니, 남쪽의 흑색이라고 한다. 계동季冬은 토土이며, 토의 색은 황색이며, 북쪽의 황색이라고 한다. 이것은 효진爻辰을 이용하여 양기를 해석한 용례이다. 또 입추立秋에 대하여 "탁한 음의 구름이 나와서 위로는 붉은 비단처럼, 아래로 황색의 비단(幣=帛)이 가지런하다"(託陰雲出, 上如赤繒, 列下黃幣, 위의 책)고 하였는데, 정현은 "입추는 리괘에서 곧 구사이며, 진辰이 오午에 있고 또 호체가 손巽이므로 위로 붉은 비단과 같다. 열列은 가지런하고 평평함이다(齊平). 입추는 곧 곤坤이며, 황색이므로 황색 폐백이라고 한다"라고 주석하였다. 리괘의 구사는 지지에서 오午이며,

오는 남쪽의 홍색이므로 적赤이라고 한다. 리괘의 2·3·4효는 호체가 손巽이며, 「설괘說卦」를 보면 손巽은 곧은 줄이며, 줄은 명주나 삼의 실을 이용하여 만들기 때문에 붉은 비단이라고 한다. 또 팔괘의 괘기를 보면 입추는 곧 곤坤이며 곤은 토土이며 황색이므로 황색 폐백이라고 한다. 이것은 효진과 호체 등을 이용하여 양기陽氣를 설명한 예이다.

만약 효기爻氣나 절기가 마땅히 이르러야 하는데 이르지 않거나 혹은 마땅히 이르지 않아야 하는데 이르면, 자연계와 사회 그리고 사람은 이치에 어긋나는 현상 곧 이른바 재이災異가 나타난다. 이러한 재이는 주로 가뭄(天旱), 침수재해, 폭풍, 작물손상, 전쟁, 정치적 폐해, 맥락이 마르거나 왕성해짐과 사람에게 우환이나 병이 나는 것 등을 포함한다. 정현은 『통괘험』을 주석함으로써 네 괘의 24효가 주관하는 24절기가 생겨나게 하는 각종의 재이와 그것이 형성되는 원인을 밝혔다. 동지의 기가 마땅히 이르러야 하는데 이르지 않으면, "만물의 기를 저장하여 큰 가뭄이 나고 음이 부족하여" 많은 병이 생긴다. 아직 마땅히 이르지 않아야 하는데 이르면 사람의 발에 태음의 맥이 왕성하여 심장병이 든다. "소한의 기가 이르지 않으면 작은 가뭄으로 물이 적게 되며, 대한이 이르지 않으면 열기가 더해진다. 기에 적합하게 농사를 짓는데 기를 잃으면 손상된다." "감괘의 구이는 양효이며, 오午의 기가 이르지 않으므로 차가운 맥脈이 생겨 허하다.…… 때가 바야흐로 음일 때, 음이 사람의 기를 닫고 막아서 사람의 기를 통하게 하면, 기를 통하는 것은 목구멍이니 목병이 마비된다." "감괘의 육삼은 음효다. 발에 속하여 이르지 않으므로 사람의 맥이 허하게 하고, 허하면 발이 답답하고 기가 역으로 흘러 혀뿌리에 병이 생긴다. 이 세 가지는 모두 진震 가운데 있으며, 진은 놀람과 두려움이다." 아직 이르지 않아야 하는데 이르는 것은 소한에서 "한기寒氣를 잃고 변하여 열이 생기고, 열이 많은 병이 생기며, 삼은 거죽(皮)을 이용하는데, 껍질(孚甲)의 종류는 저장하지 않으면 반드시 손상된다." 대한에서 "이제 처음 아직 마땅히 오지 말아야 하는데 오면, 위의 기는 목이 메어, 부어올라 그 병을 받으며 소음少陰이 왕성해진다."

"입춘이 목이 시작하는데, 왕기王氣가 이르지 않으면 병란이 일어나는 것은 금金이 화를 부른다." "대한大旱에는 우레가 많다", "양기가 나오면 마땅히 비가 적다", "보리가 자라지 않는다", "감괘의 육사는 음효이며, 발에 속하며, 기가 부족하므로 발의 맥이 허하게 한다." 아직 마땅히 이르지 않아야 하는데 이르면 봄의 기가 일찍 조성되며, 사람의 발은 소양少陽으로 맥이 왕성하며, 왕기王氣가 일찍 음이 되니 그것을 손상시키고 사람에게 유행하는 병이 그 해로움을 받는다. "우수雨水의 기가 이르지 않으면 변하여 가뭄이 되며, 가뭄으로 농사를 금지하고, 봄은 감괘 구오로 양효이며, 맥은 마땅히 손에서 짚는다.⋯⋯ 마음의 통증痛症은 감이며, 손은 태양의 맥이며, 손의 새끼손가락(小指) 끝을 치료하며, 위는 턱이며 아래는 눈이며, 안은 모두 우수雨水이며 뒤는 양의 맥이다." 아직 이르지 않아야 하는데 이르면 우수에 목기木氣가 왕성한 것은 간肝이니, "간肝의 징후는 눈에 있으며, 눈에 목기가 있으면 피로하고, 피로하므로 병들며, 맥은 당연히 손에서 짚어 말하면 태양太陽이다." "경칩驚蟄의 기가 이르지 않으면 이것은 나머지 찬 기운이 그것을 타고 있기 때문이다. 늦으면 해시계를 미루어 기를 명명하고, 어린 벼가 팔월에 성숙하며, 그때 겨울의 땅속벌레(蟄蟲)는 해롭기 때문에 농사를 금지할 뿐이다. 감괘의 상육은 음효로 발에 속하며, 기가 이르지 않으므로 명령을 하고, 맥이 허하면 한기寒氣가 올라타서 병이 사납게 차다." 경칩의 기가 아직 이르지 않아야 하는데 이르면, "사람의 피부를 움직여 병종을 앓는 사람은 피부가 감당하지 못하고 기가 뭉쳐서 병이 생긴다. 발의 태양맥이 아래에서 시작하고, 기가 왕성하여 정강이에서 합해져 종기가 생긴다." 곡우穀雨의 기가 마땅히 이르러야 하는데 이르지 않으면 사람의 발의 음양의 맥이 허하다. "육삼은 태효兌爻이며, 호체인 감기坎氣가 이르지 않으므로 물이 고인 연못 같은 것이 만들어지지 않고 악창惡瘡, 등창, 학질瘧疾(말라리아), 오한惡寒(振寒),

곽란霍亂(콜레라) 등은 역시 구姤괘와 태兌괘의 병이다." 아직 마땅히 이르지 않아야 하는데 이르면 사람의 발은 음양의 맥이 왕성하여 사람은 온열병과 검은 종기가 많이 생긴다. 입하立夏에서 "왕성한 양기陽氣가 이르지 않으면 후기後期가 차게 되며 양기가 그것을 타고 누르므로 오곡五穀이 크게 상한다. (육)사의 호체는 간艮이며, 간艮은 축丑에 있으므로 소와 가축이 병든다. 양기가 이르지 않으면 그것은 비고 더욱 따뜻해지므로 사람들은 오한惡寒과 신열身熱이 나는 병이 든다. 충치(齒齲)는 양기가 충치를 생기게 하고 이때 해가 된다." 아직 마땅히 이르지 않아야 하는데 이르면 사람의 손에 음양의 맥이 왕성하여 머리와 목이 마비되는 병이 많이 생긴다. 망종芒種은 "태양이 움직여서 손巽이 이르지 않으므로 흉언凶言(유언비어)이 많아지고 나라에 미친 명령(狂令)이 있게 되고, 비痺는 기가 통하지 않아서 병이 되는 것이다." 아직 도달하지 않아야 하는데 도달하는 것은 "태양의 기이며, 지나치게 왕성하여 병이 된다." 하지夏至는 "양기가 극성으로 발생하여 미음微陰도 이르지 않고, 양의 일이 이루어지지 않으므로 나라에 큰 재앙이 생기고 신하가 쇠퇴한다. 음양이 함께 손상되고 일식日蝕과 월식月蝕이 함께 생긴다. 하지의 기가 이르지 않으니 텅 빈 기(沖氣)가 그것을 올라타므로 큰 한파寒波가 많아져서 초목을 여름에 죽게 하며, 입이 마르고 목이 아픈 것은 모두 조갈燥渴의 병이다. 음이 양을 윤택하게 하지 않는 것을 조燥(燥渴)라고 한다." 아직 마땅히 이르지 않아야 하는데 이르면 "음기가 지나치게 많아서 병이 된다." 소서小暑에서 "리離의 기氣가 이르지 않으므로, 물이 적고 이어서 작은 가뭄(小旱)이 있고, 작은 병란(少兵)이 있다. 병란이 없거나 적은 것과 설사泄瀉와 복통腹痛은 모두 리의 기가 일찍 이르러서 생기는 병이다." "리의 기가 일찍 이르면 후기에는 많이 생명을 손상시킨다." "대서의 기가 이르지 않으면 후기에는 역시 한해寒害가 사나우며, 구삼의 호체互體는 태兌이며, 상괘로 곧 마침(畢)이며 마치게 됨으로 외병外兵이 일어난다. 태兌는 또 굳센 톱니(剛齒)로 마땅히 나라에는 사물이 생겨나지 않으며, 대서大暑와 상응하며, 대한大寒에서는 땅 속에 담긴 싹이므로 내년에는 기근飢饉이 든다. 근육이 마비되는 것은 덥고 습하여 생기는 질병이다. 매우 덥고 습한데 기가 이르지 않으면 임금(人主)에게 근육이 마비되는 병이 생긴다." 대서에서 "음기가 일찍 이르면, 또한 이 병이 생긴다." "입추의 기가 이르지 않으면, 후기에 역시 폭풍의 재해가 있다. (육)사의 호체는 손巽이며, 손巽은 풍재風災이다. 바람은 사물을 흩뜨리므로 오곡이 들어오지 않는다. 입추는 입춘과 상응하며, 껍질(孚甲)이 장차 와해瓦解되고 더욱 차가워지므로 사람이 연주창連珠瘡이 생긴다." "입추는 음기가 웅크리고 양기가 아직 복종하지 않으므로 해수咳嗽(기침)와 인후종咽喉腫(인후염)이 생긴다." 처서處暑에는 "음기가 일찍 이르며 곧 한기寒氣가 왕성하므로 창脹병이 들며 몸에 열이 있지만 땀이 나지 않는다." 백로의 기가 마땅히 이르러야 하는데 이르지 않으면, "마땅히 경칩에서 양기가 크게 흘러서 만물이 새로 나오고 한기寒氣가 그것을 손상시키므로 뾰루지와 등창이 생긴다. 양기가 새 나가기 때문이다." 마땅히 이르지 않아야 하는데 이르니 "양기가 아직 다하지 않고 강한 음이 웅크리고 있어서 병이 된다. 사람의 발에 대한 예例가 곧 손의 예가 된다." 추분의 기가 마땅히 이르러야 하는데 이르지 않으면 병이 많아 많이 슬프고 마음이 아프다. 아직 이르지 않아야 하는데 이르면, "심기心氣가 왕성하므로 심협胠痛이 생긴다." 한로寒露는 태兌괘 구이九二의 효인데, "척추脊椎가 되며 기가 이르지 않으면 자통疵痛이 생긴다." 이르지 않아야 하는데 이르면 "강한 음기가 웅크리고 쇠퇴하므로 병이 많아 비中의 열이 생긴다." "상강霜降의 기가 이르지 않으면 양기가 굴복하지 않고 마땅히 죽어야 할 것이 다시 살아나므로 사물을 헛되이 소모消耗한다. (상)육은 또 호체가 손巽이니 폭발暴發하여 다음 해는 곧 큰 바람이 되며, 또 만물을 어지럽게 자르므로 사람으로 하여금 요통腰痛을 걱정하게 한다." 상강霜降은 "음기가 일찍 이르고 양기를 끼고 있다. 또 호체는 리離괘이며, 리離는 손巽의 화火로 풍종風腫을 얻는다." 입동의 기가 마땅히 이르러야 하는데 이르지 않고 입하立夏가 오히려 추우며, 이른 추위와 때늦은 물에 사람은 많이 마음이 번잡하다. "일찍 이르면 병이 되니 사람으로 하여금 손바닥과 어깨에 통증이 생기게 한다." 소설의 기가 일찍 이르면 "구오는 감坎의 효이므로 이통耳痛이 생긴다. 진辰이 신申의 기를 얻으므로 복통腹痛이 생긴다." 대설大雪에 "왕성한 양기가 일찍 이르면 응결하여 악창과 등창이 된다. 겨울에 만물은 껍질을 쓰고 있으며, 기가 일찍 이르므로 등창이 많아 아프다."

재이가 시기에 맞추어 발하고 응하는 때에 대하여 『통괘험』에서는 상대하는 두 절기가 번갈아 시기에 맞추어 발응한다고 생각한다. 예를 들면 동지와 하지, 소한과 소서, 대한과 대서, 입춘과 입추, 우수와 처서, 경칩과 백로, 춘분과 추분, 청명과 한로, 곡우와 상강, 입동과 입하, 소만과 소설, 망종과 대설이 그것이다. 정현은 재이가 시기에 맞추어 발하고 응하는 것을 어떤 지역으로 해석하였는데, 동지의 재해 시기(災期)는 제齊나라에서, 소한의 재해 시기는 주周와 진秦에서, 대한의 재해 시기는 주周에서, 입춘의 재해 시기는 도道(黃冀은 楚라고 하였다.)에서, 우수의 재해 시기는 위魏에서, 경칩의 재해 시기는 정鄭에서, 춘분의 재해 시기는 주周와 진秦에서, 청명·곡우의 재해 시기는 송宋에서, 입하·소만의 재해 시기는 연燕에서, 망종·하지·소서의 재해 시기는 제齊에서, 대서의 재해 시기는 연燕에서, 입추의 재해 시기는 위衛에서, 처서의 재해 시기는 정鄭에서, 백로의 재해 시기는 노魯에서, 추분의 재해 시기는 주周에서, 한로의 재해 시기는 진秦에서, 상강의 재해 시기는 조趙에서, 입동의 재해 시기는 위魏에서, 소설의 재해 시기는 노魯에서, 대설의 재해 시기는 위衛에서였다. 형식적으로 보면 정현의 이와 같은 관점은 『통괘험』과 모종의 관계가 있다. 곧 고대의 시공을 한곳에 엇갈리게 뒤섞어서 하늘의 별자리(星辰)와 지하구역 및 절기가 대응하고 있다. 앞에서 정현이 말한 하늘의 열두 별을 지하의 열두 지역과 대응시켰고, 열두 별은 또 열두 달과 상관있는 절기와 대응시켰다. 그러나 그 실질은 구별된다. 『통괘험』이 강조하는 것은 재이 발생의 시간이며,

정현이 강조하는 것은 재이 발생의 지점이다. 『통괘험』에서 시기에 맞추어 발응하는 것은 단일적이지만, 정현이 말하는 시기에 맞추어 발응하는 곳은 중복된다. 예를 들면, 동지·망종·하지와 소서의 재이는 제나라에서, 백로·소설의 재이는 노나라에서, 대한·추분의 재이는 주周나라 등이다. 이 때문에 양자의 구별은 분명하고 쉽게 알 수 있다.

정현은 24기의 재이를 말할 때 자세하게 말한 것도 있고, 대략적으로 말하거나 혹은 말하지 않은 것도 있다. 상세하게 말한 것은 『통괘험』의 미진한 뜻에 대한 설명이다. 예를 들면 그는 음양의 기의 성쇠盛衰를 이용하여 재이 발생의 원인을 해설하였고, 호체·효진爻辰 등의 괘상을 이용하여 어떤 종류의 재이가 발생하였는가를 설명하였다. 비록 이러한 해설들이 억지로 꿰어 맞춘 것이 없지 않고 혹자는 순전히 억설이라고 하지만, 그러나 그가 힘써 그가 가진 역학과 당시의 자연과학 및 기타 일련의 지식을 이용하여 재의설의 오묘한 비밀을 한 걸음 더 나아가 밝혀냄을 도모했으니, 『역위』에 대한 사상적 발전이라고 하지 않을 수 없다. 대략적으로 혹은 말하지 않은 것은 그가 『통괘험』을 인정했음을 표명한다. 그는, 24기의 재이사상에 관해서는 팔괘의 괘기에서의 재이 그리고 12소식괘에서의 재이사상보다 더욱 구체적이고 더욱 깊이 들어갔다. 그 내용은 더욱 광범위하고 더욱 풍부하다.

정현 역학에서 재이설은 고대의 점험술에 속한다. 고대의 점험술은 세 층차로 나뉜다. 제1층차는 별점(星占)이다. 고대인들은 하늘이 만물을 낳고 만물의 근본이라고 생각하였기 때문에 천체의 현상(天象)을 관찰하여 인사를 살폈다. 제2층차는 절기節氣와 물후점物候占[36]이다. 음양의 절기와 사물의 징후(物候)의 변화가 인체의 생리에 영향을 끼치기 때문에 절기와 사물의 징후를 관찰하면

---

36) 역자 주: 物候는 계절적 변화에 따른 동식물을 포함한 모든 자연환경의 추이를 말한다. 구체적으로 계절과 天文氣象의 변화와 그에 따른 생태환경의 변화 등이다. 물후점은 지상에서의 사물들의 변이를 계절과 천문기상의 변화와 연결하여 설명하는 방법을 의미한다.

인사人事를 살필 수 있다. 제3층차는 복서점卜筮占이다. 하늘은 거북과 시초蓍草 등의 "신물神物"을 낳았는데, 이러한 신물은 하늘과 통하는 공능을 갖추고 있기 때문에 신물의 힘을 빌려서 신명을 감통함으로써 인사를 살필 수 있다. 『주역』에는 천天·지地·인人 삼재의 도를 본받아 나타난 일련의 부호체계가 있으며 이것은 본래 제3층차의 점험에 속한다. 그러나 한대漢代에 이르러 일련의 역학자들이 완전한 시초점에 힘쓰는 동시에 또한 직접 음양변화를 표시하는 부호와 역법曆法을 서로 결합하였고, 이러한 부호와 개념을 이용하여 역법曆法에 서의 절기를 이름 지어 불렀다. 따라서 『주역』의 부호와 개념은 역법에서 전용專用하는 술어로 변하였다. 이때 역점易占은 곧 절기節氣의 역법曆法의 점이며, 제3층차의 점험占驗이 아니다.

여기서 특히 강조하는 것은 정현이 말하는 재이는 사람들이 미루어 상상想像하는 그러한 것이 결코 아니며, 일종의 절대적으로 신비하고 황당하고 듣는 사람을 깜짝 놀라게 하는 자연과 사회의 변고이며, 더 많은 것은 당시 사람들이 오랜 생활과 생산활동에서 관찰과 깨달음을 통하여 절기와 자연현상 및 생리현상의 변화를 종합하여 드러낸 경험적 규율이었다. 그는 절기와 천기天氣·생물·사람의 관계에 대한 탐구를 과학의 범주에 속하게 하였다. 예를 들면 절기가 비정상일 때 드러나는 가뭄과 홍수, 건조함과 습함, 충해蟲害, 작물이 싹트지 않음, 초목이 자라지 않음 등의 현상은 생산경험의 종합과 기록이며, 이것은 당시의 농업과학에 속한다. 절기가 비정상일 때 생겨나는 텅 빈 맥과 왕성한 맥 및 앓고 있는 어떤 질병은 인체의 생 및 병리病理의 변화에 대한 탐색과 기록이며, 이는 당시의 의학醫學에 속한다. 우리는 또한 그가 이러한 문제에 대하여 서술한 것이 비교과학적이라는 데 주목해야 한다. 그 문장에서 재이를 기술하는데 항상 쓰는 "다多"라는 이 어휘는 일반적으로 재해가 발생할 수 있음을 말하고 결코 특수한 상황을 배제하는 것은 아니다. 다만 매우 적은 부분이지만 비과학적이다. 예를 들면 그가 절기와 사회정치와의 관계를 설명한 것이나, 절기가 비정상적일 때 출현하는 병란兵亂, 신하가 쇠퇴함, 국가의 재앙 등과 같은 것은 우연의 현상을 보편적 규율로 본 것이며, 당연히 반과학적이며 비이성적이라고 해야 한다. 이 때문에 괘기이론이 한대의 신학의 시녀라고 말하기보다는 오히려 그것이 한대의 한 부분의 자연과학이라고 하는 것이 더 알맞다.

2. 효진설

효진爻辰은 상수역학의 범주이며, 그것은 서한西漢 초에 생겨난 하나의 학설로 서 동한시대에 성행하여 그 여운이 수천 년간 파급되었다. 청淸나라 말에 이르기 까지 여전히 일련의 역학자들은 효진설을 돈독하게 믿고 연구하였다. 역대의 역학자들의 정심精深한 연마와 상세하게 밝혀냄을 거쳐서 효진설의 내용이 풍부하고 깊어졌으며, 천문ㆍ역법曆法ㆍ음율音律 등 고대의 자연과학의 지식을 축적하여, 역학자들이 구축한 상수이론의 체계와 변점서법의 중요한 재료가 되었다.

이른바 효진설은 역법에서의 12지지地支를 『주역』의 64괘 가운데로 받아들였 다. 곧 일정한 원칙에 따라 『주역』의 384효를 지지地支로써 짝을 지워, 매 1효爻에 1지支와 짝을 지운 후에 성상星象과 음률音律로써 해당시켰다. 동한의 경학대사인 정현이 곧 효진설을 창도하고 종합하고 운용한 중요한 인물이다. 그는 서한에서 전해내려 온 효진설을 계승하였으며, 옛것을 융합하여 새로운 것을 만들어 내는 개조를 통하여 그 설을 일종의 공구 혹은 방법으로 삼아 『주역』을 해석하는 데 도입하였다. 정현의 이러한 방법은 비록 아직 『주역』의 작자의 본의와 반드시 정정으로 부합하지는 못하지만, 양한의 상수학뿐만 아니라(乃至) 전체 역학의 구조와 발전에 대하여 말하면 적극적이며 의미가 있다. 그 철학적

의의는 "정현은 효진설에서 한 걸음 더 나아가 괘와 괘의 연계, 괘와 사물의 연계, 만유萬有 사이의 연계를 포함하여 하나의 완전한 효위 이론을 완성하였는데, 그것은 실제로 번잡하고 다층적인 개방 모형의 체계를 포함하고 있다. 이 때문에 건곤의 12효진설은 정현 역학에서 최대의 상수학이며, 그 가운데 반영된 의리義理는 또한 최고의 의리이며, 곧 '건곤乾坤은 그것이 역의 인온絪縕이며, 역易의 문이다'라는 말이 곧 정현 역학의 종지이다."[37]

그러나 이 설도 도리어 후세의 역학계에 매우 큰 진동을 일으켰다. 어떤 역학자(일련의 상수역학자를 포함하여)는 정현의 효진설은 역학에서 따로 전하는 비역학非易學의 정통正統이라고 보고, 거들떠보지도 않는다. 심지어는 큰 소동을 일으켜 정현의 이 학설에 대하여 맹렬하게 비난하였다. 예를 들면 위진魏晉시대 왕필王弼은 노장老莊으로 『역』을 해석하여 효진설에 포괄적으로 내재된 각종의 상수사상을 벗겨내었다. 당唐나라의 공영달孔穎達(574~648)은 황제의 명을 받들어 『주역정의周易正義』를 찬술撰述하면서 정현을 축출하고 왕필을 존치시켰다. 동시대의 이정조李鼎祚(생졸 미상)는 『주역집해周易集解』를 지으며 이미 잃어버린 한漢·위魏의 상수역학을 널리 채집採集하였지만 오직 정현의 효진설은 취하지 않았다. 청나라의 유학자 초순焦循(1763~1820)은 정현의 효진을 "황당무계하여 경전의 뜻이 아니"(초순의 『易圖略』을 보라)라고 보았다. 여러 차례의 함락을 거쳐서 정현의 효진설은 역학의 영역에서 거의 실전되었다. 다행이 『주례』, 『예기』, 『시경』 등 일부 소소한 주注와 소疏의 저작에서 인용되어 다행히 보존되었다. 송대宋代의 주진朱震(1072~1138)과 왕응린王應麟(1223~1296), 청대의 혜동惠棟, 전대흔錢大昕(1728~1804), 장혜언張惠言(1761~1802), 하추도何秋濤(1824~1862) 등이 버린 것을 일으키고 자질구레한 것을 부축하고, 근본을 소급하고 근원을 탐구하여 의리를 드러내어 밝혔으며, 정현의 효진설을 세상에 분명하게 드러내어 빛을 발하도록 하였다.

---

37) 丁四新, 「鄭氏易義」, 劉大鈞 主編, 『象數易學研究』 二(齊魯書社, 1997), 119쪽.

그렇다면 정현의 효진설은 어떤 내용을 가지고 있는가?

현존하는 재료에 근거하여 우리는 정현의 효진설은 건곤이 64괘를 낳았다는 이 사상을 기초로 하고 있음을 알 수 있다. 『역전易傳』에서는 "건곤乾坤은 그것이 역의 인온絪縕이다"라고 하고 또 "건곤 그것은 역의 문門이다"(「繫辭」)라고 하였다. 이에 근본하면 정현은 건과 곤 12효의 효진爻辰을 『주역』과 다른 62괘 372효의 효진이 생겨 나오는 근본으로 보았다. 그 건과 곤의 효진을 짝을 지우는 방법은 다음과 같다.

乾		坤	
—	戌	--	巳
—	申	--	卯
—	午	--	丑
—	辰	--	亥
—	寅	--	酉
—	子	--	未

위의 그림은 보기에 어렵지 않다. 정현의 건과 곤의 12진辰은 이와 같은 규칙에 따라 배열된 것이며, 건의 여섯 효는 아래에서 위로 가며 차례대로 자子·인寅·진辰·오午·신申·술戌이다. 곤의 여섯 효는 아래에서 위로 가며 차례대로 미未·유酉·해亥·축丑·묘卯·사巳이다. 월분으로 따라서 보면 건괘는 아래에서 위로 분별하여 11월, 1월, 3월, 5월, 칠월, 구월을 대표한다. 곤괘는 분별하여 6월, 8월, 10월, 12월, 2월, 4월을 대표한다. 이것은 분명히 『한서漢書』와 『역위易緯』의 사상을 계승하였다. 『한서』「율력지律曆志」에서는 "11월은 건의 초육이며, 양기가 지하에 잠복潛伏하여 처음 드러나 1이 되고, 만물이 싹이 나며…… 6월이며, 곤의 초육은 음기가 태양으로부터 위임받아 이어서 기르고 부드럽게 변화하여 만물이 생장하여 미未에서 무성하게 된다"고 하였다. 『역위·

건착도』에서는 "건乾은 양의 것이다. 곤은 음의 것이다. 아울러 다스리고 교착하여 행하며, 건은 11월의 자子에서 곧으며(貞), 왼쪽으로 운행하여 양의 시간은 6이다. 곤은 6월의 미未에서 곧으며, 오른쪽으로 유행하고 음의 시간은 6이며, 이로써 그 해를 순조롭게 이룬다"고 하였다.

마땅히 정현의 건과 곤 12효와 12진辰의 배열은 결코 마음대로 만들어 낸 것이 아니라 내재적 근거가 있는, 곧 효진설의 근거는 당시의 천문 역법 등 자연과학의 지식이다. 한나라 사람들의 이해를 참고하면, 음기가 가장 왕성할 때 양기가 생겨 나오며 양기가 가장 왕성할 때 음기가 생겨나온다. 구체적으로 말하면 양기는 11월에 생겨 나오며, 음기는 5월에 생겨난다. 이것은 곧 경방이 "건자建子38)에서 양이 생겨나고, 건오建午에서 음이 생겨난다"(『京氏易傳』, 권하)고 한 말이며, 정현은 『역위·건착도』의 "태일은 그 수를 취하여 구궁九宮을 행한다" (太一取其數以行九宮)는 구절을 주석하여 "양은 자子에서 일어나며, 음은 오午에서 일어난다"고 한 말도 또한 이 뜻이다. 왜냐하면 음기는 양기와 상충相沖하는 것을 기피하며, 옛사람들은 대부분 5월에 음기가 생겨 나온다고 하지 않고 6월에 음기가 생겨 나온다고 하였기 때문이다. 『역위·건착도』의 "건과 곤은 음과 양의 주인이다. 양은 해亥에서 시작하고, 축丑에서 형성되며, 건은 서북쪽에 위치하고, 양은 처음은 미약하게 시작한다. 음은 사巳에서 시작하며, 미未에서 형성되며, 제자리에 바르게 위치하므로 곤의 위치는 서남쪽이며 음의 정正이다" (乾坤, 陰陽之主也. 陽始于亥, 形于丑, 乾位在西北, 陽祖微居始也. 陰始于巳, 形于未, 据正立位, 故坤位在西南, 陰之正也)라는 구절에 대하여 정현은 "양기는 해亥에서 시작하여 자子에서 생겨나며, 축丑에서 형성되므로 곤의 위치는 서북쪽이다"라고 하고 또 "음기는 사巳에서 시작하며, 오午에서 생겨나고 미未에서 형성되며, 음도陰道는 낮고 순응하며 감이 적敵으로써 시작을 의거하지 않으므로 정형正形의 위치에 존재한

---

38) '建子'는 夏나라 曆法에서 11월(子月)을 한 해의 처음으로 삼는 역법이다. 周나라의 正月에 속한다. 夏后氏는 建寅, 殷은 建丑, 周는 建子이다.

다'고 하였다. 역학에서의 표현은 자子와 오午는 상충하지 않으며, "만약 상충한다면 음은 일진一辰을 물러난다."(『역위 · 건착도』 주) 그러므로 효진爻辰에서 건乾의 초효는 자子에서 시작하고, 곤의 초효는 미未에서 시작하고 오午에서 시작하지 않으며, 건과 곤 두 괘는 초효에서 상효까지 양기와 음기를 미약함에서부터 현저함으로, 약함에서 강함으로, 작음에서 큼으로의 변화를 분별하여 표시한다.

앞에서 말한 대로 중국 고대의 천문 · 역법 · 음률은 본질적으로 일치하며, 모두 서로 다른 형식으로 음과 양 두 기의 생겨 나옴과 변화를 반영하였다. 고대의 역법은 천문관측에서 생겨났으며, 『상서尚書』「요전堯典」은 옛날에 "해와 달과 별의 운행을 헤아려서 백성들에게 (농사짓는) 때를 전하였다"는 말을 희羲 · 화和[39]의 기록으로 여겼다. 『역전』「단전」에도 "천문을 관찰하여 때의 변화를 살핀다"는 말이 있다. 그렇다면 어떻게 천문에 근거하여 역법曆法을 제정하는가? 『춘추공양전』에는 일찍이 삼대三代 이전에 대화大火[40] · 벌伐 · 북극北極의 세 별로 계절을 확정하였다고 하였는데, "대화大火는 대진大辰이며, 벌伐도 대진大辰이며 북극도 대진이다"라고 하였다. 하휴何休는 훈고하여 해석하기를 "대화大火는 심성心星이고, 벌伐은 삼성參星이며, 대화와 벌은 그래서 하늘이 백성들에게 때(계절)의 이르고 늦음을 보여 준다"(昭公 17년)고 하였다. 사마천은 고대에는 북두성으로 사계절을 정한다고 생각하였다. 그는 "북두성北斗星은 천제天帝의 수레로 (하늘의) 중앙에서 운행하며, 사방을 다스리고 통제한다. 음양으로 나뉘어 사계절을 세우며, 오행을 고르게 하고, 절기와 그 도수度數의 변화는 매 해마다 정해는 것은 모두 북도의 운행과 긴밀한 관련이 있다"(『사기』, 「天官書」)라고 하였다. 『회남자』에는 북두의 아홉 별 가운데 여덟 번째 별 즉 초요招搖가 가리키는 방향에 근거하여 월분을 확립하여, "맹춘孟春(음력 정월)의

---

39) 역자 주: 義伯과 和伯을 말하며 義氏와 和氏를 대표하는 堯임금의 두 신하로 각각 天文과 曆法을 관장하였고, 이 역할을 그 후손들이 세습하였으므로 각각 천문과 역법을 주관하는 관료를 지칭하는 보통명사로 변하였다.

40) 역자 주: 이십팔수에서 다섯째 별자리. 동쪽에 있다. 心星이라고도 한다.

달에는 초요가 인寅방향을 가리키며, 중춘仲春의 달에는 초요가 묘卯를 가리키며, 계하季夏(음력 6월)의 달에는 초요가 미未를 가리키며, 맹추의 달에는 초요가 신申을 가리키며, 중추의 달에는 초요가 자子를 가리키며, 계동季冬(음력 섣달)의 달에는 초요가 축丑을 가리킨다"(『時則訓』)고 하였다. 이상의 자료로 고대의 천문학은 역법曆法에 기초하여 생겨 나온 것임을 충분하게 설명한다.

12율律은 음양의 변화를 반영하였는데, 12율을 이용하여 자연변화를 자세하게 살펴보면, 만물은 모두 율려律呂에서 품부稟賦한다. 율려는 만물의 이치이다. 『한서』「율력지律曆志」에서는 "음양의 조화(施化), 만물의 시작과 끝은 율려에 무리를 나누고, 또 일진日辰에서 내력을 다스리면(經歷) 변화의 실정을 알 수 있다"고 하였다. 『사기』「율려」에서는 "임금은 일을 통제하고 법을 세우며, 사물의 규율과 법칙은 모두 육률六律에서 품부받으며, 육률은 만사의 근본이다"라고 하였다. 그리고 12율은 역법의 12진辰으로부터 기인한다. 『한서』「율력지」에서는 "무릇 역법을 유추하여 율律을 만들고 기구器具를 만든다"고 하였다. (후)한의 채옹蔡邕(168~189)은 일찍이 사물의 징후의 감응을 이용하여 12율을 측정하는 것을 상세하게 설명하였다. 그는 "방을 삼중三重으로 함을 법으로 삼고, 문을 닫고, 흙으로 벽을 바름에 반드시 치밀하게 하고, 붉은 비단과 무늬 없는 비단을 방 가운데 깔고, 나무로 책상을 만들고 12개의 율관律管을 배치하되 내부가 낮고 외부가 높게 하고, 각각 그 방위를 따라 그 위에 율律을 더하고, 그 끝에 갈대 재를 채우면, 그 달의 기가 이르면 재가 날리어 관을 통과한다"(공영달의 『예기』「月令正義」로부터 인용함)고 하였다. 공영달의 해석을 참고하면 실내에 12진辰의 관을 배치하여, "만약 그 달의 기가 이르면 그 진辰의 관에 있는 재가 날리고 관管이 비게 된다"고 하고, 이로써 12율과 12진이 일치함을 증명하였다. 이 때문에 역법의 12진과 성상星象 및 12율의 사이에 일종의 내재적 필연관계가 있게 되는데, 그렇다면 효진爻辰과 28수宿 및 12율을 서로 배치할 수 있다. 그 배치는 다음과 같다.

乾坤爻辰圖[41)

乾坤爻辰所置二十八宿圖[42)

12진과 12율의 상호 배치는『주례周禮』「춘관春官·대사大師」에 대한 정현의 주에 나타난다. 그는 다음과 같이 말했다.

소리의 음양은 각각 배합配合이 있다. 황종黃鍾은 자子의 기이며, 11월건月建이며, 별자리는 성기星紀이다. 대려大呂는 축丑의 기이며, 12월건月建이며, 별자리는 현효玄枵에 있다. 태주大簇는 인寅의 기이며, 정월건正月建이며, 별자리는 추자娵訾이다. 응종應鍾은 해亥의 기이며, 10월건이며, 별자리는 석목析木이다. 고선姑洗은 진辰의 기이며, 3월건이며, 별자리는 대량大梁이다. 남려南呂는 유酉의 기이며, 8월건이며, 별자리는 수성壽星이다. 유빈蕤賓은 오午의 기이며 5월건이며 별자리는 순수鶉首이다. 임종林鍾은 미未의 기이며, 6월건이며, 별자리는 순화鶉火이다. 이칙夷則은 신申의 기이며, 7월건이며 별자리는 순미鶉尾이다. 중려中呂는 사巳의 기이며, 4월건이며, 별자리는 실침實沈이다. 무역無射은 술戌의 기이며 9월건이며, 별자리는 대화大火이다. 협종夾鍾은 묘卯의 기이며, 2월건이며, 별자리는 강루降婁이다. 별자리와 달의 간지가 교착交錯하여 갈마들어(서로 번갈아들어) 자리 잡음이 마치 속과 겉과 같으니 이것이 그 배합이다.

---

41) http://image.baidu.com「爻辰圖」의 이 그림은 이 책의 그림과 방향이 오른쪽으로 12도 돌아가 있다.

42) http://image.baidu.com「坤爻辰所値二十八宿圖」.

여기서 정현은 또 별자리의 기원과 천상의 관계를 말하였다. 옛사람은 해와 달이 모이는 것과 북두성이 가리키는 방향으로써 별자리와 달을 확립하였다. 정현은 「월령」을 주석하여 "해와 달의 운행은 1년에 12회이며, 성왕은 그 모임을 나누어서 대수大數로 삼았다. 북두성의 월건月建43)을 보고 사계절을 명명하였다"고 하였다. 십이차十二次는 적도赤道를 따라 하늘을 서쪽에서 동쪽으로 30°씩 12구역으로 구분하여, 차례로 성기星紀·현효玄枵·추자娵訾·석목析木·대량大梁·수성壽星·순수鶉首·순화鶉火·순미鶉尾·실침實沈·대화大火·강루降婁라고 명명하였다. 이 12성차星次는 1년 동안 해와 달이 만나는 12별의 차례를 말하는 것으로, 12진의 표준을 확립한 것이다. 12진으로써 12성차를 확립하기 때문에 12성차를 곧 12진으로 간주한다. 『좌전』소공 17년에는 "일월의 모임은 별자리를 말하다"라고 하였는데, 정현이 『주례』「대종백大宗伯」을 주석하여 "별자리辰는 해와 달이 만나는 12번의 차례를 말한다"고 한 말이 곧 이 뜻이다. 그렇다면 12진과 28수는 어떻게 배치되는가? 정현은 이 부분에 대해서는 말하지 않았다. 사실 성星과 진辰은 일치한다. 가공언賈公彦(생졸 미상)은 정현이 주석한 『주례』「대사大師」를 풀이(疏)하여 "살펴보면, 두병斗柄이 만든 월건月建이 12진辰을 살펴서 좌선左旋을 12월의 근본(體)이라고 하며, 달과 별자리를 합쳐서 오른쪽으로 회전하며, 다만 북두성의 이 가리키는 월건은 지상의 12진에 세워졌으므로 자子·축丑 등으로 말한다. 진辰은 해와 달의 모임이며, 모임이 하늘에서 12차례가 있으므로 추자娵訾와 강루降婁 등으로 말한다"고 하였다. 공영달은 공전孔傳44)의 『상서』「요전堯典」을 풀이하여 말하기를 "태양의 유행이 느리면 달의 유행이

---

43) 역자 주: 북두성의 자루에 해당하는 세 개의 별을 斗柄이라 하고 이 두병이 가리키는 방위를 "建"이라고 하고 이 방위는 달마다 다르므로 각 달의 방위를 따라서 이름을 정하는 것이 "月建"이다.

44) 역자 주: 생졸 미상. 『孔子家譜』에 의하면 공자의 46대손으로 처음 이름은 若古이며, 자는 世文, 호는 杉溪이다. 易學에 밝았으며, 『孔子編年』, 『東家雜記』, 『杉溪集』 등의 저서가 있다.

빨라지며, 매월의 초하루(朔)는 달의 유행과 태양이 함께 모이니, 그것은 반드시 별자리에 있고, 28수로 나누어져 이것이 해와 달이 만나는 곳이다. 진辰은 시時이다. 모여서 만남에 때가 있으므로 진辰이라고 한다. 해와 달의 만남과 사계절의 별을 모두 28수라고 하며, 사람의 눈으로 보이는 것을 별(星)이라고 하고 그 해와 달이 모임을 논하여 별자리(辰)라고 말하는데 사실은 하나의 사물이다"라고 하였다. 이 말은 해와 달이 만나는 곳이 12성차星次(28수의 차례)이며, 28수와 대응하며, 12성차는 또 일정한 시간의 별자리를 대표하는데, 곧 진辰은 시간과 공간의 통일이다. 실질적으로 진辰과 별(星)은 전적으로 동일한 것이다.

살펴보면, 정현은 「월령」을 주석하여, "맹춘은 해와 달이 추자娵訾에서 만나며, 두건斗建(북두칠성의 꼬리 별 세 개斗柄가 가리키는 별자리)은 인寅의 별자리다. 중춘仲春은 해와 달이 강루降婁에서 만나며 두건은 묘卯의 별자리다. 계춘季春은 해와 달이 대량大梁에서 만나며 두건은 진辰(地支의 辰)의 별자리다. 맹하孟夏는 해와 달이 실침實沈에서 만나며 두건은 사巳의 별자리다. 중하仲夏는 해와 달이 순수鶉首[45]에서 만나며 두건은 오午의 별자리다. 계하季夏는 해와 달이 순화鶉火에서 만나며 두건은 미未의 별자리다. 맹추孟秋는 해와 달이 순미鶉尾에서 만나며 두건은 신申의 별자리다. 중추는 해와 달이 수성壽星에서 만나며 두건은 유酉의 별자리다. 계추季秋는 해와 달이 대화大火에서 만나며 두건은 술戌의 별자리다. 맹동孟冬은 해와 달이 절목折木에서 만나며 두건은 해亥의 별자리다. 중동仲冬은 해와 달이 성기星紀에서 만나며 두건은 자子의 별자리다. 계동季冬은 해와 달이 현효玄枵에서 만나며 두건은 축丑의 별자리다"라고 하였다.

또 상고하면, 정현은 「월령月令·맹춘孟春」의 "회오리바람과 폭우가 함께 온다"(猋風暴雨總至)는 구절을 주석하기를 "정월의 별자리는 곧 미수尾宿와 기수箕宿

---

45) 역자 주: 28星宿 가운데 남쪽의 朱雀 7宿에 속하는 井宿와 鬼宿를 가리킨다. 12辰에서는 未에 해당한다. 명나라 말기 이후에는 皇道宮의 巨蟹宮을 鶉首宮으로 보았다. 고대에는 井宿를 그 標志星으로 보았다. 그러므로 井宿를 따로 鶉首로 불렀다.

이며, 기수箕宿는 바람을 좋아하지만 그 기氣는 역풍逆風이다"라고 하였다. 「월령·중춘」의 "중춘행추령仲春行秋令, 즉기국대수則其國大水, 한기총지寒氣總至"의 구절을 주석하기를 "팔월의 별은 곧 묘수昴宿와 필수畢宿이며, 필수는 비를 좋아한다"고 하였다. 「월령·중하仲夏」의 "행추령즉초목영락行秋令則草木零落"이라는 구절을 주석하기를 "팔월의 별자리는 묘수昴宿와 필수畢宿이며 지옥의 험난한 곳으로 살생을 주관한다"고 하였다. 「월령·계춘」의 "행하령行夏令,…… 시우불강時雨不降"의 구절을 주석하기를 "6월은 곧 귀수鬼宿이다"라고 하였다. 「월령·계추」의 "계추행하령季秋行夏令,…… 민다구체民多鼽嚔"를 주석하기를 "6월의 별자리는 곧 동쪽의 정수井宿이며 기가 많고 무더운 비가 내린다"고 하였다. 「월령·계추」의 "사흥불거師興不居"의 구절을 주석하기를 "진수辰宿는 곧 각수角宿이며, 각수는 군사를 주관한다"고 하였다. 「월령·계하」의 "행추령行秋令, 즉구습수료則丘隰水潦"의 구절을 주석하기를 "9월의 별자리는 곧 규수奎宿이다"라고 하였다. 「월령·맹추」의 "융병내래戎兵乃來"의 구절을 주석하기를 "10월의 별자리는 영실營室(玄武) 별자리이며, 영실의 기는 해롭다"라고 하였다. 「월령·중추」의 "중추행춘령仲秋行春令, 즉추우불강則秋雨不降"을 해석하기를 "묘卯는 곧 방수房宿와 심수心宿의 별자리이며 심수는 대화大火이다"라고 하였다. 「월령·맹동」의 "소병시기小兵時起, 토지친삭土地親削"의 구절을 주석하기를 "신申의 별자리는 곧 참수參宿와 벌수伐宿이며, 삼수와 벌수는 군사이다"라고 하였다. 「월령·중동」의 "행추령行秋令, 즉천시우즙則天時雨汁, 호과瓠瓜"의 구절을 주석하기를 "유酉의 별자리는 곧 묘수와 필수이며, 묘수와 필수는 비를 좋아하며,…… 자子의 별자리는 곧 허수虛宿과 위수危宿이며, 허술하고 위태함이 안으로 평평한 그릇(瓠瓜)이다"라고 하였다.

이러한 설명으로 통하여 정현이 12진辰과 12성차星次 그리고 28수宿를 아래와 같이 배치하였음을 알 수 있다.[46)]

인寅, 추자娵訾, 미尾, 기箕

묘卯, 강루降婁, 방房, 심心

진辰, 대량大梁, 각角, 항亢, 저氐

미未, 순화鶉火, 귀鬼, 동정東井

신申, 순미鶉尾, (자觜), 참벌參伐

유酉, 수성壽星, 묘昴, 필畢

술戌, 대화大火, 규奎, (루婁, 위胃)

해亥, 석목析木, 영실營室, (벽壁)

자子, 성기星紀, 허虛, 위危.

따로 혜동 등이 보충하고 증명하였다.

사巳, 실침實沈, 익翼, 진軫

오午, 순수鶉首, 유柳, 성星, 장張

축丑, 현효玄枵, 두斗, 우牛, 여女.

위와 같이 "건곤의 효진爻辰은 28수도宿圖"로 표시된다.

앞에서 말한 대로 이미 건곤은 『주역』의 근본이며, 다른 괘는 모두 건곤의 음과 양 두 효로부터 구성되는 것이며, 그렇다면 그 괘가 아래로부터 위로 가는 양효陽爻는 그에 상응하는 건의 양효로 볼 수 있고, 음효는 그에 상응하는 곤의 음효로 볼 수 있다. 그 효진의 배치도 마땅히 이와 같다. 곧 양효를 만나면 건효乾爻로 말미암는 것과 걸맞고(所値), 음효를 만나면 곤효坤爻로 말미암는 것과 걸맞다. 예를 들면 기제旣濟괘는 초구初九의 양효는 건乾의 초구로 말미암으며 자子와 걸맞고, 육이인 음효는 곤의 육이로 말미암으며 유酉와

---

46) 역자 주: 저자는 인용문의 형태가 아닌 본문의 형태로 나열해 서술하였지만, 번역서 에서는 시각적 효과를 위하여 표의 형식으로 구분하여 서술하였다.

걸맞고, 구삼의 양효는 건의 구삼으로 말미암으며 진辰과 걸맞고, 육사의 음효는 곤의 육사로 말미암으며 축丑과 걸맞고, 구오인 양효는 건의 구오로 말미암으며 신申과 걸맞고, 상육의 음효는 곤의 상육으로 말미암으며 사巳와 걸맞다. 미제未濟 괘를 예로 들면, 초육의 음효는 곤의 초육으로 말미암으며 미未와 걸맞고, 구이의 양효는 건의 구이로 말미암으며 인寅과 걸맞고, 육삼의 음효는 곤의 육삼으로 말미암으며 해亥와 걸맞고, 구사인 양효는 건의 구사로 말미암으며 오午와 걸맞고, 육오인 음효는 곤의 육오로 말미암으며 묘卯와 걸맞고, 상구인 양효는 건의 상육으로 말미암으며 술戌과 걸맞다. 그림으로 자세하게 보자.

기제旣濟		미제未濟	
사巳 --	중려仲呂	술戌 —	무역無射
신申 —	이칙夷則	묘卯 --	협종夾鍾
축丑 --	대려大呂	오午 —	유빈蕤賓
진辰 —	고선姑洗	해亥 --	응종應鍾
유酉 --	남려南呂	인寅 —	태주大簇
자子 —	황종黃鍾	미未 --	임종林鍾

　이상은 기제와 미제의 두 괘의 12효를 진辰과 그 12율려律呂와 걸맞게 한 후에 성수星宿와 짝지은 것으로 곧 두 괘의 완전한 효진도爻辰圖이다. 기타의 괘는 그대로 따른다(雷同). 이와 같이 정현에게서 하나의 자연과학을 배경으로 하고 건곤의 12효를 중심으로 하는 효진爻辰의 대체계가 만들어져서 객관적인 현실에서 12가지 기氣, 즉, 자기子氣, 축기丑氣, 인기寅氣, 묘기卯氣, 사기巳氣, 오기午氣, 미기未氣, 신기申氣, 유기酉氣, 술기戌氣, 해기亥氣를 표현하는 데 사용되었다. 12가지 종류의 기가 마땅히 이르지 않아야 하는데 이를 때는 "그것을 탄다"(乘之)는 말로 설명하였다. 정현은 「월령」의 "맹춘행하령孟春行夏令"의 구절을 주석하기를 "사巳의 기가 그것을 탄다"고 하였다. "계춘행동령季春行冬令"을 주석하기를 "축丑

의 기가 그것을 탄다'라고 하였다. "중춘행추령仲春行秋令"을 해석하면서 "유酉의 기가 그것을 탄다"라고 하였다. "맹하행추령孟夏行秋令"을 주석하기를 "신申의 기가 그것을 탄다"고 하였다. "중하행동령仲下行冬令"을 주석하기를 "자子의 기가 그것을 탄다"고 하였다. "계하행춘령季夏行春令"을 주석하기를 "진辰의 기가 그것을 탄다"고 하였다. "맹춘행동령孟春行冬令"을 주석하기를 "해亥의 기가 그것을 탄다"고 하였다. "맹추행춘령孟秋行春令"을 주석하기를 "인寅의 기가 그것을 탄다"고 하였다. "중추행춘령仲秋行春令"을 주석하기를 "묘卯의 기가 그것을 탄다"고 하였다. "계추행하령季秋行夏令"을 주석하기를 "미未의 기가 그것을 탄다"고 하였다. "중동행하령仲冬行夏令"을 주석하기를 "오午의 기가 그것을 탄다"고 하였다. "계동행추령季冬行秋令"을 주석하기를 "술戌의 기가 그것을 탄다"고 하였다.

효진은 본질적으로 일종의 괘기卦氣이다. 건곤의 12효爻는 12기氣를 주관한다. 왜냐하면 64괘는 모두 건과 곤의 12효로 구성되기 때문에 64괘 384효는 384기氣이다. 정현의 효체爻體설을 살펴보면, 매 하나의 효는 하나의 3획괘를 대표하며, 일효一爻의 기는 곧 일괘의 기이며, 384효은 384개의 삼획괘로 구성되며, 안으로는 포함된 내용은 대부분 괘기이므로 효진설은 괘기설로 전환될 수 있다. 다른 한편으로 건곤의 12효의 소식消息(변화)으로 12소식괘가 이루어지고, 12효는 12기를 주관하는데, 12괘가 12기를 주관하는 것과 본질적으로 차이가 없다. 괘기설 가운데 12괘는 벽괘辟卦이며, 기타의 괘는 잡괘雜卦이다. 즉 12괘는 잡괘를 아우르기(統攝) 때문에 효진은 전체 64괘의 괘기 혹 육일칠분설이라는 것과 같은 맥락이다. 예를 들면 정사신丁四新 선생이 말한 "음양의 기는 건곤 12효 가운데의 유동流動에 있으며, 하나의 최소 단위의 괘기설을 구성하는데, 정현의 효진설은 곧 이러한 기초에서 건과 곤의 12효로써 사정괘, 팔괘, 12소식괘와 60괘의 괘기설을 통합하여 구성하였다"[47]고 하였다.

---

47) 丁四新,「鄭氏易義」, 劉大鈞 主編,『象數易學研究』第二輯(齊魯書社, 1997), 114~115쪽을 보라.

그러나 정현의 효진설에 대한 고대의 역학자들의 이해는 완전히 일치하지는 않으며, 더욱이 12진을 효의 방향에 짝지은 것에 대해서 송대宋代의 주진朱震는 『한상역전漢上易傳』에서 정현이 주석한 『주례』「태사太師」에 근거하여 『율려기어동지지기도律呂氣於冬至之氣圖』와 『십이율상생도十二律相生圖』를 지었다.(그림은 다음과 같다.)

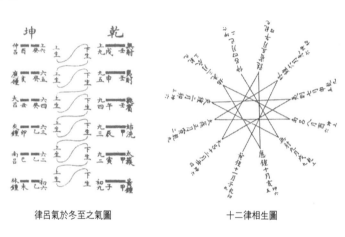

律呂氣於冬至之氣圖   十二律相生圖

두 개의 그림으로 알 수 있는 것은 다음과 같다. 주진이 이해한 정현의 건곤 12효진爻辰은, 건의 여섯 효는 아래에서 위로 차례로 올라가 자子·인·진·오·신·술이 되며, 곤의 여섯 효는 아래로부터 위로 올라가 차례로 미·사·묘·축·해·유가 된다. 그 가운데 건이 자子에서 시작하여 술戌에서 끝나는 것은 정현의 뜻과 서로 부합하지만, 곤이 미에서 시작하여 유에서 끝나는 것은 정현의 뜻과 매우 다르다. 이 점에 대하여 청淸의 유학자 혜동과 장혜언 등의 고증이 매우 상세하다. 혜동은 『십이효진도十二爻辰圖』를 지어 주진의 오류를 교정하였고, 아울러 음률 방면으로 고증하고 변별하였다. 그는 다음과 같이 말한다.

동동棟(혜동)이 보기에, 『역위』의 설은 십이율상생도十二律相生圖와 어긋남이 없다.

정현이 『주례』 「태사」를 주석하여 말하기를 "황종黃鍾은 초구이다. 아래에서 임종林鍾의 초육이 생겨나고 임종은 또 위로 태주太簇의 구이를 생겨나게 하고, 태주는 또 아래에서 남려南呂의 육이가 생겨나게 하며, 남려는 또 위로 고선姑洗의 구삼을 생겨나게 하며, 고선은 또 아래에서 응종應鍾의 육삼을 생겨나게 하며, 응종은 또 위로 유빈蕤賓의 구사를 생겨나게 하며, 유빈은 또 위로(아래로) 대려大呂의 육사를 생겨나게 하고, 대려는 또 아래로(위로) 이칙夷則의 구오를 생겨나게 하며, 이칙은 또 위로(아래로) 협종夾鍾의 육오를 생겨나게 하며, 협종은 또 아래로(위로) 무역無射의 상구를 생겨나게 하며, 무역은 또 위로 중려中呂의 상육을 생겨나게 한다"고 하였다. 위소韋昭(204~273)는 『주어周語』를 주석하여 말하기를 "11월의 황종은 건의 초구이며, 12월의 대려는 곤의 육사이며, 정월의 태주는 건의 구이이며, 2월의 협종夾鍾은 곤의 육오이며, 3월의 고선은 건의 구삼이며, 사월의 중려는 곤의 상육이며, 5월의 유빈은 건의 구사이며, 6월의 임종은 곤의 초육이며, 7월의 이칙은 건의 구오이며, 8월의 남려는 곤의 육이이며, 9월의 무역은 건의 상구이며, 10월의 응종은 곤의 육삼이다"라고 하였다. 정현은 『역』을 주석하고 이어서 『태현太玄』을 주석하였는데, 모두 앞의 말과 같으며, 이 때문에 하타何妥(생졸미상)의 「문언」에 대한 주석은 초구를 11월에 해당시켰고, 구이를 정월에 해당시켰으며, 구삼은 삼월에, 구사는 오월에, 구오는 칠월에, 상구는 구월에 해당시켰다. 송유宋儒인 주자朱子가 12율도律圖를 밝혀내어 육이는 사巳에 두고, 육삼은 묘卯에, 육오는 해亥에, 상육은 유酉에 두었는데, 이것은 곤坤이 미未에서 정貞하며 왼쪽으로 유행하는데 그 오류가 심하다. 이제 그림을 그려서 그것을 바로잡는다.(『易漢學』, 권6)

장혜언은 혜동의 고증을 긍정하고 아울러 여기에 기초하여 주진의 효진설이 음율 방면에서 잘못이 있음을 지적하였다. 장혜언이 보기에 주진의 잘못은 세 가지로 첫째 "주진은 남려南呂를 사巳에 두고 중려中呂를 유酉에 둔 것이 잘못이다." 둘째, "주진은 응종應鍾을 협종夾鍾으로 여긴 것이 잘못이다." 셋째, "주진은 협종을 응종으로 본 것이 잘못이다."(『周易鄭氏義』「略例」를 보라.)

혜동과 장혜언 두 사람의 논의는 매우 옳다. 주진의 잘못된 곳을 귀결시키면 두 가지 면에 지나지 않는다. 하나는 음률의 방면인데 위에서 장혜언이 말한 바와 같이 이것은 다시 길게 설명할 것이 아니다. 다른 하나는 『역위』가 양은 왼쪽으로 유행하고, 음은 오른쪽으로 유행한다고 한 것에 대한 이해의 문제다. 주진은 "좌행左行"과 "우행右行"을 순행順行과 역행逆行으로 이해하고 좌행은 효爻와 지지地支가 순행으로 배합함을 가리키고, 우행은 효와 지지가 역행으로 배합함을 가리킨다고 보았다. 실제로는 정현의 "좌행"과 "우행"은 전후의 순서를 가리키며, 하나는 양의 간지干支이며 다른 하나는 음의 간지이다. 정현은 『역위·건착도』를 주석하기를 "정貞은 정正이다. 초효는 이것을 정正으로 보았으며, 다음 효인 좌와 우는 각각 차수次數를 따른다"고 하였는데, 바로 이 뜻이다.

또 정현의 역을 고찰하면, 비比괘의 초육을 주석하여 "효진爻辰은 미未에 있다"(『詩經』,「宛邱」正義)[48]라고 하였다. 곤困의 구이를 주석하여 "구이는 초에 의거하며, 진辰(효진)은 미未에 있다"(「士冠禮」疏)라고 하였으며, 명이明夷괘의 육이를 주석하여 "육이의 진辰은 유酉에 있다"(『禮記』,「內則」正義)라고 하였다. 중부中孚괘를 주석하여 "삼진三辰은 해亥에 있다"(『詩經』,「無羊」正義)라고 하였다. 감坎의 육사를 주석하여 "효진爻辰은 축丑에 있다"(『詩經』,「宛邱」正義)라고 하였다. 태泰괘의 육오를 주석하여 "오五의 효진은 묘卯에 있다"(『周禮』,「媒氏」疏)라고 하였다. 감坎괘 상육을 주석하여 "효진爻辰은 사巳에 있다"(『公羊疏』)고 하였다. 또 음양의 효진이 모두 건과 곤에 근본함을 살펴보면, 곤괘의 효진이 아래로부터 위로 가서 미未·유酉·해亥·축丑·묘卯·사巳가 됨을 알 수 있다. 그러므로 주진의 이론과 정현의 효진설은 서로 부합하지 않는다.

이 외에 또 다른 역학자들은 효진설을 정현 학파의 학문으로 본다. 청나라의 초순焦循은 "처음부터 정현 학파의 학문이며 『건착도』에 근거하지 않고 또한

---

48) 惠棟, 『鄭氏周易』(臺灣無求備齋, 『易經集成』本)을 보라. 이하 정현의 易注는 설명하지 않음.

반드시 월률月律에 근원할 필요도 없다"(『易圖略』, 권8)고 하였다. 청의 하추도何秋濤는 『주역효진신정의周易爻辰申鄭義』를 지어서 또한 이 설을 주로 하였다. 한대漢代의 문헌을 고찰하면 일찍이 정현 이전에 효진설이 이미 유행하였다. 서한의 경방은 납갑納甲[49]의 서법筮法을 창립하였는데 그가 사용한 효爻를 지지地支에 받아들인 것은 사실 곧 효진爻辰이다. 『한서』는 일찍이 효진설을 인용하였다. 『한서』 「율력지」에서는 "11월은 건乾의 초육이며, 지하에 잠복해 있던 양기가 비로소 드러나 하나가 되고 만물이 싹이 트며,…… 6월은 곤의 초육이며, 음기가 태양에서 받아서 계속해 기르고 부드럽게 변화시키니 만물이 생장하고, 미未에서 무성하다"라고 하였다. 그리고 비교적 체계적으로 효진설을 설명하였으며, 『역위·건착도』 이상의 내용은 없으며, 이 책은 하늘은 좌선左旋이며, 땅은 우천右遷이라는 학설과 음양 변화의 이론에 근거하여 "건乾은 양陽의 물사物事이며, 곤坤은 음의 물사이다. 함께 다스리고 교착하여 유행하며, 건은 11월의 자子에서 곧으며(貞), 좌행하며 양의 시간은 6이다. 곤은 6월의 미未에서 곧으며, 우행하며, 음의 시간은 6이며, 순행하여 그 해(1년)를 이룬다"라고 하여 '건곤십이 효진乾坤十二爻辰'의 사상을 제기하였다. 아울러 이에 의거하여 『주역』 64괘 384효의 효진의 체계를 건립하였다. 그렇지만 이러한 효진설은 정현과 여전히 어느 정도의 차이가 있고 혹은 완비되지 못하였으나 그러나 그 효진설의 뼈대는 이미 분명하게 드러났다. 알 수 있듯이, 효진은 정현이 발명한 것이 아니며 당연히 정현이 전한 것이며 이용한 것이다. 정현은 일찍이 "경조京兆(西安)에서 제오원생第五元先(인명, 생졸 미상)을 스승으로 모시며 비로소 경씨京氏(京房)의 역易에 통하였다"(『후한서』, 「정현전」)고 하였으며, 역수曆數와 도위圖緯의 말에 정통하였고, 또한 『역위』를 주석하였는데 그 효진설은 경방과 『역위』 등에 근원하였다는

---

49) 역자 주: 64괘의 중심이 되는 八卦인 經卦의 여섯 효에 육십갑자를 배속시키는 규칙은, 초효에서 상효 쪽으로 순서대로 배속하며, 陽卦는 子·寅·辰·午·申·戌의 순행의 순서로 배치하고, 陰卦는 丑·亥·酉·未·巳·卯의 역행의 순서로 배치한다.

것은 당연한 사리이다. 그러므로 효진설이 정현 학파의 학문이라고 생각하면 분명히 타당하지 않으며, 정현의 효진설은 비씨費氏로부터 와서 "『비씨분아費氏分野』라는 한 권의 책에 근원한다"[50]고 주장하면, 근거가 부족하다.

당연히 정현의 효진설과 경방의 역 및 『역위』가 계승관계에 있음을 인정하지만, 결코 세 가지 학설이 뒤섞여 있음을 의미하는 것은 아니며, 효진설에 대한 정현의 공적을 말살해서도 안 된다. 오히려 이것은 정현의 효진설이 기초가 있다는 말과 같다. 하물며 정현은 결코 간단하게 중복하거나 이미 있던 효진설을 답습하지 않고, 독창적으로 이 학설을 상세하게 밝혀내었는데, 곧 정현의 효진설이 한대의 유일한 특색이라고 할 수 있다. 그것을 표현하면 아래와 같다.

첫째, 정현은 『역전』의 건곤에 근거하여 역의 문을 확립한 관점에서 건곤 12효진을 전체 『주역』의 효진설의 근본으로 삼았다. 곧 무릇 양효는 건괘를 취하고 상응하는 효와 걸맞은 것은 진辰이며, 무릇 음효는 곤괘를 취하고 상응하는 효와 걸맞은 것은 진辰이다. 이것은 경방과 『역위』와 구별된다. 경방의 납갑納甲의 서법筮法은 팔순괘八純卦의 효진으로 전체 효진설의 기초로 삼았다. 경방의 납갑서법을 살펴보면, 건과 진震 두 괘의 초효가 자子에서 시작하며, 감坎의 초효는 인寅에서 시작하며, 간艮의 초효는 진辰에서 시작하니 이것이 양陽의 사괘四卦이다. 곤의 초효는 미未에서 시작하고, 태兌의 초효는 사巳에서 시작하며, 리離의 초효는 묘卯에서 시작하며, 손巽의 초효는 축丑에서 시작하니 이것은 음의 사괘四卦이다. 그런 후 12간지를 순서에 의해 팔순괘 속으로 납입納入시키고, 양의 사괘는 간지에 순방향으로 옮겨 넣고, 음의 사괘는 간지 역방향으로 옮겨 넣는다. 기타의 괘는 모두 팔순괘의 내ㆍ외가 교대로 만들어짐을 알 수 있으므로 그 효진의 외괘(上卦)는 팔순괘의 외괘를 취하고, 내괘(下卦)는 팔순괘의 내괘를 취한다. 예를 들면 태泰괘의 내괘는 건乾이며, 외괘는 곤이며, 그

---

50) 皮錫瑞, 『經學通論』(中華書局, 1982), 21쪽.

효진의 내괘는 건의 내괘와 같고, 외괘의 효진은 곤의 외괘와 같다. 몽蒙괘의 내괘는 감坎이며, 기괘는 간艮이므로 그 효진의 내괘는 감의 내괘와 같고, 외괘는 간의 외괘와 같다. 다른 것도 이와 같이 유추한다. 경방의 효진설은 『역전』에서 "팔괘가 서로 중첩되고" 64괘를 생겨나게 한다는 사상을 체현하였다. 그리고 『역위』는 64괘를 하나의 대체계(Main System)로 보고 매 하나의 괘는 모두 이 대체계의 자체계(子系統, subsystem)이며, 괘와 괘는 병렬로 평등하며, 종속관계가 아니다. 여기에 기초하여 『역위』는 『주역』 64괘를 32짝으로 나누어서 매 두 괘를 하나의 짝으로 하여 12진이 대표하는 1년 24개월과 짝을 지우고, 64괘는 32년이 되고, 이것이 하나의 대주기大周期가 되고, 『역전』 「서괘」의 "천지가 있은 뒤에 만물이 있다"는 사상을 체현하였다.

둘째, 건곤의 효진에 나가서 말하면, 정현도 경방과 『역위』와 같지 않다. 정현은 곤의 육효를 초효에서 상효까지 순서에 따라 미·유·해·축·묘·사로 해당시켰으나, 경방과 『역위』는 순서에 따라 미·사·묘·축·해·유로 해당시켰다. 비록 세 가지 모두 미未에서 시작하였으나 그 배치방법은 다르다. 정현은 순세順勢로 지지에 짝을 지웠으나, 경방과 『역위』는 역세逆勢로 지지와 짝을 지웠다.

셋째, 응용의 면에서 보면, 경방은 효진설을 주로 서점筮占에서 운용하고, "천시天時를 고찰하고 인사를 살피는" 고대의 가장 진밀縝密한 납갑의 서법의 체계를 건립하였다. 효진설이 없었다면 곧 효진의 오행의 상극相克과 충합衝合이 없었으며, 또한 괘효의 "육친六親"의 의온義蘊(함축된 의미)도 없으니 따라서 인간의 길흉화복吉凶禍福을 점으로 단정하는 것도 실현할 수 없다. 이러한 의미에서 효진설은 경방의 납갑서법이 건립되는 기초이다. 『역위』와 정현은 주로 효진을 경전을 주석하는 데에 운용하였다. 『역위』는 효진설로써 『역전』의 '대연大衍의 수數'51)를 해석하였으며, 비록 경방도 일찍이 "10일, 12진, 28수"를 "대연수大衍數 50"으로 여겼지만, 그러나 현재 남아 있는 자료로 보면 전개된 논술을 아직 볼 수 없다. 『역위』는 효진설로써 역수曆數와 역수易數의 대응을 상세하게 밝혀 드러내었다. 거에서는 "양陽은 9로 나뉘고, 음은 6으로 나뉘니 음과 양의 나뉨은 각각 192이며, 여기에 사계절을 곱하면, 팔괘와 주기周期가 되고, 32년과 대주기가 되고, 384효와 11,520일이 된다. 그러므로 괘는 1년에 해당하고 효는 달에, 석析은 하루에 해당한다. 대연수大衍數는 반드시 50이며, 이로써 변화를 이루고 귀신을 행한다"고 하였다. 정현은 효진으로써 『주역』의 경문을 주석하였다. 예를 들면, 정현은 태泰괘의 육오 "제을귀매帝乙歸妹"를 주석하여 "5는 효진이 묘卯에 있고, 봄은 양陽의 중中이므로 만물이 생겨난다. 생육하는 것은 가취嫁娶의 귀함이며, 중춘仲春의 달이다. 가취嫁娶는 남녀의 혼례이며, 복록福祿을 누리는 대길大吉이다"(『周禮』, 「天官·媒氏」 疏)라고 하였다. 또 예를 들면 정현은 비比괘 초육의 "有孚盈缶"를 주석하여 "효진은 미未에 있고 위로는 동정東井에 걸맞으며, 우물의 말은 사람이 길어서 부缶(16斗 크기. 장군52)에 담을 수 있다. 부缶는 물을 담는 그릇이다"(『詩經』, 「宛邱」 正義)라고 하였다. 현존하는 역주易注를 보면, 정현의 효진은 주로 경전을 해석하는 데 이용되었다.

3. 역수설

수數는 중국 고대 수학의 개념이며, 본래 의미는 사물을 계산함을 가리킨다. 『설문說文』에서는 "수數는 헤아림(計)이다"(『한서』, 「율력지」)라는 말에 대하여 "수는 1, 10, 100, 1000, 10000이며, 그로써 사물을 계산하는 본성을 따르는(順性)

---

51) 이하 大衍數로 통일.

52) 물, 술, 간장 따위의 액체를 담아서 옮길 때에 쓰는 그릇. 오지로 만들기도 하고 나뭇조각으로 통 매우듯이 짜서 만들기도 하는데, 중두리를 뉘어 놓은 모양으로 한쪽 마구리는 편평하고 다른 한쪽 마구리는 半球形이며 작은 아가리는 위쪽에 있다.(출처: 국립국어원 편, 『표준국어대사전』, 2019년 전자판; https://stdict.korean.go.kr/main/main.do)

이치이다"라고 하였다. 옛사람들은 수학의 계산을 빌려 일찍부터 서법을 건립하였으며, 또한 숫자의 형식으로 서법筮法의 연역演繹 추론推論한 결과를 표현하였다. 대연의 서법은 현재에도 볼 수 있도록 보존된 가장 최초의 수학 중의 수와 그 수의 계산을 차용한 서법이다. 그리고 현재 고고考古에서 발견된 은주殷周시대 심지어 더 이른 시기의 복갑卜甲, 복골卜骨, 도기陶器 등의 표면에 새겨진 일련의 숫자 부호는 『주역』 64괘에서 사용한 숫자 표시의 숫자 괘보다 더 이른 것으로 공인되었다. 이것은 『주역』과 수학은 떨어질 수 없는 연고緣故가 있음을 설명하며, 또한 이러한 의미에서 춘추시대 한간韓簡(생졸 미상, 韓獻伯의 아들)은 "구龜는 상象이며, 서筮는 수數이다"(『左傳』, 僖公 15년)라고 하였다. 전국시대에 책으로 이루어진 『역전』은 제1차로 전면적으로 역수易數의 이론을 종합하고 개괄하여 수의 작용과 지위를 밝혔다. 『역전』에서의 수를 더욱 중요한 위치에 올려놓고 연구를 가중한 것은 당연히 한대漢代이다. 양한의 역학자들은 당시의 자연과학적 성과를 통해 역수易數에 새로운 함의를 부여하여 그것이 상수체계의 하나의 기둥이 되도록 하였다. 그 가운데 정현은 이 방면의 공헌에서 충분히 돌출적 사람이다. 그는 양한의 역수易數 연구의 성과를 종합함으로써 자신의 역수이론을 설명하고 상세하게 밝혀내었다. 정현의 역수이론은 주로 세 가지 방면으로 귀결되는데, 곧 기수설氣數說, 시수설蓍數說, 구궁수설九宮數說이 그것이다.

1) 기수설氣數說

중국전통철학에서 기氣는 우주본원, 만물의 근원이며, 객관세계에서의 생생불식, 천차만별의 사물들이 모두 기로 말미암아 생겨나고 구성된다고 여겨진다. 선진先秦의 『관자管子』에서부터 한대의 왕충王充 등에 이르기까지 이 설을 주장하는데 속하며, 『관자』는 "정기精氣"의 범주를 이용하고, 왕충은 "원기元氣"의 범주를 이용하여 세계의 생겨남과 사물의 형성을 이해하고 설명하였다. 당연히 이러한 관점에 동의하지 않는 사람이 있으며, 기氣 위에 더욱 근본적인 것이 존재한다고 생각하였으며, 그것이 곧 도道 혹은 "무無"라고 불리는 것이며, 선진의 노자老子 · 장자莊子와 한대의 『회남자』, 『역위』 등이 이 설을 주장한다. 그들은 도道(無)가 기氣(有)를 생겨나게 하고 기로부터 천지만물이 생겨난다고 주장한다. 예를 들면 『역위』는 "태극太極"을 이용하여 "무無"의 상태를 표시하며, 태초太初 · 태시太始 · 태소太素를 이용하여 기가 생겨 나옴과 형성을 표시하였다. 『건착도』에서는 "태역太易 · 태초太初 · 태시太始 · 태소太素가 있다. 태역은 아직 드러나지 않은 기다. 태초는 기의 시작이다. 태시는 형체의 시작이다. 태소는 질質의 시작이다. 기와 형질이 구비되면 떨어지지 않으므로 혼륜渾淪이라고 한다"고 하였다. 이뿐만 아니라, 『건착도』는 또한 우주를 무에서 유가 생겨 나오는 과정을 1 · 7 · 9의 수의 변화로 보았으며, 곧 "역이 변하여 1이 되고, 1이 변하여 7이 되고, 7이 변하여 9가 된다. 9는 기 변화의 궁극이며, 이에 다시 변화하여 1이 된다"고 하였다. 정현은 이러한 관점을 인정하는 동시에 또 그것을 상세하게 밝혀냄이 명확하고 또렷하고, 또한 논리성도 갖추었다. 그는 『역위 · 건착도』를 주석하여 다음과 같이 말한다.

> 역易은 태역太易이다. 태역이 변하여 1이 되니, 변하여 태초太初가 되었다고 한다. 1이 변하여 7이 되니, 변하여 태시太始가 되었다고 한다. 7이 변하여 9가 되니 변하여 태소太素가 되었다고 한다. 이에 다시 변하여 1이 된다는 "일변一變"은 오류이며 마땅히 "이二"라고 해야 한다. 2가 변하여 6이 되고, 6이 변하여 8이 되니 위의 7 · 9의 의미와 서로 화합한다. 이와 같은 것은 말하지 않아도 충분히 서로 미루어 밝힐 수 있다. 9는 기 변화의 궁극이며, 2는 형체의 시작이니 또한 이로써 드러낼 수 있다. 또 '이에 다시'라고 말한 그 1은 역이 변하여 1이 된 것이다. 태역의 변화는 단지 이에 그치는 것이 아니라 다시 변하여 2가 되니, 또한 변하여 태초가 되었다고 한다. 2가 변하여 6이 되니, 또한 변하여 태시太始가 되었다고 한다. 6이 변하여 8이 되니 또한 변하여 태소太素가 되었다고 한다.

분명하게 여기서의 1·7·9 세 개의 수가 표시하는 것은 태초·태시·태소 세 개의 기변화의 상태이며, 또한 음기가 처음 생겨나고, 장성壯盛하고, 끝마치는 세 단계와 이와 상관이 있는 세 방위를 표시한다. 이것은 곧 그가 말하는 "1은 북쪽을 주관하고, 기가 점점 생겨나는 시작으로 이것은 태초의 기가 생겨나는 바이다." "7은 남쪽을 주관하고 양기가 장성壯盛하는 시작이며, 만물은 모두 형체가 드러나니 이것은 곧 태시의 기가 생겨나는 바이다." "서쪽은 양기가 끝마침이며 결국은 시작이니, 이것은 곧 태소의 기가 생겨나는 바이다." 동시에 2·6·8 세 개의 수가 표시하는 것은 태초·태시·태소 세 개의 기가 변화하는 상태이며, 그것들은 음기가 처음 생겨나고 장성하고 끝마치는 세 개의 단계, 그리고 이와 상관있는 세 개의 방위, 곧 2는 남쪽을 주관하고 음기가 처음 생겨나며, 6은 북쪽을 주관하고 음기가 장성하며, 8은 동쪽을 주관하고 음기가 끝마치는 것들을 표시한다는 것이 다르다. 그 가운데 6·7·8·9의 수는 곧 사상四象이다. 그는 『역위·건착도』를 주석하여 "7은 남쪽에 있고 화火를 상징하며, 9는 서쪽에 있고 금金을 상징하며, 6은 북쪽에 있고 수水를 상징하며, 8은 동쪽에 있고 목木을 상징한다. 태역에서 태소까지는 기氣이며, 형形이다. 이미 사상을 이루면 효爻가 여기서 갖추어진다"고 하였다. 여기서 정현의 상象은 곧 수數이며 수가 곧 상이며, 둘은 동일한 문제의 두 방면이며, 상과 수는 태역太易(無)에 근원한다는 것을 알 수 있다. 그는 『역위』의 전통을 이어받아 수를 이용하여 우주의 기원을 해석하였다. 그의 음양과 사상에 대한 이해는 위에서 말한 오행사상과 완전히 일치한다. 곧 음양으로 말하면 1과 2는 음과 양 두 기의 시작이며, 6과 7은 음과 양 두 기의 왕성함이며, 8과 9는 음과 양 두 기의 끝마침이다. 오행으로 말하면 1과 2는 생수生數이며, 천수天數 1은 북쪽에서 수水를 생겨나게 하고, 지수地數 2는 남쪽에서 화火를 생겨나게 하며, 6과 7은 성수成數이며, 지수 6은 북쪽에서 수를 이루며, 천수 7은 남쪽에서 화를 이루며, 8과 9는 성수成數이며, 지수 8은 동쪽에서 목木을 이루며, 천수

9는 서쪽에서 금金을 이룬다.

이미 1·2·6·7·8·9가 음과 양 두 기와 이와 상관있는 사상과 오행의 부호라면, 그렇다면 이러한 수의 변화는 음과 양 두 기의 소장消長을 상징하니, 7이 9로 변함은 양기의 변화를 상징하며, 8이 6으로 변함은 음기의 변화를 상징한다. 정현은 "기식氣息"(기의 자라남)을 이용하여 양기의 변화를 표시하였고, "기소氣消"(기의 소멸)를 이용하여 음기의 변화를 표시하였다. 그는 『건착도』를 주석하여 "양이 움직여 나아가면 7이 9로 변해 가며, 이것은 그 기식氣息을 상징하며, 음이 움직여 물러나면 8이 6으로 변해 가며, 그 기소氣消를 상징한다"고 하였다. 정현은 또 수를 이용하여 만물의 생멸生滅을 해석하였다. 그가 보기에 천지만물은 기수氣數에 근원할 뿐만 아니라, 만물의 생멸도 또한 기수氣數에 달려 있다. 그는 「계사」의 "정기위물精氣爲物 유혼위변游魂爲變"의 구절을 주석할 때 다음과 같이 말하였다.

정기는 7과 8을 말하며, 유혼은 9와 6을 말한다. 7과 8은 목木과 화火의 수이며, 9와 6은 금金과 수水의 수이다. 목과 화가 움직여서 사물이 생겨나므로 '정기가 사물이 된다'(精氣爲物)라고 하였으며, 금과 수가 움직여서 사물이 변화하므로 '유혼幽昏은 변화이다'라고 하였다. 정기는 신神이라고 하며, 유혼은 귀鬼라고 하며, 목과 화가 사물을 생겨나게 하고 금과 수는 사물을 끝마치게 한다. 두 사물이 변화하면 그 실정과 천지는 서로 비슷하므로 어긋나 다른 바가 없다.(『주역집해』)

「계사」의 뜻을 살펴보면, "정기精氣"와 "유혼游魂"은 기의 두 가지 서로 다른 상태이며, "정기"는 양으로 정령精靈(생명력의 근원)의 기이며, 그 기가 모여서 사물이 그 형상을 이룬다. 『대대례기大戴禮記』 「증자천원曾子天圓」에서는 "양의 정기를 신神이라고 한다"고 하였다. 유혼은 기가 흩어져 떠돌며 움직이는 상태이며, 그 기가 떠돌며 흩어지면 사물이 변화한다. 음양의 두 기가 굴신屈伸하고 변화함이 신묘하여 예측할 수 없기 때문에 정기精氣를 신神이라고 한다. 「계사」에서는 "음과 양이 헤아릴 수 없음을 신神이라고 한다"고 하였으며, 「설괘」에서는 "신神이라는 것은 만물의 신묘함을 말한 것이다"라고 하였다. 사물이 생겨나서 기氣가 펴서 이르므로 신묘하고 또 펴진다. 『논형』「논사論死」에서는 "양기가 사물을 인도53)하여 생겨나므로 신神이라고 한다"고 하였으며, 또 "신神은 신伸이다"고 하였다. 기가 떠돌아 흩어지면 사물이 변하는 까닭에 사물이 변하면 기가 굽혀져 돌아오므로 유혼을 돌아옴이라고 하며, 귀鬼는 귀歸이다. 『예기禮記』「제의祭義」에서는 "중생衆生은 반드시 죽으며, 죽으면 반드시 흙으로 돌아가니 이것을 귀鬼라고 한다"고 하였다. 정현은 7·8을 이용하여 정기를 표시하였고, 9·6으로 유혼을 표시하였다. 7·8의 수는 오행에서 분별되어 목木과 화火가 되며, 9·6은 오행에서 분별되어 금金과 수水가 된다. 목木은 봄으로 만물이 생겨나고, 화火는 여름으로 만물이 왕성해진다. 그러므로 "목과 화가 움직여서 사물이 생겨난다." 금金은 가을이며 만물이 쇠약해지며, 수水는 겨울로서 만물이 끝마친다. 그러므로 "금과 수가 움직여서 사물이 변화한다."

정현은 당시의 역학지식과 사상문화로써 「계사」와 『역위』에 더하여 해석하였고, 그 작자의 고유하고 내부에 깊이 저장한 것이나 혹은 모자라는 의미를 전부 드러내 보여 주었으며, 역수易數이론을 풍부하게 하고 발전시켰으며, 한 걸음 더 나아가 '대연수'와 괘효의 수를 연구하여 객관적 기초를 제공하였다. 그가 보기에 역학사에서 서점筮占과 이와 상관된 효변爻變은 우주의 진화를 본받아 나타낸 것이며, 거기에 사용된 수는 곧 우주진화의 수이다. 그는 『역위·건착도』를 주석하여 "구륙은 효가 변동한 것이니, 「계사」에서는 '효爻는 천하의 움직임을 나타낸 것이다'고 하였다. 그러므로 『연산連山』·『귀장歸藏』의 점사占辭와 단사彖辭는 본래 그 성질性質이다. 『주역』에서 변화를 점친 것은 그 유동流動을

---

53) 역자 주: 『논형』 「논사」 원문에 '道物'은 '導物'로 되어 있다. 여기서는 원문에 따라 해석한다.

나타낸다"고 하였다. "1이 변하여 7이 되니 이 양효의 상象이며, 7이 변하여 9가 되니 이 양효의 변화이며, 2가 변하여 6이 되니 이 음효의 변화이며, 6이 변하여 8이 되니 이 음효의 상이다"라고 하였다. 철학적으로 말하면, 그는 한 사람의 대학자이며, 역학의 주석을 형식으로 삼아 우주의 기원과 발전 및 수를 이러한 과정에서의 작용으로 탐구하였으며, 힘써 추상적이며 변화적인 수를 이용하여 전체 세계와 그 구체적 사물의 변화를 이해하였으니 그 사상적 깊이와 넓이는 동시대의 다른 사상가들과 비교해서 털끝만큼도 손색이 없다.

2) 시수설蓍數說

『역전』「계사」에서는 10개의 자연수를 제기하여 "천지天地의 수數"[54]라고 불렀다. 그러나 "천지수"의 함의와 작용에 대해서는 도리어 설명이 없어서 이것은 후세에 하나의 난해한 미혹을 남겼으며, 역학계에 의견이 분분하도록 하였다. 정현은 "오행의 수"를 취하여 "천지의 수"를 해석하였으며, 스스로 일가의 말을 이루었다. 그는 다음과 같이 말하였다.

천지의 기는 각각 다섯이 있다. 오행의 차례로 1은 수라고 하며 천수天數이다. 2는 화火라고 하며 지수地數이다. 3은 목木이라고 하며 천수이다. 4는 금金이라고 하며 지수이다. 5는 토土라고 하며 천수이다. 이 다섯 가지에서 음은 짝(匹)이 없고, 양은 배우자(耦)가 없으므로 또 합하여 간다. 지수 6은 천수 1과 짝하며, 천수 7은 지수 2와 짝하며, 지수 8은 천수 3과 짝하며, 천수 9는 지수 4와 짝하며, 지수 10은 천수 5와 짝한다. 음양과 오행이 각각 만난 후에 기가 서로 얻으며, 조화가 이루어진다.(『左傳疏』는 惠棟의 『정씨주역』을 보라.)

오행의 수는 오행의 순서의 수로부터 오는데, 『상서』「홍범」에서는 "1을

---

54) 역자 주: 이하 天地數로 씀.

수水라고 하고, 2를 화火라고 하며, 3을 목木이라고 하며, 4를 금金이라고 하며, 5를 토土라고 한다"고 하였다. 여기서 1·2·3·4·5는 본래 오행의 순서를 표시한 것이었는데, 후에 오행의 수로 확립되었다. 정현이 보기에 '천지수'인 "1"에서 "5"까지의 자연수는 다른 것이 아니라 곧 오행의 순서이다. 오행의 수에는 기수奇數(홀수)와 우수偶數(짝수)의 구분이 있으며, 천지수도 "1"에서 "5"까지에는 음양의 구별이 있다. 무릇 기수奇數는 양이며 우수는 음이다. 천수는 양이며 지수는 음이다. 그러므로 천지수는 "1"에서 "5"까지는 오행의 수와 관통하니 이것은 하나의 문제의 두 방면이다. 그러나 이 다섯 개의 수는 고립적이니 곧 "음은 짝이 없고, 양은 배우자가 없다"고 하였고, 이것은 「계사」에서 말한바 "한 번 음하고 한 번 양함을 도라고 한다"는 원칙과 부합하지 않는다. 이 때문에 정현이 보기에 음양의 수는 반드시 상대가 있어야 하고 합合이 있어야 하므로 또한 마땅히 6·7·8·9·10 이 다섯 개의 수로 합치하였다. 구체적으로 말하면, 1과 6, 2와 7, 3과 8, 4와 9, 5와 10 둘씩 둘씩 서로 배합하였다. 그렇다면 이 10개의 수를 둘씩 둘씩 서로 배합하는 근거는 어디에 있는가? 정현은 한 걸음 더 나아가 다음과 같이 설명한다.

천수 1은 북쪽에서 수水를 생겨나게 하고, 지수 2는 남쪽에서 화를 생겨나게 하고, 천수 3은 동쪽에서 목을 생겨나게 하고, 지수 4는 서쪽에서 금을 생겨나게 하고, 천수 5는 중앙에서 토를 생겨나게 한다. 양은 배우자가 없고 음은 짝이 없으니 서로 이루어질 수 없다. 지수 6은 북쪽에서 수를 이루어 천수 1과 함께하며, 천수 7은 남쪽에서 화를 이루어 지수 2와 함께하며, 지수 8은 동쪽에서 목을 이루어 천수 3과 함께하며, 천수 9는 서쪽에서 금을 이루며 지수 4와 함께하며, 지수 10은 중앙에서 토를 이루어 천수 5와 함께한다.(『月令正義』는 혜동의 『鄭氏周易』을 보라.)

여기서 정현은 1·2·3·4·5 다섯 개의 자연수를 오행의 생수生數로 보았으며, 6·7·8·9·10의 다섯 개 자연수는 오행의 성수成數로 보았다. 수의 구성으로 보면 1에 5를 더하면 6이 되고, 2에 5을 더하면 7이 되며, 3에 5를 더하면 8이 되고, 4에 5를 더하면 9가 되며, 5에 5를 더하면 10이 된다. 그 생수와 성수는 5의 수를 중심으로 연결된다. 왜냐하면 성수는 생수에 근본하기 때문에 그것이 있는 위치가 서로 같다. 즉 1과 6은 수로서 북쪽에 있고, 2와 7은 화로서 남쪽에 있으며, 3과 8은 목으로 동쪽에 있으며, 4와 9는 금으로 서쪽에 있고, 5와 10은 토로서 중앙에 있다. 따라서 천지수에 오행의 함의를 부여하여 천지수와 오행의 수가 융합하여 일체가 되게 하였다. 더욱 중요한 것은 해석을 통하여 하나의 역학적 특색을 갖추고 후세에 영향을 끼친 수리도식數理圖式을 구축하였다. 그 도식은 다음과 같다.

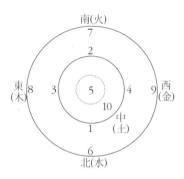

동시에 『역전』「계사」에서 또한 대연수와 그 행시行蓍의 과정을 설명하였으나, 천지수와 대연수의 관계에 대해서는 도리어 한 자도 말하지 않았다. 현존하는 역학의 자료로 보면 한대 역학자들은 대부분 "대연수 50"과 "그 사용하는 것은 49"라는 문제에 많은 관심을 가지고 있으며, 힘써 그것을 설명하였다. 예를 들면, 경방은 "50은 10일, 12진, 28수를 말한다. 무릇 50 가운데 하나를 쓰지 않는 것은 천天이 기를 낳는 것은 장차 허虛로부터 실實로 오기 때문에 49를 사용한다"(『주역정의』, 권7)고 하였다. 마융은 "역에는 태극이 있으니 북진北辰

(북극성)이 이것이다. 태극이 양의兩儀를 생겨나게 하고, 양의는 해와 달을 생겨나게 하며, 해와 달은 사계절을 생겨나게 하며, 사계절은 오행을 생겨나게 하며, 오행은 12달을 생겨나게 하며, 12달은 24절기를 생겨나게 한다. 북진北辰은 움직이지 않고 자리하고 있으며 그 나머지 49는 돌아가며 움직여서 사용한다"(위의 책)라고 하였다. 순상荀爽은 "괘는 각각 여섯 효가 있고 6 곱하기 8은 48이며, 여기에 건과 곤의 2를 더하여 사용하면 무릇 50이 된다. 건乾괘의 초구에 '잠룡潛龍은 쓰지 않는다'고 하였으므로 49를 사용한다"(위의 책)라고 하였다. 오직 정현만 「계사」 가운데 천지수와 대연수의 내재적 관계를 밝혀 드러내었으며, 아울러 힘써 자신의 깊고 박식한 학식을 바탕으로 이렇게 발현된 합리성을 미루어 단정하였다. 그는 다음과 같이 말하였다.

천지수는 55이며, 오행의 기로 통하니, 오행의 5를 빼고, 대연大衍인 1을 또 빼기 때문에 49이다.(공영달, 『주역정의』, 권7)

대연수는 55인데 오행 각각의 기가 병렬하니, 병렬하는 기氣 5를 빼면 오직 50이 남고, 50의 수로서는 7·8·9·6을 만들 수 없기 때문에 복서卜筮의 점으로 사용하려면 다시 1을 빼기 때문에 49가 된다.(『월령정의』)

이것은 천지수의 합이 55이며, 대연의 수는 천지수의 합에 근원함을 말한다. 대연수 50이라고 하는 말은 천지수 가운데 오행이 있고 1에서 5까지는 오행의 생수生數이며, 6에서 10까지는 성수成數이며, 성수는 오행의 생수에 5를 더한 것이며, 생수와 성수는 둘씩 짝을 이루어야 음양이 화해和諧하므로 천지수는 오행과 긴밀한 상호 연관을 통하여 일체로 관통한다. 이 때문에 천지수의 합에서 5를 빼면 마땅히 대연수는 50이 된다. 이것은 이른바 "오행 각각의 기가 병렬하니, 병렬하는 기氣 5를 빼면 오직 50이 남는다"는 말이다. 그러나

50의 수로서는 효와 밀접한 상관관계가 있는 6·7·8·9 네 개의 수를 연역추론해서 드러낼 수 없다. 정현은 이 네 개의 숫자를 얻어낼 수 없으므로 반드시 49를 사용해야 하는데, 이것이 곧 "대연수는 50인데 그 사용하는 것은 49"가 되는 원인이다.

정현은 대연수의 해설에서 비록 아직 완전하게 『역전』「계사」의 원래 의미와 부합하지는 않지만, 그러나 그는 천지수와 대연수의 연관을 밝혀내었으며, 아울러 서법筮法에도 근거할 수 있어서, 오행을 참조하여 말이 이치에 맞으며, 증거가 있으며, 당시 한 학파의 말을 잃지 않았으며, 후세의 역학자들로 하여금 이 문제에 대한 관심과 연구를 하도록 계도啓導하였다. 삼국시대 우번虞翻, 송대의 주희朱熹뿐만 아니라 현대의 고형高亨(1900~1986)과 김경방金景芳 등의 학자들도 천지수의 합은 곧 대연수라고 보았으며, 나아가 또 통행본의 「계사繫辭」 가운데 "천지지수"와 "대연지수" 두 구절을 서로 분리한 것은 편篇과 장章의 오류임을 제기하였다.[55] 이것은 분명하게 정현 역학을 이어받은 것이다. 정현 역학의 영향은 깊고도 원대하다! 동시에 정현이 대연수의 이해를 통하여 구축한 시공時空을 일체一體로 융합한 역학의 도식은 송나라 사람들이 "밝혀 드러내고" 이어서 전한 "하도河圖"(劉牧은 또 "洛書"라 불렀다.)의 수리數理와 완전하게 들어맞는다. 이로써 송나라 사람들이 말하는 "하도"가 비록 위조된 것이기는 하지만, 근원을 찾는다면 반드시 근본이 있으니 결코 근거 없이 꾸며 낸 것은 아님을 추측하여 판단할 수 있다.

당연히 오행으로서 천지수를 해석하고 천지수를 배열하여 구성하고 함유한 내용이 풍부한 수리의 도식은 결코 정현이 발명한 것이 아니라 정현 이전에 이미 싹터서 유행하였다. 예를 들면, 『역위·건곤착도』에서는 "천天은 1에 근원

---

55) 虞翻의 관점을 나타낸 『周易集解』 권14와 朱熹의 관점을 나타낸 『周易本義』 권7을 보라. 高亨, 『周易大傳今注』(齊魯書社, 1988), 524~525쪽; 金景芳, 『周易全解』(吉林大學出版社, 1989), 485~486쪽.

하여 확립되니, 1은 수의 근원이며, 지地는 (1에) 짝하여 6을 생겨나게 하니
천지수가 이루어지며, 합하여서 생명(性)을 이룬다. 천수 3과 지수 8, 천수
7과 지수 2, 천수 5와 지수 10, 천수 9와 지수 4이다"라고 하였다. 양웅揚雄(BC
53~AD 18)은 "3과 8은 목木이며 동쪽이며 봄이다.…… 4와 9는 금金이며 서쪽이며
가을이다.…… 2와 7은 화火이며 남쪽이며 여름이다.…… 1과 6은 수水이며
북쪽이며 겨울이다.…… 5와 5는 토土이며 중앙이며 사유四維56)이다"(『太玄』,
「玄數」)라고 하였다. 또 "1과 6은 공종共宗(종족)이며, 2와 7은 위붕爲朋, 3과 8은
성우成友, 4와 9는 동도同道, 5와 5은 상수相守이다"(『太玄』,「玄圖」)라고 하였다.
정현의 공헌은 서한西漢이래의 역학연구의 성과를 간단하게 중복한 것이 아니라,
이러한 연구 성과를 『주역』의 본문을 해석하는 데 운용하고 아울러 이러한
기초에서 자신의 시수蓍數이론을 상세하게 밝혀내었다.

3) 구궁수설九宮數說

구궁九宮의 설은 선진시대에 시작되었다. 『관자管子』「유궁幼宮」과 『여씨춘추呂
氏春秋』「십이기十二紀」 그리고 『예기』「월령」 등의 전적에 천자가 1년 4계절을
아홉 개의 서로 다른 궁실에 나누어서 거주하는 것에 관한 설명이다. 「십이기十二
紀」의 기록을 참고하면, 천자는 봄에는 청양靑陽의 세 궁실에 거주하고, 여름에는
남쪽의 명당明堂의 세 궁실에 거주하며, 가을에는 서쪽의 총장總章의 세 궁실에
거주하며, 겨울에는 북쪽의 현당玄堂의 세 궁실에서 거주하며, 중앙의 궁실은
매 계절마다 18일 동안 거주하니 모두 열 세 궁실이 있다. 이것은 출입하는
문호門戶로 이름 지은 열 세 궁실이며, 그 가운데 네 개의 모서리에는 하나의
궁실과 두 개의 문호가 있어 양실兩室이라 부른다. 예를 들면 봄날에 거주하는
청양의 오른 쪽과 여름에 거주하는 명당의 왼쪽에 하나의 궁실이 있고, 여름에

---

56) 乾(서북), 坤(서남), 艮(동북), 巽(동남)의 네 방위.

거주하는 명당의 오른쪽과 가을에 거주하는 총장의 왼쪽에 하나의 궁실이 있고, 가을에 거주하는 총장의 오른쪽과 겨울에 거주하는 현당의 왼쪽에 하나의 궁실이 있으며, 겨울에 거주하는 현당의 오른쪽과 봄에 거주하는 청양의 왼쪽에 하나의 궁실이 있다. 이렇게 계산하면 천자가 1년 4계절에 아홉 궁실에 거주하면서 정사를 돌본다(聽政).[57] 아래 그림을 보라.

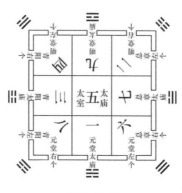

明堂九室圖[58]

이상은 『여씨춘추』와 「월령月令」에 기록된 구궁설이다. 『영추경靈樞經』 「팔풍八風」에는 태일太一이 1년의 여덟 개 절기 가운데 아홉 개 궁실에 나누어 거주하는 것을 기록하였다.

태일은 항상 동지의 날부터 엽칩葉蟄[59]의 궁실에 46일을 거주하며, 장래에 천류天留에 46일을 거주하며, 그 다음에 창문倉門에 46일을 거주하며, 그 다음에 음락陰洛에 45일을 거주하며, 그 다음에 천궁天宮에 46일을 거주하며, 그 다음에 원위元委에 46일을 거주하며, 그 다음에 창과倉果에 46일을 거주하며, 그 다음에 신락新洛에 45일을 거주하며, 그 다음에 다시 엽칩의 궁실에 거주하니 동지라고 한다. 태일의

---

57) 역자 주: 신하의 보고를 듣고 政事를 결정하는 일.
58) http://image.baidu.com 「明堂九室圖」 참고.
59) 역자 주: 정북방의 坎宮.

하루는 놀며, 동지의 날에는 엽칩의 궁실에 거주하며, 머문 날을 헤아리면, 한곳에서 부터 9일까지 동일하게 반복한다. 항상 이와 같이 하기를 그침이 없으며 끝나면 다시 시작한다.

여기서 엽칩葉蟄·천류天留·창문倉門·음락陰洛·천궁天宮·원위元委·창과倉果·신락新洛·천상千箱·초요招搖를 구궁九宮이라 불렀다. 태일太一은 동지에서 입춘·춘분·입하·하지·입추·추분·입추까지의 여덟 개 절기에 따라 여덟 궁실을 쓰고, 거기에 중궁中宮을 더하여 구궁이 된다. 그림과 같다.

合八風虛實邪正[60]

위의 문헌의 기록으로 보면, 앞의 두 가지(氣數說과 著數說)는 인간의 일을 말하였으며, 뒤의 것(九宮數說)은 천상의 일을 말하였다. 그 사용하는 칭호는 다르지만 구궁의 관념은 확정적이며 또한 일치한다. 주의할 것은 문장에서는 구궁의 수가 보이지 않는다는 점이다. 구궁의 수가 명확하게 기록된 것은 『대대례기大戴禮記』「명당明堂」과 최근 몇 년 동안 안휘安徽의 부양阜陽 쌍고퇴雙古堆 여음후汝陰侯의 묘묘에서 출토된 구궁식반九宮式盤 등이다. 『대대례기』「명당」에서는 다음과 같이 말한다.

---

60) http://image.baidu.com. 八風虛實邪正 참고.

명당은 옛날부터 있었다. 무릇 구실九室은 하나의 궁실에 네 개의 호戶, 여덟 개의 창이 있고, (九宮에는) 36개의 호戶와 72개의 창이 있다. 띠풀(삘기)로 지붕을 덮고 위는 둥글고 아래는 네모이다.

명당은 그로써 제후의 존비尊卑를 밝힌다.…… 「명당·월령」: 적철赤綴[61]은 호戶이며, 백철白綴은 유牖이다. (그림의 첫째 줄 왼쪽에서부터 가로로) 2번·9번·4번, 7번·5번·3번, 6번·1번·8번.…….

출토된 "구궁식반九宮式盤"은 『영추경靈樞經』 가운데의 팔궁八宮과 식점式占[62]의 내용을 포함하며, 또한 배합으로 『대대례기』 「명당」과 서로 같은 구궁의 수가 있으며, 다음의 그림을 나타낸다.

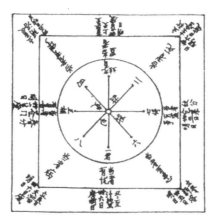

漢女陰侯墓出土的占盤[63]

---

61) 역자 주: 고대에 明堂의 문 위에 있는 紅色의 장식물을 말한다. 아래 '白綴'은 분명한 풀이는 찾을 수 없으나 문맥상 일반적 창문의 위에 하는 흰색의 장식물로 이해할 수 있다.

62) 역자 주: 式占은 式盤을 사용하는 점술이며, 식반은 어떠한 기호체계를 사용하여 우주를 표현해 낸 平板이다. 식점은 주로 太乙式(太乙斗數), 遁甲式(奇門遁甲), 六任式(六任神戈)의 삼식이 있다.

63) http://image.baidu.com 「九宮式盤」 참고.

『역위』는 앞사람들의 구궁사상을 흡수하여 구궁수를 음양의 도의 고도로 높여서 상세하게 밝혀내었다. 그리고 자연계의 음양의 소장과 변화는 규율적이라고 생각하고, 이 규율은 7·8·9·6의 숫자로 표현해 낼 수 있다고 보았다. 한 번 음하고 한 번 양하는 것의 합을 헤아리면 15이며, 15는 음양변화의 규율이며, 구궁수九宮數는 이 음양변화의 규율을 구체적으로 드러내었다. 『건착도』에서는 다음과 같이 말한다.

양이 움직여 나아가면 음은 움직여 물러난다. 그러므로 양은 7로써 음은 8로써 판단(象)하며, 역易은 한 번 음하고 한 번 양하여 합하여 15가 되는 것을 도라고 한다. 양이 변하여 7에서 9로 가고 음이 변하여 8에서 6으로 가니 또한 합하여 15가 되니, 단象이 변하는 수도 한결같다. 양이 움직여 나아가면 7이 9로 변하고, 그것은 그 기의 번식蕃息을 상징한다. 음이 움직여 물러나니 8이 6으로 변하고 그것은 그 기의 소멸消滅을 상징한다. 그러므로 태일은 그 수를 취하여 구궁을 돌아다니며, 사정四正[64]과 사유四維는 모두 15와 합한다.

사실 이것은 대연의 서법인 6·7·8·9의 수로써 음양의 기와 그 규율을 이해하는 것이다. 서법筮法을 살펴보면, 6은 노음老陰의 수이며, 9는 노양老陽의 수이며, 8은 소음少陰의 수이며, 7은 소양少陽의 수이다. 소양의 수와 소음의 수가 합하여 15(7+8)가 되며, 노음의 수와 노양의 수도 또한 합하면 15(6+9)가 된다. 소음과 소양은 변하지 않는 수이며, 노음과 노양은 변하는 수이다. 『역위』는 서법 가운데의 음양의 수를 자연계에 부여하였으며, 6·7·8·9의 수는 자연계의 고유한 것으로 그것은 음양변화의 규율을 상징한다고 보았다. 태일의 아래에서 구궁을 돌아다니는 것도 이 수에 의지하였다. 그런 후 이를 이용하여 대연수의 합리성을 해석하고 증명하였다. 『역위』는 단지 '태일은 그 수를 취하여 구궁을

---

64) 역자 주: 子·午·卯·酉의 네 방위.

돌아다닌다'는 것만 말하고, 도리어 구궁의 수의 배열과 그 가운데의 도리는 말하지 않았다. 정현은 이 문제를 역학과 천문학 등 더욱 광활한 시야로 끌어들여서 더하여 해석하고 연구하였다. 그는 『건착도』를 주석하여 다음과 같이 말한다.

태일太─은 북진北辰의 신神의 이름이며, 그곳에 거주하는 것을 태을太乙이라고 하며, 항상 팔괘의 일진日辰의 사이를 돌아다니므로 천일天─ 혹은 태일이라고 한다. 자궁紫宮의 안팎을 출입하면서 떠돌다 쉬니 그 별은 이로 인하여 이름 지었다. 그러므로 『성경星經』에서는 천일天─과 태일은 기氣를 주관하는 신神이다. 행行은 대待(기다림)와 같다. 사정四正과 사유四維는 팔괘의 신이 거주하는 곳이므로 또한 궁宮이라고 부른다. 천일天─이 아래로 행하는 것은 천자가 순수巡狩를 나가 방악方岳65)을 살피는 일과 같으며, 매번 (卒을) 지키고 반복하며, 태일은 아래로 행하는 팔괘의 궁이다. 각각의 사四는 곧 중앙으로 돌아온다. 중앙中央은 북쪽의 신이 거주하는 곳이므로 구궁이라고 부른다. 천수를 크게 구분하여 양이 나오고 음이 들어간다. 양은 자子에서 일어나고 음은 오午에서 일어나니 이런 까닭에 태일은 아래 구궁의 감궁坎宮을 따라 시작하고, 감坎은 중中이며 남男이며, 시작함이 또한 마땅함이 없다고 한다. 이로부터 곤궁坤宮을 따른다. 곤坤은 모母이다. 또한 이로부터 진궁震宮을 따른다. 진震은 장남長男이다. 또 이로부터 손궁巽宮을 따른다. 손巽은 장녀長女이다. 행하는 바가 반半이면, 또한 중앙의 궁에서 휴식한다. 이윽고 또 이로부터 건궁乾宮을 따르니 건乾은 부父이다. 이로부터 태궁兌宮을 따르니 태兌는 소녀少女이다. 또 이로부터 간궁艮宮을 따르니 간艮은 소남少男이다. 또 이로부터 이궁離宮을 따르니 리離는 중녀中女이다. 행하면 두루 한다. 위로 태일과 천일의 궁에서 떠돌다 쉬며 자궁紫宮으로 돌아가며, 감궁을 따라 행함을 시작하고 이궁離宮에서 끝마치니 태일로부터 행하여 감을 헤아려 감坎이라고 부를 뿐이다. 중남中男을 따라 나오고 중녀中女를 따라 들어가는 것 역시 음양과 남녀의 짝으로 인하여 끝남과 시작이라고 부른다. 감궁에서 반드시 앞서는 곤궁坤宮으로부터

---

65) 역자 주: 중국의 동서남북을 각각 상징하는 泰山, 華山, 衡山, 恒山.

어머니가 자식을 기르는 노동은 그 다음이 진震이며, 또 그 다음이 손巽이니 어머니는 이성異性으로부터 오니 이것이 경敬을 생生(자식을 낳음)으로 삼는 까닭이다. 식중息中을 따라서 건으로 돌아가는 것은 아버지가 자식을 교육하는 것일 뿐이니 일에 분주하다. 그 다음은 태兌이며, 또 다음은 간艮이니 아버지 혹은 노인이 그 마음에 사랑하는 것을 따라서 기르고 양육하고, 다소多少와 대소大小의 행함이 이미 또한 베풀어지니 이 몇 가지도 15와 합하니 본받음이 있다고 한다.

여기서의 "태일太一"은 북진성北辰星이며 또한 북극성이라고 한다. 왜냐하면 이 별이 눈부시게 밝아서(耀眼明亮) 주위 또한 뭇 별들이 둘러싸고 있으므로 따라서 옛날 사람들이 이 별을 신화神化하였다. 『논어』「위정」에서는 "북진이 머무는 곳에 뭇 별들이 함께 있다"고 하였으며, 『사기』「천관서天官書」에서는 "중궁中宮의 천극성天極星(북극성)은 그것이 한결같이 밝으니 태일이 항상 거주한다. 곁의 삼성三星과 삼공三公은 혹 자子에 속한다고 한다. 뒷구절의 사성四星과 끝의 대성大星은 정비正妃이며, 나머지 삼성三星은 후궁後宮의 무리다. 그것을 둘러싸고 지켜 서 있는 12 별은 번신藩臣으로 모두 자궁紫宮이라고 한다"고 하였다. 고대의 일월성신에 대한 인식은 인간사회의 등급제도를 반영하였다. "중국이 봉건사회의 중앙집권제로 진입한 당시 이후, 사람들은 인간이 군주인 황제를 중심으로 여기는 정치제도 또한 천상에 꿰어 맞추어 갔다. 이에 '하늘에는 북진이 있어 뭇 별들이 함께 둘러싸고 있다. 천제天帝는 위엄 있는 신이며 빛나는 형체로 존중하며, 구진句陳[66]으로 배치하며, 사보四輔의 상상上相[67]이 있고, 삼공三公의 근신近臣이 있다'고 하였다."[68] 현재 사람의 연구에 의하면 태일은 중국의 고대에 세 가지 방향의 이해가 있는데 혹자는 세 가지 의미로

---

66) 역자 주: 동서남북의 네 방향과 중앙을 지키는 신 가운데 螣蛇와 함께 중앙을 지키는 신을 말한다.

67) 역자 주: 四輔는 左輔, 右弼, 前疑, 後承으로 임금을 전후좌우에서 보좌하는 벼슬이며, 上相은 四輔와 같은 높은 벼슬을 의미한다.

68) 周桂鈿, 『天地奧密的探索里程』(中國社會科學出版社, 1988), 139쪽.

사용된다고 말한다. 하나는 우주의 본체로 도가의 일一과 태극太極에 해당하며, 또 하나는 종교 혹은 신학에서의 태일신太一神이며, 세 번째는 천문학에서의 북극성北極星을 가리킨다.[69] 곽점郭店에서 출토된 초간楚簡인 『태일생수太一生水』 가운데의 "태일太一"이 주로 첫 번째 의미로 사용되었다. 그리고 정현은 세 번째 의미로 사용하였다.

구궁에 대한 정현의 설명은 『여씨춘추』 등과 다르다. 정현이 담론한 것은 천도天道 곧 태일신이 운행하는 궤적軌迹이며, 『여씨춘추』 등이 담론한 것은 인도人道 곧 제왕이 정사를 돌보는 장소이다. 더욱 중요한 것은 정현이 구궁수와 팔괘수의 관계를 드러내 보였다는 점이다. 정현이 이해한 팔궁은 천상의 팔괘의 위치이며, 태일이 팔궁을 유행游行하는 것은 곧 팔괘를 유행하는 것이다. 태일이 팔궁을 유행하는 순서의 수數는 곧 팔괘의 수이다. 구체적으로 말하면 태일이 구궁을 돌아다니는 것은 먼저 감궁坎宮이며, 다음은 곤궁坤宮, 진궁震宮, 손궁巽宮을 다닌 후 중궁中宮으로 되돌아가서 다시 중궁에서부터 건궁乾宮, 태궁兌宮, 이궁離宮에 이른다. 이 하나의 순서에 근거하여 팔괘 가운데 하나의 괘마다 하나의 수가 부여되며, 그것이 곧 감坎 1, 곤坤 2, 진震 3, 손巽 4, 건乾 6, 태兌 7, 간艮 8, 리離 9이다. 정현의 해설을 거쳐서 상수리象數理를 일체一體로 융합하고, 풍부한 내포를 갖춘 구궁의 프레임(골격)이 그려져 나왔다. 이것은 『건착도』를 포괄하여, 정현 이전의 다른 문헌에는 없으며 또한 언급할 수도 없었던 것이다. 동시에 정현은 구궁의 수를 자연규율과 가정윤리의 관계에 합하여 설명하였다. '태일은 감坎에서 시작하여 리離에서 끝마친다'는 말은 "양陽은 자子에서 일어나고 음陰은 오午에서 일어난다"는 규율을 구체적으로 나타낸 것이다. 한漢나라 때의 사람들의 괘기설을 살펴보면, 음양이기陰陽二氣의 소장消長에서, 감坎은 겨울인 11월을 대표하며, 리離는 여름인 5월을 대표한다. 양기는 11월에서 생겨나서 5월에

---

69) 丁四新, 『郭店楚墓竹簡思想硏究』(東方出版社, 2000), 91쪽.

왕성해지며, 음기는 5월에 생겨나서 10월에 왕성해진다. 순상荀爽이 말한바 "건乾은 감坎에서 일어나 리離에서 끝마치며, 곤坤은 리離에서 일어나 감에서 끝마친다. 리와 감은 건과 곤의 집이며 음양의 관청(府)이다"라는 말이 곧 이 뜻이다. 이러한 의미에서 말하면 태일은 감에서 시작하며, 곽점郭店의 초간楚簡의 "태일이 수水를 생겨나게 한다"(太一生水)와 일치한다. 가정의 각도에서 보면, 태일이 감에서 시작한다는 말은 "중남中男으로부터 나온다"는 뜻이며, '리離에서 시작한다'는 "중녀中女를 따라 들어간다"는 말로서 남녀의 끝마침과 부부夫婦의 시작을 구체적으로 드러낸 것이다. 곤坤은 어머니이며 건乾은 아버지이다. 태일은 감에서 시작하여 곤이며, 중궁에 간 후에 먼저 건궁으로 가니 이것은 어머니가 기르고 아버지가 가르치는 이치를 구체적으로 드러낸 것이다.

정현의 구궁 혹은 구궁수설九宮數說은 이미 종교신학에 뒤섞인 성질도 있고, 또 천문학, 역법曆法, 수학 등 과학적 요소도 있는 역학易學·신학神學·과학이 서로 결합한 산물이다. 역학易學에 나아가 말하면, 정현은 구궁과 그 수가 만든 해석과 상세하게 밝혀낸 것에서, 그리고 한대의 상수象數뿐만 아니라 전체 역학사의 발전에서 특수한 공헌을 하였다. 그것은 양한시대 역학연구에 관하여 하나의 새로운 고도에 도달한 표시였으며, 도서학圖書學이 생겨나도록 사상 자료와 사유형식을 준비하였다. 송대에 성행한 내포가 풍부한 상수학 이론의 도식인— "낙서洛書"는 그 흑백의 음양의 둥근 점을 제외하면 다른 것은 모두 정현의 구궁설 가운데서 그 근거를 찾을 수 있으며, 이것은 송유宋儒들이 말하는 "낙서洛書"가 한대漢代의 "구궁설九宮說"과 분명하게 내재적 관련이 있음을 반박할 수 없이 설명하였다.

제6장 천도를 본받은 인도사상

중국 고대의 역학뿐만 아니라 전체 철학은 천도에 근원하여 확립한 인도人道이며, 그 방법은 인도로써 천도를 유추하고 천도로써 인도를 증명하는 것이다. 이른바 인도로써 천도를 추론함은 유비類比방법이며, 사람의 속성을 천天(天性)에 부여하고 인도로써 천명을 설명하였다. 이른바 천도로써 인도를 증명함은 주관화된 천도를 인도의 근거로 삼은 것이다. 이 점에 대하여 현대 사람인 고신양高晨陽 선생이 개괄하였는데, 그 내용이 비교적 뛰어나다. "중국 고대의 철학자들은 인간의 존재의 각도 혹은 입장을 따라 천의 존재를 이해하고 규범화하거나, 혹은 인도로써 천도를 이해하고 규범화하여 말하거나, 반대로 또 천도로써 인도를 이해하고 증명하거나, 천의 존재를 인간의 존재의 근거로 여기거나 하는 데 익숙해져 있었다."[1]

비록 역학사와 철학사에서 서로 다른 시대에 서로 다른 학파들의 인물들이 서로 다르게 표현한 것이 많지만 그 사유의 경향은 일치한다. 『역전』「문언」에서는 "원元은 선善의 으뜸이며, 형亨은 아름다움의 모임이며, 이利는 의義의 화합和合이며, 정貞은 일의 근본이다. 군자는 인仁을 체득하여 사람들의 어른이 될 수 있으며, 아름다움이 모여서 예禮에 합당할 수 있으며, 사물을 이롭게 함으로써 의義에 합당할 수 있으며, 곧음이 굳음으로써 일의 근본이 될 수 있다"고 하였다. 원元·형亨·이利·정貞은 건乾괘의 괘사이며, 『역전』의 이해를 살펴보면, 이

---

1) 高晨陽, 『中國傳統思惟方式研究』(山東大學出版社, 1994), 261쪽.

네 글자는 하늘이 사물을 생겨나게 하는 네 가지 덕성이며, 사람은 이에 근원하여 사덕四德을 확립한다. 『역위·건착도』에서는 "도道는 인仁에서 일어나고, 예禮에 확립되며, 의義에서 다스리며, 믿음에서 안정되며, 지혜에서 이루어진다. 다섯 가지는 도덕의 구별이며, 하늘과 사람의 경계이다"라고 하였다. 이를 일러 인仁·의義·예禮·지智·신信은 하늘에 근본을 둔다고 한다.

정현은 앞사람의 사고思考의 맥락을 따라서 역학 가운데의 천인학天人學을 논증하였다. 예를 들면 그는 하늘에는 음양이 있고, 사람은 군신君臣·남녀男女·소인小人·존비尊卑의 구분이 있다. 정현은 익益괘를 주석하여 "음양의 도리(義)에서 양陽을 군君이라고 하고, 음은 신臣이라고 한다"고 하였으며, 쾌夬괘를 주석하여 "쾌夬는 결단(決)이다. 양기가 점점 자라서(浸長) 다섯(개의 陽)에 이르면,…… 음효가 그 위를 넘고 소인이 군자를 업신여긴다"고 하였으며, 박剝괘를 주석하여 "다섯 음과 하나의 양은 소인이 극성하여 군자는 그것을 가질 수가 없다"고 하였다. 그 선후의 말을 따르면 먼저 하늘이 있은 후에 사람을 생겨나게 하므로 "음양의 기가 교감하여 사람이 그 가운데서 생겨나기 때문에 삼재三才가 된다"(『건착도』주), 곧 천지의 화기和氣로부터 사람을 생겨나게 하며, 사람의 속성은 모두 하늘에 근원하니 사람의 도덕이 하늘에 근원하는 것과 같다. 그는 『건착도』를 주석하여 "진震은 베풀어 생겨나게 함을 주관하며, 묘卯는 일출日出이며, 인도人道의 양을 상징한다. 태兌는 사람의 기쁨을 주관하며, 유酉는 월문月門이며, 인도의 부드러움을 상징한다. 무릇 사람은 두루 통하며, 덕德의 조리이므로 도덕이 확립되었다고 한다"고 하였다. 또 천지에는 존비尊卑가 있어 사람의 군신君臣관계를 결정한다. 그는 『통괘험』을 주석하여 "천지의 존비가 이미 정해졌다고 하니 이에 군신이 있다"고 하니, 사람의 최고 통치자인 천자는 하늘을 대리하여 말하는 사람이며, 하늘의 의지를 실현한다. "왕도는 천지를 계승할 뿐이다"(『건착도』주)라고 하여 사회의 군신 관계는 자연의 질서를 반영하는 것이며, "군신과 존비尊卑의 귀천貴賤은 산림과 냇물이 높고 낮음이 있는 것과 같다."(「繫辭」주)

이러한 원인으로 하늘과 사람은 서로 감응한다.

사실 역학에서 말하는 재이災異는 한대漢代의 동중서 이래의 천인감응天人感應의 중요한 표현형식이다. 재이는 괘의 부호를 겉으로 드러나는 특징(標徵)으로 보며, 자연의 기의 변화가 이치에 어긋나게 출현하는 것이 천재天災와 인화人禍이다. 이러한 감응의 관계가 천인감응이며, 사람은 피동적이며, 그 받아들이는 개인의 신체와 사회정치 및 다른 방면의 재난은 완전히 천天에 근원하며, 천재는 사람과 사회에서 반영하고 드러낸 것이며 이것은 바꿀 방법이 없는 것이다. 그러나 이것은 천재를 피할 수 없다는 말은 아니며, 단지 그 원인을 찾기만 한다면 피할 수 있다. 정현은 한대의 다른 사상가들과 같이 이러한 정황이 드러나는 원인이 사람의 행위로 인해 초래한다고 여겼다. 예를 들면 그는 『계람도稽覽圖』를 주석하여 다음과 같이 말한다.

임금의 행위가 포학暴虐하면 난폭한 죄인을 주살誅殺하고 하늘이 그 행위에 응하며, 일찍 서리를 내려 만물을 죽이니 한 해가 끝나도록 다시 생겨나지 않는다. 위엄을 빌린다는 것은 임금이 신하로 하여금 캐물으니 신하가 도리어 임금의 위엄을 빌려서 그를 죽이려는 마음을 말한다. 하늘이 그 행위에 응하니 역시 일찍 서리를 내려 만물을 죽인다.

정현은 『통괘험』 권하를 주석하여 다음과 같이 말한다.

온기가 이르지 않는 것은 마치 임금의 명령(敎令)이 중심을 잃은 징조이다. 그러므로 바람이 변하게 되며 주기週期는 본래 120일이다. 임금의 명령이 중심을 잃음이 심하면 신하가 반란을 일으키고자 하며 땅이 움직일 정도로 커지면 큰 바람이 더 심해진다.

군왕의 행위가 과격하여 중심을 잃게 되면 신하가 그 지위를 넘어 반란을 일으키게 되면 이러한 행위는 자연재해를 초래하니 이것은 사람이 감동하고 하늘이 응함이며, 사람이 하늘을 감동시키는 것은 정현이 볼 때 가장 강력한 시효성時效性이 있다. 사람이 선을 행하거나 악을 행하면 하늘은 곧장 반응한다. 정현은 『역위·중부전中孚傳』을 주석하여 다음과 같이 말한다.

양은 천자가 하루 선을 행하면 하늘은 곧 선으로 응하고, 하루 악을 행하면 하늘은 곧 악으로 응한다. 제후가 한 계절 선을 행하면 하늘은 곧 선으로 응하며 한 계절 악을 행하면 하늘은 곧 악으로 응한다. 대부가 1년을 선을 행하면 하늘은 곧 선으로 응하며, 1년을 악을 행하면 하늘은 역시 곧 악으로 응한다.

이 때문에 정현 이전 시대(그가 살았던 시대를 포함하여)에서 도덕수양의 문제가 왜 사상가들과 통치자들의 주목을 받았으며, 중화문화에서 면면히 이어지는 강한 울림과 귀결이 되어 후세에 영향을 끼쳤는가를 어렵지 않게 이해할 수 있다.

그러나 천인관계에서 사람으로 하여금 파동에서 주동으로 변하게 하여 재이의 고통을 면하도록 하려면 반드시 학문적 사변과 덕을 쌓는 수업을 하여 "천지의 이치를 궁구하고, 만물의 실정을 견주어" 재이설의 원리를 장악해야 하며, 더 중요한 것은 이 기초에서 덕을 쌓는 수업의 공부를 통하여 하늘과 더불어 하나로 유지해야 하며 곧 이른바 "상도常道로 하면 하늘이 행하고, 때(계절)와 더불어 변화한다."

그렇다면 어떻게 하늘과 일치할 수 있는가? 관건은 천도를 본받는 데 있다. 천도를 본받음으로써 하늘을 감화시키고 패기로 하여금 "각각의 법도에 따라 징험으로 응하면 음양이 서로 응하고(和), 육률이 조화를 이루며, 풍우風雨가 때에 맞고, 오곡五穀이 잘 무르익어 인민이 의지하며 창성해진다." 따라서 재이가 생기지 않고 바람이 조화롭고 비가 때맞게 내리는 태평성세가 이루어진다.

사람이 하늘을 본받는 사상은 선진시대 이전에 이미 유행하였는데, 도가의 표현에서 더욱 두드러진다. 노자는 일찍이 우주적 차원에서 "사람은 땅을 본받고, 땅을 하늘을 본받고, 하늘은 도를 본받으며, 도는 자연을 본받는다"는 철학적 명제를 제시하였으며, 장자는 사람은 마땅히 "지혜와 인위를 버리고 하늘의 이치를 따라야 하고"(『刻意』), "순응하면 길하고 거스르면 흉하다"(『天運』) 고 생각하였다.

장자와 동시대의 『역전』도 마찬가지로 사람이 하늘을 본받아야 하는 중요성을 강조하였지만, 서로 다르다. 『역전』은 『주역』 64괘의 부호를 자연현상의 상징, 즉 괘의 효상爻象은 자연에 근원하여 만들었으며, 그 자체가 자연의 속성이나 혹은 자연의 화신이 된다고 보았다. "상象은 이것을 본뜬(像) 것이다." "성인이 천하의 깊은 도리(賾)를 살펴보고, 그 사물마다의 모양을 헤아리고 그 사물의 마땅함을 상징함이 있으니 이런 까닭에 상이라고 한다"(「象傳」)고 하여, 64괘에 대한 해석은 완전히 사람이 하늘을 본받아 나타내는 형식을 채택하였다. 곧 먼저 괘상(자연의 象)은 사람이 본받아 나타내야 하는 대상으로 보고, 그 괘상의 구조를 따라 사람이 마땅히 따라야 할 행위규범이 드러난다고 보았다. 그 형식은 먼저 내괘와 외괘가 구성하는 자연의 상을 분석한 후에 "군자로써" 마땅히 어떻게 행동해야 하는가를 표시한다. 예를 들면 건乾 「상象」에서 "하늘의 운행은 굳건하여 군자는 그로써 스스로 굳세어지기를 쉬지 않는다"고 하였으며, 곤坤 「상象」에서는 "지세地勢는 곤이니 군자는 그로써 덕을 두텁게 하고 사물을 싣는다"고 하였으며, 둔屯 「상」에서는 "구름과 우레는 어려움(屯)이니 군자는 그로써 세상을 다스리는 일을 도모한다(經綸)"고 하였으며, 몽蒙 「상」에서는 "산 아래 샘이 나오니 어둡다(蒙). 군자는 과감하게 행하고 덕德을 기른다"고 하였으며, 수需 「상」에서는 "구름이 하늘 위에 있으니 (비를) 기다린다(需). 군자는 이로써 마시고 먹고 연회를 즐긴다"고 하였다. 한대漢代의 동중서는 천인감응의 신학체계를 건립하여 사람이 하늘을 본받아야 한다는 명제를 높이 받들어 지고무상至高無上의 최고 경지까지 높였으며, 한나라의 전 시대에 걸쳐 가장 강한 영향을 미쳤다. 그는 "사람은 하늘의 수를 따른다"(人副天數), "하늘과 사람은 서로 응한다"(天人相應)의 전제로 "하늘의 뜻을 따른다", "천명天命에 순응한다", "천도를 관찰한다", "(사물의) 개념을 (깊이) 고찰한다", "사물의 이치를 변별한다", "하늘의 운행을 본받는다", "천도를 따른다" 등의 온전한 체계의 이론을 제출하였다. 동중서는 다음과 같이 말하였다.

> 이런 까닭에 왕이 되는 사람은 오직 하늘의 베풂이며, 그때에 맞추어 베풀어 이루게 하며, 그 명命을 본받아 모든 사람을 따르게 하며, 그 수를 본받아 사업을 일으키며, 그 도를 바로잡아 법을 나타내며, 그 뜻을 바로잡아 인仁으로 돌아가게 한다.(『춘추번로』, 「王道通三」)

> 왕도王道의 삼강三綱은 하늘에서 구할 수 있다.…… 덕의 교화와 형벌을 같이해야 하는 것이 이와 같다. 그러므로 성인은 사랑을 많이 하고 엄격함을 적게 하며, 그 덕을 두텁게 하고 형벌을 간단하게 하여 이로써 하늘과 짝한다.(『춘추번로』, 「基義」)

> 그러므로 성인은 하늘을 본받아 도를 확립하며, 또한 두루 사랑하고 사사로움을 없게 하며, 덕을 펴고 인을 베풂을 두텁게 하고, 옳음을 베풀고 예를 확립하여 그로써 인도한다.(『擧賢良對策』)

> 이것은 하늘의 이치이며, 또한 태고의 도道이기도 하며, 천자가 마땅한 법으로 제도를 삼으며, 대부大夫가 마땅히 따라야 할 행동이다.(위의 책)

동중서의 이러한 이론은 『역위』를 계승하였다. 『건착도』에서는 "성인이 천의天意와 통함으로써 인륜을 다스리며, 지극한 도를 밝힌다"고 하였으며, 또 "천기가 아래로 베풀어지면 만물이 모두 유익하다. 왕이 천지를 본받음은 정교政敎를 베풂을 말한다"고 하였다. 『통괘험』에서는 "여덟 방향에서 오는 바람이 때(계절) 맞추어 이르면 음양이 변화하고 도가 이루어지며 만물이 생명을 기를 수 있으며, 왕은 마땅히 여덟 바람을 따르며, 여덟 정치를 행하며 팔괘八卦와 해당시킨다"(『補遺』)고 하였다. 비록 『역위』는 동중서와 같이 적극적으로 하늘을 신화화하지는 않았지만, 천도를 본받는다는 사상은 오직 한결같이 드러난다. 『백호통덕론白虎通德論』도 천지를 본받음, 사계절을 본받음, 오행을 본받음 등을 말하였으며, 이러한 법상法象[2]의 이론과 사유가 중국 고대사회의 통치자가 국가를 다스리고 통치를 유지하는 여론의 도구로 바꾸어 놓았다.

정현은 신학神學이 성행하던 한대에 살면서 매우 깊고 두터운 역학의 함양과 넓고 해박한 문화의 온축蘊蓄이 있었으며, 이러한 천도를 본받음으로써 역학을 해석하고, 역학 가운데의 인문사상을 탐구하는 형식으로 삼은 것은 당연한 도리이다. 그는 다음과 같이 말하였다.

왕도 또한 상도가 있으니 하늘이 운행함에 때와 더불어 변화하고, 안일하게 위험을 잊어서는 안 되며, 보존하여 망함을 잊는다.(『건착도』 주)

그 음양에 순응하는 절기를 취하여 내정을 드러내어, 봄에는 너그럽고 어짊을 숭상하고, 여름에는 자라고 기르며, 가을에는 거두어들임을 가르치며, 겨울에는 덮어 저장함을 신칙申飭하니 모두 사물을 이루고 백성을 도울 수 있다.(泰「상」 주)

이것은 군왕은 마땅히 천도를 본받아야 하며, 음양의 절기의 변화를 순종하여 행동해야 함을 말한다. 봄에는 만물이 생장하니 너그럽고 어짊의 덕이 있으며, 여름에는 만물이 무성茂盛하니 자라고 길러지는 덕이 있으며, 가을에는 만물이

---

2) 역자 주: "法象"은 자연계의 모든 사물의 현상을 총칭하는 말이며, '모방하다', '본뜨다'의 의미도 있다.

성숙하니 수렴收斂의 덕이 있고, 겨울에는 만물이 잠장潛藏하니 덮어서 감추는 덕이 있다. 그러므로 군왕이 정치를 함에 마땅히 "봄에는 너그럽고 어짊을 숭상하고, 여름에는 자라고 기르며, 가을에는 거두어들임을 가르치며, 겨울에는 덮어 저장함을 신칙申飭"해야 한다.

그러나 더 많은 상황에서 정현은 「상전」과 서로 다른 형식을 찾고 받아들여 이러한 사상을 표현하였다. 「상전」은 법상法象이론을 설명할 때 "以"를 사용하였고, "以"를 "法"으로 받아들였다. 자연의 상象은 어떠하며, 사람은 마땅히 어떻게 그것을 본받아야 하는가? 그리고 정현은 "유猶"를 사용하였다. 유猶는 약若이며, 비슷함(相類)을 가리킨다. 자연의 상(곧 卦象) 가운데 표시된 것을 따라서 사람의 행위가 어떠해야 하는가를 찾아낸다. 대만학자인 호자봉 선생의 통계에 근거하면, "정현의 역주易注 가운데 현존하는 것은 열에 서너 가지이며, 유猶자의 사용은 인사人事에 관한 문장에서 시작하며, 17여 조목이 있다."[3] 그 주문注文을 보면 정현은 주로 아래 몇 가지 방면에서 자신의 사상을 상세하게 밝혔다.

1. 천지의 도를 따라 인군의 도덕행위를 유추한다

인의仁義는 하늘에 근원한다. 천지는 번갈아 문채文彩를 이루니 이것이 비賁의 상이다. 군왕이 강유와 인의로써 본받아 그 덕을 이루었다. 위 괘가 리離의 화火이며 아래 괘가 손巽의 바람은 정鼎의 상이며, 정鼎괘는 나무와 불로써 먹을 것을 삶고 익혀 사람들에게 쓰이게 한다. 인군은 마땅히 인의로써 세상을 교화해야 한다.

정현은 비賁를 주석하여 다음과 같이 말한다.

---

3) 胡自逢, 『周易鄭氏學』(臺北, 臺灣文史哲出版社, 1990), 「前言」.

비賁는 문식文飾이다. 리離는 태양이며, 천문天文이다. 간艮은 돌(石)이며, 지문地文[4]이다. 천문이 아래에 있고 지문이 위에 있으면서 천문과 지문이 서로 꾸며서 비賁를 이룬다. 이것은 인군이 강유와 인의의 도로써 그 덕을 꾸며 이룸과 유사하다.

또 정鼎을 주석하여 다음과 같이 말한다.

정鼎은 상象이 괘에 목화木火의 쓰임이 있다.…… 목화木火로써 솥의 음식을 삶고 익히는 상이다. 솥으로 삶고 익혀 사람을 기르는 것은 성군聖君이 인의의 도를 일으켜 세상을 교화하는 것과 유사하니 그러므로 정鼎이라고 한다.

정령의 발포發布와 호응은 하늘에 근원한다. 천둥소리가 굉음을 울리고 만물을 진동시키니 이것은 하늘의 호령이 발포하는 것이다. 『주역』 진震괘의 내괘와 외괘는 모두 진震이며, 하늘의 호령이 발포함을 상징한다. 군왕이 정령政令을 발포하는 것은 하늘의 천둥소리처럼 사람의 마음을 울려 흔든다. 하늘과 불은 서로 같은 속성이 있으니, 하늘의 위에 있고 불은 위로 타오르니, 불이 바람을 얻으면 더욱 치열해진다. 이와 같은 상象은 『주역』의 동인同人괘이다. 동인은 2·3·4 효가 호체가 손巽괘이며, 손巽은 바람이며, 바람이 불어 정령이 베풀어진다. 이와 같은 상은 군왕에게서 위에서 정교를 베풀어 세상 사람들이 같은 마음 같은 덕으로서 서로 응하게 하는 것이다. 정교가 베풀어짐은 같은 바람이 불어 두루 미치지 않은 곳이 없는 것과 같다. 천둥이 치고 바람이 부는 것은 『주역』의 익益괘가 되며 사회에서는 임금이 명령을 내리면 신하가 받들어 행한다.

정현은 진震괘를 주석하여 다음과 같이 말한다.

---

4) 역자 주: 山川, 丘陵, 池澤 등 대지의 모든 생긴 모양.

진震은 우레이며 우레는 사물을 움직이는 기이다. 우레가 소리를 내는 것은 인군이 정교를 내려 나라 안의 사람들을 움직이는 것과 같으므로 진震이라고 한다.

정현은 동인同人괘를 주석하여 다음과 같이 말한다.

건乾은 하늘이며, 리離는 불이며, 괘의 체에 손巽이 있고, 손은 바람이다. 하늘은 위에 있고 불은 위로 타올라 그것을 따라가니 이것은 그 성질이 하늘과 같기 때문이다. 불은 바람은 얻은 후에 불이 위로 타오름이 더욱 치열하니 이것은 인군이 위에서 정교를 베풀어 세상 사람들이 화합하여 그것을 받들도록 하는 것과 같다. 그러므로 사람을 화합하게 하는 것은 임금이 하는 바이다. 그러므로 동인同人이라고 한다. 바람이 불면 두루 미치지 않은 곳이 없으며, 두루 하면 회통의 덕이 크게 유행하므로 들에서 함께하는 사람이 있으면 형통한다고 한다.

정현은 익益 「상象」을 주석하여 다음과 같이 말한다.

진震은 우레이며, 손巽은 바람이며, 우레가 움직이고 바람이 불면 두 가지는 서로 이루니 마치 인군이 교령教令을 내리면 신하가 그것을 받들어 행하니 그러므로 가는 곳이 있어 이롭고, 큰 내를 건너니 이롭다.

태양이 밝게 빛나고 서로 이어져 끊어지지 않으며, 또 불은 흙을 생겨나게 하니, 이것이 리離괘의 상이다. 이로써 인군이 그 부친의 명덕을 계승하여 국가를 다스림을 나타낸다. 물과 불이 번갈아 융합하여 서로 키우면 필연적으로 새로운 사물을 생겨나게 한다. 이것이 혁괘革卦의 상이다. 이로써 군왕이 천명을 받아서 정삭正朔(冊曆)을 개정하고 복색을 바꾼다.

정현은 리離를 주석하여 다음과 같이 말한다.

두 가지를 밝힘은 임금이 상하를 밝히고 명덕明德으로써 서로를 이으며, 그것이 세상의 일에 드러나지 않음이 없도록 한다는 말이다.

리離는 남방의 괘이며, 리는 불이며, 흙에 의탁하여 자리한다. 흙의 색깔은 황색이며, 불의 아들이다. 아들을 깨우쳐 총명하면 그 아버지의 도를 따라할 수 있다.

정현은 혁革을 주석하여 다음과 같이 말한다.

혁革은 고침이다. 물과 불이 서로 키우고 다시 움직이는 것은 왕이 천명을 받아서 정삭正朔을 고치고 복색服色을 바꾸는 것과 같으므로 그것을 혁革이라고 한다.

우레가 땅 위에서 움직이면 만물이 즐거워한다. 이것이 예豫괘의 괘상이다. 군왕이 그것을 본받아 공을 이루면 마땅히 즐기며 춤추고 제사를 지낸다. 제례의 큰 도리는 근본인 천지에 보답하고 선조의 은혜를 잊지 않음이다. 하늘은 만물의 근본이며, 부모는 사람의 시작이다. 그러므로 하늘에 제사함에 조상(祖考)[5]을 배향配享한다. 예를 들면 『예기』「교특생郊特牲」에서 "만물은 하늘에 근원하며, 사람은 조상에 근원하니, 이것이 상제를 배향하는 까닭이다. 교외의 제사는 크게 근본인 천지에 보답하고 선조의 은혜를 잊지 않는 것이다"라는 말과 같다. 정현은 예豫의 「상象」을 다음과 같이 주석하였다.

우레가 땅 위에서 움직이면 만물이 이에 즐거워한다.…… 왕이 공을 이루어 즐거워하고 문장으로써 얻은 사람은 피리로 즐기고, 무예로써 얻은 사람은 만무萬舞[6]의 춤을 춘다. 각각 그 덕을 충만하게 하여 천지에 제사함에 조상을 배향하는

---

5) 역자 주: 祖考는 본래 "돌아가신 할아버지"를 뜻하지만, 여기서는 문맥상 일반 조상을 의미한다.
6) 과거 종묘와 산천에 제사를 지낼 때 방패와 도끼로 추는 武舞(일명 干舞)와 피리와 꿩의 깃을 쓰는 文舞(일명 籥舞)를 총칭하는 말.

것은 하늘과 더불어 그 공을 함께 나누도록 하는 것이다.(『周易集解』)

천지에는 음양과 상하의 구분이 있으며, 사회에는 군신과 존비尊卑의 구별이 있다. 양이 움직이면 음이 마땅히 스스로 덜어내고, 음이 움직이면 양이 마땅히 스스로 덜어낸다. 음이 스스로 덜어냄은 손해損害이고, 양이 스스로 덜어냄은 이익이다. 손익損益이 괘가 되어 반영하는 것은 일종의 자연현상이다. 사회에서 왕이 양이며 신하는 음이다. 군신의 도는 위를 덜어내고 아래를 더하는 것을 덕으로 삼으며 아래를 덜어내고 위로 더하는 것은 경계함이다. 정현은 『건착도』에서 "손損"과 "익益"을 다음과 같이 주석하였다.

양이 움직이는 때의 상象은 음이 마땅히 스스로 덜어내고 이로써 양을 받드는 것은 음도陰道를 경계하여 그것을 순응하도록 지키는 까닭이다.

음이 움직이는 바로 그때에 양이 마땅히 스스로 덜어내어 음을 더하는 것은 양도陽道를 경계하여 그 변화를 넓히는 까닭이다.

정현은 손損 「상象」을 주석하여 다음과 같이 말한다.

간艮은 산이며 태兌는 택澤이며, 호체互體는 곤坤이며 곤은 땅이다. 산은 땅 위에 있고, 택澤은 땅 아래에 있으니 택이 스스로 덜어내어 산의 높이를 더해준다. 이것은 제후가 그 나라의 부富를 덜어내어 천자에게 공헌하는 것과 같으므로 손損이라고 한다.

정현은 익益 「상」을 주석하여 다음과 같이 말한다.

음양의 뜻은 양을 임금이라 하고 음을 신하라 한다. 이제 진震의 하나의 양과 두 개의 음은 신하가 임금보다 많은 것이다. 그리고 사체四體의 손巽이 처음과 호응하지 않는 것은 천자가 자신이 소유한 것을 덜어내어 제후에게로 내려보내는 것이다. 임금의 도는 아래를 더하여 주는 것을 덕으로 삼기 때문에 익益이라고 한다.

자연계의 산과 산이 서로 대립함을 『주역』에서는 간艮이 되며 이로써 군신이 대치하여 서로 통하지 않음을 보여 준다. 불은 위에 있고 택澤은 아래에 있는 것이 규睽이며, 사람에게는 동거하되 뜻이 다르며, 군신에게는 임금이 음이며 신하가 양이다. 군신이 서로 어긋나고 음양이 어긋나 어지러워짐은 군신의 정도가 아니다. 양이 쇠하고 음이 성할 때 만약 신하된 사람이 임금의 밝은 지혜가 있어 임금을 대신하여 정치를 하는 것은 신하의 정도라고 할 수 있다. 이것은 『주역』의 대유大有의 괘상이니, 대유의 상괘인 리離는 광명이며, 그 가운데 효인 음효가 천자의 위치(尊位)에 있다. 하괘인 건乾은 양이며 임금이며, 이것은 신하가 임금의 위에 있으면서 임금을 보필하여 정치를 행함을 보여 준다. 또 정井은 우물을 수리함을 말하며 이로써 신하가 수신修身하여 임금을 섬김을 보여 준다.

정현은 간艮괘의 "그 등 뒤로 (고개를 돌려) 외면한다"(艮其背)를 주석하여 다음과 같이 말했다.

간艮은 산이며, 산은 각각 그 장소에 우뚝 솟아 있으면서 서로 따름이 없는 것은 임금이 위에 있고, 신하가 아래에 있으면서 은혜와 존경이 서로 통하지 않음과 같으므로 간艮이라고 한다.

정현은 규睽괘를 주석하여 다음과 같이 말한다.

규睽는 어그러짐이다. 불이 위로 오르려고 하고, 택澤은 아래고 가려고 하기에 사람이 동거하지만 뜻이 다름과 같다. 그러므로 규睽라고 한다. 2효와 5효가 서로 응하며, 임금은 음이며 신하는 양으로 임금이 신하에 응하기 때문에 작은 일이 길하다.

정현은 대유괘의 "원형元亨"을 주석하여 다음과 같이 말한다.

육오의 체는 리離이며 건의 위에 있는 것은 대신大臣이 임금의 덕이 있어 임금을 대신하여 정치를 하며 그 지위에 처함에 그 일이 있어 그것을 처리하는 것과 같다. 원형元亨은 또한 여러 신하를 길러서 선으로써 기쁘고 즐거운 모임(嘉會)의 의식을 행하도록 할 수 있다. 예를 들면 주공周公이 섭정하여 명당明堂(正殿)에서 제후들의 조회를 받은 일이 이것이다.

정현은 정井괘의 구삼의 "우물을 쳐도 먹지 않는다"(井渫不食)를 주석하여 다음과 같이 말한다.

이미 준설浚渫하였음을 말한다. 이것은 신하가 그 몸을 바로잡아 고쳐서 임금을 섬김과 같다.

2. 천도를 따라 성현과 군자의 도를 유추한다

옛사람의 눈에 자연계의 산은 높고 땅은 낮아서 산이 땅 위에 있다. 만약 당연한 이치를 위배하여 높은 산이 땅 아래에 있는 것을 겸손하게 물러난다고 말한다. 『주역』의 겸謙의 괘상이 곧 이와 같다. 겸謙괘의 상괘上卦인 곤坤은 땅이며 하괘인 간艮은 산이니, 땅 속에 산이 있다. 그러므로 공을 세워 이름을 떨치되 아랫사람에게 돌리는 것은 곧 군자의 겸손의 도리이다.

정현은 겸謙[7]을 주석하여 다음과 같이 말한다.

간은 산이며 곤은 땅이며, 산이 생긴 모양(山體)은 높은데 지금은 땅 아래에 있는 것은 그 사람의 도道는 높은데 아래로 할 수 있으니 낮추어 겸손한 상이다. 형亨은 기쁘고 즐거운 모임의 의식에서 겸손함을 기본으로 한다. 겸謙이라는 것은 스스로 낮추고 덜어내어 아랫사람으로 처신하니 오직 어긋남이 견고하며, 곤의 돈독한 따름으로 이에 끝마칠 수 있으니, 군자라는 사람의 마침이 있다.

음양의 사라짐과 자라남, 사계절의 교체를 천도天道라고 한다. 군자는 처세에서 나아가고 물러날 수 있으며, 때맞추어 나아가고 물러나야 하니 "머물 때 머물고, 행할 때 행함과 움직임과 멈춤이 그때를 잃지 말아야 한다." 이것을 군자의 도라고 한다. 진晉괘의 상괘인 리離는 태양이며 광명이고, 하괘인 곤坤은 땅이며 태양이 지상으로 출현하는 상이 있다. 승升괘의 상괘인 곤은 땅이며, 하괘인 손巽은 나무이며, 땅 속에서 나무가 생겨나고 태양이 자라나 위로 올라가는 상이 있다. 군자는 마땅히 그것을 본받아서 명덕을 밝히고 태양이 더욱 올라간다.

정현은 진晉 「상象」을 주석하여 다음과 같이 말한다.

땅은 비록 만물을 생겨나게 하지만 태양이 위로 나타나야 그 공이 곧 드러나므로 군자가 그것을 본받아서 스스로 그 덕을 비추어 밝힌다.

정현은 승升을 주석하여 다음과 같이 말하였다.

승升은 올라감이다. 곤은 땅이며 손巽은 나무이며, 나무가 땅 속에서 생겨나고, 태양이 자라나 위로 가는 것은 성인이 제후의 가운데 있으면서 명덕이 날로

---

7) 謙이며, 정현은 "嗛"으로 썼다.

높고 커지는 것과 같다. 그러므로 승升이라고 한다. 승升은 진보함을 상징한다.

곤坤괘의 하괘인 감坎은 월月이며, 상괘인 태兌는 어리석고 어두움으로 2·3·4 효의 호체互體는 리離로 태양이다. 그러므로 이 괘는 어리석고 어두움이 해와 달을 가리는 상이 있다. 둔遯괘는 음이 커지고 양이 소멸하는 상이며, 박剝괘는 음기가 위로 커지고 양을 침범하여 만물이 벗겨져 떨어지는 상이다. 명이明夷는 태양이 지하로 들어가서 광명이 이지러지는 상이며, 인사人事에서는 소인의 세력이 상승함이 극히 성하여 세상의 도리가 혼란스럽고 흑백이 전도顚倒된다. 군자는 마땅히 세상을 피해 숨어 있어도 번민하지 말아야 하며, 이것이 드러나지 않아도 근심하지 않으며, 행할 수 있는 바가 없으면, 소인의 해침을 피해야 한다.

정현은 둔遯을 주석하여 다음과 같이 말한다.

둔遯은 도망하여 물러감의 이름이다. 간艮은 궁궐의 문이며, 건乾은 튼튼한 덕이다. 호체는 손巽이며, 손은 나아감과 물러남이며, 군자가 문을 나가 행함에 진퇴가 있으니 도망하여 물러감의 상이다. 2효와 5효가 지위를 얻어 응함이 있으니 정도로써 예를 얻어 초빙을 받고 다른 나라를 위하여 벼슬을 시작함에 마땅히 겸손하고 또 겸손함을 숭상하여 그 화순和順의 도를 적게 하며, 낮은 관직을 맡고 작은 일을 주간한다. 그 나아감을 점차적으로 하면 샘내고 미워함의 해를 멀리한다.

정현은 박剝을 주석하여 다음과 같이 말하였다.

음기가 양을 침범하여 위로 올라와 5효에 이르면 만물이 떨어져 흩어지므로 박剝이라고 한다. 다섯 음과 하나의 양이므로 소인이 극성極盛하고 군자는 갈 곳이 없으므로 가는 바가 있으면 이롭지 않다.

정현은 명이明夷를 주석하여 다음과 같이 말한다.

이夷는 상傷이다. 태양이 지상으로 나타나면 그 밝음이 곧 빛난다. 그것이 땅으로 들어가면 밝음은 손상된다. 그러므로 명이明夷라고 한다. 태양의 밝음이 손상되는 것은 성인이나 군자가 명덕이 있으나 난세를 만나 오히려 낮은 곳에 있으니 마땅히 스스로 정사에 간여하는 어려움이 없어야 하니 이로써 소인의 해침을 피한다.

사물은 극에 다다르면 반드시 되돌아가니 음기는 왕성한 후에 반드시 쇠한다. 음기가 쇠함과 양기가 생장할 때 군자와 성현은 세상에서 물러나지 말아야 하며 마땅히 형세에 순응하여 적극적 행동을 해야 한다. 그러므로 쾌夬에 이르면 양기가 오래 스며들어 음기가 다 없어진다. 인사人事에서 성인은 형세를 타고 소인을 영원히 몰아내고 대세를 완전히 바로잡는다.

정현은 쾌夬의 "왕의 뜰에서 드날리다"(揚于王庭)를 주석하여 다음과 같이 말한다.

쾌夬는 결단함이다. 양기가 오래 침범하여 5효에 이른다. 5효는 존위尊位인데 음이 앞서는 것은 성인이 덕을 쌓아 천하를 기쁘게 하여 소인을 점차 소멸시키고 천명을 받아 천자가 되는 데 이르는 것과 비슷하므로 쾌夬라고 한다. 양揚은 월越이다. 5효의 호체는 건乾이며, 건은 임금이며, 또한 존위에 위치하니 왕정王庭의 상이다. 음효가 그 위에 있으니 소인이 군자를 타고서 죄악이 위로 성인의 조정에 들린다. 그러므로 왕정王庭에 흘러 전파된다고 한다.

정井의 상괘인 감坎은 물이며, 하괘인 손巽은 목木으로 물을 마시는 상이 있다. 그리고 군자는 그것을 본받아 천하의 민중을 교양시켜야 하는 직책이 있다.

정현은 정井괘를 주석하여 다음과 같이 말하였다.

감坎은 물이다. 손巽은 나무이니 두레박틀(桔槔)이다. 호체는 리離와 태兌이며, 리의 밖은 견고하여 가운데는 비었다. 태는 어두운 연못이며, 샘의 입구이다. 두레박틀을 두레박(甁)의 아래에 샘으로 들어가는 입구로 끌어서 물을 길러 나오는 것은 우물의 상이다. 우물은 사람을 기름에(汲)8) 물은 다하여 마름이 없는 것은 인군(君子)9)이 정교政敎로써 세상을 교양하여 혜택이 무궁함과 같다.

3. 천도를 따라 부부의 도를 유추한다

음양이 교감하고, 산과 연못이 기를 통하며, 만물이 변화하여 생겨나니 이것은 함咸괘의 상이다. 함의 상괘인 태兌는 연못이며, 하괘인 간艮은 산이며, 산 기운이 아래로 내려가고 연못의 기운이 위로 감을 나타내며 두 기가 서로 통하여 사물을 생겨나게 한다. 인사人事에서 상괘인 태兌는 소녀少女이며, 하괘인 간艮은 작은 아들이며, 이로써 남녀가 서로 화친하여 혼인함을 나타내며 부부의 도가 이로부터 생겨난다. 천지의 우레와 바람이 서로 수반하여 항구적으로 사물을 기르니 이것은 항恒괘의 상이다. 항괘의 상괘인 진震은 우레이며, 하괘인 손巽은 바람이며, 우레와 바람이 서로 수반하여 사물을 길러냄을 나타낸다. 인사에서 진震은 장남이며, 손은 장녀이다. 남녀가 같은 마음이면 길게 오래 간다. 고대에 부녀에 대하여 말하면, 항구의 도를 견지해야 하며, 한 사람을 따라서 마치는 것이 더욱 중요하였다. 그러므로 부부의 도는 천지, 우레와 바람, 산과 연못의 이치에 근원한다. "부부를 말하면 마땅히 종신의 의리를 가져야 한다. 부분의 도를 함咸과 항恒이라고 한다."

---

8) 汲은 마땅히 "養"으로 써야 한다.
9) 君子는 다른 판본에는 "人君"으로 쓰여 있다.

정현은 함咸을 주석하여 다음과 같이 말한다.

함咸은 감感이다. 간은 산이며 태는 연못이며, 산 기운이 아래로 가고, 연못의 기운이 위로 가서 두 기가 통하고 상응하여 만물을 생겨나도록 하므로 함咸이라고 한다. 그것이 사람에게서는 기쁘고 즐거운 모임에 예로 통하고 의義에 화순和順하며, 일을 함에 바르게 할 수 있다. 서른 살 된 남자가 이 덕을 가지고 있으면 그 아래 20세 여자가 바로 맞선을 보고 기뻐하여 아내로 맞이하면 길하다.

정현은 항恒을 주석하여 다음과 같이 말한다.

항恒은 구久이다. 손은 바람이며, 진은 우레다. 우레와 바람이 서로 수반하여 사물을 기르는 것은 장녀가 장남을 받아들이는 것과 같으며, 부부가 같은 마음으로 가정을 이루니 오래 길게 가는 도이다. 부부는 기쁘고 즐거운 모임에 예로 통하기 때문에 허물이 없다. 그것이 화순하여 일에서 해야 할 바를 하니 선善하다.

정현은 항恒의 육오인 "항기덕恒其德 정부인길貞婦人吉 부자흉夫子凶"의 구절을 주석하여 다음과 같이 말한다.

음효가 존위에 처하니 이것은 천자의 딸이다. 또 호체는 태兌이며, 태는 화합하여 기뻐함이니 지존의 주인집의 주인이며, 화합과 기쁨으로 가사를 처리하니 다른 사람에게 바름을 묻기 때문에 길하다. 구이에서 응하며, 또 남자의 상이며, 체는 손巽에 있고, 손은 진퇴이므로 정해진 바가 없으며, 부인의 말을 따르기 때문에 남편은 흉하다.

자연계에서 양은 움직임을 주관하고 음은 고요함을 주관한다. 가정에서는 남자가 양이며 밖에서 움직이며, 여자는 음이며 안에서 고요하다. 이것은 가인家人의 상이다. 가인의 2효는 음으로 내괘에 있으며, 5효는 양으로 외괘에 있다.

그러므로 남자가 밖을 주관하고, 여자가 안을 주관한다고 한다.

정현은 가인家人의 육오를 주석하여 다음과 같이 말한다.

2효는 음효로 내괘에서 바른 위치를 얻었으며, 5효는 양효이며 외괘에서 바른 위치를 얻었다. 이것은 부인婦人이 스스로 수양해서 내괘에서 바른 위치를 얻었고, 남편이 수양해서 외괘에서 바른 위치를 얻은 것과 같다. "이루는 바가 없다"(無攸遂)는 말은 부인婦人이 감히 스스로 이루는 바가 없음을 말한다. 효체爻體는 리離이며, 또 호체互體는 감坎이다. 화火가 아래에 위치하고 수水가 위에 있으니 '잘 익힘'(飪)의 상이다.

봄날에는 음양의 두 기가 서로 어울리고 만물이 생장하는 계절이며, 그와 어울러 서로 대응하는 사람이 시집가고 장가가는 것도 또한 봄의 계절을 귀하게 여긴다. 태泰의 육오의 효는 지지地支로 보면 묘卯이며, 묘는 중춘仲春이다. 그러므로 중춘에 시집가고 장가가면 길하고 이롭다.

정현은 태泰의 육오를 주석하여 다음과 같이 말한다.

5효의 효진은 묘卯와 춘春이며, 양陽이 중간에 있고 만물이 생겨난다. 낳아서 기르는 것은 시집가고 장가가기 귀한 중춘仲春의 달이며, 시집가고 장가가는 남녀의 예禮가 있으니, 복福과 녹祿이 크게 길하다.

일반적으로 말하면 양기는 강건하고 음기는 유순하다. 음양의 두 기가 화합하여 만물을 생겨나게 하는 것은 곧 하늘의 도이다. 이와 반대로 음기가 왕성하고 굳세어 양기와 서로 만나면 양을 상하게 하니 하늘의 정도가 아니다. 이것은 구遘괘10)의 상이다. 구遘괘의 상괘인 건乾은 건健이며, 하괘인 손巽은 장녀이며, 여자가 장하고 강건한 의미가 있다. 또 이 괘는 하나의 음과 다섯 양으로

---

10) '遘卦'는 일반에 유포된 통행본에서는 '姤'로 쓰여 있다.

구성되며, 하나의 음이 초효에서 다섯 양과 서로 만나는 의미가 있다. 하나의 음이 다섯 양을 만나니 음이 굳세다. 인사에서 여자가 강하고 장하여 부부大婦의 도를 잃게 되므로 장가가서 아내로 삼을 수 없다.

정현은 구遘를 주석하여 다음과 같이 말한다.

구遘는 우遇이다. 하나의 음이 다섯 양을 받드니 한 여자가 다섯 남자를 감당하니, 단지 서로 만날 뿐이다. 바른 예禮가 아니므로 구遘라고 한다. 여자가 이와 같이 굳센 것은 음란淫亂함으로[11] 굳세고 강건하기 때문에 장가들 수 없으니, 부인婦人은 유순함(婉娩)을 그 덕으로 삼아야 한다.

천지의 음양 두 기가 서로 어울려 만물이 생겨나며, 만약 천지의 음양 두 기가 서로 어울리지 않으면 만물은 일어나지 않는다. 예를 들면 「단彖」에서 "천지가 어울려 만물이 두루 통한다"고 하고, "천지가 어울리지 않으면 만물은 서로 통하지 않는다"고 한 말과 같다. 인사에서는 남녀가 서로 어울리지 않고 부인이 아이를 낳지 않으면 정도正道를 잃는다.

정현은 점漸괘의 구삼의 "남편이 가면 돌아오지 않고 부인이 잉태해도 낳지 않는다"(夫征不復, 婦孕不育)를 주석하여 다음과 같이 말한다.

구삼의 상上과 구오는 호체로 리離이며, '라는 '윗배'(大腹)이며, 잉태孕胎의 상이다. 또 호체는 감坎이며, 감은 남편이고 감은 수水이다. 물은 흘러가니 이것은 남편이 가서 다시 오지 않음이다. 남편이 다시 오지 않으니 부인의 도가 뒤집히기 때문에 잉태해도 낳지 않는다.

보존된 역주易注로 보면, 정현은 천도로부터 인사를 추론하고, 또 군신君臣, 성현聖賢, 군자의 도리도 대부분 아마도 다음 두 가지 방면에서 결정된다.

---

11) '似淫'으로 되어 있으나 다른 판본에는 '以'로 쓰여 있다.

첫째, 『주역』 경전에 내포된 천·지·인 삼재의 도이며, 또한 천지의 도가 인도人道로 귀결된다. 『주역』이라는 고경古經은 본래 복서卜筮의 책이어서, 그 논술은 인사人事의 길흉을 대부분 말하고 있다. 어떤 때는 천지자연의 상을 말해도 이것은 인사를 비유하는 것이다. 예를 들면, 둔괘屯卦·몽괘蒙卦·수괘需卦·송괘訟卦·사괘師卦·비괘比卦·리괘履卦·동인괘同人卦·대유괘大有卦·겸괘謙卦·예괘豫卦·수괘隨卦·고괘蠱卦·림괘臨卦·관괘觀卦·서합괘噬嗑卦·비괘賁卦·박괘剝卦·복괘復卦·대축괘大畜卦·이괘頤卦·리괘離卦·함괘咸卦·가인괘家人卦·규괘睽卦·건괘蹇卦·해괘解卦·손괘損卦·익괘益卦·취괘萃卦·곤괘困卦·간괘艮卦·귀매괘歸妹卦·손괘巽卦·환괘渙卦 등 괘의 효사爻辭는 모두 인사를 말한다. 그리고 건괘乾卦에서 말하는 "용龍"은 인사의 진퇴를 비유하며, 점괘漸卦에서 말하는 "홍점鴻漸"[12]은 혼인婚姻을 비유하며, 풍괘豊卦는 일식日蝕을 말하고, 진괘震卦는 우레를 말하고, 대과大過는 "마른 버드나무"(枯楊)와 "용마루"(棟) 등으로 인사의 길흉을 비유하였다. 『역전易傳』이 상세하게 밝혀낸 『주역』 고경의 이치는 분명히 천인합일의 이론을 기초로 삼은 것으로, 곧 천지에서 인생은 천지와 동일구조 동일성질이며, 또한 천지와 공생하고 공존한다. 하늘과 사람은 하나의 이치이며, 인도人道는 천도天道로부터 유래한다. 그러나 사람은 번성繁盛하고 진화 가운데 천차만별로 천지와는 절연截然하게 서로 다른 특징을 형성하였으므로, 사람의 행위가 천지天地·일월日月·사계절의 변화와 서로 일치하도록, 더욱이 신명神明의 덕을 통하고, 만물의 실정을 견주도록 보증해야 하기 때문에 고故 사람은 마땅히 천도를 본받아 행해야 한다. 『역전』의 저자의 입장에서 보면 사회에서의 제왕·성현·군자는 인간 가운데의 걸출한 사람(精英)이며, 천도를 체현하는 사람이며, 정의正義의 화신이다. 이 때문에 『주역』은 군자를 위하여 도모하며, 소인을 위해서는 도모하지 않는다. 정현은 이미 『주역』을

---

12) 역자 주: 기러기처럼 아래에서 위로 차례를 따라 벼슬이 올라감을 비유한다.

주석한 사람으로 인사를 말하지 않을 수 없으며, 인사를 말하였다면 또한 제왕·성현·군자를 위주로 하지 않을 수 없었다.

둘째, 정현이 살았던 동한東漢의 제국은 내우외환으로 매우 위험하였으며, 윤리도덕이 짓밟혀 사회는 균형을 잃었다. 정현은 관료의 대열에 들어가 조정에 봉사하기 싫었을 뿐만 아니라 더욱이 전란으로 표류생활을 감당할 수 없었기 때문에 조화되고 평안한 생활환경을 희망하였다. 이 때문에 그의 역학연구의 무게중심은 이미 천도로부터 인도로 옮겨 갔으며, 게다가 군신·부자·부부의 도에 관심을 두었으며, 특히 그것은 임금의 도와 성현의 도를 위한 것이었다. 정현은 자신의 정치이상의 실현을 덕치를 하는 명군과 완벽한 성현과 삼례에까지 밀고 나가 의탁하였는데, 이것은 또한 정현이 필생의 정력을 쏟아 부어 유가의 경전, 특히 삼례를 해설한 원인이다. 사실 정현의 역학은 인사에 관한 내용으로 삼례를 상세하게 밝혀낸 것이 더욱 많다. 삼례는 선진先秦의 전장제도典章制度[13]를 보존해 온 책이며, 그것은 사람의 행위를 규범화하고, 사람과 사람의 관계를 조절하고, 사회의 안정된 작용을 유지하고, 양한兩漢 사회의 필요에 적응하였다. 그 가운데 『의례儀禮』는 관학官學으로 높이 받들어 존중받았으며, 다른 것은 비록 관학이 되지 못하였지만 다른 정도로 당시의 통치자와 사상가들의 특별한 주목을 받았다. 정현이 삼례와 『주역』을 주석한 한 것은 마땅히 같은 목적이 있다고 해야 한다. "정현의 삼례주三禮注에는 그의 사상 활동과 가치의 취향이 구체적으로 드러나 있으며, 그 가운데는 개인적인 체험과 세도世道에 대한 감수感受도 포함되어 있다. 비록 그 사상의 표현이 대부분 단편적이거나 연관되지 않거나 혹은 문장에 따라 끌어 붙였거나 혹은 감정적으로 표현하였거나 다른 경전에서 표현된 말을 빌려서 자신의 뜻을 표현하기도 하였다. 그러나 항상 사람들로 하여금 그의 사상활동을 느끼어 받아들이도록 하였다."[14]

---

13) 역자 주: 국가의 제도와 문물, 사회의 법칙, 규칙 및 章典.
14) 姜廣輝 主編, 『中國經學思想史』 2권(中國社會科學出版社, 2003), 514~515쪽.

정현의 역학은 실질적으로 말하면, 한대의 다른 역학과 마찬가지로 일종의 '천인지학天人之學'(이하 天人學으로 통일)이다. "이와 같은 천인학天人學은 인도를 떠나 고립되지 않으면서 천도를 탐색하고, 또한 천도를 떠나 고립되지 않고 인도를 탐색하며, 세계의 통일성을 하나의 자명한 이치로 보며, 하늘과 사람의 관계, 주主와 객客, 자연과 사회의 상호관계를 탐구하는 데 착안하고, 이러한 탐구를 통하여 어떤 '규율성의 것'을 찾아내어 그로써 인사, 특히 정치를 지도하고자 한다."[15] 고대의 천인학의 표현형식은 서로 다르며, 혹은 천도에 편중되기도 하고, 혹은 인도에 편중되기도 한다. 천·지·인 삼재의 도를 본받거나 모방함이 특징인 역학은 그 자체가 일종의 천인학이다. 한대의 역학은 천인학이며, 그 착안점은 『주역』의 천도에 있으며, 천도를 논증하는 데 편중되어 있다. 그러나 또한 인도에 대한 설명도 소홀하지는 않았다. 정현의 역학은 바로 이 점을 말해 준다.

구체적으로 말하면, 정현의 역학은 두 가지 면에서 표현된다. 첫째 면은 역학을 천인이 소통하는 다리로 본다. 이러한 이론에 따르면, 역학의 기호는 천도를 본받아 만든 것이며 천도와 천지의 표준을 포함한다. 바로 그것(역학부호)이 천도자연과 서로 합하기 때문에 "천도자연天道自然"의 대명사로 본다. 예를 들면 괘기卦氣 가운데 사정괘四正卦의 기는 팔괘의 기와 소식괘消息卦의 기 등과 함께 이미 단순한 추상적 의미의 부호가 아니며, 객관적 실재인 자연의 기를 가리킨다. 이와 같은 자연의 기가 만약 변고가 생긴다면, 곧 마땅히 이르러야 하는데 이르지 않거나, 마땅히 이르지 않아야 하는데 이르거나 하는 것이 곧 재이를 출현하도록 하여 사회정치와 인체에 영향을 발생시킨다. 천도변화의 규율을 장악하면 재이를 미리 알 수 있어 최대한으로 재이가 사람에게 끼치는 재단을 감소시킬 수 있다. 이뿐만 아니라 사람들은 자신의 덕성을 수양하여

---

15) 餘敦康, 『何晏王弼玄學新探』(齊魯書社, 1991), 2쪽.

정치를 개혁하여 하늘을 감화시킬 수 있다. 따라서 각종의 천기가 마땅히 이르러야 하는 것은 곧 이르게 하고, 마땅히 이르지 않아야 할 것은 이르지 않게 하면 재이를 다시 발생하지 않는다. 둘째 면은 하늘의 일을 따라서 사람의 일을 추론한다. 『주역』의 여섯 획으로 된 괘의 부호는 가장 기본적으로 여덟 종류의 삼획괘의 부호로 구성된다. 여덟 종류의 삼획괘의 부호가 둘씩 조합하여 64괘를 구성하여, 천태만상의 자연변화의 사물과 그 규율을 반영한다. 천인天人은 한 몸이며 동일한 구조로서 재이의 습격을 만나지 않으려면, 사람들은 자연규율을 상징象徵하는 이러한 괘상을 따라서 행동의 준칙을 찾아야 하고 그로써 천인합일을 이룰 수 있다.

당연히 우리들이 마땅히 알아야 할 것은, 본래의 의미를 따라서 보면, 정현과 『역전』은 같은 오류를 범하고 있는데, 많은 괘상은 가상적이며, 어떤 괘상은 비록 가상적인 것은 아니지만, 사람들의 행위는 괘상 가운데서 직접적으로 추론되어 나오는 것이 아니라는 것이다. 구체적으로 말하면, 추상적인 역상易象의 부호의 의미는 유일한 것이 아니며 정확하지 않은 면도 있으나, 그것은 대상을 해석하는 데 가장 강한 자극이 되었으며, 후세의 해석자들에게 풍부한 상상공간과 무한한 해석의 기회를 제공하였다. 일단 필요하면, 그것은 한 대의 만능기계처럼 새로운 제품을 만들어내는 것처럼 해석되고, 많은 새로운 의미를 부여하였다. 여기서 말하는 "새로운 의미"는 『주역』 자체에 대하여 말하는 것이며, 그것은 『주역』이 원래 처음부터 포함하지 않은 것이다. 그리고 이론 자체로 말하면, 이러한 "새로운 의미"는 『주역』의 괘상에 앞서거나 혹은 그 후에 형성되었으며, 시대의 진화에 따라서 자신의 형태를 바꾸어서 자신의 논리로 끊임없이 발전하고 완전해지고, 대다수는 역상의 부호 속에서 도출되는 것이 아니라, 그보다 더 많이 해석자가 이러한 관념과 이론으로 역상을 이해하고 해석한 것이다. 이 문제에 대하여 양위현梁韋弦 선생이 일찍이 상세하게 분석하였다. 그는 "먼저, 만약 근원적으로 말하면, 이른바 상수와 의리는 모두 사람들이 객관적 사물을 인식한 결과이며, 그것이 파생되는 과정으로 말하면 사람들의 머릿속에서 일련의 인식이 형성된 이후에 64괘의 체계를 통하여 표시된다. 다시 말하면, 『주역』의 상수체계가 탄생하기 전에 사람들은 실제로 이미 천도와 인도 및 길흉의 이치에 대한 인식을 가지고 있었고, 이러한 인식은 결코 『주역』의 상수체계에 근원하는 것이 아니며, 근본적으로 어떤 상수가 파생한 의리도 아니며, 의리는 상수에서 벗어난 문제이다. 왜 이처럼 사실 결코 그렇게 복잡하지도 않은 문제가 오랜 기간 동안 많은 사람들을 괴롭혔는지 모르겠다. 다음으로, 『역전』과 같은 책들이 의리에 대하여 해석한 것이 모두 상수와는 탈태脫胎된 것인가? 또한 아니다. 예를 들면, 『논어論語』「술이述而」에서 공자의 말을 기록하기를 '다시 몇 년을 더 주어 50세에 『역』을 배운다면 큰 허물이 없을 수 있을 것이다'라고 하였다. 이에 근거하면, 공자가 『역』을 배운 것은 50세 이후이다. 그것은 곧 『역전』에서 '子曰'과 같은 것 가운데서 말하는 인의도덕은 공자가 일찍이 이미 인생의 대부분을 보낸 뒤에 말한 것이며, 어디서 무엇이 상수 가운데서 나온 것인지는 단지 『주역』을 빌려서 말한 것에 불과하다는 말임에랴! 또한 어떤 논자가 거론하는 것처럼, 려괘旅卦의 「상전象傳」에서 말하는 '산 위에 불이 있으니 려旅이다. 군자는 밝고 신중하게 형을 쓰되 옥에 가두지는 않는다'는 종류의 사상은 실제로는 모두 역사적으로 사람들이 정치에서 실천하는 가운데 쌓은 귀중한 경험이다. 나는 이러한 의리는 결코 '상수에서 탈태된 것이 아님을 믿으며, 눈이 밝은 사람이라면, 모두 이것은 단지 괘상을 빌려서 상세하게 밝혀낸 것임을 알아낼 수 있다. 나는 근본적으로 누가 려괘旅卦의 괘상에서 형벌로서 옥사를 다스리는 도리를 알아낸 것이라고 믿지 않지만, 도리어 「상전」의 작자는 이러한 도리를 여괘의 괘상에 기탁하여 이러한 부호 아래에 이와 같은 특정한 의미를 부여하였다. 요컨대 『역전』과 같은 책들은, 실제로 대부분 상수를 빌려서 의리를 말한다. 만약, 역학의 표현방식으로 말하면, 나는 상수와 결합하여 의리를 말하는 것에 전적으로 찬성한다. 왜냐하면 역학에는 역학의 특징이 있어서 상수를 빌리지 않고 의리를 말하면,『주역』은『논어』와『맹자』와 같은 형식의 책이 되기 때문이다. 그러나 어떤 말을 하더라도 모두 반드시 의리義理가 곧 역학의 영혼이라는 것을 알아야 한다. 또한 우리는『주역』에는 상수 이외에 또한 '사辭'가 있음을 잊지 말아야 한다. 사실『주역』의 의리를 이해하려면, 사辭 또한 가장 중요하다. 「계사전」의 견해에 따르면, '이런 까닭에 군자가 거처함에 편안한 것은 역의 순서이며, 즐기되 익숙한 것은 효爻의 설명이다'라고 하고, '또한 존망存亡과 길흉吉凶을 알려면 거처함으로써 알 수 있다. 지혜로운 사람은 그 단사彖辭를 관찰하니, 생각이 곧 과반이다'라고 하였다. 「계사전」의 말은 옛말이 아니라고 할 수 없지만, 틀림없이 '선유先儒'의 말이며, 선유가 보기에 열심히 괘사卦辭와 효사爻辭의 의미를 연구한 사람은 대체로 이해할 수 있다. 역으로 말하면, 가령『주역』에 단지 64괘의 괘상만 있고 괘사와 효사가 없다면 나는 전문가들이 그 가운데서 무엇을 알아낼 수 있는지 알 수 없다. 바꾸어 말하면, 상수를 이해하면 사람이 의리를 이해하는 데 도움이 될 수 있지만, 그러나 몇몇 논자들처럼 상수의 문제를 그렇게 엄중하게 보아야 할 필요는 결코 없다."16) 정현 역학의 인도사상은 곧 자신의 이해에 근거하였으며, 당시 사회의 관념과 이론을 운용하여『주역』을 해석하였다. 이러한 의미에서 정현이『주역』의 본의를 해석하였다고 말하는 것은, 오히려 그가『주역』을 도구로 삼아 인도人道를 상세하게 밝혀내었다고 하는 것만 못하다.

---

16) 梁韋弦, 「"卦氣"與"曆數", 象數與義理」(『松遼學刊』 2001년 第5期, 人文社科版)를 보라.

제7장 역학사관

1. 역의 기원

역易의 근원은 어디에 있는가? 어떻게 진화하였는가? 이것은 한대 역학자들이 주목한 초점이다. 『역위』는 일찍이 역의 전수 체계를 제출하였는데, 천로씨天老 氏・혼돈씨混沌氏・천영씨天英氏・무회씨無懷氏・신농씨神農氏・열산씨列山氏・제 리씨帝厘氏・헌원씨軒轅氏・문왕文王・공자孔子이다. 역의 발전과정에서 출현한 『역』과 상관된 저작에 『수황책垂皇策』・『만형경萬形經』・『건위문乾緯文』・『건착도 乾鑿度』・『고령경考靈經』・『제령경制靈經』・『하도팔문河圖八文』・『희이명希夷名』・ 『함문가含文嘉』・『계명도稽命圖』・『분문분文』・『팔문대八文大』・『원명포元命苞』 등이 있다. 그 가운데 『수황책』・『건위문』・『건곤착도乾坤鑿圖』는 직접 『역』을 설명하는 것이다. 『역위』는 또 포희씨包犧氏가 쓴 『건착도』, 왜황씨媧皇氏가 쓴 『지령모경地靈母經』, 염제炎帝가 지은 『역령위易靈緯』 등은 모두 역에 관한 저술이 다. 역은 무에서 유에 이르는 발전 과정을 거쳤으며, 구체적으로 말하면 먼저 리理가 있은 후에 형形・상象・수數가 있다. "역은 무無에서 일어나 무로부터 유로 들어가며, 리가 있어야 형체가 있으며, 형체가 변하여 상象이 있고, 상象이 있은 이후에 수數가 있다."(『乾坤鑿度』 상) 역의 근원은 복희伏義에게 있다. "창아蒼牙 (伏義의 별칭)는 신령하며, 창昌(文王)은 이룸이 있으며, 공자는 추리 연역推演하여 자세하게 경전을 밝혔다."[1] 역학의 기원과 발전의 문제에서 정현의 주석은

---

1) 역자 주: 『易緯坤靈圖』, "蒼牙, 通靈, 昌之成運; 孔・演命明經道." 舊注: "蒼牙則伏義也,

『역위』의 본의를 간단하게 되풀이하지는 않고, 한 걸음 더 나아가 상세하게 밝혔으며, 역의 기원은 복희에게 있으며, 가장 빠른 것은 유소씨有蘇氏까지 소급할 수 있다고 보았다. 그는 말하기를 "옛 성인인 유소씨가 마치 하늘에 멀리 걸려 있는 것처럼 위태로운 뜻을 탐구하였으며, 마치 땅이 도를 따르는 것처럼 평이한 이치를 추구하였다. 또 포희씨와 같은 중간의 성인은 처음으로 팔괘八卦를 그려서 문자와 섞어 새겼다"(『건곤착도』 주)고 하였다. 또 "유소씨 이전에는 원기가 이미 단절되었다. 또 성인이 땅으로써 사물을 본받았으며, 유소씨가 땅을 본받아 사물을 이용하였다"(위의 책)고 하였다. 정현의 해설에 의하면 역이 세상에 전하는 것은 결코 순탄하지 않았으며, 여러 차례 큰 곤란을 겪었다. 그 첫째는 황제黃帝 뒤에 비의 재해를 만나 역의 가르침이 상실되었다. 두 번째는 고신高辛(帝嚳의 별칭)의 시기에 화재를 만나 역易이 불탔다. 세 번째는 대우大禹가 홍수의 재난을 만나 오행五行의 역易이 다시 훼손되었다. 그리고 역학은 하도낙서河圖洛書로부터 전승되었는데, 매번 재난을 당한 후 성인이 하도와 낙서에 근거하여 새롭게 고쳐서 다시 얻었다. 그는 다음과 같이 말한다.

성스러운 가르침은 매우 어려우니 오직 성인과 현인만 그것을 안다. 태고의 교훈에서 성인의 후손들(公孫)에까지 큰 액운(白六)[2]이 여러 번 있었으니, 결국 크나큰 비를 만나 또한 그 교화의 근원을 잃었다. 고신高辛의 시대에 이르러 양구陽九가 여러 번 불이 나서 또 그것을 태웠고, 후소后少가 숭강嵩岡에서 구하여 하도를 얻었으며, 그 안에 있는 역법易法을 재건하여 다시 대성大聖(孔子)이 태어나게 하니 역이 크게 유행하였다. 또한 우禹에 이르고 탕湯이 대를 이었고, 우임금 때 홍수가 매우 엄청나서, 양릉襄陵이 물에 잠기었고, 오행역이 또 그 원형을 상실하였으나, 태혈泰穴에서 낙서를 얻으니, 거기에 태역太易이 있었다. 역의 원류는 대역大易이 이미 행해진 지금의 『연산』과 『귀장』이라 부르는 것이다. 그로 인하여

昌則文王也, 孔則孔子也."
2) 역자 주: "大白六數"에서 白六은 골패놀이에서 나오는 숫자를 말한다.

옛 비전祕傳을 얻었으니, 이 서書를 어떤 현인이 알았겠는가? 주나라 문왕文王은 중성中聖3)으로 또한 원범源範을 수정하니, 쉽게 없어지지 않고, 대부분 이『건곤이착도乾坤二鑿圖』상·하의 문장에 남아 있다.(『乾坤鑿度』주)

　　"하도"와 "낙서"는 하수河水에는 하늘의 글과 문자의 그림을 지닌 용龍이 있으며, 낙수에서는 등에 글이 있는 거북이 있는데, 이 "그림"과 "글"의 출현은 사회에 대하여 일종의 좋은 징조이며, 성인은 이 좋은 징조에 근거하여 문자를 만들어 서書를 지었으니 이것이 곧 정현이 말하는 "하도河圖"와 "낙서洛書"이다. 정현은『건곤착도』를 주석하여 말하기를 낙서는 "거북의 글이며, 상을 예시한다"고 하고 "하도河圖는 강 속에서 하늘의 글과 그림의 가르침을 얻어, 용이 지니고 나왔으며, 마치 거친 비단 깁이나 무늬 같기도 하고 아닌 듯도 하다"고 하였다. 정현은「계사」를 주석하여 "『춘추위春秋緯』에서는 황하는 건乾을 통하여 천포天苞(河圖)를 내었고, 낙수는 곤坤으로 흘러 땅의 부호를 드러내었다. 황하의 용은 그림으로 드러내고, 낙수의 거북은 서書로써 이루었다. 하도는 9편이 있고, 낙서는 여섯 편이 있다"고 하였다. 하도와 낙서는『주역』에서는 일찍이 성인이『역』을 지은 중요한 근거로 제출되었다.「계사」에서는 "황하에서 도圖가 나오고, 낙수에서 글이 나와 성인이 그것을 모범으로 삼았다"고 하였다. 다만「계사」에서는 "도圖"와 "서書"에 대하여 해석을 하지 않았기 때문에 후세에 하도와 낙서에 대한 해설이 분분하게 하여 하나로 일치될 수 없다.

　　필자는 "황하에서 그림이 나오고 낙수에서 글이 나왔다"는 말은 당연히 고대에 출현했던 일종의 극히 일상적인 자연현상이라고 생각한다. 이와 같은 자연현상이 드러날 때 마침 어떤 성군聖君이 세상에 출현하여 천하가 태평하고, 이러한 우연한 일이 공교롭게 일치하여, 어떤 호사가들이나 혹은 다른 의도를

---

3) 역자 주: 전한의 陸賈(BC 240?~170?)는『新語』에서 과거 중국의 역사흐름을 先聖, 中聖, 後聖으로 구분하여 설명하였다.

가진 사람들에 의해 가공되어, 인사人事와 밀접한 관계가 있는 길조로 신화神化화되었다. 어떤 정치적 필요에 의해 도서圖書의 설이 유행하여 전할수록 신화화되고, 진화할수록 더욱 치열해졌다. 『논어』에서 "황하에서 도圖도 나오지 않았으니…… "4) 하는 한탄은 곧 그 정치적 주장이 아직 채택되지 않고 이상이 실현되지 않은 데 기인하여 나왔으며, "황하에서 도圖도 나오지 않았으니…… "와 「계사」의 의미는 전혀 다르지 않다. 그리고 양한의 특수한 역사시대에 제학齊學을 대표로 하는 금문경학이 학계의 통치적 지위를 차지하고, 정치와 문화의 요구에 영합하였으며, 사람들은 "하도"와 "낙서"에 대한 해석에 열을 올렸으며, 아울러 참위讖緯와 결합하여 대대적으로 마구 신비적으로 과장하였다. 비록 이 시대에 "하도"와 "낙서"에 대한 해설이 천태만상으로 다양하지만 오직 일치하는 한 점은 "하도"와 "낙서"가 성현이 세상에 출현하는 징조일 뿐만 아니라, 또한 제왕이 천명을 받은 신부信符라는 것이다. 정현은 『시류모是類謀』의 "황하에서 녹도錄圖가 나오고, 낙수에서 변서變書를 내렸다"는 말을 주석하여 "왕이 천명을 받을 때 또한 황하에서 도圖가 나오고, 낙수에서 서書가 나와서 그것을 받아서 왕의 기록(錄)으로 삼았다"고 하였다. 『예기禮記』「예운禮運」에서는 "하늘이 그 도를 어기지 않고, 땅이 그 보배를 어기지 않으며, 사람도 그 정情을 어기지 않으므로 하늘이 감로甘露(膏露)를 내리며, 땅은 술샘(醴泉)을 내며, 산은 그릇과 수레를 내며, 황하는 용마龍馬를 내고, 봉황鳳皇과 기린麒麟은 모두 교외의 야자나무에 있고, 거북과 용은 궁실과 연못이 있다"고 하였다. 여기서 "황하에서 용마가 나왔다"는 말은 하도河圖를 가리킨다. 청나라 유학자 혜동惠棟은 정현이 인용한 『춘추위春秋緯』의 말은 『예운』과 그 뜻이 일치한다고 보았다. 그는 "정현의 역주易注는 『춘추위』에 근거하여 '황하는 건乾과 통하여 천포天苞를 내었다'는 말은 하늘이 그 도를 어기지 않았기 때문에 황하에서 도圖가 나왔다. 또 '낙수는 곤坤으로 흘러

---

4) 역자 주: 『논어』, 「子罕」, "鳳鳥不至, 河不出圖, 吾已矣夫!"

땅의 부호를 드러내었다는 말은 땅이 그 보배를 어기지 않았기 때문에 낙수에서
서書가 나왔다. 하도와 낙서는 제왕이 천명을 받은 신부信符이며, 성인이 천지를
관상하여 인정人情에 따랐다"(『周易述』 15)고 하였다. 정현의 "황하의 용은 그림으
로 드러내었다"는 말은 "황하에서 도圖가 나왔다"는 말을 해석한 것이며, "낙수의
거북은 서書로써 감응하였다"는 말은 "낙수에서 서書가 나왔다"는 말을 해석한
것이다. 이도평李道平의 해석에 근거하면, 하도河圖 9편과 낙서洛書 6편은 "위서緯書
의 수數"를 가리키며, 곧 성인이 제왕이 천명을 받은 신부에 근거하여 위서緯書를
작성하였다.(『周易集解纂疏』, 권8)

주의할 것은 "하도"와 "낙서"에 대한 정현의 해석은 아직은 직접적으로
팔괘와 연관되어 있지 않았다는 점이다. 비록 그가 "복희虙羲가 십언十言의
가르침을 지어서 말하기를 건乾·곤坤·진震·손巽·감坎·리離·간艮·태兌·소
消·식息이다"라고 말하기는 하였지만, 도리어 아직은 하도와 낙서를 팔괘 혹은
팔괘의 기원으로 보지는 않았으며, 이와 함께 선명하게 대비되는 또 하나의
관점은 서한의 공안국孔安國(생졸 미상)과 유흠劉歆(?~23)이다. 공안국은 하도를
팔괘로 해석하였다. 그는 "황하에서 도圖가 나오지 않았다"는 것을 논할 때
"하도는 바로 팔괘이다"(『論語集解』, 「子罕」)라고 하였다. 또 「계사」를 주석하여
"하도는 바로 팔괘이며, 낙서는 바로 구주九疇(洪範九疇)이다"(『주역정의』, 「계사전」
인용)라고 하였으며, 『상서尚書』에서 "천구天球와 하도河圖(등의 보물)는 동쪽 행랑에
놓았다"고 한 구절을 주석하기를 "하도는 팔괘이다. 복희가 세상의 왕일 때
용마가 황하에서 나왔고, 그 무늬를 따라서 팔괘를 그렸는데 그것을 하도라고
한다"(『古文尚書傳』, 「顧命篇」)고 하였다. 공영달의 해설은 모순이 있어 보이는데,
즉 하도가 팔괘라면 하도가 팔괘의 근거가 된다. 사실은 결코 모순이 아니다.
그가 하도를 팔괘로 해석했을 때 하도는 자연적인 팔괘의 도형圖形을 말한
것이며, 그가 하도를 팔괘를 그린 근거로 해석할 때는 성인이 하도가 나타내는
도상圖像에 근거하여 만든 것이 팔괘의 부호를 말한다. 자연의 도상圖像이든

성인이 만든 부호이든 상관없이 둘은 마땅히 일치하는 것이다. 유흠도 또같이 말하였는데, 그는 "복희가 하늘을 이어 왕이 되고, 하도를 받아서 그것을 그렸는데 팔괘가 이것이다. 우임금이 홍수를 다스리고, 낙서를 하사下賜하니 본받아서 진술하니 홍범이 이것이다"(『한서』, 「五行志」)라고 하였다. 한유漢儒들이 "하도"와 "낙서"에 대한 해석에서 오행십수五行十數, 구궁수九宮數 등을 다루지 않았기 때문에 한대에 이미 송宋나라 사람들이 말한 "하도"와 "낙서"가 있었다는 결론을 추론할 수가 없다.

2. 삼역설三易說

하도와 상관되는 "삼역三易"의 문제도 한나라 사람들이 담론한 비교적 많은 화제이다. 왕충王充이 볼 때 삼역은 하도에 기원한다. 그는 "옛날에 열산씨烈山氏(神農氏 혹은 炎帝)의 왕이 하도를 얻었고, 하후夏后가 그로 인하여 연산連山이라고 하였으며, 열산씨의 왕이 하도를 얻으니 은殷나라 사람들이 그로 인하여 귀장歸藏이라고 하였으며, 복희伏羲의 왕이 하도를 얻으니 주周나라 사람들이 주역周易이라고 불렀다"(『論衡』, 「正說」)고 하였다. 그리고 이 문제에 대한 정현의 생각은 왕충과 조금 다르다. 앞에서 말한 대로 "지금의 연산과 귀장이라는 이름은 그로 인하여 옛 비전을 얻었다"는 말은 분명히 연산과 귀장이 하도와 어떤 관계가 있음을 인정한 것이다. 그러나 또 "이 서書를 어떤 현인이 알았는가?"라고 한 말은 그가 증거를 제시하지 못함을 말해 준다. 그러므로 정현은 삼역을 해설할 때 하도와 낙서를 강론하지 않았으며, "삼역三易"은 3개 왕조의 역서易書로 사용되었으며 그 책의 이름은 서로 다른 의미를 갖추고 있다고 보았다.

하하夏는 연산連山이라 하였고, 은殷은 귀장歸藏이라 하였고, 주周는 주역이라고 하였다. 연산連山이라는 말은 산에서 구름이 연달아 계속 끊어지지 않고 나오는 것이다. 귀장은 만물이 그 가운데로 돌아가지 않음이 없다는 말이다. 주역周易은 역도易道가 두루 널리 미치어 구비되지 않은 곳이 없다는 말이다.(『六藝論』「易論」)

"삼역三易"은 『주례周禮』에서 가장 일찍 나온다. 『주례周禮』「춘관春官·서인筮人」에서 말하기를 "태복太卜이 삼역의 법을 장악하여, 하나는 연산連山이라 하고, 또 하나를 귀장歸藏이라 하고, 다른 하나를 주역周易이라고 하였는데, 그 경經의 괘卦가 모두 여덟 개이며, 그 별개로 모두 64괘가 있다"고 하였다. 정현이 주석한 『주례』는 그 관점이 여기로부터 나왔다. 그 논술을 따라서 보면, 정현은 『연산』과 『귀장』 두 책을 보지 못했으나, 이 때문에 두 책의 진실성을 결코 부정하지는 않았다. 그의 해설을 살펴보면, 주문왕周文王이 일찍이 『연산』과 『귀장』에 근거하여 『건곤착도乾坤鑿度』 두 편을 지었다. 연산에 대한 고대 문헌의 기록이 많지 않고, 그 내용을 아는 것도 매우 적어 그 진위를 가리기가 어렵다. 현대 사람들은 고고자료를 근거로 하여 재차 『연산』은 거짓이 아니라고 주장한다. 예를 들면 장정랑張政烺 선생은 은허殷墟의 사반마의 복골卜骨, 주원周原의 갑골甲骨, 장가파張家坡의 복골과 몇몇 금문金文에 나타난 역괘易卦는 모두 『연산』이라고 생각한다.[5] 서석대徐錫臺 선생도 같은 생각이다.[6] 이러한 추론이 비록 반드시 합당하다고 할 수는 없지만, 『연산』에 대한 우리의 연구를 위하여 새로운 증거를 제공하였고, 『연산』을 연구하는 문제에서 한 걸음 더 발전하였으며, 또한 정현 등의 주장을 증명하였다. 『연산』의 이름에 대한 해석에서는 아마도 정현이 글자만 보고 대강 만들어 낸 말일 것이다.

그리고 『귀장歸藏』도 서로 다르다. 정현은 공자가 친히 이 책을 보았는데 그 내용은 오로지 음양을 말한 것이라고 생각하였다. 『예기禮記』「예운禮運」에는

---

5) 張政烺, 「試釋周初靑銅器銘文中的易卦」, 『考古學報』 1980년 第4期.
6) 徐錫臺, 「奇偶數圖形劃及其卦序的探討」, 『第二屆國際中國古文字學硏討會論文集』 續編(香港中文大學, 1995).

공자의 말을 인용하여 "내가 은殷의 법도를 보고자 하여 이런 까닭에 (殷의 후예인) 송宋으로 갔지만, (은의 법도를 고증할) 증거가 부족하였고, 나는 건곤乾坤을 얻었다"고 하였다. 이에 대하여 정현이 주석하기를 "은殷나라의 음양의 책을 얻었고 그 책을 보존한 것이 『귀장』이다"라고 하였다. 정현의 추론은 한대의 다른 학자들의 논술들에서 검증을 받았다. 양한시대에 학자인 환담桓譚(BC 23?~AD 56)은 『신론新論』에서 "역易은 첫째가 『연산』, 둘째가 『귀장』, 셋째가 『주역』이다"라고 하였고, 또 "『연산』은 팔만 자, 『귀장』은 사천삼백 자다"라고 하였고, 또 "『연산』은 난대蘭臺[7)에 소장되었고, 『귀장』은 태복太卜[8)에 소장되었다"고 주장하였다. 왕충은 『논형』에서 역易에는 삼가三家가 있고 『연산』 및 『귀장』으로 귀속되는 문제를 언급하였다. 그는 "열산씨가 하도를 얻으니, 하후夏后가 그로 인하여 『연산』이라고 하였다. 귀장씨歸藏氏가 하도를 얻으니 은나라 사람들이 그로 인하여 『귀장』이라고 불렀다. 복희씨가 하도를 얻으니 주나라 사람들이 그로 인하여 『주역』이라고 불렀다"(『논형』, 「정설」)고 하였다. 또 왕가대 王家臺에서 출토된 자료를 보면, 학계가 공인한 출토된 『역점易占』은 곧 『귀장』의 일부분이다. 이로써 정현의 말을 믿을 수 있고, 『연산』과 『귀장』은 거짓이 아니며 한대에도 오히려 존재하였음을 증명할 수 있다.

그러나 현재 사람들은 출토된 『귀장』의 이후를 연구하였고, 대부분 상대商代의 작품이 아니라고 본다. 이가호李家浩는 "진秦나라의 죽간으로 된 『귀장』은 전국 말기 진인秦人의 초본抄本일 가능성이 있다"[9)고 하였다. 이영李零은 "현재 발견된 왕가대王家臺의 진간秦簡인 『귀장』과 이전 사람이 수집한 귀장에서 없어진 문장에서 그 요사繇辭(占辭)는 주무왕周武王과 주목왕周穆王을 언급하였으므로 당연히 상대商代의 내용일 리가 없다"[10)고 하였다. 왕명흠王明欽은 "『귀장』이 책으로

---

7) 역자 주: 전국시대 최초의 楚나라의 樓臺이며 그 위에 궁전을 세웠다.
8) 역자 주: 주나라 때 하급의 관직, 陰陽과 卜筮의 법을 관장하며, 복서와 蓍龜를 통하여 천자가 여러 의문을 결정하고 국가의 길흉을 관찰하는 일을 보조하였다.
9) 「王家臺秦簡易占爲歸藏考」, 『傳統文化與現代化』 1997년 第1期.

이루어진 연대는 당연히 서주西周 말년에서 춘추春秋 초기이며, 『주역』의 연대와
차이가 멀지 않다"11)고 하였다.

필자는 『귀장』이 『주역』보다 먼저 책으로 이루어졌다고 생각하며, 그 이유는
다음과 같다.

첫째, 현재 『주역』의 통행본通行本, 백본帛本, 죽간본竹簡本과 『귀장歸藏』의 전본
傳本과 죽간본을 비교하면, 『귀장』과 『주역』의 괘명卦名이 서로 같거나 비슷한
것이 많음을 알 수 있다. 다음 표를 보자.

通行本 『周易』	帛本 『周易』	阜陽竹簡本 『周易』	竹簡本 『歸藏』	傳本 『歸藏』
屯	屯	肫	肫	屯
訟	訟		訟	訟
師	師	市	師	師
比	比	比	比	比
履	禮	履	履	履
同人	同人	同人	同人	同人
大過	泰過	大過	大過	大過
明夷	明夷	明□	明夷	明夷
萃	卒		卒	卒
井	井	井	井	井
歸妹	歸妹		歸妹	歸妹
節	節		節	節

위에서 어떤 것은 통가자通假字12)를 사용하였다. 예를 들면 『주역』의 통행본과

---

10) 「跳出周易看周易—數字卦的再認識」, 『傳統文化與現代化』 1997년 第6期.
11) 王明欽, 「試論歸藏的几个問題」, 古方 編, 『一劒集』(中國婦女出版社, 1996).
12) 역자 주: 通假字는 중국의 古書에서 문자를 쓰는 용례의 하나이다. 通假는 通用(汎用)
혹은 代喩의 뜻이며, 발음이 같거나 비슷한 글자로 本字(正字)를 대신해서 쓴다. 비슷
하게 通假字 외에 古今字, 異體字, 破讀字, 詞類活用, 同源字 등이 있으며, 이들은 본질적
으로 錯字(誤字)나 別字에 속하나 정상적인 문언현상에 속한다.

백본 그리고 전본傳本의 『귀장』은 “둔屯”으로 썼는데, 죽간본 『주역』과 죽간본 『귀장』은 “순帆”으로 썼다. 『설문說文』을 보면 “순帆”은 “둔屯”으로 읽으므로 “둔屯”과 “순帆”은 통한다. 통행본의 『주역』과 전본의 『귀장』 그리고 죽간본의 『귀장』은 “리履”라고 썼으나 백본 『주역』은 “예禮”로 썼으므로 “리履”와 “예禮”는 통한다. 『설문』에는 “예禮는 리履이다”라고 하였다. 『이아爾雅』 「석언釋言」에는 “리履는 예禮이다”라고 하였다. 『순자荀子』 「대략大略」에는 “예禮는 사람이 밟는 곳이다”라고 하였다. 왕필은 『주역약례周易略禮』에서 「서괘序卦」를 인용하여 말하기를 “리履는 예禮이다”라고 하였다. 이처럼 괘획卦劃과 괘명卦名이 서로 같은 것에 따라서 보면 양자는 결코 동시에 생겨날 수 없으며 반드시 선후의 계승관계가 있다.

그렇다면 양자 가운데 어느 것이 먼저이며 어느 것이 나중인가? 이 점에 관해서는 몇 가지 괘명으로 알 수 있다. 예를 들면, 죽간본 『귀장』에 한 괘가 “항아恒我”인데, 『주역』 통행본·백본帛本·죽간본과 전본의 『귀장』은 모두 “항恒”으로 썼다. 죽간본 『귀장』의 “아我”는 결코 군더더기 글(衍文)이 아니며, 앞에서 말한 대로, “항아恒我”는 또 죽간의 『귀장』 「귀매歸妹」의 괘사에서 보이는데, 이것은 “항아嫦娥”의 처음 호칭이다. 그리고 출토본 『귀장』은 진간秦簡이며 일찍이 출토된 한대의 초본抄本 곧 백서帛書와 죽간의 『주역』이다. 통행본 『주역』과 전본 『주역』은 후인의 정리를 거친 판본이다. 괘의 획이 서로 같은 조건에서 우리는 진간 『귀장』의 “항아嫦娥”가 『주역』의 각종 판본과 전본 『귀장』의 “항恒”에 근원한다고 설명할 수 있는 이유가 없다. 오히려 『주역』의 각종 판본과 전본 『귀장』이 죽간본 『귀장』에 근원하며, 죽간본 『귀장』의 간소화라고 하는 것이 더욱 합리적이다.

또한 죽간본 『귀장』에는 “산散” 괘가 있는데, 전본에는 “산가인散家人”이라고 하였다. 그리고 각종 판본의 『주역』은 모두 “가인家人”이라고 하였다. 황종염黃宗炎은 “‘가인家人’은 ‘산가인散家人’이니, 의미를 고찰할 수가 없다’고 하였다. 살펴보면 두 개 판본의 『귀장』은 모두 "산散"이 있고, 죽간본 괘사 가운데도 "산散"자가 있으니 "산散"도 또한 군더더기 글이 아니다. "가인家人"은 "산散"과 "산가인散家人"으로부터 왔음이 또한 비교적 분명하다.

또 다른 죽간본 『귀장』에 몇몇 괘명이 있고, 그 의미가 『주역』의 괘명에 비하여 더욱 근원적이다. 예를 들면 노괘勞卦·려괘麗卦·무망괘毋亡卦 등과 같다. 각종 『주역』의 판본과 분별되는 것이 감괘坎卦·리괘離卦·무망괘无妄卦이다. 무망毋忘이 괘명으로 나타나는 곳은 죽간『귀장』의 괘사 가운데이다. 현재의 통용본(今本)『주역』에서 쓰는 "무망无妄"은 뒤에 생긴 문자이다. 문자학의 각도에서 말하면 "무毋", "망亡"은 "무无"보다 먼저이다. 은대殷代의 갑골문에 이미 "무毋", "망亡"이 있다. 무망无妄의 무无는 뒤에 생긴 글자이다. 이효정李孝定은 "유무有无의 '무无'가 고대에는 정자正字가 없어서 복사卜辭에서는 '망亡'을 빌려 사용하였다"13)고 하였다. 『사기』「춘신군전春申君傳」에는 "무망毋望"이라 쓰며 여전히 고대의 "무毋"를 그대로 간직하였다. 후에 무망无妄이 만들어졌다. 선유들은 대부분 무망无妄을 '함부로 행동하지 않는다'와 '희망이 없다'로 해석한다. 마융馬融·정현鄭玄·왕숙王肅은 모두 "망妄은 망望과 같으며 희망할 바가 없음을 이른다"고 하였다. 『한서』「곡영전谷永傳」에는 "무망无妄의 괘를 만났다"고 하였다. 응소應劭(?~204?)는 "무망无妄은 소망所望함이 없는 것이다. 만물이 하늘에 소망함이 없으면 재이災異가 가장 큰 것이다"라고 하였다. 단지 우번虞翻의 해석이 다른 사람들과 다르다. 우번은 무망无妄「상象」을 주석하여 말하기를 "더불어 거론하며 망妄은 망亡이다. 우레가 움직이는 것을 말하면 진震은 회생回生(反生)이며, 만물이 진震에서 나오니 무망无妄인 것이니 그러므로 사물은 무망无妄과 함께한다고 한다. 「서괘序卦」에서는 '복復은 불망不妄이므로 무망无妄으로 받는다'고 하였는데, 경방京房과 속유俗儒들은 '대한大旱의 괘에는 만물이 모두 죽으니

---

13) 『甲骨文字集釋』 제12(臺灣中央研究院歷史語言研究所, 1982.)

다시 희망할 바가 없다'고 여겼는데, 뜻을 잃음이 멀다"고 하였다. 우번의 해석이 진간秦簡과 맞으며 진간『무망毋亡』에 "안전하게 감추어 잊지 않는다"(安藏 毋亡)는 말이 있는데, 여기서 "무망毋亡"은 아직 잃어 없어지지 않음을 가리킨다. 또한 우번은 일찍이 "『귀장』의 괘명의 순서가 또한 많이 다르다"고 하였는데, 우번이 『귀장』을 보았기 때문에 이것이 우번이 본래의 『귀장』을 이용하여 『주역』을 해석한 예증이다.

노勞는 전본 『귀장』에는 "낙犖"으로 썼는데, 『주역』의 통행본 "감坎"으로 썼고, 백본帛本은 "공贛"으로 썼으며, 한漢의 석경본石經本은 "감欿"으로 썼다. 살펴보면, 이과李過는 "감坎은 낙犖을 말하며, 낙犖은 노勞이며, 만물이 감坎에서 노력한다'고 하였다. 황종염은 "감坎은 노괘勞卦이기 때문에 노勞를 따라 형성하여(諧聲) 깨달으며, 사물은 힘으로 노력하지 않으므로 소를 부린다'고 하였는데 노勞, 락犖, 감坎은 통한다. 감坎·공贛·감欿도 통하며, 현대인들이 이미 고증하였기 때문에 여기서는 생략한다. 살펴보면, 「설괘說卦」에서는 "감坎은 수水이다. 정북正北쪽의 괘이며, 노괘勞卦이며, 만물이 돌아가는 곳이다. 그러므로 감에서 힘쓴다고 한다'고 하였다. 『주역』 감의 괘사·효사에 있는 "움막(坎窞)으로 들어간다", "감坎에는 험함이 있다", "감으로 오니 감坎은 험하나 베개가 있다" 등의 말은 모두 함정陷穽, 위험危險의 뜻을 취했으며 "노동勞動"의 뜻은 없다. 그리고 『귀장』에서 쓴 노勞를 「설괘說卦」에서는 감坎을 노勞로 풀이하였는데, 분명히 감坎의 본의를 소급한 것이다.

진간秦簡 『귀장』 려괘麗卦, 전본 『귀장』과 『주역』 통행본 및 죽간본은 "리離"로 썼는데, 백서帛書는 "라羅"로 썼다. "리離"와 "라羅"는 고대에는 서로 통하였다. 『만언』에서는 "라羅는 리離를 가리킨다"고 하고 "리離는 라羅를 가리킨다"고 하였다. 「단전彖傳」, 「서괘序卦」, 「설괘」는 모두 "리離는 려麗이다'라고 하였다. 그러므로 離·麗·羅 세 글자는 통한다. 그러나 문자의 기원으로 보면 려麗의 함의가 더욱 괘획卦劃과 부합하며, 리離는 마땅히 려麗로부터 왔다. 갑골문 가운데

"여실麗室"이라는 말이 있다. 노실선魯實先(1913~1977)은 해석하기를 "서로 아는 사람을 두 방에 서로 마주하도록 하고 두 사람이 서로 짝을 짓는 것을 그 본의本意로 삼는 데 근거하여 둘씩 짝이 되고 곧 려麗는 려麗의 처음의 문자이다. 「설문」은 려麗를 여행旅行으로 풀이하는데 곧 파생된 뜻이다. 이른바 려실麗室은 두 방과 서로 짝하여 있는 중간의 마루이다. 곧 『예기』「잡기하雜記下」의 협실夾室이며, 또한 『국책國策』「연책燕策」과 『사기史記』「낙의전樂毅傳」의 역실歷室이다. 무릇 방이 서로 마주보지 않는 것을 려麗라고 하는 것은 마치 옛사람(先民)이 괘를 그릴 때 두 양효陽爻 사이에 하나의 음陰을 끼워서 리離라고 부르는 것과 같으며, 또한 덧붙임의 뜻으로 보기도 한다"14)고 하였다. 이로써 려麗는 본래 두 방이 마주보고 두 사람이 서로 짝하여 있음을 가리키며 서로 의지함의 뜻이 있다. 괘의 획은 하나의 음이 두 개의 양에 의지하고 별괘別卦(64괘)는 두 개의 서로 같은 경괘經卦(기본 八卦)가 서로 의지하며, 두 개의 리離의 경괘經卦가 밖은 양 안은 음, 밖은 차고 안은 비어 있으므로 같은 두 개의 방이 하나처럼 서로 의지한다. 예를 들면 「단彖」은 리離를 해석하기를 "리離는 려麗이다. 일월이 하늘에서 짝하고, 백곡百谷과 초목이 땅에서 짝하니, 거듭 밝음이 바름과 짝하여 천하를 이루며, 부드러움이 정정과 짝하므로 형통하다"고 하였다. 이 때문에 려麗는 리離에 비하여 더욱 괘상의 특징을 잘 반영하였으며, 이것이 아마도 리離가 려麗에 근원하는 예증이라고 생각된다.

　둘째, 죽간 『귀장』의 괘사는 모두 "복卜"자를 쓰는데, 귀복龜卜의 흔적을 농후하게 띠고 있다. 그리고 『주역』의 통용본과 백본은 "복卜"자를 사용하지 않으며, 몽괘蒙卦는 "서筮"를 사용하였다. 복卜·서筮는 서로 다르다. 『예기』 「곡례상曲禮上」에서는 "귀龜가 복卜이며, 책策은 서筮이다"라고 하였다. 더욱 중요한 것은 복이 서보다 빠르다는 사실이다. 문장을 짓는 일(行文)로 보면

---

14) 『甲骨文字集釋』 제10(臺灣中央研究院歷史語言研究所, 1982).

『귀장』은 수사修辭와 구절을 만드는 것을 연구하지 않았기 때문에 대부분 문학적 가치는 없다. 그러나 『주역』은 다르다. 주역에는 간결하고 예스러우며 청아하고 수려한(簡古淸麗) 언어가 있으며, 명랑明朗하고 다양한 형상의 묘사描寫가 있으며, 시원하고 조화로운 음절이 있으며, 친절하고 감칠맛 나는 비유의 흥취興趣가 있으며, 대량의 아득한 옛날의 가요歌謠와 이언俚諺이 남아 있으니 "이것은 하나의 가장 오래된 조직적이고 체계적인 산문작품"15)으로 상당히 높은 문학적 가치를 갖추고 있다. 복卜이 서筮보다 먼저이므로 『귀장』의 귀복龜卜의 흔적을 가지고 있고, 『주역』의 괘효사卦爻辭를 『귀장』의 괘사와 비교하면 더욱 정치精致하다는 두 가지 면에서 보면, 『주역』이 『귀장』보다 늦다.

셋째, 문헌의 기록을 살펴보면, 『귀장』은 곤坤을 첫머리로 삼는데, 은허殷墟에서 출토된 숫자괘는 곤을 숭상하는 경향이 있다. 출토된 문물 가운데 마땅히 우리가 주의해야 할 특별한 두 가지 건이 있다. 하나는 갑골에 새겨진 "上甲田仝"(『殷墟文字外編』448甲)이며, 다른 하나는 '부무로父戊鹵'(일종의 祭器) 위에 새겨진 "仝父戊"(『錄遺』253)이다. 주입승周立升 선생은 "상갑上甲과 부무父戊는 모두 은상殷商시대의 돌아가신 부친(先公)의 이름과 호號이며, 예를 들면 계수契數 仝는 곤괘坤卦(뒷사람들은 그것을 횡으로 놓아 ≡으로 썼는데, 곧 坤의 古文이다.)이므로 마땅히 은나라 사람들이 곤坤을 귀하게 여겼음을 알 수 있다. 귀장의 첫머리에 곤을 열거한 것을 은역殷易이라고 하는 것이 어느 정도 일리가 있다"16)고 하였다. 이것은 『귀장』을 『주역』보다 먼저라고 본 또 하나의 증거이다.

넷째, 『주례』에는 태복太卜이 삼역三易의 법을 장악하고 그 경괘經卦(기본 팔괘)와 별괘別卦(64중괘)가 일치하지만, 그 배열의 순서를 보면 『연산』과 『귀장』의 앞에 놓았는데, 이러한 배열은 결코 우연이 아니라, 『귀장』이 『주역』보다 먼저라고

---

15) 高亨, 『周易雜論·周易卦爻辭的文學價値』(齊魯書社, 1988.07.). 또 陳良雲, 『周易與中國文學』(白花洲文藝出版社 1999.01)도 참고할 수 있다.
16) 『春秋哲學』(山東大學出版社, 1989년판), 65쪽.

본 중요한 증거이다. 어떤 학자는 환담이 『연산』은 팔만 자, 『귀장』은 사천 자라고 한 말에서 전자는 번잡하고 후자는 간단하여 하夏의 『연산』으로 은殷의 『귀장』을 추론하는 것은 믿을 수 없다고 주장한다. 사실 전체 인류의 인식발전의 측면에서 보면 번잡함에서 간단함으로 구체적인 것에서 추상적인 것으로 가는 것은 인식발전의 규칙이다. 이 때문에 일반적인 상황에서 먼저 번잡한 뒤 간단하다는 것은 꼭 믿을 수 없는 것만은 아니다.

그러나 괘사를 따라서 보면 반영된 것은 대부분 하夏 · 상商시대와 하 · 상 이전의 일(신화와 전설을 포함해서)이다. 당연히 상商 · 주周와 상 · 주 이후의 일도 있다. 가장 끝부분의 몇 개조가 있는데, 사괘師卦로 주周의 목왕穆王이 서정西征의 일을 점복占卜하였고, 오른쪽 괘에서 평공平公은 국가의 길흉의 일을 점복하였으며, 정괘鼎卦로 송宋(殷의 후예)의 임금이 점복을 한 일이 있다. 뒤의 두 가지는 춘추시대의 일을 반영하였다. 여기에는 두 가지 상황이 있는데, 하나는 괘획卦劃과 괘명이 비교적 빠른 것으로 대략 주周나라 이전이다. 괘사卦辭는 비교적 늦게 쓰였는데 춘추시대 평공平公(晉平公, BC ?~532)과 송의 임금보다 뒤이다. 다른 하나는 괘사와 괘획卦劃, 괘명과 괘사가 동시에 비교적 이른 것으로 대략 주나라 이전이다. 그리고 주대周代와 주대 이후의 괘사를 반영하는 것은 곧 후인들이 보수補修한 것이다. 이러한 두 가지 상황에서 후자의 가능성이 비교적 크다. 왜냐하면 괘사를 따라서 보면, 대부분 하 · 상과 하 · 상 이전의 일(신화와 전설을 포함하여)을 반영하고 있다.

주나라와 주나라 이후의 역사적 사실을 반영하는 괘사가 있는 것은 결코 기괴한 일은 아니다. "고대의 수술數術(術數)의 책은 끊임없이 고쳐 쓰진 습관習慣이 있는데"[17] 『주역』이 바로 이와 같이 수정하고 고쳐진 흔적이 있다. 마왕퇴馬王堆 백서帛書 『주역』과 금본今本(通行本) 『주역』을 비교하면, 물론 서괘序卦 · 괘사卦辭 ·

---

17) 李零, 「跳出周易看周易」, 『傳統文化與現代化』 1997년 第6期.

괘명卦名 및 문자文字가 한결같이 일정한 차이가 있다. 백본帛本 「계사」와 금본「계사」의 차이는 더욱 뚜렷하다. 통가자通假字를 제외하면 백본은 금본에 비해약간 문장이 부족하다. 예를 들면 백서帛書에는 금본의 상편上篇 제9장, 하편의제5장의 일부분, 제6·7·8·9장의 일부분이 빠져 있고, 제10·11장도 금본에는보이지 않는다. 이 외에 금본의 "역에는 태극이 있다"(易有太極), "(만물에 의존하므로) 인仁으로 드러나며, (쓰이되 알 수 없으므로) 쓰임에 저장된다"(顯諸仁藏諸用), "만물의 본성을 깨달아 뜻을 이룸"(開物成務)과 같은 말들을 백본에는 "역에는태항이 있다"(易有太恒), "성자聖者는 인仁하고, 장자壯者는 용勇한다"(聖者仁壯者勇), "옛 사물에는 정해진 명命이 있다"(古物定命)는 말로 분별하여 썼다. 또한 출토된부양阜陽의 쌍고퇴雙古堆의 한간漢簡『주역』도 또한 각종의 판본과 다르다. 문자가서로 다른 것을 제외하면 괘효사卦爻辭의 뒤에 복사卜辭가 있으니 이것은 다른판본에는 없는 것이다.[18] 이것은『주역』의 경전이 확실하게 고쳐 쓰인 것임을충분하게 설명한다.『주역』과 같이『귀장』도 응용되는 과정에서 끊임없이이미 지나간 시기의 괘사를 고쳐 쓰고, 드러난 징조가 맞는(應驗) 영향이 큰괘사를 보충한 것은 사리의 마땅함이다. 이와 같이 끊임없이 고쳐 쓰면서한편으로는 유가가 통치적 지위에 오르기 전에『귀장』은 이미 광범위하게유행하였음을 설명하며, 다른 한편으로는『귀장』의 서점筮占이 폭로한 문제도나날이 두르러지게 나타났다.

　　왕명흠王明欽 선생은 삼역三易으로 "그 경괘經卦는 모두 8이며, 그 별괘別卦는모두 64이다"라는 말을 춘추春秋의 삼역과 함께 사용하기를 주장하여 "『연산』, 『귀장』,『주역』은 옛날 하나의 근원에서 같이 나왔다. 이것이『역』의 3대파별이 되었다"[19]고 하였다. 이러한 주장은 아마도 성립하기 어려워 보인다. "그 경괘經卦는 모두 8이며, 그 별괘別卦는 모두 64이다"라는 말은 당시의 사관들은

---

18) 胡平生, 「阜陽漢簡周易槪述」, 『簡帛硏究』 第三輯(廣西敎育出版社, 1998).
19) 王明欽, 「試論歸藏的几个問題」, 古方 編, 『一劍集』(中國婦女出版社, 1996).

이미 세 부의 역서를 장악하고, 이 세 부의 책의 괘획卦劃은 서로 같고 다른 것에는 아직 미치지 않았다. 그러므로 괘획이 서로 같음으로, 세 가지가 동일한 시기에 서로 다른 지역에서 생긴 작품임을 결코 설명할 수 없다. 춘추시대 삼역은 병용竝用되었지만 또한 이 문제를 설명할 수 없으며, 마치 복서卜筮를 병용竝用하여 복서가 동일한 시기에 생겨나온 것임을 설명할 수 없는 것과 같다. 이 때문에 다른 역사적 증거와 출토된 문헌으로 증명할 수 없는 상황에서 옛사람들은 하夏·상商·주周의 삼역의 설에 관하여 곧 가볍게 부정할 수가 없다.

3. 『주역』, 책이 되다

『주역』이 책이 되는 것에 관하여 한나라 사람들에게 통하는 주장은 "사람은 세 성인이 교체되었고, 세상은 (상·중·하의) 삼고三古를 거쳤다"는 말이다. "삼성三聖"은 복희伏羲·문왕文王·공자孔子를 가리킨다. "삼고三古"는 상고上古의 복희시대, 중고中古의 문왕시대, 하고下古의 공자시대를 가리킨다. 정현은 이러한 관점을 같이 인정하면서 명확하게 복희가 팔괘를 그렸다는 것을 인정하였으나, 아울러 다른 각도에서 복희가 괘를 그린 문제를 연구하였다. 그는 『역위』를 주석할 때 다음과 같이 말하였다.

포희씨包犧氏는 중성中聖으로 처음으로 팔괘를 그렸으며, 착문자錯文字인 쐐기문자 (契=楔)[20]이다. 우러러 하늘의 현상(乾象)을 살펴보며, 굽어서 지리地理를 관찰하고,

---

20) 역자 주: '契자는, 오른쪽에 칼 모양이 하나 있고, 왼쪽에는 ㅣ이 수직으로 있고 三이 횡으로 있어 刀를 이용하여 하나의 작은 나무 막대기에 세 개의 기호를 조각함을 표시한다. 이것은 상고시대에 매듭을 지어 일을 기록하는 것 외의 다른 주요한 일을 특정한 부호로 기록하는 방법을 형상적으로 반영하였다. 契形은 楔形과 같은 뜻이며, 쐐기꼴이다. 이 설형문자는 BC 5000여 년에 수메르인이 발명한 문자이다.

기구器具로서 원근을 재며, 사물과 짝하여 괘를 그리며, 문서를 만들어 교훈을
수립하여 후세에 전하여 크나큰 공을 이루었다.(『건곤착도』, 卷上, 주)

복희의 시대에 사물이 점점 유동하니 이로 인하여 팔괘를 구별하여 그 운동을
가린다.(『역위 · 건착도』, 卷上, 주)

수황遂皇은 수인燧人이라 한다. 복희의 전에 처음으로 세상에 왕이 되었으나 두기斗
機[21]운행의 법을 가진 것은 하늘로써 임금의 명령(教令)을 내림을 가리키며 그
도참圖讖과 위서緯書의 계책을 만들고 추연推演할 때 문자로서 하지 않고, 조각彫刻하
여 '창정蒼精[22]'의 아견牙肩의 사람이 신령과 통할 수 있다는 뜻을 말했는데, 복희가
『역』을 만들었음을 말한다.(『通卦驗』, 卷上, 주)

복희 때에 바탕의 도가 소박하고, 역을 만들어 정령政令으로 삼았으나 문자로서가
아니며, 다만 그 일의 형상을 보고서 그렸을 뿐이다.(위의 책)

복희는 처음 십언十言의 가르침[23])을 남겼으며 팔괘를 그렸다. 문왕文王에 이르러
그 가르침을 통하였는데, 음양을 추연하여 드러내어 단사彖辭로 받아들인 말이다.(『易
緯 · 乾鑿度』, 卷下, 주)

역易은 음양의 상象이며, 천지가 변화하는 바탕이며, 정교政教가 생겨나는 바탕이며,
인황人皇이 처음 일어나니, 복희가 괘를 그렸다.(『六藝論』)

　　정현의 뜻을 살펴보면 복희는 신령의 뜻과 통하며, 천문을 관찰하고 지리를
살피며, 멀고 가까운 기구器具를 취하여 팔괘를 그렸다. 팔괘의 부호는 구체적

---

21) 역자 주: 북두칠성의 세 번째 별로서 天璣라고 하며 또한 機로도 쓴다.
22) 역자 주: 創定은 오행 가운데 木의 청색에 속한다. 木의 기운을 받아서 태어난 伏羲를
　　지칭.
23) 乾 · 坤 · 震 · 巽 · 坎 · 離 · 艮 · 兌 · 消 · 息.

사물의 형상에 대한 본받음과 모방이다. 팔괘의 창제는 정치적 필요와 생활에서의 수요에 따라서 나왔기 때문에 팔괘의 창제에 작용한 것이 두 가지인데, 하나는 문서를 만들어 교령을 시행하여 후세에 교훈을 베풀었다. 복희 이전에는 문자가 있지 않았는데, 성인이 북두칠성의 변화에 근거하여 사회를 다스렸다. 복희가 우러러 관찰하고 굽어 살펴서 팔괘를 창제하고 아울러 10자字의 가르침을 팔괘로 전환하여, 팔괘를 10자의 가르침을 대신하여 천하에 반포하고, 만민을 교화하였다. 팔괘 그 자체는 문자이며 그것은 문자탄생의 상징이다. 또한 이러한 제도와 교령을 후세에 전달하여 후인들에게 교훈(借鑑)을 줄 수 있다. 다른 하나는 팔괘를 이용하여 사물을 구분하고, 자연의 법칙을 파악하는 것이다. 복희 당시에 사물이 복잡하게 얽혀 있고 순식간에 만변萬變하는데, 사람들의 인식수준은 한계가 있어 사물과 사물 사이의 경계를 정하기가 어려웠다. 복희가 팔괘를 창안하여 사물을 여덟 가지로 크게 분류하여, 사람들이 사물을 인식하는 데 도구를 제공하였다. 복희가 그린 팔괘는 가장 먼저 『역전』에서 제출되었다. 「계사」는 복희가 그린 팔괘의 방법과 공용功用을 "옛날에 포희씨가 천하의 왕이었을 때, 우러러서는 하늘을 상을 관찰하고, 굽어서는 땅에서 법을 관찰하고, 조수鳥獸의 무늬와 땅의 의宜를 관찰하고, 가까이는 자신의 몸에서 취하고, 멀리는 여러 사물에서 취하여 이에 팔괘를 처음으로 만들어 신명神明의 덕德과 통하고 만물의 실정을 분류하였다"고 하고, "무릇 「역」은 만물의 실정을 살펴서 일을 이루고 천하의 도를 포괄한다"고 하였다. 「단象」에서 관觀괘를 해석할 때 성인이 괘를 그린 공용은 신도神道로 가르침을 베푸는 데 있다고 주장하여, "하늘의 신도神道를 관찰하면 사계절이 틀림이 없다. 성인은 신도로써 가르침을 베푸니 천하가 복종하였다"고 하였다. 따라서 우리는 정현의 해석은 전체적으로 『역전』의 본의를 거스르지 않았다고 할 수 있다. 왜냐하면 『역위』에 대한 주석注釋이 당연히 더욱 『역위』의 본래 뜻과 부합하기 때문이다.

　문왕이 『역』을 추리 연역하고, 공자는 『전傳』을 지었으며, 정현은 아래와 같이 해설하였다.

문왕이 적조赤鳥의 문자(書)를 얻어서 연역24)하였으며, 공자는 기린을 획득하여 「단」과 「상」 및 「계사」 등 십 편을 지었다. 그러므로 기린이 기약에 응하여 왔다고 하였다.(『통괘험』, 권상, 주)

이것은 문왕이 연역하여 처리해 나아갈 때 또 단서丹書(바위나 돌에 쓴 글씨)를 간직한 적조赤鳥가 있어 이를 받아들였다.(위의 책)

이 말은 문왕이 괘효의 상을 추연함에, 아름다운 길조로 응하는 것과, 여러 사물에서의 변괴變怪들을 그 가운데 문자로 갖추었다는 뜻이다.(위의 책)

인간세상(陽世)이 도가 없기 때문에 하늘이 문왕에게 그 왕이 되라는 명령을 부여하였다. 문왕이 주작朱雀이 쓴 붉은 글씨(丹赤雀書)를 받고 이를 발전시켜 『역』을 짓고, 대부大夫에게 명령하여 그 처음의 시작(元苞)을 드러내 기록하도록 하였다.(『是類謀』 주)

건기建紀(月建의 기록)는 대역의 효에서 6·7·8·9의 수를 말하며, 이 도리는 성인聖人인 문왕에게서 이루어졌다. 공자가 웅덕雄德을 표창表彰하고, 한漢나라에서 마침 흥성興盛하니 서인庶人이라도 인덕仁德이 있으면 천명을 받아 천자가 되니, 이를 일러 기린을 얻게 하여 호응하였다고 한다. 역易은 상象과 같다. 공자가 역을 역曆으로써 역易을 설명하고 상象이라 불렀다. 지금의 역상易象에는 네 편이 있는데, 옛 설을 기록한 것으로 가차假借한 글자이다.(『역위·건착도』, 권하, 주)

정현의 견해에 의하면 문왕이 연역하고 공자가 역전을 지었는데 복희와

---

24) 역자 주: "演易"은 하나의 단어로서 文王이 폭군 紂王에 의해 羑里에 유폐되었을 때 역의 八卦를 연역적으로 추리(推演)하여 64괘를 만든 일을 가리킴. 이하 "演易"으로 통일.

서로 비슷하며 모두 당시에 나타난 상서로운 조짐에서 깨우침을 받았다. 곧 문왕 때에는 단서丹書를 간직한 적조赤鳥가 있었으며, 문왕이 그것을 받아서 연역하였으며, 공자의 때에는 서쪽에서 사냥하다 기린을 얻었고 공자가 그것을 보고 『주역』을 위한 전傳을 지었으니 『역전易傳』 10편이 있다. 문왕이 연역함과 공자가 역전을 지음은 모두 천명天命을 받은 것이다. 역을 지은 종지로 보면 문왕과 공자와 복희는 하나의 맥으로 서로 계승하였는데, 곧 신도神道로 가르침을 베풀고 국가를 다스리기 위하여 역학易學에 뜻을 두었다. 정현은 『건곤착도』를 주석하여 "창아蒼牙(복희)는 웅熊씨가 있고, 포희包犧가 역의 근원을 얻어, 만 가지 사업의 작용을 받아들였으니 가까운 후일 창성昌盛하였다. 창성한 것이 점차적으로 퍼졌으며, 창성함이 공자 때에 더욱 심하였으며, 그는 경서經書와 위서緯書를 바루어 밝히니 후세에 크게 행하여졌다"고 하였다. 또 『건곤착도』 하를 주석하여 "복희가 처음 10글자의 가르침을 남겼으며, 팔괘를 그렸다. 문왕에 이르러 그 가르침이 두루 미치고, 음양을 연역하여 밝혀서 단象의 말(象辭)로 받아들인 것이다"라고 하였다. 문왕과 공자의 역학은 복희 역학을 이어받아 상세하게 밝혀낸 것이기 때문에 『역』의 내용에 따라서 보면 세 성인의 역학은 모두 역법曆法과 관련이 있으며, 복희는 역법으로 역을 창제하였으며, 문왕은 역수易數와 역수曆數에 정통하였고, 공자는 역법으로 역을 해설하였다. 정현은 세 성인의 역학을 개괄하여 하늘로부터 받아서 깨우쳐 이룬 것이며, 역상易象을 본질로 하여 역학과 역법을 화로에 융합하고, 신도로 가르침을 베푸는 것을 목적으로 하는 신비한 저작이라고 보았다.

문왕이 『역』을 추연한 것에 관하여 『역전』 가운데서 논술한 것이 있다. 금본今本의 「계사」에도 관련 있는 자료가 있는데 주요한 것은 두 조항이 있다. 첫째 조항은 "『역』이 일어남은 중고中古시대이다. 『역』을 지은 것은 우환憂患이 있음인가?'라는 구절이며, 두 번째 조항은 "역이 일어난 것은 은나라 말기에 해당하고, 주나라의 성덕盛德은 문왕과 주왕紂王의 일에 해당하는가?'라는 구절이다. 백본帛本 『역지의易之義』에도 두 조항이 있는데 금본의 「계사」와 서로 비슷하다. "『역』의 쓰임은 단殷(殷)이 무도하고 주나라의 성덕盛德이다.…… 문왕이 위험을 알았다"고 하고, "(역이) 흥함은 중고中故(故=古)에서이다. 『역』을 지은 것은 그것이 또 우환이 있음이다"라고 하였다. 「단전彖傳」에도 또 한 조항이 있는데, "밝힘이 땅 속으로 가니 명이明夷이며, 안으로 문文이 밝고 밖으로 유순柔順하니, 큰 어려움을 당하니 문왕이 그것을 하였다"고 하였다. 이상의 재료로써 『주역』이 책으로 이루어진 시대를 문왕과 관련이 있다고 설명하였지만 다만 문왕이 『역』을 발전시킨 것을 명확하게 설명하지는 않았다. 문왕이 역을 발전시켰음을 분명하게 말한 사람은 사마천司馬遷(BC 145?~86?)이다. 그는 "서백西伯(문왕)이 구금拘禁되었을 때 『주역』을 추연하였다"고 하였다. 사마천은 가전家傳의 역학易學이 있었고 그의 논단에는 반드시 근거가 있었는데, 그 가운데 『역전』에서의 논술이 그 주요한 역학의 근거이다. 반고班固(32~92)는 이러한 관점을 이어 받아서 "상나라의 도가 해이解弛해지니 문왕이 『주역』을 추연하였다"고 주장하였다. 공자가 지은 『전傳』으로부터 사마천과 반고가 나왔다. 사마천은 "공자는 만년에 역을 좋아하여 「단彖」, 「계사繫辭」, 「상象」, 「설괘說卦」, 「문언文言」을 서술하였다. 역을 읽으면서 가죽 줄이 세 번이나 끊어졌다"(『史記』, 「孔子世家」)고 하였다. 반고는 "공자가 「단」, 「계사」, 「상」, 「설괘」, 「문언」, 「서괘序卦」의 무리 10편을 썼다"(『한서』, 「예문지」)라고 하였다. 한나라 때에 문왕이 『역』을 추연하고 공자가 『전』을 지었다는 관점은 대부분 여기에 근원한다.

그러나 한대에 한무제漢武帝가 오직 유술儒術만 존중한 이래로 정치적 필요에 따라 신학神學이 성행하고 유가의 창시자인 공자와 관련 인물들을 신격화하였다. 그들은 신의 아들로 일반인들과는 다른 출생경력을 가지고 있다. 『위서緯書』의 기록을 보면 공자의 선조는 송宋나라 사람이며 송은 은殷의 후예이다. 은나라는 흑색黑色을 숭상하였는데, "은殷은 흑제黑帝의 아들이다."(『춘추』, 「元命包」) 그러므로 공자의 출생도 일반인과 다르며 흑제와 감응하여 출생하였다. 『논어』 「찬고참

撰考識」에서는 다음과 같이 말한다.

숙량흘叔梁紇은 니구산尼丘山에서 기도할 때 징험하고, 흑룡黑龍의 정기精氣와 감응하여 중니仲尼를 낳았다.

『춘추』「연공도演孔圖」에서는 다음과 같이 말한다.

공자의 어머니는 대총大塚의 언덕에서 노닐며 징험하고, 잠을 잘 때 흑제黑帝가 자기를 청하는 꿈을 꾸었다. 이왕에 꿈에서 교접하였다. 말하기를 '너는 반드시 공상空桑[25] 가운데서 (아이를) 낳으라'고 하였다. 깨어나니 감응함이 있어 공상空桑의 가운데서 공구孔丘를 낳았기 때문에 현성玄聖이라고 한다.

공자가 흑제와 감응하여 출생함으로 이로 인하여 공자는 비범한 기질과 모습과 특수한 사명을 가지게 되었다. 위서緯書는 공자를 신성神聖으로 묘사하고 있는데, 그 머리 정수리는 사방이 높고 가운데가 오목하여 마치 니구산尼丘山과 비슷하며, 입과 입술은 커서 벌리면 마치 한 말이나 되고, 혀는 칠층七層의 문리文理가 있고, 손은 호랑이 발바닥이며, "앉으면 용龍이 웅크린 것과 같고 일어서면 견우牽牛와 같아서 얼핏 보면 묘성昴星(좀생이별)과 같지만 우러러보면 북두北斗와 같다"(『춘추』, 「演孔圖」)고 하였다. 더욱 신기한 것은 가슴에는 "법도를 결정하고, 세상의 예견을 운용한다"(制作定, 世符運)라는 문자가 있었다. 하늘이 공자를 낳은 것은 세상의 교화를 장악하여 후세를 위해 모범을 세운 것이다. 공자는 "서쪽에서 기린을 사냥하여 얻었다"는 천명을 받았다. 이른바 "서쪽에서 기린을 사냥하여 얻었다"는 말은 춘추시대 노나라 애공哀公 14년에 발생한 일이다. 본래는 지극히 평범한 일이지만 공양학과 위서의 해석을 거쳐서 하늘이 공자에게 부여한 계시啓示로 변하였다. 『공양전公羊傳』의 설명을 살펴보면, "기린

---

25) 역자 주: 마른 뽕나무. 공자 출생지.

은 안(仁)의 짐승이며, 왕 될 만한 이가 있으면 나타나고, 없으면 나타나지 않는다"고 하였다. 『상서尚書』 「중후中候」에는 "부자夫子(孔子)는 도록圖錄을 살펴보고, 보통 사람의 성姓인 유계劉季(漢高祖 劉邦)가 주周를 대신하리라는 것을 알았고, 땔나무를 채집하는 사람이 기린을 얻는 것을 보고, 그 출현을 알았다. 왜인가? 기린은 나무의 정령이며, 땔나무를 채집하는 사람은 보통 사람이 불을 지르는 뜻이니 이것은 적제赤帝가 장차 주周를 대신하기 때문이다"라고 하였다. 『춘추위春秋緯』 에서는 "애공 14년 봄 서쪽에서 사냥하여 기린을 얻었고, 『춘추』를 지어 9월에 책을 완성하였다"고 하였다. 『역위·건착도』에서는 "공자가 웅덕雄德을 표창表彰 하니 서인庶人이 천명을 받음에 기린을 잡음으로 징험하였다"고 하였다. 이것은 하늘이 "서쪽에서 사냥하여 기린을 얻음"을 통하여 공자에게 장차 주나라가 멸망하고 나아가 장차 유씨劉氏가 새로운 왕조를 대신할 것임을 알려 주었다는 말이다. 더욱 중요한 것은 공자에게 『춘추』, 『효경孝經』, 『역전』 등의 저작을 쓰게 하여 후일 출현할 한漢왕조를 위한 법을 확고하게 하도록 하였다는 말이다. 공자는 일생동안 문왕이 추진한 인정仁政을 찬미하여 주례周禮의 회복을 자신의 임무로 삼았으며, 이 때문에 문왕도 한나라 사람들에 의해 한 걸음 더 신화神化되었 으며, 더 중요한 것은 문왕의 신격화는 한의 통치자가 대일통大一統의 중앙집권제 도의 건립을 완수하였음을 의미한다는 사실이다. 이미 문왕을 통해 주나라 왕조의 제왕에게 천명을 내렸다면, 한대의 왕권도 또한 신이 내린 것이다. 종합하면, 신격화된 공자나 문왕을 막론하고 그 목적은 분명히 당시 통치자들의 통치에 대한 이론적 근거를 제공한 것이다. 문왕이 추리 연역한 『역』과 공자가 지은 『전傳』에 대한 정현의 해석은 분명히 한나라 사람들, 특히 『역위』의 신학사 상을 받아들인 것이 분명하며, 명확한 시대적 특색을 갖추고 있다.

마땅히 우리가 주목해야 할 것은 정현이 말한 "문왕이 괘卦를 추리 연역하였다" 는 말은 중괘重卦가 아니며, 사마천이 "문왕이 괘를 추연하였다"고 한 말과는 포함된 뜻이 다르다는 점이며, 사마천이 한 말은 중괘重卦를 가리키며, "문왕이

384효를 추연하였다"(『사기』, 「日者列傳」)고 하였다. 위의 해석으로 보면, 정현은 문왕이 괘를 추연하였다는 뜻은 "괘효의 상을 추연하였다", "그 가르침을 통하고 음양을 추연하여 드러내어 단象의 말로 받아들인 것이다"라는 뜻이며, "대역의 효 6·7·8·9의 수"를 창제하였다는 말도 곧 이 말이며, 역학사에서 문왕의 공헌은 곧 서법筮法을 창제하고, 문장에 나타난 말(文辭)을 편찬하고 괘의 순서를 배열한 것이다. 중괘는 그가 한 것이 아니라 다른 사람이 있다. 정현은 분명하게 "신농神農이 중괘하였다"(『주역정의』에서 인용)고 하였다. 이러한 판단은 『역전』에서 그 증거를 찾을 수 있는데, 「계사」에서는 "상을 관찰하여 기구를 제작하였다"고 하였는데, 신농은 익괘益卦에 의거하여 뇌사耒耜(농기구)를 만들었고, 서합괘噬嗑卦에 의거하여 시장의 교역을 발명한 것은 신농의 시대에 이미 중괘가 있었음을 설명한다. 신농이 중괘하였다는 정현의 관점은 그 스스로 이룬 설이다.

중괘에 관한 문제는 또한 역학사에서 장기간의 논쟁의 초점이다. 한위漢魏시대에 모두 네 가지 관점이 있는데 정현의 관점을 제외하면 세 가지다. 첫째, 복희가 중괘하였다. 『회남자淮南子』「요략편要略篇」에 "팔괘로 길흉을 판별하고, 화복禍福을 알 수 있다. 그러나 복희가 64변을 만들고, 주나라 왕실에서 6효를 더하였다"고 하였으며, 왕필도 이 설을 주장하였다. 둘째, 하우夏禹가 중괘하였다. 손성孫盛(생졸 미상)은 하우가 중괘하였다고 생각하였다. 셋째, 문왕이 중괘하였다. 사마천은 "서백西伯이 즉위한 후 50년에 유리羑里에 갇혔을 때, 역의 팔괘를 증가시켜 64괘로 하였다"(『사기』, 「周本紀」)고 하였다. "문왕이 384효를 추연하였다"(『사기』, 「일자열전」)고 하였다. 양웅揚雄(BC 53~AD 18)은 "역은 팔괘로 시작하였으며, 문왕이 64괘로 만들었는데 그 증가를 알 수 있다"(『法言』)고 하였다. 반고班固와 왕충王充 등도 모두 이 설을 주장하였다. 이러한 몇 가지 관점은 대부분 정현과 서로 비슷하며, 「계사」 가운데서 기본적으로 근거를 찾을 수 있다. 예를 들면 「계사」의 "상象을 관찰하여 기구를 제작한다"는 한 구절은 복희와 신농이 중괘하였다는 근거이다. "『역』이 일어난 것은 중고中古시대이며, 『역』을 지은 것은 거기에 우환憂患이 있었기 때문에 리履괘는 …… ", "『역』이 책으로 되니, …… 삼재三才를 겸하기를 두 번 하니 그러므로 6이 된다"는 문왕이 중괘한 근거이다. 다만 우왕이 중괘했다는 근거는 알 수 없다. 공영달은 네 가지 관점에 대하여 옳고 그름을 따져서 설명하였다.

하夏의 우왕과 주周의 문왕이 중괘重卦하였다는 말은, 「계사」를 살펴보면, 대개 신농의 때에 이미 64괘가 있어서 익益괘와 서합噬嗑괘에서 취하였으며, 이와 함께 그것을 논하면, 공격하지 않아도 저절로 깨진다. 신농이 중괘하였다는 말도 또한 옳지 못하니, 이제 여러 글들로써 징험해 보겠다. 「설괘」에서 "옛날 성인이 역易을 지음作에 신명神明의 도로부터 도움을 받아 은미하고 어려운 것을 밝게 드러내어 시초蓍草를 만들었다"고 한 말을 살펴보면, 무릇 '作'이라고 말한 것은 창조創造를 가리킨다. 신농 이후는 곧 해석하여 고친 것으로 '作'이라고 말할 수 없다. 그러므로 '은미하고 어려운 것을 밝게 드러내어 시초蓍草를 이용함'은 복희를 가리킨다. 그러므로 『건착도乾鑿度』에서 "황책皇策을 드리운 사람은 복희이다"라고 하였다. 「상계上繫」(繫辭上)에서 시초의 사용을 논하여 "네 번 경영하여 역易을 이루고, 열여덟 번 변하여 괘를 이룬다"고 하였다. 이미 성인이 역을 짓고 열여덟 번 변하여 괘를 이루었다고 말하였으니, 시초의 사용은 육효의 뒤에 있었고 삼획의 때가 아님을 밝혔다. 복희가 시초를 사용하였다면 곧 복희가 이미 중괘한 것이다. 「설괘」에서 또 "옛날에 성인이 역을 지음에 장차 성명性命의 이치를 따라서 하였고, 이 때문에 하늘의 도를 세움은 음과 양이며, 땅의 도를 세움은 유柔와 강剛이며, 사람의 도를 세움은 인仁과 의義이니, 삼재三才를 겸하기를 두 번 하였다. 그러므로 역은 육획으로 괘를 이루었다"고 하였다. 이미 '성인이 『역』을 지음에 삼재를 겸하기를 두 번 하였다'고 하였으니, 또한 신농이 처음 중괘한 것은 아니다. 또 「상계上繫」에서 "역에 성인의 도가 네 가지 있으니, 말로써 하는 자는 그 사辭를 숭상하고, 동動으로써 하는 자는 그 변變을 숭상하고, 기구를 만드는 것으로써 하는 자는 그 상象을 숭상하고, 복서卜筮로써 하는 자는 그 점占을 숭상한다"고 하였으니, 이 네 가지 일은 모두 육효가 있은 뒤이다. 왜 그런가? 삼획三劃(팔괘)만 있을 때는 단요彖繇(彖辭)가 아직 있지 않으므로 그 사辭를 숭상함이 있을 수 없다. 따라서 (팔괘를) 중첩해야 비로소 변동이 있으며, 삼획이 움직이지 않으면, 그 변變을 숭상함이 있을 수 없다. 설시撰蓍하여 효를 펼쳐야 비로소 복서卜筮에 사용하니, 시초蓍草는 육효의 뒤에 시작되며, 삼획으로는 그 점占을 숭상함이 있을 수 없다. 자연히 중간에 '기구器具를 만드는 것으로써 하는 자는 그 상象을 숭상한다'는 것도 삼획의 때가 아니다. 이제 복희가 노끈을 묶어 그물을 만든 것은 기구를 만든 것이며, 복희가 이미 중괘하였음을 밝혔다.…… 만약 중괘가 신농으로부터 시작되었다고 한다면 그 공功이 어찌 「계사」에 그치고 말겠는가! 어떤 까닭인지 『역위易緯』 등에서 몇 번이나 세 성인을 열거함에 다만 복희伏羲, 문왕文王, 공자孔子를 말하고, 끝내 신농을 언급하지 않았으니, 이는 신농은 단지 "대개 익괘에서 취함"이 있을 뿐, 중괘하지 않았음을 밝힌다. 그러므로 이제 왕보사王輔嗣(王弼)가 복희가 이미 팔괘를 구획하고 곧 스스로 중첩하여 64괘로 만들었다고 여긴 것은 그 사실을 얻었다.(『주역정의』, 卷首)

공영달은 주로 「계사」를 근거로 삼아 복희가 중괘하였음을 설명하였는데, 복희가 진실로 중괘하였는가는 한 걸음 진보한 고증을 기다려야 한다. 그러나 그가 문왕과 다른 사람이 중괘하였음을 부정한 것은 긍정할 가치가 있다. 비록 공영달의 고증과 변론을 거쳤지만 문왕이 중괘하였다는 설은 여전히 성행하고 있다. 예를 들면, 송유宋儒 주희朱熹가 한때 "문왕이 중괘하여 요사繇辭를 지었다"(『朱子語類』, 권66)고 하였는데 그것이 거의 하계의 정론이 되어서 곧장 지금까지 계속되고 있다. 고고학적 발굴에 의하면 이 문제는 갈수록 더 분명해진 다. 1978년 장정랑張政烺 선생은 주원周原에서 새롭게 출토된 갑골의 숫자가 『주역』의 부호임을 확인하고 「주나라 초기 청동기에 새겨진 문장에서의 역괘에 대한 시험 해석」(試釋周初靑銅器銘文中的易卦)이라는 논문을 발표하였다.[26] 장아초張

---

26) 『考古學報』 1980년 제4기.

亞初, 유우劉雨 등은 상商·주周시대의 갑골문과 금문金文에서 출현한 역부易符에 대한 분석을 통하여 문왕이 중괘하였다는 설을 논박하였다. 주장하기를 "재료는 문왕의 이전 혹은 동시에 상商의 왕이 있는 도성에서부터 변방의 먼 지역까지 모두 광범위한 지역에서 이와 같은 중괘重卦의 점서占筮 방법이 유행하였고, 이 때문에 중괘는 문왕이 발명하였다고 말하는 것은 그다지 가능하지 않다는 것을 설명한다"고 하였고, 또 "중괘重卦의 서법筮法이 가장 먼저 상商나라 때 출현한 뒤 비로소 주周나라로 확대되었고, 또한 '주나라는 은殷의 예로 말미암았다는 말이 도리어 충분히 가능한 일이다."27) 숫자괘의 발견은 중괘를 상·주 이전으로 미루어 나가며, 문헌의 기록에 의하면 상·주 이전에는 복서를 의뢰한 사람의 길흉을 기록한 문서인 서서筮書는 오직 『연산連山』과 『귀장歸藏』이다. 그렇다면 이러한 숫자괘는 분명히 『연산』, 『귀장』과 서로 관련이 있다. 진간秦簡 이 출토되어 거듭 이 설을 증명하였다. 앞서 말한 바와 같이, 주역의 많은 괘명卦名과 괘획卦劃은 『귀장』으로부터 왔다. 어떤 것은 직접 『귀장』의 괘명과 괘획을 계승하였는데, 예를 들면, 둔屯·송訟·사師·비比·동인同人·명이明夷 등의 괘가 있다. 어떤 것은 『귀장』의 괘명을 개조하였다. 예를 들면 가인家人·항恒·감坎·리離·무망无妄 등의 괘이다. 이미 『귀장』이 출토된 이러한 중괘의 괘획과 괘명이 『주역』보다 먼저라면, 그렇다면 오래 유전되어 정론定論처럼 보였던 '문왕이 중괘하였다'는 주장은 공격하지 않아도 스스로 무너진다. 「계사」의 복희가 중괘의 상을 살펴서 기구를 제작하였다는 주장은 비록 성립되지는 않지만, 그때에 이미 괘상이 있었다는 것은 의심할 여지가 없다. 송유宋儒 이과李過(1600~1649)는 전본傳本인 『귀장』과 『주역』의 괘명을 비교한 뒤에 "64괘는 문왕 때에 중괘重卦가 되지 않고, 복희로부터 하夏·상商에 이르기까지 그 괘가 이미 중괘였다"고 주장하였는데, 이 말은 거짓이 아니다. 현시점에서 보면,

---

27) 『考古』 1981년 제2기.

중괘에 관한 정현의 사상이 비록 새로 출토된 자료의 뒷받침이 없어서 학계의 인정을 받지는 못했지만, 그러나 그가 역학사를 주도했던 '문왕이 중괘하였다'는 설을 부정한 것은 당시뿐만 아니라 지금에도 정현의 큰 공헌이라고 말하지 않을 수 없다.

공자와 『역전易傳』의 관계는 줄곧 역학사에서 의견이 분분하여 결론이 나지 않은(聚訟) 의심스러운 안건(疑案)이다. 한나라의 사마천이 공자가 『역전』을 지었다고 주장한 이래로 매우 긴 시간 동안 이를 의심한 사람이 없었으며, 기본적인 정설定說이 되었다. 한나라 말에 살았던 정현도 사마천 등의 이러한 관점을 답습하였다. 그러나 대송大宋 이후(已降) 구양수歐陽修(1007~1072)가 먼저 공자가 『역전』을 지었다는 주장에 대하여 따져 물었으며, 이 이후로 끊임없이 학자들의 질의가 제출되었다. 특히 민국民國 초기에 '옛것을 의심해서 가짜를 판별한다'(疑古辨僞)는 사조가 크게 일어나 공자가 『역전』을 지었다는 구설은 기본적으로 부정되었고, 『역전』은 전국시대 혹은 서한西漢 시기였다는 서로 다른 주장이 그것을 대신하였다. 지난 세기 말부터 지금까지 출토된 새로운 자료가 발견됨에 따라 공자와 『역전』의 관계문제에 대한 토론이 거세게 일어나면서 적지 않은 학자들이 출토된 백서帛書의 『역전』 등의 자료를 근거로 사마천의 구설로 복귀하여 공자가 『역전』을 지었다고 주장하였다.[28] 필자는 『역전』은 공자가 친히 지은 것이 아니라 공자 후학들의 작품으로 대략 전국시기에 책으로 이루어졌다는 데 동의한다. 『역전』은 비록 공자가 친히 지은 것은 아니지만, 확실히 공자의 사상을 대표한다.

---

28) 『周易經傳溯源』(長春出版社, 1992)에 게재된 李學勤의 「易傳의年代問題」와 「出土簡帛與易」을 참고하라. 朱伯崑 主編, 『國際易學研究』第2輯(華夏出版社, 1996)에 게재된, 呂紹綱의 「繫辭傳屬儒不屬道」를 참고하라. 朱伯崑 主編, 『國際易學研究』第3輯(華夏出版社, 1997)에 게재된 郭沂의 「從早期易傳到孔子易說─重新檢討易傳成書問題」를 보라.

제8장 상수·의리를 중시하고 훈고까지 아우르는 역학의 해석방법

오늘날 학계의 어떤 사람들이 가끔 역학의 사상과 방법의 구별을 소홀하게 여기는데, 그 역학연구의 성과가 매우 모호하여 마치 역학의 사상을 연구하는 것 같기도 하고, 또 역학의 방법을 연구하는 것 같기도 하다. 사실 역학연구에서 사상과 방법은 분명하게 구별된다. 역학사상은 역학자가 『역』을 주석할 때 분명히 드러나는 것이며, 역학 혹은 역학과 서로 관련 있거나 시대적 특색을 갖춘 자연과 사회에 관한 견해와 관점들이며, 이러한 견해와 관점들이 역학자들이 역학을 연구하는 전제가 된다. 역학방법은 해석학의 범주이며 역학을 해석할 때 선택하는 수단과 생각, 즉 자신의 사상과 가지고 있는 지식을 어떻게 운용하여 역학의 문헌자료(文本, 텍스트)를 해석하는가를 가리킨다. 중국의 어떤 학자들은 중국과 서양의 해석학을 비교하여 역학을 포함한 중국의 경학에 대한 해석학이 서양의 초기 해석학에 해당하다고 주장하고, "만약 우리가 서양의 해석학을 '전기前記 해석학', '고전古典 해석학', 그리고 '현대 해석학'의 세 단계로 구분한다면, 그렇다면 중국의 '해석'의 관념과 체계, 그리고 '해석'과 관련된 문제에 관한 전통적인 자원은 대부분 단지 '전기前記 해석학'의 형태로 귀결될 수밖에 없다"[1]고 주장한다. 이러한 구분이 비록 확실하지는 않지만, 그러나 적어도 중국의 경학이 아직 하나의 독립적이고 보편적 의미에서 해석활동을 연구한

---

1) 景海峰, 『中國哲學的現代詮釋』(人民出版社, 2004), 15쪽.

저작을 갖추지 않았음을 말해준다.

다시 말하면, 중국경학과 현재의 해석학은 엄격한 구분이 있고, 또한 현재의 엄격한 의미의 해석학은 아니다. 그러나 만약 중국의 경학연구에 사용된 것으로 보편적 의미의 방법과 해석활동에서 표현된 해석주체와 문헌자료에 관하여 서로 전환되는 관계를 따라서 보면, 또한 중국에 해석학이 없다고 할 수는 없다. 중국해석학은 더욱 많은 방법차원의 해석학이며, 문헌자료의 본래 의미를 중심으로 삼는 한학漢學이든 문헌자료의 의미를 이해하고 상세하게 밝혀냄을 위주로 하는 송학宋學이든, 결국은 훈고학訓詁學과 의리학義理學이라는 방법의 차이로 귀결된다. "'중국해석학'으로 말하면, 특히 중국의 '해석'문제의 역사적 노선과 역사자원의 분석(梳理)을 해석학의 도입과 소화消化에 의존할 때 그 방법론의 의미가 반드시 드러나며, 중국 전통의 '해석'자료를 정리할 때 사상사를 관통하는 방법은 확실히 매우 중요하게 보인다."[2]

역학으로 말하면 경전을 이루는 중요한 구성부분은 중국 고대의 전주학箋註學(註釋學)이며, 그것을 해석학이라고 하는 것은 역학이 전주傳注·설해說解·전소箋疏·석의釋義·고증考證 등을 주요 형식으로 하여 『주역』의 문헌자료를 이해하고 해석하며, 『주역』의 저자가 의식한 그리고 의식하지 않은 사상이나 의리를 탐구하기 때문이다. 이러한 주석은 『주역』의 글자·어휘·자구字句의 의미 즉 『주역』에 대한 훈고를 통하여 언어와 의미의 전환을 진행하고, 간단하게 『주역』의 본의本義를 복제複製하고 옮겨 서술하고 작자의 생활세계를 재현하는 데 착안하였을 뿐만 아니라, 이러한 기초에 근거한 해석자의 지식과 체험이 『주역』의 문헌자료에 대해 재창조를 진행하고, 그 의미를 넓히고 승화시켜서 작자의 사상을 작자 자신보다 더 잘 이해하는 정도에 이르도록 하였다.

은殷·주周시기에 책으로 이루어진 『주역』은 본래 복서卜筮의 책이었는데,

---

2) 景海峰, 『中國哲學的現代詮釋』(人民出版社, 2004), 21쪽.

춘추시대에 공자의 유가儒家가 『주역』을 전수받아 정리할 때 『주역』의 성서과정(저자를 포함해서), 주요개념, 부호체계, 사상내용, 괘사와 효사, 서법, 역을 연구하는 방법 등을 체계적으로 해설하고 유가사상과의 회통을 촉진하여 『주역』의 본의를 훨씬 뛰어넘는 '역학 해석학'의 효시嚆矢를 열었다. 서한 이후 당시 사회의 정치와 문화의 요구에 영합하여 한무제가 오직 유술儒術만을 존중하였고, 『주역』은 공자 유가의 정리와 해석으로 단번에 오경五經의 첫머리에 올랐다. 통치자의 창도와 공리功利의 추진이 역학해석을 번영으로 나아가게 하였다. 서한의 금문역학자들이 유가가 황로사상을 대신하던 시기에 유가사상의 선양宣揚을 자신의 책임으로 삼고, 『역전』을 최고로 권위 있는 책으로 삼아 당시에 유행하던 음양오행설과 천문역법을 운용하여 『주역』의 "미묘微妙함을 함축한 언어로 정심精深하고 긴요한 의리를 밝힘"(微言大義)을 탐구하고, 천도에 편중하여 점험占驗을 공용으로 삼는 역학해석의 체계를 재건하였다. 동한의 고문역학자들은 금문역학이 견강부회牽强附會의 해석방법이라고 경시하였으며, 역학의 성현과 권위적인 의견을 절대 숭배하며, 주관적으로 엄격하게 '주석은 경전을 거스르지 않음'(注不破經)의 원칙을 지켰으며, 오로지 상수象數와 훈고訓詁를 도구로 삼아 『주역』 경전의 문헌자료를 정리하고 문사文辭에 대한 주석으로써 『주역』 경전을 지은 사람의 본래 의미를 회복하려고 힘써 노력하였으며, 성현의 역학사상을 분명하게 드러내고, 겉으로는 그럴듯한 해석체계를 만들었다. 만약 양한의 역학자들은 주관적으로는 『주역』의 본래사상을 환원하고 드러냄을 주요 임무로 삼았다고 한다면, 양송兩宋의 학자들은 유가역학의 체계를 개조하고 새롭게 만들어 냄을 자신들의 임무로 삼았다. 송대 역학자들은 불교와 도교를 반대하고 유학의 부흥을 기치로 내걸고, 『주역』 경전의 '문사'에 대한 훈고와 해석으로, 또 자신의 오성과 지혜로써 성현의 도를 자세하게 관찰하고 드러내어, 『주역』의 문헌자료에 비하여 더욱 풍부하고 더욱 깊이 있게 유儒·석釋·도道를 일체로 하는 역학사상의 체계를 건립하였다.

『주역』이 다른 고대의 전적과 다른 점은 그것이 고체古體의 심오하고 모호하며 난삽難澁한 문자와 언어를 사용하고 있을 뿐만 아니라, 또한 이 설명과 관련된 일련의 매우 엄밀하고 고도의 추상적인 부호체계를 갖추고 있고, 이것이 곧 『주역』이 후세의 해석자들이 이해하고 해석하는 데 무궁한 원천이 되고 영원한 모체가 되는 관건이 있는 곳이다. 예를 들면 청대의 학자들이 "역은 만물을 포함하고 있어, 하나의 뜻만 들어도 모두 통하는 바가 있고, 수數도 오직 사람만이 유추하고, 상象도 오직 사람만이 취하고, 리理도 오직 사람만이 말하기 때문에 한 번 변하고 다시 변하여 끊임이 없다"(『四庫全書總目』, 「五經總義類后案」)고 하였는데, 이 말이 곧 역학 발전은 역학자들이 일정한 규칙을 따르며, 역학의 원전原典을 끊임없이 이해하고 해석하는 과정임을 결정하였다. 역학의 해석자들이 역학의 원전에 대한 태도와 해석의 목적과 해석할 때 사용하는 규칙과 방법이 다르기 때문에 역학해석학에 상수象數와 의리義理의 구분이 있게 되었다. 『사고전서』와 『사고전서총목』의 내용을 연구하고 그것을 평가하는 관리(四庫館臣)들이 주역을 연구하는 방법이 다른 점을 참조하여 고대의 역학을 "양파육종兩派六宗"으로 구분하였다. "두 파"(兩派)는 상수와 의리의 두 큰 학파를 가리키며, "육종六宗"은 상수 가운데 점복占卜·기상磯祥·조화造化의 삼종三宗과 의리 가운데의 노장老壯·유리儒理·사사史事의 삼종을 가리킨다. 상수역학과 의리역학이건 양 파로부터 파생된 "육종六宗"이건 간에, 그것들은 모두 역학자들이 역학의 원전을 해석하고 재해석한 결과이다. 역학은 곧 해석과 해석, 재해석이라는 독특한 형식으로 자신을 완전하게 하고, 자신의 영역을 넓히고, 더 많은 기회나 조건들이 중국의 다른 문화와 충돌하고 침투하고 융합하여 당시의 사회에 많은 영향을 끼쳤다. 다시 말하면 만약 역학자가 역학의 문헌자료에 대한 이해와 해석 및 재해석의 과정에서 자신과 자신이 처한 구체적 환경을 무시한다면 곧 생기발발하고 활력 있는 사상체계를 충만하게 할 수 없으며, 또한 서로 다른 시대의 수요에 영합하여 중국 고대의 철학·종교·윤리·심리·과학 및 사회의 각 방면에서 이와 같이 큰 작용을 발휘할 수 없다.

정현의 역학과 전체 한대 경학의 해석은 일치하며, 그 역학 해석의 활동은 양한 전체의 해석학의 큰 틀 아래 일정한 원칙을 따랐으며, 일정한 방법을 참고하여 실현되었다. 현대 사람인 광붕비匡鵬飛는 정현의 해석학을 설명하면서 "그(정현)는 고문학파의 '실질을 구함'(求實)의 학풍을 계승하였으며, 공론空論을 숭상하지 않았으며, 또 금문학파의 경세經世정신을 받아들여 예禮로써 경전을 주석함이 앞사람들보다 더 심하였다. 이와 같이 그는 '앞 성인의 본래 뜻을 서술함'을 해석의 목적으로 삼고, 언어문자와 명물제도名物制度를 해석의 대상으로 하는 경전해석관을 형성하였다"3)고 하였다. 정현의 역학해석학은『주역』의 괘사와 효사 및『역전』의 글을 주요 연구대상으로 삼고,『주역』저자의 본의를 회복하고 밝히는 것을 목적으로 한다. 이러한 목적을 달성하기 위해 그는 상수의 방법과 훈고의 방법 및 사학史學의 방법을 사용하였다. 상수의 방법은 작자가 지은 괘사와 효사의 원초적 근거 즉 어떤 역사易辭가 그러한 역사가 되는 합리성을 부각시킨다. 훈고의 방법은『주역』문사의 글자·단어·구절에 대한 고증과 해석 및 해석을 통하여 역사易辭의 문헌자료의 의미를 해석해 내는 것이다. 동시에 그것은 때로 또한 언어의 해석에 구애받지 않고 가끔 언어 해석으로 언외의 뜻이나 언외의 음音을 상세하게 밝혀낸다. 이와 같은 방법은 인사를 중시하고, 사리를 밝히며 세상을 다스림에 유용한(經世致用) 경향이 있다. 그것은 이미 상수법과도 다르고 또한 훈고법과도 다른 것으로 역학에서 일종의 의리방법이 있다. 그러나 이러한 의리방법은 송대 역학에서의 의리학과 유사하지만 또한 진정한 의미에서 역도易道를 상세하게 밝히고 체험함을 목적으로 하는 의리해석의 방법은 아니라는 점을 마땅히 지적해야 한다.

---

3) 「『論語』鄭玄與朱熹解釋之比較」,『孔子硏究』, 2001.4.

1. 정현이 상象으로써 『역전』을 해석한 방법의 발전

『주역』이라는 이 책의 독특한 점은 그것이 일련의 언어문자의 체계를 지니고 있다는 것 외에 괘卦·효爻·상象이라고 불리는 음양의 부호체계를 가지고 있다는 데 있다. 그리고 『주역』의 부호 체계를 점서占書기호로 보는 동시에 또한 그것과 언어문자 사이에 어떤 관계가 있다고 인정하며, 나아가 『주역』의 괘상卦象의 부호로서 문장에 나타난 말(文辭)을 해석하는 방법이 파생되었으며, 이러한 방법을 상象으로써 『역』을 해석하는 방법이라고 부른다. 한대의 역학자들은 상으로써 『역』을 해석하는 것과 수數로써 『역』을 해석하는 것을 중시하였기 때문에 후세 사람들이 한역漢易을 상수파라고 부른다. 서한西漢에서 맹희孟喜(BC 90~40)·경방京房(BC 77~37)을 대표로 하는 역학자들이 상수관념과 당시의 천문역법天文曆法 등의 지식을 운용하여 괘기卦氣를 주요 내용으로 하는 상수역학의 체계를 창립하였고, 이를 따라 역학 발전의 방향을 변화시켰으며, 한대역학의 주류가 되었다. 『역위易緯』는 통론의 형식으로 서한의 상수역학의 성취를 종합하였으며, 역학의 변혁을 완성하였다. 동한東漢은 마융馬融(79~166)·정현鄭玄(127~200)·순상荀爽(128~190)·우번虞飜(164~233)을 대표로 하는 역학자들이 서한 역학의 전통을 계승하여 상수象數를 선양하고, 상수를 주요 도구로 삼아서 『주역』경전을 해석하고, 방대하고 완비된 상으로써 『역』을 해석하는 방법을 형성하였고, 상수역학은 이로부터 절정에 이르렀다. 상으로써 『역』을 해석하는 방법은 양한역학의 독특한 방법으로 고대의 역학뿐만 아니라 전체 문화 과학기술의 발전 과정에서 중대한 작용을 일으켰다.

상으로써 『역』을 해석하는 것은 결코 한유漢儒의 독창적인 것이 아니며 일찍이 춘추시대에 처음 시작하였다. 『춘추좌전』과 『국어國語』 두 책에는 괘상卦象으로써 괘사卦辭를 해석하는 서법筮法의 예가 매우 많이 기재되어 있다. 예를 들면 『국어國語』 「진어晉語」에는 진晉의 공자인 중이重耳(BC 697~628)가 『주역』의 점으로써 진秦의 힘을 빌려 진晉나라를 얻은 것을 기록하였는데, 둔屯의 예豫를 만나니 사공계자司空季子가 말하기를 "진震은 수레이다. 감坎은 물이다. 곤坤은 흙이다. 둔屯은 두터움이다. 예豫는 즐거움이다.…… 진震은 우레이며 수레이다. 감坎은 노동이며 물이며, 무리이다. 우레와 수레를 주관하며 물과 무리를 숭상한다. 수레에는 뛰어난 무기(震武)가 있고 무리는 문장을 따른다. 문무가 갖추어지고 두터움이 지극하기 때문에 둔屯이라고 한다. 그 점사(繇)에 '원元·형亨·이利·정貞하니 가는 바가 있는 것은 쓰지 않으며, 제후를 세워야 이롭다'고 하였다. 진震의 우레를 주관하여 우두머리이므로 '으뜸'이라고 한다. 무리를 이루어 순응하니 기쁘므로 '형통亨通'이라고 한다. 안으로 진뢰震雷가 있으므로 '이롭고 곧다'라고 한다. 위에 수레가 있고 아래에 물이 있으므로 반드시 우두머리가 된다. 작은 일은 가지런하지 않아 막히므로 '가는 바가 있으니 쓰지 않는다'고 하며, 한 지아비가 감에 무리가 따르고 위무威武가 있으므로 '세후를 세우면 이롭다'고 한다"[4]고 하였다. 정괘貞卦(本卦)인 둔屯의 내괘는 진震이며 외괘는 감坎이며, 회괘悔卦(之卦)인 예豫괘의 내괘는 곤坤이며 외괘는 진震이다. 진震은 수레이며 우레이며 우두머리이다. 감坎은 물이며 무리이며 노동이다. 곤坤은 흙이며 순응이며, 팔괘 가운데 진震·감坎·곤坤 세 괘의 괘상을 설명한다. 여기서 먼저 괘상을 열거하여 나타낸 후에 다시 괘상에 근거해서 괘명卦名과 괘사卦辭를 해석하였다. 또한 『좌전左傳』 '장공莊公 21년'에는 진려공陳厲公(BC ?~700)이 경중敬仲을 낳고 『주역』 점을 쳐서 관觀에서 비否로 가는 괘를 만났으며, 또한 『국어國語』와 서로 유사한 괘상으로 사辭를 해석하는 방법을 취하였다.[5] 이것이 우리가 볼 수 있는 팔괘의 상을 이용하여 『주역』의 문사를 해석하는 최초의 자료이다.

상으로써 역을 해석하는 방법을 명확하게 제시하고, 아울러 이를 운용한

---

4) 『國語』(上海: 上海書店, 1987), 「晉語」, 129~130쪽.

5) 高亨, 『周易雜論』(齊南: 齊魯書社, 1988), 93~94쪽을 자세하게 보라. 또한 林忠軍, 『象數易學發展史』(齊南: 齊魯書社, 1994) 제1권, 25~26쪽을 보라.

것이 『역전』이다.

『역전』에서 보면, 『주역』의 괘효의 부호체계는 현실로부터 온 것이며, 객관세계의 본보기 혹은 모형이며, 그것은 물질의 속성을 갖추고 있다. 주로 삼획과 육획으로 구성된 괘상卦象에서 천지만물의 복잡한 형태를 본받아서 표현한다. 고대의 성인은 우러러 (天文을) 살피고 굽어서 (地理를) 관찰하여 번잡함을 간소함으로 변화시키는 과정을 통해 객관세계의 법칙을 음양부호로 추상해 내었는데, 이러한 부호가 곧 괘상이다. 괘상에는 상징의 의미가 있으며 그것이 상징하는 것은 천지만물이다. 「계사」에서 "역易은 상象이다. 상은 형상形像이다", "상象이라는 것은 이것을 형상形像한 것이다", "성인이 천하의 심오한 도리(隨)를 보고, 그 형용形容을 헤아리고, 그 사물의 마땅함을 그렸고 이런 까닭에 그것을 상象이라고 불렀다", "옛날에 포희씨가 천하의 왕일 때 우러러 하늘에서 상象을 관찰하고, 굽어 땅에서 법을 관찰하고, 새와 짐승의 (발자국) 무늬와 땅의 마땅함을 살피고, 가까이는 자신의 몸에서 취하고, 멀리는 여러 사물에서 취하여 이에 처음으로 팔괘八卦를 만들었다"고 하였다. 음양의 효爻는 물질의 운동을 본받았다. 효는 본받음의 의미가 있다. 본받음의 대상은 곧 운동이다. 「계사」에는 "효라는 것은 이것을 본받는 것이다", "효라는 것은 세상의 운동을 본받은 것이다", "성인이 세상의 움직임을 보고, 그 회통함을 살펴서 그 전례典禮를 행하며, 이를 설명의 말을 붙인(繫辭) 것으로서 그 길흉을 판단하였는데 이런 까닭에 그것을 효라고 한다"고 하였다.

팔괘와 64괘로서 천지만물을 본받기 때문에 팔괘와 64괘는 물성物性을 갖추고 있으며, 천지와 음양의 도를 포함하였다. 「계사」에는 "『역』이라는 책은 광대하여 모든 것을 갖추고 있으며, 거기에 천도天道가 있고, 인도人道가 있고, 지도地道가 있어 삼재三才를 겸하고 그것을 두 배로 하기 때문에 6이다. 6이라는 것은 다른 것이 아니라 삼재의 도이다", "육효의 움직임은 삼극三極의 도이다"라고 하였다. 이와 같을 뿐만 아니라, 팔괘는 여덟 가지 유형의 물질과 그와 상관있는 모든 사물을 상징하는 부호이다. 「설괘」는 사물의 형태·구조·속성 등을 참고하여 세간의 복잡한 사물을 여덟 가지 큰 유형으로 나누고, 하나의 괘마다 다른 일곱 괘의 사물과 다른 한 종류를 상징하도록 하였다. 예를 들면, 팔괘의 자연의 상은 건乾은 하늘, 곤坤은 땅, 진震은 우레, 손巽은 바람, 감坎은 물, 리離는 불, 간艮은 산, 태兌는 연못이다. 팔괘의 기본적인 속성은 건乾은 강건剛健함, 곤坤은 순응順應함, 진震은 움직임, 손巽은 들어옴, 감坎은 위험함, 리離는 화려華麗함, 간艮은 멈춤, 태兌는 유세遊說함이다. 팔괘가 상징하는 동물의 상은 "건은 말, 곤은 소, 진震은 용龍, 손巽은 닭, 감은 돼지, 리는 꿩, 간은 개, 태는 양이다." 팔괘가 가리키는 인체의 상은 "건은 머리, 곤은 배, 진은 발, 손은 넓적다리, 감은 귀, 리는 눈, 간은 손, 태는 입이다." 팔괘가 상징하는 가정家庭의 상은 건은 아버지, 곤은 어머니, 진은 큰아들, 손은 큰 딸, 감은 가운데 아들, 리는 가운데 딸, 간은 작은아들, 태는 작은딸이다. 팔괘가 상징하는 방위로, 건은 서북쪽, 곤은 서남쪽, 진은 동쪽, 손은 동남쪽, 감은 북쪽, 리는 남쪽, 간은 동북쪽, 태는 서남쪽이다. 「설괘」의 마지막은 기타의 물상을 하나하나 분류하고 팔괘로써 그것을 개괄하여 분별하였으니 곧 이른바 "팔괘는 널리 괘상을 밝힌 것이다."[6] 이로써 팔괘라는 부호는 지극히 추상적인 음양의 선線일 뿐만 아니라, 풍부한 물질세계를 포함하고 있는 부호임을 알 수 있고, 이러한 의미에서 『주역』은 우주의 대수학代數學(Algebra)이다.

　　팔괘로부터 구성된 64괘의 많은 육획의 부호는 직접적으로 어떤 사물을 모방하여 본뜨고, 추상선抽象線으로 어떤 사물의 외관의 형상을 재현하였다. 예를 들면 정괘井卦(☷)의 초효初爻는 솥의 다리이며, 2·3·4효는 솥의 배 부분이며, 5효는 솥의 귀이며, 상효는 솥뚜껑의 손잡이에 해당한다. 그리고 이괘頤卦(☷)의 상효上爻와 하효下爻는 양이며, 중간의 네 효는 음이며, 밖이 실實하고 중간은

---

　6) 孔穎達, 『周易正義』(北京: 北京大學出版社, 1999), 권9, 330쪽.

허虛하며, 턱과 입(頤口)이다. 서합괘噬嗑卦(☲☳)의 상효와 하효는 양이며, 중간의 세 효는 음이며, 하나의 효는 양으로 입 속에 하나의 사물을 교합咬合하는 것이며, 「단전象傳」에서 말하는 "턱 가운데 사물이 있는 것을 서합噬嗑(음식을 씹음)이라고 한다"는 말이 곧 이 뜻이다.

『주역』은 독특한 음양의 부호체계를 가지고 있을 뿐만 아니라 일련의 언어문자의 시스템을 가지고 있다. 문자언어도 일종의 부호이며, 그것은 괘효의 부호와 공통되는 특징으로 "하나를 가리킬 수 있는 것과 하나의 가리키는 바가 조성하는 것이며, 면面을 가리킬 수 있는 것은 면에서 표현되는 것을 구성하고, 가리키는 바가 면이면 구성하는 내용도 면面이다."[7] 더욱 재미있는 것은 『역위易緯』는 일찍이 팔괘의 부호를 고대 최초의 여덟 가지 상형문자象形文字로 보았는데, 곧 건乾은 고대의 "천天"자이며, 곤은 고대의 "지地"자이며, 진震은 고대의 "뢰雷"자이며, 손巽은 고대의 "풍風"자이며, 감坎은 고대의 "수水"자이며, 리離는 고대의 "화火"자이며, 간艮은 고대의 "산山"자이며, 태兌는 고대의 "택澤"자라는 것이다.[8] 이와 같은 주장은 비록 정확하지는 않지만 적어도 중국의 최초의 문자는 『주역』의 부호와 공통적인 특징이 있음을 말해 주었다. 그러나 구성내용의 측면에서는 괘효卦爻의 부호는 또 문자언어와 본질적으로 구별된다. 비교하자면, 문자로 이루어진 언어는 일종의 부호체계로서, 나타내는 의미는 상대적으로 분명하고 확정적이다. 그리고 괘효의 부호는 고도로 추상적이고 고도로 개괄적이며, 표현하는 의미는 불확정적이며, 광범위하고, 다층차적이며, 초시공적이어서 과거의 지혜를 포함하고 있을 뿐만 아니라 미래의 신묘함을 밝게 드러낸다. 이것이 곧 「계사」에서 말한바 "시초蓍草의 덕은 원만하고 신묘하며, 괘의 덕은 방정하고 지혜롭다", "신묘함으로써 미래를 알고, 지혜로써 지나간 것을 함장含藏한다"는 뜻이다.

---

7) 羅蘭 · 巴你特(Lauren Bartlett), 『符號學原理』(北京三聯書店, 1988), 134쪽.
8) 『易緯 · 乾坤鑿度』卷上과 林忠軍, 『易緯導讀』(齊魯書社, 2003), 118~119쪽을 보라.

그렇다면 『주역』이 책으로 만들어지는 과정에서 그 괘효의 부호는 문자언어와 관련이 없는가? 구체적으로 말하면 괘효의 부호는 문사文辭로 창작된 것 중에서 일정한 작용을 일으키지 않았는가? 사실 『역전』은 분명하게 설명한다. 「계사」에서는 다음과 같이 말한다.

팔괘가 베풀어지니 상象이 그 가운데 있고, 인하여 그것을 중첩하니 효가 그 가운데 있고, 강과 유가 서로 미루니, 변화가 그 가운데 있고, 이에 설명의 말을 붙여(繫辭) 그것을 밝히니, 움직임이 그 가운데 있고, 길하고 흉하고 후회하고 부끄러운 것이 그 움직임에서 생긴다.

성인이 괘를 설립하고, 형상을 보고, 이에 설명하는 말을 붙여 길흉을 밝혔다.

성인이 천하의 심오한 도리(賾)를 보고, 그 형용을 헤아리고, 그 사물의 마땅함을 그렸고 이런 까닭에 그것을 상象이라고 불렀다. 성인이 세상의 움직임을 보고, 그 회통함을 살펴서 그 전례典禮를 행하며, 이를 설명하는 말을 붙여 그 길흉을 판단하였다.

여기서 인용한 문장으로 보면, 괘효와 괘상은 객관적인 자연을 본받았음을 말하며, 괘효와 괘상의 움직임은 길함과 흉함이 이미 정해졌으며, 괘상이 드러내는 길흉은 계사繫辭를 통하여 설명하며, 곧 계사는 길흉을 설명하는 문사文辭이다. 이와 같은 까닭은 괘사와 효사는 괘상에 근거하여 만들어진 즉 "상象을 살펴서 설명하는 말을 붙인 것"이기 때문이다. 이에 대해 이정조李鼎祚는 더욱 명확하게 설명하기를 "문왕이 64괘 384효의 상을 관찰하여 이어 달아 둔(繫屬) 설명하는 말을 살펴보았다"(『주역집해』, 권30)고 하였다. 이 말도 바로 그런 의미에서 괘사와 효사는 괘상의 의미를 표현한 것으로 곧 「계사」에서 말한바 "단象은 상에서 말한 것이다"와 같은 뜻이다. 이 문제를 설명하기 위해, 『역전』은 한 걸음 더 나아가 언言, 상象, 의意의 관계 문제를 제시하였다. 「계사」는 다음과 같이 말한다.

공자는 "글은 말을 다할 수 없고, 말은 뜻을 다할 수 없다"고 하였다. 그렇다면 성인의 뜻은 알 수 없는가? 공자는 "성인은 상을 확립하여 뜻을 다하였고, 괘卦를 설립하여 실정과 거짓을 다하였으며, 이에 설명하는 말을 붙여 말을 다하였다"고 하였다.

이것은 언어는 다양하고 복잡하며 또한 자의적임을 말하며, 한계가 있고 상대적으로 안정된 문자를 이용하여 다양한 언어를 완전하게 표현하기는 어렵다. 의미와 사상이 심오하고 넓고 커서, 복잡하고 상대적으로 확정적인 언어를 이용하여 의미와 사상을 완전하게 다 표현하기는 어렵다. 분명하게 여기서 가리키는 문자가 언어의 표현 과정에서 국한성이 있다면, 그렇다면 괘효의 부호의 설치와 괘사 효사의 설치로 이러한 곤혹함을 해결하기 위하여 활로를 찾았다. 「계사」는 괘효와 괘상은 표현형식으로 말하면 그것은 이미 사람들이 일반적으로 사용하는 문자가 아니며, 또한 일반적인 문자로 구성된 언어도 아니며, 직관과 추상이며 풍부하고 심원함을 내포한 기호이다. 괘사와 효사는 "섞였지만 경계를 넘지 않고", 확립된 의미가 심원하며, 완곡하면서도 적중하며, 조리條理가 통달하며, 완전하게 일반적인 언어문자의 한계를 극복하였고, 규범화된 언어의 특징을 갖추었으며, 의미와 의사를 표현하는 데 가장 이상적인 도구가 되었다.

이미 괘효와 괘사가 괘상에 근본하여 괘상의 의미를 표현한다면, 그렇다면 괘효와 괘사를 이해하고 해석하기 위해서는 괘상의 존재를 무시할 수 없다. 이러한 이념의 지배에서 『역전』의 자자는 "상을 관찰하여 설명辭을 완상玩賞한다"는 판단을 제시하였다. 「계사」의 말이다.

이런 까닭에 군자가 거주함이 안전한 것이 역의 순서(序)이며, 즐겨 완상玩賞하는 것이 효爻의 설명이다. 이런 까닭에 군자는 거함에 그 상象을 관찰하고 그 설명을 완상하며, 움직임에 그 변화를 관찰하고 그 점을 완상한다.

위의 "서序"는 우번虞翻은 "상象"이라고 썼으며, 청淸나라 사람 이도평李道平은 "대개 아래 설명에서 '거처하면 그 상象을 관찰한다'고 하였으므로 '서序'는 '상象'임을 안다"9)고 하였다. 살펴보면, 백서帛書 『계사』는 본래 또한 "상象"이라고 썼으므로 우번虞翻의 판본은 옳다고 보았다. "완玩"은 잘 연구하여 익힘(玩習), 희롱함(玩弄)의 뜻이 있다. 『설문說文』에는 "완玩은 롱弄이다"라고 하였고, 『이아爾雅』 「석언釋言」에도 "롱弄은 완玩이다"라고 하였다. 이 단락의 말이 본래 말하는 것은, 군자는 마땅히 『주역』으로써 처세하고, 한가로이 거할 때는 괘상을 관찰하고, 문장에 나타난 말(文辭)을 연구하여 익혀서, 길흉吉凶의 이치를 밝히고, 행동함에는 효의 변화를 관찰하여 서점筮占을 진행한다는 것이다. "역의 상象"과 "효의 사辭", "그 상을 관찰함"과 "그 말을 완습玩習함"은 구절을 서로 상대하여 보면 안으로 괘상을 관찰함으로써 문사에 담긴 의미를 학습하고 해석하는 것을 내포하고 있다. 즉 상象과 설명은 일치하며 둘이 아니고, 상을 관찰함에 반드시 설명을 완습해야 하며, 설명을 완습함에 또한 반드시 상을 관찰해야 한다.

『주역』의 기원을 따라 보면, 먼저 부호와 숫자가 있은 뒤에 문사가 있다. 예를 들면 출토된 갑골문과 금문金文에는 여섯 개를 하나의 조組로 하는 많은 숫자가 있으며, 이러한 수는 "1"과 "6"을 사용하는 비율이 가장 높고, "5", "7", "8", "9"는 수가 적다. 장정랑張政烺 등의 연구에 의하면, 이러한 숫자가 괘이며, 따라서 『주역』이 책으로 형성되기 전에 이미 숫자로써 표시된 육효六爻의 괘획卦劃이 있었음을 증명한다. 이러한 숫자로 된 괘는 현재 단지 미제未濟괘의 괘획에서 "왈괘曰魁"라는 두 글자, 고괘蠱卦의 괘획에 있는 "왈기曰其"라는 두

---

9) 李道平 撰, 潘雨廷 点校, 『周易集解纂疏』, 권8(中華書局, 1994), 549쪽.

글자와 또 다른 한 줄의 "□□기어□□旣漁"라는 네 글자에서만 볼 수 있는데, 극소수의 문사文辭가 있는 것을 제외하고는 대부분 문사가 없다. 최근 서안西安에서 출토된 도자기를 만드는 도구(陶拍)에 『주역』의 숫자와 부호가 새겨져 있다.[10] 이것은 『주역』이 책으로 이루어지기 전보다 훨씬 먼저 숫자로 조성된 괘획이 있었고, 괘효와 괘사는 그 뒤에 만들어진 것임을 설명한다. 「계사」에서 말하는 "성인이 상을 관찰하여 설명하는 말을 붙였다"는 말과 "판단하는 말(彖)은 象象을 말하는 것이다"라는 말의 논단論斷은 의심의 여지가 없다. 또한 『주역』의 괘효와 괘사를 고찰하면 괘효와 괘상과 대응하는 것이 많은데, 일반적으로 상上이라고 하는 것은 대부분 상효上爻와 대응하고, 하下라고 말하는 것은 대부분 초효初爻와 대응한다. 예를 들면, 건괘乾卦의 초구에서 말한 "잠룡潛龍", 곤괘 초육에서 말한 "이상履霜", 서합괘噬嗑卦의 초구에서 말한 "멸지滅趾", 대장괘大壯卦의 초구에서 말하는 "장우지壯于趾" 등의 문장에서 말하는 하下라는 말은 하효下爻와 대응한다. 건괘 상구의 "항룡亢龍", 비괘比卦 상구의 "무수無首", 대유괘大有卦 상구의 "자천自天", 대축괘大畜卦 상구의 "하천何天", 중부괘中孚卦 상구의 "등우천登于天", 대과괘大過卦 상육의 "멸정滅頂" 등의 문장에서 말하는 상上은 상효上爻와 대응한다. 2효와 5효는 중간에 있으므로 대부분 좋은 내용의 문장이며, 3효는 중간을 지나 위에 있으므로 대부분 위험한 내용의 설명이다. 불완전한 통계에 근거하지만, 2효로 길吉·이利·무구無垢 등 좋은 내용의 설명을 밝혀 말한 것이 46개가 있으며, 2효로 점을 치는 총 수가 71/100이며, 5효로 길吉·이利·무구無垢 등을 밝혀 말한 설명이 49개가 있으며, 5효로 점을 친 총 수가 74/100이다. 어떤 것은 괘명과 괘획이 대응하는데, 예를 들면, 건乾·곤坤·서합噬嗑·이頤·정鼎·박剝·복復·진晉·명이明夷 등이 이 무리에 속한다. 어떤 괘효와 효사는 괘획과 대응하는데, 예를 들면 곤괘의 "서리가 내리면 견고한 얼음이 언다"(履霜堅

10) 李學勤, 「新發現西周筮數的研究」, 『周易硏究』 2003年 第5期.

水至), 태괘兌卦의 "작은 것이 가고 큰 것이 온다"(小往大來), 비괘否卦의 "큰 것이 가고 작은 것이 온다"(大往小來)와 같은 것이다. 어떤 괘효와 괘사는 두 괘의 괘획과 상관있는데 예를 들면, 명이明夷의 상육上六에서 말하는 "처음 하늘에 오르고, 후에 땅으로 들어간다"(初登于天, 後入于地)는 진晉괘와 명이明夷 두 괘상과 관계가 있는 것이며, "初登于天"은 진晉괘의 상과 대응하며, "後入于地"는 명이明夷 괘의 상과 대응한다. 손괘損卦의 5효와 익괘益卦의 2효에 모두 "혹 십 붕朋11)의 거북을 더해준다"(或益之十朋之龜)는 말이 있는데, 또한 두 괘의 괘상과 관련이 있음을 반영한다. 즉 손괘損卦(☷☶)를 뒤집으면 익괘益卦(☳☴)가 되며, 손損괘의 5효가 변하여 익益괘의 2효가 되며, 그 반대도 또한 그러하다.12) 따라서 「계사」의 판단을 증명하였다. 이미 상을 관찰한 것에 설명하는 말을 붙이고 상에 대하여 문장으로 말을 하였다면 상수로써 『주역』의 문헌자료를 해독하는 것은 틀림없이 역학연구에서 정확하고 효과적이며 필수적인 방법이다. 이러한 방법은 또한 다른 방법으로 대신할 수 없다.

"상을 관찰하여 설명을 완습玩習한다"는 말은 『역전』이 『역』을 해석하는 중요한 방법 가운데 하나다. 그 가운데 「상전象傳」과 「단전象傳」이 가장 전형적이다. 고형高亨 선생은 "대개 『역전』은 항상 상수로 『역경』을 해석하고, 「단전」과 「상전」은 상수로써 『역경』의 괘명과 괘사 및 효사를 해석하는 것이 더욱 많이 드러난다"13)고 하였다. 예를 들면, 「상象」으로 몽蒙괘를 해석하면서 "산 아래로 샘이 나오니 몽蒙이다"라고 하였다. 송訟괘를 해석하면서 "하늘과 물이 거슬러 행하니 송訟이다"라고 하였다. 진晉괘를 해석하면서 "밝음이 땅 위로 나오니 진晉이다"라고 하였다. 정井괘를 해석하면서 "나무 위에 물이 있으니 정井이다"라고 하였다. 「단象」으로 태泰괘를 해석하면서 "'작은 것이 가고 큰 것이 오니

---

11) 역자 주: 조개껍질 한 쌍 단위의 화폐.
12) 林忠軍, 『象數易學發展史』(齊魯書社, 1994), 第一卷, 11~16쪽.
13) 高亨, 『周易大傳今注』(齊魯書社, 1988), 卷首, 14쪽.

길吉하고 형통亨通한다'고 하니 하늘과 땅이 사귀니 만물이 통하는 것이다"라고
하였다. 규睽괘를 해석하면서 "불이 움직여 위로 가고, 연못이 움직여 아래로
가고, 두 여자가 동거하니 그 뜻이 서로 다르게 행한다. 기뻐하며 밝은 데서
짝을 짓고, 부드러움으로 나아가 위로 가고, 중中을 얻어 강건剛健함과 응하니
이런 까닭에 '작은 일이 길하다'고 한다"고 하였다. 여기서의 산山·천泉(水)·명
明·지地·목木·천天·화火·택澤·열說·려麗·이녀二女(中女·少女)는 모두 팔괘
의 상象이다. 「단전」과 「상전」 등도 또한 효상爻象으로써 효사를 해석하였는데,
곧 효의 음양과 강유 및 그 관계인 위치, 오름, 계승, 응함(位·乘·承·應) 등으로
효사爻辭를 해설하였다. 고형 선생은 이와 같이 상으로써 『역』을 해석하는
방법을 "강剛·유柔가 서로 응함", "강·유가 서로 이김", "강·유의 위치가
마땅함과 마땅하지 않음", "강·유가 중中을 얻음", "강·유가 존귀한 위치에
있거나 상위에 있거나 하위에 있음", "유柔가 강剛을 따름과 유가 강을 타고
오름"의 여섯 가지 형식으로 귀결시켰다.14) 주백곤朱伯崑 선생은 당위설當位說·
중위설中位說·응위설應位說·승승설乘承說·왕래설往來說·초시설超時說로써 『역
전』이 효상爻象으로써 역을 주석하는 격식(體例)을 개괄하였다.15) 굴만리屈萬里
선생은 더욱 자세하게 「단전」과 「상전」에서 상象으로써 『역』을 주석하는 사례를
서술하였다.16) 여기서는 다시 많이 서술하지 않는다.

  설명해야 할 것은, 상으로써 『역』을 주석하는 것은 『역전』의 중요한 방법이지
만, 그것은 매우 큰 결함이 있으며, 그것은 이러한 원칙을 철저하게 관철하지
않았고 "논리적으로 말하면, 결코 『역경』 가운데 있는 상사象辭가 상응하는
이치를 해석하여 통하게 할 수 없으며, 해석이 통하지 않을 때 회피하는 태도를
취하며, 특히 경문經文의 중복되는 문구文句를 회답하기 어렵다"17)는 사실이다.

----

14) 위의 책, 35~47쪽.

15) 朱伯崑, 『朱伯崑論著』(瀋陽出版社, 1998), 848~849쪽.

16) 屈萬里, 『先秦漢魏易例述評』(臺北學生書局, 1985), 1~42쪽.

17) 朱伯崑, 『朱伯崑論著』(瀋陽出版社, 1998), 851쪽.

동시에 상으로써 경을 주석하는 방법은 『역전』에서 유일한 것은 아니며 더욱 가장 중요한 것은 아니다. 다시 말하면, 『역전』은 유가의 대표작으로서 상으로써 역을 주석하는 방법 외에도, 또한 상으로써 역을 주석하는 것에 비해 더욱 중요하고 유가사상과 긴밀한 관계가 있는 방법으로는 그것이 곧 의리방법義理方法이다.

한대漢代 이래 한무제의 '오직 유술儒術만 존중함'(獨尊儒術), '오경박사五經博士의 설립' 이후로, 유학의 창시자와 유학의 경전을 신격화한 것은 『주역』과 다른 경학의 전적들을 절대的絶對的・영원적永元的이고 보편적인 진리로 만들었다. 사마천은 "역易은 천지・음양・사시・오행(의 원리)을 밝히므로 변화(의 이치)에 뛰어나다"(『史記』, 「太史公自序」)고 하였다. 반고班固도 일찍이 "성인聖人은 누구인가? 성聖은 통함이며, 도道이며, 명성名聲이다. 도道는 통하지 않은 곳이 없으며, 밝음은 비추지 않은 곳이 없으며, 명성을 듣고 실정을 안다"고 하였으며, "오상五常의 도가 있으므로 오경五經을 일러 악樂은 인仁하고, 서書는 의롭고, 예禮는 예의가 있고, 역易은 지혜롭고, 시詩는 믿음이 있으며, 인정人情에는 오성五性이 있으니, 오상을 품고 있지만 스스로 이룰 수 없기 때문에 이런 까닭에 성인이 하늘의 오상의 도를 본받고 그것을 밝혀서 사람을 가르쳐서 그 덕을 이룬다"(『白虎通』, 「德論・五經」)고 하였다. 또 『한서』 「예문지」에서는 "공자가 단彖・상象・계사繫辭・문언文言・서괘序卦 등 10편을 지었기 때문에 역의 도리가 깊어졌다"고 하였다. 여기서 『역』이 음양・오행의 변화의 도를 포함하고, 오경五經은 오상五常의 도를 포함하고 있다는 말들이 "역의 근원이 된다." 여기에 기초하여 역학해석은 먼저 마땅히 『주역』 문헌자료를 숭고하고 신성하며 개변改變할 수 없는 경전으로 여기며, 유가 성현의 언론과 해석을 『주역』의 문헌자료를 이해하고 해설하는 최고 권위의 근거와 표준으로 삼는다. 정현은 『계자익은서戒子益恩書』에서 "앞 성인의 본래 뜻을 고려하여 서술하고(念術), 백가의 다른 뜻을 생각하여 정리함"을 해석의 목표로 제시하였다. 그리고 『역전』에서 제출한 "상을 관찰하여 '설명하는 말을 붙인다(繫辭)"와 "상을 관찰하여 설명을 완습玩習한다"는 말은 그 이치가 당연히 정현이 『주역』을 이해하고 해석하는 데 반드시 준수하고 따라야 하는 신조信條이자 방법이다. 다른 한유들과 마찬가지로 그도 『주역』의 한 구절마다 하나의 글자마다 결코 성인이 마음대로 쓴 것이 아니라 모두 상象에 근원하다고 굳게 믿었으며, 따라서 그들로 하여금 상수象數의 부호가 괘효와 괘사의 형성에서 주도적 작용을 하였다고 극력하여 알리도록 격발하였으며, 『주역』의 문헌자료의 배후에 있는 상수를 최대한 발굴하고 드러내어, 그 괘효와 괘사, 괘효와 괘상, 심지어 『역전』의 설명과 괘상의 사이에 내재된 연관관계까지 모든 힘을 다하여 탐구하였다.

이러한 목표를 달성하기 위하여 정현은 먼저 『역전』이 창시한 상象으로써 『역』을 해석하는 전통을 계승하여 직접 「설괘」 가운데의 팔괘의 상을 도구로 삼아 『주역』의 괘효와 괘사를 해설하였다. 예를 들면, 정현이 겸謙괘를 주석하여, "간艮은 산이며, 곤은 땅이며, 산의 본체는 높으나 지금은 땅 아래에 있으니, 그것이 인도人道에서는 높은 것이 낮출 수 있고, 낮은 것이 그것을 겸손하게 하는 상象이다"[18]라고 하였다. 수隨괘를 주석하여 "진震은 움직임이며, 태兌는 기뻐함이며, 안으로 움직임의 덕이 있고 밖으로 기쁨의 말이 있으니 천하의 백성이 모두 그 행동을 그리워하며 그를 좇아간다. 그러므로 수隨라고 한다"고 하였다. 서합噬嗑괘의 상구上九인 "형틀을 어깨에 메다 귀가 잘리다"(何校滅耳)를 주석하여 "리離는 고목橋木이며, 감坎은 귀이며, 목木이 귀 위에 있으니 형틀을 어깨에 메다 귀가 잘리는 형상이다"라고 하였다. 이상 인용한 문장에서 산山·천天·지地·동動·열說·고목橋木·이耳 등은 모두 팔괘의 괘상에 속하며, 「설괘」 가운데 분명하게 기록되어 있다.

동시에 정현은 『역전』에서 효위爻位로써 『역』을 주석하는 방법을 이용하였다.

---

18) 李鼎祚, 『周易集解』. 이하의 인용문은 모두 이 책에서 인용하며, 각주의 문장은 생략한다.

효위법爻位法은 효가 차지하고 있는 위치와 그 상호간의 관계로써 상象을 취하는 방법이다. 그것은 당위當位·실위失位·중위中位·응應·승乘·승承·거據 등을 포괄한다. 이 방법은 『역전』으로 『역』을 주석하는 격식이다. 서한西漢 때에 금문今文의 역易과 당시의 신비적 천인학天人學이 결합하여 관학官學으로 존중되어 성행하였고, 민간에서는 비직費直이 오로지 "십익十翼"으로 『역』을 연구하여 독자적인 일파를 이루었다. 동한東漢 때에 정현과 순상荀爽 등이 비직의 학문을 이어받았다. 『후한서後漢書』「유림전儒林傳」에서는 "진원陳元(생졸 미상)과 정중鄭衆(?~83?)은 모두 비직의 역을 전수받았으며, 그 후에 마융馬融(79~166)도 그것을 전하였다. 마융은 정현鄭玄(127~200)에게 전하였다. 정현이 『역주易注』를 짓고, 순상荀爽(128~190)은 또 『역전易傳』을 지었다"라고 하였다. 정현이 효위법을 이용한 것은 비직의 역학을 계승한 예증例證이다.

1) 득위得位와 실위失位

『역전』은 괘의 초효, 3효, 5효를 양위陽位로 보며, 2효, 4효, 상효上爻를 음위陰位로 생각한다. 일반적으로 말하면 양효는 양위에 있고 음효는 음위에 있는 것을 당위當位 혹은 득위得位라고 하며, 양효가 음위에 있거나 음효가 양위에 있는 것을 실위失位 혹은 실정失正이라고 한다. 『건착도乾鑿度』에서는 "음양이 정正이 아닌 것은 모두 실위失位이다"라고 하였다.

정현은 리離괘의 구사를 주석하여 "진震이 장자長子이면 효는 실정失正한 것이다.…… 진震이 실정失正하여 그 가는 바를 모른다"라고 하였다.

이것은 리離의 구사의 효가 양으로써 음위에 있으므로 실정失正하였음을 말한다.

정현은 가인家人괘의 육이를 주석하여 "2효는 음효로서 내괘에서 득정得正하였고, 5효는 양효로서 외괘에서 득정하였다. 마치 부인婦人이 스스로 수양하여 안에서 바르고, 남편이 수양하여 밖에서 바름과 같다"고 하였다.

이것은 가인家人의 육이가 음효로서 음위에 있고, 구오가 양효로서 양위에 있음을 말한다. 그러므로 음이 내괘에서 득정하고 양에 외괘에서 득정하였다.

2) 중위中位

괘의 여섯 위치는 2효는 내괘의 가운데 위치하며, 5효는 외괘의 가운데 위치한다. 2효와 5효의 위치가 중위中位이다. 양효는 물론 음효도 거기에 있으면 모두 득중得中하였다고 할 수 있다. 옛사람이 중中의 덕을 숭상하였기 때문에 『주역』64괘에서 2효와 5효 두 효는 대부분 좋은 설명이다. 『역전』의 해석에 근거하면 음양의 효가 가운데 위치하는 것을 "중도中道"를 얻었다 혹은 "득중得中"이라고 하고, 가운데 위치하지 않는 것은 실중失中이라고 한다. 양효가 가운데 있으면 "강득중剛得中"이라고 하고, 음효가 가운데 있으면 "유득중柔得中"이라고 한다. 음효가 2효에 있고, 양효가 5효에 있는 것을 "중정中正"이라고 한다. 정현은 『역전』의 중위中位의 설을 계승하였다. 예를 들면 다음과 같다.

정현은 몽괘를 주석하여, "호체互體가 진震으로 득중하며, 아름다운 모임이 예로써 통하고, 양陽은 그 가운데서 움직이고, 덕德이 지도地道의 위에 베풀어지니,……"(『公羊傳』, 定公 15年 疏)라고 하였다.

정현이 이頤괘를 주석하여, "2효와 5효가 리離괘의 효에서 모두 득중得中하였다. 리離는 목目이며 상을 관찰한다"(『周易集解』)라고 하였다.

정현이 『건착도』를 주석하여, "림臨괘의 구이는 중화中和와 특별한 아름다운(美異) 덕이 있다"고 하였다.

정현은 『계람도稽覽圖』의 중부中孚괘를 주석하여, "5효는 중화中和의 기로써…… 중정中正의 도를 행한다"고 하였다.

몽괘蒙卦의 2효에서 4효까지의 호체互體가 진震이며, 2효는 진震의 양효로서 몽괘의 내괘의 가운데 있으므로 "득중得中"이라고 한다. 이괘頤卦의 2효와 5효는 모두 음효이며 리離의 효로 나누어져 내괘와 외괘의 가운데 있으므로 "득중"하였다고 한다. 림괘臨卦의 구이九二는 내괘의 가운데 있으므로 "중화中和"의 덕이라고 한다. 중부中孚의 구오九五는 외괘의 가운데 있으므로 "중화의 기"라고 한다. 그러나 정현이 말한 "중中"은 전적으로 2효와 5효에 국한되지는 않으며, 어떤 때는 괘효의 가운데를 두루 가리킨다. 예를 들면 정현은 복復괘의 육사六四인 "가운데서 행하며 홀로 되돌아온다"(中行獨復)는 구절을 주석하여 "효가 처한 5효는 음의 가운데이며 중간을 헤아려 행한다"(『漢上易傳』)고 하였다. 복괘復卦의 육사는 음효이며 2효, 3효와 5효, 상효上爻의 네 개의 음효의 가운데 있다.

3) 응應

응應은 효위爻位에 나아가서 하는 말이다. 『건착도』에서는 "초효와 4효, 2효와 5효, 3효와 상효가 대응하니 이를 일러 응應이라고 한다"고 하였다. 『건착도』의 뜻을 참고하면, 하나의 괘 가운데, 초효와 4효, 2효와 5효, 3효와 상효 및 음양의 두 효가 상응한다. 만약 대응하는 두 효가 모두 양효이거나 혹은 모두 음효라면 이를 적응敵應이라고 한다. 응함은 천지에 근본하여 서로 감응한다. 『건착도』에서는 "땅의 아래에서 움직이면 하늘의 아래에서 응하며, 땅의 가운데서 움직이면 하늘의 가운데서 응하고, 땅의 위에서 움직이면 하늘의 위에서 응한다"고 하였다. 정현은 이 구절을 주석하여 "천기天氣가 하강하여 땅을 감동시키고, 그러므로 지기地氣가 상승하여 움직여 하늘과 응한다"고 하였다. 바로 이러한 의미에서 『계람도』는 "이른바 응함이란, 땅 위에는 음이 있고 하늘 위에는 양이 있으니 응함이라 하고, 음을 갖추므로 굴레(罔)라고 한다. 땅 위에 양이 있고 하늘 위에는 음이 있으니 응함이라고 하고 양을 갖추고 있으므로 굴레라고 한다"고 하였다.

정현이 비賁괘의 육사六四를 주석하여, "육사는 손효巽爻이다. 초구初九와 응함이 있어 스스로 다스리고자 하여 초효로 가고 이미 진퇴進退가 아직 안정되지 않았으므로 반여燔如이다"(『禮記』, 「檀弓」正義)라고 하였다.

정현은 복復괘의 육사를 주석하여, "효가 다섯 음의 가운데 있고 가운데를 건너서 가므로 4효가 홀로 초효와 응한다"(『漢上易傳』)고 하였다.

정현은 둔遯괘를 주석하여, "2효와 5효가 위치를 얻어 서로 응한다. 이는 정도正道를 이용하여 예禮로써 초빙招聘을 받으니, 다른 나라에서 벼슬을 시작한다"(『周易集解』)라고 하였다.

정현은 췌萃괘를 주석하여, "2효는 본래 리離의 효이다. 리離는 눈이며, 바른 위치에 있으면서 5효와 응하므로 대인大人을 보면 이롭다"(위의 책)고 하였다.

정현은 규睽괘를 주석하여, "2효와 5효가 서로 응하면서 임금이 음이고 신하가 양이며 임금으로서 신하에 응하므로 작은 일을 길吉하다"(위의 책)라고 하였다.

이상이 응應의 예이다. 비賁와 복復괘는 육사의 음효가 초구의 양효와 더불어 상응하는 위치를 얻었으며, 둔遯괘와 췌萃괘는 육이의 음효가 구오의 양효와 더불어 상응하는 위치를 얻었다. 규睽괘는 구이의 양효가 육오의 음효와 더불어 상응한다.

효와 효가 응하지 않거나 혹 적응敵應하는데, 예를 들면 정현이 송訟 구이를 주석하여 "소국小國의 아래에…… 진실로 스스로 숨어 있고, 감히 5효와 서로 적이 되지 않으면 재해와 재앙이 없다"(『周易正義』)라고 하였는데, 이는 송訟괘의 구이는 양효로서 구오의 양효와 응하여 서로 적이 되지 않음을 말하였다. 또 정현은 『계람도稽覽圖』의 "음을 갖추고 있으므로 굴레라고 하고, 양을 갖추고 있으므로 굴레라고 한다"(俱陰曰岡, 俱陽曰岡)는 구절을 주석하여 "육삼이 상육과 응하고 두 음이 서로 만나는 뜻이 없으므로 응함이 없는 것이다. 구삼이 상구와 응하며, 두 양이 서로 만나는 뜻이 없으므로 망岡이라고 하며, 망岡이므로 망亡한다"라고 하였다. 이상의 예로 보면『주역』의 효의 응함은 세상의 성질이 다른 사물이 서로 흡수하고 서로 감응하고, 성질이 같은 사물이 서로 적이 되고 서로 배척하는 도리를 반영한다.

4) 승承

무릇 음효가 양효의 아래에 있는 것을 "승承"이라고 한다. 승承은 순종의 뜻이 있다. 『역전』은 많이 승의 예를 이용하여 『역』을 해석하였다. 「상象」에서 고蠱괘의 초육을 해석하면서 "'아버지의 일을 주관함'은 아버지를 계승하려는 뜻이다"라고 하였고, 고蠱괘 육오를 해석하면서 "'아버지의 일을 주관함이 명예로움'은 (아랫사람이) 덕으로써 받들기 때문이다"라고 하였다. 전자의 인용문에서 "승承"은 초육의 음효가 구이의 양효의 아래에 있어 음으로써 양을 따라 받듦을 가리킨다. 후자의 "승承"은 육오의 음효가 상구의 양효의 아래에 있으면서 음효로서 양효를 따라 받듦을 가리킨다. 또 「상象」에서 절節괘의 육사를 해석하면서 "'편안하게 절제함이 형통함'은 위에 있는 도를 받들기 때문이다"라고 하였다. 여기서 '위에 있는 도를 받듦'은 육사의 음효가 구오의 양효의 아래에서 음으로써 양을 따르고 받듦을 가리킨다. 정현이 말한 승承의 예는 하나의 음효가 하나의 양을 받드는 데만 한정하지 않고 때로는 여러 음을 이용하여 하나의 양을 받들고, 하나의 음이 여러 양을 받들며, 음괘가 양괘를 받들기로 한다.

일음一陰이 일양一陽을 받드는 예는 다음과 같다.

정현은 감坎괘를 주석하여 , "육사가 위로 구오를 받든다"(『詩經』, 「宛邱」 正義)고 하였다.

정현이 명이明夷괘의 육이를 주석하여, "이것은 육이에 명덕이 있어 구삼을 받들려고 하는 것을 말한다"(『禮記』, 「內則」 正義)라고 하였다.

두 개의 음陰이 하나의 양陽을 받드는 예는 다음과 같다.

정현은 손損괘를 주석하여 , "초효가 2효와 함께 바로 가고, 그 4효는 5효와 함께 위를 받든다"(「考工記·旅人」疏)라고 하였다.

하나의 음효가 다섯 양을 받드는 예는 다음과 같다.

정현이 구姤괘를 주석하여, "하나의 음이 다섯 양을 받들며, 한 여자가 다섯 남자를 감당하니 비록 만났을 뿐이며, 예의의 바름은 아니다"(『周易集解』)라고 하였다.

하나의 음효가 양괘陽卦를 받드는 예는 다음과 같다.

정현은 정鼎괘의 초육을 주석하여, "초효의 음효는 부드러우며 건乾과 같은 체이며, 건을 받드는 것을 옳지 않다"(「士昏禮」疏)라고 하였다. 이것은 정괘鼎卦의 2·3·4효의 호체가 건乾이며 초육의 음효가 건의 아래 있고, 내괘를 따라 보면 건乾과 같은 체이다. 음효가 초효에 있으면, 양의 위치는 올바르지 않으며 위로 건乾을 받듦을 말한다.

음괘가 양괘를 받드는 예는 다음과 같다.

정현은 항恒을 주석하여 "손巽은 바람이며, 진震은 우레이며, 우레와 바람이 서로 기다려서 사물을 기르며, 마치 장녀가 장남을 받들고 부부가 한 마음으로 가정을 이루어 오래도록 나아가는 도리와 같다"(『주역집해』)라고 하였다.

『역전』과 정현이 본 "승承"은 형식적으로 보면 음효의 각도에서 음효와 양효의 위치를 설명하는 것으로, 그것은 일종의 '양陽이 주가 되고 음陰이 좇아가며'(陽主陰從), 음양이 상보相補하고 상성相成하는 화해의 관계를 반영하며, 이러한 관계에서 두드러진 것이 음이 순종하여 양을 받드는 측면이다. 이러한 음양의 관계는 자연계의 '양은 위 음은 아래'(陽上陰下), '양은 굳세고 음은 부드럽다'(陽剛陰柔), '양은 움직이고 음은 고요하다'(陽動陰靜), '양이 주가 되고 음이 따른다'(陽主陰順)는 것을 표현한다. 사회에서는 군신君臣과 부부夫婦의 관계를 표현한다. 고대사회에서 임금은 존귀하고 양이며, 신하는 비천하고 음이며, 지아비는 존귀하고 양이며, 부인은 비천하고 음이다. 존귀함은 주동主動으로써 하고, 비천함은

순종順從을 정도로 삼는다. 왜냐하면 임금이 주가 되고 신하는 따르며, 지아비가
주장하면 부인은 따르는 것이 영원불변의 준칙이며 정치의 청명함이며 가정의
화해의 상징으로 보였기 때문이다. 사실 이것은 중국고대의 군주전제정치와
남자를 중시하고 여자를 경시하는 등급제도이다. 역학에서 "승承"은 실제로
고대사회에서의 등급관념의 굴절이다.

5) 승乘

승乘은 '타고 오름'(乘凌)의 뜻이다. 『소이아小爾雅』「광언廣言」에서 "승乘은
릉凌이다"라고 하였고, 『국어國語』「주어周語」에서는 (韋昭가) "다른 사람을 타는
것은 의義가 아니다"(乘人不義)라는 구절에 대하여 주석하기를, "승乘은 릉凌이다"
라고 하였는데, 릉凌과 릉陵은 고어에서는 통한다. 『설문說文』「통훈정성通訓定聲」
에서는 "릉陵의 가차假借가 릉凌이다"라고 하였다. 옛사람의 이해를 살펴보면
양陽은 위에서 존귀하며, 음陰은 아래에서 비천하며, 양이 위 음이 아래에 있는
것이 천도天道에 부합하며, 이와 상관된 고대의 등급관념으로, 만약 음이 위에
있고 양이 아래에 있으면 천도와 사회에서의 등급관념과 위배된다. 역학에서의
표현으로는 양효가 음효의 위에 있는 것이 "승承"이며, 음효가 양효의 위에
있는 것이 "승乘"이다. 『역전』이 가장 먼저 심각한 사회적 의미를 가진 개념인
"승乘"을 이용하여 역학 가운데의 음효가 양효의 위에 있는 이러한 현상을
해석하였다. 예를 들면 쾌夬괘의 한 음이 다섯 양의 위에 있으며, 「단彖」은
쾌夬괘를 해석하기를 "'왕의 뜰에서 위로 오르니', 부드러움이 다섯의 굳센
것을 탄다"고 하였다. 둔屯의 육이인 음효가 초구인 양효의 위에 있으며, 「상象」에
서 육이를 해석하기를 "육이의 어려움은 굳셈을 타는 것이다"라고 하였다.
귀매歸妹괘의 육삼인 음효가 구이의 양효의 위에 있으며, 「단彖」에서 귀매를
해석하기를 "'이로운 바가 없다'는 것은 부드러움이 굳센 것을 타기 때문이다"라

고 하였다.

정현은 또한 "승乘"을 이용하여 『역』을 주석하였는데, 예를 들면 정현은 감坎의 상육上六을 주석하기를 "상육이 양을 타는 것은 사악한 죄가 있다"(『公羊傳』, 宣公 元年 疏)라고 하였다. 이것은 감의 상육인 음효가 구오인 양효의 위에 있기 때문에 "상육이 양을 타서 사악함이 있다"고 한 것이다. 또 정현은 쾌夬괘를 주석하기를 "음효가 그 위를 타고, 소인이 군자를 타니 죄악이 위로 성인의 조정에까지 들리므로, '쾌夬는 왕의 뜰에서 위로 오른다'고 한다"고 하였다. 이것은 쾌의 하나의 음이 다섯 양효의 위에 있어서 음이 소인이며, 양은 군자인데 소인이 군자를 타게 되니 죄악이 조정에까지 들린다. 앞에서 말한 대로 음이 양을 타는 것은 상도常道를 위반하는 것이며, 사회에서 대부분 사악한 일이라고 표시하기 때문에 『역전』과 정현은 『주역』을 해석하는 데서 사악邪惡이라는 단어를 많이 사용하였다.

6) 거據

역학사에서 "거據"라는 단어는 『주역』의 고경古經에서 가장 일찍 보이며, 곤困괘의 육삼의 효사爻辭에서 "돌로 말미암아 괴로우며, 가시나무에 의거하였다"(困于石, 據于疾藜)는 구절에 대하여 「계사繫辭」에서는 주석하기를 "괴로운 바가 아닌데 괴로우면 이름이 반드시 욕된다. 의거할 바가 아닌데 의거하면 몸이 반드시 위태하다"라고 하였다. 거據는 '점유占有하다', '무엇에 의거하다'(據于)의 뜻이다. 역학易學에서 "거據"와 "승承"은 하나의 문제의 두 측면이며, 모두 양효가 음효의 위에 있음을 가리키지만, 다만 시각은 서로 다르다. "거據"는 양효에 나아가서 말한 것으로 양효가 음효의 위에 있고 양효가 음효의 자리를 점유하고 있는 것을 일러 "거據"라고 한다. "승承"은 음효에 나아가서 말하는 것으로 음효가 양효의 아래에 있고, 음효가 양효를 순종하여 받드는 것을 "승承"이라고 한다. 정현은 곤困괘의 구이 "주식酒食에서 괴롭다"는 구절을 주석하기를 "2효가 초효에 의거하고, 진辰은 미未에 있고, 미未는 토土이며 이 2효가 대부大夫가 되어 땅이 있는 상이다"(「士冠禮」正義)라고 하였다. 곤困괘의 구이는 양효이며, 초육은 음효이므로 양효가 음효의 위에 있다. 또 2효의 작위爵位가 대부大夫이다. 초효는 효진설爻辰說에 비추어 보면 미未를 납입하며(納未), 미未는 토土이다. 그러므로 2효가 초효에 의거함을 일러 "대부大夫가 땅을 가진 상"이라고 한다.

7) 작위爵位

앞에서 말한 대로 하늘에는 음양의 구분이 있고, 음양은 상하의 구별이 있으며, 『주역』은 그것을 본받아서 음효와 양효 두 효가 있고 또한 귀천의 등급이 있다. 양효는 존귀하고, 음효는 비천하다. 그리고 효위爻位에 나아가서 말하면 또한 이와 같다. 「계사」에서는 일찍이 말하기를 "2효와 4효는 공功은 같지만 위치가 다르며 그 선善도 다르니, 2효는 명예가 많고, 4효는 두려움(懼)이 많음과 가깝다.…… 3효와 5효는 공功은 같으나 위치가 다르니, 3효는 흉함이 많고, 5효는 공功이 많으니 귀천貴賤의 구별이다"라고 하였다. 한대漢代의 경방京房은 「계사」의 효위爻位의 귀천의 설을 상세하게 밝혔는데, 효는 아래로부터 위로 가서 처하는 위치에 근거하였으며, 이 차례에 의거하여 작위를 배치하였는데, 곧 초효는 원사元士, 2효는 대부大夫, 3효는 삼공三公, 4효는 제후諸侯, 5효는 천자天子, 상효는 종묘宗廟라고 보았다. 『경씨역전京氏易傳』 비괘否卦에서는 "삼공三公이 세상에 거주함에 상구의 종묘로 응한다"고 하였다. 중부괘中孚卦에서는 "육사의 제후가 세상에 존립함에 초구의 원사로 응한다"고 하였다. 가인괘家人卦에서는 "대부가 세상에 거주함에 구오와 응하여 군주의 위치에 존립한다"고 하였다. 『역위·건착도』에서는 경방의 설을 개괄하여 "초효는 원사, 2효는 대부, 3효는 삼공, 4효는 제후, 5효는 천자, 상효는 종묘다"라고 하였다. 정현은 경방의 작위설을 흡수하였으며 아울러 이로써 『역』을 주석하였다.

정현이 관觀괘를 주석하여 "구오는 천자의 효이다"(『주역집해』)라고 하였다.

정현이 항恒괘의 육오를 주석하여 "음효로써 존귀한 위치에 처하면 이는 천자의 딸이다"(『禮記』, 「緇衣」 正義)라고 하였다.

정현이 곤困괘의 구이를 주석하여 "2효가 초효에 의거하며, 진辰이 미未에 있고, 미未는 토土이며 이 2효가 대부大夫로서 땅이 있는 상이다.…… 4효는 제후諸侯이다"(「士冠禮」 正義)라고 하였다.

정현이 귀매의 상육을 주석하여 "종묘의 의례에서 주부가 광주리의 쌀을 받든다"(『儀禮』, 「特牲饋食禮」 疏)라고 하였다.

이상의 역주易注로써 보면 5효와 천자가 서로 짝이 되며, 구오의 양효가 천자이며, 육오의 음효는 천자의 딸이다. 2효와 대부가 짝이 되며, 4효와 제후가 짝이 되고, 상효와 종묘가 짝이 되니, 완전히 경방의 작위를 받아들여 『역』을 주석하는 방법이다.

2. 상수로써 역을 해석함

현재 존재하는 역학의 전적으로 보면 효상爻象으로써 역을 해석하는 것은 정현과 동시대의 역학자들의 공통적으로 채용하는 격식이다. 경방京房·『역위』· 마융馬融·순상荀爽·우번虞飜 등은 모두 효위爻位를 사용하여 『역』을 주석하였으며, 그 가운데 순상을 가장 전형典型으로 꼽는다. 예를 들면 순상은 중부中孚괘의 육삼을 주석하여 "4효가 위치를 얻어 자리하므로 북을 치며 노래한다. 3효가 위치를 잃으므로 실實이 없어지니 그러므로 방면되어 눈물을 흘린다"고 하였다. 이것은 효가 마땅한 위치에 있음(得位)과 위치를 잃음(失位)으로써 『역』을 주석한 것이다. 순상이 비否의 구오를 주석하여 "2효와 5효가 상응하니 비괘否卦의 뜻이 통함을 얻었다"고 하였다. 이것은 효의 상응으로써 『역』을 주석한 것이다. 순상은 둔屯 육이를 주석하여 "초효가 가장 아래에 있으니 겸손함이다. 2효인 음이 양을 받드니 또한 겸손함이니 그러므로 겸손하고 또 겸손함이다"라고 하였다. 이것은 효의 받듦으로써 『역』을 주석한 것이다.

그러나 『주역』의 64괘 384효의 계사가 상象을 취하는 것은 상당히 수의적隨意的이며 일정한 규율은 없으며 또한 하물며 어떤 역사易辭는 작자가 상을 관찰하는 것을 거치지도 않고 이루어졌다. 예를 들면 공영달孔穎達은 "무릇 역易이라는 것은 상象이다. 물상物象으로 인사人事를 밝힌 것은 『시詩』와 같은 것으로 비유할 수 있다. 혹 천지와 음양의 상으로써 의를 밝힌 것은 건乾의 '잠룡潛龍'과 '현룡見龍', 곤坤의 '이상견빙履霜堅冰', '용전龍戰'과 같은 무리가 이것이다. 혹 만물의 잡상雜象으로써 의를 밝힌 것은 둔屯의 육삼의 '사슴을 쫓되 도움을 주는 사람이 없음'(卽鹿無虞)이나, 육사의 '말을 타고 위세를 부리다 공을 이루지도 못하고 내려 옴'(乘馬班如)과 같은 것이 이것이다. 이와 같은 종류는 『역』 가운데 많이 있다. 혹은 바로 인사로써 물상을 취하지 않고 의義를 밝힌 것이 있는데, 예를 들면 건乾의 구삼에서 '군자는 종일토록 최선을 다해서 일한다'(君子終日乾乾)는 말과 곤坤의 육삼의 '아름다움을 머금어 감추어야 곧을 수 있다'(含章可貞)는 말이 그 예이다. 성인의 뜻이 상을 취할 수 있으면 상을 취하고, 인사에서 취할 수 있으면 인사를 취한다"(『周易正義』, 권1)라고 하였다. 동시에 「설괘說卦」에서 열거한 상象은 제한적이며, 『역전易傳』은 상으로써 『역』을 주석하는 방법인 역례易例도 또한 손꼽아 셀 정도이며, 「설괘」 가운데 열거한 괘상과 『역전』에서 상을 취한 격식을 이용하여 완전하게 이와 같은 복잡한 계사繫辭의 근거를 밝히고, 『주역』의 상사象辭들의 간계를 증명하고, 상으로써 문사를 융통融通하는 것을 실현할 방법이 없다. 여기서 정현을 대표로 하는 한유漢儒들은 일찍이 없었던 곤경을 당하였는데, 하나는 『주역』이 상을 관찰하여 설명하는 말을 붙인 것이라고 견고하게 믿고서 상象으로써 경전을 주석하려는 것이며, 다른 하나는 유가의 성현들을 절대적으로 숭배하고 또『역전』을 고수하는 방법이다. 이러한 곤경에서 벗어나기 위하여 한유들은 온 힘을 다하여『주역』의 경전을 연구하고 읽었으며, 번잡한 사색을 싫어하지 않고 성인의 뜻을 몸으로 느끼려고 하였다. 한유들의 끊임없는 탐색을 통하여 그들은 끝내 일련의 번잡하지만 스스로 성인의 뜻에 부합하는『역』의 주석 방법을 창립하였다. 한대漢代 말에 살면서, 한대 경학의 집대성集大成을 자신의 임무로 삼은 정현도 조금도 예외 없이 이러한『역』의 주석방법을 선택하였다. 이처럼 상을 취하는 방법은 상象으로써 상象을 낳고 상象 밖에서 상을 낳은 것을 포괄한다.

1) 상象으로써 상을 낳는다

이른바 상으로써 상을 낳는다는 것은 한유들이 간혹「설괘」에 근거하여 이미 이루어진 팔괘의 상을 미루어 유추하거나, 혹은『주역周易』의 문사文辭에 대하여 고증을 진행하거나, 혹은 다른 문헌에 대한 증거자료를 수집하고 널리 인용함으로써 상象의 수량을 증가시키는데, 이것이 곧 "상으로써 상을 낳는다"는 것이다. 이러한 상을 "일상逸象"이라고 부른다. 가장 일찍 언급된 일상逸象은 동한 후기에 책으로 이루어진 것이며, 아울러 한역漢易을 반영하는 것을 내용으로 하는『순상구가집해荀爽九家集解』본이 있다.19) 당唐의 육덕명陸德明(550?~630?)의『경전석문經典釋文』의 기록을 참고하면,『순상구가집해荀爽九家集解』본은「설괘」건乾의 뒤에 네 개의 상이 늘어났는데, 건乾은 용龍이며, 직直이며, 의衣이며, 언言이다. 곤坤의 뒤에 여덟 개의 상象이 늘어났는데, 곤坤은 빈牝이며, 미迷이며, 방方이며, 낭囊이며, 상裳이며, 황黃이며, 백帛이며, 장漿이다. 진震의 뒤에 삼상三象

---

19)『荀爽九家集解』가운데 九家와 책으로 이루어진 것에는 다툼의 여지가 있으며, 필자는 마땅히 東漢 이후에 만들어졌다고 보며, 九家는 荀爽·京房·馬融·鄭玄·宋衷·虞翻·陸績 등이다. 林忠軍,「九家易考辨」(『象數易學研究』第一輯, 齊魯書社, 1996)을 자세하게 보라.

이 늘어났는데, 진震은 왕王이며, 곡鵠이며, 고鼓이다. 손巽은 뒤에 두 개의 상이 늘어났는데, 손巽은 양楊이며, 학鶴이다. 감坎은 뒤에 여덟 개의 상이 늘어났는데, 감은 궁宮이며, 율律이며, 가可이며, 동棟이며, 총극叢棘이며, 호狐이며, 가시나무(蒺藜)이며, 질곡桎梏이다. 리離괘는 뒤에 하나의 상이 늘어났는데, 리離는 빈우牝牛이다. 간艮괘는 뒤에 세 개의 상이 늘어났는데, 간艮은 비鼻이며, 호虎이며, 호狐이다. 태兌는 뒤에 두 개의 상이 늘어났는데 태兌는 상常이며 뺨과 볼(輔頰)이다. 모두 31개의 상이 있다.(『經典釋文』, 권2) 『역』의 주석으로 보면 마융·순상·정현·송충宋衷·우번은 모두 일상逸象이 있는데, 예를 들면 『자하역전子夏易傳』에서는 감坎은 소호小狐라고 하였고, 맹희는 감坎은 호狐라고 하였으며, 마융은 태는 호虎라고 하였다. 순상은 건乾은 신神이며 구久이며 군자君子이며 주晝이며, 곤坤은 전田이며 귀鬼이며 읍邑이며 붕朋이며 야夜이며 암매暗昧이며, 진震은 림林이며 호령號令이며, 감坎은 운雲이며 연淵이며 대천大川이며, 리離는 비조飛鳥이며, 손巽는 호령號令이라고 하였다. 정현은 진震은 문門이며, 해가 뜨는 문(日門)이며, 소의 발(牛之足)이라고 하였다. 감坎은 대천이며, 장부丈夫이다. 리離는 고목槁木이며, 천문天文이며, 황우黃牛이다. 간艮은 귀문鬼門이며, 궁궐宮闕이며, 지문地文이다. 태兌는 암매暗昧이며, 암택暗澤이며, 화열和悅이라고 하였다. 우번은 양한의 상수역학을 집대성集大成한 사람으로 사용한 일상逸象이 수백조가 있다.[20] 혜동惠棟이 찬술撰述한 『역한학易漢學』은 우번의 일상逸象 331개를 선택하였고, 장혜언張惠言이 찬술한 『주역우씨역周易虞氏易』은 우번의 일상逸象 456개를 수록하였으며, 기뢰紀磊(청나라 때 사람, 생졸 미상)가 찬술한 『우씨일상고虞氏逸象考』에서는 "혜동과 장혜언 두 학파의 설을 취하여 그 옳고 바른 것을 증명하고, 그 잃고 위반된 것을 변석辨釋하고, 또 일상逸象 66개의 일을 계속하여 가려내었다"[21]고 하였다. 방신方申(1787~1840)이

---

20) 劉玉建, 『兩漢易學研究』 上·下의 「鄭玄易學·逸象」, 「荀爽易學·逸象」, 「虞翻易學·虞氏逸象」(南寧: 廣西敎育出版社, 1996)을 자세하게 보라.

21) 『續修四庫全書恩目提要』(中華書局, 1993), 143쪽.

찬술한 『우씨일상회편虞氏逸象滙編』에서는 우번의 일상 1,287개를 수집蒐輯하였
다.[22] 이러한 일상逸象의 일부는 「설괘」의 일상일 수 있으나 다만 대부분은
한유들이 경經의 필요에 근거하여 『주역』이라는 경전에서 추론하여 나온 것이다.
청나라 유학자인 진도웅陳灝熊은 "『역』을 말하는 사람들이 괘상을 진열한 것을
살펴보면 「설괘」에는 보이지 않는 것이 혹 역易에 근거하여 추연推衍하고, 혹은
다른 책에서 선택하여 서로 비교하고, 어찌 역 가운데 본래 그 의미가 있는데,
또 오늘의 일상逸象이 있겠는가? 일상의 이름은 결국 미흡하다"(『讀易漢學私記』)라
고 하였다. 진도웅의 말이 극히 옳다. 한유들이 추출한 "일상逸象"은 최대한으로
팔괘의 상의 수량을 확대하여 상으로써 역을 주석하는 데 기초를 다졌다.
이른바 "일상"의 대부분은 『주역』의 경전에서 추연되어 나오는 것인데, 거꾸로
이러한 '일상'으로써 『주역』의 경전을 해설하는 것은 손바닥을 뒤집는 것보다
쉽다. 예를 들면, 정현은 수隨괘의 초구 "문을 나서 사귐에 공이 있다"(出門交有功)는
구절을 주석하여 "진震은 큰 도랑(大塗)이며, 또한 해 뜨는 문(日門)이며, 춘분
때 음양이 교차하던 때이며 신하가 임금의 문을 나와서 사방의 현인과 사귀어
성공成功하는 상象이다"라고 하였다. 수隨의 내괘는 진震이며, 진震은 해 뜨는
문이므로 그 설명에 "문門"이라고 한다. 해 뜨는 문은 진震의 "일상逸象"이다.
순상은 승升괘의 구삼 "빈 고을에 올라감"(升虛邑)이라는 구절을 주석하여 "곤坤은
읍邑을 지칭한다. 5효는 비어 있고 임금이 없으며, 2효의 위에 있어 이롭기
때문에 빈 고을에 올라감은 의심할 바가 없다고 한다"고 하였다. 승升괘의
외괘는 곤坤이며, 5효는 음효로 비어 있으며, 2효에 양이 와서 있어 이롭기
때문에 "빈 마을에 오른다"는 말이 있게 되었다. 곤坤은 읍邑이며, 일상逸象이다.
우번虞翻은 몽蒙괘의 "내가 철부지 어린아이를 찾는 것이 아니라, 철부지 어린아이
가 나를 찾음"(匪我求童蒙, 童蒙求我)과 몽蒙괘의 육오 "철부지 어린아이가 길하다"(童

---

22) 위의 책, 143쪽.

蒙吉)라는 구절을 주석하여 "간艮이 동몽童蒙이다"라고 하였다. 몽蒙괘의 외괘는
간艮이며, 간艮에는 "동몽童蒙"의 상이 있다.

2) 상象 밖에 상을 낳는다

한유들은 최대한도로 상象의 수량을 확장시키면서 또한 상을 취하는 방법(혹
易例라고도 한다.)에서도 좋고 나쁜 연구(功夫)를 하였다. 즉 그들은 어떤 상을
얻기 위하여 『역전』의 간단한 말에 의거하여 단지 상을 취하는 많은 방법을
창립하였다. "이런 까닭에 가고 오며, 오르고 내린다고 말한 것은 괘가 전도된
뒤에 효위爻位가 나아가고 물러남을 말하는 것이며, 역가易家들은 승강乘降과
괘변卦變으로 말하였다. 2효와 4효, 3효와 5효는 공功은 같으나 위치는 다르다고
한 것은 효위爻位의 원근遠近과 귀천貴賤으로 말미암아 그 길흉을 판단하는 것을
말할 뿐이며, 역가들은 호체互體의 예로 의거한다. 하늘에서 상을 이루는 말은
일日·월月·성星뿐이며, 우번虞翻은 그를 연역하여 납갑의 술을 이루었다."23)
그들은 『역』을 주석할 때 끊임없는 변화가 필요한 방법에 근거하였는데, 즉
이른바 "상象 밖에 상을 낳는다"는 것이다. 정현은 이러한 역주易注의 방법에
비상한 관심을 가졌다. 예를 들면 다음과 같다.

(1) 효진법爻辰法

효진爻辰을 도구로 삼아 『주역』의 경문을 해석하는 방법을 일러 효진법이라고
한다. 필요에 따라 정현은 가끔 효진이 주관하는 천성天星·시령時令·괘기卦氣·
생초生肖·괘위卦位·오행五行을 취하여 『역』의 설명을 주석하였다.

---

23) 屈萬里, 「自序」, 『先秦漢魏易例述評』(臺北學生書局, 1985), 1쪽.

① 효진이 주관하는 천성天星에 의지하여 『역』을 주석한다

예를 들면, 정현은 비比괘의 초육 "믿음이 있어 부缶에 가득함"(有孚盈缶)이라는 구절을 다음과 같이 주석하였다.

효진이 미未에 있고 위로 가서 동정東井(별자리 이름)에 해당하며, 우물의 물은 사람이 물을 길을 때 부缶를 이용한다. '부'는 물을 긷는 그릇이다.(『詩經』,「宛邱」正義)

비比괘의 초효는 음효이며, 곤坤괘 초효를 취하여 미未를 납입하였다. 미未는 하늘에서 동정東井에 해당한다. 동정東井은 하늘에 있는 별자리로 28성수星宿의 남쪽에 있는 일곱 성수星宿에 속한다. 『예기』 「월령」에는 "중하仲夏의 달에 해는 동정東井에 있다"고 하였으며, 『시詩』 「소아小雅・대동大東」에는 "남쪽에는 키(箕) 모양의 별이 있다"(維南有箕)고 하였는데, 공영달은 소疏에서 "정현이 참방參傍에는 옥정玉井이 있다고 하였으니 정성井星은 참동參東에 있으므로 동정東井이라고 한다"고 하였다. 우물과 물은 서로 관련이 있으므로 동정東井은 또 수성水星이라고도 부른다. 무함巫咸[24]은 "동정東井은 수성水星이다"(『開元占經』, 권36)라고 하였고, 석씨石氏는 찬양하기를 "동정東井의 여덟 별은 수형水衡을 주관하며, 정井은 물을 본받은 상象이며, 물을 본받아 평정平定하며, 성정을 다스려 음란하지 않으므로 형衡을 주관한다"(위의 책)라고 하였다. 이것은 "부缶에 가득하다"라는 구절을 우물에서 물을 긷는 뜻으로 풀이한 것이다. 괘 가운데 우물의 상은 비괘比卦의 초효로부터 와서 미未로 납입納入하였다.

정현은 감坎의 육사인 "한 동이의 술을 제기와 함께 '부'로 진헌進獻하면, 예는 비록 가볍지만 스스로 분명하게 성신誠信을 다한다"(樽酒簋貳用缶, 納約自牖)는 구절을 주석하여 다음과 같이 말하였다.

---

24) 역자 주: 중국의 전설적 인물인 黃帝 때의 무당.

육사는 위 구오로 올라가고 또한 호체는 진震의 상괘에 있다. 효진爻辰은 축丑에 있고, 축丑의 위는 두斗에 해당하니 술을 따름(斟)의 상이 될 수 있다. 두斗의 위에 건성建星이 있고, 건성의 형태가 제기(簋)와 비슷하다. 이貳는 부副이다. 건성建星의 위에 변성弁星이 있으며, 변성의 형태가 부缶와 같다. 천자와 대신이 왕명으로 제후들을 불러 모아 나라를 주관하며, 제기와 함께 현주玄酒[25]를 높이 들어 행하였다.(『詩經』, 「宛邱」 正義)

정현은 축丑을 두성斗星과 두성과 상관있는 건성建星·변성弁星에 해당시켜 상을 취하여 감괘의 육사에서 말한 "궤簋"와 "부缶"를 해석하였다. 감괘의 육사는 축丑을 납입하고, 축丑을 두성斗星에 해당시켰다. 그러나 정현은 아직 두성의 상을 취하지 않았으며, 두성의 위에 있는 건성과 변성의 형태를 취하여 상象으로 삼았으며, 감괘의 육사에서 말한 "궤"와 "부"를 설명한 것은 이 효가 축丑에 해당하고, 축은 두성에 해당하며 두斗의 위에 있는 건성建星의 형태가 궤와 비슷하고, 건성의 위에 있는 변성의 형태가 부와 비슷하기 때문이었다. 건성建星은 여섯 개의 별로 이루어지고 두수斗宿에 속하며, 남두南斗의 북쪽(혹은 위)에 있다. 『예기』 「월령·중춘仲春」의 "태양이 규奎(별 이름)에 있고, 어두워지면 호弧 가운데 있으며, 아침에는 건성建星 가운데 있다"(日在奎, 昏弧中, 旦建星中)는 말을 정현은 주석하기를 "건성建星은 두斗의 위에 있다"고 하였다. 변성弁星은 또한 천변天弁이라고 부르며 아홉 개의 별로 구성되며, 두수斗宿에 속하고, 건성의 북쪽(혹은 위)에 있다.

정현은 리離괘의 구삼 "질장구를 두드려 노래하지 않는다"(不擊[鼓]缶而歌)는 구절을 다음과 같이 주석하였다.

간효艮爻이다. 축丑 근처에 위치하며 축丑 위의 변성弁星에 해당하며, 변성은 부缶와

25) 역자 주: 옛날 제사에서 술 대신으로 쓰는 맑은 찬물.

비슷하다.(『詩經』, 「宛邱」 正義)

효체설爻體說을 살펴보면, 리離의 3효인 양효는 간艮이므로 "간효艮爻"라고 한다. 리괘의 3효는 납진納辰에 해당하고, 축丑과 가깝다고 한 것은 간위艮位가 동북에 있고 동북과 대응하는 시간이 축시丑時이다. 『역위 · 건착도』에서는 "간艮은 동북방에서 끝나고 시작하며, 12월에 위치한다"고 하였다. 또 3효는 4효에 가깝고, 육사는 납축納丑이다. 그러므로 "축丑에 가깝다"고 한다. 예를 들면 감괘 육사를 주석하여 "효진爻辰은 축丑에 있고, 축丑의 위는 두斗에 해당하니 술을 따름(斟)의 상이 될 수 있다. 두斗의 위에 건성建星이 있고, 건성의 형태가 제기(簋)와 비슷하다. 이貳는 부副이다. 건성建의 위에 변성弁星이 있으며, 변성의 형태가 부缶와 같다"고 한 말은 곧 효사爻辭로서 "부"를 말한 것이며 이 효에 가까운 축丑에 근원한다.

정현은 「설괘」의 "진震은 큰 도랑이다"(震爲大塗)를 다음과 같이 주석하였다.

나라에 세 가지 도道가 있음을 도塗라고 한다. 진震의 상괘는 방심房心에 해당하고, 도塗이면서 큰 것은 방房을 취함에 세 가지 도塗가 있다.(『漢上易傳』)

방房은 동쪽의 네 번째 별이다. 『석씨성경石氏星經』에는 "동쪽의 창룡蒼龍[26]의 일곱 개의 별에서 방房은 배(腹)이다"라고 하였다. 『국어國語』 「주어 상周語上」에서는 "방성房星이 남쪽 하늘 한가운데 있음"(農祥晨正)을 주석하기를 "농상農祥은 방성房星이며, 신정晨正은 입춘의 날이며, 신晨은 정오正午에 있음이다"라고 하였다. 진震은 묘월卯月(음력 2월)을 주관한다. 『역위 · 건착도』에서는 "진震은 동쪽에서 사물을 생겨나게 하며 2월에 위치한다"고 하였다. 그러므로 혜동惠棟은

---

26) 역자 주: 동쪽의 일곱 개의 별은 龍처럼 늘어졌고, 靑色은 동쪽을 상징하는 색이다. 따라서 동쪽의 일곱별을 '蒼龍'이라고 한다.

"진震은 묘卯에 있고, 묘卯의 위는 방심房心에 해당한다"고 하였다.

② 효진爻辰이 주관하는 시령時令에 의지하여 『역』을 주석한다

예를 들면, 정현은 태泰괘 "육오의 제을帝乙과 귀매歸妹"를 다음과 같이 주석하였다.

5효는 효진이 묘卯에 있고, 봄은 양陽이 가운데 있으며, 만물이 생겨난다. 낳아 기르고 시집가고 장가가는 귀함은 중춘仲春의 달이다. 시집가고 장가가는 남녀의 예는 복록福祿이 대길大吉이다.(『周禮』,「天官‧媒氏」疏)

태괘泰卦의 5효는 납묘納卯로서 묘卯는 봄이다. 5효는 가운데 있으므로 중춘仲春이다.

③ 효진이 주관하는 괘기卦氣에 의지하여 『역』을 주석한다

정현은 고蠱괘 상구의 "왕후를 섬기지 않고, 그 일을 높이 숭상한다"(不事王侯, 高尙其事)는 구절을 다음과 같이 주석하였다.

상구는 간효艮爻이며, 간은 산이고, 효진은 술戌에 있고, 건기乾氣를 얻으니 노인(父老)의 상이며, 이는 신하가 일을 그만두는 것(致事)이다. 그러므로 왕후를 섬기지 않는 것은 섬길 임금을 얻지 못한 것이며, 임금은 그 하는바의 일을 높이 숭상하는 것과 같다.(「表記」正義)

고괘蠱卦의 상구는 납술納戌하고, 술戌은 서북에 있고, 서북은 건乾의 영역이다. 「설괘」에서는 "건乾은 서북의 괘이다"라고 하였고, 『역위‧건착도』에서는 "건의 위치는 서북에 있고, 양陽은 처음은 미미하지만 시작의 근거이다"라고 하였다. 정현은 주석하기를 "양기陽氣는 해亥에서 시작하고 자子에서 생기며, 축丑에서

모양을 이루기 때문에 건의 위치는 서북에 있다"고 하였다. 그러므로 술戌은 "건기乾氣를 얻음"이다.

정현은 비賁괘 육사의 "백마가 날듯이 달려간다"(白馬翰如)는 구절을 다음과 같이 주석하였다.

구삼의 위치가 진辰에 있다고 함은 손기巽氣를 얻어서 백마白馬가 된다.(『禮記』, 「檀弓」正義)

비괘賁卦의 구삼은 납진納辰이다. 『역위·건착도』의 "손巽은 삼월三月로 나아간다"는 구절을 살펴보면, 이는 진辰이 손기巽氣를 얻었음을 말한다.

정현은 명이明夷의 육이 "실의失意하여(明夷) 왼쪽 넓적다리를 비껴 본다"(明夷睇于左股)는 구절을 다음과 같이 주석하였다.

비껴 봄(旁視=側視)을 제睇라고 한다.…… 구삼은 또 진辰에 있고, 진辰은 손기巽氣를 얻어 넓적다리가 된다.(『禮記』, 「內則」正義)

정현은 곤困괘의 "술과 밥을 먹기에 어려우나 붉은 폐슬蔽膝[27]이 바야흐로 올 것이다"(困于酒食, 朱紱方來)를 다음과 같이 주석하였다.

2효는 초효에 의거한다.…… 4효의 효진爻辰은 오시午時에 있으며, 리離의 기氣는 적색赤色이다.(『詩經』, 「斯干」正義)

곤困의 4효는 납오納午이며, 리離는 오午이므로 "리기離氣"라고 한다.

정현은 『역위·통괘험通卦驗』을 다음과 같이 주석하였다.

---

27) 역자 주: 蔽膝은 과거 朝服·祭服을 입을 때에 앞으로 늘여 무릎을 가리는 옷감. 官服을 상징한다.

소한小寒은 감坎괘 구이에 해당하며, 구이는 인기寅氣를 얻고, 목木이다.

대한大寒은 감괘 육삼에 해당하고, 육삼은 해기亥氣를 얻고, 수水이다.

우수雨水는 감괘 구오에 해당하며, 구오는 진辰으로 가운데(申)에 있고, 곤기坤氣를 얻는다.

경칩驚蟄은 감괘 상육에 해당하며, 상육은 사기巳氣를 얻으며, 사巳는 화火이며, 남쪽으로 적색이며, 또 손기巽氣를 얻으므로 북쪽의 백색白色이다.

춘분春分은 진震괘 초구에 해당하며, 초구의 효진爻辰은 자子에 있으며, 진효震爻이며, 곡곡鵠의 상을 벌여 놓은 것과 같다.

청명淸明은 진震의 육이에 해당하며, 육이는 진震(의 별자리)이며 유酉에 있으며, 태기兌氣를 얻는다.

곡우穀雨는 진震괘 육삼에 해당하며, 육삼의 효진은 진辰에 있으며 건기乾氣를 얻는다.

입춘立春(立夏로 해야 함)[28]은 진震괘 구사에 해당하며, 구사의 효진은 오午에 있으며, 오午는 화火이다.

소만小滿은 진震괘 육오에 해당하며, 육오의 효진은 묘卯에 있으며, 진震의 목木과 같은 위치에 있다.

망종芒種은 진震괘 상육에 해당하며, 상육의 효진은 사巳[29]에 있으며, 또한 손기巽氣를 얻는다.

하지夏至는 리離괘에서 움직이며, 위치는 초구에 해당하며, 효진은 자子이다.

대서大暑는 리離괘 구삼에 해당하며, 구삼의 효진은 진辰에 있고, 손기巽氣를 얻는다.

입추立秋는 리離괘 구사에 해당하며, 효진은 오午에 있고, 또한 호체互體는 손巽이므로 위로 붉은 비단(赤繒)과 같이 고르고 평평하게 펼쳐있다.

처서處暑는 리離괘 육오에 해당하며, 육오의 효진은 묘卯에 있고, 진기震氣를 얻으며, 진震[30]이므로 남쪽의 황색이다.

백로白露는 리離괘 상구에 해당하며, 상구는 간효艮爻이므로 북쪽의 황색이며,

---

28) 張惠言은 春은 마땅히 夏로 써야 한다고 하였다.

29) 張惠言은 爻辰은 巳이라고 하였다.

30) "震爲"의 아래 脫字가 있다.

효진은 술戌에 있고, 건기乾氣를 얻는다.

한로寒露는 태兌괘 구이에 해당하며, 구이의 효진은 인寅에 있고, 간기艮氣를 얻으며 형태가 갓의 끈(冠纓)과 비슷한 것이 간艮의 상이다.

입동立冬은 태兌괘 구사에 해당하며, 구사의 효진은 오午에 있고, 불의 성질은 위로 타오르는 것이므로 접接이라고 한다.

대설大雪은 태兌괘 상육에 해당하며, 상육의 효진은 사巳에 있으며, 손기巽氣를 얻는다.

이상은 효진이 주관하는 괘기卦氣를 이용하여 『역위』를 주석한 것이다. 감의 2·3·5·상의 네 개의 효는 차례로 인寅·해亥·신申·사巳를 납입하며, 진震의 초·2·3·4·5·상의 효는 차례로 자子·유酉·해亥·오午·묘卯·사巳를 납입한다. 리離의 초·3·4·5·상은 차례로 자子·진辰·오午·묘卯·술戌을 납입하며, 태兌의 2·4·상의 효는 차례로 인寅·오午·사巳를 납입한다. 정현이 인기寅氣·해기亥氣·곤기坤氣·사기巳氣·태기兌氣·손기巽氣·진기震氣·건기乾氣 등은 모두 효진에 나아가서 한 말이다.

④ 효진爻辰이 주관하는 속상屬相[31]과 동물에 의지하여 『역』을 주석한다
정현은 감괘 상육의 "밧줄로 묶어 가시덤불에 가둔다"(係用徽纆)는 구절을 다음과 같이 주석하였다.

계系는 구금(拘)이다. 효진은 사巳에 있고, 사巳는 뱀이며, 뱀의 구불구불함(蟠屈)이 마치 밧줄(徽纆)과 같다.(『公羊傳』, 宣公 元年 疏)

정현은 중부中孚의 "돈어가 길하다"(豚魚吉)라는 구절을 이렇게 주석하였다.

---

31) 역자 주: 한 해를 12地支에 배당하고, 각 해마다 하나의 동물로 짝 지웠다. '生肖' 혹은 '相屬' 혹은 '屬'이라고도 한다. 東漢(25~220)시대에 확정되었다.

3효의 효진은 해亥에 있고, 해亥는 돼지(豕)이다. 효가 바름을 잃었으므로 변하여 작은 이름을 따르니 돼지(豚)라고 할 뿐이다. 4효의 효진은 축丑에 있고, 축은 자라와 게(鱉蟹)이다. 자라와 게는 물고기 가운데 미미한 것이다. 효가 바름을 얻었으므로 변하여 대명大名을 따르며 물고기라고 말할 뿐이다.(『詩經』, 「無羊」 正義)

한대에 이미 속상설屬相說이 유행하였다. 왕충王充은 "인寅은 목木이며, 해당하는 동물은 호랑이다. 술戌은 토土이며, 해당하는 동물은 개다. 축丑과 미未도 역시 토土이며, 축丑에 해당하는 동물은 소이며, 미未에 해당하는 동물은 양羊이다.…… 해亥는 수水이며, 그에 해당하는 동물은 돼지다. 사巳는 화火며, 그에 해당하는 동물은 뱀이다. 자子 또한 수水이며 그에 해당되는 동물은 쥐다. 오午 또한 화火이며 그에 해당되는 동물은 말이다", "유酉는 닭이고 묘卯는 토끼다.…… 신申은 원숭이다"(『論衡』, 「物勢篇」)라고 하였다. 정현이 "사巳는 뱀이다", "해亥는 돼지다"라고 한 말은 모두 이 뜻을 취하였다. 그리고 "축丑은 자라와 게다"라고 하였으니 자라와 게에 근원하여 껍질이 있고, 동충冬蟲이다. 『예기』 「월령」에는 "맹동孟冬의 달에,…… 그 충蟲의 껍질(介)이다"라고 하였는데, 정현이 주석하기를 "개介는 껍질(甲)이다. 사물이 땅 속에 감추고 있음을 상징하며, 거북이나 자라와 같은 무리다"라고 하였다.

⑤ 효진爻辰이 주관하는 오행과 방위에 의지하여 『역』을 해석한다
정현은 명이明夷의 육이를 다음과 같이 주석하였다.

육이의 효진은 유酉에 있으며, 유酉는 서쪽이다.

정현은 곤困의 구이를 다음과 같이 주석하였다.

2효는 초효에 의거하며, 효진爻辰은 미未에 있으며, 미未는 토土이다. 이 2효는 대부大夫이며 땅의 상象이 있다.

정현은 효진설에 의지하여 『역』을 주석하였고, 자연과학의 지식을 역학연구에 녹여 넣었다. 그는 한편으로는 자신의 해박한 지식을 이용하여 역학의 해석에서 매우 뛰어난 견해를 드러내었으며, 다른 한편으로는 한 걸음 더 나아가 "상을 관찰하여 설명의 말을 붙임"(觀象繫辭)의 결론을 증명하여 계사繫辭의 내재적 연계를 밝혀냄으로써 상수역학연구의 사고의 방향을 개발하였다. 이것은 객관적으로는 역학에 생기를 불어 넣었다고 할 수 있다. 그러나 『주역』의 문헌자료를 보면, 그 주석注釋에 곡해한 것이 많아 『역』의 작자의 본의와 부합하지 않는다. 즉 『역』의 작자는 결코 이처럼 상을 관찰하여 역사易辭를 짓지 않았다. 그래서 청淸의 유학자 왕인지王引之(1766~1834)는 다음과 같은 평을 남겼다.

감坎괘 육사의 "동이(樽)의 술과 궤 두 개를 부로 쓴다"(樽酒簋, 貳用缶)32)라는 구절을 풀이하여 "효진爻辰은 축丑에 있고, 축丑의 위는 북두北斗에 해당하며 짐작斟酌(술잔)의 상으로 될 수 있다. 북두에 건성建星이 있고, 건성의 형태는 궤簋(祭器)와 같다.…… 건성建星에는 변성弁星이 있고, 변성弁星의 형태는 '부'와 같다'고 하였다. 효진爻辰이 이미 북두에 해당한다면 왜 북두의 상을 따라 취하지 않고, 북두를 술잔으로 존중하는 데서 취하는가? 또한 직접 건성建星과 변성弁星에서 취하지 않고 건성, 변성과 유사한 궤簋와 부缶에서 취하니, 또한 우회迂回하여 통하기 어렵지 않겠는가?

---

32) 이 책의 저자인 임충군 교수는 본문과 같이 坎卦 六四를 인용하였는데, 『한국주역대전』에는 '樽酒簋貳, 用缶'로 기록되어 있다. 문맥과 의미상 '樽酒簋貳, 用缶'로 보아야 한다고 생각된다.

왕인지의 말이 매우 옳으며, 감괘의 주석뿐만 아니라, 기타의 괘를 주석함에
도 또한 이와 같다.

(2) 괘기법卦氣法

괘기를 이용하여 『주역』의 괘사와 효사를 해석하는 방법을 괘기법卦氣法이라
고 한다. 이 방법은 양한시대에 성행한 역학방법이며, 당연히 정현이 『역』을
주석할 때 늘 사용하는 방법이다. 사정괘四正卦를 이용하여 『역』을 주석하며,
예를 들면 정현은 수隨괘의 초육의 「상象」을 주석하여 "진震은 큰 도랑(大塗)이며,
또한 해 뜨는 문이며, 춘분에 해당하며, 음양이 교차하는 자리이다"(『주역집해』)라
고 하였다. 사정괘를 살펴보면, 진震·태兌·감坎·리離가 사계절을 나누어 주관
한다. 여기서 진震이 춘분春分이며, 이는 사정괘로서 『역』을 주석하는 증거이다.

소식괘消息卦와 육일칠분을 이용하여 『역』을 주석하며, 예를 들면 정현은
림臨괘의 "팔월에 이르러 흉함이 있다"(至于八月有凶)는 구절을 주석하기를 "림괘臨
卦의 두건斗建은 축丑으로 권력을 잡으니, 은殷나라의 정월正月이다. 문왕文王의
시대에 주왕紂王이 무도無道하였으므로 이 괘에서 은殷의 왕가의 흥쇠興衰를
나타내는 경계로 삼았으며, 주周나라가 은殷나라의 정월을 개정한 운수運數를
드러내었다고 하며, 림괘臨卦는 주나라가 2월에 권력을 잡고 마침내 7월에서
8월에 이르러 둔괘遯卦로서 그것을 받아 이로써 끝나고 다시 시작하였으니
왕명王命이 그러하였다"(위의 책)라고 하였다. 정현의 뜻을 살펴보면, 은나라는
축월丑月을 정월로 삼았는데, 주나라가 그것을 고쳐서 자월子月을 정월로 삼았다.
림괘臨卦는 은나라에서는 정월이지만 주나라에서는 2월이며, 둔괘遯卦(遯卦)는
소식괘消息卦에서 6월이며, 은나라에서는 7월이며, 주나라에서는 8월이므로 2월
에서 8월까지의 소식괘가 둔괘遯卦다. 림괘는 양이 자라고 음이 소멸하는 괘이며,
둔괘는 음이 자라고 양이 물러나는 괘이며, 음양의 변화가 끝나고 다시 시작한다.
이것이 12개의 소식괘로써 "팔월유흉八月有凶"을 설명한 내용이다. 정현은 복復괘

의 "그 도를 반복하여 7일 만에 와서 회복한다"(反復其道, 七日來復)는 구절을 주석하기를 "건술建戌의 달에 양기가 이미 다하며, 건해建亥의 달에 순음純陰이 움직이고, 건자建子의 달에 이르면 양기가 생겨나기 시작하여, 이 순음純陰의 한 괘를 융합한 괘가 육일칠분을 주관하고, 그 성수成數로써 말하면 '7일 만에 와서 회복한다'고 한다"(『주역정의』, 「序」)라고 하였다. 이것은 소식괘消息卦인 박剝·곤坤·복復의 세 괘를 말한다. 박괘剝卦는 술월戌月을 주관하여 양기가 이미 다하였으며, 곤괘坤卦는 해월亥月을 주관하여 순음이 움직이며, 복괘復卦는 자월子月을 주관하여 양기가 생겨나기 시작한다. 박괘의 양기가 다한 때부터 복괘의 양기가 생겨나는 데까지, 중간에 곤괘坤卦를 융합하고 곤괘가 육일칠분을 주관한다. 성수成數로써 말하니 "7일 만에 와서 회복함"이 된다. 이것은 소식괘와 육일칠분으로써 『역』을 주석한 것이다.

(3) 호체법互體法

호체법은 춘추시대부터 시작되었다. 『좌전左傳』 장공莊公 22년, 주사周史에 『주역』으로 진후陳侯[33]에게 알현한 사람이 있어 진후가 서점筮占을 치게 하니, 관觀괘가 비否괘 변화함을 만나 말하기를 "…… 곤坤은 토土이며, 손巽은 풍風이며, 건乾은 천天이다. 풍風이 천天이 되어 토土 위에서 행하니 곧 산山이다"(坤土也, 巽風也, 乾天也. 風爲天土上, 山也)라고 하였다. 두예杜預(222~285)가 주석하기를 "2효에서 4효까지 간艮의 상象이며, 간艮은 산이다"라고 하였다. 이것은 호체법을 사용한 최초의 기록이다. 일반적으로 역학사에서 호체互體는 하나의 육획괘에서 내괘나 외괘로 보는 것 외에, (육획괘) 가운데의 효가 두 개로 호합互合하는 것을 교차적으로 중첩되는 삼획괘로 보고, 이와 같이 두 개의 새로운 조합의 삼획괘로서 새로운 육획괘를 구성하는 것을 가리킨다. 남송의 왕응린王應麟(1223~

---

33) 역자 주: 陳의 공자 完이 齊나라로 망명하여 아들 敬仲을 낳았을 때의 일이다.

129)은 "무릇 괘효에서 2효에서 4효까지, 3효에서 5효까지 두 개의 체가 서로 교차하여 각각 하나의 (삼획)괘를 이루니 이를 일러 하나의 괘는 네 (삼획)괘를 포함한다고 한다"(『周易鄭康成註』, 「序」)라고 하였다. 이것이 호체에 내린 최초의 정의이며, 다시 말하면 이보다 이전에 특히 한대에 호체법이 광범위하게 유행하였으나 도리어 역학자들이 호체에 대한 정의를 아직 내리지 못하였던 것이다. 최근 사람들의 호체에 대한 정의는 더욱 정확하다. 유대균劉大鈞 선생은 "이른바 '호체의 상'은 한 괘의 여섯 개 효爻의 획劃에서 내괘와 외괘와 같은 두 개의 경괘經卦(중심이 되는 8개의 괘) 외에 따로 2·3·4효와 같이 3개의 효획爻劃으로 조성되는 하나의 새로운 경괘經卦와 또 3·4·5로 조성되는 하나의 새로운 경괘가 있다"34)고 하였다. 호자봉胡自逢 선생은 "살펴보면 호互는 교합交合이다. 호체互體는 괘의 2효에서 4효까지의 세 효가 교합하여 하나의 괘를 이루고, 3효에서 5효까지의 세 효가 또 교합하여 하나의 괘가 되는…… 종류이다"35)라고 하였다. 현재 남아 있는 자료로 보면 한대의 경방京房·마융馬融·순상荀爽·송충宋衷·우번虞飜 등은 모두 호체법을 사용하였으며, 또한 사용하는 그 방법이 영활靈活하고 다변적이었다. 한말漢末의 우번의 역학은 이 방면에서의 집대성자이다. 그는 일찍이 호체인 경괘經卦(三劃卦)와 다섯째 획으로 연결되어 교합한 별괘別卦(64개 육획괘)와 4획으로 연결되어 교합한 별괘와 연결되어 교합한 온전하지 않은 괘를 사용하였다.36) 우번虞飜(164~233)에 비해 출생이 조금 앞선 정현鄭玄(127~200)도 또한 호체를 하나의 중요한 방법으로 보고 역학을 주석하는 데 적용하였다. 예를 들면 다음과 같다.

몽蒙 주注: "호체는 진震으로 중中을 얻었다."(『公羊傳』, 定公 15年 疏)
동인同人 주注: "괘의 체體에 손巽이 있고, 손巽은 풍風이다."(『주역집해』)

---

34) 劉大鈞, 『周易槪論』(齊魯書社, 1988), 55쪽.
35) 胡自逢, 『周易鄭氏學』(臺灣文史哲出版社, 1990), 194쪽.
36) 林忠軍, 『象數易學發展史』(山東齊魯書社, 1984) 제1권, 228~234쪽.

관觀 주注: "호체에 간艮이 있다."(위의 책)

비賁 주注: "괘의 호체는 감坎과 간艮이다."(위의 책)

대축大畜 육사六四 주注: "호체는 진震이다."(『周禮』,「大司寇」疏)

이頤 구삼九三 주注: "2효에서 5효까지 두 개의 곤坤이 있다."(『주역집해』)

감坎 상육上六 주注: "3효와 5효가 호체로 간艮이며, 진震과 동체同體이다."(『公羊傳』,
宣公 元年 疏)

항恒 구삼九三 주注: "호체는 건乾이다.…… 또 호체는 태兌이다."(『禮記』,「緇衣」
正義)

가인家人 육삼六三 주注: "효체爻體는 리離이며, 또 호체는 감坎이다."(『後漢書』,「楊震傳」
注)

손損 주注: "호체는 곤坤이다."(『주역집해』)

췌萃 주注: "호체에 간과 손이 있다."(위의 책)

쾌夬 주注: "5효의 호체는 건乾이다."(위의 책)

정井 주注: "호체는 리離와 태兌이다."(위의 책)

정鼎 주注: "호체는 건乾과 태兌이다."(위의 책)

이상은 호체가 삼획인 괘의 예이다. 관련 있는 학자들의 통계에 의하면
정현의 역주易注에서 쓰인 세 효의 호체는 26곳이다. 모두 두 가지 경우가
있는데, 첫째는 2효에서 4효까지의 세 효가 호체로 하나의 괘가 된다. 예를
들면 몽蒙은 2효에서 4효까지 세 효의 호체가 진震이므로 정현은 몽을 주석하여
"호체는 진震이다"라고 하였다. 동인同人은 2효에서 4효까지 세 효의 호체가
손巽이므로 정현은 동인을 주석하여 "괘의 체體에 손巽이 있다"고 하였다. 항恒은
2효에서 4효까지 세 효의 호체가 건乾이므로 정현은 항을 주석하여 "호체가
건乾이다"라고 하였다. 가인은 2효에서 4효까지 세 효의 호체가 감坎이므로
정현은 가인을 주석하면서 "또 호체가 감坎이다"라고 하였다. 둘째, 3효에서
5효까지의 세 효가 호체로 하나의 괘가 된다. 예를 들면, 관觀은 3효에서 5효까지의

세 효의 호체가 간艮이며, 정현은 관을 주석하여 "호체에 간艮이 있다"고 하였다. 감坎은 3효에서 5효까지 세 효의 호체가 간艮이므로 정현은 감을 주석하여 "3에서 5효의 호체가 간艮이다"라고 하였다. 대축大畜은 3효에서 5효까지 세 효의 호체가 진震이므로 정현은 대축을 주석하여 "호체는 진震이다"라고 하였다. 손損은 3효에서 5효까지 세 효의 호체가 곤坤이므로 정현은 주석하기를 "호체는 곤坤이다"라고 하였다.

때로 정현은 동시에 두 개의 삼획괘를 교대로 드러내어 경전을 주석하는데 이용하였다. 정현은 항恒 구삼을 주석하여 "호체互體는 건乾이다.…… 또 호체는 태兌이다"라고 하였다. 이頤를 주석하여 "2효에서 5효까지 두 개의 곤坤이 있다"고 하였다. 췌萃를 주석하여 "호체에는 간艮과 손巽이 있다"고 하였다. 쾌夬를 주석하여 "5효의 호체는 건乾이다"라고 하였다. 정井을 주석하여 "호체는 리離와 태兌이다"라고 하였다. 정鼎괘를 주석하여 "호체는 건乾과 태兌이다"라고 하였다.

주의할 것은 정현은 2·3·4효와 3·4·5효를 호체의 괘로 보았을 뿐만 아니라, 또한 내괘와 외괘도 호체로 보았다는 사실이다. 다시 말하면, 정현은 서로 이웃한 세 효가 구성하는 어떠한 삼획괘도 모두 호체의 괘로 보았다. 이것은 정현이 다른 역학자들과 비교해서 홀로 도달한 곳이다. 예를 들면 비賁의 상괘는 간艮인데, 정현은 비賁를 주석하여 "괘의 호체에는 감坎과 간艮이 있다"고 하였다. 기제旣濟의 상괘는 감坎인데 정현은 기제의 구오를 주석하여 "호체는 감坎이다"라고 하였다. 려旅의 하괘는 간艮인데, 정현은 려旅의 초육을 주석하여 "효의 호체는 간艮이다"라고 하였다.

4효의 호체가 하나의 별괘에서 나오는 것에 대하여 우번이 사용한 것이 비교적 많으며, 우번보다 이전의 다른 역학자들은 사용한 사람이 매우 적다. 현재의 자료로 보면 우번 이전에는 오직 정현이 사용하였고, 또한 단 한 가지 예가 남아 있다. 정현은 대축大畜의 "집에서 먹지 않으면 길하다"(不家食吉)라는 구절을 주석하여 "구삼에서 상구까지 이願의 상象이 있다. 밖에 사는 것은 집에서 먹지 않아서 길하며 어진 사람을 기르는 것이다"(「表記」正義)라고 하였다. 이것은 대축의 3·4·5의 세 효의 호체가 진震이며, 4·5·상의 세 효(외괘)의 호체가 간艮으로, 상괘는 간艮 하괘가 진震은 이괘頤卦임을 말한다. 그러므로 "구삼에서 상구까지 이願의 상象이 있다"고 하였다.

(4) 효체법爻體法

효체설은 효가 괘를 향하여 전환하는 일종의 형식이다. 괘와 효는 사물을 상징하는 두 가지 서로 다른 성질의 부호이며, 괘상卦象은 큰 사물을 상징하고, 효상은 작고 구체적인 사물을 상징한다. 그러나 양자는 밀접하게 괘는 효로 구성되며, 만약 괘를 사물의 대체계로 본다면, 효는 이 대사물의 자子체계이다. 구성적으로 말하면, 비록 하나의 효가 부족해서 그 괘를 구성할 수 없다고 하더라도 하나의 효가 구성된 괘에 있을 때는 모두 대신할 수 없는 작용이 있으며, 하나의 효의 작용은 서로 다르며, 그 가운데 있는 하나의 효는 전체 괘의 성질을 규정하고 영향을 주며, 이러한 한 효가 곧 주인이 되는 효이다.(혹은 괘의 주인이다.) 『역전』의 "양괘陽卦에 음이 많고, 음괘陰卦에 양이 많다"는 원칙을 살펴보면, 양괘는 여러 음에서 하나의 양효를 괘주卦主로 삼고, 음괘는 여러 양에서 하나의 음효를 괘주로 삼는다. 여덟 개의 경괘經卦 가운데 건과 곤괘를 제외하면 진괘震卦는 하나의 양이 두 음의 아래에 있고 초효의 하나의 양효가 이 괘의 주효主爻이며, 감괘坎卦는 하나의 양이 두 음의 가운데 있으며 중간의 하나의 양효가 이 괘의 주효主爻이다. 간괘는 하나의 양효가 두 음효의 위에 있으며 상효의 하나의 양효가 이 괘의 주효主爻이다. 손괘는 하나의 음효가 두 양효의 아래에 있으니 아래의 하나의 음효가 이 괘의 주효이다. 태괘는 하나의 음효가 두 양효의 위에 있으며 상효의 하나의 음효가 이 괘의 주효이다. 정현은 이를 출발점으로 삼아서 하나의 괘의 성질을 대표할 수 있는 효를 그 괘 자체로 보았다. 어떤 괘이든 무릇 초효가 양효이면 진震이라고 하고, 초효가 음효이면 손巽이라고 하며, 가운데 효가 양효이면 감坎이라고 하고, 가운데 효가 음효이면 리離라고 하며, 상효가 양효이면 간艮이라고 하고, 상효가 음효이면 태兌라고 한다. 여기서 다른 위치에 있는 효가 어떤 하나의 괘를 대표하면, 이 괘는 따라서 효로부터 괘로 넘어간다. 같은 이치로 유추하면, 별괘의 초효와 4효가 양효인 것은 진震이며, 음효이면 손巽이다. 2효와 5효가 양효이면 감坎이며, 음효이면 리離이다. 3효와 상효가 양효이면 간艮이며, 음효이면 태兌이다. 정현은 그가 만든 방법을 사용하여 『역』을 주석하는 데 사용하였다. 예를 들면 다음과 같다.

상구가 간효艮爻이다. 간艮은 산이다.(「表記」 正義)

고蠱괘의 상효는 양효이므로 간효艮爻라고 한다.
정현은 손損괘를 주석하여 다음과 같이 말한다.

4효는 손효巽爻이다. 손巽은 목木이다. 5효는 리효離爻이다. 리離는 태양이다.(「考工記 · 旅人」 疏)

손損괘의 4효는 음효이므로 손효巽爻라고 한다. 5효도 음효이므로 리효離爻라고 한다.
정현은 췌萃괘를 주석하며 다음과 같이 말한다.

4효는 진효震爻에 근본하며, 진震은 장자長子이다.…… 5효는 감효坎爻에 근본하며 감은 몸을 엎드려 숨는 것이다.(隱伏)…… 2효는 리효離爻에 근본하며 리離는 목目이며, 정正에 있으면서 5효와 응한다.

췌괘의 4효는 양효이므로 진효震爻라고 한다. 5효는 양효이므로 감효坎爻라고 한다. 2효는 음효이므로 리효離爻라고 한다.

정현은 효체를 이용하여 상象을 취하여 『주역』을 해석하였을 뿐만 아니라, 또한 이 방법으로 『역위易緯』를 주석하였는데, 예를 들면 『건착도乾鑿度』의 "復表日角"을 주석하여 "복復이라는 이름은 초효가 진효震이다"라고 하였다. 『건착도』의 "臨表龍顏"을 주석하여 "림臨이라는 이름은…… 육오六五가 리효離爻다"라고 하였다. 『통괘험通卦驗』을 주석하기를 "동지冬至에서 감坎이 처음 움직이며,…… 초육은 손효巽爻다"라고 하고, "입춘은 감坎의 육사에 해당한다. 육사는 손효巽爻다"라고 하고, "소서小暑는 리離의 육이에 해당하며, 육이는 리효離爻다"라고 하였다. 종합하면 효체법은 다른 방법과 같이 정현이 상을 취하는 중요한 방법이며, 이 방법은 정현의 독창적인 것이다.

상象으로 『역』을 주석하는 것 외에 정현은 수數로써 『역』을 주석하였는데, 예를 들면 그는 오행의 수를 이용하여 「계사繫辭」의 "대연大衍의 수"와 "정기精氣" 및 "유혼遊魂"을 해설하였다. 요컨대 정현은 괘기卦氣·효진爻辰·효체爻體·호체互體·효위爻位·역수易數 등을 중시하였고, 이로써 상을 취하여 『역』을 해석하는 도구로 삼았을 뿐이다. 『역전』「설괘」는 경經을 주석하여 괘상을 말하였지만, 「설괘」 가운데의 괘상은 양한의 역학자들이 상象으로써 『역』을 주석하려는 요구를 결코 만족시킬 수 없었다. 한유漢儒들은 선진先秦의 유가들이 의리義理로써 『역』을 연구하는 방법을 버렸으며, 한층 더 역학 중의 상수를 중시하고, 『주역』의 괘효의 부호와 그와 관련 있는 수數를 적극 연구함으로써 괘사와 효사, 문사文辭와의 관계를 드러내고, 역의 설명에서 한 글자 한 구절이 모두 성인이 임의대로 지은 것이 아니라 모두 상수에 근본하는 것임을 증명하고, 나아가 상수로써 역의 설명을 융통融通하는 것을 실현하였다. 이러한 목적에 도달하기 위하여 그들은 혹 「설괘」 가운데의 괘상을 추연推演하여 괘상의 수량을 증가시켜, 곧 역학에서 말하는 '상으로써 상을 낳기도 하였으며, 혹은 상을 취하는 방법의 좋고 나쁜 연구를 하고, 끊임없이 방법을 바꾸어서 영활靈活하게 상을 취한다. 마치 왕필王弼의 말처럼 "호체가 부족하면 끝내 괘변에 이르고, 변화가 또 부족하면 오행으로 미루어 간다"(『周易略禮』), 즉 역학에서 말하는 상象 밖에서 상을 낳는다는 말이다. 정현이 말한 효진·호체·괘기·효위 등은 분명히 상 밖에서 상을 낳은 것에 속하며, 오행의 수數를 말한 것은 수數 밖에서 수를 낳는 것에 속한다.

3. 역사로써 『역』을 연구하고 예로써 『역』을 주석하는 의리義理의 방법

의리와 상수는 역학의 연구에서 두 가지 완전히 다른 『역』의 연구방법이다. 상수는 『주역』의 괘효의 부호와 숫자 및 이와 관련 있는 도식圖式이 상징하는 세계상의 각종 사물과 그것이 드러나는 형태·속성을 말하며, 의리는 『주역』의 괘사와 효사에 포함된 자연·사회·인생의 이치를 말한다. 오로지 상수를 『주역』 경전의 설명을 해석하는 도구로 삼아 역학의 문제를 연구하고, 상수와 역사易辭에 내재된 연계를 밝혀내는 것을 상수학이라고 한다. 주해註解(箋注)의 학문을 형식으로 삼아 『주역』의 괘사와 효사의 철학적 이치를 상세하게 밝히고, 이론의 체계를 확립함을 목적으로 하는 것을 의리학이라고 한다. 상수와 의리는 본래 긴밀하게 함께 얽혀 있으며, 상수가 역학의 근본이며, 먼저 상수의 부호 체계가 있은 후에 의리를 내포한 괘사와 효사가 있으며, 괘사와 효사는 반드시 상수를 참조하여 지어졌으며, 이 때문에 한 부의 『주역』에는 상수와 의리가 포함되어 있다.

당대唐代의 이정조李鼎祚는 정현과 왕필이 『역』을 연구한 방법을 설명하면서 "정현은 많이 천상天象을 헤아렸고, 왕필은 곧 오로지 인사人事를 해석하였다"(『주역집해」, 「서」)고 하였다. '정현은 많이 천상天象을 헤아렸다'는 말을 왕필의 역학과 비교하여 말하면 정현의 『역』 연구는 천상의 상수象數를 헤아리는 데 편중하였다는 말이다. 이 때문에 어떤 학자들은 가끔 정현이 『역』을 연구함에 상수에 치우치고 인사는 소홀하다고 생각하는데, 이것은 오해이다. 사실 정현의 역학은 천상의 상수를 중시하는 동시에 또한 인사에 포함된 의리도 중시하였다. 한편으로 그는 당시의 학술사조의 영향을 벗어날 수 없었고, 『역』의 "상을 관찰하여 말씀(辭)에 설명을 붙인다"로부터 상수로써 『역』을 연구하는 방법을 도출하였고, 나아가 그것을 과대하여 『역전』에서 상을 취함이 부족한 상황에서 적극적으로 효진·호체·효체·오행 등의 상象에서 도움을 얻고, 이를 혼합하여 천문·역법·수학을 위주로 하는 자연지식으로 『역』을 주석하였다. 또 다른 한편으로, 그는 아마 서한西漢 이래 오로지 상수로써 『역』을 연구하는 데 존재하는 문제를 보았을 것이다. 『주역』의 계사는 상象을 관찰하는 것 외에 당시의 문자文字, 사회풍속과 습관, 생산과 생활, 역사사건과 관계가 있으며, 이러한 것들은 인사人事를 내용으로 하는 역사易辭이며, 단지 상수의 방법으로만 그 본의本義를 나타내는 것은 불가능하며, 반드시 인문지식과 인문이 제공하는 방법의 도움을 받아서 해석하였다. 그 가운데 역사로써 『역』을 연구하고 예禮로써 『역』을 주석하는 것이 인사를 밝히는 것이며, 의리를 중시하는 인문방법도 또한 정현이 항상 『역』을 연구할 때 이용하는 방법이었다.

1) 역사로써 『역』을 연구한다

이른바 "역사로써 『역』을 연구한다"는 것은 사학史學의 방법을 도구로 삼아 『주역』의 저자가 처한 역사적 배경에 입각하여 당시 혹은 이전의 사회적 생산과 생활상식 및 발생한 중대한 역사적 사건을 이용하여 『주역』이 책으로 이루어 시기와 저자를 추정하고, 『주역』의 고유한 의미와 내포된 의미를 탐구하는 방법이다. 역사로써 『역』을 연구하는 것이 이루어질 가능성은 완전히 역학易學과 사학의 관계에 달려 있다. 주지하듯이 역학과 사학은 두 개의 서로 다른 연구영역이지만 두 가지는 밀접한 상관관계가 있다. 복서卜筮를 신비의 외피로 삼는 역학은 자연·사회발전의 종합적인 규율을 반영하며, 풍부하고도 깊은 추상적 사유를 내포하고 있기 때문에 그것은 경학철학이 되어 여러 학문분야의 이상을 그 속에 포괄하는 고대의 사학을 능가한다. 상대하여 말하면, 사학은 한 분야의 구체적인 과학으로서, 왕조의 교체, 제도의 연혁, 회적 변천과 중요한 역사적 인물의 활동을 묘사함으로써 역사발전의 과정과 규율을 밝힌다. 이 때문에 역학과 사학은 일반과 개별의 관계이며, 양자가 서로 구별된다는 전제하에 표현하는 내용은 고도의 동일성이 있다. 이에 기초하여 중국의 고대에 역학과 사학을 경학 가운데로 합하여 둘이면서 하나였으니, 예를 들면 『춘추春秋』와 『상서尚書』는 사서史書이며, 또한 『주역』과 함께 경학에 속하며, 나아가 "경전은 모두 역사다"(經皆史)라는 관점이 있게 되었다. 명明의 유학자 왕수인王守仁(1472~1529)은 일찍이 "사事로써 말하는 것은 사史가 되고, 도道로써 말하는 것은 경經이 되니, 사事가 곧 도이며, 도가 곧 사이다. 『춘추春秋』도 또한 경經이며, 오경五經이 모두 사史이다"(『전습록』상)라고 하였다. 왕수인의 의도는 도와 사事, 경經과 사史의 경계를 없애고자 한 것이었지만, 중국 고대에서는 경經·사史를 동일하다고 보았다.

역학과 사학의 동일함은 중국 고대에 구체적으로 표현되는데, 한편으로는 중국 고대의 사학자들이 역사를 연구하고 사학의 논저를 쓸 때 역학易學의 사유思維 최고의 원칙으로 존중하여 받들어 책 가운데로 관철한다. 『사기史記』가 성공한 점이 곧 역학사유로써 사학史學의 문제를 연구한 데 있다. "사마천의 역사 운동관, 사회변혁사상의 그 직접적 연원은 『주역』으로부터 왔으며, 아울러 『주역』의 운동사상에 대한 개조를 진행하여 신비적인 요소를 없애고 『주역』의 역사관을 인간세상의 경제활동으로 현실화하였다. 『주역』은 하나의 철리哲理로서 사마천으로 하여금 '자연과 사람의 관계를 연구하고, 고금의 변화에 통하고, 한 학파의 말을 이룸'의 임무를 완성하도록 하여, 위대한 사학저서인 『사기』를 썼다."[37] 역사학자들은 자각적으로 역학의 사유를 운용하여 묘사하고 발전시키는 것 외에 직접 『주역』 혹은 역학의 언어를 인용하여 역사현상을 분석하고 인물의 공과功過를 품평하였다. 예를 들면, 『한서漢書』는 많이 역학의 말을 인용하였는데, (『한서』의) 「오행지五行志」는 경방의 역을 60여 차례 인용하였다. 사서史書에서 『역』을 인용하는 것이 일반적임을 알 수 있다. 또 다른 한편으로 역학연구는 전체 역사발전과 밀접하게 연결되어 하나의 발전 과정을 거쳤다. 반고班固(32~92)는 일찍이 『주역』을 책으로 만들어 "사람은 세 성인聖人이 바뀌었고, 세상은 삼고三古를 거쳤다"고 요약하였다. 이것은 『주역』이 책이 된 것은 복희伏羲·문왕文王·공자孔子 세 성인이 상고上古·중고中古·하고下古를 거쳐서 완성되었음을 말한다. 현재의 학계는 『주역』의 저자에 대하여 비록 어느 정도 쟁론은 있지만, 『주역』이 책이 된 것은 여러 시대를 거쳐서 여러 시대 사람을 거쳐서 완성되었다는 문제에서는 공통된 인식을 같이한다. 그리고 역학의 발전사를 따라서 보면 유가인 공자가 역을 연구하여 『역전易傳』을 지은 이래 시대의 변화와 함께 역학은 상수象數와 의리義理의 두 노선에 따라 변화와 발전을 해 왔고, 양한兩漢의 상수역象數易, 위진魏晉의 현학역玄學易, 송명宋明의 의리역義理易, 청대淸代의 박학역朴學易을 형성하였다. 이 때문에 역학사는 역사의 중요한 구성부분이며, 더 크게 말하면 역학 자체도 사학연구의 범주에 속한다. 동시에 우리는, 서로 다른 역사 시대의 역학에는 서로 다른 역학의 개념, 서로 다른 연구방법과 서로 다른 내용이 있으며, 이것은 전적으로 당시 사회의 발전의 필요에 따라 결정되며, 사회역사의 발전이 『주역』과 역학을 만들어 내었다는 것을 알 수 있다.

---

37) 朱伯崑 主編, 『國際易學硏究』 第四輯(華夏出版社, 1998)의 第三章, 吳懷祺의 「司馬遷的易學與史學」을 보라.(저자의 각주에서 서지사항이 미비한 것을 자료를 찾아 보충하였음)

더욱 중요한 것은 특정한 역사환경과 특정한 저자가 『주역』을 한 권의 단순한 역사 관련 서적이 아닌 "사서史書"가 되게 하였다는 점이다. 『주역』이 책으로 된 시대는 사회가 급격하게 변화하고, "주왕紂王이 재위하며 하늘을 거스르고 사물을 해치며, 문왕이 제후들과 하늘에 순응하며 도를 행하였다."(『한서』, 「예문지」) 은殷 · 주周의 모순이 날로 첨예화되고, 작은 나라가 큰 나라에 소멸되는 것이 이미 결정되었다. 이러한 큰 역사적 배경에서 일련의 중대한 역사적 사건이 발생하였는데, 주周 문왕文王의 상商(殷)나라 정벌이 실패하였고, 상商의 왕은 태사太姒를 문왕에게 시집보냈으며, "주왕紂王이 서백西伯(文王)을 유리羑里에 감금하였다." "서백西伯의 신하인 굉요閎夭의 무리가 미녀와 기이奇異한 물건을 구하여 주왕紂王에게 바치니 주왕紂王이 서백을 사면하였다." 무왕武王이 목야牧野에서 주왕紂王을 정벌하고 승리하였으며, 주공周公이 섭정攝政하며, 관채管蔡의 난을 평정하였으며,…… 이러한 복잡한 역사적 환경에서 『주역』이 책으로 이루어졌다. 최근 대부분의 학자들의 고증에 의하면, 『주역』은 문왕과 주공에 의하여 책으로 엮어졌다(編定). 문왕과 주공이 곧 『주역』의 저자이며, 또한 당시 사회 변혁의 영도자이자 참여자이며, 『주역』의 괘사와 효사 등 허다한 것들은 당시에 발생한 중대한 역사적 사건을 내용으로 삼았으며, 저자의 심리상태도 정리情理에 맞게 드러났다. 예를 들면 『주역』의 괘명, 괘사, 효사가 『역』을 쓴 저자의 우환의식과 함께 체현體現되었다. 「계사」는 괘명을 해석할 때 "『역』을 지은 사람은 거기에 우환憂患이 있는가? 이런 까닭에 리履는 덕德의 기초이며, 겸謙은 덕의 손잡이이며, 복復은 덕의 근본이며, 항恒은 덕의 견고함이며, 손損은 덕의 닦음이며, 익益은 덕의 넉넉함이며, 곤困은 덕의 변별이며, 정井은 덕의 처지이며, 손巽은 덕의 마름이다"라고 하였다. 『주역』의 괘효에는 길흉의 변화가 있으며, 길괘吉卦에도 흉사凶辭가 있으며, 흉괘凶卦에도 길사吉辭가 있으며, 한 괘 가운데 혹 흉함이 길함으로 변하는 것도 있고, 혹 길함이 흉함으로 변하는 것도 있다. 예를 들면 「계사」의 "역易이 일어남은 은殷의 말세末世와 주나라의 덕德이 왕성할 때에 해당할진저! 문왕과 주왕紂王의 일에 해당할진저! 이런 까닭에 그 설명이 위태하다. 위태롭게 여기면 평안하게 하고, 안이하게 여기는 자는 기울어지게 한다"는 말이 그것이다.

『주역』의 많은 괘사와 효사는 당시에 발생한 중대한 역사사건을 기록하였는데, 예를 들면 승升괘의 육사 "왕이 기산에서 형통함을 이용함"(王用亨于岐山)과 진晉괘의 "편안하게 다스리는 제후는 말을 하사하여 번식하게 하며, 하루에 세 번 접견한다"(康侯用錫馬蕃庶, 晝日三接)는 말, 명이明夷괘의 육오 "기자가 (자신의) 밝음을 감춘다"(箕子之明夷)는 말, 귀매歸妹괘의 육오 "제을이 누이를 시집보낸다"(帝乙歸妹)는 말, 기제既濟괘의 구삼 "고종이 귀방을 정벌한다"(高宗伐鬼方)는 말 등이며, 현대 학자들의 고증에 의하면 모두 당시 역사적 사건을 기록한 문사文辭이다. 이미 『주역』의 괘사와 효사가 당시의 사회생활에 뿌리를 두고 편정編定되었기 때문에 『역』의 저자도 어렵고 복잡한 처지와 이러한 처지에서 갖게 되는 우환의식을 반영하였고, 아울러 당시의 역사변화의 과정과 그 발생의 중대한 역사적 사건을 어떤 방향으로든 기록해야 한다. 그렇다면 『주역』의 괘사와 효사의 본의를 이해하고 분명하게 나타내려면 그 사상·정신과 부합하고 통제해야 하고, 반드시 사학지식과 방법을 사용해야 하는데, 이는 상象과 사辭를 연계하여 나타내고, 상이 사辭의 근거임을 밝히는 것을 핵심으로 하는 상수방법과 기타의 방법으로 대신할 수 없는 것이다. 이것은 역학사에서 역사로써 『역』을 연구함으로써 능히 일어날 수 있는 것이며, 아울러 많은 역학 방법 가운데 한 자리를 차지하였고, 역대의 역학의 대가들이 중시하는 중요한 관건이 되었다.

연구방법으로 말하면, 역학사에서 역사로 『역』을 연구하는 것은 크게 역사로 『역』을 주석하는 것, 역사로 『역』을 증명하는 것, 역사로 『역』을 대신하는 것의 세 가지 형식이 있다. 역사로 『역』을 주석하는 것은 역사지식을 이용하여 역학의 문제를 주석하고 연구하여, 『주역』 본의의 종지宗旨를 회복하고 드러내는 것이다. 역사로 『역』을 증명하는 것은 역사지식을 도로 삼아, 『주역』의 괘사와 효사에 내포된 사회와 인생의 철리哲理를 나타내고 검증하는 것이다. 그것이 추구하는 것은 『역』의 본의本義가 아니라 『역』의 이치理致다. 역사로 『역』을 대신하는 것은 『주역』을 한 권의 사서史書로 보고, 『역』의 저자의 시대에 발생하는 역사사건을 이용하여 괘사와 효사를 해석하는 것으로 즉 괘사와 효사는 당시의 역사적 사건을 기록하는 특수한 재료가 된다. 정현의 역학 재료를 총괄하면, 그는 역사로써 『역』을 연구하는 데 주로 두 가지 형식을 선택하였다.

은殷·주周의 변혁의 역사를 이용하여 『주역』을 해설한 것은 그가 역사로써 『역』을 주석하는 하나의 형식이다. 『주역』이 책으로 된 시대는 사회가 급격하게 변동하고, 주나라가 은나라를 극복한 것은 이미 역사발전의 추세가 되었다. 이러한 역사의 변화 과정을 실현하기 위해서 문왕과 무왕을 대표로 하는 주나라 왕국과 주왕紂王을 대표로 하는 상商의 제국은 격렬한 투쟁을 전개하였으며, 이러한 시기에 일련의 은·주의 변화와 관련된 역사 사건이 발생하였다. 현존하는 『역주易注』에서 정현은 당시 역사변화를 반영한 사료 가운데 주요한 네 조항을 선택하여 『주역』의 괘사와 효사에 대한 해석을 진행하였다. 첫째, 문왕이 정삭正朔(정월 초하루 혹은 책력)을 고쳐서 천명을 받았다. 고대의 제왕이 천명을 받음에 반드시 먼저 역법曆法을 고쳤는데, 예를 들면, 하夏나라는 1월이 정월이며, 은나라는 12월이 정월이며, 주나라는 11월이 정월이었다. 『사기』 「역서曆書」에서는 "옛날에 성姓을 바꾸어 천명을 받으면, 반드시 삼가 처음을 시작함에 정삭을 개정하였다"고 하고, "하나라의 정삭은 정월이며, 은나라의 정삭은 12월이며, 주나라의 정삭은 11월이었다.…… 세상에 도가 있으면, 그 기강과 순서를 잃지 않았으며, 도가 없으면 정삭이 제후에게서 행해지지 않는다"고 하였다. 정현은 문왕이 은나라의 정삭을 개정한 일을 이용하여 림臨괘를 주석하기를 "8월에 이르러 흉함이 있다"(至于八月有凶)고 하였다. "八月有凶"은 곧 주나라의 역법으로 말한 것이며, 주나라의 역법은 복괘의 11월을 정월로 삼았으며, 림괘臨卦의 12월은 2월이며, 둔괘遯卦에 이르면 8월이다. 그는 "림괘臨卦의 두건斗建은 축丑에서 움직이며, 은나라의 정월이다. 문왕의 때에 주왕紂王이 무도하여 이에 괘에서 은나라 왕가의 흥쇠가 드러나고 이로써 주나라가 은나라의 정삭을 고치는 운수임을 알았다. 림괘는 주나라의 2월에서 움직여서 마침내 7월에서 8월에 이르러 둔괘遯卦로 그것을 받았다"(『주역집해』)고 하였다. 둘째, 문왕이 유리羑里에 갇혀 있을 때 그 신하가 주왕紂王에게 뇌물賂物을 주고 문왕을 석방하도록 하였다. 은나라 말년에 주왕이 무도하여 점점 민심을 잃고 그 속국인 서북쪽의 주나라가 인정仁政을 행하니 민심이 귀순하고, 이미 은나라에 대한 위협이 되니 주왕이 신하인 숭崇의 제후 호虎(사마천이 꼽은 역대 최고의 밀고자)의 건의(역자 주: 고자질)를 받아들여 "이에 서백西伯(문왕)을 유리에 감금하니, 굉요閎夭38)의 무리가 그것을 근심하여 이에 유신씨有莘氏의 미녀, 여융驪戎의 문마文馬39), 유웅有熊의 구사九駟40) 등 기타 기괴한 물품을 구하여 은나라가 총애하는 신하 비중費仲을 통하여 주왕에게 헌납하였다. 주왕이 크게 기뻐하여 말하기를 '이 하나의 물건만으로도 서백을 석방하기에 충분한데 하물며 이렇게 많음에랴'라고 하여 이에 서백을 사면하고 그에게 활과 화살, 작은 도끼(斧)와 큰 도끼(鉞)41)를 하사下賜하고, 서백을 정이대장군征夷大將軍으로 삼았다." 정현은 그것을 취하여 비괘否卦 구오를 주석하여 "주왕에게 문왕이 유리의 감옥에 갇히니, 네 명의 신하가 진귀한 물건을 헌납하고 마침내 어려움을 면하니, '뽕나무 숲의 죄수가 되었다'(繫于苞(包)桑)고 일컫는다"(『주역집해』)라고 하였다. 셋째, 주공周公이 섭정하였다. 『예기』 「명당위明堂位」의 기록에 의하면, 주나라 초에 무왕이 죽자 그 아들 성왕成王이 즉위하니, "성왕이 어리고 약하여 주공이 천자의 지위를 실천하여 천하를 다스린 것이 6년으로 명당明堂(正殿)에서 제후諸侯를 조회하였다." 정현이 이를 취하여 『역』을 주석하였는데, 대유大有를 주석하기를 "육오의 체體는 리離이며,

---

38) 역자 주: 문왕의 충신.
39) 역자 주: 말의 갈기털이 붉고 몸에 줄무늬가 있고 황금색 눈동자를 가진 명마.
40) 역자 주: 한 대의 수레를 네 필의 말을 駟라고 한다. 九駟는 36마리의 말.
41) 역자 주: 斧鉞은 출정하는 장군에게 임금이 하사하는 장식용 무기.

건乾의 위에 있으니 마치 대신大臣이 임금의 덕이 있어 임금을 대신하여 정치하고, 그 자리에 처함에 그 일이 있으면 그것을 처리한다.······ 마치 주공이 섭정하여 명당明堂에서 제후들을 조회한 것과 같다"(『주역집해』)고 하였다. 또 곤괘坤卦 육오를 주석하기를 "마치 순舜이 천자天子를 시험함에 주공周公이 섭정한 것과 같다"(『隋書』, 「李德林傳」)고 하였다. 넷째, 문왕·무왕·주공은 명덕明德이 있어 대대로 서로 계속되어 상商을 이기고 주周나라를 일으키는 대업을 완성하였다. 정현은 리離「상전象傳」을 주석하기를 "밝고 밝게 서로 계속하여 일어나니, 대인이 거듭 빛나는 상이다. 요堯·순舜·우禹·문왕文王·무왕武王의 성세盛世이다"(『漢上易傳』)라고 하였다. 리괘離卦 육이를 주석하기를 "리離는 남쪽의 괘이며, 리離는 화火이며, 토土가 그 자리를 받쳐주며, 토土는 황색이며, 화火의 자식이다. 비유하면 아들이 명덕이 있으면 아버지가 일으킨 그 도를 따를 수 있다. 문왕의 아들 발發과 단旦이 이들이며, 그 업業을 완성하니 길하다"(『文選注』, 권20)라고 하였다.

동시에 정현은 또한 은나라 혹은 은나라 이전의 역사적 사실을 취하여 『역』을 설명하기를 중시하였다. 한대漢代 사람들의 눈에 삼황오제三皇五帝는 명덕이 있고, 인정仁政을 베풀었으며, 중국 고대정치의 이상이며, 도덕적 모범의 화신으로, 그들이 처한 시대는 왕도王道가 유행하고 나라가 태평하고 백성이 평안한 태평성세였기 때문에 한대뿐만 아니라 후세의 제왕과 성현들로부터 추숭追崇·찬미讚美·모범의 대상이 되었다. 한말漢末에 살던 정현도 예외는 아니었으니, 삼황오제를 위하여 공을 노래하고 덕을 기렸으며, 제왕과 관련 있는 사료들을 이용하여 『역』을 주석하였다. 예를 들면, 그는 항상 요·순·우 등을 용龍이나 혹은 광명의 덕을 가진 대인으로 비유하였다. 리괘離卦 「상전象傳」의 "밝음이 두 번 일어나니 리離이다. 대인은 그것을 계속하여 사방을 밝힌다"(明兩作, 離. 大人以繼明照于四方)를 주석하여 말하기를 "작作은 일어남起이다. 밝고 밝음이 서로 계속되니 대인이 거듭 밝히는 상象이다. 요堯·순舜·우禹·문왕文王·무왕武

王의 성세盛世이다"(『漢上易傳』)라고 하였다. 리離는 태양이며, 광명의 상이다. 리괘離卦의 상하는 모두 리離이므로 밝음이 두 번 일어나고 밝고 밝음이 서로 계속되는 상이다. 인사人事에서는 곧 요·순·우·문왕·무왕이 명덕을 서로 계속하는 것이다. 건괘乾卦의 용구 "용의 무리를 보되 머리가 없음이 길하다"(見群 龍無首吉)라는 구절을 주석하여 말하기를 "여섯 효가 모두 체體가 용龍이므로 용의 무리의 상이다. 순舜은 이미 선양禪讓을 받았고, 우禹는 직稷·설契·구요咎繇 의 무리가 아울러 조정에 있었다"(『後漢書』,「郞顗傳」注와「班固傳」注)고 하였다. 『주역』에서는 용龍을 양陽에 비유하며, 건괘乾卦의 여섯 효는 모두 양이므로 "육룡六龍" 혹은 "군룡群龍"이라고 칭한다. 정현은 순임금의 즉위로써, 앞 세대의 현덕이 있는 후예後裔를 중용한 제왕을 군룡群龍으로 설명하였다.

요임금의 말년에 네 명의 흉한 신하가 조정에 있었으며, 순임금이 천자의 지위를 받은 후에 요임금에게 청하여 그들을 쫓아내었다. 『사기史記』「오제본기五 帝本紀」에서는 "옛날 제홍씨帝鴻氏(軒轅氏)에게 매우 어리석은 자손이 있었는데, 의로움을 가리고 은밀하게 사람을 해치고, 흉악하고 사특邪慝한 행동을 좋아하여 세상 사람들은 그를 혼돈混沌이라고 불렀다. 소호씨少皥氏에게도 매우 어리석은 자손이 있었는데, 신의를 훼손毁損하고 충직함을 싫어하며, 나쁜 말을 잘 꾸며대기 를 좋아하였으므로 세상 사람들은 그를 궁기窮奇라고 불렀다. 전욱씨顓頊氏에게도 매우 어리석은 자손이 있었는데, 가르치고 깨우칠 수 없고, 말과 글을 알지 못하였으므로 세상 사람들은 그를 '도올檮杌'(사나운 짐승, 악인)이라고 불렀다.…… 진운씨縉雲氏에게 매우 어리석은 자손이 있었는데, 그는 음식을 탐하고, 재화와 뇌물을 좋아하였으므로 세상 사람들은 그를 '도철饕餮'이라고 불렀다. 세상 사람들이 모두 그를 미워하여 위에서 말한 세 사람의 악인에 비유하였다"고 하고, 또 "순임금이 이 사문四門에서 빈객賓客을 맞이할 때, 네 흉족凶族을 유배시키 고, 네 후예後裔를 변방으로 몰아내어 교룡과 도깨비(螭魅)의 무리를 다스렸다"고 하였다. 『사기』와 『상서』의 기록에 근거하면, 요임금은 일찍이 통제에 불복종하는 부족의 수령인 공공共工·환두驩兜·삼묘三苗·곤鯀을 추방하였다. 예를 들면, 『상서尚書』「요전堯典」에서는 "공공共工을 유주幽州에 유배하고 환두驩兜를 숭산崇山으로 방출하고, 삼묘三苗를 삼위三危로 내쳤으며, 곤鯀을 우산羽山에서 사형에 처하였는데, 네 악인의 단죄로 천하가 모두 감복感服하였다"고 하였다. 어떤 사람들은 혼돈渾沌·궁기窮奇·도올檮杌·도철饕餮이 곧 공공共工·환두驩兜·삼묘三苗·곤鯀이라고 여긴다. 정현은 요임금 말년을 "하늘에 오른 용"(亢龍)에 비유하고, 사흉四凶이 조정에 있었던 것을 "후회함이 있음"(有悔)으로 비유하였으며, 순임금이 사흉을 쫓아낸 것으로써 "아직 큰 흉악함이 되지 못함"(未大凶)을 설명하였다. 정현은 건괘 상구의 "하늘에 있는 용은 후회함이 있다"(亢龍有悔)의 구절을 주석하기를 "요임금의 말년에 사흉이 조정에 있었으므로 후회함이 있고 아직 대흉大凶은 아니었다"(『주역정의』)라고 하였다.

또 순임금이 즉위하기 전에 예교를 정리하고 여러 관직을 맡아서 처리하고 빈객을 접대하는 신중한 검증을 거쳤다. 『상서』「요전」에서는 "우순虞舜은 거처가 누추하고 신분이 낮았으나, 요임금이 그가 총명하다는 것을 듣고 장차 제위帝位를 이어받도록 하기 위하여 여러 가지 어려운 시험을 거치게 하였으며, 계승시키기 위하여 여러 가지 일을 시험하였다.…… 삼가 오전五典(五常)을 밝게 드러내니, 사람들이 오전五典을 잘 따랐다. 백규百揆(百官)에 등용하니, 백관의 일이 때맞추어 펼쳐졌다. 사문四凶에서 빈객賓客을 맞이하게 하시니, 사문四門을 들어오는 빈객이 모두 아름다웠다"고 하였다. 정현은 이를 취하여 수괘隨卦 초구를 주석하기를 "진震은 큰 길이며, 또한 일문日門이다. 춘분에서는 음양이 교대한다. 이는 신하가 임금의 문을 나와서 사방의 현인들이 교유하여 성공하는 상이다. 옛날에 순임금이 '삼가 오전五典을 밝게 드러내니, 사람들이 오전을 잘 따랐다. 백규百揆에 등용하니, 백관의 일이 때맞추어 펼쳐졌다. 사문四門에서 빈객賓客을 맞이하게 하시니, 사문四門을 들어오는 빈객이 모두 아름다웠다'는 말이 이 뜻이다"(『주역집해』)라고 하였다. 분명히 이 주석에서 이용한 사료史料는 완전히 『상서』에서 취한 것이다.

정현은 또한 때로 춘추시대 국가의 군주를 이용하여 역易의 이치를 설명하였다. 둔遯괘의 두 음은 네 양의 아래에 있고, 음의 위에서 자라나는 양이 사라져 물러나는 뜻이 있다. 인사人事에서는 대덕이 있으며 덕을 겸하고 있음을 숭상함으로써 질투嫉妬의 해를 멀리할 수 있었다. 정현은 "진경중陳敬仲이 제齊나라로 도망가서 경卿을 사양함"(陳敬仲奔齊辭卿)으로써 이 이치를 설명하였다. 『좌전』 장공莊公 22년의 기록에 의하면 진陳의 여공厲公의 아들 완完의 호號는 경중敬仲이며 태자인 어구御寇와 사이가 좋았는데, 진陳의 선공宣公이 어구를 죽이고 따로 태자를 세우니, 경중이 해가 자신에 이를까 두려워하여 제나라로 도망갔다. 제나라의 제후가 경중을 경卿으로 삼았으나 경중이 고사하며 말하기를 "타국을 떠도는 신하가 다행히 도움을 얻어 관대한 정치가 펼쳐지는 곳에 이르렀습니다. 가르침의 교훈을 얻지 못함을 용서하시고, 죄를 면하게 해 주시고, 부역을 면제해 주신 것은 모두 임금의 은혜입니다. 얻은 것이 많음에도 감히 높은 자리에 욕되게 앉아 관원의 비방을 초래할 수 있겠습니까? 청하건대 죽음으로 고합니다. 『시』의 '높디높은 수레에 앉으신 이께서 활을 흔들어 나를 부르시니 어찌 감히 가지 않을 수 있겠느냐마는 벗들이 두렵기 때문이다'라는 말을 올립니다. 제환공齊桓公이 그를 공정工正(백관을 관장)으로 삼았다"고 하였다. 이것이 "진경중陳敬仲이 제齊나라로 도망가서 경卿을 사양함"(陳敬仲奔齊辭卿)이다. 정현은 그것을 취하여 둔괘遯卦를 주석하기를 "둔遯은 도망가는 이름이다. 간艮은 문궐門闕(궁의 문)이며, 건乾에는 튼튼한 덕이 있다. 호체互體는 손巽이며, 손巽은 진퇴進退이다. 군자가 문을 나섬에 행보에 진퇴가 있으니 도망가는 상이다. 2효와 5효가 자리를 얻어 응함이 있으니 이것은 정도로써 초빙招聘의 패를 받은 것이다. 타국의 관직을 시작하면 마땅히 거듭 겸손해야 한다. 화순和順의 도를 작게 하고, 작은 관직에 있으며, 작은 일을 해야 한다. 나아감을 점차로 하면 투기妬忌의 해로움을 멀리한다. 옛날 진경중이 제나라로 도망가서 경卿을 사양함이 이것이다"(『주역집해』)라고 하였다.

정현이 역사로써 『역』을 연구한 것은 『역전』뿐만 아니라 양한의 역학에 대한 종합이자 발전이다. 『역전』은 역사로서 『역』을 연구하는 시초이며, 금본今本의 『역전』이 문왕이 옥에 갇힌 일과 기자箕子가 간언을 한 일을 이용하여 『역』을 해설한 사례이다. 「단전彖傳」은 명이明夷를 주석하기를 "밝힘이 땅 속으로 가니 명이明夷이며, 안으로 문文이 밝고 밖으로 유순柔順하니, 큰 어려움을 당하니 문왕이 그것을 하였다. 어렵지만 곧아서 이로우니, 그 밝음을 감춤이며, 안으로 어려워도 그 뜻을 바르게 할 수 있으니, 기자箕子가 그것을 사용하였다"라고 하였다. 여기서 "큰 어려움을 당하였다"는 말은 문왕이 유리羑里에 갇힌 것을 가리킨 말이며, "안으로 어렵지만 곧아 이롭다"는 말은 기자가 주왕紂王에게 간언하였으나 채납되지 않자 머리를 풀어헤치며 노여움을 드러내니 주왕이 그를 죄수로 가둔 일을 가리킨다. 백서帛書 『역전』도 역사로 『역』을 연구하기를 극히 중시하는데, 예를 들면 「무화繆和」는 일찍이 상탕商湯 · 문왕文王 · 진목공秦穆公 · 제환공齊桓公 · 구천句踐으로 곤困괘에 포함된 곤궁한 이치를 설명하였으며, 진목공 · 진문공晉文公 · 초장왕楚莊王 · 제환공을 풍豊괘 구사의 효사爻辭를 주석하는 예例로 삼았다. 이 외에 「무화繆和」는 19에서 24단까지 오로지 역사의 고사故事로서 『역』을 밝혔는데, "제19단은 탕왕湯王이 밭에서 수렵함에 금수에게 덕을 베푼 고사로서 비괘比卦 구오의 효사의 뜻을 밝힌 것이며, 제20단은 위문후魏文侯(재위 BC 445~396, 開明君主)가 예로써 단간목段干木(BC 475?~396?, 子夏의 제자)을 대한 일로써 익괘益卦 구오의 효사의 의미를 상세하게 밝힌 것이며, 제21단은 오吳의 태자 진辰이 여덟 개의 관管으로 얼음을 모아서(歸, 饋) 강 가운데 두고서 사인士人들과 함께 마시게 하니 이로써 사인들이 크게 기뻐하여 형인荊人들을 크게 패배시킨 고사로써 겸괘謙卦 상육의 효사의 의미를 밝힌 것이며, 제22단은 의상倚相(초나라 史官)이 형왕荊王(劉賈, ?~BC 196)을 좋아하여 주제넘게 오나라의 일을 따른 것으로써 규괘睽卦 구오의 효사의 의미를 밝힌 것이며, 제23단은 심윤수沈尹樹(戌)가 진陳을 정벌하는 이로움을 펼친 것으로써 명이괘明夷卦 육사의 효사의 의미를 밝힌 것이며, 제24단은 사흑史黑(史墨)이 조간자趙間子(趙簡子라 해야 한다.)[42]에게 위衛를 정벌할 수 없음을 분석한 일을 통하여 관괘觀卦 육사의 효사의 의미를 밝힌 것이다."[43] 서한 때에 이루어진 책으로『주역』해설을 중심내용으로 삼는 『역위』는『역전』의 전통을 이어받았으며, 여러 차례 은·주의 역사적 사실을 이용하여 역괘易卦를 주석하였다. 예를 들면『건착도』는 "문왕이 도덕을 수행하여 사업의 기초를 크게 넓혔다"(文王修積道德, 宏開基業)는 말로써 승升괘를 해석하였으며, 문왕이 "지극한 법을 숭상하고, 중화의 아름다움을 드러내었다"(崇至法, 顯中和之美)는 구절로써 수樹괘를 해석하였고, 무정武丁이 "안으로 그 나라를 다스려서 민심을 얻고, 미약한 것을 떠받치고 쇠락하는 것을 구원하며, 먼 지방까지 정벌征伐하였다"(內理其國, 以得民心, 扶微救衰, 伐征遠方)는 말로써 기제旣濟괘를 해석하였다. "고종이 귀방鬼方을 정벌하였다"(高宗伐鬼方)는 구절과, 탕왕이 누이를 시집보낸 "천지에 근본하고, 바른 남편에게고 돌아갔다"(本天地, 正夫婦)는 구절로 태泰괘의 "제을이 누이를 시집보냈다"(帝乙歸妹)는 구절을 해석하였으며, 문왕이 주왕紂王에게 곤경을 당한 것과 "왕덕王德을 온전하게 하여 지극한 아름다움에 통하였다"(全王德, 通至美)로써 곤困괘를 주석하였다. 마융馬融도 일찍이 역사적 사건으로『역』을 연구하였다. 마융이 명이明夷 육오 "기자箕子의 명이明夷는 이롭고 곧다"(箕子之明夷利貞)를 주석하기를 "기자箕子는 주왕紂王의 제부諸父(伯父)이며, 천도天道에 밝았으며, 홍범洪範의 구주九疇를 정하고 덕德의 왕이 될 만하였으므로 마땅히 5효에 있다. 주왕의 악함을 알았으나 어찌할 수 없어서, 같은 성씨의 깊은 은혜로 차마 버릴 수 없어 머리를 풀어 미친 척하고, 밝음을 어둠으로

---

42) 晉나라 正卿. 簡子 또는 趙鞅, 晉鞅이라고도 한다. 병이 들어 꿈에 天帝의 처소에 가서 鈞天의 음악을 들었다고 하고, 천제의 예언을 들었다고 하여 讖緯의 시초로 보기도 한다.

43) 廖明春의『帛書〈繆和〉〈昭力〉簡說』과 陳鼓應 主編의『道家文化研究』第三輯(上海古籍出版社, 1998)을 보라.

위장하였으므로 이를 '기자의 명이'라고 하였다. 마침내 몸을 보전하고 무왕武王의 스승이 되어 그 이름을 무궁하게 전하였으므로 '이롭고 곧다'고 한다'(『주역집해』)고 하였다. 혁革괘의 구오 "대인이 호랑이 가죽처럼 변하여 아름다우니, 점치지 않고도 믿음이 있다'(大人虎變未占有孚)는 구절을 주석하기를 "대인이 호랑이 가죽처럼 아름답게 변하니, 그 호변虎變이 위엄과 덕망이 있어 (적들을) 만 리 밖으로 몰아내어(折冲), 명망을 우러러보게 하니(望風) 믿음이 있다. 이로써 순임금이 우羽(오음의 하나)로써 춤을 추는 것에 비유되며, 싹이 있어 스스로 자백하고 복종한다. 주공周公은 문인의 덕망을 수양하고 월상越裳을 치雉에게 헌납하였으니 '아직 점을 치지 않아도 믿음이 있다'고 한다'(위의 책)고 하였다. 이로써 정현의 이전에도 역사로써 『역』을 연구하는 방법이 이미 형성되었고, 역학자들이 보편적으로 인식하고 사용하였으며, 또한 이 방법이 정현의 독창적 것도 아님을 알 수 있다.

정현은 많은 책들을 널리 읽고, 또 마융을 스승으로 따르며 『역』을 배웠으므로 이 방법도 마땅히 마융과 『역전』, 『역위』 등의 저작에서 가르침을 받은 것이다. 그렇기는 하지만 정현 역학의 공헌은 여전히 소멸될 수 없다. 그것은 주로 그가 역사로써 『역』을 연구함으로써 분명하게 드러낸 사실에서 나타난다. 현존하는 역학 자료를 보면 정현 이전에는 이 방법을 이용하여 『역』을 주석한 것이 비교적 적고, 역주易注에서의 지위도 그렇게 중요하지 않았다. 이러한 정황은 정현의 『역주易注』에서는 매우 큰 변화가 있었다. 정현은 역사적 사실로 『역』의 의리義理를 인증印證(檢證)하였을 뿐만 아니라, 또한 은·주의 역사적 사실을 이용하여 『역』의 본의本義를 드러내었다. 사용의 수량으로 보면 정현이 이 방법을 이용하여 『역』을 주석한 것은 그 이전의 어떤 역학자보다도 현저하게 많았다. 정현 역학 가운데 효진법爻辰法과 예상법禮象法44) 외에 이 방법을 사용하는

---

44) 역자 주: 禮는 周禮, 象法은 '국가의 법령과 임금의 명령인 敎令'을 가리킨다.

수의 비율이 가장 높은데, 그것은 정현 역학이 의리를 중시하는 중요한 하나의 표시이며, 다른 방법으로는 대신할 수 없는 매우 중요한 지위이다. 더욱 중요한 것은 정현의 이 방법이 역학사에서 선대의 유업遺業을 계승 발전시키는 작용을 하였다는 점이다. 진晉나라 간보干寶(?~351)는 체계적으로 은·주의 역사로 『역』을 주석하였으며, 송대宋代의 이광李光(1078~1159)·양만리楊萬里(1127~1206) 등도 역사적 사실로 역리易理를 드러내어 증명하였으며, 최근 사람들도 『역』을 역사로 보거나 오로지 역사로써 『역』을 해석하는데 그 공이 정현으로 돌아가지 않을 수 없다. 즉 역사로써 『역』을 연구하는 방법의 사용과 발전에서, 역사로써 『역』을 연구한 정현의 방법이 하나의 중요한 전환점이 되었다.

2) 예로써 『역』을 주석한다

『예禮』는 유가의 경서經書이다. 예에는 『주례周禮』·『의례儀禮』·『예기禮記』의 세 책이 있어 이를 "삼례三禮"라고 부른다. 『주례』는 또 『주관周官』이라고도 하며 그 내용은 중국 고대 최초로 선진先秦시대의 정치·경제·군사 등 제도를 체계적으로 기록한 전적典籍으로 원래는 「천관총재天官冢宰」, 「지관사도地官司徒」, 「춘관종백春官宗伯」, 「하관사마夏官司馬」, 「추관사구秋官司寇」, 「동관사공冬官司空」의 여섯 편이다. 이 책이 서한西漢시대에 발견되었을 때 "동관사공"은 이미 없어졌으므로, '내용'이 서로 비슷한 「고공기考工記」로 대체하였다. 『주례』는 천지 사계절 관념을 참조하여 육관六官을 설립하였는데, 천관총재는 치전治典·교전敎典·예전禮典·정전政典·형전刑典·사전事典의 육전六典을 책임지고 맡아서 국가를 다스리는 군왕君王을 보좌한다. 지관사도는 토지와 호구戶口, 부세賦稅와 요역徭役을 관장하며, 춘관종백은 제사와 예의의 일을 관장하며, 하관사마는 군정軍政을 관장하고 영토를 보위하는 책임을 진다. 추관사구는 형법을 관장하고 치안을 책임진다. 동관사공은 모든 장인匠人(百工)과 토목건설을 주관한다. 옛날에는 주공周公이 지었다고 하였지만, 그러나 학계에서는 대부분 일시에 한 사람이 완성한 것이 아니라, 서주西周시대부터 시작하여 춘추전국春秋戰國시대를 거쳐서 점차적으로 완성되었다고 생각한다.

『의례儀禮』는, 한漢나라 사람들은 『사례士禮』 혹은 『예경禮經』이라고 불렀고, 진대晉代부터 『의례』라고 부르기 시작하였다. 『사례』 17편은 서주와 춘추시대의 의례제도의 집대성이며, 고대의 관冠(成人式)·혼婚(婚姻)·상喪(葬禮)·제祭(祭祀)·향鄕(鄕飮酒禮)·사射(활쏘기, 射禮)·조朝(朝禮)·빙聘(招聘) 등 각종 예의禮儀를 기술하였다. 예는 본래 사람과 사람의 관계에서 협조하고, 사람의 행위를 규범화하고, 사회의 질서를 안정시키는 원칙이며, 인류가 야만에서 문명으로 나아가는 표시이며, 후일 발전하여 고대 통치자가 국가와 국가 사이, 사람과 사람 사이의 관계를 처리하고 종교활동과 일상생활에서 반드시 지켜야 할 제도와 문물의 의례儀禮가 되었다. 예는 유가학설의 근본이며, 유학자들은 예로써 몸을 안전하게 하고, 천명天命을 따라 마음을 안정하게 한다(立命). 현대 학자들의 연구를 보면, 『의례』는 주공에게서 시작하여 주나라 왕실의 역사에서 이루어졌다.[45] 또 어떤 학자는 공자와 그 후학들이 편찬해서 이루어졌다고 주장한다.[46]

『예기』는 또 『소대례기小戴禮記』라고 부르며, 금문본 49편이 있고, 『한서』「예문지」에서 반고班固는 스스로 주석하여 "70명의 공자 이후의 학자들이 기록한 것이다"라고 하였다. 현대의 많은 사람들의 고증에 근거하면, 『예기』는 서한시대의 작품이나, 단편單篇 혹은 몇 편의 형식으로 유행하던 『예기』가 전국시대에 이미 형식이 정해져 널리 퍼졌다.[47] 그것은 유가의 예학 논문의 집대성이며 그 내용은 『의례』의 해석과 보충에 대한 것으로 예의 원칙과 의의를 통론하였다.

"삼례三禮"와 『주역』은 본래 서로 다른 성질의 책이다. 『장자莊子』「천하天下」에

---

45) 徐復觀, 『徐復觀論經學史二種』(上海書店出版社, 2002), 132쪽.
46) 見張濤, 『經學與漢代社會』(河北人民出版社, 2001), 28~29쪽.
47) 見張濤, 『經學與漢代社會』(河北人民出版社, 2001), 30~32쪽.

서 "예禮로써 행위를 이끌고"(禮以道行), "역으로 음양을 통한다"(易以道陰陽)고
하였다. 또 사마천은 "『역』은 천지·음양·사계절·오행을 드러내므로 변화에
뛰어나며, 『예』는 인륜을 기율하므로 행동에 뛰어나며,…… 이런 까닭에 『예』로
써 사람을 절도 있게 하며, 역으로써 변화에 통한다"(『사기』, 「太史公自序」)고 하였다.
그러나 그들이 지은 유가의 경전은 또한 서로 통하는 점이 있으니, 예를 들면
『주역』이라는 옛 경전에는 허다한 정치·군사·경제·종교 등 사회생활과 관련
된 예의 내용이 담겨 있으며, 유가의 상세하게 밝혀냄을 거쳐서 당시 사람들의
행위規範이 되고 국가와 국가, 사람과 사람의 관계에서의 준칙이 되고, 예학과는
서로 표리를 이룬다. 또한 이러한 의미에서 한선자韓宣子(BC ?~514)가 노魯나라에
초빙되었을 때 태사씨太史氏에게서 기록을 보고, 『역상易象』과 『노춘추魯春秋』를
본 뒤 "주례周禮가 노나라에 다 있구나"(『左傳』, 昭公 2년)라고 찬탄하였다. 곧
『주역』과 예는 이러한 특수한 관계가 있기 때문에 예로써 『역』을 해석하여
비로소 일종의 독특한 역학방법이 되며, 역학의 발전에서 중요한 작용을 하였다.

예로써 『역』을 주석함은 정현에게서 시작되며, 또한 정현의 『역』을 연구하는
중요한 특색이다. 이러한 방법을 넓은 관점에서 말하면 또한 역사로써 『역』을
주석하는 표현형식이다. 또 상象을 취하는 측면에서 말하면 이것은 예상禮象으로
『역』을 주석하는 것이다. 당연히 이러한 상象은 상수역象數易에서의 다른 상象과는
다르다. 일반적으로 상수역학에서의 상은 팔괘가 가진 고유한 것이며 혹은
팔괘로부터 파생되어 나온 특정한 상이다. 그러나 예상禮象은 이미 팔괘의
고유한 상이 아니며 또한 직접 팔괘로부터 파생한 상도 아니며 고대의 전장典章,
제도制度, 풍속風俗, 습관習慣 등의 기록에서 취한 "삼례三禮"이다. 『역』을 주석할
때 정현은 혹 직접 "삼례"에 의지하기도 하였는데, 예를 들면 고례古禮에서
남자가 30이면 장가를 가고, 여자가 20이면 시집을 간다는 말과 같다. 『주례周禮』
「지관地官·매씨媒氏」에서는 "남자 30이면 장가를 가고 여자 20이면 시집을
가도록 하였다"고 하였다. 『예기』 「내칙內則」에서는 "(남자는) 20세에 관례冠禮를

하고 예를 배우기 시작한다.…… 30이면 내실內室을 가지고 비로소 남자의 일을 한다. (여자는) 15살에 계례笄禮를 하고 20세에 시집을 간다"라고 하였다. 정현은 그것에 의지하여 대과大過괘 구이의 "늙은 남자가 젊은 아내를 얻는다"(老夫得女妻)는 구절을 주석하기를 "장부丈夫로 나이 들면 20세 여자를 맞아들이고, 나이가 든 부녀는 30세 남자에게 시집가니 모두 자녀를 얻는다"라고 하였다. 또 함咸괘의 "함咸은 형통하고 이롭고 곧으니 여자를 취하면 길하다"(咸, 亨利貞, 取女吉)를 주석하기를 "함咸은 응함이다.…… 그가 타인을 대함에 아름다운 만남에 는 예로써 하면 통하고, 의로움에 화순和順하며 일을 함에 능히 바르게 하니, 30세의 남자가 이 세 가지 덕이 있으면 20세의 여자에게 가서 올바르되 서로 친하고 기쁘면 그를 아내로 맞으면 길하다"라고 하였다. 혹은 호체互體 · 효진爻 辰 · 효체爻體 등의 방법을 빌려서 상을 취하고 그 후에 취한 상에 근거하여 예제禮制를 추연推演하여 마침내 『역』을 주석하는 목적을 달성한다. 예를 들면 고례古禮에는 2월에 결혼하기가 적절하다는 말이 있다. 『주례』「지관 · 매씨」에서 는 "중춘仲春의 달에 남녀가 모이도록 한다"고 하였는데, 정현은 먼저 효진爻辰으 로 상을 취하고 그 후에 주례의 말을 인용하였다. 정현은 태泰괘 구오 "제을이 누이를 시집보내니, 복이 있고 크게 길하다"(帝乙歸妹, 以祉元吉)라고 한 구절을 주석하기를 "다섯 째 효의 효진爻辰이 묘卯에 있고, 봄은 양중陽中이므로 만물이 생겨난다. 생겨나서 기르는 것은 장가가고 시집가는 귀함이다. 중춘仲春의 달은 시집가고 장가가는 남녀의 예이니 복록이 대길大吉이다"라고 하였다. 주례에는 밖에서 조회하며 정사를 듣고 형옥刑獄을 처리하는 기록이 있다. 『주례周禮』 「추관秋官 · 조사朝士」에서는 "조사朝士는 외조外朝의 법을 세우는 것을 관장한다. 왼쪽의 아홉 그루의 가시나무에 고孤 · 경卿 · 대부大夫가 위치하고, 여러 선비들은 그 뒤에 선다. 오른쪽의 아홉 그루의 가시나무에는 공公 · 후侯 · 백伯 · 자子 · 남男 이 위치하고, 여러 관리들이 그 뒤에 선다.…… 왼쪽의 가석嘉石48)은 죄를 지은 백성(罷民)들을 바로잡는(平) 자리이며, 오른쪽의 폐석肺石은 곤궁한 백성들(窮

民)과 통하는 자리이다"라고 하였다. 『주례』 「추관·대사구직大司寇職」에서는 "죄를 지은 백성은 감옥(圓土)에 모아서 교육시키며, 사람을 해친 사람은 감옥에 가두고 일을 맡겨 하도록 하여, 분명하게 형벌로서 부끄러워하게 한다. 그가 허물을 고치면 나라로 되돌아가도록 하고 삼 년 동안 벌주지 않는다. 뉘우치지 못하고 감옥을 탈출하면 죽인다"고 하였다. 정현은 감坎괘 상육을 주석할 때 먼저 호체를 이용하여 상을 취한 후에 취한 상에 근거하여 『주례』의 외조外朝가 형옥刑獄을 처리하는 기록을 인용하여, 이 효의 효사를 해설하였다. 정현은 주석하기를 "3효와 5효의 호체는 간艮이며, 또한 진震과 같은 체이며, 간艮은 궁의 문(門闕)이며, 나무에 많은 마디가 있다. 진震이 하는 일에 모아서 구금하는(叢拘) 종류가 있다. 궁문의 안에 관목(叢木)으로 마디가 많은 나무가 있어 이는 천자의 외조外朝에 좌우 각 아홉 그루의 가시나무를 두는 상이다. 외조外朝는 일을 자문하는 곳이다. 왼쪽 가석嘉石에서 죄를 지은 백성들을 바로잡고, 오른쪽 폐석肺石에서 곤궁한 백성들과 통한다.…… 사람을 해친 자는 감옥에 유치留置시키고 일을 맡겨 하도록 하여 형벌로서 부끄러워하게 한다. 회복할 수 있는 자는 상죄上罪는 3년이 지나면 사면하며, 중죄中罪는 2년이면 사면하고, 하죄下罪는 1년이면 사면한다. 그렇지 못한 자는 스스로 생각하여 정도를 얻지 못하고 끝내 스스로 고치지 않고 감옥을 탈출하는 자는 죽인다. 그러므로 흉하다"라고 하였다. 이와 같이 예상禮象들이 반영하는 사회의 전장제도와 풍속과 습관은 인사人事에 속하기 때문에 우리는 이와 같은 방법으로 『역』을 주석함이 인사를 밝혀 역사로 『역』을 주석하여 인사를 밝히는 것이라고 간주한다.

정현이 독자적으로 개척한 길은 예禮로써 『역』을 주석한 것이며, 당연히 그가 "삼례三禮"에 대해 정심精深한 연구로 귀결된다. 서한시대의 『의례』 17편은 관학官學으로 널리 펴졌고, 『예』에는 대대大戴·소대小戴·경씨慶氏의 학문이 있다.

---

48) 역자 주: 嘉石은 文石이라고도 하며, 죄의 내용을 적은 돌이다.

그 후 민간에서 발견된 『예기』와 『주례』가 있다. 『한서』 「하간헌왕전河間獻王傳」의 기록에 의하면 헌왕이 얻은 선진시대 고문으로 된 옛 서적 가운데 『주관周官』·『예禮』·『예기』가 있었고, 새로 발견된 『주관』과 『예기』는 동한시대에 비록 학관으로 설립되지 않았지만, 그것들은 진귀한 문헌으로 간주되어 학계에 고도의 관심을 불러일으켰으며, 『주관』과 『예기』는 관학인 『의례』와 함께 "삼례"의 학문이 되었다. 정중鄭衆·가규賈逵(174~228)·마융·노식盧植(139~192) 등은 모두 예학을 연구하였으며, 정현이 자세하고 분명하게 알아서(旁通) 재능을 떨쳤으며, 옛것을 녹여서 새롭게 주조하여 삼례를 모두 주석하였다. 『후한서後漢書』 「유림전儒林傳」에서는 "중흥中興은 정중이 전한 『주관경周官經』이며, 그 후에 마융이 『주관전周官傳』을 지었으며, 정현이 이어 받고 『주관주周官注』를 지었다. 정현은 본래 소대례小戴禮를 연구하였고, 후에 고경古經으로써 그것을 교정하였는데 그 의미를 취하는 데 뛰어났기 때문에 정씨학鄭氏學이 되었다. 정현은 또 소대小戴에서 전하는 『예기』 49편을 주석하여 '삼례와 통하게 하였다"고 하였다. 『연보年譜』에 의하면 당고黨錮의 기간에 정현은 "삼례"를 주석하였고 또 온 힘을 다하여 노력하여 연구가 가장 정심精深하였다. 예를 들면 정진鄭珍(1806~1864)은 "정강성鄭康成의 『자서自敍』를 보면, 밖으로 나오지 못하게 하는(杜門) 금령禁令을 받은 지 14년 동안 그는 정신의 모든 힘을 '삼례'에 쏟았다"(『傳注』)고 하였다. 원번袁翻(476~528)은 "정현은 삼례를 훈고하고 오경의 다른 뜻을 주석하는 데 온 마음과 정신을 다하였으므로 심원深遠함을 얻었다"(『魏書』, 「袁翻傳」)라고 하였다. 정현이 『주역』을 주석한 것은 비교적 늦으며, 『주역주周易注』는 그가 세상을 떠나기 전에 책으로 이루어졌으니 곧 『주역주』는 절필을 선언(封筆)하게 된 저작이다. 이로써 그가 『주역』을 주석할 때 일생 동안 조금도 게을리하지 않고 열심히 추구하고, 그 학문이 이미 모든 사물의 이치를 자세하게 이해하고 전체를 일관하여 통하였으며(融會貫通), 정미精微하고 넓고 큼을 알 수 있다. 그렇다면 그가 일생을 기울인 "삼례"를 포함한 내재적 지식과 학문으로 『주역』을 해독한 것은 당연한 정리情理이다.

역학 발전을 따라서 보면 정현의 의리방법이 후세의 역학에 영향을 끼친 것은 그의 상수와 서로 비교해도 결코 손색이 없다. 정현은 역학사뿐만 아니라 전체 경학사에서 높이 드러나 빛나는 지위와 독특한 역학의 풍격을 가진 사람으로 직간접적으로 위진魏晉 이후에 특히 양송兩末의 의리학義理學의 형성에 중요한 영향을 주었다. 우리는 위진 이후의 역학이 천도에 치우친 상수로부터 인사에 치우친 의리로 바뀌고 달라지며, 이로부터 형성된 분명한 의리를 주요한 목적으로 삼는 역학연구의 풍격風格을 살펴보고 연구함에 정현이 사용한 의리방법이 후세에 준 깨우침을 결코 무시해서는 안 된다. 동시에 정현의 의리방법은 후세의 의리학과 본질적으로 구별된다는 것을 알아야 한다. 정현의 의리방법은 훈고학의 시야에서 『주역』 경전經傳에 고유한 인사에 대한 관심으로 『주역』의 본의를 해석하는 데 무게를 두며, 위진 이후의 의리학은 전주箋注(주해)를 형식으로 삼아 『주역』 경전을 해독함으로써 성인聖人의 뜻을 몸으로 깨닫고, 갖추어진 철학적 의리를 상세하게 밝혀내었다.

4. 훈고로써 사辭를 주석하는 방법

훈고訓詁는 고문古文의 자구字句를 해설하는 것이며, 사람들의 해석활동이 "훈訓"이며, 당시에 유행하는 언어를 이용하여 해석하는 것이 형성되기 전에 사람들이 이해하기 어려운 문헌 즉 고언故言이 "고詁"이다. 『이아爾雅』 「석훈釋訓」은 "훈訓은 도道이다"라고 하였고, 모형毛亨(생졸 미상, 전국 말기 魯나라 사람)도 『시詩』 「대아大雅·생민生民」을 해석할 때 "훈訓"을 "도道"로 해석하였다. 공영달은 『모시관저고훈전』에서 "훈訓은 도道이다. 도는 사물의 생긴 모양形貌으로써 사람들에게 깨우쳐 주는 것이다"라고 하였다. 『설문說文』에서는 "훈訓은 설교說敎이다"라고 하였고, 단옥재段玉裁(1735~1815)는 주석하기를 "설교說敎는 해석하여 가르침을 말하며 반드시 그 이치를 따라야 한다. 그것을 확장하여 모두 따라서 훈訓이라고 한다"고 하였다. 고詁는 고언故言을 해석하는 것이다. 『설문』에는 "고詁는 고언故言을 훈訓한다"고 하였는데, 단옥재는 주석하기를 "고언故言을 훈訓한다는 말은 고언故言을 해석하여 사람을 가르치는 것을 말하며, 이것을 고詁라고 한다"고 하였다. 공영달은 『모시관저고훈전』에서 "고詁는 고古이다. 고금古今의 이언異言(方言)은 사람들로 하여금 알도록 통하게 한다"고 하였다. 공영달은 한 걸음 더 나아가 "훈고訓詁"를 해석하기를 "훈고는 고금의 이사異詞(異言, 方言)를 통하게 하고, 사물의 형태를 변별하여 그 뜻을 해석하여 여기에 모두 귀결되게 한다"고 하였다. 훈고는 변형辨形(형태의 변별)·독음讀音·석의釋義·통가通假[49]·수사修辭·어법語法(文法)·교감校勘 등을 통하여 문헌자료(文本)의 글자·단어·구절·의미를 해석한 뒤 다시 편篇·장章·결구結句(문장구조)를 분류하고 대의大意를 개괄하여(串講), 문헌자료를 체계적으로 해석하고, 고금의 말과 글의 전변轉變을 실현한다. 이러한 의미에서 훈고는 해석(詮釋)이며, 훈고학은 중국 고대의 해석학이다. 비록 훈고가 문헌자료의 본래 의미를 밝혀 드러냄을 주목적으로 삼는 것이지만 그러나 중국 고대의 문자는 상형문자로 하나의 글자가 여러 발음 여러 의미를 가진 특성이 있고, 고대의 문헌자료는 대부분 글자가 간략簡略하여, 쉽게 다른 의미가 생기며, 더욱이 해석자가 처한 시대가 다르고 동시대의 해석자의 지식수준과 이해능력의 차이가 있기 때문에 동일한 문헌자료 혹은 동일한 문헌자료의 어떤 한 구절의 말이나 어떤 한 글자에 대한 해석에서 일치一致하지 않거나, 심지어 때로는 천양지차天壤之差가 있거나 극도極度의 주관성을 드러내는 데 이른다. 양한의 경학자들의 금문학자와 고문학자들이 곧 예증例證이다. 금문학자들은 훈고를 빌려서 경학 가운데의 미언대의微言大義를 상세하게 밝혀내고,

---

49) 역자 주: 通用과 假借를 합한 말. 일반적으로 독음이 같거나 비슷한 글자를 빌려서 본래 글자를 대신한다는 뜻이다.

고문학자들은 훈고에서 빌려서 경학의 본래 의미를 거듭 발현한다.

양한은 훈고학이 형성된 시기로, 한편으로 경학 발전의 필요에 따라 전문적 훈고학의 저작이 이루어졌는데, 예를 들면 『이아爾雅』, 『설문說問』, 『방언方言』 등이다. 다른 한편으로는 훈고학의 형성으로 말미암아 경학 발전을 추동하였는데, 양자는 공존하여 서로 움직여 이로 말미암아 전주箋注를 주요 형식으로 삼아 경학의 본의를 밝혀 드러냄을 목적으로 하는 양한의 경학연구를 형성하였다. 정현은 경학의 대가이며, 또한 훈고학의 대가였다. 그를 경학자라고 하는 것은 그가 많은 경전을 두루 주석하였기 때문이며, 그를 훈고학자라고 하는 것은 그가 경전을 주석할 때 훈고학을 이용하였기 때문이다. 아울러 그는 훈고학에 대하여 공헌한 것이 있다. 현대 사람인 장순휘張舜徽(1911~1992) 선생은 『정학총저鄭學叢著』를 지어서, 정학서록鄭學敍錄, 정씨교구학발미鄭氏校仇學發微, 정이鄭雅, 연역명演釋名 등의 제목으로 체계적으로 경학과 훈고학에서 정현의 공헌을 종합하였고, 훈고학에서 정현의 공헌을 높이 평가하였다. 예를 들면, 정현이 한 훈고학에서의 공헌은 그가 경을 주석함에 문장을 만들고, 훈고訓詁를 주석함에 각각 근거가 있어, 고훈古訓을 이용할 수 있으면 그것을 이용하고, 그것을 이용할 수 없으면 널리 증거를 인용하여 방증傍證하고 상하의 문장의 의미를 변별하고, 스스로 새로운 해석을 창안하여 경전의 뜻을 통하게 하였다는 점이다. 이러한 관점은 허신許愼(30~124)과는 다르다. "정현이 한 경전의 주석은 허신이 문자를 해석한 격식과는 다르다. 경전을 주석하는 직분은 경전의 의미를 창통暢通하는 데 있으며, 많이 문장을 만들어 주석하고, 가차假借의 의미를 확장한 것이 많고, 허신의 글은 문자의 본래 의미를 밝히는 것이 위주이므로, 양자는 진실로 분별된다."[50] 다음으로 그는 음훈音訓의 방면에서 항상 "성류聲類", "음류音類"의 서로 같거나 가까운 것으로써 글자의 뜻을 훈석訓釋하였는데, 이것은 그의

---

50) 張舜徽, 『鄭學叢著』(山東: 齊魯書社, 1984), 199쪽.

창조적 발명이다. 역학으로 말하면 정현은 역을 연구함에 상수와 의리와 인사를 중시하였을 뿐만 아니라, 훈고를 숭상하고 문자학을 따라『주역』의 경전적 자의字義를 훈고하였는데, 이것은 정현의 역학이 가진 중요한 특징이다. 정현이 훈고학에서 이룬 주요한 내용을 정리하면 아래와 같다.

첫째, 그는『역전易傳』의 훈고 자료로써『역』을 주석하였다. 주지하듯이 『역전』은 체계적으로『주역』을 해설한 저작이다. 그 가운데 문자의 의미에 대한 훈석이『역전』의 중요한 방법이며,『역전』의 저자는 훈고를 운용하여 『주역』의 괘사와 효사에 대한 해설을 진행하였으며,『주역』의 허다한 문사文辭의 의미를『역전』에서 빌리도록 하여 해설하고 드러내었으므로,『역전』은 후세에 훈고로써『역』을 주석하는 데 의지하는 근거가 되었다. 정현이 생활했던 동한 후기는 공자를 신화화하고 유학만 홀로 존중받던 시대였으며, 또한 경학이 왕성했던 시대였다. 이러한 유학이 열광적인 시대에 유가의 경전은 경학해석의 대상으로 보았을 뿐만 아니라, 자신이 주해한 내용이 경전을 주석하는 데 반드시 받아들여야 하는 귀중한 재보財寶와 경문 자체에 부합하는가를 형량衡量(測定)하는 척도로 간주하였다. 그러나 동한의 경학연구가 왕성하게 된 배후에는 "이단異端이 뒤섞여 어지러이 서로를 속임이 과격하여, 마침내 경經에는 여러 학파가 있고, 학파에는 여러 학설이 있으며, 장구章句가 많게는 백여 만 자나 되고, 학문은 헛되이 노력만 하고 공은 적으며, 후생은 의심이 나도 바로잡을 수 없는" 위기危機가 잠재되어 있었으며, 정현은 이를 안타깝게 여겨서 "앞 성인들의 본래 뜻을 생각하고, 백가의 서로 다름을 정리하겠다"는 뜻을 세워, 유가 경전의 본의를 분명하게 드러냄을 목적으로 삼았으며, 이러한 이념 하에, 당시 사람들이 공자가 지었다고 보는『역전』이 그가 만년에 주안점을 둔『주역』의 주석에 가장 중요한 작용을 한다고 보았다. 이 때문에 정현은『역』을 주석하는 데 온 힘을 다하여『역전』에 이미 있는 훈고의 성과를 운용하였다. 예를 들면, 태괘泰卦를 주석하기를 "태泰는 통通이다"라고 하였고, 겸謙을 주석하여 "형통함은 가회嘉會(기쁘고 즐거운 모임)의 예이다"라고 하였으며, 예豫괘를 주석하여 "곤坤은 순응順應함이다"라고 하였고, 수괘隨卦를 주석하기를 "진震은 움직임이다. 태兌는 즐거움(說)이다"라고 하였다. 림괘臨卦를 주석하기를 "임臨은 대大이다"라고 하였고, 복復괘를 주석하기를 "복復은 돌아감이다"라고 하였고, 무망无妄 「단象」을 주석하여 "우佑는 조助(도움)이다"라고 하였고, 이괘頤卦를 주석하여 "이頤는 기름(養)이다"라고 하였고, 함괘咸卦를 주석하여 "함咸은 감感이다"라고 하였고, 항괘恒卦를 주석하기를 "항恒은 오래됨(久)이다"라고 하였으며, 명이괘明 夷卦를 주석하여 "이夷는 상傷이다"라고 하였으며, 규괘睽卦를 주석하여 "규睽는 어그러짐(乖)이다"라고 하였으며, 쾌夬를 주석하여 "쾌夬는 결단(決)이다"라고 하였으며, 구괘遘卦를 주석하기를 "만남(遘)은 우遇이다"라고 하였으며, 췌괘萃卦를 주석하기를 "췌萃는 취聚이다. 곤坤은 순順이며, 태兌는 즐거움(說)이다"라고 하였으며, 승괘升卦를 주석하여 "승升은 오름(上)이다"라고 하였으며, 감괘坎卦를 주석하여 "감坎은 수水이다"라고 하였다. 이러한 주석은 대부분 「단전」, 「서괘전」, 「설괘전」으로부터 취한 것이다. 비록 정현이 쓴『주역주周易注』의 전모는 이미 볼 수 없지만, 역대의 편집본에서는 여전히 그가『역전』을 중시하였다는 정도를 알 수 있다.

둘째, 그는 많이『이아爾雅』와『설문說問』등 현재에도 있는 훈고자료를 인용하여『주역』의 경전의 자의字義를 주석하였다.『이아』는 중국 고대의 최초로 완성된 훈고학 저작이며, 그것이 책으로 된 때는 한대 훈고학이 형성된 중요한 표시 가운데 하나다. 정현은『이아』에 정밀하였는데, 조체중曹萃中의『방재시설放 齋詩說』의 주장을 살펴보면, "『이아』는 모공毛公 이전이며, 그 문장은 오히려 간략하며, 정강성 때에 더욱 상세해졌다"(『四庫全書』, 「二雅提要」에서 인용)고 하였다. 어떤 학자는 이에 근거하여 정현이『이아』를 정리하였다고 주장한다. 예를 들면 양단지楊端志(1949~) 선생은 "『이아』는 또한 한 사람의 손으로 이루어지지 않았다. 그것은 아마도 전국시대 중기 이래, 소학자小學者들이 여러 학자들의 훈고를 채집하여 점차적으로 편집하였으며, 한나라 초기 모형毛亨(생졸 미상, 전국 말, 魯人) 이전에 처음으로 규모를 갖추었다. 그러나 대략 그때에도 상당히 조략相略하였으며, 모형 이후에 바로 정현에 이르렀으며, 여러 차례 보증補增을 거쳐서 비로소 우리들이 오늘날 보고 있는 모습을 갖추었다"[51]고 주장하였다. 정현과 『이아』의 이러한 관계에 기초하여 최근의 장순휘 선생은 『이아』의 격식을 근거로 하여 정현이 주석한 여러 경전을 채집하여 『이아』를 찬술撰述하였는데, 『정아鄭雅』와는 표리가 된다. 『정아』 가운데 『역』과 관련 있는 주석을 필자가 대략적으로 통계를 내어 보았는데, 「석고釋詁」73조, 「석언釋言」36조, 「석훈釋訓」26조, 「석친釋親」19조, 「석기釋器」14조, 「석천釋天」2조, 「석지釋地」 4조, 「석구釋丘」2조, 「석산釋山」3조, 「석초釋草」3조, 「석목釋木」3조, 「석충釋忠」 1조, 「석축釋畜」2조 등 모두 대략 188조이다.

그 중 허다한 내용은 직접적으로 『이아』에 의지하여 『역』을 주석하였다. 예를 들면, 소축小畜을 "빽빽함은 고요함이다"(密, 靜也)라고 주석하였고, 태泰 「상象」을 "좌우를 서로 보조함으로 도움이다"(輔相左右, 助也)라고 주석하였으며, 태泰의 초구를 주석하기를 "인彙(혹은 설명함)은 근면함이다"(彙謂, 勤也)라고 주석하였으며, 태의 구이를 "황량함(荒 혹은 濂)은 텅 빔이다"(荒濂, 虛也)라고 주석하였다. 비否의 구오를 "휴休는 아름다움이다"(休, 美也)라고 주석하였으며, 예豫 「상象」을 "숭崇은 채움이다"(崇, 充也)라고 주석하였으며, 복復·육오 「상象」을 "상고함은 이룸이다"(考, 成也)라고 주석하였으며, 대축大畜의 구삼과 가인家人의 초구를 "한閑은 익힘이다"(閑, 習也)라고 주석하였으며, 대장大壯 「상」을 "상祥은 착함이다"(祥, 善也)라고 주석하였고, 진晉을 "접接은 승리이다"(接, 勝也)라고 주석하였으며, 가인家人의 구오를 "가假는 오름이다"(假, 登也)라고 주석하였으며, 정井의 구이를 "석射(싫어할 석)은 싫음이다"(射, 厭也)라고 주석하였는데 모두 『이아』 「석고釋詁」에

---

51) 楊端志, 『訓詁學』下(山東: 文藝出版社, 1992), 461쪽.

의지하였다.

송괘訟卦 구사를 "달라짐은 그러함이다"(渝[翰], 然也)라고 주석하였으며, 태泰 「상」을 "마름은 절도이다"(財裁, 節也)라고 주석하였으며, 비否의 구오를 "포엽苞葉 은 식물이다"(苞, 植[稹]也)라고 주석하였고, 예豫 「단象」을 "변함은 차이다"(忒, 差也)라고 주석하였으며, 수隨 「상」을 "회晦는 어둠이다"(晦, 冥也)라고 주석하였고, 복復을 "복復은 되돌림이며, 돌아옴이다"(復, 反, 還也)라고 주석하였으며, 함咸 상육의 「상象」을 "보냄은 전송함이다"(勝, 送也)라고 주석하였으며, 해解 「단象」을 "집은 사는 곳이다"(宅, 居也)라고 주석하였으며, 소과小過 육오 「상」을 "숭상함은 바라는 것이다"(尙, 庶幾也)라고 주석하였으며, 기제旣濟를 "제濟는 건너감이다"(濟, 度也)라는 주석들은 모두 『이아』「석언釋言」에 의지하였다.

곤坤 「문언文言」을 "앙殃은 불행하고 나쁨이다"(殃, 禍惡也)라고 주석하고, 송訟 구이 「상」을 "애태움은 근심이다"(惙, 憂也)라고 주석하였으며, 대축大畜을 "쫓고 쫓음은 두 마리 말이다"(逐逐, 兩馬也)라고 주석하였으며, 려旅 초육을 "자질구레함 은 소소함과 같다"(瑣瑣, 猶小小也)라는 주석들은 모두 『이아』「석훈釋訓」에 의지하 였다. 둔屯의 육삼을 "기구는 쇠뇌이다"(機, 弩牙也)라는 주석은 『이아』「석기釋器」 에 의지하였다. 동인同人 구삼을 "큰 언덕을 릉陵이라고 한다"(大阜曰陵)라는 주석은 『이아』「석지釋地」에 의지하였다. 『이아』는 정현이 증보增補하여 이루어졌으며, 『역』을 주석하는 중요한 근거가 되었으므로 장구章句가 되는 것은 순리적인 일이다. 이로부터 우리는 정현이 『이아』에서 의지하여 『주역』을 주석하고 그 수량이 많음은 당시에는 보기 어려운 것을 알 수 있다. 정현의 역주易注에서 『이아』를 인용하여 사辭를 주석함에 간단명료하며 쉽게 알 수 있으며, 깊이 들어가되 쉽게 드러내며, 그의 상수학 체계와 전체 한대 상수역학에 새로운 생기를 불어 넣었으며, 그가 개척하고 창조한 이러한 간명簡明한 주석(淺注)의 학풍은 오늘날에도 여전히 귀감의 의미가 있다.

동시에 정현은 또한 『설문』 등 기타 훈고자료에 의지하여 『역』을 주석하였다.

앞에서 말한 대로 정현의 경전 주석은 허신許愼의 『설문해자說文解字』와 풍격은 매우 다르지만, 『역』을 주석하거나 경전을 주석하는 목적을 이루기 위하여 정현은 항상 『설문』의 훈고訓詁의 성과를 채용하였다. 예를 들면, 대장大壯 「상」에서 "상서祥瑞는 착함이다"(祥, 善也)라고 주석하였고, 겸겸 「상」에서 "거두어 들임은 취하는 것이다"(捊, 取也)라고 주석하였고, 예豫 「상」에서 "은殷은 성대함이 다"(殷, 盛也)라고 주석하였으며, 리離 「상」에서 "작作은 일어남이다"(作, 起也)라고 주석하였으며, 함咸 구오에서 "매脢는 등의 살이다"(脢, 背脊肉也)라고 주석하였으 며, 둔遯에서 "둔遯은 도망가는 이름이다"(遯, 逃去之名也)라고 주석하였으며, 해解 「단」에서 "나무의 열매를 과果라고 한다"(木實曰果)라고 주석하였으며, 승升 육사 에서 "형亨은 바치는 것이다"(亨, 獻也)라고 주석하였으며, 정井에서 "율繘은 두레박 줄이다"(繘, 綆也)라고 주석하였으며, 진震에서 "혁혁虩虩은 두려워 조심하는 모습 니다"(虩虩, 恐懼貌)라고 주석하였다. 당연히 그는 또 『시경모전詩經毛傳』과 기타 경전에 의지하여 『역』을 주석하였으며, 이것은 다시 이어서 서술하지 않는다. 종합하면 정현은 『역』을 주석함에 널리 여러 학파들의 장점을 채용하였다.

셋째, 그는 음운학音韻學의 관점에서 『주역』을 주석하였다. 앞에서 말한 대로 정현은 음운音韻과 통가通假도 연구하여, 일찍이 성류聲類와 음류音類의 문제를 논술하기를 "그 원原문자의 성류聲類를 원찰하여 훈고를 고찰하고, 비밀스러운 것과 없어진 것을 주워 모은다"(賈公彦의 『周禮廢興』 서문에서 인용)고 하였으며, "그것이 책이 되는 처음에는 창졸간에 그 문자가 없어서 혹 음류音類로 서로 견주어 가차假借로 하고 근사近似한 것을 취하였을 뿐이다"(陸德明의 『經典釋文』 「序錄」에서 인용)라고 하였다. 정현은 이처럼 성聲・음音의 비슷한 종류를 『주역』의 경문을 주석하는 데 운용하여 소리(聲)로써 그 뜻을 통하게 하였다. 예를 들면 둔屯 「단」의 "제후를 세우고 편안하다고 여기지 말아야 한다"(宜建侯而不寧)는 구절을 주석하기를 "이而는 읽기를 능能이라고 하고 능能은 안安과 같다"고 하였다. 수需괘의 괘사卦辭를 "수需는 수秀로 읽으며, 양기陽氣는 빼어나되 앞으로 곧게 나아가지 못하는 것은 상괘인 감坎을 두려워하기 때문이다"라고 주석하였다. 몽蒙의 구이 "몽매함을 포용함"(包蒙)을 "포苞는 표彪로 써야 한다. 표彪는 문文이다"(이상은 『釋文』을 보라.)라고 주석하였다. 정현의 이와 같은 경전주석의 방법은 후세 문자학자들의 모범이 되어 "후일의 유희劉熙는 『석명釋名』을 지어 오로지 성류聲類로써 만물이 이름을 얻게 되는 근원을 추구하였으며, 손염孫炎은 『이아음의爾雅音義』를 지어 반어反語로서 일체의 음을 정하였는데 모두 정현의 서론緖論을 따라서 계발啓發하여 그것을 더 발전시켜 이룬 것이다."52) 역학으로 말하면, 역학연구의 영역을 확장하였으며, 『주역』의 괘사와 효사를 훈석訓釋하는 데 중요한 의미가 있다. 역학 발전에서 『주역』의 음의音義에 대한 연구에 성취가 있는 사람(예를 들면 당나라의 육덕명, 송나라의 呂祖謙 등)은 모두 정현의 영향을 받았다.

넷째, 정현은 여러 판본을 참조하여 착간錯簡53)을 교정校正하고, 빠지거나 틀린 것을 보충하고 바로잡았다. 『주역』이 전파되는 과정에서 착간과 오류와 와전訛傳되는 정황이 매우 엄중하였다. 진秦나라 때 『주역』은 복서卜筮의 책이라는 이유로 화재火災를 면하였지만, 『역전』의 몇몇 편篇·장章은 도리어 전란의 와중에 없어졌으며, 한나라 초에 이르러 비로소 잃어버린 것을 다시 얻었다. 서한의 양웅揚雄이 일찍이 이러한 사실을 기록하였는데, "혹 말하기를 『역』은 그 하나를 잃으면 비록 벌레(蠹)라도 없어진 것을 안다"(『法言』, 「問神」)라고 하였다. 동한의 왕충도 같은 말을 하기를 "효선황제孝宣皇帝(BC 91/74~49) 때에 하내河內(황하 이북의 총칭)의 여자가 낡은 집에서 발견하여 잃어버린 『역』…… 한 편을 얻었다. 선제宣帝에게 상주上奏하여 박사에게 보인 후에 『역』…… 한 편이 더해졌다"(『論衡』, 「正說」)고 하였다. "금문경학이 경전을 해설함에 마음이 바라는 바를 따라 가고, 천착穿鑿하여 부회附會하여 결국 '경전의 문장은 많으나 올바른 정론定論이 없는' 상황을 조성하였다. 더욱 심한 것은 일련의 유학자들은 난대蘭臺54)의 관원들에게

---

52) 張舜徽, 『鄭學叢著』(山東: 齊魯書社, 1984), 34쪽.
53) 역자 주: 冊張이나 책의 篇과 章의 순서가 잘못된 것.

사행私行으로 뇌물을 주고 더욱이 '칠서漆書의 경문의 글자를 그들의 사사로운 문장에 맞도록 하였다.'"55) 이에 따라『주역』을 포함하여 경서 내에 착간錯簡과 오류와 와전訛傳된 현상이 나타났다. 최근에 출토된 마왕퇴馬王堆의 백서帛書 『주역』이 그 예증이다. 백서『주역』은『주역』고경과『역전』의 두 부분을 포괄하고 있다. 백서『주역』고경은 금본今本과 다른 대량의 문자를 이용하였고, 백서『계사』의 편·장도 금본과는 다르다. 예를 들면 거기에는 "대연장大衍章"이 없으며 또한 금본에 보이지 않는 많은 문자가 있다. 예를 들면 "聖者仁, 壯者勇"은 금본의「계사」에는 이 구절이 없다. 이것은『주역』의 판본(本子)이 한대에 문제가 매우 많았음을 말하며, 비록 서한의 유향劉向(BC 77~6)이 중고문中古文56)으로 시수施讐·맹희孟喜·양구하梁丘賀의 역을 교정하였고, 동한의 채옹蔡邕(133~192) 은『주역』을 포함한 육경의 문자를 정정正定하였지만 여전히 일련의 문제는 해결되지 않았다. 정현의 이러한 공헌은 다음과 같이 표현된다.

그는「잡괘雜卦」에서의 착간을 지적하였다. 그는「잡괘」의 "대과는 엎어짐이 다"(大過, 顚也)라는 구절을 주석할 때 "이로부터 괘음卦音이 화합하지 않고, 착란으로 올바름을 잃고 감당할 수 없었다"(孫星衍의『周易集解』에서 인용)고 하였다. 동시에 정현은『주역』의 통행본通行本(유포된 판본)이 세상에 유통되는 데 많은 일을 했다. 주지하듯이 당나라 공영달은『주역정의周易正義』를 왕필의 역주에 의하여 트이게 하였으며(疏), 한 번 존중을 받게 되자 후세『역』을 연구하는 모범이 되었다. 그러나 왕필王弼의 역은 본래 비직費直의 고역古易으로부터 왔으나 도리어 비직의 역과는 편차編次가 달라 구별된다. 왕필의 역은 본래 이처럼 새로운 변혁이었으며, 정현이 전한 비직의 역과는 긴밀한 관계가 있다. 비직은 십익으로 상·하의 경을 해설하였으며, 한대에서는 처음으로 십익을『주역』의 고경과

---

54) 동한시대에 조정에서 각종의 경문에 대하여 모두 한 부의 표준 독본으로 정하여 옻칠로 글씨를 써서 蘭臺에 보관하였고 이것을 蘭臺漆書라고 한다.

55) 吳雁南 等人 主編,『中國經學史』(福建人民出版社, 2001), 134쪽.

56) 역자 주: 한대 왕궁에 소장된 古文으로 된 經籍.

진정으로 결합한 것이었다. 그리고 정현이 전수한 비직의 역은 더욱 큰 물결을 일으켜, 비직의 역을 크게 일어나도록 하였으나 경방의 역은 쇠미해지는 추세였으며, 이것은 곧 왕필이 비직의 역을 이어받아 변혁시킴으로써 제공한 조건이었다. 어떤 학자는 "정현은 「단彖」과 「상象」을 경전에 합한 사람이다"라고 한 순우준淳于俊의 말을 인용한 『삼국지三國志』 「위지魏志」에 근거하여, 『주역』의 12 편차의 변란變亂은 정현에게서 시작되었다고 주장한다. 만약 이러한 관점이 성립된다면, 『주역』의 통행본 형성 과정에서 정현의 작용이 더욱 커진다.

이 외에, 정현은 『주역』 경전에서의 문자에 대하여 고정考訂과 교감校勘[57]을 하였다. 그 예는 다음과 같다. "爲其嫌于无陽也爲"의 "혐嫌"을 "렴溓"으로 썼고, "君子以經綸"의 "륜綸"을 "론論"으로, "君子几"의 "궤几"를 "궤机"로, "包蒙"의 "포包"를 "포苞"로, "需于沙"의 "사沙"를 "지沚"로, "致寇"의 "구寇"를 "융戎"으로, "有孚窒"의 "질窒"을 "질咥"로, "患至掇"의 "철掇"을 "철惙"로, "終朝之褫"의 "치褫"를 "타拕"로, "王三錫命"의 "사錫"를 "사賜"로, "乘其墉"의 "용墉"을 "용庸"으로, "明辨哲"의 "절哲"을 "체遰"로, "哀多益寡"의 "부裒"를 "부捊"로, "介如石"의 "개介"를 "개砎"로, "舍車而徒"의 "거車"를 "여輿"로, "賁如皤如"의 "파皤"를 "번蹯"으로, "頻復"의 "빈頻"을 "빈矉"으로, "枯楊生稊"의 "제稊"를 "제荑"로, "不鼓缶而歌"의 "고鼓"를 "격擊"으로, "大耋之嗟"의 아래에는 "흉兇"이라는 글자가 없다고 하고, "離王公"의 "리離"를 "려麗"로, "浚恆"의 "준浚"을 "준濬"으로, "或承之羞"의 "혹或"을 "함咸"으로, "羸其角"의 "리羸"를 "류纍"로, "不詳"의 "상詳"을 "상祥"으로, "失得勿恤"의 "실失"을 "시矢"로, "文王以之"의 "이以"를 "사似"로, "夷於左股"의 "이夷"를 "제睇"로, "其牛掣"의 "체掣"를 "세觢"로, "後說之弧"의 "호弧"를 "호壺"로 교감하였다. "의대宜待"를 "의대시宜待時"로, "懲忿窒欲"의 "질窒"을 "치懫"로,

57) 역자 주: 考訂은 고문서의 眞僞와 同異를 밝히는 작업이며, 校勘은 經典의 문자·문장 등의 誤記나 誤引 및 誤傳을 다른 자료들과 대조하여 진위를 고증하여 정확한 의미를 밝히려는 연구를 말한다.

"壯於頄"의 "頄頄"를 "頯頯"로, "其行次且"의 "차次"를 "자越"로, "구姤"를 "구遘"로, "施命誥四方"의 "고誥"를 "힐詰"로, "승升"을 "승昇"으로, "의월劓刖"을 "예옥倪劚"으로, "其形渥"의 "악渥"을 "옥剭"으로, "列其夤"의 "인夤"을 "인夤"으로, "遇其配主"의 "배配"를 "비妃"로, "豐其蔀"의 "부蔀"를 "보菩"로, "豐其沛"의 "패沛"를 "위韋"로, "日中見沫"의 "말沬"을 "매昧"로, "天際翔"의 "상翔"을 "상祥"으로, "麗澤兌"의 "여麗"를 "이離"로, "所樂而玩"의 "완玩"을 "완翫"으로, "君子之道鮮"의 "선鮮"을 "선尠"으로, "藏諸用"의 "장藏"을 "장臧"으로, "議之而後動"의 "의議"를 "의儀"로, "有功不德"의 "덕德"을 "치置"로, "冶容"의 "야冶"를 "야野"로, "又以尙賢"의 "우又"를 "유有"로, "以待暴客"의 "포暴"를 "포虣"로, "雜物撰德"의 "찬撰"을 "산算"으로, "廣顙"의 "광廣"을 "황黃"으로, "科上槁"의 "고槁"를 "고稟"로, "黔喙"의 "검黔"을 "암黯"으로, "蠱則飭"의 "칙飭"을 "절節"로 교감하는 등등이다.(朱彝尊의『經義考』권9를 참고하라.)

정현의 판본은 많은 부분에서 금본今本과 다르며, 도리어 선진先秦의 고본과 같다. 예를 들면 금본의 사괘師卦 구이의 "王三錫命"의 "사錫"를 정현은 "사賜"라고 썼으며, 전국시대 죽서竹書와 백서帛書의『소력昭力』도 "사賜"로 썼으며, 또 금본의 송괘訟卦 상구 "或錫之"의 "사錫"도 백서帛書와 전국시대 죽서는 모두 "사賜"로 썼다. 금본 동인同人 구사의 "乘其墉"의 "용墉"을 정현은 "용庸"으로 썼는데, 백서와 같다. 금본 항恒(恒)괘 초육 "浚恒"의 "준浚"을 정현은 "준濬"으로 썼는데 전국시대 죽서와 같다. 금본 "구姤"를 "구遘"로 썼는데 고문과 같으며,『석문釋文』에서 "설薛(周의 제후)은 고문에는 '구遘'로 썼는데 정현과 같다"고 하였다. 금본『주역』은 마땅히 비직의 고문역에 속하며, 정현은 일찍이 마융이 전한 비직의 고문역을 따라 배웠으니 종합적으로 보면 비직역의 학통이지만, 그의 학문이 일정한 스승이 없이 여러 학자들을 두루 통하였으므로 그의 역학에서 표현되어 나오는 것은 비직 역학의 풍격과 다를 수밖에 없다. 특히 정현이 사용한 문자는 금본과 다르기는 하지만 이러한 다른 문자는 대부분 통가通假가 가능하기 때문에 그 글자의 의미는 같다.

동시에 정현의 『주역』 판본을 참조하면 당시 여러 주역의 판본을 알 수 있다. 예를 들면, "有孚窒"의 "질窒"을 "질咥"로 쓴 것은 마융의 판본과 같으며, "乘其墉"의 "용墉"을 "용庸"으로 쓴 것은 백서 『주역』과 같으며, "衰多益寡"의 "부褒"를 "부桴"로 쓴 것은 순상荀爽의 판본과 같으며, "枯楊生稊"의 "제稊"를 "이荑"로 쓴 것은 백서 『주역』과 같으며, "失得勿恤"의 "실失"을 "시矢"로 쓴 것은 백서 『주역』, 맹희孟喜의 역, 마융의 역과 같으며, "後說之弧"의 "호弧"를 "호壺"라고 쓴 것은 백서 『주역』, 경방의 역, 마융의 역과 같으며, "其行次且"의 "차次"를 "자越"로 쓴 것은 『설문說文』과 같다. 기타의 판본과 비교해 보면, 정현이 다른 판본과 같은 문자를 사용한 것은 정현이 유향劉向 부자父子와 채옹蔡邕 등의 교감의 성과를 받아들였음을 증명하며, 다만 또 그의 판본과 모두 다 같지 않은 것은 또한 정현이 당시에 유행하던 『주역』 판본을 거듭 새롭게 교감하였음을 증명한다.

요컨대 훈고학은 정현 역학의 중요한 구성부분이며, 정현 역학의 발전과 전파에 모두 깊고 넓은 영향을 끼쳤다. 훈고학이 역학易學으로 진입하여 역학연구에 새로운 활력을 불어넣었다. 중국의 역학연구의 여정은 수천 년이며, 그 가운데 역학의 훈고는 줄곧 중요한 지위를 차지하고 있으며, 그 근원을 거슬러 올라가면 가장 처음이 『역전易傳』이며, 그것은 정현에게서 마련되었다.

제9장 정현 역학의 가치를 논하다

1. 정현 역학은 양한역학兩漢易學의 총화와 통합이다

정현은 어렸을 때부터 경학經學·산술算術·음양점험술陰陽占驗術을 선호하였고, 어른이 되면서 학계의 폐단이 거듭 쌓이는 것에 느낀 바가 있어 고관과 많은 녹봉에 유혹되지 않고, '백가의 균일하지 못함을 정돈하려는 생각'을 학문의 목표로 삼았다. 그러한 목적을 실현하기 위하여 그는 천하를 두루 유람遊覽하며, 이름난 선비와 홍유鴻儒들을 다 찾아다녔으며, 뭇 경전들을 널리 읽고 경학의 해석에 온 힘을 다하였다. 그는 『계자익은서戒子益恩書』에서 자신의 일생동안 이상을 실현하기 위한 노력을 다음과 같이 개괄하였다.

나의 집안은 예전에 가난해서 나는 부모와 여러 형제들에게 받아들여지지 못하고, '시역厮役의 하리下吏'(잡역부)로 내쫓겼으나, 주周와 진秦의 도시1)로 유학游學하였으며, 유주幽州·병주幷州·연주兗州·예주豫州의 지역으로 왕래하면서 통인通人의 경지에 있는 사람들과 대유大儒로 한가롭게 은거하는 분들을 찾아뵙고 마음에 들면 두 손 받들어 따르며 받아들였다. 드디어 『육예六藝』를 넓게 계고稽考하고 전기傳記를 두루 섭렵하고, 때로 궁중에 소장된 비서祕書와 위술緯術의 오묘함을 보았다. 40을 지나 비로소 고향에 돌아와 부모를 공양하며, 땅을 빌려 농사를 지으며 날마다 즐겼다. 환관의 우두머리(閹尹)가 정치를 농단함에 당인黨人으로 연좌되어 금고禁錮를 당하고, 14년이 지나 사면령赦免令을 받아 어질고 착하며

---

1) 역자 주: 周와 秦의 도시는 각각 洛陽과 咸陽(지금의 서안)을 가리킨다.

행동이 올바르고 도가 있다(賢良方正有道)고 천거되어, 대장군大將軍이나 삼사三司의 부서로 임용되었다(辟=徵召). 공거령公車令으로 다시 임용을 받았는데, 비첩比牒(관방의 문서)에 함께 이름이 올랐던(幷名, 齊名) 사람은 일찍 재상宰相이 되었다. 그와 같은 몇 사람의 공公은 아름다운 덕과 크게 우아함이 있어 왕을 능히 섬길 수 있는 신하이기 때문에 마땅히 중용重用될 만한 사람들이었다. 내가 스스로 헤아려 보고 모두 맡지 않았다. 다만 옛 성인聖人의 원래元來 뜻을 헤아리고 백가百家의 서로 다름을 정리하고자 하고, 또한 여기에 나의 재능을 모두 바치고자 하였으므로 명령을 받아도 따르지 않았다.(『후한서』, 「정현전」)

그는 일생동안 문호門戶에 구애받지 않고 천하를 두루 유람하며, 스승을 모시고 학문을 연구하였으며, 널리 많은 책을 계고稽古하고, 한데 모아 화합하여 관통하고, 시비와 곡직曲直을 통찰하고, 독특한 경학방법과 관점을 형성하고 이 방법과 관점을 당시의 경학을 분류하고 종합하는 도구로 삼았다. 역학으로 말하면 그의 한대 역학의 종합성과 통합성은 주로 다음 몇 가지 방면으로 표현된다.

1) 금문역今文易과 고문역古文易을 융합하고, 양한兩漢의 금문역과 고문역의 대립적 국면을 종결시켰다

한대 역학은 금문과 고문의 구분이 있으며, 서한의 학관에 세워진 시수施讎·맹희孟喜·양구하梁丘賀의 역은 금문역이며, 민간에는 아직 학관으로 설립되지 않은 비직의 역과 고문역이 서로 같았는데 고문역에 속한다. 동한 때에는 금문역과 고문역이 병존하였다. 금문역을 전수받은 사람으로는, 대빈戴賓·유곤劉昆(?~57) 등은 시수의 역을 전수받았으며, 와단洼丹·임안任安 등은 맹희역을 전수받았으며, 범승范升·양정楊政 등은 양구하의 역을 전수받았으며, 대빙戴凭·위만魏滿 등은 경방의 역을 전수받았다. 고문역을 전수받은 사람으로는, 진원陳

元·정중鄭衆 등은 비직의 역을 전수받았다.

문헌자료로 보면 금문역과 고문역은 다른 경전의 금·고문과는 차이가 비교적 적다. 『한서』「예문지」에서는 "유향은 중고문中古文의 역경으로 시수·맹희·양구하의 역을 교감하였는데 혹 '허물없음, 후회 없음'(无咎悔亡)은 벗어났지만 오직 비직의 경전만 고문과 같다"고 하였다. 그러나 연구하는 내용으로 말하면 금문역은 천인학天人學과 합류하여 미언微言 속의 대의大義를 밝히고, 음양의 점험占驗을 주로 하며, 고문역은 경전의 주석을 중심 목적으로 삼고, 십익十翼으로 『역』을 해석함을 숭상하고 장구와 훈고를 중시한다.

서한 말에서 동한 초까지 양 파는 고문역을 학관學官에 설립하는 것을 둘러싸고 격렬한 투쟁을 벌였다. 유흠劉歆은 고문경(『역』은 포함하지 않음)을 학관에 설립하려 하였는데, "애제哀帝(BC 26/7~1)가 유흠과 오경박사에게 그 뜻을 강론하도록 명령하였는데, 여러 박사들이 언제나 질의응답을 하려고 하지 않았다." 평제平帝 (BC 9/AD 1~6) 때에 왕망王莽(BC 45/AD 8~23)이 정권을 잡고 유흠을 기용하여 고문경을 학관에 설립하였다. 유수劉秀(光武帝, BC 5/AD 25~57)가 동한을 건립한 후에 학관으로 설립된 고문경을 취소하고, 다시 금문경을 설립하였다. 당시 상서령尚書令이었던 한흠韓歆(?~39)이 비씨역을 박사로 설립하려고 하였는데, 금문경을 연구한 범승范升(?~66?)의 강렬한 반대에 직면하였다. 장제章帝(57/75~88) 는 친히 스스로 백호관白虎觀에서 역학을 포함한 경학토론회를 개최하여 "동이同 異를 상세하게 고찰"하였다. 아울러 높은 재능을 가진 학자로 하여금 고문경전을 가르치도록 하여, "비록 학관을 설립하지 않았지만 모두 학식과 품행이 뛰어난 제자(高弟[高足弟子])를 발탁하여 강랑講郎으로 삼아 그들에게 일을 주고 가까운 관서에 있게 하니 따라서 초야에 묻힌 뛰어난 인재(遺逸)들을 모두 모아서 널리 많은 학파들이 모였다."(『후한서』, 「유림전」) 안제安帝(94/106~125)는 널리 여러 유학자와 오경박사 유진劉珍(?~126?)과 마융 등을 동관東觀으로 선발하고, 『역경』 을 포괄하는 오경五經과 기타 문헌을 교정하여 "탈자脫字와 오자誤字를 정제整齊함이 문자文字를 바르게 하였다." 현대 사람 김덕건金德建의 고증에 의하면 이 차례의 교서校書가 금문경을 고문본으로 교정한 것이다.[2] 그리고 영제靈帝 (157·156/168~189)는 "여러 유학자를 초청하여 오경을 정정正定하게 하여 석비石碑에 새기되 고문古文·전서篆書·예서隸書의 세 필체의 서법書法으로 서로 참험參驗하여 학관의 문에 세워서 세상 사람들이 모두 모범으로 삼도록 하였다." 그러나 이 차례의 교감·간행된 희평熹平(영제 5년의 연호)의 돌에 새긴 경전(石經)은 금문이었다. 그러므로 금문역과 고문역의 투쟁은 이미 학파와 문호門戶의 투쟁이었고, 또한 정치적 투쟁도 포함하였다. 즉 "금문학은 금문학의 문호를 지키고자 하고, 고문학은 고문학의 문호를 고수하였다. 금문학은 고문학을 변란의 원인이라 보았고, 고문학은 금문학을 같은 당끼리 진실을 시기한다고 보았다. 서로 공격하기를 원수같이 하여 서로 혼합할 수 없었다."[3]

정현은 처음에 제오원선第五元先에게서 경씨역京氏易을 배웠다. 『후한서』「정현전」에는 "드디어 태학에서 연구하게 되어 서울의 제오원선을 스승으로 모시고 비로소 『경씨역』에 통하였다"고 기록하였다. 경씨역은 음양의 재이災異를 말하며 상수象數를 존중하며 금문역에 속한다. 그 뒤 마융을 스승으로 모시며 비씨역費氏易을 배웠다. 『후한서』「유림전」에서는 "건무建武 중에…… 진원陳元·정중鄭衆이 모두 비씨역을 전하였고, 그 후 마융도 또한 그것을 전하였고, 마융은 정현에게 전수하였으며, 정현은 『역주易注』를 지었다"고 하였다. 비씨역은 음양재이를 말하지 않고 오로지 『역전』으로써 『역』을 해석한다. 결국 정현 역학은 사상과 방법의 방면에서 경씨역인 금문역과 비씨역인 고문역을 함께 계승하였음을 알 수 있다.

예를 들면 경방은 육일칠분을 말했는데 이는 사정괘四正卦가 73분을 주관하고, 춘분의 앞 하나의 괘는 진晉이며, 추분의 앞 하나의 괘는 대축大畜이며, 하지夏至의

---

2) 金德建, 『經今古文字考』(齊魯書社, 1986), 261쪽.
3) 皮錫瑞, 『經學歷史』(中華書局, 1981), 148쪽.

앞 하나의 괘는 정井이며, 동지冬至의 앞 하나의 괘는 이頤로서 5일과 14분을 분별하며, 그 나머지 괘는 육일칠분을 주관한다. 정현이 주석한『역위易緯·계람 도稽覽圖』는 "오직 소식消息과 사시괘四時卦가 마땅히 그 하루를 다한다"고 하고, "소식괘消息卦와 잡괘雜卦는 서로 전하여 가서 각각 중부中孚를 따른다"고 하고, 그리고 "소식消息과 사시괘는 각각 그 하루를 다한다"고 하고, 같은 말로 "소식괘 는 육일칠분을 (다하며), 사시괘는 잔73분을 (다한다)"(黃奭이 편집한『易緯』제6권)고 하였다. 이것은 정현이 경방의 역을 이용한 하나의 예이다.

비직은『역전』으로 경전을 해석하였고,『역전』은 많이 중中(괘의 가운데)·승 乘·승承·응應·거據·득위得位·실위失位[4])로써『역』을 해석한다. 정현은 비직의 전통을 계승하였다. 예를 들면, 그는 중부中孚를 주석하여 "3효의 진辰은 해亥에 있고, 해亥는 돼지豕이다. 효가 올바른 위치를 잃었기 때문에 변하여 소명小名을 따라 돼지豚를 말할 뿐이다. 4효의 진은 축丑에 있고,…… 효가 정正을 얻었으므로 변하여 대명大名을 따라 고기를 말할 뿐이다"(惠棟의『鄭氏周易』권중에서 인용)라고 하였다. 이것은 실위失位와 득위得位로써『역』을 해석한 것이다. 둔遯을 "2효와 5효가 득위得位하여 응함이 있으니 이는 정도正道를 이용한 것이다"(『주역집해』)라 고 주석하였는데 이는 응應으로써『역』을 주석하였다. 감坎의 육사를 "육사는 위의 구오로 올라간다"(위의 책, 권상)라고 주석하고, 감의 상육을 "상육이 양을 타고 오르니 사악邪惡한 죄가 있다"(위의 책)고 주석하였다. 이는 승乘으로써 『역』을 주석하였다. 이로써 정현의 역학은 경방의 역과 비직의 역을 일체一體로 융합한 것임을 알 수 있다.

또『경전석문經典釋文』을 고찰하면 정현의 역은 금문역과 고문역을 겸하여

---

4) 역자 주: 中은 2효와 5효. 상하괘 각 중간에 있는 효. 乘은 음이 양의 위에 있는 경우(陰在陽上), 承은 음이 양의 아래에 있는 경우(陰在陽下), 應은 효와 효의 관계, 據는 양이 음의 위에 있는 경우(陽在陰上), 得位는 효가 음효의 자리인 2, 4, 6에 있는 경우, 혹은 양효가 양효의 자리 즉 1, 3, 5에 있는 경우, 失位는 각 괘에서 효가 그 자리를 얻지 못한 경우.

고려하였다. 리離「상」에 "離王公"이라고 하였다. 정현은 "려麗"라고 썼으며, 『의례儀禮』「사관례士冠禮」에 정현이 주석하기를 "고문의 려麗는 리離이다"라고 한 말을 살펴보면, 정현은 려麗를 려麗의 획을 줄인 것(省)으로 보고, 금문본을 따랐다. 정鼎의 구사에 "그 몸이 형벌을 받았다"(其形渥)의 "악渥"을 정현은 "옥剭"(목 벨 옥)이라고 하였다. 『주례周禮』「추관秋官‧사원司烜」도 정현의 주석을 인용하여 말하기를 "형옥刑剭의 옥剭과 같이 읽는다"고 하였다. 한나라 때의 석경石經에 "형옥刑剭"으로 쓴 것을 참고하였으므로 정현은 금문본을 따랐다. 또 사師괘 "왕이 세 번 명령을 내림"(王三錫命)을 정현은 "사賜"로 썼다. 『의례儀禮』「근례覲禮」를 참고하여 정현은 "금문은 사賜를 사錫로 썼다"라고 주석하였다. 이로써 정현이 "사錫"을 금문으로 보았음을 알 수 있다. 정현은 "사賜"를 고문으로 따라 썼다. 태泰의 초구 "拔茅茹其彙"[6]의 모茅를 정현은 "묘苗"로 읽었다. 『의례』「사상견례士相見禮」를 참고하여 정현은 "고문은 모茅를 묘苗로 썼다"고 주석하였다. 정현은 "묘苗"를 고문으로 보았다. 리離 구삼의 효사에 "고문과 정현의 주에는 흉兇자가 없다"고 하였는데, 정현이 고문역을 따랐음을 알 수 있다. 때로 정현은 금문과 고문을 병렬하였는데, 예를 들면 「계사」에 "공功은 있지만 덕이 없다"(有功而不德)를 정현은 "치置"라고 썼으며, 또 말하기를 "치置는 마땅히 덕德으로 해야 한다"고 하였다. 김덕건金德建의 고증을 참고하면 "치置"는 고문역이며, "덕德"은 금문역이다.[7] 이것은 정현이 문헌자료 면에서는 금문역과 고문역을 하나로 보았음을 설명한다.

정현이 금문과 고문을 합하여 하나로 본 것은 당연히 금문역과 고문역 등의 양이 같다고 보는 것이 아니라, 고문역을 으뜸으로 하고 겸하여 금문역을 채용한 것이었다. 피석서皮錫瑞는 "정현은 박학博學함이 많은 스승이며 금문과

---

5) 역자 주: 죄가 있는 귀족이나 대신을 저잣거리에서가 아닌 室內에서 벌을 주거나 처형하는 것.
6) 역자 주: 이 구절의 원문은 "初九: 拔茅茹, 以其彙, 征吉"이다.
7) 金德建, 『經今古文字考』(齊魯書社, 1986), 261쪽.

고문의 도를 하나로 통합하였으며, 당시 금문파와 고문파가 서로 공격하는 것을 보고 그 학문을 참고하여 종합하고자 하여 스스로 한 학파의 말을 이루었으며, 비록 고문학을 종지로 하였지만, 아울러 금문학을 채용하여 그 뜻을 보태고 더하였다"[8]고 지적하였다.

2) 수렴과 축적을 겸함으로써 양한역학의 사법師法·가법家法·문호門戶의 견해를 타파하였다

앞에서 말한 대로, 양한역학의 전수 방법은 스승과 스승으로 서로 전하여 앞과 뒤가 서로 말미암는다. 『역』을 전수하고 『역』을 배우는 과정에서 이처럼 스승으로부터 가르침을 이어받는(師承) 사법師法과 가법家法은 매우 삼엄森嚴하며, 각 가家와 각 파派는 반드시 엄격하게 자신의 종사宗師의 설명을 참고하여 『역』을 연구해야 하며, 단 한 발짝도 영역을 넘어설 수 없으며, 심지어 한 글자도 고칠 수 없고 더욱이 다른 설을 섞어서도 안 된다. 피석서의 말처럼 "한나라 사람들은 사법을 가장 중시하였다. 스승이 전한 것을 제자가 받아들임에 하나의 자모字母도 감히 출입이 있다면 스승을 배반하였다고 하여 쓰지 않았다. 사법의 엄격함이 이와 같았다."[9]

만약 스승의 설을 배반하는 사람이 있으면 본 파의 배척과 전체 사회의 차별을 받게 된다. 예를 들면 맹희孟喜가 "역가易家의 음양과 재이를 살피는 책을 얻었다"고 하여 스승인 전생田生이 임종할 무렵 그것을 허락해 줄 것을 말하니, 동문인 양구하梁丘賀가 극력 반박하였다. 당시에 "박사의 자리가 비어서 여러 사람들이 맹희를 추천하였으나 위에서 맹희가 사법을 고쳤다는 말을 듣고, 결국 맹희를 등용하지 않았다."(『한서』, 「유림전」) 비직은 고문역을 전하였는데 "근본으로 삼는 스승이 없었으며, 많이 이설을 반박하였다." 그러므로 동한

---

8) 皮錫瑞, 『經學歷史』(中華書局, 1981), 148쪽.
9) 皮錫瑞, 『經學歷史』(中華書局, 1981), 77쪽.

초에 어떤 사람이 비직을 박사로 옹립擁立할 것을 주장하였을 때 곧바로 범승范升 등의 반대에 부딪혀 이루어지지 않았다.(『후한서』, 「范升列傳」)

동한의 광무제가 오경박사를 설립하고 각각의 가법家法으로 가르쳤다. 그러나 왕망王莽이 정권을 잡은 후 가법은 동한에서 이미 현저하게 파괴되었으며, 학자들은 "모두 의미로써 말하고, 가법을 닦지 않았으며" "스승을 존중하는 것을 옳지 않다고 생각하고 의미로써 설명하는 것이 사물의 이치를 깨달아 아는 것이다."(『후한서』, 「徐防傳」) 안제安帝(382/397~419) 때에 "경전의 문장이 많이 올바르지 않아서 이에 경서에 통달한 알자謁者(동한의 관직명)인 유진劉珍(?~126?)과 박사博士, 뛰어난 사관史官을 선발하여 동관東觀에 두고서 각각 가법을 비교하여 수정하도록 하였다."(『후한서』, 「蔡倫列傳」) 통치자의 간섭으로 가법은 다시 학계의 중시를 받았다.

역학계易學界의 여러 학자들은 스승의 설을 존중하여 순수하여 섞이지 않았으며, 각각 한 단서端緒를 잡고 서로를 공격하였다. 이렇게 편협한 문호의 의식은 역학의 학술적 교류와 발전을 저해하였으며, 후학들이 『주역』의 본의를 전면적으로 이해하고 정확하게 파악하는 데는 더욱 도움이 되지 않았다. 정현은 이에 느낌이 있어 금문역을 배우고 고문역을 학습하여 금문역과 고문역을 일체一體로 융합하였다.

경방의 금문역과 비직의 고문역을 계승하였을 뿐만 아니라 그는 또한 과거의 역학연구의 성과에서 영양營養을 흡수하는 데도 능하였다. 『자하역전子夏易傳』을 따르는 사람은 진괘晉의 구사 "진괘는 날다람쥐 같다"(晉如鼫鼠)고 하였으며, 『석문釋文』은 "『자하전子夏傳』은 석서碩鼠라고 썼다"고 하였다. 장혜언은 "『정의正義』는 정현의 말을 인용하여 대서大鼠라고 한 것을 살펴보면, 왕필의 오기五伎(매우 교활함)와 다르므로 정현본은 마땅히 석서자로 썼다"(『周易鄭注』, 권4)고 하였다. 명이明夷의 육이 "왼쪽 다리에 상처를 입었다"(夷于左股)에서의 "이夷"에 대하여 『석문』은 "자하는 '제睇'라고 썼으며, 정현은 육睦과 같다고 보고 말하기를 곁눈으로 봄(旁視)을 제睇라고 한다"고 하였다. 마융馬融을 따르는 사람은 마융과 정현이 모두 "무망无妄"을 "무망无望"이라고 해석하였는데,『석문』에서는 "마융과 정현과 왕숙王肅이 모두 망妄은 망望과 같다고 하고 희망할 바가 없음을 말한다"고 하였다. 간艮의 구삼 "그 허리에 그친다"(艮其限)를 마융과 정현은 "한限"을 "요要"로 해석하였는데,『석문』에서는 "마융이 말하기를 '한限은 요要이다'라고 하고 정현과 순상과 오번도 같다"고 하였다. 대만학자인 호자봉은 "정현의 역은 비록 비직의 고본을 이용하여 그 문자가 같지만 경經의 의미를 설명하는 데는 많이 마융으로부터 취하였다. 장구의 사이에 조리가 분명하게 변별할 수 있는 것이 매우 많다"[10]고 주장하였다.『역위』를 따르는 사람은 그가 "비전의 책과 위서緯書의 술術의 오묘함을 보았고", "역수歷數와 도위圖緯의 말에 정통하기" 때문에『역위』를 이용하여『역』을 주석하였다 하였다. 예를 들면『건착도』에서 "초효는 원사元士, 2효는 대부大夫, 3효는 삼공三公, 4효는 제후諸侯, 5효는 천자天子, 6효는 종묘宗廟이다"라고 하였는데, 정현은 송訟의 구이를 주석하면서 "소국小國의 아래가 대부大夫이다"라고 하였고, 관괘觀卦를 주석하면서 "구오는 천자의 효爻이다"(해동의『鄭氏周易』권상에서 인용)라고 하였고, 곤困의 구이를 주석하면서 "2효는 대부가 땅을 가진 상이다……4효는 제후이다"(위의 책, 卷中)라고 하였다.『건착도』에서는 "태역太易은 아직 드러나지 않은 기이며, 태초太初는 기의 시작이다"라고 하였는데, 정현은 「계사」의 "역易에는 태극이 있다"(易有太極)를 주석하기를 "극極 가운데의 도는 질박하고 온화(淳和)한 아직 분화되지 않은 기이다"(위의 책, 卷下)라고 하였다. 또『역찬易贊』을 지어서 "역은 세 가지 의미를 포함한다"고 하고, 스스로『건착도』와『역주』로부터 취하여 효진爻辰은『건착도』에서 가르침을 받은 것이라 하였는데,『역위』가 정현의 역에 준 영향이 매우 깊음을 충분히 알 수 있다.

---

10) 胡自逢,『周易鄭氏學』(臺灣: 文史哲出版社, 1990), 122쪽.

이상은 정현이 가법을 고수固守하지 않은 하나의 표현형식이다. 그의 가법을 고수하지 않은 또 다른 표현형식은 그가 여러 현인을 두루 찾아다니며 많은 책을 널리 읽고, 옛 전적을 주석하고 조술하고, 여러 설들을 널리 종합한 것을 들 수 있다. 그는 일생 동안 배운 것을 해독하여 쉽게 배우도록 하고 그 뜻을 분명하게 드러내었다. 그 중요한 표현은 다음과 같다.

첫째, 그는 문자의 훈고訓詁를 중시하였는데, 『이아爾雅』에 의지하여 『역』을 해석한 수량이 많으며, 이것은 당시에 실로 매우 드문 일이다.[11]

둘째, 그는 삼례三禮에 정통하여 주례周禮를 많이 인용하여 역의 의미를 증명해 내었다. 예禮로써 『역』을 주석하는 것은 정현의 독창성이며, 이것은 또한 정현 역학이 마융의 역학보다 뛰어난 관건이다. 장혜언은 말하기를 "마융은 인사에 뒤섞였으나 정현은 그것을 『주례』로써 요약하였으니 이것이 정현이 마융보다 정밀한 까닭이다"(『易義別錄』, 「馬融易」)라고 하였다.

셋째, 다른 경전을 인용하여 『역』을 해석하였다. 예를 들면, 『악기樂記』의 "왕이 된 자는 공을 이루어 음악을 짓는다"(王者功成作樂)는 말을 인용하고 『효경孝經』의 "교외에서 (주나라의) 선조에게 제사함으로써 하늘과 짝하고, 문왕이 명당明堂에서 상제上帝를 높여 제사한다"(郊祀后稷以配天, 宗祀文王於明堂以上帝)는 구절을 인용하여 예豫 「상象」을 주석하였다.(惠棟, 『鄭氏周易』, 卷上) 『시경』의 "큰 쥐야 큰 쥐야, 내 기장을 먹지 말아라"(碩鼠碩鼠, 無食我黍)라는 구절을 인용하여 진晉의 구사九四를 주석하였다.(위의 책, 卷中) 『좌전左傳』의 환공桓公 2년 "나쁜 짝을 구仇라고 하고, 좋은 짝을 비妃라고 한다"(怨耦曰仇, 嘉耦曰妃)는 구절을 인용하여 정鼎의 구이와 풍豊의 초구를 나누어서 주석하였다.(위의 책)

이로부터 정현이 여러 학자들의 역학을 종합한 기초에서 일련의 완전한 역학해석학과 하나의 특색 있는 방대한 역학체계를 능히 건립할 수 있는 관건은

---

11) 이 책의 제8장을 보라.

그가 가법을 고수하지 않고, 많은 전적들을 널리 읽고, 여러 학자들의 학문을 정밀하게 연구하고, 역학의 안과 밖의 문헌들에서 영양營養을 흡수하기를 주목한 데 있다.

3) 상수를 겸하여 의리를 관찰하고, 상수만을 숭배하는 양한의 미혹에서 벗어나다

상수와 의리는 역학연구에서 두 가지 전혀 다른 역학연구의 방법이며, 상수는 『주역』의 괘와 효, 부호符號와 숫자 및 이와 상관있는 도식圖式이 상징하는 세계의 각종 사물과 그것이 드러내는 형태·속성을 가리키며, 의리는 『주역』의 괘사와 효사에 포함된 자연·사회·인생의 이치를 가리킨다. 오직 상수를 『주역』 경전의 말씀을 해석하고, 역학문제를 탐구하고, 상수와 역사易辭에 내재된 관계를 드러내는 도구로 보는 것을 상수학이라고 하며, 상수역학은 자주 고대의 자연과학과 서로 결합하여 천도에 편중되어 있다. 간명簡明한 주석(淺注)의 학문을 형식으로 삼아 『주역』의 괘사와 효사의 철리哲理를 분명하고 상세하게 밝혀내고, 이론체계의 건립을 목적으로 하는 것을 의리학義理學이라고 한다. 의리학은 자주 사회과학과 서로 결합하여 인사에 치중한다. 상수와 의리는 원래는 긴밀하게 짜여 함께 있으며, 상수는 역학의 근본이며 먼저 상수의 부호체계가 있은 후에 의리를 포함하는 괘사와 효사가 있으며 괘사와 효사는 반드시 상수를 참조하여 만들어진다. 이 때문에 우리는 양자를 형식과 내용의 관계로 보며, 상수는 형식이며 의리는 내용이며, 상수가 발전하여 의리가 되며, 의리는 상수를 벗어나서 존재할 수 없다.

그러나 역학연구에서 사회와 역학 발전 혹은 다른 필요에 따라서 양자는 자주 하나가 소멸하면 하나가 커지며, 상호 대치하는 국면을 이루기도 한다. 한나라 초의 역학은 온통 의리이며 인사를 주로 하였다. 그러나 무제가 유술儒術만을 홀로 존중하고 맹희와 경방의 일파가 음양재이와 당시의 자연과학의 지식을 흡수하여 역학의 개혁을 이룬 후에 상수역은 서한에서 주류가 되었다. 동한 때는 비록 『역』을 연구하는 형식에 다름이 있었으나, 『역』을 연구하는 방법은 여전히 서한의 상수를 숭상하는 『역』학 연구의 방법을 계승하였다. 그러나 상수는 지나치게 자연의 이치를 강조함으로써 자연에 가려서 사람을 모르고 『주역』의 대의를 전면적이고 투철하게 이해하고 온전하게 드러낼 수 없었으며, 양한의 역학으로 하여금 스스로 빠져나올 수 없는 괴이함의 테두리에 들어가도록 하였다.

정현은 한편으로 당시의 학술사조의 영향을 벗어나지 못하자, 『역』의 "상을 관찰하여 말씀을 붙임"으로부터 상수로써 『역』을 연구하는 방법을 도출하였으며, 나아가 그것을 확대하여 『역전』에서 상을 취하는 것이 부족한 상황에서 적극적으로 효진爻辰 · 호체互體 · 효체爻體 · 오행五行 등의 상을 빌려서 헤아리고 섞어 천문역법과 상수를 위주로 하는 자연지식으로 『역』을 주석하였다. 다른 한편 그는 서한 이래의 상수로써 『역』을 연구하는 데 존재하는 문제를 본 것 같다. 『주역』 계사는 상을 관찰하였을 뿐만 아니라, 또한 당시의 문자와 사회풍속과 습관, 생산활동, 역사적 사건과 관련하여, 인사를 내용으로 하는 역사易辭는 단순히 상수의 방법을 이용하여 그 본의를 나타내는 것은 불가능하기 때문에 반드시 인문지식과 인문지식이 제공하는 방법에 의지하여 해석하였다. 그러므로 정현은 「대상전大象傳」으로 『역』을 주석하는 방법을 계승하였으며, 먼저 상수를 이용하고 후에 인사로 돌아갔다. 다른 점은 정현은 『역』을 주석함에 감히 「대상전」을 "以"(~로써)라 하지 않고, "猶"(마치 ~와 같다)를 이용하여 인사를 인출引出하였는데, 예를 들면 그는 손損을 주석하기를 "간艮은 산이며, 태兌는 연못이며, 호체互體는 곤坤이며, 곤坤은 땅이다. 산은 지상에 있고, 연못은 땅 아래에 있다. 연못은 스스로 덜어내어 산이 높도록 더한다. 마치 제후가 그 나라의 재부財富를 덜어내어 천자에게 공헌하는 것과 같으므로 그것을 손損이라고 한다"(惠棟,『鄭氏周易』, 卷中)고 하였다. 대만의 학자인 호자봉의 통계에 의하면 "정현의 역이 현재 존재하는 것은 열에 3~4 정도이며, 유獪자를 이용하여 인사의 문장을 일으킨 것은 17조항 정도가 있다"[12]고 하였다.

주의할 것은 정현은 여전히 은殷·주周의 역사 혹은 은·주 이전의 역사적 일로써『역』을 주석하고『역』을 증명하고 주례로써『역』을 해석하였다는 점이다. 역사로써『역』을 연구하는 것은『역전』에서 비롯되며, 금문본의『역전』은 『주역』이 책으로 이루어지고 저자에 대한 연구를 통하여 역사로써『역』을 해석하는 경향을 표현해 내었으며, 백서帛書『무화繆和』는 처음 은주殷周와 춘추시기의 역사와 인물을 이용하여 역리易理를 예증하여 역사로써『역』을 연구하는 선하先河를 열었으며, 한대에 책으로 이루어진『역위』는 역전의 이러한 학술전통을 간직하고 있다. 그 영향으로 정현은 역사로써『역』을 연구함을 중시하였다. 예를 들면, 그는 "요임금의 말년에 사흉四凶이 조정에 있다"는 구절을 이용하여 건乾의 상구 "항룡亢龍은 후회함이 있다"(亢龍有悔)를 해석하였으며, "주공이 섭정하였다"(周公攝政)는 구절로 대유大有에 명덕을 가진 신하가 임금을 대신하여 정치하는 상이 있다고 해석하였으며, "요·순·우·문·무의 전성시기"(堯舜禹文武之盛)의 구절로 리離「상象」의 "대인이 이어서 사방을 밝게 비춘다"는 구절을 해석하였으며, "은왕조가 홍쇠興衰의 경계를 나타내니 주나라가 은왕조의 정삭正朔의 수를 바꾸었다"(殷家著興衰之戒, 周改殷正之數)는 구절로 림臨의 "팔월에 흉함이 있다"는 말의 함의를 나타내었다.(惠棟,『鄭氏周易』, 卷上) 예禮로써『역』을 주석하는 것은 정현 역학의 독특함이며, 앞에서 말한 대로 정현은 삼례三禮에 정통하였는데 이것이 곧 그가 예禮로써『역』을 주석하는 토대가 되었다. 정현이 역을 주석한 것을 관찰하면, 예로써『역』을 연구한 것이 30여 조항이 있는데, 그가 언급한 내용은 혼례婚禮·제례祭禮·빈례賓禮·봉례封禮·형례刑禮·부례賦禮 등이며, 무

---

12) 胡自逢,『周易鄭氏學』(臺灣: 文史哲出版社, 1990), 6쪽.

릇 『주역』의 고례古禮와 관련된 곳으로 정현은 모두 그 의미를 밝힐 수 있었다.13)

　종합하면 정현은 역학의 의리의 방법으로 단순히 상수로서 역을 연구하는 데 부족한 점으로 충분하게 보충하였으며, 상수와 의리를 상수가 바야흐로 전성기인 큰 환경에서 통일로 향하도록 하였으며, 당시의 학계뿐만 아니라 후세의 역학연구를 위하여 본보기를 제공하였다.

2. 정현 역학의 지위와 후세에 대한 영향

　경전연구로 벼슬에 나아가 몸을 세우고 영광을 구할 수 있던 한대漢代에 정현은 그 파도와 흐름을 따라가지 않고 명리名利를 담담하게 보고 몸소 경작하고 곡식을 심으며 세상을 피하여 고민이 없이 "앞 성인들의 본래 뜻을 생각하고, 백가의 서로 다름을 정리하려 하고" 필생의 정력을 다하여 경학과 여러 학자들의 학문을 연구하는 데 온 힘을 다하였다. 아울러 경학과 제자학諸子學을 정리분석과 해석을 통하여 기세가 넓고 일관된 정현해석학을 창립하여, 오류가 매우 적고 비교적 완전한 경학문헌자료와 학파에 속하지 않은 견해들과 널리 여러 가지 학설을 모은 경학체계를 종합하였다. 그 결과 정현은 당시의 "순유純儒", "통유通儒", "대유大儒", "경신經神"의 호칭으로 취합하였으며, 정현의 학문과 당시 학계의 지위에서 당시 사람들의 인정을 받았으며, 선비 학자들이 정현을 모범으로 삼았고, 혹 직접 정현을 스승으로 모시기도 하였다.

　관련된 문헌기록에 의하면, 하휴何休(129~182)는 금문경을 연구하여 "말의 이치가 그윽하고 미묘하여, 자나간 일을 간직한 것을 알지 못하면 통할 수가 없다. 정강성이 높이 일어나 그것을 공격하자, 학문을 구하는 사람들이 만리萬里를 멀다 않고 식량을 준비해서 도달하니 마치 작은 시냇물들이 거대한 바다에

---

13) 林忠軍, 『象數易學發展史』(山東: 齊魯書社, 1994) 제1권, 159~162쪽을 자세하게 보라.

이르는 것과 같았다. 서울(京師)에서는 정강성을 경신經神이라 불렀다"(『北堂書抄』, 권83)고 하였다. 학문으로 이름을 날리던 당시에 병원邴原(생졸 미상)이 일찍이 손숭孫崧(생졸 미상)에게 배우기를 구하니 손숭이 적극적으로 정현을 추천하였다. 말하기를 "정군은 고금의 서적을 널리 배웠으며, 견문이 넓고 풍부한 지식을 갖추고, 탐구함이 깊고 심원하여 진실로 배우려는 사람의 모범적 스승이네"(「邴原 別傳」을 인용한 『三國志』, 「魏書」 注)라고 하였다. 박학博學·수재秀才·월상越商[14]과 수천 명의 사람들이 멀리서부터 정현을 찾아와서 스승으로 섬겼으며, 아울러 정현의 학문을 사람들에게 말하기를 "마치 토지에 산천이 있고, 진귀한 보물이 여기서 나오는 것과 같으며, 마치 수목에 가지와 잎이 있고, 뿌리는 여기에 덮여 있는 것과 같다"(『북당서초』, 권83)고 하였다. 영명한 유학자로 저명한 마융은 비록 그의 스승이었지만, 역산曆算을 토론할 때 그와 같지 않음을 스스로 부끄러워 하여 "탁군琢郡의 노자간盧子幹[15]이 문인들의 우두머리였고, 계장季長(마융의 자)은 일곱 가지 어려운 일을 해석하지 못했는데, 정현은 생각하여 다섯 가지를 알았고, 자간은 세 가지를 알았다. 마융이 자간을 보고 말하기를 '나와 자네는 모두 그와 같지 못하다'라고 하였다."(『鄭玄別傳』에서 인용) 원소袁紹(?~202)가 대장군 이었을 때 일찍이 연회를 베풀어 정현을 초청하고, 연회의 상석에 모셨다. "손님들은 호걸豪傑과 준재俊才가 많았으며, 모두 매우 말재주가 좋았는데, 정현이 유자儒者임을 알았지만, 그가 학식이 매우 넓게 통달한 사람임을 알지 못하고, 다투어 이단異端의 말을 늘어놓으며 각각의 학자들이 분분하게 일어나 정현에게 어려운 질문을 하였다. 정현이 유가의 경전에 의거하여 거듭 변론하여 대답하니, 답변마다 모두 문제의 자체를 넘어서고, 또한 모두 이전에는 들어보지 못한

---

14) 역자 주: 중국에는 예전부터 발달한 각 지역의 상업연맹이 있었다. 徽州의 6현을 중심으로 활동한 徽商, 浙江省 지역의 寧派商, 廣州를 중심으로 활동한 越商, 江西省의 江右商, 山西省의 晉商 등이 그들이다. 그 가운데 6천 년 전 황하의 동쪽에서 생산되는 소금을 거래하면서 형성된 晉商이 최초이며 明代에 전성기를 이루었다.

15) 역자 주: 子幹은 盧植(139~192)의 字.

것이라 탄식하여 감복하지 않는 사람이 없었다." 이에 응소應劭(153?~196)가 정현을 북면北面하며 스스로 제자가 되고자 하였다.16)(『후한서』「정현전」을 보라.) 왕찬王粲(177~217)이 일찍이 『상서尙書』로 정현에게 어려운 질문을 하였는데, 결국은 그가 정현의 학문을 승인하지 않을 수가 없었다. 그는 "세상에서 흔히 이르는 이伊·락洛의 동쪽과 회淮·한漢의 이북에서 정강성 한 사람만 있을 뿐이다. 진실로 선유들이 많이 빠뜨림이 있지만, 정현의 말은 완비되었다. 왕찬이 곰곰이 탄식하여 의심하여 배울 바를 구함에 『상서주尙書注』를 얻고서 물러나 그 뜻을 생각하니 뜻이 모두 극진하였으며, 의심하던 바가 오히려 아직 이해하지 못하는 것이 있었다"(王應麟, 『困學紀聞』, 권2)라고 하였다.

이러한 기록들로 보면 정현의 뛰어난 재능과 학문적 확실성은 초인적超人的이 었으며, 만 리를 멀다 않고 그에게 가르침을 얻고자 하는 수천 명의 제자들이 몰려와서 그의 경학 방면의 진정한 재능과 견실한 학문을 앙모하였을 뿐만 아니라, 그와 교유하며 학문을 논한 사람들, 심지어 그의 논적들조차도 경학연구 에 대한 친숙함과 조예造詣에 탄복하지 않을 수 없었다. 여기서 설명해야 할 것은 사람들이 그를 칭찬하는 것이 그의 훈고학의 방법이 아니라, 이러한 방법을 이용하여 경학연구에서 발휘한 심오한 연구라는 점이다. "정현이 문사文辭와 훈고訓詁를 본질로 삼았기 때문에 학식이 뛰어난 사람들이 자못 그 번잡함을 비판하였으나, 경전에 관한 넓음과 정통함에 순유純儒라고 칭송하고, 제齊와 노魯에서 그를 종사로 삼았다."(『후한서』,「정현전」) "정현이 박학하고 널리 견문을 넓혀 전적典籍을 주해하였으므로 유학의 우아한 선비들이 모여들었다.…… 이때 나라 안의 청의淸議가 있어 '청주靑州에는 병邴·정鄭의 학문이 있다'고 하였다."(『原別傳』을 인용한 『삼국지』「위서·邴原傳」注)

더욱 중요한 것은 그가 이처럼 번잡하고 어지러운 백가의 학설을 융합하고

---

16) 역자 주: 정현은 孔子가 四科(德行, 言語, 政事, 文學)로만 제자를 받고, 顔回나 子貢도 관직을 자랑하지 않았다고 하고 이를 거절하였다.

판본상으로나 내용상으로 학계의 문호의 견해들을 없애고 당시의 경학을 통일하였는데 이것은 다른 학자들이 하지 못한 일이었다. 예를 들면 범엽은 경학을 논평하면서 다음과 같이 주장하였다.

> 진시황이 육경六經을 불태운 뒤 성인의 문장이 먼지로 사라졌다. 한나라가 일어나자 여러 유학자들이 많이 예문藝文을 수정하였고, 동한의 학자들이 각각 일가一家를 이루었다. 그러나 자신의 학파의 글을 지키려는 무리들은 전해 배운 것만 고집하고, 이단이 매우 어지럽게 일어나서 서로 비난함이 격렬하여, 결국 경전마다 여러 학파가 있게 되고, 학파마다 여러 학설이 있게 되니, 장구長句에 많은 것은 혹 백여 만 자가 되어 배움이 헛되고 얻는 것이 적으며, 후학들은 의심이 나도 바르게 잡을 수도 없었다. 정현이 대전大典으로 포괄하고, 여러 학파들의 주장을 망라網羅하고, 번잡하고 왜곡된 것을 삭제함에, 고쳐 간행한 것에 혹 빠뜨린 것도 있었지만, 이로부터 학자들이 요략要略하여 그 귀결되는 바를 알았다.(『후한서』, 「정현전」)

역학으로 말하면 『역주易注』는 정현이 만년에 절필絶筆을 선언한 저작이며, 비록 "삼례三禮"의 연구에서 그렇게 시간을 많이 쓰고 온 힘을 다해 고심하지는 않았지만, 그는 결국 일생의 지혜를 쏟아서 완성하였으며 그 역학은 여전히 독특하고 범상치 않은 비결과 널리 통하고 정심精深한 내용을 잃지 않고 갖추고 있으며, 기타 역학을 대신하여 당시에 널리 유포되었으며, 그 역학은 양한시대에 전하田何(생졸 미상)가 역을 전한 이후 가장 정통의 역학이 되었다. 청나라의 피석서는 "학자들이 그때 가법의 번잡함을 고통스럽게 여겼는데, 정현의 활달하고 넓고 큰 사상과 포함하지 않은 것이 없음을 알고 뭇 논의가 그에게로 귀결되었으며, 다시는 이러한 이것(정현)을 버리고 저쪽을 쫓아가는 일이 없었다. 이에 정현의 『역주』만이 유행하고 시수施讐·맹희孟喜·양구하梁丘賀·경방京房의 『역』은 유행하지 않았다"[17]라고 하였다. 정현의 역학이 천하를 통일하여 관학官

學의 역을 대신할 수 있었던 까닭은 상수象數와 의리義理와 훈고訓詁를 하나로 융합하고 비교적 완비된 합리적 역학의 해석방법과 이러한 방법으로 내포한 내용이 풍부하고, 여러 학파의 역학체계를 포괄하는 체계를 갖추었기 때문이다.

그가 양한의 역학을 통일함으로써 경학연구의 필요성에 영합하였고, 또한 통치계급이 경학으로 민심을 결집하고 조정의 기강을 더욱 진작시키는 필요성에 영합하였으므로 통치자의 추앙을 받았다. 대장군 하진何進(?~189)이 그를 관직에 임명하여 취임시켰으며, 예로써 대함에 매우 우대하였으며, 궤장几杖[18]을 수여하였으며, 산동山東에서 군사를 일으켜 동탁董卓(?~192)을 토벌하려 함에 동탁이 정현의 명성을 이용하여 수습하려고 하였고, 관도官渡의 전투[19]에서 원소袁紹(?~202)가 그의 아들을 보내어 정현을 초청하고, 정현의 명성을 이용하여 전쟁의 국면을 반전시키려고 노력하였으며, 공융孔融(153~208)은 정현의 고향에 정공향鄭公鄕을 설립하였으며, 특히 동한의 최고 통치자는 시험적으로 박사博士를 보충하여 설립하였고, 그를 초청하여 대사농大司農으로 삼아 학자들의 사상을 통일하게 하고 사람들의 행위를 감화시켰다. 중평中平 5년(188)에 황제가 조칙을 내려 "잘못된 곳에 인물을 천거하니 잘못된 사람이 많고 유가의 법이 번잡하게 뒤섞이고 학문의 도가 희미해졌다. 처사인 순상荀爽(128~190)과 진기陳紀(생졸미상), 한융韓融(126?~196?), 이계李稽(생졸 미상) 등이 도를 즐기고 옛것을 좋아하며, 뜻과 행동이 고결하며, 청빈淸貧하고 은약隱約하여 많은 사람들이 귀결하니 이에 순상 등을 각각 박사로 보임補任한다"(『후한서』, 권25)고 하였다.

냉정하게 말하면 정현이 건립해 낸 방대한 경학체계는 특정한 시간과 특정한 범위 내에서 봉건사회의 질서를 조정하고 흐트러진 민심을 수습하는 데 분명히

---

17) 皮錫瑞, 『經學歷史』(中華書局, 1981), 149쪽.
18) 역자 주: 노인(조선에서는 70세)을 공경하는 의미로 임금이 내리는 의자와 지팡이.(『禮記』, 「月令」 참조)
19) 『三國演義』에서 赤壁大戰, 夷陵大戰(혹은 猇亭戰鬪)과 더불어 3대 전투의 하나. 曹操(155~220)가 압도적 전력을 가진 袁紹의 군대를 격파한 전투.

한몫을 하였다. 황건군黃巾軍이 사방에서 일어났을 때 오직 정현을 향해서만 절하였는데, 서로 그 경지를 침입하지 않겠다고 약속하는 것이 그 증거이다. 그러나 정현의 경학을 이용하여 날로 격화되는 사회의 모순을 잠재우고, 그에게 의지하여 생존과 부패하여 감당할 수 없는 봉건사회를 구제한다는 것은 단지 실현할 수 없는 환상일 뿐이었다. 역사적 사실이 이미 이를 증명한다.

　바로 정현의 역학은 고금을 포괄하고 여러 학파들을 유합하여 고도의 응집력과 뚜렷하고 강한 생명력을 지녔기 때문에 그것이 생겨난 후 오랜 시간 동안 널리 유행하였고, 아울러 점점 역학계를 지배하였다. 왕숙王肅은 정치적 우위를 빌려서 정현역을 돌파구로 삼아 양한의 역학을 배척하려고 노력하였으며, 위진魏晉시대 왕필은 노장老莊과 뒤섞어서 청언淸言으로 역을 설명하여 양한의 상수를 다 쓸어내니, 한의 역이 쇠미해지고 오직 정현의 역만 남았다. 육덕명은 "영가永嘉의 난에 시수施讎와 양구하梁丘賀의 역이 없어지고 맹희·경방·비직의 역은 전하는 사람이 없었고, 오직 정강성과 왕보사王輔嗣(왕필)의 주석만이 세상에 유행하였다"(『經典釋文序錄』)라고 하였다. 남북조시대에 학계에는 남학南學과 북학北學의 구분이 있었고, 남학은 왕필의 『역』을 이용하였고, 북학은 정현의 『역』을 이용하였다. 수隋·당唐시대에는 북학이 남학을 편입하였는데, 남학을 으뜸으로 삼았으므로 정현의 『역』은 관학의 지위를 잃었다. 그러나 『주역집해』와 『경전석문』과 왕필의 『역』을 원활하게 소통함을 목적으로 하는 『주역정의周易正義』는 많이 정현의 『역』을 인용하였고, 정현의 『역주易注』는 당대唐代에도 존재하였다. 송宋의 『숭문서목崇文書目』에는 단지 1권만 실었는데, 「문언」·「서괘」·「설괘」·「잡괘」 네 편만 있다. 『중흥서목中興書目』에는 처음부터 수록되지 않았고, 정현의 『역』은 남송과 북송의 사이에 없어졌다. 다행히 송유宋儒 왕응린王應麟과 명유明儒 요사린姚士麟(1559~?), 청유淸儒 장혜언張惠言·혜동惠棟·손당孫堂·황석黃奭 등이 없어진 것을 찾아내고 미묘한 것을 일으키고 흩어진 것을 모아서 책으로 만들고 그 범례凡例를 드러내어 정현 역학의 대략이 다시 세상에 드러나게 하였다.

3. 정현 역학의 현대적 가치

역학은 중국 고대의 특수한 학문이며, 춘추시대 공자의 유가들이 『역』을 연구하기 시작한 때부터 역대의 서로 다른 학자들의 해석과 상세하게 밝혀냄을 거쳐서, 지금에 이르기까지 이미 축적된 장중하고 심후하며 기세가 드넓고 시대적 특징을 갖춘 대역大易의 문화이다. 오늘의 역학 발전과 그 외재적 표현형식을 살펴보면, 우리는 그것을 다원화多元化·철리화哲理化·국제화國際化의 세 가지 뚜렷한 특징으로 귀결시킬 수 있다.

다원화는 서로 다른 학자들이 서로 다른 학문분과에서 학자마다 다른 학문에 입각하여, 자기가 선택한 지식과 방법을 운용하여 서로 다른 방식으로 『주역周易』에 대한 연구를 진행함으로써 일련의 역학을 유대로 한 교차적인 학문분과의 이론들을 형성하여, 역학계가 다층차多層次·다방면(多渠道)·교차연구交叉硏究의 새로운 국면을 드러내도록 한다.

철리화哲理化는 철학의 개념과 사유를 이용하여 역학의 문제를 연구하고 통합하는 것을 가리킨다. 현대의 역학은 비록 여러 학문분과와 다층차, 다각도의 연구 국면을 이루고 있지만, 그 주류는 철리화 연구에 편중되어 있다. 역학의 철학화 연구는 현대 역학의 중요한 특징이다. 20세기 초에 서구문화가 중국으로 전해지면서 일련의 많은 학자들이 마르크스주의의 학설을 받아들였고, 아울러 이러한 새로운 관점과 방법으로 『주역』을 연구함으로써 역학연구를 전통적인 경학연구로부터 벗어나게 하는 새로운 성과를 거두었으며, 전통의 역학의 관점과는 다른 관점을 형성하였다. 이후 철리화는 곧장 대륙의 역학연구의 주류였다.

국제화로 글로벌 경제공동체가 된 오늘날 『주역』과 역학은 더 이상 중국 혹은 동남아만의 독특한 문화가 아니며, 편협한 지역성과 민족성을 초월한 세계문화의 소중한 유산으로 발전하였다. 17세기 이래 동서문화의 빈번한 교류와 함께 『주역』은 그 독특한 기호언어와 동양인 특유의 신비한 지혜로 더욱더 전 세계의 주목을 받고 있으며, 많은 국가와 지역의 학자들이 서로 다른 문화적 배경과 서로 다른 언어와 사유방식에 입각하여 『주역』을 연구하고 있으며, 이 원전元典에 의지하여 힘써 밝혀낸 중국 혹은 동방문화의 오묘하고 신비함은 오늘날 어떤 과학이론과 서방의 공업문명이 조성한 위기에 대하여 합리적 해석을 함으로써 오늘의 역학이 인류가 공동으로 가지고 있는 현대적 의미를 갖춘 문화적 자산이 되게 하였다.

이 세 가지 특징은 현대 역학연구의 영역의 광범위함과 추상성을 반영하고 있다. 즉 오늘날의 역학을 주류를 따라서 보면, 다원화는 서양 형이상학의 부문별로 나눈 연구는 아니며, 더욱더 많은 것은 학문 간의 관념과 이론의 연관성과 영향에 대한 연구이다. 철리화도 대부분 철학사상의 분석과 사유방식을 밝혀내는 데로 흐른다. 그리고 서양 사람들의 역학연구는 더욱 중국에서 이미 거둔 성과에 나타난 문장들에서 도움을 받았다. 종합하면, 오늘날 역학연구는 거시적으로 말하면 단지 전체적이고 일반적인 측면에 머물러 있고, 그 자체의 구체적 문제에 대한 깊이 있는 연구가 부족하다. 즉, 많은 영역이 공백空白한 상태이거나 또는 그 연구가 매우 불충분하다. 예를 들면 역학사易學史의 연구와 새로이 출토된 역학 자료에 대한 연구, 역학방법론 연구, 역학의 새로운 체계의 수립 등이다. 그러나 역학의 큰 발전의 추세를 따라서 보면, 역학은 곧 거시巨視세계에서 미시微視세계로, 추상에서 구체성으로, 광범위함에서 심도 있음으로 발전하고 있다.

사회적 수요와 전체 세계문명의 발전을 따라서 보면, 역학연구는 과학이성으로 나아오고 있으며, 따라서 고금古今을 종합하고, 동서東西문화를 관통하며, 문리를 융합하고, 과학적인 전혀 새로운 역학체계를 건립하고 있다. 『주역』은 고대의 중화문화가 싹트는 시기의 산물이며, 본래 과학의 맹아를 포함한 복서卜筮의 책이며, 『역전』의 개조와 가공을 거치면서 어느 정도로 거기에 과학과 이성을 부여하기는 하였지만, 그것의 본래 성질은 변화되지 않았으며, 여전히 과학과 미신의 혼합물이기 때문에 전통적인 역학연구는 항상 어느 정도 비이성적 신앙과 정감이 뒤섞여 있을 수밖에 없으며, 과학이 발달한 오늘날까지도 여전히 정도는 다르지만 학자들의 연구를 좌우하고 있다. 그러므로 역학을 과학의 궤도에 포함시켜 현대 과학이 제공하는 지식과 방법을 이용하여 『주역』의 신비적 껍데기를 벗겨내고 그 과학이성을 발굴하여 거기에 과학적 내용을 부여하는 것이 오늘날의 역학연구자들과 과학연구자들의 중요한 임무이다. 이것은 또한 역학 발전에 반드시 거쳐야 할 길이다.

동시에 오늘날 글로벌 경제공동체의 시대에 인류는 새로운 도전에 직면하고 있다. 예를 들면 자연과 사람, 사람과 사람, 사람과 신, 사람과 과학기술, 종교와 종교, 종교와 민족 등의 문제들이 시간을 가리지 않고 인류를 괴롭히고 있는데, 어떻게 서양문화를 흡수하여 고대의 역학문화의 구조를 분석하고, 새로운 역학체계를 구축할 것인가? 어떻게 『주역』과 『주역』을 중요 뼈대로 삼아서 유가철학과 유儒·불佛·도道의 회통으로 형성된 중화문화가 세계문화와 평등한 대화를 할 수 있도록 할 것인가? 어떻게 『주역』이 가진 작용을 발휘하여 세계경제의 발전을 이끌 수 있는가? 이러한 문제가 한 사람마다의 역학연구자들이 새로운 시대에 마땅히 고려해야 할 문제이다. 이 때문에 오늘날의 철학해석학哲學解釋學, 부호학符號學, 어의학語義學, 관리학管理學, 정책결정학政策決定學, 생태윤리학生態倫理學 등의 학문분야에서 『주역』을 연구하고 과학적이고 완전히 새로운 역학체계를 건립하는 것이 나아가야 할 대세大勢이다.

우리가 역사가 부여한 중책을 맡아서 역학의 깊이 있는 연구를 추동하고, 역학의 새로운 체계를 건립하고, 서양의 과학과 철학에서 제공하는 방법을 받아들여야 할 뿐만 아니라, 반드시 중국의 고대역학에 입각하여 경험을 종합하고, 합리적이고 적극적인 요소를 찾아내야 한다. 이것이 오늘날 우리가 역학사를 연구하는 까닭이며, 당연히 우리가 정현의 역학을 연구해야 하는 이유이다.

바꾸어 말하면 우리가 정현의 역학을 연구하는 까닭은 다른 역학자나 혹은 그들의 역학연구를 폄하하려는 것이 아니며, 또한 맹목적으로 정현의 역학을 숭배하여 그렇게 역사에서 도태된 번쇄한 역학방법을 회복하려는 것도 아니며, 과학과 이성으로 그 역학의 구조를 분석하고 그 가운데 좋은 것을 선택하여 해석하여 현대의 역학연구에 이바지하기 위함이다.

이제 오늘날의 안목으로 정현의 역학을 살펴보는 것은 다음과 같은 가치가 있다.

1) 표현된 엄밀한 학풍

양한의 경학자들이 경전을 연구하는 가장 큰 특징은 사물을 이름 짓고 자구의 해석에 치중하며 이로써 경문의 본래 의미를 탐구하는 것을 목적으로 한다. 그들은 널리 증명하고 인용하며, 문장의 의미를 분석하며, 동이를 살펴서 변별하고, 힘써 한마디 말과 하나의 일을 구하여 반드시 그것을 증명하여 성실하고 엄격한 학풍을 드러내었다. 청나라 말의 항신재杭辛齋(1869~1924)는 일찍이 한학漢學의 특징을 총결산하여 "한학은 사물의 이름 짓는 것을 중시하며, 자구의 해석을 중시하며, 한 글자 한 의미에서 동이를 변석하며, 뒤섞어 비교하여 고증하기를 거리끼지 않으며, 그 근본이 유래하는 바와 의미의 당연한 바를 구한다"(『易學筆談』, 권1)고 하였다. 역학易學에서 한학의 이러한 특징을 표현하기 위해서 오로지 상수와 훈고를 도구로 삼아 『주역』의 괘사 효사를 고증하고 증명하였다. 그 가운데 정현이 돋보이게 드러난다.

정현이 양한의 역학을 계승하는 방법은 첫째, 상수象數를 추숭追崇하고, 효진爻辰·호체互體·효체爻體·괘기卦氣 등 상을 취하는 방법을 사용하였으며, 그 괘사와 효사 및 괘상卦象과 효상爻象의 관계를 탐구하였으며, 역사易辭의 한 글자 한 구절이 성인聖人이 임의로 만든 것이 아니라 모두 상수에 근본함을 증명하였다.

둘째, 훈고학을 도구로 삼아 역사에 대한 해석을 통하여 『주역』의 고문자古文字의 진실한 함의를 드러내었다. 『주역』에는 부호와 화어話語(語句)의 두 체계가 있으며, 부호의 체계는 서점筮占의 기호일 뿐만 아니라 또한 계사의 중요한 근거 가운데 하나이며, 어구의 체계는 오래되고 오묘하며 난해한 문자로 구성되어 있다. 정현은 자구字句로부터 시작하여 훈고訓詁를 밝히고, 상수를 숭상하고, 역사易辭의 옛 의미를 해석하고, 역사와 상수의 근거를 탐색하여 이러한 방법으로 『역』을 연구하였고, 그 결과는 비록 완전하게 『주역』을 지은 저자의 본의와 부합하지는 않지만, 이러한 『역』을 연구하는 맥락은 크게 비난할 수는 없으며, 무엇보다 그가 『역』을 연구하면서 드러낸 견실堅實한 학풍이 더 중요하며 긍정할 만하다. 그러나 오늘날 학계의 일부 청년학자들은 공명을 얻기에 급급하여 원전原典의 글자 단어 구절의 해독을 외면하고 내실 없는 화려함을 숭상하고, 유행하는 용어들을 추구하고, 대도大道를 상세하게 밝혀내는 데 열중하여 학풍이 경박해졌다. 이 때문에 오늘날 정현의 역학을 연구함에 상수와 훈고를 거듭 제기하여, 성실하고 근엄한 학풍을 창도하여 새로운 배경에서 『주역』의 문헌자료를 해석하는 것은 현재의 학풍이 폐단으로 흐르지 않도록 극복하는 중요한 의미가 있다.

2) 상수와 의리를 겸하여 훈고를 고려하는 방법

『주역』은 인류지혜의 결정체이며, 내포內包가 풍부한 영원한 주제이다. 역학사의 발전을 보면, 『역』을 연구하는 방법은 매우 많은데, 사학史學으로 『역』을 해석하고, 노장老莊으로 『역』을 해석하고, 유학의 이치로 『역』을 해석하고, 과학기술로 『역』을 해석하며, 복서卜筮로서 『역』을 해석하는 방법 등이며, 각종의 방법에도 각각 오랜 세월이 있으며, 서로 표리表裏가 되는데, 총체적으로는 두 가지 큰 방법 곧 상수와 의리를 벗어나지 않는다. 앞에서 말한 대로 정현

자신은 상수역학이 성행하던 한대에 살면서 시대적 학풍과 일치하여 엄격하게 상수를 참고하여 『역』의 연구를 계속할 수 있었다. 예를 들면, 효진·호체·효체·괘기 등으로 『역』을 주석하고, 훈고로써 사辭를 해석하고, 천문역법으로 『역』을 해석하였다. 더욱 소중한 것은 상수와 훈고를 창도함과 동시에 노장老莊과 유학으로서 의리를 상세하게 밝혀냄을 잊지 않았다. 예를 들면 유도儒道로써 『역』을 해석하고, 역사로써 『역』을 해석하고, 예禮로써 『역』을 해석하는 것 등은 후세에서 오로지 상수로써 역을 해석하는 폐단을 바로잡고, 의리학이 흥기하고 상수와 의리가 융합하는 기초를 마련하였다.

오늘날 『주역』을 새롭게 해석하는 것은 여전히 정현이 개척한 상수와 의리를 겸하여 훈고訓詁를 고려하는 역학의 큰 방향을 벗어날 수 없다. 특히 정현이 창도한 문자훈고의 방법, 역사로써 『역』을 해석하는 방법, 상象으로써 『역』을 해석하는 방법, 예로써 『역』을 해석하는 방법 등은 오늘날에도 여전히 중요한 가치가 있다. 우리는 『주역』의 본의本義를 부각시키는 것을 목적으로 삼는 경전의 주석방법은 마땅히 여러 가지 주역해석 방법의 종합이어야 한다. 즉 훈고·상수·의리·사학 등의 방법을 함께 중시해야 하며, 어떤 하나 혹은 몇 가지 방법에 치우쳐서는 안 된다고 생각한다. 왜냐하면 『주역』은 신비한 복서卜筮의 외피 속의 내포가 풍부한 저작이며, 형식적으로 부호와 어구語句가 서로 연관된 두 가지 체계이며, 내용상으로는 고대사회의 정치·경제·과학기술·문화·종교·예술·군사 등 각각의 방면을 포함하고 있기 때문이다. 어떤 하나의 해석방법도 단지 『주역』의 어느 한 방면 혹은 어느 한 측면의 의미만을 나타낼 수 있으며, 이러한 해석은 단지 "편견偏見"에 속할 뿐 전부의 의미는 아니다. 어떤 다른 방법에 의지할 필요가 없이, 역학의 전부를 해석하는 임무를 완성할 수 있는 만능의 방법은 없다. 즉 어떤 하나의 방법으로 『주역』의 전부의 의미를 해석하는 것은 불가능하며, 또한 헛수고에 불과하다. 또한 하나의 방법으로 대체하거나 혹은 다른 하나의 방법을 비방하는 일은 매우 지혜롭지 못하다.

그러나 현재 학계의 다원적 해석인 역학에 바로 이러한 현상이 존재하는데, 하나에 가려서 그 둘을 모르는 사람이 있고, 자신의 장점으로 타인의 단점을 공격하는 사람이 있는 등등은 분명히 역학의 융합과 발전에 이롭지 못하다. 이 때문에 우리는 마땅히 정현의 역학연구에서 깨우침을 얻어서, 편견을 버리고, 모두 조금씩 관용하고 이해하여, 남의 장점을 취하여 자신의 단점을 보충하고, 오늘의 역학의 성과를 종합하여 역학의 방법을 완성해야 한다.

3) 합리적 핵심

정현 역학은 경학뿐만 아니라 전체 유학사상에 포함된 천인일체天人一體, 천도에 근본하여 확립된 인도人道사상, 세상에 입문하는 심경과 인문정신, 이간易簡·변역變易·불역不易의 사상, 사회를 화해시키는 원칙, 중화관념 등 보편적인 세계가치를 갖추고 있다.

오늘날 경제공동체가 된 세계에서 한편으로 현대 과학기술이 나날이 비약적으로 발전하고 사회적 재산과 부(財富)가 날로 증가하며, 사람들의 생활이 극대로 개선되고 만족함을 얻어서 사람들의 생활방식이 변화하고 사람들의 시야도 확대되었다. 다른 한편으로 인류는 새로운 위기와 도전에 직면하고 있다. 현대문명의 발전으로 생태의 균형이 파괴되고, 대기大氣가 오염되며, 수분과 토양의 유실이 엄중해졌으며, 전 지구의 온도가 높아지고, 자연자원이 결핍되고…… 인간과 자연의 모순이 갈수록 첨예해지고, 인간의 생존환경이 악화되며, 변종바이러스가 인류를 습격한다. 엥겔스(Engels, Friedrich, 1820~1895)는 "우리는 우리의 자연계에 대한 승리에 지나치게 도취하지 말아야 한다. 자연에 대한 매번의 승리마다 자연계는 모두 우리에게 복수한다"[20]고 하였다. 이 모든 것은 인간과 자연의 양분兩分과 대립, 자연자원의 무궁함, 인간만능, 인간중심주

---

20) 『馬克思恩格斯選集』(山東: 人民出版社, 1957), 517쪽.

의의 이념에 근원한다. 이러한 이념의 지배하에 인류가 자연을 개조할 때의 이익지상利益至上, 대자연을 향한 한결같은 요구, 맹목적인 개발은 자연의 규율을 위배하게 되어 징벌을 받으며, 이러한 교훈은 지식인으로 하여금 새롭게 서양인들의 사상관념을 반성하게 하고, 아울러 서양보다 더 나은 인류의 생존이론을 찾아서 현재의 위기를 해소하고자 한다.

사실 2천여 년 전에 생겨나서 면면히 끊임없이 발전하여 완전하게 갖추어지고 형성된 넓고 크고 정심精深한 유가사상은 곧 오늘날 인류가 거주하는 데 가장 적합한 이론이다. 만약 자세하게 한다면 당신은 동한시대 정현의 역학이 포함하는 천도에 근본하여 인도를 확립한 천인합일의 사상과 천인감응天人感應을 기초로 하는 패기설이 곧 독특한 인류의 주거론을 포함하고 있음을 알 수 있을 것이다. 정현은 이러한 학설에서 일찍이 사람과 자연이 서로 감응하고, 인류가 반드시 자연의 규율을 준수해야 하며, 그렇지 않으면 천재天災와 인화人禍가 출현한다고 충고하였다. 비록 이러한 충고가 신비주의적 색채를 띠고 있지만, 개조를 거치면 반드시 장차 현대 공업문명의 위기를 해소하는 데 중요한 이론적 도구가 될 것이다.

21세기는 경제적으로는 세계화, 정치적으로는 다극화, 문화적으로는 다원화가 병존하며, 이것이 오늘날 국제사회 발전의 중요한 추세이다. 평화와 발전이 오늘날 사회의 주류이지만, 그러나 사회제도의 불일치, 민족적 갈등, 종족 간의 충돌, 종교적 원한, 영토분쟁, 경제마찰, 정치논쟁, 강약대립 등 각종의 모순이 여전히 존재하며, 전쟁戰爭, 폭력, 흉악한 살인, 테러, 빈곤 등은 해소되지 않을 뿐만 아니라 도리어 더욱더 엄중해지고, 오늘날 인류가 직면한 인류의 생존을 위협하는 가장 큰 공적公敵이 되었다. 세계는 "덕德을 두텁게 해야만 만물을 담을 수 있다"(厚德載物)는 정신과 평등과 화해의 분위기를 필요로 하고, "이에는 이" "피에는 피"의 상호 보복이나 서로 죽고 죽이는 극단주의는 필요로 하지 않는다. 공자를 대표로 하는 원시유가는 "조화를 소중하게 여긴다"(和爲貴)와

"화목和睦하되 의義를 굽혀 함께하지 않는다"(和而不同)는 문화이념을 주장하였고, 정현은 이 기초에서 "순수한 평화의 기"(醇和之氣)와 사람과 사람이 화합하는 화해和諧이론을 주장하였다. 이 이론은 사람과 사람, 나라와 나라, 민족과 민족, 종교와 종교 사이에 대화, 소통, 협조로서 오늘날 세계에 존재하는 대립, 오해, 충돌을 해소하는 데 중대한 지도적 의미가 있다. 이런 의미에서 정현 역학에 대한 연구는 적극적인 현실적 의미를 갖는다. 이 밖에 정현이 인도人道를 중시하고, 인성人性에 관심을 가지고 또한 변역變易과 불역不易을 창도하는 것의 학설 등은 오늘날의 관리학管理學(Management Science)에서 중요한 자원이다.

하편

주역정현주통석周易鄭玄注通釋

제1 상경上經

1. 건乾

☰ 乾, 元亨, 利貞.

건乾은 크고 형통하며 이롭고 곧다.

初九, 潛龍勿用.

초구는 잠겨 있는 용은 쓰지 말라.

鄭注：『周易』以變爲占, 故稱九稱六.(『周易正義』, 以下簡稱『正義』)

　　『주역』은 변화를 점占으로 보기 때문에 9라 하고 6이라 한다.(『周易正義』,
　　이하 간단히 『正義』로 칭한다.)

　　정현은 서법筮法에서 『주역』의 효를 "9"와 "6"으로 말한다. 시초蓍草로서 대연법大衍法을 행한
　　결과를 보면, 경우에 따라서 혹 6을 얻고, 혹 7을 얻고, 혹 8을 얻으며, 혹 9를 얻는다. 6은
　　노음老陰의 수이며, 7은 소양少陽의 수이며, 8은 소음少陰의 수이며, 9는 노양老陽의 수이다.
　　노老는 변하지만, 소少는 변하지 않는다. 『주역』의 서점筮占은 변화를 숭상하므로 경문經文에
　　서 양효陽爻를 "9", 음효陰爻를 "6"이라고 하였다.

九二, 見龍在田, 利見大人.

구이는 나타난 용이 밭에 있으므로 대인을 보면 이롭다.

鄭注：二於三才爲地道, 地上曰田, 故稱田也.(『周易集解』, 以下簡稱『集解』)

　　2는 삼재三才에서 지도地道이며, 땅의 위를 밭이라 하므로 밭이라고 지칭한다.(『周
　　易集解』, 이하 간단히 『集解』라고 칭한다.)

　　九二利見九五之大人.(『正義』)

　　구이의 보아서 이롭다는 것은 구오의 대인이다.(『正義』)

『주역』은 삼재의 도를 포함하고 있다. 「계사繫辭」에서 "『역易』이라는 책은…… 천도天道가 있고, 인도人道가 있고, 지도地道가 있으니, 삼재를 겸하여 그것에 2를 곱하면 6이 된다. 6이라 는 것은 다른 것이 아니라 삼재三才의 도이다"라고 하였다. 「설괘說卦」에서는 "삼재를 겸하여 그것에 2를 곱하였으므로 『역』은 6획으로 괘卦를 이룬다"고 하였다. 팔괘에서 삼재의 도는 상효上爻는 천天이며, 중효中爻는 사람이며, 하효下爻는 땅이다. 64괘에서 초효와 2효는 땅이 며, 3효와 4효는 사람이며, 5효와 상효는 하늘이다. 「문언文言」은 건乾의 구삼과 구사가 곧 그 증거라고 하여 "구삼은 거듭 강강剛하여 적중하지 못하고, 위로는 하늘에 있지 않고, 아래로 밭에 있지도 않으며, 중간도 사람에 있지 않다"고 하였다. 건乾의 구이는 지도地道에 처하며, 아울러 초효의 위에 있으니 곧 구이는 지상地上에 있으므로 구이의 효사를 "밭(田)이라고 한다. "대인大人"은 구오를 가리키며, 구오는 위에 있으면서 가운데 자리하니 대덕大德이 있고, 그 위치는 존귀하여 2효와 5효가 서로 응하므로 구이는 구오의 대인을 보면 이롭다.

九三, 君子終日乾乾, 夕惕若厲, 无咎.

구삼은 군자가 종일토록 힘써 노력하고도, 저녁에 모자람이 있을까 두려워하면, 허물이 없다.

鄭注 : 三于三才爲人道, 有乾德而在人道, 君子之象.(『集解』)

　　삼은 삼재에서 인도人道이며, 건乾의 덕이 인도人道에 있음은 군자의 상이다.(『集解』)

　　惕, 懼也.(『經典釋文』, 以下簡稱『釋文』)

　　척惕은 두려움(懼)이다.(『經典釋文』, 이하 간단히 『釋文』이라 칭한다.)

괘를 보면 삼재의 도가 있으니, 구삼은 인도이다. 구삼은 또 양효이며, 건乾인 내괘의 위에 있다. 이미 건乾이 대덕이 있고, 또 인도에 있으므로 이것은 사회에서 군자의 상이므로 구삼의 효를 "군자君子"라고 한다. 구척懼은 두려워하고 불안함을 가리킨다. "척惕"을 "구척懼"로 해석하는 것은 한대 이후에 매우 유행하였다. 예를 들면 『광아廣雅』「훈고訓詁」에서는 "척惕은 구척懼이 다"라고 하였다. 우번虞翻은 송괘訟卦의 "질척窒惕"의 "척惕"을 주석하기를 "척惕은 구척懼다"라 고 하였다. 쾌괘夬卦의 구이 "척호惕號"의 "척惕"도 또한 같았다. 정현과 우번의 영향을 받아서 후세의 역학자들 대부분 이 해석을 따랐다.

九四, 或躍在淵, 无咎.

구사는 혹 연못에서 뛰어오르니 허물이 없다.

九五, 飛龍在天, 利見大人.

구오는 나는 용이 하늘에 있으니 대인을 보면 이롭다.

鄭注 : 五於三才爲天道. 天者, 淸明無形, 而龍在焉, 飛之象也.(『集解』)

　　5효는 삼재에서 천도가 된다. 천天은 청명하고 형체가 없으니 용이 거기에
　　있으면 날아다니는 상이 있다.

　건乾의 5효와 상효 두 효는 위에 있으니 천도天道이다. 옛사람의 말에 의하면 천天은 기氣로
형성되는 것이며, 기는 청淸·탁濁으로 나뉘며, 맑은 양陽은 위로 올라가 하늘이 되며, 탁하고
무거운 것은 내려가 땅이 된다. 『회남자淮南子』 「천문훈天文訓」에서는 "우주에서 기氣가 생겨
나며, 기에는 경계가 있다. 맑은 양은 얇고 가벼워 하늘이 되고, 무겁고 탁한 것은 응결되어
땅이 된다"고 하였다. 『역위易緯·건착도乾鑿度』에서는 "일자一者는 형이 변하는 시작이며,
맑고 가벼운 것은 위로 가서 하늘이 되고, 탁하고 무거운 것은 아래로 가서 땅이 된다"고
하였다. 구오의 효는 위에 있으면서 청명淸明한 기가 위로 오름을 보여 준다. 용龍은 수水의
물사物事이며, 하늘 위의 구름의 기운도 수水에 속하므로 구오의 효에는 "용비龍飛"의 상이
있으니 곧 「문언」의 "구름은 용을 쫓는다"(雲從龍)는 말이며, 『회남자』의 "용이 오르면 서운曙
雲이 모인다"는 말이다.

上九, 亢龍有悔.

상구는 끝까지 오른 용은 후회함이 있다.

鄭注 : 堯之末年, 四凶在朝, 是以有悔, 未大凶也.(『正義』)

　　요임금의 말년에 사흉四凶이 조정에 있어 이 때문에 후회함이 있으나 아직
　　큰 흉은 아니었다.(『正義』)

　이것은 요임금의 일로서 "항룡유회亢龍有悔"를 설명하였다. 사흉은 요임금 시대 네 명의 악인
이다. 『사기』 「오제본기五帝本紀」에는 "옛날 제홍씨帝鴻氏(軒轅氏)에게 매우 어리석은 자손이
있었는데, 의로움을 가리고 은밀하게 사람을 해치고, 흉악하고 사특한 행동을 좋아하여 세상

사람들은 그를 혼돈混沌이라고 불렀다. 소호씨少皥氏에게도 매우 어리석은 자손이 있었는데, 신의를 훼손하고 충직함을 싫어하며, 나쁜 말을 잘 꾸며대기를 좋아하였으므로 세상 사람들은 그를 궁기窮奇라고 불렀다. 전욱씨顓頊氏에게도 매우 어리석은 자손이 있었는데, 가르치고 깨우칠 수 없고, 말과 글을 알지 못하였으므로 세상 사람들은 그를 '도올檮杌(사나운 짐승, 악인)이라고 불렀다.…… 진운씨縉雲氏에게 매우 어리석은 자손이 있었는데, 그는 음식을 탐하고, 재화와 뇌물을 좋아하였으므로 세상 사람들은 그를 '도철饕餮'이라고 불렀다. 세상 사람들이 모두 그를 미워하여 위에서 말한 세 사람의 악인에 비유하였다"고 하고, 또 "순임금이 이 네 문四門에서 빈객賓客을 맞이할 때, 네 흉족凶族을 유배시키고, 네 후예後裔를 변방으로 몰아내어 교룡과 도깨비(螭魅)의 무리를 다스렸다"고 하였다. 『사기』와 『상서』의 기록에 근거하면, 요임금은 일찍이 통제에 불복종하는 부족의 수령인 공공共工·환두驩兜·삼묘三苗·곤鯀을 추방하였다. 예를 들면, 『상서尙書』「요전堯典」에서는 "공공共工을 유주幽州에 유배하고 환두驩兜를 숭산崇山으로 방출하고, 삼묘三苗를 삼위三危로 내쳤으며, 곤鯀을 우산羽山에서 사형에 처하였는데, 네 악인의 단죄로 천하가 모두 감복하였다"고 하였다. 어떤 사람들은 혼돈渾沌·궁기窮奇·도올檮杌·도철饕餮이 곧 공공共工·환두驩兜·삼묘三苗·곤鯀이다. 정현은 이 요임금 말년의 "하늘에 오른 용"(亢龍)에 비유하고, 사흉四凶이 조정에 있었던 것을 "후회함이 있음"(有悔)으로 비유함으로써 건괘乾卦에 포함된 '사물이 극에 도달하면 반드시 되돌아온다'(物極必反)는 철리哲理를 설명하였다.

用九, 見群龍无首, 吉.

용구는 머리가 없는 뭇 용들을 보면 길하다.

鄭注 : 六[1]爻皆體乾[2], 群龍之象也. 舜旣受道[3], 禹與稷契咎繇之屬[4]. 幷在于[5]朝.(『後漢書』, 「郎顗傳」 注; 『後漢書』, 「班固傳」 注)

　　여섯 효는 모두 체體가 건乾이며, 뭇 용의 상이다. 순임금이 이미 도道(혹은 禪讓)를 받았고 우임금은 직稷·설契·구요咎繇의 무리와 함께 조정에 있었다.(『後漢書』, 「郎顗傳」 注; 『後漢書』, 「班固傳」 注)

건乾은 "용龍"으로도 쓴다. 도道는 "선禪"으로도 쓴다. 정현은 이 효사는 여섯째 효에 대한

---

1) 「郎顗傳」은 "无"를 "六"자로 주석하였다.
2) 「班固傳」은 "乾"을 "龍"으로 주석하였다.
3) 「반고전」은 '此四'자가 없다고 주석하였다.
4) 「반고전」은 "禹" 위에 "謂"자가 있다고 주석하였다.
5) 「낭의전」은 '无'를 '于'자로 주석하였다.

종합이라고 생각하였다. 사辭의 "군룡群龍"은 여섯 효를 가리키며, 건乾의 여섯 효는 모두 양이며, 체體가 건乾이므로 군룡群龍의 상이니, 곧 「단전象傳」의 "때로 여섯 마리 용을 타고 하늘을 다스린다"는 "육룡六龍"이 이 뜻이다. 정현은 또 인사人事로서 그것을 밝혔는데, 곧 우임금이 옛 여섯 부락을 연합하여 제위를 이어받은 것으로서 머리가 없는 군룡이 길함을 설명하였다. 우임금이 옛 여섯 부락의 수령인 직稷·설契 등을 "군룡"으로 비유하였다.

「彖」曰: 大哉乾元, 萬物資始, 乃統天.

「단象」에서 말하였다. 위대하다 건원乾元이여! 만물이 의뢰하여 시작하니, 이에 하늘을 근본한다.

鄭注 : 資, 取也. 統, 本也.(『釋文』)

자資는 취取이다. 통統은 본本이다.(『釋文』)

『소이아小爾雅』에서는 "자資는 취取이다"라고 하였다. 취取는 "수受"와 같다. 『예기禮記』「상대기喪大記」의 "옷을 받은 사람도 또한 상자에 담는다"(取衣者亦以篋篋)라는 구절에서 정현은 "취取는 수受와 같다"고 하였다. 순상荀爽은 이 구절을 주석하기를 "64괘를 나누면 11,520책冊 모두는 건乾에서 받아서 시작한다"고 하였는데, 여기서도 "자資"를 수受로 해석하였다. 본本은 곧 본원本原이며, 통천統天은 천의 근본을 확립함을 가리킨다. 조원필曹元弼(1867~1953)은 "통統은 계系이다. 그러므로 구가九家는 계繼로 해석하였으며, 장씨는 정현의 뜻을 이어서 '통統은 본本이다.' 건원乾元은 하늘의 근본을 확립함이라는 뜻이 견주어 보면 낫다."(『周易集解補釋』, 이하 간단히 『補釋』이라 칭한다.)

雲行雨施, 品物流行, 大明終始, 六位時成,

구름이 떠다니며 비를 내려 형체를 갖춘 온갖 사물이 유행하며, 끝과 시작을 크게 밝혀 여섯 위(六位)가 때맞추어 이루어지니

鄭注 : 謂陰陽六爻上下耳.(『公羊傳』, 隱公 元年 疏)

음양의 여섯 효의 상·하를 이를 뿐이다.(『公羊傳』, 隱公 元年 疏)

이것은 한 괘의 여섯 효의 상하를 음양에 따라 위치를 배열함을 가리키며, 효의 위치는 아래로부터 위로 순서대로 초양初陽, 이음二陰, 삼양三陽, 사음四陰, 오양五陽, 상음上陰이 되며, 매 효의 위치는 불확정하다.

時乘六龍以御天, 乾道變化,

때에 맞추어 육룡을 타고서 하늘을 다스림에 건도乾道가 변화한다.

鄭注 : 謂先有舊形漸漸改者, 謂之變; 雖有舊形忽改者, 謂之化; 及本無舊形非類而改亦謂之化.(『禮記』,「月令」疏)

　　먼저 옛 모양이 점점 바뀌는 것을 변變이라고 하며, 옛 모양이 홀연히 바뀌는 것을 화化라고 하며, 또 본래 옛 모양이 잘 못되어 바뀌는 것도 또한 화化라고 한다.(『禮記』,「月令」疏)

　　이것은 "변화變化"를 해석한 것이다. 이른바 변變은 점차적으로 바뀌는 것으로 곧 오늘날의 "점진적 변화"(量變, quantitative transformation)이다. 이른바 화化는 홀연히 바뀌거나 한 종류의 사물이 다른 종류의 사물로 바뀌는 것을 말하며, 오늘날의 "질변質變"(qualitative change)이다.

各正牲命, 保合太和, 乃利貞, 首取庶物, 萬國咸寧.

각각 그 성명性命을 바르게 하고, 화합을 지켜서 크게 화합하니 이에 이롭고 곧으며, 뭇 사물에서 처음으로 취하니 만국이 모두 편안하다.

「象」曰: 天行健, 君子以自强不息. "潛龍勿用", 陽在下也. "見龍在田", 德施普也. "終日乾乾", 反復道也. "或躍在淵", 進无咎也. "飛龍在天", 大人造也.

상象에서 말하였다. 하늘의 운행은 굳건하여 군자는 그로써 스스로 강해지기를 쉬지 않는다. "잠겨 있는 용은 쓰지 않음"은 양陽이 아래에 있기 때문이다. "나타난 용은 밭에 있다"는 말은 덕이 널리 베풀어지는 것이다. "하루 종일 힘쓰고 힘씀"은 도道를 반복함이다. "혹 뛰어오름과 연못에 있음"은 나아감에 허물이 없음이다. "나는 용이 하늘이 있음"은 대인이 하는 일이다.

鄭注 : 造, 爲也.(『釋文』)

　　조造는 위爲이다.(『釋文』)

　　조造를 유흠劉歆 부자는 "취聚"라고 썼다.『한서』「유향전劉向傳」봉사封事를 올려 "그러므로 현인이 위에 있으면 그 부류를 조정으로 끌어 모은다. 『역』에서 '나는 용이 하늘이 있으니 대인이 모인다'고 하였다." "조조造"와 "취취聚"는 음이 서로 가까워 가차假借로 통한다. 상송봉宋翔鳳(1779~1860)은 "취취聚와 조조造는 소리의 전환이다"라고 하였다.(『周易考異』, 이하 간단히 『考異』로 칭한다.) 정현은 "조조造"를 "위위爲"라 하고, 『이아爾雅』 「석언釋言」에서도 "조조는 위위爲다"라고 하여 흥기興起와 작위作爲의 뜻으로 보았다. 정현은 「문언」과 합하여 건乾의 구오를 "성인이 세상에 나옴에 비로소 만물이 분별되었다"의 뜻으로 해석하였다. 정현은 "주做는 일어남起이다"라고 주석하였다.

"亢龍有悔", 盈不可久也. 用九天德, 不可以爲首也.

"끝까지 오른 용은 후회함이 있다"는 가득 차면 오래갈 수 없기 때문이다. 용구用九[6] 천덕天德은 우두머리가 될 수 없다.

「文言」曰: 元者, 善之長也. 亨者, 嘉之會也. 利者, 義之和也. 貞者, 事之干也. 君子體仁足以長人.

「문언」에서 말하였다. 원元은 선의 으뜸이다. 형亨은 기쁨이 모인 것이다. 이로움(利)은 의義의 화합이다. 곧음(貞)은 일의 근간이다. 군자는 인仁을 체득함으로써 사람의 우두머리가 될 수 있다.

鄭注 : 體, 生也.(『文選』, 「贈顧交趾公眞詩」[陸機] 注)

체體는 생생生이다.(『文選』, 「贈顧交趾公眞詩」[陸機] 注)

정현이 "체體"를 "생생生"이라고 해석한 것은 청淸의 장혜언은 통하지 않는다고 보았다. 그는 "생생生을 위하여 인仁하기를 마다하지 않는다. 순상荀爽과 경방京房의 판본에는 '인仁'을 모두 '신信'으로 보고 혹 정현의 판본이 '인仁'을 '인人'으로 본 것이 아닌지 의심하였다"(『周易鄭注』, 「文言」 第九)라고 하였다. 근대의 사람 조원필은 이 '생生'자는 마땅히 '성性'으로 읽어야 한다고 하였다. 그는 "정현이 '체體'를 '생生'으로 해석한 것은 '생生'을 '성性'으로 읽었다. 『논어』에는 '어진 사람은 어짊을 편안하게 여긴다(仁者安仁)고 하였다. 포씨包氏는 '오직 성정이 어진 사람만이 저절로 그것을 체득한다'라고 하였다. 『맹자』는 '군자가 가진 본성은 인의예지仁義禮智이며, 그것을 본성으로 삼으므로 그것을 체득한다'라고 하였다. 여러 학파가 '인仁'을 '신信'으로 썼다. 신신信은 인仁을 지킴이다. 『중용』은 '정성스럽고 정성스럽다 그 성性이여!'라고 하였다. 정현은 '순순肫肫은 간절하고 정성스러운 모양이다'라고 주석하였는데, 이것은 몸으로 믿는다는 뜻이다'(『集解補釋』)라고 하였다. 조원필이 "생생生生"을 "성성性性"으로 해석한 것은 매우 좋은 관점이다. 살펴보면, 『좌전左傳』 소공昭公 19년 "백성이 그 성性을 즐긴다"(民樂其性)는 구절의 소疏에서 "성性은 생생生生이다"라고 하였다. 또 백서帛書본 『주역』과 백서본 『역전易傳』에서도 증명할 수 있으니 무릇 "성성性性"을 대부분 "생생生生"으로 보았다. 예를 들면, 백서 『계사』에서는 "그것을 이루는 것이 생생이다"(成之者, 生也)라고 하였고, 『역지의易之義』에서는 "궁리하여 생생을 다하여 명命에 이른다"(窮理盡生而至於命)고 하고, "본래 생생함이 인의仁義다"라고 하였으므로 정현이 말한 "생인生仁"은 곧 "성인性仁"이다.

嘉會足以合禮, 利物足以合義, 貞固足以干事, 君子行此四德者, 故曰乾元亨利貞. 初九曰: "潛龍勿用." 何謂也? 子曰: 龍德而隱者也, 不易乎世, 不成乎名.

아름다운 모임으로 예禮에 부합할 수 있고, 사물을 이롭게 함으로 의義와 합할 수 있고, 바르고 굳으면 일을 주관할 수 있다. 군자가 이 네 가지 덕을 행하므로 건乾은 크고 형통하며 이롭고 곧다. 초구에서 말한 "잠긴 용은 쓰지 않는다"라는 말은 무슨 뜻인가? 공자는 '용龍의 덕을 가지고도 은둔한 사람이니 세상에 따라 변하지도 않으며 이름을 이루지도 않는다'라고 하였다.

鄭注 : 當隱之時, 以從世俗不自殊異, 無所成名也.(『集解』)

마땅히 은둔할 때에 세속을 따라 스스로를 달라지지 않으니 이름을 날릴 수 없다.(『集解』)

건乾의 초구는 양효陽爻가 아래에 있으며, 대덕大德의 군자가 그 몸을 숨겨서 감추고, 그 덕을 쌓으며, 때를 기다려 행동하며 세속을 따르며 위배하지 않으며, 공명功名을 구하지 않는다. 정현은 여기서 시기를 파악할 것을 강조하였으며, 곧 은거할 때 세속을 따르면 명성을 이룸이 없다. 말 밖의 뜻은 마땅히 나가야 할 때 곧 나아가면 행함이 있다. 이것은 「문언」을 상세하게 밝힌 것이다.

遯世无悶, 不見是而无悶, 樂則行之, 憂則違之, 確乎其不可拔.

세상에 은둔해도 고민이 없으며, 옳음이 드러나지 않아도 고민이 없으며, 즐거우면 행하고, 근심되면 떠나서, 확실하게 버릴 수 없다.

鄭注 : 確, 堅高之貌. 拔, 移也.(『釋文』)

확확은 견고한 모양이다. 발발은 버림(移)이다.(『釋文』)

『설문說文』에서는 "확확은 격반이다"라고 하고, "격반은 견고함이다"라고 하였다. 서현徐鉉(916~991)은 지금은 "확확"으로 써야 한다고 보았다. "'학현'과 '확확'은 본래 두 글자였는데, 음은 같고 뜻은 다르며, 고적古籍은 대부분 '학현'을 '확확'으로 빌려 썼다."[7] 그러나 『설문』은 「계사」를 인용하여 "무릇 건乾은 확연確然하다"고 할 때의 "확확"을 "각隺"으로 썼으며, 정현의 『역찬易贊』도 같은 것을 인용하여 "확확"과 "각隺" 두 글자를 상통한다고 보았는데, 『설문』은 "각隺은 지고至高함이다"고 하였다. 그러므로 "학현"은 견堅과 고高의 뜻이 있다. 발발은 본래의 뜻은 손을 이용하여 뽑아 올림을 가리키며 후에 전의轉義되어 이동移動과 개변改變의 뜻이 되었다.

九二曰: "見龍在田, 利見大人." 何謂也? 子曰: "龍德而正中者也. 庸言之信, 庸行之謹, 閑邪存其誠, 善世而不伐, 德博而化. 易曰: '見龍在田, 利見大人.' 君德也." 九三"君子終日乾乾, 夕惕若厲, 无咎." 何謂也? 子曰: "君子進德修業. 忠信, 所以進德也; 修辭立其誠, 所以居業也. 知至至之, 可與幾也. 知終終之, 可與存義也. 是故居上位而不驕, 在下位而不憂, 故乾乾因其時而惕, 雖危无咎矣." 九四曰: "或躍在淵, 无咎." 何謂也? 子曰: "上下无常, 非爲邪也; 進退無恒, 非離群也. 君子進德修業, 欲及時也, 故无咎." 九五曰: "飛龍在天, 利見大人." 何謂也? 子曰: "同聲相應, 同氣相求. 水流濕, 火就燥, 雲從龍, 風從虎, 聖人作而萬物睹,

구이에서 "드러난 용이 밭에 있으니 대인을 보면 이롭다"고 한 말은 무슨 말인가? 공자는 "용의 덕으로 꼭 맞는 사람이다. 평상의 말을 미덥게 하고, 평상의 행동을 근신하며, 간사함을 막고 그 정성을 보존하여 세상을 선하게 하여 정벌하지 않으며, 덕을 널리 펴서 교화한다. 『역』에서 '드러난 용이 밭에 있으니 대인을 보면 이롭다'는 말은 임금의 덕이다'라고 하였다. 구삼에서 "군자는 하루 내내 노력하고 저녁에도

---

7) 馮其庸 審定, 鄧安生 纂著, 『通假字典』(花山文藝出版社, 1998). 이하 다시 주석하지 않는다.

(모자람이 있을까) 근심하면 위태로우나 허물이 없다"라고 한 것은 무슨 말인가?
공자는 "군자가 덕을 기르고 학업을 닦음에 충실함과 믿음은 덕을 기르는 까닭이니,
말을 바르게 하여 그 정성을 확립하여 학업에 임한다. 다다라야 할 곳을 알아
다다르면, 더불어 기미幾微를 알 수 있고, 끝마쳐야 할 것을 알고 끝마치면, 더불어
의를 보존 할 수 있다. 이런 까닭에 윗자리에 있어도 교만하지 않고, 낮은 자리에
있더라도 근심하지 않는다. 그러므로 힘써 노력하여 때에 따라 두려워하면 비록
위태로우나 허물이 없다"고 하였다. 구사의 "혹 뛰어 오르거나 연못에 있으면
허물이 없다"는 함은 무슨 말인가? 공자는 "오름과 내림이 일정함이 없음은 간사함이
아니며, 나아가고 물러남에 일정함이 없음은 무리를 떠남이 아니다. 군자가 덕을
기르고 학업을 닦음은 때에 맞추고자 함이므로 허물이 없다"고 하였다. 구오의
"나는 용이 하늘에 있으니, 대인을 봄이 이롭다"함은 무슨 말인가? 공자는 "같은
소리끼리 서로 응하며, 같은 기운끼리 서로 구해서 물은 습한 데로 흐르고, 불은
마른 곳으로 나아가며, 구름은 용을 좇고 바람은 범을 따른다. 성인이 세상에
나옴에 비로소 만물이 분별되었다.

鄭注 : 作, 起也.(『釋文』)

　　작作은 기起다.(『釋文』)

　고대에는 많이 "작作"을 "기起"로 해석하였다. 『설문』에도 "작作은 기起다"라고 하였고, 『석명
釋名』 「석선釋船」에서도 "작作은 기起다"라고 하였으니, 이 "기起"에는 흥기興起의 뜻이 있다.

**本乎天者親上, 本乎地者親下, 則各從其類也." 上九曰: "亢龍有悔."
何謂也? 子曰: "貴而无位, 高而无民, 賢人在下位而无輔, 是以動而有
悔也." "潛龍勿用", 下也; "見龍在田", 時舍也; "終日乾乾", 行事也;
"或躍在淵", 自試也; "飛龍在天", 上治也; "亢龍有悔", 窮志[8] 災也. 乾
元"用九", 天下治也. "潛龍勿用", 陽氣潛藏; "見龍在田", 天下文明;
"終日乾乾", 與時偕行; "或躍在淵", 乾道乃革; "飛龍在天", 乃位乎天
德, "亢龍有悔", 與時偕極; 乾元"用九", 乃現天則. 乾元者, 始而亨者也;
利貞者, 情性[9]也. 乾始而[10]以美利利天下, 不言所利, 大矣哉. 大哉乾**

---

8) 窮志: 금문본에는 "志窮"으로 썼다.

乎, 剛健中正, 純粹精也. 六爻發揮, 旁通情也; 時乘六龍, 以御天也; 雲行雨施, 天下平也. 君子以成德爲行, 日可見之行也. 潛之爲言也, 隱而未見, 行而未成, 是以君子弗用也. 君子學以聚之, 問以辯之, 寬以居之, 仁以行之. 『易』曰: "見龍在田, 利見大人." 君德也. 九三重剛而不中, 上不在天, 下不在田, 故乾乾因其時而惕, 雖危"无咎"矣. 九四重剛而不中, 上不在天, 下不在田, 中不在人, 故"或"之, 或之者, 疑之也, 故"无咎". 夫大人者, 與天地和其德, 與日月齊[11]其明. 與四時合其序, 與鬼神合其吉凶. 先天而天弗違, 後天而奉天時, 天且弗違, 而況於人乎! 況於鬼神乎! "亢"之爲言也, 知進而不知退, 知存而不知亡, 知得而不知喪, 其唯聖人乎! 知進退存亡而不失其正者, 其唯聖人乎!

하늘에 근본을 둔 것은 위와 친하고, 땅에 근본을 둔 것은 아래 것과 친하니 각각 그 무리를 따른다"고 하였다. 상구의 "끝까지 올라간 용이니 후회함이 있다" 함은 무슨 말인가? 공자는 "귀하되 지위가 없으며, 높되 백성이 없으며, 현인賢人이 아랫자리에 있으니 돕는 사람이 없다. 이런 까닭에 움직이면 후회함이 있다"고 하고, "잠긴 용은 쓰지 않음"은 아래로 감이며, "드러난 용이 밭에 있음"은 때맞추어 머무는 곳이며, "하루 종일 힘써 노력함"은 일을 행함이며, "혹 뛰어오르고 연못에 있음"은 스스로 시험함이며, "나는 용이 하늘에 있음"은 위에서 다스림이며, "끝까지 다다른 용은 후회함이 있음"은 뜻이 다하여 재앙이 있다. 건원乾元의 "용구用九"는 세상이 다스려짐이며, "잠긴 용은 쓰지 않음"은 양기陽氣가 잠기어 감춰 있음이며, "드러난 용이 밭에 있음"은 세상이 문명해짐이며, "하루 종일 힘써 노력함"은 때에 맞추어 함께 행함이며, "혹 날아오르고 연못에 있음"은 건도乾道에 이에 바뀜이며, "나는 용이 하늘에 있음"은 곧 하늘의 덕에 자리함이며, "끝까지 오른 용은 후회함이 있음"은 때와 함께 하는 때가 모두 극에 다다름이며, 건원乾元의 "용구用九"는 곧 하늘의 법칙이 드러남이다. 건원乾元은 시작에서 형통한 것이며, 이롭고 곧음은 성정性情이다. 건의 시작은 아름다운 이로움으로 세상을 이롭게 하지만, 이롭게 하는 바를 말하지 않으니 크도다! 크도다 건이여! 굳세고 굳건하고 치우치지

---

9) 情性: 금문본에는 "性情"으로 썼다.

10) 而: 금문본에는 "能"으로 썼다.

11) 齊: 금문본에는 "合"으로 썼다.

않고 바르며, 순전하고 순수하고 정밀하다. 여섯 효가 발휘하여 두루 정을 통하며, 때로 육룡六龍을 타고 하늘을 다스리며, 구름이 운행하며 비를 내리니 세상이 평안하다. 군자가 덕을 이룸을 행함으로 삼으면 나날이 행함을 볼 수 있다. 숨는다는 말은 숨어서 드러나지 않고 행하지만 아직 이루어지지 않았으므로 군자는 쓰지 않는다. 군자는 배움으로 그것을 모으고, 물음으로 그것을 변별하고, 관대함으로 처신하며, 인仁으로써 행한다. 『역』에서 "드러난 용이 밭에 있으니 대인을 보면 이롭다"함은 임금의 덕이다. 구삼은 굳셈이 거듭하여 중中에 맞지 않고, 위로는 하늘에 있지 않고, 아래로는 밭에 있지 않으며, 가운데서 사람에 있지 않으므로, 그 때에 맞도록 노력하고 또 노력하고도 근심하니, 비록 위험하지만 "허물이 없다"고 한다. 구사는 굳셈이 거듭하여 중中에 맞지 않아 위로는 하늘에 있지 않고, 아래로 밭에 있지 않으며, 가운데도 사람에게 있지 않으니, "혹或"이라고 하고, 혹或이라고 함은 의심함이므로 "허물이 없다." 무릇 대인은 천지와 그 덕을 함께하며, 일월日月과 그 밝음을 가지런히 하며, 사계절과 함께 그 순서를 합하며, 귀신과 함께 그 길흉을 합한다. 하늘보다 먼저이지만 하늘을 어기지 않고, 하늘보다 늦지만 하늘의 시절을 받들며, 하늘도 또한 어기지 않으니 하물며 사람에 있어서랴! 하물며 귀신에게 있어서랴! "항亢"이라는 말은 나아감을 알지만 물러남을 모르며, 보존함을 알지만 없어짐을 모르며, 얻음을 알지만 잃음을 모르니 오직 성인일 뿐일진제! 진퇴進退와 존망存亡을 알고 그 바름을 잃지 않음은 오직 성인일 뿐일진제!

2. 곤坤

☷ 坤, 元亨利貞, 利牝馬之貞, 君子有攸往, 先迷而後得主, 利西南得
朋, 東北喪朋, 安貞吉.

곤坤은 크게 형통하고 이롭고 곧으니, 암말의 곧음과 같이 이로우며, 군자가 갈
곳이 있음에, 먼저 가면 길을 잃고, 뒤에 가면 주인을 얻으며, 서남쪽은 벗을 얻어
이롭고, 동북쪽은 벗을 잃는다. 곧음에 안주하면 길하다.

「彖」曰: 至哉坤元, 萬物資生, 乃順承天. 坤厚載物, 德合无疆, 含弘光
大, 品物咸亨. "牝馬"地類, 行地无疆, 柔順利貞, 君子攸行, "先迷"失道,
"後"順得常. "西南得朋", 乃與類行, "東北喪朋", 乃終有慶, 安貞之吉,
應地无疆.

「단彖」에서 말하였다. "지극하다. 곤坤의 큼이여! 만물이 바탕하여 생겨나니 이에
하늘을 순응하여 받든다. 곤이 두터이 만물을 실으며, 그 덕은 경계가 없음과
합하며 넓고 빛나고 광대함을 포함하며, 형체를 갖춘 온갖 사물(品物)이 모두 형통하다.
암말은 땅의 무리이니 땅을 다님에 경계가 없으며, 부드럽고 순응하며 이롭고
곧으니 군자의 행함이 있어 먼저 하면 미혹하여 도道를 잃고, 뒤에 하면 순조롭게
일정함을 얻는다. '서남에서 벗을 얻음'은 이에 무리와 함께 가며, '동북에서 벗을
잃음'은 이에 마침내 경사가 있으니, 곧음에 안주함이 길함이 땅과 응하여 경계가
없다.

「象」曰: 地勢坤, 君子以厚德載物.
「상象」에서 말하였다. 땅의 형세가 곤坤으로 군자는 두터운 덕으로써 재물을 쌓는다.

初九, 履霜堅冰至.

초구는 서리를 밟으면 단단한 얼음이 이른다.

鄭注 : 履讀爲禮.(『釋文』)

리履는 예禮로 읽는다.(『釋文』)

"리履"와 "예禮" 두 글자는 옛날에는 통가자通假字[12]로 백서본 『역』에는 "리履"를 모두 "예禮"로 썼다. 이정조李鼎祚의 『주역집해』와 왕필王弼의 『주역약례周易略例』의 「서괘序卦」에서 "그러므로 리履로써 받는다"(故受之以履)의 뒤에는 모두 "리履는 예禮"라는 말이 있다. 『이아』 「석언」에도 "리履는 예禮다"라고 하였는데, 예禮는 고대에 본래 제사를 지내는 신에게 복을 비는 것을 가리킨다. 『설문』에는 "예禮는 리履다. 그로써 복을 비는 일로 삼는다"고 하였고, 『상서尙書』 「요전堯典」의 "누가 능히 짐朕(요임금)의 삼례三禮 맡을 수 있는가?"(有能典朕三禮)의 구절에 대하여 마융은 "삼례三禮는 천신天神·지지地祇·인귀人鬼의 예이다"라고 주석하였다. 『예기』 「예운禮運」에는 "무릇 예는 음과 양의 교제交際이며, 온갖 가지 일의 모임이다. 그로써 천지를 존중하고 귀신을 대접하며, 상하의 질서가 있고 인도人道를 바르게 한다"고 하였다. 후에 예禮는 또 사회 행위의 법칙, 규범의 의미로 전의轉義되었고, 고대에는 등급 제도를 많이 가리켰으며, 공자가 말한 "극기복례克己復禮"의 "예禮"가 곧 이 뜻이다. 예는 사람이 지키고 따르며 실천해야 하는 것이므로 예에는 또 이행履行의 뜻이 있다. 『순자荀子』 「대략大略」에는 "예禮는 사람이 이행履行해야 할 바이다"라고 하였고, 대장大壯 「상象」에는 "군자는 예가 아니면 이행하지 않는다"고 하였고, 『예기』 「제의祭義」에서는 "예禮는 이것을 이행하는 것이다"라고 하였다. 그러나 장재동臧在東(청나라 때 사람)은 "정현본의 경문에는 마땅히 '예禮'라고 썼으며 정현이 그것을 주석하기를 '예禮는 리履로 읽는다'고 하였고, 이후의 사람들은 이 주석에 의거하여 경經을 고치고 또 경에 의거하여 주석을 고쳤다"(丁傑, 『周易鄭注』)라고 하였다. 필자가 보기에 정현과 왕필은 모두 비직의 역을 전수받았고, 왕필은 본래 "리履"라고 썼으며, 육덕명은 (왕필의) 남학南學을 숭상하고 또한 왕필본을 이용하여 "리履"라고 썼으며, 또한 정현을 인용하여 "리履"를 "예禮"로 읽었으므로 마땅히 잘못이 있을 수 없으며, 장재동의 설은 어디에 근거하는가를 알 수가 없다.

「象」曰: "履霜堅冰", 陰始凝也. 馴致其道, 至堅冰也.

「상」에서 말하였다. "서리를 밟으면 견고한 얼음에 이른다"는 말은 음기가 응결하기

---

12) 역자 주: 字音이 같거나 비슷한 글자를 빌려서 본래 글자를 대신하는 조어법.

시작함이다. 그 도를 점차 이루어 견고한 얼음에 이른다.

鄭注 : 馴, 音訓.13)(『釋文』)

　　순훈馴은 훈訓으로 읽는다.(『釋文』)

순훈馴은 옛날의 훈訓자이다. 『사기』「오제본기五帝本紀」의 "능히 덕을 밝히고 따른다"(能明馴德)는 구절을 서광徐廣은 "순훈馴은 옛날의 훈訓자이다"라고 하였다. 또 「오제본기」의 "백성은 친하지 않고, 오품五品은 따르지 않는다"(百姓不親, 五品不訓)는 구절에 대하여 『주례』「지관地官 · 사도司徒」에서 "가르침은 친함으로써 하며, 백성은 오품五品을 따른다"(敎所以親, 百姓訓五品)라고 주석하였는데, 이것도 "순훈馴"을 "훈訓"으로 보는 증거이다. 그러나 이 "순훈馴"은 마땅히 "순順"과 통한다. 『설문』에서는 "순훈馴은 말이 순종하는 것이다"라고 하였다. 『구가역九家易』에서 말한 "순훈馴은 순順과 같다"(馴猶順也)는 구절을 고형高亨(1900~1986)은 "살펴보면, 순훈馴을 가차하여 순順으로 보았으며, 두 글자는 같은 소리의 계통으로 고서古書에서는 항상 통용되었다"라고 하였다.(『周易大傳今注』)

六二, 直方大. 不習无不利.

육이는 곧고 방정하며 크다. 익히지 않아도 이롭지 않음이 없다.

鄭注 : 直也 · 方也, 地之性. 此爻得中氣而在地上, 自然之性, 廣生萬物, 故生動直而且方.(『禮記』,「深衣」正義)

　　곧다, 방정하다는 말은 땅의 성질이다. 이 효爻는 중간의 기를 얻어서 지상에 있으며, 자연의 성질로 널리 만물을 생겨나게 하므로 생동함이 곧고 또한 방정하다.(『禮記』,「深衣」正義)

　　坤爻辭"履霜" · "直方" · "含章" · "括囊" · "黃裳" · "玄黃"協韻, 故「象傳」 · 「文言」皆不釋"大", 疑"大"字衍.(원나라 熊朋來의 『五經說』에 인용된 『鄭氏古易』)

　　곤坤의 효사인 "이상履霜", "직방直方", "함장含章", "괄낭括囊", "황상黃裳", "현황玄黃"은 협운協韻4)이므로 「상전象傳」과 「문언文言」은 모두 "대大"를 해석하지

---

13) 『釋文』은 "馴은 모두 '訓'으로 읽는다고 하였는데, 이것은 정현의 뜻에 의하였다"라고
　　하였다. 姚士粦은 『易解附錄後語』에서 『釋文』을 인용하여 "馴은 從이다"라고 하였고,
　　혜동이 처음 그것을 인용하였다.

14) 역자 주: 운율을 맞추기 위하여 본래 같은 韻이 아닌 글자를 동일한 운으로 사용하는

않고, "대大"자를 연문이라 의심하였다.(원나라 熊朋來의 『五經說』에 인용된 『鄭氏古易』)

직방直方은 평평하고 곧으며, 네모지고 반듯함을 가리킨다. 곤坤의 육이는 음으로써 음의 위치에 있으므로 바름을 얻었으니 이것이 한 괘의 주主가 되며, 또 지상地上에 있으므로 평평하고 곧으며, 네모지고 반듯하여 만물을 생겨나게 할 수 있다. "직直"은 본래 건乾의 성질이며, "건乾이 움직임에 곧다"(「계사」)고 하였다. 그러나 곤坤이 양과 응하여 움직이므로 곤坤도 또한 "직直"이라고 한다. "방方"은 곤坤의 덕성이며, "지극히 고요하며 덕은 반듯하다"(「문언」)라고 하였다. 이것은 땅이 천성天性에 순응하여 만물을 낳아 기름을 말하며, 곧고 반듯하게 나오는 특징을 표현하였다. 곤坤의 육이의 효사를 "곧고 반듯하며 크다"(直方大)라고 하였는데, 정현은 이 효사를 협운協韻으로 보아 "대大"를 해석하지 않았는데, "대大"를 연자衍字로 보았기 때문이며, 한 학파의 말을 빠뜨리지 않았다.

「象」曰: 六二之動, 直以方也. 不習无不利, 地道光也.

「상」에서 말하였다. 육이의 움직임은 곧고 반듯하다. 익히지 않아도 이롭지 않음이 없으며, 땅의 도가 빛난다.

六三, 含章可貞, 或從王事, 无成有終.

육삼은 아름다움을 품어 곧을 수 있으니, 혹 왕의 일에 종사하여 이룸은 없지만 끝맺음은 있다.

「象」曰: 含章可貞, 以時發也. 或從王事, 知光大也.

「상」에서 말하였다. 아름다움을 품어 곧을 수 있으니 때맞추어 드러난다. 혹 왕의 일에 종사하여 이룸은 없지만 끝맺음은 있다.

六四, 括囊无咎无譽.

육사는 '주머니를 묶으면 허물도 없고 명예도 없다'고 하였다.

방법. 叶韻.

「象」曰: 括囊无咎愼不害也.

「상」에서 말하였다. 주머니를 묶으면 허물이 없음은 신중하므로 해롭지 않다.

六五, 黃裳, 元吉.

육오는 '누런 치마이면 크게 길하다'고 하였다.

鄭注 : 如舜試天子・周公攝政.(『隋書』, 「李德林傳」)

순임금이 천자를 시험함에 주공周公이 섭정한 것과 같다.(『隋書』, 「李德林傳」)

시試는 맡김(任)과 등용(用)이다. 『설문』은 "시試는 용用이다"라고 하였고, 『이아』 「석언釋言」도 "시試는 용用이다"라고 하였다. 섭정攝政은 군주를 대신하여 정사政事를 처리한다. 육오는 부드러움이 존위尊位에 있음은 신하가 존위에 있음을 비유하므로 이것은 순임금이 천자가 되어 주공을 섭정으로 하였음을 설명한다. 이것은 정현이 역사로써 『역』을 설명한 예이다.

「象」曰: 黃裳元吉, 文在中也.

「상」에서 말하였다. 누런 치마는 크게 길하니 문채가 가운데 있다.

上六, 龍戰於野.

상육은 용이 들에서 싸운다.

鄭注 : 聖人喻龍, 君子喻蛇.(『儀禮』, 「鄉射禮」 疏; 『三禮圖弓矢』)

성인聖人을 용에 비유하고 군자는 사蛇(뱀)에 비유한다.(『儀禮』, 「鄉射禮」 疏; 『三禮圖弓矢』)

곤坤의 상육은 괘의 극極에 있으며, 극極은 장차 변하여 양이 되며, 음양이 섞여 싸우므로 이 효는 "용龍"의 상이다. "용"은 본래 양에 속하며, 여기서 말한 "용"은 곤坤의 상육의 사巳를 납입한 것이며, 사巳는 사蛇(뱀)이며, 곤의 상육의 아래에 건乾이 잠복해 있으므로 사蛇가 양기를 얻으면 "용"처럼 된다. 정현은 인사로서 그것을 설명하였으며, 이 효는 본래 군자로서 대변혁의 시대에 처하여 또한 장차 변하여 성인이 될 것이므로 "성인을 용에 비유하고, 군자를 사蛇에 비유하였다."

「象」曰: "龍戰於野", 其道窮也.

「상」에서 말하였다. "용이 들에서 싸움"은 그 도가 궁하기 때문이다.

用六, 利永貞.

용육은 영원히 곧음으로 이롭다.

「象」曰: "用六永貞", 以大中也.

「상」에서 말하였다. "용육의 영원히 곧음"은 큰 중中이기 때문이다.

「文言」曰: 坤至柔而動也剛, 至靜而德方, "後得主"而有常, 含萬物而 化光, 坤道其順乎, 承天而時行. 積善之家必有餘慶, 積不善之家必有 餘殃.

「문언」에서는 곤은 지극히 부드럽지만 움직이면 굳세며, 지극히 고요하지만 덕은 반듯하며, "뒤에 하면 주인공이 될 수 있어" 상도常道가 있으며, 만물을 포함하여 덕화가 빛나니, 곤의 도가 순조롭다. 하늘을 이어 때맞추어 행한다. 선善을 쌓은 집에는 반드시 넉넉한 경사가 있으며, 불선을 쌓는 집에는 반드시 걸맞은 재앙이 있다.

鄭注 : 殃, 禍惡也.(『釋文』)

　　앙殃은 화악禍惡이다.(『釋文』)

　앙殃은 재앙과 허물이다. 『설문』에는 앙殃을 "허물(咎, 어떤 판본은 "災")이다"라고 하였다. 『이아 爾雅』 「석훈釋訓」은 "앙殃은 화악禍惡이다"라고 하였으며, 『광아廣雅』 「석언釋言」은 "앙殃은 허물(咎)이다"라고 하였다. 정현이 "앙殃"을 '화악禍惡'이라고 해석한 것은 『이아』의 해석을 취하였다.

臣弑其君, 子弑其父, 非一朝一夕之故, 其所由來漸矣. 由辯之不早辯 也. 『易』曰; "履霜堅冰至", 蓋言順也. 直其正也, 方其義也. 君子敬以直

內, 義以方外. 敬義立而德不孤. "直方大, 不習无不利"則不疑其所行
也. 陰雖有美含之, 以從王事, 弗敢成也. 地道也, 妻道也, 臣道也, 地道
无成, 而代之有終也. 天地變化, 草木蕃, 天地閉, 賢人隱. 『易』曰: "括囊
无咎无譽", 蓋言謹也. 君子黃中通理, 正位居體, 美在其中, 而暢於四
支, 發於事業, 美之至也. 陰疑於陽必戰, 爲其慊於陽也, 故稱龍焉.

신하가 그 임금을 시해하고, 자식이 그 아비를 시해함은 하루아침 하루저녁의
변고가 아니며, 그 말미암아 오는 바는 점차적이다. 바로잡아야(辯) 할 것을 일찍
바로잡지 못하였기 때문이다. 『역』에서 "서리를 밟으면 견고한 얼음이 이른다"는
구절은 대개 순응함을 말한다. 곧음은 그 올바름이며, 반듯함은 그 의로움이다.
군자는 경敬으로써 그 안을 곧게 하고, 의義로써 그 밖을 반듯하게 하여, 경과
의가 확립되면 덕德이 외롭지 않다. "곧고 반듯함이 크면 익히지 않아도 불리不利함이
없으니" 그 소행所行을 의심하지 않는다. 음陰에 비록 아름다움이 포함되어 있으나,
왕의 일에 종사하면 감히 이루지 못한다. 땅의 도, 아내의 도, 신하의 도이며,
땅의 도는 이룸이 없으나 그것을 대산하여 마침이 있다. 천지가 변화함에 초목이
번성하고, 천지가 닫히면 현인이 숨는다. 『역』의 "주머니에 넣으면 허물도 없고
명예도 없다"는 구절은 모두 삼감을 말하였다. 군자는 황중黃中[15]으로 이치에
통하여 바른 자리에 몸을 거주하며, 아름다움이 그 가운데 있으니 사지에 통하며,
사업으로 드러나니 아름다움이 지극하다. 음과 양이 비슷하면 반드시 싸우는데,
양을 미덥지 않게 여기기 때문이므로 용龍이라 일컫는다.

鄭注 : 慊讀"如群公溓"之"溓", 古書篆作立心與水相近, 讀者失之, 故作慊. 溓, 雜也.
陰, 謂此上六也. 陽謂今消息用事, 乾也. 上六爲蛇, 得乾氣雜似龍.(『詩經』「采
薇」疏)

겸慊은 "무리가 모두 렴溓과 같다"(如群公溓)의 "렴溓"으로 읽으며, 옛날 전서篆書
를 쓸 때 '세운 마음 심'(忄)과 수水를 서로 비슷하게 썼는데, 읽는 사람이
그것을 잘못 읽어서 겸慊으로 썼다. 렴溓은 섞임이다. 음은 이 상육을 말한다.
양陽이 이제 변화하여 움직이니 건乾이다. 상육은 사蛇이며, 건기乾氣를 얻어

---

15) 역자 주: 五行에서 土의 방위는 중앙이며 중앙을 대표하는 색은 黃色이다. 사람에게
   마음은 五臟의 중심이므로 黃中을 마음을 의미한다고도 보고, 또한 '내면의 덕'(內德)을
   가리키기도 한다. 다른 한편으로 황중은 皇帝의 의미도 있다.

섞이면 용龍과 비슷하다.(『詩經』「采薇」 疏)

금문본은 "혐嫌"이며, 순상荀爽·우번虞翻·육적陸績·동중서董仲舒는 "겸慊"으로 썼으며, 『집해』는 순상을 인용하여 "겸慊"으로 썼으며, 조착晁錯(BC ?~154)의 역易도 『구가九家』를 인용하여 "겸慊"으로 썼으며, 왕필은 "혐嫌"으로 썼다. "慊", "嗛", "溓", "兼", "嫌"은 통가자이다. 정현이 "렴溓"을 잡雜으로 해석한 것은 고의古義에서 취하였다. 송상봉宋翔鳳은 "정현이 이미 겸慊을 렴溓으로 읽었고, 『설문』은 '렴溓은 박빙薄氷이다'라고 하였는데, 렴溓과 응凝의 의미도 또한 서로 비슷하다. 『문선文選』「과부부寡婦賦」의 '수렴렴이미응水溓溓以微凝'이라는 구절을 『설문』을 인용하여 주석하기를 '염렴溓溓은 박빙薄氷이다'라고 하였는데, 대개 박빙薄氷은 물과 서로 섞이므로 정현도 주석하기를 '염溓은 섞임이다'라고 하였다."(『考異』) 곤의 상육은 음陰이므로 "용龍"이라고 하면 부당하다. 그러나 변화의 설을 참고하면, 상육은 건乾을 숨겨 놓고 있으므로 또 양陽이라고도 한다. 또 정현의 효진설爻辰說을 참고하면, 곤의 상육은 사巳를 납입하고 있고, 사巳는 시蛇를 대표한다. 왜냐하면 이 효가 건乾을 숨겨 놓고 양기陽氣를 얻었기 때문에 용龍의 상이 있으며, 이것은 곤의 효사인 상육의 "용"을 해석한 것이다.

猶未離其類也, 故稱血焉. 夫玄黃者, 天地之雜也, 天玄而地黃.

오히려 아직 그 무리를 떠나지 않았으므로 피를 흘린다고 하였다. 무릇 검고 누런 것은 하늘과 땅이 섞임이며, 하늘은 검고 땅은 누렇다.

3. 둔屯

≣ 屯, 元亨利貞, 勿用有攸往, 利建侯.

둔[6]은 크고 형통하며 이롭고 곧으니, 갈 바가 있어도 쓰지 않으니 제후를 세움이 이롭다.

「彖」曰: 屯, 剛柔始交而難生. 動乎險中, 大亨貞. 雷雨之動滿盈, 天造草昧, 宜"建侯"而不寧.

「단彖」에서 말하였다. 둔은 굳셈과 부드러움이 처음 사귀어서 어려움이 생겼으며, 험한 가운데서 움직이니 크고 형통하며 곧다. 우레와 비의 움직임이 가득 차서, 하늘의 조화가 처음 시작되니, 마땅히 "제후를 세움"은 편안하지 않다.

鄭注: 造, 成也. 草, 草創. 昧, 昧爽也.(『文選』, 「三年策秀才文」[任昉] 注) 讀而曰能, 能猶安也.(『釋文』)

조造는 이룸이다. 초草는 초창草創[처음]이며, 매昧는 매상昧爽[먼동이 틀 무렵]이다.
(『文選』, 「三年策秀才文」[任昉] 注) 읽기를 능能이라 하고, 능能은 안安과 같다.(『釋文』)

조造는 "취就"[이룸]의 뜻이 있으며, "취就"가 곧 성성成成이다. 『설문』에는 "조造는 취就다"라고 하였고, 『이아』 「석고」는 "취就는 성성成成이다"라고 하였다. 초창草創은 일의 처음을 가리킨다. 매상昧爽은 곧 맑은 첫새벽[清晨], 날이 막 밝은 무렵[拂曉]이다. 『석문』은 "매상은 이른 아침을 말한다"고 하였고, 『상서尚書』 「태갑상太甲上」에서는 "선왕이 날이 막 밝을 무렵에 크게 드러났다"고 하였고, 『순자』 「애공哀公」에서는 "임금이 날이 막 밝을 무렵에 머리를 빗고 관을 썼다"고 한 말이 곧 그 뜻이다. 하늘의 조화가 처음 시작됨은 하늘이 사물의 처음을 이루거나

---

16) 역자 주: 屯은 반절법으로 '陟綸切'이며, 중국어 발음으로 tún과 zhūn 두 가지가 있다. 한글 훈에는 '괘이름 준'으로도 읽는다. 그러나 1606년 校正廳에서 『주역』에 한글로 토를 달고 우리말로 직역한 『주역언해』에는 "둔"으로 표기하였다. 자료적으로 보면 "둔"과 "준" 모두 가능하다고 할 수 있지만, 이 책에서는 일반적 관례와 『주역언해』를 따라서 "둔"으로 표기한다.

혹 하늘이 처음 사물을 생기게 한 것을 함께 가리킨다.

「象」曰: 雲雷, 屯. 君子以經論.

「상」에서 말하였다. 구름과 우레가 둔屯이다. 군자는 경經으로써 논한다.

鄭注 : 謂論撰書禮樂, 施政事.(『釋文』;『正義』)

　　찬술撰述한 책인 예禮와 악樂을 논하여 정사를 베푸는 것을 말한다.(『釋文』;
　　『正義』)

　론論은 다른 판본에는 "륜綸"으로 썼다. 륜綸과 론論 두 글자는 모두 "륜侖"을 모아 소리
내며, 서로 통한다. 『설문』에서는 "륜綸은 리理다'하였고, 『석명釋名』「석전예釋典藝」에서는
"론論은 륜綸이다'라고 하였으며, 『논어』의 소疏에서는 "론論은 륜綸이며, 륜輪이며, 리理이며,
차次이며, 찬撰이다'라고 하였다. 이로서 "론論"과 관련 있는 말에는 또한 조리條理의 뜻도
있음을 알 수 있다. 『설문』의 단옥재 주에서는 "무릇 언어가 그 이치를 따라서 그 뜻을
얻음을 론論이라고 한다'고 하였다. 정현은 여기서 "론論"을 동사動詞로 썼다.

初九, 磐桓, 利居貞, 利建侯.

초구는 '멀리 떠나지 못하여 머뭇거리며 서성댐'(磐桓)은 곧음에 있으므로 이롭고,
제후를 세움에 이롭다.

「象」曰: 雖磐桓, 志行正也. 以貴下賤, 大得民也.

「상」에서 말하였다. 비록 멀리 떠나지 못하여 머뭇거리며 서성대지만 올바른 일을
하는데 뜻을 두고 있다. 귀한 신분으로 천賤함으로 낮추니 크게 민심을 얻는다.

六二, 屯如邅如, 乘馬般如.

육이는 어려워하여 머뭇거리고, 말을 탔다가 내려오는 것과 같다.

鄭注 : 馬牝牡曰乘.(『釋文』)

　　말은 암말과 수말을 승乘이라고 한다.(『釋文』)

"반般"을 『정의』에서는 마융을 인용하여 "반班"이라고 썼다. 예전에 "般"과 "班"은 통가通假의 글자였다. 송우봉宋翔鳳은 『정의』가 옳다고 보고 고쳤으며, 마융은 마땅히 "정현과 같이 문장이 같으며, 모두 고문이다"(『考異』)라고 하였다. 반般은 어정거리며 빙빙 돌며(盤旋) 나아가지 못하는 모양이다. 『설문』에는 "반般은 벽躄(피함)이며, 배가 빙빙 도는 상이다"라고 하였다. 반般은 또 반환返還의 뜻이 있다. 『이아』 「석언」에는 "반般은 환還(돌아옴)이다"라고 하였다. 빈모牝牡는 암수의 양성兩性이다. 『시詩』 「패풍邶風·포유고엽匏有苦葉」에는 "꿩이 우는 것은 수컷을 구하기 위함이다"라고 하였으며, 모전毛傳에는 "날짐승은 자웅雌雄이라고 하고 걷는 짐승을 빈모牝牡라고 한다"고 하였다. 승乘은 고대의 차량을 가리킨다. 일승一乘은 네 마리 말이 끈다. 정현은 "승乘"을 빈모牝牡의 말로 해석하였다.

匪寇昏冓, 女子貞不字, 十年乃字.

도적이 아니면 혼인을 하려는 사람이며, 여자가 정조를 지켜 잉태하지 않다가 10년이 되어서 잉태한다.

鄭注 : 冓, 猶會也.(『釋文』)

　　구冓는 회會와 같다.(『釋文』)

구冓는 금문본에는 "구媾"라고 썼으며, 구冓는 "구媾"의 고문이며, 백서본에는 "후厚"로 썼다. "冓", "媾", "厚"는 통가通假이며, 모두 남녀의 교제와 만남 즉 결혼을 가리킨다. 『설문』에는 "구冓는 재목材木을 교차로 쌓음으로 짝끼리 교제하는 형상을 상징한다"고 하였고, "구媾는 이중二重 혼인이다"라고 하였으며, 『석문』에는 "마융이 '이중 결혼을 본래 구冓라고 썼다고 하였다."

「象」曰: 六二之難, 乘剛也. 十年乃字, 反常也.

「상」에서 육이의 어려움은 굳셈을 타고 있기 때문이다. 십 년이 되어서야 자식을 잉태하는 것은 일상으로 돌아옴이다.

六三, 卽鹿无虞, 惟入林中, 君子幾, 不如舍, 往吝.

육삼은 사슴을 쫓는데 길잡이가 없이 숲속에 들어간 것과 같으며, 군자는 기미를 알아서 그만두는 것만 못하니, 쫓아가면 부끄러움이 있다.

鄭注 : 機, 弩牙也.(『釋文』)

　　기機는 쇠뇌(弩牙)이다.(『釋文』)

『설문』을 보면 "발사發射를 주로 하는 것을 기機라고 한다"고 하였다. 『이아爾雅』「석기釋器」
에는 "기機는 쇠뇌(弩牙)이다"라고 하였다. 정현은 『이아』에 의지해 해석하였다. 노弩는 기계로
발사하는 활을 가리킨다. 노아弩牙는 쇠뇌에서 화살을 발사하는 기계다.

「象」曰: "卽鹿无虞", 以從禽也. 君子舍之, 往吝窮也.

「상」에서 말하였다. "사슴을 쫓는데 길잡이가 없음"은 짐승만 쫓아갔기 때문이다.
군자가 버리고 가는 것은 쫓아가면 부끄러움과 곤궁함이 있다.

六四, 乘馬般如, 求昏媾, 往吉, 无不利.

육사는 말을 탔다가 내려오니, 혼인할 사람을 찾아서 떠나가면 길하여 불리不利함이
없다.

「象」曰: 求而往, 明也.

「상」에서 말하였다. 구하여 떠남이 밝은 것이다.

九五, 屯其膏, 小貞吉, 大貞凶.

구오는 은택을 베풀기 어려우면, 적게 곧으면 길하며, 크게 곧으면 흉凶하다.

「象」曰: 屯其膏, 施未光也.

「상」에서 말하였다. 은택을 베풀기 어려움은 베풀어도 아직 빛나지 않기 때문이다.

上六, 乘馬般如, 泣血漣如.

상육은 말을 탔다가 내려와 피눈물을 줄줄 흘린다.

「象」曰: 泣血漣如, 何可長也.

「상」에서 말하였다. 피눈물을 줄줄 흘림을 어떻게 오래 할 수 있겠는가?

4. 몽蒙

鄭注 : 蒙, 幼小之貌. 齊人謂萌爲蒙也.(『集解』;『古周易訂詁』)

　　몽蒙은 어리고 작은 모양이다. 제나라 사람들은 맹萌을 몽蒙이라고 하였다.(『集解』;『古周易訂詁』)

　　몽蒙은 전국시대 초간본楚簡本에는 "방尨"으로 썼다. 복모좌濮茅左(1947~현재) 선생은 "방尨"의 음은 "몽蒙"과 통한다고 하였다.17) 「서괘」를 살펴보면, "몽蒙은 어림(蒙)이다. 사물의 (자라지 않은) 어림이다"라고 하였다. 치稺는 유치幼稚함을 가리킨다. 『설문』에는 "치稺는 어린 벼이다"라고 하였다. 그러므로 몽蒙은 어리고 작은 모습이 있다. 맹萌은 본래 풀이 싹을 틔움(發芽)을 가리킨다. 『설문』에는 "맹萌은 풀이 싹이 생김이다"라고 하였다. 풀이 처음 싹이 생기면 작기 때문에 또한 어리고 작은 뜻이 있으며, 그러므로 몽蒙은 맹萌과 서로 통한다. 이도평李道平(1817~1843)은 "『설문』에는 또 '치稺는 어린 벼다'라고 하였는데, 이것은 사물이 생겨나는 처음이다. 『시詩』 「위풍衛風」에는 '무리가 어리고 또 사리분별을 못한다'고 하고, 모전에는 '치稺는 유치幼稺함이다'라고 하였다. 이것은 사람이 생겨남의 몽蒙이다'라고 하였다.

☵　蒙, 亨. 匪我求童蒙, 童蒙求我, 初筮告, 再三瀆, 瀆則不告. 利貞.

몽蒙은 형통하니, 내가 철부지 어린아이(童蒙)를 찾는 것이 아니라 동몽童蒙이 나를 찾음이며, 처음 친 점을 알려주고, 두 번 세 번 점을 치면 욕되며, 욕되면 알리지 않는다. 곧으니 이롭다.

鄭注 : 蒙者, 蒙. 蒙, 物初生形是其未開著之名也. 人幼稚曰童. 亨者, 陽也. 互體震而得中, 嘉會禮通. 陽自動其中, 德施地道之上, 萬物應之而萌芽生. 教授之師取象焉, 修道藝於其宝, 而童蒙者求爲之弟子, 非己乎求之也. 弟子初問則告之以事義, 不思其三隅, 相況以反解而筮者, 此勤師而功寡, 學者之災也. 瀆筮則不復告, 欲令思而得之, 亦所以利義而幹事也.(『公羊傳』, 定公 15년 疏) 童, 未冠之稱. 筮, 問. 瀆, 褻也.(『釋文』)

---

17) 馬承源 主編, 『上海博物館藏戰國楚竹書』 三(上海古籍出版社, 2003), 137쪽.

몽蒙은 어림(蒙)이다. 몽蒙은 사물이 처음 형체가 생길 때 아직 그것이 열려서 나타나지 않은 이름이다. 사람이 어리고 작음을 동童이라고 한다. 형통함은 양陽이다. 호체互體는 진震으로 중中을 얻으니 아름다움이 모여 예로서 통한다. 양陽은 스스로 그 중中으로 움직이며, 덕을 지도地道의 위로 베푸니 만물이 그에 응하여 맹아萌芽가 생긴다. 가르치고 주는 스승이 상을 취하고, 도道를 닦음에 그 방 안에서 다듬고, 철부지 어린아이가 제자가 되기를 구하며, (스승이) 스스로 구하는 것은 아니다. 제자가 처음 물으면 의義를 일삼음으로 높이고, 그 세 구석은 생각하지 않으며, 더구나 하물며 반대로 해석해서 점을 치는 사람은 그것이 스승을 삼가 잘 모시지만 공功은 적으니 배우는 사람의 재앙이다. 점을 모독하면 다시 알리지 않고, 생각하여 그것을 얻고자 하면 또한 이利와 의義로 일을 처리하는 것이다.(『公羊傳』, 定公 15年 疏) 동童은 아직 관례冠禮를 하지 않음을 말한다. 점침(筮)은 물음이다. 독瀆은 설爇(더럽힘)이다.(『釋文』)

정현은 이미 글자의 의미를 해석하고 또한 괘사와 효사의 의미를 꿰어서 설명하였다. 몽蒙은 본래 일종의 풀을 가리킨다. 『이아』와 『설문』은 모두 "옥녀玉女"를 해석하면서 그것을 풀이름으로 보았다. 주준성朱駿聲(1788~1858)은 "곧 여자들이 나토蘿菟넝쿨에서 만든 실이다. 풀에 의지하여 그 위를 덮고 있으니 몽蒙이라고 한다"(『六十四卦經解』. 이하 간단히 『經解』로 지칭한다.)고 하였다. 후에 뜻이 전의轉義되어 사물의 시초始初가 되었다. 「서괘전」에서는 "사물이 생겨남에 반드시 몽蒙이 있으므로 그것을 받아서 몽蒙으로 한다. 몽蒙은 사물의 싹이다"고 하였다. 관冠은 고대에 모자帽子의 총칭이다. 고례古禮를 살펴보면 남자는 20세에 가관加冠의 예를 진행하여 성인임을 알린다. 이 이전에는 "동童"이라고 하므로 정현은 동童을 "아직 가관加冠하지 않음을 칭한다"고 해석하였다. 형亨은 마땅히 통通으로 해석한다. 정현은 상象으로써 그것을 해석하였으며, 몽괘蒙卦 2·3·4효의 호체互體는 진震이며, 진震은 움직임이며, 진震의 하나의 양陽이 내괘內卦의 가운데, 초효의 위에 있다. 또 두 번째 효는 지도地道의 위에 있으며, 스스로 그 가운데로 움직여 가니 통달의 의미가 있다. 형亨은 양효陽爻에 나아가서 한 말이다. 정현의 뜻을 살펴보면, 이 괘의 괘사는 제자가 배우기를 구하여 쉽게 스승이 의혹을 해소하도록 가르쳐 주는 것을 말한다.

「彖」曰: 蒙, 山下有險, 險而止, 蒙. 蒙亨, 以亨行, 時中也, 匪我求童蒙, 童蒙求我, 志應也. 初筮告, 以剛中也. 再三瀆, 瀆則不告. 瀆蒙也. 蒙以養正, 聖功也.

「단」에서 말하였다. 몽蒙은 산 아래 험함이 있고, 험하여 그침이 몽이다. 몽이 형통함은 형통으로서 행하고 때에 적중하기 때문이며, 내가 동몽童蒙을 찾음이 아니라 동몽이 나를 찾아서 뜻이 호응하기 때문이다. 처음에 친 점을 알려줌은 군셈과 적중하기 때문이다. 두 번, 세 번 점을 치면 욕되니, 욕되면 알리지 않는다. 욕됨은 몽매함이며, 몽매함을 바름으로써 기르면 성인이 되는 공부이다.

「象」曰: 山下有泉, 蒙. 君子以果行育德.

「상」에서 말하였다. 산 아래 샘이 있음이 몽이다. 군자는 과감하게 행하여 덕을 기른다.

初六, 發矇, 利用刑人, 用說桎梏, 以往吝.

초육은 몽매함을 계발하되, 형벌을 받는 사람에게 이롭게 써서 질곡桎梏을 풀어 줌이니, 가 버리면 부끄럽다.

鄭注: 木在足曰桎, 在手曰梏.(『周禮』, 「大司寇」 疏)

　　나무가 발에 있음을 질桎이라고 하고, 손에 있으면 곡梏이라고 한다.(『周禮』, 「大司寇」 疏)

질곡桎梏은 고대에 범인犯人을 징계하여 다스리는 형구刑具이며, 목재木材로 제작된 것이다. 이 형구를 다리에 채우면 질桎이 되고, 손에 채우면 곡梏이 된다. 『설문』에서는 "질桎은 다리에 채우는 형틀이며, 곡梏은 손에 채우는 형틀이다"라고 하였는데, 그 의미는 설문과 일치한다.

「象」曰: 利用刑人, 以正法也.

「상」에서 말하였다. 형벌을 받는 사람(刑人)을 이롭게 하는 것은 바른 법으로 해야 한다.

九二, 苞蒙吉, 納婦吉, 子克家.

구이는 몽매함을 포용하면 길하고, 부인을 들이면 길하며, 자식이 집안을 다스린다.

鄭注 : 苞當作彪. 彪, 文也.(『釋文』)

　　포苞는 마땅히 표彪라고 써야 한다. 표彪는 깨우침(文)이다.(『釋文』)

　　포苞는 통행본通行本에는 "포包"로 썼으며, 백서帛書 역易은 "포枹"라고 썼다. 세 글자는 음이
같아 통한다. "苞"와 "彪"는 소리가 비슷하여 통가通假한다. 『설문』에는 "표彪는 호랑이 무늬(虎
文)다"라고 하였고, 『광아廣雅』는 "표彪는 문文(글자, 무늬)이다"라고 하였으며, 혁괘革卦 「상象」
에는 "대인은 호랑이 무늬처럼 아름답게 변화(虎變)하며, 그것은 글의 문체(文炳)이다"라고
하였는데, "문병文炳"을 "호변虎變"으로 해석한다. 거기서 "문文"은 곧 정현이 말한 "표문彪文"
의 "문文"이다. 도방기陶方琦(1845~1884)는 "구이는 하나의 양陽이 두 음의 사이에 있으니 문명文
明의 상이 있으니 이에 표彪라고 썼다"(『鄭易小學』)라고 하였다.

「象」曰: 子克家, 剛柔接也.

「상」에서 말하였다. 자식이 집안을 다스림은 굳셈과 부드러움이 교접함이다.

六三, 勿用取女, 見金夫, 不有躬, 无攸利.

육삼은 여자를 맞이하지 말아야 하니, 돈이 많은 사내를 보고, 몸을 지키지 못하니
이로움이 없다.

「象」曰: 勿用取女, 行不順也.

「상」에서 말하였다. 여자를 맞이하지 않음은 행실이 유순하지 않기 때문이다.

六四, 困蒙, 吝.

육사는 곤궁하고 몽매하니 부끄럽다.

「象」曰: 困蒙之吝, 獨遠實也.

「상」에서 말하였다. 곤궁하고 몽매하여 부끄러워 홀로 실實(陽)과 멀리 있기 때문이다.

六五, 童蒙, 吉.

육오는 철부지로 어려서 몽매함은 길하다.

「象」曰: 童蒙之吉, 順以巽也.

「상」에서 말하였다. 철부지로 어려서 몽매함이 길한 것은 순종하여 겸손하기 때문이다.

鄭注 : 巽當作“遜”.(『釋文』)

　　　손손巽은 마땅히 “손손遜”으로 써야 한다.(『釋文』)

　손손巽과 손손遜은 음이 같으므로 통가通假한다. 『문선文選』 「위도부魏都賦」에서는 “손손巽은 그것이 신기神器(大器, 혹은 임금의 자리)이다”(巽其神器)를 주석하기를 “손손巽과 손손遜은 같다”고 하였는데, 손손遜은 물러남, 겸양의 뜻이 있다. 『설문』 “손손遜은 둔遁(따름)이다”라고 하였고, 『이아』 「석언」에는 “손손遜은 둔遯(달아나다)이다”라고 하였다.

上九, 擊蒙. 不利爲寇, 利禦寇.

상구는 몽매함을 일깨워야 하니, 도적이 됨은 불리하고 도적을 제어制御하면 이롭다.

　계繫는 금문본에는 “격擊”이다. 두 글자는 원래 하나의 글자에서 나왔으므로 통가通假한다. 이부손李富孫(1764~1843)은 “옛 글자는 마땅히 ‘격擊’으로 썼는데, 뒷사람이 혹 수手를 더하고, 혹 계繫를 더하였으므로 자형字形은 다르지만 서로 비슷하다”(『易經異文釋』, 이하 간단하게 『異文釋』이라 칭한다.)라고 하였다.

「象」曰: 利用禦寇, 上下順也.

「상」에서 말하였다. 도적을 제어制御하여 이로움을 쓰는 것은 상하가 따르기 때문이다.

5. 수需

䷄ 需, 有孚光亨貞吉, 利涉大川.

수需는 믿음이 있어 밝게 형통하며, 곧아서 길하니 큰 내를 건너니 이롭다.

鄭注 : 需讀爲秀, 陽氣秀而不直前者, 畏上坎也.(『釋文』)

> 수需는 수秀로 읽으며, 양기가 빼어나서, 곧게 앞으로 가지 않은 것은 위의 감괘坎卦를 두려워하기 때문이다.(『釋文』)

수需는 백서 역에서는 "유襦"로 썼으며, 『귀장역歸藏易』에서는 "욕溽"으로 썼다. "需", "襦", "溽", "秀"는 음이 가까워 서로 통한다. 이부손李富孫은 "'욕溽'은 평성平聲으로 전환하면 '유儒'와 같이 읽고, '수需'와 발음이 비슷하다"(『異文釋』)라고 하였다. 또 "『설문』에는 '누獳'를 '누槈'와 같이 읽었는데, 이것은 수需에 누槈의 발음이 있고, 수秀와 소리와도 역시 서로 비슷하다"(위의 책)고 하였다. 수秀는 벼의 이삭이 고개를 숙임을 가리킨다. 『석명釋名』 「석천釋天」에는 "수秀는 사물이 모두 이루어짐이다"라고 하였다. 『이아』 「석초釋草」에는 "꽃이 피지 않고 열매를 맺는 것을 수秀라고 한다"고 하였다. 정현은 "수秀"로써 궁극에 나아가서 정체되어 앞으로 나아가지 않음을 비유하였다. 수괘需卦의 아래 세 양이 상승하고, 위에서 감坎이 되면 험해지므로 위의 감坎이 무서워 앞으로 나아가지 못하는 상이다.

「彖」曰: 需, 須也. 險在前也. 剛健而不陷, 其義不困窮矣. 需, 有孚光亨貞吉, 位於天位, 以正中也. 利涉大川, 往有功也.

「단」에서 말하였다. 수需는 기다림(須)이다. 험함이 앞에 있지만, 강건剛健하여 함정에 빠지지 않으니 그 의義가 곤궁하지 않다. 수需는 "믿음이 있어 밝게 형통하며, 곧아서 길함"은 하늘의 자리에 위치하여 바름으로 적중하기 때문이다. "큰 내를 건너니 이로움"은 가서 공적功績이 있기 때문이다.

「象」曰: 雲上於天, 需. 君子以飮食宴樂.

「상」에서 말하였다. 구름이 하늘에 오르니 수需이다. 군자는 마시고 먹으며 연회를 즐긴다.

鄭注 : 宴, 享宴也.(『釋文』)

　　연宴은 잔치를 누림이다.(『釋文』)

　　연宴은 본래 연회宴會를 뜻하며, 동사動詞로는 연회를 즐김을 가리킨다.

初九, 需於郊, 利用恒, 无咎.

초구는 교외에서 기다림은 항상恒常함이 이롭고 허물이 없다.

「象」曰: 需於郊, 不犯難行也. 利用恒无咎, 未失常也.

「상」에서 말하였다. 교외에서 기다림은 험난함을 범하여 행하지 않음이다. '항상함이 이롭고 허물이 없음'은 이직 항상恒常을 잃지 않았기 때문이다.

九二, 需於沚, 小有言, 終吉.

구이는 모래밭에서 기다림이며, 말이 적어야 마침이 길하다.

鄭注 : 沚, 接水者.(『詩經』, 「鳬鷖」正義)

　　지沚(모래톱)는 물과 접한 곳이다.(『詩經』, 「鳬鷖」正義)

　　지沚는 혜동惠棟의 판본에는 "沚"으로 썼으며, 금문본과 백서본은 "沙"로 썼으며, 초간본楚簡本은 "壩"로 썼다. 혜동은 "'沚'는 마땅히 '沚'로 써야 하며, '사沙'와 같다"(『九經古義』)고 하였다. 또 "'沚'의 고문은 사沙이다.…… 고문에 근거하여 바꾸었다"(『周易述』에서 인용)고 하였다. 사沙는 물가(水邊)의 작은 돌이다. 『설문』에는 "사沙는 물가에 흩어져 있는 돌이다. 물이 점점 적어지면 물 바닥의 모래가 드러난다"고 하였다. 정현이 "물과 접한 곳"이라고 한 말이 곧 이 뜻이다. 수괘需卦의 2·3·4효의 호체와 4효는 감坎의 아래에 있으며, 감坎은 수水이며, 2효와 물은 서로 접해 있으므로 사沙의 상을 취한다.

「象」曰: "需於沚", 衍在中也. 雖小有言, 以終吉也.

「상」에서 말하였다. "모래밭에서 기다림"은 너그러움이 가운데 있기 때문이다. 비록 말은 적으나 마침으로 길하다.

九三, 需於泥, 致寇至.

진흙에서 기다리니, 도적이 이름을 초래한다.

「象」曰: "需於泥", 災在外也. 自我致寇, 敬慎不敗也.

「상」에서 말하였다. "진흙에서 기다림"은 재앙이 밖에 있기 때문이다. 스스로 도적을 불러 왔으니 공경하고 삼가면 패하지 않을 것이다.

六四, 需於血, 出於穴.

육사는 피에서 기다리니 구덩이에서 나왔다.

「象」曰: "需於血", 順以聽也.

「상」에서 말하였다. "피에서 기다림"은 순종하여 듣는 것이다.

九五, 需於酒食, 貞吉.

구오는 술과 음식으로 기다리니 곧고 길하다.

「象」曰: "酒食貞吉", 以中正也.

「상」에서 말하였다. "술과 음식으로 기다려 곧고 길함"은 중中으로써 바르기 때문이다.

上六, 入於穴, 有不速之客三人來, 敬之終吉.

상육은 구덩이에 들어가는데, 청하지 않은 손님 세 사람이 오니 공경하여 마치니 길하다.

「象」曰: "不速之客"來, "敬之終吉", 雖不當位, 未大失也.

「상」에서 말하였다. "청하지 않은 손님"이 와서, "공경하여 마침이 길함"은 비록 자리가 마땅하지는 않지만 크게 잘못하지 않았기 때문이다.

6. 송訟

鄭注 : 辯財曰訟.(『釋文』)

재산에 관한 변론을 訟訟이라고 한다.(『釋文』)

송訟은 다툼과 송사이다. 『설문』에는 "송訟은 다툼(爭)이다"라고 하였다. 쟁송은 자주 재산 때문에 일어난다. 『주례』 「대사도大司徒」에서는 "무릇 만민이 교령에 복종하지 않고 옥송獄訟을 일삼는 사람이 있다"고 하였는데, 주석하기를 "죄를 다툼을 옥獄이라고 하고, 재산을 다툼을 송訟이라고 한다"고 하였다.

☰ 訟, 有孚, 窒惕. 中吉, 終凶. 利見大人, 不利涉大川.

송訟은 믿음이 있으나 막힘이 있어 두렵다. 중中은 길하고, 끝은 흉하다. 대인을 봄이 이롭고 큰 내를 건너는 것은 이롭지 않다.

鄭注 : 窒, 覺悔貌.(『釋文』)

질窒은 깨달아 뉘우치는 모습이다.(『釋文』)

질窒은 마융의 판본과 같으며, 금문본은 "질窒"로 썼으며, 백서본은 "혁洫"으로 썼다. 전국시대의 초간본楚簡本은 "치懫"로 썼으며, 복모좌濮茅左는 고증하기를 "'치懫'는 '질窒'로 읽으며, 상고시대에는 음이 비슷하였다"[18]고 하였다. 마융·우번·왕필 등은 "질窒"을 지止로 해석하였다. 마융은 "질窒은 지躓로 읽으며, 지止와 같다"고 하였으며, 우번은 "질窒은 막히어 그침塞止이다"라고 하였으며, 왕필은 "질窒은 질색窒塞을 말한다"라고 하였다." 정현이 "질窒"은 깨달아 뉘우치는 모습이라고 해석한 것은 곧 본의本義에 근거하였다. 『설문』에는 "질窒은 큰 웃음이다. 입을 크게 벌려 내는 소리다. 시詩에서는 '그 웃음을 크게 하다'고 하였다." 청나라의 이부손李富孫은 "정현이 깨달아 뉘우치는 모습이라고 한 말은 마땅히 본의本義에서 인용한 것이다. 대개 웃음에는 깨달아 뉘우치는 의미가 있다"(『異文釋』)고 하였다.

---

18) 馬承源 主編, 『上海博物館藏戰國楚竹書』 三(上海古籍出版社, 2003), 141쪽.

「彖」曰: 訟, 上剛下險, 險而健, 訟. 訟, "有孚窒惕中吉", 剛來而得中也. "終凶", 訟不可成也. "利見大人", 尙中正也. "不利涉大川", 入於淵也.

「단」에서 말하였다. 송訟괘는 위는 굳세고 아래는 험하며, 험하고 튼튼하니 송사한다. 송訟은 "믿음이 있으나 막혀서 두렵고, 중간에는 길함"은 굳셈이 와서 중中을 얻기 때문이다. "끝까지 하면 흉함"은 송사를 마칠 수 없기 때문이다. "대인을 보면 이로움"은 중中의 바름을 숭상하기 때문이다. "큰 내를 건너는 것이 이롭지 않음"은 연못에 빠지기 때문이다.

「象」曰: 天與水違行, 訟. 君子以作事謀始.

「상」에서 말하였다. 하늘과 물이 위반違反하여 행함이 송訟이다. 군자는 일을 함에 시작을 모의謀議한다.

初六, 不永所事, 小有言, 終吉.

초육은 일삼는 바가 오래지 않으며, 말이 적으니 마침은 길하다.

「象」曰: "不永所事", 訟不可長也. 雖小有言, 其辯明也.

「상」에서 말하였다. "일삼는 바가 오래지 않음"은 송사를 오래 할 수 없기 때문이다. 비록 말은 적지만 그 변론은 분명하기 때문이다.

九二, 不克訟歸而逋, 其邑人三百戶无眚.

구이는 송사에서 이기지 못하자 물러나 도망가서 그 읍의 사람이 삼백호三百戶이면 재앙이 없다.

鄭注 : 小國之下大夫采地方一成, 其定稅三百家, 故三百戶也.(「雜記下」正義) 不易之 田種之, 一易之田休一歲乃種, 再易之地, 休二歲乃種, 言至薄也. 苟自藏隱不 敢與五相亂, 則無災眚.(『正義』) 眚, 過也.(『釋文』)

소국의 하대부下大夫의 채지采地가 사방 일성一成(사방 십 리)이며, 그 정해진 세율에 따라 징세徵稅하는 집이 삼백이므로 삼백호이다.(「雜記下」 正義) 해마다 경작할 수 있는 논밭(不易之田)에 파종播種을 하고, 한 해 걸러 경작하는 논밭에는 1년을 쉰 뒤 파종하고, 2년 걸러 경작하는 땅에는 2년을 쉰 뒤 파종하니, 지극히 땅이 척박瘠薄함을 말한다. 진실로 스스로 감추고 은둔하여 감히 오상五相(五常)을 어지럽히지 않으면 재앙이 없다.(『正義』) 생상은 허물(過)이다.(『釋文』)

정현은 고대의 분봉제分封制로써 효사爻辭를 해석하였다. 중국의 주나라 때 실행된 분봉제는 곧 세상 사람들이 소유한 토지를 천자의 소유로 귀속시켜, 천자가 서로 다른 등급을 참조하여 분봉分封을 진행하였으며, 사회의 상층의 다른 등급의 사람은 다른 봉록俸祿을 향유하였다. "공공의 땅은 일역一易(해마다 경작할 수 있는 땅)으로, 후작侯爵과 백작伯爵의 땅은 재역再易으로, 자작子爵과 남작男爵의 땅은 삼역三易으로 하였다."(『周禮註疏』 권10을 보라.) 이른바 "일역一易"은 1년을 휴경休耕하여 경작하는 전답田畓을 가리키며, "재역再易"은 1년을 경작한 뒤 2년을 휴경하는 전답을 가리키며, "삼역三易"은 1년을 경작한 뒤 3년을 휴경하는 전답을 가리킨다. 매 등급의 사람들은 위로 납세納稅해야 한다. 규정을 살펴보면, 대부大夫는 일성一成의 900부夫[19]의 당을 향유하고, 재역再易의 비율로 300가구에게서 정해진 세율에 따른 징세徵稅하니, 곧 300가구가 대부의 봉록이다. 공영달孔穎達은 이를 해석하여 "일성一成이 300가구가 되는 것은 일성은 900부夫이며, 궁실과 도랑과 연못, 산천山川을 3분하여 하나를 버리면 나머지가 600부夫의 땅이 있으며, 또 불역不易과 재역再易의 땅을 통상적 비율로 한 가구마다 나누어 2부夫의 땅을 받으니 이것이 300가구에 정해진 세율에 따른 징세徵稅이다."(『禮記正義』, 권43) 왜냐하면 소국의 대부는 채지가 적으므로 "지극히 척박하다"(至薄)라고 하며, 그 지극히 척박함을 알아 윗사람과 싸우지 않으므로 재앙이 없다. 괘상을 보면, 2효는 대부大夫, 5효는 임금이며, 2효와 5효가 모두 양효陽爻여서 서로 응하여 않으므로 쟁송을 할 때에 단지 "스스로 감추고 은둔하여 감히 오상五相(五常)을 어지럽히지 않으면, 재앙이 없음"일 뿐이다. 생상은 본래 눈병을 가리키는데, 파행하여 과실過失이 되었다. 『설문』에는 "생상은 눈병으로 생긴 예翳(白斑症)이다"라고 하였으며, 단옥재段玉裁는 "생상은 과오過誤로 전의轉義되었다"고 하였다.

「象」曰: "不克訟", 歸逋竄也. 自下訟上, 患至惙也.

「상」에서 말하였다. 송사를 하지 못함은 돌아가 피하여 숨는 것이다. 아랫사람으로 윗사람과 송사함은 근심이 지극함에 이르는 것이다.

鄭注: 惙, 憂也.(『釋文』)

---

19) 역자 주: 100畝의 밭.

철懘은 근심이다.(『釋文』)

철懘은 통행본에는 "철掇"로 썼는데, "철懘"과 "철掇"자는 통가通假한다. 왕숙王肅은 "마치 손으로 물건을 수습하는 것처럼 하다"라고 하였으며, 철懘은 고대에 많이 "우憂"로 해석하였다. 『이아』 「석훈」에서는 "철철懘懘은 근심이다"라고 하였으며, 『일체경음의一切經音義』 19에서는 『자림字林』을 인용하여 "철懘은 근심(憂)이다"라고 하였다.

六三, 食舊德, 貞厲終吉, 或從王事, 无成.

육삼은 옛 덕을 식읍食邑으로 받아서 곧게 힘쓰면 마침이 길하며, 혹 왕의 일에 종사하면 이룸이 없다.

「象」曰: "食舊德", 從上吉也.

「상」에서 말하였다. "옛 덕을 식읍으로 받음"은 윗사람을 따랐으므로 길하다.

九四, 不克訟, 復卽命, 渝安貞吉.

구사는 송사를 할 수 없어, 돌아와 명을 받으면 편안하고 곧게 변하여 길하다.

鄭注 : 渝, 然也.(『釋文』)

　투渝는 그러함이다.(『釋文』)

고대에는 많이 "투渝"를 "변變"으로 해석하였다. 정현은 "연然"으로 해석하였다. 투渝는 백서에는 "유愈"로 썼으며, 전국시대 죽간본에는 본래 "유愈"로 썼다. "투渝", "유愈", "유愈"는 통가한다. 『이아』 「석언」에는 "유愈는 연然이다"라고 하였고, 『상서尙書』 「요전堯典」에는 "그렇게(兪) 내가 들었다. 어떠한가?"라고 하였으며, 왕인지는 "이 '유愈'는 '유唯'의 가차이다"(『經傳釋詞』, 권4)라고 하였다.

「象」曰: "復卽命, 渝安貞", 不失也.

「상」에서 말하였다. "돌아와 명을 받으면, 편안하고 곧게 변함"은 잘못이 없기 때문이다.

九五, 訟, 元吉.

구오는 송사가 크고 길하다.

「象」曰: "訟元吉", 以中正也.

「상」에서 말하였다. "송사가 크고 길함"은 중中으로써 바르기 때문이다.

上九, 或錫之鞶帶,

상구는 혹 관복의 요대腰帶를 하사받다.

鄭注 : 鞶帶, 佩鞶之帶.(『周禮』, 「巾車」 疏)

　　반대鞶帶는 관복에 두르는(佩鞶) 요대이다.(『周禮』, 「巾車」 疏)

반대鞶帶는 고대에 남자들이 허리에 차는 큰 요대이다. 이 요대는 가죽으로 만들기 때문에 그것은 임금이 소유하며 따라서 작복爵服이라고 한다. 『설문』에는 "반대鞶는 큰 요대이다. 『역』에 '혹 관복의 요대腰帶를 하사받는다'라고 하였다. 남자는 반대鞶을 두르고, 부인婦人은 명주(絲)를 두른다. 종혁從革으로 소리를 옮긴다'고 하였다. 주준성朱駿聲은 "반대鞶은 대大이다. 반대鞶帶는 큰 요대이다. 무릇 복명함은 먼저 혁대를 차고, 패옥을 매단 후에 예복의 띠를 끌어 붙여서 현패懸鞞의 큰 허리띠가 된다"(『經解』)고 하였다.

終朝三拕之.

아침이 끝날 때까지 세 번 빼앗긴다.

鄭注 : 三拕, 三加之也.(『周易玩辭』)

　　삼타三拕는 세 번 더함이다.(『周易玩辭』)

타타拕는 통행본에 "치褫"로 되어 있다. 혜동의 고증으로 보면 "타拕"와 "치褫"는 글자는 다르지만 의미는 같다. 『설문』에서는 "치褫는 옷을 빼앗음이다. 타拕와 같이 읽는다." 고형高亨은 "정현이 쓴 타拕는 치褫에서 가차하였다. 『회남자淮南子』 「인간편人間篇」에는 '그 옷과 이부자리를 빼앗는다'라고 하였는데, 고형은 '타拕는 빼앗음(奪)이다'라고 하고, 타拕의 속자는 타拕이며, 또한 타拕를 치褫로 가차하였다."(『周易古經今注』, 이하 간단히 『古經今注』로 칭한다.) 또 백서본에는 "攄"로 썼으며, 전국시대 죽간본에는 "麃"으로 썼으며, 요명춘廖名春은 고증하기를 "살펴보면, '麃'는 백서본 『역경』에는 본래 '攄'로 썼으며, 왕필본도 같이 '치褫로 썼다. '褫'와 '攄'는 모두 '호虍'를 따르며, '虍'와 '鹿'은 항상 혼용되므로 간단한 문장에서는 "褫"를 '麃'로 썼다"[20]고 하였다.

「象」曰: 以訟受服, 亦不足敬也.

「상」에서 말하였다. 송사로 옷을 받음은 또한 공경하기에 부족하다.

---

20) 廖名春, 「楚簡周易校釋記」 一, 『周易硏究』 2004年 第3期를 보라.

7. 사師

鄭注 : 軍二千五百人爲師.(『周禮』, 「夏官·序官」 疏) 多以軍爲名, 次以師爲名, 少以旅
　　　爲名. 師者, 擧中之言.(『詩經』, 「棫樸」 疏)

　　　군인 2천5백 명이 사師이다.(『周禮』, 「夏官·序官」 疏) 대부분 군군이라 부르고,
　　　다음으로 사師로 이름하고, 적게는 여旅라고 부르기도 한다. 사師는 중간을
　　　들어서 한 말이다.(『詩經』, 「棫樸」 疏)

　　고대에는 군군·사師·여旅를 군대 조직의 단위로 삼았다. 2천5백 명이 사師이며, 1만2천5백
명이 군군이며, 5백 명이 여旅이다. 『주례』「지관地官·소사도小司徒」에서는 "다섯 명이 오伍,
다섯 오伍가 양兩, 네 양兩이 졸卒, 다섯 졸卒이 여旅, 다섯 여旅가 사師, 다섯 사師가 군군이다"
라고 하였다. 사람의 수로 보면 사師는 군군과 여旅의 중간이므로 고대에는 군대를 "사師"라고
불렀으며, 정현이 말한 "중간을 들어서 한 말"이다.

☲☵ **師, 貞丈人吉, 无咎.**

사師는 곧은 장인丈人이 길하며, 허물이 없다.

鄭注 : 丈之言長, 能御衆. 有朝[21]正人之德以法度爲人之長, 吉而無咎, 謂天子諸侯
　　　主軍者.(『周禮』, 「春官·天府」 疏)

　　　어른을 장長이라고 하고 대중을 어거할 수 있다. 조정에서는 바른 사람의
　　　덕을 타인의 어른이 되는 법도로 삼으며, 길하고 허물이 없어 천자와 제후가
　　　군대를 주관하는 사람을 이른다.(『周禮』, 「春官·天府」 疏)

　　장丈은 어른의 뜻이 있다. 『대대례기大戴禮記』「본명本命」에는 "장丈은 장長이다"라고 하였다.
장인丈人은 나이가 많은 사람 즉 연장자年長者를 가리킨다. 연장자는 일반적으로 덕망德望이
높고 무거우며, 덕망이 높고 무거운 사람을 또 대인大人이라 부를 수 있다. 『건착도乾鑿度』에서
는 "대인大人은 더할 수 없이 밝은 덕을 갖춘 사람이다"라고 하였다. 그러므로 장인丈人과
대인大人 두 개의 개념은 고대에서는 자주 섞여 쓰였다. 예를 들면, "장인丈人"은 백서帛書에서

---

21) 丁傑은 朝를 "干"으로 써야 한다고 하였다. 왕응린본에는 이 글자가 없다.

는 "대인大人"이라고 하였다. 장丈은 또 고대에서 측량測量하는 척도尺度였다. 장인丈人은 사람들의 본보기와 모범이 되며, 사람들은 자신의 말과 행동을 장인丈人의 평가와 규범을 준거準據로 삼을 수 있기 때문에 장인丈人이 법도의 의미가 있다고 말한다. 군대의 법령은 천자와 제후의 주수主帥(丈人)로부터 나오며, 군대를 법령으로 움직이면 반드시 길하며 허물이 없다. 주준성은 "장丈은 도수度數가 나오는 곳이며, 군사軍師 행동이 법령의 절제를 위주로 하면 이것이 장인丈人이며 길하다"(『經解』)라고 하였다.

「彖」曰: 師, 衆也. 貞, 正也. 能以衆正, 可以王矣. 剛中而應, 行險而順, 以此毒天下, 而民從之, 吉又何咎矣.

「단」에서 말하였다. 사師는 무리다. 곧음은 바름이다. 무리를 바르게 할 수 있으면 왕이 될 수 있다. 굳세고 적중하여 응하고, 험함을 행하되 유순하며, 이로서 천하에 해를 끼치지만 백성이 그를 따르니 길하고 또 무슨 허물이 있겠는가?

「象」曰: 地中有水, 師. 君子以容民畜衆.

「상」에서 말하였다. 땅 속에 물이 있음이 사師이다. 군자는 백성을 포용하여 무리를 모은다.

初六, 師出以律, 否臧凶.

초육은 군대가 출정함에 규율로서 하고, 그렇지 않으면 흉凶하게 된다.

「象」曰: "師出以律", 失律凶也.

「상」에서 말하였다. "군대가 출정함에 규율로 함"은 규율을 잃으면 흉하기 때문이다.

九二, 在師中, 吉无咎, 王三賜命.

구이는 군대에게 있어서 중中으로 하니 길하며 허물이 없으며, 왕이 세 번 명령을 내린다.

「象」曰: "在師中吉", 承天寵也. "王三賜命", 懷萬邦也.

「상」에서 말하였다. "군대에게 있어서 중中으로 하니 길함"은 하늘(임금)의 총애를
받기 때문이다. "왕이 세 번 명령을 내림"은 만방萬邦을 품었기 때문이다.

鄭注 : 寵, 光耀也.(『釋文』)

　　총총寵은 광요光耀(광채)이다.(『釋文』)

총총寵을 왕숙王肅은 "용총龍寵"으로 썼다. "'총총寵이다' 함은 '총총寵과 '용총龍寵'은 고대에는 서로 같음을
알았다'고 하였다. 이부손李富孫은 "살피건대, '龍'은 고문으로 '寵'자이다. 『시詩』에서는 '용이
되면 빛이 난다고 하였고, 모전毛傳에는 '용총龍寵은 총총寵이다'라고 하고, '어느 하늘의 용인가?'라
고 하였으며, 주해하기를 '용총龍寵은 마땅히 총총寵으로 써야 한다'고 하였다. 옛사람들은 음과
의미를 서로 겸하여 혼고하였는데, '용총龍寵'을 '총총寵'으로 해석하고 총총寵으로 읽었다'(『異文釋』)고
하였다. 총총寵에는 널리 드러나 빛남의 뜻이 있다. 『광아廣雅』「석언釋言」에는 "용총龍寵은 밝음(彰)
이다'라고 하였다. 위소韋昭(204~273)가 『국어國語』「진어晉語」의 "寵其政"을 구절을 주석하여
"총총寵은 영화로움(榮)이다'라고 하였다.

六三, 師或輿尸, 凶.

육삼은 군대가 혹 시체를 수레에 싣고 오면 흉하다.

「象」曰: "師或輿尸", 大无功也.

「상」에서 말하였다. "군대가 혹 시체를 수레에 싣고 옴"은 크게 공이 없다.

六四, 師左次, 无咎.

육사는 군대가 물러나 머무니 허물이 없다.

「象」曰: "左次无咎", 未失常也.

「상」에서 말하였다. "(군대가) 물러나 머무니 허물이 없음"은 아직 상도를 잃지
않았기 때문이다.

六五, 田有禽, 利執言²²⁾, 无咎. 長子帥師, 弟子輿尸, 貞凶.

육오는 밭에 날짐승이 있으면, 날짐승을 잡음이 이롭고 허물이 없다. 맏아들이 군대를 통솔함에 작은 아들(弟子)이 시체를 수레에 싣고 오면 곧지만 흉하다.

「象」曰: "長子帥師", 以中行也. "弟子輿尸", 使不當也.

「상」에서 말하였다. "맏아들이 군대를 통솔함"은 중中으로써 행하기 때문이다. "작은 아들이 시체를 수레에 싣고 옴"은 부림이 부당하기 때문이다.

上六, 大君有命, 開國承家, 小人勿用.

상육은 대군의 명령이 있으니, 나라를 열고 가문을 이음에 소인小人은 쓰지 않는다.

「象」曰: "大君有命", 以正功也. "小人勿用", 必亂邦也.

「상」에서 말하였다. "대군의 명령이 있음"은 바름으로써 공이 있기 때문이다. "소인은 쓰지 않음"은 반드시 나라를 어지럽히기 때문이다.

---

22) 역자 주: 言은 어조사로 본다.

8. 비比

比, 吉, 原筮, 元永貞, 无咎, 不寧方來, 後夫凶.

비比는 길하니 점을 원찰原察하니 크고 영원하며 곧으니 허물이 없다. 편안하지 못함이 바야흐로 도래하니 뒤에 오는 장부丈夫가 흉하다.

「彖」曰: 比, 吉也. 比, 輔也. 下順從也. "原筮元永貞无咎", 以剛中也. "不寧方來", 上下應也. "後夫凶", 其道窮也.

「단」에서 말하였다. 비는 길하다. 비는 보좌輔佐이다. 아랫사람이 순종順從한다. "점을 원찰原察하니 크고 영원하며 곧으니 허물이 없음"은 굳셈으로 가운데 있기 때문이다. "편안하지 못함이 바야흐로 도래함"은 위와 아래가 호응하기 때문이며, "뒤에 오는 장부丈夫가 흉함"은 그 도가 곤궁하기 때문이다.

「象」曰: 地上有水, 比. 先王建萬國親諸侯.

「상」에서 말하였다. 땅 위에 물이 있음이 비比이다. 선왕이 여러 나라를 세움에 제후들과 친하게 한다.

鄭注 : 親諸侯, 使諸侯相親遞相朝聘.(『周禮』,「形方氏」疏)

제후와 친함은 제후들로 하여금 서로 친하게 하고 서로 교대로 조정에 부른다. (『周禮』,「形方氏」疏)

조빙朝聘은 고대에 제후들이 정기적으로 천자를 알현함을 가리킨다.『예기』「왕제王制」에서는 "제후는 천자에게 매년 한 번씩 소빙小聘하고, 3년에 한 번 대빙大聘하며, 5년에 한 번 입조入朝한다"고 하였다. 정현은 "비년比年은 매 해이다. 소빙小聘은 대부를 시키며, 대빙大聘은 경卿을 시키며, 입조入朝는 임금 스스로 행한다"고 주석하였다. 정현의 뜻을 살펴보면, 선왕은 비괘比卦의 괘상卦象을 본받아서 만국의 제후를 건립하고, 제후들로 하여금 화목하게 지내도록 하고 정기적으로 천자에게 입조하여 알현하도록 하였다.

初六, 有孚比之, 无咎. 有孚盈缶, 終來有它, 吉.

초육은 믿음으로 도움이 있으니 허물이 없다. 믿음이 항아리에 가득 차니 마침내 다른 길이 있으니 길하다.

鄭注 : 爻辰在未, 上值東井. 井之水, 人所汲用缶. 缶, 汲器也.(『詩經』, 「宛邱」 疏)

　　효진爻辰이 미未에 있으며, 위로 동정東井에 해당한다. 우물의 물은 사람이 길어 올림에 부缶를 이용한다. 부缶는 물을 긷는 그릇이다.(『詩經』, 「宛邱」 疏)

　이것은 효진설에 의지하여 『역』을 주석하였다. 살펴보면, 정현의 효진설은 건괘乾卦과 곤괘坤 두 괘의 12효의 각 효를 십이진十二辰으로 납입納入한 것이다. 건괘의 여섯 효를 아래에서부터 위로 차례로 자子 · 인寅 · 진辰 · 오午 · 신申 · 술戌로 보고, 곤괘坤卦 여섯 효를 아래로부터 위로 차례대로 미未 · 유酉 · 해亥 · 축丑 · 묘卯 · 사巳로 본다. 나머지 62괘의 372효를 십이진(地支)과 서로 짝지움에 모두 건괘乾卦와 곤괘坤卦를 초석으로 삼는다. 즉 양효를 지지地支에 납입함에 모두 건괘乾卦와 상응하는 양효를 따르며, 음효를 지지에 납입함에 모두 곤괘坤卦와 상응하는 음효를 따른다. 比의 초효는 음효이니 당연히 곤괘坤卦의 초효인 미未로 납입한다. 미未는 천상에서 동정東井에 해당한다. 동정東井은 하늘의 별 이름이며, 28수의 남방의 칠수七宿에 속한다. 『예기』 「월령」에 "중하仲夏의 달에 태양이 동정東井에 있다"고 하였고, 『시』 「소아小雅 · 대동大東」의 "남쪽 하늘에 기성箕星(28수의 일곱 번째 별)이 있다"(維南有箕)는 구절에 대하여 공영달은 소疏에서 "정현이 참방參榜에 옥정玉井이 있다고 하였으니 정성井星은 참동參東에 있으므로 동정東井이라고 하였다"고 하였다. 한대漢代의 사람들이 볼 때, 십이진과 28수의 별은 서로 응한다. 예를 들면 정현은 「월령 · 맹춘孟春」의 "회오리바람과 폭우가 홀연히 이른다"(猋風暴雨總至)는 구절을 주석하기를 "정월正月의 별자리가 곧게 꼬리의 기성箕星에 이른다"고 하였으며, 「월령 · 중춘仲春」의 "중춘행추령仲春行秋令, 즉기국대수則其國大水, 한기총지寒氣總至"를 주석하기를 "팔월에는 묘성昴星 · 필성畢星에 해당한다"(八月值昴畢)고 주석하였으며, 「월령 · 계춘季春」의 "행하령行夏令…… 시우불강時雨不降"을 주석하기를 "유월은 귀성鬼星에 해당한다"고 하였으며, 「월령 · 계추季秋」의 "계추행하령季秋行夏令,…… 민다구체民多軌嚏"를 주석하기를 "유월의 별자리는 곧 동정東井이다"라고 하였으며, 「월령 · 계추季秋」의 "군대를 일으키나 함께 있지 않는다"(師興不居)를 주석하기를 "진숙辰宿은 각성角星에 해당한다"고 하였으며, 「월령 · 계하季夏」의 "행추령行秋令, 즉구습수료則丘隰水潦"를 주석하기를 "구월의 별자리는 규성이다"라고 하였으며, 「월령 · 맹추孟秋」의 "융병내래戎兵乃來"를 주석하기를 "10월의 별자리는 영실營室이다"라고 하였으며, 「월령 · 중추仲秋」의 "중추행춘령仲秋行春

令, 즉추우불강則秋雨不降"을 주석하기를 "묘卯는 방성房星의 중심이다"라고 하였으며, 「월령·맹동孟冬」의 "소병시기小兵時起, 토지친삭土地親削"을 주석하기를 "신숙申宿은 곧 참벌參伐이다"라고 하였으며, 「월령·중동仲冬」의 "행추령行秋令, 즉천시우즙則天時雨汁, 호과瓠瓜"를 주석하기를 "유숙酉宿은 묘성昴星과 필성畢星에 해당하며, 묘성과 필성은 비를 좋아하며,……자숙子宿은 허망하고 위태하다"고 하였다. 유월은 미未이므로 곤괘坤卦 초효의 동정東井에 해당한다. 우물과 물은 서로 관계가 있으므로 동정東井은 또 수성水星이라고도 한다. 무함巫咸(고대의 점장이)는 "동정東井은 수성水星이다"(『開元占經』, 권36)라고 하였다. 석씨石氏는 찬양하기를 "동정東井의 여덟별은 수형水衡을 주관하며, 정井은 물을 본받은 상象이며, 물을 본받아 평정平定하며, 성정을 다스려 음란하지 않으므로 형형衡을 주관한다"(위의 책)라고 하였다. 이는 "부缶에 가득하다"는 구절을 우물에서 물을 긷는 뜻으로 풀이한 것이다. 괘 가운데 우물의 상은 비괘比卦의 초효로부터 와서 미未로 납입納入하였다. 부缶는 본래 술을 담는 그릇이다. 『설문』에는 "부缶는 술을 담아 마시는 질그릇이다"라고 하였는데, 이것은 고대의 물을 긷는 그릇을 가리킨다. 감坎의 육사 "궤簋 두 개를 부로 쓴다"(貳用缶)는 곧 이 뜻이다. 정현은 효상爻象을 따라서 미未로 납입하여 하늘의 동정東井으로 이끌어 드러내었으며, 동정東井을 수성水星으로 보아 물과 물을 긷는 그릇인 부缶를 이끌어 내어 이로써 효사爻辭인 "부缶"를 해석하였다. 이로써 정현이 효진爻辰을 상象이라 보고 사辭를 해석하는 방법으로 삼았음을 알 수 있으니, 시비와 곡직은 스스로 공론公論이 있다.

「象」曰: 比之"初六", 有它吉也.

「상」에서 말하였다. 비괘의 "초육"은 다른 길함이 있다.

六二, 比之自內, 貞吉.

육이는 돕기를 안으로부터 하니 곧고 길하다.

「象」曰: "比之自內", 不自失也.

「상」에서 말하였다. "돕기를 안으로부터 함"은 스스로 잃지 않기 때문이다.

六三, 比之匪人.

육삼은 옳지 않은 사람을 돕는다.

「象」曰: "比之匪人", 不亦傷乎.

「상」에서 말하였다. "옳지 않은 사람을 도움"은 또한 어찌 상하지 않겠는가?

六四. 外比之, 貞吉.

육사는 밖으로부터 도우니 곧고 길하다.

「象」曰: 外比於賢, 以從上也.

「상」에서 말하였다. 밖에서 어진 이를 도움은 위를 따르기 때문이다.

九五, 顯比, 王用三毆, 失前禽, 邑人不誡, 吉.

구오는 드러나게 도우니 왕이 삼면몰이를 하니, 앞 날짐승을 잃었으며, 읍 사람들을 나무라지 않으니 길하다.

鄭注 : 王因天下顯習兵手於蒐狩焉. 驅禽而射之, 三則已, 發軍禮. 失前禽者, 謂禽在前來者不逆而射之, 旁去又不射, 唯揹走者, 順而射之, 不中亦[23]已, 是皆所失之[24]. 用兵之法, 亦如之降者不殺, 奔者不禁, 背敵不殺, 加以仁恩養威之道.(『周禮』,「秋官・士師」疏;『左傳』, 桓公 4年 疏)

왕이 세상에 드러나게 훈련받은 병사들을 모아 수렵을 하면서 날짐승을 몰아서(驅禽) 활을 쏘되 삼면으로만 하는 것이 군례軍禮의 밝힘이다. 앞의 날짐승을 놓친 자가 말하기를 날짐승이 앞으로 왔으나 거스르지 않아서 그것을 쏘았고, 마침 도망가는 것은 또 쏘지 않고, 오직 등지고 도망가는 것을 좇아서 쏘았으며, 맞지 않은 것은 또한 그만두니(不中亦已) '이는 모두 그것을 놓친 것이다(是皆所失之).' 용병의 방법은 또한 항복하는 자는 죽이지 않고, 도망가는 자는 붙잡지 않고, 등을 보인 적은 죽이지 않으니, 인자함과 은혜로 위세를 높이는 도리이다.(『周禮』,「秋官・士師」疏,『左傳』, 桓公 4年 疏)

구毆를 통행본・백서본・초간본은 모두 "驅"로 썼으며, 구毆는 고문이다. 이부손은 "驅는

---

23) 亦은 『左傳』의 疏에는 "則"으로 썼다.
24) 『左傳』의 疏에는 "所以失之"로 썼다.

말이 달림이다. 고문은 구毆로 썼는데, 이것은 정현이 고문을 따랐기 때문이다'라고 하였다.
정현은 비직의 고문역을 전하였으므로 고문에 의지하였다. 수蒐는 정현이 『주례周禮』 「대사마
大司馬」의 "遂以蒐田"을 주석하기를 "봄의 밭이 수蒐(모음)이다'라고 하였다. 가공언賈公彦(생졸
미상)은 소疏에서 "봄밭이 수蒐라는 데서 수蒐는 수搜(찾음)이다. 봄에 조수鳥獸가 새끼에게
젖을 먹이고, 임신을 감당하지 못한 것을 찾고 고르기 때문에 수蒐라고 이름지었다'고 하였다.
정현의 뜻을 살펴보면, 이 효는 대왕이 수렵으로 병법을 연습함을 말한다. 고대에 수렵은
삼면으로 금수禽獸를 포위하여 실행하되 앞으로 오는 것과 거스르는 것은 쏘지 않으며, 옆으로
가는 것은 쏘지 않으며, 오직 등을 보이고 가는 좇아가는 것만 쏜다. 항사 쏘았으나 맞지
않은 것은 앞의 짐승으로 잃고 버린다. 용병用兵도 이와 같이 무릇 투항하는 자는 죽이지
않고, 도망하는 자도 저지하여 막지 않고, 등을 보인 적도 죽이지 않으니, 이는 인자함과
은혜를 베풀어 위엄을 기르는 도리다.

「象」曰: "顯比"之"吉", 位中正也. 舍逆取順, "失前禽"也. "邑人不誡",
上使中也.

「상」에서 말하였다. "드러나게 도움"의 "길함"은 중정에 위치하기 때문이며, 거스르
는 것을 버리고 순조로운 것을 취함은 "앞의 날짐승을 잃음"이며, "읍 사람들을
나무라지 않음"은 윗사람이 중中으로 부리기 때문이다.

上六, 比之无首, 凶.
상육은 도움에 머리가 없으니 흉하다.

「象」曰: "比之无首", 无所終也.
「상」에서 말하였다. "도움에 머리가 없음"은 끝마침이 없기 때문이다.

9. 소축小畜

鄭注 : 畜, 養也.(『釋文』)

> 축畜은 기름(養)이다.(『釋文』)

축畜은 백서본에는 "축蓄"으로 썼는데, 두 글자는 통한다. 축畜은 양養(기름)의 뜻이 있다. 『시』「일월日月」에는 "나를 길러주되 졸卒이 아니다"라고 하였고, 모전에는 "축畜은 양養이다"라고 하였으며, 사괘師卦「상전象傳」의 "군자는 백성을 포용함으로써 무리를 기른다"(君子以容民畜衆)는 구절에서의 축畜이 곧 이 뜻이다.

☴ 小畜, 亨, 密雲不雨, 自我西郊.

소축小畜은 형통하니 구름이 빽빽하지만 비가 오지 않음은 내가 서쪽 교외에 있기 때문이다.

鄭注 : 密, 靜也. 雲靜止不雨, 喻紂恩澤不加於民也. 不雨之災, 自其君也. 西郊亦謂文王也.(『御覽』,「天部·雲」)

> 밀密은 고요함(靜)이다. 구름이 고요히 정지하여 비를 내리지 않음은 주왕紂王의 은혜가 백성에게 미치지 않음을 비유한 것이다. 비가 내리지 않는 재앙은 그 임금으로부터 온다. 서쪽 교외는 또한 문왕을 말한다.(『御覽』,「天部·雲」)

정현이 "密"을 "靜"으로 해석한 것은 『이아爾雅』로부터 취하였다. 『이아』「석고釋詁」에는 "밀密은 정靜이다"라고 하였다. 이것은 주왕紂王과 문왕文王이 괘사와 효사를 해설할 때 역사로서 『역』을 설명한 예이다.

「彖」曰: 小畜, 柔得位而上下應之, 曰小畜. 健而巽, 剛中而志行, 乃亨. "密雲不雨", 尚往也. "自我西郊", 施未行也.

「단」에서 말하였다. 소축小畜은 부드러움이 자리를 얻고 위와 아래가 그와 호응하니, 소축이라고 한다. 굳건하고 공손하여 굳셈 가운데 뜻이 행해지므로 형통하다. "빽빽한 구름이 있지만 비가 오지 않음"은 오히려 가기 때문이다. "내가 서쪽 교외로부터 함"은 베풂이 아직 행해지 않았기 때문이다.

「象」曰: 風行天上, 小畜. 君子以懿文德.

「상」에서 말하였다. 바람이 하늘에서 부니 소축이다. 군자는 문덕文德을 아름답게 한다.

初九, 復自道, 何其咎, 吉.

초구는 도道로부터 회복하니 어찌 그것이 허물이겠는가? 길하다.

「象」曰: "復自道", 其義"吉"也.

「상」에서 말하였다. "도道로부터 회복함"은 그 뜻이 "길"하기 때문이다.

九二, 牽復, 吉.

구이는 이끌어 회복함이니 길하다.

「象」曰: "牽復"在中, 亦不自失也.

「상」에서 말하였다. "이끌어 회복함"이 가운데 있으니 또한 스스로 잃지 않기 때문이다.

九三, 輿說輹, 夫妻反目.

구삼은 수레의 복토伏菟가 벗겨지니 부부가 반목함이다.

鄭注: 輹, 伏菟.(『釋文』) 謂輿下縛木, 與軸相連, 鉤心之木是也.(上九象傳正義)

복輹은 복토伏菟이다.(『釋文』) 수레의 아래에 박목縛木은 수레의 축과 서로 연결되어 있으며, 구심鉤心의 나무가 이것이다.(上九象傳正義)

복複은 통행본에는 "복輻"으로 썼으며, 백서본에는 "부緮"로 썼다. 세 가지는 모두 통가通假의 글자이다. 『자하전子夏傳』에는 "복複은 수레의 아래 복토伏兎이다"(『周易正義』는 정현의 주석본인 『子夏傳』에서 인용)라고 하였다. 복複은 고대의 수레의 바닥판과 차축을 잇는 갈고리 부품을 가리키며, 그것을 연결하는 데 쓰는 밧줄이나 가죽을 또 "박縛"이라고 하였다. 『설문』에는 "부緮는 차축車軸의 박縛이다"라고 하였다. 마융은 "수레 아래의 밧줄(縛)이다"라고 하였다. 이 부품의 형상이 마치 복토伏兎(엎드린 토끼. 兎는 菟와 같으므로 복토伏菟라고 칭한다. 『석명釋名』에는 "복複은 사람의 나막신과 같은 복토가 차축의 위에 있는 것과 같다"고 하였다. 『주례周禮』「고공기考工記・주인輈人」에서는 "복토伏兎로부터 차축車軸에 이르지 못하는 칠척七尺"에서의 복토伏菟가 곧 이 뜻이다. 또 "복複"은 "복緮"의 가차假借이다. 『설문』에서는 "복緮은 복토伏菟이다"라는 말이라고 할 수 있다.

「象」曰: "夫妻反目", 不能正室也.

「상」에서 말하였다. "부부가 반목함"은 집안을 바르게 할 수 없기 때문이다.

六四, 有孚, 血去惕出, 无咎.

육사는 믿음이 있어 혈전血戰이 사라지고 두려움에서 벗어나니 허물이 없다.

「象」曰: "血去惕出", 上合志也.

「상」에서 말하였다. "혈전血戰이 사라지고 두려움에서 벗어남"은 위로 뜻이 합하기 때문이다.

九五, 有孚攣如, 富以其鄰.

구오는 믿음이 있어 이끌어서 부富로써 그 이웃과 함께한다.

「象」曰: 有孚攣如, 不獨富也.

「상」에서 말하였다. "믿음이 있어 이끌음"은 홀로 부유하지 않기 때문이다.

上九, 旣雨旣處, 尙德載婦, 貞厲. 月幾望, 君子征, 凶.

상구는 이미 비가 오고 이미 비가 그침은 덕을 숭상함이 부인에게 있으니 곧게 함쓴다. 달이 기망幾望(음력 14일)에 있으니 군자가 정벌함은 흉하다.

「象」曰: "旣雨旣處", 德積載也. "君子征凶", 有所疑也.

「상」에서 말하였다. "이미 비가 오고 이미 비가 그침"은 덕이 쌓여 있기 때문이다. "군자가 정벌함이 흉함"은 의심함이 있기 때문이다.

10. 리履

䷌　履虎尾, 不噬人, 亨.

호랑이 꼬리를 밟더라도 사람을 물지 않으니 형통하다.

鄭注 : 噬, 齧也.(『文選』, 「西征賦」 注)

　　서噬는 설齧(물어뜯음)이다.(『文選』, 「西征賦」 注)

　　서噬는 금문본에는 "질哩"로 썼으며, 부양간阜陽簡(阜陽에서 출토된 竹簡)에는 "실實"로 썼으며, 백서본에는 "진眞"으로 썼다. 한자강韓自强(1936~) 선생의 고증에 근거하면, 이 몇 글자는 음이 같거나 비슷해서 서로 통한다.[25] 서噬는 어금니를 이용하여 씹는다는 뜻이 있으며, 전의轉義하여 식용食用의 뜻이 있다. 『설문』에는 "설齧은 서噬다"라고 하였으며, 『석명釋名』「석음식釋飮食」에서는 "새는 쪼다(啄)라고 하며, 마치 물건을 위로 쪼고 다시 아래로 쪼는 것과 같다. 들짐승은 물어뜯어 먹어치움(齧齧)이라고 한다"고 하였다. 『광아廣雅』「석고釋詁」는 "서噬는 설齧이다", "서噬는 먹는 것(食)이다"라고 하였으며, 『방언方言』은 "서噬는 식食이다"라고 하였다. 마융은 "질哩은 흘乾(깨묾)이다"라고 하였다.

「彖」曰: 履, 柔履剛也. 說而應乎乾, 是以"履虎尾不噬人". "亨", 剛中正, 履帝位而不疚, 光明也.

「단」에서 말하였다. 부드러움이 굳셈을 밟는 것이다. 기뻐하며 건乾과 호응하며 이 때문에 "호랑이 꼬리를 밟아도 사람을 물지 않는다"고 한다. "형통함"은 굳셈이 중中하고 바르니 임금의 자리를 밟아도 거리낌이 없어서 빛나고 밝다.

---

25) 韓自强, 「阜陽漢簡周易研究」, 『道家文化研究』 第18輯(三聯書店, 2000), 46쪽을 보라.
　　역자 주: 安徽 阜陽의 박물관 관장. 부양에서 출토된 阜陽漢簡 전문 연구자.

「象」曰: 上天下澤, 履. 君子以辯上下定民志.

「상」에서 말하였다. 상괘上卦가 천天, 하괘下卦가 연못인 리괘履卦이다. 군자는 상하를 분별함으로써 백성의 뜻을 안정시킨다.

初九, 素履往无咎.

초구는 본래대로 이행하여 가면 허물이 없다.

「象」曰: "素履"之往, 獨行願也.

「상」에서 말하였다. "본래대로 이행"하여 감은 홀로 원하는 바를 행하기 때문이다.

九二, 履道坦坦, 幽人貞吉.

구이는 걸어가는 길이 평탄하니 유인幽人(은둔한 사람)이면 곧고 길하다.

「象」曰: 幽人貞吉, 中不自亂也.

「상」에서 말하였다. "유인幽人이면 곧고 길함"은 중中하여 스스로 어지럽지 않기 때문이다.

六三, 眇能視, 跛能履, 履虎尾, 噬人凶, 武人爲於大君.

육삼은 애꾸눈도 볼 수 있고, 절름발이가 걸을 수 있으나 호랑이 꼬리를 밟으면 사람을 물기 때문에 흉하며, 무인武人이 대군이 될 것이다.

「象」曰: "眇能視", 不足以有明也. "跛能履", 不足以與行也. "噬人"之 "凶", 位不當也. 武人爲於大君, 志剛也.

「상」에서 말하였다. "애꾸눈도 볼 수 있음"은 분명함에는 부족하며, "절름발이가 걸을 수 있음"은 함께 가기에는 부족하며, "사람을 물어서 흉함"은 위치가 마땅하지 않기 때문이다. "무인武人이 대군이 됨"은 뜻이 굳세기 때문이다.

九四, 履虎尾, 愬愬終吉.

구사는 호랑이 꼬리를 밟았으면, 두려워하고 조심하면 끝내 길할 것이다.

「象」曰: 愬愬終吉, 志行也.

「상」에서 말하였다. "두려워하고 조심함"은 뜻을 행하기 때문이다.

九五, 夬履, 貞厲.

구오는 과감하게 이행함은 곧게 힘쓰는(厲) 것이다.

「象」曰: "夬履貞厲", 位正當也.

「상」에서 말하였다. "과감하게 이행함은 곧게 힘씀"은 위치가 정당하기 때문이다.

上九, 視履考詳, 其旋元吉.

상구는 밟아 온 것을 보고 상세하고 고찰하여 두루하면 크게 길할 것이다.

鄭注 : 履道之終, 考正詳備.(『晁氏易』)

　　　길을 걸음이 끝나면 상고함이 바르고 상세하게 갖추어졌다.(『晁氏易』)

상詳은 통행본에서는 "상祥"으로 썼다. 『석문釋文』에서는 "상祥은 본래 상詳으로도 썼다"고
하였다. 그러므로 "詳"과 "祥"은 통한다. 『설문』에서는 "상詳은 선善이다"라고 하였고, 『이아』
「석고」에서는 "상祥은 선善이다"라고 하였다. 혜동은 "상詳은 고문에서는 상祥이다……상祥
은 길흉吉凶을 겸한다"(『周易述』)고 하였다. 정현은 『예기』를 주석하면서 많이 "祥"을 "善"으로
해석하였다. 고考는 고찰考察이다. 『소이아小爾雅』에서는 "고考는 계稽(稽考)이다"라고 하였다.
상구는 리履괘의 가장 위에 있으므로 "걸어가는 길의 끝"이다. 위에는 양이 자리하여 음이
위치를 잃으며, 그 변화의 바름을 고찰하면 길상吉祥이 갖추어지므로 "상고함이 바르고 상세
하게 갖추어졌다."

「象」曰: "元吉"在上, 大有慶也.

「상」에서 말하였다. "크게 길함"이 위에 있으니 큰 경사가 있다.

11. 태泰

䷊　泰, 小往大來, 吉, 亨.

태는 작은 것이 가고 큰 것이 오니, 길하고 형통하다.

鄭注 : 泰, 通也.(『釋文』)

　　태泰는 통通함이다.(『釋文』)

　　이것은 『역전易傳』으로써 『역』을 해석한 것이다. 「서괘」에서는 "태泰라는 것은 통通이다"라고
하였다.

「彖」曰: "小往大來吉亨", 則是天地交而萬物通也; 上下交而其志同也.
內陰而外陽, 內健而外順, 內君子而外小人. 君子道長, 小人道消也.

「단」에서 말하였다. "태는 작은 것이 가고 큰 것이 오니, 길하고 형통함"은 천지가
교제하고 만물이 통하고, 위와 아래가 사귀어 그 뜻이 같아지기 때문이다. 안으로
음이 있고 밖으로 양이 있으니 안으로 강건하고 겉으로 유순하니, 안으로 군자이며
밖으로 소인이다. 군자의 도가 커지고 소인의 도가 소멸된다.

「象」曰: 天地交, 泰. 后以財成天地之道, 輔相天地之宜, 以左右民.

「상」에서 말하였다. 하늘과 땅이 교제하니 태泰(넉넉함)이다. 임금은 절도節度로서
천지의 도를 이루고, 천지의 마땅함을 보좌하여 백성을 돕는다.

鄭注 : 財, 節也. 輔相・左右, 助也. 以者, 取其陰陽之節, 爲出內之政. 春崇寬仁, 夏以
長養, 秋敎收斂, 冬救蓋藏, 皆可以成物助民也.(『集解』)

　　재財는 절도節度이다. 보상輔相과 좌우左右는 도움(助)이다. 이후(以者) 그 음양의
절도에 순응함에 의지하여 내부의 정치를 드러내었다. 봄은 관인寬仁함을

숭상하고, 여름은 길러 양육하고, 가을에는 수렴收斂하도록 하고, 겨울에는 덮어서 갈무리하도록 하는 것이 모두 사물을 이루어 백성을 도울 수 있는 것이다.(『集解』)

재財는 "재裁"(마름질)와 통한다. 『석문』에는 "재財를 순상荀爽은 재裁로 썼다"라고 하였다. 재裁는 절도의 뜻이 있다. 『이아』「석언」에는 "재裁는 절節이다"라고 하였다. "보상輔相"과 "좌우左右"는 "찬조贊助"의 의미가 있다. 『이아』「석고」에는 "서로 이끌고 찬조하고 도우도록 깨우쳤다"(詔相導左右助勖也)고 하였는데, 우번은 "상相은 찬贊(도움)이며, 좌우左右는 조助이다"라고 주석하였다. 음양의 절도는 음양변화의 절기를 가리키며 곧 아래 문장에서 말하는 춘하추동春夏秋冬이다. 이도평은 소疏에서 "'以者'는 '後以'(그 후)이며, '그 음양의 절도에 순응함에 의지한다'(取其順陰陽之節)는 것은 '천지의 도를 마름질함'(財成天地之道)을 해석한 것이며, '내부의 정치를 드러냄'(爲出內之政)은 '천지의 마땅함을 도운다'(輔相天地之宜)는 말을 해석한 것이다. 호체互體가 진震과 태兌이며, 진震은 봄이며, 태兌는 가을이므로 '봄은 관인寬仁함을 숭상하고, 가을은 수렴收斂을 가르친다'고 하였다. 2효와 5효는 역의 위치에서 기제旣濟가 되고, 이괘離卦는 여름이며 감괘坎卦는 겨울이므로 '여름은 길러 양육하고, 겨울은 덮어서 갈무리한다.' '모두 사물을 이루어 백성을 도울 수 있다는 말은 '그로써 백성을 돕는다'를 해석한 것이다'라고 하였다.(『周易集解纂疏』. 이하 간단히 『集解纂疏』로 칭한다.)

初九, 拔茅茹以其彙, 征吉.

초구는 띠풀의 얽힌 뿌리를 뽑는 것처럼 무리와 함께 정벌하면 길하다.

鄭注 : 彙, 勤也.(『釋文』) 彙(匯), 類也. 茹, 牽引也, 茅喩君, 有潔白之德, 臣下引其類而仕之.(『漢書』, 「劉向傳」注)

인彙(조심함)은 근근勤(근심함)이다.(『釋文』) 휘彙(혹은 匯)는 무리(類)이다. 여茹는 견인牽引이며, 모茅는 임금이 결백한 덕이 있음을 비유하며, 신하는 그 무리에 이끌려 벼슬한다.(『漢書』, 「劉向傳」注)

인彙은 통행본에는 "휘彙"(혹은 匯)로 썼으며, 백서본에는 "위胃"로 썼다. 『석문』에는 "휘彙는 고문에는 '胃'로 썼다"고 하였는데, "彙", "胃", "胃" 세 글자는 음이 비슷해 통가通假한다. 황석黃奭의 고증에 근거하면, "『한서』의 주에서 정현을 인용한 것에 곧 다른 하나의 주석이며, 『한서』는 정현의 저작이 아니다. 왕응린의 잘못을 혜동의 판본에 그대로 있다."(황석의 편집본 『周易鄭注』) 황석의 설명은 사람들로 하여금 깊이 생각하게 한다. 살펴보면 정현에게서 동일한 경문에 동일한 글자는 두 가지 종류의 표기법이 나올 수 없으며, 또한 백서본 『주역』의 경문과 대비해도 인彙은 아마도 후대 사람들이 전사傳寫할 때의 오류이며, 마땅히 금문본의 "휘彙"를 옳다고 보아야 한다.『석문』에는 "휘彙는 음이 위胃이며 무리類이다"라고 하였으므로 백서본은 "胃"로 썼으며, 위胃는 또 "謂"와 통가通假하며, 백서본『계사繫辭』는 모두 "위謂"를 "위胃"로 썼는데 이것이 곧 그 증거다.『이아』「석고」에서는 "위胃는 근勤이다"라고 하였고, 단옥재는 "정현이 '휘彙는 근勤이다'라고 하였는데, 그것을 가차假借로 말한 것이라 보았다"고 하였다.『이아』「석고」에서는 "수彗는 근勤이다"라고 하였고, 송상봉宋翔鳳은 정현이 "휘彙"를 근勤이라 본 것은 "수彗"로부터 취한 것이라고 보고 "정현이 근勤으로 해석한 것은 대개 휘彙와 혜彗가 음이 비슷하여(고대의 발음에는 '胃'와 '彗가 같은 부수였다.) 따라서 '彙를 '彗로 읽었다"(『考異』)고 하였다. 휘彙는 또 무리(類)로 해석할 수 있다. 주준성朱駿聲은 "휘彙는 마땅히 '畀'로 써야 하며, 유類이다"(『經解』)라고 하였다. 단옥재는 "살펴보면 위胃는 곧 '畀'자의 이체異體이며, 휘彙는 곧 가차假借의 글자이다"라고 하였다. 혜동은 괘상을 따라서 해석하기를 "'비否와 태泰는 그 무리가 반대이다'라고 하는데, 세 개의 음과 세 개의 양을 무리로 삼으므로 '위胃는 유類이다'라고 한다"(『周易述』)고 하였다.

「象」曰: "拔茅征吉", 志在外也.

「상」에서 말하였다. "띠풀을 뽑고 정벌함이 길함"은 뜻이 밖에 있기 때문이다.

九二, 包荒, 用馮河. 不遐遺, 朋亡, 得尙於中行.

구이는 거친 사람(오랑캐)을 포용하고, 황하를 걸어서 건너려는 무모함을 쓰며, 멀리 있는 사람을 버리지 않음과 붕당을 없애는 것은 중도를 행함에서 높임을 얻는다.

鄭注 : 荒, 讀爲康, 虛也.(『釋文』)

　　황荒은 강康으로 읽으며, 허虛이다.(『釋文』)

　황荒은『집해』에서 황巟으로 썼으며,『석문』에서는 "황荒은 본래 황巟으로 썼으며, 음은 같다"고 하였다. 황荒과 황巟은 통가한다. 백서본에는 "망亡"으로 썼으며, "망亡"과 "황荒"은 통가한다.『이아』「석고」에서는 "강康은 허虛이다"라고 하였으며,『석문』에는 "강康 곽점본郭店本에는 간혹 '황荒'으로 썼다"고 하였다. 그러므로 "강康"과 "황荒"은 통가하였음을 알 수 있다. 왜냐하면 "강康"과 "강㡏"은 음도 같고 뜻도 같기 때문이다. 황荒에는 허虛의 뜻도 있다.『시』「상유桑柔」에는 "다 위급해지고 거칠어졌도다"(具贅卒荒)라고 하였는데, 모전毛傳에는 "황荒은 허虛이다"라고 하였고, 조착晁錯는 "황荒을 정현은 강康이라고 읽고 대大라고 했다"고 하였다. 장혜언의 고증에 의하면 조착이 본『석문』의 북송본北宋本에서 "대大"라고 한 것이 옳다.

「象」曰: "包荒", "得尙於中行", 以光大也.

「상」에서 말하였다. "거친 사람(오랑캐)을 포용함"과 "중을 행함에서 숭상을 얻음"은 빛나고 크기 때문이다.

九三, 无平不陂, 无往不復, 堅貞无咎, 勿恤其孚, 於食有福.

구삼은 평평함은 기울지 않음이 없으며, 가서 돌아오지 않음이 없으니, 굳게 곧으니 허물이 없으며, 그 믿음을 근심하지 않으며, 먹는 데 복이 있다.

「象」曰: "无往不復", 天地際也.

「상」에서 말하였다. "가서 돌아오지 않음이 없음"은 하늘과 땅이 교제하기 때문이다.

六四, 翩翩, 不富以其鄰, 不戒以孚.

육사는 훨훨 날아 부유하지 않아도 그 이웃과 함께하니, 경계하지 않음은 믿음으로 하기 때문이다.

「象」曰: "翩翩不富", 皆失實也, "不戒以孚", 中心願也.

「상」에서 말하였다. "훨훨 날아 부유하지 않음"은 모두 실질을 잃었기 때문이며, "경계하지 않음은 믿음으로 하기 때문"은 중中의 마음으로 원하기 때문이다.

六五, 帝乙歸妹, 以祉元吉.

육오는 제을이 누이동생을 시집보내는 일로 이로써 행복하며 크게 길하다.

鄭注 : 五, 爻辰在卯春爲陽中, 萬物以生. 生育者, 嫁娶之貴, 仲春之月, 嫁娶, 男女之
禮, 福祿大吉.(『周禮』, 「天官・媒氏」 疏)

오효는 효진이 묘卯에 있고 봄이 양의 가운데 있어 만물이 생겨난다. 낳고
기름은 시집가고 장가듦의 귀함이며, 중춘仲春의 달에 시집가고 장가듦은
남녀의 예이며, 복록福祿이 크게 길하다.(『周禮』, 「天官・媒氏」 疏)

이것은 효진爻辰과 주례周禮로써 『역』을 주석한 것이다. 효진설을 살펴보면(比卦 初六의 注를 자세하게 보라.), 태괘泰卦의 5효는 가운데 위치하며 묘卯에 해당한다. 묘卯는 봄으로 2월이며, 중춘仲春이다. 그러므로 양陽의 가운데 있다. 옛사람들이 보기에 봄인 2월은 만물이 발육하여 생장하는 월분月份이며, 사람이 그것을 본받음이 마땅히 남녀가 혼인婚姻하는 계절이다. 그러 므로 『주례』「지관地官」에서는 "중춘仲春의 달에는 남녀가 만나도록 한다"고 하였는데, 이때 혼인하면 복록이 크게 길하다.

上六, 城復於隍, 勿用師, 自邑告命, 貞吝.

상육은 성이 무너져 해자를 메우니 근대를 쓰지 않으며, 읍으로부터 명령을 알리니 곧지만 부끄럽다.

鄭注 : 隍, 壑也.(『詩經』,「韓奕」 疏)

　　황隍은 학壑(坑)이다.(『詩經』,「韓奕」 疏)

　학壑은 구지溝池(坑字)이며, 호성하護城河이다. 『시』「대아大雅·한혁韓奕」에서는 "성벽을 실하 게 하고 해자를 실하게 한다"고 하였고, 『예』「교특생郊特牲」에서는 "물이 그 해자를 돌아서 온다"고 한 말이 곧 이 뜻이다. 『설문』에서는 "황隍은 성의 못이다"고 하였고, 우번이 주석하기 를 "황隍은 성벽 아래의 도랑이다. 물이 없을 때는 황隍이라고 하고, 물이 있을 때는 지池라 한다"고 하였다.

「象」曰: "城復于隍", 其命亂也.

「상」에서 말하였다. "성이 무너져 해자를 메움"은 그 명령이 어지럽기 때문이다.

12. 비否

☰ 否之匪人, 不利君子貞[26], 大往小來.

비否는 바른 사람이 아니니 군자의 곧음에 이롭지 않으니, 큰 것이 가고 작은 것이 오기 때문이다.

「彖」曰: "否之匪人, 不利君子貞." 大往小來, 則是天地不交而萬物不通也, 上下不交而天下无邦也, 內陰外陽, 內柔外剛, 內小人外君子, 小人道長, 君子道消也.

「단」에서 말하였다. "비否는 바른 사람이 아니니 군자의 곧음에 이롭지 않음"은 큰 것이 가고 작은 것이 옴이니 이는 천지가 교류하지 않아 만물이 통하지 못하며, 상하가 교제하지 않아서 세상에 나라가 없다. 안에 음이 있고 밖에 양이 있으며, 안은 부드럽고 밖은 군세며, 안에 소인이 있고 밖에 군자가 있으니 소인의 도가 커지고 군자의 도가 사라진다.

「象」曰: 天地不交, 否. 君子以儉德闢難, 不可榮以祿.

「상」에서 말하였다. 천지가 교류하지 않음이 비否이다. 군자는 근검勤儉의 덕으로 어려움을 피하니 봉록으로 영달할 수 없기 때문이다.

初六, 拔茅茹以其彙, 貞吉, 亨.

초육은 띠풀의 얽힌 뿌리를 뽑는데 무리로 하면 곧고 길하며 형통하다.

---

26) 역자 주: 이 구절은 "不利君子, 貞大往小來"로 표시되어 있으나, 바로 아래에서 「象」曰: "否之匪人, 不利君子貞"이라고 하였다. 그리고 문맥의 의미로 보아도 "否之匪人, 不利君子貞"으로 끊어 읽어야 된다고 생각된다.

「象」曰: "拔茅""貞吉", 志在君也.
「상」에서 말하였다. "띠풀을 뽑음"과 "곧고 길함"은 뜻이 임금에게 있기 때문이다.

六二, 包承, 小人吉, 大人否亨.
육이는 포용하고 받드니 소인은 길하고 대인은 비색否塞하지만 형통하다.

「象」曰: "大人否亨", 不亂群也.
「상」에서 말하였다. "대인은 비색否塞하지만 형통함"은 무리가 어지럽지 않기 때문이다.

六三, 包羞.
육삼은 포용함이 부끄럽다.

「象」曰: "包羞", 位不當也.
「상」에서 말하였다. "포용함이 부끄러움"은 자리가 마땅하지 않기 때문이다.

九四, 有命, 无咎. 疇離祉.
구사는 명령이 있어 허물이 없다. 무리가 모두 복을 누린다.

「象」曰: "有命无咎", 志行也.
「상」에서 말하였다. "명령이 있어 허물이 없음"은 뜻을 실행하기 때문이다.

九五, 休否. 大人吉, 其亡其亡, 繫於苞桑.
구오는 비색否塞함을 그치게 한다. 대인의 길함이니 그것이 망할까 그것이 망할까 하여 그령 풀과 뽕나무에 매달린다.

鄭注 : 休, 美也.(『文選』二十五) 苞, 植也. 否世之人, 不知聖人有命, 咸曰: 其將亡矣, 其
將亡矣. 而聖乃自繫於植桑不亡也.(同上) 猶紂囚文王於羑里之獄, 四臣獻珍
異之物而終免於難, 繫於苞桑之謂.(『集解』)

휴休는 아름다움(美)이다.(『文選』 25) 포苞는 식물植物이다. 비뚤어진 세상의
사람들은 성인의 명命이 있는 줄 모르니, 함괘咸卦에서 "그것이 장차 망하리니
그것이 장차 망하리니 성인이 이에 뽕나무를 심는 데 매달리니 망하지 않는다"
(위와 책)고 하였다. 주왕紂王이 문왕을 유리羑里의 감옥에 가두고, 네 신하가
진귀한 물건을 헌납하니 결국 곤란함을 면한 것과 같으니 그렁 풀과 뽕나무에
매달림을 말한다.(『集解』)

"휴休"를 "미美"로 해석한 것은 『이아』의 뜻에 근거하였다. 『이아』 「석고」에서는 "휴休는
미美다"라고 하였는데, 포苞는 본래 초艸(혹은 草)로 썼다. 『설문』에는 "苞는 艸다"라고 하였다.
사물이 무더기로 생겨나는 것을 포苞라고 한다. 『이아』 「석언」에는 "포苞는 진稹(떼 지어 나다)이
다"라고 하였다. 손염孫炎(1323~1362)은 "사물이 무더기로 생겨나는 것을 포苞라고 하며, 제齊나
라 사람들은 진稹이라고 불렀다." 학의행郝懿行(1757~1825)은 "식植은 곧 진稹의 오기誤記일
뿐이다"(『爾雅義疏』)라고 하였다. 정현은 은殷의 주왕紂王과 주周의 문왕의 일로써 그것을 해석
하였다. 사서史書의 기록을 보면, 문왕이 유리羑里에 감금되었을 때 문왕의 신하인 굉요閎天의
무리가 주왕에게 뇌물을 주어서 문왕이 석방되었다. 『사기史記』 「은본기殷本紀」에서는 "주왕
이 서백西伯(문왕)을 유리에 가두었고, 서백의 신하인 굉요의 무리가 미녀와 진기한 물건과
좋은 말을 주왕에게 헌납하자 주왕이 곧 서백을 사면하였다"고 하였다.

上九, 傾否. 先否後喜.

상구는 비색함이 기욺이다. 앞서 비색했으나 끝내 기쁘게 된다.

「象」曰: 否終則傾, 何可長也.

「상」에서 말하였다. "비색함이 끝나면 기울게 된다. 그것이 어찌 오래가겠는가?"

13. 동인同人

▤ 同人於野, 亨. 利涉大川, 利君子貞.

들에서 남들과 함께하면 형통하다. 큰 내를 건넘이 이롭고, 군자가 곧음으로 이롭다.

鄭注 : 乾爲天, 離爲火, 卦體有巽, 巽爲風. 天在上, 火炎上而從之, 是其性同於天也.
火得風然後炎上益熾是猶人君在上施政敎, 使天下之人和同而事之, 以是[27]
爲和同者, 君之所爲也. 故爲之同人. 風行無所不遍, 遍則會通之德大行, 故曰
同人於野亨.(『集解』)

건乾은 천天이며, 리離는 불이며, 괘의 호체는 손巽이며, 손巽은 풍風이다.
하늘이 위에 있고, 불은 위로 타오르며 그것을 따라가니 이것은 그 본성이
하늘과 같은 것이다. 불은 바람을 얻은 후에 위로 타오름이 치열하니 이것은
임금이 위에서 정교를 베풀어 세상 사람들이 다시 화합하여 섬기는 것과
같으니, 이로써以是 다시 화합함은 임금이 행하는 바이다. 그러므로 동인同人이
라고 한다. 바람이 불어 미치지 않은 곳이 없으며, 두루 미치면 회통의 덕이
크게 행해진다. 그러므로 들에서 남들과 함께 하면 형통하다고 한다.(『集解』)

정현은 여기서 상象과 리理로서 동인同人의 뜻을 해석하였다. 괘상으로 말하면 동인同人의
상괘는 건乾으로 천天이며, 하괘는 리離이며 화火이니, 천이 위에 있고 불이 위로 타오르기
때문에 그 뜻이 서로 같음을 향한다. 또한 동인괘의 2·3·4효의 호체는 손巽이며, 손은
바람이다. 아래의 호체인 불이 바람을 얻어 타오름이 더욱 세차다. 인사人事로서 말하면 동인
괘의 상괘는 건乾으로 임금이며, 하괘는 리離로서 음이며 백성이다. 동인同人은 임금이 정교를
베풀어 세상의 민중들이 일치단결하여 존중하여 따름을 나타낸다. 그 가운데 임금이 다시
화합和同의 주체이며, 이른바 '화동和同'은 곧 임금을 가리켜 말한다. 또 손괘巽卦의 바람의
상으로써 "들에서 남들과 함께함"을 해석하였다. 손巽은 바람이며 그 특징은 미치지 않은
곳이 없이 두루 사방으로 광대한 교외로 들로 미치니 회통會通의 덕이 있다. 그러므로 "들에서
다른 사람들과 함께 하여 형통하다"고 말한다.

---

27) 是는 『義海撮要』에서는 "事"로 썼다.

「象」曰: 同人, 柔得位得中, 而應乎乾, 曰同人. 同人曰[28]): "同人於野, 亨, 利涉大川"; 乾行也. 文明以健, 中正而應, 君子正也. 唯君子爲能通天下之志.

「단」에서 말하였다. 부드러움(六二)이 자리를 얻고 중을 얻어서 건乾과 호응하므로 동인同人이라고 한다. "들에서 남들과 함께하니 형통하며, 큰 내를 건너니 이롭다고 함"은 건乾괘의 행함이다. 문명文明하여 강건하며, 중정中正으로 응함은 군자의 바름이다. 오직 군자만이 천하에 통하는 뜻을 통할 수 있다.

「象」曰: 天與火, 同人. 君子以類族辨物.

「단」에서 말하였다. 하늘과 불이 동인이니, 군자는 유류類와 족族으로 사물을 분별한다.

初九, 同人於門, 无咎.

초구는 문 밖에서 남들과 함께하니 허물이 없다.

「象」曰: 出門同人, 又誰咎也.

「상」에서 말하였다. 문을 나가 남들과 함께함을 또 누가 책망하겠는가?

六二, 同人於宗, 吝.

육이는 종당宗黨에서 남과 함께하니 부끄럽다.

鄭注 : 天子・諸侯後夫人無子[29])不出.(『儀禮』,「士婚禮」 疏)

천자와 제후의 후부인後夫人(後妻)으로 '자식이 없으면'(無子) 내쫓지 않는다.(『儀禮』,「士婚禮」 疏)

정현은 예禮로써 역을 주석하였다. 고대사회에서 '이미 혼인한 부녀'(已婚婦女)를 위하여 일곱 조항의 징벌懲罰을 제정한 것을 "칠불七不"이라고 한다. 『의례』「상복喪服」에서는 "내쫓은

---

28) 역자 주: 『周易本義』에 의하면 '曰同人' 세 글자는 衍文이다.
29) 『詩經』「河廣」 正義에서는 '無子'의 두 글자는 없다.

아내가 자식의 어머니가 된다"(出妻之子爲母)고 하였는데, 정현은 "내쫓음(出)은 버림(去)과 같다"고 주석하였으며, 가공언賈公彦은 소疏에서 "내쫓는 일곱 가지는 자식이 없음이 첫 번째며, 음란하고 방자함이 두 번째며, 시부모를 모시지 않음이 세 번째며, 시비하거나 헐뜯음이 네 번째며, 도둑질이 다섯 번째며, 투기妬忌함이 여섯 번째며, 고칠 수 없는 나쁜 병이 있음이 일곱 번째다. 천자와 제후의 아내는 자식이 없더라도 내치지 않으므로 다만 '육출六出'이 있을 뿐이다"라고 하였다. 이것은 고대의 부녀들이 일곱 가지 조항 가운데 어떤 하나의 항목만 위배해도 곧 쫓아낼 수 있음을 말한다. 그러나 천자와 제후의 아내는 여섯 가지 조항 가운데 어떤 한 조항을 위배하면 쫓아낼 수 있다. 조원필曹元弼은 "정현의 뜻은 천자와 제후의 후처가 자식이 없어도 쫓아내지 않으므로 그 범칙犯則은 여섯 가지임을 말하였다. 왕후王后를 멀리 버리고, 부인 이하는 쫓아냈는데 종당宗黨으로 돌아왔으므로 부끄럽다. 부인이 이미 남편에게 시집을 갔으면 당연히 한 마음으로 섬겨야 함을 밝혔다"라고 하였다.(『集解補釋』)

「象」曰: "同人於宗", 吝道也.

「상」에서 말하였다. 종당宗黨에서 다른 사람과 함께함은 부끄러운 도이다.

九三, 伏戎於莽, 升其高陵, 三歲不興.

구삼은 수풀 속에 군사를 매복하고, 높은 언덕에 올라가서 3년이 되어도 일어나지 못함이다.

鄭注 : 莽, 叢木也.(『釋文』) 大阜曰陵.(李心傳, 『丙子學易編』)

망莽은 총목叢木(수풀, 灌木 등)이다.(『釋文』) 대부大阜(큰 둔덕)를 릉陵이라고 한다.(李心傳의 『丙子學易編』)

망莽은 본래 초초를 가리킨다. 『방언方言』에는 "망莽은 초초이다. 남초南楚를 망莽이라고 한다"고 하였다. 정현이 총목叢木이라 해석한 것은 아마도 뜻을 전의하여 해석하였다. "대부大阜는 릉陵이다"라는 해석은 『설문』과 『이아』 등에서 취하였다. 『설문』에는 "능陵은 대부大阜(큰 둔덕)이다"라고 하였고, 또 "부阜는 큰 언덕(大陸)이다"라고 하였다. 『이아』「석지釋地」에는 "높고 평평한 곳을 육陸이라고 하며, 큰 육陸을 부阜라고 하며, 대부大阜를 릉陵이라고 한다"고 하였다. 『석명釋名』「석산釋山」에서는 "토산土山을 부阜라고 한다. 부阜는 두텁다(厚). 높고 두터움을 말한다. 대부大阜를 릉陵이라고 하며, 릉陵은 두텁다(隆). 모양이 높고 두텁다"라고 하였다.

「象」曰: "伏戎於莽", 敵剛也. "三歲不興", 安行也.

「상」에서 말하였다. "군사를 수풀에 매복함"은 적이 강하기 때문이다. "3년이 되어도 일어나지 않음"은 안전하게 행동해야 하기 때문이다.

九四, 乘其庸30), 弗克攻, 吉.

구사는 담에 올라가지만 공격하지 않으니 길하다.

「象」曰: "乘其庸", 義弗克也. 其"吉", 則困而反則也.

「상」에서 말하였다. "담에 올라감"은 의리상 이길 수 없기 때문이다. 그것이 "길吉함"은 곤궁하여 법칙으로 되돌아오기 때문이다.

九五, 同人, 先號咷而後笑, 大師克相遇.

구오는 남과 함께하는데, 먼저 한탄하며 운 뒤에 웃으니 대군大軍으로 이겨야 서로 만난다.

「象」曰: "同人"之"先", 以中直也. "大師", "相遇", 言相剋也.

「상」에서 말하였다. 남들과 함께함에 먼저 한탄하며 우는 것은 중中으로써 바르게 하기 때문이다. "대군大軍"과 "서로 만남"은 서로 이김을 말한다.

上九, 同人於郊, 无悔.

상구는 교외에서 남들과 함께하니 후회함이 없다.

---

30) 庸은 백서본에도 "庸"으로 썼으나, 통행본에는 "墉"으로 썼다. "庸"과 "墉"은 음이 같으므로 通假한다.

「象」曰: "同人於郊", 志未得也.

「상」에서 말하였다. "교외에서 남들과 함께함"은 뜻을 아직 얻지 못했기 때문이다.

14. 대유大有

䷍　大有, 元亨.

대유는 크게 형통하다.

鄭注 : 六五體離, 處乾之上. 猶大臣有聖明之德, 代君爲政, 處其位,[31] 有事而理之也. 元亨者, 又[32]能長群臣以善, 使嘉會禮通. 若周公攝政, 朝諸侯於明堂是也.(『集解』)

육오의 체體는 리離이며 건괘의 위에 있다. 대신이 임금의 지혜(聖明)와 같은 덕이 있어 임금을 대신하여 정치를 하며, 그 위치에 있으면서(處其位) 일이 있으면 그것을 처리함을 비유한다. 크게 형통함은 또한(又) 뭇 신하들의 어른으로 선善으로서 부리며, 기쁘고 즐거운 모임에 예로써 통하게 한다. 마치 주공周公이 섭정攝政을 하며 명당明堂에서 제후諸侯들을 조회朝會함이 이것이다.(『集解』)

대유는 위는 리離, 아래는 건乾이며, 그 육오는 리離 가운데 있으면서 주관하는 효가 되며, 또 육오는 음으로써 존귀한 위치에 있다. 인사人事로서 말하면 양은 임금이며 음은 신하인데, 음이 존귀한 위치에 있음은 대신이 명덕明德이 있어 임금을 대신하여 정사를 처리하며, 또한 뭇 신하들로 하여금 인정仁政을 하도록 하고 국가國家가 모여서 회합함에 모두 예절에 합당함을 비유한다. 고대에 주공周公이 섭정할 때 명당明堂에서 제후들의 조견朝見한 것이 곧 그 예이다. 이도평李道平은 소疏에서 "5효는 임금의 위치이며 음은 신하의 상이다. 여섯 음陰은 그러므로 '대신大臣과 같다고 하였다. 체體가 리離이며 밝음이다. 그러므로 '임금과 같은 지혜의 덕'이 있다고 한다. 리괘離卦는 건괘乾卦의 위에 있으므로 '임금을 대신하여 정치한다'고 하였다. 육六(음효)이 5효의 위치에 있으니 마땅히 5효의 일을 행하니 그러므로 '그 위치에 처하여 일이 있으면 그것을 처리한다'고 하였다. '원元은 선善의 으뜸이므로 '뭇 신하들의 으뜸으로 선善으로써 부린다', '형통함은 아름다운 모임이다', 그러므로 '아름다운 모임은 예로써 통한다'고 하였다. 『예기』 「명당위明堂位」에서는 '무왕武王이 세상을 떠나자 성왕成王이

---

31) 『義海撮要』에는 아래에 "而"자가 있다.
32) 『義海撮要』에는 "又"자가 없다.

유약幼弱하여 주공周公이 천자의 지위를 지키며 세상을 다스렸다. 6년 동안 명당에서 제후를 조회하였다는 말은 주공이 섭정을 한 일이다"(『集解纂疏』)라고 하였다.

「彖」曰: 大有, 柔得尊位大中, 而上下應之曰大有. 其德剛健而文明, 應乎天而時行, 是以"元亨".

「단」에서 말하였다. 대유는 부드러움이 존귀한 지위를 얻어서 크게 적중하니 상하가 그에 응하므로 대유大有라고 한다. 그 덕이 강건剛健하고 문명文明하며, 하늘에 응하고 때맞추어 행하니 이런 까닭에 "크게 형통하다."

「象」曰: 火在天上, 大有. 君子以遏惡揚善, 順天休命.

「상」에서 말하였다. 불이 하늘에 있으니 대유大有이다. 군자가 악惡을 막고 선善을 드날리니 하늘의 아름다운 명을 따른다.

鄭注 : 命, 所受天命也.(『文選』, 「贈白馬王彪」[曹植] 注)

　　명命은 받은 바의 천명이다.(『文選』, 「贈白馬王彪」[曹植] 注)

　정현은 "命"을 천명天命으로 해석하였다. 휴명休命은 아름답고 즐거운 천명이다. 정현은 비否괘 구오를 주석하기를 "휴休는 아름다움이다"라고 하였다.『이아』「석고釋詁」에서도 "휴休는 아름다움이다"라고 하였다.

初九, 无交害. 匪咎艱則无咎.

초구는 사귐의 해가 없다. 허물이 아니지만 어렵게 여기면 허물이 없다.

「象」曰: 大有初九, 无交害也.

「상」에서 말하였다. 대유의 초구는 사귐의 해가 없다.

九二, 大車以載, 有攸往, 无咎.

구이는 큰 수레로 실으니 가는 바가 있어도 허물이 없다.

「象」曰: "大車以載", 積中不敗也.

「상」에서 말하였다. "큰 수레로 실음"은 가운데에 쌓아서 무너지지 않기 때문이다.

九三, 公用享天子, 小人弗克.

구삼은 공公이 천자를 형통하게 하나 소인은 할 수 없다.

「象」曰: "公用享天子", 小人害也.

「상」에서 말하였다. "공公이 천자를 형통하게 함"은 소인에게 해롭기 때문이다.

九四, 匪其彭, 无咎.

구사는 지나친 풍성함에 처하지 않으면 허물이 없다.

「象」曰: 匪其彭, 无咎. 明辯晢也.

「상」에서 말하였다. "지나친 풍성함에 처하지 않아서 허물이 없음"은 분별과 분석이 밝기 때문이다.

鄭注 : 晢, 讀如, "明星晢晢."(『釋文』)

체晢는 여如로 읽는다. "밝은 별이 밝고 밝다"(『釋文』)고 하였다.

체晢는 다른 판본에는 "석晳"으로 쓰거나 혹은 "서逝"로 혹은 "절折"로 썼으며, "체晢"자는 "거去"와 "왕往"으로 해석한다. 『설문』에서 "체晢는 거去이다"라고 하였고, 『하소정夏小正』에는 "구월에 홍안鴻雁을 보낸다"(九月晢鴻雁)고 하였고, 전傳에는 "체晢는 왕往이다"고 하였고, "서逝"는 절성折聲[33]으로 "왕往"의 뜻이 있으며, 『설문』에는 "서逝는 왕往이다. …… 절성이다" 라고 하였다. 그러므로 "晢", "逝", "折" 세 가지는 통가通假한다. "석晳"은 또 "절折"로 읽는다. 『설문』에는 "석晳은 환히 밝음이며, 해를 따라 가며 절성이다"라고 하였다. "명성절절明星晢晢" 은 『시경』에서 나오며, 『시경』「진풍陳風 · 동문지양東門之楊」에서 "동문의 버들이여 그 잎이 무성하구나. 어두우면 만나자더니 새벽 샛별만 반짝이네. 동문의 버들이여 그 잎이 울창하구

---

33) 역자 주: 입으로 낮추어 내는 소리. 反切.

나. 어두우면 만나자더니 새벽 샛별만 밝게 빛나네"(東門之楊, 其葉牂牂, 昏以爲期, 明明煌煌; 東門之楊, 其葉肺肺, 昏以爲期, 明星晢晢)라고 하였다. "석석晢晢"은 곧 "황황煌煌"이며 밝게 빛나는 모습이다. 정현은 주해하기를 "석석晢晢은 황황煌煌과 같다"고 하였다. 정현은 "샛별(明星)이 밝게 빛난다"는 구절을 인용한 뜻은 "체禮"가 "석晢"과 통하고 광명光明의 뜻이 있음을 설명하려는데 있다.

六五, 厥孚交如威如, 吉.

육오는 믿음으로 사귀니 위엄 있게 하면 길하다.

「象」曰: "厥孚交如", 信以發志也. "威如"之吉, 易而无備也.

「상」에서 말하였다. "믿음으로 사귐"은 믿음으로 뜻을 일으키는 것이다. "위엄 있게 하여" 길함은 쉬워서 대비할 것이 없기 때문이다.

上九, 自天佑之, 吉无不利.

상구는 하늘로부터 도움을 받아 길하여 이롭지 않음이 없다.

「象」曰: 大有上吉, "自天佑"也.

「상」에서 말하였다. 대유의 상구가 길함은 "하늘로부터 받은 도움"이기 때문이다.

15. 겸謙

☰☷ 謙[34], 亨, 君子有終.

겸은 형통하니 군자가 마침이 있다.

鄭注 : 艮爲山, 坤爲地, 山體高今在地下, 其於人道, 高能下下, 謙之象. 亨者, 嘉會之
禮, 以謙而[35]爲主. 謙者, 自貶損以下人, 惟艮之堅固, 坤之厚順乃能終之, 故
君子之人有終也.(『集解』; 『義海撮要』)

간艮은 산山이며, 곤坤은 땅이다. 산의 형상은 높으나 지금은 지하에 있다.
인도에 있어서 높은 것이 능히 아래로 내려 갈 수 있는 것이 겸謙의 상象이다.
형통한 것은 기쁘고 즐거운 모임嘉會의 예禮에 겸謙으로 주를 삼는다. 겸謙이라
는 것은 자신을 낮추어 다른 사람의 아래로 가는 것으로 오직 간艮의 견고함과
곤坤의 두터움과 순응함으로 끝마칠 수 있으므로 군자로서 마침이 있다.(『集解』;
『義海撮要』)

겸謙은 자하본子夏本에는 "겸嗛"으로 썼으며, 백서본도 같다. 겸謙과 겸嗛 두 글자는 옛날에는
통가하였다. 『석문』에는 "겸嗛 겸謙이다"라고 하였다. 아름다운 모임을 "형통"의 뜻으로 해석
하였다. 「문언」에는 "형통함이란 아름다운 모임이다"라고 하였다. '아름다운 모임'은 아름답고
좋은 회합을 가리킨다. 『설문』에는 "가嘉는 아름다움이다"라고 하고 또, "회會는 합습이다"라
고 하였다. 『이아』 「석고」에는 "가嘉는 미美이다"라고 하고 또 "가嘉는 선善이다"라고 하고,
"회會는 합습이다"라고 하였다. 단옥재段玉裁는 "『예경禮經』에 천막 덮개로 감을 회會라고
하며, 그 상하를 서로 합하도록 한다"고 주석하였다. 옛사람들이 보기에 자연계는 음양이
서로 교합하여 통달하며, 사람들이 그것을 본받아 남녀가 혼인으로 짝을 맺으니 이를 아름다
운 모임이라고 한다. 혼인하여 짝을 맺음에는 마땅히 예절에 맞아야 하므로 「문언」에는 "아름
다운 모임은 예와 맞아야 한다"고 하였다. 혜동惠棟은 「문언」을 주석한 한역漢易을 인용하여
"양陽으로써 음陰과 통하는 뜻이 '혼인으로 성교(昏冓=婚媾)하는 것과 뜻이 같으므로 아름다운

---

34) 謙은 惠棟의 판본에는 모두 "嗛"으로 썼다. 張惠言은 "무릇 謙자는 惠本에는 모두 嗛으
로 바꾸어 썼는데, 옳지 않다"라고 하였다.

35) 王本에는 "而"자가 없다.

모임이라고 한다'고 하였다. 아울러 소疏에서 말하기를 "형통함은 통함이며, 64괘의 음양이 서로 응함을 경문經文에서는 많이 '혼구昏冓(婚媾)라고 말하였으므로 '혼구昏冓'와 뜻이 같다고 하였다. 혼례婚禮를 아름다움(嘉)이라고 하므로 아름다운 모임이라고 한다'고 하였다.(『周易述』) 괘상으로 말하면, 겸괘謙卦는 윗 괘는 곤坤이며, 아래 괘는 간艮으로 곤坤은 땅이며 간艮은 산이며, 산은 높으나 땅은 아래에 있으므로 겸퇴謙退의 뜻이 있다. 인사人事로서 말하면 위치가 존귀함에도 스스로 낮추어 다른 사람의 아래에 있으므로 겸謙이라고 한다. 겸謙괘의 괘사卦辭에서 "형통"이라고 한 말은 고대의 아름다운 모임의 예이므로 거듭 공손하고 거듭 공경함을 겸양謙讓을 위주로 한다. 겸괘의 아래 괘인 간艮은 산으로 견고함의 뜻이 있고, 위의 괘인 곤괘는 두터이 순응함의 덕이 있으므로 그 괘사에서 "마침이 있다"고 하였다. 이것은 정현이 괘상과 「문언」으로 괘명卦名과 괘사卦辭를 해석한 예이다.

「彖」曰: 謙, 亨. 天道下濟而光明, 地道卑而上行, 天道虧盈而益謙, 地道變盈而流謙, 鬼神害盈而福謙, 人道惡盈而好謙. 謙尊而光, 卑而不可逾, 君子之終也.

「단」에서 말하였다. 겸謙은 형통함이다. 천도는 내려와 구제하니 빛나고 밝으며, 땅의 도가 낮은 곳에서 위로 올라가 유행하며, 하늘의 도는 가득 찬 것을 바우고 겸손함을 도우며, 땅의 도는 가득 찬 것을 바꾸어 겸손함으로 흐르게 하며, 귀신은 가득 채운 것을 해치고, 겸손함에 복을 주며, 사람의 도는 가득 찬 것을 미워하고 겸손함을 좋아한다. 겸손함은 높고 빛나며, 낮은 곳에 있으나 구차스럽지 않으니 군자의 이룸이다.

「象」曰: 地中有山, 謙. 君子以捊多益寡, 稱物平施.

「상」에서 말하였다. 땅 가운데 산이 있으니 겸謙이다. 군자가 많은 것을 덜어내어 적은 것에 보태니 물건을 달아서 고르게 베푼다.

鄭注: 捊, 取也.(『釋文』; 『漢上易傳』)

　　부捊는 취함이다.(『釋文』; 『漢上易傳』)

부捊는 석경에 "포襃"로 쓰여 있으며, 통행본에는 "부裒"로 썼다. 『석문』에는 "『자서字書』에는 부捊로 썼다"고 하였다. 『염철론鹽鐵論』 「이의利議」에는 "옷을 여며 너그럽게 띠를 두르다"(襃衣寬帶)라고 하였으며, 『한서漢書』 「준부의전雋不疑傳」에는 "옷을 여며 너그럽게 띠를 두르다"

(裒衣寬帶)라고 하였다. "부裒", "포褒", "부裒"는 통가의 문자이다. 또 단옥재는 "부裒는 부抔의 속자다. 『역』에서는 '군자는 많은 것을 덜어서 적은 것에 보탠다'고 했다'고 하였다. 이로써 "부裒"와 "부抔"는 통가의 문자임을 알 수 있다. 『설문』에는 "부抔는 끌어서 취함(引取)이다"라고 하였는데, 이것은 『설문』에서 "부抔"를 해석한 것에서 취하였다.

初六, 謙謙君子, 用涉大川, 吉.

초육은 겸손하고 겸손한 군자이니 큰 내를 건너도 길하다.

「象」曰: "謙謙君子", 卑以自牧也.

「상」에서 말하였다. "겸손하고 겸손한 군자"는 낮춤으로써 스스로 기르기 때문이다.

鄭注 : 牧, 養也.(『文選』, 「閒居賦」[潘岳] 注)

　　목牧은 양養이다.(『文選』, 「閒居賦」[潘岳] 注)

　목牧은 본래 소를 키우는 사람을 가리킨다. 『설문』에는 "목牧은 소를 키우는 사람이다"라고 하였으며, 후일에는 대개 양養을 가리켰다. 『이아』 「석지釋地」에는 "교외郊外를 목牧이라고 한다"고 하였는데, 목牧이 곧 양養의 뜻이다.

六二, 鳴謙, 貞吉.

육이는 겸손함을 드날리니 곧고 길하다.

「象」曰: "鳴謙貞吉", 中心得也.

「상」에서 말하였다. "겸손함을 드날리니 곧고 길함"은 중의 마음으로 얻었기 때문이다.

九三, 勞謙, 君子有終, 吉.

구삼은 겸손함을 노력하니 군자가 이룸이 있으며 길하다.

「象」曰: "勞謙君子", 萬民服也.

「상」에서 말하였다. "겸손함을 노력하는 군자"는 만민이 승복한다.

六四, 无不利, 撝謙.

육사는 이롭지 않음이 없으니 낮추어 겸손하다.

鄭注 : 撝, 讀爲宣.(『釋文』)

　　　휘撝는 선宣으로 읽는다.(『釋文』)

휘撝는 백서본에는 "와譌"로 썼으며, 초간본楚簡本에는 "賨"로 썼다. "와譌"는 "위爲"로 읽으며, "휘撝"와 "와譌"의 글자는 음이 비슷하여 통가通假한다. 경방京房은 "휘揮"로 쓰는데, 휘撝와 휘揮는 음이 같아 뜻이 통한다. 순상荀爽은 "휘撝는 거擧와 같다"고 하였다. 초간본楚簡本에는 "賨"로 썼으며, 유대균劉大鈞 선생은 『자하역전子夏易傳』과 『설문』의 고증에 근거하여 이 글자를 화化로 해석하고 "撝"와 "譌"의 글자와 뜻이 같다고 보았다.[36] 이 말은 매우 옳다. 필자가 보기에 화貨는 아마도 "賨"의 약자이다. 『설문』에는 "화貨는 패貝를 화化와 모아 소리 낸다"고 하였으며, 또 "귀賏는 재물資이며, 패貝를 위爲와 모아 소리 낸다. 혹은 이것은 고대의 화貨자이며 귀貴로 읽는다"고 하였다. 계복桂馥(1737~1805)은 "화化와 위爲는 소리가 서로 비슷하므로 와訛도 와譌로 쓴다"고 하였다. 그러므로 "賨", "譌", "賏", "賨"는 가차한다. 그리고 "휘撝"와 "선宣"은 빌린 것을 또 빌려 쓴(轉借) 글자이다. 이부손李富孫(1764~1843)은 "정현이 선宣으로 읽은 것은 마땅히 현저함의 뜻을 취하였다"(『異文釋』)고 하였다. 조원필曹元弼은 "휘撝를 선宣의 소리로 본 것은 전차轉借한 글자이다"라고 하였다.(『周易鄭氏注箋釋』, 이하 간단히 『箋釋』으로 칭한다.)

「象」曰: "无不利撝謙", 不違則也.

「상」에서 말하였다. "이롭지 않음이 없으니 낮추어 겸손함"은 규칙을 위반하지 않기 때문이다.

---

36) 劉大鈞, 「今·帛·竹書『周易』疑難卦爻辭及其今古文辨析」(一), 『周易硏究』 2004년 제5기.

六五, 不富以其鄰, 利用侵伐, 无不利.

육오는 부유하지 않으면서 이웃함에 침벌侵伐을 이용하면 이롭지 않음이 없다.

「象」曰: "利用侵伐", 征不服也.

「상」에서 말하였다. "침벌侵伐을 이용함이 이로움"은 불복하는 자를 정벌하기 때문이다.

上六, 鳴謙, 利用行師, 征邑國.

상육은 겸손함을 날리니 군대를 움직임을 이용함이 이로움은 읍국邑國을 정벌하기 때문이다.

「象」曰: "鳴謙", 志未得也. 可用行師, "征邑國"也.

「상」에서 말하였다. "겸손함을 날림"은 뜻을 아직 얻지 못하였기 때문이다. 군대를 움직임을 사용할 수 있는 것은 "읍국을 정벌할 수 있기 때문"이다.

16. 예豫

䷏　豫, 利建侯, 行師.

예괘豫卦는 제후를 세워 군대를 움직임이 이롭다.

鄭注 : 坤, 順也. 震, 動也. 順其性而動者莫不得[37]其所, 故謂之豫. 豫, 喜佚[38]說樂之
貌也. 震又爲[39]雷, 諸侯之象. 坤又爲衆, 師役之象, 故利建侯行師矣.[40](『集解』;
『義海撮要』)

곤坤은 순응함이다. 진震은 움직임이다. 그 성질에 순응하여 움직이는 것은
그 방소를 얻지 않음이 없으므로(莫不得) 그것을 예豫라고 한다. 예豫는 편안함을
즐거워하고(喜佚) 즐겨 기뻐하는 모습이다. 진震은 또(震又爲) 뢰雷이며 제후諸侯
의 상이다. 곤坤은 또 중衆이니 군대를 부리는 상이므로 제후를 세워 군사를
움직임이 이롭다.(『集解』; 『義海撮要』)

이는 괘상으로 괘명卦名과 괘사卦辭를 해석하였다. 「설괘說卦」의 "곤坤은 순응이며, 진震은
움직임이다"라는 말을 살펴보면, 이 괘의 진震은 움직임이며, 아래의 곤坤은 순응이므로 예괘豫
卦는 "그 성질에 순응하여 움직임"의 상이다. "그 성질에 순응하여 움직임"은 본래 「단전彖傳」
의 "순응하여 움직임"(順以動)에서 왔다. 옛사람들이 보기에 사물에 내재된 규율의 활동을
좇아 따르면 반드시 그 방소를 얻어 공을 이루며, 공을 이루니 기쁘고 즐겁다. 그러므로
이 괘에는 기쁘고 즐거움의 뜻이 있다. 또 예괘豫卦의 상괘인 진震은 우뢰이며 장남이며,
고대의 큰아들은 기물을 주관하여 "제주祭主"가 되며, 또한 "제후의 상"이 있다. 「설괘說卦」에
는 "곤坤은 중衆이다"라고 하였으며, 사師「단象」에는 "사師는 중衆이다"라고 하였다. 그러므로
이 괘는 "군대를 움직임"(行師)의 상이다.

---

37) 集解本에는 "得"자를 重疊하였는데, 王本에는 생략하였다.

38) 佚은 다른 판본에는 "逸"로 썼다.

39) "爲"는 집해본에는 "謂"로 잘못 썼다.

40) 『義海撮要』에는 본래 "故謂之豫" 네 글자가 없다. "豫, 喜逸悅樂之貌"의 구절은 정현
주의 마지막에 있다.

「彖」曰: 剛應而志行, 順以動, 豫. 豫, 順以動, 故天地如之, 而況"建侯行師"乎. 天地以順動, 故日月不過, 而四時不忒.

「단」에서 말하였다. 굳셈이 호응하여 뜻을 행하며, 순응하여 움직이니 예豫이다. 예豫가 순응하여 움직이므로 하늘과 땅도 그와 함께하니 하물며 "제후를 세우고 군대를 움직임"에랴! 하늘과 땅은 순응하여 움직이므로 해와 달이 지나치지 않아 사계절이 어긋나지 않는다.

鄭注 : 忒, 差也.(『釋文』)

> 특忒은 차差이다.(『釋文』)

특忒은 다른 본에는 "특貸" 혹은 "대貸"로 쓰여 있다. 모두 음이 같아서 통가通假한다. 『설문』에는 "차差는 특貸이다. 왼쪽이 서로 만나지 못한다"라고 하였다. 『이아爾雅』「석언釋言」에는 "상爽은 차差이다"라고 하였고, 또 "상爽은 특忒이다"라고 하였으므로 특忒을 차差로 해석한다. 단옥재는 "『설문說文』의 좌부左部에서 차差는 특忒이다. 다양하게 달라서 서로 만나지 못한다. 서로 만나지 못함은 곧 재차 고침의 뜻이다. 무릇 사람들이 과실過失이 있어 상도常道를 어기는 것을 특忒이라고 한다"고 하였다.

「象」曰: 雷出地奮, 豫. 先王以作樂崇德, 殷薦之上帝以配祖考.

「상」에서 말하였다. 우레가 땅에서 나와 떨침이 예豫이다. 선왕이 이로써 음악을 짓고 덕을 숭상하니 상제에게 크게 제사를 올리며 조상에게도 함께한다.

鄭注 : 奮動也. 雷動於地上, 而[41]萬物乃豫也. 以者, 取其喜佚動搖, 猶人至樂則手欲鼓之, 足欲舞之也. 崇, 充也. 殷, 盛也. 薦, 進也. 上帝, 天帝也. 王者功成作樂, 以文得之者作籥舞. 以武者得之者作萬舞. 各充其德而爲制. 祀天帝[42]"以配祖考"者, 使與天同饗其功也. 故『孝經』云: "郊祀后稷以配天, 宗祀文王於明堂以配上帝"是也.(『集解』)

> 분奮은 움직임이다. 우레가 지상에서 움직이고, 그리고(而) 만물이 이에 예상豫想한다. '이로써'라는 것은 그 편안함을 즐거워함에 의지하여 동요動搖함이니 사람이 지극히 즐거우면 손으로 북을 치고 싶고, 발로 춤을 추고 싶은 것과

---

41) 惠本에는 "而"자가 빠져 있다.
42) 帝는 다른 판본에는 "地"로 썼다.

같다. 숭崇은 채움(充)이다. 은殷은 성함(盛)이며, 천薦은 나아감(進)이다. 상제上帝
는 천제天帝다. 왕자王者가 공을 이루면 즐거워하고, 문장으로 얻은 사람은
약무籥舞를 춘다. 무력으로 얻은 사람은 만무萬舞를 춘다. 각각 그 덕을 확충하여
제도로 삼는다. 천제天帝에게 제사지냄에 "조상을 함께 모시는" 것은 하늘과
함께 그 공덕을 흠향歆饗하도록 함이니 그러므로 『효경孝經』에는 "교외에서
후직(后稷:농사를 관장하는 관료)에게 제사지냄에 하늘과 함께하며, 종실이 명당에
서 문왕을 제사지냄에 상제上帝와 함께함"이 이것이다.(『集解』)

예괘豫卦의 상괘는 진震이며, 진은 우레이며, 움직임이므로 "분奮"이라고 하며, 분奮은 움직임
의 뜻이 있다. 『이아』「석고釋詁」에는 "숭崇은 채움(充)이다"라고 하였으며, 『설문』은 "은殷은
즐거움이 왕성함을 은殷이라고 한다"고 하였다. 마융馬融은 "(은殷은) 성盛이다"라고 하였는데,
정현이 마융에게 배워서 이 해석을 취하였다. 천薦에는 나아감(進)의 뜻이 있다. 정현은 「천관天
官ㆍ포인庖人」의 "여기천수지물與其薦羞之物"을 주석하기를 "천薦은 또한 나아감이다"라고
하였다. 예괘豫卦의 상괘는 진震으로 우레이며, 하괘는 곤으로 땅이며 우레가 땅 위에서 움직
이는 상이다. 옛날 사람들은 우레는 땅 속에서 나오고 우레가 나옴은 봄날이 다가 왔음을
의미하며 만물이 싹튼다고 생각하여 즐거워하였으므로 "만물이 이에 즐겁다"고 한다. 예豫에
는 즐거움의 뜻이 있다. 주준성朱駿聲은 "예豫는 상象의 큰 것이며, 사물을 해치지 않고, 오娛자
를 가차假借하며, 즐거움이다"(『經解』)라고 하였다. "이以"는 괘상의 이와 같은 편안하고 즐거워
동요하는 모양을 본받음이며 곧 사람이 기쁨과 즐거움을 손으로 북을 치고 싶고, 발로 춤을
추고 싶은 것으로 표현하였다. 군왕의 대공大功을 이루면 이에 근거하여 음악과 문무文武의
무용을 창작한다. "왕자王者가 공을 이루면 음악을 지음"은 『악기樂記』에서 인용하였다. 약무
籥舞와 만무萬舞는 고대의 춤의 종류다. 정현은 「춘관春官ㆍ약사籥師」를 주석하기를 "우약羽籥
은 문관의 춤이다"라고 하였다. 『하소정夏小正』에서는 "만萬이라는 것은 방패와 도끼(干鏚)로
추는 춤이다"라고 하였으니 만무萬舞는 곧 간무干舞이다. 『운회韻會』에는 "탕왕과 무왕은
만인으로 천하를 얻었으므로 간무干舞를 만무萬舞라고 칭하였다"고 하였다. 사실 문관의 춤은
곧 문왕文王의 춤이며, 만무萬舞는 곧 무왕武王의 춤이다. 이도평李道平은 "'문文으로써 얻은
자는 약무籥舞를 지었다'는 것은 곧 『좌전左傳』에서 '남쪽의 약무籥舞는 문왕文王이다'라는
말이 이것이다. '무武로써 얻은 자는 만무萬舞를 지었다' 함은 곧 『악기樂記』에서 '방패를 거느
림은 무왕의 춤이다'라는 말이 이것이다"라고 하였다. 정현이 말한 "각각 그 덕을 확충하여
제도로 삼는다"는 말이 문무의 덕을 충실하게 하여 각각 제도로 삼음을 가리킨다. 옛 예禮를
살펴보면 하늘에 제사함에 함께 조상에게 지내는 제사와 합한다. 『예기』「교특생郊特牲」에서
는 "만물은 하늘에 근본하며, 사람은 조상에 근본하니 이것이 상제와 함께 하는 까닭이다"라고
하였다. 『예기』「상복소기喪服小記」에서는 "왕자王者는 그 조상이 나온 바에 제사지내며 그

조상을 함께하며, 네 묘당廟堂을 세운다"라고 하였다. 정현은 『효경』의 말을 인용한 것이
곧 이 뜻이다.

初六, 鳴豫, 凶.
초육은 우는 즐거움이니 흉하다.

「象」曰: "初六鳴豫", 志窮"凶"也.
「상」에서 말하였다. "초육은 우는 즐거움"은 뜻이 다하였으므로 "흉凶"하다.

六二, 砅於石, 不終日, 貞吉.
육이는 돌에 갈아서 종일토록 기다리지 않으니 곧고 길하다.

鄭注 : 砅, 謂磨砅也.(『釋文』)

　　　개砅는 갈고 다듬음(磨砅)이다.(『釋文』)

개砅는 통행본과 백서본 『계사繫辭』에는 "개介"를 인용하였으며, 백서본 경문에는 "개疥"라고
썼으며, 마융본에는 "갈扴"이라고 썼다. 전국시대 초간본楚簡本은 "玠"로 썼다. 다섯 글자는
음이 같았기 때문에 통가하였다. 예를 들면, 요명춘廖名春의 말처럼 개砅는 개介로 소리 난다.
"'玠', '砅', '扴'자도 개介로 소리 나므로 '介'는 '玠', '疥', '砅', '扴'와 통용될 수 있다"[43]고 하였다.
『설문』에는 "갈扴은 괄刮이다"라고 하였는데, 단옥재는 "돌에 가는 것을 돌아 갈아 문지른다(摩
礦)고 한다"고 하였다. 청나라 유학자 이부손李富孫, 송상봉宋翔鳳 등은 모두 정현이 말한
"마개磨砅"에는 마찰摩擦, 괄마刮磨, 마창摩礦의 뜻이 있다고 보았으며, 『설문』의 해석과 같다.
복모좌의 해석에 의하면 "돌에다 갈면, 두 돌이 서로 마찰하여 부딪혀 불을 내는 뜻이며,
단단하게 그 절조節操를 지킴이 돌과 같이 단단하여 그 정도를 행하며, 윗사람과 사귀어도
함정에 빠지지 않고, 아랫사람과 사귀어도 더러워지지 않으며, 도를 밝히고 이치에 통달한
다"[44]고 하였다.

---

43) 廖名春, 「上海博物館楚簡周易管窺」, 『周易研究』 2000년 제3기.
44) 馬承源 主編, 「上海博物館藏戰國楚竹書」 三(上海古籍出版社, 2003), 156쪽.

「象」曰: "不終日貞吉", 以中正也.

「상」에서 말하였다. "종일토록 기다리지 않으니 곧고 길함"은 중中으로써 바르게 하기 때문이다.

六三, 盱豫, 悔; 遲有悔.

육삼은 올려다보며 기뻐하나 후회하며, 늦어서 후회함이 있다.

鄭注 : 盱, 誇也.(『釋文』)

　　　우盱는 과誇(자만함)이다.(『釋文』)

　　우盱는 본래 눈을 크게 부릅뜸張目을 가리켰으나 뒤에 희열喜悅, 발호跋扈의 모양을 파생하였다. 『설문』에는 "우盱는 장목張目이다"라고 하였다. 『석문釋文』에는 유향劉向이 "우러러 쳐다봄(睢盱)은 소인이 희열하는 모습이다"라고 하였다. 『장자莊子』 「우언寓言」의 "우러러 쳐다본다"(睢睢盱盱)를 주석하기를 "우러러 쳐다봄(睢睢盱盱)은 발호跋扈의 모습이다"라고 하였다. 정현은 과誇(자랑함)로 해석하였는데, 아마도 발호跋扈의 뜻으로부터 취한 것 같다. 발호는 스스로를 높이고 과대誇大하는 뜻이 있다. 과誇는 마땅히 대大로 해석해야 한다. 『일체경음의一切經音義』15에서는 "통속의 문장에서 자긍自矜을 과誇라고 한다"고 하였다. 『한서』 「외척전外戚傳」의 "첩이 포복布服과 여식糲食을 자랑한다"(妾誇布服糲食)를 주석하기를 "과誇는 대大이다"라고 하였다.

「象」曰: "盱豫", "有悔", 位不當也.

「상」에서 말하였다. "쳐다보며 즐거워 함"과 "후회함이 있음"은 자리가 정당하지 않기 때문이다.

九四, 由豫, 大有得, 勿疑朋盍簪.

구사는 즐거움으로부터 크게 얻음이 있으니 친구들이 모여 들기를 의심하지 않는다.

鄭注 : 由, 用也. 簪, 速也.(『釋文』)

　　　유由는 용用이다. 잠簪은 빠름(速)이다.(『釋文』)

『광아廣雅』에서는 "유由와 이以는 용用이다"라고 하였다. 왕인지王引之는 "유由, 이以, 용用한 번 소리가 전환하고, 술어의 쓰임도 또한 그러하다"라고 하였다. 또 "이 '由'는 곧 '用'의 가차이다. '用'과 '以'는 소리가 통한다"(『經傳釋詞』)라고 하였다. 『석문』에는 "잠簪(비녀)은 옛 글자로는 대貸로 썼으며, 경방은 잠撍으로 쓰고, 마융은 臧으로 썼으며, 순상荀爽은 宗으로 쓰고, 우번虞飜은 示戠로 썼다"고 하였다. 백서본에는 "參讒"으로 초서楚書에는 "㪫"로 썼다. 요명춘의 고증에 의하면 이상의 글자들은 음이 같거나 비슷하기 때문에 통용하였다.[45] 단옥재는 "고경古經에는 '잠簪'자가 없었기 때문에 정현은 '속速'(빠름)이라고 하였으며, 실제로는 '잠兂'을 가차한 글자이다"라고 하였다. 『자하전子夏傳』에는 "(簪은) 질疾이다"라고 하였다. 『이아』「석고」에는 "잠兂은 속速이다"라고 하였다. 정현의 이 해석은 『자하전』과 『이아』에 근본하였다. 후세의 왕필王弼, 공영달孔穎達, 송상봉宋翔鳳, 이부손李富孫 등이 대부분 그를 따랐다. 유대균 선생은 정현이 "簪"을 "速"으로 해석한 것은 "후인들 전초轉抄함에 '연連'자를 '속速'자로 잘못 썼다"[46]고 보았다. 이 말은 검토할 가치가 있다.

「象」曰: "由豫大有得", 志大行也.

「상」에서 말하였다. "즐거워함으로 말미암아 크게 얻음이 있음"은 뜻이 크게 행해지기 때문이다.

六五, 貞疾, 恒不死.

육오는 곧지만 질병이 있으며, 늘 앓지만 죽지는 않는다.

「象」曰: "六五貞疾", 乘剛也. "恒不死", 中未亡也.

「상」에서 말하였다. "육오는 곧지만 질병이 있음"은 군셈을 탔기 때문이다. "늘 앓지만 죽지는 않음"은 중中이 아직 없어지지 않았기 때문이다.

---

45) 廖名春, 「楚簡豫卦再釋」, 山東大學易學與中國古代哲學研究中心 編, 『出土文獻學術研討會論文集』 2004. 12를 보라.

46) 劉大鈞, 「今・帛・竹書 『周易』疑 難卦爻辭及其今古文辨析」(一), 『周易研究』 2004년 제5기.

上六, 冥豫, 成有渝, 无咎.

상육은 즐거움에 빠져 어두우니 이루어짐에 변함이 있으면 허물이 없다.

鄭注 : 冥, 讀爲"鳴".(『釋文』)

　　　명冥은 "명鳴"으로 읽어야 한다.(『釋文』)

명冥은 금문본과 마왕퇴본이 같다. 초서楚書에서는 "고杲"라고 썼으며, 복모좌는 "고杲"로
해석하였으며,[47] 서재국徐在國(1966~)은 "명楬"으로 해석하고, "楬"은 마땅히 "명冥"으로 읽어
야 한다고 생각하였다.[48] 또 예괘豫卦 초육의 "명예鳴豫"과 겸괘謙卦 상육의 "명겸鳴謙"을
고찰하면 "명冥"은 "명鳴"으로 읽는다.

「象」曰: "冥豫"在上, 何可長也.

「상」에서 말하였다. "즐거움에 빠져 어두움"이 위에 있으니 어찌 오래갈 수 있겠는가?

---

47) 馬承源 主編, 『上海博物館藏戰國楚竹書』 三(上海古籍出版社, 2003).
48) 徐在國, 『上海竹書(三)周易釋文補正』, 簡帛研究網, 2004. 4. 20.

17. 수隨

☷ **隨, 元亨利貞, 无咎.**

수隨는 크고 형통하며 이롭고 곧으니 허물이 없다.

鄭注 : 震, 動也. 兌, 說也. 內動之以[49]德, 外說之以言, 則天下之民[50], 咸[51]慕其行而隨從之,[52] 故謂之隨也. 旣見隨從, 能長之以善, 通其嘉禮, 和之以義, 幹之以正, 則功成而有富. 若無此四德, 則[53]有凶咎焉. 焦贛曰: 漢高帝與項籍其明徵也.(『集解』)

진震은 움직임이다. 태兌는 기뻐함說이다. 안으로 움직이되 덕으로以德 하고, 밖으로 기뻐함에 말로서 하니 천하의 백성民들이 그 행동을 모두 흠모하여咸慕 그를 따르므로從之 수隨라고 한다. 이미 따르고 좇고자 하면 능히 선善을 으뜸으로 삼아야 하며, 그 아름다운 예로 통하고, 의義로서 화합하며, 올바름으로 주간主幹하면 공을 이루고 부유함이 있다. 만약 이 네 가지 덕이 없으면 흉함과 허물이 있게 된다. 초공焦贛(생졸 미상, 焦延壽)은 "한漢의 고제高帝(BC 247?/202~195, 劉邦)와 항적項籍(BC 232~202, 項羽)이 그 분명한 증거이다"(『集解』)라고 하였다.

살펴보면 「설괘」에서는 "진震은 동動이다" 하였고, "태兌는 기뻐함說이다"라고 하였다. 수괘隨卦의 내괘는 진震으로 동動이며, 외괘는 태兌로 기뻐함이다. 또 진震의 초효는 용龍의 덕이며, 태兌의 기뻐함은 언어言語이다. 그러므로 통치자는 안으로는 덕으로 감화하여 활동하고, 밖으로는 언어로서 타일러 권하니 세상의 백성들이 모두 그 행동을 앙모하여 좇아 따른다. 이것이 "수隨"의 뜻에 대한 해석이다. 정현은 또 『좌전』과 「문언」을 인용하여 "원형이정元亨利貞"을 해석하였다. 『좌전左傳』 양공襄公 9년의 기록이다. "목강穆姜이 동궁東宮에 유폐되었다. 처음

---

49) 以는 『左傳』 襄公 9年에는 "爲"로 썼다.
50) 民은 어떤 판본에는 "人"으로 쓰여 있다.
51) 『左傳』 襄公 9年에는 "咸"자가 없다.
52) 『義海撮要』에는 "之"자와 아래 구절이 없다.
53) 『義海撮要』에는 "若"자와 "則"자가 없다.

에 나아가서 서점筮占을 쳤다.…… 사관이 '이것은 간艮의 수隨가 밖으로 나가는 것이니, 그대는 반드시 속히 나가게 될 것입니다'라고 하니 목강이 '아니다! 『주역』에서 수隨는 크게 형통하고 이로우며 곧아서 허물이 없다고 하였다. 원元은 형체의 으뜸이다. 형亨은 아름다운 모임이다. 이로움은 의義의 화답이다. 정貞은 일의 근간根幹이다. 체인體仁이면 사람의 우두머리가 될 수 있고, 아름다운 덕은 예와 합할 수 있으며, 사물을 이롭게 하면 의義에 화답할 수 있으며, 곧음 공고하면 일을 주간할 수 있다.…… 이 네 가지 덕이 있는 사람은 따라서 허물이 없으나, 나는 모두 없으니 어찌 따를 수 있겠는가? 나는 악惡을 취하였으니 허물이 없을 수 있겠는가?'라고 하였다."「문언」에는 "건괘乾卦의 원형이정元亨利貞"의 뜻도 같다고 해석하였다. 끝으로 정현은 초연수의 말을 인용하여 이 네 가지 덕이 있는 사람을 길하며, 이 네 가지 덕이 없는 사람은 흉하다는 것을 해석하였다. 고조 유방은 이 네 가지 덕이 있어 관대하고 두터우며 사람을 사랑하며 예로써 현인과 선비를 대하여 흥하였고, 항우는 이 네 가지 덕이 없이 스스로 자만하며 공벌攻伐하였으므로 망하였다. 초연수焦延壽는 자가 공贛이며, 서한西漢의 양梁 지방(지금의 河南城 商丘) 사람이며, 서한의 역학인 경방의 스승이다. 저서에는 『역림易林』과 『역림변점易林變佔』 등의 저작이 있다.

「彖」曰: 隨, 剛來而下柔, 動而說, 隨. 大"亨貞无咎", 而天下隨時, 隨時之義大矣哉.

「단」에서 말하였다. 수隨는 굳셈이 오고 아래가 부드러우며 움직이고 기뻐함이 수隨이다. 크게 "형통하고 곧아 허물이 없음"은 천하가 때를 따르고, 때를 따르는 뜻이 크기 때문이리라.

「象」曰: 澤中有雷, 隨. 君子以嚮晦入宴息.

「상」에서 말하였다. 못 가운데 우레가 있으니 수隨이다. 군자는 어두워질 때 연회에 들어가 쉰다.

鄭注 : 晦, 冥也. 猶人君既夕之後, 入於宴寢而止息.(『正義』)

　　회晦는 어두움(冥)이다. 마치 임금(人君)이 이미 저녁이 된 후에 연침宴寢(침실)에 들어가 휴식을 취함과 같다.(『正義』)

연夏은 『정의正義』의 송충宋衷본과 전대흔錢大昕본은 "명명冥冥"으로 썼는데, 문자의 뜻에 근거하면 "冥"으로 쓰는 것이 옳으며, 이것은 전초轉抄할 때의 오류다. 황석黃奭은 그것을 고증하여

"'晦는 연夏이다'라는 주석을 살펴보면, '연夏'자는 마땅히 칠경七經인 『맹자고문孟子考文』의 송본을 따라 '冥'이라고 써야 한다. 『이아』 「석언」에서는 '晦는 명冥이다'라고 하였고, 『공양전公羊傳』 희공僖公 15년과 성공成公 16년에는 다 같이 '晦라는 것은 무엇인가? 명冥이다'라고 하였다. 정현의 아래 주에서도 '이미 저녁이 된 후'는 여러 책들과 합치하며, 이제 '夏'이라고 쓴 것은 자형字形이 서로 비슷하여 와전訛傳되었기 때문이다."(황석의 편집본 『周易注』) 명冥은 해가 저문 밤暮夜을 가리킨다. 연침夏寢은 편안하게 누워서 휴식함을 가리킨다. 『설문』에서 "연夏은 편안함(安)이다" 하고, "침寢은 잠자리(臥)이다"라고 하였다.

初九, 官有渝, 貞吉, 出門交有功.

초구는 관官에 변화가 있으니 곧고 길하며, 문 밖을 나가 사귐에 공이 있다.

鄭注: 震爲大塗, 又爲日門, 當春分陰陽之所交也. 是臣出君門, 與四方賢人交, 有成功之象也. 昔舜 "愼徽五典, 五典克從. 納於百揆, 百揆時序, 賓於四門, 四門穆穆." 是其義也.(『集解』)

진震은 대도大塗이며, 또 태양의 문이며, 춘분 때에 음과 양이 교차하는 장소이다. 이는 신하가 군문君門으로 나가 사방의 현인들과 교류하고 공功을 이루는 상이다. 옛날 순舜임금이 "삼가 오륜을 아름답게 하라 하니, 오륜이 잘 지켜졌으며, 백규百揆의 직책을 맡으라 하니 백규의 직책을 때의 순서에 맞게 하고, 사문四門에서 빈객을 맞으라 하니 사문이 화목하였다"고 하였으니 이것이 그 뜻이다.(『集解』)

수괘隨卦의 아래는 진震이며, 「설괘」를 보면 "진震은 대도大塗이다"라고 하였다. 진震은 또 동쪽이며, 태양이 동쪽에서 나오므로 "일문日門"이라고 하였다. 맹희孟喜의 괘기설卦氣說을 보면, 진震는 사정괘四正卦이며, 그 초효는 춘분에 해당한다. 춘분의 때는 동지와 하지의 중간에 있으며, 양기가 상승하고 음기가 하강하므로 "음과 양이 교차하는 곳"이라고 하였다. 또 진震의 양효陽爻은 건乾으로 건乾은 임금이며 현인이다. 진의 음효는 신하이며 사방이다. 그러므로 "신하가 임금의 문을 나와서 사방의 현인과 사귐"의 상이 있다. 이것은 "문을 나와 사귐에 공이 있음"의 뜻을 해석한 말이다. 마지막으로 정현은 또 『상서尚書』 「순전舜典」을 인용하여 "문 밖을 나가 사귐에 공이 있음"을 설명하였다. 휘徽는 아름다움(美)이며, 오전五典은 오상의 가르침으로 곧 부의父義, 모자母慈, 형우兄友, 제공弟恭, 자효子孝를 말한다. 규揆는 헤아림(度) 즉 사려思慮이다. 서序는 또 "서敍"라고도 쓰는데 곧 차서次序이다. 이 구절의 말은 "요임금이 순으로 하여금 오상의 가르침을 신중하고 아름답고 돈독하게 행하도록 하니, 오상의 가르침을 모두 순종하여 행하고 명을 위반함이 없었으며, 백관의 일을 맡아서 살피고 헤아려서 행하니, 백 가지 일이 살피고 헤아림이 있어 이에 모두 순서대로 하여 폐하는 일이 없었다"(『尙書正義』, 권3)는 뜻이다.

「象」曰: "官有渝", 從正吉也. "出門交有功", 不失也.

「상」에서 말하였다. "관官에 변화가 있음"은 바름을 따라 길하기 때문이다. "문 밖을 나가 사람에 공이 있음"은 (바름을) 잃지 않았기 때문이다.

六二, 繫小子, 失丈夫.

육이는 어린아이에게 얽매이면 장부丈夫를 잃는다.

「象」曰: "繫小子", 弗兼與也.

「상」에서 말하였다. "어린아이에게 얽매임"은 겸하여 함께할 수가 없다.

六三, 繫丈夫, 失小子. 隨有求得, 利居貞.

육삼은 장부丈夫에 얽매여 어린아이를 잃는다. 수隨에는 구하는 것을 얻음이 있고 곧음을 지키면 이롭다.

「象」曰: "繫丈夫", 志舍下也.

「상」에서 말하였다. "장부에게 얽매임"은 아래를 버린다는 뜻이다.

九四, 隨有獲, 貞凶. 有孚在道, 以明何咎.

구사는 따름에는 얻음이 있으나 곧으면 흉하다. 도道에 믿음이 있어 밝음으로 하면 무슨 허물이 있겠는가?

「象」曰: "隨有獲", 其義凶也. "有孚在道", 明功也.

「상」에서 말하였다. "따름에는 얻음이 있음"은 그 뜻이 흉하기 때문이다. "도道에 믿음이 있음"은 밝은 공이 있기 때문이다.

九五, 孚於嘉, 吉.

구오는 아름다움에 믿음이 있으니 길하다.

「象」曰: "孚於嘉吉", 位正中也.

「상」에서 말하였다. "아름다움에 믿음이 있어 길함"은 자리고 바르고 중中을 지키기 때문이다.

上九, 拘繫之, 乃從維之. 王用亨於西山.

상구는 붙잡아 매고 이에 좇아서 묶는다. 왕이 그로써 서산西山에서 제사를 지냈다.

「象」曰: "拘繫之", 上窮也.

「상」에서 말하였다. "붙잡아 맴"은 위에서 다한 것이다.

18. 고蠱

☰☴ 蠱, 元亨, 利涉大川. 先甲三日, 後甲三日.

고괘蠱卦는 크게 형통하여 큰 내를 건넘이 이롭다. 갑甲(新法令의 만든 날)보다 먼저 삼일을 알리고, 갑의 날 후 삼일을 알린다.

鄭注 : 蠱, 事也.(『後漢書』, 「譙玄傳」) 甲者, 造作新令之日, 甲前三日, 取改過自新, 故用 辛也. 甲後三日, 取丁寧之義, 故用丁也.[54](『正義』;『古周易訂詁』)

> 고蠱는 일(事)이다.(『後漢書』, 「譙玄傳」) 갑甲은 새로운 법령을 만든 날이며, 갑甲 이전의 3일에는 허물을 고쳐서 자신을 새롭게 함을 취하므로 신辛을 쓴다. 갑甲 이후의 3일은 정녕丁寧(충고하는 태도가 간곡함)의 뜻을 취하였으므로 정丁을 쓴다.(『正義』;『古周易訂詁』)

고괘蠱卦의 아래는 손巽이며 위는 간艮이며, 간은 산山이며 손은 바람이며, 바람이 산에 떨어지면 그 초목이 꺾어지고 부러지므로 깨어지고 무너짐의 뜻이 있다. 또 간艮은 소남少男이며, 손巽은 장녀長女이니 여자가 남자를 유혹誘惑하는 상이다. 만물은 유혹을 따라 일어나므로 고蠱를 사事라고 생각한다. 정현이 "蠱"를 "事"로 해석한 것은 『역전易傳』으로부터 취하였다. 「상전象傳」에서 고蠱를 해석하기를 "'큰 내를 건넘이 이롭다 함은 지나간 일이 있기 때문이다" 라고 하였다. 「서괘序卦」에서는 "고蠱는 사事이다"라고 하였다. 문자학文字學을 따라 말하면, 고蠱는 본래 그릇(器皿)이 벌레에게 손상을 입거나 혹은 그릇 속의 곡물에 벌레가 생김을 가리킨다. 『좌전』 소공昭公 원년의 기록이다. "조맹趙孟이 '무엇을 고蠱라고 하는가?' 하니 대답하기를 '음란함과 탐닉과 미혹과 혼란이 생기는 바이며 명皿에 충蟲을 쓴 문자가 고蠱이며, 골짜기에 날아다는 것도 또한 고蠱이다'라고 하였다." 『논형論衡』 「상충商蟲」에는 "계곡의 충蟲을 고蠱라고 한다"고 하였다. 또 다른 하나의 관점은 "고蠱"를 "사事"로 해석하였는데, 이것은 "고故"의 가차로 보았으며, "고蠱"에 "사事"의 뜻이 있다는 것은 아니다. 왕인지王引之는

---

[54] 『正義』의 序는 인용하여 "甲은 명령을 공포하는 날이며, 삼 일 전에는 辛일을 사용함 은 새롭게 고친 것을 취하고자 하는 뜻이다. 삼 일 후에는 丁일을 사용함은 그 丁寧(틀 림없음)을 취하려는 뜻이다"라고 하였다. 장혜언 등의 고증에 의하면, 이 주석은 "모두 뜻을 요약해서 말한 것으로 올바른 주석이 아니다."

"고蠱를 말하면 고故이다. 『상서대전尚書大傳』에는 '이에 오사五史를 명하니 이에 오제五帝의 고사蠱事를 썼다'고 하였는데, 고사蠱事는 고사故事와 같다"고 하였다. 갑甲은 본의本義에서 봄에 초목에 싹이 생김을 가리킨다. 『사기史記』「율서律書」에 "갑甲은 만물이 껍질을 깨고 나옴을 말한다"고 하였다. 『설문』에는 "갑甲은 동쪽의 처음에 위치하며 양기陽氣가 막 일어나서 나무에 껍데기를 덮은 상이다"라고 하였다. 갑甲 전의 3일은 십간十干의 갑甲 이전의 세 번째 날 곧 신일辛日을 가리킨다. 신辛은 본래 가을에 만물이 성숙함을 가리킨다. 『설문』에는 "신辛은 가을에 만물이 성장하여 완숙함이다"라고 하였다. 이에서 신新이 파생되었다. 『사기史記』「율서律書」에는 "신辛은 만물이 신생辛生함을 말하므로 신辛이라고 한다"고 하였다. 『석명釋名』에는 "신辛 신新이다. 사물이 처음 새로 생긴 것으로 모두 거두어 이루어진다"고 하였다. 『남제서南齊書』에서는 노식盧植의 『교특생郊特牲』의 주석을 인용하여 말하기를 "신辛이라는 말은 새롭게 생겨난 깨끗함(潔)이다"라고 하였다. 정현이 "허물을 고쳐서 스스로 새롭다"고 한 말은 곧 이 뜻이다. 갑甲 이후 3일은 갑 이후는 세 번째 날인 정일丁日을 가리킨다. 정丁은 본래 만물이 여름에 모두 무성하게 자람을 가리킨다. 『설문』에는 "정丁은 여름에 만물이 모두 정실丁實함이다"라고 하였다. 『사기』「율서」에는 "정丁은 만물이 정장丁壯(성하고 씩씩함을 말한다"고 하였다. 또 소리 나는 대로 가차하여 반복反覆하여 경계함을 깨우친다. 주준성朱駿聲은 "정丁이 정녕丁寧이 되는 것은 징鉦이다. 그 소리가 정정녕녕丁丁寧寧하므로 가차하여 중복하여 경계함을 깨우치는 뜻이 된다"라고 하였다.(『經解』)

初六, 干父之蠱, 有子, 考无咎. 厲, 終吉.

초육은 아버지의 일을 주관하니 자식이 있으면 허물이 없기를 살핀다. 갈고 닦으면 마침내 길하다.

「象」曰: "干父之蠱", 意承考也.

「상」에서 말하였다. "아버지의 일을 주관함"은 아버지의 뜻을 계승하려는 뜻이 있기 때문이다.

鄭注: 子改父道, 始雖勞[55]而終則吉. 蓋其[56]事若不順, 而其意則在於承其父[57]也.[58](『周易會通』)

---

55) 勞는 『仲氏易』에서는 "厲"로 썼다.
56) 『仲氏易』에는 "蓋其" 두 글자가 없다.
57) 『仲氏易』은 "而意則順也"로 썼다.

자식이 부모의 도를 고치면 처음은 비록 힘이 들지만 마침은 길하다. 대개
그 일이 순조롭지 않으나 그 뜻은 아버지를 계승하려는 데 있다.(『周易會通』)

고考는 아버지를 가리킨다. 『사기』「삼왕세가三王世家」에는 "고考는 아버지다"라고 하였으며,
『이아』「석친釋親」에는 "부父가 고考이다"라고 하였다. 『공양전公羊傳』 은공隱公 원년의 "은공
隱公의 고考이다"(隱之考也)라는 구절을 주석하기를 "살아서는 부父라 하고, 돌아가시면 고考라
고 한다"고 하였다. 정현이 또 "干"을 "改"로 해석하고, "아들이 아버지의 도를 고침"(子改父道)을
"아버지의 일을 주관한다"(干父之蠱)고 해석하였다. 그 후 아버지의 일을 바꿈이 순조롭지
않은 원인을 "아버지를 계승함" 곧 그 아버지를 순조롭게 계승함으로 귀결시킨다.

九二, 干母之蠱, 不可貞.

구이는 어머니의 일을 주관하니 곧을 수 없다.

「象」曰: "干母之蠱", 得中道也.

「상」에서 말하였다. "어머니의 일을 주관함"은 중中의 도를 얻었기 때문이다.

九三, 干父之蠱, 小有悔, 无大咎.

구삼은 아버지의 일을 주관하니 적은 후회가 있으나 큰 허물은 없다.

「象」曰: "干父之蠱", 終无咎也.

「상」에서 말하였다. "아버지의 일을 주관함"은 마침이 허물이 없기 때문이다.

六四, 裕父之蠱, 往見吝.

육사는 아버지의 일을 안이 하게 하니, 나아가면 부끄러움을 당한다.

---

58) 이 조항에 대하여 『會通』에는 정현의 주석임을 분명하게 밝히지 않았으나, 黃奭의 고
증에 근거하여 정현의 易注로 본다.

「象」曰: "裕父之蠱", 往未得也.

「상」에서 말하였다. "아버지의 일을 안이하게 함"은 가서 얻음이 없기 때문이다.

六五, 干父之蠱, 用譽.

육오는 아버지의 일을 주관하니 명예롭다.

「象」曰: "干父用譽", 承以德也.

「상」에서 말하였다. "아버지의 일을 주관하여 명예로움"은 덕으로써 계승하기 때문이다.

上九, 不事王侯, 高尙其事.

상구는 왕후를 섬기지 않고 그 일을 높이 숭상한다.

鄭注 : 上九艮爻, 艮爲山, 辰在戌, 得乾氣, 父老之象, 是臣之致事也, 故"不事王侯". 是不得事君, 君猶高尙其所爲之事.[59](『禮記』, 「表記」 疏)

상구는 간艮의 효이며, 간艮은 산이며, 효진은 술戌이다. 건乾의 기를 얻으니 부로父老의 상이며, 이는 신하가 일에 전념함이며, 그러므로 "왕후王侯를 섬기지 않음"이라고 한다. 임금을 섬길 수 없음은 임금이 오히려 그 행하는 바의 일을 높이 숭상하기 때문이다.(『禮記』, 「表記」 疏)

정현은 효체와 효진설로서 상구의 효사爻辭를 주석하였다. 효체설을 살펴보면, 3효의 위가 양효陽爻로서 간艮이 되며, 2효와 5효는 음효로서 리離가 되며, 초효와 4효는 음효로서 손巽이다. 효체설은 괘주설에 근본하며, 「계사」의 "양괘에 음이 많고, 음괘에 양이 많음"의 사상을 체현하였다. 고괘蠱卦의 상구는 양효이므로 "상구는 간艮의 효다"라고 하였다. 간艮은 산이다. 또 효진설에 의하면, 고괘蠱卦의 상구는 양효이며, 마땅히 건괘乾卦 상구의 술戌에 납입하며, 술戌은 서북쪽이며, 서북쪽은 건乾의 위치로서 "건기乾氣"이며, 건乾은 부父이다. 상구는 또 괘의 끝에 위치하므로 "부로父老의 상"이라고 한다. 정현의 뜻은 대신이 나이가 많아 군왕을

---

59) 「表記」 正義에는 정현의 주석을 말하지 않았으며, 단지 惠棟과 黃奭 등의 고증에 근거하여 마땅히 정현의 주석으로 본다.

모셔 받들 수 없어서 군왕이 높이 않아 일을 행함을 설명한 것이다.

「象」曰: “不事王侯”, 志可則也.

「상」에서 말하였다. “왕후王侯를 섬기지 않음”은 뜻을 본받을 만하기 때문이다.

19. 림臨

≣ 臨, 元亨, 利貞. 至於八月有凶.

림괘는 크고 형통하며 이롭고 곧다. 8월에 이르면 흉하다.

鄭注 : 臨, 大也. 陽氣自此浸而長大, 陽浸長矣. 而有四德, 齊功於乾, 盛之極也. 人之情盛則奢淫, 奢淫則將亡, 故接以凶也. 臨卦斗建醜而用事, 殷之正月也. 當文王之時, 紂爲無道, 故於是卦爲殷家著興衰之戒, 以見周改殷正之數云. 臨之週二月用事, 訖其七月, 至八月而遯卦受之. 此終而復始, 至命然矣.(『集解』)

림臨은 대大이다. 양기가 이로부터 스며들어 크게 자라니 양이 스며들어 자란다. 그리고 네 가지 덕이 있어 건乾에서 고르게 공功을 이룸이 성대하고 지극하다. 사람의 정이 왕성하면 사치하고 음란하며, 사치하고 음란하면 장차 망하므로 흉凶함으로써 경계하였다. 림괘臨卦의 두건斗建은 축丑으로 움직이며, 은나라의 정월이다. 문왕의 때를 당하여 주왕紂王이 무도無道하였으므로 이 괘에서 은나라 왕가를 위해 흥쇠興衰의 경계를 드러내고, 주나라가 은나라의 정월의 수를 개정해 보였다고 하였다. 림괘臨卦는 두 달을 돌아 움직이니 7월을 끝내고 8월에 이르면 둔괘遯卦[60]로서 받는다. 여기서 마치고 다시 시작하니 지극히 당연한 운수이다.(『集解』)

"림臨"을 "대大"로 해석한 것은 『역전易傳』으로부터 취하였다. 「서괘」에는 "림臨은 대大이다"라고 하였고, 이는 전반부를 나누어 "원元·형亨·이利·정貞"을 해석하였고, 후반부를 나누어 "8월에 이르러 흉함이 있음"을 해석하였다. 변화(消息. 소멸과 자람)로써 말하면 림괘臨卦는 건과 곤의 변화로부터 오는데, 하나의 양이 곤의 하효下爻에서 자라 복괘復卦가 되고, 자라서 곤괘坤의 2효에 이르면 림괘臨卦가 되며, 자라서 곤의 3효에 이르면 태괘泰卦가 되며 자라서 곤의 4효에 이르면 대장괘大壯卦가 되며, 자라서 곤의 5효에 이르면 쾌괘夬卦가 되며 자라서 곤의 상효上爻에 이르면 건괘乾卦가 된다. 건괘乾卦에는 "원·형·이·정"의 네 덕이 있으며, 림괘臨卦에도 이 네 덕이 있으니 왜냐하면 림괘는 건괘乾의 양陽의 위에서 자라고 이루어지기

---

60) 遯을 혜동은 "遂"로 고쳤다.

때문이며, 이것이 이른바 덕이 "그리고 네 가지 덕이 있어 건乾에서 고르게 공공功을 이룸"이다. 양이 자라서 곤의 상효에 이르면 건乾이 되고, 건乾의 양이 왕성함에 이르면 반드시 쇠약해지니, 곧 하나의 곤坤의 음이 아래로부터 위로 차례로 건乾의 체體로 자라서 구괘姤卦·둔괘遯卦·비괘否卦·관괘觀卦·박괘剝卦·곤괘坤卦를 이룬다. 사람의 정욕情慾도 또한 이와 같아서 왕성하여 가득 차면 반드시 쇠약해지고 없어진다. 이도평李道平은 "무릇 가득 차면 반드시 넘치니 사람의 항정恒情이다. 넘치면 반드시 없어짐이 사물의 일상적 이치이다. 오직 성인만이 기미를 보고 그 현저함을 알고 흉함으로써 그것을 경계하는 까닭이다"(『集解纂疏』)라고 하였다. 또 12소식괘消息卦를 보면 림괘臨卦는 12월이며, 월건月建은 축丑이다. 하夏나라의 12월은 곧 은殷의 정월이다. 림괘는 2월이 움직이고, 림괘가 둔괘遯卦에 이르면 7개월을 거치니 둔遯은 6월이며, 은나라의 7월이며, 주周나라에서는 8월이므로 림괘에서 둔괘遯卦에 이르면 8월이며, 이것은 곧 "8월에 이르러 둔괘遯卦가 받는다"는 말이다. 괘에서 음양이 변화하여 한 바퀴 돌면 다시 시작하며, 왕조의 교체도 이와 같다. 문왕文王이 주왕紂王이 무도함을 보고 이 괘의 흉함을 정하여 후인들을 경계하였다.

「彖」曰: 臨, 剛浸而長, 說而順, 剛中而應, 大亨以正, 天之道也. "至於八月有凶", 消不久也.

「단」에서 말하였다. 굳셈이 스며들어 자라며, 기뻐하며 따르며, 굳셈이 중中으로 호응하여, 바름으로써 크게 형통하니 하늘의 도道이다. "8월에 이르러 흉함이 있음"은 소멸되어 오래가지 못하기 때문이다.

「象」曰: 澤上有地, 臨. 君子以教思无窮, 容保民无疆.

「상」에서 말하였다. 못 위에 땅이 있음이 림괘이다. 군자가 가르치려는 생각이 다함이 없으며, 백성을 포용하고 보호함이 끝이 없다.

初九, 咸臨, 貞吉.

초구는 모두가 임臨하니 곧고 길하다.

「象」曰: "咸臨貞吉", 志行正也.

「상」에서 말하였다. "모두가 임하여 곧고 길함"은 올바름을 행함에 뜻을 두기 때문이다.

九二, 咸臨吉, 无不利.

구이는 모두 임하여 길하니 이롭지 않음이 없다.

「象」曰: "咸臨吉无不利", 未順命也.

「상」에서 말하였다. "함께 임하여 길하며 이롭지 않음이 없음"은 아직 명령에 순응하지 않았기 때문이다.

六三, 甘臨, 无攸利, 旣憂之, 无咎.

육삼은 감언☷☰으로 임하니 이로움이 없으며, 이미 그것을 근심하면 허물이 없다.

「象」曰: "甘臨", 位不當也. "旣憂之", 咎不長也.

「상」에서 말하였다. "감언으로 임함"은 자리가 마땅하지 않기 때문이다. "이미 그것을 근심함"은 허물이 오래되지 않았기 때문이다.

六四, 至臨, 无咎.

육사는 지극함으로 임하니 허물이 없다.

「象」曰: "至臨无咎", 位當也.

「상」에서 말하였다. "지극함으로 임하여 허물이 없음"은 자리가 마땅하기 때문이다.

六五, 知臨, 大君之宜, 吉.

육오는 지혜로 임하니 대군大君의 마땅함이니 길하다.

「象」曰: "大君之宜", 行中之謂也.

「상」에서 말하였다. "대군의 마땅함"은 중中을 행함을 말한다.

上六, 敦臨, 吉, 无咎.

상육은 돈독함으로 임하니 길하며, 허물이 없다.

「象」曰: "敦臨"之吉, 志在內也.

「상」에서 말하였다. "돈독함으로 임함"이 길함은 뜻이 안에 있기 때문이다.

20. 관觀

☷☴ 觀, 盥而不薦, 有孚顒若.

관觀은 (제사를 지내려) 손을 씻었으나 공물供物(신에게 올리는 祭物)을 올리지 않아도 믿음이 있어 너를 공경할 것이다.

鄭注 : 坤爲地, 爲衆; 巽爲木, 爲風. 九五天子之爻, 互體有艮, 艮爲鬼門, 又爲宮闕. 地上有木而爲鬼門·宮闕者, 天子宗廟之象也.(『集解』) 諸侯貢於天子, 鄕⁶¹⁾大夫貢於其君, 必以禮賓之, 唯主人盥而獻賓, 賓盥而酢主人, 設薦俎則弟子也.(『儀禮』,「鄕飮酒禮」疏;『古周易訂詁』)

곤坤은 땅이며 무리이며, 손巽은 목木이며 풍風이다. 구오는 천자天子의 효爻이며, 호체는 간艮이며, 간艮은 귀문鬼門이며, 또 궁궐宮闕이다. 땅 위에 목木이 있어 귀문鬼門과 궁궐宮闕이 되는 것은 천자의 종묘宗廟의 상이다.(『集解』) 제후들은 천자에게 공물貢物을 바치고, 향鄕과 대부大夫는 그 임금에게 공물을 바치며 반드시 예로써 빈객을 맞이하며, 오로지 주인으로서 손을 깨끗이 씻고서 빈객에게 잔을 올리며, 빈객도 손을 깨끗이 씻고서 주인에게 잔을 올린다. 공물을 올릴 도마를 진설하는 일은 제자弟子들이 한다(『儀禮』,「鄕飮酒禮」疏;『古周易訂詁』)

관괘의 상괘는 손巽이며 하괘는 곤坤이다. 「설괘」를 보면 "곤坤은 땅이며, 무리(衆)이다"라고 하고, "손巽은 목木이며 풍風이다"라고 하였다. 관괘觀卦의 구오는 천자의 자리이며, "천자의 효"라고 한다. 관괘의 3효에서 5효까지의 호체는 간艮이다. 간艮은 동북의 괘이며, 간에는 돌아감의 뜻이 있다. 돌아가는 것은 귀신이 된다. 『역위易緯·건곤착도乾坤鑿度』에서는 "간艮은 귀신의 명문冥門이며,…… 귀신이 돌아감을 말하며, 뭇 사물은 간艮으로 돌아간다"라고 하였다. 『산해경山海經』에서는 "동북東北을 귀문鬼門이라고 하며, 만 가지 귀신이 출입하는 곳이다"라고 하였다. 또 「설괘」를 보면, 간艮은 궁궐이다. 괘상卦象을 따라서 보면 지상에 나무가 있으니 귀문鬼門이며 궁궐이니, 이것을 "종묘宗廟의 상"이라고 한다. 정현이 고대의

---

61) 鄕을 惠棟은 "卿"으로 썼다.

음주飮酒의 예에 근거하여 "손을 씻었으나 공물을 올리지 않음"을 해석하였다. 고례古禮를 살펴보면 제후諸侯, 공사貢士(공물을 바치는 선비), 경卿, 대부大夫가 천자나 국왕을 알현할 때 모두 일정한 예절을 준수해야 한다. 주인이 손님을 접대할 때 반드시 먼저 손을 씻어서 빈객을 공경해야 하며, 빈객도 같은 방식으로 주인에게 크게 사례해야 한다. 도마를 설치하여 접대하는 일은 젊은 사람들이 하도록 한다. 관盥은 씻음(洗)이다.

「彖」曰: 大觀在上, 順而巽, 中正以觀天下. "盥而不薦, 有孚顒若", 下觀而化也. 觀天之神道, 而四時不忒. 聖人以神道設敎, 而天下服矣.

「상」에서 말하였다. 큰 볼거리가 위에 있어 순응하고 공손하며, 중정으로 천하에 보여 주니, "손을 씻었으나 공물供物을 올리지 않아도 믿음이 있어 너를 공경함"은 아랫사람이 보고서 교화되었기 때문이다. 하늘의 신도神道를 보니 사계절이 어긋나지 않는다. 성인聖人이 신도로서 가르침을 베푸니 천하가 복종한다.

「象」曰: 風行地上, 觀. 先王以省方觀民設敎.

「상」에서 말하였다. 바람이 땅 위에서 행함이 관觀이다. 선왕은 그로써 사방을 살피고, 백성을 관찰하여 가르침을 베푼다.

初六, 童觀, 小人无咎, 君子吝.

초육은 어린아이가 봄이며, 소인은 허물이 없으며, 군자는 부끄럽다.

鄭注 : 童, 稚也.(『釋文』)

　　동童은 어림(稚)이다.(『釋文』)

동童은 미성년인 사람을 가리킨다. 왜냐하면 미성년은 그 행위가 유치하기 때문에 "동童"에는 "치稚"의 뜻이 있다. 『설문』은 "동僮"이라고 썼다. 동童과 동僮은 통가通假하며, 『설문』에는 "동僮은 아직 관례를 지나지 않음(未冠)이다"라고 하였다. 『석명釋名』에는 "15세를 동童이라고 한다"고 하였다. 『광아廣雅』「석언釋言」에는 "동僮은 치稚이다"라고 하였다.

「象」曰: "初六童觀", 小人道也.

「상」에서 말하였다. "초육은 어린아이가 본다 함"은 소인小人의 도道이기 때문이다.

六二, 窺觀, 利女貞.

육이는 엿보는 것이니 여자가 곧음이 이롭다.

「象」曰: "窺觀", "女貞", 亦可醜也

「상」에서 말하였다. "엿보는 것"이나 "여자의 곧음"은 또한 부끄러운 일이다.

六三, 觀我生進退.

육삼은 내가 하는 나아감과 물러감을 본다.

「象」曰: "觀我生進退", 未失道也.

「상」에서 말하였다. "내가 하는 나아감과 물러감을 보는 것"은 아직 도를 잃지 않았기 때문이다.

六四, 觀國之光, 利用賓於王.

육사는 나라의 광채를 봄이니 왕에게 손님이 됨이 이롭다.

「象」曰: "觀國之光", 尙賓也.

「상」에서 말하였다. "나라의 광채를 봄"은 손님을 숭상하기 때문이다.

九五, 觀我生, 君子无咎.

구오는 내가 하는 것을 봄에 군자는 허물이 없다.

「象」曰: "觀我生", 觀民也.
「상」에서 말하였다. "내가 하는 것을 봄"은 백성을 보는 것이다.

上九, 觀其生, 君子无咎.
상구는 그 하는 것을 보면 군자는 허물이 없다.

「象」曰: 觀其生, 志未平也.
「상」에서 말하였다. "그 하는 것을 봄"은 뜻이 아직 바르지 않았기 때문이다.

21. 서합噬嗑

䷔ 噬嗑, 亨, 利用獄.

서합은 형통하고 감옥을 이용하면 이롭다.

「彖」曰: 頤中有物曰噬嗑. "噬嗑"而"亨", 剛柔分動而明, 雷電合而章, 柔得中而上行. 雖不當位, "利用獄"也.

「단」에서 말하였다. 턱 안에 물건이 있음을 서합噬嗑이라고 한다. "씹고 입을 다물고 있음"이니 "형통"하며, 굳셈과 부드러움이 나뉘어 움직이면서 밝고, 우레와 번개가 합하여 뚜렷하며, 부드러움이 중中을 얻어서 위에서 행한다. 비록 위치가 부당하지만, "옥獄을 이용함이 이롭다."

「象」曰: 雷電, 噬嗑. 先王以明罰勅法

「상」에서 말하였다. 우레와 번개가 합침이다. 선왕이 그로써 형벌刑罰을 밝히고 법령을 바르게 하였다.

鄭注 : 勅, 猶理也. 一云整也.(『釋文』)

　　래勅는 다스림理과 같다. 한편으로 정整이라고 한다.(『釋文』)

　　래勅는 『자림字林』에서는 "칙勅"으로 썼으며, 『한서』에서는 "칙飭"으로 썼으며, 다른 판본에는 "칙敕"으로 썼다. "勅", "勅", "敕", "飭"의 네 글자는 통가通假하였다. 『여씨춘추呂氏春秋』의 "밭의 일을 이미 신칙申飭하였다"(田事旣飭)라는 구절을 고형高亨은 "칙飭은 래勅로 읽는다"라고 주석하였다. 『석명』에는 "칙敕은 칙飭이다"라고 하였다. 『설문』에는 "칙勅은 로勞이다"라고 하고, 또 "칙敕은 계誡警戒이다"라고 하였다. 단옥재는 주석에서 "칙敕은 곧 '칙飭'의 가차假借이다. '칙飭은 견고해짐이다'라고 하였는데, 후인들이 '勅'를 '敕'으로 보았다. 힘 력力 부部이며, '래勅는 로勞이다'라고 하였다.…… 또 혹 력力을 '칙勅과 모아서 썼다'고 하였다. 정현은 "勅"를 리理나 정整으로 해석하였는데, 이는 파생된 뜻이다. 『이아』 「석문釋文」에는 "『설문說文』과

『자림字林』을 살펴보면 '속束' 방旁의 '발攴'로 썼는데, 이것이 시작이다'라고 하였다. 계복桂馥 (1737~1805)은 "비로소 마땅히 정치가 되며, 『광아廣雅』에는 '칙敕은 다스림(理)이다'라고 하였다."(『說文解字義疏』)

初九, 屨校滅趾, 无咎.

초구는 형틀을 채워 발꿈치를 제거하니 허물이 없다.

「象」曰: "屨校滅趾", 不行也.

「상」에서 말하였다. "형틀을 채워 발꿈치를 제거함"은 가지 못하도록 하기 때문이다.

六二, 噬膚滅鼻, 无咎.

육이는 살을 깨물고 코를 제거하니 허물이 없다.

「象」曰: "噬膚滅鼻", 乘剛也.

「상」에서 말하였다. "살을 깨물고 코를 제거함"은 굳셈을 타기 때문이다.

六三, 噬臘肉, 遇毒, 小吝, 无咎.

육삼은 납육臘肉62)을 씹다가 독을 만나니 조금 부끄럽지만 허물은 없다.

鄭注 : 小物全乾曰臘.(『易解剩義』)

작은 물건을 잘 건조한 것을 납臘이라고 한다.(『易解剩義』)

황석黃奭의 고증을 살펴보면, 이 주석은 『주례』「천관·납인臘人」의 주注로부터 인용하였고, 정현의 역주易注는 아니다.

---

62) 역자 주: 臘肉은 臘享(동지 이후 세 번째 未日인 臘日에 1년 농사 등 여러 잡사를 여러 신에게 올리는 제사)에 사용하는 산짐승의 고기 또는 臘日에 잡은 짐승의 고기. 일반적으로는 소금에 절이거나 燻煙한 돼지고기를 가리키기도 한다.

「象」曰: "遇毒", 位不當也.

「상」에서 말하였다. "독毒을 만남"은 자리가 마땅하지 않기 때문이다.

九四, 噬乾胏, 得金矢, 利艱貞吉.

구사는 뼈에 붙은 마른 고기를 씹다가 금화살을 얻으니 이롭지만 어려운 일을 곧게 하면 길하다.

鄭注 : 胏, 簀也.

　　자胏(뼈에 붙은 마른 고기)는 책簀이다.

　　선유들은 대부분 자胏를 포脯 즉 말린 고기 혹은 뼈에 붙은 고기라고 해석하였다. 정현은 "자胏"를 "책簀"으로 해석하였고, 단옥재 등이 인정하였는데, "자胏를 자茦로 가차한 것이다." 『방언』에서 "상牀은 제齊와 노魯의 사이를 책簀이라 하고, 진陳과 초楚의 사이를 자茦라고 한다"고 하였다. 『이아』 「석기釋器」는 "책簀을 자茦라고 한다"고 하였고, 『설문』은 "자茦는 책簀이다"라고 하였고, 『설문』은 "책簀은 상잔牀棧(침대)이다"라고 하였고, 또 "잔棧은 붕棚이다"라고 하였다. 또 전의되어 침대 위의 자리라고 하였다. 이 괘의 육이 "서부噬膚"(고기를 씹음), 육삼의 "서납육噬臘肉"(臘肉을 씹음), 육오의 "서건육噬乾肉"(마른 고기를 씹음)을 참고하여 정현은 "자胏"를 "책簀"으로 해석하였는데, 『역』의 본의와는 당연히 부합하지 않는다. 조원필은 "곰곰이 주문註文을 살펴보면 의미와 문장의 뜻을 잃었다. 마땅히 뼈에 붙은 고기는 자胏라고 해야 하며, 자胏는 책簀으로 읽어야 한다. 자胏와 책簀은 하나의 소리가 전환되었다. 대개 자胏를 책簀와 같이 읽으며, 단단한 생선뼈는 씹을 수 없음이 목판木板과 같음을 알고, 이로써 순상荀爽 등의 여러 학자들과 구별하여 '포脯'라고 썼을 뿐이다'(『箋釋』)라고 하였다. 조원필의 말은 충분히 일리가 있다.

「象」曰: "利艱貞吉", 未光也.

「상」에서 말하였다. "이로우나 어려운 일을 곧게 하면 길함"은 아직 빛나지 않기 때문이다.

六五, 噬乾肉, 得黃金, 貞厲, 无咎.

육오는 마른 고기를 씹다가 황금을 얻으니 곧게 힘쓰면 허물이 없다.

「象」曰: "貞厲无咎", 得當也.

「상」에서 말하였다. "곧게 힘쓰면 허물이 없음"은 마땅함을 얻었기 때문이다.

上九, 何校滅耳, 凶.

상구는 형구刑具를 씌워 귀를 자르니 흉하다.

鄭注 : 離爲槁木, 坎爲耳, 木在耳上, 何校滅耳之象也.(『集解』) 臣從君坐之刑.(『尙書』,
「康誥」 疏)

리離는 고목槁木(마른 나무)이며, 감坎은 귀인데, 나무가 귀 위에 있는 것은
형구刑具가 귀를 없애는 상이다.(『集解』) 신하가 임금이 내린 형벌을 받는다.(『尙
書』, 「康誥」 疏)

서합괘噬嗑卦는 위의 괘는 리離, 아래의 괘는 진震인데, 「설괘說卦」의 리離를 보면 "나무이며,
나무의 속이 비어 위가 마른다." 곧 "고목槁木"이다. 괘의 3·4·5효의 호체互體는 감坎이며,
감은 귀다. 나무가 귀 위에 있으니, "형구를 쓰고 귀가 없어짐"의 상이 있다. 상구는 양이
음의 위치에 있으므로 이 형벌을 받음은 신하가 임금이 내린 형벌을 따르는 것이다.

「象」曰: "何校滅耳", 聰不明也.

「상」에서 말하였다. "형구를 쓰고 귀가 없어짐"은 귀가 밝지 못하기 때문이다.

鄭注 : 目不明耳不聰.(『釋文』)

눈은 불명不明이며, 귀는 불총不聰이다.(『釋文』)

서합괘의 위의 괘는 리離이며 눈이며, 3·4·5효의 호체互體는 감坎으로 귀다. 『구가역九家易』
에서는 "마땅히 리괘離卦와 감괘坎卦를 총聰과 명明임에 근거하면 감坎이 이미 바르지 않아
이제 그것을 없애고자 하므로 '귀가 밝지 않다'고 한다.

22. 비賁

▤ 賁, 亨, 小利有攸往.

비는 형통하며, 가는 바가 있으면 조금 이롭다.

鄭注: 賁, 變也, 文飾之貌.(『釋文』) 賁, 文飾也. 離爲日, 天文也; 艮爲石, 地文也. 天文
在下, 地文在上, 天地二文相飾成賁者也,[63] 猶人君以剛柔仁義之道飾成其
德也. 剛柔雜, 仁義合, 然後嘉會禮通, 故亨也. 卦互體坎艮, 艮止於上, 坎險於
下, 夾震在中, 故不利大行·小有所之則可矣.(『集解』)

비賁는 변함(變)이며, 문식文飾의 모습이다.(『釋文』) 비賁는 문식文飾이다. 리離는
태양이며, 천문天文이다. 간艮은 돌이며 지문地文(大地의 모든 모습)이다. 천문天文
이 아래에 있고, 지문地文이 위에 있으며, 천문과 지문이 서로 꾸밈이 비賁를
이룬 것이며, 마치 임금이 강유剛柔와 인의仁義의 도로써 그 덕을 이룸을
수식한 것이다. 굳셈과 부드러움이 섞이고 인仁과 의義가 합한 후에 기쁘고
아름다운 모임의 예가 통하므로 형통하다. 괘의 호체는 감坎과 간艮이며,
간이 위에서 멈추고 감이 아래에서 험하며, 가운데에 진震을 끼고 있으니
크게 행하면 불리不利하며, 적게 가지면 옳다.(『集解』)

비賁는 "변變"의 뜻이 있으니 괘변卦變에 근본한다. 비괘賁卦는 태괘泰卦로부터 오며 곧 태泰의
2효의 위에 있는 두 효가 서로 바뀌어 비괘賁卦를 이루며, 「단전彖傳」에서는 "부드러움이
와서 굳셈을 문식文飾한다" 하고, "굳셈을 나누어 위로 가서 부드러움을 문식한다"고 하였다.
태泰의 상육이 2효에 자리하여 "부드러움이 와서 굳셈을 문식文飾함"이 되며, 구이는 위에
있으면서 "굳셈을 나누어 위로 가서 부드러움을 문식함"이 된다. 비賁는 문식文飾의 의미가
있는데, 『역전』과 『설문』에 의거하였다. 「서괘」에서는 "비賁는 꾸밈(飾)이다"라고 하고, 『설문』

---

63) "離爲日"에서부터 끝까지는 또 『詩經』 「白駒」 正義에 보인다. "日" 아래에 "日"자가 중복
해 있으며, "天文" 아래에 "也"자가 없으며, "石" 아래에 "石"자가 중복해 있으며, "天
地" 이하는 "天地之文交相飾賁賁然"이라고 쓰여 있다.
역자 주: 이 구절의 원문은 "離爲日, 天文也; 艮爲石, 地文也. 天文在下, 地文在上, 天地二
文相飾成賁者也"이다.

에서도 "비賁는 꾸밈(飾)이다"라고 하였다. 「단전彖傳」에서 말한 "부드러움이 와서 굳셈을 문식文飾한다"와 "굳셈을 나누어서 위로 가서 부드러움을 문식한다"는 말에는 굳셈과 부드러움이 섞여 있으면서 문식文飾한다는 뜻이 있다. 문文(무늬)이라는 말은 서로 다른 색깔이나 혹은 서로 다른 사물이 한곳에 뒤섞여 있음이다. 「고공기考工記」에서는 "그림을 그리는 일은 다섯 가지 색깔을 섞는 것이며, 청색과 적색을 문文이라고 한다"고 하였으며, 「계사」에서는 "효는 등급이 있으므로 물物(무리)이라고 한다. 물物은 서로 섞이므로 문文이라고 한다"고 하였다. 또 "여섯 효가 서로 섞여서 오직 그때의 사물이 된다"고 하였다. 분명히 「계사」에서는 "문文"은 서로 다른 사물의 음효와 양효가 서로 섞임을 대표하여 가리킨다. 내외의 괘를 따라서 보면, 상괘인 간艮은 돌이며, 돌의 무리이며, 지문地文이다. 하괘의 리離는 태양이며 태양은 하늘의 무리이며 천문天文이다. 천문天文이 아래에 있고, 지문地文이 위에 있으니 천지의 두 꾸밈이 교감하여 비賁를 이룬다. 이것은 괘상과 효상으로 "비賁"의 뜻을 해석한 것이다. 인사人事에 나아가서 말하면 부드러움은 인仁이며, 굳셈은 의義이다. 「설괘」에서는 "하늘의 도를 확립함을 음과 양이라 하고, 땅의 도를 확립함을 부드러움과 굳셈이라 하고, 사람의 도를 확립함을 인仁과 의義라고 한다"고 하였다. 인군人君은 굳셈과 부드러움을 겸하여 돌아보고, 인의仁義를 병행하여 그 덕성을 이룬 이후에 가회嘉會에서 예禮로 통하도록 힘쓴다. 정현은 이 음양의 사귐과 인의仁義의 만남으로써 "가회嘉會에서 예로 통함"을 유추함으로써 괘사의 "형亨"의 의미를 해석하였다. "가회에서 예로 통함"은 「문언」의 "형亨은 아름다운 모임이며,…… 아름다운 모임은 예禮에 어긋나지 않아야 한다"는 말에서 나왔다. 또 비괘賁卦의 2·3·4효의 호체는 감坎이며, 3·4·5효의 호체는 진震이며, 상괘는 간艮(정현은 항상 내외의 괘를 호체로 보았다.)이며, 감坎은 험함으로 아래에 있고, 간艮은 멈춤으로 위에 있으며, 진震은 움직임으로 감의 험함과 간艮의 멈춤의 바로 가운데 있으며, 행동에 제한을 받으므로 크게 행하면 불리不利하고, 적게 행함이 이롭다. 이것은 괘사인 "가는 바가 있으면 조금 이롭다"에 대한 해석이다.

「彖」曰: 賁亨, 柔來而文剛, 故"亨". 分剛上而文柔, 故"小利有攸往". (剛柔交錯), 天文也; 文明以止, 人文也. 觀乎天文以察時變, 觀乎人文以化成天下.

「단」에서 말하였다. 비賁가 형통함은 부드러움이 와서 굳셈을 꾸미기 때문에 "형통"하다. 굳셈을 나누어서 위로 가서 부드러움을 문식하므로 "가는 바가 있으면 조금 이롭다." (굳셈과 부드러움이 엇갈려 뒤섞임이) 천문天文이며, 문식文飾이 밝게 머무니 사람의 문채文彩이다. 하늘의 문채를 관찰하여 시절의 변화를 살피며, 사람의 문채를 관찰하여 세상을 덕화德化하여 선善을 이루게 한다.

「象」曰: 山下有火, 賁. 君子以明庶政, 无敢折獄.

「상」에서 말하였다. 산 아래에 불이 있으니 비賁(꾸밈)이다. 군자는 이로써 여러 정사를 밝히며, 감히 옥사獄事를 결단決斷하지 않는다.

鄭注 : 折, 斷也.(『釋文』)

　　절折은 단斷이다.(『釋文』)

절折은 본래 단개斷開(잘라서 열다)를 가리킨다. 예를 들면 『시』「정풍 · 장중자詩鄭風將仲子」에서 "내가 심은 냇버들 꺾지 말라"는 말과, 『순자荀子』「권학勸學」에서 "썩은 나무는 꺾지 않는다"고 한 말이 곧 이 뜻이다. 이것은 중재仲裁와 판정判定을 가리킨다.

初九, 賁其趾, 舍輿[64]而徒.

초구는 발을 꾸밈이니 수레를 버리고 걸어간다.

鄭注 : 趾, 足.[65](『釋文』)

　　지趾는 족足이다.(『釋文』)

초구의 효가 아래에 있는 것은 사람의 발이 아래에 있는 것과 비슷하므로 "지趾"라고 한다. 지趾는 다른 판본에는 "지止"로 썼으며, "趾"와 "止"는 고대에는 통용하였으며, 각지腳趾(발가락)를 가리킨다.

「象」曰: "舍輿而徒", 義不[66]乘也.

「상」에서 말하였다. "수레를 버리고 걸어 감"은 의리상 탈 수 없기 때문이다.

六二, 賁其須.

육이는 수염을 꾸민다.

---

64) 輿는 통행본과 백서본에는 모두 "車"로 되어 있다. "車"와 "輿"는 고대에 통용하였다.
65) 張惠言은 "姚에는 '也'자가 있다"고 하였다.
66) '不은 금문본에는 "弗"로 썼다.

「象」曰: "賁其須", 與上興也.

「상」에서 말하였다. "수염을 꾸밈"은 위와 함께 일어나기 때문이다.

九三, 賁如濡如, 永貞吉.

구삼은 꾸밈이 윤택하니 영원히 곧게 하면 길하다.

「象」曰: "永貞"之"吉", 終莫之陵也.

「상」에서 말하였다. "영원히 곧게 함"이 "길함"은 끝내 능멸陵蔑함이 없기 때문이다.

六四, 賁如燔如,

육사는 꾸밈이 불태우는 것과 같다.

鄭注: 六四巽爻也, 有應於初, 欲自飾以適初, 既進退未定, 故燔如也.(『禮記』,「檀弓」疏)

육사는 손효巽爻이며, 초효와 응함이 있으니 스스로 꾸며서 초효로 가고자
하니 본래 진퇴進退가 아직 정해지지 않으므로 불태우는 것과 같다.(『禮記』,
「檀弓」疏)

정현의 효체설를 살펴보면, 비괘賁卦의 육사는 음효이니 마땅히 손巽의 주간主干의 효가 되므
로 "육사는 손효巽爻이다"라고 하였다. 비괘賁卦의 초효는 양이며, 4효는 음이며, 초효와 4효
두 효의 음과 양이 서로 응하므로 4효는 "스스로 꾸며서 초효로 간다"고 하였으며, 이는
괘사 "비여賁如"의 해석이다. 4효가 괘의 가운데 있으니 "위로는 하늘에 있지 않고 아래로
밭에 있지 않으며, 가운데도 사람에게 있지 않으니"(「문언」) "진퇴가 아직 정해지지 않았다"고
한다. 이는 괘사 "번여燔如"의 해석이다. 번燔은 통행본에서는 "파皤"라고 썼으며 백서본 역易
에는 "번蕃"이라고 썼다. "燔", "皤", "蕃"은 모두 음이 같기 때문에 통가하였다. 청나라 유학자
정걸丁傑, 황석黃奭 등은 고증하기를 정현이 쓴 "번燔"은 마땅히 "번蹯"이라고 써야 한다고
하였다. 정걸은 "『음훈音訓』에서는 번燔으로 읽었다. 고영인顧寧人은 『역음易音』에서 『석문釋
文』을 인용하여 '정현의 원본元本은 번蹯으로 쓰고 번燔으로 읽었으며, 또한 채읍蔡邕(133~192)
의 부賦를 증거로 인용하여 마땅히 번蹯자로 써야 한다'고 하였다."(丁傑 本, 『周易鄭注』, 권3)
장혜언은 "진퇴가 아직 정해지지 않음을 살펴보면 번蹯이 마땅히 옳다"(위의 책)라고 하였다.
황석은 "금본今本과 『석문釋文』의 '파皤'와 정현이 쓴 '번燔'의 음은 번煩이다. 이는 고영인의

『역음易音』의 인용에 근거하였고, 『석문』은 음을 고쳤다. 또 채읍蔡邕의 『술행부述行賦』의 '말을 타고 주저하여 나아가지 않음'(乘馬踟如而不進)의 구절을 인용하여 증거로 삼았다. '진퇴가 아직 정해지지 않음'에 대한 주해註解의 문장을 보면 곧 '번蹯'자의 해석을 금문에는 '번燔'으로 한 것은 자형字形이 서로 비슷하여 잘못 읽었기 때문이다'(황석의 편집본 『周易注』)라고 하였다. 청나라 유학자들의 고증이 하나의 견해가 될 수 있다.

白馬翰如, 匪寇婚媾.

백마가 날듯이 달리니 도둑이 아니면 혼인을 구하는 것이다.

鄭注 : 翰, 白也.(『釋文』) 白馬翰如, 謂九三位在辰, 得巽氣爲白馬. 翰, 猶幹也. 見六四適初未定欲幹而有之.(『禮記』, 「檀弓」 疏)

한翰은 백白이다.(『釋文』) 백마가 날 듯이 달림은 구삼이 진震에 있음을 말하며, 손巽의 기氣를 얻어 백마白馬가 된다. 한翰은 간幹과 같다. 육사가 초효로 감이 아직 정해지지 않음을 보고 주관하려는 생각을 가진다.(『禮記』, 「檀弓」 疏)

정현이 한翰을 백白으로 해석한 것은 의미를 확장한 것이다. 한翰은 본래 흰색의 말을 가리킨다. 『예기』 「단궁상」에서 "은殷나라 사람은 흰색을 숭상하였는데(上白[67]), …… 전쟁에는 흰 말을 탔다'(戎事乘翰)고 하였다. 정현은 "한翰은 흰색의 말이다"라고 주석하였다. 정현의 효진설爻辰說을 살펴보면 비괘賁卦의 구삼은 건괘乾卦 구삼에 근본하며 진辰으로 납입한다. 진辰은 용龍이다. 고대에는 준마駿馬를 또 용이라 하였다. 『주례』 「하관夏官·수인廋人」에는 "8척 이상의 말은 용龍이며, 7척 이상은 래騋, 육척 이상은 마馬이다"라고 하였다. 진辰은 동남쪽에 있으며, 「설괘」에는 "손巽은 동남東南이다"라고 하고, "손巽은 흰색이다"라고 하였으므로 "손巽의 기氣를 얻어 백마白馬가 된다"고 하였다. 정현은 또 한翰을 간幹으로 해석하였다. 황석은 "정현은 백白을 정훈正訓으로 보고 간幹을 방훈旁訓으로 보았다"고 하였다. "한翰"에는 "간幹"의 의미가 없는데, 이것은 아마도 가차假借라고 생각한다. 정현의 뜻을 살펴보면, 이는 위 구절을 계승하여 육사의 '진퇴가 아직 정해지지 않음'을 말한 것이며, 3효와 4효를 서로 비교하여 자신을 옹호하는 근거로 삼고자 하였다. 예를 들면 조원필은 "백마가 날 듯이 달림은 삼효의 체인 진震과 감坎이 모두 말이며, 효진爻辰은 진辰에 있고, 3월 동남쪽이며 손巽의 위치이다. 손巽은 흰색이므로 상징하여 백마白馬라고 하였다. 4효가 3효를 타니 백마는 4효가 타는 것이다. 한翰은 간幹으로 읽고 일으킴(擧)이다. 무릇 효가 서로 비견比肩되는 것은 서로 취하기도 하는데, 3효가 4효를 본 뒤 백마를 타고 초효로 감이 아직 정해지지 않으므로

---

67) 역자 주: 上白은 『예기』 「단궁상」의 원문이 尙白이므로 이에 따라 해석하였다.

취하려고 하여 그것을 자신과 비교되도록 한다"(『集解補釋』)고 하였다.

「象」曰: 六四當位疑也. "匪寇婚冓", 終无憂也.

「상」에서 말하였다. 육사는 해당하는 자리가 의심된다. "도둑이 아니면 혼인을 구함"은 끝내 근심이 없다.

六五, 賁於邱園, 束帛戔戔. 吝, 終吉.

육오는 언덕과 동산을 꾸미니 비단 묶음이 적어 부끄러우나 마침내 길하다.

「象」曰: 六五之吉, 有喜也.

「상」에서 말하였다. 육오의 길함은 기쁨이 있기 때문이다.

上九, 白賁, 无咎.

상구의 희게 꾸밈은 허물이 없다.

「象」曰: "白賁无咎", 上得志也.

「상」에서 말하였다. "희게 꾸밈은 허물이 없음"은 위에서 뜻을 얻었기 때문이다.

23. 박剝

䷖ 剝, 不利有攸往.

박은 가는 바가 있어 이롭지 않다.

「彖」曰: 剝, 剝也. 柔變剛也. "不利有攸往", 小人長也. 順而止之, 觀象
也. 君子尙消息盈虛, 天行也.

「단」에서 말하였다. 박剝은 깎아 냄이다. 부드러움이 군셈을 변화시켰다. "가는
바가 있어 이롭지 않음"은 소인이 어른이기 때문이다. 순응하여 멈춤은 상을 보았기
때문이다. 군자가 사라짐과 자라남, 차고 빔을 숭상함은 (그것이) 하늘의 운행이기
때문이다.

鄭注 : 陰氣侵陽, 上至五, 萬物霝[68]落, 故謂之剝也. 五陰一陽, 小人極盛, 君子不可
　　有所之, 故"不利有攸往"也.(『集解』)

　　음기가 양을 침범하여 위로 5효에 이르면 만물이 영락霝落하므로 박剝이라고
　　한다. 다섯 개의 음과 하나의 양이니 소인小人이 극성하고, 군자는 갈 바가
　　없으므로 "가는 바가 있으면 이롭지 않다"고 하였다.(『集解』)

　영霝은 본래 비가 내림을 가리킨다. 『설문』에는 "영霝은 비가 내림이다"라고 하였다. 영零은
떨어져 내림降落의 뜻이 있다. 『시』「소명小明」에는 "눈물이 떨어짐이 비와 같고, 또한 정성定
星이 하늘의 중앙에 비치니 때맞추어 내리는 비가靈雨가 이윽고 내린다"고 하였고, 전傳에는
"영零은 떨어짐(落)이다"라고 하였으며, 『하소정夏小正』에서는 "8월에는 속粟(祿 혹은 祿俸)이
내린다"고 하였고, 전傳에는 "영霝이란 것은 내림降이다"라고 하였다. 이 영霝도 또한 떨어져
내림의 뜻을 취하였다. 소식괘消息卦를 살펴보면 건곤乾坤의 음양이 소멸하고 자란다. 곤의
음이 건괘의 아래에서부터 위로 차례대로 올라가 자라며, 건乾의 초효에 이르면 구괘姤卦가
되고, 자라서 2효에 이르면 둔괘遯卦가 되고, 자라서 3효에 이르면 비괘否卦가 되며, 자라서

---

68) 霝은 『漢上易傳』에는 "零"으로 썼다.

4효에 이르면 관괘觀卦가 되며, 자라서 5효에 이르면 박괘剝卦가 된다. 박괘剝卦는 9월의 괘이므로 이 괘는 음기가 양을 침범하여 만물이 박락剝落함을 상징한다. 음양의 효의 수량으로 보면 이 괘는 다섯 개의 음과 하나의 양이 있으므로 음이 성하고 양이 쇠하여 이러한 상황에서는 소인이 득세하고 군자는 행위할 수가 없으니 곧 괘사에서 "가는 바가 있으면 이롭지 않다"고 하였다.

「象」曰: 山附於地, 剝. 上以厚下安宅.

「상」에서 말하였다. 산山은 땅에 붙어 있음이 박剝이다. 위는 나라를 두터이 함으로써 집들을 편안하게 한다.

初六, 剝牀以足, 蔑貞, 凶.

초육은 박은 평상의 다리를 깎음이니 곧음을 업신여김이니 흉하다.

鄭注 : 蔑, 輕慢.(『釋文』)

　　멸蔑은 깔보고 업신여김(輕慢)이다.(『釋文』)

　　멸蔑은 옛사람들은 많이 괘상卦象에 근본하여 혹은 "없어짐"(滅) 혹은 "없어져 버림"(滅下)으로 해석하였고, 혹은 "사라짐"(消)으로 해석하고, 혹은 "없어짐"(無)으로 해석하였다. 정현이 "멸蔑"을 깔보고 업신여김(輕慢)으로 해석한 것은 "멸懱"을 가차한 것이다. 『설문』에는 "멸懱은 쉽게 깔봄(輕易)이다. 마음 심(心)의 멸蔑로 읽는다"라고 하였다. 『옥편玉篇』에는 "멸懱는 업신여김(輕), 쉽게 봄(易), 깔봄(侮)이다"라고 하였다. 단옥재는 『설문주說文注』에서 "『설문』에 '멸懱은 경이輕易다'라고 하였는데, 경이輕易는 사람을 멸시蔑視하는 것이다"라고 하였다. 멸蔑은 백서 『역』에서는 "截"로 썼으며, 부양阜陽의 죽간에는 "薎"으로 썼으며, 우호량于豪亮 선생은 "截은 薎의 혹체或體(異體)이며, 따라서 멸蔑로 가차할 수 있다"[69]고 하였다. 또 한자강韓自强 선생의 고증에 의하면, 부양阜陽의 죽간에서의 "薎"와 백서帛書의 "截"는 금본今本의 "蔑"과 통가通假한다.[70]

---

69) 于豪亮, 「帛書周易」, 『文物』 1984년 제3기.

70) 韓自强, 「阜陽漢簡周易研究」, 『道家文化研究』 제18집(三聯書店, 2000), 104~105쪽을 보라.

「象」曰: "剝牀以足", 以滅下也.

「상」에서 말하였다. "침상의 다리를 깎아 냄"은 하부를 없애는 것이다.

六二, 剝牀以辨, 蔑貞凶.

육이는 침상의 변辨을 깎아 내는 것이니 곧음을 업신여겨 흉하다.

鄭注 : 足上稱辨. 謂近膝之下, 詘71)相則近, 信72)則相遠, 故謂之辨. 辨, 分也.(『集解』)

(침상의) 다리의 위를 변辨이라고 한다. 무릇 근처의 아래를 말하며, 서로 굽히면(詘相) 가깝고 펴면(信) 서로 멀기 때문에 변辨이라고 한다. 변辨은 분分이 다.(『集解』)

효상爻象을 따라서 보면 초육이 아래에 있어서 "족足"이라고 하고, 육이가 초육의 위에 있으므로 "변辨"이라고 한다. 사람에게 나아가서 말하면 다리의 위 슬개(膝蓋무릎) 아래 부분을 "辨"이라고 한다. 이도평은 "'무릎 근처의 아래는 정강이와 장딴지(脛腓)다. 앞은 경脛(정강이)이고, 뒤는 비腓(장딴지)다"(『集解纂疏』)라고 하였다. 정현의 뜻을 살펴보면 장딴지와 무릎에는 멀고 가까움의 구분이 있으니 굽히면 서로 가깝고, 펴면 서로 멀어진다. 이것이 "辨"이다. 변辨은 문자학으로 해석하면 분변分辨의 뜻이 있다. 굴詘은 "굴屈"과 통하며, 신信은 "신伸", "신申"과 통한다.

「象」曰: "剝牀以辨", 未有與也.

「상」에서 말하였다. "침상을 변辨에서 깎아 냄"은 아직 함께함이 없기 때문이다.

六三, 剝之无咎.

육삼은 깎아 내도 허물이 없다.

---

71) 王本에는 "屈"로 썼다.
72) "信"은 다른 판본에는 "申"으로 썼다.

「象」曰: "剝之无咎", 失上下也.

「상」에서 말하였다. "깎아 내도 허물이 없음"은 위아래를 잃었기 때문이다.

六四, 剝之以膚, 凶.

육사는 겉껍질을 깎아 내므로 흉하다.

「象」曰: "剝之以膚", 切近災也.

「상」에서 말하였다. "겉껍질을 깎아 냄"은 재앙에 가깝다.

鄭注 : 切, 急也.(『釋文』)

　　절切, 급함이다.(『釋文』)

　절切은 본래 뜻이 도刀와 관련이 있으며, 끊어서 나눔의 뜻이 있다. 『설문』에는 "절切은 촌刌자르다)이다"라고 하고, "촌刌은 절切이다"라고 하였다. 절切이 급急으로 본 것은 의미를 확장한 것이다. 단옥재는 "금문今文의 '촌刌'은 '절切이며, 확장하여 박절迫切이 된다"고 하였다. 『논어』「자장子張」에는 "간절하게 묻고 가까운 것부터 생각함'(切問而近思)의 "절切"이 곧 이 뜻이다.

六五, 貫魚以宮人寵, 无不利.

육오는 물고기를 꿰어 궁인의 총애를 받으면 이롭지 않음이 없다.

「象」曰: "以宮人寵", 終无憂也.

「상」에서 말하였다. "궁인의 총애를 받음"은 끝내 근심이 없기 때문이다.

上九, 碩果不食, 君子得輿, 小人剝廬.

상구는 큰 열매는 먹지 않으니 군자는 수레를 얻고, 소인은 오두막을 허문다.

鄭注 : 小人傲很, 當剝徹舍而去.(『周禮』, 「地官·遺人」 疏)

　　소인이 오만하고 말을 듣지 않으면, 마땅히 집을 철거하여 버린다.(『周禮』,

흔佷은 말을 듣고 따르지 않음이다. 『설문』에서는 "흔佷은 말을 듣고 따르지 않음이다"라고 하였다. 오흔傲佷은 오만하여 스스로 옳다고 여기는 것이다. 철徹은 벗겨서 떼어 냄(剝取)이다. 『시』「빈풍豳風·치효鴟鴞」에는 "뽕나무 뿌리를 벗겨 내어 창문에 둘러매었다"고 하였고, 모전毛傳에는 "철徹은 벗겨 냄(剝)이다"고 하였다.

「象」曰: "君子得輿", 民所載也. "小人剝廬", 終不可用也.

「상」에서 말하였다. "군자가 수레를 얻음"은 백성의 추대를 받았기 때문이다. "소인이 오두막을 허물어 버림"은 끝내 쓸 수 없기 때문이다.

24. 복復

≣≣ 復, 亨. 出入无疾, 朋來无咎.

복은 형통하다. 나가고 들어옴에 병이 없으며, 친구가 오면 허물이 없다.

鄭注 : 復, 反也, 還也. 陰氣侵陽, 陽失其位, 至此始還反也, 起於初, 故謂之復. 陽君
象, 君失國而還反, 道德更興也.(『左傳』, 襄公 28年 正義)

복復은 되돌림(反)이며 돌아옴(還)이다. 음기가 양을 침범하니 양이 그 자리를
잃으며, 여기에 이르면 비로소 되돌아오며, 처음에서 일어나니 복復이라고
한다. 양은 임금의 상이며, 임금이 나라를 잃으면 되돌아오며 도덕이 다시
일어난다.(『左傳』, 襄公 28年 正義)

정현이 해석한 "다시 옴"(復)은 『이아』에서 취하였다. 『이아』「석언」에서는 "돌아옴(還)은 다시
옴(復)이며 돌아옴(返)이다" 하였다. 12개의 소식괘消息卦로 말하면, 음이 자라면 양이 물러나고,
음이 자라서 5효에 이르면 박괘剝卦가 되며, 자라서 상효上爻에 이르면 곤괘坤卦가 되며,
곤괘坤卦는 순음純陰의 괘이며, 음陰이 왕성함을 상징한다. 사물이 극에 도달하면 반드시
되돌아가니 음이 성할 때 반드시 양이 자라며, 하나의 양이 처음 아래에서 자라나서 복괘復卦
가 된다. 그러므로 복괘復卦는 하나의 양이 아래에 있고 하나의 양이 초효初爻에서 다시
돌아옴의 뜻이 있다. 인사人事로서 말하면 양은 임금을 대표하며 음이 자라면 양이 물러나니
이것은 소인이 득세得勢하고 군왕이 점점 그 지위를 잃음을 나타낸다. 건乾에서부터 곤坤으로
변함은 군왕이 그 나라를 잃음을 표시한다. 곤坤에서부터 복復으로 변하면 나라를 잃은 군왕이
다시 되찾고, 윤리도덕이 다시 일어남의 뜻이 있다. 이는 "복復"의 의미를 해석한 것이다.

反覆其道, 七日來復, 利有攸往.

그 도道를 반복하여 칠 일 만에 다시 와서 가는 바가 있어 이롭다.

鄭注 : 建戌之月, 以陽氣旣盡, 建亥之月, 純陰用事, 至建子之月, 陽氣始生, 隔此純
陰一卦, 卦主六日七分, 擧其成數言之, 而云"七日來復".(『周易正義』, 「序」)

건술建戌의 달에는 양기가 이미 다하였으며, 건해建亥의 달에는 순음純陰이 움직여서 건자建子의 달에 이르면 양기가 처음 생겨나며, 이 순음의 한 괘를 간격하여 괘가 육일칠분을 주관하니 그 성수成數를 들어 말하면 "칠 일 만에 다시 온다"(『周易正義』, 「序」)고 한다.

이것은 소식괘를 이용하여 괘사를 해석하였다. 소식괘를 살펴보면 박괘剝卦는 9월이며 곧 건술建戌의 달이며 이때는 음기가 왕성하고 양기가 장차 없어진다. 박괘剝卦로부터 곤괘坤卦로 변하면 9월에서 10월로 진입하니 곧 건해建亥의 달이며, 이때는 음기가 극성極盛하다. 복괘復卦에 이르면 11월이며, 곧 건자建子의 달이며 이달에 양기가 처음 생겨나므로 양기가 다시 옴의 뜻이 있다. 이는 "내복來復"을 해석한 것이다. 박괘剝卦로부터 복괘復卦로 변하면 곤괘坤卦와 하나의 간격을 두고 있다. 64괘와 1년 364일을 서로 짝지우면, 하나의 괘는 육일칠분을 주관한다. 정수整數를 따라 말하면 육일칠분은 칠 일에 가깝기 때문에 "칠 일 만에 다시 온다"고 하였다.

「彖」曰: 復, 亨. 剛反動而以順行, 是以"出入无疾, 朋來无咎". "反復其道, 七日來復", 天行也. "利有攸往", 剛長也. 復, 其見天地之心乎.

「단」에서 말하였다. 복復은 형통하다. 굳셈이 되돌아와 움직이되 순행順行하며 이 때문에 "나고 듦에 병이 없으나 벗이 와야 허물이 없다." "그 도를 반복하여 칠 일 만에 다시 옴"은 하늘의 운행이다. "가는 바가 있어 이로움"은 굳셈이 자라기 때문이다. 복復에서 천지의 마음을 볼 수 있다.

「象」曰: 雷在地中, 復. 先王以至日閉關, 商旅不行, 后不省方.

「상」에서 말하였다. 우레가 땅 속에 있으니 복復이다. 선왕이 이로써 지일至日(冬至나 夏至)에 관문을 닫고 장사꾼이나 여행자들이 다니지 못하게 하고, 임금이 사방을 시찰하지 않았다.

鄭注 : 資貨而行曰商人. 旅, 客也.(『釋文』)

자본과 재물을 가지고 다니는 사람을 상인商人이라고 한다. 여旅는 객客이다. (『釋文』)

고대에는 상인商人을 상상行商과 고고坐商의 두 종류로 구분하였다.『백호통白虎通』「상고商

賈」에서 "돌아다님을 상商이라고 하고, 머무름을 고賈라고 한다"고 하였으며, 정현은 『주례』「대재大宰」의 "六日商賈"를 주석하여 "돌아다님을 상商이라고 하고, 머물러 있음을 고賈라고 한다"고 하였다. 여旅는 본래 군중軍中의 단위다. 『설문』에서는 "여旅는 군인 500명이다"라고 하였다. 여旅를 객客으로 해석한 것은 의미를 전의하여 썼다. 단옥재는 "무릇 기려羈旅(객지에 머무는 나그네)는 그 뜻을 여廬에서 취하였다. 여廬는 위탁함(寄)이다"라고 하였다. 『설문』에는 "객客은 위탁함(寄)이다"라고 하였다.

初九, 不遠復, 无祇悔. 元吉

초구는 멀리 가지 않고 돌아오니 후회함의 근심이 없으니 크게 길하다.

鄭注 : 祇, 病也.(『釋文』)

　　저祇는 병病이다.(『釋文』)

저祇는 마융과 왕숙은 "제禔"로 썼으며, 백서본은 "제提"로 썼다. 부양의 죽간은 "지智"로 썼다. 등구백鄧球柏(1953~)은 "제提는 제禔의 오기誤記"[73]라고 보았다. 그리고 한자강韓自强은 백서帛書의 "제提"와 "저祇", "제禔"와 "지智"는 같이 지부支部의 문자로 통가通假[74]한다고 보았다. 육적陸績은 "제禔는 안安이다"라고 하였고, 『구가역』에서는 "지敍로 썼다. 왕인지는 "저祇는 마땅히 구가九家를 따라 '지敍'로 써야 하며, 『광아』에서는 '다多이다'라고 했다"(『經傳釋詞』)고 하였다. 당나라의 석경石經은 "기祇"로 썼으며, 한자강은 기祇를 대大로 해석하였다. 정현은 "저祇"를 "병病"으로 해석하였는데 이는 가차이다. 단옥재는 "정현은 대개 '기祇'를 '저祇로 가차하였다. '기祇'를 '병病'으로 해석한 것을 살펴보면, 『시』「소아小雅 · 하인사何人斯」의 '한 번만 오심으로 내 마음 편하게 하시라(壹者之來, 俾我祇也)'의 구절에서 모전毛傳은 '기祇는 병病이다'라고 하였는데, 이에 병病으로 해석한 정본正本은 모전이다'라고 하였다. 송상봉은 "정현이 병病으로 해석한 것을 살펴보면 '저祇는 마땅히 '타多'자로 읽어야 한다"(『考異』)라고 하였다. 두 곳에서 말한 바는 각각 그 이치가 있으므로 이에 그것을 위와 같이 열거하였으니 이로써 참고할 수 있다.

「象」曰: "不遠"之"復", 以修身也.

「상」에서 말하였다. "멀리 가지 않음"의 "돌아옴"은 수신修身하였기 때문이다.

---

73) 鄧球柏, 『帛書<周易>校釋』(湖南人民出版社, 1987), 241쪽.
74) 韓自强, 「阜陽漢簡周易硏究」, 『道家文化硏究』 제18집(三聯書店, 2000), 106쪽을 보라.

六二, 休復, 吉.

육이는 아름다운 돌아옴이니 길하다.

「象」曰: "休復"之"吉", 以下仁也.

「상」에서 말하였다. "아름다운 돌아옴"의 "길함"은 어진 사람에게 자신을 낮추었기 때문이다.

六三, 頻復, 厲, 无咎.

육삼은 자주 돌아옴이니 위태하나 허물은 없다.

「象」曰: "頻復"之"厲", 義无咎也.

「상」에서 말하였다. "자주 돌아옴"의 "위태함"은 의롭기 때문에 허물이 없다.

六四, 中行獨復.

육사는 중中을 행하여 혼자 돌아옴이다.

鄭注: 爻處五陰之中, 度中而行, 四獨應初.(『漢上易傳』)

효가 다섯 음의 가운데 있고, 중中을 헤아려 행하고, 4효가 홀로 초효와 응한다.(『漢上易傳』)

복괘復卦는 하나의 양과 다섯 개의 음으로 육사효의 상하에 각각 두 음효가 있다. 다섯 음의 바로 가운데 있으므로 "중中을 헤아려 행한다"고 하였다. 이는 괘사인 "중행中行"을 해석한 것이다. 초효는 양이며, 4효가 음이며, 전체의 괘에서 4효와 초효만 서로 응한다. 이는 괘사의 "독복獨復"을 해석한 것이다.

「象」曰: "中行獨復", 以從道也.

「상」에서 말하였다. "중을 행하고 홀로 돌아옴"은 도를 따르기 때문이다.

六五, 敦復, 无悔.
육오는 돈독하게 돌아오니 후회함이 없다.

「象」曰: "敦復无悔", 中以自考也.
「상」에서 말하였다. "돈독하게 돌아와 후회함이 없음"은 중中으로써 스스로를 이루기 때문이다.

鄭注 : 考, 成也.(『釋文』)

　　고考는 이룸(成)이다.(『釋文』)

　정현이 고考를 성成으로 해석한 것은 『이아』에 근본하였다. 『이아』 「석고」에서는 "고考는 성成이다"라고 하였으니 성成은 성취成就의 뜻이 있다. 『설문』에는 "성成은 이룸(就)이다"라고 하였다.

上六, 迷復, 凶, 有灾眚. 用行師, 終有大敗, 以其國君凶, 至于十年不克征.
상육은 혼미하게 돌아옴이니 흉하며, 재앙과 허물이 있다. 군대를 쓰면 결국 대패大敗할 것이며, 나라를 다스리는 임금이 흉凶하여 십 년이 될 때까지 정벌을 극복하지 못한다.

鄭注 : 異自內生曰眚, 自外曰祥, 害物曰災.(『釋文』)

　　재이災異가 안에서 생김을 생眚(재앙)이라고 하며, 외부로부터 오면 상祥(재앙)이라고 하며, 사물을 해침을 재災라고 한다.(『釋文』)

　재栽는 통행본에서는 "재災"로 썼다. "栽"와 "災"는 이체자이다. 마왕퇴馬王堆의 백서에는 "자兹"로 썼는데 당연히 통가자이다. 유대균은 고증하여 "재災"는 또 "치菑"로 썼고, 백서의 "자兹"와 "치菑"는 음이 같으므로 서로 가차하였다.[75] 이부손은 『설문』을 보면 재栽는 혹 재災로 쓰고, 주문籀文(篆字)은 재災로 썼고 고문은 '扐'으로 썼다"(『異文釋』)고 하였다. 생眚은 본래 눈에 생기는 질병을 가리킨다. 『설문』에서는 "생眚은 눈병에 생기는 예翳(백태)이다"라고 하였는데, 확장하여 괴이한 재해를 의미한다. 『자하전子夏傳』에는 "요상妖祥(禍福)을 생眚이라고

　75) 劉大鈞, 「今・帛・竹書『周易』疑難卦爻辭及其今古・文辯析」(一), 『周易研究』 2004년 제5기.

한다"고 하였으며, 『한서』 「오행지五行志」에서는 "이물異物이 생김을 생眚이라고 한다"고 하였으며, 상祥도 요망스럽고 불길함(妖孽)을 가리킨다. 『한서』 「오행지」에서는 "요얼妖孽은 밖으로부터 오는 재앙을 상祥이라고 한다"고 하였다.

「象」曰: "迷復"之"凶", 反君道也.

「상」에서 말하였다. "혼미하여 돌아옴의 흉함"은 임금의 도를 거스르기 때문이다.

25. 무망无妄

鄭注 : 妄, 猶望也, 謂無所希望也.(『釋文』)

　망妄은 망望과 같으며 희망할 바가 없음을 말한다.(『釋文』)

　"망妄"은 초간본에서는 "망亡"으로 썼으며, 부양의 죽간에는 "망亡"으로 썼고, 백서에는 "맹孟"으로 쓰고 또 망望으로 썼다. 한자강 선생의 고증에 의하면 亡, 妄·望·孟(盂)은 모두 망亡과 합하여 소리 내므로 통한다.[76] 『역전』은 "무망无妄"을 재이災異의 괘로 해석하였다. 「잡괘」에서는 "무망无妄은 재앙(災)이다"라고 하였고, 한유漢儒들은 이에 의거하여 대부분 무망无妄을 대한大旱의 괘로 해석하였다. 경방 등은 무망无妄은 "대한大旱의 괘이며, 만물이 모두 죽어 다시 희망이 없는 것"(『集解』 우번의 인용)이라고 보았다. 『한서』「곡영전谷永傳」에서 곡영谷永(?~BC 8)은 "폐하께서 8세世의 공업을 이어 받아,…… 무망无妄의 괘운卦運을 만나서 백여섯 가지의 재애災阨를 바르게 하셨습니다"라고 하였다. 응소應劭(생졸 미상)가 주석하기를 "무망无妄이라는 것은 소망하는 바가 없는 것이다. 만물이 하늘에 소망할 바가 없음이 가장 큰 재이災異이다"라고 하였다. 정현은 망妄은 망望으로 해석하였는데, 대개 여기에서 기초하였다.

　☰☳　无妄, 元亨利貞. 其匪正有眚, 不利有攸往.

무망은 크고 형통하고 이롭고 곧음이다. 그것이 바르지 않으면 허물이 있으므로 가는 바가 있으면 이롭지 않다.

「彖」曰: 无妄, 剛自外來而爲主於內, 動而健, 剛中而應, 大亨以正, 天之命也. "其匪正有眚, 不利有攸往", 无妄之往, 何之矣. 天命不佑, 行矣哉.

「단」에서 말하였다. 굳셈이 밖으로부터 와서 안에서 주인이 되니, 움직임이 강건剛健하고, 굳셈이 중中으로 응하니, 바름으로써 크게 형통하니 하늘의 명命이다. "그것이 바르지 않으면 허물이 있으므로 가는 바가 있으면 이롭지 않음"은 무망无妄으로 가야 하는데 어찌 가겠는가? 천명天命이 보우保佑하지 않아도 가겠는가?

---

76) 韓自强, 「阜陽漢簡周易研究」, 『道家文化研究』 第18輯(三聯書店, 2000), 108쪽.

鄭注: 妄之言望, 人所望宜正, 行必有所望, 行而無所望, 是失其正, 何可往也.(『後漢書』,「李通傳」注) 佑, 助也.(『釋文』)

> 망妄은 망望을 말하며, 사람이 마땅히 옳은 것을 소망하는 바이며, 행동에는 반드시 소망하는 바가 있으며, 행동에 소망하는 바가 없으면 그 바람을 잃은 것인 어찌 갈 수 있겠는가?(『後漢書』,「李通傳」注) 우佑는 도움(助)이다.(『釋文』)

정현의 뜻을 살펴보면, 정도正道로써 행하면 희망이 있으며, 정도를 잃으면 소망할 바가 없으므로 그 행함도 의미가 없다. 앞의 한 구절을 "바름으로 하면 크게 형통함"(大亨以正)을 해석한 것이고, 뒤의 한 구절은 "'그것이 바르지 않으면 허물이 있으며, 가는 바가 있으면 이롭지 않음'(其匪正有眚, 不利有攸往)을 해석하여, 무망으로 가야 하는데 어찌 가겠는가?"라고 하였다. 우佑는 금문본『계사』에는 "우祐"로 썼으며, 마융은 "우右"로 썼다. 세 글자는 통가한다. 장혜언은 "우佑는 곧 속자俗字이며, 이 조목에서 왕숙은 우祐로 썼고, 혜동이 우右로 고쳐야 옳다"고 하였다.『계사』에는 "우祐는 도움(助)이다"라고 하였고,『설문』은 "우右는 도움(助)이다"라고 하였다.

「象」曰: 天下雷行物與, 无妄. 先王以茂對時育萬物.

「상」에서 말하였다. 하늘이 우레를 내려 사물과 함께 행함이 무망无妄이다. 선왕은 이로써 풍족하게 때에 맞추어 만물을 기른다.

初九, 无妄, 往吉.

초구는 무망이니 가면 길하다.

「象」曰: "无妄"之"往", 得志也.

「상」에서 말하였다. "무망无妄"의 "감"은 뜻을 얻었기 때문이다.

六二, 不耕穫, 不菑畬, 則利有攸往.

육이는 밭을 갈지 않고서도 수확함이 개간한 지 1년과 3년이 안 된 밭에서 이니 가는 바가 있으면 이롭다.

鄭注 : 田77)一歲曰菑, 二歲曰新, 三歲曰畬.(『詩經』,「采芑」疏;『爾雅』,「釋地」疏)

　　밭(田)이 (개간한 지) 1년 된 것을 치菑라고 하고, 2년 된 것을 신新이라고
하며, 3년 된 것을 여畬라고 한다.(『詩經』,「采芑」疏;『爾雅疏』,「釋地」疏)

옛사람들은 새로 개간한 경작지의 토지를 세 가지 종류로 구분하여, 하나는 경작한 지 1년
된 밭으로 "치菑"라고 하며, 또 하나는 경작한 지 2년 된 밭으로 "신전新田"이라고 하며,
다른 하나는 경작한 지 3년 된 밭으로 "여畬"라고 하였다. 이 주석은 『이아』에서 취하였다.
『이아』「석지」에는 "1년 된 밭을 치菑라고 하고, 2년 된 밭을 신新이라고 하고, 3년 된 것을
여畬라고 한다"고 하였다.

「象」曰: "不耕穫", 未當也.

「상」에서 말하였다. "밭을 갈지 않고서 수확함"은 아직 부유하지 않기 때문은
아니다.

六三, 无妄之災, 或繫之牛, 行人之得, 邑人之災.

육삼은 무망의 재앙이니 혹 매어 놓은 소도 행인의 이득이거나 읍 사람들의 재앙이다.

「象」曰: 行人得牛, 邑人災也.

「상」에서 말하였다. 행인이 소를 얻음은 읍 사람들의 재앙이다.

九四, 可貞, 无咎.

구사는 곧게 할 수가 있으므로 허물이 없다.

「象」曰: "可貞无咎", 固有之也.

「상」에서 말하였다. "곧게 할 수 있어서 허물이 없음"은 본래 가지고 있기 때문이다.

---

77) 왕본에는 "田"자가 없다.

九五, 无妄之疾, 勿藥有喜.

구오는 무망의 병은 약을 쓰지 않아도 기쁨이 있다.

「象」曰: "无妄"之"藥", 不可試也.

「상」에서 말하였다. "무망无妄"의 "약藥"은 시험에 볼 수 없기 때문이다.

上九, 无妄行有眚, 无攸利.

상구는 무망으로 행하면 허물이 있으니 이로운 바가 없다.

「象」曰: "无妄"之"行", 窮之災也.

「상」에서 말하였다. "무망"의 "행함"은 궁극의 재앙이다.

26. 대축大畜

≡ 大畜, 利貞, 不家食, 吉. 利涉大川.

대축은 이롭고 곧으며, 집에서 밥을 먹지 않으면 길吉하다. 큰 내를 건너면 이롭다.

鄭注 : 自九三至上九有頤象, 居外是不家食吉78)而養賢.(『禮記』,「表記」疏)

> 구삼에서 상구까지에는 이頤의 상이 있으며, 밖에 있으면서 집에서 밥을 먹지 않음이 길吉하며, 어진 사람을 기른다.(『禮記』,「表記」疏)

대축의 3·4·5효의 호체는 진震이며, 4·5·상은 간艮이며, 위의 괘가 간艮, 아래 괘가 진震은 이괘頤卦이므로 "구삼으로부터 상구까지는 이頤의 상이 있다고 하였다. 이頤는 "양양養養"의 의미가 있다. 「서괘」에는 "이頤는 양양이다"라고 하였다. 괘상으로부터 보면 이괘頤卦의 상하의 두 효는 양이며, 중간의 네 효는 음으로 밖은 실하고 속은 비었으니 구강口腔의 상이다. 사람은 구강에 의존해서 생존하므로 이頤는 먹고 기름의 뜻이 있다. 또 전의되어 양현養賢의 뜻이 된다. 예를 들면 「단전」에서 "이頤는 곧아서 길하며, 바르게 기르므로 길하다. 이頤를 관찰하고 그 기르는 바를 본다.…… 천지가 만물을 기르고 성인聖人이 어진 사람과 만민을 기른다"고 하였다. 호체인 이괘頤卦는 대축大畜의 외괘外卦에 있으며, "집에서 밥을 먹지 않고 어진 사람을 기름"의 뜻이 있다.

「彖」曰: 大畜, 剛健, 篤實輝光, 日新其德, 剛上而尚賢.79) 能止健, 大正也. "不家食吉", 養賢也, "利涉大川", 應乎天也.

「단」에서 말하였다. 대축은 강건剛健하고 독실하고 빛나며 나날이 그 덕을 새롭게 하며, 굳셈이 위에 있고 어진 이를 숭상한다. 강건함을 멈추게 할 수 있어 크게 바르다. "집에서 밥을 먹지 않아 길함"은 어진 사람을 기름이며, "큰 내를 건넘이

---

78) 왕본에는 "吉"자가 없다.

79) 『釋文』과 『象旨決錄』에서 정현은 "日新"으로 구절을 끊었으나, 『古周易訂詁』에서는 정현을 인용하여 "輝光日心"으로 구절을 끊었다.

이로움"은 하늘에 호응함이다.

「象」曰: 天在山中, 大畜. 君子以多識前言往行, 以畜其德.

「상」에서 말하였다. 하늘이 산 가운데 있음이 대축大畜이다. 군자는 그로써 예전의 말과 지나간 행위를 많이 알며 그로써 덕을 쌓는다.

初九, 有厲利已.

초구는 어려움이 있으나 멈춤이 이롭다.

「象」曰: "有厲利已", 不犯災也.

「상」에서 말하였다. "어려움이 있으나 멈춤이 이로움"은 재앙을 범하지 않기 때문이다.

九二, 輿說輹.

구이는 수레의 바퀴통이 빠졌다.

「象」曰: 輿說輹, 中无憂也.

「상」에서 말하였다. 수레의 바퀴통이 빠짐은 중中으로서 근심이 없기 때문이다.

九三, 良馬逐逐[80], 利艱貞.

구삼은 좋은 말 두 마리가 내달리니 어렵지만 곧게 하면 이롭다.

鄭注 : 逐逐[81], 兩馬走也.(『釋文』)

---

80) 通行本에는 "逐"으로 썼고, 백서본에는 "遂"로 썼다. 정현은 "逐逐"으로 썼으며, 『顏氏家訓書證篇』은 이 구절을 인용하여 또 "逐逐"으로 썼는데, 정현이 근거한 판본이 금문본 및 백서본과 다름을 알 수 있다.

81) 惠棟은 經文에 근거하여 "逐"자를 더하였다.

축축逐逐은 두 마리 말이 달림이다.(『釋文』)

축逐은 백서본과 부양의 죽간에는 "수遂"로 썼으며, 초간본에는 "유由"로 썼는데, "축逐"과 "수遂"는 형태가 비슷하여 잘못 쓴 것이다. 요명춘은 "'遂'는 마땅히 '逐'의 잘못된 형태"라고 주장하였으며82), 한자강도 고증하기를 "遂"는 "逤"이 변하여 온 것이라고 보았고, "逤"과 "逐"은 통가通假한다.83) 유대균, 요명춘 선생은 모두 "逐"과 "由"는 음이 비슷해 통가할 수 있다고 보았다.84) 『설문』을 살펴보면 "적笛은 죽竹을 따르고 유由는 소리이다"라고 하였다. 단옥재는 "유由와 축逐은 모두 삼부三部의 소리인데, 고대의 음은 축逐과 같았다"라고 하였다. 그러므로 축逐·수遂·유由는 통가通假할 수 있음을 안다. 『설문』에는 "축逐은 추追이다"라고 하였다. 추追에는 추간追趕의 뜻이 있다. 즉 두 마리의 말이 앞으로 달려가는 것이다. 요신姚信(생졸 미상, 魏晉시대)이 "축축逐逐, 두 마리 말이 함께 달리는(幷驅) 모양"이라고 한 말이 또한 이 뜻이다.

日閑輿衛, 利有攸往.

날마다 수레몰기와 호위를 익히니 가는 바가 있으면 이롭다.

鄭注 : 日習車徒. 閑, 習.(『釋文』)

날마다 수레몰기를 익힌다. 한閑은 익힘(習)이다.(『釋文』)

왈曰을 정현은 "일日"로 읽었다. "曰"과 "日"은 자형이 비슷하여 잘못 쓴 것이다. 한閑은 "습習"의 뜻이 있다. 『이아』 「석고」에서 "한閑은 습習이다"라고 하였다. 여輿는 곧 수레(車)이다. 위衛는 마땅히 "도徒"이며, 곧 수레와 말을 호위하는 수종隨從 혹은 병사이다. 조원필은 "위衛는 도徒이다"(『補釋』)라고 하였다.

「象」曰: "利有攸往", 上合志也.

「상」에서 말하였다. "가는 바가 있어 이로움"은 위와 뜻이 합하기 때문이다.

---

82) 廖名春, 「上海博物館楚簡周易管窺」, 『周易研究』 2000년 第3期.
83) 韓自强, 「阜陽漢簡周易硏究」, 『道家文化硏究』 第18輯(三聯書店, 2000), 110쪽을 보라.
84) 劉大鈞, 「今·帛·竹書<周易>疑難卦爻辭及其今·古文辨析」(一), 『周易研究』 2004 第5期를 보라.

六四, 童牛之牿, 元吉.

육사는 어린 소에게 쇠고랑을 채우니 크게 길하다.

鄭注 : 牛在手曰牿, 牛無手以前足當之.(『周禮』, 「天官·內饔」疏) 牿者, 牛雖無手謂牿, 前足也.(『左傳』, 莊公 30年 疏) 巽爲木, 互體震, 震爲牛之足, 足在艮體之中, 艮爲手, 持木以就足, 是施牿.(『周禮』, 「秋官·大司寇」疏)

소가 손에 있음을 곡牿이라고 하는데, 소는 손이 없으므로 다리라고 해야 마땅하다.(『周禮』, 「天官·內饔」疏) 곡牿은 소가 비록 손이 없지만 쇠고랑을 채우는 것은 앞발이다.(『左傳』, 莊公 30年 疏) 손巽은 목木이며, 호체는 진震이며, 진震은 소의 다리이며, 다리는 간艮의 체體[85) 가운데 있으며, 간艮은 수手이며, 나무에 의지하여 다리고 삼으니 이것이 곡牿을 채우는 것이다.(『周禮』, 「秋官·大司寇」疏)

곡牿은 다른 판본에는 "곡牯"(짐승의 우리)이라고 썼으며 또 "고告"로도 썼으며, 백서에는 "국鞠"으로 썼으며 초楚의 죽간은 "樺"으로 썼다. 요명춘의 해석을 살펴보면, 곡牿은 고告의 번체화繁體化이며, "국鞠"은 고告의 동의어이다. 초간楚簡의 "樺"는 木·口·辛의 모임이며, 마땅히 곡牿의 이체異體이다.[86) 곡牿은 본래 손에 채우는 형구刑具이다. 『설문』에는 "곡牿은 손에 채우는 수갑手械이다"라고 하였다. 선유들은 많이 "角"으로 해석하였고, 혹은 "소의 뿔 위에 묶은 횡목橫木"이라고 보았다. 정현은 "곡牿"을 집에서 키우는 소의 다리에 채우는 형구로 해석하였다. 괘상을 따라서 보면 육사의 음효는 손巽의 체體가 되며, 손巽은 나무이며, 3·4·5효의 호체互體는 진震이며, 진震은 발이며, 발은 대축大畜괘 상괘의 체體인 간艮 가운데 있으며, 간艮은 손이므로 손을 지탱하는 나무로 발을 삼으로 이를 일러 소에게 곡牿을 채운다고 한다.

「象」曰: "六四元吉", 有喜也.

「상」에서 말하였다. "육사는 크고 길함"은 기쁨이 있기 때문이다.

---

85) 역자 주: 卦體는 괘의 형체를 가리키는 말로 괘의 전체적인 모양이다. 각 괘마다 고유의 형체가 있는데 艮괘의 형체를 艮體라고 한다.

86) 廖名春, 「上海博物館楚簡周易管窺」, 『周易研究』 2000 第3期.

六五, 豶豕之牙, 吉.

육오는 돼지의 어금니를 제거하니 길하다.

鄭注 : 牙讀爲互.(『釋文』)

아牙는 호互로 읽는다.(『釋文』)

청나라 유학자 황석과 현재 사람인 고형高亨 등은 "豶豕之牙"와 위 구절의 "童牛之牿"을 짝으로 거론하여 여기서의 "牙"를 마땅히 "互"로 써야 한다고 증명하였는데, 옛날에는 "牙"와 "互"는 통하였다.[87] 호互는 소의 뿔이나 코를 꿰어 사람에게 부딪침을 방지하는 횡목橫木을 가리키며, 또한 고기를 놓는 나무 격자格子를 가리킨다. 『주례』 「우인牛人」에서 "무릇 제사에는 소를 잡은 희생물의 호互를 공유한다"(凡祭祀共其牛牲之互)고 한 구절을 정현은 "정사농鄭司農(?~83)은 '호互는 복횡楅橫(소가 뿔로 들이받는 것을 방지하기 위하여 뿔에 가로댄 나무)의 무리다'라고 하였는데, 현玄(정현)은 호互라고 하며, 마치 현재의 푸줏간에서 고기를 걸어놓는 격자格子와 같다"고 하였다. 『주례』 「수려씨修閭氏」에 "성안에 숙직하며 번갈아 딱딱이를 치는 것을 주관하는 자"(掌比國中宿互柝者)라는 구절을 정현은 "그러므로 호互를 거互로 쓴다. 정사농은 '거互는 마땅히 호互이며, 행마行馬에서 장애가 되는 것을 서로 금지하는 사람을 말한다'고 하였다"고 주석하였다. 이 "互"는 작은 돼지를 속박하는 나무 우리(欄) 혹은 나무 말뚝(楮)을 가리킨다.

「象」曰: "六五"之"吉", 有慶也.

「상」에서 말하였다. "육오"가 "길함"은 경사가 있기 때문이다.

上九, 何天之衢, 亨.

상구는 어찌 하늘의 거리이니 형통하다.

鄭注 : 艮爲手, 手上肩也. 乾爲首, 首肩之間荷物處. 乾爲天, 艮爲路徑, 天衢象也.(『後漢書』, 「崔駰傳」注)

간艮은 수手이며, 수手의 위는 어깨이다. 건乾은 머리이며, 머리와 어깨 사이에 어떤 사물이 있다. 건乾은 천天이며, 간艮은 길거리이므로 하늘의 거리의 형상이다.(『후한서』, 「崔駰傳」注)

---

87) 黃奭의 『周易注』의 편집본과 高亨의 『周易古經今注』(中華書局, 1990), 235쪽.

하何는 하荷와 통한다. 구衢는 대도大道이다. 대축大畜의 위 괘는 간艮으로 손이며, 손의 위는 어깨이다. 대축괘의 아래 괘는 건乾이며 머리이며, 어깨머리는 곧 물건을 메는 곳이다. 간艮은 또 길거리이므로 어깨로 하늘의 대도大道를 짊어지는 상이 있다.

「象」曰: “何天之衢”, 道大行也.

「상」에서 말하였다. “어찌 하늘의 거리”라고 하는가? 길이 크게 통행하기 때문이다.

鄭注: 人君在上位, 負荷天之大道.(『文選』, 「靈光殿賦」注)

　　임금이 윗자리에 있으면서 하늘의 큰 길을 맡아서 한다.(『文選』, 「靈光殿賦」注)

양효는 임금이며, 상구의 양효가 괘의 위에 있으므로 임금이 윗자리에 있으면서 하늘의 큰 길을 어깨에 진다.

27. 이頤

▤ 頤, 貞吉. 觀頤, 自求口實.

이頤괘는 곧게 하면 길하다. 길러 줌을 살펴서 스스로 구실口實(음식물)을 구해야
한다.

鄭注: 頤者[88], 口車輔之名也. 震動於下, 艮止於上. 口車動而上[89], 因輔嚼物以養
人, 故謂之頤. 頤, 養也. 能行養則其幹事, 故吉矣. 二五離爻皆得中, 離爲目, 觀
象也. 觀頤, 觀其養賢與不肖也. 頤中有物曰口實. 自二至五有二坤, 坤載養物,
而人所食之物皆存焉. 觀其求可食之物, 則貪廉之情可別矣.(『集解』)

이頤는 입의 거보車輔[90]의 이름이다. 진震이 아래에서 움직이고, 간艮이 위에서
정지한다. 입이 잇몸을 움직임이 위에 있으니 이로 인하여 잇몸으로 음식물을
저작咀嚼하여 사람을 기르므로 이頤(턱, 기름)라고 한다. 이頤는 기름(養)이다.
기를 수 있으면 그것이 일을 주관하므로 길하다. 2효와 5효의 리효離爻는
모두 중中을 얻었으며, 리離는 눈이며, 상象을 관찰한다. 이頤를 관찰하고,
그것이 어진 사람과 모자란 사람을 기르는 것을 관찰한다. 턱(頤) 속에 있는
사물을 구실口實(음식물)이라고 한다. 2효에서 5효까지 '두 개의 곤坤[91]'이 있고,
곤坤은 실어서 사물을 기르니 사람이 먹는 사물은 모두 여기에 의존한다.
먹을 수 있는 것을 구함을 관찰하면 탐욕과 청렴의 실정을 구별할 수 있다.(『集解』)

거車는 입 속의 아거牙車[92]를 가리키며, 보輔는 외면의 뺨을 가리킨다. 『좌전』 희공僖公 5년의
"뺨과 잇몸이 서로 의지한다"(輔車相依)는 구절을 주석하기를 "보輔는 협보頰輔(광대뼈)이며,

---

88) 者는 금문본의 『集解』에는 "中"으로 썼는데, 『左傳正義』에 근거하여 王本을 바르게 고
친다.

89) 上은 『漢上易傳』에서는 "止"로 썼다.

90) 역자 주: 잇몸. 齒齦, 齒莖이라고도 하며, 광대뼈를 뜻하는 頰骨과 함께 지칭하는 말이
기도 하다. 즉 잇몸과 광대뼈가 車輔이다.

91) 역자 주: 두 개의 坤은 2·3·4효와 3·4·5효의 호체가 모두 坤임을 의미한다.

92) 牙車: 치아의 뿌리가 박혀 있는 뼈 틀로 齒槽(턱자개미)라고도 한다.

거車는 아거牙車(잇몸)이다"라고 하였다. 그 소疏에서 "보輔는 밖의 표면이며, 거車는 육골肉骨이다"라고 하였다. 이 때문에 이頤는 입 및 입과 관련된 부분을 가리킨다. 사람은 구강口腔의 의지하여 생존하기 때문에 이頤는 먹고 기름의 뜻이 있다. 「서괘」에는 "이頤는 기름養이다"라고 하였다. 괘상을 따라서 보면 이괘頤卦의 위와 아래의 두 효는 양이며, 중간의 네 효는 음으로 밖은 실實하고 가운데는 비었으니 구강口腔의 상이다. 또 이괘頤卦의 상괘는 간艮이며 아래는 진震이며, 간艮은 멈춤이며 진震은 운동이며, 진震이 아래에서 움직이고 간艮이 위에서 멈추는 것은 사람이 음식을 씹는 상과 비슷하다. 사람은 단지 음식에 다가가서 끊임없이 양양을 보충해야만 비로소 생존하면서 신체를 건강하게 할 수 있다. 국가로서 말하면 어진 사람을 기르기를 실행함이 사업을 성취하는 기초이므로 괘사에서는 "곧게 하면 길하다"라고 하였다. 효체설을 보면 이頤괘의 2효와 5효는 모두 음효로서 가운데 있으며 리효離爻가 된다. 리離는 눈이며, 눈에는 관찰하여 보는 기능이 있으므로 괘사에서는 "이頤를 관찰한다"고 하였다. 불초不肖는 골육骨肉(자식과 부모)이 서로 비슷하지 않음을 가리킨다. 확장하여 불효不孝를 뜻한다. 『설문』에는 "초肖는 골육이 서로 비슷함이다. 육肉을 따라 소小로 소리 낸다. 선대先代에 비슷하지 않으므로 불초不肖라고 한다"고 하였다. 구실口實은 스스로 먹고 그 힘을 기름을 가리킨다. 괘상을 따라 살펴보면, 이頤는 입 속에 아무것이 없는 것이며, "이頤 속에 무엇이 있음을 서합噬嗑이라고 한다." 서합괘噬嗑卦의 중간에 하나의 양효陽爻가 있는 데 그것이 곧 "물物"이다. 이괘頤卦의 2효부터 5효까지는 두 개의 곤坤이 있다. 곤 「상」에서 "땅의 형세가 곤坤이며, 군자는 그로써 덕을 두텁게 하고 사물을 싣는다"고 하였다. 「설괘」에서는 "곤坤이라는 것은 만물이 이 모두 거기서 길러진다"고 하였다. 이것은 괘상에 곤이 있고 곤坤은 땅으로 만물을 생겨나게 하고, 사람이 먹는 음식물은 모두 곤坤 가운데 있음을 말하였다. 탐렴貪廉은 탐련貪戀과 절제를 가리킨다. 이괘頤卦의 하괘인 진震은 동動으로 탐貪을 상징하며, 상괘인 간艮은 멈춤이며 청렴淸廉을 상징한다. 그러므로 "탐욕과 청렴의 실정을 구별할 수 있다"고 하였다.

「彖」曰: 頤"貞吉", 養正則吉也. "觀頤", 觀其所養也. "自求口實", 觀其自養也. 天地養萬物, 聖人養賢及萬民. 頤之時大矣哉.

「단」에서 말하였다. 이頤는 "곧게 하면 길함", 기름이 바르면 길하기 때문이다. "이頤를 관찰함"은 그 기르는 바를 관찰한다. "스스로 구실口實을 구함"은 그 스스로 기름을 관찰하는 것이다. 천지가 만물을 기르며, 성인은 어진 이와 만민을 기른다. 이頤의 때가 위대하도다!

「象」曰: 山下有雷, 頤. 君子愼言語, 節飮食.

「상」에서 말하였다. 산 아래에 우레가 있으니 이頤이다. 군자는 언어를 삼가고 음식飮食을 절제한다.

初九, 舍爾靈龜, 觀我朶頤. 凶.

초구는 너의 신령스런 거북을 버리고 내가 음식을 씹는 것을 관찰하니 흉하다.

鄭注 : 朶, 動也.(『釋文』)

　　　타朶는 동動이다.(『釋文』)

　　타朶는 부양阜陽의 죽간에는 "단端"으로 썼으며, 경방은 "췌揣"로 썼고, "端"과 "揣"는 음이 같고, "朶"와 "端"·"揣"은 음이 비슷하여 통가한다. 타朶는 본래 나무가 아래로 드리운 것을 가리키지만, 역학가들은 많이 동動 혹은 아래로 움직임下動의 모습으로 해석하였다. 『집운集韻』에는 "타동端動(드리워 움직임)이다"라고 하였다. 황석은 "『석문』을 보면 '타朶'를 경방은 '췌揣'로 썼으며, 조착은 '端'를 인용하여 '동動이다'라고 하였다. 이는 경방의 역을 이용한 것이다"라고 하였다.

「象」曰: "觀我朶頤", 亦不足貴也.

「상」에서 말하였다. "내가 음식을 씹는 것을 관찰함"은 또한 귀하게 여길 수 없기 때문이다.

六二, 顚頤, 拂經於邱頤, 征凶.

육이는 거꾸로 기르고, 상리常理를 어기며(拂經) 언덕에서 기르니, 정벌하면 흉하다.

「象」曰: "六二征凶", 行失類也.

「상」에서 말하였다. "육이에서 정벌함이 흉함"은 행함에 무리를 잃기 때문이다.

六三, 拂頤貞凶. 十年勿用, 无攸利.

육삼은 기름을 어기면 곧아도 흉하다. 십 년을 쓰지 않으니 이로움이 없다.

「象」曰: "十年勿用", 道大悖也.

「상」에서 말하였다. "십 년을 쓰지 않음"은 도가 크게 어그러졌기 때문이다.

六四, 顚頤, 吉. 虎視眈眈, 其欲逐逐. 无咎.

육사는 거꾸로 기름이 길하다. 호랑이가 노려보고 있으니 그 달려가고자 한다. 허물이 없다.

「象」曰: "顚頤"之"吉", 上施光也.

「상」에서 말하였다. "거꾸로 기름"이 "길함"은 위에서 빛을 베풀기 때문이다.

六五, 拂經, 居貞吉. 不可涉大川.

육오는 상리常理를 어기지만 곧음을 지키면 길하다. 큰 내를 건널 수 없다.

「象」曰: "居貞"之"吉", 順以從上也.

「상」에서 말하였다. "곧음을 지킴"이 "길함"은 순응하여 위를 따르기 때문이다.

上九, 由頤, 厲吉, 利涉大川.

상구는 기름으로 말미암으므로 위태롭지만 길하며, 큰 내를 건넘이 이롭다.

「象」曰: "由頤厲吉", 大有慶也.

「상」에서 말하였다. "기름으로 말미암으므로 위태롭지만 길함"은 크게 경사가 있기 때문이다.

鄭注 : 君以得人爲慶.(『漢上易傳』; 『義海撮要』)

　　임금은 사람을 얻음을 경사로 삼는다.(『漢上易傳』; 『義海撮要』)

이괘頤卦의 상구는 양효이며, 양효는 임금이며, 이괘頤卦의 2·3·4·5 효의 호체는 두 개의 곤坤이니, 상구의 양효는 곤坤의 위에 있다. 곤坤은 많은 사람衆人)이니 임금이 많은 사람을 얻는 상이 있다. 임금이 많은 사람을 얻으면 편안하므로 경사가 있다.

28. 대과大過

鄭注 : 陽爻過也. 卦四陰二陽, 陽居用事之地, 故曰大過. 大者, 過也.(『漢上易傳』)

> 양효가 지나치다. 이 괘는 네 개의 음과 두 개의 양이 있으며, 양이 움직이는 곳에 있으므로 대과大過라고 한다. 큼이 지나침이다.(『漢上易傳』)

대과大過의 괘는 위와 아래의 두 효가 모두 음효이며, 중간의 네 효는 양효이다. 초효인 음은 부드러움으로 아래에 있고, 그 세勢가 미약하여 일을 함에 불리하다. 상효인 음효는 괘의 꼭대기에 있으므로 또한 일을 함에 불리하다. 중간의 네 효가 양효이니 일을 하는 데 적합하다. 물론 효의 수량이나 아니면 효의 공용功用功效을 따라서 보면, 양효가 음효보다 많으므로 지나침의 뜻이 있다. 그러므로 대과大過는 양이 음보다 더 많음을 가리킨다. 『주역』에서 양효는 대大이며, 음효는 소小이다. "대大가 지나침이다"라는 말은 「단전」에서 취하였다.

▤ 大過, 棟橈, 利有攸往, 亨.

대과大過는 들보가 구부러지니 가는 바가 있으면 형통하다.

「彖」曰 : 大過, 大者, 過也. "棟橈", 本末弱也. 剛過而中, 巽而說, 行. "利有攸往", 乃亨. 大過之時, 大矣哉.

「단」에서 말하였다. 대과大過에서 대大는 지나침이다. "들보가 구부러짐"은 뿌리와 끝이 약하기 때문이다. 굳셈이 지나치나 중中에 있고, 겸손하나 기쁨으로 행하니 "가는 바가 있어 이로움"이 곧 형통하다. 대과의 때가 크도다!

「象」曰 : 澤滅木, 大過. 君子以獨立不懼, 遯世无悶.

「상」에서 말하였다. 연못이 나무를 없앰이 대과大過이다. 군자는 이로써 독립하여 두려워하지 않으며 세상으로부터 은둔하여 고민하지 않는다.

初六, 藉用白茅, 无咎.

초육은 깔개로 흰 띠풀을 사용하니 허물이 없다.

「象」曰: "藉用白茅", 柔在下也.

「상」에서 말하였다. "깔개로 흰 띠풀을 사용함"은 부드러움이 아래에 있기 때문이다.

九二, 枯楊生荑, 老夫得其女妻, 无不利.

구이는 마른 버드나무에 싹이 생기며, 늙은 남자가 젊은 아내를 얻으니 이롭지 않음이 없다.

鄭注: 枯, 謂無姑山楡. 荑, 木更生, 謂山楡之實.(『釋文』) 以丈夫年過娶二十之女, 老婦年過嫁於三十之男, 皆得其子.(『詩經』, 「桃夭」 疏)

고枯는 오래되어 산유山楡(느릅나무)가 없음을 말한다. 이荑는 나무가 다시 살아남이며, 느릅나무의 종자를 말한다.(『釋文』) 남자가 나이가 20세나 어린 여자에게 장가를 가고, 늙은 여자가 30세나 어린 남자에게 시집을 가서 모두 아들을 얻었다.(『詩經』, 「桃夭」 疏)

고枯는 백서본에는 "고楛"로 썼으며, 금문본과 부양의 죽간은 "고枯"로 썼으며, "枯"와 "楛"는 통가한다. 고枯는 산유山楡(느릅나무)로 곧 무고無姑이다. 『이아』「석목釋木」에는 "무고無姑는 그 열매가 없어짐(荑)이다"라고 하였다. 『광아廣雅』는 "산유山楡는 무고毋估이다"라고 하였는데, 무고毋估는 곧 무고無姑이다. 고枯는 고姑와 통한다. 『어람御覽』956쪽에서는 『이아』를 인용하여 "무고無姑"를 "무고無枯"고 썼다. 이荑는 백서본도 "이荑"로 썼으며, 통행본에는 "제稊"로 썼다. "이荑"와 "제稊"는 고대에는 통하였다. 이荑는 초목에 생기는 싹이다. 『시』「패풍邶風·정녀靜女」는 "들에서 띠풀의 싹을 가지고 돌아오니 예쁘고 특이하네"(自牧歸荑, 洵美且異)의 구절을 모전에는 "이荑는 띠풀이 처음 생기는 것이다"라고 하였다. 종자가 발아하는 것이므로 또한 나무의 종자를 가리키며, 이것은 산유山楡의 종자이다. 실實은 종자이다. 『좌전』 희공 15년에 "세월은 가을이로다, 나는 그 실을 수습하네"(歲云秋矣, 我落其實)라고 하였는데 여기서의 실實은 곧 과실果實이다. 이 효사를 따라서 보면 실實은 이미 어린 싹(嫩芽)을 가리키며, 또한 종자種子를 가리킨다. 조원필은 "이荑는 나무가 다시 생김이며 고목에서 열매이며, 큰 과실의 종류이다. 버드나무에서는 맹아萌芽이며, 쓰러진 나무의 그루터기이다"라고 하였다.(『箋釋』) 사람이 혼인婚姻하는 것으로 말하면 고양枯楊은 늙은 남자를 상징하며, 생이生荑는 젊은 부인과 비슷하다. 정현의 이해를 살펴보면, "마른 버드나무에 싹이 생김"(枯楊生萬)은 늙은 남자가 젊은 여자에게 장가드는 것과 같으며, 혹은 늙은 여자가 젊은 남자에게 시집가서 모두 아들을 얻은 것과 같다. "고양枯楊"은 노부老夫·노부老婦와 대응하며, "이萬"는 아들과 대응한다.

「象」曰: "老夫女妻", 過以相與也.

「상」에서 말하였다. "늙은 남자와 젊은 여자"는 서로 함께함이 지나치다.

九三, 棟橈, 凶.

구삼은 들보가 구부러짐이니 흉하다.

「象」曰: "棟橈"之"凶", 不可有輔也.

「상」에서 말하였다. "들보가 구부러짐"이 "흉함"은 도움을 주는 사람이 있을 수 없기 때문이다.

九四, 棟隆, 吉, 有它吝.

구사는 용마루가 높으니 길하지만, 다름이 있으면 부끄럽다.

「象」曰: "棟隆"之"吉", 不橈乎下也.

「상」에서 말하였다. "용마루가 높음"이 "길함"은 아래로 구부러지지 않기 때문이다.

九五, 枯楊生華, 老婦得其士夫, 无咎无譽.

구오는 마른 버드나무에 핀 꽃이니, 늙은 부인이 사대부를 얻음이니 허물도 없고 명예도 없다.

「象」曰: "枯楊生華", 何可久也. "老婦", "士夫", 亦可醜也.

「상」에서 말하였다. "마른 버드나무에 핀 꽃"이 어찌 오래가겠는가? "늙은 부인"과 "사대부"는 또한 추醜하도다.

上六, 過涉滅頂, 凶, 无咎.

상육은 건너기가 매우 어려워 정수리까지 잠기면(滅) 흉하나 허물이 없다.

「象」曰: "過涉"之"凶", 不可咎也.

「상」에서 말하였다. "건넘이 매우 어려움"의 "흉함"은 허물할 수 없기 때문이다.

29. 감坎

☵ 習坎, 有孚維心, 亨, 行有尙.

거듭된 위험함에 믿음으로 마음을 다잡으면 형통하며, 행함에 숭상함이 있다.

「彖」曰: 習坎, 重險也. 水流而不盈, 行險而不失其信. "維心亨", 乃以剛
中也. "行有尙", 往有功也. 天險, 不可升也. 地險, 山川丘陵也. 王公設
險以守其國, 險之時用大矣哉.

「단」에서 말하였다. 습감習坎은 거듭된 위험함이다. 물이 흐르되 넘치지 않으며,
위험한 일을 행하여도 그 믿음을 잃지 않고 "마음을 다잡아 형통함"은 곧 군셈으로써
중中을 지키기 때문이다. "행함에 숭상함이 있음"은 가서 공이 있기 때문이다.
하늘의 위험함은 오를 수가 없다. 땅의 위험함은 산천과 구릉丘陵이다. 왕공王公은
요해처要害處를 설치하여 그 나라를 지키니, 위험함을 때맞추어 씀이 위대하도다.

「象」曰: 水洊至, 習坎. 君子以常德行習敎事.

「상」에서 말하였다. 물이 연달아 이름이 습감習坎이다. 군자는 상덕常德으로써
가르치는 일을 몸으로 익혀 행한다.

初六, 習坎, 入於坎窞. 凶.

초육은 거듭된 위험함이니, 위험한 함정에 들어간다. 흉하다.

「象」曰: "習坎"入坎, 失道凶也.

「상」에서 말하였다. "거듭된 위험함"에도 위험한 곳에 들어감은 도를 잃어 흉하다.

九二, 坎有險, 求小得.

구이는 감坎에는 위험함이 있으나 구하면 조금은 얻는다.

「象」曰: “求小得”, 未出中也.

「상」에서 말하였다. “구하면 조금은 얻음”은 아직 그 가운데를 벗어나지 않았기 때문이다.

六三, 來之坎坎, 檢且枕. 入於坎窞, 勿用.

육삼은 오고 감이 험하고 험하니, 수갑手匣과 항쇄項鎖(머리에 씌우는 형구. 캉)를 찬다. 험한 함정에 들어가니 쓰지 않는다.

鄭注 : 木在手曰檢, 木在首曰枕.(『釋文』)

　　나무가 손에 있음을 검檢이라고 하며, 나무가 머리에 있음을 침枕이라고 한다.(『釋文』)

검檢은 통행본에서는 “험險”으로 썼으며, 백서에는 “염唸”으로 썼는데 세 글자는 첩운疊韻(같은 운이 거듭됨)이다. 검檢은 본래 편지를 넣은 봉투에 따로 쓴 겉 제목을 가리킨다. 『설문』에는 “검檢은 편지의 서명署名이다”라고 하였는데, 후에는 약속約束의 의미로 전의되었다. 침枕은 베개枕頭를 가리킨다. 여기서는 형구刑具를 가리킨다. 조원필은 “3효의 체인 간艮은 소목小木이며, 손이다. 5효는 간艮의 위에 있으며, 건乾으로부터 온다. 건乾은 머리이며, 나무가 손에 있음을 검檢이라고 하며 곡椊(수갑)이다. 머리에 있음을 침枕이라고 하며, 서합괘噬嗑卦에서 말한 ‘하교何校[93]’이다. ‘검차침檢且枕’은 이미 수갑과 항쇄라고 하였는데, 규괘睽卦의 ‘천형天刑과 비형鼻刑(天且劓)의 문장과 예가 같다. ‘검檢’과 ‘침枕’으로 험함을 비유하였다”(『集解補釋』)고 하였다.

「象」曰: “來之坎坎”, 終无功也.

「상」에서 말하였다. “오고 감의 험하고 험함”은 끝내 공功이 없기 때문이다.

---

93) 역자 주: 何는 荷이며 校는 刑具를 의미한다.

六四, 樽酒簋, 貳用缶, 納約自牖, 終无咎.

육사는 '동이(樽)의 술과 궤 두 개를 부로 쓰며, 들창으로부터 함께 받아들이면 끝내 허물이 없다.

鄭注 : 六四上承九五, 又互體在震上.(『禮記』,「禮器」) 爻辰在丑, 丑上值斗, 可以斟之象. 斗上有建星, 建星之形似簋. 貳, 副也. 建星上有弁星, 弁星之形又如缶. 天子大臣以王命出會諸侯, 主國尊于簋副設玄酒而用缶也.(『詩經』,「宛邱」 疏)

육사가 구오로 상승하고, 또 호체는 진震의 위에 있다.(『禮記』,「禮器」) 효진爻辰은 축丑에 있고, 축丑의 상효는 두斗(北斗)에 해당하며, 술을 마시는 상이다. 북두北斗의 위는 건성建星이 있고, 건성의 형태가 궤簋와 비슷하다. 이貳는 부副이다. 건성의 위에는 변성弁星이 있고, 변성의 형태가 또한 부缶와 같다. 천자의 대신은 왕명으로 제후들을 조회朝會하고, 국가가 술자리를 벌임에 궤簋를 주설主設하고, 부缶로서 현주玄酒를 부설副設하였다.[94](『詩經』,「宛邱」 疏)

준尊은 고대의 술을 담는 그릇이다. 『설문』에는 "준尊은 술잔이다"라고 하였다. 금문본에는 "준樽"으로 썼고, 속자인 "준罇"은 고자古字이다. 이 "준尊"은 마땅히 동사이며, 치주置酒(술자리를 벌임)를 가리킨다. "궤簋"는 고대에 제사와 연회를 할 때 양식을 담는 그릇이며, 그 방원형으로 한결같이 않았다. 순상은 손損「단」을 "궤簋는 종묘의 그릇이다"라고 주석하였다. 『설문』은 "궤簋는 기장을 담는 네모난 그릇이다"라고 하였고, 『시』「벌목伐木」에는 "음식을 여덟 그릇에 진설한다"(陳饋八簋)는 구절을 모전은 "둥근 그릇을 궤簋라고 한다"고 하였다. 『주례』「사인舍人」에서는 "무릇 제사에는 보簠와 궤簋를 함께 사용한다"(凡祭祀共簠簋)는 구절에 대하여 정현은 "네모 난 것을 보簠라고 하고 둥근 것을 궤簋라고 하며, 서黍(기장)·직稷(피)·도稻(벼)·양粱(조)을 담는 그릇이다"라고 주석하였다. 『시』「여흥」에서는 "매번 네 궤簋를 먹는다"고 하였는데, 모전에서는 "네 궤簋는 서黍·직稷·도稻·양粱이다"라고 하였다. 『석문』에서는 "안은 네모 밖이 원형인 것을 궤簋라고 하고 그로써 서黍·직稷을 담는다. 밖이 네모 안이 원형인 것을 보簠라고 하며 벼의 식량을 담아 두며 모두 용량은 일두一斗 이승二升[95]이다." 부缶는 기와로 만든 고대의 술을 담는 그릇이다. 정현의 해설을 참고하면, 천자의 신하들이 제후들을 조회朝會하며, 술을 궤簋 속에 부어서 주설主設로 삼았고, 또 술을 부缶 속에 부어서 부설副設로 삼았다. 예를 들면 조원필은 "정현은 '궤簋로 술자리를 벌임'(尊酒於簋)을 궤簋 속에 술을 부어, 궤簋를 이용하여 술자리를 벌인다. 이貳는 부副이다. 술자리에는 현주玄酒[96]가 있는데,

---

94) 역자 주: 아래 임충군의 해석에 근거하여 번역하였음.

95) 역자 주: 중국의 도량형은 시대마다 차이가 있다. 여기서 1升은 대략 1.8L, 한 되와 같으며, 10升이 1斗이다.

백성들에게 근본을 잊지 않도록 가르친다. 부缶에 현주玄酒를 부설副設함은 부缶를 보조 술자리를 마련한다"(『集解補釋』)고 하였는데, 이 말은 매우 옳다. 이것은 정현이 고대의 빈례賓禮로써 효사를 해석한 실례實例이다. 정현은 또 상을 취하는 방법(取象法)으로써 효사는 상象에 근본함을 설명하였다. 괘상을 따라 말하면, 육사는 음효이며, 구오의 양효로 올라가며, 또 감괘坎卦의 2・3・4효의 호체는 진震이며, 육사는 진震의 위에 있으며, 육사는 음으로 신하이며, 구오는 양으로 임금이며, 진震은 움직임이다. 천자와 대신이 조회에 나가는 상이 있다. 또 효진설로 성상星象을 짝지워서 감의 육사를 해석하여 "궤簋"와 "부缶"라고 하였다. 감의 육사는 음효이며, 곤坤의 육사 효에서 축丑으로 납입하며, 축丑은 두성斗星에 해당한다. 그러나 정현은 아직 두성斗星의 상을 취하지 않았고, 두성의 위에 있는 건성建星과 변성弁星의 형상形狀을 상象으로 취하여, 감의 육사를 설명하기를 "궤簋"와 "부缶"라고 하였는데, 이것은 이 효가 축丑에 해당하고, 축丑은 두성斗星에 해당하고, 두성의 위 건성建星의 형상이 궤簋와 닮았고, 건성建星의 위에 있는 변성弁星의 형상이 부缶를 닮았기 때문이다. 건성建星에는 여섯 개의 별로 조성되고 두수斗宿에 속하며 남두南斗의 북北(혹은 上)에 있다. 『예기』「월령・중춘仲春」에는 "태양이 규성奎星에 있고, 저녁에는 호弧(圓周) 가운데 있으며, 아침에는 건성建星 가운데 있다'고 하였다. 정현은 "건성建星이 두성斗星의 위에 있다'고 주석하였다. 변성弁星은 또 천변天弁이라고도 부르는데, 아홉 개의 별로 이루어지며, 두수斗宿에 속하며, 건성建星의 북北(혹은 上)쪽에 있다.

「象」曰: "樽酒簋貳", 剛柔際也.

「상」에서 말하였다. "술동이의 술과 궤 두 개"는 굳셈과 부드러움이 교제하기 때문이다.

九五, 坎不盈, 祗旣平, 无咎.

구오는 함정이 차지 않고, 언덕이 평평해지면 허물이 없다.

鄭注 : 祗當爲坁, 小邱也.(『釋文』)

저祗는 마땅히 지坁(토대)라고 보아야 하면 작은 언덕(小丘)이다.(『釋文』)

고대 "祗"와 "坁"는 통가하였다. 이부손은 "정현이 지坁로 해석한 것은 지祗를 지坁의 가차로 보았기 때문이다"(『異文釋』)라고 하였다. 『설문』에서는 "지坁는 소저小渚(작은 모래섬)이다'라고

---

96) 역자 주: 제사 때 술 대신에 쓰는 맑은 찬물. 무술이라고도 한다.

하였다. 『이아』 「석수釋水」에는 "물 가운데 머물 수 있는 곳을 주洲(섬)라고 하고, 소주小洲를 저陼라고 하고, 소저小陼를 지沚라고 하며, 소지小沚를 지坻라고 한다'고 하였다. 이로써 "지坻" 는 물속의 작은 언덕이다.

「象」曰: "坎不盈", 中未大也.

「상」에서 말하였다. "함정이 다 차지 않음"은 중中이 아직 크지 않기 때문이다.

上六, 繫用徽纆, 寘於叢棘, 三歲不得, 凶.

상육은 휘묵徽纆[97]으로 묶여 가시덤불에 두어지고, 3년이 되어도 면할 수 없으니 흉하다.

鄭注 : 繫, 拘也. 爻辰在巳, 巳爲蛇, 蛇之蟠屈似徽纆也. 三五互體艮, 又與震同體. 艮 爲門闕, 於木爲多節. 震之所爲, 有叢拘之類. 門闕之內有叢木多節之木, 是天 子外朝左右九棘之象也. 外朝者, 所以詢事之處也. 左嘉石平罷民焉, 右肺石 達窮民焉. 罷民, 邪惡之民也. 上六乘陽有邪惡之罪, 故縛約徽纆寘於叢棘, 而 後公卿以下議之, 其害人者, 置之圜土, 而施職事焉, 以明刑恥之. 能復者, 上 罪三年而赦, 中罪二年而赦, 下罪一年而赦. 不得者, 不自思以得正道, 終不自 改, 而出諸圜土者, 殺. 故凶.(『公羊傳』, 宣公 元年 疏)

계繫는 구속이다. 효진爻辰은 사巳에 있고, 사巳는 사蛇(뱀)이며, 뱀이 따리 튼 것이 마치 휘묵徽纆(밧줄)과 비슷하다. 3효와 5효의 호체는 간艮이며, 또 진震과 같은 체이다. 간艮은 궁궐의 문이며, 나무에 많은 마디가 있다. 진震이 하는 바는 총구叢拘의 무리가 있다. 궐문의 안에 무성하게 마디가 많은 나무가 있는데, 이는 천자가 밖에서 조회할 때 좌우로 아홉 그루의 가시나무가 있는 사이다. 교외에서 조회(外朝)는 정사政事를 자문하는 곳이다. 왼쪽에 가석嘉石[98]을 세워 파민罷民(부랑자 및 경범죄자)을 바로잡고, 오른쪽에는 폐석肺石 을 세워 궁민窮民(노인, 고아 등 억울한 일이 있는 사람)의 사정을 들어준다. 파민罷民은 사악邪惡한 백성이다. 상육이 양陽을 타고 사악함의 죄가 있으므로 줄로

---

97) 역자 주: 옛날 죄인을 묶는 줄 혹은 끈.
98) 역자 주: 周나라의 제도로서 부랑자나 범죄가 가벼운 사람을 뉘우치도록 하는 데 쓰던 돌. 좋은 글귀를 새긴 돌 위에 앉아서 마음을 바르게 할 것을 다짐하게 하였다.

묶어 가시덤불에 두면, 후后와 공경公卿 이하의 사람들이 의논하여 사람을 해친 자는 둥근 우리에 가두고, 환토圜土(牢獄)에 가두고, 직무를 맡겨 일을 시키고, 형벌을 분명하게 하여 부끄러움을 알도록 한다. (착하게) 회복할 수 있는 사람은 상죄上罪는 3년이 되면 사면하고, 중죄中罪는 2년이면 사면하고, 하죄下罪는 1년이면 사면한다. 회복할 수 없는 자와 정도를 따르려고 하지 않거나 끝내 스스로 고치지 않고 뇌옥을 나가는 자는 죽인다. 그러므로 흉하다.(『公羊傳』, 宣公 元年 疏)

계繫는 통행본과 부양阜陽의 죽간에는 "계係"로 썼으며, 백서는 "계系"로 썼는데 "系"와 "係"는 음이 같고 "계繫"와 통한다. 『설문』에는 "계繫는 끈으로 묶음(繫緖)이다." "緖"는 유維(밧줄)로 해석해야 한다. 『설문』에는 "緖는 繫緖이다.…… 한편으로 유維라고 한다'고 하였다. 단옥재 는 "緖는 또한 밧줄로 묶음(維繫)으로 해석해야 한다'고 주석하였다. 또 "무릇 서로 묶음을 유維라 한다'고 하였다. 『설문』은 또 "계係는 혈속絜束이다'라고 하였는데, 단옥재는 "혈속絜束은 둘러서 묶는 것이다'라고 주석하였다. 그러므로 "繫", "係", "系" 세 글자는 모두 곤방捆綁(묶어 맴)의 뜻이 있다. "구拘"도 곤방捆綁의 뜻이 있다. 『주역』 수隨의 "그것을 묶어 맨다"(拘繫之)는 말이 그 증거이다. 정현이 "繫"를 "拘"로 해석한 것은 여기서 근거하였다. 휘묵徽纆은 옛날의 승삭繩索(밧줄)을 말한다. 『설문』에는 "휘徽는…… 한편 세 가닥으로 만든 끈(三糾繩)이라고 한다." "묵纆은 삭索(동아줄)이다'라고 하였다. 마융은 "휘묵徽纆은 삭索이다'라고 하였고, 우번 은 "휘묵徽纆은 검은 동아줄(黑索)이다'라고 하였고, 유표劉表는 "세 가닥(三股)을 휘徽라고 하고, 두 가닥을 묵纆이라 하며 모두 동아줄의 이름이다'라고 하였다. 치寘는 다른 판본은 대부분 "치置"로 적었고, 『석문』은 "치寘는 치置이다'라고 하였다. "寘"와 "置"는 고대에는 통했다. 이 치置에는 던져두다(投置), 버려둠(放置)의 뜻이 있다. 가시덤불(叢棘)은 일설에는 고대의 감옥 이라고도 한다. 고대는 감옥 외에 구극九棘이 있었는데, 그로써 범인이 도망가는 것을 방지하 였다. 우번은 "감옥 밖에 아홉 그루의 가시나무를 심었으므로 가시덤불(叢棘)이라고 한다'고 하였으며, 일설에는 청옥聽獄(옥사를 처리함)하는 곳이라고도 하였다. 『주례』 「추관·조사朝士」 에서는 "조사朝士는 외조外朝의 법을 관장하며, 왼쪽에 구극九棘(아홉 그루 가시나무)를 심어서 고孤(임금 혹은 제후의 겸칭)와 경과 대부들이 위치하고, 여러 선비들은 그 뒤에 있게 한다. 오른쪽 도 아홉 그루 가시나무를 심어서 공公·후侯·백작伯爵·자작子爵·남작男爵을 위치하게 하 고, 여러 속리屬吏들을 그 뒤에 있게 하였다.…… 왼쪽에는 가석嘉石을 세워 나쁜 백성들을 바로잡고, 오른쪽에는 폐석肺石을 세워 궁색한 백성들의 소원을 들어준다'고 하였다. 『예기』 「왕제王制」에는 "옥정獄正은 옥사가 성립되었음을 대사구大司寇에게 보고하고, 대사구는 그것 을 극목棘木의 아래에서 처리한다'고 하였다. 정현이 주석한 문장을 따라서 보면, 정현은 마땅히 후자에 속한다. 가석嘉石은 무늬가 새겨진 돌을 가리킨다. 정현은 『주례』를 주석하여

"가석嘉石은 무늬가 있는 돌(文石)이다"라고 하였다. 고대에는 외조外朝의 문 박에 가석嘉石을 세워 놓고, 죄가 있는 사람에게 그 위에 앉도록 명령하여 대중들에게 치욕恥辱을 당하도록 하였다. 아울러 죄행罪行의 가볍고 무거움을 분별하여 따로 3일, 5일, 7칠, 9일 동안 앉도록 한다. 또한 복역復役하도록 하였다. 『주례』「추관」·대사구大司寇」에서 말하기를 "가석嘉石을 세워 질이 나쁜 백성을 바로잡고, 무릇 백성 가운데 죄과罪過가 있으나 아직 법의 재판을 받지 않고 나라와 마을에 해를 끼치는 자는 차꼬와 수갑(桎梏)을 채워 가석嘉石에 앉히고 사공司空관아에서 노역하게 하고, 중죄자는 13일을 앉혔다가 1년을 노역하게 하고, 그다음은 9일 간 앉혔다가 9개월 동안 노역하게 하고, 그다음은 7일 동안 앉혔다가 7개월 동안 노역하게 하고, 그다음은 5일 동안 앉혔다가 5개월 동안 노역하게 하고, 그 아래는 3일 동안 앉혔다가 3개월 동안 노역하게 한다"고 하였다." 폐석肺石은 옛날에 조정의 오른쪽 문밖에 설치한 돌이다. 백성에게 억울한 일이 있으면 돌에 서서 억울함을 외치게 한다. 그 돌은 붉은 색으로 형태가 마치 폐肺와 같으므로 폐석肺石이라고 하였다. 『주례』「추관·대사구」에서는 "폐석을 세워서 궁민窮民의 일을 해결하였는데, 무릇 멀고 가까운 곳의 고아나 홀로 된 노인들이 바라는 바가 있어 상부에 복명復命해도 그 고을의 장長이 해결해 주지 않으면 폐석에 서서 3일을 지나면 담당자가 그 말을 듣고 상부에 고하면 그 장長을 죄준다"고 하였다. 정현은 "폐석肺石은 붉은 돌이다"라고 주석하였다. 환토圜土는 감옥을 가리킨다. 『석명』「석궁실釋宮室」에서는 "옥獄은 확確이다.…… 또한 환토圜土라고 한다. 그 겉면의 담장을 지음에 형태가 둥글었다"고 하였다. 옛날에 사람을 해친 중죄자는 환토圜土에 가두었다. 『주례』「추관·대사구」에서는 "환토에 모아서 나쁜 백성들을 교화하였는데, 무릇 사람을 해친 자는 환토에 가두고, 직무를 맡겨 일을 하도록 하고, 형벌을 분명하게 하여 부끄러움을 알게 하였다. 허물을 고친 자는 나라로 돌아가게 하고, 3년을 넘기지 않았다. 허물을 고치지 않고 환토를 나가는 자는 죽인다"고 하였다. 정현은 "환토圜土는 감옥의 성城이다. 나쁜 백성들을 그 가운데 모아 놓고 어렵고 고통스럽게 선하게 되도록 교화한다"고 주석하였다. 정현의 주석을 보면 이 효는 단옥斷獄(중한 죄를 처단)의 일을 말한다. 즉 범죄혐의가 있는 사람을 묶어서 심의하는 곳(叢棘)에 방치放置하여 공경公卿으로부터 죄의 경중에 따라 형을 판결한다. 죄가 중한 자는 감옥에서 3년을 복역服役하게 하고, 그 다음은 2년을 복역하게 하고, 가벼운 자는 1년을 복역하게 한다. 만약 죄를 고치려고도 하지 않고 감옥에서 도망하는 자는 죽인다. 이는 정현이 『주례』로 써 『역』을 주석한 예증例證이다. 괘상을 따라서 보면 감坎의 사육은 음효로서 곤坤의 상육과 같이 사巳로 납입되며, 사巳의 모습은 사蛇와 같고, 사蛇의 또아리는 휘묵徽纆과 같으므로 "휘묵徽纆"의 효사爻辭가 있다. 또 감坎의 3·4·5효의 호체는 간艮이며, 2·3·4효의 호체는 진震이며, 간艮과 진震의 두 효는 서로 겹쳐서 "동체同體"라고 한다. 『설괘』를 보면 간艮은 궐문闕門이며, "거기에 있는 나무는 또 단단하고 마다가 많다." 진震은 봄이며, 초목草木의 덤불이 생기므로 "가시나무 덤불"의 상이 있다. 간艮과 진震 두 상으로부터 궐문 안에 총생叢生(뭉쳐나기)의 마다가 많은 나무가 있음을 알 수 있으므로 "천자天子의 외조外朝의 좌우에 아홉 그루의 가시나무의 상"이 있음을 알 수 있다. 또 감의 상육은 음이 양을 타고 있으므로 "사악한 범죄가 있다."

「象」曰: 上六失道, 凶三歲也.

「상」에서 말하였다. 사육은 도를 잃었으므로 3년 동안 흉하다.

30. 리離

☲ 離, 利貞, 亨, 畜牝牛吉.

리는 이롭고 곧으니 형통하며 암소를 길러 길하다.

「彖」曰: 離, 麗也. 日月麗乎天, 百穀草木麗乎土, 重明以麗乎正, 乃化
成天下, 柔麗乎中正, 故"亨". 是以"畜牝牛吉"也.

「단」에서 말하였다. 리離는 덧붙음(麗)[99]이다. 해와 달은 하늘에 덧붙어 있고, 백곡百穀
과 초목은 땅에 덧붙어 있으며, 거듭 밝음으로써 바름에 덧붙어 천하의 교화를
이루며, 부드러움이 중정中正에 덧붙어 있으므로 "형통"하다. 이 때문에 "암소를
기름이 길하다"고 한다.

「象」曰: 明兩作, 離. 大人以繼明照於四方.

「상」에서 말하였다. 밝음이 둘이 되니 리離이다. 대인은 이로써 계속해서 사방을
비춘다.

鄭注 : 作, 起也.(『釋文』) 明兩者, 取君明上下以明德相承, 其於天下之事無不見也.(『文
選』, 「張子房詩」[謝瞻] 注) 明明相繼而起, 大人重光之象. 堯・舜・禹・文・武
之盛也.(『漢上易傳』)

작作은 일어남(起)이다.(『釋文』) 밝음이 둘인 것은 임금의 밝음이 상・하에
있어 이로써 명덕을 서로 계승하여 세상의 일에서 드러나지 않음이 없음을
말한다.(『文選』, 「張子房詩」[謝瞻] 注) 밝고 밝음이 서로 계속해서 일어나니 대인의

---

99) 역자 주: 麗를 "附着", "依附"로 해석하기도 하고, 한편으로는 "빛나다"로 해석하기도
한다. 여기서는 아래 정현과 이 책의 저자인 임충군의 해석에 따라 附着의 해석인 '덧
붙음'으로 통일한다.

거듭된 빛의 상이 있다. 요堯·순舜·우禹·문文·무武의 성함이다.(『한상역전』)

작作은 흥기興起의 의미가 있다. 『설문』에는 "작作은 기起이다"라고 하였고, 『석명』도 같다. 밝음이 둘이라는 말은 리괘離卦의 상·하가 모두 리離임을 가리키며, 리離는 태양이며 밝음이다. 임금은 태양을 상징하며 임금의 덕은 태양의 빛남을 상징하므로 "임금의 밝음"(君明)이라고 한다. 왜냐하면 리괘離卦의 상·하가 모두 리離의 밝음이므로 이로써 임금의 명덕을 전후로 서로 계승함을 나타낸다. 예를 들면 조원필은 "정현이 두 리離가 서로 계승한다고 본 것은 임금의 밝음과 신하의 뛰어남이며, 아버지는 짓고 자식은 조술祖述함이며, 요·순·우·문·무가 거듭 빛나는 상이다"라고 하였다.

初九, 履錯然, 敬之无咎.

초구는 발자국이 엇갈림이 그러하니 그것을 공경하면 허물이 없다.

「象」曰: "履錯"之"敬", 以闢咎也.

「상」에서 말하였다. "발자국의 엇갈림"의 "공경함"은 허물을 피하려 하기 때문이다.

六二, 黃離, 元吉.

육이는 황색에 덧붙으니 크게 길하다.

鄭注: 離, 南方之卦. 離爲火, 土託100)位焉. 土色黃, 火之子, 喩子有明德, 能附麗于101)父之道. 文王之子發·旦是也.(『文選』,「讌曲水詩」[顔延之] 注) 愼成其業, 則吉矣.102)(『御覽』,「皇親部·太子」)

리離는 남방의 괘이다. 리離는 화火이며 토土가 거기에 자리를 의탁(託)한다. 토의 색은 황색이며, 화火의 자子이며, 자식에게 명덕이 있어 능히 아버지의 도에 덧붙을 수 있다. 문왕의 아들인 발發(姬發, 후일의 武王)과 단旦(姬旦)103)이 이들이다.(『文選』,「讌曲水詩」[顔延之] 注) 그 대업을 삼가 이루니 길하다.(『御覽』,

---

100) 託은 『御覽』에서는 "寄"로 썼다.
101) 『初學記』와 『御覽』에는 "于" 아래에 "其"자가 있다.
102) 『初學記』에는 "愼"을 "順"으로 썼으며, "則"은 "故"로 썼다.
103) 『御覽』에는 "旦"자가 없다. 『初學記』에 '文王之子發, 旦是也'라는 이 여덟 글자가 없다.

「설괘」를 참고하면 리離는 남방의 괘이며, 리離는 화火이며, 화생토火生土이니 토土는 화火의 자子이며, 토土는 오행의 가운데 있으며, 그 색은 황색이므로 이 효에는 "황리黃離"의 효사가 있다. 우언寓言으로 보면 이 효는 문왕과 그의 아들인 무왕武王 및 주공周公의 일을 비유한다. 즉 무왕과 주공은 그의 아버지 인 문왕의 대덕을 이어서 상商(殷)의 주왕紂王을 토벌하여 주周나라 왕조를 건립하는 대업을 완성하였다. 부려附麗는 의부依附(덧붙음)이다. 「단」에서는 "해와 달은 하늘에 덧붙어 있고(麗乎天), 백곡과 초목은 땅에 덧붙어 있으며(麗乎土), 거듭된 밝음이 바름에 덧붙어서 이에 세상의 교화를 이루며, 부드러움이 중정(中正)에 덧붙어 있다"는 말에서 "려麗"가 곧 이 뜻이다.

「象」曰: "黃離元吉", 得中道也.

「상」에서 말하였다. "황색에 덧붙으니 크게 길함"은 중도中道를 얻었기 때문이다.

九三, 日昃之離, 不擊缶而歌, 則大耋之嗟.[104]

구삼은 태양이 기울어져 덧붙어 있으니 질그릇 장구를 두드려 노래하지 않으니 늙음을 크게 한탄함이니 흉하다.

鄭注: 艮爻也. 位近丑, 丑上値弁星, 弁星[105]似缶. 『詩』云: "坎其擊缶", 則樂器亦有缶.(『詩經』, 「宛邱」 正義) 耋, 年逾七十[106].(『詩經』, 「車鄰」 疏; 『爾雅疏』, 「釋言」)

간艮의 효이다. 축丑의 근처에 있으며, 축丑의 위는 변성弁星에 해당하며, 변성弁星은 부缶와 비슷하다. 『시』에서 "감坎은 부缶를 두드림"이라고 하였으니 악기樂器로서도 또한 부缶가 있다.(『詩經』, 「宛邱」 正義) 질耋은 나이가 70을 넘음이다.(『詩經』, 「車鄰」 疏; 『爾雅疏』, 「釋言」)

효체설을 살펴보면, 리離의 세 번째 양효陽爻가 간艮이므로 "간艮의 효"라고 하였다. 리離의 3효는 마땅히 진辰에 납입하며, 축丑에 가깝다고 하며, 이는 간艮의 위치가 동북에 있으며, 동북에 대응하는 시간이 축丑이다. 『역위・건착도』에서는 "간艮은 동북쪽에서 끝나고 시작하

---

104) 擊은 다른 판본에는 대부분 "鼓"로 썼다. 효사의 끝에 "凶"자가 있다.
105) 『이아』, 「釋器」의 疏에서는 "弁星"의 두 글자를 중첩하지 않았다.
106) 『예기』, 「射義」의 正義에서는 "逾"를 "餘"로 썼으며, 끝에 "也"자가 없다.

며 12월에 위치한다"고 하였다. 또 3효는 4효와 가까이 있으며, 육사는 축丑에 납입한다. 그러므로 "축丑에 가깝다"고 한다. 예를 들면 감의 육사를 주석한 말에서 "효진爻辰은 축丑에 있으며, 축丑의 위는 두성斗星인 술잔의 상에 해당한다. 두성의 위에 건성建星이 있고, 건성의 형상이 궤簋와 비슷하다. 이貳는 부副이다. 건성의 위에 변성이 있고, 변성의 형상이 또 부缶와 같다"고 하였다. 곧 효사에서 말한 "부缶"는 본래 이 효의 축丑 근처에 근본한다. 부缶는 고대의 일종의 악기이다. 정현은 『시』「진완陳宛」의 "감坎은 부缶를 두드림"을 증거로 인용하였다. 질耋은 늙은 나이를 말한다. 『이아』「석언」에서는 "질耋은 늙음이다"라고 하였고, 『시』「거린」의 전傳에는 "질耋은 늙음이다. 80세를 질耋이라고 한다"고 하였다. 『설문』과 『석명』 모두 모전毛傳에 근본하였다. 『석문』은 마융의 주와 『시정의詩正義』가 인용한 『좌전左傳』의 복건服虔(생졸 미상, 동한 말기)의 주석은 모두 "70을 질耋이라고 한다"고 하였다. 정현이 "질耋"을 해석한 것은 대개 마융의 설을 계승하였다.

「象」曰: "日昃之離", 何可久也.

「상」에서 말하였다. "태양이 기울어져 덧붙어있으니" 어찌 오래갈 수 있겠는가?

九四, 突如其來如, 焚如死如棄如.

구사는 돌연히 오기 때문에 불타고 죽고 버려진다.

鄭注 : 震爲長子, 爻失正, 又互體兌. 兌爲附決. 子居明法之家而無正, 何以自斷, 其君父不志也. 如, 震之失正, 不知其所如, 又爲巽. 巽爲進退, 不知所從. 不孝之罪, 五刑莫大焉, 得用議貴之闢, 刑之, 若如所犯之罪. 焚如, 殺其親之刑. 死如, 殺人之刑也. 棄如, 流宥之刑.(『周禮』,「秋官·掌戮」 疏)

진震은 장자長子이며, 효는 바름을 잃었으며, 또 호체는 태兌이다. 태兌는 부결附決(가지의 열매가 떨어짐)이다. 아들이 밝은 법이 있는 가문에 있으면서 바름이 없으니 어찌 그 임금과 아버지의 뜻이 아니라고 스스로 판단하겠는가? 여如는 진震이 바름을 잃어 그 따를 바를 모르니 또한 손巽이다. 손巽은 진퇴進退이며 따를 바를 모른다. 불효不孝의 죄는 다섯 가지 형벌 가운데 이보다 더 큰 것이 없으니, 의귀議貴(관작이 1품 이상인 벼슬)의 법(議貴之辟)을 얻어서 형을 내리는데, 그 범한 죄와 같게 한다. 화형火刑은 그 어버이를 죽인 자의 형벌이다. 사형死刑은 살인殺人을 한 자의 형벌이다. 내버림은

유유流宥의 형이다.(『周禮』,「秋官‧掌戮」疏)

㐬는 통행본은 대부분 "돌突"로 썼으며, 백서본 역易과 부양본 역易은 "출屮"로 썼고, 경방京房은 㐬으로 썼다. 한자강 선생은 『방언』의 "강상江湘에서 갑자기 서로 만남을 돌突이라고 하며 혹은 나타는 모양이라고도 한다"(江湘謂卒相見曰突, 一曰出貌)는 말에 근거하여 추단推斷하기를 "부양 역과 백서 역은 초楚나라에서 나온 까닭에 이곳에서는 '출屮'을 쓰고 '돌突'을 쓰지 않았는데, 초楚 지방의 방언과도 아마 관련이 있다"고 하였다. 정현은 경방에 근본하였다. 㐬은 고대의 문자로 "子"이며, 㐬는 본래 "子"를 거꾸로 한 글자이며, 그 의미는 불효한 자식이 쫓겨남(驅逐)을 말한다. 『설문』에는 "㐬은 순리가 아닌 홀연히 나온 것이다. 자식을 따라 이른다. 『역』에서 '돌연히 그것이 온다'(突如其來如)는 말은 불효한 자식이 돌출하여 안으로 용납되지 않는다는 뜻이다. 문자를 중첩하여 '㐬'혹 고문古文인 자子를 말하며, 곧 『역』의 '突'자이다"라고 하였다. 고형은 "돌突은 자子의 가차이며, 㐬가 본래 글자다. 㐬은 불효자를 축출함이다. 곧 유방流放의 유流이다. 옛날에는 자식이 불효하면 축출하였다"(『古經今注』)고 하였다. 정현의 뜻을 살펴보면, 㐬와 같이 이것은 불효한 자식이 가고 따를 바를 모름을 가리킨다. 의귀議貴의 변론(辟은 오로지 상층부 사람들의 형법이다. 고대에는 대부大夫 이상의 사람의 범법은 판결을 한 후에 판결한 죄가 사실과 부합하지 않는가를 다시 진행하여 상소上訴하여 심의한 후에 죄를 정하는데 이를 '의귀지벽議貴之辟'이라고 한다. 주대周代의 형법을 살펴보면, 상층인에 대해 제정制訂한 형법에는 여덟 가지가 있는데, "첫째는 종친들과 의논하는 법이며, 둘째는 친구들과 의논하는 법이며, 셋째는 어진 이와 의논하는 법이며, 넷째는 능력 있는 이와 의논하는 법이며, 다섯째는 공로가 있는 이와 의논하는 법이며, 여섯째는 높은 관직에 있는 이와 의논하는 법이며, 일곱째는 국사에 분주한 사람과 의논하는 법이며, 여덟째는 빈객과 의논하는 법이다"(『주례』,「추관‧小司寇」)라고 하였다. 정현은 "벽辟은 법法이다"라고 하였다. 유유流宥는 유방流放이다. 정현의 해석에 근거하면 이 효사는 불효한 자식을 징계하는 곳을 말한다. 고대의 죄는 불효를 크게 여겼다. 『효경孝經』에서는 "다섯 가지 형벌은 삼천 가지에 속하며 불효不孝보다 큰 죄는 없다"고 하였다. 불효한 자식을 징벌함에 지은 죄의 경중에 따라서 분소焚燒(태워 죽임), 살사殺死(베어 죽임), 유방流放으로 구별하여 정한 형법이 있었다. 중죄重罪를 범한 자는 분소焚燒하고, 그다음은 살사殺死하고 또 그다음은 유방流放하였다. 괘상과 효상을 따라서 보면 리離의 구사의 효체爻體는 진震이며, 진震은 장자長子이며, 구사의 효는 양으로서 음의 위치에 있으니 바름을 잃었으며, 2‧3‧4효의 호체互體는 손巽이며, 손巽은 진퇴進退이므로 불효한 자식이 "그가 같이 할 바를 모르며" "따를 바를 모른다." 또 리離의 3‧4‧5효의 호체는 태兌이며, 태兌는 부결附決이므로 효에는 불효한 자식을 처결하는 상이 있다.

「象」曰: "突如其來如", 无所容也.

「상」에서 말하였다. "돌연히 옴"은 용납될 곳이 없기 때문이다.

六五, 出涕沱若, 戚嗟若, 吉.

육오는 눈물을 줄줄 흘리며 슬퍼하고 탄식하니 길하다.

鄭注 : 自目出曰涕. 巽爲長, 沱若也. 五失位爲憂戚也. 兌爲口, 嗟若也.(『漢上易傳』) 自
目出曰涕. 人爲煙所衝則出涕曰沱若, 以下卦離火衝突之烈也.(『周易會通』)

눈으로 나오는 것을 체涕라고 한다. 손巽은 장長(길다)이며, 줄줄 흘리는 눈물(沱若)
이다. 5효가 위치를 잃으니 근심하고 슬퍼한다. 태兌는 입이며, 탄식함이다.(『한
상역전』) 눈으로부터 나오는 것을 체涕라고 한다. 사람이 연기가 눈에 들어가면
흘리는 눈물을 타약沱若이라고 하며, 아래 괘인 리離의 화火로 충돌함이 강하다.
(『周易會通』)

체涕는 눈물이다. 『설문』에는 "체涕 눈물(泣)이다"라고 하였다. 읍泣은 울면서 흘리는 눈물(哭泣)
이며, 소리를 내지 않고 흘리는 눈물을 가리킨다. 『설문』에는 "소리 없이 흘리는 눈물을
읍泣이라고 한다"고 하였다. 타약沱若은 눈물을 흘리며 울 때 매우 길게 흘리는 눈물이다.
타沱는 『설문』에서 "물이 따로 흐름"이라고 하였다. 이는 눈물이 많은 모양을 형용한다. 『시』
「택피澤陂」에서 "눈물과 콧물이 줄줄 흐른다"(涕泗滂沱)고 한 말이 곧 이 뜻이다. 척戚은 고형
선생의 고증에 의하면 마땅히 "척慽"과 통한다. 『설문』에는 "척慽은 근심이다"라고 하였다.
차嗟 탄식이다. "嗟"는 고문古文은 "嗟"로 썼고, 백서 역易에서는 "蹉"으로 썼고, 부양阜陽본
역과 순상荀爽은 "差"로 썼다. 백서본 역, 부양본 역, 순상은 아마도 글자를 가차하여 쓴
것이다. 괘상으로 보면 리離는 눈이며, 2·3·4효의 호체는 손巽이며, 손巽은 장長(길다, 오래다)
이므로 "타약沱若"이라고 하였다. 육오는 음이 양의 자리에 있어서 위치를 잃었기 때문에
"근심하고 슬퍼한다"(憂戚)고 하였다. 리離의 3·4·5효는 태兌이며, 태兌는 입이므로 "탄식한
다"(嗟若)라고 하였다. 또 아래의 리離는 화火이며, 위의 리離는 눈이다. 불이 타면서 나오는
연기가 눈에 충돌하여 흘리는 눈물을 "타약沱若"이라고 한다.

「象」曰: 六五之吉, 麗王公也.

「상」에서 말하였다. 육오의 길함은 왕공王公에 덧붙어 있기 때문이다.

上九, 王用出征, 有嘉折首, 獲匪其丑, 无咎.

상구는 왕이 출정하면 적의 수괴를 베는 아름다움이 있으니 잡은 것이 미천한 무리가 아니면 허물이 없다.

「象」曰: “王用出征”, 以正邦也.

「상」에서 말하였다. “왕이 출정함”은 나라를 바로잡기 위함이다.

鄭注 : 行誅之後致太平.(『詩‧周頌譜』正義)

　적을 토벌한 후에 태평함에 이른다.(『詩‧周頌譜』正義)

주살呪殺을 행함은 토벌討伐이며, “출정出征”을 해석한 것이다. “태평에 이름”(致太平)은 “나라를 바로잡음”(正邦)을 해석한 것이다.

제2 하경下經

31. 함咸

▤ 咸, 亨, 利,貞; 取女吉.

함괘는 형통하고 이롭고 곧다. 여자를 얻으면 길하다.

鄭注 : 咸, 感也. 艮爲山, 兌爲澤, 山氣下, 澤氣上, 二氣通而相應, 以生萬物, 故曰鹹
也. 其於人也, 嘉會禮通, 和順於義, 幹事能正, 三十之男有此三德, 以下二十
之女, 正而相親說, 娶之則吉也.(『集解』)

> 함咸은 감感이다. 간艮은 산이며 태兌는 택澤이다. 산의 기운이 아래로 내려오고
> 택澤의 기운이 올라가서 두 기가 통하여 서로 응하며 만물이 생겨나니 그러므로
> 함咸이라고 한다. 그것이 사람에게는 아름답고 기쁜 연회에서 예로 통하며,
> 의義에 화순和順하며, 일을 처리함에 올바를 수 있으며, 30세의 남자가 이
> 세 가지 덕을 가지면 이로써 20세의 여자에게고 내려가니 올바르고 서로
> 친함으로 아내로 맞으면 길하다.(『集解』)

정현은 여기서 괘명을 선택하였다. 함괘咸卦의 상괘는 태兌이며 하괘는 간艮이다. 간艮은
산山이며, 태兌는 연못이며, 간艮은 양기이며, 태兌는 음기이며, 산 기운이 아래에서 위로
올라가고, 연못의 기운이 위에서 아래로 내려와서 두 기가 교통하여 음과 양이 상응하고
만물이 산생되므로 이 괘가 함咸이 된다. 함咸에는 교감交感의 뜻이 있다. 「단전」에서는 "함咸
은 감感이다"라고 하였다. 이는(次1) 또 괘사를 해석한 것이다. 인사에서의 함은 태兌는 소녀小
女이며 위에 있고, 간艮은 소남少男이면서 아래에 있으니 이로써 남녀가 성교性交함을 나타낸
다. 그러므로 괘사에서 말하는 것은 혼인婚姻이다. "아름답고 기쁜 연회에서 예로 통함"은
"형亨"을 해석한 것이다. "의義에 화순和順함"은 "리利"를 해석한 것이며, "일을 처리함에 바르
게 할 수 있음"은 "정貞"을 해석한 것이다. 이들 해석은 『역전易傳』에 근거하였다. 「문언」에서
는 건乾을 해석하여 "형통함은 아름다운 모임이며, 이로움은 의義의 화답和答이며, 곧음은
일의 근간根幹이다"라고 하였다. 자연계에 나가서 말하면, 형통함·이로움·곧음은 사물의
통달通達·적중敵中·득정得正을 가리킨다. 사람에게 나아가서 말하면, 혼배婚配가 예禮에

---

1) 역자 주: 이 책의 원문에는 '次'로 되어 있는데, '此'의 誤記로 생각된다.

합당하며, 일을 처리함이 의義에 합당하며, 사업을 성취함에 바름을 얻음을 가리킨다. 이 세 가지를 할 수 있는 사람은 여자에게 장가갈 수 있다. 옛날 예를 살펴보면, 남자는 30, 여자는 20세면 결혼할 수 있다. 『주례』「지관地官・매씨媒氏」에서는 "남자 30세에 장가가게 하고, 여자 20세면 시집가게 하였다"라고 하였다. 그 혼례는 일정한 법식에 따라 진행되었다. 『의례』「사혼례士婚禮」에서는 "무릇 납친納親・문명問名・납길納吉・납징納徵・청기請期・친영親迎의 모든 예는 모두 남자가 여자에게 낮추는 일이다"라고 하였다. 때로 남자가 여자에게 낮추는 것은 남자가 여자 쪽의 집에 가서 친히 맞이하는 것을 가리키며, 고대에 혼례를 거행하는 의식이다. 『예기』「교특생郊特牲」에는 "남자가 친히 영접하고 남자가 먼저 여자에게 낮추는 것은 강유剛柔의 뜻이다"라고 하였다. 고형 선생이 말한 것처럼 "남자가 친히 여자의 집에 가서 여자를 맞이하며, 남자는 수레의 고삐를 잡고 수레를 몰아 몇 걸음을 간다. 남자가 먼저 자신이 집에 도착하여 문밖에서 여자를 기다리며, 여자가 도착하면 남자가 여자에게 읍揖을 하고 들어간다. 이것은 모두 남자가 여자에게 가서 하는 의식儀式이다"라고 하였다. "30세의 남자가 이 세 가지 덕이 있으면 20세의 여자에게 간다"는 말이 곧 이 뜻이다. 기쁘고 즐거운 모임(嘉會)은 혼배婚配를 가리킨다. 가嘉는 미美이며, 회會는 합합이다. 가장 아름답고 좋은 교합이 곧 혼배이다. 예를 들면 하타何妥(생졸 미상, 隋 西域人)가 「문언」을 주석하여 말하기를 "예禮는 교접交接하여 회통하는 도道이므로 배필로 소통한다. 다섯 가지 예는 길례吉禮・흉례凶禮・빈례賓禮・군례軍禮・가례嘉禮가 있으므로 예禮와 아름답게 합한다"고 하였다.

「彖」曰: 咸, 感也. 柔上而剛下, 二氣感應以相與.

「상」에서 말하였다. 함咸은 느낌이다. 부드러움이 위에 있고 굳셈이 아래에 있으면서 두 기가 감응하여 서로 친한다.

鄭注 : 與, 猶親也.(『釋文』)

여與는 친친親과 같다.(『釋文』)

『역전』에는 "여與"자를 비교적 많이 사용하는데, 때로는 "수종隨從(따라다님)"을 가리킨다. 예를 들면 소과小過「상」에 "때와 더불어 다닌다"라고 하였고, 비賁「상」에서 "위와 더불어 일어난다"고 하였고, 「문언」에는 "천지와 더불어 그 덕을 서로 응하고, 일월과 더불어 그 덕을 서로 응하며, 사시四時와 더불어 그 순서를 서로 응하며, 귀신과 더불어 그 길흉을 서로 응한다"는 말 등이 곧 그 뜻이다. 이것은 친근親近함 혹은 가까이 붙음을 가리킨다. 대과大過「상」에는 "지나치게 서로 함께한다"라고 하고, 정井「상」에서는 "함께함이 없다"라는 말 등에서의 "여與"도 또한 이 뜻이 있다.

止而說, 男下女, 是以"亨利貞·取女吉"也. 天地感而萬物化生, 聖人感人心而天下和平. 觀其所感, 而天地萬物之情可見矣.

그치고 기뻐하며, 남자가 여자에게 낮추므로 "형통하고 이롭고 곧으며 여자를 취하면 이롭다." 천지가 감응하여 만물이 변화하여 생겨나며, 성인이 인심에 감응하여 세상이 화평하다. 그 감응한 바를 살펴서 천지만물의 실정을 알 수 있다.

「象」曰: 山上有澤, 咸. 君子以虛受人.

「상」에서 말하였다. 산 위에 연못이 있음이 함咸이다. 군자는 마음을 비움으로써 사람을 받아들인다.

初六, 咸其拇.

초육은 그 발가락에서 느낀다.

鄭注 : 拇, 足大指也.(『釋文』)

　　　무拇는 엄지발가락이다.(『釋文』)

　　순상과 우번은 "모母"로 썼으며, 『자하전子夏傳』에서는 "무踇"로 썼다. 금문본과 초간본은 모두 "무拇"로 썼다. 모母의 고문古文은 "무拇"이다. 『설문』에는 "무拇는 장지將指이다." 서해徐楷생졸 미상는 "이른바 장지將指는 여러 발가락을 거느린다"라고 하였다. 이 글자가 손을 가리키므로 본의本意는 손의 엄지손가락을 가리켰다. 『옥편玉篇』에는 "무拇는 손의 엄지손가락이다"라고 하였고, 『광운廣韻』에는 "무拇는 큰 엄지손가락(大拇指)이다"라고 하였다. 마융馬融·정현鄭玄·우번虞翻 등이 모두 무拇를 '발의 엄지발가락'(足大指)으로 해석한 것은 마땅히 상象을 취함과 서로 관련이 있다. 초육의 효가 아래에 있는 것은 사람의 발을 상징하므로 이 무拇자는 발의 엄지발가락이다.

「象」曰: "咸其拇", 志在外也.

「상」에서 말하였다. "그 엄지발가락에서 느낌"은 뜻이 밖에 있기 때문이다.

六二, 咸其腓, 凶. 居吉.

육이는 장딴지에서 느끼면 흉하다. 가만히 있으면 길하다.

鄭注 : 腓, 膊腸也.(『釋文』)

　　비비腓는 박장膊腸이다.(『釋文』)

　　비비腓를 순상은 "비肥"로 썼다. 백서『역』은 "腥"으로 썼다. "腓"와 "肥" 및 "腥"는 음이 같으며, 의미도 마땅히 통한다. 백서『역』에서 "腥"라고 쓴 것은 순상이 쓴 "비肥"는 마땅히 발과 관련이 있음을 다시 설명하였다. 단옥재는 "정현이 말한 비腓는 박장膊腸이다. 혹 비장腓腸이 라는 말은 경골脛骨(정강이뼈)의 뒤에 있는 살을 말한다'라고 하였다. 이것은 퇴두腿肚(장딴지)를 가리킨다. 송상봉宋翔鳳은 "『설문』의 「사편하四篇下」를 살펴보면, '비腓는 경천脛腨이다라고 하고, '천腨은 비장肥腸(장딴지)이다라고 하였다. 이것은 족경足脛(발과 정강이)을 말하며, 정강이 의 뒤에 많은 살이 마치 장腸과 비슷하므로 박장膊腸이라고 한다. 현재 세속에서 말하는 퇴두腿肚이다"(『考異』)라고 하였다. 괘상을 따라서 보면 육이가 초육인 발의 위에 있으므로 "비腓"라고 한다.

「象」曰: 雖凶居吉, 順不害也.

「상」에서 말하였다. 비록 흉해도 "가만히 있으면 길함"은 순응하여 해치지 않기 때문이다.

九三, 咸其股, 執其隨, 往吝.

구삼은 넓적다리에서 느끼니 따르는 것에만 집착하니 가면 부끄럽다.

「象」曰: "咸其股", 亦不處也; 志在隨人, 所執下也.

「상」에서 말하였다. "넓적다리에서 느낌"은 또한 머물러 있지 않음이며, 다른 사람을 따르는 데 뜻을 두는 것은 아래를 고집하는 것이다.

九四, 貞吉, 悔亡. 憧憧往來, 朋從爾思.

구사는 곧음이 길하며, 후회함이 없다. 자주 가고 오면 벗이 너의 생각을 따를 것이다.

「象」曰: "貞吉悔亡", 未感害也. "憧憧往來", 未光大也.

「상」에서 말하였다. "곧으면 길하여 후회가 없음"은 아직 해를 느낀 것이 없기 때문이다. "자주 가고 옴"은 아직 빛남이 크지 않기 때문이다.

九五, 咸其脢, 无悔.

구오는 그 등살에서 느끼니 후회함이 없다.

鄭注 : 脢, 背脊肉也.(『釋文』)

매脢는 등뼈에 붙은 살이다.(『釋文』)

매脢는 『자하전』에서는 "등에 있는 것을 매脢라고 한다'고 하였다. 마융은 "매脢는 등(背)이다'라고 하였고, 『설문』에는 "매脢는 등살(背肉)이다'라고 하였는데, 정현은 『설문』의 뜻을 따랐다. 상象을 따라서 보면, 구오는 상효의 아래에 있으며, 다른 사람과 등을 대고 응하므로 등을 상징한다. 매脢는 전국의 초간본에는 "무挴'로 썼으며, 백서에는 "고股'로 썼는데 정현과는 다르다.

「象」曰: "咸其脢", 志末也.

「상」에서 말하였다. "등살에서 느낌은 뜻이 말단에 있기 때문이다.

上六, 咸其輔頰舌.

상육은 그 볼과 뺨과 혀에서 느낀다.

「象」曰: "咸其輔頰舌", 滕口說也.

「상」에서 말하였다. "그 볼과 뺨과 혀에서 느낌"은 입으로 하는 말로만 보내기 때문이다.

鄭注 : 滕, 送也.(『釋文』) 鹹道極薄, 徒送口舌言語相感而已, 不復有志於期間.(『正義』)

잉滕은 보냄(送)이다.(『釋文』) 느낌의 기능이 지극히 적기 때문에 단지 입으로 하는 말만 보내어 서로 감응할 뿐이며, 그사이에 다른 뜻이 있지 않다.(『正義』)

잉滕은 다른 판본에는 "등滕"으로 쓰거나 혹은 "등騰"으로 썼다. 청나라 유학자들의 고증에 근거하면 세 가지는 통가(通假2)한다. 『이아』 「석언」에는 "잉滕은 송送이다"라고 하였다. 우번의 주석도 같다. 상육이 끝에 있음은 사람의 머리를 상징하므로 그 사辭에서 "볼과 뺨과 혀"(輔頰舌)라고 하였다. 정현의 주석을 살펴보면, "입으로 하는 말만 보냄"은 느낌의 기능이 다하여 단지 말로서만 서로 감응해야 하고, 더 이상 신체의 각 부분으로 감응함이 없음을 의미한다.

---

2) 역자 주: 通假는 漢字의 造字 원리 가운데 하나인 假借의 운용 방법인 通用과 假借를 줄인 말이다. 즉 자음이 같거나 비슷한 글자를 차용하여 본래 글자를 대신하는 방법을 말한다. 이하 '통가한다'로 표기한다.

32. 항恒

▤ 恒, 亨, 无咎, 利貞. 利有攸往.

항은 형통하고 허물이 없으며 이롭고 곧다. 가는 바가 있어 이롭다.

鄭注 : 恒, 久也. 巽爲風, 震爲雷, 雷風相須而養物, 猶長女承長男, 夫婦同心而成家, 久長之道也. 夫婦以嘉會禮通, 故無咎. 其能和順幹事, 所行而善矣.(『集解』)

항恒은 오래됨(久)이다. 손巽은 바람이며, 진震은 우레며, 우레와 바람이 서로 기다리면 사물을 기르니 마치 장녀가 장남을 받아들여 부부가 한마음으로 가정을 이루는 것이 오래 길게 가는 방법이다. 부부가 그로써 아름답고 기쁜 만남을 예로 통하므로 허물이 없다. 그것이 능히 화순和順하며 일을 주간하면 그 행하는 바가 선善하다.(『集解』)

정현은 『전』의 문장으로 괘명을 해석하였는데, 「단」에서 "항恒은 오래됨이다"라고 하였고, 「서괘」에서도 "항恒은 오래됨이다"라고 하였다. 괘상으로 보면, 항恒의 하괘인 손巽은 바람이며, 상괘인 진震은 우레다. 『역전』에 근거하면 바람은 흩어지는 성능이 있고, 우레는 움직이는 성능이 있다. 「설괘」에서는 "우레로써 그것을 움직이게 하고, 바람으로 그것을 흩어지게 한다"라고 하였다. 이 때문에 두 가지는 길고 오래 서로 섞여서 한곳에 있으면서 만물을 생겨나게 하고 기를 수 있다. 이것은 남녀가 짝을 이루어 가정을 이루는 모양을 상징하며, 장구長久의 뜻이 있다. 손巽은 장녀이며, 진震은 장남이다. 서로 기다림은 길고 오래 서로 섞여서 한곳에 있음을 가리킨다. 수須는 기다림의 뜻이 있다. 「단」은 수需를 해석하기를 "수需는 기다림(須)이니, 험함이 앞에 있다"라고 하였다. 앞에 험함이 있으면 정지하여 앞으로 가지 않음의 뜻이 있다. 「잡괘」에서는 "수需는 나아가지 않음(不進)이다"라고 하였다. "나아가지 않음"이 곧 "수須"이다. 이것이 전의되어 우레와 바람이 서로 모여서 한곳에 있다는 뜻이 되었다. 곧 「단」에서 말한 "우레와 바람이 서로 함께한다"(雷風相與)라는 말이다. 여與는 서로 친하여 함께함(相親與)이다. 정현은 함咸 「단」을 주석하기를 "여與는 친친親親과 같다" 하였다. 「단」의 상여相與는 곧 정현이 말한 "서로 기다림"(相須)이다. 이 주석은 뒤의 한 구절인 괘사의 "형통하니 허물이 없고, 곧게 하니 이롭다"를 해석한 것이며, 함괘咸卦의 괘사卦辭의 주석과 같다.

「彖」曰: 恒, 久也. 剛上而柔下, 雷風相與, 巽而動, 剛柔皆應, 恒. "恒, 亨无咎利貞", 久於其道也. 天地之道, 恒久而不已也. "利有攸往", 終則有始也. 日月得天而能久照, 四時變化而能久成, 聖人久於其道而天下化成. 觀其所恒, 而天地萬物之情可見矣.

「단」에서 말하였다. 항恒은 오래됨이다. 굳셈이 위에 있고 부드러움이 아래에 있으며 우레와 바람이 서로 같이 있으며, 손巽은 움직임이며, 굳셈과 부드러움이 모두 응하니 항恒이다. "항은 형통하여 허물이 없고 곧음으로 이로움"은 그 도가 오래되었기 때문이다. 천지天地의 도는 항구恒久하여 멈추지 않는다. "가는 바가 있어 이로움"은 끝이 있으면 시작이 있기 때문이다. 해와 달이 하늘을 얻어서 오래 비출 수 있고, 사계절이 변화하여 오래 이루며, 성인이 그 도를 오래게 하여 세상의 변화가 이루어지도록 한다. 그 항구한 바를 관찰하여 천지만물의 실정을 알 수 있다.

「象」曰: 雷風恒, 君子以立不易方.

「상」에서 말하였다. 우레와 바람이 오래 함이니 군자는 그로써 변하지 않은 방소를 확립한다.

初六, 濬恒, 貞凶, 无攸利.

깊음이 오래됨이니 곧으면 흉하며, 이로운 바가 없다.

준濬은 통행본에는 "준浚"으로 썼으며 조착晁錯(BC 200~154)은 "준濬의 고문은 준浚이며 전문篆文이다"라고 하였다. 『옥편』에서는 "준濬은 깊음深이다"라고 하였다. 「상」에서 "깊음이 오래됨이 흉하니 처음부터 깊음을 구한다"라고 한 말이 이 뜻이다. 효상으로 보면 초육이 아래에 있으니 "깊음"(深)의 뜻이 있다.

「象」曰: "濬恒"之"凶", 始求深也.

「상」에서 말하였다. "깊음이 오래됨"이 "흉함"은 처음부터 깊음을 구하기 때문이다.

九二, 悔亡.

구이는 후회함이 없다.

「象」曰: "九二悔亡", 能久中也.

「상」에서 말하였다. "구이는 후회함이 없음"은 중中을 오래 할 수 있기 때문이다.

九三, 不恒其德, 咸承之羞. 貞吝.

구삼은 그 덕을 오래 하지 못하니 이어받음의 부끄러움을 느낀다. 곧음이 부끄럽다.

鄭注 : 爻得正, 互體爲乾, 乾有剛健之德; 體在巽, 巽爲進退, 是不恒其德也[3]. 又互體兌, 兌爲毀折, 是將[4]有羞辱也.(『禮記』, 「緇衣」疏; 『後漢書』, 「馬廖傳」注)

효가 바름을 얻고 호체는 건乾이며, 건은 강건의 덕이 있고, 체體는 손巽에 있으며 손은 진퇴이니 이것은 그 덕을 오래 하지 못함이다. 또 호체는 태兌이며, 태는 부딪쳐서 꺾임(毀折)이며, 이는 장차 부끄럽고 욕됨(羞辱)이 있다.(『禮記』, 「緇衣」疏; 『後漢書』, 「馬廖傳」注)

"함咸"은 통행본과 백서본은 모두 "혹或"으로 썼다. 『논어』와 백서본을 보면 마땅히 "혹或"으로 써야 하지만, 정현이 "함咸"으로 쓴 것은 옮겨 쓰기(傳寫)의 오류이다. 정현은 호체의 상으로 효사를 해석하였다. 구삼은 양이 양의 위치에 있으므로 "효가 바름을 얻었다." 항괘恒卦 2·3·4효의 호체는 건乾이며 건은 강건의 덕이므로 "덕德"의 상이 된다. 항恒의 하체下體[5]는 손巽이며 손은 진퇴이며, "오래 하지 못함"의 상이 된다. 3·4·5효의 호체는 태兌이다. 「설괘」를 보면 태는 부딪쳐서 꺾임이므로 "부끄럽고 욕됨"의 상이 있다.

「象」曰: "不恒其德", 无所容也.

「상」에서 말하였다. "그 덕을 오래 하지 못함"은 용납됨이 없기 때문이다.

---

3) "是不恒其德也"는 『後漢書』 「馬廖傳」注에는 "不恒其德之象"으로 인용하여 썼다.

4) "是將"은 『後漢書』 「馬廖傳」注에서는 "後或"로 인용하여 썼다.

5) 역자 주: 64大成卦를 상하의 小成卦로 나누어 각각 上卦·外卦·上體, 下卦·內卦·下體로 구분하여 부른다. 여기서는 上卦와 下卦로 통일한다.

九四, 田无禽.

구사는 밭에 날짐승이 없다.

「象」曰: 久非其位, 安得禽也?

「상」에서 말하였다. 오래지만 그 위치가 아니니 어찌 날짐승을 잡을 수 있겠는가?

六五, 恒其德, 貞婦人吉, 夫子凶.

육오는 그 덕을 오래 하니 부인이 곧으면 길하며, 남자는 흉하다.

鄭注 : 以陰爻而處尊位, 是天子之女也. 又互體兌, 兌爲和說. 至尊主(王)家之女, 以
　　　和說幹其家事, 問止於人, 故爲吉也. 應在九二, 又男子之象, 體在巽, 巽爲進
　　　退, 是無所定而婦言是從, 故言夫子凶也.(『禮記』, 「緇衣」 疏)

　　　음효로써 존위尊位에 있으므로 이는 천자의 여자이다. 또 호체는 태兌이며
　　　태는 화설和說(온화한 말)이다. 지존至尊의 왕가의 여자가 온화한 말로 집안의
　　　일을 주간하며, 다른 사람에게 올바름을 질문하므로 길함이다. 구이에서 응하니
　　　또 남자의 상이며, 체가 손巽에 있으니 손은 진퇴이며, 이는 정해진 바가
　　　없어 부인의 말을 옳다고 따르므로 남자가 흉하다고 한다.(『禮記』, 「緇衣」 疏)

정현의 주를 보면 이 효는 왕가 여자의 일을 말하였다. 육오는 음효로서 천자의 존위尊位에
있으므로 천자의 여자가 된다. 항괘恒卦 3·4·5효의 호체는 태兌이며, 태는 열說이다. 「설괘」
에서는 "태兌는 열說이다"라고 하였고, 「서괘」에서도 "태兌는 열說이다"라고 하였다. 열說은
열悅과 통한다. 왕가의 여자가 화락和樂하게 가사를 주간하고 또한 사람들에게 어떻게 행하고
멈추어야 하는가에 대한 가르침을 청하니 길함이 있다. 이는 "부인이 곧으면 길함"을 해석한
것이다. "바름을 물음"은 "곧음"을 해석한 것이다. 사괘師卦 「단」에서 "정貞은 정正이다"라고
하였다. 효사로 보면 육오와 구이가 서로 응하며, 구이는 양효로서 남자의 상이다. 구이는
하괘인 손巽의 가운데 있고, 손은 진퇴로서 남자의 진퇴가 정해지지 않아서 부인의 말을
들어야 함을 나타내므로 "남자가 흉하다"라고 하였다.

「象」曰: 婦人貞吉, 從一而終也. 夫子制義, 從婦凶也.

「상」에서 말하였다. 부인이 곧으면 길함은 하나를 따르고 끝내기 때문이다. 남자가 의義로서 제재制裁하지만 부인을 따르므로 흉하다.

上六, 振恒, 凶.

상육은 흔들리며 오래됨이니 흉하다.

鄭注 : 振, 搖落葉.(『釋文』)

　　진振은 흔들리며 떨어지는 낙엽이다.(『釋文』)

진振은 다른 판본에는 "진震"으로 썼다. 『설문』에는 "지栺"로 인용하였는데, 옛날에는 세 글자는 통하였다. 혜동惠棟은 "진震 역시 진振으로 쓰며 고문의 震·振·祇 세 글자는 같은 사물 같은 음이며, 기祇는 기耆의 음이 있으므로 『설문』은 『역』을 인용하여 '지항栺恒'이라고 썼다"(『周易述』)고 하였다. 「설괘」는 "진震은 움직임이다"라고 하였다. 『이아』「석고釋詁」에는 "진震은 움직임이다"라고 하였고, 『광아廣雅』「석고」에서는 "진振은 움직임이다"라고 하였다. 정현이 요락搖落으로 해석한 그 근거는 효상에 있다. 조원필은 "정현이 진振을 요락搖落으로 해석한 것은 처음의 '깊게 오래 함(潛恒)과 같이 알묘조장揠苗助長(묘목을 뽑아 올려 억지로 자라게 함)과 같으므로 위에 올랐으나 흔들려 떨어진다"(『集解補釋』)라고 하였다.

「象」曰: "振恒"在上, 大无功也.

「상」에서 말하였다. "흔들리며 오래됨"이 위에 있음은 크지만 공功이 없기 때문이다.

33. 둔遯

 遯, 亨小利貞.

둔은 형통하나 곧으면 조금 이롭다.

鄭注 : 遯, 逃去之名也. 艮爲門闕, 乾有健德, 互體有巽, 巽爲進退, 君子出門行, 有進
退·逃去之象. 二五得位而有應, 是用正道得禮見召聘. 始仕他國, 當尙謙謙,
小其和順之道, 居小官幹小事, 其進以漸, 則遠妒嫉之害, 昔陳敬仲奔齊辭卿
是也.(『集解』)

둔遯은 도망가는(逃去) 이름이다. 간艮는 문궐門闕(궁궐의 문)이다. 건乾은 강건剛健
함의 덕이 있으며 호체는 손巽이며, 손은 나아가고 물러남이며, 군자는 문을
나가 다니니 진퇴와 도망가는 상이 있다. 2효와 5효가 자리를 얻어 응함이
있으니 이는 정도正道로서 예물로 초빙을 받았다. 타국에서 벼슬을 시작함에
마땅히 더 겸손하고 겸손해야 하며, 그 화순和順의 도를 적게 하여 소관小官에
있으면서 소사小事를 주간하며 점점 승진하면 투기妒忌와 질시嫉視의 해를
멀리하니 옛날에 진경중陳敬仲(BC 705~?)이 제나라고 도망가서 경卿의 자리를
사양한 것이 이것이다.(『集解』)

둔遯은 고문에는 "遂"로 썼으며 백서 『역易』은 "掾"으로, 부양阜陽의 죽간은 "掾"으로
썼다. 초간본은 "전豚"으로 썼다. "遯", "遂", "掾", "掾", "豚" 다섯 글자는 음이 같거나 비슷하여
가차한다.6) 복모좌濮茅左는 "豚'는 '둔遁'으로 읽는다"7)고 하였으며, 『설문』은 "둔遯은 달아남
(逃)이다"라고 하였으며, 『광아』는 "둔遯은 떠남(去)이다"라고 하였다. 그러므로 둔遯에는 "도망
감"(逃去)의 뜻이 있다. 괘상으로 말하면 둔괘의 하괘는 간艮이며, 상괘는 건乾으로 2·3·4효
의 호체는 손巽이다. 간艮은 문궐이며, 건乾은 강건의 덕이며, 손巽은 진퇴이므로 군자가
문을 나감에 행동에 진퇴와 도망가는 상이 있다. 둔괘의 2효는 음으로써 음의 위치에 있으며,

---

6) 韓自强, 「阜陽漢簡＜周易＞研究」를 자세히 보고, 『道家文化硏究』 第18輯(三聯書店,
2000), 116쪽을 보라.
7) 馬承源, 『上海博物館藏戰國楚竹書』 三(上海古籍出版社, 2003), 177쪽.

5효는 양효로서 양의 위치에 있으니 2효와 5효가 서로 응하므로 마땅히 "정도로서 예물로 초빙을 받는다." "타국에서 벼슬을 시작함"의 이후 문장은 인사人事로서 "형소리정亨小利貞"을 해석하였다. 이 때문에 둔괘遯卦에는 도망감의 뜻이 있으므로 "타국에서 벼슬을 시작함에 마땅히 더 겸손하고 겸손해야 한다." 겸겸謙謙은 충분하게 겸손함을 가리킨다. 겸괘謙卦의 초육으로부터 나와 "겸손하고 겸손한 군자"라는 말이 나왔다. "그 화순和順의 도를 적게 하여 소관小官에 있으면서 소사小事를 주간함"은 "소리정小利貞"을 해석한 말이다. 그는 함咸의 "이정利貞"을 해석할 때 "의義에 화순和順하며, 일을 주간함에 바를 수 있다"고 하였으며, 항恒의 "이정利貞"을 해석할 때는 "화순으로 일을 주간할 수 있다"라고 하였는데, 그 의미가 같으며 모두 「문언」 건乾의 뜻에 의지하였다. 서로 다른 것은 이 괘사에서는 "小"자가 있는 것이며 따라서 이는 "小其和順之道", "小官", "小事"의 소小를 강조하는 뜻이다. 정현은 또 진경중이 제나라로 도망가서 경卿의 지위를 사양한 일로서 마땅히 소관小官・소사小事로써 존위尊位로 진입해야 투기와 질시의 해를 멀리할 수 있다고 설명하였다. 이것은 『좌전』에 근거하였다. 『좌전』의 장공 22년 "진陳의 공자가 전손완顓孫完과 제나라로 도망가자…… 제나라 제후가 경중敬仲을 경卿으로 삼으니, 사양하여 말하기를 '타향을 떠도는 신하가 다행스럽게 보살핌을 받고 너그러이 정사에 부름을 받았습니다. 교훈을 제대로 받아들이지 못함을 사면해 주시고 또 허물을 관대하게 보아 주시어 해야 할 부담負擔을 덜어 주시니 임금님의 은혜이며, 얻은 혜택이 많습니다. 감히 높은 자리를 욕되게 하여 관료들의 비방을 받을 수 있겠습니까? 청하건대 죽음으로써 아룁니다. 『시』에 '깃털 장식을 한 수레를 타고 활로서 저를 부르니 어찌 가고 싶지 않으랴마는 나의 벗들을 두려워한다네'라고 하였습니다라고 하였다. 이에 그를 백공을 관장하는 관리(工正)로 삼았다"고 하였다.

「象」曰: "遯亨", 遯而亨也. 剛當位而應, 與時行也.

「단」에서 말하였다. "둔遯이 형통함"은 도피하기 때문에 형통하다. 굳셈이 마땅한 위치에서 응하며 시절과 함께 행한다.

鄭注 : 正道見聘, 始仕他國, 亦遯而復亨也.(『漢上易傳』)

정도로서 초빙을 받고 타국에서 벼슬을 시작함은 또한 도피하였지만, 다시 형통하다.(『한상역전』)

구오는 양으로써 양의 위치에 있으므로 정위正位를 얻었으며, 육이와 서로 응하므로 "정도正道로서 초빙을 받았다"라고 하며, 이는 "굳셈이 마땅한 위치에서 응함"을 해석한 것이다. 소사小事를 주간하고 소관小官에 머물며 타국에서 벼슬하면 비록 도망가서 있지만 도리어 형통하다. 이는 "도피하나 형통함"과 "시절과 함께 행함"을 해석한 것이다.

「象」曰: 天下有山, 遯. 君子以遠小人, 不惡而嚴.

「상」에서 말하였다. 하늘 아래 산이 있는 것이 둔遯이다. 군자는 이로써 소인을 멀리하며 미워함이 아니라 엄함으로써 한다.

初六, 遯尾, 厲, 勿用有攸往.

초육은 도피함의 꼬리여서 위태하니 가는 바가 있음을 쓰지 않는다.

「象」曰: "遯尾"之"厲", 不往何災.

「상」에서 말하였다.

六二, 執之用黃牛之革, 莫之勝說.

육이는 황우의 가죽을 이용하여 잡으니 이루 말로 다할 수가 없다.

「象」曰: 執用黃牛, 固志也.

「상」에서 말하였다. 황우를 이용하여 잡은 뜻이 견고하기 때문이다.

九三, 繫遯, 有疾厲; 畜臣妾, 吉.

구삼은 매여 있으면서 도피하니 병이 있어 위태롭고, 신첩臣妾을 두면 길하다.

「象」曰: "繫遯"之"厲", 有疾憊也. "畜臣妾吉", 不可大事也.

「상」에서 말하였다. "매여 있으면서 도피함"의 "위태함"은 병이 있어 고달프기 때문이다. "신첩을 두어 길함"은 큰일을 할 수 없기 때문이다.

鄭注 : 憊, 困也.(『釋文』)

　　비憊는 곤困이다.(『釋文』)

비憊는 순상은 "비備"로 썼고, 『설문』 "비㒟"로 인용하였다. 세 가지는 옛날에는 통하였다. 『광운廣韻』에는 "비㒟는 피열疲劣(쇠약하고 열악함)이다"라고 하였고, 『옥편』에는 "비㒟는 다함이며, 피로함이다"라고 하였고, 『광아』에는 "비㒟는 여위고 곤고함(羸困)이다"라고 하였고, 『일체음의一切音義』의 7에서는 『통속문通俗文』을 인용하여 "피로가 지극함을 비㒟라고 한다"고 하였다. 그러므로 비㒟에는 피곤疲睏의 뜻이 있다.

九四, 好遯, 君子吉, 小人否.

구사는 좋아하면서 도피함이니 군자는 길하고 소인은 비색否塞이다.

鄭注 : 否, 塞也.(『釋文』)

비否 꽉 막힘이다.(『釋文』)

『설문』에는 "비否는 아님이다"라고 하였다. 비否괘의 상괘인 천天은 건乾이며, 하괘인 곤坤은 땅이며, 음양이 통하지 않고 만물이 교류하지 않으므로 『역』에서 비否는 "색塞"이라고 하였다.

「象」曰: 君子"好遯", 小人否也.

「상」에서 말하였다. 군자는 "좋아하면서 도피함"은 소인이 비색否塞이기 때문이다.

九五, 嘉遯, 貞吉.

구오는 아름다운 도피이니 곧고 길하다.

「象」曰: "嘉遯貞吉", 以正志也.

「상」에서 말하였다. "아름다운 도피여서 곧고 길함"은 뜻을 바르게 하기 때문이다.

上九, 肥遯, 无不利.

상구는 여유 있는 도피이니 이롭지 않음이 없다.

「象」曰: "肥遯无不利", 无所疑也.

「상」에서 말하였다. "여유 있는 도피여서 이롭지 않음이 없음"은 의심할 바가
없기 때문이다.

34. 대장大壯

☳☰ 大壯, 利貞.

대장은 곧음이 이롭다.

鄭注 : 壯, 氣力浸强之名.(『釋文』)

　　장壯은 기력이 점점 강해지는 이름이다.(『釋文』)

　장壯은 강성의 의미가 있다. 괘상으로 보면 대장大壯은 두 개의 음과 네 개의 양으로 이루어지며, 네 개의 양이 점점(浸) 자라는 기세가 있으므로 정현은 "기력이 점점 강해짐"이라고 하였다. 침浸은 본래 습윤濕潤을 가리키며 이는 점점 쌓임을 가리킨다. 림臨 「단」과 둔遯 「단」에서 말하는 "스며들어 자람"이 곧 그 뜻이다. 공영달은 둔遯 「단」에 대한 소疏에서 "침浸이라는 것은 점진漸進의 이름이다"라고 하였다.

「彖」曰: 大壯, 大者壯也. 剛以動, 故壯. "大壯利貞", 大者正也. 正大而天地之情可見矣.

「단」에서 말하였다. 대장은 큰 것이 장성壯盛함이다. 굳셈으로써 움직이므로 장성하다. "대장은 곧음이 이로움"은 큰 것이 바르기 때문이다. 바르고 크면 천지의 실정을 알 수 있다.

「象」曰: 雷在天上, 大壯. 君子以非禮弗履.

「상」에서 말하였다. 우레가 하늘에 있음이 대장이다. 군자는 그로써 예가 아니면 행하지 않는다.

初九, 壯於趾, 貞凶有孚.

초구는 발에서 장성하며, 곧음이 흉하나 믿음이 있다.

「象」曰: "壯於趾", 其孚窮也.

「상」에서 말하였다. "발에서 장성함"은 그 믿음이 곤궁한 것이다.

九二, 貞吉.

구이는 곧음이 길하다.

「象」曰: "貞吉", 以中也.

「상」에서 말하였다. "곧음이 길함"은 중中으로써 하기 때문이다.

九三, 小人用壯, 君子用罔, 貞厲. 羝羊觸藩, 羸其角.

구삼은 소인이 장성함을 사용하고 군자는 그물을 사용하니 곧으면 위태롭다. 숫양이 울타리를 받으니 그 뿔이 위태롭다.

> 류羸는 통행본과 부양의 죽간 및 백서본에는 모두 "리羸"로 썼으며, 촉재蜀才[8]는 "루累"로 썼으며, 장혜언은 "류纍"라고 썼다. 纍·羸·累·纍 네 글자는 통가하며, 마땅히 "구계拘繫"(逮捕, 拘禁)로 해석해야 한다.

「象」曰: "小人用壯", "君子用罔"也.

「상」에서 말하였다. "소인이 장성함을 사용하고" "군자는 그물을 사용한다"고 하였다.

九四, 貞吉, 悔亡, 藩決不羸, 壯于大輿之輹.

구사는 곧으면 길하여 뉘우침이 없다. 울타리가 터져도 곤궁하지 않으며, 큰 수레의

바퀴살이 장성하다.

「象」曰: "藩決不羸", 尚往也.

「상」에서 말하였다. "울타리가 터져도 곤궁하지 않음"이란, 오히려 나아간다는 뜻이다.

六五, 喪羊於易. 无悔.

육오는 교역(佼易)에서 양을 잃었다. 후회함이 없다.

鄭注 : 易, 謂佼易也.(『釋文』)

　　역易은 교역(佼易)을 말한다.(『釋文』)

역易은 선유들은 대부분 장場으로 해석하는데, 강장疆場·변경邊境을 말한다. 정현은 "교역佼易"으로 해석하였다. 교狡는 본래 일종의 짐승을 가리키는데 여기서는 "교交"와 통가하였다. "狡易"은 곧 교환交驩이다. 조원필은 "정현이 '교역佼易'으로 해석한 것은 마땅히 '난역難易'의 '역易'으로 읽어야 한다. 그리고 『석문』에는 정현도 역亦으로 읽었고, 혹은 '佼'는 마땅히 '交'로 읽어야 한다고 주석하였다"(『箋釋』)라고 하였다. 또 말하기를 "정현이 교역狡易으로 해석한 것은 역간易簡의 덕화로 소인의 음적陰賊을 다스림이 매우 험하다. 다만 교역佼易이라고 해석한 것은 역亦으로 읽는 것은 마땅하지 않으며, 혹 교佼는 교交로 보아야 한다"(『集解補釋』)라고 하였다.

「象」曰: "喪羊於易", 位不當也.

「상」에서 말하였다. "교역狡易에서 양을 잃어버림"은 지위가 마땅하지 않기 때문이다.

上六, 羝羊觸藩, 不能退, 不能遂, 无攸利, 艱則吉.

상육은 숫양이 울타리를 받으니 물러갈 수도 없고, 따를 수도 없으니 이로운 바가 없어 어렵지만 길하다.

「象」曰: "進不能退, 不能遂", 不祥也.

「상」에서 말하였다. "나아감에 물러날 수 없고, 따를 수도 없음"은 상서롭지 않기 때문이다.

鄭注 : 祥, 善也.(『釋文』)

　　상祥은 선함이다.(『釋文』)

　상祥은 통행본에서는 "상詳"으로 썼으며 대부분 "심審"으로 해석하며, 고대에는 "祥"과 "詳"은 통하였다. 정현의 해석은 『이아』에 근거 하였다. 『석고』에는 "상祥은 선함이다"라고 하였다.

35. 진晉

☷ 晉, 康侯9)用錫馬蕃庶, 晝日三接.

진晉은 훌륭한 제후(康侯)가 여러 차례 말을 하사하고, 낮에 세 번 (하사품을) 받았다.

鄭注 : 康, 尊也, 廣也. 蕃庶, 謂蕃遮禽也. 接, 勝也.(『釋文』)

> 강康은 존尊이며, 광廣이다. 번서蕃庶(繁盛, 매우 많음)는 매우 많은 짐승을 말한다. 접接은 승勝이다.(『釋文』)

강후康侯는 마음과 우번 등은 모두 안강安康의 제후로 해석하였다. 정현은 (天子가) 포장襃獎(칭찬하고 장려)한 제후로 해석하였다. 강康은 존숭尊崇 혹은 크게 칭찬함의 뜻이 있다. 『예기』「제통祭統」에는 "옛날에 주공周公 단旦이 천하에 훈공勳功이 있었기에 주공이 세상을 떠난 후 성왕成王과 강왕康王은 주공의 훈공을 추념하여 노魯나라에 추존推尊하고 거듭 제사를 지냈으며,…… 주공을 아름답게 높이고자 하였으므로 노나라에 하사하였다"라고 하였다. 정현이 주석하기를 "강康은 크게 칭찬함과 같다. 『역』진괘晉卦에서 '훌륭한 제후가 말을 하사하였다'라고 했다"라고 하였다. 시錫는 "사賜"와 통한다. 번서蕃庶는 선유들이 대부분 무리가 많음으로 해석하였다. 정현이 "번차藩遮"(매우 많은 짐승)로 해석한 것은 곧 짐승들을 포위함에서 온 것이다. 접接을 첩捷으로 읽으므로 접接과 첩捷은 서로 가차하였다. 『이아』「석고」에는 "접接은 첩捷이다" 하고, 또 "첩捷은 승勝이다"라고 하였다. 『좌전』장공 20년에 "송만宋萬이 그 임금을 죽이고 이겼다"(宋萬弒其君捷)라고 하였다. 첩捷은 『공양』에서는 "접接"으로 썼다. 이 때문에 정현의 주석을 살펴보면 괘사를 '천자가 제후를 칭찬하고 장려하여 말을 하사하여 포위사냥을 하니 하루에 세 번 잡았다는 뜻으로 보았다. 조원필은 "정현은 강康을 『제통』에서 '훌륭한 주공(康周公)의 강康으로 보았다. 번서蕃庶는 번차藩遮로 읽으며, 숙달된 사냥꾼(虞人)이 짐승을 포위망 안으로 몰고 울타리를 지키던 사람이 문을 막고 기다렸다 발사한다. 번차藩遮는 요목要目으로 사냥함이다. 접接은 『시』의 '한 달에 세 번 잡는다'(一月三捷)의 '첩捷'으로 읽으며, 삼첩三捷은 세 번 죽임이다. 천자가 제후를 칭찬하고 장려함에 그 승진昇進으로써

---

9) 역자 주: 康侯는 周나라 武王의 동생 姬封을 말하며, 처음 康의 제후로 봉해졌으므로 康侯라고 한다. 여기서는 존중하고 크게 기리는 뜻으로, '훌륭한 제후'의 의미로 해석한다.

조회에 오게 하여 그에게 말을 타게 하여 함께 사냥하며 하루 사이에 세 번 짐승을 잡는 공이 있음을 말한다'(『集解補釋』)라고 하였다.

「彖」曰: 晉, 進也. 明出地上, 順而麗乎大明, 柔進而上行, 是以"康侯用錫馬蕃庶, 晝日三接"也.

「단」에서 말하였다. 진晉은 나아감이다. 밝음이 땅 위로 드러나, 순응하여 큰 밝음에 덧붙어서 부드럽게 나아가서 위로 가니 이런 까닭에 "훌륭한 제후가 여러 차례 말을 하사하고, 낮에 세 번 잡는다."

「象」曰: 明出地上, 晉, 君子以自昭明德.

「상」에서 말하였다. 밝음이 땅 위로 드러남이 진晉이니, 군자는 그로써 스스로 명덕을 밝힌다.

鄭注 : 地雖生萬物, 日出於上, 其功乃著, 故君子法之, 而以明自昭其德.(『集解』)

땅이 비록 만물을 생겨나게 하지만 태양이 위에서 나타나니 그 공이 비로소 드러난다. 그러므로 군자는 그것을 본받아서 스스로 그 덕을 밝게 드러낸다.(『집해』)

진괘晉卦의 상괘는 리離이며 하괘는 곤坤이므로 "밝음이 땅위로 드러난다"고 한다. 태양이 땅 위에 나타나 하늘에 올라 비추니 만물이 변화하여 생겨난다. 땅에 대하여 공덕이 현저함을 말하지만 스스로 밝다고는 말하지 않으므로 군자는 그것을 본받아서 마땅히 스스로 그 명덕을 밝혀야 한다.

初六, 晉如摧如, 貞吉. 罔孚, 裕无咎.

초육은 나아감과 물러남이 곧으면 길하다. 믿음을 잃더라도 여유가 있으면 허물이 없다.

鄭注 : 摧, 讀如"南山崔崔"之"崔".(『釋文』)

최摧는 "남산은 높고 높다"(南山崔崔)의 "최崔"로 읽는다.(『釋文』)

"南山崔崔"는 『시』「남산南山」에서 인용하였다. 모전에는 "최최崔崔는 높고 큼(高大)이다"라고 하였고, 『설문』은 "최崔는 크고 높다(大高)"라고 하였다. 조원필은 "정현은 최摧를 최崔로 읽고, 사악한 무리 사이에서 지극히 올바름으로써 우뚝 뛰어남을 말한다"(『集解補釋』)고 하였다. 이부손은 "『모전』에서 '최최崔崔는 높고 큼이다'라는 말을 부전附箋(註解)하기를 단지 '남산의 위'(南山之上)라고 한 것을 보면, 여기서 최崔로 읽은 것은 마땅히 나아가서 위로 올라가는 뜻에서 취하였으며, 그 바름을 잃지 않으면 갈하다. 그러므로 「상」에서는 '홀로 바름을 행한다'고 했다"(『異文釋』)라고 하였다. 조원필과 이부손은 정현의 해석에 대하여 좀 더 말을 완비하였다고 할 수 있다. 선유들은 대부분 최摧를 절훼折毁·우수憂愁·물러남 등으로 해석하였고, 이는 정현과 다르다.

「象」曰: "晉如摧如", 獨行正也. "裕无咎", 未受命也.

「상」에서 말하였다. "나아가는 듯 물러나는 듯함"은 홀로 바름을 행하기 때문이다. "여유가 있으면 허물이 없음"은 아직 명을 받지 않았기 때문이다.

六二, 晉如愁如, 貞吉; 受玆介福, 於其王母.

육이는 나아감과 근심함이 곧으면 갈하니, 큰 복을 왕모王母에게서 받는다.

鄭注 : 愁, 變色貌.(『釋文』)

　　수愁는 변색된 모습이다.(『釋文』)

정현은 수愁를 "변색된 모습"(變色貌)으로 해석하였는데, 이는 수愁를 "초愀"(안색이 변함)로 읽은 것이다. 『예기』「애공문哀公問」에서는 "공자가 초연愀然하게 얼굴색을 지어서 대하였다"라고 하였다. 정현이 주석하기를 "초연愀然은 변동變動하는 모습이다. 작作은 변變과 같다"라고 하였다. 고대에는 대부분 "변색하는 모습"이라고 해석하였다. 『사기』「사마상여전司馬相如傳」에는 "초연하게 얼굴을 바꾸었다"(愀然改容)라고 하였다. 『색은索隱』에서는 곽박郭璞(276~324)의 주석을 인용하였고, 『후한서』「질운전郅惲傳」의 주석도 같다.

「象」曰: "受玆介福", 以中正也.

「상」에서 말하였다. "큰 복을 받음"은 중정으로 하기 때문이다.

六三, 衆允, 悔亡.

육삼은 무리가 믿으니 후회함이 없다.

「象」曰: "衆允"之志, 上行也.

「상」에서 말하였다. "무리가 믿어줌"의 뜻은 위로 올라가기 때문이다.

九四, 晉如鼫鼠, 貞厲.

구사는 나아감이 날다람쥐와 같으니 곧으면 위태롭다.

鄭注 : 『詩』云: "碩鼠碩鼠, 無食我黍." 謂大鼠也.(『正義』)

『시』에서 "날다람쥐야 나의 기장을 먹지 말아라"라고 하였는데, 큰 쥐를 말한다.(『정의』)

인용한 문장은 『시』「석서碩鼠」에서 왔다. 이 "석鼫"은 "석碩"과 통한다. 『자하전』과 『집해』는 모두 "석碩"으로 썼다. 석碩은 곧 "大"이다. 학의행郝懿行(1755~1823)은 『이아의소爾雅義疏』에서 "석鼫과 석碩은 옛 글자는 통한다. 석碩은 큼이다"라고 하였다. 석서碩鼠는 곧 대서大鼠이다. 『이아』「석수釋獸」의 "석서鼫鼠"를 곽박이 주석하기를 "몸의 크기는 쥐와 같고, 머리는 토끼와 같으며, 꼬리에 털이 있고 청황색이며, 밭 가운데서 밤이나 콩을 먹기를 좋아한다"라고 하였다.

「象」曰: "鼫鼠貞厲", 位不當也.

「상」에서 말하였다. "날다람쥐 같은데 곧으면 위태함"은 지위가 마땅하지 않기 때문이다.

六五, 悔亡, 矢得勿恤. 往吉, 无不利.

육오는 후회함이 없으니 화살을 쏘아 얻었으니 근심하지 않는다. 가면 길하니 이롭지 않음이 없다.

시矢는 통행본에서는 "실失"로 썼으며, 백서본·맹희·마융·우번·왕숙 등의 판본은 모두 정현과 같다. 그러므로 마땅히 "시矢"를 옳다고 보아야 한다. 또 효상을 보면 진괘晉卦 5효는 리離의 중간에 있으며, 리離는 시矢이다. 순상은 이 뜻을 전의하여 사射라고 보았다. 순상은 주석하기를 "5효는 곤坤의 움직임을 따라와서 리離가 되니 리離는 사射이다. 그러므로 '화살을 쏘아서 얻음'(矢得)이다'라고 하였다. 우번은 "'시矢'는 고대에는 '서誓'자이며, 서誓는 믿음이다' 라고 하였다.

「象」曰: "矢得勿恤", 往有慶也.

「상」에서 말하였다. "화살을 쏘아 얻어 근심하지 않음"은 가서 경사가 있기 때문이다.

上九, 晉其角, 維用伐邑, 厲吉无咎, 貞吝.

상구는 그 뿔에 나아감이니 오직 읍邑을 정벌하는 데 사용하면, 위험하지만 길하여 허물이 없으며, 곧으면 부끄러움이 있다.

「象」曰: 維用伐邑, 道未光也.

「상」에서 말하였다. 오직 읍을 정벌하는 데만 사용함은 도가 아직 빛나지 않기 때문이다.

36. 명이明夷

☰☷ 明夷, 利艱貞.

명이는 어려움에 곧으면 이롭다.

鄭注 : 夷, 傷也. 日出地上, 其明乃光, 至其入地, 明則傷矣. 故謂之明夷. 日之明傷, 猶
聖人・君子有明德而遭亂世, 抑在下位, 則宜自艱, 無幹事政, 以避小人之害
也.(『集解』)

이夷는 상처이다. 태양이 땅 위로 나옴에 그 밝음이 비로소 빛나며, 그것이
땅으로 들어가면 밝음이 손상된다. 그러므로 밝음이 손상된다고 한다. 태양의
밝음이 손상됨은 마치 성인이나 군자가 덕이 있지만, 난세를 만나거나 아니면
하위에 있게 되면 마땅히 스스로 어렵다고 여기고 정사를 주간하지 않음으로써
소인의 해침을 피한다.(『집해』)

「서괘」에서 "이夷는 상傷이다"라고 하였는데, 정현은 "이夷"를 「서괘」에 근거하여 해석하였다.
괘상상으로 보면 명이괘明夷卦의 상괘는 곤坤으로 땅이며, 하괘는 리離로 밝음이다. 광명이
위에 있음은 진괘晉卦이며, 진晉은 태양이 땅 위로 나오는 때이니 광명이 이에 드러나지만,
그러나 여기와 같이 태양이 땅 속으로 들어가면 광명이 막히게 되니 손상의 뜻이 있다.
그러므로 이 괘가 명이明夷가 된다. 명이를 인사에 비유하면 흑백黑白이 전도되고 시비是非가
분명하지 않은 난세이다. 군자의 도가 소멸하고 소인의 도가 커진다. 이때는 명덕을 가진
성인과 군자라면 세상에서 물러나 은둔하여 감히 작위하지 않고 소인의 해침을 피한다.

「象」曰: 明入地中, "明夷". 內文明而外柔順, 以蒙大難. 文王似之. "利
艱貞", 晦其明也. 內難而能正其志, 箕子似之.

「단」에서 말하였다. 밝음이 땅속으로 들어감이 "명이明夷"다. 안으로 문채가 밝으며
밖으로는 부드럽고 순함으로써 큰 어려움을 당한다. 문왕文王이 그와 같았다. "어려우
나 곧으면 이로움"은 그 밝음을 감추었기 때문이다. 안으로 어렵지만 그 뜻을

바르게 할 수 있으니 기자箕子가 그와 같았다.

鄭注 : 蒙, 猶遭也.(『釋文』)

　　몽蒙은 조遭(당하다)와 같다.(『釋文』)

　　조遭는 곧 조수遭受(당하다, 만나다)이다. 사似는 통행본에서는 "이以"로 썼다. 여기서는 "似"를 승勝(이기다, 뛰어나다)으로 보았다.

「象」曰: 明入地中, 明夷. 君子以莅衆, 用晦而明.

「상」에서 말하였다. 밝음이 땅속으로 들어감이 명이이다. 군자는 그로써 무리를 대할 때 어둠을 이용하여 밝게 한다.

初九, 明夷于飛, 垂其翼, 君子於行, 三日不食, 有攸往, 主人有言.

초구는 어둠에서 날아감에 (상처를 입어) 그 날개를 늘어뜨리고, 군자가 나아감에 3일을 먹지 못하고도 가는 바가 있고, 주인의 (나무람의) 말이 있다.

「象」曰: "君子於行", 義不食也.

「상」에서 말하였다. "군자가 나아감"에 의리로 먹지 않는다.

六二, 明夷, 睇於左股, 用拯馬壯, 吉.

육이는 명이는 왼쪽 넓적다리를 곁눈질하니 취하여 쓰는 말이 건장하면 길하다.

鄭注 : 旁視爲[10]睇. 六二辰在酉, 酉在[11]西方; 又下體離. 離爲目. 九三體在震, 震東方. 九三又在辰, 辰得巽氣爲股. 此謂六二有明德, 欲承九三, 故云"睇於左股". (『禮記』, 「內則」正義) 拯, 承也.(『釋文』)

　　곁눈질을 체睇라 한다. 육이의 효진은 유酉에 있고, 유는 서방에 있으며,

---

10) 爲는 『釋文』에는 "曰"로 썼다.
11) 在는 王肅本에는 "是"로 썼다.

또 하괘의 체는 리離이다. 리는 눈이다. 구삼의 체는 진震에 있고, 진은 동방이다. 구삼은 또 진辰에 있으니 진辰은 손巽의 기를 얻어 고股가 된다. 이것은 육이에 명덕明德이 있음을 말하며, 구삼을 이어 받고자 하므로 "왼쪽 넓적다리를 곁눈질한다."(『禮記』, 「內則」 正義) 증증은 승승이다.(『석문』)

제제는 통행본과 백서본은 모두 "이夷"로 썼으며, 경방은 "이胰"로 썼으며, 『자하전』에는 "제睇"로 썼다. 정현은 『자하전』에 근거하였다. 夷·胰·睇는 음이 가까워 서로 가차한다. 『설문』에는 "제睇는 눈을 가늘게 뜨고 봄이다. 목目을 따라 제弟로 발음한다. 남초南楚는 면眄을 일러 제睇라 한다"고 하였다. 면眄은 사시斜視의 뜻이 있다. 『설문』에는 "면眄은 눈이 치우쳐 감김이다. 다르게는 쇠시衰視라고 한다"고 하였다. 『창힐편蒼頡篇』에서는 "면眄은 곁눈질旁視이다"라고 하였다. 정현은 『예기禮記』 「내칙內則」을 주석하면서 "제睇는 경시傾視이다"라고 하였는데, 『석문』과 뜻이 같다. 승승은 통행본에서는 "증증"으로 썼고, 『자하전』은 "승抍"으로 썼다. 『자림字林』에서는 "승抍은 위로 들어 올림上擧이며, 승承으로 읽는다"라고 하였다. 『설문』에는 "승抍은 위로 들어 올림이다"라고 하였다. 이 승承은 이어받음承受 또는 순종順從의 뜻이 있다. 육이는 음효로서 그 위의 구삼은 양효이며, 음으로써 양의 아래에 있으니 승承으로 곧 음이 양을 따른다. 「상」에서는 "법칙으로 따른다"라고 한 말이 곧 그 뜻이다. 효진爻辰으로 말하면 명이明夷의 육이는 마땅히 곤坤의 육이를 따르며, 유酉에 해당하며, 유酉의 방위는 서쪽이며, 서쪽은 오른쪽이다. 하괘의 체는 리離이며, 리는 목目이다. 또 3·4·5의 호체는 진震이며, 진震은 동쪽이며, 동쪽은 왼쪽이다. 구삼의 양효는 마땅히 건乾의 구삼을 따르며 진辰에 해당하며, 진辰은 동남이며, 손巽이 동남에 있으니, 「설괘」는 "손巽은 고股이다"라고 하였다. 그러므로 효상을 보면 "왼쪽 넓적다리를 곁눈질한다"는 말은 육이가 구삼을 계승함을 가리키며, 문자의 의미를 따라서 보면 왼쪽 넓적다리를 곁눈질로 봄을 가리키며, 말을 잘 따르면 굳세고 씩씩하다.

「象」曰: "六二"之"吉", 順以則也.

「상」에서 말하였다. "육이"의 "길함"은 법칙으로써 따르기 때문이다.

九三, 明夷於南狩, 得其大首, 不可疾貞.

구삼은 어두울 때 남쪽에서 사냥하여 큰머리를 얻으니 미워함을 고집해서는 안 된다.

「象」曰: "南狩"之志, 乃大得也.

「상」에서 말하였다. "남쪽에서 사냥함"의 뜻은 곧 크게 얻기 때문이다.

六四, 入於左腹, 獲明夷之心, 於出門庭.

육사는 왼쪽 배로 들어감은 명이의 마음을 얻어서 대문의 뜰로 나온다.

「象」曰: "入於左腹", 獲心意也.

「상」에서 말하였다. "왼쪽 배로 들어감"은 마음의 뜻을 얻기 때문이다.

六五, 箕子之明夷, 利貞.

육오는 기자의 명이는 곧으니 이롭다.

「象」曰: "箕子"之"貞", 明不可息也.

「상」에서 말하였다. "기자"의 "곧음"은 밝음이 쉴 수 없기 때문이다.

上九[12]), 不明晦, 初登於天, 後入於地.

상육은 밝지 않고 어두우니 처음에 하늘에 올랐다가 뒤에는 땅으로 들어간다.

「象」曰: "初登於天", 照四國也. "後入於地", 失則也.

「상」에서 말하였다. "처음 하늘에 오름"은 네 나라를 비춤이며 "뒤에 땅으로 들어감"은 법칙을 잃은 것이다.

---

12) 역자 주: 여기서는 上九가 아니라 上六이라고 해야 한다.

37. 가인家人

≡≡ 家人, 利女貞.

가인은 여자가 곧으면 이롭다.

「彖」曰: 家人, 女正位乎內, 男正位乎外, 男女正, 天地之大義也. 家人
有嚴君焉, 父母之謂也. 父父·子子·兄兄·弟弟·夫夫·婦婦, 而家
道正, 正家而天下定也.

「단」에서 말하였다. 가인은 여자가 안에서 자리를 바르게 하고, 남자는 밖에서
자리를 바르게 하여 남녀가 바름은 천지의 대의大義이다. 가인에 엄한 인군이
있으니 부모를 말한다. 부모는 부모답고, 자식은 자식답고, 형은 형답고, 아우는
아우답고, 남편은 남편답고, 아내는 아내다워야 집에의 도가 바르니 집을 바르게
하면 천하가 안정된다.

「象」曰: 風自火出, 家人. 君子以言有物而行有恒.

「상」에서 말하였다. 바람이 불로부터 나오니 가인이다. 군자는 그로써 말에 실물이
있고 행동에 일정함이 있다.

初九, 閑有家, 悔亡.

초구는 집안을 이룸에 방비하면 후회함이 없다.

鄭注 : 閑, 習也.(『釋文』)

　　한閑은 습習(익힘)이다.(『釋文』)

　한閑은 본래 문 위의 가로 나무를 가리킨다. 문을 빗장 지를 때 이 나무를 사용하여 매어놓고

문이 열리는 것을 방지한다. 『설문』에는 "한閑은 난闌(가로막음)이다. 문 가운데를 가로지르는 나무이다"라고 하였고, 그 후에 전의되어 방비防備함의 뜻이 되었다. 마융은 "난闌은 방防(방비함)이다"라고 하였다. 이 "한閑"은 연습練習을 가리킨다. 정현이 대축大畜의 구삼을 주석하면서 "수레를 가로막아 지킨다고 한다"는 말과 뜻이 같다.

「象」曰: "閑有家", 志未變也.

「상」에서 말하였다. "집안을 이룸에 방비함"은 뜻이 아직 변하지 않았기 때문이다.

六二, 无攸遂, 在中饋, 貞吉.

육이는 이루는 바가 없고 집안에서 음식을 대접하여 곧음이 길하다.

鄭注 : 二爲陰爻, 得正於內. 五, 陽爻也, 得正於外, 猶婦人自修正於內, 丈夫修正於外. "無攸遂", 言婦人無敢自遂也. 爻體離, 又互體坎, 火位在下, 水位在上, 飪之象也. 饋, 食也13), 故云在中饋也.(『後漢書』,「楊震傳」注)

2효는 음효이며 내괘에서 바름을 얻었다. 5효는 양효로서 외괘에서 바름을 얻으니 부인婦人이 스스로 안에서 바르게 수양하고, 남편은 밖에서 바르게 수양하는 것과 같다. "이루는 바가 없음"은 부인이 감히 스스로 이루는 바가 없음을 말한다. 효의 체는 리離이며, 호체는 감坎이며, 불의 아래에 있고 물이 위에 있으니 임飪(음식을 익힘)의 상이다. 궤饋는 식食(식사)이다. 그러므로 집안에서 음식을 대접한다고 하였다.(『후한서』,「楊震傳」注)

이는 가인家人의 뜻을 해석한 것이다. 가인의 육이는 내괘에 있으면서 음효로서 음의 위치에 있으니 바름을 얻었으며, 구오는 외괘에 있으며, 양으로서 양의 위치에 있으니 바른 위치를 얻었다. 곧 고대의 "남자는 밖을 주간하고 여자는 안을 주간하는" 가정을 상징하므로 이 괘는 가인괘家人卦이다. 수遂는 작위함이 있음이다.『공양전』의 환공桓公 8년에 "수遂는 무엇인가? 일을 만듦이다. 대부는 일을 이룸이 없다"고 하였다. 하휴는 "일에 전념함의 말이다"라고 하였다. 이는 부인이 다른 지위가 없고 혼자 결정함이 없음의 뜻을 말하며 큰일을 할 수 없다.『대대례기大戴禮記』「본명本命」에서는 "부인은 다른 사람에게 복종한다. 그러므로 혼자 결정함의 뜻이 없으며, 세 가지를 따르는 도道가 있으며, 감히 스스로 이루는 바가 없다.

---

13)『후한서』「王符傳」에는 이 구절을 인용하여 "中饋, 酒食也"라고 주석하였다.

그러므로 규문閨門을 나가지 못하게 하고 음식을 먹이는 공간에서 일하게 할 뿐이다"라고 하였다. 『후한서』「곡영전谷永傳」에서는 곡영에 대하여 묻기를 "『역』에는 '집안에서 음식을 대접하고 이루는 바가 없다고 한 말은 부인이 함께 일할 수 없음을 말한다'라고 하였다. 『후한서』「양진전楊震傳」에서는 양진이 상소하여 말하기를 "무릇 여자와 소인은 가까이하면 기뻐하고, 멀리하면 원망하니 실로 기르기 어렵다. 『역』에서 '집안에서 음식을 대접하고 이루는 바가 없다라고 한 말은 부인은 정사를 함께 할 수 없음을 말한다'라고 하였다. 집안에서 음식을 대접함은 집 안에서 음식을 만듦을 가리킨다. 궤饋는 팽임烹飪(음식을 만듦)이다. 『설문』에는 "궤饋는 향餉(軍糧)이다"라고 하였다. 정현이 "궤饋"를 주식酒食으로 해석한 것은 곧 이 뜻이다. 상象을 따라서 보면 가인괘의 하괘의 체는 리離이며, 2효의 체도 리離이며, 리는 불이다. 또 2·3·4 효이 호체는 감坎이며, 감은 물이며, 불이 아래에 있고, 물이 위에 있으니 음식을 만드는 상이 있으므로 "궤饋"라고 한다.

「象」曰: 六二之吉, 順以巽也.

「상」에서 말하였다. 육이의 길함은 순종하여 공손하기 때문이다.

九三, 家人嗃嗃, 悔厲吉.

구삼은 집안사람이 기뻐하니 위태함을 후회하여 길하다.

鄭注 : 嗃嗃, 苦熱之意.(『釋文』)

학학嗃嗃은 고열苦熱(견디기 어려운 더위)의 뜻이다.(『釋文』)

학학嗃嗃을 유표劉表는 "고고熇熇"로 썼으며, 순상은 "확확確確"으로 썼다. 정현은 "학嗃"을 "고熇"로 해석하였다. 조착晁錯의 역에서는 "학학嗃嗃"이라고 하였고, 정현은 "고고熇熇"라고 하였다. 『설문』에는 "고熇는 불의 열이다"라고 하였다. 구삼은 리離의 위에 있으며, 리는 불이며, "학학熇熇"(세차게 타오름)의 뜻이 있으며, 간보干寶(283?~351)는 「설괘」를 주석하여 "리離는 고熇(불꽃)이다"라고 한 말이 그 증거이다. 마융은 "학학嗃嗃은 기쁨을 스스로 얻은 모습이다"라고 하였는데, 정현의 해석은 마융과 다르다.

婦子嘻嘻, 終吝.

부인과 자식이 희희덕거리면 마침내 부끄럽다.

鄭注 : 嘻嘻, 驕佚喜笑之意.(『釋文』)

희희嘻嘻는 방자하게 기뻐하며 웃는 뜻이다.(『석문』)

희희嘻嘻는 장혜언은 "희희嬉嬉"라고 썼으며, 육적陸績은 "희희喜喜"로 썼다. "희嘻", "희嬉", "희喜"는 음이 같고 뜻도 통한다. 『설문』에는 "희喜는 락樂이다"라고 하였고, 마융은 "희嘻"를 주석하여 "소성笑聲"(웃음소리)이라고 하였다. 정현의 해석도 또한 이 뜻에 근거하였다.

「象」曰: "家人嗃嗃", 未失也. "婦子嘻嘻", 失家節也.

「상」에서 말하였다. "가인이 원망함"은 아직 잃지 않았기 때문이다. "부인과 자식이 희희덕거림"은 집안의 절도를 잃었기 때문이다.

六四, 富家大吉.

육사는 부유한 집이니 크게 길하다.

「象」曰: "富家大吉", 順在位也.

「상」에서 말하였다. "부유한 집이 크게 길함"은 순종하여 제자리에 있기 때문이다.

九五, 王假有家, 勿恤, 吉.

구오는 왕이 집안을 이룸이 지극하니 근심하지 않아 길하다.

鄭注 : 假, 登也.(『釋文』)

가假는 등登(지위에 오름)이다.(『석문』)

정현이 "가假"를 해석한 것은 『이아』에 근거하였다. 『이아』 「석고」에는 "가등假登은 승陞(오름)이다"라고 하였다. 가假는 백서본 『역』에서는 "가叚"로 썼다. 『방언』에는 "가假는 지至이다"라고 하였다. 가假와 가叚는 같은 발음의 계열이며, 가차할 수 있다. 또 『설문』에는 "가假는 지至이다"라고 하였다. 정현은 췌萃괘의 "왕가에는 묘당이 있다"(王家有廟)는 구절을 주석하여 "가假는 지至이다"라고 하였는데, 지至는 "도到"(도착)의 뜻이 있다. 옛날에는 도가到家(집에 도착함. 절정에 이름)를 등가登家라고 불렀다. 조원필은 "가假를 격格으로 읽고 등登으로 해석하며,

췌괘 주석에서 '지至로 해석한 것과 뜻이 같다. 가假와 격格은 모두 가假의 가차의 글자이다. 옛날에는 등당登堂을 등登에 해당한다고 하였다. 『춘추전』에는 '공公의 등登도 역시 등登이며, 왕위에 올라 집안을 이룬다라고 한 말은 집안의 당堂에 올라 친족들과 연식燕食(대부와 士 등의 일상의 오찬과 만찬)함을 말하며, '왕가에 묘당이 있다'는 문구의 예와 같다'(『集解補釋』)고 하였다.

「象」曰: "王假有家", 交相愛也.
「상」에서 말하였다. "왕이 집안을 이룸이 지극함"은 서로 사랑하기 때문이다.

上九, 有孚, 威如, 終吉.
상구는 믿음이 있어 위엄으로 하니 마침내 길하다.

「象」曰: "威如"之"吉", 反身之謂也.
「상」에서 말하였다. "위엄으로 함"의 "길함"은 자신을 돌이켜 반성함을 말한다.

38. 규睽

䷥　睽, 小事吉.

규睽는 작은 일은 길하다.

鄭注 : 睽, 乖也. 火欲上, 澤欲下, 猶人同居而異志也. 故謂之睽. 二五相應, 君陰臣陽,
君而應臣, 故小事吉.(『集解』)

규睽는 괴乖(배반)이다. 불을 위로 가려하고, 연못은 아래로 가려함은 마치
사람이 함께 있지만 뜻이 다름과 같다. 그러므로 규睽라고 한다. 2효와 5효가
서로 응하니 임금은 음이며 신하는 양으로 임금이 신하와 응하므로 작은
일은 길하다.(『集解』)

「서괘」에서는 "규睽는 괴乖이다"라고 하였다. 백서『역』에서 "규睽"를 "괴乖"로 쓴 것을 살펴보
면, "규睽"와 "괴乖"는 통한다. 또 초간본에는 "규楑"로 썼으며, 복모좌濮茅左는 "'규楑는 나무
목木을 따라 계癸로 읽는다.…… '괴乖로 읽을 수 있다'14)고 하였다. 규괘睽卦의 상괘는 리離로
불이며, 하괘는 태兌로 연못이며, 또 불이 위에 있고 또 위로 타오르며, 태兌는 아래에 있고
또 아래로 적셔 흐르니 두 가지는 마침 꼭 상반되며, 연못과 불이 서로 위배함의 뜻이 있다.
사람에게는 상괘인 리離는 중녀中女이며, 하괘인 태兌는 소녀少女이며, 두 여자가 함께 살며
한 남편을 섬기니 뜻이 서로 다르다. 이것은 「단」에서 "규睽는 불이 움직여 위로 가고, 연못이
움직여 아래로 가니 두 여자가 함께 살며, 그 뜻이 한 가지로 행해지지 않는다"고 한 말이다.
이것은 「단」의 뜻에 근거하여 규괘를 해석한 것이다. 규睽의 구이는 양으로써 음의 위치에
있으며, 육오는 음으로써 양의 위치에 있으므로 임금은 음이고 신하가 양이며, 임금이 신하와
응함에 임금과 신하가 위치를 잃었다. 이와 같이 음양이 조화를 잃고 군신君臣이 위치를
잃은 상황에서 단지 작은 일을 함이 적합하며, 큰일을 하는 것은 마땅하지 않으므로 괘사에서
"작은 일이 길하다"라고 하였다. 이것은 괘사의 "작은 일이 길하다"는 말을 해석한 것이다.

---

14) 馬承源,『上海博物館藏戰國楚竹書』三(上海古籍出版社, 2003), 180쪽.

「彖」曰: 睽, 火動而上, 澤動而下, 二女同居, 其志不同行. 說而麗乎明, 柔進而上行, 得中而應乎剛, 是以"小事吉". 天地睽而其事同也, 男女睽而其志通也, 萬物睽而其事類也, 睽之時用大矣哉.

「단」에서 말하였다. 규睽는 불이 움직여 위로 오르고, 못이 움직여 아래로 내려가며, 두 여자가 함께 살고 있으나 그 뜻이 한 가지로 행해지지 않는다. 기뻐하여 밝음에 덧붙여 있고, 부드러움이 나아가 위로 가서, 중中을 얻어 굳셈과 호응하니, 이 때문에 "작은 일이 길하다." 천지天地가 어긋나지만, 그 일은 같으며, 남녀가 어긋나지만, 그 뜻은 통하며, 만물이 어긋나지만, 그 일이 무리가 있으니, 규睽의 때맞추어 쓰임이 위대하도다!

「象」曰: 上火下澤, 睽. 君子以同而異.

「상」에서 말하였다. 위는 불이며 아래는 연못이 규睽이다. 군자는 그로써 같이 하되 다르다.

初九, 悔亡, 喪馬勿逐, 自復. 見惡人, 无咎.

초구는 후회함이 없으니 말을 잃고 쫓지 않아도 스스로 돌아온다. 나쁜 사람을 만나도 허물이 없다.

「象」曰: "見惡人", 以闢咎也.

「상」에서 말하였다. "나쁜 사람을 만남"은 허물을 피하기 때문이다.

九二, 遇主於巷, 无咎.

구이는 임금을 거리에서 만나면 허물이 없다.

「象」曰: "遇主於巷", 未失道也.

「상」에서 말하였다. "임금을 거리에서 만남"은 아직 도를 잃지 않았기 때문이다.

六三, 見輿曳, 其牛掣. 其人天且劓15), 无初有終.

육삼은 수레를 끌고 그 소를 당김을 본다. 그 사람은 머리가 매달리고 코를 베었다. 처음이 없는데 끝이 있다.

鄭注 : 牛角皆踊曰掣.(『釋文』)

　　소의 뿔이 모두 솟아 오른 것을 세掣라고 한다.(『釋文』)

세掣는 통행본에는 "체掣"로 썼으며, 우번은 "소의 뿔이 하나는 내려 보고 하나는 올려 보므로 '체掣'라고 한다"라고 하였다. 『설문』에는 "서𤛿"로 쓰고 "뿔이 하나는 내려 보고 하나는 올려 보는 것이다"라고 하였다. 『자하전』에는 "挈"으로 쓰고 "하나의 뿔이 올려 본다"고 하였다. 순상은 "기觭"로 썼다. 『설문』에는 "기觭는 뿔이 하나는 숙이고 있고 하나는 올려 본다"고 하였다. 『이아』 「석축釋畜」에서는 "뿔이 하나는 내려 보고 하나는 올려 보는 것이 기觭이다. 모두 용踊이며 서𤛿이다"라고 하였다. 『석문』은 번樊을 인용하여 "기울어진 뿔을 기觭라고 한다"고 하였다. 그러므로 여러 전문가들이 비록 사용한 글자가 다르지만, 그 의미를 해석함에 모두 『이아』에 근본을 두었음을 알 수 있다. 조원필은 "『이아』에서 '뿔이 하나는 내려 보고 하나는 올려 보는 것이 기觭이며 모두 용踊이며 서𤛿이다'라고 한 말은 정현에 근본을 두고 있었던 것이다. 『이아』 「석문」에서 '서𤛿는 혹 세掣로 썼으니'라고 하였으니 세掣는 서𤛿의 이체이다. 『설문』에 '하나의 뿔은 올려 본다'고 한 말을 단옥재는 '하나가 마땅히 둘이어야 한다'고 하였다. 이는 지극히 정확하지만, 그것이 잘못됨이 이미 오래이므로 육적陸績이 인용한 뜻과 같다. 금문본 『자하』에는 "挈"으로 썼는데 이는 서𤛿의 가차이며, '하나의 뿔을 올려본다'(一角仰)에 대한 해석은 모두 육조六朝시대 사람들이 잘못된 판본의 『설문』을 근거로 삼았다. 순상은 '기觭'라고 썼으며, 우번은 그 뜻을 같게 보면서도 글자는 '체掣'로 썼다. 기觭는 정자正字이며 체掣가 가차한 글자이다.…… 두 뿔이 올려 보는 것을 이른바 '모두 솟아올랐다(皆踊)고 한다.' 개용皆踊은 리離가 위로 타오름을 상징하며, 하나는 내려 보고 하나는 올려 봄은 리離가 위이며 감坎이 아래임을 상징하며, 모두 소의 뿔이 바르지 않는 것이다"(『集解補釋』)라고 하였다. 조원필의 해석이 지극히 정확하므로 마땅히 그를 따라야 한다.

「象」曰: "見輿曳", 位不當也. "无初有終", 遇剛也.

「상」에서 말하였다. "수레를 끌어당김을 봄은 위치가 부당하기 때문이다. "처음이 없고 끝이 있음"은 굳셈을 만났기 때문이다.

---

15) 역자 주: 程頤의 『伊川易傳』 권3에는 "天, 縣首也; 劓, 截鼻也"라고 하였다.

九四, 睽孤, 遇元夫, 交孚, 厲无咎.

구사는 어긋남이 외롭고, 착한 남편을 만나 서로 믿으니 위태하지만 허물이 없다.

「象」曰: "交孚""无咎", 志行也.

「상」에서 말하였다. "서로 믿음"과 "허물이 없음"은 뜻이 행해지기 때문이다.

六五, 悔亡, 厥宗噬膚, 往何咎.

육오는 후회함이 없으니 그 종친이 살을 씹으면 떠나감이 무슨 허물이 되겠는가?

「象」曰: "厥宗噬膚", 往有慶也.

「상」에서 말하였다. "그 종친이 살을 씹음"은 떠나감에 경사가 있다.

上九, 睽孤, 見豕負塗, 載鬼一車, 先張之弧, 後說之壺. 非寇婚媾, 往遇
雨則吉.

상구는 어긋남이 외로워 진흙을 뒤집어 쓴 돼지와 귀신을 실은 한 대의 수레를
보고, 먼저 활을 당겼으나 뒤에 시위를 풀었다. 도적이 아니라 혼인을 청하는
사람이다. 가다가 비를 만나면 길하다.

호호壺는 통행본에는 "호弧"로 썼으며, 경방·마융·왕숙·적현翟玄·백서帛書·부양간阜陽簡
과 정현이 같다. "호壺", "호瓠", "호弧"는 모두 물고기 어(魚)의 부수로 된 글자로 서로 통한다.
『이아』 「석기釋器」에서는 "강호康瓠(큰 항아리)를 계瓬라고 한다"라고 하였다. 곽박은 "호瓠는
호壺이다"라고 하였다. 호瓠는 본래 호로葫蘆(호리병박)를 가리키며, 이것은 와기瓦器(쟁물을 쓰지
않고 구운 그릇)를 가리키며, 『설문』에는 "호壺는 곤오昆吾(陶器)16)이며, 둥근 용기이다"라고 하였
다. 그러므로 금문본에는 "호瓠"로 썼다. 또 혜동은 『이아』에 근거하여 호壺를 "궁정宮廷의
골목길"(宮中巷)이라고 해석하였다. 그는 "『석궁釋宮』에서는 '궁정의 골목길을 호壺라고 한다'고
하였는데, 간艮은 궁宮이며 경로徑路(지름길, 소로)이며, 궁중에는 소로가 나 있으므로 항巷이

---

16) 역자 주: 昆吾는 錕鋙로도 쓰며, 중국의 고대 전설적인 陶器업의 발명자를 말하며, 산
이름을 의미하기도 한다.

라 한다"라고 하였다. 완비된 말이라고 할 수 있다.

「象」曰: "遇雨"之"吉", 群疑亡也.

「상」에서 말하였다. "비를 만남"이 "길함"은 뭇 의심이 없어지기 때문이다.

39. 건蹇

蹇, 利西南, 不利東北, 利見大人, 貞吉.

건蹇은 서남이 이롭고 동북은 이롭지 않으며, 대인을 봄이 이로우니, 곧으면 길하다.

「彖」曰: 蹇, 難也, 險在前也. 見險而能止, 知矣哉. 蹇, "利西南", 往得中也.

「단」에서 말하였다. 건蹇은 어려움이며, 험난함이 앞에 있다. 험난함을 보면 멈출 수 있으면 지혜롭다.

鄭注: 中, 和也.(『釋文』)

　　중中은 화和이다.(『釋文』)

　　『백호통白虎通』「오행五行」에서는 "중中은 화和이다"라고 하였다. 몽蒙「단」에서 "형통함으로 행하여 때에 적중的中한다"고 하였고, 『석문』은 "중中"을 해석하기를 "화和이다"라고 하였다. 이로써 중中에 "화和"의 의미가 있다는 증명이 된다.

"不利東北", 其道窮也. "利見大人", 往有功也. 當位"貞吉", 以正邦也. 蹇之時用大矣哉.

"동북은 이롭지 않음"은 그 도가 곤궁하기 때문이다. "대인을 봄이 이로움"은 가서 공功이 있기 때문이다. 자리에 마땅하여 "곧고 길함"은 나라를 바르게 하기 때문이다. 건蹇의 때와 쓰임이 크도다!

「象」曰: 山上有水, 蹇. 君子以反身修德.

「상」에서 말하였다. 산 위에 물이 있음이 건蹇이다. 군자는 그로써 자신을 반성하고 덕을 수양한다.

初六, 往蹇, 來譽.

초육은 가면 어렵고 오면 명예롭다.

「象」曰: "往蹇來譽", 宜待時也[17].

「상」에서 말하였다. "가면 어렵고 오면 명예로움"은 마땅히 때를 기다려야 하기 때문이다.

六二, 王臣蹇蹇, 匪躬之故.

육이는 왕의 신하가 어렵고 어려움은 자신 때문이 아니다.

「象」曰: "王臣蹇蹇", 終无尤也.

「상」에서 말하였다. "왕의 신하가 어렵고 어려움"은 끝내 허물이 없다.

九三, 往蹇, 來反.

구삼은 가면 어렵고 오면 돌아온다.

「象」曰: "往蹇來反", 內喜之也.

「상」에서 말하였다. "가면 어렵고 오면 돌아옴"은 안으로 그것을 기뻐하기 때문이다.

六四, 往蹇, 來連.

육사는 가면 어렵고 오면 오래간다.

鄭注 : 連, 遲久之義.(『釋文』;『正義』)

　　　 연連은 지구遲久(오래감)의 뜻이다.(『석문』;『정의』)

---

17) 통행본에는 "宜待也"라고 썼다. 정현이 쓴 "宜待時"가 뜻이 더욱 분명하므로 마땅히 정현의 말을 옳다고 보아야 한다.

연連은 우번은 "연連은 연輦(손수레)이며, 어려워 멈춤(蹇難)이다"라고 하였다. 마융은 "어려움이
다"라고 하였다. 『설문』은 "연連은 수레를 지는 것(負車)이다"라고 하였다. 단옥재는 "연連은
곧 고문의 연輦이다"라고 하였다. 그리고 정현은 "연連"을 "지구(遲久)"라고 해석하였는데 아마
도 뜻이 인신(引伸)[18]되었다. 왜냐하면 어려움이 있으면 돌아옴이 반드시 오래 걸리기 때문이다.

「象」曰: "往蹇來連", 當位實也.

「상」에서 말하였다. "가면 어렵고 오면 오래됨"은 해당된 자리가 참되기 때문이다.

九五, 大蹇, 朋來.

구오는 크게 어려움에 벗이 온다.

「象」曰: "大蹇朋來", 以中節也.

「상」에서 말하였다. "크게 어려움에 벗이 옴"은 절도에 맞기 때문이다.

上六, 往蹇來碩, 吉, 利見大人.

상육은 가면 어렵고 오면 크므로 길하며, 대인을 보면 이롭다.

「象」曰: "往蹇來碩", 志在內也, "利見大人", 以從貴也.

「상」에서 말하였다. "가면 어렵고 오면 큼"은 뜻이 안에 있기 때문이며, "대인을
보면 이로움"은 그로써 귀함을 좇기 때문이다.

---

18) 역자 주: 引伸은 어떤 단어가 본래의 뜻에서 다른 뜻이 파생됨을 말한다. 이러한 뜻으
로 확대, 확장 등의 단어가 있으나 이 경우에 적절한 표현의 다른 뜻으로 바꾼다는
轉義라는 말이 가장 본래 뜻에 가깝다. 이하 引伸은 '轉義되다'로 번역한다.

40. 해解

䷧ 解, 利西南, 无所往, 其來複吉, 有攸往, 夙吉.

해괘解卦는 서남쪽이 이로우니 갈 곳이 없어 다시 돌아오니 길하며, 가는 바가 있어 일찍 하면 길하다.

「彖」曰: 解, 險以動, 動而免乎險, 解. "解, 利西南", 往得衆也. "其來複吉", 乃得中也. "有攸往夙吉", 往有功也. 天地解而雷雨作, 雷雨作而百果草木皆甲宅.

「단」에서 말하였다. 해解는 험난하여 움직이니, 움직여 험난함을 벗어남이 해解(풀림)이다. "해解는 서남쪽이 이로움"은 가서 무리를 얻기 때문이며, "와서 회복함이 길함"은 곧 중中을 얻었기 때문이다. "가야 할 바가 있으면 일찍 하여 길함"은 가서 공이 있기 때문이다. 천지가 풀리어 우레와 비가 일어나고, 우레와 비가 일어나자 온갖 과일과 초목이 모두 껍질이 열린(후 싹이 튼)다.

鄭注 : 木實曰果, 皆讀如人倦之解, 解, 謂坼呼. 皮曰甲, 根曰宅. 宅, 居也.(『文選』, 「蜀都賦」[左思] 注)

> 나무의 열매를 과果라고 하며 모두 사람의 피로함이 풀림과 같이 읽으며, 해解는 터지는 소리를 말한다. 껍질을 갑甲이라고 하며, 뿌리를 택宅이라고 하며, 택宅은 거주居住이다.(『文選』, 「蜀都賦」[左思] 注)

현이 "과果"를 해석한 것은 『설문』에서 취하였다. 『설문』은 "과果는 나무의 열매이다"라고 하였으며, 송충宋衷[19]은 「설괘」를 주석하면서 "나무의 열매를 과果라고 하며, 풀의 열매를 라蓏라고 한다"고 하였는데, 곧 이 뜻을 취하였다. 과果는 수목樹木에 맺히는 과실果實을 가리킨다. 모두 해解로 읽는다. 갑甲은 천간天干의 처음이며 본래 만물이 부갑孚甲(껍질)에서

---

19) 역자 주: 宋衷(생졸 미상)은 宋忠 또는 宋仲子라고도 하며 삼국시대 南陽 사람.

생겨남을 가리킨다. 『설문』에는 "갑은 동쪽의 처음으로 양기가 막 움직여 나무에서 껍질을 마주하는 상이다"라고 하였다. 『백호통』 「오행」에는 "갑은 만물의 부갑孚甲이다"라고 하였는데, 부갑孚甲은 과실의 겉껍질을 가리킨다. 택乇은 다른 판본에는 "탁圻"으로 썼으며, 왕인지王引之(1766~1834)는 "택乇은 곧 탁乇의 가치이다. 『설문』에는 '탁乇은 풀잎이다. 수수垂穗가 위로 하나로 관통하며 아래로 뿌리가 있는 형태를 상징한다'고 하였다. 탁乇, 택乇, 탁圻은 고대에는 같은 소리였으므로 또한 탁圻으로 통한다"고 하였다. 이 말은 믿을 만하다. 마융과 육적陸績은 모두 택乇을 "근根"으로 해석하였으며 정현과 뜻이 같다. 정현은 또 "택乇"을 거居로 해석하였는데, 『이아』 「석언」에는 "택乇은 거居이다"라고 하였다. 옛날에는 길지吉地를 선택하여 거주하였으므로 택乇에는 거주의 뜻이 있다. 『석명釋名』 「석궁실釋宮室」에는 "택乇은 선택選擇이다. 길처吉處를 선택하여 그것을 경영한다"고 하였다. 이것은 과실의 종자의 겉껍질을 방房과 주택에 비유하여, 종자의 내핵을 거주하는 사람으로 본 것이다. 『시』 「대전大田」에는 "이미 방方에 이미 부皁에 있으니"라는 구절을 정현은 해석하여 말하기를 "방方은 방房이다. 껍질이 처음 생겨나 아직 하나가 되지 않은 때를 말한다"고 하였다. 공영달은 소疏에서 "쌀 껍질의 방을 말하는 것으로 그 껍질을 말하며, 쌀이 가운데서 생겨남이 마치 사람이 방사房舍(방 안)에 있는 것과 같다"고 하였다.

「象」曰: "雷雨作", 解. 君子以赦過宥罪.

「상」에서 말하였다. "우레와 비가 일어남"을 해라고 한다. 군자는 이로써 허물을 사면하고 죄를 용서한다.

初六, 无咎.

초육은 허물이 없다.

「象」曰: 剛柔之際, 義无咎也.

「상」에서 말하였다. 굳셈과 부드러움의 교제交際이니 의로우면 허물이 없다.

九二, 田獲三狐, 得黃矢, 貞吉.

구이는 밭에서 사냥하여 여우 세 마리를 잡고 황색 화살을 얻으니 곧음이 길하다.

「象」曰: 九二"貞吉", 得中道也.

「상」에서 말하였다. 구이의 "곧음이 길함"은 중도中道를 얻었기 때문이다.

六三, 負且乘, 致寇至, 貞吝.

육삼은 지고 또 올라탔으니 도적이 오게 하였으니 곧아도 부끄럽다.

「象」曰: "負且乘", 亦可醜也. 自我致戎, 又誰咎也.

「상」에서 말하였다. "지고 또 올라 탐"은 또한 추醜하다. 스스로 도적을 불러들였으니 또한 누구를 탓하겠는가?

九四, 解而拇, 朋至斯孚.

구사는 풀되 엄지발가락부터 하면 친구가 와서 이를 믿을 것이다.

「象」曰: "解而拇", 未當位也.

「상」에서 말하였다. "풀되 엄지발가락부터 함"은 아직 마땅한 지위가 아니기 때문이다.

六五, 君子維有解, 吉, 有孚於小人.

육오는 군자는 오직 풀어냄이 있어야 길하며, 소인에게 믿음이 있다.

「象」曰: 君子有解, 小人退也.

「상」에서 말하였다. 군자가 풀어냄이 있으면 소인이 물러간다.

上六, 公用射隼於高墉之上, 獲之, 无不利.

상육은 공公이 높은 담장 위에서 새매를 쏘아 그것을 얻으니 이롭지 않음이 없다.

「象」曰: "公用射隼", 以解悖也.

「상」에서 말하였다. "공이 새매를 쏨"은 패륜悖倫을 풀었기 때문이다.

41. 손損

鄭注 : 艮爲山, 兌爲澤, 互體坤, 坤爲地. 山在地上, 澤在地下, 澤以自損增山之高也, 猶諸侯損其國之富, 以貢獻於天子, 故謂之損矣.(『集解』)

간艮은 산山이며, 태兌는 연못(澤)이며, 호체는 곤坤으로 곧은 땅이다. 산은 땅 위에 있고, 연못은 땅의 아래에 있으며, 연못은 땅 아래에 있고, 연못은 스스로를 덜어서 산을 높게 더하니 마치 제후가 자기 나라의 부富를 덜어서 천자에게 공헌하는 것과 같으므로 손損(덜어냄)이라고 한다.(『集解』)

정현은 괘상과 인사 두 방면으로 손괘損卦의 뜻을 해석하였다. 괘상으로 보면 손損은 상괘는 간艮, 하괘는 태兌로서, 간은 산, 태는 연못이며, 3·4·5효의 호체는 곤坤이며, 곤은 땅이므로 땅 위에 산이 있으며, 연못은 땅의 아래에 있는 상이다. 연못은 아래로 적시며 또한 아래에 처하며, 산은 높아 위에 있으며, 상대하여 말하면 연못은 아래에서 스스로를 덜어내어 산이 더 높아지도록 드러내며 곧 산이 높도록 더해 준다. 인사로서 말하면 제후가 국가의 재부財富를 이용하여 상위의 천자에게 공헌貢獻하는 것으로 제후에 대하여 말하면 곧 덜어냄이다.

☲☶ 損, 有孚, 元吉, 无咎, 可貞, 利有攸往. 曷之用? 二簋可用享.

손損은 믿음이 있으며 크게 길하며 허물이 없으며, 곧게 할 수 있으며 가는 바가 있어 이롭다. 어디에 쓰는가? 두 개의 술잔으로 제사지낼 수 있다.

鄭注 : 四以簋進黍稷於神也. 初與二直, 其四與五承上, 故用二簋. 四, 巽爻也, 巽爲木. 五, 離爻也. 離爲日, 日體圜, 木器而圜, 簋象也.[20](『周禮』「冬官・旊人」疏)

4효는 궤簋로서 신에게 곡식(黍稷)을 올린다. 초효와 2효는 곧으며, 4효와 5효는 위를 받들기 때문에 두 개의 잔을 사용한다. 4효는 손巽의 효이며, 손은 나무이다. 5효는 리離의 효이다. 리는 태양이며 태양의 형체는 둥글며,

---

20) 『의례』 「少牢饋食禮」의 疏에서는 "離爲日, 日圓. 巽爲木, 木器象"이라고 하고, 『詩經』 「權輿」 正義에서는 "離爲日, 日體圓. 巽爲木, 木器圓簋象"이라고 하여 역시 정현의 뜻과 같다.

목기木器도 둥글어서 궤簋의 형상이다.(『周禮』 「冬官·旊人」 疏)

이것은 괘상과 효상으로 「단」을 해석한 것이다. 태泰의 3효와 상효를 서로 바꾸면 손損이 되며, 손損에는 제사의 상이 있다. 이도평은 "효가 위에 있어 종묘宗廟이며, 또 간艮은 문궐門闕(궁문)이므로 종묘의 상이 있으며, 곤귀坤鬼가 거기에 있으니 조종祖宗의 상이 있다. 호체인 진震은 장자로 제사를 주관하며, 곤坤의 형태가 아래에서 그릇이 되며, 간艮은 손을 그것을 집전執典하니 제사를 올리는 상이 있다"(『集解纂疏』)라고 하였다. 손損의 제사는 효상爻象을 따라서 보면 그 체가 4효의 위에서 나타나며, 곧 초효, 2효, 3효, 4효, 5효이다. 초효와 4효, 2효와 5효가 서로 응하며, 4효와 5효를 위를 받들기 때문에 두 개의 잔을 사용한다고 하였다. 옛날의 예를 살펴보면 천자의 제사에는 8개의 잔을 썼지만, 지금은 두 개로 줄여서 사용하며, 사례士禮를 이용하여 제사에는 정성이 중요함을 보여 준다. 직直은 당當으로 해석하며 서로 응함을 가리킨다. 궤簋는 고대의 제사에 쓰는 그릇이며, 오직 식량의 종류를 담는 제사 그릇(坎卦 육사를 자세하게 보라.)이다. 손損의 4효는 음효이며, 5효 또한 음효이며, 효체설을 살펴보면 4효는 손巽의 효이며, 5효는 리離의 효이다. 손은 나무이며 리는 태양이며, 태양은 둥글고 목기木器도 둥글며, 궤의 상이다. 조원필은 "'4효는 잔으로 곡식을 올린다'는 말에서 '사四'는 마땅히 '삼三'이며, '초효와 2효는 곧다(初與二直)'는 말은 마땅히 '3효와 상효가 곧다(三與上直)'라고 해야 한다"(『箋釋』)고 하였는데, 아마도 잘못이다.

「彖」曰: 損, 損下益上, 其道上行. 損而"有孚元亨无咎, 可貞, 利有攸往. 曷之用? 二簋可用享." 應有時, 損剛益柔有時, 損益盈虛, 與時偕行.

「단」에서 말하였다. 손괘損卦는 아래를 덜어서 위를 보태니 그 도가 위로 향한다. 덜어서 "믿음이 있으면 크게 형통하여 허물이 없으며, 곧게 할 수 있어 가는 바가 있어 이롭다. 어디에 쓰겠는가? 두 개의 잔으로 제사를 지낼 수 있음"은 마땅히 때가 있고, 군셈을 덜어내어 부드러움을 더해 주는 때가 있으니 덜고 더함과 차고 비움은 때를 따라 행할 뿐이다.

「象」曰: 山下有澤, 損. 君子以懲忿窒欲.

「상」에서 말하였다. 산 아래에 연못이 있음이 손損이다. 군자는 이로써 분노를 자제하고 욕망을 억제한다.

鄭注 : 懲, 猶清也. 慣, 止也.(『釋文』)

징徵은 청淸과 같다. 치慣는 멈춤이다.(『석문』)

징徵은 금문본에는 "징懲"으로 썼으며, 유흠은 "징澂"으로 썼고, 촉재蜀才(생졸 미상, 東晉시대)는 "징澄"으로 썼다. "徵", "懲", "澂", "澄"은 고대에는 통하였다. 혜동은 "징徵은 징懲으로 읽으며 고문이다"라고 하였다. 단옥재는 "徵은 澂의 가차 글자이다. 澂과 澄은 고문과 금문의 글자이다"라고 하였다. 『설문』에는 "澂은 청淸이다"라고 하였다. 치慣는 통행본에서는 "질窒"로 썼으며, 맹자는 "질恎"로 썼다. 『설문』에는 "치慣"와 "질恎"자는 없다. 정현은 "慣"로 썼는데 이는 "지躓"의 가차이다. 송訟괘에서는 "질척窒惕"이라고 하였다. 『석문』에는 "마음은 '질恎'로 쓰고 '지躓'로 읽었으며 지止와 같다"고 하였다. 이로써 窒, 躓, 慣는 통함을 알 수 있다. 『설문』에는 "지躓는 겁跲(넘어짐)이다"라고 하였다. 겁跲은 멈춤의 뜻이다. 겁跲은 곧 "체蹇(엎어짐)."『이아』「석언」에는 "체蹇는 겁跲이다"라고 하였다. 『설문』에는 "체蹇는 막혀서 가지 못함이다. 삼가 쫓아가서 물러나고 멈춤이다"라고 하였다.

初九, 巳事遄往, 无咎. 酌損之.

초구는 일을 마치고 빨리 가면 허물이 없다. 참작參酌하여 덜어낸다.

「象」曰: "巳事遄往", 尙合志也.

「상」에서 말하였다. "일을 마치고 빨리 감"은 뜻이 합함을 숭상하기 때문이다.

九二, 利貞, 征21)凶, 弗損益之.

구이는 곧음이 이로우니 나아가면 흉하고 덜어내지 않고 더해 준다.

「象」曰: 九二"利貞", 中以爲志也.

「상」에서 말하였다. 구이는 "곧음이 이로움"은 중中을 뜻으로 삼기 때문이다.

---

21) 역자 주: 번체자인 徵은 '징집하다, 구하다, 징조, 징수 등의 뜻이 있다. 이 徵의 간체자가 '征'이다. 그런데 이 '征'은 '(먼 길을) 가다, 정벌하다' 등의 의미가 있는 번체자 '征'과 같다. 따라서 간체자인 征은 徵과 征의 의미를 함께 나타내기 때문에 문맥에 따라 잘 구별해서 써야 한다. 이 책에서는 納徵이라고 할 때는 徵으로 쓰고, 정벌이나 나아감을 의미할 때는 征으로 쓴다.

六三, 三人行, 則損一人; 一人行, 則得其友.

육삼은 세 사람이 가면 한 사람을 덜어 내고, 한 사람이 가면 그 벗을 얻는다.

「象」曰: “一人行”, 三則疑也.

「상」에서 말하였다. “한 사람이 감”은 세 사람이면 의심하기 때문이다.

六四, 損其疾, 使遄有喜, 无咎.

육사는 그 질병을 덜어내어 빨리 가게 하면 기쁨이 있어 허물이 없다.

「象」曰: “損其疾”, 亦可喜也.

「상」에서 말하였다. “그 질병을 덜어 냄”은 또한 기뻐할 만하다.

六五, 或益之十朋之龜, 弗克違, 元吉.

육오는 혹 열 친구의 거북을 더하면 어길 수 없으니 크게 길하다.

鄭注 :『爾雅』云: 十朋之龜者, 一曰神龜, 二曰靈龜, 三曰攝龜, 四曰寶龜, 五曰文龜, 六曰筮龜, 七曰山龜, 八曰澤龜, 九曰水龜, 十曰火龜.(『正義』;『爾雅』,「釋魚」疏; 『禮記』,「禮器」疏)

『이아』에서는 “열 친구의 거북을 첫째는 신귀神龜, 둘째는 영귀靈龜, 셋째는 섭귀攝龜, 넷째는 보귀寶龜, 다섯째는 문귀文龜, 여섯째는 무귀筮龜, 일곱째는 산귀山龜, 여덟째는 택귀澤龜, 아홉째는 수귀水龜, 열째는 화귀火龜이다”(『正義』; 『爾雅』,「釋魚」疏;『禮記』,「禮器」疏)라고 하였다.

곽박의 주석을 보면 신귀神龜가 거북 가운데 가장 신명神明한 것이다.『사기』「귀책전龜策傳」 에서는 “신귀神龜가 강물 가운데서 나왔다”고 하고, 또 “신귀가 강남의 가림嘉林 속에서 나왔 다”라고 하였다. 영귀靈龜는 영기靈氣를 가진 거북을 가리킨다. “부릉군에서 큰 거북이 나왔는 데, 껍질로 점복占卜을 하였는데, 요혈의 문채가 대모瑇瑁(바다거북)와 비슷하므로 세속에서는 영귀靈龜라고 불렀다”고 하였다. 섭귀攝龜는 비교적 작은 거북이다. “복갑腹甲에 곡절이 있어 스스로 열고 닫음을 해결할 수 있으며, 사蛇를 잘 먹으며, 강동江東에서는 능귀陵龜라고 한다”

라고 하였다. 보귀寶龜는 거북은 청순淸純한 색을 보배로 삼는다. 전설에 의하면 천 년 된 거북은 청순淸純한 색깔을 가진다. 문귀文龜는 "귀갑에 문채가 있는" 거북을 가리킨다. 무귀筮龜는 "항상 시총蓍叢 아래에 잠복한" 거북을 가리킨다. 그리고 산귀山龜, 택귀澤龜, 수귀水龜, 화귀火龜는 그것이 생겨나는 곳을 따라 이름을 지었다.

「象」曰: "六五元吉", 自上佑也.

「상」에서 말하였다. "육오는 크게 길함"은 위로부터 도움을 받기 때문이다.

上九, 弗損益之, 无咎, 貞吉, 利有攸往, 得臣无家.

상구는 덜어내지 않고 보태면 허물이 없고 곧음이 길하며, 가는 바가 있어 이롭고 신하를 얻으니 가정이 없다.

「象」曰: "弗損益之", 大得志也.

「상」에서 말하였다. "덜어내지 않고 보탬"은 크게 뜻을 얻은 것이다.

42. 익益

益, 利有攸往, 利涉大川.

익은 가는 바가 있어 이롭고, 큰 내를 건넘이 이롭다.

鄭注: 陰陽之義, 陽稱爲君, 陰稱爲臣, 今震一陽二陰, 臣多於君矣. 而四體巽之下[22]
應初, 是天子損其所有以下諸侯也. 人君之道, 以益下爲德, 故謂之益也. 震爲
雷, 巽爲風. 雷動風行, 二者相成, 猶人君出敎令, 臣奉行之, 故'利有攸往'. 坎爲
大川, 故'利涉大川'矣.(『集解』)

음양의 의미에서 양을 임금이라고 하고 음을 신하라고 하는데, 이 진震은
하나의 양과 두 개의 음이므로 신하가 임금보다 많다. 그리고 4효의 체인
손巽의 아래[下]인 초효와 응하니 이는 천자가 자신이 가진 것을 덜어 제후에게
내려 주는 것이다. 임금의 도는 아래로 더해 줌을 덕으로 삼으므로 익益이라고
한다. 진震은 우레이며 손巽은 바람이다. 우레가 움직이고 바람이 불어 둘이
서로 이룸이 마치 임금이 교령敎令을 내리고 신하가 그것을 받들어 실행함과
같으므로 '가는 바가 있어 이롭다.' 감坎은 큰 내이므로 '큰 내를 건너면
이롭다'라고 한다.(『集解』)

『역전易傳』을 살펴보면 양효를 임금이라고 하고 음효를 신하라고 한다. 익益괘의 하괘는
진震이며, 진은 하나의 양과 두 개의 음이 음이 양보다 많으므로 인사에 나아가서 말하면
신하가 임금보다 많으며, 4효는 음효로서 상괘의 체인 손巽 가운데 있으며, 초효인 양효와
서로 응하니 마치 천자가 그가 가진 것을 줄여서 덜어 내어 하층의 제후에게 베풂과 같다.
임금이 되어 마땅히 아랫사람에게 두터이 베풂을 덕으로 삼기 때문에 이 괘를 익益이라고
한다. 손損의 하괘인 진震은 우레이며, 상괘인 손巽은 바람이며, 우레가 움직이고 바람이
부는 것은 인사人事에서는 임금이 교령을 내려보내면 신하가 즉시 받들어 행하므로 사辭에서
"가는 바가 있어 이롭다"라고 하였다. 효체설을 보면 구오는 양효이며 체體는 감坎이며, 감은
대천大川이므로 "큰 내를 건너면 이롭다"라고 하였다.

---

22) 본래 "不"로 되어 있으나 『義解攝要』에 근거하여 "下"로 고친다.

「彖」曰: 益, 損上益下, 民說无疆; 自上下下, 其道大光. "利有攸往", 中正有慶. "利涉大川", 木道乃行. 益動而巽, 日進无疆; 天施地生, 其益无方. 凡益之道, 與時偕行.

「단」에서 말하였다. 익益은 위에서 덜어 내어 아래에 더해 주니 백성의 기쁨이 끝이 없으며, 위로부터 아래로 낮추니 그 도가 크게 빛난다. "가는 바가 있어 이로움"은 중정中正으로 경사가 있기 때문이고, "큰 내를 건넘이 이로움"은 나무의 도가 이에 행해지기 때문이다. 익益이 움직이되 공손하면, 날마다 나아감이 끝이 없으니, 하늘은 베풀고 땅은 낳아서 그 유익함이 방소方所가 없다. 익益의 도는 때에 맞추어 함께함이다.

「象」曰: 風雷, 益. 君子以見善則遷, 有過則改.

「상」에서 말하였다. 바람과 우레가 익이다. 군자는 이로써 선善을 보면 실천하고, 허물이 있으면 고친다.

初六, 利用爲大作, 元吉, 无咎.

초육은 크게 일을 일으킴이 이로우니 크게 길하고 허물이 없다.

「象」曰: "元吉无咎", 下不厚事也.

「상」에서 말하였다. "크게 길하고 허물이 없음"은 아랫사람이 일을 크게 하지 않기 때문이다.

六二, 或益之十朋之龜, 弗克違, 永貞吉. 王用享於帝, 吉.

육이는 혹 열 친구의 거북을 더해 주면 어길 수 없으니 영원히 곧으며 길하다. 임금이 그로써 상제에게 제사지내면 길하다.

「象」曰: “或益之”, 自外來也.

「상」에서 말하였다. “혹 더해 줌”은 밖으로부터 오기 때문이다.

六三, 益之用凶事, 无咎. 有孚中行, 告公用圭.

육삼은 익을 흉사凶事를 쓰면 허물이 없다. 중中으로 행하므로 믿음이 있고, 공에게 고함에 규圭(옥)를 쓴다.

「象」曰: 益“用凶事”, 固有之也.

「상」에서 말하였다. 익을 “흉사凶事를 씀”은 굳게 가지고 있기 때문이다.

六四, 中行告公從, 利用爲依遷國.

육사는 중中으로 행하고 공公에게 고하여 따르며, 씀에 나라를 떠남에 의지하면 이롭다.

「象」曰: “告公從”, 以益志也.

「상」에서 말하였다. “공에게 고하여 따름”은 뜻을 유익하게 하기 때문이다.

九五, 有孚惠心, 勿問元吉, 有孚惠我德.

구오는 믿음이 있어 마음을 은혜롭게 여기고, 묻지 않으면 크게 길하며, 믿음이 있어 나의 덕을 은혜롭게 여긴다.

「象」曰: “有孚惠心”, “勿問”之矣. “惠我德”, 大得志也.

「상」에서 말하였다. “믿음이 있어 마음을 은혜롭게 여김”은 “묻지 않음”으로서 한다. “나의 덕을 은혜롭게 여김”은 크게 뜻을 얻었기 때문이다.

上九, 莫益之, 或擊之, 立心勿恒, 凶.

상구는 더해 줌이 없으니 혹 공격하고, 마음을 확립함이 항상되지 않으니 흉하다.

「象」曰: "莫益之", 偏辭也. "或擊之", 自外來也.

「상」에서 말하였다. "더해 줌이 없음"은 편벽된 말이기 때문이다. "혹 공격함"은
밖으로부터 온다.

43. 쾌夬

 夬, 揚於王庭.

쾌는 왕의 정원에서 드날림이다.

鄭注 : 夬, 決也. 陽氣浸長, 至於五. 五, 尊位也. 而陰先之, 是猶聖人積德說天下, 以漸
消去小人, 至於受命爲天子, 故謂之夬. 揚, 越也. 五互體乾, 乾爲君, 又居尊位,
王庭之象也. 陰爻越其上, 小人乘君子, 罪惡上聞於聖人之朝, 故曰 "夬, 揚於
王庭" 也.(『集解』)

쾌夬는 결決(결단함)이다. 양기가 점점 커져서 5효에 이른다. 5효는 존엄한
자리다. 그리고 음이 먼저 가니 이것은 성인이 덕을 쌓아 천하를 기쁘게
하며 점차 소인을 없애고 천명天命을 받아 천자가 됨을 비유하는 것이므로
쾌夬라고 한다. 양揚은 월越(超越, 드날림)이다. 5효의 호체는 건乾이며, 건은
임금이며 또 존엄한 자리에 있으므로 왕의 조정의 형상이다. 음효가 그
위에서 드날림은 소인이 군자를 업신여기는 것으로 죄악이 위로 성인의
조정에까지 들리므로 "쾌夬는 왕의 조정에서 드날린다"라고 하였다.(『集解』)

「단」에서는 "쾌夬는 결決이다"라고 하였는데, 「서괘」와 「잡괘」도 같다. 쾌는 다섯 개의 양과
하나의 음으로 이루어지며, 괘기설에 의하면 건乾의 양이 곤坤의 체 안에서 자라서 초효로부터
5효에 이르러 쾌夬가 된다. 5효는 천자의 자리이므로 "존위尊位"라고 한다. 건乾의 양이 자라서
곤坤의 음이 소멸되며, 음이 앞에 있고 양이 뒤에 있으면서 그것을 소멸시키니 마치 성인이
덕을 쌓아서 세상을 기쁘게 하여 점점 소인을 없게 하는 것과 같다. 1에서 5효까지는 천명을
받은 천자이므로 이 괘는 쾌夬이다. 이도평은 상象으로써 그것을 해석하여 "복復에서부터
건乾까지가 적선積善이며, 적덕積德은 전선과 같으며, 내괘는 건乾이며, 건은 덕이므로 '성인이
덕을 쌓는다'라고 한다. 외괘의 체體는 태兌이며, 태兌는 기쁨이므로 '세상을 기쁘게 한다'고
하였다. 건의 양으로 곤의 음을 소멸시켜 초효에서 5효에 이르므로 '점점 소인을 없앤다'고
하였다. 건이 5효에서 멈추면 '천명을 받아 천자가 된다.' 음이 이미 결단하니 '그러므로 쾌라고
한다'"(『集解纂疏』)라고 하였다. 정현이 "양揚"을 "越"로 해석한 것은 『이아』에 근거하였다.
『이아』 「석언」에는 "양揚은 월越이다"라고 하였다. 쾌의 3·4·5효의 호체는 건乾이며, 건은

임금이며 5효의 존엄한 자리에 있으니 "왕정王庭"(왕의 조정)의 상이 있다. 상육은 음효로서 5효인 양의 이에 있으며, 초월超越의 뜻이 있으며, 음으로써 양의 위에 있으므로 승乘(업신여김)이다. 음은 소인이며, 양은 군자이므로 소인이 군자를 업신여긴다고 한다. 왜냐하면 소인의 죄악이 성인의 조정에까지 들리므로 괘사에서 "쾌夬는 왕의 조정에서 드날린다"라고 하였다.

孚號有厲, 告自邑, 不利卽戎, 利有攸往.

미더운 호령으로 위태롭게 여김이 있도록 하고, 읍으로부터 고하며 오랑캐를 마주하면 이롭지 않으며, 가는 바가 있어 이롭다.

「彖」曰: 夬, 決也. 剛決柔也. 健而說, 決而和. "揚於王庭", 柔乘五剛也. "孚號有厲", 其危乃光也. "告自邑, 不利卽戎", 所尙乃窮也. "利有攸往", 剛長乃終也.

「단」에서 말하였다. 쾌는 결단이다. 군셈이 부드러움을 결단한다. 강건하여 기뻐하며, 결단하여 화합한다. "왕의 조정에서 드날림"은 부드러움이 다섯의 군셈을 탔다. "미더운 호령으로 위태롭게 여김이 있음"은 그 위태로움이 곧 크기 때문이다. "읍으로부터 고하며 오랑캐를 마주하면 이롭지 않음"은 숭상하는 바가 곧 곤궁해지기 때문이다. "가는 바가 있어 이로움"은 군셈이 자라나서 에에 마치기 때문이다.

「象」曰: 澤上於天, 夬. 君子以施祿及下, 居德則忌.

「상」에서 말하였다. 연못이 하늘에 올라감이 쾌夬이다. 군자는 그로써 녹을 베풀어 아래로 이르며, 덕德에 자리하면 꺼려 피한다.

初九, 壯於前趾, 往不勝, 爲咎.

초구는 발끝을 기운차게 내딛어 나아가서 이기지 못하면 부끄러우리라.

「象」曰: "不勝"而"往", 咎也.

「상」에서 말하였다. "이기지 못함"에 "나아감"은 허물이다.

九二, 惕號, 莫夜有戎, 勿恤.

구이는 두려움을 호소함이니, 밤이 없이 오랑캐가 나타나지만 근심하지 말라.

鄭注 : 莫, 無也. 無夜非一夜.(『釋文』)

　　막莫은 없음이다. 밤이 없다(無夜)는 하룻밤이 아니라는 말이다.(『釋文』)

　막莫은 음이 "모暮"이며, 막莫과 모暮는 고대에는 서로 통한다. 모暮는 대부분 "만晚"과 "야夜"
로 해석하며, 정현은 "무無"로 해석하였다. 『광아』 「석언」에서는 "막莫은 무無다"라고 하였다.
둔遯괘 초육 "莫之勝說"(다 말할 수가 없다)의 "莫"이 곧 이 뜻이다. 무야無夜는 곧 일시一時가
아니다. 조원필은 "무야無夜는 한 번의 조석朝夕이 아니다"(『箋釋』)라고 하였다.

「象」曰: "有戎勿恤", 得中道也.

「상」에서 말하였다. "오랑캐가 있어도 근심하지 않음"은 중도中道를 얻었기 때문이다.

九三, 壯於頯, 有凶. 君子夬夬, 獨行遇雨, 若濡有慍, 无咎.

구삼은 광대뼈가 왕성하니 흉함이 있다. 군자는 결단해야 할 것을 결단하며, 혼자
가다 비를 만나 흠뻑 젖어 화를 내면 허물이 없다.

鄭注 : 頯, 夾面也.(『釋文』)

　　규頯는 꽉 끼인 얼굴(夾面)이다.(『釋文』)

　규頯는 초간본과 통행본은 "규頯"(광대뼈)로 썼다. 촉재는 "구仇"로 썼는데, 백서본 『역』과 정현
도 같다. 『설문』은 "규頯"자가 없다. 『설문』에는 "규頯는 권權이다"라고 하였고, 『광운』은
"규頯 두 뺨의 사이(頰間)의 뼈이다"라고 하였다. 왕숙이 주석하기를 "규頯는 얼굴의 광대뼈(面
權이다"라고 하였다. 적현翟玄은 "규頯는 얼굴이다"라고 하였으므로 "頯"와 "頯" 둘은 통한다.
또 『장자』 「대종사大宗師」를 보면 "그 모습이 고요하고 그 이마가 아름답다"(其容寂, 其顙頯)라
고 하였다. 『석문』에는 "규頯는 이李로 읽는 구仇이며 권權이다"라고 하였다. 그러므로 "頯"는
또 "仇"와 통한다.

「象」曰: “君子夬夬”, 終无咎也.

「상」에서 말하였다. “군자가 결단할 것을 결단함”은 끝내 허물이 없기 때문이다.

九四, 臀无膚, 其行趑趄. 牽羊悔亡, 聞言不信.

구사는 볼기에 살이 없으며, 그 걸어감이 뒤뚱거린다. 양을 끌면 후회는 없으나 말을 들어도 믿지 않는다.

> 자저趑趄는 통행본은 “차차次且”로 썼다. 다른 판본에는 “자저趑趄”혹은 “趺趾”으로 썼다. 네 가지는 음이 비슷하여 통가通假한다.

「象」曰: “其行趑趄”, 位不當也. “聞言不信”, 聰不明也.

「상」에서 말하였다. “그 걸어감이 뒤뚱거림”은 자리가 마땅하지 않기 때문이다. “말을 들어도 믿지 않음”은 귀가 밝지 않기 때문이다.

九五, 莧陸夬夬, 中行无咎.

구오는 자리공[23]처럼 결단할 것을 결단하고 중中으로 행하면 허물이 없다.

鄭注 : 莧陸, 商陸也.(『釋文』)

> 현륙莧陸은 상륙商陸(자리공의 뿌리)이다.(『석문』)

상륙商陸은 일종의 풀의 이름이다. 옛날에 “현륙莧陸”을 해석함에 두 가지 풀이 있었는데, 예를 들면 송충宋衷은 “현莧은 현채莧菜이며 육陸은 상육商陸이다”라고 하였고, 순상은 “현莧은 뿌리가 작고, 육陸은 뿌리가 크다”라고 하였으며, 자하, 마융, 왕숙 등은 “현륙莧陸”은 하나의 풀이라고 해석하였으며, 정현은 마융에게서 배웠으므로 이 설명도 마융에 근본을 둔다.

---

23) 역자 주: 쇠비름이라고도 하나 아래 鄭玄의 주에서는 商陸이라고 하였으므로 여기서는 이를 따라 쇠비름 대신 일반적 학명인 자리공(일명 長不老)으로 표시한다.

「象」曰: "中行无咎", 中未光也.

「상」에서 말하였다. "중中으로 행하면 허물이 없다"는 중中이 아직 빛나게 드러나지 않았기 때문이다.

上六, 无號, 終有凶.

상육은 호령이 없으면 끝내 흉함이 있다.

「象」曰: "无號"之"凶", 終不可長也.

「상」에서 말하였다. "호령이 없음"의 "흉함"은 끝내 길지 못하기 때문이다.

44. 구遘24)

☰☰ **姤, 女壯, 勿用取女.**

구는 여자가 건장하니 여자를 취하여 쓰지 말라.

鄭注 : 姤, 遇也. 陰承五陽, 一女當五男, 苟相遇耳. 非禮之正, 故謂之姤. 女壯如是, 壯
健似淫, 故不可娶. 婦人以婉娩爲其德也.(『集解』)

구姤는 만남이다. 음이 다섯 양을 이어받으니 한 사람의 여자가 다섯 남자를
감당하니 진실로 서로 만남일 뿐이다. 예의 바름이 아니므로 구姤라고 한다.
여자가 이처럼 건장하면, 건장하고 강건하여 음란하기 쉬우므로 아내로
맞지 않는다. 부인은 완만婉娩함을 그 덕으로 삼는다.(『집해』)

구遘는 통행본에서는 "구姤"로 썼다. 구姤는 고문에는 "遘"로 썼으며 백서본 『역』에는 "구狗"
혹은 "구坸"로 썼으며, 초간본에는 "구敏"로 썼다. 姤, 狗, 坸, 敏는 음이 같거나 비슷하므로
통가한다. 정현은 "구姤"는 만남(遇)으로 해석하였으며, 『역전』에 근본하였다. 「단」에서는 "구
姤는 만남이며, 부드러움이 굳셈을 만난다"라고 하였다. 「잡괘」도 같다. 「서괘」에는 "구姤는
만남이다"라고 하였다. 옛날에는 기약하지 않고 모임을 우遇라고 하였다. 구姤의 하나의 음효
가 아래에 있으면서 다섯의 양효와 서로 만나니 한 사람의 여자가 기약함이 없이 다섯 명의
남자를 만남을 나타내며 한 사람의 남자를 따르며 일생을 마침을 위배하는 뜻이 있으므로
"편리한 대로 서로 만남"(苟相遇)과 "예의 바름이 아님"이라고 한다. 구苟는 편리한 대로(隨便의
뜻이다. 『논어』「자로子路」에 "군자는 그 말에서 구차함이 없어야 한다"(君子於其言, 無所苟而已
矣)고 한 말의 "苟"가 곧 그 뜻이다. 이것은 구괘姤卦의 괘명卦名의 의미를 해석한 것이다.
구姤는 한 여자가 다섯 남자와 서로 만남으로 여자가 건장하고 굳세어 이것은 여자의 특징에
부합하지 않음을 설명하며, 이 때문에 장가들어 아내로 삼을 수 없다. 부녀婦女는 마땅히
말과 용모를 덕으로 여긴다. 음淫은 과실의 뜻이 있다. 완婉은 말이 미완娓婉(예쁘고 순함)을
가리킨다. 만娩은 용모가 미려美麗함을 가리킨다. 『예기』「내칙內則」에는 "여자는 10살이면
규문閨門 밖을 나가지 않으며, 여자 교사가 부드러운 말씨와 태도와 어른의 말을 듣고 따르는

---

24) '遘'는 일반에 유포된 통행본에서는 '姤'로 쓰여 있다.

법을 가르친다"고 하였다. 정현은 주석하기를 "완婉은 말을 함을 이른다. 완娩은 아름다움을 말한다. 미媚는 용모를 말한다"라고 하였는데, 이는 괘사를 해석한 말이다.

「彖」曰: 姤, 遇也, 柔遇剛也. "勿用取女", 不可與長也. 天地相遇, 品物咸章也, 剛遇中正, 天下大行也. 姤之時義大矣哉.

「단」에서 말하였다. 구姤는 만남이며, 부드러움이 굳셈을 만남이다. "여자를 취하여 쓰지 않음"은 함께 길게 할 수 없기 때문이다. 하늘과 땅이 서로 만나 만물이 두루 갖추어지고 굳셈이 중정中正을 만나니 세상에 크게 행해진다. 구姤의 때와 뜻이 크도다!

「象」曰: 天下有風, 姤. 后以施命誥四方.

「상」에서 말하였다. 하늘 아래 바람이 있음이 구姤이다. 임금이 그로써 명령을 베풀고 사방四方에 알린다.

鄭注 : 誥, 止也.(『釋文』)

　　힐詰은 멈춤이다.(『석문』)

힐詰은 통행본에는 "고誥"로 썼다. 경방은 "고告"로 썼다. "고告"는 고문이다. 힐詰과 고誥 두 글자는 음이 서로 비슷하여 둘은 통가한다. 지止는 왕숙본, 호본胡本, 『음훈音訓』, 『회통會通』은 모두 "정正"으로 썼다. 그러나 『후한서』「노공전魯恭傳」을 보면 "誥四方"을 해석하기를 "임금이 하지의 날에 사방에 명령을 베풀었다"(君以夏至之日施命止四方行者)고 하였으므로 마땅히 "지止"가 옳다고 보아야 한다.

初六, 繫於金柅, 貞吉. 有攸往, 見凶, 羸豕孚蹢躅.

초육은 쇠말뚝에 매어 놓아 곧으면 길하다. 가는 바가 있어 흉함을 만나며, 여윈 돼지가 머뭇거림을 믿는다.

이羸를 조착의 역에서는 "정현은 류纍로 썼다"고 하였는데, 대장大壯괘의 구삼은 "그 뿔이 여위다"(羸其角)라고 하였다. 『석문』에는 "왕숙은 '류縲'로 쓰고, '리螺'로 읽었다. 정현과 우번은 '류纍'로 썼고, 촉재는 '루累'로 썼고, 장혜언은 '류纍'로 썼다"라고 하였다. 그러므로 조착이 인용한 것이 오류이다. 纆, 纍, 累, 纝는 통가하며, 이는 "큰 동아줄"(大索)을 해석한 것이다.

「象」曰: "繫於金柅", 柔道牽也.

「상」에서 말하였다. "쇠말뚝에 매어 놓음"은 부드러운 도로 끌어오기 때문이다.

九二, 包有魚, 无咎. 不利賓.

구이는 보따리에 물고기가 있으면 허물이 없다. 손님이면 이롭지 않다.

「象」曰: "包有魚", 義不及賓也.

「상」에서 말하였다. "보따리에 물고기가 있음"은 뜻이 손님에게 미치지 않기 때문이다.

九三, 臀无膚, 其行越趄, 厲, 无大咎.

구삼은 볼기에 살이 없어 그 나아감을 주저하니 위태로우나, 큰 허물은 없다.

「象」曰: "其行越趄", 行未牽也.

「상」에서 말하였다. "그 나아감을 주저함"은 나아감에 끌어 줌이 없기 아직 때문이다.

九四, 包无魚, 起凶.

구사는 보따리에 물고기가 없으니 흉함이 일어난다.

「象」曰: "无魚"之"凶", 遠民也.

「상」에서 말하였다. "물고기가 없음"의 "흉함"은 백성을 멀리하기 때문이다.

九五, 以杞包瓜, 含章, 有隕自天.

구오는 기류나무로 오이를 싸니 머금고 간직하여 하늘로부터 운석隕石이 떨어진다.

鄭注 : 杞, 柳也.(『釋文』)

　　　기杞는 버드나무이다.(『석문』)

　　기杞는 초간본에는 "기芑"로 썼으며, 杞와 芑는 통가한다. 기류杞柳는 수목의 일종이다. 조맹趙
　　孟은 『맹자』「고자장구」를 주석하면서 "기류杞柳는 거류柜柳이다. 한편으로 기杞는 나무의
　　이름이라고 한다"고 하였다. 우번은 "기杞와 기류杞柳는 나무의 이름이다"라고 하였다.

「象」曰: "九五含章", 中正也. "有隕自天", 志不捨命也.

「상」에서 말하였다. "구오의 머금고 간직함"은 중정中正하기 때문이다. "하늘로부터
운석隕石이 떨어짐"은 뜻이 천명을 버리지 않기 때문이다.

上九, 姤其角, 吝, 无咎.

상구는 그 뿔을 만남은 부끄러움이 있으나 허물은 없다.

「象」曰: "姤其角", 上窮吝也.

「상」에서 말하였다. "그 뿔을 만남"은 위가 곤궁하여 부끄럽기 때문이다.

45. 췌萃

䷬ 萃, 亨, 王假有廟, 利見大人, 亨, 利貞. 用大牲吉. 利有攸往.

췌는 형통하여 왕이 사당을 가지게 되며, 대인을 봄이 이로워 형통하며, 곧음이 이롭다. 큰 희생을 쓰면 길하며, 가는 바가 있어 이롭다.

鄭注 : 萃. 聚也. 坤爲順, 兌爲說. 臣下以順道承事其君, 說德居上待之, 上下相應, 有事而和通, 故曰"萃, 亨"也. 假, 至也. 互有艮巽, 巽爲木, 艮爲闕, 木在闕上, 宮室之象. 四本震爻, 震爲長子. 五本坎爻, 坎爲隱伏, 居尊而隱伏, 鬼神之象. 長子入闕, 升堂祭祖禰之禮也, 故曰"王假有廟". 二本離爻也, 離爲目, 居正應五, 故"利見大人"矣. 大牲, 牛也. 言大人有嘉會, 時可幹事, 必殺牛而盟, 既盟則可以往, 故曰"利往".(『集解』)

췌萃는 취聚(모임)이다. 곤坤은 순順(따름)이며, 태兌는 기쁨이다. 신하는 순응의 도로써 그 임금을 공경하여 섬기며, 덕으로 위에 있으면서 대하기를 기뻐하며, 상하가 서로 응하여 일이 있으면 조화하여 통하므로 "췌萃는 형통하다"라고 하였다. 가假는 지至이다. 호체로 간艮과 손巽이 있으며, 손은 목木이며 간은 궐문闕門이며, 목이 궐문의 위에 있으니 궁실의 상징이다. 4효는 진효震爻에 근본하며 진震은 장자長子이다. 5효는 감효坎爻에 근본하며, 감은 숨어 엎드림이며 존귀함에 있으면서 숨어 엎드려 있으니 귀신의 상이다. 장자가 대궐에 들어가 사당에 올라 조상과 부모에게 제사를 올리는 예이므로 "왕이 사당을 가지게 된다"고 하였다. 2효는 리효離爻에 근본하며 리는 눈이며, 바름에 자리하며 5효에 응하므로 "대인을 보면 이롭다"라고 하였다. 큰 희생犧牲은 소이다. 대인이 기쁘고 즐거운 모임이 있으면 때로 일을 주관함에 반드시 소를 잡아 맹약함을 말하며 이미 맹약하였으니 갈 수 있으므로 "가면 이롭다"라고 하였다.(『집해』)

정현이 "췌萃"를 "취聚"(모임)로 해석한 것은 「단」, 「서괘」, 「잡괘」의 뜻에서 취하였다. 「단」에서는 "췌萃는 모임이다"라고 하였고, 「서괘」에는 "사물이 서로 만난 후에 모이므로 그것을 췌萃로 받았다. 췌萃는 모임이다'라고 하였고, 「잡괘」는 "췌萃는 모임이나 천거해서 오는 것은 아니다"(升不來也)라고 하였다. 췌괘䷬의 하괘는 곤坤이며 상괘는 태兌이다. 곤坤은 따름 이며, 태兌는 기쁨이다. 곤은 신하이며 구오는 임금이며, 구오는 또 상괘인 태兌 가운에 있으므 로 "신하는 순응의 도로써 그 임금을 공경하여 섬기며, 덕으로 위에 있으면서 대하기를 기뻐한 다"라고 하였다. 상하가 서로 응하므로 일이 있으면 조화하여 통한다. 형통은 곧 통함이다. 이 괘는 형통의 뜻이 있다. 이것은 「단」의 "췌萃는 모임이며, 순응하여 기뻐하며, 군셈이 중中으 로 응하며,…… 효도하면 형통하다'라는 뜻을 분명하게 드러내었다. 또한 괘사의 췌는 "형통 함"의 뜻을 해석한 것이다. 『방언』에는 "가假는 지至이다'라고 하였다. 고형高亨의 고증에 근거하면 "假'는 실제 가치는 "가嘏'로서 같은 발음의 계열로서 고대에는 통용하였다.『설문』 에는 "가假는 지至이다'라고 하였다. 지至는 도到이름, 도달함, 등登오름이다. 정현은 가인家人의 "왕이 사당을 가지게 됨'을 주석하여 "가假는 오름이다'라고 하였다. 괘상을 따라서 보면 췌의 2·3·4의 호체는 간艮이며, 3·4·5효의 호체는 손巽이며, 손은 나무이며, 간은 궐문이 며, 나무가 궐문 위에 있으므로 궁실사당의 상이 있다. 또 효체설을 살펴보면 4효는 음효이며 진효震爻이다. 진은 장자이며, 감坎은 숨어 엎드림이며, 5효는 존귀한 위치에서 숨어 엎드려 있으니 귀신의 상이다. 장자가 대궐에 들어가 사당에 올라 조상과 부모에게 제사를 올리는 예이므로 "왕이 사당을 가지게 된다'고 하였다. 궐闕은 또 "관觀"이라고도 부르며 궁문宮門 양쪽의 대사臺榭(높은 누각이나 정자)를 가리킨다.『이아』「석언」에는 "관觀은 궐闕이라고 한다'라 고 하였다. 손염孫炎(1323~1362)은 주석하기를 "궁문에는 한 쌍의 궐문이 있으며, 예부터 높이 드리워 백성으로 하여금 바라보게 하였으니 이 때문에 관觀이라고 한다'라고 하였다.『석명』 에는 "관觀은 보는 것觀이다. 위에서 관망하다. 궐闕은 궐문이다. 문의 양쪽으로 중앙을 갈라놓은 길이다'라고 하였다. 췌의 2효는 음효이며 곧 리離의 효이며, 리는 눈이며 "견見"(봄) 의 뜻이 있다. 5효는 양효로서 존엄한 위치에 있으니 "대인大人"이다. 2효와 5효가 서로 응하므 로 괘사에서 "대인을 봄이 이롭다'라고 하였다. 췌의 하괘는 곤이며, 곤은 소이며, 소는 고대의 가축 가운데 큰 희생犧牲에 속한다.『설문』에서는 "소는 큰 희생이다'라고 하였다. 괘사에서는 "큰 희생을 쓰며 길하며, 가는 바가 있으면 이롭다'라는 말은 대인大人이 큰일을 하고자 하면 반드시 소를 잡아 피를 취하여 맹서를 하여 동맹同盟을 맺은 후에 일을 행할 수 있다. 『예기』「곡례하」에서 "희생의 피로써 맹약한다'고 한 말은 곧 "소를 잡아 맹약함'이다.

「彖」曰: 萃, 聚也. 順以說, 剛中而應, 故聚也. "王假有廟", 致孝享也. "利見大人亨", 聚以正也. "用大牲吉·利有攸往", 順天命也. 觀其所 聚, 而天地萬物之情可見矣.

「단」에서 말하였다. 췌萃는 취聚(모임)이다. 순응하여 기뻐하며 군셈이 중中으로 응하므로 모임이다. "왕이 사당을 가지게 됨"은 효도를 다하여 형통하기 때문이다. "대인을 보고 이로움이 형통함"은 바름으로 모이기 때문이다. "큰 희생을 사용하여 길하며 가는 바가 있어 이로움"은 천명에 순응하기 때문이다. 그 모이는 바를 관찰하면 천지와 만물의 실정을 알 수 있다.

「象」曰: 澤上於地, 萃, 君子以除戎器, 戒不虞.

「상」에서 말하였다. 연못에 땅 위에 있음이 췌萃이며, 군자는 그로써 무기를 손질하며 예상하지 못함을 경계한다.

鄭注 : 除, 去也.(『釋文』)

　　제除는 거去(가다)이다.(『석문』)

제除는 선유들이 대부분 "수修"와 "치治"로 해석하였다. 정현이 "거去"로 해석한 것은 여러 학자들과 다르다. 『시』 「사간斯干」의 "바람과 비를 제거한 바"(風雨攸除)와 『국어』 「진어晉語」의 "닫힌 문을 나가 밖으로 응함"(除闇以應外)에서의 "제除"가 곧 그 뜻이다.

初六, 有孚不終, 乃亂乃萃. 若號, 一握爲笑, 勿恤, 往无咎.

초육은 믿음이 있으나 끝내지 못하면 이에 혼란하고 이에 모인다. 만약 호령하는데 조금이라도 좋아함이 있으면 근심하지 말고 가면 허물이 없다.

鄭注 : 握, 當讀爲"夫三爲屋"之"屋".(『釋文』)

　　악握은 마땅히 "3부夫가 1옥屋이다"[25]의 "옥屋"으로 읽어야 한다.(『釋文』)

악握은 백서본에는 "옥屋"으로 썼으며, 초간본에는 "곡斛"으로 썼다. 이부손의 고증에 의하면 악握과 옥屋은 같은 음으로 통가하였다. 또 복모좌濮茅左(1947~)의 고증에 의하면, "'곡斛'은 '악握'으로 읽고, '곡斛'과 '악握'은 같은 음운이며 혹 '악握'으로도 읽는다"[26]라고 하였다. 『주례』 「지관·소사도小司徒」의 "부夫와 옥屋을 고찰함"(考夫屋)의 구절에 대하여 정현이 주석하기를 "3부夫는 옥屋이며, 3옥屋이 정井이다"라고 하였다. 정현은 또 「고공기考工記·장인匠人」을

---

25) 역자 주: 중국 고대의 길이의 단위. 6尺이 한 걸음, 100걸음이 畝, 100무가 夫, 3부가 屋, 3옥이 井, 10정이 通, 10통을 成이라 하였다.

26) 馬承源 主編, 『上海博物館藏戰國楚竹書』三(上海古籍出版社, 2003), 194쪽.

주석하기를 "3부가 옥이며, 옥은 일정一井의 땅을 구비하며, 3옥은 9부이며, 3부와 3옥이 서로 갖추어서 부세賦稅를 산출한다"라고 하였다. 그러므로 이 옥屋은 고대의 토지 단위이다. 고대에는 이것을 단위로 삼아 군사의 부세를 징수하였다. 장혜언은 "천자가 장차 정벌征伐이 있으면, 이것은 마땅히 군사軍事와 부역賦役의 법을 말한다.…… 만약 호령함을 조금이라도 좋다고 하는 것은 왕이 정벌을 할 일이 있어 무기를 정비하여 부옥夫屋에 진열하도록 하고, 백성들이 모두 환영하여 좋아하면 대중을 모아서 난亂을 다스릴 수 있음을 말한다"(『周易鄭氏義』)라고 하였다.

「象」曰: "乃亂乃萃"其志亂也.

「상」에서 말하였다. "이에 어지럽고 이에 모임"은 그 뜻이 혼란하기 때문이다.

六二, 引吉, 无咎. 孚乃利用禴.

육이는 끌어당기면 길하며 허물이 없다. 믿음으로 이에 종묘제사에 이용하면 이롭다.

鄭注 : 禴, 夏祭名.(『釋文』)

　　약禴은 여름 제사의 이름이다.(『석문』)

약禴은 백서에는 "탁濯"으로 썼으며 다른 판본에는 "약禴", "약禴" 등으로 썼다. 은대殷代의 봄 제사와 주대周代의 여름 제사는 모두 "약禴"으로 썼다. "약禴"은 또 "약礿"과 통한다. 『설문』에는 "약礿은 여름 제사이다"라고 하였다. 『주례』「대종백大宗伯」에는 "약禴으로써 선왕에게 여름 제사를 드린다"라고 하였고, 『이아』「석천釋天」에는 "여름 계절을 약礿이라고 한다"라고 하였으며, 『백호통白虎通』「종묘편宗廟篇」에서는 "여름을 약礿이라고 하는 것은 보리가 익어 가기 때문이다"라고 하였으며, 『춘추번로春秋繁露』「사제편四祭篇」에는 "여름을 약礿이라고 하며 약礿은 4월에 처음으로 보리를 먹기 때문이다"라고 하였다.

「象」曰: "引吉无咎", 中未變也.

「상」에서 말하였다. "끌어당겨 길하며 허물이 없음"은 중中이 아직 변하지 않았기 때문이다.

六三, 萃如嗟如, 无攸利, 往无咎, 小吝.

육삼은 모임이며 한탄함이니 이로운 바가 없으며 가서 허물이 없으니 부끄러움이 적다.

「象」曰: "往无咎", 上巽也.

「상」에서 말하였다. "가서 허물이 없음"은 위에서 겸손하기 때문이다.

九四, 大吉, 无咎.

구사는 크게 길하니 허물이 없다.

「象」曰: "大吉无咎", 位不當也.

「상」에서 말하였다. "크게 길하여 허물이 없음"은 자리가 마땅하지 않기 때문이다.

九五, 萃有位, 无咎. 匪孚, 元永貞, 悔亡.

구오는 모임에 직위가 있으면 허물이 없다. 믿음이 없으면 크게 영원히 곧으면 뉘우침이 없다.

「象」曰: "萃有位", 志未光也.

「상」에서 말하였다. "모임에 직위가 있음"은 뜻이 아직 빛나지 않기 때문이다.

上六, 齎諮涕洟, 无咎.

상육은 한탄하며 눈물과 콧물을 흘리니 허물이 없다.

鄭注 : 齎諮, 嗟嘆之辭也. 自目曰涕, 自鼻曰洟.(『釋文』)

　　재자齎諮는 탄식하고 한숨 쉬는 말이다. 눈에서 나오는 것을 체涕라고 하고, 코에서 나오는 것을 이洟라고 한다.(『석문』)

우번은 "재자齎諮"를 재화를 잃음으로 해석하였다. 그러나 마융은 "재자齎諮는 비애의 소리 원망의 소리다"라고 하였다. 정현의 해석은 마융에 근본을 둔다. 체이涕洟는 여러 학자가 대부분 콧물과 눈물로 해석하였다. 우번은 "눈에서 나오는 것을 체涕(눈물)라고 하고 코에서 나오는 것을 이洟(콧물)라고 한다"라고 하였는데, 정현과 같이 『설문』에 근본하였다. 『설문』에 는 "체涕는 읍泣(눈물)이다"라고 하고, 또 "이洟는 콧물이다"라고 하였다. 체이涕洟는 백서에는 "체계涕泪"라고 썼는데, 우호량于豪亮(경전연구자) 선생의 고증에 근거하면 "洟"와 "泪"는 음이 비슷하여 서로 통하며, "계泪"가 본래의 글자이며, "이洟"는 가차한 글자이다.[27]

「象」曰: "齎諮涕洟", 未安上也.

「상」에서 말하였다. "한탄하며 눈물과 콧물을 흘림"은 아직 위가 편안하지 않기 때문이다.

---

27) 于豪亮, 「帛書周易」, 『文物』 1984 제3기.

46. 승升

䷭ 升, 元亨, 用見大人, 勿恤. 南征吉.

승升은 크게 형통하며 이로써 대인을 만나니 근심하지 말라. 남쪽으로 나아가면
길하다.

鄭注 : 升, 上也. 坤地巽木, 木生地中, 日長而上, 猶聖人在諸侯之中, 明德日益高大
也. 故謂之升, 進益之象也.(『集解』)

> 승升은 상上(오름)이다. 곤坤은 땅이며 손巽은 나무이며, 나무는 땅 속에서
> 자라며 날로 자라나 위로 오르니 마치 성인이 제후들 가운데 있으면서 명덕이
> 날로 더하여 높고 커짐과 같다. 그러므로 승升이라고 하며 (학식과 수양의)
> 진보의 상이다.(『집해』)

승升은 백서본과 부양의 죽간본은 "등登"으로 썼으며, 금문본은 또 "升"으로 썼다. 升, 登,
昇은 고대에는 통가하였다. 승升과 췌萃 두 괘는 복괘覆卦 즉 췌를 거꾸로 놓으면 승升이
된다. 췌의 곤은 모임이며, 췌가 변하여 승升이 되니 곤이 아래로부터 변하여 위로 가는
것이니, 곧 「서괘」에서 이른바 "모여서 위로 가는 것이 승升이 된다"는 말이다. 「단」의 "부드러
움이 때맞추어 오른다"는 말이 또한 이 뜻이다. 그러므로 승升에는 "상上"(오름)의 뜻이 있다.
승괘의 상괘는 곤이며 하괘는 손巽이며, 곤은 땅이며 손은 나무이니 "나무가 땅속에서 생겨나
는" 뜻이 있다. 『설문』에는 "목木은 모冒(이김)이며, 땅을 이기고 생겨난다"라고 하였는데 곧
"나무가 땅속에서 생겨남"이다. 나무가 땅속에서 생겨나 날로 자라서 위로 오른다. 인사人事를
따라 말하면 성인이 제후들 가운데 잠겨 있으면서 명덕이 나날이 증가하고 높고 커짐을
비유한다. 「상」에서는 "군자는 이로써 신중하게 조금씩 덕을 쌓아서 높고 크게 이룬다"라고
한 말이 곧 이 뜻이다.

「彖」曰: 柔以時升, 巽而順, 剛中而應, 是以大亨. "用見大人勿恤", 有慶
也. "南征吉", 志行也.

「단」에서 말하였다. 부드러움이 때맞추어 올라가 겸손하고 순응하며, 굳셈이 중中으로 응하니 이로써 크게 형통하다. "이로써 대인을 만나 근심하지 않음"은 경사가 있기 때문이다. "남쪽으로 나아가면 길함"은 뜻이 행해지기 때문이다.

「象」曰: 地中生木, 升, 君子以順德積小, 以成高大.

「상」에서 말하였다. 땅속에서 나무가 나오는 것이 승이니 군자는 이로써 덕을 순응하여 조금씩 쌓아서 높고 크게 이룬다.

> 순順은 통행본에는 "신愼"으로 썼다. "順"과 "愼"은 고대에는 통하였다. 『시』「응후應候」에서 "順德"이라 하였는데, 『가어家語』와 『회남자淮南子』는 모두 이를 인용하여 "愼德"으로 썼으며, 『맹자』는 "王順"이라고 하였는데 곧 그 증거이다.

初六, 允升, 大吉.

초육은 진실하게 자라나니 크게 길하다.

「象」曰: "允升大吉", 上合志也.

「상」에서 말하였다. "진실하게 자라나서 크게 길함"은 위로 뜻을 합하기 때문이다.

九二, 孚乃利用禴. 无咎.

구이는 믿음으로 이에 제사를 지내면 이롭다. 허물이 없다.

「象」曰: 九二之"孚", 有喜也.

「상」에서 말하였다. 구이의 "믿음"은 기쁨이 있기 때문이다.

九三, 升虛邑.

구삼은 빈 고을에 올라간다.

「象」曰: "升虛邑", 无所疑也.

「상」에서 말하였다. "빈 고을에 올라감"은 의심함이 없기 때문이다.

六四, 王用亨於岐山, 吉, 无咎.

육사는 왕이 그로써 기산岐山에서 제사를 지내면 길하며 허물이 없다.

鄭注 : 亨, 獻也.(『釋文』)

　　형亨은 헌獻(바침)이다.(『석문』)

　　이 "형亨"은 본래 제사祭祀를 가리킨다. 제사는 마땅히 물품을 진헌進獻해야 하므로 형亨은
바침의 뜻이 있다. 『설문』에는 "형亨은 헌獻이다"라고 하였다.

「象」曰: "王用亨於岐山", 順事也.

「상」에서 말하였다. "왕이 기산岐山에서 제사를 지냄"은 순리대로 섬기는 것이다.

六五, 貞吉, 升階.

육는 곧음이 길하며 계단을 오름이다.

「象」曰: "貞吉升階", 大得志也.

「상」에서 말하였다. "곧음이 길하며 계단을 오름"은 크게 뜻을 얻었기 때문이다.

上六, 冥升, 利於不息之貞.

상육은 어둠에서 오름이니 쉬지 않는 곧음으로 이롭다.

「象」曰: "冥升"在上, 消不富也.

「상」에서 말하였다. "어둠에서 오름"이 위에 있으면 소멸하여 부유하지 않다.

47. 곤困

☵ **困, 亨, 貞, 大人吉, 无咎. 有言不信.**

곤은 형통하고 곧으니 대인이어서 길하며, 허물이 없다. 말이 있어도 믿지 않는다.

鄭注 : 坎爲月, 互體離, 離爲日, 兌爲闇昧, 日所人也. 今上揜日月之明, 猶君子處亂
代[28], 爲小人所不容, 故謂之困也. 君子雖困, 居險能說, 是以通而無咎也.(『集
解』)

감坎은 달이며, 호체는 리離이며, 리는 태양이며, 태兌는 닫힌 문 안의 어둠이며
태양이 들어가는 곳이다. 이제 위에서 해와 달의 밝음을 가림은 군자가
혼란한 시대亂代에 처함에 소인에게 용납되지 못하는 것과 비유되므로 곤困이
라고 한다. 군자는 비록 곤궁하여 험난한 데 있어도 기뻐하니 이로써 통하니
허물이 없다.(『집해』)

곤困의 하괘는 감坎이며, 감은 달이며, 2·3·4효의 호체는 리離며, 리는 태양이다. 그 상괘는
태兌이며 태는 서쪽이며, 『상서』 「요전堯典」의 "나누어 화중에게 명하여 서쪽에 거주하게
하니 매곡昧谷이라 하였다"(分命和仲, 宅西曰昧谷)는 구절을 살펴보고 또 서쪽이 해가 지는 곳이
므로 서쪽은 닫힌 문 안의 어두운 곳이다. 서쪽은 또 해가 지는 방향이므로 "태양이 들어가는
곳"이라고 한다. 이 괘의 아래에 해와 달이 있고, 위는 닫힌 문 안의 어둠이니 곧 해와 달의
밝음이 가려 덮이는 뜻이 있다. 인사에 나아가서 말하면, 리離는 태양이며 감坎은 달이니
마땅히 군자가 되며, 태兌는 마땅히 소인이다. 군자가 난세에 처하여 소인으로부터 용납되지
않은 곤궁함을 당한다. 이것은 괘명인 곤困의 뜻을 해석하였다. 엄揜은 다른 판본에는 "엄掩"이
나 혹은 "엄弇"으로 썼다. 『이아』 「석문」에는 "엄弇은 고대의 엄揜자이다"라고 하였고, 또
"엄弇은 고대의 엄掩자이며, 또 엄揜으로 썼다"고 하였다. 또 「계사」의 "惡積而不可掩"(악이
쌓이면 가릴 수 없다.)를 당唐나라 때의 석경石經[29]에는 "엄揜"으로 썼다. 弇·掩·揜·奄의 네
글자는 통가하였다. 『설문』에는 "엄奄은 복覆(뒤집힘)이다"라고 하였고, 『이아』 「석언」에는

---

28) 代는 왕숙본에는 "世"로 썼으나, 『集解』에서 당나라 때의 避諱 때문에 고쳤다. 그러므
로 마땅히 왕숙본을 옳다고 보아야 한다.
29) 역자 주: 유학의 주요 경전을 돌에 새겨서 보존하거나 講學의 典據로 삼은 비석.

"엄弇은 개蓋(덮음)이다"라고 하였으므로 "엄弇"은 '가려 덮음'과 '뒤집혀 덮음'의 뜻이 있다. 또 곤괘困卦의 하괘는 감坎으로 험난함이며, 상괘인 태兌는 기쁨이므로 "험난함에 있어도 기쁠 수 있다"고 하였다. 이것은 군자가 비록 곤궁함에 처해도 능히 기쁠 수 있는 즉 곤궁함에 처해도 통달하여 기쁘게 할 수 있으므로 "통하여 허물이 없다"라고 하였다. 이는 괘사의 뜻을 설명한 것이다.

「彖」曰: 困, 剛揜也. 險以說, 困而不失其所, "亨". 其維君子乎. "貞, 大人吉", 以剛中也. "有言不信", 尚口乃窮也.

「단」에서 말하였다. 곤困은 굳셈이 가려진 것이다. 험난해도 기뻐하며, 곤궁해도 그 "형통함"을 잃지 않는다. 오직 군자뿐일진저! "곧으면 대인이어서 길함"은 굳셈으로 적중的中하기 때문이다. "말이 있어도 믿지 않음"은 입을 숭상하여 곤궁하기 때문이다.

「象」曰: 澤无水, 困. 君子以致命遂志.

「상」에서 말하였다. 연못에 물이 없으니 곤궁하다. 군자는 그로써 목숨을 다하여 뜻을 이룬다.

初六, 臀困於株木, 入於幽谷, 三歲不睹.

초육은 볼기가 나무 밑동에서 곤궁하니 어두운 골짜기로 들어가서 3년이나 볼 수 없다.

「象」曰: "入於幽谷", 幽不明也.

「상」에서 말하였다. "어두운 골짜기로 들어감"은 어두워 밝지 않기 때문이다.

九二, 困于酒食, 朱紱方來, 利用亨祀. 征凶, 无咎.

구이는 술과 밥에 곤궁하나 붉은 제복이 바야흐로 도래하니, 제사를 올리는 데 이용하면 이롭다. 나아가면 흉하나 허물은 없다.

鄭注 : 二據初, 辰在未, 未爲土, 此二爲大夫, 有地之象. 未上值天廚, 酒食象. 困於酒
食者, 采地薄不足己用也. 二與日[30]爲體離, 爲震霍. 爻四爲諸侯, 有明德受命
當王者. 離爲火, 火色赤. 四爻辰在午時, 離氣赤又朱也. 文王將王, 天子制用
朱紱,[31](『儀禮』,「士冠禮」疏) 朱深云[32]赤.(『詩經』,「斯干」疏)

2효는 초효에 의거하고, 진辰은 미未에 있고, 미未는 토土이니 이 2효는 대부大夫
이고 땅의 상이 있다. 미未는 위로 하늘의 주방廚房에 해당하니 술과 밥의
상이다. 술과 밥에 곤궁함은 채지采地 혹은 食封가 척박하여 쓰기에 부족하
기 때문이다. 2효와 4효의 체가 리離이며, 진곽震霍이다. 4효는 제후이며
명덕이 있어 천명을 받아 마땅히 왕이 되는 자이다. 리離는 불이며, 불의
색깔을 붉다. 4효의 효진爻辰은 오시午時에 있으며, 리離의 기인 적색은 또
주색朱色이다. 문왕이 장차 왕이 될 때 천자가 주불朱紱(옥쇄의 손잡이에 맨 붉은
끈)을 만들어 사용하였고(『儀禮』,「士冠禮」疏), 주색朱色은 적赤보다 붉다.(『詩經』,
「斯干」疏)

곤괘困卦 구이의 효는 초효의 위에 있으며 "거據"(의거)라고 한다. 초효는 음효이다. 효진설을
살펴보면 초효가 음효이면 마땅히 미未에 해당하며 미는 토土이다. 2효는 대부大夫이며, 2효가
초효에 의거하므로 땅의 상이 있다. 2효는 중간에 있으면서 천상에서는 자미紫微의 15개
별의 울타리가 되며, 그 가운데 하늘의 주방의 별이 그 동북유東北維에 있으므로 미未의
위는 천주성天廚星에 해당한다. 고대의 전설에서 좋은 술은 천주天廚로부터 나온다.『신선전神
仙傳』권3「왕원王遠」에는 "방평方平이 경가인經家人에게 일러 말하기를 '내가 너희들에게
술을 하사下賜하려는데 이 술은 하늘의 주방에서 왔으므로 그 맛이 순일純一하다' 하였다"라고
하였다. 그러므로 하늘의 주방에는 술과 밥의 상이 있다. 이 술과 밥의 의미가 전의되어
채지采地가 되고, "술과 밥에 곤궁함"은 채지가 척박하여 쓰기에 부족하다는 뜻으로 변했다.
곤괘困卦의 2효와 4효의 호체는 리離이며, 리는 남쪽이며, 산으로는 곽산霍山(安徽省 六安)으로
남악南嶽이며, 또한 천주산天柱山이라고도 하는데, 곧 오늘날의 형산衡山이다. 4효는 제후의
효이며, 리離의 가운데 있으며, 또한 오午에 납입하며, 리는 밝음이며, 오午의 불이니 또한
밝다. 그러므로 "명덕이 있어 천명을 받아 왕이 된다." 또 불은 적색赤色이다. 오시午時는
리離이며 불이니 주색朱色이므로 그 사辭에서 "주朱"라고 하고, 주朱는 적赤보다 붉으며, 곧
적색赤色보다 두 배 붉은 것이 주색朱色이다. 정현의 이 주석은 효진설을 제외하면 다른

---

30) "日"은 마땅히 "四"로 써야 한다.
31) 張惠言은 정현 주석의 원문에서 "離氣赤又朱是也. 文王將王, 天子制用朱紱"의 밑줄 부
    분 12자는 왕응린이 잘못 연결하여 인용하였다고 보았다.
32) 원문은 "朱深云赤"이다. "云"은 마땅히 "于"로 써야 한다고 하였다.

것은 『역위易緯』에 근본하며, 『역위』의 뜻을 살펴보면, 곤困은 문왕이 난세에서 소인으로부터 곤궁함을 받은 것을 말한다. 『건착도』에서 "공자가 불紱(제복)은 존비尊卑를 구별하고 덕이 있음을 드러내는 것이다. 주색과 적색은 성색盛色(그릇의 색)이며, 이로써 성인의 법으로 제복制服을 제정하여 영원히 바꾸지 않게 하려고 하였다. 그러므로 곤괘困卦의 구오는 문왕文王이 주왕紂王의 삼공三公이 되었고, 따라서 붉은 제복에서 곤궁하였다고 하였다. 구이에 이르러 주周의 장왕將王이 '붉은 제복이 바야흐로 도래한다'고 하였다. 변하지 않는 법이다'라고 하였다. 또 "천자天子, 삼공三公, 구경九卿은 붉은 도장 끈으로 하고, 제후는 적색의 제복이다. 곤괘困卦의 구이에는 중화中和가 있고, 난세에 살며, 소인과 교유하고, 또 술과 밥에 곤궁하며, 녹봉祿俸에 곤궁하다. 붉은 제복은 대부에게 하사하는 제복이다. 문왕이 바야흐로 곤궁하여도 구이의 대인의 행동이 있으므로 붉은 제복을 하사하였다. 그 지위가 2효에 있으므로 대부大夫로써 말하였다"고 하였다.

「象」曰: "困於酒食", 中有慶也.

「상」에서 말하였다. "술과 밥에 곤궁함"은 중中으로 경사慶事가 있다.

六三, 困於石, 據於蒺藜, 入於其宮, 不見其妻, 凶.

육삼은 돌 때문에 곤궁하며 남가새풀에 의거하고, 집에 들어가도 아내를 보지 못하니 흉하다.

「象」曰: "據於蒺藜", 乘剛也. "入於其宮, 不見其妻", 不祥也.

「상」에서 말하였다. "남가새풀에 의거함"은 굳셈을 타기 때문이다. "집에 들어가도 아내를 보지 못함"은 상서롭지 않기 때문이다.

九四, 來徐徐, 困於金車, 吝, 有終.

구사는 느리게 오는 것은 쇠로 된 수레 때문에 곤궁하니 부끄러우나 마침이 있다.

「象」曰: "來徐徐", 志在下也. 雖不當位, 有與也.

「상」에서 말하였다. "느리게 옴"은 뜻이 아래에 있기 때문이다. 비록 마땅하지 않으나 함께함이 있다.

九五, 劓刖, 困於赤紱, 乃徐有說, 利用祭祀.

구오는 코를 베이고 뒤꿈치를 잘리니 붉은 제복에서 곤궁하나 곧 늦지만 기쁨이 있으며, 제사에 쓰면 이롭다.

鄭注 : 劓刖當爲倪仉.(『釋文』)

　　의월劓刖은 마땅히 예올倪仉이다.(『석문』)

　　의월劓刖은 본래 고대의 형법刑法을 가리킨다. 우번은 "코를 벰을 의劓라고 하고, 발을 베는 것을 월刖이라 한다"고 하였다. 『역위·건착도』에서는 "의월劓刖은 불안함이다"라고 하였다. 정현이 예올倪仉로 해석한 것도 이 뜻에 근거하였다. 의월劓刖을 순상, 육적, 왕숙은 "얼올卼臲"(위태로움)로 썼으며, "얼올卼臲은 불안한 모양이다"라고 하였다. 『역찬언易纂言』에는 조착의 말을 인용하여 "예올倪仉은 곧 얼올卼臲을 줄인 문자이다"라고 하였다. 이부손은 "얼올卼臲과 예올倪仉을 살펴보면 모두 음이 서로 비슷하니, 곧 올황扤隍의 순서를 거꾸로 쓴 문자이며, 상효의 뜻과 같다"고 하였다. 백서에는 "이연貳椽"으로 썼는데, 우호량 선생의 고증에 근거하면 "이연貳椽"과 "의월劓刖"은 서로 통한다.[33]

「象」曰: "劓刖", 志未得也. "乃徐有說", 以中直也. "利用祭祀", 受福也.

「상」에서 말하였다. "의월劓刖"은 뜻을 아직 얻지 못하였기 때문이다. "늦지만 기쁨이 있음"은 중中으로 바르기 때문이다. "제사에 이용하면 이로움"은 복을 받기 때문이다.

上六, 困於葛藟, 于臲卼, 曰動悔. 有悔, 征吉.

상륙은 칡넝쿨과 위태로움에서 곤궁함이어서 움직이면 후회한다고 하였다. 후회가 있으면 나아감이 길하다.

---

33) 于豪亮, 「帛書周易」, 『文物』 1984 제3기.

象曰, "困於葛藟", 未當也. "動悔有悔", 吉行也.

「상」에서 말하였다. "칡넝쿨에서 곤궁함"은 아직 합당하지 않기 때문이다. "움직이면 후회하고, 후회함이 있음"은 가는 것이 길하다.

48. 정井

☰ 井, 改邑不改井, 无喪无得.

정괘는 고을은 옮겨도 우물은 옮길 수 없으니 잃음도 없고 얻음도 없다.

鄭注：井, 法也.(『釋文』) 坎, 水也. 巽木, 桔橰也. 互體離兌. 離, 外堅中虛, 瓶也. 兌爲暗澤, 泉口也. 言桔橰引瓶下入泉口汲水而出, 井之象也. 井以汲(養)人, 水無空竭, 猶君子以政教養天下, 惠澤無窮也.(『集解』)

정井은 법이다.(『석문』) 감坎은 물이며, 손巽은 목木이며, 길고桔橰(두레박 틀, 귀틀)이다. 호체는 리離와 태兌이다. 리는 겉이 견고하고 가운데가 텅 빈 병甁(두레박)이다. 태兌는 어두운 연못이며 샘의 입구다. 두레박틀에서 두레박을 아래로 끌어내려 샘의 입구로 넣어서 물을 길어 나오니 우물의 상이다. 우물은 물을 길어 사람을 (길러 주며), 물은 비어 없어짐이 없으니 군자가 그로써 정치와 교육을 베풀어 천하를 기르며 혜택이 무궁함을 비유한다.(『집해』)

정현은 정井을 법法으로 해석한 것은 곧 "형刑"과 "형型"의 가차에 근거한다. 『설문』에는 "형型은 주기鑄器鑄物의 틀의 법이다"라고 하였다. 단옥재는 "나무로 만든 것을 모模라고 하고, 대나무로 만든 것은 범範이라고 하며, 흙으로 만든 것은 형型이라고 하며 이 말이 전의되어 전형典型이 되었다. 형刑자를 가차로 하였다"라고 주석하였다. 『설문』에서는 말하였다. "형刑은 벌고罰辜(고환을 떼어 냄)이다. 칼을 가지고 우물에 간다. 『역』에서는 '정井은 법이다'라고 하였다." 『풍속통의風俗通義』에는 "우물은 법이며, 절도節度이다. 법을 말하여 거주하는 사람을 다스리며, 명령으로 마시고 먹는 것을 절도 있게 하여 다하여 마름이 없다"(『初學記』 권에서 인용)라고 하였다. 『춘추원명포春秋元命包』에서는 "정井은 칼로 지킴이다. 물을 마시는 사람이 우물에 들어가 물을 다투고, 샘에 빠지니 칼로서 그것을 지키고 그 실정을 분할分割한다"고 하였다. 정井은 형刑으로 통한다. 『이아』 「석고」에서는 "형刑은 법法이다"라고 하였다. 『일체경음의一切經音義』 20에서는 "형刑은 법이며, 정井은 형법刑法이다"라고 하였다. 정井은 후일 사회조직의 단위로 전의되었다. 『설문』에는 "여덟 집을 1정井으로 하여 우물의 귀틀의 구조형태를 상징한다"라고 하였다. 한韓은 우물의 위에 있는 목란木欄(귀틀)이다. 고대의 노예사회에서 토지를 "井"자형으로 분할하고, 그 가운데에 공전公田을 두어 사전私田과 공존하도록 하였는데, 이를 정전제井田制라고 하며, 『곡량전穀梁傳』 선공 15년에 "옛날에는 300보를 리里로 하고, 정井이라고 하였다. 정전井田은 900무畝에 공전 하나를 둔다"라고 하였는데 이것이 정전법이다. 조원필은 "정井이라는 글자는 우물 구조의 형태를 상징하며, 정전의 법은 여기서 본받아 8집을 1정으로 하고 공전의 가운데 정을 두었는데, 이것은 선왕이 백성을 기르는 가장 큰 법이었으므로 정을 법으로 삼았다"(『집해보석』)라고 하였다. 또 "선왕이 법의 조리를 제정하여 하나의 경위經渭(사리의 옳고 그름)를 분명하게 구획하였으니 모두 정법井法가 같다"라고 하였다. 정괘井卦의 상괘는 감坎이며 하괘는 손巽으로 감은 물이며 손은 나무이며, 이 나무가 우물에 있으면 길고桔橰가 되니 곧 우물 위에서 물을 긷는 공구이다. 정괘井卦의 2·3·4효으 호체는 태兌이며, 3·4·5효의 호체는 리離이며, 리의 위와 아래에 음이 양 가운데 있으니 곧 겉은 견고하며 가운데는 텅 비어 두레박을 상징한다. 태兌는 문 닫힌 어둠이며 연못이며, 어두운 연못은 곧 샘의 입구이므로 이 괘에는 "두레박틀에서 두레박을 끌어내려 샘의 입구로 넣어서 물을 길어 나옴"의 상이 있으니 곧 우물의 상이다. 우물의 물을 사람들에게 제공하여 없어지지 않도록 사용하는 것은 마치 군자가 만민을 교양함이 무궁함과 비슷하다.

往來井井, 汔至, 亦未繘井, 羸其瓶, 凶.

가고 오는 사람들이 빈번하여 물이 마르고, 또한 아직 두레박줄이 우물물에 이르지 못하고, 그 두레박이 쓸모없어지니, 흉하다.

鄭注 : 繘, 綆也.(『釋文』) 羸讀作虆.(同上)

　　율繘(두레박 줄)은 경綆(두레박 줄)이다.(『석문』) 리羸는 유虆로 읽고 써야 한다.(위와 같음)

이 해석은 『설문』으로부터 취하였다. 『설문』에는 "율繘(두레박 줄)은 경綆(두레박 줄)이다"라고 하였는데, 경綆은 곧 물을 긷는 줄이다. 『일체경음의』는 인용하여 "우물에서 물을 긷는 (두레박) 줄이다"라고 썼다. 『옥편玉篇』은 "경綆은 물을 긷는 줄이다"라고 하였다. 『광운』은 "경綆은 우물의 줄이다"라고 하였다. 율繘과 경綆 두 글자는 포함된 뜻이 일치하며, 서로 다른 지구에서 서로 다르게 불린다. 『방언方言』에는 "율繘은 관문으로부터 동쪽으로 주周, 락洛, 한韓, 위魏의 사이를 경綆 혹은 락絡이라고 하며, 관서關西에서는 율繘이라고 한다"고 하였다. 『급취편急就篇』에서는 "율繘은 물을 긷는 줄이며, 한편으로 경綆이라고도 한다"고 하였다. 이羸는 "큰 줄(大素)을 가리킨다. 대장大壯에서 "그 뿔이 야위었다"(羸其角)라고 하였다. 『석문』 에서는 마융을 인용하여 "큰 줄이다"라고 하였다. 정현은 대장에서 "유虆"로 썼다. 같은 글로 이것은 또 "유虆"로 읽으므로 유虆와 유虆는 통함을 알 수 있다. 『설문』에는 "유虆는 큰 줄이다" 라고 하였다.

「彖」曰: 巽乎水而上水, 井.34) 井養而不窮也. "改邑不改井", 乃以剛中也. "汔至, 亦未繘井", 未有功也. "羸其甁", 是以凶也.

「단」에서 말하였다. 바람이 아래에 있고 물이 위에 있음이 정井이다. 우물은 길러주어 다함이 없다. "읍은 옮겨도 우물은 옮길 수 없음"은 곧 군셈으로써 적중的中하기 때문이다. "물이 마르고, 또한 아직 두레박줄이 우물물에 이르지 못함"은 아직 공을 이루지 못함이다. "두레박이 쓸모없어짐"은 이로써 흉하게 된다.

「象」曰: 木上有水, 井. 君子以勞民勸相.

「상」에서 말하였다. 나무 위에 물이 있음이 정井이다. 군자는 그로써 백성을 위해 노력하며 서로 권면勸勉한다.

初六, 井泥不食, 舊井无禽.

초육은 우물에 진흙이 있어 마시지 않으며 옛 우물에는 날짐승이 없다.

鄭注 : 在井之下故稱泥. 井而泥則不可食.(『御覽』, 「地部・泥」)

　　우물의 아래를 진흙이라고 한다. 우물에 진흙이 있으면 마실 수 없다.(『御覽』, 「地部・泥」)

　　초육의 효는 정괘의 가장 아래에 있어 우물의 바닥의 진흙이다. 우물의 바닥에 진흙이 있으면 물이 더러워 마실 수 없다. 그러므로 이 효는 "우물의 진흙이 있어 마실 수 없음"이다.

「象」曰: "井泥不食", 下也. "舊井无禽", 時舍也.

「상」에서 말하였다. "우물에 진흙이 있어 마실 수 없음"은 아래에 있기 때문이다. "옛 우물에는 날짐승이 없음"은 시간이 오래되어 버렸기 때문이다.

---

34) 역자 주: 순상은 "'巽乎水'는 음이 아래에 있어 巽이 됨을 말하며, '而上水'는 양이 위에 있어 坎이 됨을 말한다. 나무가 물에 들어가서 나옴은 우물의 상이다'라고 하였다.
https://baike.baidu.com/item/%E4%BA%95%E5%8D%A6/8789935?fr=aladdin3

九二, 井谷射鮒, 甕敝漏.

구이는 우물의 홈통은 붕어를 싫어하니, 단지가 깨어져 물이 샌다.

鄭注 : 射, 厭也. 甕, 停水器也.(『釋文』) 九二, 坎爻也. 坎爲水, 上[35])直巽. 生一[36]), 艮爻
也. 艮爲山, 山下有井, 必因谷水所生魚無大魚, 但多鮒魚耳, 言微小也. 夫感動
天地, 此魚之至大, 射鮒井谷, 此魚之至小, 故以相況.(『文選』, 「吳都賦」[左思] 注)

석射은 염厭(싫어함)이다. 옹甕은 물을 저장한 그릇이다.(『석문』) 구이는 감효坎爻
이다. 감은 물이며 위(上)로 바로 손巽에 이른다. 생일生一은 간효艮爻이다.
간은 산이며 산 아래 우물이 있으니 반드시 계곡의 물로 인하여 고기가
사는 곳이지만 큰 고기는 없으며, 다만 많은 붕어가 있을 뿐이니, 매우
적다라고 하였다. 무릇 천지를 감동시키는 것은 이 고기가 지극히 크기
때문이며, 우물 홈통의 붕어를 싫어하는 것은 이 고기가 지극히 작기 때문이다.
그러므로 서로 비유한다.(『文選』, 「吳都賦」[左思] 注)

정현이 "射"을 "厭"으로 해석한 것은 『이아』와 『석고』에서 "석射은 염厭이다"라고 한 구절에서
취하였다. 「설괘」에는 "水火不相射"(물과 불이 서로 싫어하지 않는다.)이라는 구절의 석射을 육적陸續,
동우董遇, 요신姚信 등이 모두 "射은 厭이다"라고 해석한 것도 또한 이 뜻에서 취하였다. 염厭은
염猒과 통하며, 『설문』에는 "염猒은 포포飽(싫증)이다"라고 하였다. 『국어國語』 「주어周語」의 "豈
敢猒從其耳目心腹以亂百度"(어찌 감히 그 耳目과 心腹을 따르기를 좋아하여 백가지 법도를 어지럽히겠는가?)라
는 구절을 주석하기를 "염猒은 족足(만족)이다"라고 하였다. 포포飽는 만족함이 많다는 뜻이다.
조원필은 "정현은 석射을 염厭으로 해석하였는데, 염厭은 많음이다"(『補釋』)라고 하였다. 옹甕
(甕)은 『설문』에서는 "옹甕"으로 썼고, 말하기를 "흡병吸瓶(호로병)이다"라고 하였다. 정현이
"停水器"(물을 저장하는 그릇)라고 해석한 것도 이 뜻이다. 효체설을 살펴보면 구이의 효는 중간에
있고 체는 감坎이며, 감은 물이며, 정괘의 하괘의 체는 손巽이며, 손은 물고기이며, 구삼의
체는 간艮이며, 간은 산이다. 그러므로 산 아래 물이 있고 물속에 고기가 있으며, 홈통의
물속에는 큰 물고기가 없으므로 부어鮒魚(붕어)가 많다. 부어는 작은 물고기다. 큰 물고기는
천지를 감동시킬 수 있으며, 작은 물고기는 천지를 감동시킬 수 없다. 혜동은 괘기설을 이용하
여 해석하기를 "정현이 육일칠분에 근거하여 중부中孚괘는 11월의 괘라고 하고, 괘사에서
'돈어豚魚가 길하다'라고 했다"고 하였다. 손巽은 물고기며, 손은 바람으로 하늘을 움직인다.
그러므로 '천지를 감동시키니 이 물고기는 지극히 크다'라고 한다. 정괘井卦는 5월의 괘이며,

---

35) 上은 문장의 의미상 마땅히 "下"로 써야 한다.
36) 生一을 혜동은 "九三"으로 고쳤다.

구이는 위치를 잃었으므로 5효와 응하지 않는다. 그러므로 '우물 홈통의 붕어를 싫어하며(射鮒 井谷), 미약한 음이 오히려 아직 응하지 못한 괘라고 하며, 천지를 감동시킬 수 없기 때문에 '이 물고기가 지극히 작다'고 한다'(『周易述』)라고 하였다. 조원필은 인사를 이용하여 해석하기 를 "중부의 믿음은 돈어豚魚에 미치며, 듣는 것의 믿음이 큼을 말하며, 우물의 홈통은 붕어를 싫어한다는 이 말은 선왕의 풍속과 선정이 보존됨이 미약함을 말한다"(『補釋』)라고 하였다.

「象」曰: "井公射鮒", 无與也.

「상」에서 말하였다. 우물의 홈통은 붕어를 싫어하니, 함께할 수 없다.

九三, 井渫不食, 爲我心惻, 可用汲, 王明幷受其福.

구삼은 우물을 준설浚渫하고도 먹을 수 없으니 내 마음이 측은하며, 길어서 쓸 수 있으니 왕이 밝아야 함께 그 복을 받는다.

鄭注 : 謂已浚渫也, 猶臣修正其身以事君也.(『文選』, 「登樓賦」[王粲] 注)

이미 준설浚渫하였음을 말하며, 마치 신하가 그 몸을 수양하여 임금을 섬기는 것과 같다.(『文選』, 「登樓賦」[王粲] 注)

준설浚渫은 수정修正의 뜻이다. 순상은 "설渫은 더럽고 흐린 것을 버리고 청결淸潔함의 뜻이 다." 상수向秀(227?~272)는 "설渫은 진흙과 더러운 것을 파서 버리는 것이다"라고 하였고, 황영黃 穎(생졸 미상, 晉 南海人은 "설渫은 활活이다"라고 하였다. 준浚은 취取의 뜻이 있다. 『설문』에는 "준浚은 서抒(퍼냄)이다"라고 하였다. 서개徐鍇(920~974)는 "서抒는 그것을 꺼냄이다"라고 하였 다. 여기서 정의되어 깨끗하게 정리함(淸理), 그 우물을 고침, 인사에서 대신이 자신의 몸과 뜻을 바르게 하여 군왕을 모시는 뜻이 되었다.

「象」曰: "井渫不食", 行惻也. 求"王明", 受福也.

「상」에서 말하였다. "우물을 준설하였으나 먹지 않음"은 행동이 측은하기 때문이다. "왕이 밝음"을 구함은 복을 받기 때문이다.

六四, 井甃, 无咎.

육사는 우물에 벽돌을 쌓으면 허물이 없다.

「象」曰: "井甃无咎", 修井也.

「상」에서 말하였다. "우물에 벽돌을 쌓아 허물이 없음"은 우물을 수리修理하였기 때문이다.

九五, 井洌, 寒泉食.

구오는 우물이 맑아서 찬 샘물을 먹는다.

「象」曰: "寒泉"之"食", 中正也.

「상」에서 말하였다. "찬 샘물"을 "먹음"은 중정中正하기 때문이다.

上六, 井收勿幕, 有孚元吉.

상육은 우물을 거두어 천막을 덮지 않으니, 믿음이 있어 크게 길하다.

「象」曰: "元吉"在上, 大成也.

「상」에서 말하였다. "크게 길함"이 위에 있으니 크게 이룬다.

49. 혁革

☰☱ 革, 巳日乃孚. 元亨利貞, 悔亡.

혁은 사일巳日[37]에 곧 믿음이 있다. 크고 형통하며 이롭고 곧으니 뉘우침이 없다.

鄭注 : 革, 改也. 水火相息而更用事, 猶王者受命, 改正朔, 易服色, 故謂之革.(『集解』)

　　혁革은 고침이다. 물과 불이 서로 멈추고 또 움직임이 마치 왕이 천명을 받아 정삭正朔을 개정하고 복색을 바꾸는 것과 같으므로 혁革이라고 한다.(『집해』)

　　혁은 본래 피혁皮革을 가리키며, 피혁을 다스려 새롭게 바꾸기 때문에 전의되어 '다시 고침'의 의미가 되었다. 『설문』 "들짐승의 가죽을 다스려 그 털을 버리고 가죽을 고치는 상이다"라고 하였다. 『상서』「요전」에 "새와 짐승은 새 털이 난다"(鳥獸希革)를 공전孔傳(1065~1139, 공자 46세손)은 "혁은 고침이다"라고 하였다. 『상전象傳』에는 "천지가 바뀌어 사계절을 이룬다"(天地革而四時成)의 "혁革" 또한 이 뜻을 취하였다. 식息은 마융은 "멸滅"로 해석하였다. 물과 불이 서로 멈춤은 『상전』에서 취하였고, 물과 불이 서로 소멸시킴은 곧 물이 불을 소멸시키거나 불이 물을 소멸시켜 서로 갈마들어 없어지게 하는 것이다. 사회나 왕조의 교체도 또한 이와 같으며, 하나의 왕조가 다른 하나의 왕조를 대신하게 되면 반드시 먼저 역수歷數를 다스려 시대를 밝히고, 복식服飾과 안색鞍色을 고친다.

「彖」曰: 革, 水火相息, 二女同居, 其志不相得, 曰革. "巳日乃孚", 革而信之. 文明以說, 大亨以正, 革而當, 其悔乃亡. 天地革而四時成, 湯武革命, 順乎天而應乎人, 革之時大矣哉.

「단」에서 말하였다. 혁은 물과 불이 서로 소멸시키고, 두 여자가 같이 살며 그 뜻이 서로 맞지 않으므로 혁革이라고 한다. "사일巳日에 곧 믿음이 있음"은 변혁하여 믿도록 하기 때문이다. 문채가 밝아 기뻐하며, 크게 형통함을 바름으로 하며, 변혁하여 마땅하니 그 후회함이 곧 없어진다. 천지가 변혁하여 사계절이 이루어지며, 탕왕과

---

37) 역자 주: 日辰을 나타내는 地支가 巳로 된 날. 예를 들면 己巳, 丁巳, 辛巳 등이다.

무왕이 천명을 변혁함에 하늘에 순응하고 사람에게 순응하였으니 변혁의 때가 크도다!

「象」曰: 澤中有火, 革. 君子治歷明時.

「상」에서 말하였다. 연못 가운데 불이 있음이 혁革이다. 군자는 그로써 역수歷數를 다스려 시대를 밝힌다.

初六[38], 鞏用黃牛之革.

초구는 황소의 가죽으로 묶는다.

「象」曰: "鞏用黃牛之革", 不可以有爲也.

「상」에서 말하였다. "황소의 가죽으로 묶음"은 행함이 있어서는 안 되기 때문이다.

六二, 巳日乃革之, 征吉, 无咎.

육이는 사일巳日에 곧 그것을 변혁하니 나아가면 길하며, 허물이 없다.

「象」曰: "巳日""革之", 行有嘉也.

「상」에서 말하였다. "사일"에 "그것을 변혁함"은 행함에 기쁨이 있기 때문이다.

九三, 征凶, 貞厲. 革言三就, 有孚.

구삼은 나아가면 흉하니 곧음이 위태롭다. 변혁의 말을 세 번 따르니 믿음이 있다.

「象」曰: "革言三就", 又何之矣.

「상」에서 말하였다. "변혁의 말을 세 번 따랐음"이니 또 어디로 가겠는가?

---

38) 역자 주: 혁괘의 초효는 陽爻이므로 마땅히 初九라고 해야 한다.

九四, 悔亡, 有孚, 改命吉.

구사는 후회가 없으니 믿음이 있고, 명命을 바꾸면 길하다.

「象」曰: "改命"之"吉", 信志也.

「상」에서 말하였다. "명을 바꿈"이 "길함"은 뜻을 믿기 때문이다.

九五, 大人虎變, 未佔有孚.

구오는 대인이 호변虎變39)하니, 아직 엿보지 않아도 믿음이 있다.

鄭注 : 大人, 天子.(『儀禮』, 「士相見禮」 疏)

　　대인은 천자이다.(『儀禮』, 「士相見禮」 疏)

구오는 존엄한 지위에 있으므로 이 "대인"은 천자를 가리킨다. 사실 고대의 "대인"과 "천자"의 칭호는 서로 다르다. 『역위・건착도』에서는 "천자는 작호爵號이다", "대인은 성인의 밝음과 덕을 갖춘 사람이다"라고 하였다.

「象」曰: "大人虎變", 其文炳也.

「상」에서 말하였다. "대인이 호변虎變함"은 그 문채가 빛나기 때문이다.

上六, 君子豹變, 小人革面. 征凶, 居貞吉.

상육은 군자는 표변豹變(표범의 무늬처럼 곱게 변함)하고 소인은 안면만 바꾼다. 나아가면 흉하며, 있으면 곧고 길하다.

鄭注 : 君子, 諸侯.(『儀禮』, 「士相見禮」 疏)

　　군자는 제후諸侯다.(『儀禮』, 「士相見禮」 疏)

군자는 대인의 다음이다. 상육은 음효로서 5효와 서로 임하여 있으므로 제후가 된다. 그러므로 이 "군자"는 "제후"를 가리킨다.

---

39) 역자 주: 범의 가죽처럼 아름답게 변함.

「象」曰: "君子豹變", 其文蔚也. "小人革面", 順以從君也.

「상」에서 말하였다. "군자가 표변함"은 그 문채가 아름답기 때문이다. "소인이 안면만 바꿈"은 순종하여 임금을 따르기 때문이다.

50. 정鼎

 鼎, 元吉, 亨.

정은 크고 길하며, 형통하다.

鄭注 : 鼎, 象也. 卦有木火之用, 互體乾兌, 乾爲金, 兌爲澤, 澤鍾金而含水, 爨以木火, 鼎亨孰物之象. 鼎亨孰以養人, 猶聖君興仁義之道, 以敎天下也, 故謂之鼎矣.
(『集解』)

> 정鼎40)은 상象(모습)이다. 괘에는 목木과 화火의 쓰임이 있으며, 호체는 건乾과 태兌이며, 건은 금金이며, 태는 연못이며, 연못은 쇠를 모으고 물을 머금고 있으며, 나무의 불로 밥을 지으니, 정鼎은 음식물을 익히는 상이 있다. 정은 음식을 익혀서 사람을 기르며, 마치 성군이 인의仁義의 도를 일으켜 세상을 교화함과 같으므로 정鼎이라고 한다.(『집해』)

"정은 모습이다"는 말은 『상전』의 글에서 취하였으며, 그 뜻은 정괘鼎卦가 정기鼎器의 상을 취하였음을 가리킨다. 정괘의 하괘는 손巽으로 목木이며, 상괘는 리離로 화火이므로 이 괘에는 "나무와 불의 쓰임"의 뜻이 있다. 2·3·4효의 호체는 건乾이며, 3·4·5효의 호체는 태兌이다. 건은 금金이며, 태는 연못이다. "정鼎은 쇠에 기원하며, 연못은 곧 물이므로 '연못은 쇠를 모으고 물을 머금는다'"(이도평의 말)라고 하였다. 괘상에는 목과 화가 있고, 수水가 있고, 금金鼎이 있어 음식을 익히는 상이다. 또한 "나무의 불로 밥을 지으니 정鼎은 음식물을 익히는 상"이다. 찬爨은 취炊(밥을 짓다)이다. 형亨은 "팽烹"과 통하며, 숙孰은 곧 숙熟이다. 정이 음식을 익혀 사람들을 이롭게 함이 성군이 위에서 인의의 도를 일으켜 세상을 교화하는 것과 같으므로 이 괘가 정鼎이다. 이 구절은 「단전」의 "정鼎은 상象이다. 나무로써 불을 지펴서 음식을 익힌다. 성인이 상제에게 자세를 드림에 크게 제향하여 성현을 기른다"라는 구절을 밝혀 설명한 말이다.

---

40) 역자 주: 鼎은 세 발이 달린 솥으로 夏의 禹王이 국가의 통합을 위하여 九州의 금속을 모아 녹여서 만든 아홉 개의 솥을 가리키는 이름임. 처음에는 음식을 만들거나 죄인을 烹刑하는 데 쓰이다가 후에 왕위계승 등의 祭禮의 禮器로 쓰이면서 왕권의 상징이 되고, 의미가 확장하여 王位·帝業의 의미를 가진 왕권의 상징이 되었다.

「彖」曰: 鼎, 象也. 以木巽火, 亨飪也. 聖人亨以享上帝, 而大亨以養聖賢. 巽而耳目聰明, 柔進而上行, 得中而應乎剛, 是以"元亨".

「단」에서 말하였다. 정鼎은 상상象이다. 나무로써 불을 지펴서 음식을 익힌다. 성인이 상제에게 자세를 드림에 크게 제향하여 성현을 기른다. 공손하여 귀가 밝고 눈이 밝으며, 부드러움으로 나아가 위로 올라가서 중中을 얻어 굳셈과 호응하니 이로써 "크고 형통하다."

「象」曰: 木上有火, 鼎. 君子以正位凝命.

「상」에서 말하였다. 나무 위에 불이 있음이 정鼎이다. 군자는 그로써 자리를 바르게 하며 명령을 내린다.

鄭注 : 凝, 成也.(『釋文』)

응凝凝은 이룸(成)이다.(『석문』)

응凝凝은 한대漢代에는 "성成"의 뜻이 있다. 우번은 "凝命"의 "凝"을 주석하기를 "응凝凝은 이룸(成)이다"라고 하였다. 『상서』「고요모皋陶謨」에서는 "여러 공적이 이루어지리라"라고 하였다. 공씨전孔氏傳에서는 "응凝凝은 이룸이다"라고 하였다. 정현도 이에 대하여 동일하게 주석하였다. 응凝凝은 곽현瞿玄은 "의擬"로 쓰고 "법도이다"라고 하였는데, 곧 심도審度(자세하게 고려함)의 뜻이 있으니 하나의 설을 이루었다고 할 수 있다.

初六, 鼎顚趾, 利出否, 得妾以其子, 无咎.

초육은 정의 발이 엎어졌으니 나쁜 것이 폐출되어 이롭고, 첩을 얻어 그 아들을 얻으니 허물이 없다.

鄭注 : 顚, 踣也. 趾, 足也. 無事曰趾, 陳設曰足. 爻體巽爲股, 初爻在股之下, 足象也. 足所以承正鼎也. 初陰爻而柔, 與乾同體, 以否正承乾. 乾爲君, 以喩君夫人事君, 若失正體, 踣其爲足之道, 情無怨則當以和義出之. 然如否者, 嫁於天子, 雖失禮, 無出道, 廢遠之而已. 若其無子, 不廢遠之, 後尊如故, 其犯六出, 則廢之,[41] 遠之, 子廢. 坤爲順, 又爲子母牛, 在后妃之旁側. 妾之列也. 有順德, 子必

---

41) "若其無子"에서부터 여기까지 『御覽』에는 없으며, 『儀禮』「士婚禮」의 소와 『예기』「내

賢, 賢而立爲世子, 又何咎也.(『御覽』一百四十五)

顚은 복踣(넘어짐)이다. 지趾는 족足이다. 아무 탈이 없음(無事)을 지趾(터)라고 하고, 벌여 놓음(陳設)을 족足이라고 한다. 효체인 손巽은 고股(넓적다리)이며, 초효는 넓적다리 아래에 있으므로 발의 상이다. 발이 정정正鼎을 이어받는 까닭이다. 초효가 음효로서 부드럽고, 건乾과 같은 체體이며, 건乾을 이어받음에 올바름으로 하지 않는다. 건은 임금으로 군부인君夫人이 임금을 섬김을 비유하며, 만약 정체正體를 잃게 되면 그것이 넘어져 발이 되는 도리이며, 정情이 원망이 없으면 마땅히 화의和義로써 드러낸다. 그러나 그렇지 않은 것은 천자에게 시집가서 예를 잃고 도를 드러내지 않으면 멀리 버릴 뿐이다. 만약 그가 아들이 없으면 멀리 버리지 않고 후일에도 여전히 존중하고, 만약 그가 여섯 가지 내쫓는 죄를 범하면 그를 버리고 멀리 보내며 아들도 버린다. 곤坤은 순종함이며, 또 자모우子母牛42)가 되며, 후비后妃의 곁에 있다. 첩의 반열이다. 순종의 덕이 있어 자식은 반드시 어질고, 어질어서 세자世子로 옹립擁立되니 또한 무슨 허물이겠는가?(『御覽』145)

顚은 백서에는 "塡"으로 썼다. 등구백鄧球柏(1953~)은 "塡과 顚은 한 번의 소리의 전환이므로 통용한다"라고 하였다. 정현이 "顚"을 "踣"으로 해석한 것은 "蹎"자의 가차이다. 단옥재는 "蹎은 경전에서 대부분 '顚'자로 가차하여 썼다"라고 하였다. 『설문』에는 "蹎은 발跋(넘어짐)이다"라고 하였고, 단옥재의 주석에 의하면 跋은 경전에서 대부분 沛자로 가차하였다. 『논어』와 「대아大雅」의 "전패顚沛"는 모두 곧 "전발蹎跋"이다. 모전毛傳에는 "顚은 복仆이며, 패沛는 발拔(뽑음)이다"라고 하였는데, 발拔은 발跋과 같다. 마융은 『논어』를 주석하여 "顚은 패仆이며, 강복僵仆(엎어져 넘어짐)이다"라고 하였다. 복踣과 복仆은 음과 뜻이 모두 같다. 손염孫炎(1323~1362)은 "앞으로 엎어짐을 복仆이라고 한다"라고 하였다. 『좌전정의左傳正義』에는 "앞으로 엎어짐을 복踣이라고 한다"라고 하였다. 그러므로 蹎·跋·踣은 뜻이 같다. 지趾는 고문에는 "지止"로 썼으므로 趾와 止는 서로 통한다. 『역』 간艮의 "그 발에 멈춘다"(艮其趾)는 구절을 『석문』은 순상을 인용하여 "止"로 썼다. 『역』 비賁의 "그 발을 꾸민다"(賁其趾)는 구절을 『석문』은 "어떤 판본에는 止로 썼다"라고 하였으니 곧 이것이 그 증거이

칙」의 소에 근거하여 보충한다.

42) 역자 주: 본래 牝牛(암소)를 가리킨다. 「說卦」의 "坤爲地, 爲母, 爲布, 爲釜, 爲吝嗇, 爲均, 爲子母牛"의 구절에 대하여 高亨은 "子는 牸(암소)로 읽는다. 『廣雅』「釋獸」에는 '牸는 雌(암컷)이다'라고 하였는데, 牸母牛는 곧 牝牛의 속칭이다. 혹은 '子母牛는 子牛와 母牛를 말한다'라고 하였다.…… "라고 주석하였다.

https://baike.baidu.com/item/%E5%AD%90%E6%AF%8D%E7%89%9B/10070382

며, 지趾와 止는 족足을 가리킨다. 『설문』에는 "지止는 아래의 토대이며, 초목이 나오는 터를
상징하므로 止를 足으로 보았다"라고 하였다. 『이아爾雅』 「석언釋言」에는 "지趾는 족足이다"라
고 하였다. 왜냐하면 족足에는 또 정지停止, 독처獨處, 한거閑居의 뜻이 있으므로 전의되어
"무사無事"의 뜻이 되었다. 족足은 본래 각지腳趾(발가락)를 가리키는데, 발가락은 차례대로 배열
되어 있기 때문에 또한 "진설陳設"의 뜻이 있다. 부정否正은 곧 부정不正이다. 출出은 폐기廢棄
이며, 고대의 남자가 자신의 처자妻子를 처치處置(내치거나 버림)함을 가리킨다. 고대에 부녀를
내쫓는 일곱 가지가 있으니, 곧 부모에게 순종하지 않음, 음란함, 아들 없음, 시부모를 섬기지
않음, 불치병, 수다스러움, 도둑질 등 어떤 한 조항이라도 범하게 되면 모두 폐기할 수 있었다.
괘상卦象으로 말하면 이 괘에는 전지顚趾(엎어짐)의 상이 있고, 정鼎괘의 초육은 음효로서 하괘
인 손巽의 주된 효爻이다. 「설괘」를 보면 손巽은 넓적다리이며 초효로 아래에 있으므로 "발"이
라고 한다. 정鼎의 발은 본래 바른 정鼎을 계승하지만, 초효가 음으로서 양의 위치에 있으므로
바름을 잃었다. 2·3·4효의 호체는 건乾이며, 건은 임금이다. 건을 계승하는데 바름을 잃었
다. 인사에서 군부인이 임금을 섬김에 예禮를 잃음이 엎어짐을 상징한다. 건은 임금이며
손巽의 부드러움이 군부인이다. 또 효진설을 보면 초육은 미未로 납입하며, 미未는 곤坤에
위치하므로 곤坤은 순종함이 되며, 또 자모우가 된다. "초효의 정위正位가 후비后妃의 측면에
의거하니 첩妾이 되고, 부인이 전도되어 첩이 됨이니 순종하되 자식이 있으면 후에 부인이
마땅히 정첩正妻이 되어 임금을 계승할 뿐이다"(장혜언의 말)라고 하였다. 정현은 또 고례古禮의
후비后妃와 세자의 폐립廢立으로써 괘사卦辭의 의미를 설명하였다. 고대의 예절을 살펴보면
처妻가 여섯 가지 폐출의 죄를 범하면 집안에서 쫓아내어 폐기하는데, 천하를 집으로 삼는
천자이기 때문에 폐출할 수 없으므로 도를 드러냄이 없다. 정현이 동인同人 육이를 "천자와
제후는 부인이 아들이 없으면 폐출하지 않는다"(天子諸侯後夫人無子不出)라고 주석한 말이 곧
이 뜻이다. 왕후王后가 임금을 섬김에 예를 잃으면, 도를 드러냄이 없으므로 마땅히 폐하여
멀리 보낸다. 만약 아들이 없으면 폐하여 멀리 보내지 않고, 존귀하게 대한다. 만약 "여섯
가지 폐출의 죄"가 있으면 그 아들도 어머니 때문에 함께 폐출되고, 아내로 맞은 (자식 가운데)
어진 아들을 세자로 삼는다. 정현의 뜻에 근거하면 왕후가 예를 잃고 여섯 가지 폐출의
죄를 범하면 폐기하고, 그 아들도 그로 인하여 폐기하니 이것이 "정鼎이 엎어지니 나쁜 것이
폐출되어 이롭다"는 말이며, 아내로 맞은 (자식 가운데) 어진 아들을 세자로 삼음은 "첩을
얻어 그 아들을 얻는다"는 말이다.

「象」曰: "鼎顚趾", 未悖也; "利出否", 以從貴也.

「상」에서 말하였다. "정의 발이 엎어짐"은 아직 어그러지지 않았으며, "나쁜 것이
폐출되어 이로움"은 귀함을 따르기 때문이다.

九二, 鼎有實; 我仇有疾, 不我能卽, 吉.

구이는 정에 열매가 있으니, 나의 배우자가 질병疾病이 있으니 나에게 가까이하지
못하게 하며 길하다.

鄭注 : 怨耦曰仇.(『釋文』) 九四爲九二仇.(『漢上易傳』, 「叢說」)

　　미워하는 짝(怨耦)을 구仇라 한다.(『석문』) 구사는 구이의 구仇이다.(『漢上易傳』,
　　「叢說」)

　구仇는 고대에는 배우配偶를 가리켰다. 『이아』 「석고」에는 "구仇는 필匹(짝)이다"라고 하였고,
『시』 「관저關雎」에는 "고상하고 정숙한 숙녀는 군자가 좋아하여 구逑한다"라고 하였고, 『예기』
「치의緇衣」는 "구逑(짝)를 "구仇"로 인용하였으며, 정현은 "구仇는 필匹이다"라고 주석하였다.
『일체경음의』는 "구仇는 원怨(원망)이며, 짝이다"라고 하였다. 일반적으로 화목하지 않은 부부
를 구仇라고 한다. 『좌전』 환공 2년에는 "아름다운 짝을 비妃라고 하고, 미워하는 짝을 구仇라
한다"라고 하였다. 효상爻象으로 보면 초효와 4효가 서로 응하지만, 구이의 양은 초육의 음에
의거하므로 구이와 구사는 서로 싸워 원수가 된다.

「象」曰 : "鼎有實", 愼所之也. "我仇有疾", 終无尤也.

「상」에서 말하였다. "정에 열매가 있음"은 가는 바를 삼가야 한다. "나의 짝이
질병이 있음"은 끝내 허물이 없다.

九三, 鼎耳革, 其行塞, 雉膏不食. 方雨虧悔, 終吉.

구삼은 정의 귀가 변하고 그 행함이 막혀서 꿩고기를 먹지 못한다. 바야흐로 비가
내려 후회함이 줄어드니 마침내 길하다.

鄭注 : 雉膏, 食之美者.(『釋文』)

　　치고雉膏(꿩고기)는 밥이 맛이 좋은 것이다.(『석문』)

　치고雉膏는 꿩의 비육肥肉(살진 고기)을 가리키며, 고膏는 비육肥肉이다. 『설문』은 "고膏는 비肥
(살찜)이다"라고 하였다. 『국어』 「진어晉語」에는 "무릇 고량膏粱(膏粱珍味)의 성질은 올바르기
어렵다"라고 하였는데, 위소韋昭(204~273)는 "고膏는 고기의 비계이다"라고 주석하였다.

「象」曰: "鼎耳革", 失其義也.

「상」에서 말하였다. "정의 귀가 변함"은 그 뜻을 잃었기 때문이다.

九四, 鼎折足, 覆公餗, 其刑劇, 凶.

구사는 정의 발이 부러져, 공公에게 바칠 음식이 엎어졌으니 형벌로 목을 베니 흉하다.

鄭注 : 餗, 菜也.(『釋文』) 糝謂之餗. 震爲竹, 竹萌爲筍, 餗之爲菜也. 是八珍之食, 臣下
曠官, 失君之美道, 當刑之於屋中.(『周禮』, 「天官・醢人」 疏) 餗美饌, 鼎三足, 三
公象. 若三公傾覆王之美道, 屋中刑之.(『周禮』, 「秋官・司烜氏」 疏) 蔌爲八珍所
用.(『詩經』, 「大雅・韓奕」 疏)

속속餗은 채菜(나물 음식)이다.(『석문』) 삼糝(나물죽)을 속餗이라고 한다. 진震은 대나무
이며, 대나무의 싹은 죽순이며, 속餗이 나물이다. 이것은 팔진八珍(여덟 가지
진귀한 음식)이며, 신하가 관청의 일에 밝고 임금이 아름다운 도를 잃으면
마땅히 가옥 안에서 형벌을 준다.(『주례』, 「천관・醢人」 소) 속餗의 아름다운
반찬과 세 발의 정은 삼공三公의 상象이다. 만약 삼공이 왕의 아름다운 도를
뒤집어엎으면 가옥 안에서 형벌을 준다.(『주례』, 「추관・司烜氏」 소) 속蔌은 여덟
진미를 만드는 데 쓰인다.(『시경』, 「대아・한혁」 소)

속속餗은 고대의 채죽菜粥(채소죽)의 일종이다. 이것은 채소죽은 죽순竹筍이나 양식으로 만들어진
다. 『설문』에는 속餗을 "죽鬻"으로 쓰고, "죽鬻은 정 안의 열매이며, 갈대(葦)와 부들(蒲)을
벌여 놓고 건鍵이라 하는 것이 죽鬻이다…… 속餗은 죽鬻 혹은 밥으로 만든다"라고 하였다.
여기서 "위葦"는 노순蘆筍(벼과, 갈대순)을 가리키며, 정현은 이것을 죽순竹筍이라고 보았으나
사실 죽순과 노순은 같은 종류이다. 이러한 채소죽에는 "쌀과 고기로 만든 채소죽이 있으며,
고기를 넣지 않은 죽이 있다"(단옥재 주)라고 하였다. 문장의 뜻을 살펴보면 정현이 말한 속餗은
쌀과 죽순 등으로 만든 팔진죽八珍粥을 가리킨다. 삼糝은 곧 쌀로 만든 죽을 가리킨다. 삼糝은
고문古文으로는 "삼糂"(나물죽)이다. 『설문』에서 "삼糂은 쌀로 만든 국羹이다"라고 하였다. 『예
기』 「내칙內則」의 "석도折稌, 견갱大羹, 토갱兎羹과 삼糝과 부료不蓼"라는 구절에 대하여, 정현
은 "무릇 국을 갖춤에는 마땅히 다섯 가지 맛이 조화되어야 하며 쌀가루 죽은 요蓼(여뀌)는
아니다"라고 주석하였다. 일한 채소죽은 또한 속蔌이라고도 한다. 『이아』 「석기釋器」에는
"채菜를 속蔌(푸성귀)라고 한다"고 하였는데, 이에 근거하여 학의행郝懿行(1755~1823)의 『의소義
疏』에서는 속蔌은 속餗의 음을 가차하였다. "속餗"과 "속蔌"은 통한다. 형옥刑劇은 통행본에서

는 "형악形渥"으로 썼으며, 백서본에서는 "형옥刑屋"으로 썼다. 형옥刑屋은 고대의 형벌의 일종으로 귀족의 관료가 범법을 하면 집 안에서 형벌을 받고 민중이 저잣거리에서 형벌을 받는 것과 구별하였다. 그러므로 본래는 "형옥刑屋"으로 썼다가 후에는 "형옥刑屋"이라고 하였다. 통행본에는 "형악形渥"이라고 썼는데 고대에는 통가하였다. 『주례』 「추관·사훤씨司烜氏」의 "邦若屋誅"의 구절을 정현은 "옥屋은 '그 형옥刑屋'의 '옥屋'으로 읽어야 한다. 옥주屋誅[43]는 저잣거리에서 죽이지 않고 전사씨甸師氏[44]에게 보냄을 말한다"고 하였다. 『한서』 「서전敍傳」의 "底屋鼎臣"을 안사고顏師古는 복건服虔(생졸 미상, 후한 河南의 滎陽 사람)의 말을 인용하여 주석하기를 "『주례』에는 옥주屋誅가 있는데 대신을 집 안에서 대신을 주살하며 드러내지 않는다"라고 하였다. 이 때문에 정현의 뜻에 의하면 이 효는 정鼎의 엎어짐을 이용하여, 신하가 만약 왕의 아름다운 도를 뒤집어엎으면, 집안에서 형벌을 받기를 기다리는 것을 비유하였다.

「象」曰: "覆公餗", 信如何也.

「상」에서 말하였다. "공에게 바칠 음식을 엎음"은 어떻게 믿겠는가?

六五, 鼎黃耳, 金鉉, 利貞.

육오는 정의 황색 귀는 쇠로 현鉉(정을 드는 고리)을 만들었고, 이롭고 곧다.

鄭注 : 金鉉, 喻明道能舉君之官職也.(『文選』, 「西征賦」[潘岳] 注; 『唐律義疏』)

금현金鉉은 도를 밝혀 임금을 떠받칠 수 있는 관직을 비유한다.(『文選』, 「西征賦」[潘岳] 注; 『唐律義疏』)

『설문』에 "현鉉은 정鼎을 드는 도구이다"라고 하였다. 이것은 정현이 "명도明道"로써 "금金"으로 해석하고, "임금을 떠받치는 관직"을 "현鉉"으로 해석하였다. 조원필은 "정현은 금金으로써 명도明道를 비유하였고, 현鉉은 임금을 떠받치는 관직을 비유하였다. 대신이 명덕이 있으면 임금의 소임을 행하며, 그 관직을 행하여 임금의 자리를 바르게 하여 의義가 서로 이루어진다"라고 하였다.

---

43) 역자 주: 屋誅는 고대의 三族을 멸하던 중형을 말한다.
44) 역자 주: 周나라 때 郊外에서 왕족이나 고관들 가운데 법을 위반한 사람을 死刑 집행을 맡은 관리.

「象」曰: "鼎黃耳", 中以爲實也.

「상」에서 말하였다. "정鼎의 황색 귀"는 중中을 실實로 삼는다.

上九, 鼎玉鉉, 大吉, 无不利.

상구는 정의 손잡이를 옥玉으로 만드니 크게 길하며 이롭지 않음이 없다.

「象」曰: "玉鉉"在上, 剛柔節也.

「상」에서 말하였다. "옥으로 된 손잡이"가 위에 있음은 굳셈과 부드러움이 절도가 있기 때문이다.

51. 진震

䷲　震, 亨.

진은 형통하다.

鄭注 : 震爲雷, 雷, 動物之氣也. 雷之發聲, 猶人君出政以動中國之人也[45]. 故謂之震.
人君有善聲敎, 則嘉會之禮通矣.(『集解』)

　진震은 우레이며, 우레는 사물을 움직이는 기氣다. 우레가 울리는 소리는
마치 임금이 정교政敎를 내려 나라 안의 사람들을 움직이게 하는 것과 같다.
그러므로 진震이라고 한다. 임금이 선한 소리로 정교를 베풀면 아름다운
모임의 예禮가 통한다.(『집해』)

　진괘震卦는 상괘와 하괘가 모두 진震이며, 「설괘」를 살펴보면 진은 우레이며 움직임이며,
진의 하나의 양이 아래에서 움직여 양기가 움직이기 시작함을 나타내므로 '사물을 움직이는
기'라고 한다. 우레가 움직여 소리를 울리면 만물이 모두 움직인다. 사회에서 임금의 명령은
우렛소리와 같아야 명령을 발하면 백성이 따른다. 이는 "震"의 뜻을 해석한 것이다. 임금이
하는 말이라면 선해야 천 리 밖에서도 그에 응하므로 으름다운 모임의 예가 통달한다. 이는
『계사』와 「문언」의 뜻으로 "형亨"을 해석한 것이다. 「계사」에는 "군자가 집안에 살며 하는
말이 선하면 천 리 밖에서도 그에 응한다.…… 말은 몸에서 나오며 평민에게 더해진다"라고
하였다. 「문언」에는 "형통함은 아름다운 모임이다"라고 하였고, "아름다운 모임은 예와 합할
수 있다"라고 하였다.

震來虩虩, 笑言啞啞.

우레가 오면 두려워하며, 웃음소리가 깔깔댄다.

鄭注 : 虩虩, 恐懼貌. 啞啞, 樂也.(『釋文』)

---

45) "中國"은 『詩』「召南」正義에서는 "國中"으로 인용하여 썼다. "人君" 이하는 없다.

혁혁虩虩은 두려워하는 모양이며, 액액啞啞은 즐거움이다.(『석문』)

혁혁虩虩을 순상은 "색색愬愬"(두려워하다)으로 썼다. "혁虩"과 "색愬"은 서로 통한다. 리履괘의 구사인 "색색愬愬"를 마융은 "혁혁虩虩"으로 썼으며, 『석문』은 『자하전』을 인용하여 "두려워함恐懼이다"라고 하였다. 마융과 『설문』의 뜻이 같다. 혁虩은 본래 승호蠅虎(거미)의 일종이며, 형태는 거미蜘蛛이며 회백색灰白色이며, 파리를 잘 잡으므로 후에 전의되어 두려워함의 뜻이 되었다. 『설문』에는 "혁혁虩虩은 두려워함이다. 일설로는 승호蠅虎이다"라고 하였다. 육희성陸希聲(?~905?)은 "혁虩은 승호蠅虎이며 처음 구멍에 있다가 뛰어서 나오므로 사람이 마음이 두려워 움직임을 상징한다"라고 하였다. 액액啞啞은 웃는 소리다. 『설문』에는 "액啞은 웃음이다"라고 하였다. 마융은 "액액啞啞은 웃는 소리다"라고 하였다. 정현이 "락樂"(즐거움)이라고 해석한 것은 이 뜻에 근거하였다.

震驚百里, 不喪匕鬯.

진震은 백 리를 놀라게 하지만 숟가락(匕首)과 울창주鬱鬯酒(제사의 降神酒)를 잃지 않는다.

鄭注 : 驚之言警戒也.[46] 雷發聲聞於百里, 古者諸侯之象. 諸侯出敎令, 能警戒其國. 內則守其宗廟社稷, 爲之祭主, 不亡匕與鬯也. 人君於祭之禮, 匕牲體·薦鬯而已, 其餘不親也. 升牢於俎, 君匕之, 臣載之. 鬯, 秬酒, 芬芳條鬯, 因名焉.(『集解』; 『儀禮』, 「特牲·饋食禮」疏)

놀람의 말로 경계警戒한다. 우레가 울리는 소리가 백 리 밖에서도 들리니 옛 제후의 상이다. 제후가 교령敎令을 내려서 그 나라를 경계할 수 있다. 안으로는 그 종묘사직을 지키며 제주祭主가 되며, 숟가락과 울창주를 잃어버리지 않는다. 임금이 제사의 예에서 숟가락으로 희생체犧牲體를 자르고 울창주만 천거하고 나머지는 친히 하지 않는다. 도마에 희생犧牲을 올려놓으면, 임금이 그것을 숟가락으로 자르면 신하가 운반한다. 창鬯은 거주秬酒이며 꽃향기가 선명하므로(芬芳條鬯) 그렇게 이름지었다.(『集解』; 『儀禮』, 「特牲·饋食禮」疏)

경驚은 본래 말이 놀라서 상식을 잃음을 가리킨다. 『설문』에는 "경驚은 말이 놀람이다"라고 하였다. 이것이 전의되어 경계警戒의 뜻이 되었다. 비比는 곧 시匙(숟가락)다. 『설문』에는 "시匙는 비比다"라고 하였는데 고대의 숟가락은 얕은 홈이 있었다. 『의례』「유사철有司徹」에는

---

46) 『集解』에는 이 구절이 없는데, 『詩』「召南」正義로부터 인용하였다.

"두 손으로 숟가락의 자루를 받쳐 들고 국을 뜬다고 하여 比비를 주석하였다"라고 하였다. 정현의 주에서 "이 두 숟가락은 모두 얕은 홈이 있으며 반심飯椹(밥을 담는 식기)과 같은 모양이다"라고 하였다. 숟가락은 나무로 만든 것도 있고 뿔로 만든 것도 있으며 길이가 한결같지 않으며, 긴 것은 수 척尺이 되며, 짧은 것은 몇 촌寸으로 술을 담을 수도 있고 밥이나 고기를 담을 수도 있다. 여기서는 술을 담는 데 쓴다. 창鬯은 검은 기장과 풀을 빚어 만든 향주香酒이다. 『설문』에는 "기장으로 울초鬱草(튤립)를 빚어 만들고, 꽃향기 나는 조복條服(제복)으로 강신降神을 할 때 쓴다. 감니(위가 트인 그릇)를 쓴다. 감니은 그릇이며 가운데는 쌀 모양이며, 숟가락으로 그것을 모은다"라고 하였다. 주周나라 사람들은 향내를 맛보기를 좋아하였으며, 항상 향으로 귀빈을 초대하였다. 『예기』「교특생郊特牲」에서는 "제후가 빈객이 되면(손님으로 대접을 받을 때), 욱창郁鬯(鬱鬯)으로 만든 술을 관으로 흐르게 하고, 관으로 냄새를 맡았다"라고 하였다. 뇌牢는 제사에 쓰는 희생犧牲이며 소를 대뇌大牢라고 하고 양을 소뇌少牢라고 한다. 『대대례기大戴禮記』「증자천원曾子天圓」에서는 "제후의 제사에서 희생으로 쓰는 소를 태뇌太牢라고 하며, 희생으로 쓰는 양을 소뇌少牢라고 한다"라고 하였다. 조俎는 제사에서 쓰는 탁자桌子이다. 거秬는 검은 색의 기장이다. 『시』「대아・생민生民」의 "찰기장을 받치오며 검은 기장을 바치오니"(維秬維秠)에서의 "거秬"가 곧 이 뜻이다. 정현의 뜻을 살펴보면 이 구절은 우레로써 제후가 교령을 발령하여 나라가 망하지 않도록 경계함을 비유하는 것이다. 효사에서 말한 "백 리"는 제후를 가리킨다. 『정의』에서는 "선유들이 말하기를 '우레가 울리는 소리를 백 리 밖에서도 들린다'라고 하였으므로 옛 제왕이 나라를 제도함에 공公과 후侯를 지방의 백 리에 두었으므로 이로써 상징하였다"라고 하였다. 『일예逸禮』「왕도기王度記」에는 "제후의 봉읍은 백 리에 불과하므로 우레의 진동은 백 리를 상징한다"라고 하였다. 정현은 「단象」의 "종묘사직을 지킬 수 있고 제주祭主가 된다"는 구절에 근거하여 "숟가락과 울창주를 잃지 않는다"(不喪匕鬯)라는 구절을 해석하였다. 정현은 또 고대의 제례로써 "숟가락과 울창주"(匕鬯)의 뜻을 설명하였다. 고례를 살펴보면 종묘의 제사에서 군왕이 직접 숟가락을 이용하여 제사 용품(犧牲의 고기)을 담고 술을 담으며, 나머지는 좌우의 신하들이 처리한다.

「象」日: 震, "亨", "震來虩虩", 恐致福也. "笑言啞啞", 後有則也. "震驚百里", 驚遠而懼邇也. 出可守宗廟社稷, 以爲祭主也.

「단」에서 말하였다. 진괘는 "형통"하니 "우레가 와서 두려워함"은 두려움이 복福을 불러오기 때문이다. "웃으면서 아아! 라고 말함"은 임금이 법칙이 있기 때문이다. "우레가 백 리를 놀라게 함"은 멀리 있는 자를 놀라게 하고 가까이 있는 자를 두렵게 한다. 나아가 종묘사직을 지킬 수 있어 제주가 된다.

「象」曰: 洊雷, 震. 君子以恐懼修省.

「상」에서 말하였다. 우레가 거듭함이 진震이다. 군자는 그로써 두려워하며 수양하고 반성한다.

初九, 震來虩虩, 后笑言啞啞, 吉.

초구는 우레가 옴에 두려워하고, 임금이 웃으며 아아! 하니 길하다.

「象」曰: "震來虩虩", 恐致福也. "笑言啞啞", 后有則也.

「상」에서 말하였다. "우레가 옴에 두려워함"은 두려움이 복을 불러오기 때문이다. "웃으면서 아아! 라고 말함"은 임금이 법칙이 있기 때문이다.

六二, 震來厲, 億喪貝. 躋於九陵, 勿逐, 七日得.

육이는 우레가 옴이 사나워 재물을 잃을까 헤아린다. 구릉九陵에 올라가서 뒤쫓아 가지 않으면 7일이면 얻는다.

鄭注 : 十萬曰億.(『釋文』)

십만十萬을 억億이라고 한다.(『석문』)

정현은 "억億"을 십만이라고 해석하였는데 이는 수의 큼을 말한다. 황석은 "『주역규여周易窺餘』에서는 여러 학자들을 인용하였는데, 오직 정강성만이 억億을 수數로 해석하였고, 그 재물을 잃음이 많음을 말한다"(황석의 편집본 『周易注』)라고 하였다. 조원필은 "정현이 '십만을 억億이라고 한다'고 한 것은 수의 큼이므로 육오의 『전』에서는 '큼은 잃음이 없다(大無喪)'라고 하였는데, 대大로써 억億을 해석한 것이며, 마치 만萬이 큼의 이름인 것과 같다"(『集解補釋』)고 하였다.

「象」曰: "震來厲", 乘剛也.

「상」에서 말하였다. "우레가 사납게 옴"은 굳셈을 탔기 때문이다.

六三, 震蘇蘇, 震行无眚.

육삼은 우레가 쳐서 불안하니(蘇蘇) 떨치고 가면 허물이 없다.

鄭注 : 蘇蘇, 不安也.(『釋文』)

소소蘇蘇는 불안함이다.(『석문』)

소蘇는 움직임이 생김의 뜻이 있다. 『회남자』 「시훈時訓」에 "겨울잠을 자던 벌레가 처음 떨쳐 소생한다"(蟄蟲始振蘇)와 "겨울잠을 자던 벌레가 함께 움직여 소생한다"(蟄蟲咸動蘇)는 말이 그 뜻이다. 후에 전의되어 두려워하고 불안하다는 뜻이 되었다. 왕숙은 "소소蘇蘇는 조급하게 움직이는 모양이다"라고 하였다. 또 괘상에 근거하여 진震은 하나의 양이 아래에서 움직이니 불안하므로 육삼에서 "소소蘇蘇하다"라고 하였다.

「象」曰: "震蘇蘇", 位不當也.

「상」에서 말하였다. "우레가 쳐서 불안함"은 자리가 마땅하지 않기 때문이다.

九四, 震遂泥.

구사는 우레가 진흙 밭에 떨어진 것이다.

「象」曰: "震遂泥", 未光也.

「상」에서 말하였다. "우레가 진흙 밭에 떨어짐"은 아직 빛나지 않기 때문이다.

六五, 震往來厲. 億无喪, 有事.

육오는 우레가 가고 옴이 위태로우니 헤아려 잃음을 없게 하고, 일삼음이 있게 된다.

「象」曰: "震往來厲", 危行也. 其"事"在中, 大"无喪"也.

「상」에서 말하였다. "우레가 가고 옴이 위태로움"은 위태함을 행하기 때문이다.

그 "일삼음"이 중中에 있으니 크게 "잃음이 없다."

上六, 震索索, 視矍矍, 征凶. 震不於其躬, 於其鄰, 无咎. 婚媾有言.

상육은 우레가 잦으니 바라봄이 놀라 두리번거리니 나아가면 흉하다. 우레가 그
자신에게 치지 않고 이웃에 치면 허물이 없다. 혼인에 좋지 않은 말이 있을 것이다.

鄭注 : 索索, 猶縮縮, 足不正也. 矍矍, 目不正.(『釋文』)

　　삭삭索索은 축축縮縮과 같이 발이 바르지 않음이다. 확확矍矍은 눈이 바르지
　　않음이다.(『석문』)

　　마융은 "삭삭索索"을 "안이 불안한 모양"으로 해석하였다. 고형은 "축縮"을 "축蹜"(다리가 오그라
　　듦)으로 해석하였으니 '안이 불안함'에서 전의되어 '발이 전율戰慄함'의 뜻이 되었다. 그는
　　"다리가 오그라듦은 보고 곧 걸음걸이가 전율하는 모습이다.…… 대개 다리가 오그라듦은
　　곧 마음에 두려움이 있어 그것이 발에 드러난 것이다. 이제 북토의 방언이 장차 사람의
　　몸이 전율하는 모습을 다다삭삭多多索索이라고 하고 삭삭索索이 곧 『역』의 삭삭索索이라고
　　추측하는데 고대의 유언遺言이다"[47]라고 하였다. 고형의 말이 매우 옳다. 삭삭索索은 백서본
　　『역』에서는 "석석昔昔"으로 썼으며, 등구백은 "척척趞趞"으로 해석하였으며, 『설문』에는 "척
　　척趞趞은 다니는 모양이다"라고 하여, 정현의 뜻과 다르다. 여기서는 마땅히 정현의 뜻을
　　따라야 한다. 확확矍矍은 백서본 『역』에서는 "구구懼懼"로 썼는데, 내심의 두려움으로 말미암
　　아 눈에서 바르지 않게 표현됨을 가리킨다. 곧 고형이 말한 "확확矍矍은 마음에 있는 두려움이
　　눈으로 드러난 것이다"이다.

「象」曰: "震索索", 中未得也. 雖"凶""无咎", 畏鄰戒也.

「상」에서 말하였다. "우레가 잦음"은 중中을 아직 얻지 못했기 때문이다. 비록
"흉함"이 있어도 "허물이 없음"은 이웃을 두려워해서 경계하기 때문이다.

---

47) 高亨, 『周易古經今注』(中華書局, 1990), 310쪽.

52. 간艮

☶ 艮, 艮其背, 不獲其身; 行其庭, 不見其人, 无咎.

그 등을 외면하니 그 몸을 얻지 못하며, 그 뜰을 거닐어도 그 사람을 보지 못하니
허물이 없다.

鄭注 : 艮爲山, 山立峙各於其所, 無相順之時, 猶君在上, 臣在下, 恩敬不相與通, 故
謂之艮也.(『集解』) 艮之言很也.(『釋文』)

간은 산이며, 산이 각각의 장소에 대립해서 솟아 있으며 서로 순응하는
때가 없음은 마치 임금이 위에 있고 신하가 아래에 있으면서 은혜와 존경이
서로 통하지 않으므로 간艮이라고 한다.(『집해』) 간은 서로 패려궂음(很)을
말한다.(『석문』)

간괘는 상괘와 하괘가 모두 간艮이며, 간은 산이며 멈춤이며, 두 산이 대립해서 솟아 있으며
각각의 장소에 멈춰 있으며, 피차간에 서로가 순응하여 따르지 않음의 뜻이 있다. 간괘의
괘상은 상괘의 간은 임금을 상징하고, 하괘의 간은 신하를 상징하므로 인사에서는 임금과
신하의 상하가 각각 그 도를 다하지만 서로 통하지 않는다. 또 간괘의 효상은 하나의 양이
위에 있는 것은 임금을 상징하고 두 개의 음이 아래에 있는 것은 신하를 상징하며, 임금과
신하가 위와 아래에서 각각 그 도를 다한다. 이도평은 "양은 임금의 상이며 하나의 양이
위에 있는 것은 마치 임금이 위에 있는 것과 같다. 음은 신하의 상이며, 두 개의 음이 아래에
있음은 마치 신하가 아래에 있는 것과 같다. 임금은 은혜를 주로 하고, 신하는 공경을 주로
하며, 각각 그 도를 다하지만 서로 통하지 않으므로 간艮이라고 한다"(『集解纂疏』)라고 하였다.
정현이 "간艮"을 "흔很"(패려궂음)으로 해석한 것은 『설문』에 근거하였다. 『설문』에는 "간艮은
패려 굳음이다. 비목匕目(흘겨봄)과 같으며, 비목匕目은 마치 눈으로 서로 흘겨보며 서로 아래로
깔지 않음과 같다"라고 하였다. 단옥재의 해석에 따르면 흔很은 세 가지 뜻이 있다. "흔很은
받들어 따르지 않음이다. 한편으로는 행난行難(힘난함)이라고 하며, 한편으로는 여戾(어그러짐)라
고 한다. 『역전』에는 '간艮은 멈춤(止)이다'라고 하였는데 멈춤은 흔很이 세 번째 뜻을 겸한다'
라고 하였다. 여戾는 괴려乖戾(事理에 어그러져 穩當하지 않음)를 가리킨다.

「象」曰: 艮, 止也. 時止則止, 時行則行, 動靜不失其時, 其道光明. 艮其止, 止其所也. 上下敵應, 不相與也. 是以"不獲其身; 行其庭, 不見其人, 无咎"也.

「단」에서 말하였다. 간艮은 멈춤이다. 멈춰야 할 때는 멈추고 행해야 할 때는 행하며, 움직임과 고요함이 그 때를 잃지 않으니 그 도가 밝게 빛난다. 간은 그 멈춰야 할 그 자리에서 멈춘다. 위와 아래가 적대적으로 응하니 서로 함께하지 않는다. 이 때문에 "그 몸을 얻지 못하며, 그 뜰을 거닐어도 그 사람을 보지 못하니 허물이 없다."

「象」曰: 兼山, 艮. 君子以思不出其位.

「상」에서 말하였다. 산을 겸함이 간이다. 군자는 이로써 그 지위를 벗어나려고 하지 않는다.

初六, 艮其趾, 无咎, 利永貞.

초육은 그 발가락을 외면하니 허물이 없으며, 영원히 곧으므로 이롭다.

「象」曰: "艮其趾", 未失正也.

「상」에서 말하였다. "그 발가락을 외면함"은 바름을 아직 잃지 않았기 때문이다.

六二, 艮其腓, 不拯其隨, 其心不快.

육이는 그 장딴지를 외면함이니 그 따름을 받들지 못하여 그 마음이 상쾌하지 않다.

「象」曰: "不拯其隨", 未退聽也.

「상」에서 말하였다. "그 따름을 받들지 못함"은 아직 물러나 듣지 않기 때문이다.

九三, 艮其限; 列其腹48), 厲薰心.

구삼은 그 허리를 외면하니, 그 갈빗살이 열리니 사나움이 마음을 태운다.

鄭注 : 限, 要也.(『釋文』)

한限은 요要(허리)이다.(『석문』)

한限의 본래 의미는 험險(要害)함을 가리키며 또한 문의 문설주(쐐기)를 가리킨다. 『설문』에는 "한限은 조阻(험함)이다.…… 한편으로는 문설門槷(문설주, 문의 쐐기)이라고도 한다", "설槷은 한限이다"라고 하였다. 정현이 한限을 요要로 해석한 것은 마음의 뜻을 취하였다. 마융은 "한限은 요要이다"라고 하였는데, 요要는 곧 요腰(허리)이다. 우번은 "한限은 요대처要帶處(핵심처)49)이다"라고 하였다. 구삼은 괘의 가운데 있고 인체와 대응하면 곧 허리에 해당한다. 腹은 통행본에서는 "인夤"으로 썼다. 순상은 "신胂"으로 썼으며, 맹희와 경방과 일행─行(683~727, 대혜선사)은 "인朋"으로 썼다. 『설문』에는 "신胂은 갈빗살이다"라고 하였고, 마융은 "인夤은 갈빗살이다"라고 하였다. 『집운集韻』은 "腹은 갈빗살이다"라고 하였다. 朋, 夤, 腹은 "신胂"을 가차假借한 글자이다. 정수일丁壽日50)은 "『설문』에서 '신胂은 갈빗살이다'라고 하고, 『역』은 대개 인夤을 가차하여 신胂이라고 하였으므로 마계장馬季長(季長은 馬融의 자)은 '갈빗살'이라고 하였다. 정강성이 쓴 腹은 신胂의 혹체或體(異體)이다"(『讀易會通』)라고 하였다. 이부손은 "정현이 쓴 腹은 마땅히 신胂의 별체別體로 보아야 하며, 신胂과 신腎의 소리가 전변轉變하였으며, 인夤은 본래 위에 '肉'변을 따르며, 腹과 같으며, 현재의 세속에 유행하는 판본은 '夕'변을 잘못 따라 썼다. 인朋도 아마도 또한 신胂을 가차한 글자일 것이다"(『異文釋』)라고 하였다. 정수창과 이부손의 설이 극히 옳으므로 이에 그를 따른다.

「象」曰: "艮其限", 危"薰心"也.

「상」에서 말하였다. "그 허리를 외면함"은 "마음을 태움"이 위태롭기 때문이다.

六四, 艮其身, 无咎.

육사는 그 몸을 외면하니 허물이 없다.

---

48) 역자 주: 일반적으로는 夤(조심할 인)으로 쓴다.
49) 다른 판본에는 '腰'라고 썼다.
50) 역자 주: 이 인용문의 출처는 『讀易會通』이며, 이 책의 저자는 '丁壽日'이 아니라 丁壽昌(1818~1865)으로 江蘇省 山陰 사람이다.

「象」曰: “艮其身”, 止諸躬也.
「상」에서 말하였다. “그 몸을 외면함”은 자신의 몸에 그치기 때문이다.

六五, 艮其輔, 言有序, 悔亡.
육오는 그 광대뼈를 외면하니 말에 순서가 있으니 후회가 없다.

「象」曰: “艮其輔”, 以中正也.
「상」에서 말하였다. “그 광대뼈를 외면함”은 중中으로써 바르기 때문이다.

上九, 敦艮, 吉.
상구는 도탑게 외면하니 길하다.

「象」曰: “敦艮”之“吉”, 以厚終也.
「상」에서 말하였다. “도탑게 외면함”이 “길함”은 두터움으로 마치기 때문이다.

53. 점漸

䷴　漸, 女歸吉, 利貞.

점괘漸卦는 여자가 시집가니 길하며, 이롭고 곧다.

「彖」曰: 漸之進也, "女歸吉"也. 進得位, 往有功也; 進以正, 可以正邦也. 其位剛得中也, 止而巽, 動不窮也.

「단」에서 말하였다. 점진적으로 나아감은 "여자가 시집감이 길함"이다. 나아가 지위를 얻으며, 나아가 공이 있으니, 나아감이 바르므로 나라를 바르게 할 수 있다. 그 지위가 굳세고 중中을 얻었으니 멈추고 공손하여 움직임이 곤궁하지 않다.

「象」曰: 山上有木, 漸. 君子以居賢德善俗.

「상」에서 말하였다. 산 위에 나무가 있음이 점점 나아감이다. 군자는 그로써 어진 덕을 쌓아서 세속을 선하게 한다.

初六, 鴻漸于干, 小子厲, 有言, 无咎.

초육은 기러기가 물가로 점점 나아가니 소자小子가 위태하여 말이 있으면 허물이 없다.

鄭注: 干謂大水之旁,[51] 故停水處.(『詩經』, 「伐檀」 疏; 『詩經』, 「斯干」 疏)

　　간干은 큰물의 곁을 말하므로 물이 머무는 곳이다.(『詩經』, 「伐檀」 疏; 『詩經』, 「斯干」 疏)

---

51) 『釋文』에는 "謂大"와 "之"의 세 글자가 없이 '干水旁'으로 되어 있다.

고형 선생의 해석을 살펴보면 간干은 두 가지 뜻이 있다. 하나는 "干"을 "안岸"으로 읽는데, 『석문釋文』에서 육적을 인용하여 "수반水畔(물가)을 간干이라고 칭한다"는 말과, 적현翟玄을 인용하여 "애涯(물가)다"라고 한 말과 같다. 또『시詩』「벌단伐檀」의 "그것을 강가에 둘지니"(寘之河之干兮)와 모전毛傳의 "간干은 물가이다"의 뜻과 같다. 둘째는 "干"을 "간間"(계곡의 시내)으로 읽으며, 산 사이의 계수溪水(시냇물)를 가리킨다. 『석문』은 왕숙을 인용하여 "산간山間의 계곡물이다"라고 하였고, 『집해集解』는 우번을 인용하여 "작은 물이 산으로부터 흘러내리는 것을 간干이라고 한다"고 하였다. 『시』「사간斯干」에는 "차례로 흐르는구나 이 물이여!"라고 하였고, 모전에는 "간干 계곡의 시내다"라고 하였다. 정현이 간干을 "큰물의 곁"이라고 해석한 것은 첫째 의미에 근거한 것이다. 간干은 초간본에는 "간間"으로 썼고, 백서에는 "연𥈭"으로 썼는데 그 뜻이 대체로 서로 같다.

「象」曰: "小子"之"厲", 義"无咎"也.

「상」에서 말하였다. "소자"의 "위태로움"은 뜻이 "허물이 없기" 때문이다.

六二, 鴻漸於磐, 飲食衎衎, 吉.

육이는 육이는 기러기가 반석磐石으로 점차 나아가니 마시고 먹음이 즐거우니 길하다.

「象」曰: "飲食衎衎", 不素飽也.

「상」에서 말하였다. "마시고 먹음이 즐거움"은 헛되이 포식하지 않기 때문이다.

九三, 鴻漸於陸, 夫征不復, 婦孕不育, 凶. 利禦寇.

구삼은 기러기가 육지로 점점 나아가니 무릇 나아가서 다시 돌아오지 않으니 부인이 잉태를 해도 양육하지 못하니 흉하다. 적을 방어하니 이롭다.

鄭注: 孕, 猶娠也.(『釋文』) 九三上與九五互體爲離, 離爲大腹, 孕之象也. 又互體爲坎, 坎爲丈夫, 坎爲水, 水流而去, 是夫徵不復也, 夫旣不復則婦人之道顚覆, 故孕而不育.52)(『禮記』,「郊特牲」疏)

잉孕은 임신妊娠과 같다.(『석문』) 구삼은 위는 구오와 호체가 리離로서 리는 큰 배로 잉태를 상징한다. 또 호체는 감坎으로서 감은 장부丈夫이며, 물이며, 물이 흘러가니 이것은 나아가서 돌아오지 않음이다. 무릇 이미 가면 돌아오지 않으면 부인婦人의 도가 뒤집혀 엎어지므로 잉태해도 양육하지 못한다.(『禮記』, 「郊特牲」 疏)

잉孕은 자식을 회임함을 가리킨다. 『설문』은 "잉孕은 자식을 회임함이다"라고 하였다. 우번은 "잉孕은 임신妊娠이다"라고 하였고, 정현이 "잉孕"을 "신娠"으로 해석한 것은 그 뜻이 같다. 점괘漸卦의 구삼, 육사, 구오의 세 효의 호체는 리離이며, 육이, 구삼, 육사 세 효의 호체는 감坎이다. 「설괘」를 살펴보면 리는 큰 배로 곧 잉태의 상이다. 감은 중남中男(곧 丈夫)이며 물이며, 물이 흘러감은 "무릇 나아가서 돌아오지 않음"이다. 부인이 자식을 회임하면 마땅히 낳아야 하니 이것은 부인의 도이지만 그러나 남편이 나아가서 돌아오지 않으니 부인이 부인의 도리를 잃고 자식을 회임하였으나 낳지 못하므로 "잉태하나 양육하지 않는다."

「象」曰: "夫征不復", 離群醜也. "婦孕不育", 失其道也. "利"用"禦寇", 順相保也.

「상」에서 말하였다. "무릇 나아가서 돌아오지 않음"은 무리를 떠나서 추해지기 때문이다. "부인이 잉태하나 양육하지 않음"은 그 도를 잃었기 때문이다. "적을 방어함"으로 "이로움"은 순응하여 서로 보호하기 때문이다.

鄭注 : 離, 猶去也.(『釋文』)

리離는 떠남과 같다.(『석문』)

리離는 본래 황조黃鳥(꾀꼬리)를 가리킨다. 『설문』에는 "리離는 이황離黃53)이며, 창경倉庚이다"라고 하였다. 『방언』에는 "여황驪黃(꾀꼬리)은 혹 황작黃雀이라고도 한다"고 하였는데, 후에 전의되어 이별離別과 실거失去(잃어버림)의 뜻이 되었다. 『상서』 「윤징胤徵」에서는 "술에 빠져 국정을 어지럽히고, 관직을 돌보지 않고 위차位次를 떠났다"(沈亂於酒, 畔官離次)라고 하였고, 『예』 「중용」에서는 "도라는 것은 잠시라도 떠날 수 없다"(道也者, 不可須臾離也)라고 하였는데, 이 "리離"가 곧 그 뜻이다. 정현도 여기에서 전의된 뜻을 취하였다.

---

52) 黃奭은 "『正義』를 살펴보면 주석의 문장을 말하지 않고, 호체로서 그것을 증명하였는데, 그것은 정현의 주석임을 의심할 수 없다.

53) 역자 주: 離黃은 黃鸝이며, 倉庚과 함께 모두 꾀꼬리를 의미한다.

六四, 鴻漸於木, 或得其桷, 无咎.

육사는 기러기가 점점 나무에 나아가니 혹 그 (앉을) 가지를 얻으면 허물이 없다.

「象」曰: “或得其桷”, 順以巽也.

「상」에서 말하였다. “혹 그 (앉을) 가지를 얻음”은 순종하여 공손하기 때문이다.

九五, 鴻漸於陵, 婦三歲不孕, 終莫之勝, 吉.

구오는 기러기가 점점 구릉에 나아가니 부인이 삼 년 동안 잉태하지 못하고, 끝내 이기지는 못하였지만 길하다.

「象」曰: “終莫之勝吉”, 得所願也.

「상」에서 말하였다. “끝내 이기지 못하였으나 길함”은 원하는 바를 얻었기 때문이다.

上九, 鴻漸於陸, 其羽可用爲儀, 吉.

기러기가 점점 육지로 나아가니 그 깃털을 의식에 쓸 수 있으니 길하다.

「象」曰: “其羽可用爲儀吉”, 不可亂也.

「상」에서 말하였다. “그 깃털을 의식에 쓸 수 있어 길함”은 어지럽힐 수 없기 때문이다.

54. 귀매歸妹

䷵　歸妹, 征凶, 无攸利.

귀매는 나아가면 흉하며 이로움이 없다.

「彖」曰: 歸妹, 天地之大義也. 天地不交, 而萬物不興. 歸妹, 人之終始
也. 說以動, 所歸妹也. "征凶", 爲不當也. "无攸利", 柔乘剛也.

「단」에서 말하였다. 귀매는 천지의 큰 뜻이다. 하늘과 땅이 서로 교감하지 않으면
만물이 일어나지 않는다. 귀매는 사람의 시작과 끝이다. 기쁨으로 움직이니 시집가는
일이다. 가면 나쁘다는 것은 마땅함이 없기 때문이요, 이로울 것이 없다는 것은
유가 강을 탔기 때문이다.

「象」曰: 澤上有雷, 歸妹. 君子以永終知敝.

「상」에서 말하였다. 연못 위에 우레가 있음이 귀매이다. 군자는 영원한 끝마침으로써
사물이 '닳아 없어짐'을 안다.

初九, 歸妹以娣, 跛能履, 征吉.

초구는 누이를 첩으로 시집보내니 절름발이가 걸을 수 있어 나아가면 길하다.

「象」曰: "歸妹以娣", 以恒也. "跛能履""吉", 相承也.

「상」에서 말하였다. "누이동생을 첩으로 시집보냄"은 변함없는 예의로써 하기 때문이
다. "절름발이가 걸을 수 있음"이 "길함"은 서로 받들기 때문이다.

九二, 眇能視, 利幽人之貞.

구이는 애꾸눈으로 볼 수 있으니 은둔한 사람의 곧음으로 이롭다.

「象」曰: "利幽人之貞", 未變常也.

「상」에서 말하였다. "은둔한 사람의 곧음으로 이로움"은 아직 항상 됨을 변하지 않았기 때문이다.

六三, 歸妹以須, 反歸以娣.

육삼은 누이동생을 똑똑한 여자(須)로 시집보냈는데, 도리어 첩(娣)으로 시집간다.

鄭注: 須有[54]才智之稱. 天文有須女, 屈原之姊[55]名女須.(『周禮』, 「天官序官」 疏)

　　수須는 재지才智(재주와 슬기)의 이름이 있다. 천문天文에는 수녀須女(베와 비단을 맡은 별자리)가 있고, 굴원屈原의 손윗누이의 이름이 여수女須였다.(『周禮』, 「天官序官」 疏)

　　수須는 백서『역』과 순상荀爽과 육적陸績은 "유嬬"로 썼으며, 육적은 "첩妾이다"라고 하였다. 『설문』을 살펴보면 "유嬬는 약弱함이다. 한편으로는 하처下妻(妾)라고 한다"라고 하였다. 『광아』 「석친釋親」에서는 "첩妾을 유嬬라 한다"고 하였다. 그러므로 백서의『역』과 순상과 육적은 모두 이에 근본하여 말하였다. 정현은 수須를 "수娞"(누이)로 해석하였다.『설문』에는 "수娞는 여자의 자字이다. 여女 변의 수須로 읽는다.『초사楚辭』에서는 '여수女須의 아름다움'이라고 하였다. 가시중賈侍中[56]이 초楚나라 사람들은 자姊(손윗누이)를 수娞라고 하였다"고 하였다. 수須는 또 서諝(슬기)나 서胥와 같은 음이며, 세 가지는 통용한다. 서諝는 재주와 지혜가 있는 사람이다.『설문』에는 "서諝는 지知(앎)이다"라고 하였다. 이 지知는 곧 지智(슬기)이다.『주례』와 『시』는 모두 서胥를 서諝로 가차하였다.『천관』의 "胥十有二人"이라는 구절을 주석하기를 "서胥는 서諝로 읽으며, 그 재능과 지식이 열 명 가운데 으뜸임을 말한다"라고 하였다.『추관』의 "상서象胥"를 주석하기를 "서胥는 재능과 지식이 있는 사람이다"라고 하였다.『소아』의 "君子樂胥"의 구절에 대하여 주석하기를 부전附箋하기를 "서胥는 재능과 지혜가 있음의 이름이

---

54)『석문』과『시』「桑扈」의 疏에 근거하여 "有"자를 더하였다.

55) "姊"는『시』「桑扈」에서는 "妹"로 썼다. 黃奭의 고정에 의하면 "姊"로 쓰는 것이 더 근거가 있다.

56) 역자 주: 인물 미상. 賈誼(147~223)의 손자로 추정.

다'라고 하였다. 하늘에는 또 수녀須女의 별이 있다. 육희성은 "천문天文에는 직녀성이 귀하고, 수녀성은 천하다'라고 하였다. 정현의 해석은 『설문』에 근본하였고, 재능과 지혜가 있는 여자를 가리키며, 또한 하늘의 수녀성을 가리키며, 굴원의 누이 수須의 이름을 가리킨다.

「象」曰: "歸妹以須", 未當也.

「상」에서 말하였다. "누이동생을 똑똑한 여자로 시집보냄"은 아직 마땅하지 않기 때문이다.

九四, 歸妹愆期, 遲歸有時.

구사는 누이동생을 시집보냄에 기약을 어기니 시집보내는 때가 늦었다.

「象」曰: "愆期"之志, 有待而行也.

「상」에서 말하였다. "기약을 어김"의 뜻은 기다려서 행해야 하기 때문이다.

六五, 帝乙歸妹, 其君之袂, 不如其娣之袂良. 月幾望, 吉.

육오는 제을帝乙(商의 제9대 왕)이 누이동생을 시집보내는데, 제을의 처의 옷소매가 그 첩의 옷소매보다 좋지 못하다. 달이 거의 보름에 가까우니 길하다.

「象」曰: "帝乙歸妹", "不如其娣之袂良"也. 其位在中, 以貴行也.

「상」에서 말하였다. "제을이 누이동생을 시집보냄"과 "첩의 옷소매보다 좋지 못함"은 그 위치가 가운데 있어서 귀함으로써 행해야 하기 때문이다.

上六, 女承筐无實, 士刲羊无血, 无攸利.

상육은 여자가 광주리를 받지만 열매가 없고, 남자가 양을 베었으나 피가 없으니 이로운 바가 없다.

鄭注: 宗廟之禮, 主婦奉筐米.(『儀禮』, 「特性饋食禮」 疏) 『士昏禮』云: "婦入三月而後

祭行."(『詩經』,「葛屨」疏)

종묘의 예에서 주부主婦가 광주리의 쌀을 받든다.(『儀禮』,「特牲饋食禮」疏)『사혼례士昏禮』에서는 "부인이 들어온 지 세 달이 지난 후에 제사를 행한다"(『詩經』,「葛屨」疏)라고 하였다.

정현은 "承"을 "奉"으로 해석하였는데,『설문』에서는 "승承은 봉奉(받듦)이다"라고 하였다. 광筐은 또 "광匡"으로 쓰며, 筐과 匡은 통한다.『설문』에서는 "광匡은 밥그릇(飯器)을 담는 광주리(筥)이다"라고 하였다. 정현은 혼례로써 효사를 해석하였다. 옛 예를 살펴보면 여자가 출가함에 가묘家廟에서 제사를 거행한다. 장혜언은 "상효는 부인이 들어와 제사를 행함을 상징하며, 효진은 사巳에 있으며, 묘卯에서 사巳에 이르는 것이 세 달이므로 부인이 들어옴이 세 달이라고 하였다. 상효는 종묘의 효이므로 제祭라고 하였다. 세 달이 지나 제사를 행한 후에 부인이 된다. 아직 제사를 이어받지 않으면 마치 '여자'라고 부르는 것과 같다."(『周易鄭氏義』,「禮象」)

「象」曰: 上六"无實", "承"虛"筐"也.

「상」에서 말하였다. 상육에서 "열매가 없음"은 빈 "광주리"를 "받듦"이기 때문이다.

55. 풍豐

䷶ 豐, 亨, 王假之, 勿憂, 宜日中.

풍은 형통하니 왕이 이르니 근심하지 말고 마땅히 해가 중천에 있다.

鄭注 : 豐之言腆, 充滿意也.(『釋文』)

풍豐은 음식을 많이 차림(腆)을 말하니 충만充滿의 뜻이다.(『석문』)

풍豐은 본래 뜻은 콩이 풍만豐滿함을 가리킨다. 『설문』에서 "풍豐은 콩이 풍만한 것이다"라고
하였다. 정현의 해석은 충만의 뜻이 전의된 것이다. 전腆은 옛 판본에는 "전㒸"으로 썼다.
전㒸는 많고 두텁다는 뜻이다. 『설문』에는 "반찬을 많이 많이 베풀어 많다"라고 하였고, 『방언』
에서는 "전腆은 후厚(두터움)이다"라고 하였다. 『소이아小爾雅』 「광언廣言」에서도 "전腆은 후厚
다"라고 하였다. 그러므로 "풍豐은 음식을 많이 차림을 말한다"에는 충만의 뜻이 있다.

「彖」曰 : 豐, 大也. 明以動, 故豐. "王假之", 尙大也. "勿憂, 宜日中",
宜照天下也. 日中則昃, 月盈則食.

「단」에서 말하였다. 풍은 크다. 밝음으로 움직이니 풍이다. "왕이 이름"은 큼을
숭상하기 때문이며, "근심하지 말고 마땅히 해가 중천에 있음"은 마땅히 세상을
비추기 때문이다. 해가 중천에 도달하면 기울고, 달이 차면 이지러진다.

鄭注 : 言皆有休已, 無常盛.(『公羊傳』, 定公 15年 疏)

모두 휴이休已(停止함)가 있고, 항상 가득 참이 없음을 말한다.(『公羊傳』, 定公
15年 疏)

해와 달은 소멸하고 자라는 변화가 있으니 해가 중천에 이르면 기울고, 달이 차면 이지러지니,
이를 일러 해와 달이 성해지면 쇠퇴함으로 바뀐다고 한다. 해가 중천에 있고 달이 참을
성盛함이라고 한다. 해가 기울고 달이 이지러짐을 쇠衰함이다. 측昃의 본래 의미는 해가 서쪽
으로 기울어짐이다. 『설문』에서 "측昃은 해가 서쪽으로 기울어지는 때이다"라고 하였다. 정현

이 "모두 정지함이 있고 항상 가득 참이 없음"이라고 한 말은 "해가 중천에 이르면 기울고, 달이 차면 이지러진다"는 말로부터 전의되어 사물의 성쇠盛衰와 변화의 도리를 나타내었다.

天地盈虛, 與時消息, 而況於人乎? 而況於鬼神乎?

천지가 차고 텅 비는 것은 때와 함께 소멸하고 자라니 하물며 사람에게 서랴? 하물며 귀신에게 서랴?

「象」曰: 雷電皆至, 豐. 君子以折獄致刑.

「상」에서 말하였다. 우레와 번개가 모두 이르니 풍豐이다. 군자는 그로써 옥사를 결단하고 형을 집행한다.

初九, 遇其妃主.

초구는 우연히 그 왕비가 주인을 만난다.

鄭注 : 嘉耦曰妃.(『釋文』)

　　아름다운 짝을 비妃라고 한다.(『석문』)

비妃는 통행본에는 "배配"로 썼으며, 백서 『역』은 "비肥"로 썼다. 조착晁錯은 "살펴보면 비妃의 고문은 '배配'자이다"라고 하였다. 단옥재는 "비妃는 본래 상하를 통칭하였는데 훗날 사람들이 귀칭貴稱으로 여겼을 뿐이다.…… 그 글자도 역시 배配를 가차하였다"라고 하고, "'配는 마땅히 본래 '妃'를 줄여서 읽은 것이므로 '妃'자로 가차하였다"라고 하였다. 그러므로 배配와 비妃는 통한다. 등구백의 해석에 의하면 비肥와 배配는 상통한다. 비妃는 배우자를 가리킨다. 『설문』에는 "비妃는 필匹(짝)이다"라고 하였다. 『이아』「석고」에는 "비妃는 합合이다"라고 하였다. 고대에는 화목한 부부를 "비妃"라고 하고, 화목하지 않은 부부를 "구仇"라고 불렀다. 『좌전』 환공 2년에 "아름다운 배우자를 비妃라고 하고, 원망스러운 배우자를 구仇라 한다"라고 하였다. 정현의 해석은 이에 근원한다.

雖旬无咎, 往有尙.

비록 10일이라도 허물이 없다, 가면 가상한 일이 있다.

鄭注 : 初修禮上朝四, 四以匹敵恩厚待之, 雖留十日, 不爲咎. 正以十日者, 朝聘之禮, 止於主國, 以爲限. 聘禮畢, 歸大禮, 曰旬而稍. 旬之外爲稍, 久留非常.(『詩經』, 「有客」疏)

초효는 예를 수양하여 위로 4효를 알현하고, 4효는 두터운 은혜에 필적匹敵하여 상대하니 비록 10일을 머물러도 허물이 없다. 정확하게 10일로 하는 것은 조정에서 불러들이는 예이며, 주인의 나라에 머무름에 한계가 있다. 빙례聘禮婚禮를 마치고 돌아가 대례大禮를 지내는 시간을 순旬(열흘)과 초稍(남짓, 약간)라고 한다. 열흘을 조금(稍)이라도 벗어나면, 매우 오랫동안 머무는 것이다.(『詩經』, 「有客」疏)

정현은 조근朝覲의 예로서 효사를 해석하였다. 정현의 뜻을 살펴보면, 이 효는 제후가 천명을 받은 왕을 조견朝見하고, 왕이 조빙朝聘의 예로써 그를 상대함을 말한다. 이 효를 주석한 정현에 대하여 청나라의 장혜언은 그것을 매우 상세하게 해석하였다. 그는 "'풍은 왕이 이름'은 천명을 받은 상이다. 천명을 받은 왕은 제후들이 예를 갖추어 와서 알현하는 사람은 두터운 은혜로 대우하고 직분을 다하지 않은 자는 주살한다. 풍괘는 위는 진震이며 아래는 리離이며, 진은 위에 있어 제帝가 되고, 초효는 진의 효에 근원하여 제후가 되므로 4효를 비妃의 주인으로 보며, 필적하는 상대의 배우자를 알현함을 말한다. 구사의 효진은 오午에 있고, 추구의 효진은 자子에 있으며, 임금은 남면南面하고 신하는 북면北面하므로 예를 갖추어 4효를 알현한다고 하며, 리離는 날이며, 날이 10일이 되니 '비록 균등해도 허물이 없다.'고 하며 지나치면 일상이 아니다'(『주역정씨의』, 「禮象」)라고 하였다. 이것은 장혜언이 효진爻辰과 효체爻體의 설로써 정현의 주석을 해석한 것이며, 곧 효진爻辰과 효체爻體를 살펴보면 초효는 제후이며, 4효는 천명을 받은 비妃의 주인이다. 풍괘의 하괘인 리는 날이며, 날의 수가 10이면 10일은 허물이 아니다. 빙례聘禮의 일기日期에 관하여 공영달은 정현의 주를 인용한 후에 그것을 풀이하기를 "정현의 이 말은 마치 제후가 이웃 나라를 방문할 때 머무르는 기간을 10일로 한정한다…… 또『빙례기聘禮記』에서는 '치옹致饔57)은 다음 날 저녁에 한다. 부인夫人(諸侯의 비)이 시집가는 예로써 이미 음식을 보냈다면 열흘 남짓이다.'라고 하였고, 대례 이후에 매 열흘 마다 조금씩 우마牛馬의 사료를 보내며, 또한 열흘이 되기 전에 돌아가야 한다. 또한 제후가 왕을 조견朝見함에 반드시 제사에 도움을 주어야 하며, 제사를 지내기 전에 재계齋戒해야 하며, 재계는 마땅히 10일이어야 하며 분명하게 10일이 지나기 전에 돌아가야 한다. 그러나 정현이 10일이라고 말하였으므로 10일을 한계라고 하였지만, 도달한 지 오직 10일 만에 반드시 돌아가야 하는 것은 아니다'라고 하였다. 『의례』「빙례聘禮」에서는 "입구에 찾아가 치옹致饔을 보내고 다음

---

57) 역자 주: 致饔은 고대에 제후가 聘禮에서 관사에 들어간 후에 주최국에게 손님으로써 증정하는 식품.

날 대부에게 고한다. 저녁에 부인이 시집가는 예는 곧 차옹의 10일과 초稍이다'라고 하였다. 가공언이 풀이하기를 "곧 차옹의 10일과 초稍라는 것은 빈객의 도道는 10일이면 끝나고 빙례聘 禮를 행함이 이미 끝나면 함께 돌아가서 10일 후에 혹 나쁜 변고를 만나거나 혹은 주인이 만류하면 부득이 시간에 맞추어 돌아갈 수 없으니 곧 초례稍禮[58]가 있다'라고 하였다. 이로부 터 정현의 이 주석은 『주례』에 근원하였다.

「象」曰: "雖旬无咎", 過旬災也.

「상」에서 말하였다. "비록 10일이라도 허물이 없음"은 10일을 지나면 재앙이 있기 때문이다.

六二, 豐其蔀, 日中見斗, 往得疑疾, 有孚發若, 吉.

육이는 그 덮개가 넉넉하지만, 해가 중천에 있어도 북두칠성을 보며, 가면 의심과 미움을 얻으니, 믿음으로 좇아간다면 길하다.

鄭注 : 蔀, 小席.(『釋文』)

　　보蔀는 작은 자리(小席)이다.(『석문』)

　보蔀는 통행본에는 "부菩"(덮개)로 썼으며, 백서본 『역』에는 "부剖"로 썼다. "蔀"는 "菩"의 옛 글자이다. 이부손은 "『설문』은 '보蔀는 초草이다'라고 하고, 『광운廣韻』은 '부菩는 작은 자리(小 席)이다'라고 한 것을 보면 이 부菩는 훗날 사람들에 의해 자생적으로 번식한(滋乳) 글자이다. 조착은 '보蔀는 고문의 부菩자다'라고 했다'(『異文釋』)라고 하였다. 백서본 『역』의 "부剖"는 "보蔀"의 가차이다. 정현이 "小席"이라고 번역한 것은 곧 전의된 뜻이다.

「象」曰: "有孚發若", 信以發志也.

「상」에서 말하였다. "믿음으로 좇아 감"은 믿음으로 뜻을 분발시키기 때문이다.

九三, 豐其蔀, 日中見昧,

구삼은 그 위 (장막)가 넉넉하여 해가 중천에 있어도 보는 것이 어둡다.

鄭注 : 韋, 祭祀之蔽膝.(『釋文』)

위 는 제사 때 입는 폐슬蔽膝(허리 아래로 늘인 무릎 가리개)이다.(『석문』)

위 는 통행본에는 "패沛"라고 썼고, 자하子夏와 초간본에는 "불巿"로 썼으며, 백서본 『역』은 "번旛"으로 썼다. 자하는 "소小"로 해석하였고, 『석문』은 "패斾"로 썼고, "깃발과 장막(幡幔)을 말한다"고 하였다. 정현이 "韋"로 쓴 것은 "韋"가 "필畢"(폐슬)의 가차이기 때문이다. 정현은 『옥조玉藻』를 주석하면서 "무릇 필畢을 위로 삼는다"라고 하였다. 『설문』도 "불巿(슬갑)은 필畢이다. 옛날 옷에서 앞을 가리는 것이며, 불巿로써 그것을 상징한다. 천자는 주불朱巿을, 제후는 적불赤巿을, 경卿과 대부는 총형蔥衡을 걸쳤으며, 불巿의 무리는 모두 불巿를 따른다"고 하였다. 또 "불韍(폐슬)은 전자篆字로는 불巿이며, 가죽 위韋 변과 발犮을 따른다. 관습적으로는 불韍로 쓴다"라고 하였다. 『설문』에는 "필畢는 불韍이며, 그로써 앞을 가리는 것이다…… 주홍빛 폐슬을 명령하고, 다시 붉은 폐슬을 명령하며 위韋 변을 따라 필畢로 읽는다"라고 하였다. 『석명釋名』에는 "필畢은 폐蔽(가리개)이며, 그로써 무릎 앞을 가린다"라고 하였다. 『좌전』환공 2년의 "곤룡포 면류관 폐슬 옥홀"(袞冕韍珽)의 구절에 대하여 두자춘杜子春은 "불韍는 가죽으로 된 필畢이며 무릎을 가린다"라고 하였다. 기타 "불巿", "불沛", "패斾" 등은 모두 "불巿"에 근원하였다. 단옥재는 "巿과 沛는 대개 고문으로 불(巿)로 썼으며 후인들이 그것을 고쳤다"라고 하였다. 백서본만 "번旛"으로 썼으니 다르다. 매昧는 통행본에는 "말沬"로 썼으며, 백서본 『역』에는 "말茉"로 썼다. 왜냐하면 昧·茉·沫은 음이 비슷하므로 통한다. 초간본은 "불巿"로 썼는데, 아마도 옮겨 쓰기의 오류라고 생각된다.

折其右肱, 无咎.

그 오른팔이 부러졌으나 허물이 없다.

鄭注 : 三艮爻, 艮爲手, 互体爲巽, 巽又爲進退, 手而便于進退, 右肱也. 猶大臣用事于君, 君能誅之, 故无咎.(『儀禮』, 「覲禮」疏)

3효의 양효는 간艮의 효이며, 간은 손이며 호체는 손巽이며, 손은 또 나아감과 물러남이며, 손으로 나아가고 물러남에 편리한 것은 오른쪽 팔이다. 마치 대신大臣이 임금을 움직이면 임금은 그를 죽일 수 있으므로 허물이 없다.(『儀禮』, 「覲禮」疏)

풍괘는 효체설을 살펴보면 세 양효는 간艮의 효이며, 2·3·4효의 호체는 손巽이며, 「설괘」에서 "간艮은 손이다", "손巽은 나아감과 물러남이다"라고 하였는데, 오른팔이 마땅히 나아가고 물러남으로 시辭에서 "우광右肱"(오른팔)이라고 하였고, 또 3·4·5효의 호체는 태兌이며, 태는 부러져 헐어짐折毁이므로 "그 오른팔이 부러졌다"고 하였다. 사람의 일에서 오른팔은 임금의 대신과 같으므로 그 오른팔이 부러짐은 임금이 그 신하를 죽여도 허물이 없음을 비유한다.

「象」曰: "豐其蔀", 不可大事也. "折其右肱", 終不可用也.

「상」에서 말하였다. "그 덮개가 넉넉함"은 큰일을 할 수 없다. "그 오른팔이 부러짐"은 끝내 쓸 수 없다.

九四, 豐其蔀. 日中見斗, 遇其夷主, 吉.

구사는 그 덮개가 넉넉하여 태양이 중천에 있어도 북두성을 보니 그 동등한 주인을 만나면 길하다.

「象」曰: "豐其蔀", 位不當也. "日中見斗", 幽不明也. "遇其夷主", 吉行也.

「상」에서 말하였다. "그 덮개가 넉넉함"은 자리가 마땅하지 않기 때문이다. "태양이 중천에 있어도 북두성을 봄"은 그윽하여 밝지 않기 때문이다. "그 동등한 주인을 만남"은 길함을 행하기 때문이다.

六五, 來章, 有慶譽, 吉.

육오는 오는 것이 빛나서 경사와 명예가 있으니 길하다.

「象」曰: 六五之"吉", 有"慶"也.

「상」에서 말하였다. 육오의 "길함"은 "경사"가 있기 때문이다.

上六, 豐其屋, 菩其家, 闚其戶, 闃其无人

상육은 그 집안이 넉넉함은 그 집을 덮어 주고 그 문을 엿보니 고요하여 사람이 없다.

鄭注 : 闃, 無人貌.(『釋文』)

　격闃은 사람이 없는 모양이다.(『석문』)

이 해석은 마융에 근원한다. 우번은 "격闃은 공空(없음)이다"라고 하였고, 『자림子林』은 "고요함이다"라고 하였고, 맹희는 "질窒(막힘)로 썼으며, 이부손의 고증에 의하면 "질窒에는 공空(없음)의 뜻이 있다"라고 하여, 마융과 정현의 뜻과 가깝다. 요신姚信(생졸 미상, 魏晉시기 인물)은 "혁鬩"이라고 썼는데, 아마도 "혁鬩"과 "격闃"이 형태와 음이 비슷하여 가차하였을 것이다. 백서본 『역』은 "臾"으로 썼으며, 우호량은 "백서의 "臾은 혁鬩과 형태가 비슷하니 마땅히 혁鬩의 이체로 보아야 하며 따라서 "臾은 곧 격狊(날개를 폄)이며, 음이 비슷하여 격闃으로 가차하였다"59)라고 하였다.

「象」曰 : "豐其屋", 天際翔也.

「상」에서 말하였다. "그 집을 넉넉하게 함"은 하늘로 비상하게 한다.

鄭注 : 際當爲瘵. 瘵, 病也.(『釋文』)

　제際는 마땅히 채瘵로 보아야 한다. 채瘵는 병이다.(『석문』)

『시』「완류菀柳」를 보면 "스스로 병이 없다"(無自瘵焉)고 하였다. 정음鄭音60)은 "제際"로 썼으며, 부전附箋하기를 "채瘵는 접接(사귐)이다"라고 하였다. "際"와 "瘵"는 음이 같아서 가차하였으므로 정현은 "際"를 "瘵"로 해석하였다. 『설문』에 "채瘵는 병病이다"라고 하였고, 『이아』「석고」에도 "채瘵는 병病이다"라고 하였다. 『시』「완류菀柳」에는 "스스로 병이 없다"고 하였고, 모전毛傳에는 "채瘵는 병病이다"라고 주석하였다. 상祥은 통행본에는 "상翔"으로 썼다. "祥"은 "詳"과 통한다. 대장大壯괘 상구의 「상象」에서 "불상不詳"의 "상詳"으로 썼고, 정현과 왕숙은 "상祥"으로 썼다. 또한 "詳"은 "翔"과 통한다. 『한서』「서역전西域傳」에서 "그 토지와 산천, 왕후王侯의 호수戶數, 길의 멀고 가까움이 상실祥實(자세하고 실질적)하다"라고 하였고, 안사고는 "翔과 祥은 같으며 가차하여 사용하였을 뿐이다"라고 하였다.

59) 于豪亮, 「帛書周易」, 『文物』 1984 제3기를 보라.
60) 역자 주: 춘추시대 鄭나라에서 유행했던 음란한 음악.

"窺其戶, 闃其无人", 自戕也.

"그 문을 엿보니 고요하여 사람이 없음"은 스스로 손상損傷시켰기 때문이다.

鄭注 : 戕, 傷也.(『釋文』)

　　장戕은 상상傷傷(상처)이다.(『석문』)

　장戕은 통행본에는 "장藏"으로 썼으며, 이부손은 "고문의 장藏은 곧 장藏자이며, 장戕과 장藏은 소리가 비슷하다"(『異文釋』)라고 하였으므로 두 가지는 서로 통한다. 장戕은 본래 창창 혹은 창으로 죽임倉殺을 가리킨다. 『설문』에는 "장戕은 창창이다. 다른 나라의 신하가 와서 임금을 시해함을 장戕이라고 한다"라고 하였고, 상상傷傷은 전의된 뜻이며, 『이아』 「석고」에는 "장戕은 상상傷傷이다"라고 하였다.

56. 려旅

䷷ 旅, 小亨, 旅, 貞吉.

려는 조금 형통하고 나그네가 곧으면 길하다.

「彖」曰: "旅小亨", 柔得中乎外而順乎剛, 止而麗乎明, 是以"小亨, 旅, 貞吉"也. 旅之時義大義[61]哉.

「단」에서 말하였다. "려가 조금 형통함"은 부드러움이 밖에서 중中을 얻어서 굳셈에 순응하기 때문이며, 멈추어 밝음에 아름다우니 이 때문에 "조금 형통하며, 나그네는 곧음이 길함"이 된다. 나그네 때와 뜻이 크도다!

「象」曰: 山上有火, 旅. 君子以明愼用刑而不留獄.

「상」에서 말하였다. 산 위에 불이 있으니 려旅이다. 군자는 이로써 밝고 신중愼重하게 형벌을 쓰며 옥사獄事를 지체하지 않는다.

初六, 旅瑣瑣, 斯其所取災.

초육은 여旅가 자질구레하니 이는 그 취하는 바가 재앙이기 때문이다.

鄭注: 瑣瑣, 猶小小也.[62] 爻互體艮, 艮, 小石, 小小之象. 三爲聘客, 初與二, 其介也. 介當以篤實之人爲之, 而用小人瑣瑣然. 客人爲言, 不能辭曰非禮, 不能對曰非禮. 每者不能以禮行之, 則其所以得罪.(『儀禮』, 「聘禮」疏)

쇄쇄瑣瑣는 소소小小와 같다. 효의 호체는 간艮이며, 간은 소석小石이며, 소소小小

---

61) 역자 주: 다른 판본에는 矣로 되어 있어 여기에 따른다.
62) 이 구절은 또 『釋文』에도 보인다. 『석문』에서는 "瑣瑣, 小也"라고 하였다.

의 상이다. 셋째 효는 빈객이며, 초효와 2효는 그것의 껍질이다. 껍질은 마땅히 독실篤實한 사람을 그를 위해 쓰지만 소인을 쓰면 자질구레하다. 손님이 말을 하여 사양할 수 없으면 비례非禮라고 한다. 매번 예로써 그것을 행할 수 없으면 그것이 죄를 얻는 까닭이다.(『儀禮』, 「聘禮」 疏)

瑣瑣는 본래 옥성玉聲을 가리켰다. 왜냐하면 옥의 소리가 작으므로 전의되어 적음의 뜻이 되었다. 『설문』에 "瑣瑣는 옥의 소리다"라고 하였고, 단옥재의 주에서는 "옥의 작은 소리를 말한다. 『주역』의 '旅瑣瑣'를 정현과 육적은 모두 '瑣瑣瑣瑣는 작다'라고 말하였다. 『이아』「석훈」은 "瑣瑣瑣瑣는 소小이다"라고 하였다. 여괘旅卦의 하괘는 간艮이며 정현은 내괘도 호체로 본다, 간은 소석小石이다. 그러므로 이 효는 "瑣瑣"(자질구레함)의 상이 있다. 정현은 빙례聘禮로써 이 효를 해석하였다. 여괘의 3효는 빈객聘客이며, 초효와 2효는 모두 음효이며 또한 3효인 양효의 아래에 있으므로 "개介"(傳言人)라고 하며, "전언인"은 마땅히 독실한 사람을 쓴다. 음효는 소인이며, 소인은 쇄쇄의 상이 있다. 개介는 여기서는 손님과 주인의 말을 전달하는 사람을 가리킨다. 고례에는 주인은 손님을 인도하고 맞이하는 사람을 두며, 손님은 수종隨從이 있어 전언인에게 알려 전한다. 『예기』「빙의聘義」에서 "빙례는 상공上公에게는 7명의 전언인(介)이 있고, 후侯와 백伯은 다섯 명, 자子와 남男은 3명이 있어서 그로써 귀천을 밝혔다"라고 하였는데, 이 "介"는 곧 이 뜻이다. 정현의 뜻을 보면 이 효에는 재앙이 있어 이 "전언인"이 예를 행하는 중에는 말을 해서는 안 되며, 대답하여 불러와서도 안 된다. 청나라 유학자 장혜언은 2효와 3효 두 효의 효사를 대비하여 해석하기를 "여旅는 빈객보다 더 큰 것이 없으므로 여기서 상을 취하였다. 이 괘는 상괘는 리離, 하괘는 간艮이며, 3효의 호체는 손巽으로 진퇴進退이며, 태兌는 부결附決(나뭇가지의 열매가 떨어짐)이다. 대부가 경계를 넘어가면 진퇴를 오로지 하므로 3효는 빈객이다. 초효와 2효는 함께 간艮괘에 있으며 빈객으로 말하면, 3효는 경卿이며, 2효는 대부大夫이며, 초효는 사士이다. 그러므로 초효와 2효를 개介라고 한다. 아래의 3효는 같은 괘인 간艮이며, 초효는 가장 아래에 있으면서 바르지 않으므로 오직 소인이 자질구레함을 상징한다. 빙례기의 사辭에서 비례非禮라고 하였다. 감히 대답하기를 비례라고 하였다. 감히 이 전언인이 손님을 위해 한 말이므로 죄로 삼을 수 없다. 의미로써 추론하면, 육이의 '여旅는 곧 차次이다'에서 차次는 곧 대문 밖의 서쪽의 숙소이며, 빈객이 피변皮弁[63]을 갖추고 초청에 응하여 조정에 도달하면 손님이 들어가는 숙소이다. '그 자부資斧(여비)를 품는다는 것에서 자資는 폐물幣物과 규장圭璋[64]을 말하는 것이다. 벼슬아치가 임금의 나라에 들어감에 묘문廟門 밖에서 천막에 폐물을 늘어놓고, 빈객이 들어가 가인賈

---

63) 역자 주: 사슴가죽으로 임금이 사용하는 것과 관리가 조정에 出仕하거나 진급의 예를 지낼 때 쓰는 고깔 모양의 관.

64) 역자 주: 圭璋은 옥으로 만든 귀중한 그릇이나 예식의 장식으로 쓰는 구슬을 말하며, 轉義하여 '훌륭한 人品'을 의미한다.

人에게 명하여 규圭(신분을 상징하는 笏를 취하여, 상개上介(고대 외교사절단의 고급 보좌관)에게 주면 상개가 빈객에게 건넨다. '동복童僕의 곧음을 얻음'은 벼슬아치를 말한다. 전언인에게 그 예를 말하면 벼슬아치가 일을 주간할 수 있다. 구삼의 '나그네가 그 숙소를 불태우고 동복의 곧음을 잃었다(旅其次65), 喪其童僕貞'는 것은 초효가 전언인으로서 말을 할 수 없으면 재앙이 빈객에게 이르니, 「빙의聘義」의 '사자使者가 초빙을 받았으나 잘못하면 주군이 친히 음식을 권하지 않는다'는 말이 곧 그 숙소를 불태움을 말한 것이다. 「상」에서 '나그네로서 아랫사람과 함께 하니 그 의를 잃는다(以旅與下, 其義焚也66)고 할 때 '下'는 초효를 가리킨다'(『周易鄭氏義』)라고 하였다.

「象」曰: "旅瑣瑣", 志窮災也,

「상」에서 말하였다. "나그네의 자질구레함"은 뜻이 궁핍하여 재앙이 있기 때문이다.

六二, 旅卽次, 懷其資, 得童僕貞.

육이는 나그네는 숙소에서 그 재물을 간직하고, 동복童僕의 곧음을 얻는다.

「象」曰: "得童僕貞", 終无尤也.

「상」에서 말하였다. "동복의 곧음을 얻음"은 끝내 허물이 없다.

九三, 旅焚其次, 喪其童僕, 貞厲.

구삼은 나그네가 그 숙소를 불태우면 그 동복을 잃으니, 곧으면 위태롭다.

「象」曰: "旅焚其次", 亦以傷也. 以旅與下, 其義"喪"也.

「상」에서 말하였다. "나그네가 그 숙수를 불태움"은 또한 상처를 입었기 때문이다. 나그네로 아랫사람과 함께하면 그 뜻을 "잃어버림"이기 때문이다.

---

65) 역자 주: "旅其次"는 원문이 "旅焚其次"로 되어 있다.
66) 역자 주: "其義焚也"는 원문이 "其義喪也"으로 되어 있다.

九四, 旅于處, 得其資斧, 我心不快.

구사는 나그네가 들에 있어 여비를 얻으니 내 마음이 유쾌하지 않다.

제부齊斧는 통행본에서는 "자부資斧"로 썼으며, 백서본에는 "진부溍斧"로 썼다. 제齊와 자資는 서로 통한다. 이부손은 "「고공기考工記」를 살펴보고 주석하여 말하기를, 그러므로 '資作齊'이라고 썼다. 두자춘은 '제齊는 마땅히 자資이다'라고 하였으며, 資와 齊의 음이 전환되고 고대에는 간혹 통용하였다'(『이문석』)라고 하였다. 제齊는 또 재齎와 통한다. 『석문』에는 "자하전子夏傳과 여러 학파들은 함께 제부齊斧로 썼다. 장궤張軌(255~314)는 '제부齊斧는 대개 황색의 월부鉞斧이다'라고 하였다. 장안張晏(생졸 미상, 元의 大德[1297~1307] 시기에 활동)은 '정제整齊이다'라고 하였다. 응소應劭(153?~196)는 '제齊는 리利다'라고 하였다. 우희虞喜(생졸 미상, 魏晉시대 晉人)는 『지림志林』에서 '제齊는 마땅히 재齎로 써야 하며, 재계하여 묘당에 들어가 부斧를 받는다'고 하였다." 백서『역』의 "진溍"은 또한 "제齊"와 통한다. 금문본의 진괘晉卦를 백서본은 진괘溍卦로 썼다. 『석문』은 "진晉은 「단」에서 '나아감이다'라고 하였다. 맹희는 제齊로 썼다"고 하였다. 그러므로 晉, 溍, 齊는 서로 통한다.

「象」曰: "旅於處", 未得未[67]也. "得其資斧", 心未快也.

「상」에서 말하였다. "나그네가 들에 있음"은 아직 직위를 얻지 못했기 때문이다. "그 여비를 얻음"은 마음이 아직 유쾌하지 않다.

六五, 射雉, 一矢亡, 終以譽命.

육오는 꿩을 쏘니 하나의 화살을 잃더라도 끝내 명예로운 운수이다.

「象」曰: "終以譽命", 上逮也.

「상」에서 말하였다. "끝내 명예로운 운수"는 (명성이) 위에까지 이르기 때문이다.

上九, 鳥焚其巢, 旅人先笑後號咷, 喪牛於易, 凶.

상구는 새가 그 둥지를 불태우니 나그네는 먼저 웃지만 뒤에는 크게 통곡하며,

---

67) 역자 주: 未의 원문은 位이다.

역易⁶⁸⁾에서 소를 잃으니 흉하다.

「象」曰: 以旅在上, 其義焚也. "喪牛於易", 終莫之聞也.

「상」에서 말하였다. 나그네로서 높은 자리에 있으니 그 뜻이 불타버린다. "황무지에서 소를 잃음"은 끝내 찾을 수 없다.

---

68) 역자 주: 易은 國境 혹은 황량한 논밭을 의미한다. 여기서는 荒蕪地로 표시한다. 王弼, 韓康伯 撰, 『周易注』참고

57. 손巽

☴ 巽, 小亨, 利有攸往, 利見大人.

손巽은 조금 형통하니 가는 바가 있어 이롭고, 대인을 보면 이롭다.

「彖」曰: 重巽以申命, 剛巽乎中正而志行, 柔皆順乎剛, 是以“小亨, 利有攸往, 利見大人”.

「단」에서 말하였다. 손巽을 중복하여 거듭 명령하며, 군셈이 중정中正으로 공손하여 뜻이 행해지며, 부드러움이 모두 군셈에 순응하여 이로써 “조금 형통하여 가는 바가 있어 이롭고, 대인을 보면 이롭다.”

「象」曰: 隨風, 巽. 君子以申命行事.

「상」에서 말하였다. 바람을 따르니 겸손하다. 군자는 그로써 거듭 명령하여 일을 행한다.

初六, 進退, 利武人之貞.

초육은 나아감과 물러남이니 무인武人의 곧음이 이롭다.

「象」曰: “進退”, 志疑也. “利武人之貞”, 志治也.

「상」에서 말하였다. “나아감과 물러남”은 뜻이 의심스럽기 때문이다. “무인의 곧음이 이로움”은 뜻이 다스려졌기 때문이다.

九二, 巽在牀下, 用史·巫紛若, 吉, 无咎.

구이는 침상 아래에서 겸손하니, 사관史官과 무당을 매우 많이 이용하면 길하며 허물이 없다.

「象」曰: "紛若"之"吉", 得中也.

「상」에서 말하였다. "매우 많음"이 "길함"은 중中을 얻었기 때문이다,

九三, 頻巽, 吝.

구삼은 눈살을 찡그리며 겸손하면 부끄럽다.

鄭注 : 頻, 頻顣.(『釋文』)

　　빈頻은 빈축頻顣[69]이다.(『석문』)

　축顣은 다른 판본은 "축蹙"으로 썼으며, 왕필王弼(226~249)은 "빈頻은 눈살을 찡그리며 즐겁지 않음(頻蹙不樂)이다"라고 주석하였다. 『석문』도 인용하여 "축顣"으로 썼다. 정현의 뜻은 왕필과 같다.

六四, 悔亡, 田獲三品.

육사는 후회함이 없어지니 밭에서 사냥하여 삼품三品을 얻었다.

「象」曰: "田獲三品", 有功也.

「상」에서 말하였다. "밭에서 사냥하여 삼품을 얻음"은 공功이 있다.

九五, 貞吉, 悔亡, 无不利; 无初有終, 先庚三日, 後庚三日, 吉.

구오는 곧음이 길하며, 후회함이 없어 이롭지 않음이 없으니, 처음은 없지만 마침은 있어, 경庚 이전의 삼일과 경庚 이후의 삼일이 길하다.

---

　69) 역자 주: 顣蹙. 눈살을 찌푸리다, 얼굴을 찡그리다.

「象」曰: 九五之“吉”, 位正中也.

「상」에서 말하였다. 구오의 “길함”은 자리가 바르고 알맞기 때문이다.

上九, 巽在牀下, 喪其資斧, 貞凶.

상구는 그 여비를 잃었으니 곧으면 흉하다.

「象」曰: “巽在牀下”, 上窮也. “喪其資斧”, 正乎“凶”也.

「상」에서 말하였다. “침상 아래에서 겸손함”은 위가 다하였기 때문이다. “그 여비를 잃음”은 곧 “흉함”이다.

58. 태兌

☱ 兌, 亨, 利貞.

태兌는 형통하며, 이롭고 곧다.

「象」曰: 兌, 說也. 剛中而柔外, 說以利貞, 是以順乎天而應乎人. 說以先民, 民忘其勞; 說以犯難, 民忘其死; 說之大, 民勸矣哉.

「단」에서 말하였다. 태兌는 기쁨이다. 굳셈이 가운데 있고 부드러움이 밖에 있어, 이롭고 곧음으로 기쁘고, 이로써 하늘을 따르고 사람에게 호응한다. 백성보다 먼저 하면 백성이 그 노고를 잊으며, 곤란困難함을 기뻐하면 백성들이 죽음을 잊으며, 기뻐함이 크면 백성이 권면하게 된다.

「象」曰: 離澤, 兌. 君子以朋友講習.

「상」에서 말하였다. 연못이 나란히 함이 태兌이다. 군자는 이로써 친구들과 강습講習한다.

鄭注 : 離, 猶併也.(『釋文』)

리離는 병併(아우름, 나란히 함)과 같다.(『석문』)

리離는 통행본에서는 "려麗"로 썼다. 離와 麗는 통한다. 「단」에서 "리離는 려麗(붙음)이다"라고 하였다. 「설괘」에서는 "리離는 려麗다"라고 하였다. 려麗에는 서로 의탁함의 뜻이 있으며, 전의하여 병併이 되었다. 병併은 곧 병배幷排(나란히 배열함)이다. 『예기』「제의祭義」의 "어깨동무를 하지만 아우르지는 않음"(行肩而不併)의 "병併"이 곧 이 뜻이다. 태괘兌卦의 괘상으로부터 보면 두 태兌가 중첩하여 합병合併하므로 "여택麗澤"의 "려麗"에는 "병併"의 뜻이 있다.

初九, 和兌, 吉.

초구는 화합하여 기뻐함이니 길하다.

「象」曰: "和兌"之"吉", 行未疑也.

「상」에서 말하였다. "화합하여 기뻐함"이 "길함"은 행함에 의심이 없기 때문이다.

九二, 孚兌, 吉, 悔亡.

구이는 믿음으로 기뻐함이니 길하며, 후회함이 없다.

「象」曰: "孚兌"之"吉", 信志也.

「상」에서 말하였다. "미음으로 기뻐함"이 "길함"은 뜻이 미덥기 때문이다.

六三, 來兌, 凶.

육삼은 와서 기뻐함이니 흉하다.

「象」曰: "來兌"之"凶", 位不當也.

「상」에서 말하였다. "와서 기뻐함"이 "흉함"은 자리가 마땅하지 않기 때문이다.

九四, 商況70)未寧, 介疾有喜.

구사는 상황을 헤아려 편안하지 않으니 병이 경미하니 기쁨이 있다.

鄭注 : 商, 隱度也.(『釋文』)

　　상商은 은탁隱度(가만히 헤아림)이다.(『석문』)

　　상商은 안과 밖을 아는 상인商人을 가리킨다.『설문』에는 "상商은 밖으로부터 안을 아는 것이

---

70) 역자 주: 원문에는 兄로 썼다.

다'라고 하였다. 『한서』「율력지律曆志」에는 "상商71)은 장章(樂曲의 段落)으로 소리를 삼으며, 사물이 성숙한 것처럼 장章을 길게 할 수 있다"고 하였다. 『백호통白虎通』「열상고설商賈」에서는 "상商은 장章으로 소리를 삼으며, 장章은 원근이 있으며, 탁度(가락)에는 넉넉함과 달아남이 있어 사방의 사물과 통하므로 상商이라고 한다'라고 하였다. 『광아廣雅』「석고釋詁」에서는 "상商은 탁度이다'라고 하였다. 장혜언은 "상고商賈(장사꾼)는 재물과 이익을 가만히 헤아릴 수 있으므로 호체인 손巽의 상을 취하였다'(『周易虞氏義』)라고 하였다. 이 때문에 상商에는 가만히 헤아림의 뜻이 있다.

九五, 孚于剝, 有厲.

구오는 벗겨냄을 믿으니 위태함이 있다.

「象」曰: "孚于剝", 位不當也.

「상」에서 말하였다. "벗겨냄을 믿음"은 자리가 마땅하지 않기 때문이다.

上六, 引兌.

상육은 이끌려 기뻐한다.

「象」曰: 上六"引兌", 未光也.

「상」에서 말하였다. 상육은 "이끌려 기뻐함"은 아직 빛나지 않기 때문이다.

---

71) 역자 주: 商은 고대 五音인 宮·商·角·徵·羽의 商音이다.

59. 환渙

渙, 亨, 王假有廟, 利涉大川, 利貞.

환渙은 형통하니 왕이 사당에 이르며 큰 내를 건넘이 이롭고, 곧음이 이롭다.

「彖」曰: "渙亨", 剛來而不窮, 柔得位乎外而上同. "王假有廟", 王乃在中也. "利涉大川", 乘木有功也.

「단」에서 말하였다. "환이 형통함"은 굳셈이 와도 곤궁하지 않고, 부드러움이 밖에서 지위를 얻으니 위와 함께한다. "왕이 사당에 이름"은 왕이 곧 중中에 있기 때문이다.

「象」曰: 風行水上, 渙. 先王以享於帝立廟.

「상」에서 말하였다. 바람이 물 위에서 행하니 환渙이다. 선왕이 이로써 상제에게 제향하고 사당을 세운다.

初六, 用拯馬壯, 吉.

초육은 구조하는 데 쓰는 말이 건장하니 길하다.

「象」曰: 初六之"吉", 順也.

「상」에서 말하였다. 초육의 "길함"은 순응하기 때문이다.

九二, 渙奔其機, 悔亡.

구이는 그 기틀을 따라 흩어져 달려가니 후회함이 없다.

「象」曰: “渙奔其機”, 得願也.

「상」에서 말하였다. “그 기틀을 따라 흩어져 달려감”은 원하는 것을 얻기 때문이다.

六三, 渙其躬, 无悔.

육삼은 흩어짐을 몸소 하니 후회가 없다.

「象」曰: “渙其躬”, 志在外也.

「상」에서 말하였다. “흩어짐을 몸소 함”은 뜻이 밖에 있기 때문이다.

六四, 渙其群, 元吉. 渙有丘, 匪夷所思.

육사는 흩어짐을 무리로 하니 크고 길하다. 흩어짐에 언덕이 있음은 상식으로 생각할 바가 아니다.

「象」曰: “渙其群·元吉”, 光大也.

「상」에서 말하였다. “흩어짐을 무리로 함이 크고 길함”은 빛나고 크기 때문이다.

九五, 渙汗其大號, 渙王居, 无咎.

구오는 흩어짐에 큰 호령으로 땀을 내니 흩어짐이 왕이 거주하니 허물이 없다.

鄭注 : 號, 令也.(『文選』, 「東京賦」[張衡] 注)

　　호號는 령令(명령)이다.(『文選』, 「東京賦」[張衡] 注)

손괘巽卦 「단象」의 “손巽을 중복하여 거듭 명령함”(重巽以申命)과 손괘巽卦 「상」의 “군자는 그로써 거듭 명령하여 일을 행한다”(君子以申命行事)에서의 명命은 곧 명령이므로 손巽은 명령이다. 또 환괘渙卦의 상괘는 손巽이며, 구오는 손괘의 가운데 위치하므로 호號라고 하며, 호號는 곧 호령이다. 『상서』 「경명冏命」의 “호령하여 명령을 시행하며, 잡되 저장하지 않는다” (發號施令, 罔有所藏)와 『장자莊子』 「전자방田子方」의 “어찌 나라 가운데 호령하지 않는가?”(何不號於國中)의 “號”는 곧 “令”이다.

「象」曰: “王居无咎”, 正位也.

「상」에서 말하였다. “왕이 거주하니 허물이 없음”은 바른 지위이기 때문이다.

上九, 渙其血去逖出, 无咎.

상구는 그 피를 흩어버리고 근심을 내버리면 허물이 없다.

「象」曰: “渙其血”, 遠害也.

「상」에서 말하였다. “그 피를 흩어버림”은 해로움을 멀리하는 것이다.

60. 절節

䷽ 節, 亨, 苦節, 不可貞.

절節은 형통하니 절제가 고통스러워 곧을 수가 없다.

「彖」曰: "節亨", 剛柔分而剛得中. "苦節不可貞", 其道窮也. 說以行險,
當位以節, 中正以通. 天地節而四時成. 節以制度, 不傷財, 不害民.

「단」에서 말하였다. "절제가 형통함"은 굳셈과 부드러움이 나누어져 굳셈이 중中을
얻고, "절제가 고통스러워 곧을 수가 없음"은 그 도가 궁벽하기 때문이다. 기뻐하여
험함을 행하고 직위를 담당하여 절제하고, 중정中正으로 통한다. 천지는 절기로서
사계절을 이룬다. 제도로써 절제하고, 재물을 손상하지 않고, 백성을 해치지 않는다.

鄭注: 空府藏則傷財, 力役繁則害民. 二者奢泰之所致.(『後漢書』, 「王符傳」注)

창고에 저장된 것을 비게 하면 재물을 손상하고, 부역을 많이 하여 힘들게
하면 백성을 해친다. 이 두 가지는 사치함이 커서 초래된다.(『後漢書』, 「王符傳」
注)

이 말은 조정이 황음하고 사치하여 함부로 전쟁을 일으키고 사납게 세금을 거두고, 대대적으
로 요역徭役을 일으켜 백성을 수고롭게 하고 재물을 손상시킴을 말한다. 공空은 대大이다.
『시』「백구白駒」의 "저 공곡空谷에 있다"(在彼空谷)는 구절에 대하여 모전에서는 "공空은 대大
이다"라고 하였다. 부府는 국가가 재물을 저장하는 곳을 가리킨다. 『예기』「곡례하」에서는
"관官에서는 관의 말을 하고, 부府에서는 부의 말을 하며, 고庫에서는 고의 말을 하며, 조정에서
는 조정의 말을 한다"에서 정현은 "부府, 재화와 예물을 소중하게 저장하는 곳이다"라고 주석
하였다. 부장府藏도 재물을 저장하는 곳이다. 『사기』「대완전大宛傳」에는 "외빈에게 각 창고에
부장府藏된 축적을 두루 보게 하여 한나라의 광대함을 보여 주었다"고 하였다. 전후의 문장을
보면 부장府藏은 창고에 수장收藏함을 가리킨다.

「象」曰: 澤上有水, 節. 君子以制數度, 議德行.

「상」에서 말하였다. 연못 위에 물이 있으니 절節이다. 군자는 그로써 운수와 법도를 제정하여 덕행을 의론한다.

初九, 不出戶庭, 无咎.

초구는 집 안의 뜰을 벗어나지 않으니 허물이 없다.

「象」曰: "不出戶庭", 知通塞也.

「상」에서 말하였다. "집 안의 뜰을 벗어나지 않음"은 통하고 막힘을 알기 때문이다.

九二, 不出門庭, 凶.

문정門庭(대문이나 중문 안의 뜰)을 벗어나지 않으니 흉하다.

「象」曰: "不出門庭凶", 失時極也.

「상」에서 말하였다. "대문이나 중문 안의 뜰을 벗어나지 않아 흉함"은 때를 잃음이 심하기 때문이다.

六三, 不節若, 則嗟若, 无咎.

육삼은 절제하지 않으면 한탄할 것이니 허물이 없다.

「象」曰: "不節"之"嗟", 又誰"咎"也.

「상」에서 말하였다. "절제하지 않음"이 "한탄함"은 또한 누구의 "허물"인가?

六四, 安節, 亨.

육사는 편안하게 절제하니 형통하다.

「象」曰: "安節"之"亨", 承上道也.

「상」에서 말하였다. "편안하게 절제함"이 "형통함"은 위의 도를 계승하기 때문이다.

九五, 甘節, 吉, 往有尙.

구오는 상쾌하게 절제하니 길하다. 가면 숭상함이 있다.

「象」曰: "甘節"之"吉", 居位中也.

「상」에서 말하였다. "상쾌하게 절제함"의 "길함"은 거처하는 자리가 중中이기 때문이다.

上六, 苦節, 貞凶, 悔亡.

상육은 고통스럽게 절제하니 곧아서 흉하며, 뉘우침이 없다.

「象」曰: "苦節貞凶", 其道窮也.

「상」에서 말하였다. "고통스럽게 절제하고 곧아서 흉함"은 그 도가 궁벽하기 때문이다.

61. 중부中孚

☶☶ **中孚, 豚魚吉, 利涉大川, 利貞.**

중부는 돈어豚魚로서 길하며, 큰 내를 건너면 이롭고 곧아서 이롭다.

鄭注 : 三辰在亥, 亥爲豕. 爻失正, 故變而從小名言豚耳. 四辰在醜, 醜爲鼈蟹, 鼈蟹, 魚之微者. 爻得正, 故變而從大名言魚耳. 三體兌, 兌爲澤. 上上値天淵, 二五皆坎爻, 坎爲水, 二浸澤, 則豚利, 五以水灌淵, 則魚利. 豚魚, 以喻小民也. 而爲明君賢臣意所供養, 故吉.(『詩經』,「無羊」 疏)

3효의 진辰은 해亥에 있고, 해亥는 돼지다. 효가 바름을 잃었으므로 변화하여 소명小名을 따라 돈豚이라고 할 뿐이다. 4효의 진辰은 축醜에 있고, 축醜은 별해鼈蟹(게)이며, 게는 물고기 가운데 작은 것이다. 효가 바름을 얻었으므로 변하여 그 대명大名을 따라 어魚라고 할 뿐이다. 3효의 체는 태兌이며, 태兌는 연못이다. 4효은 위로 가서 천연天淵에 해당하고, 2효와 5효는 모두 감효坎爻이며, 감은 물이며, 2효가 연못으로 스머드니 돼지가 이롭고, 5효는 수도관으로 연못으로 가니 물고기가 이롭다. 돈어豚魚는 소민小民을 비유한다. 그리고 밝은 임금과 어진 신하의 은의意意를 위하여 공양供養을 하고자 하므로 길하다. (『詩經』,「無羊」 疏)

효진설을 참조하면 중부中孚의 3·4 두 효는 음효로써 마땅히 곤坤의 3·4효의 효진을 따라야 하고, 3효는 해亥에 해당하며, 해亥와 닮은 동물(띠)은 저猪(돼지)이며, 3효는 음효로써 양효의 위치에 있어 바름을 잃었으므로 소저小猪라고 한다. 시豕는 저猪이다. 『이아』「석수」의 "시豕의 새끼를 저猪라고 한다"라는 구절에 대하여 곽박郭璞은 "지금은 또한 체㣇라고 하며 강동지역에서 희豨라고 하는 것도 모두 통하는 이름이다"라고 주석하였다. 『설문』에서는 "시豕는 체㣇이다"라고 하였는데, 돈豚은 소저小猪이다. 『설문』에서는 "돈豚은 소시小豕이다"라고 하였다. 『방언』에서는 "연燕나라 북쪽과 조선朝鮮의 사이에서는 가豭(수돼지)라고 하며, 관동關東과 관서關西72)에서도 혹은 체㣇라고 하고 혹은 시豕라고 하며, 남초南楚에서는 희豨라고 하며,

---

72) 역자 주: 函谷關 혹은 山海關의 동쪽과 서쪽.

그 새끼를 혹 돈豚이라고도 하고 혹 해鏃라고도 하며, 오양吳揚의 지방에서는 저자猪子라고 하였다." 4효는 축丑에 해당하며 축丑은 12월이며, 만물이 닫혀 감추어진다. 갑충甲蟲(딱정벌레) 은 위에 굳은 껍질이 있어 마치 만물을 닫아 감추는 것과 같으므로 갑충은 동충冬蟲이다. 『예기』「월령」에는 "맹추에는 동령冬令을 행하니 음기가 크게 이기며, 개충介蟲(甲蟲)은 곡물을 해친다"(孟秋行冬令, 則陰氣大勝, 介蟲敗谷)고 하였다. 정현은 "개介는 갑甲(껍질)이며, 갑충甲蟲은 겨울에 속한다. 패곡敗谷은 도해稻蟹(벼를 먹는 게, 논게)의 무리이다"라고 주석하였다. 『예기』 「월령」에 "맹동의 달에는…… 그 벌레는 개충이다"(孟冬之月,……其蟲介)라고 하였는데, 정현은 "개介는 껍질이다. 사물이 땅 속으로 닫혀 감춤을 상징하며, 거북이나 자라의 무리이다"라고 주석하였다. 『예기』「월령」에 "계동季冬의 달에는,…… 그 벌레는 개충이며,…… 계동에는 추령秋令을 행하니 백로白露와 벼룩이 내리고, 개충이 요망하다"라고 하였는데, 정현은 "축丑 은 별해鱉蟹(자라와 게)이다"라고 주석하였다. 옛사람들은 개충은 음기로 생겨난다고 생각하였 다. 『대대례기』「증자천원曾子天圓」에서는 "개충介蟲은 껍질 뒤에 생겨나고, 비늘 뒤에 생겨나 니, 껍질벌레나 비늘벌레는 음기로 생겨난다"고 하였다. 그러므로 정현이 "축丑은 별해鱉蟹(자 라와 게)이다"라고 한 말은 물고기의 자잘구레한 것으로 물고기의 조상을 가리킨다. 옛사람들은 개충의 충蟲이 물고기 종류의 조상으로 보았다. 『회남자』「지형地形」에는 "개린介鱗(갑각류와 비늘달린 생물)이 교룡蛟龍을 낳고, 교룡은 곤경鯤鯁을 낳고, 곤경은 건사建邪를 낳고, 건사는 뭇 물고기를 낳으니 무릇 비늘 있는 것은 뭇 물고기에서 나온다"라고 하였다. 4효는 음효로서 음의 위치에 있으니 바름을 얻었고 그러므로 이 효는 대명大名을 따라 물고기라고 말한다. 3효는 중부中孚의 하괘인 태괘兌卦 즉 태兌의 효爻이며, 태兌는 연못이다. 4효는 위로 가서 축丑에 해당한다. "축丑은 위로 가서 북두에 해당하니 천연天淵이며, 별 이름이며, 남두南斗의 육성이며, 견우牽牛성의 남쪽이다."(조원필의 『集解補釋』에서 인용) 또 중부괘의 2효와 5효는 모두 양효로서 체는 감坎이며, 감은 물이며, 2효가 물로서 스며든다. 괘의 하괘는 태兌이며 연못이니 돼지에게 이롭다. 5효는 물이 4효의 천연天淵으로 흘러드니 물고기에게 이롭다. 돼지와 물고기 는 음기로 생겨나는 음물陰物이다. 인사로서 말하면 소민小民이다. 4효는 신하이며 5효는 임금이므로 3·4효의 돼지와 물고기는 밝은 임금과 현명한 신하를 위하여 공양하는 뜻이므로 길하다. 마치 조원필이 "음은 백성이다. 돼지와 물고기를 소민小民을 비유하며, 3·4효를 말한다. 2효와 5효는 중中의 덕으로 그것을 믿으니 임금과 신하의 뜻이 합하여져 백성들에게 참된 덕을 베풀기 때문에 돼지와 물고기는 길하다"(위의 책)라고 한 말과 같다. 사실 정현이 「단」의 "믿음으로 곧 나라를 교화한다"(孚乃化邦)는 말을 밝힌 것이다. 『역위·계람도』끝의 일단과 정현의 주석은 대략적으로 서로 같다. 장혜언과 황석 등의 고증에 근거하면, 이것은 결코 『역위』의 본문이 아니며, "곧 정현의 역의易義의 문장이며, 후인들이 『계람도』에서 패기 와 중부의 뜻으로 삼았으므로 정현의 역설易說을 인용하여 덧붙여서 서로 드러내었다."

「象」曰: 中孚, 柔在內而剛得中; 說而巽, 孚乃化邦也. "豚魚吉", 信及豚魚也. "利涉大川", 乘木舟虛也.

「단」에서 말하였다. 중부는 부드러움이 안에 있고 군셈이 중中을 얻었으니, 기뻐하고 공순하며, 믿음이 곧 나라를 교화한다. "돼지와 물고기가 길함"믿음이 돼지와 물고기에게 이르렀기 때문이다. "큰 내를 건넘이 이로움"은 비어 있는 나무배를 탔기 때문이다.

鄭注 : 舟, 謂集板, 如今自空大木爲之曰虛.(『詩經』,「穀風」 疏)

주舟는 집판集板(미레, 고무레)을 말하며, 현재 속이 빈 큰 나무를 허虛라고 하는 것과 같다.(『詩經』,「穀風」 疏)

이것은 "주허舟虛"를 해석한 말이다. 주舟는 선船(배)을 가리킨다. 고대에는 교통의 편리함을 위하여 배를 만들어서 물을 건넜다. 「계사」에서는 "나무를 깎아 배를 만들고, 나무를 날카롭게 하여 노를 만들어 통하지 않는 곳을 건넜다"고 하였다. 말에 의하면, 옛사람들은 먼저 공목空木으로 배를 만들고 나중에 나무에 홈을 파서 배를 완성하였다. 그러므로 '주허舟虛'라고 한다. 『설문』에는 "주舟는 선船이다. 옛날에는 공고共鼓와 화적貨狄이 나무를 깎아 배를 만들고 나무를 다듬어 노를 만들어 통하지 않는 곳을 건넜다'고 하였으며, 또 "유渝가 나무의 중간을 비게 하여 배를 만들었다'라고 하였다. 『회남자』「사론훈汜論訓」에서는 "옛날에 큰 내와 깊은 골짜기에 도로가 끊어져 가고 옴이 통하지 않았는데, 이에 나무를 파고 판자를 붙여서 매를 만들어 건넜다'라고 하였다. 고수高秀는 "유渝는 공空이다. 방方은 병幷이다. 배를 서로 연결하여 배다리를 만든다'라고 주석하였다. 단옥재는 "유渝"를 주석하기를 "유渝를 살펴보면 유渝와 같다. 나무의 중간을 비게 하는 것이 주舟의 시작이며, 판자를 아우름이 형航의 시작이다⋯⋯ 그 시작은 비어 있는 나무를 견본으로 이용한 것이 주舟의 시작이며, 그 후에 나물을 깎아서 주舟를 만들었다'라고 하였다. 정현이 주舟를 집판集板이라고 해석한 것은 목판을 한 곳에 고정하여 놓고 홈을 파 낸 나무의 모양 곧 주舟를 가리킨 것이다. 중부의 괘상에서 3·4의 두 효는 음효이며, 초효, 2효, 5효, 상효는 양효이며, 중간이 비고 밖이 실實하므로 주허舟虛의 상이다.

中孚乃"利貞", 乃應乎天也.

중부는 곧 "곧음으로 이로움"이니 이에 하늘에 순응한다.

「象」曰: 澤上有風, 中孚. 君子以議獄緩死.

「상」에서 말하였다. 연못 위에 바람이 있음이 중부中孚이다. 군자는 그로써 옥사를 의론하며 사형을 늦춘다.

初九, 虞吉, 有他不燕.

초구는 헤아려서 길하니 다른 사람이 있으면 편안하지 않다.

「象」曰: 初九"虞吉", 志未變也.

「상」에서 말하였다. "헤아려서 길함"은 뜻이 아직 변하지 않았기 때문이다.

九二, 鳴鶴在陰, 其子和之; 我有好爵, 吾與爾靡之.

구이는 학이 음지에서 우니 그 새끼가 화답하며, 내가 작위를 좋아함이 있으니 나와 네가 연루되었다.

「象」曰: "其子和之", 中心願也.

「상」에서 말하였다. "그 새끼가 화답함"은 중中의 마음으로 원하기 때문이다.

六三, 得敵, 或鼓或罷, 或泣或歌.

육삼은 적을 만나 북을 울리다가 그만두다가 하고, 혹 울다가 혹 노래한다.

「象」曰: "或鼓或罷", 位不當也.

「상」에서 말하였다. "혹 북을 울리고 혹 그만둠"은 자리가 마땅하지 않기 때문이다.

六四, 月幾望, 馬匹亡, 无咎.

육사는 달의 기망幾望이니 마필馬匹이 없어지니 허물이 없다.

「象」曰: “馬匹亡”, 絕類上也.

「상」에서 말하였다. “마필이 없어짐”은 무리의 우두머리와 끊어졌다.

九五, 有孚攣如, 无咎.

구오는 믿음이 있음이 함께 연관되면 허물이 없다.

「象」曰: “有孚攣如”, 位正當也.

「상」에서 말하였다. “믿음이 있음이 함께 연관됨”은 자리가 정당하기 때문이다.

上九, 翰音登於天, 貞凶.

상구는 날아가는 소리가 하늘에 오르니 곧아서 흉하다.

「象」曰: “翰音登於天”, 何可長也.

「상」에서 말하였다. “날아가는 소리가 하늘에 오름”은 어찌 오래 할 수 있겠는가?

62. 소과小過

䷽ 　小過, 亨, 利貞.

소과는 형통하며, 곧아서 이롭다.

鄭注: 中孚爲陽, 貞於十一月子; 小過爲陰貞於六月未, 法於乾坤.(『漢上易傳』六)

　　중부는 양이며, 11월의 자子에 곧으며, 소과小過는 음으로 6월의 미未에 곧으니
　　건곤乾坤을 본받는다.(『漢上易傳』6)

이 구절은 『역위・건착도』에서 인용하였고, 『역위・건착도』의 효진설을 살펴보면, 64괘를
양분하여 32짝으로 하였고, 매 짝마다 12효를 12간지干支에 분배하였고, 1년 12개월을 대표한
다. 구체적 방법을 보면, 건괘乾卦와 곤괘坤卦 두 괘를 시작으로 건은 양괘로 순서대로 육진六辰
으로 납입되고 그 초효는 자子로 납입되며, 6효는 아래로부터 위로 차례로 자子・인寅・진辰・
오午・신申・술戌로 납입한다. 곤坤은 음괘로서 역순으로 육진六辰에 납입하며 그 초효는
미未로 납입하며, 6효는 아래로부터 위로 차례로 미未・사巳・묘卯・축丑・해亥・유酉로 납
입한다. 곧 이른바 "건乾은 양이며, 곤坤은 음이다. 함께 다스리되 교착交錯하여 행한다. 건乾은
11월의 자子에서 곧으며, 왼쪽으로 행하며 양의 시간은 6이다. 곤坤은 6월의 미未에서 곧으며
오른쪽으로 행하여 음의 시간은 6이며, 순서에 따라서 1년을 이룬다." 중부中孚와 소과小過
두 괘가 간지에 납입하는 것은 건乾과 곤坤이 서로 같다. 황석黃奭의 고증에 의하면 이 조항은
주진朱震. 1072~1138)이 잘못 인용한 것이며, 본래 『역위・건착도』인데 주진이 정현의 역으
로 본 것이며, 왕응린이 정강성의 역을 편집한 것을 주진이 오인하였다. 그러나 정현이 『건착
도』를 주석하였고, 그 주석의 문장과 원문이 서로 거의 차이가 없기 때문에 그것을 인용한
것이며, 아마도 주진이 잘못 인용한 것은 아니다.

可小事, 不可大事, 飛鳥遺之音, 不宜上, 宜下大吉.

작은 일은 할 수 있고, 큰일은 할 수 없으니 날아가는 새가 남기는 소리는 올라감이
마땅하지 않고 마땅히 아래로 가면 크게 길하다.

鄭注 : 上, 謂君也.(『釋文』)

위는 임금을 말한다.(『석문』)

상上은 5효를 가리킨다. 조원필은 "정현이 상上은 임금을 가리킨다고 한 것은 음이 임금의
자리에 있음이 마땅하지 않음을 말하며, 그로써 건乾의 굳셈에 응한다"라고 하였다.

「彖」曰: 小過, 小者過而亨也. 過以"利貞", 與時行也. 柔得中, 是以"小
事吉"也. 剛失位而不中, 是以"不可大事"也. 有"飛鳥"之象焉, "飛鳥遺
之音·不宜上·宜下大吉", 上逆而下順也.

「단」에서 말하였다. 소과는 작은 일이 지나치니 형통하다. "곧아서 이로움"으로
지나치며, 때와 함께 행한다. 부드러움이 중中을 얻고 이로써 "작은 일이 길함"이다.
굳셈이 자위를 잃고 중中을 잃었기 때문에 이로써 "큰일을 할 수 없음"이다. "날아가는
새"의 상이 여기에 있으니, "날아가는 새가 남긴 소리가 올라감이 마땅하지 않고,
마땅히 아래로 가면 크게 길함"은 올라감은 거스르고 내려가면 순응하기 때문이다.

「象」曰: 山上有雷, 小過. 君子以行過乎恭, 喪過於哀, 用過於儉.

「상」에서 말하였다. 산 위에 우레가 있으니 작은 허물이다. 군자는 그로써 행함에
지나치게 공손하며, 상사에서 지나치게 슬퍼하며, 쓰임새에 지나치게 검소하다.

鄭注 : 取過於禮而不爲害.(『御覽』, 「人事部」七十)

예禮에 지나치게 하더라도 해로움이 되지 않는다.(『御覽』, 「人事部」七十)

이것은 "공恭"을 해석한 것이며, 공경恭敬은 고대에서 하나의 예禮이다. 『예기』「곡례상」에서
는 "이로써 군자는 공경으로써 알맞게 절제하며, 물러나고 사양함으로써 예를 밝힌다"라고
하였다. 공영달은 하윤何胤(446~531)을 인용하여 풀이하기를 "모습이 공손하며 마음으로 공경
한다"라고 하였다. 정현의 주석은 언행에 지나치게 공경하더라도 해가 되지 않음을 말한
것이다.

初六, 飛鳥以凶.

초육은 나는 새가 흉하다.

「象」曰: “飛鳥以凶”, 不可如何也.

「상」에서 말하였다. “나는 새가 흉함”은 어쩔 수가 없기 때문이다.

六二, 過其祖, 遇其妣. 不及其君, 遇其臣, 无咎.

육이는 그 할아버지를 지나쳐 할머니를 만난다. 그 임금에게 미치지 않고 신하를 만나니 허물이 없다.

「象」曰: “不及其君”, 臣不可過也.

「상」에서 말하였다. “그 임금에 미치지 않음”은 신하를 지나칠 수 없기 때문이다.

九三, 弗過防之, 從或戕之, 凶.

구삼은 방지함을 지나치지 않으면 나아가 혹 해치기 때문에 흉하다.

「象」曰: “從或戕之”, 凶如何也.

「상」에서 말하였다. “나아가 혹 해침”은 흉함이 어떠한가에 달렸다.

九四, 无咎, 弗過遇之, 往厲必戒, 勿用永貞.

구사는 허물이 없으니 그것을 만남이 지나치지 않음은 가는 것이 위태로워 반드시 경계해야 하며 오래 곧음을 쓰지 말아야 한다.

「象」曰: “弗過遇之”, 位不當也. “往厲必戒”, 終不可長也.

「상」에서 말하였다. “만남이 지나치지 않음”은 지위가 마땅하지 않기 때문이다.

"가는 것이 위태로워 반드시 경계함"은 끝내 오래 할 수 없기 때문이다.

六五, 密雲不雨, 自我西郊, 公弋取彼在穴.

육오는 구름이 빽빽하나 비는 내리지 않으니 내가 서쪽 교외로부터 와서 공개公開적으로 구멍에 있는 그것을 쏘아서 잡았다.

「象」曰: "密雲不雨", 已尙也.

「상」에서 말하였다. "구름이 빽빽하나 비는 내리지 않음"은 거의 끝났기 때문이다.

鄭注 : 尙, 庶幾也.(『釋文』)

　　　상尙은 서기庶幾(거의)이다.(『석문』)

　　상尙은 다른 판본에는 "上"으로 썼으며 고대에는 "尙"과 "上"은 통가하였다. 『의례』「사우예기士虞禮記」의 "상향尙饗"(신명이여 제물을 받으소서)과 『의례』「특생궤례特牲饋禮」의 "尙饗", 『의례』「소뢰궤식례少牢饋食禮」의 "尙饗"을 정현은 모두 주석하기를 "상尙은 서기庶幾이다"라고 하였다. 『시』「토원兔爰」에는 "거의 아무것도 하지 않는다"(尙無爲)는 구절과 『시』「대동大東」에는 "거의 실을 수 있다"(尙可載也)는 구절과 『시』「완류菀柳」에 "거의 쉬지 않는다"(不尙息焉)는 구절에 대하여 정현은 모두 간단하게 해석하기를 "상尙은 서기庶幾이다"라고 하였다. 『설문』에는 "상尙은 서기庶幾이다"라고 하였고, 『이아』「석언」에는 "서기庶幾는 상尙이다"라고 하였다. 학의행郝懿行(1755~1823)의 『이아의소爾雅義疏』에 의하면, 서기庶幾는 근행近幸(군주의 총애)의 의미와 원모原慕(기다림)의 뜻이 있다. 정현의 해석은 『설문』과 『이아』에 근원한다.

63. 기제旣濟

≡ 旣濟, 亨小, 利貞. 初吉, 終亂.

기제는 형통함이 적으며 곧아서 이롭다. 처음은 길하나 끝은 어지럽다.

鄭注 : 旣, 已也, 盡也. 濟, 度也.(『釋文』)

　　기旣는 이已이며, 끝남이다. 제濟는 도度(물을 건넘)이다.(『석문』)

　　우번은 『소축小畜』의 상구를 주석하면서 "기旣는 이已이다"라고 하였고, 『옥편玉篇』에도 "기旣
는 이已다"라고 하였으며, 『공양』의 환공 3년에 "기旣라는 것은 무엇인가? 진진盡이다"라고
하였다. 『이아』 「석언」에는 "졸卒은 기旣이다"라고 하였다. 『이아』 「석고」에는 "졸卒은 진진盡이
다"라고 하였다. 제濟는 본래 도하渡河(강을 건넘)를 가리켰으나 후에 성공成功으로 전의되었다.
『이아』 「석언」에 "제濟는 도渡(건넘)이다. 제濟는 성성成(이룸)이다"라고 하였다. 『설문』에는 "도渡
는 제濟이다"라고 하였고, 『방언』에는 "건너 지나감을 섭제涉濟(건너감)라고 한다"고 하였다.
곽박은 "마치 현재 제도濟度(건너감)라 하는 것과 같다"라고 하였다. 정유분丁惟汾(1874~1954)은
"도度는 도渡의 처음 글이다"라고 하였다. 度와 渡 두 글자는 서로 통한다. 그러므로 정현은
"濟"를 "度"로 해석하였다.

「彖」曰: "旣濟亨", 小者亨也. "利貞", 剛柔正而而當也. "初吉", 柔得中
也. "終"止則"亂", 其道窮也.

　　「단」에서 말하였다. "기제旣濟는 형통함"이니 적은 것이 형통하다. "곧아서 이로움"은
굳셈과 부드러움이 바르고 마땅하기 때문이다. "처음이 길함"은 부드러움이 중을
얻었기 때문이다. "마침"이 그치면 "어지러워짐"은 그 도가 곤궁하기 때문이다.

「象」曰: 水在火上, 旣濟. 君子以思患而豫防之.

　　「상」에서 말하였다. 물이 불 위에 있으니 기제旣濟이다. 군자는 그로써 근심을

생각하고 그것을 예방한다.

初九, 曳其輪, 濡其尾, 无咎.

초구는 그 수레를 끌며, 꼬리를 적시니 허물이 없다.

「象」曰: “曳其輪”, 義无咎也.

「상」에서 말하였다. “그 수레를 끎”은 의로워 허물이 없기 때문이다.

六二, 婦喪其茀, 勿逐, 七日得.

육이는 부인이 그 수레의 장막을 잃었으니 쫓지 않아도 칠 일 만에 얻는다.

鄭注 : 茀, 車蔽也.(『釋文』)

불茀은 수레의 가림막이다.(『석문』)

불茀을 자하子夏는 “불髴”로 썼으며, 순상은 “불紱”로 썼으며, 동우董遇는 “체髢”로 썼으며, 대부분 “부인의 머리 장식”, “폐슬蔽膝(무릎 가리개) 등으로 해석하였다. 정현이 “수레의 가림막” (車蔽)으로 해석한 것은 『모시』에 근원하였다. 『시』 「석인碩人」에는 “꿩 깃 장식으로 알현하나” (翟茀以朝)라고 하였고, 모전에는 “적적翟翟은 수레이다. 부인夫人이 꿩의 깃으로 수레를 장식한다. 불茀은 가림막蔽이다”라고 하였다. 『시』 「재구載驅」에서는 “삿자리 가림막이 붉은 가죽이다”(簟茀朱鞹)라고 하였고, 모전에서는 “수레의 가림막을 불茀이라고 한다”고 하였다. 『시』 「한혁韓奕」에서는 “삿자리 가림막을 엇갈려 걸친다”(簟茀錯衡)고 하였다. 정현은 부연설명하기를 “점불簟茀(삿자리 가리막)은 검은 칠을 한 삿자리로 수레의 가림막으로 삼는데 지금의 번藩(수레의 휘장)이다”라고 하였다.

「象」曰: “七日得”, 以中道也.

「상」에서 말하였다. “7일이면 얻음”은 중도로써 하기 때문이다.

九三, 高宗伐鬼方, 三年克之, 小人勿用.

구삼은 고종高宗[73]이 귀방鬼方을 정벌하여 3년 만에 이겼으니 소인은 쓰지 말아야 한다.

「象」曰: "三年克之", 憊也.

「상」에서 말하였다. "3년 만에 이감"은 고달프다.

鄭注: 憊, 劣弱也.(『釋文』)

비憊는 열약劣弱(모자라고 약함)이다.(『석문』)

이 해석과 정현이 해석한 둔遯「상象」의 "비憊"의 뜻이 서로 가깝다. 둔遯 구삼「상」에서 "병이 있으니 고달프다"(有疾憊也)는 구절에 대하여 정현은 "비憊는 곤困(괴로움)이다"라고 주석하였다. 곤困은 곧 피로함의 뜻이며, 피로하면 괴롭다. 『일체경음의一切經音義』 7권에서는 『통속문通俗文』을 인용하여 "지극히 피로함을 비憊라고 한다"고 하였다. 『광운』에는 "비憊 피열疲劣(피로하고 모자람)이다"라고 하였다. 『옥편』에는 "비憊는 극極(다함)이며, 피로疲勞이다"라고 하였다. 그러므로 비憊에는 피로의 뜻이 있으며, 피로는 곧 열악함이다. 『광운』에서 말한 "피열疲劣"이 곧 이 뜻이다.

六四, 繻有衣袽, 終日戒.

육사는 화려한 비단에 의여衣袽(예복과 헤진 옷)가 있으니 종일 경계한다.

수繻를 정현은 "수須"로 읽었고, 백서본 『역』은 "유襦"로 썼고, 초간본은 "수需"로 썼다. 『석문』을 살펴보면, 설설(周의 제후)이 고문에는 '수繻'로 썼다고 하였다. 정현이 "수繻"로 쓴 것은 고문을 따랐다. 수繻는 음이 수須이고, "수需"와 같은 음이다. 『광아』에는 "수需는 수須이다"라고 하였다. "유襦"도 또한 "수需"로 읽으며, 『설문』에는 "유襦는 '衣'변을 따라 수需로 읽는다"라고 하였다. 수繻, 유襦, 수需는 고대의 음이 같아서 통가한다.

---

73) 역자 주: 殷의 고종 武丁.

「象」曰: "終日戒", 有所疑也.

「상」에서 말하였다. "종일 경계함"은 의심하는 바가 있기 때문이다.

九五, 東鄰殺牛, 不如西鄰之禴祭, 實受其福.

구오는 동쪽 이웃의 소를 잡는 것은 서쪽 이웃의 약제禴祭(여름제사)가 실제로 그 복을 받는 것보다 못하다.

鄭注: 互體爲坎也. 又互體爲離, 離爲日, 坎爲月, 日月出東方, 東鄰象也. 月出西方, 西鄰象也.(『禮記』, 「坊記」疏) 禴, 夏祭之名.(『詩經』, 「天保」疏; 『爾雅』, 「疏器 五」)

호체는 감坎이다. 또 호체는 리離이니, 리는 태양이며, 감은 달이다. 태양이 동쪽에서 나오니 동쪽 이웃의 상이다. 달은 서쪽에서 뜨니 서쪽 이웃의 상이다.(『禮記』, 「坊記」疏) 약禴은 여름제사의 이름이다.(『詩經』, 「天保」疏, 『爾雅』, 「疏器 五」)

기제괘의 상괘는 감坎이며, 하괘는 리離이며, 2·3·4효의 호체는 감坎이며, 3·4·5효의 호체는 리離이다. 「설괘」를 보면 리離는 태양이며, 감坎은 달이며, 태양이 동쪽에서 나오니 동쪽 이웃의 상이며, 달은 서쪽에서 나오니 서쪽 이웃의 상이다. 정현이 여기서 말한 호체는 기제旣濟괘의 내외의 괘를 가리키며, 정현은 항상 내괘와 외괘를 호체로 보았다. 약禴은 고대의 여름제사를 가리킨다. 『백호통白虎通』 「종묘편宗廟篇」에서는 "여름제사를 약禴이라고 하고 보리를 익혀서 올린다"고 하고, 『주례』 「대종백大宗伯」에서는 "약禴으로 선왕에게 여름 제사를 올린다"고 하였는데, 약禴은 "약礿"(봄제사)과 통하며, 『설문』에는 "약礿은 여름제사이다"라고 하였고, 『예기』 「명당위明堂位」에서는 "하약夏礿"이라고 하였으며, 『공양전』 환공 8년에는 "여름제사를 약礿이라고 한다"라고 하였다. 『이아』 「석천釋天」에서는 "여름제사를 약礿이라 한다"라고 하였다. 손염孫炎은 "약禴은 박薄(가벼움)이며, 여름철에는 백곡을 올릴 수 없기 때문에 박하게 함을 추천할 수 있다"고 하였다. 때로 봄 제사도 또한 약禴이라고 한다. 『예기』 「왕제」에는 "봄 제사를 약礿이라 한다"고 하였다. 「제통祭統」에서는 "봄 제사를 약礿이라 한다"고 하였다.

「象」曰: "東鄰殺牛, 不如西鄰"之時也. "實受其福", 吉大來也.

「상」에서 말하였다. "동쪽 이웃에서 소를 잡음은 서쪽 이웃만 못함"의 때이다. "실제로 그 복을 받음"은 길함이 크게 오기 때문이다.

上六, 濡其首, 厲.

상육은 그 머리를 적시니 위태롭다.

「象」曰: "濡其首厲", 何可久也.

「상」에서 말하였다. "그 머리를 적셔 위태로움"은 어찌 오래갈 수 있겠는가?

64. 미제未濟

未濟, 亨, 小狐汔濟, 濡其尾, 无攸利.

미제는 형통하니 어린 여우가 거의 물을 건넜지만 그 꼬리를 적시니 이로운 바가 없다.

鄭注 : 汔, 幾也.(『釋文』)

흘汔은 기幾(거의)이다.(『석문』)

흘汔은 곧 "기汽"로서 본래 물이 말라버림을 가리킨다. 『설문』에서 "기汽는 물이마름이다"라고 하여 흘汔을 기幾로 해석하였는데 이는 뜻이 전의된 것이다. 단옥재는 「대아」의 '민로民勞'를 전傳에서는 '흘汔은 위危(위태함)이다'라고 하였고, 『주역』의 '거의 이르렀지만 또한 두레박줄이 우물에 드리우지 못한다(汔至亦未繘井)'는 구절과 '어린 여우가 거의 건넘(小狐汔濟)'이라는 구절에 대하여 우번은 '흘汔은 기幾(거의)이다'라고 하였는데, 모두 전의된 뜻이다. 물이 말라서 장차 다 없어지는 시간이므로 뜻이 전의되어 위危라 하고, 기幾라 한다'라고 하였다.

「彖」曰: "未濟亨", 柔得中也. "小狐汔濟"未出中也. "濡其尾, 无攸利", 不續終也. 雖不當位, 剛柔應也.

「단」에서 말하였다. "미제未濟하여 형통함"은 부드러움이 중中을 얻었기 때문이다. "어린 여우가 거의 건넘"은 아직 중中이 드러나지 않았다. "그 꼬리를 적셔 이로움이 없음"은 계속하여 마치지 못하기 때문이다. 비록 부당하게 자리하지만 굳셈과 부드러움이 호응한다.

「象」曰: 火在水上, 未濟, 君子以愼辨物居方.

「상」에서 말하였다. 불이 물 위에 있으니 미제未濟이며, 군자는 그로써 신중하게 사물을 변별하여 자리를 방정하게 한다.

初六, 濡其尾, 吝.

초육은 그 꼬리를 적시니 부끄럽다.

「象」曰: "濡其尾", 亦不知極也.

「상」에서 말하였다. "그 꼬리를 적심"은 또한 끝을 알지 못하기 때문이다.

九二, 曳其輪, 貞吉.

구이는 수레를 끌고 가니 곧아서 길하다.

「象」曰: 九二"貞吉", 中以行正也.

「상」에서 말하였다. 구이는 "곧아서 길함"은 중으로 옳음을 행하기 때문이다.

六三, 未濟, 征凶, 利涉大川.

육삼은 아직 마치지 못하였는데 가면 흉하고 큰 내를 건너면 이롭다.

「象」曰: "未濟征凶", 位不當也.

「상」에서 말하였다. "아직 마치지 못하는데 가면 흉함"은 자리가 부당하기 때문이다.

九四, 貞吉, 悔亡. 高宗伐鬼方, 三年有賞於大國.

구사는 곧아서 길하며 후회함이 없다. (殷나라의) 고종高宗이 귀방을 정벌하여 3년이 지나 큰 나라에 상이 있다.

「象」曰: "貞吉悔亡", 志行也.

「상」에서 말하였다. "곧아서 길하며 후회함이 없음"은 뜻이 행해지기 때문이다.

六五, 貞吉, 无悔, 君子之光, 有孚, 吉.

육오는 곧아서 길하며 후회함이 없으니 군자의 빛남이며, 믿음이 있어 길하다.

「象」曰: "君子之光", 其暉吉也.

「상」에서 말하였다. "군자의 빛남"은 그것이 광채가 길하기 때문이다.

上九, 有孚於飮酒, 无咎. 濡其首, 有孚失是.

구오는 술을 마심에 믿음이 있으면 허물이 없다. 그 머리를 적시면 믿음을 가져도
바름을 잃는다.

「象」曰: "飮酒"濡首, 亦不知節也.

「상」에서 말하였다. "술을 마심"에 머리를 적심은 또한 절제節制를 모르기 때문이다.

제3 계사상繫辭上

天尊地卑, 乾坤定矣. 卑高以陳, 貴賤位矣.

하늘은 높고 땅은 낮으니 건과 곤이 정해진다. 낮음과 높음으로 진열陳列되니
귀함과 천함이 자리를 잡는다.

鄭注 : 君臣尊卑之貴賤, 如山澤有之高卑也.(『禮記』, 「樂記」 疏)

　　임금과 신하의 높고 낮의 귀함과 천함은 산과 못이 높음과 낮음이 있음과
　　같다.(『禮記』, 「樂記」 疏)

「계사」의 이 구절은 천지天地는 건곤乾坤·비고卑高·귀천貴賤이 정해져 있다는 말이다. 정현
은 인사로써 해석하여, 군신간의 존비와 귀천은 자연계의 산과 연못이 높고 낮음을 본받았다
고 주장하였다. 이러한 해석은 원래의 뜻과 부합하지 않는다. 「계사」의 뜻을 살펴보면, 군신간
의 존비와 귀천은 마땅히 하늘과 땅에 높음과 낮음이 있는 것과 같다.

動靜有常, 剛柔斷矣.

움직임과 고요함이 일정함이 있고, 굳셈과 부드러움이 갈라진다.

鄭注 : 動靜, 雷風也.(『禮記』, 「樂記」 疏)

　　움직임과 고요함은 우레와 바람이다.(『禮記』, 「樂記」 疏)

움직임과 고요함은 자연계의 우레와 바람을 가리킨다. 우레와 바람에는 움직임도 있고 고요함
도 있다.

方以類聚, 物以群分,

방소는 종류끼리 모이고, 사물은 무리로 구분되니,

鄭注 : 類聚群分, 謂水火也.(『禮記』, 「樂記」 疏)

　　종류끼리 모이고 무리로 구분됨은 물과 불을 말한다.(『禮記』, 「樂記」 疏)

이것은 물과 불이 서로 구분됨, 즉 물은 물의 종류끼리 서로 모이며, 불은 불의 종류끼리
서로 모임을 말한다.

吉凶生矣. 在天成象, 在地成形,

길함과 흉함이 생겨난다. 하늘에서는 상象이 이루어지고 땅에서는 형形이 이루어지니,

鄭注 : 成象, 日月星辰也. 成形, 謂草木鳥獸也.(『禮記』,「樂記」疏) 形謂草木鳥獸.(『御覽』,「地部」)

형상을 이룸은 일日・월月・성星・신辰이다. 형체를 이룸은 초목草木과 조수鳥獸를 말한다.(『禮記』,「樂記」疏) 형체는 초목과 조수를 말한다.(『御覽』,「地部」)

상象은 천상天象을 가리킨다. 형形은 지형地形을 가리킨다.「계사」에서 "하늘에서는 상象이 이루어지고 땅에서는 형形이 이루어진다"는 말이 그 증거이다. 이것은 천지의 동정動靜과 변화, 무리가 나누어지고 종류끼리 모여서 일・월・성・신의 천상天象을 형성하고, 초목과 조수의 땅의 형상을 이룸을 말한다.

變化見矣. 是故, 剛柔相摩, 八卦相盪.

변화가 나타난다. 이 때문에 군셈과 부드러움이 서로 마찰하고, 팔괘가 서로 융합한다.

鄭注 : 摩, 迫也.(『釋文』;『禮記』,「樂記」注)

마摩는 박迫(가까이함)이다.(『석문』;『禮記』,「樂記」注)

마摩는 다른 판본에는 마磨로 썼으며, 백서본『역』에는 "미靡"로 썼다. 마摩와 마磨는 고대에는 호환할 수 있었다.『설문』에는 "미䃺"로 썼으며, 통속적으로는 "마磨"로 썼으며, 백서본『역』은 "미靡"로 썼으며, 이는 "미靡"를 "䃺"의 가차로 쓴 것이며, 본래 의미는 치석治石돌을 다듬음이다. 『석문』에는 경방을 인용하여 "상相과 애䃜의 반절이다"라고 하였고, 마융을 인용하여 "마摩의 반절이다"라고 하였고,『설문』에는 "마䃺는 돌로 가는 것이다"라고 하였고, 단옥재는 "돌을 가는 것을 지금의 문자로는 생략하여 마磨라고 쓰며, 전의된 의미로 연마研磨라고 한다"라고 주석하였다. 따라서 돌을 다듬음은 반드시 서로 마주쳐야 하므로 박迫의 뜻이 있으며 우번이 "박薄"으로 해석한 것도 또한 이 뜻이다.

鼓之以雷霆, 潤之以風雨, 日月運行, 一寒一暑, 乾道成男, 坤道成女, 乾知大始, 坤作成物, 乾以易知,

우레와 번개로써 고동鼓動시키며, 바람과 비로써 적셔 주며, 해와 달이 운행하고,

한 번 춥고 한 번 덥고, 건의 도는 남성男性을 이루고, 곤의 도는 여성女性을 이루니 건乾은 큰 시작을 주관하며, 곤坤은 사물을 이루며, 건으로써 쉽게 주관하며,

鄭注 : 易, 佼易.(『詩經』, 「天作」疏)

역易은 교역佼易이다.(『詩經』, 「天作」疏)

교역佼易은 자연무위自然無爲이다. 정현이 『역위·건착도』의 "교역하여 절기를 이룬다"(佼易立節)를 주석하기를 "교역佼易이란 적연하게 무위함을 이른다"라고 하였다.

坤以簡能, 易則易知, 簡則易從, 易知則有親, 易從則有功, 有親則可久, 有功則可大, 可久則賢人之德, 可大則賢人之業. 易簡而天下之理得矣, 天下之理得而成位乎其中矣.

곤은 간략함으로 능하니, 쉬우면 쉽게 알고, 간략하면 쉽게 따르며, 쉽게 알면 친함이 있고, 쉽게 따르면 공功이 있고, 친함이 있으면 오래갈 수 있으며, 공이 있으면 클 수 있으며, 오래 할 수 있으니 현인의 덕이며, 크게 할 수 있으니 현인의 업이다. 쉽고 간략하여 천하의 이치를 얻으며, 천하의 이치를 얻어서 그 중中에서 자리할 수 있다.

聖人設卦, 觀象, 繫辭焉, 而明吉凶, 剛柔相推而生變化. 是故吉凶者, 失得之象也; 悔吝者, 憂虞之象也. 變化者, 進退之象也. 剛柔者, 晝夜之象也. 六爻之動, 三極之道也.

성인이 괘를 지어서 상을 관찰하고 여기에 설명의 말을 붙여서 길흉을 밝히며, 굳셈과 부드러움이 서로 미루어 변화를 생기게 한다. 이런 까닭에 길흉은 잃고 얻음의 형상이며, 후회함과 애석하게 여김은 근심을 헤아리는 상이며, 변화는 진퇴의 상이며, 굳셈과 부드러움은 밤과 낮의 상이다. 여섯 효의 움직임은 천·지·인 삼극三極의 도이다.

鄭注 : 三極, 三才也.(『釋文』)

삼극三極은 삼재三才이다.(『석문』)

이는 육효에 천·지·인天地人 삼재가 있음을 말한다. 경괘經卦로서 말하면, 초효初爻는 땅이며 가운데 효는 사람이며 상효上爻는 하늘이다. 별괘別卦로서 말하면 초효와 2효는 땅이며, 3효와 4효는 사람이며, 5효와 상효는 하늘이다. 곧 「계사」의 "『역』이라는 책은,…… 천도天道가 있으며, 지도地道가 있으며, 인도人道가 있으며, 삼재가 겸하여 두 개가 있으므로 여섯이다'라는 구절이다. 「설괘」의 "삼재를 겸하여 둘로 하므로 『역』은 여섯 획으로 장章을 이룬다'라는 구절이다. 극極은 본래 의미는 동량棟樑(용마루와 대들보)을 가리킨다. 『설문』에서는 "극極은 용마루이다'라고 하고, "동棟은 극極이다'라고 하였다. 따라서 동량棟樑은 집에서 가장 높은 곳이므로 전의하여 지고至高의 뜻이 된다. 『이아』「석고」에서는 "극極은 지극함이다'라고 하였다. 『광아』「석고」에서는 "극極은 고高(높음)이다'라고 하고, "극極은 원遠이다'라고 하였다. 이 "삼극三極'의 "극極'은 삼계三界 혹은 삼단三端을 가리킨다. 백서본 『역』에는 "극亟'으로 썼으며 "극極'과 통한다.

是故君子所居而安者, 易之序也; 所樂而翫1)者 爻之辭也. 是故君子居則觀其象, 而翫其辭, 動則觀其變, 而玩其占. 是以"自天佑之, 吉无不利."

이런 까닭에 군자가 거처하는 바가 편안한 것은 역의 순서이며, 즐기고 완玩賞하는 바는 효의 설명이다. 이런 까닭에 군자가 거주함이 안전한 것이 역의 순서이며, 즐겨 완미하는 것이 효爻의 문장이다. 이런 까닭에 군자는 거처함에 그 상을 관찰하며 그 말을 완상하며, 움직이면 그 변화를 관찰하고, 그 점占을 완상한다. 이런 까닭에 "하늘로부터 그것을 보우하면 길吉하여 불리不利함이 없다."

彖者, 言乎象也; 爻者, 言乎變者也; 吉凶者, 言乎其失得也; 悔吝2)者, 言乎其小疵也; 无咎者, 善補過也. 是故列貴賤者存乎位, 齊小大者存乎卦, 辯吉凶者存乎辭, 憂悔吝者存乎介, 震无咎者存乎悔.

단象은 상象을 말하며, 효爻는 변화를 말하며, 길흉吉凶은 득실得失을 말하고, 후회함과 인색함은 작은 결함을 말하며, 허물이 없음은 허물을 잘 보완함이다. 이런

---

1) 이 "翫"은 통행본에는 "玩"으로 썼으며 同音으로 通假하였다.
2) 역자 주: 悔는 잘못을 후회함으로써 악에서 선으로 전환함을 말하며, 吝은 인색하거나 탐욕으로 선에서 악으로 전환함을 의미한다.

까닭에 귀천貴賤을 배열排列함은 지위에 있고, 대소를 가지런히 함은 괘에 있으며, 길흉을 변별함은 사辭에 있고, 후회함과 인색함은 단서端緒에 있으며, 허물이 없을가 두려워함은 뉘우침에 있다.

鄭注 : 震, 懼也.(『釋文』)

　　　진震은 구懼(두려워함)이다.(『석문』)

　　진震은 우레이며, 우레가 진동하면 속인들은 몹시 두려워하므로 두려움의 뜻이 있다. 『진震』의 "우레가 오면 두려워한다"(震來虩虩)는 구절에 대하여 마융과 정현은 "혁혁虩虩은 몹시 두려워하는 모양이다"라고 주석하였고, 「단象」에서 "우레가 오면 두려워함은 복을 보낼까 두려워한다.…… 우레가 백 리를 놀라게 함은 멀리 있는 자를 놀라게 하고 가까이 있는 자를 두렵게 한다"는 말이 곧 그 증거이다.

是故, 卦有小大, 辭有險易. 辭也者, 也各指其所之.

이런 까닭에 괘에는 대소가 있고, 사辭에는 험함과 평이함이 있다. 사辭는 또한 그 향하는 바를 가리킨다.

易與天地準,

역易은 천지를 준칙으로 삼으며,

鄭注 : 準, 中也, 平也.(『釋文』)

　　　준準은 중中이며 평平(곧음)이다.(『석문』)

　　준準은 본래 수평水平을 가리킨다. 『설문』에는 "수水는 준準(평평함)이다"라고 하였고, 『설문』은 또 "준準은 평平이다. 수水 변을 따라 준準으로 읽는다"라고 하였다. 단옥재는 "물의 평평함을 말하며, 세상에는 물보다 평평함이 없으므로 수평水平을 준準이라고 한다. 따라서 사물을 평평하게 제도制度하는 기구를 또한 준準이라고 한다"라고 하였다. 따라서 평平에는 평균平均의 뜻이 있으므로 전의轉義하여 "중中"이 되었다. 『국어』 「진어晉語」의 "무릇 나라의 중中을 팔아먹는 사악함"(夫以回鬻國之中)이라는 구절에 대하여 위소韋昭는 "중中은 평平이다"라고 주석하였다.

故能彌綸天地之道. 仰以觀于天文, 俯以察于地理, 是故知幽明之故, 原始及³⁾終, 故知死生之說. 精氣爲物, 游魂爲變, 是故知鬼神之情狀, 與天地相似, 故不違.

그러므로 (역은) 천지의 도를 두루 다스릴 수 있으니, 우러러 천문天文을 관찰하고, 굽어보아 지리를 관찰하였으므로 그윽함과 밝음의 원인을 알며, 시작과 끝을 완찰原察하였으므로 죽음과 삶의 도리를 안다. 정밀한 기가 사물이 되고, 떠다니는 혼魂이 변화하니 이런 까닭에 귀신의 정상情狀을 알며, 천지와 서로 비슷하므로 어기지 않는다.

鄭注 : 精氣, 謂七 · 八也. 遊魂, 謂九六也. 七八, 木火之數. 九六, 金水之數. 木火用事而物生, 故曰精氣爲物. 金水用事而物變, 故曰遊魂爲變. 精氣謂之神, 遊魂謂之鬼. 木火生物, 金水終物, 二物變化, 其情與天相似, 故無所差違之也.(『集解』) 精氣謂七八, 遊魂謂九六, 遊魂謂之鬼, 物終所以歸, 精氣謂之神, 物生所信也. 言木火之神生物東南, 金水之鬼終物西北, 二者之情其狀與春夏生物 · 秋冬終物相似.(『禮記』, 「樂記」 疏)

정기精氣를 7과 8이라고 한다. 유혼遊魂은 9과 6이라고 한다. 7과 8은 목木 · 화火의 수이다. 9와 6은 금金 · 수水의 수이다. 목과 화가 움직여 사물이 생겨나므로 정기精氣가 사물이 된다고 하였다. 금과 수가 움직여 사물이 변화하므로 유혼이 변화한다고 하였다. 정기를 신神이라고 하고, 유혼을 귀鬼라고 한다. 목과 화가 사물을 생겨나게 하고, 금과 수가 사물을 마치게 하니 두 사물이 변화함은 그 실정이 천지와 서로 비슷하므로 어긋남이 없다.(『집해』) 정기를 7과 8이라고 하고, 유혼을 9와 6이라고 하며, 유혼을 귀鬼라고 하며, 사물은 끝나면 돌아가지 정기를 신神이라고 하니 사물이 생겨남은 믿음이 있다. 목과 화의 신神이 사물을 생겨나게 함은 동남東南 쪽이며, 금과 수의 귀鬼가 사물을 마치게 함은 서북西北 쪽으로 두 가지의 정상이 봄과 여름에 사물이 생겨나고 가을과 겨울에 사물이 마치는 것과 서로 비슷하다(相似⁴⁾).(『禮記』, 「樂記」 疏)

---

3) 及은 통행본에서는 "反"으로 썼고, 백서본 『역』에서도 "反"으로 썼다. "及"과 "反"은 글자의 형태가 서로 비슷하여 정현은 "及"으로 썼는데, 아마도 옮겨 씀의 잘못이다.
4) 『月令正義』와 『中庸正義』는 간략하게 인용하였지만 그 뜻은 대략 서로 같다.

정기精氣는 음과 양의 정령精靈의 기를 가리킨다. 유혼遊魂은 떠다니는 기를 가리킨다. 정기가 모이면 사물이 그 형체를 이루며 이것이 신神이 된다. 떠돌며 확산하여 사물이 변하는 원인이 되니 이것이 귀鬼이다. 귀신은 음양의 기의 굴신屈伸과 변화이다. 사물이 마치고 기로 돌아감을 귀鬼라고 하고 사물이 생겨나고 기가 펴짐을 신神이라고 한다. 정현은 이것을 오행과 수數로써 "정기精氣"와 "유혼遊魂"으로 해석하였다. 역수易數 6·7·8·9에서 6·8은 음수이며, 7·9는 양수이다. 6은 노음의 수이며, 8은 소음의 수이며, 7은 소양의 수이며, 9는 노양의 수이다. 노老는 변하고 소少는 변하지 않으니, 곧 7과 8은 불변이며, 6과 9는 변한다. 불변함이 기에 있으면 정기精氣가 되고, 정기가 응취하여 사물이 생겨나 신神이 된다. 신神은 신伸이다. 그러므로 정기는 7과 8이다. 변함이 기에 있으면 기는 흩어지고, 기가 흩어지면 사물이 소멸되어 다시 돌아가 귀鬼가 된다. 귀鬼는 귀歸(돌아감)이다. 그러므로 유혼遊魂은 9와 6이다. 7·8·9·6은 천지의 수이며, 오행에서는 화·목·수·금의 숙에 속한다. 정현은 "대연의 수 50"(大衍之數五十)을 해석하기를 "천수天數 1은 생수生數이며 북쪽의 수水이며, 지수地數 2는 생수이며 남쪽의 화火이며, 천수 3은 생수이며 동쪽의 목木이며, 지수 4는 생수이며 서쪽의 금金이며, 천수 5는 생수이며 중앙의 토土이며, 양이 짝이 없고, 음도 짝이 없으면 서로 이룰 수가 없다. 지수 6은 성수成數이며 북쪽의 수水이며 천수 1과 나란히 하며, 천수 7은 성수이며 남쪽의 화火이며 지수 2와 나란히 하며, 지수 8은 성수이며 동쪽의 목木이며 천수 3과 나란히 하며, 천수 9는 성수이며 서쪽의 금이며 지수 4와 나란히 한다"라고 하였다. 방위로서 보면 목의 8은 동쪽에 있고, 화의 7은 남쪽에 있으며 금의 9는 서쪽에, 수의 6은 북쪽에 있다. 계절로서 보면 목의 8과 화의 7은 봄과 여름에 있고, 금의 9와 수의 6은 가을과 겨울에 있으므로 목과 화가 움직이면 사물을 생겨나게 하고 금과 수가 움직이면 사물이 끝마친다. 곧 봄과 여름에는 사물을 생겨나게 하고 가을과 겨울에는 사물을 끝마치게 한다. 이 때문에 기의 변화로 보면 귀신과 천지가 변화하는 규율이 서로 비슷하여 어긋나지 않는다.

知周乎萬物, 而道濟天下, 故不過.

만물을 두루 알고 천하를 도제道濟하므로 허물이 없다.

鄭注 : 道當作導.(『釋文』)

　　도道는 마땅히 도導로 써야 한다.(『석문』)

도道와 도導는 고대에는 통하였다. 황석黃奭은 "살펴보면 고대에는 도導자를 생략하여 도道로 썼다. 『논어』의 '천승의 나라를 인도한다'(道千乘之國)는 구절의 도道를 간본侃本에는 '도導'로 썼다. 『한서』 「문제기文帝紀」의 '그 뜻을 각각 통설하여 백성을 인도하였다'(令各率其意以道民焉)라는 구절에 대하여 안사고顏師古는 '도道는 도導로 읽는다'라고 주석하였다"(황석의 편집본

『周易注』)라고 하였다.

旁行而不流, 樂天知命, 故不憂. 安土敦乎仁, 故能愛. 範圍天地之化而不過,

두루 행하되 흘리지 않고, 천리를 즐기고 천명을 알기 때문에 근심하지 않는다. 땅에서 편히 살며 인을 돈독하게 하므로 사랑할 수 있다. 천지의 조화를 포괄하되 어긋남이 없으며,

鄭注 : 範, 法也.(『釋文』) 範者, 形之所自出; 圍者, 數者所能周, 天地之化有形數, 故可得範圍. 木橈而水弱, 金堅而火燥, 土均而布, 稼穡也焉. 相成也, 而開物相剋也. 而成務則制於形, 麗於數而未始有窮也. 無以範圍之則, 天有伏陰, 地有愆陽, 五行之氣怫鬱而失其性, 其發也, 有不得其平而甚至於過, 不有啓閉, 火有出納, 而必適其時, 冶金以爲利, 伐木以爲用, 陶土以爲器, 而必順其理, 此範圍天地之化也, 故不過.(『周易義海撮要』, 卷七)

범範은 법法이다.(『釋文』) 범範은 형태가 스스로 나오는 바이며, 위圍는 수數가 능히 에워싸는 바이며, 천지의 조화는 형수形數5)가 있으므로 주변을 에워싸는 법을 얻을 수 있다. 나무가 꺾이고 물이 약하며, 쇠는 견고하고 불은 건조하며, 흙은 고르게 분포되어 가색稼穡 또한 드러난다. 서로 이루어지므로 사물이 열려서 서로 이긴다. 그리고 자신의 특성을 잘 이루어 형태로 제도制度하고, 수로 짝하여 일찍이 시작하여 다함이 없다. 범위의 원칙이 없으면 하늘에는 음에 복종함이 있고, 땅에는 양을 어김이 있고, 오행의 기가 불안하고 막혀서(怫鬱) 그 특성을 잃어버리고, 그것이 발동함에 그 평평함을 얻을 수 없고 심지어 지나쳐서 열고 닫음이 없고, 물은 열고 닫음이 있으며, 불은 나고 듦이 있어 반드시 그 시기에 맞추어야 하며, 쇠를 불려서 이롭게 쓰고 나무를 베어 이롭게 쓰며, 흙은 구워 그릇으로 씀에 반드시 그 이치에 따라야 하니 이것이 천지의 조화 속에 본받으며 벗어나지 않음이다.(『周易義海撮要』, 권7)

『이아』「석고」에는 "범範은 법法이다"라고 하였다. 範은 또 "范"으로 쓰는데, 『설문』에는

---

5) 역자 주: 평면상에서 각종의 규칙들의 点陣과 대응하는 수. 혹은 나무줄기의 한 부분에서, 그 부분의 나무 지름과 지름이 같고 그 부분까지의 높이와 높이가 같은 원기둥의 부피와, 그 부분까지의 나무줄기의 부피의 비율을 의미하는 북한용어.

"범范은 법法이다"라고 하였다. 단옥재는 范을 "혹은 '軓'으로 쓰며, 살펴보면 '軓'이라는 글자가 아마도 없으므로, 거車 부部의 범範과 발軷로 삼으니 「계사」의 '범위範圍는 가차한 글자이다"라고 주석하였다. 백서본 『역』과 마융, 왕숙은 "犯"으로 썼는데, "範"과 "犯"이 동음으로 통용한다. 『설문』에는 "범範은 범발範軷이다…… 범犯과 같이 읽는다"(範, 範軷也……讀與犯同)라고 하였는데, 단옥재는 "『주역』의 '범위範圍'라는 글자는 마땅히 '軓'으로 써야 하며, 혹은 '범范'으로 써야 하며, 그리고 '範은 그 가차의 문자이다. 『석문』에는 "정현이 '범範은 법法이다'라고 하였고, 마융과 왕숙과 장혜언은 '범위犯違'라고 쓰는데, 이 또한 範과 犯이 동음으로 통용한 증거이다"라고 하였다. 송末나라 사람 이형李衡(1100~1178)은 『주역의해촬요』에서 또 정현의 주석을 인용하였는데, 어떤 근거인지를 알 수 없다. 이 주석을 살펴보면 범위는 재성裁成(재량하여 만듦)의 뜻으로 쓴다. 장혜언은 "범위犯違는 재량하여 만듦과 같다"라고 하였다. 사물에는 형수形數가 있고, 형수는 척도尺度와 규범規範으로 만물의 규범을 재량하여 만든다. 세간에는 오행이 서로 이루며, 만물의 도리를 분명하게 깨달아 일을 완전하게 성취하며(開物成務), 형체와 수數를 받아서 제도制度하며, 자연계 가운데 음과 양이 서로 복종하고 어기며, 오행의 기가 발함에 상도를 어기고, 오행의 움직임을 취함에 마땅히 그 시기에 적응하며, 오행의 사용은 반드시 그 리에 순응해야 하니 이를 범위의 지역의 조화를 벗어나지 않는다고 한다. 불울怫鬱을 억울抑鬱함과 억울하고 불안함을 가리킨다. 『설문』에는 "불怫은 울鬱(막힘)이다"라고 하였다. 『자림字林』에는 "불울怫鬱은 마음이 불안함이다"라고 하였다. 건愆은 과도過度함이다. 『설문』에는 "건愆은 지나침이다"라고 하였다.

曲成萬物而不遺,

만물을 곡진하게 이루되 하나도 빠뜨리지 않으며,

鄭注 : 易也, 天地也, 聖人也. 合則同, 離則異, 天下之萬物出入死生之不齊, 而不可爲量數, 由其道得其宜, 極其高大, 莫不安其性命之情而致曲以成之者, 易而已. 蓋帝之於萬物, 所以出齊相見與伏役說戰勞而遂至於成也. 豈一理而足哉, 此之謂曲成萬物而不遺也.(『周易義海撮要』, 卷七)

역易이며, 천지이며, 성인이다. 합하면 같고, 떨어지면 다르며, 세상의 만물은 출입出入과 생사가 일정하지 않으며, 그 수를 측량할 수도 없으니 그 도로 말미암아 그 마땅함을 얻으며 그 높고 큼을 다하여 그 성명의 실정을 안정되게 하여 지극히 곡진하게 이루지 않음이 없도록 하는 것은 역易일 뿐이다. 대개 만물을 주제主帝함에 빠짐없이 다 나와서 서로 만남으로써 무릇 힘쓰고 말하고 싸우고 노동하여 드디어 이루어낸다. 어찌 하나의 이치로 족하겠는가?

이를 만물을 곡진하게 남기지 않는다고 한다.(『주역의해촬요』, 권7)

이는 만물이 이루어짐은 곧 역리易理로서 함을 말한다. 역리와 천지와 성인 삼자는 일치하며, 역리는 천지자연의 이치이며, 성인이 체득하여 깨달아 드러난다. 그러나 삼자는 또 다른 면도 있다. 역리는 추상적 자연규율이며, 천지는 구체적인 실체이며, 성인은 또한 만물의 영장靈長이므로 삼자는 합하면 같고 떨어지면 다르다. 만물의 출입과 생사와 변화는 길고 짧고 들쭉날쭉하여 가지런하지 않으며(參差不齊) 그 수를 측량할 수 없어서 다만 그 도로 말미암아 마땅함을 얻고 그 성명으로 말미암아 이룬다. 어떤 하나의 사물에 나아가서 말하면, 생겨나고 노쇠老衰하고 끝마침은 모두 하나의 이치로 이루어진다. 즉 「설괘」에서 "진震에서 제帝가 나오고, 손巽에서 가지런하고, 리離에서 서로 만나며, 곤坤에서 이루도록 힘쓰고, 태兌에서 기뻐하며 말하고, 건乾에서 싸우고, 감坎에서 노동하며, 간艮에서 이룬다"고 하였다.

通乎晝夜之道而知, 故神无方而易无體. 一陰一陽之謂道.

낮과 밤의 도에 통달하여 알기 때문에 신神은 방소方所가 없으며, 역易은 형체가 없다. 한 번 음하고 한 번 양하는 것을 도道라고 한다.

鄭注 : 道, 無方也, 陰陽則有方矣. 道無體也, 陰陽則有體矣. 無方故妙物而爲神, 無
　　體故用數而爲易, 有方則上下位焉, 有體則大小形焉, 是物而已. 然所謂道者
　　未嘗離乎物, 而物無乎非道, 則道非卽陰陽, 非離陰陽, 而萬物之所由者, 一陰
　　一陽而已. 彼師天而無地, 師陰而無陽者, 皆萬物之所不由也.(『周易義海撮要』,
　　卷七)

　　도는 방소가 없으며 음양은 방소가 있다. 도는 형체가 없으나 음양은 형체가
　　있다. 방소가 없으므로 사물을 묘용妙用하여 신神이 되고, 형체가 없으므로
　　수數를 이용함을 역易이 되며, 방소가 있으면 위와 아래가 자리 잡으며,
　　형체가 있으니 대소가 모양을 갖추니 이것은 사물이다. 그러나 이른바 도道라는
　　것은 일찍이 사물을 떠나지 않으니 사물은 도가 아님이 없으니 도는 곧
　　음양은 아니지만 음양을 떠나지 않으며, 만물이 말미암는 것은 한 번 음하고
　　한 번 양함일 뿐이다. 저 하늘을 스승으로 삼되 땅이 없으며, 음을 스승으로
　　삼되 양이 없는 것은 모두 만물이 말미암는 바가 아니다.(『주역의해촬요』, 권7)

이는 도와 음양의 관계를 말하였는데, 한편으로 도와 음양은 구별이 있는데, 곧 도는 방소가 없고 대소의 체적體積도 없는 추상적인 것이지만, 음양은 방소가 있고 체적도 있는 구체적인

것이다. 다른 한편으로는 도는 여태 음양과 만물을 떠난 적이 없으며 음양과 만물은 도를 체현해 낸다. 만물의 관점에서 보면 모두 하나의 음양의 규율에 따라 변화하며, 한 번 음하고 한 번 양하여 도를 체현한다. 그러므로 "도는 음양이 아니며, 음양을 떠나지도 않는다." 만물이 말미암는 것은 한 번 음하고 한 번 양함이다. 방方은 방소方所를 가리킨다. 체體는 체적體積이다. 이 주석은 『주역정의周易正義』와 같은 곳이 있으며, 음양과 도의 관계에 대한 논술은 더욱 뛰어나다. 『주역정의』는 "도는 비록 음양이 없으나 또한 음양을 떠나지 않으며, 음양은 비록 도로 말미암아 이루어지지만 곧 음양은 또한 도가 아니다"라고 하였다. 만약 『촬요』에서 인용한 것이 확실하게 정현의 주석이라면 『정의』는 정현의 주석에서 영향을 받은 흔적으로 볼 수 있다.

繼之者善也, 成之者性也.

그것을 계승하는 것이 선善이며, 그것을 이루는 것이 성性이다.

鄭注 : 在仁爲元, 在義爲藏, 在禮爲嘉, 在智爲寂, 在信爲穀, 善端不一而皆在於可欲, 則所以繼而不絶者, 善而已. 道非有心者所能得近, 非無心者所能得遠, 惟默而得之, 性而成之, 則所以成道而無虧者, 性而已. 善名立而道之體虧矣. 故『莊子』曰: "離道以善". 自道以降, 可欲者, 惟善而已, 故曰: 繼之者, 善也. 命之在我, 各有儀, 則一性自成, 體道鹹備, 以空寂以覺照, 則所謂性者果且有虧乎哉? 故曰成之者, 性也.(『義海撮要』, 卷七)

인仁에서는 원元이며, 의義에서는 감춤(藏)이며, 예禮에서는 아름다움이며, 지智에서는 고요함(寂)이며, 신信에서는 곡식(穀)이며, 선의 단서는 한결같지는 않지만 모두 바랄 수 있는 것이니 따라서 도를 계승하여 끊어지지 않는 것은 선善일 뿐이다. 도는 마음을 가진 자가 능히 가까이 할 수 있는 것은 아니며, 마음이 없는 자가 능히 멀리 할 수 있는 것도 아니며, 오직 묵묵히 그것을 얻는 것은 성性으로써 그것을 이루니, 도를 이루어 이지러짐이 없는 것은 성性일 뿐이다. 선善의 이름이 확립되면 도의 체는 이지러진다. 그러므로 『장자莊子』에서는 "도를 떠남에 선善으로 한다"(離道以善)고 하였다. 도로부터 내려가면 바랄 수 있는 것은 오직 선뿐이니 그러므로 "(도를) 계승하는 것을 선이라고 한다"고 하였다. 명하는 것은 내게 있으며 각각 의칙儀則이 있으니 하나의 성은 스스로 이루어지며, 도체道體는 모두 갖추어지고 공적空寂으로 깨달음을 비추니 이른바 성性이라는 것은 과연 이지러짐이 있겠는가? 그러므

로 "(도를) 이루는 것을 성性이라 한다"고 하였다.(『의해활요』, 권7)

이 구절은 "일음일양지위도一陰—陽之謂道"를 이어서 한 말이다. 도는 음양陰陽의 강유剛柔와 청탁淸濁이 혼돈混沌된 본체이다. 양陽·강剛·청淸은 선善이며, 음陰·유柔·탁濁은 악이다. 비록 선의 단서가 표현되는 형식은 한결같지 않지만, 대변화의 유행에서 면면히 이어져 끊어지지 않으며 생겨나고 생겨남이 쉼이 없는 것으로 이것이 도道의 선함이다. 왜냐하면 선은 단지 도의 하나의 방면에 불과하며, 선이 확립되면 도는 이지러진다. 성性은 사물의 본래의 모습이므로 성이 이루어지면 도의 전체를 체현하며, 따라서 성을 이루면 도는 이지러짐이 없다. 이것이 "그것을 계승하는 것이 선이며, 그것을 이루는 것이 성이다"라고 하였다. 원元은 선이다. 「문언」에서 "원元은 선의 으뜸이다"라고 하였다. 인仁은 만물을 사랑으로 여기므로 "인仁에서는 원元이다"라고 하였다. 의義는 『중용』에서 "의義는 마땅함이다"라고 하였으니, 마땅히 응해야 하는 마땅함을 가리키며, 사람을 이롭게 하고 사물을 이롭게 하는 것이 의義다. 『묵자墨子』「경설經說」에서는 "의는 천하를 분分으로 여기는 데 뜻을 두며, 능히 그것을 이롭게 할 수 있으나 반드시 쓰지는 않는다"라고 하였다. 『맹자』「진심 하」에서는 "사람은 모두 하지 않아야 하는 바가 있으며, 그 해야 할 바를 달성하는 것이 의義이다"라고 하였다. 장臧은 착함(臧)과 통한다. 『시』「패풍邶風·웅치雄雉」에서는 "어찌 착하지 않음을 쓰겠는가?"라고 하였고, 모전에서는 "장臧은 선善이다"라고 하였으며, 『설문』에도 "장臧은 선善이다"라고 하였으며, 『이아』「석고」도 같다. 가嘉는 아름다운 모임을 가리킨다. 「문언」에서는 "아름다운 모임에는 족히 예禮에 합해야 한다"라고 하였으므로 "예禮에서는 아름다움이다"라고 하였다. 적寂은 『설문』에는 "적宋"으로 쓰고, "사람의 목소리가 없음이다"라고 하였고, 『방언』에는 "적寂은 고요함靜이다"라고 하였다. 『노자』는 "적막하고 텅 비었다"라고 하였으며, 「계사」에서는 "고요하여 움직임이 없다"고 하였으니, 고요하고 소리가 없는 뜻이다. 도가의 관점에서 보면 고요하여 움직임이 없음이 "도道"이며, 도는 사물을 생겨나게 하며 생의生義가 있으니, 생生은 곧 선善이다. 곡穀은 "곡谷"과 통하며, 『이아』「석천」에서는 "동풍을 곡풍谷風이라고 한다"라고 하였다. 형병邢昺은 소에서 "손염孫炎은 '곡谷은 곡穀을 말하며, 곡穀은 생生이다'라고 하였다. 곡풍谷風은 생장生長의 바람이다'라고 하였다. 그러므로 이 곡谷은 허공 곧 잡념이 없음을 가리킨다. 『노자』에서 "곡신谷神은 죽지 않는다"라고 하고, "최상의 덕은 곡谷과 같다"고 하는 "곡谷"이 곧 이 뜻이다. 『이아』「석고」에서는 "곡穀은 선이다"라고 하였다. 도道는 곧 사물의 본체를 가리키며 또한 사물의 규율을 가리킨다. 도를 떠남에 선善으로 한다는 말은 『장자』「선성繕性」에서 나왔으며, 이는 도를 떠나서 선을 구함을 말한다. 각조覺照는 자아성찰이나 반성反省을 말한다. 앞에서 "지智에서는 적寂"이라고 한 말은 곧 지혜는 공적空寂의 도에 있으며, 인식의 밖에 있는 사물에 있지 않음을 말한다. 인성이 도를 체득하므로 인식은 자아의 인식 즉 "각조覺照"에 있다. 대만의 학자 호자봉은 "공적으로써, 각조로써" 증거로 삼아서 "분명히 후대에서 부처의 말을 이었다"라고 주석하였으니 정현의 주석은 아니다. 이 인용의 말은 의미가 있다.

仁者見之謂之仁, 知者見之謂之知, 百姓日用不知, 故君子之道尠矣.

인자仁者는 그것을 보고 인仁이라고 하고, 지자知者는 그것을 보고 지知라고 하며, 백성은 날마다 쓰면서도 알지 못하므로 군자의 도는 드물진저.

鄭注 : 尠, 少也.(『釋文』)

　　선尠은 적음(少)이다.(『석문』)

여기서 "선尠"을 "소少"로 해석한 것은 『설문』에 근거한다. 『설문』에서는 "선尠은 소少이다"라고 하였으며, 통행본에서는 "선鮮"으로 썼으며, "선尠"은 "선鮮"의 이체자이다.

顯諸仁, 臧諸用,

인仁에서 드러나며, 용用에 감추어져 있으니,

鄭注 : 臧, 善也.(『釋文』)

　　장臧은 선善이다.(『석문』)

장臧은 통행본에는 "장藏"으로 썼으며, 장臧은 고대의 "장藏"자이다. 『순자』 「해폐解蔽」에서는 "마음은 일찍이 착하지 않음이 없다"(心未嘗不臧也)고 하였고, 양량楊倞(575~605)은 "장臧은 장藏으로 읽는다"라고 주석하였다. 『묵자』 「경주耕柱」에서 "거론하지 않아도 스스로 착하다(臧)"라고 하였고, 『옥편』에는 "장藏"으로 인용하였다. "장臧"을 "선善"으로 해석한 것은 『이아爾雅』에 근본한다. 『이아』 「석고」에서는 "장臧은 선善이다"라고 하였다.

鼓萬物而不與聖人同憂, 盛德大業至矣哉. 富有之謂大業.

만물을 고취시키되 성인과 더불어 근심하지 않으니 그 성덕과 대업이 지극하도다. 풍부하게 소유함을 대업이라고 한다.

鄭注 : 兼濟萬物故有曰富有.(『御覽』, 「人事部」 一百二十二)

　　만물萬物을 겸하여 제도濟度하므로 풍부하게 소유한다고 하였다.(『御覽』, 「人事

제濟는 접제接濟(생활에 필요한 물건을 갖춤), 구조救助, 증익增益의 뜻이 있으며, "천하를 다스려 구제한다"(道濟天下)의 "제濟"와 뜻이 같다. 만물을 도와줌을 풍부하게 소유한다고 한다. 정현은 여기서 "부유富有"를 해석하였다.

日新之謂盛德. 生生之謂易, 成象之謂乾, 效法之謂坤,

나날이 새로워짐을 성덕이라고 한다. 낳고 낳음을 역易이라 하고, 상을 이룸을 건乾이라 하며, 그것을 본받음을 곤坤이라 한다.

鄭注 : 象有見而已, 法則制焉. 乾位乎亥前, 天一肇焉. 萬物於是乎始有見. 坤位未後, 萬寶成焉, 裁而制焉. 萬物皆睹, 聖人立成器以爲天下利, 亦合乎天地之法象而已.(『義海撮要』, 卷七)

상은 드러남이 있을 뿐이며, 본받음은 제도制度함이다. 건乾은 해亥의 앞에 자리하며, 하늘은 천수 1로 시작한다. 만물은 이에 처음으로 드러난다. 곤은 미未의 뒤에 자리하며, 만 가지 보배가 여기서 이루어지며, 재단裁斷하여 제도한다. 만물은 모두 분별되며, 성인은 기물器物을 만들어서 세상을 이롭게 하니 또한 천지가 상象을 본받음과 합할 뿐이다.(『의해촬요』, 권7)

이는 천·지·인의 공능功能을 말한 것이다. 하늘의 공능은 사물을 생겨나게 하고 상을 드러내는 것이다. 땅의 공능은 하늘이 만물을 재단하여 이룸을 본받는 것이다. 수리數理를 따라 말하면 서북은 해亥의 위치이며, 해는 12이며, 자子는 1이며, 건은 서북에 자리하며, 건은 천이므로 천의 1이 생겨나고 만물이 나온다. 남쪽은 만물이 서로 드러나며, 곤은 미未의 다음에 자리하며 사물을 기르고 이룬다. 성인의 공능은 기물을 만들어서 세상을 이롭게 하며, 또한 천지가 상을 본받음에 부합한다.

夫乾其靜也專, 極數知來之謂占, 通變之謂事, 陰陽不測之謂神. 夫易廣矣大矣, 以言乎遠則不御, 以言乎邇則靜而正, 以言乎天地之間則備矣. 夫乾, 其靜也專, 其動也直, 是以大生焉. 夫坤, 其靜也翕, 其動也闢, 是以廣生焉.

무릇 건은 그 고요함은 전일專一하고, 수를 지극하게 하여 미래를 앎을 점占이라고 하며, 변화에 통함을 일삼음이라고 하며, 음양을 헤아릴 수 없음을 신神이라고 한다. 무릇 역은 넓고도 커서, 그 멀음을 말하면 통어統御할 수 없고, 그 가까움을 말하면 고요하고 바르며, 천지의 사이를 말하면 갖추어져 있다. 무릇 건은 그 고요함은 전일하며, 그 움직임은 곧으며 이런 까닭에 거대함이 생긴다. 무릇 곤坤은 그 고요함은 닫히고, 그 움직임은 열리니, 이 때문에 광활함이 생긴다.

鄭注: 無爲而制命, 有爲而順理, 無容心焉, 任一氣之自運, 是以大生焉. 無一物之不覆冒也. 以土爲質而受物之歸, 以化爲事而效法, 以示無容心焉. 委衆形之自化, 是以廣生焉. 無一物之不持載也. 乾其動也直. 而坤卦曰六二之動直以方也. 闢戶謂之乾, 而此曰坤其動也闢. 何也? 任理而不爲私者, 乾之直也. 坤之道盡於一, 二則一, 法天而已. 出命而萬物以出者, 乾也. 至柔而動也剛, 則其趨時也, 有所闢焉. 而不可以爲常也. 乾坤一道也. 動靜不失其時, 而物生焉. 此其所以爲廣大歟.(『義海撮要』, 卷七)

무위로서 명命을 제도하고, 유위로서 이치에 순응하며, 마음에 담아 두지 않으며, 일기一氣에 일임하여 스스로 운행하니 이 때문에 거대함이 생긴다. 하나의 사물이라도 포함하지(冒) 않음이 없다. 흙을 바탕으로 삼고 사물이 돌아감을 받아들이고, 변화를 일삼음으로 삼아 본받으며, 마음에 담아 두지 않음을 나타낸다. 뭇 형체가 스스로 변화하는데 위임하여 이로써 광활함이 생긴다. 하나의 사물이라도 지켜 실리지 않음이 없다. 건은 "그 움직임은 곧다"라고 하였다. 그리고 곤괘에서는 "육이의 움직임이 곧고 방정하다"고 하고, "문이 열림을 건이다"라고 하고, 삼효에서는 "곤은 그 움직임에 열린다"고 한 것은 왜인가? 이치에 맡겨서 사사로이 하지 않는 것은 건의 곧음이다. 곤의 도는 1에서 다하며, 2는 곧 1이니 하늘을 본받을 뿐이다. 명령을 내려 만물이 나타나는 것은 건이다. 지극히 부드럽지만 움직임은 굳세니 그것은 때를 쫓기 때문이며 열림이 있다. 따라서 상도로 삼을 수 없다. 건과 곤은 하나의 도이다. 움직임과 고요함이 그 때를 잃지 않으니 사물이 생겨난다. 이것이 광대함이 됨일진저.(『의해촬요』, 권7)

"무위로서 명命을 제도한다"는 구절에서 "하나의 사물이라도 지켜 실리지 않음이 없다"는 구절까지는 "대생大生"과 "광생廣生"을 해석한 것이다. 기氣가 사물을 생겨나게 함은 무위로서 천명을 따르며, 유위로서 규율에 순응하여 어떤 의식적인 요소의 침입을 필요로 하지 않는다. 단지 하나의 기가 독립하여 운동할 뿐이니 이를 "대생大生"이라고 하며, 세상의 어떤 사물도 그 가운데 포함되지 않은 것이 없다. 구체적인 사물은 흙으로써 작위하여 귀숙歸宿하며, 변화로써 천지의 일을 본받아 작위한다. 이것을 "마음에 담아 두지 않음"이라고 한다. 기가 사물을 생겨나게 하며 곡진하여 뭇 형태들을 이룬 이후에 스스로 변화하니 이를 일러 "광생廣生"이라고 한다. 세상에는 어떤 사물도 거기에 실려 성숙하지 않은 것이 없다. "건은 그 움직임에……"라는 구절에서 "대광大廣이 됨일진저"라는 구절까지는 건과 곤의 움직임과 고요함으로 그 성을 나타냄을 해석한 것이다. 건은 본래 움직임과 곧음이며, 곤의 육이의 「상」에서 "육이의 움직임은 곧고 방정하다"라고 하였다. 건은 본래 문을 열음이며, 「계사繫辭」에서는 "문을 열음을 건이라고 한다"고 하였다. 그리고 곤에서는 "그 움직임은 열음이다"라고 하였다. 그 원인을 연구하면 곤의 움직임은 건을 본받으므로 곤에서도 "움직임이 방정함으로써 곧다"라고 하고, "움직임은 열림이다"라고 하고, "움직임이 굳세다"라고 하였다. 말하자면, 건과 곤을 상대하여 말하면 건은 움직임이며, 곧음이며, 열림이며, 굳셈이다. 곤은 고요함이며, 굽음이며, 닫힘이며, 부드러움이다. 그러나 건과 곤은 또 각각 음양·동정·개폐로 나누어진다. 곤의 움직임과 곧음과 굳셈과 열림은 건을 본받아 이루어진다. 숫자로써 말하면 건은 1, 곤은 2이며, 1이 2로 나누어지고 둘이 합하여 하나가 되며 1과 2는 서로 포함하므로 음양·동정·강유는 한 번 이루어지면 변하지 않는 것이 아니다. 바로 이 때문에 건과 곤의 움직임과 고요함이 그 때를 잃지 않으며, 서로 작용하여 만물을 생성한다. 이것이 곧 "광대廣大"이다. 제制는 순종함이며, 『회남자淮南子』「사론범론氾論」에는 "성인이 법을 만들고 만물을 제도한다"(聖人作法而萬物制焉)라고 하였다. 고형高亨은 "제制는 종從(따름)과 같다"고 하였다. 제制는 또 공제控制·억제, 다스림駕御의 뜻이 있다. 복모覆冒는 '덮어 가람을 가리키며, 이 말은 또 포함包含·낭괄囊括을 가리킨다. 지재持載는 실어서 보관함이다. 재載는 성盛(담아 넣다.)이다. 고대에는 대개 술은 준樽에 두고 희생은 조俎에 두는데 모두를 재載라고 한다. 『시』「대아·한록旱麓」에는 "맑은 술을 이미 실었다"고 하였다. 『의례』「사관례」에서는 "만약 희생을 쓰면, 특돈特豚(돼지 한 마리)을 쓰는데, 삶어서 정鼎에 둔 승升에 담아둔다"(若殺, 則特豚, 載合升)라고 하였다. 정현은 "무릇 희생은 모두 좌반左胖(왼쪽 갈비삶)을 쓰는데, 가마에서 삶은 것을 형亨이라고 하며, 정鼎에서 삶은 것을 승升이라고 하며, 제사상에 둔 것을 재載라고 한다"라고 하였다. 이것은 사물이 형체를 얻어서 스스로 변화함에 미치지 않은 사물이 없음을 가리킨다.

廣大配天地, 變通配四時, 陰陽之義配日月, 易簡之善配至德.

광대함은 천지와 짝하고 변통變通은 사계절과 짝하며, 음양의 의義는 일월과 짝하며, 쉽고 간명함의 좋은 점은 지극한 덕과 짝한다.

子曰: "易其至矣乎. 夫『易』, 聖人所以崇德而廣業也.

공자가 말하기를 "역易 그 지극함이여! 무릇 『역』은 성인이 그로써 덕을 숭상하고 넓게 펼친 사업이다.

鄭注 : 成己者, 德也. 故欲崇, 崇則日新. 成物者, 業也, 故欲廣, 廣則富有. 夫『易』者, 用數而非數也. 變動不居, 超然於形器之外, 以此盡其性, 則極高明矣. 故聖人所以崇德, 以此通於事, 則功蓋天下矣. 故聖人所以廣業.(『義海撮要』, 卷七)

자신을 이루는 것은 덕이다. 그러므로 숭상하고자 하며, 숭상하면 나날이 새로워진다. 사물을 이루는 것은 업業이므로 넓고자 하며, 넓으면 풍부하게 소유한다. 무릇 『역』은 수를 이용하지만 수는 아니다. 변동하되 머무르지 않고 형기形器의 밖에 초연하지만 그 성性을 다하니 극히 고명하다. 그러므로 성인이 그로써 덕을 숭상하고 이로써 일에 통하니 공업이 세상을 덮는다. 그러므로 성인은 그로써 넓게 사업을 펼친다.(『의해촬요』, 권7)

이는 『역』의 공용이 덕을 숭상하고 넓게 사업을 펼치는 것임을 말한다. 덕을 숭상하면 도덕 수양을 진행하여 자아를 완전하고 선하게 하는 것이다. 넓게 사업을 펼침은 사물을 성취하는 것이며 사업을 주간하여 거행하는 것이다. "덕을 숭상함"과 "널리 사업을 펼침"은 사실 「문언」에서 말한 "덕에 정진하고 업을 닦음"(進德修業)이다. 『역』이 이로써 용공이 있게 되며, 역리易理에서는 절대적인 것이며 추상적인 우주의 본질이며, 곧 수를 사용하지만 수는 아니며 변동하나 머물지 않으며 형기形器를 초월한다.

知崇禮卑, 崇效天, 卑法地,

지혜는 높고 예는 낮추니, 하늘을 본받음을 숭상하고, 땅을 본받음을 낮게 여긴다.

鄭注 : 德之崇在智, 以辨物故也. 業之廣在禮, 以交物故也. 辨則天道升, 故知言崇. 交則天道降, 故禮言卑. 智於五行爲水, 水趨下也, 而致用常在上升而爲雲是也. 禮於五行爲火, 火炎上也, 而致用常在下, 若烹飪是也. 然智天一也辨而見獨, 故崇效天, 以遠而尊故也. 禮地二也, 示也弗閟, 故卑法地, 以邇而親故也.(『義海撮要』, 卷七)

덕의 숭상崇尙은 지혜에 있으니, 그것은 사물을 변별하기 때문이다. 사업의 넓음은 예禮에 있으니 사물과 교류하기 때문이다. 변별하면 천도가 올라가므로 앎을 숭상한다고 한다. 교류하면 천도는 내려오므로 예는 낮다고 말한다. 지혜는 오행에서 물이며, 물은 아래로 내려가므로 일용에 응용하며 상승하면 구름이 된다. 예는 오행에서 불이며, 불은 위로 타오르며, 일용에서 사용함에 아래로 있으며 음식을 삶는다. 그러나 지智는 천수天數 1이며, 변별하여 홀로 드러내므로 하늘을 본받음을 숭상하고, 그로써 경원敬遠하며 존중하는 까닭이다. 예는 지수地數 2이며, 불비弗閟(그치지 않음)를 보여주므로 땅을 본받음이 낮으며, 가깝고 친한 까닭이다.(『의해촬요』, 권7)

정현은 세 가지 면으로 해석하였다. 먼저 천도의 오르고 내림을 이용하여 숭상과 낮춤을 해석하였으니 숭상은 덕을 숭상함이며 낮춤은 널리 사업을 열음이다. "앎을 숭상함"은 지혜를 통하여 사물을 변별하고, 사물을 구분해야 비로소 천도가 사물을 낮게 하는 덕성이 숭고함을 이해한다. "예가 낮음"은 자리를 낮추어 아래로 감으로써 널리 만물과 교제하여 천도가 하강함을 구체적으로 드러낸다. 또한 오행을 이용하여 해석하였다. 오행으로 말하면 지智는 물이며 물의 특성은 아래로 적셔 흐름이며 이를 이용하면 항상 상승하여 구름이 되며, 이것이 앎을 숭상함이다. 예는 불이며, 불의 특성은 위로 타오름이며, 일용에서는 아래에서 사용하니 음식을 익힘에 불을 아래에 놓는 것과 같다. 수로써 말하면 지智는 천수 1이며, 1은 기수奇數이며, 다른 수를 낳게 하며, 수의 우두머리가 된다. 왜냐하면 "변별하여 홀로 드러나므로 하늘을 본받음을 숭상하고 경원敬遠하여 존중함을 드러내는 까닭"이기 때문이다. 예는 지수地數 2이니 우수偶數로서 상대하는 짝이 있다. "드러내어 그치지 않으므로 땅을 본받아 가깝고 친한 까닭이다."

天地設位, 而易行乎其中矣. 成性存存, 道義之門."

천지가 자리를 잡고 역이 그 사이에서 행해진다. 성性을 이루고 존재를 보존하니 도의道義의 문이다"라고 하였다.

聖人有以見天下之賾, 而擬諸其形容, 象其物宜, 是故謂之象.

성인은 천하의 실정(賾)을 봄이 있어 그 형용을 여러 가지로 헤아리고, 그 사물의 마땅함을 상징하였으며, 이런 까닭에 상象이라고 한다.

鄭注: 擬諸其形容者, "剛柔有體". 象其物宜者, "百物不廢".(『義海撮要』, 卷七)

그 형용을 여러 가지로 헤아림은 "굳셈과 부드러움은 형체가 있음"이며,

그 사물의 마땅함을 상징한다는 것은 "백물百物(모든 사물)을 버리지 않음"이다.
(『의해촬요』, 권7)

이 구절은 「계사」를 인용한 문장으로 그것을 해석하였다. 「계사」에서는 "음과 양이 덕을
합하며 굳셈과 부드러움은 형체가 있다"고 하였고, 또 "그 도는 매우 크며, 백물을 버리지
않는다"라고 하였다. "굳셈과 부드러움은 형체가 있다"는 말은 만물의 외부의 특징을 관찰하
고 종류를 비교한 후에 팔괘의 형체가 있게 되었음을 가리킨다. 왜냐하면 매 하나의 괘는
모두 음양으로 구성이 되므로 "굳셈과 부드러움"이라고 한다. "백물을 버리지 않음"은 팔괘의
괘상이 만물을 본받기 때문에 넓고 큰 도리를 갖추고 있음을 가리키며, 백물百物은 모두
그 가운데 갖추고 있어 남겨 버림이 없다.

聖人有以見天下之動, 而觀其會通, 以行其典禮. 繫辭焉, 以斷其吉凶, 是故謂之爻.

성인은 천하의 움직임을 봄이 있어 그 회통함을 관찰하여, 그 전례典禮를 행한다.
그것을 설명하여 그 길흉을 판단하므로, 이 때문에 그것을 효라 한다.

鄭注: 爻者, 九六之數也, 會則萬物皆相見, 通則氣融而亨. 典言常, 禮言變, 而辭者
所以命其物也. 萬物方靜, 辨而各正, 後不省方而君嚮晦, 亦無所效矣. 天下之
時至於會通而無道以御之, 則是在萃之聚而忘不虞之戒. 處旣濟之定而無防
患之思也, 豈能必無凶乎, 故有典焉. 以經之有禮焉, 以緯之順之者吉, 逆之者
凶, 而繫辭焉以斷, 天下之動始得而和矣. 若否泰損益之不同, 而消息盈虛之
不能違, 爻, 效之故也.(『義海撮要』, 卷七)

효는 9와 6의 수이며, 모이면 만물이 모두 서로 만나보며, 통하면 기氣가
융합하여 형통한다. 경전에는 상常을 말하고, 예는 변變이라고 말하며, 사辭는
그 사물을 명명命名하는 것이다. 만물이 바야흐로 고요하면 변별하여 각각을
바르게 한 후에 방소를 살피지 않으면 군자가 어둡게 되며, 또한 본받음도
없다. 세상의 때가 회통함에 이르면 그것을 통어統御할 도가 없으니 이것은
췌괘萃卦에서 모이며, 근심을 잊지 않는 경계이다. 기제旣濟의 안정함에 처하며
우환을 방지하려는 생각이 없으니 어찌 반드시 흉수가 없을 수 있겠는가?
그러므로 이에 경전經典이 있다. 경經은 예禮가 있으며, 위緯는 순응함으로써
길하며, 거스르는 것은 흉하며, 계사로써 판단하니 천하의 움직임이 비로소

움직임을 얻어 화합한다. 마치 비괘否卦·태괘泰卦·손괘損卦·익괘益卦가
서로 다름과 같이 소멸하고 자라나고 차고 비는 것이 어김이 없으며, 효爻는
본받음의 까닭이다.(『義海撮要』, 卷七)

이것은 효가 형성되어 만물의 움직임을 본받음을 말한다. 천지만물은 천변만화하며, 그것들은
서로 만나고 서로 섞인다. 정지해 있는 때는 그것들은 변하지 않으므로 전상典常(일반적 규범)을
찾을 수 있고, 곧 그 특성이 각각 그 바름을 얻어 상하와 존비와 길흉이 바뀌지 않는다.
변화할 때는 상하와 존비와 길흉이 서로 변한다. 사물이 변함과 불변함에 근거하여 효爻를
그어 나타나며, 효爻는 그 의미가 효법效法(본받음)이다. 효의 특징은 한편으로 불변의 등급이며,
다른 한편으로는 섞이고 모이고 왕래하는 끊임없는 변화이다. 효는 9와 6으로 변화를 표시하
며, 효가 길흉을 판단하는 까닭은 그 관건이 여기에 있다. 정현은 또 췌괘萃卦와 기제괘既濟卦
로서 그것을 설명하였다. 췌萃에는 모임의 뜻이 있고, 이는 서로 만남을 말한다. 기제괘는
서로 교제함이며 바른 자리를 얻는다. 그러나 효에는 또 변화의 의미도 있으므로 췌괘는
서로 모일 때 근심하지 않음을 잊지 않는다. 기제로 정해진 때에는 우환을 방지할 것을
잊으면 반드시 흉함이 있으니 이것이 일반적인 규범이다. 이 일반적인 규범으로 일을 하면
반드시 일정한 등급을 준수해야 하고 따라서 이러한 등급을 따르면 길하며 거스르면 흉하다.
이와 같이 비괘否卦와 태괘泰卦, 손괘損卦와 익괘益卦, 가득 참과 텅 빔의 규율을 위반해서는
안 된다. 회통會通은 음양이 교합交合하여 형통亨通함을 가리킨다. 「문언」에는 "형통함이란
아름다운 모임이다"라고 하였다. 전典은 상常(모범)이다. 『이아』「석고」에는 "전典은 상常이다"
라고 하였다. 전례典禮는 불변의 등급을 가리키며, 사물이 회합함에 반드시 등급이 있다.
「문언」에는 "아름다운 모임에는 예에 합해야 한다"라고 하였다. 경經은 본래 상전常典(일정한
규범)을 가리켜, 『이아』「석언」에는 "전典은 경經이다"라고 하였는데 의미를 확장하였다.『석명
釋名』「석도釋道」에는 "경徑은 경經이며, 사람이 경유經由하는 바이다"라고 하였다. 이것은
동사動詞로 작용하여 행行과 같다. 위緯와 경經은 상대하며, 또한 행동하고 실시하는 뜻이
있다. 『석명』에는 "위緯는 위圍(에워 쌈)이니, 자꾸 바뀌며 둘러쌈으로써 경徑을 이룬다"라고
하였다.

言天下之至賾, 而不可惡也. 言天下之至動⁶⁾而不可亂也.

천하의 지극한 실정을 말함에 싫어할 수 없다. 천하의 지극한 움직임을 말함에
어지럽게 할 수 없다.

---

6) 動은 原本에는 "賾"이며, 정현은 "賾은 마땅히 動으로 써야 한다"(『석문』)라고 하였다.

鄭注 : 天之賾, 去人情也遠矣, 則疑若可惡, 象之所言, 每與理會, 則人將樂而玩之矣.
天下之動, 擾擾而齊, 則疑若可亂, 爻之所言, 每與事適, 則人將居而安之.(『義海撮要』, 卷七)

하늘의 오묘함은 인정人情을 멀리 떠나 있으니 싫어한다고 의심하며, 상象이
말한 바가 매번 이치에 따라 모이면 사람이 즐거워하고 좋아한다. 천하의
움직임은 어지럽게 가지런하지 않으니 마치 어지러운 것으로 의심하며,
효爻에서 말한 것은 매번 일과 더불어 적합하니 사람들이 거주하여 편안하게
여긴다.(『의해촬요』, 권7)

색賾을 경방은 "책賾"으로 썼으며, 구가역에서는 "책册"으로, 백서본에서는 "업業"으로 썼다.
이부손의 고증에 의하면 색賾은 본래 "책嘖"으로 썼다. 왜냐하면 색賾과 책嘖은 글자의 형태가
서로 비슷하기 때문에 간혹 잘못 쓰인다. 『석명』에는 "책嘖"을 "책册"으로 해석하였는데 당연
히 옛 뜻이다. 책册과 책嘖은 통하며 옛날 사람들은 많이 색賾이나 심深, 번언煩言(잔소리),
인정人情 등으로 해석하였다. 백서에는 "업業"으로 썼는데, "업業"의 본래 의미는 "대판大版"(큰
책판) 즉 각판刻版으로 "책嘖"과는 의미가 다르다. 정현의 뜻을 살펴보면 이 "색賾"은 마땅히
동動이다. 이것은 천하의 일과 도리가 심원深遠하을 말하며, 천하의 사물의 변화는 섞이고
어지러움이 끊임없으므로 사람의 관점에서 보면 의혹이 마치 싫어하고 어지러운 것 같지만,
역의 괘와 효로 천지만물의 이치를 개괄하였으며, 그러므로 그 말한 바는 그 이치와 서로
회통하며, 그 일과 서로 마땅하게 어우러지며, 사람이 그것을 즐거워하고 좋아하며, 거주하며
편안하게 여긴다.

擬之而后言, 儀7)之而后動, 擬議以成其變化.

헤아린 후에 말하고, 의론한 뒤에 행동하며, 헤아리고 의론하여 그 변화를 이룬다.

鄭注 : 老子曰: "善言無瑕謫", "善行無轍跡". 夫言至於無瑕謫, 行至於無轍跡, 可謂
神矣. 則所謂變化者, 其外乎擬議之間哉.(『義海撮要』, 卷七)

노자는 "좋은 말에는 타나 하자瑕疵가 없다"고 하고, "좋은 행도에는 궤적轍跡이
없다"고 하였다. 무릇 말이 타나 하자가 없는데 이르고, 행동이 궤적이 없는데
이르면 신神이라고 할 수 있으니 이른바 변화는 그것이 헤아림과 의론의
사이의 밖에 있음에랴.(『의해촬요』, 권7)

---

7) 儀는 통행본에는 "議"로 썼다.

적讁은 과실過失이다. 의擬는 췌탁揣度(생각하고 헤아림)이다.『설문』에는 "의擬는 탁度이다"라고 하였는데, 전의하여 이 의擬가 되었다. "의儀"는 통행본에는 "의議"로 썼으며, 백서에는 "의義"로 썼다. 세 글자는 음이 같아서 통가한다.『설문』에는 "의儀는 탁度이다"라고 하였으므로 의擬와 의儀 두 글자는 뜻이 서로 같다. 의擬와 의儀가 전의하여 비의比擬(견주어 헤아림)와 효법效法의 뜻이 되었다. 이것은 노자의 말을 인용하여 선언善言과 선행善行 완전무결하며, 신묘하여 헤아릴 수 없으며, 괘효卦爻의 변화가 이와 같음을 설명하였다. 천지만물의 변화는 복잡하고 번거로우며 이러한 변화에 대한 사려를 통하여 언어의 설명으로 그것을 해석하며, 『주역』의 괘와 효의 변화를 이룬다. 예를 들면 요배중姚配中(1792~1844)이 "그것을 헤아림은 천하의 오묘함을 헤아린다. 말은 괘의 설명을 이른다. 그것을 의론함은 천하의 움직임을 의론한다. 움직임은 여섯 효를 말한다. '계사繫辭로써 말을 다하였다.' 그러므로 헤아린 이후에 말하고, '계사로서 그것을 명명命名하니 움직임이 그 가운데 있다.' 그러므로 의론한 이후에 움직인다. 움직임과 오묘함을 헤아리고 의론하여 괘와 효의 변화를 이루며, 괘와 효가 밝으면 천하의 움직임과 오묘함이 드러난다"(『周易姚氏學』)라고 하였다. "그 이른바 변화라는 것은 헤아림과 의론 사이의 밖에 있다." 이것은 『주역』 가운데의 변화는 헤아림과 의론을 벗어나지 않고 만들어지는 괘효와 괘사의 가운데 있음을 가리킨다.「계사」의 "천하의 오묘함을 다하여 괘에 보존하며, 천하의 움직임을 고취鼓吹하여 사辭에 보존하며, 변화하여 재단裁斷하여 변變에 보존한다"는 말이 곧 그 뜻이다.

"鳴鶴在陰, 其子和之, 我有好爵, 吾與爾靡之." 子曰: "君子居其室, 出其言善, 則千里之外應之, 況其邇者乎. 居其室, 出其言不善, 則千里之外違之, 況其邇者乎. 言出乎身, 加乎民, 行發乎邇, 見乎遠. 言行, 君子之樞機. 樞機之發, 榮辱之主也.

"음지陰地에서 학이 우니, 그 새끼가 화답하며, 내가 좋은 작위를 가지고 있으니 내가 너와 함께 얽힌다"고 하니, 공자는 "군자가 집에 거주하며 내놓는 말이 선善하면 천 리 밖에서도 응하니, 하물며 가까이 있는 사람에게 서랴. 집에 거주하며 내놓는 말이 선하지 않으면 천 리 밖에서도 멀리하니, 하물며 가까이 있는 사람에게 서랴. 말은 몸에서 나와 백성에게 가해지며, 행위는 가까운 곳에서 발하여 먼 곳에서 드러나니, 말과 행위는 군자의 추기樞機(사물의 要處)이니, 사물의 요처가 발동함이 영욕榮辱의 주체이다.

鄭注 : 樞謂[8])戶樞也, 機謂弩牙也. 戶樞之發, 或明或闇, 弩牙之發, 或中或否, 以喩君

子之言, 或榮或辱.9)(『禮記』, 「曲禮」疏)

추뉴樞는 호추戶樞(외짝 문의 지도리)를 말하며(謂), 기기機는 노아弩牙(쇠뇌)를 말한다. 호추가 발동함에 혹 밝고 혹 어둡고, 쇠뇌가 발함에 혹 적중하고 혹 빗나감으로써 군자의 말에 혹 영예롭고 혹 욕辱됨을 비유한다.(『禮記』, 「曲禮」疏)

추뉴樞는 문지방의 회전축을 가리킨다. 『설문』에는 "추뉴樞는 외짝 문의 지도리다"라고 하였다. 『한서』 「오행지五行志 하」에서는 "문의 지도리 아래를 보면 마땅히 백발白髮이 있다"고 하였고, 안사고는 "문짝이 말미암아 열리고 닫히는 것이다"라고 주석하였다. 기기機는 옛날의 기계를 발동하는 기관을 가리킨다. 『설문』에서 "발동을 주관하는 것을 기기機라고 한다"고 하였다. 이것은 활로 화살을 발동하는 기관이다. 『상서』 「태갑太甲상」의 "예를 들면 우虞(有虞氏)의 기관은 크다"(若虞機張)라는 구절에 대하여 공안국은 전傳에서 "기기機 노아弩牙(쇠뇌)이다"라고 하였다. 노노弩는 활을 가리킨다. 『설문』에서는 "노노弩는 활에 쇠뇌자루臂가 있는 것이며, 『주례』에는 네 가지 노노弩가 있는데, 협노夾弩·유노庾弩·당노唐弩·대노大弩가 있다"라고 하였다. 고대에 활로 화살을 발사하는 기관이 "노아弩牙"이다. 『석명』에는 "노노弩는 노노怒이다. 세노勢怒가 있고, 그 손잡이를 비臂라고 하며, 사람의 어깨와 비슷하다. 구현鉤弦(갈고리 시위)이 있는 것을 아牙라고 하며, 마치 치아齒牙와 비슷하다. 아牙의 외부를 부部라고 하며, 아牙의 규곽規郭이 된다. 아래를 현도懸刀라고 하고 그 형태가 그러하기 때문이며 합하여 이름하기를 기기機라고 한다"라고 하였다. 이것은 추뉴樞와 기기機를 이용하여 군자의 말을 비유하였다. 문의 지도리의 움직임은 열리고 닫힘을 주관한다. 기기機의 발동은 화살을 발출하여 적중하고 그렇지 않음을 주관한다. 군자의 말이 나오면 선善과 불선不善이 있으니 영광과 녹봉祿俸을 주관한다.

言行, 君子之所以動人天地也, 可不愼乎." "同人, 先號咷而后笑." 子曰: "君子之道, 或出或處, 或默或語, 二人同心, 其利斷金, 同心之言, 其臭如蘭."

말과 행위는 군자가 그로써 천지를 움직이는 바이니, 삼가지 않을 수 있겠는가라고 하였다. "동인괘同人卦는 먼저 소리쳐 운 뒤에 웃는다." 공자는 "군자의 도는 혹 (벼슬에) 나아가기도 하고 물러나기도 하며, 혹 침묵하기도 하고 말하기도 하니,

---

8) 『左傳』 襄公 二十五年의 正義의 인용에는 "謂"자가 없으며, 아래 구절에도 또한 "謂"자가 없다.

9) 이 구절을 『左傳正義』는 "以譬言語之發, 有榮有辱"(비유적 언어로 말하면, 영예도 있고 욕됨도 있다.)라고 인용하였다.

두 사람의 마음이 같으면 그 예리함이 쇠를 끊을 만하고, 동심의 말은 그 향기가 난초와 같다"라고 하였다.

鄭注 : 蘭, 香草也.(『文選』, 「東京賦」[張衡] 注)

　　난蘭은 향기 나는 풀이다.(『文選』, 「東京賦」[張衡] 注)

　이는 『설문』의 뜻을 이용하였다. 『설문』에는 "난蘭은 향초香草다"라고 하였다.

初六, "藉用白茅, 无咎." 子曰: "苟錯諸地而可矣. 藉之用茅, 何咎之有? 愼之至也. 夫茅之爲物薄, 而用可重也. 愼斯術也以往, 其无所失矣."

초육은 "하얀 띠풀로 깔개를 삼았으니 허물이 없다"고 하였다. 공자는 "진실로 그냥 땅바닥에 두어도 된다. 띠풀로 깔개를 삼았으니 어찌 허물이 있겠는가? 신중함이 지극하다. 무릇 띠풀은 보잘 것 없는 것이지만 그 쓰임은 중요할 수 있다. 이 방법을 신중하게 해서 나아가면 잘못될 바가 없다"고 하였다.

鄭注 : 術, 道.(『釋文』)

　　술術은 도道(방법)이다.(『석문』)

　고대에는 "道"와 "術" 양자는 때로 서로 같았다. 도道가 곧 술術이며, 술術이 곧 도道였다. 『국어國語』 「오어吳語」의 "도가 장차 행해지지 않는다"(道將不行)는 구절에 대하여 위소韋昭는 "도道는 술術이다"라고 주석하였다. 『좌전』 정공 5년의 전에 "나는 아직 오나라의 도를 알지 못한다"(吾未知吳道)라는 구절에 대하여 두자춘杜子春은 "도道는 법술法術(방법)과 같다"라고 하였다.

"勞謙, 君子有終, 吉." 子曰: "勞而不伐, 有功而不德,

"힘쓰고 겸손하니 군자가 마침이 있어 길하다." 공자는 "힘쓰되 자랑하지 않고 공이 있어도 공덕으로 여기지 않음은

鄭注 : 置當爲德.(『釋文』)

　　치置는 마땅히 덕德으로 보아야 한다.(『釋文』)

　덕德을 육적陸績과 촉재蜀才는 "치置"로 썼다. 백서를 보면 또한 "덕德"으로 썼다. 그러므로

마땅히 "德"을 옳다고 보아야 한다. 이부손은 "고대의 도덕道德이라는 글자를 보면 '덕悳'으로 썼으며, '치置'자와 형태가 비슷하므로 또한 쉽게 서로 혼동된다. 노식盧植은 '치置와 덕悳은 고대에는 통용하였다'고 했다"(『異文釋』)라고 하였다.

厚之至也, 語以其功下人者也. 德言盛, 禮言恭, 謙也者, 致恭以存其位者也." "亢龍有悔." 子曰: "貴而无位, 高而无民, 賢人在下位而无輔, 是以動而有10)悔也." "不出戶庭, 无咎." 子曰: "亂之所生也, 則言語以爲階. 君不密則失臣, 臣不密則失身, 幾事不密則害成,

두터움이 지극하여, 그 공을 아랫사람 덕이라고 말하는 것이다. 덕은 성대함을 말하며, 예는 공손함을 말하며, 겸손은 공손함을 다하여 그 지위를 보존하는 것이다. "하늘에 오른 용은 후회함이 있다." 공자는 "귀하나 지위가 없고, 높으나 백성이 없으며, 하위下位에 현인이 있어 보좌하는 사람이 없으니 이 때문에 행동하면 후회함이 있다"라고 하였다. "집안의 뜰을 나가지 않으면 허물이 없다"라고 하니, 공자는 "혼란이 생심은 언어로써 계제階梯가 되니, 군자가 주밀周密하지 않으면 신하를 잃고, 신하가 주밀하지 않으면 목숨을 잃으며, 기밀機密의 일을 주밀하지 않으면 해로움이 생기니,

鄭注 : 幾, 微也. 密, 靜也. 言不愼於微而以動作, 則禍變必成.(『公羊傳』, 文公 六11)年 疏)

기幾는 미微이다. 밀密은 정靜이다. 미묘함에 조심하지 않고 행동하면 심한 재앙(禍變)이 반드시 생긴다.(『공양전』, 문공 6년 소)

기幾는 일의 초기 미소微小함을 가리킨다. 「계사」에서는 "기幾는 움직임의 미소微小함이며, 길함이 먼저 드러난 것이다"라고 하였다. 『설문』에는 "기幾는 미微이다"라고 하였다. 미微는 미소微小함을 가리킨다. 「광아」 「석고」에는 "미微는 소小이다"라고 하였다. 밀密은 안정安靜을 가리킨다. 『설문』은 "밀密혹은 宓은 안安이다"라고 하고, "안安은 정靜이다"라고 하였다. 『이아』 「석고」에서는 "밀密은 정靜이다"라고 하였다. 이는 군신의 규칙을 말한 것이다. 임금과 신하가 일의 초기에 당연히 근신勤愼해야 하며 함부로 행동하지 않아야 한다. 그렇지 않으면 반드시 화변禍變이 발생하며 그 일이 성공할 수 없는 상황에 이른다.

---

10) 역자 주: "有"를 이 책에서는 "無"로 썼으나 원문에 근거하여 "有"고 고친다.
11) "六"은 丁傑이 편찬하고, 장혜언이 校訂한 『周易鄭注』에서는 "五"로 잘못 썼다.

是以君子愼密而不出也." 子曰: "作『易』者其知盜乎.『易』曰: '負且乘,
致寇至.' 負也者, 小人之事也; 乘也者, 君子之器也, 小人而乘君子之
器, 盜思奪之矣. 上慢下暴, 盜思伐之矣. 慢藏誨盜, 冶容誨淫.

이 때문에 군자는 신중하고 주밀周密하여 (기밀이) 새 나가지 않도록 한다"라고
하였다. 공자는 "『역』을 지은 사람은 그가 도둑이 생기는 까닭을 알았도다.『역』에서는
'등에 짊어짐과 말을 탐은 도둑을 오라 부른다'고 하였는데, 등에 짊어짐은 소인의
일이며, 말을 타는 것은 군자의 기물器物인데, 소인이 군자의 기물을 타게 되면
도둑이 그것을 빼앗아야겠다고 생각한다. 윗사람에게 거만하며, 아랫사람에게 난폭
하면 도둑이 그를 쳐야겠다고 생각한다. 허술하게 감추면 도둑을 가르쳐 인도하며,
요염한 얼굴 화장은 음란함을 가르쳐 인도한다.

鄭注 : 飾其容而見於外曰野.(『後漢書』,「崔駰傳」注) 言妖野容儀敎誨淫泆也.(『釋文』)

그 용모를 꾸며서 겉으로 드러냄을 야野라고 한다.(『후한서』,「崔駰傳」주) 말이
요사스럽고 용의容儀를 야野하게 하면 음란함과 방자함을 가르쳐 인도한다.(『석
문』)

야野는 통행본에는 "야冶"로 썼다. "野"와 "冶"는 같은 음으로 서로 통가하였다. 단옥재는
"野와 冶를 살펴보면 모두 蠱의 가차이다. 장형張衡(78~139)의 부賦[12]에서 말한 '요고妖蠱'는
지금의 '요야妖冶(妖邪하게 아름답다)이다'라고 하였다. 야野는 본래 교외郊外를 가리켰는데,『설
문』에는 "야野는 교외郊外이다'라고 하였다. 『이아』「석지」에는 "읍邑의 밖을 교郊라고 하며,
교외를 목牧이라고 하며, 목외牧外를 야野라고 한다'라고 하였다. 사람에게 나아가서 말하면
야野와 심心은 서로 짝하며, 겉의 용모를 표현함을 말한다. 정현이 "그 얼굴을 꾸며서 밖으로
드러냄을 야野라고 한다"는 말이 바로 이 뜻이다. 음淫은 욕망을 따라 방탕함을 가리킨다.
『상서』「주고酒誥」에는 "진실로 오직 끝까지 방종放縱하고, 술로 음란하고 방자하다"(誕惟厥縱,
淫泆于非)라고 하였고,『좌전』은공隱公 3년에는 "교만하고 사치하며 음란하고 방자함을 스스
로 사악하다고 여기는 바다"(驕奢淫泆所自邪也)라고 하였는데, 그 가운데 "음란하고 방자함淫泆"
이 곧 이 뜻이다. 문장을 따라서 보면 이곳은 간음奸淫을 가리킨다.『좌전』성공成公 2년에는
"가난뱅이의 색욕色慾이 음淫이며, 음淫하면 크게 벌한다"라고 하였고, 일泆은 본래 물이 넘쳐
흐름을 가리킨다.『설문』에는 "일泆은 물이 흘러넘치는 것이다'라고 하였는데, 이 또한 행위가
방탕放蕩함을 가리킨다.

12) 역자 주: 후한의 장형은『西京賦』와『東京賦』두 편의 賦를 지었으며 합하여『二京賦』
라고 한다. 賦 문학의 백미로 꼽는다.

『易』曰: '負且乘, 致寇至.' 盜之招也."

『역』에서 '등에 짊어짐과 말을 탐은 도둑을 오라 부른다'고 한 말은 도둑을 오라고
손짓하는 것이다"라고 하였다.

天一地二, 天三地四, 天五地六, 天七地八, 天九地十. 大衍之數五十,
其用四十有九.

천수天數 1 지수地數 2, 천수 3 지수 4, 천수 5 지수 6, 천수 7 지수 8, 천수 9
지수 10이다. 대연大衍의 수는 50이나 사용하는 것은 49이다.

鄭注 : 衍者, 演也.(『釋文』) 天地之數五十有五, 以五行氣通. 凡五行減五, 大衍又減
　　一, 故四十九也.[13](『正義』) 天一生水於北, 地二生火於南, 天三生於東, 地四生
　　金於西, 天五生土於中, 陽無偶, 陰無配, 未得相成. 地六成水於北, 與天一幷;
　　天七成火於南, 與地二幷; 地八成木於東, 與天三幷; 天九成金於西, 與地四
　　幷; 地十成土於中, 與天五幷也. 大衍之數五十有五, 五行各氣幷, 氣幷而減
　　五, 唯有五十, 以五十之數, 不可以爲七·八·九·六, 卜筮之占, 以用之更減
　　其一, 故四十有九也.(『禮記』,「月令」疏)

연衍(흐름)은 연演(흐름)이다.(『석문』) 천지의 수는 55이며, 오행의 기로 통한다.
무릇 오행의 5를 빼고, 대연大衍에서 또 1을 빼기 때문에 49이다.『정의』)
천수 1은 생수이며 북쪽의 수水이며, 지수 2는 생수로 남쪽의 화火이며,
천수 3은 생수이며 동쪽의 목木[14]이며, 지수 4는 생수이며 서쪽의 금金이며,
천수 5는 생수로 중앙의 토土이며, 양陽이 짝이 없고 음陰도 짝이 없으면
서로 이루지 못한다. 지수 6은 성수成數이며 북쪽의 수水이며, 천수 1과 나란히
한다. 천수 7은 성수이며 남쪽의 화火이며 지수 2와 나란히 한다. 지수 8은
성수이며 동쪽의 목木이며 천수 3과 나란히 하며, 천수 9는 성수이며 서쪽의
금이며 지수 4와 나란히 한다. 지수 10은 성수이며 중앙의 토土이며 천수
5와 나란히 한다. 대연의 수는 55이며, 오행의 각 기氣와 나란히 하며, 기와
나란히 하므로 5를 빼면 50이 남고, 50의 수로 7·8·9·6으로 될 수 없으므로,

---

13) 劉牧은 『鉤隱圖』를 인용하여 "有五" 아래에 "者"자를 두었고, "氣通" 아래에 "于萬物故"
　　라는 네 글자를 두었고, "凡五行"의 세 글자는 없으며, "故" 아래 많이 "用"자를 썼다.
14) 역자 주: 이 책의 원문에는 "木"이 빠져 있으나 보충하였다.

복서卜筮의 점占은 그것을 이용하도록 다시 1을 빼기 때문에 49가 된다.(『禮記』, 「月令」 疏)

연衍과 연演은 고대에는 서로 통용하였다. 고형高亨은 "선진시대 사람들은 산괘算卦를 연衍이라 하였고, 한나라 사람들은 산괘를 연演이라 하였다"라고 하였다. 정현은 천지의 수와 오행의 수를 서로 결합하여 대연의 수를 해석하였다. 이른바 "천지의 수"는 곧 "천수 1, 지수 2, 천수 3, 지수 4, 천수 5, 지수 6, 천수 7, 지수 8, 천수 9, 지수 10"의 10개의 자연수이다. 이른바 "오행의 수"는 오행의 생수生數이다. 오행으로 생기는 수는 1수, 2화, 3목, 4금, 5토이다. 이는 오행의 배열순서로 취하였다. 『상서』 「홍범洪範」을 보면 오행의 배열은 "1을 수라고 하고, 2를 화라고 하며, 3을 목이라 하고, 4를 금이라 하며, 5를 토라고 한다"라고 하였다. 그렇다면 오행은 어떻게 이와 같이 배열되는가를 공영달을 두 가지로 해석하였다. 아래와 같이 참고할 수 있다. 공영달은 『상서』 「홍범」을 주석하여 "또한 수數가 일어나는 것은 음양에서 시작하며, 음양이 일도日道(回歸線)에서 가고 오며, 11월의 동지일은 남극의 양이 오고 음이 가며, 겨울의 물의 위치이며, 하나의 양을 물의 수로 삼는다. 오월의 하지일에는 북극의 음이 나아가고 양이 물러나며 여름의 화火의 위치이며, 마땅히 하나의 음이 생김을 화의 수로 삼으며, 다만 음은 기수奇數로 부르지 않으며 반드시 우수로써 하므로 6월은 2음이 생김을 화의 수로 삼는다. 이런 까닭에 역의 설에서는 '건乾은 11월의 자子에서 곤하며, 곤坤은 6월의 미未에서 곤하며 모두 왼쪽으로 나아간다'고 한 말이 이로부터 말미암는다. 동지에서 하지까지는 마땅히 양이 오고, 정월은 봄이며 목木의 위치이다. 3의 양이 이미 생겼으므로 3은 목의 수이다. 하지에서 동지까지는 마땅히 음이 나아간다. 8월은 가을이며 금金의 위치이다. 4의 음이 이미 생겼으므로 4는 금의 수이다. 5의 양이 이미 생겼으므로 5는 토土의 수이다. 3월은 봄의 끝이며, 사계四季는 토의 위치이다. 5의양이 이미 생겼으므로 5는 토의 수이다. 이것이 수가 생기는 유래이다. 또 만물의 근본은 무無에서 유有가 생기는 것이며, 미세함에서 생겨서 그 형체를 이루는 데로 나아가며, 또한 미묘한 것이 드러남은 점진적으로 하며, 오행의 선후도 또한 미세하게 드러남을 순서로 삼는다. 오행의 체는 수水가 가장 미세하여 1이 되고, 화火가 점차 드러나 2가 되며, 목木이 형태를 이루어 3이 되고, 금金의 체體가 견고하여 4가 되고, 토土의 질이 커서 5가 된다'라고 하였다. 오행의 방위의 배열에 관하여 공영달은 『예기』 「월령」을 소疏할 때 "수水가 북쪽에 있는 까닭은 성음盛陰의 기를 따라서 아래로 적셔 흐르는 까닭에 아래로 음을 따른다. 화火가 남쪽에 있는 까닭은 성양盛陽의 기를 따라서 위로 타오르는 것은 양을 따른다. 목木이 동쪽에 있는 까닭은 동쪽은 반음반양半陰半陽이며, 음양으로 굽고 곧으며, 부드러움으로 향하는 체질을 갖추고 있으므로 굽을 수도 있고 곧을 수도 있다. 금金이 서쪽에 있는 까닭은 서쪽도 또한 반음반양이지만, 사물이 이미 체體를 이루었으므로 성질이 견고해지고, 비록 개혁은 할 수 있지만 오히려 화火의 부드러움으로 같다. 토土가 중앙에 있는 까닭은 그것이 네 개의 행行을 함께 싣고 만물을 포함하여 만물의 주主가 되며,

가색稼穡은 만물을 기르는 까닭이다"라고 하였다. 오행의 성수成數는 6 · 7 · 8 · 9 · 10이다.
이 다섯 개의 수는 생수로부터 분별하여 5를 더하여 이루어진다. 정현은 "천지의 수" 1에서
10까지를 오행의 생수와 성수로 본 후에 생수와 성수를 서로 별열하여 다섯 조합의 수를
만들었다. 따라서 대연의 수 55에서 5를 빼어 50이 되었다. 그가 "천수 5 지수 5, 다섯 위치가
서로 각각 합함을 얻는다"(天數五地數五, 五位相得各有合)를 주석할 때 "오행의 순서는 1을 수水
라 하고 천수이며, 2를 화火라 하고 지수이며, 3을 목이라 하고 천수이며, 4를 금이라 하고
지수이며, 5를 토土[15])라 하며 천수이다. 이 다섯 가지는 음이 짝이 없고 양이 짝이 없으므로
또한 합한다"라고 하였다. 50에서 1을 빼면 6 · 7 · 8 · 9 네 개의 수를 얻을 수 있으며, 그렇지
않으면 이 네 개의 숫자를 구할 수 없으므로 50에서 다시 1을 빼어 49로 만들고 대연의
수의 용수用數가 되었다. 여기서 설명해야 할 것은 정현의 해석을 참고하면 천지의 수의
배열은 곧 송末의 유목末劉 등이 말한 "낙서洛書"이며, 주희朱熹(1130~1200) 등이 말한 "하도河圖"
이다. 그 그림은 아래와 같다.

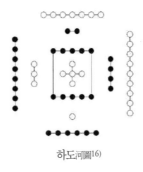

하도河圖[16]

이로써 송나라 사람들이 말한 "하도河圖"(혹 "洛書")는 비록 위조僞造에 속하지만 그러나 반드시
근원이 있음을 알 수 있다.

分而爲二以象兩, 挂一以象三, 揲之以四以象四時,

둘로 나눔으로써 양의兩儀를 상징하고, 하나를 걸어서 삼재三才를 상징하고, 4개씩
세는 것으로써 사계절을 상징하고,

---

15) 역자 주: 저자 임충군 교수는 이 책에서 "木"으로 썼지만 문맥상 "土"가 옳다.
16) https://image.baidu.com 참고.

鄭注 : 揲, 取也.(『釋文』)

　　설설揲은 취取함이다.(『釋文』)

　설설揲은 그 의미가 수數(셈)이다. 『설문』에는 "설설揲은 뽑아서 가짐(閱持)이다"라고 하였다. 단옥재는 "열閱이라는 것은 구수具數(상세한 계산)이며, 번갈아 세는 것이다.…… 이 뽑아서 가짐은 이미 그 수를 얻어서 그것을 가지고 있는 것이다"라고 하였다. 정현이 "揲"을 "取"로 해석한 것은 "지持"에 기원한다.

歸奇于扐以象閏, 故再扐而后掛.

나머지를 손가락에 끼워 윤달을 상징한다. 그러므로 (5년에 윤달이 두 번이므로) 두 번 손가락에 끼운 후에 걸어둔다.

天數五, 地數五, 五位相得而各有合.

천의 수가 다섯 개이며, 지地의 수도 다섯 개이니, 다섯 개의 위치를 서로 얻어 각각 합하니,

鄭注 : 天地之氣各有五, 五行之次 : 一曰水, 天數也. 二曰火, 地數也. 三曰木, 天數也. 四曰金, 地數也. 五曰土, 天數也. 此五者, 陰無匹, 陽無偶, 故又合之. 地六爲天一匹也, 天七爲地二偶也, 地八爲天三匹也. 天九爲地四偶也, 地十爲天五匹也. 二五陰陽各有合, 然後氣相得, 施化行也.(『左傳』, 昭公 9年 疏)

　　천과 지의 수가 각각 다섯 개가 있으며, 오행의 차례로 1을 수水라 하고 천수天數이다. 2를 화火라 하고, 지수이다. 3을 목木이라고 하고 천수이다. 4를 금金이라고 하고 지수이다. 5를 토土라고 하고 천수이다. 이 다섯은 음도 짝이 없고, 양도 짝이 없으므로 또한 그것을 합한다. 지수 6은 천수 1과 짝하며, 천수 7은 지수 2와 짝하며, 지수 8은 천수 3과 짝한다. 천수 9는 지수 4와 짝하며, 지수 10은 천수 5와 짝한다. 두 조합의 다섯 개의 수와 음양이 각각 조합을 이룬 후에 기를 서로 얻어서 조화와 유행을 베푼다.(『左傳』, 昭公 9年 疏)

　이는 오행의 생수와 성수를 둘씩 서로 병행함으로써 "천지天地의 수"가 서로 얻고 서로 합함을 해석하였다. 오행에는 생수生數와 성수成數가 있다. 음양의 기가 서로 짝하고 서로 통하는

이론에 근거하면 생수와 성수가 서로 나란히 짝하여 상대하니, 1은 양이며 6은 음이니 1과 6이 합하며, 2는 음이고 7은 양이니 2와 7이 합하며, 3은 양이며 8은 음이니 3과 8이 합하며, 4는 음이며 9는 양이니 4와 9가 합하며, 5는 양이며 10은 음이니 5와 10이 합한다. 이것이 이른바 "천의 수가 다섯이며 지의 수가 다섯이며, 다섯 개의 위치를 서로 얻어 각각 합한다"는 말이다.

天數二十有五, 地數三十, 凡天地之數, 五十有五, 此所以成變化而行鬼神也.[17)

천의 수는 25, 지의 수는 30이며, 천과 지의 수는 모두 55가 된다. 바로 이것이 변화를 이루는 까닭이 되어 귀신鬼神을 행한다.

鄭注 : 天地之數五十有五, 以之開物成務, 以之冒天下之道. 所謂易者, 如斯而已, 此所以成莫大之變化, 行無形之鬼神也. 新故相代, 淸濁相廢, 死生相膠, 萬變相纏, 此之謂成變化. 五辰伏見, 四時潛處, 七宿軫轉, 六甲內馴, 此之謂行鬼神. 鬼神無形而數能行之, 何哉? 周宮以入則治都鄙, 有祭祀以御其神, 夫所謂神者, 王之祭祀, 猶是以御之而使, 況天地之數哉.(『義海撮要』, 卷七)

천지의 수는 55로서 만물의 도리를 분명하게 깨달아 일을 완전하게 성취하며, 이로써 천하의 도로 나아간다. 이른바 역易은 이와 같을 뿐이니, 이것이 막대한 변화를 이루고 무형의 귀신을 행하는 까닭이다. 새로운 것과 옛것이 서로 대를 잇고, 청탁淸濁이 서로 발하며, 생사가 서로 함께하며, 만 가지 변화가 서로 얽히니 이것을 일러 변화를 이룬다고 한다. 다섯 가지 별이 숨고 드러나며, 사계절이 잠처潛處(隱居)하며, 일곱 별자리가 진전軫轉(역행)하며, 육갑六甲이 안으로 따르니 이를 일러 귀신이 행한다고 한다. 귀신은 무형인데도 어떻게 능히 행할 수 있음을 헤아리는가? 주궁周宮으로 들어가면 도시와 시골(都鄙)을 다스리며, 제사로써 신을 다스리니 무릇 신이라는 것은 왕이 제사지냄이 마치 그것을 다스려 부리는 것과 같으니 하물며 천지의 수이겠는

---

17) 송대의 張載·程頤·朱熹 등은 "天數五"부터 "行鬼神也"까지의 일절은 잘못 끼어든 구절로서 마땅히 "大衍之數"의 앞에 두어야 한다고 보았다. 漢나라 熹平(172~178) 연간의 석경본을 살펴보면, "天一"에서 "行鬼神也"까지의 두 구절은 "故再扐而後掛"의 다음에 있으며, 『한서』「律曆志」 등의 책에서 인용한 것도 같다. 그러므로 희평의 석경본을 마땅히 옳다고 보아야 한다.

가?(『의해찰요』, 권7)

오신五辰은 고대에 오행이 나누어 사계절을 주관함을 가리킨다. 『상서』 「고요모皐陶謨」에는 "오신五辰을 따른다"(撫于五辰)고 하였다. 공전孔傳에는 "백관을 말하면 모두 오행의 때를 좇아 따른다"고 하였다. 공영달은 소疏에서 "오행의 때는 곧 사계절이다"라고 하였다. 칠수七宿는 이십팔수二十八宿를 가리킨다. 사방에는 각각 칠수가 있다. 동쪽의 칠수는 각角·항亢·저氐·방房·심心·미尾·기箕이며, 북쪽의 칠수는 두斗·우牛·여女·허虛·위危·실室·벽壁이며, 서쪽의 칠수는 규奎·루婁·위胃·앙昴·자觜·삼參이며, 남쪽의 칠수는 정井·귀鬼·류柳·성星·장張·익翼·진軫이다. 진軫은 본래 수레의 뒤쪽의 횡목橫木을 가리키며, 『주례』 「고공기考工記」에서는 "수레의 진軫은 네 척尺이다"라고 하였다. 정현은 "진軫은 수레 뒤쪽의 횡목橫木이다"라고 주석하였다. 수레의 밑바닥 부분에 네 개의 둥근 횡목을 또한 진軫이라고 부른다. 대진戴震(1723~1777)은 『고공기도考工記圖』의 「석거釋車」에서 "수레 아래 네 면의 재료가 합하여 수레를 지탱하는 나무를 진軫이라고 한다"고 한 구절도 또한 수레를 가리킨다. 예를 들면 『국어』 「진어晉語」의 "제후들을 분주히 방문함"(還軫諸侯)이라는 구절도 곧 이 뜻이다. 그 후 뜻이 전의하여 전轉(돌아다님)이 되었다. 여기서 "진전軫轉"은 선전旋轉(두루 돌아다님)의 뜻을 가리킨다. 육갑六甲은 시일時日을 가리킨다. 고대에는 천간天干과 지지地支[18]를 서로 짝지워 시일을 기록하였다. 그 가운데 육갑으로 한 번 순환循環하므로 육갑은 갑자甲子·갑술甲戌·갑신甲申·갑오甲午·갑진甲辰·갑인甲寅은 또 부녀자가 잉태함을 가리킨다. 이것은 후자의 뜻을 취한 것이다. 내순內馴은 태아가 모체 안에서 그 자연에 순응하여 성장함을 가리킨다. 순馴은 "順"과 통한다. 『설문』에서는 "순馴은 말이 순응함이다"라고 하였다. 도비都鄙는 채읍采邑(國都, 首都)과 봉읍封邑(封土)이다. 『주례』 「천관·대재大宰」에는 "(周代에는) 여덟 가지 법규와 세 가지 법규로 수도와 봉토를 다스렸다"(則八則三治都鄙)고 하였다. 정현은 "제후가 살고 있는 곳을 비鄙…… 도비都鄙라고 하며, 공자公子와 대부大夫의 채읍采邑이며, 왕의 자제의 식읍食邑이다"라고 주석하였다. 이것은 『주관周官』에서 팔법八法으로 채읍을 다스림을 말한다. 팔법은 제례祭禮·법칙法則·폐치廢置·녹위祿位·부공賦貢·예속禮俗·형상刑賞·전역田役 등 여덟 가지 방법을 가리킨다. 『주관』 「천관·대재」에는 "대재大宰의 직책은…… 팔칙八則으로 도비都鄙를 다스림이며, 첫째는 제사祭祀라 하며 그 신神을 다스린다. 둘째는 법칙이라 하며 그 관직을 다스린다. 셋째는 폐치廢置라 하며 그 벼슬아치를 다스린다. 넷째는 녹위祿位라 하며 그 선비를 다스린다. 여섯째는 예속禮俗이라 하며 그 백성을 다스린다. 일곱째는 형상刑賞이라 하며 그 위엄을 다스린다. 여덟째는 전역田役이라 하며 그 무리를 다스린다"고 하였다. 정현의 이 주석은 천지의 수 55의 공용功用을 말한 것으로 곧, "만물의 도리를

---

18) 역자 주: 天干은 十干이라고도 하며, 甲·乙·丙·丁·戊·己·庚·辛·壬·癸를 말한다. 地支는 十二支라고도 하며, 子·丑·寅·卯·辰·巳·午·未·申·酉·戌·亥를 말한다.

분명하게 깨달아 일을 완전하게 성취함'(開物成務)·"천하의 도를 포함함'(冒天下之道)으로써 "변화를 이루고 귀신을 행함'의 목적을 이룬다. 그가 이해한 "변화'는 신구新舊, 청탁淸濁, 사생死生의 상호 전환, 세대의 교체이다. 그가 이해한 "귀신을 행함'(行鬼神)은 곧 만사와 만물, 스스로 그러한 변화이며, 이러한 변화는 신묘神妙하고 측량할 수 없으며, 마치 사계절의 뚜렷한 변화, 은거함, 칠숙七宿의 전회轉回, 육갑의 생장 등 모두 사람의 의지와 상관없이 전이轉移하는 것과 같다. 귀신은 형체가 없으나 사람은 귀신에게 제사함을 통하여 그것을 어기駛駕할 수 있다.

乾之策, 二百一十有六. 坤之策, 百四十有四. 凡三百有六十, 當期之日.

건乾의 책은 216이며, 곤坤의 책은 144이니, 무릇 360이며, 일 년의 날에 해당한다.

鄭注: 四正卦之爻, 減二十四之數, 與當期之日相契.(『漢上易傳』, 「叢說」)

사정괘四正卦[19]의 효인 24의 수를 빼면 1년의 날과 서로 합치한다.(『漢上易傳』, 「叢說」)

1년의 날수에 해당함은 1년 360일을 가리킨다. 64괘의 384효에서 24의 수를 빼면 곧 360이다. 여기서 "사정괘四正卦"는 마땅히 "64"가 된다.

二篇之策, 萬有一千五百二十, 當萬物之數也. 是故, 四營而成易, 十有八變而成卦, 八卦而小成. 引而伸之, 觸類而長之, 天下之能事畢矣.

상경과 하경의 두 편의 책策의 수數 11,520이며, 만물의 수에 해당한다. 그러므로 네 번 경영하여 역易을 이루고, 18번 변하여 괘를 이루니 팔괘는 소성小成(작게 이룸)이다. 이끌어 펼치고 종류에 따라 확장하면 세상의 할 수 있는 일을 끝낸다.

鄭注: 八卦以象告而已, 雖曰"通神明之德, 類萬物之情", 而『易』之爲書, 未悉備也. 故曰: "八卦而小成, 引而伸之." 所謂數者, 自一以至于千百駸萬之不同, 觸類百長之. 所謂卦者, 有上下焉, 有內外焉, 遂至於六十四, 則大爲天地, 幽爲鬼神, 散爲萬物, 駸天下而同吉凶之患, 周世變而際古今之運, 無不該也, 無不偏了. 故無下之能事畢矣. 天能, 天而不能地; 地能, 地而不能天, 人各有能, 有不能, 是豈天下之能事哉? 惟無能也, 無不能也, 然後天下之能事畢矣.(『義海撮要』,

---

19) 역자 주: 乾·坤·坎·離의 네 괘를 가리킨다.

팔괘는 상象으로써 알릴 뿐이니, 비록 "신명의 덕에 통하여 만물의 실정을 견주었다"고 하더라도 『역』이라는 책은 아직 다 갖추지 못하였다. 그러므로 "팔괘는 적게 이룬 것이므로 이끌어 펼친다"고 하였다. 이른바 수數는 1에서부터 천백만에 이르도록 다르며, 종류에 따라 확장한다. 이른바 괘卦는 상하가 있고, 내외가 있어 64괘에 이르면 크게는 천지가 되고, 그윽하게는 귀신이 되며, 확산하여 만물이 되고, 세상을 놀라게 하여 길흉吉凶의 근심을 함께하며, 두루 세상에 변화하여 고금의 운행을 만남에 갖추지 않음이 없으며, 두루 마치지 않음이 없다(無不偏20)). 그러므로 세상의 할 수 있는 일을 끝낸다(故天之能事畢矣21)) 하늘이 잘하는 일(天能)을 하늘은 할 수 있고 땅은 할 수 없으며, 땅이 잘하는 일(地能)을 땅은 할 수 있으나 하늘은 할 수 없으며, 사람은 각각 능하고 능하지 못함이 있으니 이것이 어찌 세상의 능사能事이겠는가? 오직 능함이 없고 불능함도 없어야 세상의 할 수 있는 일을 끝낸다(『의해촬요』, 권7)

「계사繫辭」는 18번의 연산演算을 경과하여 한 괘의 여섯 획(六劃)을 구하여 냄을 말한 것이다. 그리고 매 하나의 괘는 모두 아홉 번 변함의 세 획으로부터 이루어진다. 세 획의 괘는 "소성小成"이며, 여섯 획의 괘는 "대성大成"이다. 정현이 여기서 "포희包犧씨가 천하의 왕이었을 때…… 이에 처음으로 팔괘를 만들고 신의 덕에 통하였으며, 만물의 실정을 견주었다"는 구절을 인용하여 팔괘가 신기한 작용을 갖추고 있음을 설명하고, 또 그 한정된 것도 지적하였는데, 곧 여섯 획의 괘에 대비하여 팔괘는 상하와 내외의 구분이 없으며, 또한 매우 불완전하게 갖추었으므로 마땅히 이끌어 펼쳤다. 또한 수와 괘 두 방면을 따라 그 가운데의 원인을 설명하였다. 수數에 나아가서 말하면 수는 규율이 천백만에 이를 수 있다. 괘에 나아가서 말하면 하나의 괘는 여섯 획으로 내외와 상하로 나누어지며, 64괘를 이룬다. 이 64괘는 일체의 사물을 포괄할 수 있으니 크게는 천지가 되며, 그윽하게는 귀신이 되며, 확산하여 만물이 되어 세상을 어지럽게 움직이며 길흉과 더불어 근심을 함께하며, 두루 세상의 연고와 변화로 흘러 고금의 넓음을 관찰하고, 만상을 포괄하고 만사가 그 가운데 갖추어지니 "천하의 능사를 끝낸다." 천·지·인이 각각 가진 작능이 있어 서로 대신할 수 없다. 천·지·인의 유능과 무능이 모두 그 가운데 있다. 해駭는 "해駭"와 통한다. 『장자』「외물外物」의 "사람이 세상을 놀라게 하는 까닭에 대하여"(對人之所以駭天下)라는 구절에 대하여 성중영成玄英본에는 "해駭"

---

20) 역자 주: 여기서 "偏"은 "遍"으로 보아야 문맥이 통한다.
21) 역자 주: "天" 다음에 "下"가 있어야 위 원문과 같다.

로 썼다. 『장자』 「덕충부德充符」에는 "또한 천하를 놀라게 하였다"(又以惡駭天下)고 하였는데, 『석문』에는 "해駭는 최인崔駰의 판본에는 '해駴'로 썼다"라고 하였다. 단옥재는 『설문』에서 "『경전』에는 또한 '駴'로 썼으며, 계戒의 발음과 해亥의 발음이 하나의 부수에 같이 있다"라고 주석하였다. 해駭는 놀람驚의 뜻이 있다. 『설문』에는 "해駭는 경驚이다"라고 하였고, 『광아』 「석고」도 같다. 제際는 "찰察"과 통한다. 해該는 구비具備이다. 『곡량전穀梁傳』 애공哀公 원년에 "此該²²之變而道之也"라는 구절에 대하여 범영範寧(339?~401?)의 『춘추곡량전집해春秋穀梁傳集解』에서는 "해該는 비備이다"라고 하였고, 또 이것은 『후한서』 「두헌전竇憲傳」의 주·「반표전班彪傳」의 주·「장형전張衡傳」의 주 등과 같다.

顯道神德行, 是故可與酬酢, 可與佑神矣. 子曰: "知變化之道者, 其知神之所爲乎?"

도를 드러내고 덕행을 신묘하게 하여 이런 까닭에 함께 수작酬酢할 수 있으며, 함께 신을 보우保佑할 수 있다. 공자는 "변화의 도를 아는 자는 그가 신神이 행하는 바를 아는가?"라고 하였다.

鄭注 : 物極之謂變, 變則離形而藏於密. 物生之謂化, 化則因形而易以漸. 萬物之新故, 四時之盈虛, 日月之往來與, 夫人之所以視聽言動, 若有機緘而不能自己者, 皆變化也. 變化代興, 孰爲之者, 必曰神而已. 知此則合散消息, 舉在我矣. 託於地文, 示以天壤, 奔逸絕塵而獨立乎形器之上, 有顏子所不能知, 季咸之所自失而走者, 則其體化而合變, 庸非知神之所爲乎.(『義海撮要』, 卷七)

사물이 궁극에 이름을 변變(달라짐)이라고 하며, 변하면 형체를 떠나 은밀함에 함장된다. 사물이 생겨남을 화化(바뀜)라고 하며, 화化하면 형체 때문에 점점 바뀐다. 만물의 새로운 것과 옛것, 사계절의 차고 이지러짐, 일월이 가고 옴이 따름은 무릇 사람의 보고 듣고 말하고 행동하는 까닭이니 만약 만물이 움직이는 힘(機緘)이 있어 스스로 멈출 수 없는 것은 모두 변화이다. 변화가 대를 이어 따르는 것은 누가 그렇게 하는가? 반드시 신묘일 뿐이라고 할 것이다. 이것을 알면 합하고 흩어지고 소멸하고 생겨남이 모두 나에게 있다. 지문地文(대지의 모양)에 의탁하고 천양天壤(天地)에 드러내고, 분주하게 없어져 먼지마저 없어지고 형기形器의 위에 홀로 서니 안자顏子라도 알 수 없는

---

22) 역자 주: 다른 원문에는 "該" 다음에 "郊"자가 있다.

것이 있고, 계함季咸(정鄭나라 점쟁이, 「응제왕應帝王」)도 스스로 잃고 달아나는 것도 있으니 그 형체가 바뀌고 합하여 변화하니, 귀신이 하는 바를 아는 것이 아니면 무엇이겠는가?(『의해촬요』, 권7)

여기서 "변變"과 "화化", 그리고 "신神"을 해석하였다. 사물이 발전하여 극점極點에 이르면 전환하여 다른 하나의 사물이 되는 것이 변變이다. 사물이 생장하는 과정이 화化이며, "변變"과 "화化"는 여기서 구별되며, "변變"은 원래의 형태를 떠나 질적 변화 혹은 돌연변이가 되며, "화化"는 원래의 형태를 떠나지 않는 점진적 변화이다. 만물에는 신구新舊와 사계절의 참과 빔, 일월의 왕래, 그리고 사람의 보고 듣고 서고 움직임은 마치 동력動力이 있어 추동하는 것처럼 모두가 변화이다. 이러한 동력이 신神이다. 신神과 사물이 모이고 흩어짐, 사라짐과 생겨남을 인식할 수 있는 것은 사람에게 있다. 신神은 땅의 형태와 천지의 변화를 통과하여 표현되어 나오며, 또한 형기形器의 밖으로 초월하며 안회顔回도 알 수 없고 계함季咸도 스스로 잃고 달아나며, 다만 형체가 바뀌고 합하여 변하는 것은 신神이 하는 바임을 안다. 기함機緘은 사물의 동력을 말한다. 『장자』「천운天運」에는 하늘을 스스로 돌고 땅은 스스로 처해 있는가? 일월은 스스로 서로 다투고 있는가? 누가 이를 주장하는 것인가? 누가 이를 뒷받침하는 것인가? 누가 편히 앉아 이를 추진하는 것인가? 기관을 닫는 이가 있어 부득이하게 되는 것인가? 어떤 스스로 움직이는 힘이 있어 멈출 수가 없기 때문인가? 성현영成玄英은 소疏에서 "기機는 기관機關이다. 함緘은 폐閉(움츠림)이다.…… 열리고 닫힘을 주관하는 사司가 있어 일을 멈출 수 없음을 말한다" 라고 하였다. 안자顔子는 안회顔回이다. 계함季咸은 고대의 전설적인 신인神人이다. 『장자』「응제왕應帝王」에서 "정鄭나라에 신인이 있는데 계함季咸이라고 한다"라고 하였다.

『易』有聖人之道四焉, 以言者尙其辭, 以動者尙其變, 以制器者尙其象, 以卜筮者尙其占.

『역易』에는 성인의 도가 네 가지 있는데, 언어로서는 그 사辭를 숭상하고, 움직임으로서는 그 변화를 숭상하며, 기물器物을 만듦으로써 그 상을 숭상하며, 복서卜筮로서는 그 점을 숭상한다.

鄭注 : 此者, 存於器, 象可得而用. 一切器物及造立皆是.(『周禮』, 「春官·太卜」 疏)

　　이것은 기물에 보존하여 상象을 얻어 이용할 수 있다. 일체의 기물과 건조建造는 모두 이것이다.(『周禮』, 「春官·太卜」 疏)

"此者"에 대하여 손당孫堂은 "'此者'는 마땅히 '此四者'이며, 글자가 빠졌다"라고 하였다. 이는 성인의 도 네 가지가 상기象器(物象)에 보존되어 이용할 수 있음을 말하였다. 일체의 기물은 모두 이 괘상卦象을 살펴서 창립된 것이다. 한강백은 "이 네 가지는 기상器象(物象)에 보존되어 얻어서 이용할 수 있다"라고 주석하였다. 이는 정현의 말을 이어받아 이용하였다. 공영달의 소疏에서는 "기와 상에 보존된 이 네 가지는 사辭이며 효사爻辭이며, 효사는 기상이다. 변變은 변화이며, 그것이 오고 감도 또한 기상이다. 상象은 형상形象이며, 점占은 그 형상形狀을 점치는 것이며, 아울러 형체가 있는 사물이다. 형체가 있으면 이용할 수 있는 사물이 있으므로 '얻어서 이용할 수 있다고 하였다'(『주역정의』를 보라)라고 하였다.

是以君主子將以有爲也, 將以有行也, 問焉而以言. 其受命也如響, 无有遠近幽深, 遂知來物. 非天下之至精, 其孰能與于此. 參伍以變, 錯綜其數, 通其變, 遂成天地之文. 極其數, 遂定天下之象. 非天下之至變, 其孰能與于此? 易无思也, 无爲也, 寂然不動, 感而遂通天下之故, 非天下之至神, 其孰能與于此? 夫易, 聖人之所以極深而研幾也.

이런 까닭에 군자는 장차 어떤 일을 하려거나 어떤 행위를 하려면, 이에 묻되 말로서 한다. 그 명命을 받음이 마치 메아리와 같아서 멀고 가까움 그윽함과 깊음이 없이 마침내 다가오는 사물을 안다. 천하의 지극한 정밀함이 아니라면 그 누가 이와 같이 할 수 있겠는가? 어지럽게 변화하며 그 수가 뒤얽혀 마침내 천지의 문채를 이룬다. 그 수를 다하여 마침내 천하의 상象을 정한다. 천하의 지극한 정밀함이 아니라면 그 누가 이와 같이 할 수 있겠는가? 역易은 사유가 없으며, 작위함도 없으며, 고요하여 움직임이 없으며, 감응하여 드디어 천하의 사리事理(故)에 통하니, 천하의 지극한 정밀함이 아니라면 그 누가 이와 같이 할 수 있겠는가? 무릇 역易은 성인이 지극하게 깊이 기미幾微를 연구한 결과이다.

鄭注 : 研, 喩思慮也.(『文選』,「吊魏武文」[陸機] 注) 機, 當作幾, 微也.(『釋文』)

　　연研은 사려思慮를 비유한다.(『文選』,「吊魏武文」[陸機] 注) 기機는 마땅히 기幾로 써야 하며 미微이다.(『석문』)

연研은 본래 의미는 돌로 사물을 가는 것을 가리킨다. 『설문』에서는 "연研은 마碾이다"라고 하였는데, 단옥재는 "돌로써 사물을 가는 것을 연研이라고 한다"라고 주석하였다. 촉재蜀才는 "연礱"으로 썼으며, 돌로써 사물을 갈 때는 마땅히 손을 이용해야 하므로 촉재는 가차하여 "연礱"으로 썼다. 『설문』에는 "연礱은 마磨(갈다)이다." "마磨는 연礱이다"라고 하였다. 정현이

"研"을 "思慮"로 해석한 것은 비유의 의미로 취한 것이다.

唯深也, 故能通天下之志; 唯幾也, 故能成天下之務; 唯神也, 故不疾而速, 不行而至. 子曰: "『易』有聖人之道四焉"者, 此之謂也. 子曰: "夫『易』何爲者也? 夫『易』開物成務, 冒天下之道, 如斯而已者也." 是故聖人以通天下之志, 以定天下之業, 以斷天下之疑. 是故蓍之德圓而神.

오직 심오深奧하므로 천하의 뜻에 통달할 수 있고, 오직 기미幾微하므로 천하의 사무를 이룰 수 있으며, 신묘하므로 서둘지 않아도 빠르며, 가지 않아도 이른다. 공자가 "『역』에 성인의 도 네 가지가 있다"고 한 말은 이것을 이른 말이다. 공자는 "무릇 『역』이란 어떤 것인가? 무릇 『역』은 만물의 도리를 분명하게 깨달아 일을 완전하게 성취하고, 천하의 도를 포함하는 이와 같을 뿐이다"라고 하였다. 이런 까닭에 성인이 천하의 뜻에 통달하고 천하의 사업을 정하며, 천하의 의심을 판단한다. 이 때문에 시초蓍草의 덕은 원만하고 신묘하다.

鄭注 : 蓍形圓而可以立變化之數, 故謂之神也.(『儀禮』, 「少宰・饋食禮」 疏)

시초의 형체가 둥글어서 변화의 수를 확립할 수 있으므로 신神이라고 한다.(『儀禮』, 「少宰・饋食禮」 疏)

옛사람들은 천도天道(天體)는 둥글고 지도地道(땅의 형체)는 네모라고 생각하였다. 『주역』에서 취한 시초蓍草는 원형圓形으로 서법筮法의 도구로 삼고 이로써 천도의 변화를 본받는다. 네모 형태의 괘를 취하여 지도地道의 방정方正함을 본받는다. 천도의 변화는 신묘하고 헤아릴 수 없으니 곧 "음양의 헤아릴 수 없음을 신이라고 한다." "오직 신묘하므로 서둘지 않아도 빠르며, 가지 않아도 이른다." "신神이라는 것은 만물을 신묘하게 한다는 말이다"는 말들과 같다. 그러므로 시초로서 변화의 수를 확립할 수 있으니 신비하고 헤아릴 수 없다.

卦之德方以知, 六爻之義易以貢. 聖人以此洗心, 退藏于密, 吉凶與民同患. 神以知來, 知以藏往, 其孰能與于此哉! 古之聰明睿知神武而不殺者夫.

괘의 덕이 방정하여 지혜롭고, 육효의 의미가 변화로써 공헌貢獻한다. 성인은 이로써 마음을 씻고, 은밀한 데로 물러나 간직하니, 길흉이 백성과 함께 근심한다. 신묘함으로 올 것을 알고 지혜로써 지나간 것을 간직하니, 그 누가 이와 같이 할 수 있겠는가! (그는) 옛날의 총명하고 예지睿知롭고 뛰어난 무예와 용맹하고도 쇄패衰敗(쇠하여 패망함)하지 않은 사람이리라.

鄭注 : 不意殺也.(『音訓』; 『晁氏易』)

　　쇄패하고자 하지 않았다.(『音訓』; 『晁氏易』)

이는 "不殺"의 뜻을 해석한 것이다. 뜻은 마땅히 "鎖衰"라고 써야 한다. 우번虞翻이 해석하기를 "반복해도 쇠하지 않는다"(反覆不衰)라고 하였다. 정현도 역시 이 뜻을 취하였다. 불쇄不殺은 곧 쇄패衰敗하지 않음이다. 옛날에는 쇄殺와 쇠衰는 음이 비슷하고 뜻이 같아서 통가하였다. 『한서』 「양웅전하揚雄傳下」의 집주에서는 "쇄殺는 쇠衰이다"라고 하였고, 『의례』 「사관례」의 "덕이 쇄패하지 않는다"(德之不殺也)는 구절에 대하여 정현은 "쇄殺는 쇠衰와 같다"라고 주석하였다.

是以, 明于天之道, 而察于民之故, 是興神物以前民用. 聖人以此齋戒, 以神明其德夫. 是故, 闔戶謂之坤, 闢戶謂之乾, 一闔一闢謂之變, 往來不窮謂之通, 見乃謂之象, 形乃謂之器, 制而用之謂之法, 利用出入, 民咸用之謂之神.
是故, 易有太極.

이런 까닭에 하늘의 도를 밝히고, 백성의 연고를 살핌은 사물을 신묘하게 함을 일으켜서 백성이 쓰도록 앞서 나가는 것이다. 성인聖人은 이로써 재계齋戒하여 그 덕을 신명神明하게 한다. 이런 까닭에 문이 닫힘을 곤坤이라 하고, 문이 열림을 건乾이라고 하니, 한 번 닫힘과 한 번 열림을 변變이라고 하며, 가고 옴이 끝이 없음을 통通이라고 하며, 드러남을 상象이라고 하고, 형체가 있음을 기器라고 하며, 제정하여 쓰는 것을 법法이라고 하며, 이롭게 씀이 출입出入(생활 가운데)에 있어, 백성과 함께 쓰는 것을 신神이라고 한다.
이런 까닭에 역易에는 태극太極이 있다.

鄭注 : 極中之道, 淳和未分之氣.(『文選』, 「勵志詩」[張華] 注)

　　지극한 중中의 도는 순박하고 온화하고(淳和), 아직 분화되지 않은 기氣이다.(『文選』, 「勵志詩」[張華] 注)

태극太極을 마융馬融은 "북진北辰"으로 해석하였고, 우번虞翻은 "태일太一"로 해석하였다. 정현은 "태일太一"이 곧 "북진北辰"이라고 생각하였다. 정현은 『건착도乾鑿度』의 "태일太一"을 주석하여 "태일太一은 북진北辰의 신神의 이름이며, 그 방소에 위치함을 태일이라고 한다"고 하고, "태일은 기氣를 주관하는 신神이다"라고 하였다. 정현은 태일은 신이며, 이 신이 기를 주관하는데, 이 기는 순박하고 온화하며 아직 분화되지 않은 기이다. 이도평은 "태일은 지극히 커서 태太라 하고, 아직 분화되지 않아서 일一이라고 한다"라고 하였다. 정현이 말한 '아직 분화되지 않은 도(未分之道)'가 이것이다. 태극은 『설문』에서 "'극極은 동동棟(용마루)이다.' 『일아逸雅』에서는 '동동棟은 중中이며, 집의 가운데 위치한다'라고 하였는데, 이 극極은 중中이다. 아직 분화되지 않음을 일一이라고 하므로 태일이라고 한다. 아직 발동하지 않음이 중中이므로 태극이라고 한다. 사람에게서는 황극皇極(바른길, 제왕의 자리)이 되니 곧 정현이 말한 '지극한 중의 도(極中之道)'가 이것이다(『集解纂疏』)라고 하였다.

是生兩儀, 兩儀生四象.

이것이 양의兩儀를 낳고, 양의는 사상四象을 낳는다.

鄭注 : 布六於北方以象水, 布八於東方以象木, 布九於西方以象金, 布七於南方以象火.(『漢上易傳』, 「叢說」)

> 북쪽에 6을 북쪽에 분포하여 수水를 상징하고, 8을 동쪽에 분포하여 목木을 상징하고, 9를 서쪽에 분포하여 금金을 상징하며, 7을 남쪽에 분포하여 화火를 상징한다.(『한상역전』, 「총설」)

이는 『역위·건착도』를 주석한 문장을 말한다. 왕응린王應麟과 주진朱震이 그것을 인용하였다. 이는 오행의 수에서 성수成數인 6·7·8·9와 그것이 대표하는 네 방향으로써 "사상四象"을 해석한 것이다.

四象生八卦, 八卦定吉凶, 吉凶生大業. 是故, 法象莫大乎天地. 變通莫大乎四時, 懸象著明莫在乎日月, 崇高莫大乎富貴. 備物致用, 立成器以爲天下利, 莫大乎聖人. 探賾索隱, 鉤深致遠, 以定天下之吉凶, 成天下之亹者, 莫大乎蓍龜.

사상이 팔괘를 낳고, 팔괘가 길흉을 정하며, 길흉이 대업大業을 낳는다. 이런 까닭에 법法과 상象이 천지天地보다 큰 것이 없고, 변變하고 통通함이 사계절보다 큰 것이 없고, 현상懸象(天象)이 밝게 드러남은 해와 달 외에는 있지 않으며, 숭고崇高함은 부귀富貴보다 큰 것이 없다. 사물을 갖추어 사용하도록 하며, 기물器物을 이루어 세상을 이롭게 함은 성인보다 더 큰 것이 없다. 보다 큰 것이 없고, 숭고함이 부귀富貴보다 큰 것이 없고, 만물을 갖추며 씀을 다하며 기물器物을 만들어 내어 이로써 천하의 이로움을 삼음이 성인보다 큰 것이 없고, 실정을 찾고 은미함을 수색하며, 깊은 곳에서 꺼내어 멀리까지 이르게 하여 천하의 길흉을 정하며, 천하의 미亹(문채)를 이룸은 시초와 거북점보다 큰 것이 없다.

鄭注 : 凡天下之善惡及沒沒之衆事皆成定之, 言其廣大無所不包也.(『公羊傳』, 定公8年 疏)

무릇 세상의 선악과 힘써 행하는(沒沒) 많은 일들이 모두 이루어지고 정해짐은 그 광대하고 포함하지 않은 바가 없음을 말한다.(『공양전』, 정공 8년 소)

미미亹亹는 힘써 노력하여 나태하지 않음이다. 『이아』「석고」에서는 "미미亹亹는 힘씀이다"라고 하였다. 정현은 "몰몰沒沒"로 해석하였다. 『이아』「석고」에는 "몰沒은 힘씀(勉)이다"라고 하였고, "沒"과 "亹"는 통가한다. 혜동은 "'亹亹'를 '沒沒'로 해석한 것은…… '亹'와 '沒'은 뜻이 같다. 그러므로 '亹亹'는 '沒沒'과 같다"(『周易述』)라고 하였다. 미미亹亹는 『집해』본에서는 "미미娓娓"로 썼다. 고형의 고증에 근거하면 "亹亹"와 "娓娓"는 상통한다. 백서본 『역』에는 "물물勿勿"로 썼는데, 또한 "면면勉勉"의 뜻이 있다. 『예기』「제의祭義」의 "잔치를 하려는 데 힘쓰다"(勿勿乎其欲饗之也)라는 구절에서 정현은 "물물勿勿은 면면勉勉과 같다"고 하였다. 『대대례기』「증자입사曾子立事」의 "군자는 종신토록 이 물물勿勿을 지켜야 한다"(君子終身守此勿勿也)는 구절에 대하여 노식盧植은 "물물勿勿은 면면勉勉과 같다"라고 하였다. 정현의 뜻을 살펴보면, 이 구절은 시초와 거북점으로 천하의 선악을 미루어 판단할 수 있음을 말한 것이며, 또한 힘써 분발하여 나아가서 많은 일들을 판단할 수 있음을 말한 것이다. 이로써 역도易道는 광대하여 포함하지 않음이 없음을 설명하였다.

是故, 天生神物, 聖人執之. 天地變化, 聖人效之. 天垂象, 見吉凶, 聖人象之. 河出圖, 洛出書, 聖人則之.

이런 까닭에 하늘이 신령한 사물을 내고, 성인이 그것을 지킨다. 천지가 변화함에 성인이 그것을 본받으며, 하늘이 상象을 드리우면 길흉이 드러나며, 성인이 그것을 상象으로 만들며, 황하에서 도圖가 나오고 낙수洛水에서 서書가 나오니 성인이 그것을 본받았다.

鄭注 : 『春秋緯』云: "河以通乾出天苞, 洛以流坤吐地符." 河龍圖發, 洛龜書感, 河圖
有九篇, 洛書有六篇也.(『集解』;『正義』)

『춘추위春秋緯』에서는 "황하는 건乾과 통하여 천포天苞를 내고, 낙수洛水는
곤坤으로 흘러 지부地符를 드러내었다"라고 하였다. 황하는 용도龍圖로 발현하
고, 낙수는 구서龜書로 감통하였으며, 하도河圖는 9편이 있고, 낙서는 6편이
있다.(『집해』;『정의』)

하도河圖와 낙서는 한대漢代에는 대부분 제왕이 천명을 받은 부신符信을 가리킨다. 『예기』
「예운」에서는 "하늘은 그 도를 사랑하지 않고, 땅은 그 보물을 사랑하지 않으며, 사람은
그 정을 사랑하지 않으므로 하늘이 고로膏露(만물을 기름지게 하는 이슬)를 내리고 땅은 예천醴泉(단
물이 솟는 샘)을 내며, 산山은 기물과 수레를 내며, 황하에서는 용마가 나오고 봉황과 기린이
모두 교외의 숲에 있으며, 거북과 용이 궁궐의 연못에 있었다"라고 하였는데, 황하에서 용마가
나옴은 하도河圖를 가리킨다. 혜동은 정현이 인용한 『춘추위』의 말과 「예운」은 그 의미가
일치한다고 보았다. 그는 "정현이 『춘추위』를 주석하여 '황하는 건乾과 통하여 천포天苞를
내었다(河以通乾出天苞)고 한 말은 하늘은 그 도를 사랑하지 않으므로 황하가 도圖를 드러내었
다는 뜻이다. 또 '낙수는 곤으로 흘러 지부地符를 드러내었다(洛以流坤吐地符)고 한 말은, 땅은
그 보물을 사랑하지 않으므로 낙수에서 서書가 나왔다는 뜻이다. 하도와 낙서는 제왕이 천명
을 받은 부신이며, 성인은 천지를 본받아서 인정人情에 순응한다'라고 하였다. 정현이 "황하는
용도龍圖로 발현한다"고 한 말은 "河出圖"를 해석한 것이며, "낙수는 구서龜書로 감통한다"는
말은 "洛出書"를 해석한 것이다. 이도평의 해석에 의하면 하도는 9편, 낙서는 6편인데, 이는
"위서緯書의 수"를 가리킨다. 즉 성인이 제왕이 천명을 받은 부신에 근거하여 위서緯書를
만들었다. 정현의 해석은 공안국의 해석과 다르다. 공안국은 "하도는 팔괘이며, 낙서는 구주九
疇이다"라고 하였는데, 곧 하도와 낙서는 팔괘와 구주보다 더 빠르며, 팔괘와 구주가 하도와
낙서에 근원한다. 한나라 때 하도와 낙서에 대한 해석이 분명하지 않기 때문에 이 문제에
대한 연구는 역학계에서 하나의 큰 공안公案이 되었다. 송末나라 때에 이르러 도서圖書의
학문이 연역演繹되어 나왔다. 학자들은 각각 하나의 단서를 인용하고 여러 가지 설이 분운紛紜
하여 일종의 역학사조易學思潮를 이루었다. 비록 각 학파가 모두 진한秦漢의 자료를 인용하여
증거로 삼지만 그러나 송나라 때의 "하도"와 "낙서"가 곧 한나라 때의 "하도"와 "낙서"인지
증명할 방법이 없었다.

易有四象, 所以示也; 繫辭焉, 所以告也; 定之以吉凶, 所以斷也.『易』

曰: "自天佑之, 吉无不利." 子曰: "佑者, 助也. 天之所助者, 順也; 人之所助者, 信也. 履信思乎順, 有以[23]尚賢也. 是以自天佑之, 吉无不利也."

역易에 사상四象이 있음으로써 드러내며, 거기에 설명을 이어매어서(繫) 고지告知하며, 길흉을 정함으로써 판단한다. 『역』에서 "하늘로부터 보우(佑)하니 길하여 이롭지 않음이 없다"고 하였다. 공자는 "우佑는 조助(도움)이다. 하늘이 도우는 바가 순順이며, 사람이 도우는 바가 신信이다. 믿음을 실천하여 순응함을 생각하고 이로써 어진 사람을 숭상한다. 이 때문에 하늘로부터 보우함을 길하여 이롭지 않음이 없다"라고 하였다.

子曰: "書不盡言, 言不盡意." 然則, 聖人之意, 其不可見乎? 子曰: "聖人立象以盡意, 設卦以盡情僞, 繫辭焉以盡其言, 變而通之以盡利, 鼓之舞之以盡神." 乾坤, 其易之緼邪? 乾坤成列, 而易立乎其中矣. 乾坤毀, 則无以見易. 易不可見, 則乾坤或幾乎息矣. 是故形而上者謂之道, 形而下者謂之器, 化而裁之謂之變, 推而行之謂之通, 舉而錯之天下之民謂之事業. 是故夫象, 聖人有以見天下之賾, 而擬諸形容, 象其物宜, 是故謂之象. 聖人有以見天下之動, 而觀其會通, 以行其典禮, 繫辭焉以斷其吉凶, 是故謂之爻. 極天下之賾者, 存乎卦; 鼓天下之動者, 存乎辭; 化而裁之, 存乎變; 推而行之, 存乎通; 神而明之, 存乎人; 默而成之, 不言而信, 存乎德行.

공자는 "글로는 말을 다 할 수 없고, 말로는 뜻을 다할 수 없다"라고 하였다. 그렇다면 성인의 뜻은 알 수 없는가? 공자는 "성인은 상象을 확립하여 뜻을 다하며, 괘를 펼쳐 실정과 거짓을 다하며, 설명을 이어매어서 그 말을 다하며, 변하고 통하게 하여 이로움을 다하며, 부추기고 춤추게 하여 신묘함을 다하였다"라고 하였다. 건과 곤은 역의 온축蘊蓄이로다! 건과 곤이 진열陳列하니 역易이 그 가운데서 확립된다. 건과 곤이 훼손되면 역易을 볼 수가 없다. 역을 볼 수 없으면 건과 곤이 혹 거의 종식된다. 그러므로 형이상의 것을 도道라고 하고 형이하形而下의 것을 기器라고 하며, 변화하여 재단裁斷함을 변變이라고 하며 미루어 행함을 통通이라

23) '有以'는 통행본에서는 "又以"로 썼다.

고 하며, 들어서 천하의 백성에게 조치措置함을 사업事業이라고 한다. 그러므로 무릇 상象은 성인이 천하의 실정을 보고 다양하게 형태와 모양을 헤아려서, 그 사물의 마땅함을 상징象徵하였다. 그러므로 상象이라 하였다. 성인이 천하의 움직임을 보고 그 모이고 통함을 관찰하여, 그 전례典禮를 행하고, 설명을 이어매어서 그 길흉을 판단하였으며, 이런 까닭에 효爻라고 하였다. 천하의 실정을 다하여 괘卦에 보존하고, 천하의 움직임을 고취鼓吹하는 것은 사辭에 보존하고, 변화하여 재단裁斷함은 변變에 보존하고, 미루어 행함은 통通에 보존하고, 신묘하게 밝힌 것은 사람에게 보존하고, 묵묵하게 이루어 말하지 않고도 믿음은 덕행에 보존한다.

제4 계사하繫辭下

八卦成列, 象在其中矣, 因而重之, 爻在其中矣, 剛柔相推, 變在其中矣. 繫辭焉而命之, 動在其中矣. 吉凶悔吝者, 生乎動者也.

팔괘가 이루어져 배열되니 상象이 그 가운데 있으며, 인하여 그것을 중첩하니 효가 그 가운데 있고, 굳셈과 부드러움이 서로 추동推動하니 변화가 그 가운데 있다. 거기에 설명을 이어매어서 그것을 명명命名하니 움직임이 그 가운데 있다. 길함과 흉함, 후회함과 애석하게 여김이 움직이는 것에서 생긴다.

鄭注: 虙羲作十言之敎曰乾坤震巽坎離艮兌消息, 無文字謂之『易』.[1](『漢上易傳』八) 神農重卦.(『周易正義』, 「序」;『周禮疏』二十四;『漢上易傳』, 「卦圖上」;『漢上易傳』, 「叢說」;『象旨決錄』) 道無變動則爲三才, 而八卦以象告. 道有變動則爲六爻, 而九六以數倚. 天數肇於一, 地數起於二, 木生於三, 金別於四, 而土備於五, 此數之自然也. 參天數而得九, 兩地數而得六. 九六定於其數而卦成, 卦成而爲爻, 爻成而變動備矣. 蓋易者象而已. 發天下之賾, 而託於健・順・動・入・陷・麗・止・說之用; 寓天下之道, 而形於天・地・山・澤・風・雷・水・火之物, 則八卦成列而象斯在其中矣. 卦始於三畫, 未有爻也. 因而重之, 則其體有上下, 其位有內外, 其始有初終, 其序有先後, 其數有九六, 其序有本末, 而爻在其中. 五陽也, 而居之以六; 二陰也, 而居之以九, 柔來而文剛, 分剛上而文柔, 剛柔之中, 不中屢變而無常也, 故曰"剛柔相推, 變在其中矣". 蹇之不可以往也, 坎之不可以出也, 大過之可以大有爲, 睽之可以小事, 履之所以經世, 需之所以待時, 牽其辭而揆其方, 天下之動不可易矣, 故曰"繫辭焉而命之, 動在其中矣". 曰"在其中"者, 其理猶隱也. 聖人繫辭焉而命之吉凶, 則吉凶悔吝者, 生乎動者也. 天下之理動不若靜, 靜而無爲則蕩然無執, 孰爲吉凶不睹一疵, 孰爲悔吝, 動而交物則所謂吉者, 常少; 而凶悔吝者, 常多, 此聖人之動所以常寓於不得已者歟與.(『義海撮要』, 卷八)

복희虙羲가 열 글자의 가르침을 지었으니 곧 건乾・곤坤・진震・손巽・감坎・리離・간艮・태兌・소식消息이다. 문자가 없음을 『역』이라고 한다.(『漢上易傳』 8) 신농神農이 괘를 중첩하였다.(『周易正義』, 「序」;『周禮疏』24;『漢上易傳』, 「卦圖上」;『漢上易傳』, 「叢說」;『象旨決錄』) 변동이 없음을 말하면 삼재三才이며, 팔괘는 상象으로써 알린다. 변동이 있음을 말하면 육효六爻이며, 9와 6의 수數로써 의지한다. 천수天數는 1에서 시작하고, 지수地數는 2에서 일어나며, 목木은

---

1) 『左傳』 定公 4年의 疏에서 『역』의 "伏羲"에서 "消息"까지 인용하였다.

3에서 생기고, 금金은 4에서 나누어지며, 토土는 5에서 갖추어지니 이는 수의 자연이다. 세 천수天數[2]로서 9를 얻으며, 두 지수地數로 6을 얻는다. 9와 6이 그 수로 정해지면 괘가 이루어지고, 괘를 이루는 것이 효爻이며, 효가 이루어지면 변동이 준비된다. 대개 역易은 상象일 뿐이다. 천하의 오묘함을 드러내어 건健, 순順, 동動, 입入, 함陷, 려麗, 지止, 열說의 쓰임에 의탁한다. 천하의 도에 의거하여 천天, 지地, 산山, 택澤, 풍風, 뢰雷, 수水, 화火의 사물로 형상화되니 팔괘가 이루어져 배열되면 상象이 그 가운데 있다. 괘는 3획으로 시작하며 아직 효는 있지 않다. 인하여 그것을 중첩하니 그 체에는 상하가 있고, 그 위치는 내외가 있으며, 그 시작에는 처음과 끝이 있으며, 그 순서에는 선후가 있으며, 그 수에는 9와 6이 있으며, 그 순수에 본말本末이 있으며 효가 그 가운데 있다. 5는 양이나 6에 위치하며, 2는 음이나 9에 위치하며, 부드러움이 와서 굳셈을 꾸미며, 굳셈을 나누어 위로 가서 부드러움을 꾸미며, 굳셈과 부드러움의 가운데 여러 번 변함에 적중하지 않으면 상도常道가 없게 되므로 "굳셈과 부드러움이 서로 추동하고 변화가 그 가운데 있다"라고 한다. 건괘蹇卦가 나아갈 수 없으며, 감괘坎卦가 드러날 수 없으며, 대과괘大過卦가 크게 유위有爲하며, 규괘睽卦가 작은 일을 할 수 있으며, 리괘履卦가 세상을 경륜하며, 수괘需卦가 시절을 기다리며, 그 말을 따르고 그 방향을 헤아려서 천하의 움직임은 바뀔 수 없다. 그러므로 "거기에 설명의 말을 이어매어서 그것을 명명하니 움직임이 그 가운데 있다"라고 한다. "그 가운데 있다"는 것은 그 이치가 은미함과 같다. 성인이 거기에 설명을 이어매어서 길흉을 명명하니 길함과 흉함, 후회함과 애석하게 여김이 움직이는 것에서 생긴다. 천하의 이치가 움직임은 고요함과 같지 않으며, 고요하여 무위無爲하면 헛되이 지킴이 없으니, 누가 길흉을 하나의 하자로 보지 않을 것이며, 누가 후회하고 부끄럽게 여기지 않을 것이며, 움직여 사물이 교제하면 이른바 길함은 항상 적고, 도리어 흉함과 후회함과 애석하게 여김이 항상 많으니 이것은 성인의 움직임이 부득이함에 항상 의탁하지 않을 수 없는 까닭이다.(『의해촬요』, 권8)

팔괘의 기원과 64괘가 문자로 이루어진 것에 대하여 역학사에서는 많은 논쟁이 있다. 정현은 복희伏羲가 팔괘를 그리고 신농씨가 팔괘를 중첩하였으며 그 근거가 「계사」라고 보고 "포희씨

---

2) 역자 주: 參天兩地는 生數이자 天數인 1, 3, 5를 합하면 9가 되며, 成數이자 地數인 2, 4를 합하면 6이 된다. 이로써 양효는 9, 음효는 6으로 표시한다.

가 세상을 떠나자 신농이 일어났으며,…… 대개 익益괘에서 취하고,…… 대개 서합噬嗑괘에서 취하였다"라고 하였다. 익괘, 서합괘는 모두 중괘重卦이다. 이 때문에 정현은 복희가 팔괘를 그렸음을 "팔괘가 이루어져 배열되었다"라고 해석하였으며, 신농이 중괘重卦한 것을 "인하여 그것을 중첩하니 효가 그 가운데 있다"라고 해석하였다. 그러나 이것은 손성孫盛(302~374, 東晉 중기 사학자)은 하夏나라의 우임금이 중괘하였다고 보았으며, 사마천司馬遷 등은 문왕文王 이 중괘하였다고 보았으며, 왕필과 공영달은 복희가 중괘하였다고 생각하는 등 각각 자신의 견해를 주장하였다. 이러한 상황이 생기게 된 원인은 『역전易傳』의 기록에 모순된 곳이 많기 때문이다. 정현이 여기서 말한 "복희伏羲"는 곧 복희伏羲 혹은 포희包犧이다. 정현은 또 "도道" 로써 변동의 유무에 따라 팔괘와 중괘를 해석하였다. 「계사」에서는 "도에는 변동이 있으므로 효爻라고 한다"라고 하였다. 이에 따르면 도는 불변이니 이를 본받은 것이 팔괘이며, 팔괘는 자연계의 여덟 가지 상象이며, 도가 변동함을 본받은 중괘는 6효이다. 효爻는 효效(본받음)의 뜻이 있다. 「계사」에는 "효爻는 천하의 움직임을 본받은 것이다"라고 하였다. 동시에 도에는 변동이 있고, 괘를 정하는 수는 9와 6이며, 9는 노양의 수이며, 6은 노음의 수이며, 9와 6은 모두 변수變數이다. 이 9와 6의 수는 "세 개의 천수天數와 두 개의 지수地數"로부터 얻는다. 천수 1, 지수 2, 천수 3, 지수 4, 천수 5 이 다섯 개의 수는 또한 오행의 생수이다. 1, 3, 5는 천수이며 서로 더하면 9이다. 2와 4는 지수이며 서로 더하면 6이다. 9와 6의 수가 있으니 효가 이루어지는데, 곧 양효는 9 음효는 6이니 효는 변하여 움직인다. 팔괘에는 상이 있고, 이 상은 천하의 상을 본받아 이루어진다. 「설괘說卦」에 의하면 건乾은 건健이며 천天이고, 곤坤은 순順이며 지地이고, 진震은 동動이며 뢰雷이고, 손巽은 입入이며 풍風이고, 감坎은 함陷 이며 수水이고, 리離는 려麗이며 화火이고, 간艮은 지止이며 산山이고, 태兌는 열說이며 택澤이 다. 그러므로 "팔괘가 이루어져 배열하니 상象은 그 가운데 있다"고 한다. 그러나 세 획의 괘는 단지 괘상卦象만 있고 효상爻象은 없으며, 팔괘를 서로 중첩하여 64괘가 되고 이때 괘는 상하上下·내외內外·초시初始·선후先後·본말本末로 구분되니 9와 6의 수가 있고, 효 가 있으므로 "효가 그 가운데 있다"고 한다. 중괘重卦가 형성된 후에 여섯 위치가 고정된다. 초효 3효 5효는 양의 위치이며, 2효와 4효와 상효는 음의 위치이며, 각 위치의 효는 변화하는 것이다. 어떤 때는 양효는 양의 위치에 있고 음효는 음의 위치에 있고, 어떤 때는 양효가 음의 위치에 있고 음효가 양의 위치에 있으면서 변동하며 머무르지 않는다. 예를 들면 다섯째 효의 위치는 양의 위치인데 6 곧 음이 거기에 있으며, 두 번째 효의 위치는 음의 위치인데 9 즉 양이 거기에 있는 것과 같다. 예를 들면 비괘賁卦 「상전象傳」에서 말한 "부드러움이 와서 군셈을 꾸민다", "군셈을 나누어 위로 가서 부드러움을 꾸민다"와 같은 구절은 군셈과 부드러움의 변화가 무상無常함을 말한다. 그러므로 "군셈과 부드러움이 서로 추동하여 변화가 그 가운데 있다"라고 하였다. 하나의 괘마다 모두 꾸미는 말文辭이 있으니 이 文辭가 반영하는 것은 특정의 변동의 뜻을 포함하고 있다. 예를 들면 건괘蹇卦는 도망갈 수 없음(出往)을 표시하 며, 감괘坎卦는 나갈 수 없음을 표시하며, 대과괘大過卦는 크게 작위할 수 있으며, 규괘睽卦는 작은 일을 할 수 있으며, 이괘履卦는 경세經世할 수 있으며, 수괘需卦는 마땅히 시절을 기다린다. 그 사辭에 근거하면 천하의 도("그 말을 따르고 그 방향을 헤아림")를 추측할 수 있다. 천하의 움직임은 바꿀 수 없으므로 "거기에 설명을 이어매어서 그것을 명명하니 움직임이 그 가운데 있다"라고 하였으며, "그 가운데"는 이치가 은밀하게 간직되어 있음을 가리킨다. 성인이 설명을 이어매어서 길흉이 있게 하니 길함과 흉함, 후회함과 애석하게 여김이 움직임에서 생긴다. 리理에는 동정動靜이 있고, 고요하면 무위無爲이니 이른바 길흉이 없다. 후회함과 애석하게 여김도 움직여 사물과 교제함에 길함은 적고, 흉함과 후회함과 애석하게 여김은 많으니, 성인의 움직임은 그렇게 할 수밖에 없기 때문이다.

剛柔者, 立本者也; 變通者, 趣時者也; 吉凶者, 貞勝者也; 天地之道, 貞觀者也; 日月之道, 貞明者也; 天下之動, 貞夫一者也. 夫乾確然示人易也, 夫坤隤然示人簡矣,

굳셈과 부드러움은 근본을 확립하는 것이며, 변함과 통함은 때에 이르는 것이다. 길함과 흉함은 곧음이 이기는 것이며, 하늘과 땅의 도리는 곧고 바른 마음으로 보는 것이며, 해와 달의 도리는 곧고 밝은 것이며, 천하의 움직임은 곧음으로 일관하는 것이다. 무릇 건乾은 확연하게 사람에게 평이함(易)을 보여 주고, 곤坤은 외연隤然하게 사람에게 간명함(簡)을 보여 주니,

鄭注: 確然, 堅高也, 乾之德不陷乎陰, 而其道上行, 崇以臨之, 刻以制之, 可謂確然矣. 然昭之以象, 覿之以文, 則日月有象, 雲漢有章, 因性而已, 其德行常易也. 坤之勢承天而以下爲順, 其厚以載物, 其靜以代終, 可謂隤然矣. 然山河之融結, 草木華實, 其止說以性, 其生成以時, 循理而已, 其德行常簡也.(『義海撮要』, 卷八)

확연確然은 견고함이며, 건의 덕이 음에 빠지지 않고 그 도가 위로 가서 존숭하여 임하고 새겨서 그것을 제도하니 확연確然이라고 할 수 있다. 그러나 상으로 비추어 보면 문장으로 보이니 해와 달은 상象이 있고, 은하처럼 많은(雲漢) 문장이 있어 성性으로 말미암을 뿐이니 그 덕의 행함은 항상 평이平易하다. 곤의 세勢는 하늘을 이어받아 아래로 감을 순응으로 여기니, 그 두터움으로 사물을 싣고, 그 고요함으로써 대代를 마치니 퇴연隤然(유순함)이라고 할 수 있다. 그러나 산하山河가 융합하여 얽히고, 초목이 화려하게 결실하며, 그 말을 멈춤으로 성性으로 삼고, 그 생겨남은 때로써 하니 이치를 따를

뿐이며, 그 덕이 행해짐은 항상 간명하다.(『의해촬요』, 권8)

확확確은 견堅(굳음)의 뜻이 있다. 『설문』에는 "확확確은 단단한 돌(磐石)이다"라고 하였다. 계복桂馥은 "격석磐石이라는 것은 견고함을 말한다"라고 하였다. "확確"은 또 고高의 뜻도 있다. "확확確"은 "각崔"과 통한다. 『설문』에는 「계사」의 "夫乾確然"를 인용하며 "각崔"이라고 썼으며, 정현은 『역찬易贊』에서도 인용하여 "崔"으로 썼다. 『설문』에는 "각崔은 높이가 지극하다"라고 하였다. 퇴隤는 하락下落이다. 『설문』에는 "퇴隤는 아래로 내려감(下隊)이다"라고 하였다. 대隊는 위에서 아래 떨어짐이다. 『설문』에는 "대隊는 높은 곳에서 떨어짐이다"(從高隊也)라고 하였다. 대隊는 곧 떨어짐(墜)이다. 단옥재는 "대隊는 추墜의 바른 속자俗字이며 고서에서 쓴 대부분의 대隊는 지금의 추墜로 쓰이며, 대隊는 없어졌다."『이아』「석고」에는 "대隊는 낙落이다"라고 하였다. 적覿은 견見의 뜻이 있다. 『이아』「석고」에는 "적覿은 견見이다"라고 하였다. 정현의 주석註釋을 살펴보면, 이 구절의 말은 건乾의 덕성을 말한 것이다. 건乾은 순양純陽으로 천음天陰이며 그 특성은 위로 가서 숭고함에 임하며 조각彫刻으로 제도하며, 높고 견고함을 보여주니 이를 "확연確然"이라고 한다. 건乾은 상上으로써 밝게 나타내며, 문文으로써 그것을 드러내며, 해와 달은 상이 있고, 은하(天河)에는 문文이 있으니 모두 그 성性으로 말미암으므로 "역易"이라고 한다. 곤坤의 특성은 하늘을 이어서 아래로 가서 "두터운 덕으로 사물을 싣고" 만물을 이룸으로 마치니 이를 "퇴연隤然"이라고 한다. 산하의 응결과 초목의 화려한 결실은 시절에 따라 생성되며, 성性으로써 기뻐하며, 단지 그 이치를 존중하여 따르므로 "간簡"이라고 한다.

爻也者, 效此者也; 象也者, 像此者也. 爻象動乎內, 吉凶見乎外, 功業見乎變, 聖人之性見乎辭.

효爻라는 것은 이것을 본받음이며, 상象이라는 것은 이것을 본뜸이다. 효와 상이 내內에서 움직이면 길흉은 외外로 드러나며, 공업功業은 변變에서 드러나고 성인의 성은 사辭에서 드러난다.

鄭注 : 道之在事者, 爻效之, 其在理者, 象像之, 靜而已. 則吉凶泯而未見, 動乎內然後吉凶見乎外, 故曰"爻象動乎內, 吉凶見乎外". 興事造業謂之功, 功之所成謂之業. 情者, 性之動. 辭者, 言之文. 複命曰常, 則道之貞, 所以治身也. 出而應物, 則帝之所興, 王之所起, 應時而造者, 或損或益, 不可以爲常也. 故曰"功業見乎變". 聖人也者, 盡性而足則無言可也. 其發之於象, 著之於爻者, 亦曰以情言而已, 則辭之所寓者, 特聖人情而已, 故曰"聖人之性見乎辭".『易』曰"辭有險易", 又曰"繫辭焉以盡其言", 夫險易之理明, 而天下知其所趨, 則不陷乎凶咎悔吝之域. 聖人之情, 蓋可見矣.(『義海撮要』, 卷八)

도가 사事에 있는 것을 효爻가 그것을 본받으며, 그것이 리理에 있는 것을 상象이 그것을 본뜨며, 고요할 뿐이다. 그러므로 길흉은 혼합되어 아직 드러나지 않고, 내면에서 움직인 후에 길흉이 밖으로 드러나며 그러므로 "효상爻象이 내면에서 움직이면 길흉이 밖으로 드러난다"고 하였다. 사업을 일으켜 만드는 것을 공功이라고 하고, 공이 이루어짐을 업業이라고 한다. 정情은 성性의 움직임이다. 사辭는 말의 문장이다. 복명覆命(復命)을 상常(영원불변, 平常)이라고 하니 도의 곧음이며 몸을 다스리는 조건(所以)이다. 드러나 사물과 응하면 임금이 일으키는 것과 왕이 세우는 바와 시절에 응하여 만들어지는 것은 혹 감소하기도 하고 혹 더해지기도 하여 평상平常일 수가 없다. 그러므로 "공업功業은 변화에서 드러난다"라고 하였다. 성인은 본성을 다함으로 충분하므로 말하지 않아도 된다. 그것이 단사彖辭에서 드러내고 효사에서 기록한 것은 또한 정情으로써 말할 뿐이니 사辭가 머무는 바는 특히 성인의 정情일 뿐이다. 그러므로 "성인의 성性은 사辭에서 드러난다"라고 하였다. 『역』에 "사辭에는 험함과 평이함이 있다"고 하였으며, 또 "계사에서 그 말을 다하였다"라고 하였다. 무릇 험이險易의 리는 분명하며, 천하가 그 취향趣向하는 바를 알아서 흉함, 허물, 후회함, 애석하게 여김의 영역에 빠지지 않는다. 성인의 정은 대개 알 수 있다.(『의해촬요』, 권8)

정현의 뜻을 살펴보면 효爻가 본받은 것은 사물이다. 상이 본뜬 것은 사물의 이치즉 規律이다. 그러므로 「계사」에서 첫째의 "차此"는 "사事"를 가리키며, 두 번째의 "차此"는 "리理"(이치)를 가리키며, 이것은 「계사」에서 "무릇 상象은 성인이 천하의 실정을 보고 다양하게 형태와 모양을 헤아려서, 그 사물의 마땅함을 상징象徵하였다. 그러므로 상象이라 하였다. 성인이 천하의 움직임을 보고 그 모이고 통함을 관찰하여, 그 전례典禮를 행하고, 설명을 이어매어서 그 길흉을 판단하였으며, 이런 까닭에 효爻라고 하였다"라는 구절과 일치한다. 정현은 생각하기를 이 효爻는 만물이 회통하는 전례典禮에 근거하여 만들었으며, 이 상象은 그 사물의 마땅함을 본뜬 것이며, 온갖 사물이 없어지지 않으니 곧 "리理"를 가리킨다. 효상이 고요하면 길흉은 아직 드러나지 않으며, 움직이면 길흉이 드러난다. "내內"는 괘의 효상을 가리키며, "외外"는 예측豫測되는 사물이다. 예를 들면 한강백은 "효상이 내內에서 움직인다"(爻象動乎內)를 주석하여 "조수兆數(卜筮의 징조가 괘에서 드러난다"라고 하였고, "길흉이 외外로 드러난다"(吉凶見乎外)는 구절을 주석하여 "사事에서 득得과 실失을 징험한다"라고 하였다. 공업功業은 창업하여 성공하였음을 가리키며, 고대에는 대부분 제왕과 성현이 나라를 세워서 사업을 이룸을 가리킨다. 정情은 인성의 움직임이다. 『순자荀子』「정명正名」에는 "성의 좋아함, 미워함, 기뻐함, 성냄, 슬픔, 즐거움을 성性이라고 한다"라고 하였다. 사辭는 문장에 나타난 말(文辭)을 가리킨다. "복명일상覆命曰常"은 『노자老子』16장에서 인용하였으며, 그 의미는 만물이 근원으로 돌아감을 고요함으로 삼는다는 뜻이며, 또한 "복명覆命"이라고 함은 곧 그 본성을 회복함이 단지 이와 같아야 비로소 상존常存할 수 있다. 노자는 "무릇 만물이 무성하게 자라지만 각각 그 근원根源으로 되돌아간다. 근원으로 돌아감을 정靜이라 하고, 이를 일러 복명覆命(본성으로 돌아감)이라 하며, 복명을 상常(平常)이라 한다"라고 하였다. 정현은 노자의 말을 인용하여 "상常"은 곧 도道라고 보았다. 이러한 작위作爲가 만물의 근원인 도이며, 공용功用은 몸을 다스리는 데 있으니 곧 수심修心과 양성養性이며, (밖으로) 나오면 사물에 응한다. 사물에 응함은 마땅히 그때그때의 기회에 따라 변화에 응한다. 제왕이 일어남에 손해도 있고 이익도 있어 고정불변일 수 없으므로 "공업功業은 변變에서 드러난다"라고 하였다. 역사易辭(卦辭, 爻辭, 象辭, 象辭 等)는 고대의 성인들이 지었으므로 성인은 사辭를 지음으로써 희로애락喜怒哀樂의 정감을 나타내었다. 이것은 곧 정현이 말한 "그것이 단사象辭에서 드러나고, 효사에서 기록한 것'이다. 그러므로 "성인의 정은 사辭에서 드러난다." "효사와 단사는 정으로써 말한다"는 말은 이 뜻이다. 성인이 정情을 사辭에 의지하는 목적은 험함과 평이함의 이치를 통하여 천하로 하여금 이로움으로 나아가고 해로움을 피하도록 하는 것이다.

天地之大德曰生, 聖人之大寶曰位, 何以守位曰人,

천지의 큰 덕을 생生이라고 하고, 성인의 큰 보배를 위位라고 하며, 무엇으로 위位를 지키는가? 사람이라 하며,

鄭注 : 持一不惑曰守.(『詩經』,「鳧鷖」疏)

단지 한결 같아서 미혹되지 않음을 수守라고 한다.(『詩經』,「鳧鷖」疏)

수守는 보지保持하고 고수固守의 뜻이 있다. 정현이 "그것을 지켜서 미혹되지 않는다"고 해석한 것이 곧 이 뜻이다. 감괘坎卦「단」의 "왕공이 험함을 설비하여 그 나라를 지킨다"와 진괘震卦「단」의 "나가서 종묘사직을 지킨다"는 말에서의 "수守"는 또한 이 뜻을 취하였다.

何以聚人曰財, 理財正辭, 禁民爲非曰義.

무엇으로 사람을 모으는가 하면 재물이라 하며, 재물을 다스리고 말을 바르게

하여 백성이 비행非行을 함을 금하는 것을 의義라고 한다.

鄭注 : 斂聚有經, 費出有法, 兼幷無所肆, 其開闔邦國, 不得擅其節制, 此之謂"理財".
垂法於象魏, 讀法於鄕黨, 著之話言, 布之典冊, 上言之以命, 下守之以爲令,
此之謂"正辭". 奢不得僭上, 賤不得逾貴, 造言者有誅, 僞行者有刑, 有以率其
怠倦, 有以鋤其强梗, 此之謂"禁民爲非", 凡此皆義也.(『義海撮要』, 卷八)

거두고 모음에는 경經이 있고, 비용을 지출함에는 법이 있으며, 겸병兼幷에는
방자함이 없으며, 나라를 관리함에 그 절제함을 마음대로 할 수 없으니
이를 일러 "이재理財"(재물을 관리함)라고 한다. 상위象魏(궁문에 법령을 거는 곳)에
법령을 걸어놓고, 향당鄕黨에서 법을 읽으며, 화언話言(유익한 말)로 기록하여
전책典冊으로 배포하여 위에서는 명命으로써 말하고, 아래에서는 명령으로
지키니 이것을 "정사正辭"라고 한다. 분에 넘쳐 윗사람을 범해서는 안 되며,
도적이 귀貴함을 넘어서도 안 되며, 조언造言(근거 없이 말을 꾸미는) 자는 주살誅殺하
며, 거짓 행위를 하는 자는 형벌을 내리며, 게으른 자를 이끌어 행하도록
함과 강폭한 자를 징계함(鋤) 등을 "백성이 비행非行을 함을 금한다"고 하니,
무릇 이것은 모두 의義이다.(『의해촬요』, 권8)

이는 세수稅收, 개지開支(지출), 토지겸병, 관구關口(稅關의 門)의 열고 닫음 등의 경제활동에는
마땅히 일정한 법도가 있어야 하며 임의대로 해서는 안 됨을 "理財"라고 한다는 말이다.
법령의 제정과 반포와 집행을 "정사正辭"라고 한다. 엄격하게 등급에 따라 일을 행해야 하며,
사치하여 윗사람을 넘어서도 안 되며, 비천한 자가 귀함을 넘어서도 안 된다. 요사스런 말을
꾸미는 자, 속이고 거짓말하는 자는 마땅히 형법에 따라 그를 주살해야 하며, 나태한 자를
권면하고, 강포强暴한 자를 징계함을 "백성의 비행非行을 금한다"라고 한다. 상위象魏는 본래
궁정 밖의 궐문을 가리킨다. 고대의 궁정 밖에는 두 개의 대臺가 있는데, 위에는 누관樓觀을
짓고, 위는 원형이며 아래는 네모이며, 양관兩觀(궁문 앞 양쪽의 망루) 둘이 마주 보고 쌍으로
세우고, 문은 양측에 있고, 중앙과 떨어져 있음을 도道로 삼고, 거기에 법령을 걸어 둠을
상위象魏라고 하였다. 『주례』 「천관·태재」의 "이에 치상治象(정월 초하루 象魏에 걸어 놓은 법령)의
법을 상위象魏에 건다"(乃懸治象之法于象魏)는 구절을 정현은 정사농鄭司農을 인용하여 "상위象
魏는 궐闕(궁문)이다"라고 해석하였다. 가공언은 소疏에서 말하기를 "정사농이 상위象魏는 궐闕
이라고 말한 것은 주공周公이 상위象魏라고 하였고, 치문雉門(대궐의 남문)의 밖에 양관兩觀의
궁문을 높고도 웅대하니 공자가 관觀이라고 하였다. 『춘추좌씨』 정공 2년의 '하夏의 오월에
치문의 재해가 양관에 미쳤다는 말이 이것이다. 관觀이라고 하는 것은 교상敎象(교육의 법칙을
쓴 條文)을 관망할 수 있는 것이며, 또한 궐闕이라고 하는 것은 제거함(闕去)이다. 치상治象을

우러러 보고 의심나는 일을 제거하며, 혹 궐闕 속의 통문通門을 이해하니 이런 까닭에 장공莊公 21년의 '정백鄭伯(장공)이 궐闕의 서쪽에서 제사를 올려 왕 노릇 하였다(享王于闕西歸는 구절을 '궐闕'은 상위象魏이다'라고 주석하였다'라고 하였다. 이것은 아침에 법령을 옮겨 반포함을 가리킨다. 향당鄕黨은 향리鄕里이다. 『논어』 「향당」의 "공자는 향당에서 신실하였다'(孔子于鄕黨, 恂恂如也)는 구절과 『예기』 「곡례 상」의 "그러므로 주려州閭와 향당에서 그를 효성을 칭찬하였다'(故州閭鄕黨稱其孝也)는 구절에서의 "鄕黨"은 곧 그 뜻이다. "게으른 자를 이끌어 행하도록 함"(率其怠倦)과 "강폭한 자를 징계함"(鋤其強梗)은 한유韓愈(768~824)의 『원도原道』에 보인다. 현대의 대만학자인 호자봉은 "백성이 비행非行을 함을 금하는 일도 또한 불륜不倫을 말한다"고 보았으며, 당송唐宋시대 『역』을 연구하는 사람들도 의심의 여지가 없다고 보았다. 이 말은 매우 일리가 있으며, 또한 다른 예증도 없지만, 여전히 비고備考(참고자료)로 남겨둔다. 솔率은 똑바름을 권함과 강건하고 용맹함을 가리킨다.

古者包犧氏之王天下也,

옛날 포희씨가 천하에 왕 노릇 할 때,

鄭注 : 包, 取也. 鳥獸全具曰犧.(『釋文』)

   포包는 취取이다. 날짐승과 들짐승 모두를 희犧라고 한다.(『석문』)

호자봉의 고증을 살펴보면 포包가 취取라고 한 것은 정현이 "包"를 "부抒"로 가차한 것이며, 포包는 날抒의 쌍성雙聲과 첩운疊韻으로 두 글자는 함께 하평성下平聲의 오효五肴3) 안에 있다. 날抒자를 정현은 취取로 해석하였다.4) 겸兼謙「상」의 "자가 많은 것을 덜어내어 적은 것에 보탠다"(君子抒多益寡)는 구절을 정현은 주석하기를 "부抒는 취取이다"라고 하였다. 희犧는 희생犧牲을 가리키며, 곧 고대의 제사에서 쓰는 동물의 제수품祭需品이다. 『설문』에서는 "희犧는 종묘宗廟에 쓰는 가축(牲)이다"라고 하였다. 이러한 제사 용품은 대부분 소나 양 그리고 금수禽獸를 사용한다. 『주례』 「선부膳夫」의 "선膳은 여섯 희생을 쓴다"(膳用六牲)는 구절에 대하여 정현은 "여섯 희생은 말·소·양·돼지·개·닭"이라고 주석하였다. 이러한 금수와 같은 짐승들을 희생犧牲이라고 한다. 『주례』 「목인牧人」의 "무릇 제사에는 그 희생을 바친다"(凡祭祀共其犧牲)는 구절을 정현은 "희생은 들짐승과 날짐승 전부이다"라고 주석하였다. 이것은 포희包犧의 글자의 뜻을 해석한 것이다. 「계사」에서 포희包犧는 복희伏羲를 가리킨다.

---

3) 역자 주: 下平聲은 한자의 사성의 하나로 平聲에 속하는 서른 운을 상하로 나눈 아래의 반을 가리킨다. 肴는 卦의 여섯 가지 획수를 가리킨다. "下平五肴"는 하평성에 속하는 15개의 韻 가운데 다섯째까지를 의미한다.
4) 胡自逢, 『周易鄭氏學』(文史出版社, 1990), 306쪽.

仰則觀象于天, 俯則觀法于地, 觀鳥獸之文, 與地之宜, 近取諸身, 遠取
諸物, 于是始作八卦, 以通神明之德, 以類萬物之情.

우러러 하늘에서 상象을 관찰하고, 굽어 땅에서 법을 관찰하며, 날짐승과 들짐승의
무늬와 천지의 마땅함을 관찰하며, 가까이는 자신에게서 취하고, 멀리는 사물에게서
취하여 이에 팔괘를 만들어서 신명의 덕을 통하고, 만물의 실정을 분류하였다.

鄭注 : 伏羲世質作『易』以爲政令, 而不書上止畫其卦之形象.(『路史後紀』一)

　　복희伏羲는 세상의 본질世質로 『역』을 지어 정령政令으로 삼았으나, 문자로
　　기록하지 않고 그 괘의 형상을 그리기만 하였다.(『路史後紀』一)

이는 복희가 『역』을 지어 정령으로 삼았고, 그 『역』은 단지 괘의 획만 있고 문자는 없음을
말한 것이다.

作結繩而爲罔罟, 以佃以漁, 蓋取諸離. 包犧氏沒, 神農氏作.

줄을 묶어서 그물을 만들어 사냥하고 고기를 잡으니 대개 리괘離卦에서 취하였다.
포희씨가 죽고 신농씨가 나왔다.

鄭注 : 女媧修伏羲之道無改作.(「書序」正義)

　　여왜女媧는 복희의 도를 닦았고 개작함이 없었다.(「書序」正義)

여왜女媧는 신화 속의 고대 제왕의 이름이다. 전설에 고대에 하늘이 무너지고 땅이 갈라지니
여왜가 오색의 돌을 제련하여 하늘을 보수하고, 자라의 발을 잘라서 네 극을 세웠다. 어떤
사람은 복희의 누이라고도 하고, 어떤 사람은 복희의 처라고도 한다. 사회를 다스리는 면에서
그녀는 복희의 도를 이어 받고 수정하였지만, 다시 고치지는 않았다.

斲木爲耜, 揉木爲耒, 耒耨之利, 以敎天下, 蓋取諸益. 日中爲市, 致天
下之民, 聚天下之貨, 交易而退, 各得其所, 蓋取諸噬嗑. 神農氏沒, 黃
帝, 堯, 舜氏作.

나무를 깎아 쟁기를 만들고 나무를 휘어서 쟁기자루를 만들고, 쟁기와 호미의
이로움으로 세상을 가르쳤으니 대개 익益괘에서 취하였다. 해가 중천에 이르면

시장을 열고 세상의 백성들을 불러들여 세상의 재화를 모아서 교역하고 물러가
각각 그 살 곳을 얻게 하였으니, 대개 서합噬嗑에서 취하였다. 신농씨가 세상을
떠나자 황제黃帝・요堯・순舜이 나왔다.

鄭注 : 金天高陽高辛遵黃帝之道, 無所改作, 故不述焉.(『周禮』,「大司樂」 疏)

금천金天(少昊), 고양高陽(顓頊), 고신高辛(帝嚳)은 황제黃帝의 도를 준수遵守하고
개작하지 않았으므로 이에 저술하지 않았다.(『周禮』,「大司樂」 疏)

고양高陽은 황제黃帝의 손자 즉 전욱顓頊 임금이다. 고신高辛은 황제의 증손 곧 제곡帝嚳이다.
『사기』「왕제본기王帝本紀」의 기록에 의하면 전제典帝는 두 아들을 낳았는데, 하나는 현기玄器
이며 다른 하나는 창의昌意이다. 창의가 고양을 낳았다. 현기는 교극蟜極을 낳았고 교극은
고신高辛을 낳았다. 황제, 고양, 고신, 요, 순을 오제五帝라고 부른다.『백호통白虎通』「호號」에
는 "오제는 무엇을 이르는 말인가?『예』에서는 '황제黃帝, 전욱顓頊, 제곡帝嚳, 제요帝堯, 제순帝
舜이 오제이다'"라고 하였다. 고양과 고신이 정치를 함에 대부분 황제의 도를 준수하고 고치지
않았으므로 그것을 언급하지 않았다. 요와 순임금에 이르러 사회를 크게 고쳐서 제정하였다.

**通其變, 使民不倦, 神而化之, 使民宜之, 易窮則變, 變則通, 通則久,
是以自天佑之, 吉天⁵⁾不利.**

그 변화에 통하여 백성으로 하여금 게으르지 않게 하고, 신묘하게 변화하여 백성으로
하여금 마땅하게 하였다. 역易은 막히면 변하고 변하면 통하며, 통하면 오래가니
이 때문에 하늘로부터 보우하여 길하며 이롭지 않음이 없다.

鄭注 : 黃帝・堯・舜其號名雖殊, 其所以應時而趨變. 凡以爲民而已. 執久則釋, 視
久則瞬, 事久則弊, 不更則斁, 故通其變者, 使民不倦而已, 非常之變, 黎民懼
焉. 故神而化之, 使民宜之, 川行而涉, 陸行而塗也. 爲之舟柬以通之, 木處而
顚, 土處而病也, 爲之宮室以居之. 爲之棺槨以易溝壑之陋, 爲之書契以革結
繩之簡, 爲之及裳以辨上下, 爲之弧矢以威不恪. 患至, 而爲之備 ; 事來, 而炎
之應. 法之所來病, 聖人不强易, 民之所未厭, 聖人不强去, 凡此者, 所謂通其
變也. 如天之運, 如神之化, 在之而不示其所以在之之跡, 宥之而不示其所以
宥之之事, 其效至於民無所施其智巧也, 日用飲食而已, 此之謂使民宜之. 物

<hr>

5) 역자 주: 天은 無로 고쳐야 한다.

則備而有窮, 道則通而無弊. 易者, 道也. 故窮則變, 變則通, 通則久. 天下之事
所以易虧而亟壞者, 變而不能通也. 道之所以自古而固存者, 一闔一闢, 往來
不窮也, 故常久而不已者, 天地之道而顯然不間者. 莊子謂之命, 此所以自天
佑之, 吉無不利歟.(『義海撮要』, 卷七)

황제黃帝, 요堯, 순舜은 그 명호名號는 비록 다르지만 그들이 시절에 응하고
변화를 쫓아가는 근거는 무릇 백성을 근본으로 삼았을 뿐이다. 지킴이 오래되
면 풀어지고, 봄이 오래되면 잠간이 되고, 일이 오래되면 폐단이 생기고,
바꾸지 않으면 싫증나므로 "그 변화에 통하는 것은 백성으로 하여금 게으르지
않게 함"일 뿐이며, 긴급한 변화에는 백성黎氏이 두려워한다. 그러므로 신묘하
게 변화하여 백성으로 하여금 마땅하게 하고, 냇물에 가서 건너며 육지에
가서 걷는다. 배와 수레를 만들어 통하게 하며, 나무에 살면 전복되고 흙에
살면 병이 들기 때문에 궁실을 지어서 살게 하였다. 관곽棺槨을 만들어 도랑과
골짜기에 버려지는 비루함을 바꾸었고, 서계書契문서를 만들어 줄을 매듭짓는
간이함을 바꾸었으며, 의상을 만들어 상하를 변별하였으며, 활과 화살을
만들어 삼가지 않음을 두렵게 하였다. 근심이 이르면 그것을 대비하고, 일이
오면 그에 응하였다. 법이 병폐가 생기지 않으면 성인은 억지로 바꾸지
않았으며, 백성이 싫어하지 않는 것은 성인이 억지로 버리지 않으니 이러한
것을 이른바 "그 변화에 통함"이라고 한다. 예를 들면 하늘의 운행처럼 귀신의
조화와 같이 존재하되 그 존재하는 흔적으로 나타내지 않으며, 도와주되(有)
그 도와주는 일을 나타내지 않으며, 그 효과가 백성에게 미쳐도 그 지혜의
교묘함을 베풀지 않고 날마다 쓰고 마시고 먹을 뿐이니 이것을 일러 "백성으로
하여금 마땅하게 함"이라고 한다. 사물은 갖추되 다함이 있고, 도道는 통하되
폐단이 없다. 역易은 도道이다. 그러므로 막히면 변하고 변하면 통하여 통하면
오래간다. 세상의 일이 쉽게 이지러지고 빨리 무너지는 까닭은 변하되 통할
수 없기 때문이다. 도가 예로부터 굳건하게 존재하는 까닭은 한 번 열리고
한 번 막힘과 가고 옴이 다함이 없다. 그러므로 변함없이 오래되고 멈추지
않으며, 천지의 도는 분명히 드러나 틈이 없다. 장자莊子는 것을 명命이라
하였으며, 이것을 "하늘로부터 보우하여 길하며 이롭지 않음이 없음"이라고
한다.(『의해촬요』, 권7)

정현의 뜻을 살펴보면, 황제, 요, 순의 공적은 일을 쫓아 변화하는 것이며, 변화는 사물이

발전하는 규율이며, 대세大勢가 나가는 방향이다. "지킴이 오래되면 풀어지고, 봄이 오래되면 잠깐이 되고, 일이 오래되면 폐단이 생기고, 바꾸지 않으면 싫증남"이 그 뜻이며, 따라서 그 변하에 통함으로써 백성으로 하여금 게으르지 않게 한다. 변화가 동연하게 일어나면 백성이 두려워하므로 제왕은 "신묘하게 변화하여 백성으로 하여금 마땅하게 함"의 방법을 쓴다. 이른바 "그 변화에 통함"은 곧 낡은 것을 고치고 새것을 창조함革故鼎新이며, 배와 수레를 발명하여 통하지 않은 곳을 건너게 하며, 궁실을 발명하여 나무 위나 흙 속에 사는 것을 대신하게 하며, 관곽棺槨을 발명하여 도랑과 골짜기에 버려지는 비루함을 바꾸었고, 서계書契(문자부호)를 만들어 줄을 매듭짓는 간이함을 바꾸었으며, 의상을 만들어 상하를 변별하였으며, 활과 화살을 만들어 삼가지 않음을 두렵게 하였으니, 이것이 곧 「계사」의 이른바 "나무를 깎아서 배를 만들고, 나무를 베어서 노를 만드니, 배와 노의 이로움으로 이르지 못하는 곳을 건너게 한다"는 말이며, "소를 부리고 말을 타고 무거운 것을 끌어서 먼 곳에 이르게 한다"는 말이며, "나무에 활시위를 매어 활을 만들고, 나무를 깎아서 화살을 만들고, 화살과 활의 이로움으로 천하를 두렵게 한다"는 말이며, "상고에는 혈거穴居에 살며 들판에 살다가 후세에 성인이 그것을 궁실로 바꾸었다"는 말이며, "옛날의 장례는 두꺼운 옷을 입혀서 들 가운데서 장례를 지냈는데,…… 후세에 성인이 서계書契(문서)로 바꾸었다"는 말이다. 이른바 "신묘하게 변화한다"는 말은 신묘하게 예측할 수 없이 변화함을 가리킨다. 예를 들면 하늘의 운행은 비록 존재하되 그 존재하는 흔적으로 나타내지 않으며, 이로움이 있으나 이로움의 일을 드러내지 않는다. 이것은 곧 「계사」의 "인仁에서 드러나며 용用에 저장되어 있다"는 말이다. 이른바 "백성으로 하여금 마땅하게 함"은 그 변화의 이로움이 백성에게 베풀어짐이 없어도 백성이 그것을 이용함, 즉 이른바 "백성이 날로 쓰면서도 알지 못한다"는 뜻이다. 이른바 변통變通은 곧 역도易道로서 말한 것이며, 역도는 변동해도 머물지 않으며, 두루 육허六虛(여섯 방위)를 흐르므로 또한 만물로 하여금 생겨나고 생겨나 그침이 없도록 하며, 따라서 역은 마치면 변하고 변하면 통하며 통하면 오래간다. 그러므로 하늘이 그것을 보우하니 길하여 이롭지 않음이 없다. 대만학자인 호자봉 선생의 고증에 의하면 "나무에 살면 전복되고 흙에 살면 병이 든다", "궁실을 지었다"는 말은 곧 한유의 『원도原道』의 구절이니 당송唐宋시대 역의 연구에서 비롯된 것으로 의심한다. 그 행문行文(문장)을 따라서 보면 또한 당송시대 사람의 역주易注와 비슷하다. 예를 들면 유염兪琰(생졸 미상, 宋末元初)은 "시절이 변해야 마땅하면 변해야 하고 변하지 않으면 막히니, 변하여 통하는 것은 시절을 쫓기 때문이며, 백성이 싫어하지 않는 것은 성인이 억지로 버리지 않고, 백성이 안심하지 않은 것을 성인이 억지로 행하지 않는다"라고 하였는데, 이 말은 『의해義海』에서 인용한 주석의 문장과 매우 비슷하다. 그러나 확실한 증거가 부족하기 때문에 감히 버리지는 않는다. 두斁(깨부숨)는 패괴敗壞(깨어져 무너짐)이다. 『상서』 「홍범」의 "인륜이 패하여 무너짐"(彛倫攸斁)이 곧 그 뜻이다. 유宥는 이利이다. 『여람呂覽』 「거유去宥」의 "이것은 이로운 바를 가지고 있다"(此有所宥也)는 구절에서, 유宥는 이利라고 주석하였다.

黃帝堯舜垂衣裳而天下治, 蓋取諸乾坤.

황제, 요, 순이 의상을 지어서 천하를 다스렸으니 대개 乾건과 坤곤에서 취하였다.

鄭注 : 始去羽毛.(『公羊傳』, 桓公 4年 疏) 乾爲天, 坤爲地, 天色玄, 地色黃, 故玄以爲衣, 黃以爲裳, 象天在上, 地在下, 土託位南方.(『詩經』, 「七月」 疏; 『禮記』, 「王制」 疏) 南方色赤, 黃而兼赤, 故爲纁也.(同上)

처음으로 깃과 털을 버렸다.(『公羊傳』, 桓公 4年 疏) 乾건은 하늘이며, 坤곤은 땅이며, 하늘의 색은 현玄(검정)이며, 땅의 색은 황黃이므로 검정색으로 上衣상의를 만들고 황색으로 치마를 만들어, 하늘은 위에 있고 땅은 아래에 있음을 상징하며, 土토는 남쪽을 맡아 위치한다.(『詩經』, 「七月」 疏; 『禮記』, 「王制」 疏) 남쪽은 적색赤色이며, 황黃이 적색을 겸하므로 분홍纁이다.(위의 책)

깃과 털을 버렸다는 말은 황제가 깃과 털을 바꾸어 몸을 가리는 의복衣服으로 만들었음을 가리킨다. 『구가역』에서는 "황제 이전에는 깃털과 가죽 초목으로 추위와 더위를 막았는데, 황제에 이르러 비로소 저고리와 치마(衣裳)를 만들었다"라고 하였다. 『魏志』 「高貴鄕公紀」에서 준俊이 대답하기를 "삼황三皇의 시대에는 사람이 적고 금수가 많았기 때문에 그 깃털과 가죽을 취해서 세상이 풍족하게 썼다. 황제 때에 이르러 사람이 많고 금수가 적었기 때문에 의상을 만들어서 시대의 변화를 구제하였다"라고 하였다. 황제는 乾坤건곤과 천지를 본받아서 의상을 만들었다. 乾건은 하늘이며 곤은 땅이고, 하늘은 검은 색이고 땅은 황색이니, 곧 「문언」에서 말한 "하늘은 검고 땅은 누렇다"는 말이다. 하늘은 위에 있고 땅은 아래에 있으므로 천상을 본받아 저고리는 검은 색으로 만들었으며, 땅의 아래를 본받아 치마는 황색으로 만들었다. 훈纁은 붉은 색과 황색을 섞은 분홍색纁色이다. 『주례소』 「염인染人」에서 "건곤은 곧 천지의 색이며, 하늘은 검고 땅은 누렇고, 훈纁은 土토로서 정해진 위치가 없다"라고 하였다. 남쪽을 맡은 것은 화火이며, 화火의 색은 적색과 황색을 섞은 것이며, 그것이 분홍색이다"라고 하였다. 『주례소』 「사복司服」에서는 "적색과 황색을 섞은 것이 곧 훈색纁色이므로 훈纁이라고 이름 지었다"라고 하였다.

刳木爲舟, 剡木爲楫, 舟楫之利, 以濟不通, 致遠以利天下, 蓋取諸渙. 服牛乘馬, 引重致遠, 以利天下, 蓋取諸隨. 重門擊柝, 以待虣[6]客, 蓋取諸豫.

---

6) 虣는 통행본에서는 "暴"으로 썼다.

나무를 깎아서 배를 만들고, 나무를 베어서 노를 만드니, 배와 노의 이로움으로 이르지 못하는 곳을 건너게 하며, 먼 곳에 이르게 하여 세상을 이롭게 하며, 대개 환괘煥卦에서 취하였다. 소를 부리고 말을 타고 무거운 것을 끌어서 먼 곳에 이르게 하여 세상을 이롭게 하니 대게 수괘隨卦에서 취하였다. 문을 중첩重疊하고 딱따기를 치며, 강도를 방비하니 대개 예괘豫卦에서 취하였다.

鄭注 : 豫坤下震上, 九四體震, 又互體有艮, 艮爲門. 震日所出亦爲門, 重門象. 艮又爲 手, 巽爻也, 應在四, 皆木也, 手持二木也. 手持二木以相敲, 是爲擊柝. 擊柝爲 守備警7)戒也.8) 四又互體爲坎, 坎爲盜, 五離爻, 爲甲冑戈兵, 盜謂9)(甲冑)持 戈兵, 是暴虣客也. 又以其卦爲豫, 有守備則不可自逸.(『周禮』, 「天官·宮正」疏)

예괘豫卦는 하괘가 곤坤 상괘가 진震이며, 구사의 체가 진이며, 또한 호체는 간艮이며, 간은 문門이다. 진의 날에 나오는 것도 또한 문이니 중첩된 문의 상象이다. 간은 또한 수手이니 손巽의 효이며, 네 번째 효에서 응하니 모두 목木이며, '손이 두 목木을 가지고 있다. 손이 두 목을 가지고 서로 두드리니 이것은 딱따기를 치는 것이다. 딱따기를 치는 것은 수비하여 경계警戒함이다.' 4효와 호체는 감坎이며, 감은 강도이며, 5효는 리離의 효이며, 갑주甲冑(갑옷과 투구)와 무기이며, 강도는 갑주甲冑와 무기를 가지고 있으니 이것은 난폭한 포객虣客(강도)이다. 또한 그 괘는 예괘豫卦이며, 수비함이 있으면 스스로 일탈逸 脫할 수 없다.(『周禮』, 「天官·宮正」 疏)

예괘豫卦는 하괘가 곤이며 상괘는 진震이다. 진은 양효를 주로 하므로 구사가 체이며 진이며, 2·3·4효의 호체는 간이다. 「설괘」를 보면 간은 문이며, 진은 동쪽이며, 동쪽은 해가 나오는 곳이므로 진 또한 문이며, 겹친 문이 이것의 상이다. 또 간은 수手이니 효체설에 근거하면 초효의 음이 손巽이며, 4효의 진과 서로 응한다. 손과 진은 모두 나무이므로 손에 두 나무를 가진 상이다. 손에 가진 두 나무를 두드림은 딱따기를 치는 것이다. 마융은 "탁柝은 두 나무를 서로 치면서 밤에 다니는 것이다"라고 하였다. 탁柝은 곧 오늘날의 이른바 (밤의 一更마다 치는) 딱따기이다. 3·4·5효의 호체는 감이며, 다섯 째 효는 음이며 체는 리離이다. 「설괘」를 보면, 감은 강도이며, 리는 갑옷과 투구와 무기이다. 강도가 투구를 쓰고 무기를 가짐이 강도의 상이다. 예괘에는 향락의 뜻이 있다. 「잡괘」에서 "예豫는 태怠이다"라고 하였고, 『석문』은

---

7) 警은 왕필본에서는 "驚"으로 썼다.
8) 이 구절은 『좌전』 애공 7년의 疏에도 보인다.
9) 정현의 원문은 "盜謂"로 되어 있는데, 잘못된 글자이다. 惠棟이 "甲冑"로 고쳤다.

우번을 인용하여 "이이"(기쁨)라고 썼으며, 『집해』도 본래 같다. 『이아』 「석고」에서는 "이이는 낙樂(즐거움)이다"라고 하였다. 따라서 괘에는 향락의 뜻이 있으므로 마땅히 수비守備하여 스스로 일탈할 수 없다고 말하였다. 포虣는 금문본에는 "포暴"으로 썼는데 두 글자는 서로 통한다. 『주례』「지관‧대사도」에서는 "형벌로써 중中을 가르치는 데 일삼으면 백성이 사나워지지 않는다"(以刑事教中, 則民不虣)라고 하였다. 『주례』「지관‧사포司虣」에서 "다투고 소란스러운 자와 사납고 난폭한 자들의 금한다"(禁其鬥器者與其虣亂者)고 하였는데, 그 가운데 "포虣"에는 "포暴"의 의미가 있다.

斷木爲杵, 掘地爲臼, 臼杵之利, 萬民以濟, 蓋取諸小過. 弦木爲弧, 剡木爲矢, 弧矢之利, 以威天下, 蓋取諸睽. 上古穴居而野處, 後世聖人易之以宮室, 上棟下宇, 以待風雨, 蓋取諸大壯. 古之葬者, 厚衣之以薪, 葬之中野, 不封不樹, 喪期无數, 後世聖人易之以棺槨, 蓋取大過.

나무를 잘라 절굿공이를 만들고, 땅을 파 절구를 만드니, 절굿공이와 절구의 이로움으로 만민을 구제했으니, 대개 소과괘에서 취하였다. 나무에 활시위를 매어 활을 만들고, 나무를 깎아서 화살을 만들고, 화살과 활의 이로움으로 천하를 두렵게 하는 것은 대개 규睽괘에서 취하였다. 상고에는 굴속이나 들에 살았는데 후세에 그것을 궁실로 바꾸었는데, 위에는 들보를 얹고 아래에는 서까래를 받쳐서 바람과 비를 대비하였으니 대개 대장大壯괘에서 취하였다. 옛날의 장례는 두꺼운 옷을 입혀서 들 가운데서 장례를 지냈는데, 봉분封墳도 하지 않고 나무도 심지 않았으며, 장례의 기일도 일정한 수가 없었는데, 후세에 성인이 관곽棺槨으로 바꾸었으니 대개 대과大過괘에서 취하였다.

鄭注 : 大過者, 巽下兌上之卦, 初六在巽體, 巽爲木. 上六位在巳, 巳當巽位, 巽又爲木, 二木在外, 以夾四陽, 四陽互體爲二乾, 乾爲君, 爲父, 二木君是棺槨之象. (『禮記』,「檀弓」疏)

대과大過괘는 손巽이 하괘 태兌가 상괘이며, 초육은 손巽에서 체이며, 손은 목이다. 상육은 사巳에 위치하며, 사巳는 손의 위치에 해당하며, 손은 또 목이며, 두 목이 밖에 있으면서 네 양을 끼고 있으며, 네 양의 호체는 2효의 건乾이며, 건은 임금이며 아버지이며, 두 나무가 임금을 끼고 있음은 관곽棺槨의 상이다.(『禮記』,「檀弓」疏)

효체설을 살펴보면, 대과괘는 초육은 손巽이 체이며, 손은 목이며, 또 효진설을 보면, 곤의 여섯 효는 아래로부터 위로 차례로 올라와 미未·유酉·해亥·축丑·묘卯·사巳로 납입한다. 대과괘의 상효는 음효이며, 마땅히 곤괘 상육을 따라 사巳로 납입하며, 사巳는 방위를 따라서 보면 동남쪽이며, 동남쪽은 손의 위치이며, 손은 또한 목木이다. 그러므로 이 괘의 상육의 효를 따라서 보면 상하의 두 목이 가운데 네 양효를 끼고 있다. 네 양효의 호체는 '두 건乾(2·3·4효의 호체인 건 3·4·5효의 호체인 간)이다. 건은 임금이며 아버지이며, 임금과 아버지가 두 개의 목 가운데 있으니 이것이 관곽棺槨이다.

上古結繩而治.

상고에는 줄을 매듭지어 다스렸으나,

鄭注 : 事大, 大結其繩; 事小, 小結其繩.(『正義』; 「書序」 疏)

> 일이 크면 그 줄을 크게 매듭짓고, 일이 작으면 그 작게 매듭짓는다.(『正義』; 「書序」 疏)

이 말은 상고시대의 줄을 매듭지은 것에 관한 기록이다. 상고시대 선민들의 사유의 수준이 낮고 또한 숫자나 문자가 없어서 숫자를 이용한 계산이나 문자를 이용한 기록을 할 수가 없었으며, 생활에서 단지 "줄의 매듭을 묶음"의 방법을 이용하여 일을 기록하였다. 이것은 문자학으로 증명할 수 있다. 갑골문의 "수數"는 글자 형태의 구조로 보면, 줄로 매듭지은 의미가 있다. 『설문』에는 "수數는 계計(헤아려)이다"라고 하여 "줄을 매듭지음"(結繩은 계산하기 위함임을 설명하였다. 그러므로 "줄을 매듭지음"은 중국의 수학과 문자의 맹아萌芽이다. 정현이 "일이 크면 그 줄을 크게 매듭짓고, 일이 작으면 그 작게 매듭짓는다"고 한 말은 "줄을 매듭지음"을 기록한 일에 대한 더욱 구체적인 설명이다. 이 설명은 『구가역』과 서로 같은 종류이지만, 『구가역』이 더욱 상세하고 곡진曲盡하다. 『구가역』에서는 "옛날에는 문자가 없어서 만약 맹세하고 약속할 일이 있으면, 일이 크면 그 매듭을 크게 짓고, 일이 작으면 그 매듭을 작게 지었으며, 매듭의 많고 적음은 사물에 따라 많고 적으며, 각각 가지고서 서로 견주어 보면, 또한 서로 충분히 바로잡을 수 있다"라고 하였다.

後世聖人易之以書契.

후세의 성인이 그것을 글과 문서로 바꾸었다.

鄭注 : 書之於木, 刻其側爲契, 各持其一後以相考合.(「書序」 疏)

나무에 글을 쓰고, 그 옆에 새김이 계契이며, 각각 그 하나를 가진 후에 스로 합合하는가를 견주어 본다.(「書序」 疏)

이 말은 성인이 나무에 일을 새겨서 "줄을 매듭지어 일을 기록하는 것"을 대신하였다는 뜻이다. 정현의 관점을 살펴보면 글과 문서는 나무토막에 글을 쓰고 나무토막에 문자를 새기를 것을 가리킨다. 쓰는 것과 새기는 것은 비슷한 두 가지 방법이지만 사실 두 가지를 고증해 보면 하나의 일이다. 『서서』「석문」에는 인용하기를 "나무의 면에 글을 쓰는 것은 그 일을 나무에 새김을 말하며, 그것을 서계書契라고 한다"라고 하였다.

百官以治, 萬民以察, 蓋取諸夬10).
백관을 다스리고 만민을 규찰하니, 대개 쾌夬괘에서 취하였다.

是故『易』者, 象也. 象也者, 像也.
이런 까닭에 『역』은 상象이니, 상은 (모양을) 본받음이다.

鄭注 : 像, 擬也.(『釋文』)

　　상像은 의擬(본뜸)이다.(『석문』)

『설문』에는 "상像은 사似(같음)이니 상象으로 읽는다"라고 하였다. 단옥재는 "상象은 고문이며, 성인이 상像으로 해석하였다. 무릇 형상形像, 도상圖像, 상상想像 등의 단어는 모두 사람 인人을 따른다. 그리고 학자들은 대부분 상象으로 썼기 때문에 상象이 유행하고 상像이 없어졌다"라고 주석하였다. 이는 상象과 상像이 통함을 말한다. 상象에는 비의比擬(견주어 헤아림)의 뜻이 있다. 『관자管子』「칠법七法」에는 "의義, 명名, 시時, 사似, 유類, 비比, 상狀을 상象이라고 한다"라고 하였다. 그러므로 "象"을 "像"으로 해석하고, 또 상像은 "의擬"로 해석할 수 있다.

彖者, 材也. 爻也者, 效天下之動者也, 是故吉凶生而悔吝著也.
단은 재료이며, 효爻는 천하의 움직임을 본뜬 것이다. 이 때문에 길흉이 생기고 후회함과 애석하게 여김이 드러난다.

---

10) 夬는 백서본에는 "大有"로 되어 있다.

陽卦多陰, 陰卦多陽, 其故何也? 陽卦奇, 陰卦偶, 其德行何也? 陽一君而二民, 君子之道也. 陰二君而一民, 小人之道也.

양괘에 음이 많고, 음괘에 양이 많으니 그 까닭이 무엇인가? 양괘는 기수奇數이고 음괘는 우수偶數인데 그 덕이 어떻게 행해지는가? 양은 한 임금에 두 백성이니 군자의 도이다. 음은 두 임금에 한 백성이니 소인의 도이다.

鄭注 : 一君二民, 謂黃帝·堯·舜, 謂地方萬里爲方千里者百. 中國之民居七千里, 七七四十九. 方千里者四十九, 夷狄民居千里者五十一, 是中國·夷狄二民共事一君. 二君一民, 謂三代之末, 以地方五千里一君, 有五千里之土, 五五二十五, 更足以一君二十五, 始滿千里之方五十, 乃當堯·舜一民之地, 故云: 二君一民.(『禮記』, 「王制」 疏)

한 임금과 두 백성은 황제와 요·순을 말한다. 지방의 만 리는 사방 천 리가 백이다. 나라 가운데(中國)의 백성이 칠천 리에 거주하며 7×7=49이다. 사방 천 리인 것이 49이니 이적夷狄의 백성이 천리에 사는 것이 51이며, 이는 중국과 이적의 두 백성이 함께 한 임금을 섬기는 것이다. 두 임금에 한 백성은 삼대三代의 말에 지방의 오천 리를 한 임금으로 삼고 오천 리의 토지가 있음이 5×5=25이니, 다시 한 임금인 곳이 25여서 비로소 천리의 방토方土가 50을 채우니 곧 요와 순의 한 백성의 땅에 해당하므로 "두 임금에 한 백성"(『禮記』, 「王制」 疏)이라고 하였다.

이는 고대의 토지의 분봉제로써 해석한 것이다. 먼저 황제와 요와 순이 거주하는 땅의 수량을 해석하여 "한 임금과 두 백성"이라고 하였다. 고대의 토지는 임금의 소이며, 한 임금이 중국과 이적의 두 백성을 통치한다. 지역적으로 보면 1천 평방키로에 중국이 칠 천 리에 살면 49평방키로이며, 이적의 백성은 51평방키로에 거주한다. 두 곳의 토지에서 함께 한 임금을 섬기니 이것이 "한 임금과 두 백성"이다. 이른바 "두 임금과 한 백성"은 삼대의 말에 오천 평방키로는 한 임금이 이천오백 평방키로를 가지며, 또 다른 임금이 이천오백 평방키로를 가지고 또한 한 임금을 받드는 데 쓸 수 있으니 서로 요순시대의 한 백성의 땅에 해당하니 이것을 "두 임금과 한 백성"이라고 한다.

『易』曰: "憧憧往來, 朋從爾思." 子曰 "天下何思何慮? 天下同歸而殊塗, 一致而百慮. 天下何思何慮? 日往則月來, 月往則月來, 日月相推, 而明生焉. 寒往則暑來, 暑往則寒來, 寒暑相推, 而歲成焉. 往者, 屈也; 來者, 信也. 屈信相感, 而利生焉. 尺蠖之屈, 以求信也; 龍蛇之蟄, 以存身也; 精義入神, 以致用也; 利用安身, 以崇德也. 過此以往, 未之或知也. 窮神知化, 德之盛也." 『易』曰: "困于石, 據于蒺藜, 入于其宮, 不見其妻, 凶." 子曰: "非所困而困焉, 名必辱. 非所據而據, 身必危. 旣辱且危, 死期將至, 妻其可得見耶?" 『易』曰: "公用射隼于高墉之上, 獲之, 无不利." 子曰: "隼者, 禽也; 弓矢者, 器也; 射之者, 人也. 君子藏器于身, 待時而動, 何不利之有? 動而不括, 是以出而有獲, 語成器而動者也." 子曰: "小人不恥不仁, 不畏不義, 不見利不勸, 不威不懲, 小懲而大戒, 此小人之福也. 『易』曰: '履校滅趾, 无咎.' 此之謂也. 善不積, 不足以成名; 惡不積, 不足以滅身, 小人以小善爲无益而弗爲也, 以小惡爲无傷而弗去也. 故惡積而不可揜, 罪大而不可解. 『易』曰; '何校滅耳, 凶.'" 子曰: "危者, 安其位者也; 亡者, 保其存者也; 亂者, 有其治者也. 是故君子安而不忘危, 存而不忘亡, 治而不忘亂, 是以身安而國家可保也. 『易』曰: '其亡其亡, 繫于苞桑.'" 子曰: "德薄而位尊, 知小而謀大, 力小而任重, 鮮不及矣. 『易』曰: '鼎折足, 覆公餗, 其形渥, 凶.' 言不勝其任也." 子曰: "知幾其神乎? 君子上交不諂, 下交不瀆, 其知幾乎. 幾者, 動之微, 吉之先見者也. 君子見幾而作, 不俟終日. 『易』曰: '介于石, 不終日, 貞吉.' 介如石焉, 寧用終日, 斷可識矣. 君子知微知章.

『역』에 "분주하게 가고 오니 벗이 너의 생각을 따를 것이다"라고 하였다. 공자는 "천하는 무엇을 생각하며 무엇을 헤아리는가? 천하가 같은 근원으로 돌아가지만 길은 다르며, 하나로 이르지만 생각은 백 가지다. 천하는 무엇을 생각하며 무엇을 헤아리는가? 해가 지면 달이 뜨고, 달이 지면 해가 뜨니, 해와 달이 서로 받들어 밝음이 생긴다. 추위가 가면 더위가 오고, 더위가 가면 추위가 오니, 추위와 더위가 서로 받들어 일 년이 이루어진다. 가는 것은 굽히고, 오는 것은 펼치고, 굽힘과 펼침이 서로 교감하여 이로움이 생긴다. 자벌레의 움츠림은 펼치기 위함이요, 용이나 뱀의 겨울잠은 몸을 보존하기 위함이며, 의義를 정밀하게 하여 신묘한 경지에 들어감은 용用에 힘쓰기 위함이며, 씀을 이롭게 하여 몸을 편안하게 함은 덕을 숭상崇尙하기 위함이다. 이것을 넘어서 가는 것은 아직은 혹 아는 사람이 없다. 신묘함을 궁구하여 변화를 앎이 덕의 성대함이다"라고 하였다. 『역』에서 "돌 때문에 곤란하여 가시나무(蒺藜)에 앉았다. 자기 집에 들어가도 아내를 보지 못하니 흉하다"라고 하였다. 공자는 "곤란할 바가 아닌데 곤란하니 이름이 반드시 욕된다. 의거할 바가 아닌데 의거하니 몸이 반드시 위태롭다. 이미 욕되고 위태로우니 죽을 시기가 장차 이르게 되니 아내를 볼 수 있겠는가?" 하였다. 『역』에서 "공公이 높은 담 위에서 새매(隼)를 쏘아 잡았으니 이롭지 않음이 없다"라고 하였다. 공자는 "새매는 날짐승이며, 활과 살은 기구이며, 그것을 쏘는 것은 사람이다. 군자가 기구를 몸에 간직하고 때를 기다려 움직이니, 어찌 이롭지 않음이 있겠는가? 움직이되 묶이지 않아서, 나가서 잡음이 있음, 기구를 만들어 움직임을 말하였다"라고 하였다. 공자는 "소인은 어질지 않음을 부끄러워하지 않고, 의롭지 않음을 두려워하지 않으며, 이익이 아니면 권면하지 못하고, 위협하지 않으면 징계되지 않으니, 적게 징계하여 크게 경계함이 소인의 복이다. 『역』의 '차꼬를 신에 달아 발을 없어지게 하였으니 허물이 없다'는 구절이 이것을 이른 말이다. 선善을 쌓지 않으면 이름을 이룰 수 없고, 악을 쌓지 않으면 몸을 없어지게 할 수 없으니 소인은 작은 선을 무익하다고 보고 하지 않으며, 작은 악은 해가 적다고 버리지 않는다. 이 때문에 악이 쌓여 가릴 수 없고, 죄가 커져 해소할 수가 없다. 『역』에서 '차꼬를 메어 귀가 없어졌으니 흉하다'고 했다'라고 하였다. 공자는 "위태롭다고 여김은 그 자리를 편안히 하는 것이며, 망할까 함은 그 생존을 보존하는 것이며, 어지러울까 함은 그 다스림이 있게 하는 것이다. 그러므로 군자는 편안해도 위태로움을 잊지 않고, 보존되어도 망함을 잊지 않으며, 다스려져도 어지러움을 잊지 않으니, 이 때문에 몸이 편안하고 나라가 보존될 수 있다.

『역』에 '그것이 망할까 그것이 망할까 하여 그렁 풀과 뽕나무에 매단다'고 했다'라고 하였다. 공자는 "덕德은 적으나 지위는 높고, 지혜가 작으면서 꾀함이 크고, 힘이 적으나 임무가 무거우면 (禍가) 미치지 않은 사람이 드물다. 『역』에서 '솥의 다리가 부러져 공公에게 바칠 음식이 엎어졌으니 형벌이 받게 되니 흉하다'라고 했는데, 이는 자신의 임무를 감당하지 못함을 말하였다"라고 하였다. 공자는 "기미幾微를 앎이 그 신묘함이여! 군자는 윗사람과 사귀되 아첨하지 않고, 아랫사람과 사귐에 모독冒瀆하지 않으니 그것은 기미를 아는 것일진제"라고 하였다. 기機는 움직임의 미묘함이며, 길함이 먼저 나타난 것이다. 군자는 기미를 보고 시작하니 하루 종일

기다리지 않는다. 『역』에서 '돌처럼 단단하게 하루로 마치지 않으니 곧고 길하다'라고 하였다. 단단하기가 돌과 같으니 어찌 하루로 마치겠는가? 결단함을 알 수 있다. 군자는 미묘함도 알고 뚜렷하게 드러난 것도 안다.

鄭注 : 君子知微, 謂幽昧. 知章, 謂明顯也.(『文選』, 「西征賦」[潘岳] 注)

군자가 기미를 앎을 유매幽昧(그윽하고 어두움)라고 하며, 드러난 것을 앎을 명현明顯이라고 한다.(『文選』, 「西征賦」[潘岳] 注)

정현의 주석문을 따라 보면 이것은 "微"와 "章"을 해석한 것이다. 미微는 본래 의미는 은미하게 행함隱行을 가리킨다. 『설문』에는 "微는 은행隱行이다"라고 하였다. 후에는 미소微小와 유매幽昧의 뜻으로 전의되었다. 「계사」에서 "기幾는 움직임의 미微이다"라고 하였는데, 이 "微"는 미소微小의 뜻이다. 『문선』 「귀전부歸田賦」에서는 "천도의 미매微昧를 믿는다"(諒天道之微昧)고 하였고, 이를 주석하여 "미매微昧, 유은幽隱"이라고 하였다. 이 "微"는 유매幽昧의 뜻이다. 장章은 백서본과 금문본도 같이 "창彰"으로 썼으며, 고대에는 장章과 창彰은 통하였다. 장章은 명현明顯의 뜻이다. 『의례』 「사관·예기」의 "장보章甫", 『예기』 「장기場記」의 "밝은 백성의 구별"(章民之別), 『예기』 「치의緇衣」의 "밝은 뜻과 곧은 교육"(章志貞敎) 등을 정현은 모두 "장章은 명明이다"라고 주석하였다. 『초사구장서楚辭九章序』에서는 "장章은 시초蓍草의 밝음이다"라고 하였고, 『주역』 「풍괘豐卦」에서는 "도래한 밝음에 경사와 명예가 있다"(來章有慶譽)라고 하였는데, 우번은 "장章은 명明이다"라고 주석하였다.

知柔知剛, 萬夫之望." 子曰: "顔氏之子, 其殆庶幾乎?

부드러움도 알고 굳셈도 아니 만부萬夫(수많은 사람)가 우러러 본다"라고 하였다. 공자는 "안연顔淵의 아들은 거의 도에 가깝도다!

鄭注 : 庶, 幸也. 幾, 覬也.(『詩經』, 「免爰」 正義)

서庶는 행幸이다. 기幾는 기覬(바람)이다.(『詩經』, 「免爰」 正義)

『이아』를 살펴보면, 서庶는 "행幸"의 뜻이 있다. 『이아』 「석언」에 "서庶는 행幸이다"라고 하였다. 기幾에도 "행幸"의 뜻이 있다. 『설문』에 "기覬는 기행覬幸이다"라고 하였다. 단옥재의 주석을 보면 행幸은 고대에는 "幾"로 썼다. 그러므로 서庶와 기幾는 그 뜻이 같다. 조원필은 "정현으로서는 '서기庶幾를 기행覬幸의 뜻으로 보았으니 사辭에 가깝다"(『集解補釋』)라고 하였다. 호자봉胡自逢은 "기기幾覬라는 것은 바람이 기유覬覦(분수에 넘치게 야심으로 기회를 노리고 엿봄)이며, 희망의 말이다. 기覬와 기冀는 음이 같고 의도 통한다"(『주역정씨학』)라고 하였다. 또 "서庶

를 행幸으로 해석하고, 행幸 또한 바라고 구하는 바가 있다. 『설문』에는 '기覬는 행幸이다'라고 하였는데, 서기庶幾의 뜻과 완전히 같다'(위의 책)라고 하였다.

有不善未嘗不知, 知之未嘗復行也. 『易』曰: '不遠復, 无祗悔, 元吉.'"
"天地絪縕, 萬物化醇, 男女觀精,

선하지 않음을 알지 못했던 적이 없으며, 알면 일찍이 다시 (잘못을) 행한 적이 없다. 『역』에서 '(잘못함이) 멀리가지 않고서 돌아오니 후회함에 이르지 않으니 크고 길하다'고 했다'라고 하였다. "천지가 얽히고설켜 만물의 변화가 순정醇正하여 남녀가 정기를 합치니,

鄭注 : 觀, 合也. 男女以陰陽合其精氣.(『詩經』, 「草蟲」疏)

구觀는 합合이다. 남녀가 음과 양으로 그 정기精氣를 합한다.(『詩經』, 「草蟲」疏)

구觀는 금문본에는 "구構"로 썼는데, 둘은 음이 같고 형태도 비슷하므로 서로 통한다. 구觀에는 우견遇見(만남)의 뜻이 있다. 『설문』에는 "구觀는 우견遇見이며, '볼 견(見)'을 따르고 구構로 읽는다'라고 하였고, 단옥재는 『시』「여남如南・초충草蟲」에서 '또한 만날 수 있다면 다시 뵈올 수만 있다면(亦卽見止, 亦旣觀止)'이라고 하였고, 전傳에서 '구觀는 만남(遇)이다'라고 하였고,…… 모전毛傳에는 우遇라 하였다. 실제로 회합의 뜻을 포함하고 있다'라고 하였다. 또한 구構는 교합交合의 뜻이 있다. 『설문』에는 "구構는 서로 재목을 쌓음이다. 상으로 짝하여 교합하는 형상이다'라고 하였다. "짝하여 교합하는 형상'이 곧 "합合'이다. 구構는 구觀와 통하므로 구觀는 또 교합交合의 뜻이 있다. "남녀가 정기를 합한다'는 말은 남녀의 교합을 가리킨다.

萬物化生. 『易』曰: '三人行, 則損一人; 一人行, 則得其友.' 言致一也. 子曰: "君子安其身而後動, 易其心而後語, 定其交而後求, 君子修此三者, 故全也. 危以動, 則民不與也. 懼以語, 則民不應也. 无交而求, 則民不與也. 莫之與, 則傷之者至矣. 『易』曰: '莫益之, 或擊之, 立心勿恒, 凶.'"

만물이 변화하고 생겨난다. 『역』에 '세 사람이 가면 한 사람을 잃고, 한 사람이 가면 그 벗을 얻는다'고 하였으니 전일專一(致一)함을 말한다'고 했다. 공자는 "군자는 자신의 몸을 편안히 한 후 움직이며, 그 마음을 가다듬은 후에 말하며, 그 사람을

안정시킨 후에 구하니, 군자는 이 세 가지를 수양하므로 온전하다. 위태하게 움직이면 백성이 함께 하지 않으며, 두려워하며 말하면 백성이 응하지 않고, 사귐이 없이 구하면 백성이 함께하지 않는다. 함께 함이 없으면 그것을 손상시키는 자가 이른다. 『역』에서 '그것을 더해줌이 없으면 혹 공격하니, 마음을 세우기를 변함없도록 하지 말라, 흉하다'고 했다"라고 하였다.

子曰: "乾坤其易之門戶11)邪. 乾, 陽物也; 坤, 陰物也. 陰陽合德, 而剛柔有體, 以體天地之撰, 以通神明之德. 其稱名也, 雜而不越, 于稽其類, 其衰世之意邪. 夫易, 彰往察來, 而微顯闡幽. 開而當名, 辨物正言斷辭則備矣. 其稱名也小, 其取類也大, 其旨遠, 其辭文. 其言曲而中, 其事肆而隱. 因貳以濟民行.

공자는 "건곤乾坤은 역의 문이다. 건乾은 양의 사물이며, 곤坤은 음의 사물이다. 음과 양이 덕을 합치면 굳셈과 부드러움이 체를 가지고, 천지의 길러냄을 체득하고 신명의 덕에 통하니, 그 이름을 칭함이 뒤섞이면서도 어긋나지 않으니, 그 종류를 헤아림은 쇠퇴하는 세상의 뜻이리라. 무릇 지나간 것을 밝히고, 미래를 관찰하며, 미묘함을 드러내고 그윽함을 분명하게 하며, 통하여 이름을 마땅하게 하고, 사물을 변별하고 말을 바르게 하고, 설명을 결단하니 갖추어졌다. 그 이름을 일컬음은 작으나 그 종류를 취함은 크며, 그 종지宗旨는 심원하며, 그 설명이 문채文彩나며, 그 말이 곡진하고도 적중하며, 그 일이 진열되어도 은밀하며, 의심함으로써 백성의 행위를 제도濟度하며,

鄭注 : 貳當爲弍.(『釋文』)

　　이貳는 마땅히 이弍(둘)이다.(『석문』)

『설문』을 살펴보면 "이貳는 이익을 도움이다. '조개 패(貝)를 따라 이二로 읽는다'라고 하였으며, 또 "이二는 땅의 수이며 일一과 짝하며, 이弍는 고문의 이二이다'라고 하였다. 그러므로 貳와 弍는 통함을 알 수 있다. 공영달은 소에서 "이貳는 이二이며, 길함과 흉함의 두 가지 이치를 말한다'라고 하였다. 정현이 이弍로 쓴 것은 고문을 따른 것이며, 현재 "貳"로 쓰는 것은 속자로 사용하였다.

---

11) 금문본에는 "戶"자가 없다.

以明失得之報."

잃음과 얻음의 응보를 밝혔다"라고 하였다.

『易』之興也, 其于中古乎.

역이 번성한 것은 중고시대이다.

鄭注 : 『易』是文王所作.(『左傳』, 「序」疏)

　　『역』은 문왕이 지었다.(『左傳』, 「序」疏)

　　정현이 주석한 판본이 「계사」이다. 「계사」에서 "『역』이 일어남은 은殷나라 말기에서부터
주周나라의 전성기 때에 해당한다. 마땅히 문왕과 주왕紂王의 일로 보아야 한다"라고 하였다.

作『易』者, 其有憂患乎.

역을 만든 사람은 환란을 근심함이 있었음이라!

鄭注 : 文王囚而演易.(『周易正義』, 卷首)

　　문왕이 수인囚人일 때 역을 연역演繹하였다.(『周易正義』, 卷首)

　　이 설명은 사마천의 『사기史記』에 근원한다. 『사기』에서는 "서백西伯 즉위하여 50년에 유리羑
里에 갇혔는데, 대개 『역』의 팔괘를 더하여 64괘로 만들었다"라고 하였다.

是故履, 德之基也; 謙, 德之柄也; 復, 德之本也; 恒, 德之固也; 損, 德之
修也, 益, 德之裕也. 困, 德之辨也.

이런 까닭에 이괘履卦는 덕의 기초이며, 겸괘謙卦는 덕의 손잡이며, 복괘復卦는
덕의 근본이며, 항괘恒卦는 덕의 확고함이며, 손괘損卦는 덕의 수양이며, 익괘益卦는
덕의 넉넉함이며, 곤괘困卦는 덕의 변별이다.

鄭注 : 修, 治也.(『釋文』) 辨, 別也, 遭困之時, 君子固窮, 小人窮則濫, 德於是別也.(『集
　　解』) 損其所有餘, 則累去而德全; 益其所不足, 則智明而德光. 無愚而自若者,
　　衆人也; 有憂而不改其操者, 君子也. 困則君子小人較然見矣.(『義海撮要』, 卷八)

수修는 다스림이다.(『석문』) 변辨은 별別(구별)이다. 곤란한 때를 만나면, 군자는 곤궁해도 의연하지만, 소인은 곤궁하면 외람스러워진다. 여기서 덕이 구별된다.(『집해』) 그 소유하고 있는 여유餘裕를 덜어내면 계속해 가면 덕이 온전해지며, 그 부족한 것을 보태면 지혜가 밝아지고 덕이 빛난다. 근심함이 없고 스스로 그렇게 여기는 사람은 대중이며, 근심이 있어도 그 조행操行을 바꾸지 않는 사람이 군자이다. 곤궁하면 군자와 소인이 비교되어 드러난다.(『의해촬요』, 권8)

수修는 고대에는 "수脩"와 통하였으며, 『설문』에는 "수脩는 식飾(꾸밈)이다"라고 하였다. 식飾에는 치治의 뜻이 있다. 『예기』「중용」에는 "도를 닦음을 가르침이라고 한다"(修道之謂敎)고 하였는데, 정현은 "수修는 치治(다스림)이다"라고 주석하였다. 『광아』「석고」에서도 "수修는 치治이다"라고 하였다. 『설문』에서는 "변辨은 판判(구별함)이다"라고 하고, 또 "판判은 분分이다"라고 하였다. 그러므로 변辨에는 분별의 뜻이 있다. 정현은 『논어』「위령공편衛靈公篇」에서 공자가 "군자는 곤궁해도 의연하지만, 소인은 곤궁하면 외람濫된다"고 한 말을 인용하여 곤궁할 때에 처한 군자와 소인의 서로 다른 모습을 설명하였다. 고궁固窮은 곤궁해도 굳게 지킬 수 있음을 가리킨다. '곤궁하면 외람된다'(窮則濫)는 말은 곤궁하면 하는 바가 없음을 가리킨다. 군자는 도덕을 수양하여 그 대부분을 남김없이 덜어내고, 그 부족한 것을 보태고 더하니 덕이 온전하고 광대해진다. 군자와 소인이 다른 모습은 소인은 우환의식이 없이 태연 자약泰然自若하지만, 군자는 우환의식이 있어 지조를 지킴을 바꾸지 않으니 이것이 "군자는 곤궁해도 의연하며, 소인은 곤궁하면 외람스러워진다"는 말의 뜻과 비슷하다.

井, 德之地也; 巽, 德之制也. 履, 和而至; 謙, 尊而光; 復, 小而辨于物; 恒, 雜而不厭; 損, 先難而後易; 益, 長裕而不設; 困, 窮而通; 井, 居其所而遷; 巽, 稱而隱.

정괘井卦는 덕의 처지處地이며, 손괘巽卦는 덕의 제재制裁이다. 이괘履卦는 조화로 지극하며, 겸괘謙卦는 존귀하면서 빛나며, 복괘復卦는 작으면서 사물을 변별하고, 항괘恒卦는 섞여 있지만 싫어하지 않고, 손괘損卦는 처음은 어려우나 뒤에는 쉽고, 익괘益卦는 오래도록 넉넉하면서도 베풀지 않고, 곤괘困卦는 막혔으나 통하며, 정괘井卦는 그 자리에 있으면서도 옮겨가며, 손괘巽卦는 일컫지만 은미하다.

鄭注: 履者, 禮也. 以交物爲事, 故其用以和爲貴, 以辨上下, 則難交而有辨焉. 出而交物爲無所至, 入而辨焉, 爲有所至. 所謂君子者, 其交也, 其辨也, 一而已, 故柔乘剛而不咥, "履帝位而不疚." 以經世而無患, 若夫知交物之爲和, 而不知辨物之爲至, 則在四而懷"愬愬"之志, 在二而爲"幽人"之事, 失其所履矣. 與物雜而不厭, 然後見君子, 若長沮桀溺之徒方且厭用之濁, 而自謂處其淸, 宜君子以爲不可與同群也. 忿俗欲之害性, 損之爲難覺而宜焉, 是卽性也. 何難之有. 自生也, 而無益生之祥; 自長也, 而無助長之害; 自成也, 而無勸戒之殆. 長而至於裕, 其益也, 孰御, 豈以飾爲事哉. 不見是而無悶, 困而通也. 井居而有遷, 義以德分人也, 巽之應輕重, 因彼而物莫能測也.(『義海撮要』, 卷八) 設, 大也.(『周禮』, 「考工記·桃人」 疏)

리履는 예禮이다. 사물과 사귐을 일로 삼으므로 그 용用은 화和를 귀하게 여기며 상하를 변별하니 비록 사귀더라도 이에 변별이 있다. 밖으로 나가 사물과 사귐에 이르지 않은 곳이 없으며, 들어와 이에 변별함에 지극한 바가 있다. 이른바 군자란 그 사귐과 그 변별이 한결같을 뿐이니 그러므로 부드러움이 군셈을 타도 물지 않는다. "리履는 임금의 지위지만 괴롭지 않다." 경세함에도 근심이 없으니 마치 사물과 사귐에 화和로 함을 알고, 사물을 변별함에 지극하게 함을 알지 못하니, 4효에서는 "색색愬愬"(두려움)의 뜻을 품고 있으며, 2효에서는 "유인幽人"(은거한 사람)의 일을 하니, 그 실천할 바를 잃었다. 사물과 섞여도 싫어하지 않은 뒤에 군자임이 드러나니, 마치 장저長沮와 걸닉桀溺[2]의 무리처럼 바야흐로 용用의 탁함을 싫어하며 스스로 그 맑음에 처한다고 하나, 마땅히 군자는 같은 무리로 살 수 없다고 여겼다. 분노와 속된 욕망이 본성을 해치고, 깨닫기 어려운 것을 줄이고자 함이 마땅하니 이것이 곧 성性이다. 무슨 어려움이 있겠는가? 스스로 생겨나니 생의 상서로움에 도움이 없고, 스스로 자라니 조장助長의 해로움이 없으며, 스스로 이루니 권계勸戒(타일러 훈계함)의 위태로움이 없다. 자라나서 넉넉함에 이르니 그 도움을 누가 제어하며, 어찌 꾸밈을 일삼겠는가? 이것이 드러나지 않아도 근심이 없으니 곤궁해도 통한다. 정괘井卦에 있으면서 옮겨감이 있으니 덕德으로 사람을 구분함이 의롭고, 손괘巽卦로 경중輕重에 응하니 저것으로 인하여 사물을 예측할 수 없다.(『의해촬요』, 권8) 설設은 대大이다.(『周禮』, 「考工記·桃人」 疏)

"리履는 예禮이다"는 구절에서 "그 실천할 바를 잃었다"까지는 "리履"를 해석한 말이다. 백서본을 보면 "예禮"라고 썼다. 『순자荀子』는 "예는 사람이 실천해야 할 바이다"라고 하였으므로 "履"와 "禮"는 통함을 알 수 있다. 사물과 사귐은 곧 사물과 교제함이다. 사물과 교제함은

---

12) 역자 주: 춘추시대 楚의 隱者들. 『논어』, 「微子」편 참고.

모두 일정한 등급과 질서에 따라야 하므로 "리履"라고 하였다. 상하를 변별함은 리괘履卦 「상象」의 "리履는 군자가 상하를 변별하여 백성의 뜻을 정한다"는 구절로부터 취하였다. 부드러움이 굳셈을 타도 물지 않음은 리괘履卦에 근원한다. 리의 육삼이 구이를 타고, 태兌로부터 건乾과 상응하므로 괘사卦辭에서 "호랑이 꼬리를 밟아도 사람을 물지 않는다"라고 하였다. 곧 「단」에서 "리履는 부드러움이 굳셈을 밟는 것이다. 기뻐하여 건乾에 응하니 이 때문이 호랑이 꼬리를 밟아도 사람을 물지 않는다"고 하였다. 리履는 임금의 지위지만 괴롭지 않다는 말은 리履 「단象」에서 취하였다. 이는 리괘履卦의 구오의 양강陽剛이 가운데의 존귀한 곳에 앉아도 근심하지 않음을 가리킨다. 제위帝位는 다섯째 효의 위치를 가리킨다. 구欤는 어떤 판본에는 "질疾"로 썼다. 이것은 불안과 우려憂慮를 가리킨다. 4효에서는 "색색愬愬"의 뜻을 품고 있으며, 2효에서는 "유인幽人"의 일을 한다는 말은 리履의 효사에 근원한다. 구이에서 "도를 실천함이 탄탄坦坦하니 유인幽人이 곧고 길하다"라고 하였다. 그러므로 "2효에서는 유인幽人의 일을 한다"고 하였다. 구사에서는 "호랑이의 꼬리를 밟아서 두렵지만 끝내는 길하다"라고 하였다. 그러므로 "4효에서는 두려움의 뜻을 품고 있다"고 하였다. 색색愬愬은 위태하고 두려워하는 모습이다. 정현의 뜻을 보면 리履의 도는 마땅히 사물과 교제함이며 처음부터 화和를 귀하게 여긴다. 또한 상하를 변별하려면 존비尊卑를 알아야 하며, 그렇지 않으면 도를 잃는다. "사물과 섞여도 싫어하지 않음"에서 "군자는 같은 무리로 살 수 없다."까지는 "항상 섞여있어도 싫어하지 않음"을 해석한 말이다. 장저長沮와 걸닉桀溺은 춘추시대의 은사이다. 『논어』 「미자」에 의하면 장저와 걸닉이 밭에서 씨를 파종하고 있는데 공자가 자로子路를 보내 길을 물었다. 장저와 걸닉은 공자의 개혁을 비웃었다. 공자는 "조수와 같은 무리로 살 수 없으니 내가 이 사람들의 무리와 함께 하지 않고 누구와 하겠는가?"라고 하였다. 이 말은 장저와 걸닉의 고사를 인용하여 단지 자신이 복잡한 상황에 빠져 있음에도 사람들과 교제해야 비로소 군자임을 설명한 것이며, 이것이 "뒤섞여도 싫어하지 않음"의 뜻이다. 그리고 장저와 걸닉은 스스로 청고淸高하다고 하지만 진정한 군자는 아니다. "분노와 욕망이 성을 해친다"는 말에서부터 "어찌 꾸밈을 일삼겠는가?"까지는 "손괘는 처음은 어려우나 뒤에는 쉽고, 익괘益卦는 오래도록 넉넉하면서도 베풀지 않는다"는 구절을 해석한 말이다. 사람의 성에는 분노와 사욕이 있으며, 이러한 분노와 사욕이 인성을 해치므로 마땅히 그것을 없애야 한다. 손괘損卦 「상」에서 "군자는 분노를 징계하고 욕망을 막는다"고 한 말이 곧 이 뜻이다. 사욕과 분노를 덜어 없애거나 징치懲治함은 정情을 거스르는 것이므로 "하기 어렵다." 각오와 인성에 대한 마땅함이 있으면 "쉽다." 인성은 "스스로 생기고", "스스로 자라고", "스스로 이루어지는 것"이므로 본래 상서로움도 없고 해로움도 없고, 위태함도 없으므로 그것을 없애는 것은 어렵지 않다. 오래 길러서 사물에 너그럽고 여유가 있으니 이러한 "더함"은 막을 방법이 없으며, 이것은 결코 헛되이 가장하고 수식하여 만들어지는 것도 아니기 때문에 이것은 "꾸밈이 아니다不設". 설設은 지나치게 커서 성실하지 않음의 뜻이 있다. 불성실不誠實은 곧 "꾸밈"이다. "이것이 드러나지 않아도 근심이 없음"은 "곤궁해도 통함"을 해석한 말이며,

이것은 「문언」의 "용의 덕이 있으면서도 숨어있는 사람이니, 세상을 바꾸지 않아도 이름을 내지 않아도 세상을 피하여 고민이 없으니 이것이 드러나지 않아도 근심하지 않는다"는 말이 곧 바른 뜻이다. "덕德으로 사람을 구분함이 의롭다"는 말은 "정괘井卦에 있으면서 옮겨 감이 있음"을 해석한 말이다. 이것은 "정井으로서 의義를 변별한다"는 말에 근원한다. 정井은 물을 사람에 베풀어 주지만 사욕이 없으니 이것이 "의義"다. 그러므로 정井은 군자의 의를 변별하여 밝힐 수 있다. 예를 들면 공영달이 "우물은 베풀 수 있으면서 사욕이 없으니 의義의 방소方所이므로 의義를 변별하여 밝힌다"고 하고, "손괘巽卦가 경중에 응하여 저것으로 인하여 사물의 예측할 수 없다"고 한 말은 "손괘는 일컫지만 은미하다"는 뜻이다. 이것은 "손巽으로써 가르침을 행함"에 경중에 따라 응해야 사물을 칭량稱量(헤아림)하여 밝게 드러낼 수 있다는 말이다. "측량할 수 없다"는 말은 "은미隱微"함을 가리킨다.

履以和行, 謙以制禮, 復以自知, 恒以一德, 損以遠害, 益以興利, 困以寡怨, 井以辨義, 巽以行權.

리괘履卦로 조화롭게 행하고, 겸괘謙卦로 예를 만들고, 복괘復卦로 스스로 알며, 항괘恒卦로 덕을 한결같이 하고, 손괘損卦로 해로움을 멀리하고, 익괘益卦로 이로움을 일으키고, 곤괘困卦로 원망을 적게 하고, 정괘井卦로 의義를 변별하고, 손괘巽卦로 권도權道를 행한다.

『易』之爲書也不可遠, 爲道也屢遷, 變動不居, 周流六虛, 上下无常, 剛柔相易, 不可爲典要, 唯變所適, 其出入以度, 外內使知懼, 又明于憂患與故, 无有師保, 如臨父母, 初率其辭而揆其方, 旣有典常, 苟非其人, 道不虛行.

『역』이라는 책은 또한 멀리 할 수 없고, 도가 되니 누차 옮기며, 변동에도 머물지 않고, 육허六虛(천지와 사방)에 두루 유행하며, 상하上下가 일정함이 없으며 군셈과 부드러움이 서로 변하여, 전요典要(典故와 要點)가 될 수 없으며 오직 변화를 따라가며 그 출입은 법도로써 하며, 내외로 하여금 두려움을 알게 하며, 또한 우환과 그 연고緣故에 밝으며, 스승의 보우가 없어도, 부모가 임한 것과 같으며, 처음부터 그 말을 따라 그 방법을 헤아려 보면 이미 전상典常(일반적 규범)이 있으니, 진실로 그 사람이 아니면 도는 헛되이 행해지지 않는다.

鄭注: "以言者尙其辭, 以動者尙其變, 以制器者尙其象, 以卜筮者尙其占", 欲違則不能也, 此之謂"不可遠". 其變也神遊, 其動也雷行, 其周也天旋, 其流也川通, 此之謂"爲道也屢遷". 道有出乎無方者, 不可以方求, 故上下則無常. 有入乎不測者, 不可以體居, 故剛柔則相易. 陽上而陰下爲有常矣, 乾剛而坤柔爲不可易矣. 然且無常而相易, 則事之有典, 體之有要者, 豈足以喩於易於道哉. 一闔一闢, 往來不窮, "唯變所適"而已. 故曰"上下無常, 剛柔相易, 不可爲典要, 唯變所適".『傳』曰: 用之瀰漫六虛, 則六虛者, 豈特六爻之位哉. 此『易』之所以無乎不在也, 故曰仰而視之在乎上, 俯而窺之在乎下, 典, 猶册之有典; 要, 猶體之有要. 典要者, 道也. 旣有典常, 辭也. "其出入以度, 外內使知懼, 又明於憂患與故, 無有師保, 如臨父母, 初率其辭而揆其方, 旣有典常"者, 所以申言『易』之爲書不可遠如此也. 靜而已不涉於動, 性而已, 不交乎情, 則內外泯而爲一, 亦何患之有? 有出焉, 往而之上; 有入焉, 來而之內, 則不可以無度也. 若中孚之初九以"虞吉", 屯之六三以無虞而吝, 則出入以度. 內外者, 凡使之知懼而已, 非特知懼也. 又明於憂患與故, 則民之所患與夫事之理, 無不察焉, 故"雖無師保, 如臨父母", 則『易』之爲書, 能使人之愛敬, 殆若天性然. "初率其辭而揆其方, 旣有典常", 則易之辭顯端而知末, 觀旨而知歸. 若形之於影, 聲之於音, 其典爲可考, 其常爲可守故也.「文言」曰"君子行此四德者, 故曰乾元亨利貞". 元亨利貞, 乾之德也. 而必曰君子行然後可以爲乾之備, 則道果在天邪, 果在人也. 故曰"苟非其人, 道不虛行". 道之在天下, 賢者識其大者, 不賢者識其小者則明於本數, 繫於末度, 而道待之以行者, 非聖人, 其孰能與於此.(『義海撮要』, 卷八)

"말로써 하는 사람은 그 사辭를 숭상하고, 움직임으로 하는 사람은 그 변화를 숭상하며, 기물을 만드는 사람은 그 상象을 숭상하며, 복서卜筮로서 하는 사람은 그 점占을 숭상한다." 그러므로 위반하려 해도 할 수 없으니 이것을 일러 "멀리 갈 수 없다"고 한다. 그것이 변함에 신神이 놀고, 그 움직임에 우레가 행하고, 그것이 두루 미침에 하늘이 선회하고, 그것이 유행함에 냇물이 통하니 이를 일러 "도道가 되어 누차 옮긴다"고 한다. 도는 방소方所(방향)가 없는 데서 나타나며, 방소로써 구할 수 없으므로 상하가 일정함이 없다. 들어감에 예측하지 않아서 체體로 머물 수 없으니 굳셈과 부드러움이 서로 변한다. 양陽이 위에 있고 음이 아래 있음이 일정함이 되며, 건乾은 군세고 곤坤은 부드러움은 바꿀 수가 없다. 그러나 또 일정함이 없어 서로 변하니, 일이 전범典範이 가지고, 체體가 요점을 가진 것이 어찌 역易의 도를 이해할 수 있겠는가? 한 번 닫히고 한 번 열리며, 가고 옴이 끝이 없으니 "오직 변화를 따라 갈" 뿐이다. 그러므로 "상하가 일정함이 없으며, 굳셈과 부드러움이 서로 변하고, 불변의 법칙이 될 수 없으며, 오직 변화를 따라간다"라고 하였다. 『전傳』에는 "그것을 씀에 육허六虛(천지와 사방)에 가득 차니 육허가 어찌 다만 여섯 효의 위치일 뿐이겠는가?"라고 하였다. 이것이 『역』이 있지 않은 곳이 없는 까닭이다. 그러므로 "우러러 위에 있는 것을 보고, 굽어서 아래에 있는 것을 엿본다"라고 하였다. 전典은 책에 있는 전고典故와 같고, 요要는 형체에 있는 요점과 같으니 전요典要는 도道이다. 이미 전상典常(일상의 규범)이 있으니, 그것이 사辭이다. "그것이 법도로써 출입하고, 밖과 안이 두려움을 알도록 하며, 또한 우환과 그 까닭에 밝으며, 스승의 보우保佑가 없어 마치 부모가 왕림하듯이 처음부터 그 설명을 본받아 그 방법을 헤아리니 비로소 전상典常이 있었다"고 하여, 『역』이 책으로 된 것이 멀리 되지 않았음을 이와 같이 거듭 말하였다. 고요할 뿐, 움직임에 간섭받지 않으며, 성性일 뿐 정과 교섭하지 않으니 안과 박이 섞여서 하이가 되니 또한 무슨 근심이 있겠는가? 나오면 나아가 위로 가며, 들어가면 돌아가 안으로 가니 법도가 없을 수가 없다. 마치 중부中孚괘의 초구가 "헤아림으로 길함"(虞吉)으로 하며, 둔屯괘의 육삼은 헤아림이 없어 애석하게 여기니, 나고 듦을 법도로써 한다. 안과 밖은 무릇 그로 하여금 두려움을 알게 할 뿐이며, 단지 두려움을 아는 것만은 아니다. 또한 우환과 그 까닭에 밝으니 백성이 근심을 함께한다. 무릇 사물의 이치를 살피지 않음이 없으니, 그러므로 "비록 스승의 보우가 없어도 부모가 임한 것과 같다"고 하니 『역』이라는 책은 사람들로 하여금 사랑과 존경을 하도록 하니, 본래 천성이 그러하다. "처음부터 그 설명을 본받아 그 방법을 헤아리니 비로소 전상典常이 있었다"고 하니 역易의 사辭는 단서를 드러내고 지엽을 알게 하고, 종지宗旨를 관찰하여 돌아갈 바를 알게 한다. 마치 그림자에서 형체를 알고, 음향에서 소리를 알고, 그 전범典範을 고찰할 수 있고, 그 일상을 지킬 수 있는 까닭이다. 「문언」에서 "군자는 이 네 가지 덕을 행하니 그러므로 건乾은 크고 형통하며 이롭고 곧다고 한다"고 하였다. 크고 형통하며 이롭고 곧음은 건의 덕이다. 그리고 반드시 군자가 행한 후에 건이 갖추어 질 수 있다고 하니 도는 과연 하늘에 있는가? 과연 사람에게 있는가? 그러므로 "진실로 그 사람이 아니라면, 도는 헛되이 행하지 않는다"고 하였다. 도가 세상에 있으면 현자는 그 큼을 인식하고, 어질지 않은 자는 그 작은 것을 인식하니 본래의 수에 밝으며, 말단의 법도法度를 이르며, 도를 기다려 행하는 사람은 성인聖人이 아니니 그 누가 이와 같이 할 수 있겠는가?(『의해촬요』, 권8)

"말로써 하는 사람은 그 사辭를 숭상한다"에서 "복서卜筮로서 하는 사람은 그 점占을 숭상한다"까지는 「계사」 10장의 말을 인용하여 『역』의 공용功用을 설명하였는데, 곧 "『역』이라는 책은 멀리 할 수 없다." "그것이 변함"에서부터 "그것이 유행함에 냇물이 통함"까지는 "도가 되니 누차 옮감"을 해석한 것이며, 이는 역도易道가 자연계에서는 고정된 표현형식이 없음을 말하며, 그것은 천지가 운행하고 변동하고 두루 유행함에 신묘神妙하고 헤아릴 수 없이 모두 역도를 체현하니 이것이 곧 "도가 되니 누차 옮기며, 변동에도 머물지 않고, 육허六虛(천지와 사방)에 두루 유행함"이다. "도는 방소方所(방향)가 없는 데서 나타난다"에서 "이미 전상典常(일상의 규범)이 있으니, 그것이 사辭이다"까지는 "상하上下가 일정함이 없으며 굳셈과 부드러움이 서로 변하여, 전요典要가 될 수 없으며, 오직 변화를 따라간다"를 해석한 말이다. 도는 출입에 방소가 없으므로 방소를 구할 수가 없으므로 상하가 일정함이 없다. 도가 들어감에 신묘하여 예측할 수 없으니 고정된 형체에 머물 수가 없으며, 곧 음양이 상호 전환하므로 "굳셈과 부드러움이 서로 변한다." 양은 위에 있고, 음은 아래에 있으며, 건은 굳세고 곤은 부드러움은 본래 바꿀 수가 없으나, 또한 서로 전화하고 서로 변한다. 구체적인 사물이 되면 일정한 규율이 있으며, 일정한 물체는 일정한 요령要領이 있으나 다만 이것으로 역도易道를 비유하기에는 부족하다. 역도는 음양으로 열리고 닫히며, 가고 옴이 무궁하며, 구체적으로 드러난 것이 단지 "변變"이 므로 "오로지 변화를 따라 간다." 역도는 육허六虛를 두루 유행하며, 『역』에서는 육효의 위치를 가리키며, 자연계에서는 마땅히 역도는 있지 않은 때가 없음과 있지 않은 곳이 없음을 가리킨다. 사물의 전요典要는 역도이며, 장차 이러한 전상典常으로 총결하고 아울러 언어로 표현해 낸 것이 역사易辭이다. "고요할 뿐"에서 "단지 두려움을 아는 것만은 아니다"까지는 "그 출입은 법도로써 하며, 내외로 하여금 두려움을 알게 한다"를 해석한 것이다. 이것은 인성人性은 움직이지 않고, 안과 밖은 한결같이 근심이 없다는 말이다. 그것이 출입함에 안과 밖은 당연히 척도가 있으니 그것이 『역』이다. 중부괘 초구의 "虞吉"과 둔괘 육삼의 '虞而亳'은 곧 사람이 행동하고 두려움을 아는 척도이다. "또한 우환에 밝음"에서부터 "본래 천성이 그러하다"까지는 "또한 우환과 그 연고緣故에 밝으며, 스승의 보우가 없어도, 부모가 임한 것과 같다"의 구절을 해석한 것이다. 이것은 『역』이 백성의 근심과 사물의 이치를 밝게 살펴서 사람들로 하여금 사랑하고 존경하도록 한다는 말이다. "처음부터 그 말을 따라 그 방법을 헤아린다"에서부터 "그 일상을 지킬 수 있는 까닭이다"까지는 "처음부터 그 말을 따라 그 방법을 헤아려 보면 이미 전상典常(일반적 규범)이 있다"를 해석한 말이다. 이는 역의 사辭에 근거하여 그 처음을 원찰하여 끝을 반추할 수 있으며 근본으로 말미암아 끝을 알 수 있음을 말한 것이다. 전상典常은 역사易辭이며, 역사와 사물의 관계는 그림자에서의 형체, 음향에서의 소리와 같이 그림자로부터 형체를 알 수 있고, 음향으로부터 소리를 알 수 있는 것과 같다. 곧 역사로써 사물의 본질을 요해了解할 수 있다. "「문언」 말하기를"에서부터 "그 누가 이와 같이 할 수 있겠는가?"까지는 "진실로 그 사람이 아니면 도는 헛되이 행하지 않는다"를 해석한 말이다. 이것은 "건乾은 크고 형통하고 이롭고 군셈'의 네 덕의 예증으로 도가 하늘에 있지만 도리어 사람이 총결하여 미루어 행하고, 더욱이 그것은 그 큼을 아는 성인이 와서 이러한 대임大任을 완성하기를 기다린다는 것을 설명하였다. 이것은 "진실로 그 사람이 아니면 도는 헛되이 행하지 않는다"는 것을 말한다. 이 주석은 전문傳文은 인용한 것이지만 이 전문은 당나라 이전의 역주易注에서는 보이지 않으며, 또한 이 단락의 주석註釋의 문장과 문풍文風을 따라서 보면, 한대漢代의 주석의 문장과 풍격이 닮지 않았으며, 송宋나라 사람들이 주석한 문장과 매우 비슷하다. 이 주석은 정현의 주석이 아니라고 의심하며, 그 고증을 기다린다.

『易』之爲書也, 原始要終, 以爲質也.

『易』이라는 책은 처음을 원찰하고 마침을 요약함을 바탕으로 삼는다.

鄭注 : 始於三畫, 成於六爻. 始有所萌, 『易』實原之; 終有所歸, 『易』實要之.(『義海撮要』, 卷八)

> 세 획에서 시작하고 여섯 획에서 완성된다. 시작에는 싹이 있고, 『역』은 근원을 핵실覈實하며, 마침은 돌아감이 있으니 『역』은 총결을 핵실한다.(『의해촬요』, 권8)

이것은 역의 괘가 세 획에서부터 형성되고 또 세 획을 서로 중첩하여 여섯 획을 이루고, 사물에는 시작과 마침이 있고, 『역』은 세 획과 여섯 획을 사용하여 그것을 개괄한다는 말이며, 이것을 "원原"과 "요要"라고 한다.

六爻相雜, 唯其時物也.

여섯 효가 서로 섞이니 오직 그 때와 사물이다.

鄭注 : 二至四, 三至五兩體交互各成一卦也.(『象旨決錄』)

> 둘째 효에서 넷째 효까지, 셋째 효에서 다섯째 효까지 두 체가 서로 교호交互하여 각각 하나의 괘를 이룬다.(『象旨決錄』)

이것은 호체를 말한다. 매 하나의 괘의 2・3・4효의 호체가 하나의 괘가 되고, 3・4・5효의 호체가 하나의 괘가 되어 함께 번갈아 두 개의 경괘經卦를 드러내어 하나의 다른 괘를 이룬다.

其初難知, 其上易知, 本末也. 若夫雜物算德,

그 초효는 알기 어렵고 그 상효는 알기 쉬우니 본本과 말末이다. 무릇 사물이 섞임과 덕을 헤아림과

鄭注 : 算, 數也.(『釋文』)

　　산算은 수數(헤아림)이다.(『석문』)

산算은 통행본과 백서본 『역』에는 모두 "찬撰"으로 썼으며, 『주례』 「대사마大司馬」의 "동쪽 무리를 헤아렸다"(撰東徒)는 구절을 정현은 "찬撰은 산算으로 읽어야 한다"라고 주석하였다. 살펴보면 산算과 찬撰은 고대의 음에서는 통전通轉(음성적 교체. Phonetic Alternation)하였다. 『설문』에는 "산算은 수數이다"라고 하였고, 『이아』 「석고」에도 "산算은 수數이다"라고 하였다. 그러므로 정현은 『설문』과 『이아』에 근원하여 해석하였다.

辯是與非, 則非其中爻不備. 噫! 亦要存亡吉凶, 則居可知矣.

옳고 그름을 변별함은 그 가운데 효가 아니면 갖출 수 없다. 아! 또한 존망存亡과 길흉을 요약하려면 거연居然히(쉽게) 알 수 있다.

鄭注 : 居, 辭.(『釋文』)

　　거居는 사辭이다.(『석문』)

거居는 고대의 제齊와 노魯나라에서는 항상 조사助辭로 해석하였다. 『예기』 「단궁檀弓 상」의 "何居"를 정현은 "거居는 희성姬姓의 희姬로 읽으며, 제와 노나라의 조어助語(어조사)이다"라고 주석하였다. 공영달의 소疏에서는 "거居는 어사語辭이다"라고 하였다. 또 정현은 『예기』 「교특생」의 "何居"를 주석하기를 "거居는 희姬로 읽으며, 말을 보조한다. 하거何居는 의심함이다"라고 하였다.

知者觀其象辭,

지혜로운 사람은 그 단사象辭를 보면,

鄭注 : 象辭, 爻辭也.(『釋文』)

단사象辭는 효사爻辭이다.(『석문』)

단사象辭는 일반적으로 괘사 혹은 괘효사卦爻辭를 가리키며, 때로는 「단전象傳」을 가리킨다. 『석문』에서는 마융을 인용하여 "단사象辭는 괘사이다"라고 하였고, 또 왕숙王肅을 인용하여 "단象 상象을 거론하는 요체이다. 사설師說은 보통 효와 괘의 설명을 말한다"라고 하였다. 정현이 효사爻辭로 해석한 것은 아마도 상하의 문장이 효의 의미를 설명한 것에 근원하였다고 생각된다.

則思過半矣. 二與四同功而異位, 其善不同, 二多譽, 四多懼, 近也. 柔之爲道不利遠者, 其要无咎, 其用柔中也. 三與五同功而異位, 三多凶, 五多功, 貴賤之等也.

반 이상은 생각할 수 있다. 2효와 4효는 공功은 같으나 위치가 다르므로 그 선함이 같지 않으니, 2효는 칭찬이 많고, 4효가 두려움이 많음은 (군주의 자리인 5효와) 가깝기 때문이다. 부드러움의 도는 멀리 있는 것이 이롭지 않으니, 그 요점이 허물이 없음은 부드러움과 중中을 쓰기 때문이다. 3효와 5효는 공은 같으나 위치가 다르므로 3효는 흉함이 많고, 5효는 공이 많은 것은 귀함과 천함의 차등이 있기 때문이다.

鄭注 : 謙懼遜說不可以大有爲, 柔之道也. 方睽之時, 柔進而上行, 小事吉而已. 『詩』稱"仲山甫之德", 曰"柔嘉維則而已." "柔之爲道不利遠者", 蓋遠者大者非柔之所能爲也. 故其要止於無咎者, 以其用柔中故也, 以過物而解難, 豈柔之所能濟哉? 三在下卦之上而過中, 雖若乾之君子乾乾, 而且不能以無危也. 故曰多凶. 王操天之利器, 所往無不得志矣, 故多功.「繫辭」曰"列貴賤者存乎位", 貴有常則功易, 以立賤有等, 威而不僭, 以慢者以多凶故也, 故曰三多凶五多功, 貴賤之等也.(『義海撮要』, 卷八)

겸謙괘는 두려워 겸손함으로 기뻐하며, 크게 행할 수 없음이니 부드러움의 도이다. 바야흐로 규睽의 때에 부드러움이 나아가 위로 가니 작은 일이 길할 뿐이다. 『시』에는 "중산보仲山甫의 덕이다"라고 칭송하고, "부드럽고 아름다우며 훌륭한 법도가 있네"라고 하였다. "부드러움의 도는 멀리 있는 것이 이롭지 않다"는 말은 대개 멀리 있는 것은 부드러움이 할 수 있는 일이 아니다. 그러므로 그 요점이 허물이 없음에 머무는 것은 그것이 부드러움 과 중을 쓰기 때문이며, 일반과 다르기 때문에 이해하기 어려우니 어찌 부드러움이 성취할 수 있겠는가? 3효는 하괘의 상효로 가운데 효를 지나 있으며, 비록 건乾의 '군자는 건건乾乾自强不息함과 같지만 또한 위험이 없을 수 없다. 그러므로 흉凶이 많다고 하였다. 왕은 하늘의 이기利器(훌륭한 재능)를 조종하니 뜻을 얻지 못함이 없으므로 공이 많다. 「계사」에서 "귀천貴賤을 배열排列함은 지위에 있다"고 하였는데, 귀함이 일정함이 있으면 공을 이루기 쉬우며, 천함은 차등이 있으니, 위엄이 있되 참람僭濫되지 않으나 게으른 자는 흉함이 많은 까닭이다. 그러므로 3효는 흉이 많고 5효는 공이 많다고 하는 것은 귀천의 차등이 있기 때문이다.(『의해촬요』, 권8)

"겸謙괘는 두려워 겸손함으로 기뻐함"에서 "부드러움이 할 수 있는 일이 아니다"까지는 "부드 러움의 도는 멀리 있는 것이 이롭지 않음"을 해석한 것이다. 겸괘는 다섯 음과 하나의 양으로 음이 많고 양이 적어 겸양과 공구恐懼의 뜻이 있으며, 크게 행할 수 없음은 부드러움의 도이기 때문이다. 규睽괘의 3효와 5효는 부드러움이며, 5효의 부드러움은 존귀한 위치에 있으면서 위에서 행함으로 규괘 「단전」에서는 "규睽는,…… 기뻐하며 밝음과 함께 하며 부드러움이 나아가서 위로 가니,…… 이런 까닭에 '작은 일이 길하다'고 한다"라고 하였다. 이것은 부드러 움의 도가 행하여 "작은 일이 길함"을 말하였다. 『시』 「극민烝民」에서 "중산보仲山甫의 덕이 부드럽고 아름다우며 훌륭한 법도가 있네"라고 하였다. 중산보는 노魯나라 헌공獻公의 둘째 아들이며, 주周의 선왕宣王 때 대신이었으며, 번樊(陝西 長安의 남쪽)에 봉해졌으므로 번중樊仲 혹은 번목중樊穆仲이라고도 부른다. 『시경』에서는 중산보가 부드럽고 아름다운 덕을 가졌다 고 칭찬하였다. 원대함은 굳센 덕이며, 부드러운 덕은 순종順從이므로 부드러움이 덕이 되면 원대遠大함이 되지 않는다. "그 요점이 허물이 없음에 머무는 것"에서부터 "어찌 부드러움이 성취할 수 있겠는가?"까지는 "그 요점이 허물이 없음은 부드러움과 중中을 쓰기 때문이다"를 해석하였다. 이것은 부드러운 효가 가운데 있어 유중柔中이라고 하며, 곧 부드러움은 치우치 도 않고 이지러지지도 않아 일을 함에 비로소 허물이 없을 수 있으며, 중中을 지나쳐 이해하기 어려움은 부드러움의 공용이 아니다. "3효는 하괘의 상효"에서부터 "그러므로 공이 많다"까지 는 "3효와 5효는 공은 같으나 위치가 다르므로 3효는 흉함이 많고, 5효는 공이 많다"의 구절을 해석한 말이다. 3효와 5효는 같이 양의 위치로 "같은 공功"의 기쁨이 있다. 그러나 3효는 하괘의 상효로, 하괘의 중위中位를 지나 있어, 비록 건괘 구삼에서 "군자는 종일토록 건건乾乾

하다'라고 하더라도 위험이 없을 수 없으므로 "3효는 흉이 많다'라고 하였다. 말하자면 "3효는 흉이 많음'은 그것이 중中을 지나쳐 있기 때문이다. 5효는 중의 존귀한 위치에 있어서 마치 군왕이 세상의 훌륭한 재능을 장악한 것처럼 나아가면 모두 뜻을 얻으므로 "5효는 공이 많다'고 하였다. "「계사」에서 말하기를"에서부터 "귀천의 차등이 있다"까지는 "귀천의 차등"을 해석하였다. 이것은 귀천으로써 "3효는 흉이 많고, 5효는 공이 많음'을 해석한 말이다. 『주역』에서 효의 위치에는 귀천의 구분이 있으며, 5효는 위에 있으면서 귀함이며, 3효는 아래에 있으면서 천함이며, 귀한 것은 쉽게 공을 세우며, 천한 것은 참월僭越하여 흉이 많다.

其柔危, 其剛勝邪.

그 부드러움은 위태하고, 그 굳셈이 이긴다.

易之爲書也, 廣大悉備, 有天道焉, 有人道焉, 有地道焉, 兼三材而兩之, 故六. 六者非它也, 三材之道也.

『주역』이라는 책은 광대하여 모두 갖추고 있어, 천도天道가 거기에 있고, 인도人道도 거기에 있으며 지도地道도 거기에 있어서 삼재三材를 겸하고 그것을 두 번 하였으므로 육六이다. 육은 다름이 아니라 삼재의 도이다.

鄭注 : 若天之覆, 若地之載, 嘿而該之, 以言乎邇, 則靜而正; 揮而散之, 以言乎遠, 則莫之御, 此之謂廣大. 大之爲天地, 微之爲豚魚, 幽之爲鬼神之情狀, 變之爲人物死生, 無不該也, 無不遍也, 此之謂悉備. 揚雄曰: "其上也, 懸天; 其下也, 淪淵; 其纖也, 入蔑; 其廣也, 包畛." 豈類此歟. 陰斂其質, 陽散其文, 天道也. 靜翕以柔, 動闢以剛, 地道也. 以仁立人, 以義立我, 人道也. 天闢乎上而流元氣, 人位乎中而統元識, 地闢乎下而統元形, 其體雖各立, 而其用無不通, 此之謂材.
(『義海撮要』, 卷八)

마치 하늘의 뒤덮음과 같이, 땅의 실음과 같이 묵묵히 그것을 갖추어 말로써 가까이 하니 고요하며 바르고, 휘둘러 풀어 놓고 말로써 멀리까지 하니 그것을 어거할 수 없으니 이를 일러 광대廣大하다고 한다. 크게는 천지가 되고 미세하게는 돈어豚魚가 되며, 그윽하기로는 귀신의 정상情狀이 되며, 변함에 사람과 사물의 삶과 죽음이 갖추어지지 않음이 없으니 이를 일러 모두 갖추었다고 한다. 양웅揚雄은 "그 위는 하늘에 걸려 있고, 그 아래는 연못에 잠겨 있고,

그 작음은 예縮孔穴 구멍로 들어가고, 그 넓음은 경계를 포함한다'라고 하였는데, 어찌 이와 같은 것이 있겠는가? 음은 그 바탕을 수렴收斂하고 양은 그 문양을 풀어놓으니 천도天道이다. 고요함은 부드러움으로 닫히고, 움직임은 굳셈으로써 열리니 지도地道이다. 인仁으로써 사람을 세우고 의義로써 나를 세우니 인도人道이다. 하늘은 위에서 열려서 원기元氣를 유행하며, 사람은 그 가운데 위치하여 선천적 인식(元識)을 통합하고, 땅은 아래에서 열려서 원형元形을 통합하며, 그 체體는 비록 각각 확립되지만 그 용用은 통하지 않음이 없으니 이를 일러 재材(바탕)이라고 한다.(『의해활요』, 권8)

"마치 하늘의 뒤덮음"에서부터 "어찌 이와 같은 것이 있겠는가?"까지는 "廣大悉備'를 해석한 것이다. 묵嘿은 "묵默"과 통하며, 침묵沈默의 뜻이 있다. 『순자荀子』「불구不苟」에서는 "군자의 덕은 묵연嘿然하게 깨우친다'라고 하였으며, 『안자춘추晏子春秋』「내편·간상諫上」에서는 "신臣이 그것을 들었으며, 가까운 신하는 고요하였다(嘿)'라고 하였는데, "묵嘿"이 곧 그 뜻이다. 해該는 갖추어 준비함具備이며, 『방언』에는 "비備는 해該갖춤이며 위威힘이다'라고 하였다. 『곡량전穀梁傳』 애공哀公 원년元年에 "이는 준비된 변화이며 그것을 따라간다'라고 하였다. 『범영집해範甯集解』에서는 "해該는 비備이다'라고 하였다. 『관자』「소문小問」에 "네 가지 말한 것이 갖추어졌다'(四言者, 該焉)고 하였는데, 윤지장尹知章(660~718)은 "해該는 비備이다'라고 주석하였다. 『광운』에는 "해該는 비備이며, 위威이며, 유柔이며, 개皆이다'라고 하였다. "묵묵히 그것을 갖춘다'(嘿而該之), "휘둘러 풀어 놓는다'(揮而散之)와 같은 말은 양웅揚雄의 말에서 취하였다. 『태현太玄』 리摛에서는 "묵묵히 그것을 갖추는 것은 현玄(하늘)이며, 휘둘러 풀어 놓는 것은 사람이다'라고 하였다. "광대廣大"의 뜻은 하늘이 뒤덮고 땅이 싣는 것과 같이 수렴해서 모으면 가깝고 고요하며, 휘둘러 풀어놓으면 멀어져서 양量을 한정할 수 없으니, 곧 「계사」에서 "무릇 『역』의 넓고 커서 멀리 있는 것을 말하면 통어統御할 수 없고, 가까이 있는 것을 말하면 고요하고 바르며, 천지의 사이에서 말하면 갖추어졌다'라고 한 말과 같다. "실비悉備'(다 갖춤)는 우주의 만사와 만물이 모두 그 가운데 개괄되어 있어 곧 "갖추지 않음이 없으며, 두루 하지 않음이 없다"는 말이다. 구체적으로 말하면 큼은 천지에 이르고, 미세함은 어충魚蟲에 이르며, 그윽함은 귀신에 이르고 변화는 생사에 이르니, …… 모두 그 가운데 있다. 이 또한 양웅의 『태현』 리의 문장을 인용하여 역도의 침투가 천지와 만물 가운데 있지 않음이 없음을 설명하였다. 예縮는 잡초이다. 『설문』에는 "예縮는 무蕪(거친 풀)이다'라고 하였다. 포진包畛은 일체의 범위를 포괄함이다. 『태현』의 본래 뜻은 현묘玄妙함이 위로 하늘에 통하고 아래로 땅에 머물며 초목으로 미세하게 들어감을 가리킨다. 즉 현묘함이 없는 곳이 없다. "음이 그 바탕을 수렴함"에서부터 "인도이다"까지는 "천도", "인도", "지도'를 해석한 말이다. 「설괘」에서 "하늘의 도를 확립함을 음양이라 하고, 땅의 도를 확립함을 부드러움과 굳셈이라고 하고, 사람의 도를 확립함을 인仁과 의義라고 한다'라고 하였다. 천도는 음과 양으로 나뉘고, 지도는 굳셈과 부드러움으로 나뉘며, 인도는 인仁과 의義로 나뉜다. 음은 고요하여 모여서 그 체질이 되며, 양이 움직이고 흩어져 그 문채文彩가 된다. 움직임과 고요함이 모이고 흩어져 천도가 되고, 부드러움이 고요하고 닫히며, 굳셈이 움직여 열리며, 굳셈과 부드러움, 움직임과 고요함, 열림과 닫힘이 지도地道이다. 남을 사랑함이 인仁이며, 공중公衆을 이롭게 함이 의義이니 인仁은 곧 타인에 나아가 한 말이며, 의義는 자신에게 나아가 하는 말이다. 동중서는 "『춘추』가 다스리고자 하는 바는 타인과 나이며, 타인과 나를 다스리고자 하는 소이所以는 인仁과 의義이다. 인仁으로써 타인을 편안하게 하고 의義로써 나를 바르게 하므로 인仁을 말하면, 타인이며, 의義를 말하면 나이다. 인仁의 방법은 남을 사랑하는 데 있고, 나를 사랑하는 데 있지 않으며, 의義의 방법은 나를 바르게 하는 데 있고 타인을 바르게 하는 데 있지 않다'라고 하였다. 이것이 "인仁으로써 타인을 확립하고, 의義로써 나를 확립한다"는 뜻이다. 남을 사랑하고 공중公衆을 이롭게 하는 것이 사람의 도이다. "하늘은 위에서 열려서 원기元氣를 유행함"에서부터 "이를 일러 재재材라고 한다"까지는 "삼재三材"를 해석한 말이다. "삼재"는 "천·지·인"을 가리킨다. 하늘은 위를 주재하여 원기를 유행시킨다. 사람은 중간에 있으면서 의식을 가지며, 땅은 아래를 주재하여 형체가 있다. 원기元氣·원형元形·원식元識 이 세 가지는 서로 통하며 "재재材"이다.

道有變動, 故曰爻. 爻有等, 故曰物. 物相雜, 故曰文. 文不當, 故吉凶生焉.

도에는 변동이 있으므로 효爻라고 한다. 효는 차등이 있으므로 물物이라고 한다. 물物은 서로 섞이므로 문文이라고 한다. 문文은 마땅하지 않으므로 길흉吉凶이 거기서 생긴다.

易之興也, 其當殷之末世, 周之盛德邪, 當文王與紂之事邪.

역이 일어남은 은殷나라 말기에서부터 주周나라의 전성기에 해당하며, 문왕文王과 주왕紂王의 일이 있을 때에 해당한다.

鄭注 : 據此方以『易』是文王所作, 斷可知矣.(『左傳』, 昭公 2年 疏 ; 『左傳』, 「序」 疏)

이에 의하면 『역』은 곧 문왕이 지은 것임을 단적으로 알 수 있다.(『左傳』, 昭公 2年 疏 ; 『左傳』, 「序」 疏)

정현은 "문왕과 주왕紂王의 일"을 근거로 『역』은 문왕이 지었다고 주장하였다.

是故其辭危, 危者使平, 易者使傾. 其道甚大, 百物不廢, 懼以終始, 其
要无咎, 此之謂『易』之道也.

이런 까닭에 그 사辭가 위태하며, 위태롭다고 생각하는 자는 평안하게 하고, 쉽다고
여기는 자는 기울게 한다. 그 도는 매우 커서 온갖 사물을 폐하지 않고, 두려움으로
마치고 시작하면 그 요점은 허물이 없으니, 이것을 일러 『역』의 도라고 한다.

夫乾天下之至健也, 德行恒易以知險; 夫坤天下之至順也, 德行恒簡
以知阻.

무릇 건乾은 천하의 지극한 굳건함이니 덕행은 항상 쉬움으로써 험함을 알고,
곤坤은 천하의 지극한 순함이니, 덕행은 항상 간략함으로써 막힘을 안다.

鄭注: 乾, 純陽也, 爲天下之至健. 坤, 純陰也, 爲天下之至順. "至健矣", 與時偕行而
無所積, 則疑若難而未嘗不易者, 因性故也. "至順矣", 與理偕會而無違, 則疑
若煩而未嘗不簡者, 以循理故也. 惟因性故拂性而行者, 有所不爲則知險矣,
此陰之所不能陷也. 惟循理故違理而動者, 有所不作則知阻矣, 此陽之所以
不能止也. 險在前也, 陽不能進而爲需, 陰無得而勝焉. 阻在前也. 坤自由而爲
比, 陽無得而勝焉, 此又乾坤之不忽陰陽而爲健順之至歟.(『義海撮要』, 卷八)

건乾은 순양純陽이며, 천하의 지극한 굳건함至健이다. 곤坤은 순음純陰으로
천하의 지극한 순함至順이다. "지극히 굳건함"은 시절과 함께 행하며 쌓은
바가 없으니 어렵다고 의심하지만 아마도 쉽지 않은 적이 없는 것은 성性으로
말미암은 까닭이다. "지극이 순함"은 이치와 함께 모여서 위배됨이 없으니
번잡하다고 의심하지만 일찍이 간략하지 않음이 없는 것은 이치에 순응하는
까닭이다. 오직 성性에 말미암는 까닭에 성을 닦아 행하는 것은 하지 못함이
있으면 험함을 안다. 이것은 음이 빠뜨릴 수 없는 것이다. 오직 이치에 순응하는
까닭에 리를 위반하여 움직이는 것은 하지 못함이 있으니 험함을 안다. 이것은
양이 멈출 수 없는 것이다. 위험함에 앞에 있으니 양은 나아가서 수需가
될 수 없으며, 음은 얻어서 이김이 없다. 위험함이 앞에 있으니 곤坤은 스스로
말미암아 비比가 되며, 양은 얻어서 이김이 없다. 이것은 또한 건과 곤이
음양을 소홀히 할 수 없는 것이며 건순健順의 지극함일진저!(『의해촬요』, 권8)

이는 건곤과 성 그리고 공용功用을 말한 것이다. 건은 순양이어서 지건至健이라고 하고, 곤은 순음으로 지순至順이라고 하며, 「문언」에서 "크도다! 건乾이여, 강건剛健굳세고 튼튼함하고 중정中正(不偏不倚)하며, 순수하고 정밀하다"라고 하고, "곤은 지극히 부드러우며 움직임에 또한 굳세다"라고 한 말과 같다. 건乾은 지극히 굳건하며, 그 성性이 움직여 시절과 더불어 행함에 만물이 시작되며, 비록 어려워도 쉽다. 곤은 지극히 부드러우며, 그 성性이 고요하여 이치에 순종하여 만물을 이루니 비록 번잡해도 간단하니 그것을 일러 "건乾은 큰 시작을 알며, 곤은 사물을 이룬다. 건으로써 쉽게 알며, 곤으로써 간이簡易하게 능하니 역易은 쉽게 앎이며, 간簡은 쉽게 따름이다"라고 한 말이 바로 이 뜻이다. 만약 양의 특성을 위해하여 일을 하면 성공하지 못하며 반드시 위험이 있으니 이것은 음이 빠져 들어가지 못하는 것이다. 만약 음이 순종의 이치를 위배하여 일을 하면 또한 일을 할 수 없고 반드시 장애가 생기니 이것은 양이 제지할 수 없는 것이다. 위험이 앞에 있어 양이 나아갈 수 없음이 수괘需卦이다. 수괘는 상괘가 감坎 하괘가 건乾이며, 감은 위험이 앞에 있음이며, 건은 양이 나아가지 못하고 기다리고 있음이다. 「단象」에서 "수需는 수須이며, 위험이 앞에 있음이다"라고 하였다. 양이 나아가지 못하면 음이 이긴다. 자애가 앞에 있으면 곤이 스스로 말미암아 비괘比卦가 된다. 비比는 상괘가 감, 하괘가 곤이며, 감은 장애이며 곤의 특성은 고요하여 스스로 말미암으며, 양이 얻음이 없으면 음이 이긴다. 이것은 건과 곤이 음과 양을 소홀하게 빠뜨릴 수 없음이며 지건至健하고 지순至順함이다. 이 주석의 문장을 따라 살펴보고, 성性과 이치理致를 담론한 것은 정현과 다른 주석의 문장의 풍격과는 다르며, 오히려 당송시대 사람들의 주석문과 더 비슷하다. 그러므로 이 주석은 정현의 역주易注가 아니라고 의심한다.

能說諸心, 能研諸侯之慮, 定天下之吉凶, 成天下之亹亹者.

마음으로 기뻐할 수 있으며, 세후의 생각을 궁구할 수 있어야 천하의 길흉吉凶을 정하며, 천하가 부지런히 애쓰는 일(亹亹)을 이룬다.

鄭注 : 亹亹, 浸浸也.(『釋文』)

미미亹亹는 침침浸浸(꾸준함)이다.(『석문』)

해석은 「계사상」의 주注를 보라.

是故變化云爲, 吉事有祥, 象事知器, 占事知來. 天地設位, 聖人成能. 人謀鬼謀, 百姓與能.

이런 까닭에 변함·화함·말함·행위 함에 길吉한 일에는 상서로움이 있고, 일을 상징하여 기물을 알고, 일을 점쳐서 미래를 안다. 천지가 자리를 잡음에 성인이 공능(能)을 이룬다. 사람에게 도모하며 귀신에게 도모함에 백성이 공능에 참여한다.

鄭注 : 鬼謀得卜筮於廟門.(『儀禮』,「士冠」 疏) 言謀爲善謀助之, 百姓能安己者.(『御覽』, 「人事部」八十九)

> 귀신에게 도모하여 묘문廟門에서 복서卜筮를 얻는다.(『의례』,「사관」 소) 의논함이 선하면 의논함이 그것을 도와 의논함을 말하면 잘 의논하여 그것을 도와주는 것은 백성이 자신을 편안하게 할 수 있는 사람이다.(『御覽』,「人事部」89)

고대의 제왕들이 중대한 활동을 하려함에 의문이 있다면 대신들과 모사謀士들의 의견을 구하는 것 외에 또한 복서卜筮와 제사에서 도움을 얻어서 정탈定奪(임금의 재결)해야 한다. 『상서』「홍범」에는 "네가 큰 의심이 있으면, 마음에서 의논하고, 경卿과 사士에게 의논하고, 서인庶人에게 의논하고 복서에 의논해야 한다"라고 하였다. 경卿과 사士에 의논함은 곧 "다른 사람에게 의논함"이다. "복서"에 의논함은 곧 "귀신에게 의논함"이며, "서인庶人"에게 의논함은 곧 "백성과 함께함이다." 정현의 주석은 또한 이 뜻이다.

八卦以象告, 爻彖以情言, 剛柔雜居, 而吉凶可見矣. 變動以利言, 吉凶以情遷. 是故, 愛惡相攻而吉凶生, 遠近相取而悔吝生, 情僞相感而利害生. 凡易之情, 近而不相得則凶, 或害之, 悔且吝. 將叛者, 其辭慚, 中心疑者其辭枝, 吉人之辭寡, 躁人之辭多, 誣善之人其辭游, 失其守者其辭屈.

팔괘는 상象으로 일러주고, 효사와 단사는 정황으로 말하며, 굳셈과 부드러움이 뒤섞여 있으니 길함과 흉함이 드러난다. 변동變動은 이로움으로 말하고 길흉은 정황으로 이동한다. 이런 까닭에 사랑과 미움이 서로 공격함에 길과 흉이 생겨나며, 멂과 가까움이 서로 취함에 후회함 애석하게 여김이 나오며, 진정과 허위가 서로 감응하여 이로움과 해로움이 생긴다. 무릇 『역』의 정황은 가까우면서 서로 얻지 못하면 흉하거나 혹 해치며, 후회하거나 애석하게 여긴. 장차 배반할 자는 그 말이 참괴慚愧하고, 속마음이 의혹된 자는 그 말이 갈라지고, 길한 사람의 말은 적고, 조급한 사람의 말은 많고, 선善을 모함하는 사람은 그 말이 떠돌고, 정조貞操를 잃은 자는 그 말이 비굴하다.

제5 설괘說卦

昔者聖人之作『易』也,

옛날에 성인이 『역』을 지을 때,

鄭注 : 昔者聖人, 謂伏羲 · 文王也.(「書序」 疏)

　　옛날의 성인은 복희伏羲와 문왕을 말한다.(「書序」 疏)

「계사」의 "옛날 포희씨가 천하에 왕 노릇 할 때, 우러러 하늘에서 상象을 관찰하고, 굽어 땅에서 법을 관찰하며, 날짐승과 들짐승의 무늬와 천지의 마땅함을 관찰하며, 가까이는 자신에게서 취하고, 멀리는 사물에게서 취하여 이에 팔괘八卦를 만들었다"는 구절을 살펴보면, 팔괘는 복희가 그랬음을 확인할 수 있다. 또 『역』이 일어남은 은殷나라 말기에서부터 주周나라의 전성기 때에 해당한다. 마땅히 문왕과 주왕紂王의 일에 해당한다는 구절을 보면, 문왕이 『주역』을 추연推演하였다고 확인할 수 있다. 그러므로 옛날에 성인이 『역』을 지었다고 하는 말은 복희가 괘를 그리고 문왕이 『역』을 추연하였음을 가리킨다.

幽贊于神明而生蓍, 參天兩地而倚數.

신명에서 그윽하게 도움을 받아 시초蓍草를 만들고, 하늘의 수 셋과 땅의 수 둘로서 수數에 의지하며,

鄭注 : 天地之數備於十, 乃三之以天, 兩之以地, 而倚託大衍之數五十也. 三之以天, 兩之以地者, 天三覆, 地二載, 欲極於數庶得吉凶之審也.(『正義』)

　　천지의 수는 10으로 갖추어지며, 곧 3은 하늘로써 하고, 2는 땅으로써 하며, 대연의 수 50에 의탁倚託한다. 3은 하늘로써 하고, 2는 땅으로써 함은 하늘은 3으로 알리고覆, 땅은 2로 시행하며載 수를 극진極盡하게 하여 길흉의 자세함을 거의 얻는다.(『정의』)

의倚는 『주례』 「지관 · 매씨媒氏」의 주석에는 "의奇"로 썼고, 촉재蜀才도 같다. 『석문』에는 "의奇는 어푸와 기豈의 반절이며, 본래는 간혹 '의倚'로 쓰며 음이 같다'라고 하였다. 의倚와 의奇는 통한다. 『순자』 「수신」의 "기괴奇怪한 행동"(倚魁之行)에 대한 주석에서 "의倚는 의奇이다'라고 하였고 『방언』에는 "의倚는 의奇이다'라고 하였다. 의倚는 의탁依託이다. 『설문』에는 마융을 인용하여 "의依(의지함)이다'라고 하였다. 『광아』 「석고」에는 "의倚는 의依이다'라고 하였다. 정현은 마융에게서 『역』을 공부하였으므로 그의 주석은 마융에 근원한다. 우번은 "의倚"를 립立으로 해석하였는데, 정현과 뜻이 다르며, 정현의 주석은 천지의 수는 10개의

자연수인데, 그 가운데 천수 3개(1·3·5) 지수 2개(2·4)를 취하여 추연推演을 진행하여, '3을 세 번하여 9가 되고, 2를 두 번하여 6이 된다. 여기서 삼三과 이二는 동사이며, 뒤섞여 혼합되어 추연推演함을 가리킨다.'[1) 그것이 "삼三"과 "양兩"에서 취하는 바는 삼三과 양兩의 두 수로 인하여 서로 포괄하는 것이다. 예를 들면『정의』에서는 장혜언은 "3 가운데 2를 포함하니, 1이 2를 포함한다는 뜻이며, 하늘이 땅의 덕을 포함하며, 양이 음의 도를 포함하고 있음을 밝힌 것으로 따라서 하늘은 그 많음을 들어 일으키며, 땅은 그 적음을 말한다"라고 하였다. 『주례』「지관·매씨」의 "이제 남자 30에 아내를 맞이하며, 여자는 20에 시집간다"(今男三十而娶, 女二十而嫁)라는 구절을 정현은 "2와 3은 하늘과 땅이 서로 이어서 반복하는 수數이다"라고 주석하였는데, 곧 이 뜻이다. 이 구절에 대한 해석에 대하여 여태까지 다른 해석이 존재한다. 마융과 왕숙은 "다섯 위치가 서로 합하여 음으로써 양을 따르며, 천天은 세 가지가 합하니 1, 3, 5이며, 땅은 두 가지가 합하니 2와 4이다"라고 하여, "삼三과 양兩"의 뜻은 정현과 비슷하다. 우번은 "의倚는 립立이다. 삼參은 삼三이다. 천상天象을 삼재三才로 나누고 땅으로 두 번하여 여섯 획의 수를 확립하였으므로 수에 의지하였다"라고 하였다. 한강백은 "삼參은 기수奇數이며, 양兩은 우수偶數이며, 7과 9는 양수이며, 6과 8은 음수이다"라고 하였다. 우번의 주석은 정현의 뜻과 다르다. 「설괘」의 전후의 문장의 뜻을 살펴보면, 마융, 정현, 한강백의 설이 비교적 우수하다.

觀變于陰陽而立卦, 發揮剛柔而生爻.

음양에서 변화를 보고 괘를 확립하며, 굳셈과 부드러움을 발휘하여 효爻를 만든다.

鄭注 : 揮, 揚也.(『釋文』)

> 휘揮는 양揚(날아오름)이다.(『석문』)

『설문』에는 "휘揮는 분奮(떨침)이다"라고 하였고, 또 "분奮은 취翬이다"라고 하였다. 그러므로 "揮"와 "翬"는 뜻이 같으며, 비양飛揚(날아오름)의 뜻이 있다.

和順于道德而理于義, 窮理盡性以至于命.

도덕道德에 화합하고 순응하며, 의義에 맞게 하며, 이치를 궁구하고 성性을 다하여 명命에 이른다.

鄭注 : 言窮其義理, 盡其人之情性, 以至於命. 吉凶所定.(『文選』, 「吊魏武帝文」[陸機] 注)

말은 그 의리를 궁구하며, 사람의 정성情性을 다하여 명命에 이른다. 길흉이 정해진다.(『文選』, 「吊魏武帝文」[陸機] 注)

이것은 『역』의 괘의 공용을 말한 것으로 곧 세 획으로는 천·지·인·물의 이치를 다하지 못하므로 "삼재를 두 번 더함"으로 여섯 획의 괘를 만들고 천·지·인·물의 이치를 다하며, 따라서 길·흉·화·복을 정할 수 있다. 정현은 의리로써 "리理"를 해석하였으며, 정성情性으로써 "성性"을 해석하였다. "리理"는 고대에는 옥玉을 가공함을 말하였는데, 후일 전의하여 조리條理 즉 도道가 되었다. 『순자』 「정명」에서는 "도道라는 것은 다스림의 경리經理이다"(道也者, 治之經理也)는 구절을 주석하여 "리理는 조관條貫이다"라고 하였다. 리理에는 또 "의義"의 뜻이 있다. 그러므로 "의리義理"는 연결하여 쓴다. 『맹자』 「고자 상」에서 "리理라고 하는 것은 의義다"라고 하였고, 『예기』 「상복사제喪服四制」에서는 "리理는 의義다"라고 하였고, 『장자』 「경상庚桑」에서는 "성性이란 생生의 바탕이다"라고 하였으며, 『순자』 「정명」에서는 "정情은 성性의 바탕이다"라고 하고, 또 "성性의 좋아함·싫어함·기뻐함·성냄·슬퍼함·즐거움을 정情이라고 한다"라고 하였다. 그러므로 정情은 천생天生(본래 타고 태어남)의 상태이며, 정은 성의 움직임이니 이는 성의 일종의 표현 형식이므로 성정性情으로 서로 연결하여 쓴다. 고대에는 "성性"은 항성 성정性情을 가리켜다.

昔者聖人之作易也, 將以順性命之理, 是以立天之道曰陰與陽, 立地之道曰柔與剛, 立人之道曰仁與義. 兼三才而兩之, 故『易』六畫而成卦. 分陰分陽, 迭用柔剛, 故易六位而成章.

옛날에 성인이 『주역』을 지음은 장차 성명性命의 이치에 순응하려 함이니, 이런 까닭에 하늘의 도를 세움은 음과 양이라고 하고, 땅의 도를 세움은 부드러움과 굳셈이라고 하고, 사람의 도를 세움은 인仁과 의義라고 하니, 삼재三才를 겸해서 두 번 하였기 때문에 『역』은 여섯 획으로 괘를 이루었다. 음으로 나누고 양으로 나누며 부드러움과 굳셈을 차례로 썼기 때문에 『역』은 여섯 자리로 문장을 이루었다.

鄭注 : 三才天地人之道. 六畫畫六爻.(『儀禮』, 「士冠禮」 疏)

삼재三才는 천·지·인의 도이다. 여섯 획으로 여섯 효를 그린다.(『의례』,
「사관례」 소)

이는 중괘重卦를 말한 것으로 팔괘는 세 획의 괘이며, 각 괘의 처음 획은 땅이며, 가운데
획은 사람, 위 획은 하늘이다. 팔괘를 서로 중첩하여 64괘를 이루며 각 괘는 여섯 획이며,
여섯 획은 곧 여섯 효爻이다.

天地定位, 山澤通氣, 雷風相薄,

하늘과 땅이 자리를 정하고, 산과 연못이 기운을 통하며, 우레와 바람이 서로
부딪히며,

鄭注 : 薄, 入也.(『釋文』)

　박薄은 입入(攻略함)이다.(『석문』)

『석문』은 마융의 설을 인용하여 "박薄은 입入(攻略함)이다"라고 해석하였다. 정현은 마융에게서
『역』을 배웠으므로 이 해석도 스승의 설을 따랐다. 경전經傳에서는 대부분 "박薄"을 "박迫"으
로 해석한다. 호자봉의 설에 의하면 "박迫은 매우 가까이 닥침(逼近)이며, 다가옴이 급하면
입入(攻略함)이 되므로 박薄을 입入으로 해석한다"(『주역정씨학』) 하였다.

水火不相射, 八卦相錯, 數往者順, 知來者逆, 是故易逆數也. 雷以動
之, 風以散之. 雨以潤之, 日以烜之. 艮以止之, 兌以說之. 乾以君之,
坤以藏之. 帝出乎震, 齊乎巽, 相見乎離, 致役乎坤, 說言乎兌, 戰乎乾,
勞乎坎, 成言乎艮. 萬物出乎震, 震, 東方也. 齊乎巽, 巽東南也. 齊也者,
言萬物之絜齊也. 離也者, 明也, 萬物皆相見, 南方之卦也. 聖人南面而
聽天下向明而治, 蓋取諸此也. 坤也者, 地也. 萬物皆致養焉. 故曰致役
乎坤. 兌, 正秋也, 萬物之所說也, 故曰說言乎兌, 戰乎乾, 乾西北之卦
也, 言陰陽相薄也. 坎, 水也. 正北方之卦也, 勞卦也, 萬物之所歸也,
故曰勞乎坎. 艮, 東北之卦也, 萬物之所成終而成始也, 故曰成言乎艮.

물과 불이 서로 싫어하지 않고, 팔괘가 서로 착종錯綜하니 지나간 것을 헤아림은
순응함이며, 올 것을 앎은 따라 잡음이니, 이런 까닭에 역은 따라 잡음과 헤아림이다.

우레로 움직이고, 바람으로 확산하고, 비로써 적시고, 해로써 말린다. 간괘艮卦로
멈추고, 태괘兌卦로 기쁘게 하고, 건괘乾卦로 임금 노릇 하고, 곤괘坤卦로 저장한다.
상제는 진괘震卦에서 나와 손괘巽卦에서 가지런하고, 리괘離卦에서 서로 만나 보고
곤괘에서 일을 이루고, 태괘에서 기뻐하고, 건괘에서 싸우고, 감괘에서 노력하고,
간괘에서 이룬다. 만물이 진괘에서 나오니, 진괘는 동쪽이다. 손괘에서 가지런하고
손괘는 동남이다. 제齊는 만물이 정연整然함을 말한다. 리괘離卦는 밝음으로, 만물이
모두 서로 보니, 남쪽의 괘다. 성인이 남면南面하여 세상의 말을 듣고 광명하게
다스림은 대게 여기에서 취하였다. 곤괘는 땅이니, 만물이 모두 여기서 길러진다.
그러므로 '곤괘에서 일을 이룬다'고 하였다. 태괘는 바로 가을이니, 만물이 기뻐하는
바이므로 '태괘에서 기뻐한다'고 하였다. 건괘에서 싸움은 건괘는 서북쪽의 괘이니,
음양이 서로 부딪힘을 말한다. 감괘는 물이니, 바로 북쪽의 괘로서 노력하는 괘이니,
만물이 돌아가는 바이므로 '감괘에서 노력한다'라고 하였다. 간괘艮卦는 동북쪽의
괘이니, 만물이 마침을 이루고 시작을 이루므로 '간괘에서 이룬다'고 하였다.

鄭注 : 萬物出於震, 雷發聲以生之也. 齊於[2],[3] 巽, 風搖動以齊之也. 潔[4], 猶新也. 相
見於離, 萬物皆相見, 日照之使光大. 萬物皆致養, 地氣含養使[5]秀實也. 萬物
之所說, 草木皆老, 猶以澤氣說成之. 戰言陰陽相薄, 西北陰也, 而乾以純陽臨
之, 猶君臣對合也. 坎, 勞卦也, 水性勞而不倦, 萬物之所歸也. 萬物自春生於
地, 冬氣閉藏, 還皆入地. 萬物之所成終而成始, 言萬物陰氣終, 陽氣始, 皆艮
之用事也. 坤不言方神[6]之養物, 不專此時也.[7] 兌不言方而言正秋者, 秋分也.
兌言秋分, 則震爲春分, 坎爲冬至, 離爲夏至, 乾爲立冬, 艮爲立春, 巽爲立夏,
坤爲立秋可知. 兌言正秋者, 正時也. 離言聖人南面而聽天下, 嚮明而治, 則餘
卦亦可以類推矣, 戰手乾, 言陰陽相薄而乾勝也.(『義海撮要』, 卷九)

만물이 진震에서 나오고 우레가 소리를 내어 그것을 생겨나게 한다. 손巽에서
가지런하고(齊于巽), 바람이 요동搖動하여 그것을 가지런하게 한다. 결潔은
신新과 같다. 리離에서 서로 드러나니(相見于離), 만물이 모두 서로 드러나며

---

2) 위의 두 "于"자는 『折中』에서는 "乎"로 썼다.
3) 『漢上易傳』에서는 아래의 "相見于離"의 네 글자를 이곳에 두었다.
4) 潔은 『漢上易傳』에서는 "絜"로 썼다.
5) 『漢上易傳』에는 여기에 "有"자가 있다.
6) 神은 마땅히 "坤"으로 써야 한다.
7) 이 구절은 『周易正義』의 "坤不言方者, 所言地之養物不專一也"에서 인용하였다.

태양이 그것을 비추어 크게 번성繁盛한다. 만물이 모두 길러지며 땅의 기운이 함양하여 빼어나게 열매 맺게 한다. 만물이 기뻐하는 바와 초목이 모두 쇠함은 연못의 기운으로 그것을 이룸을 기뻐하는 것과 같다. 전쟁은 음양이 서로 부딪힘을 말하며, 서북은 음이며, 건乾이 순양으로 임함은 임금과 신하가 상대하여 화합함과 같다. 감坎은 노력하는 괘이며, 물의 특성으로 노력하되 권태롭게 여기지 않으니 만물이 돌아가는 곳이다. 만물은 봄부터 땅에서 생겨나며, 겨울의 기운으로 닫아 감추며, 다시 모두 땅으로 들어간다. 만물이 마침을 이루고 시작을 하는 것은 만물이 음기로서 마치고 양기로 시작함은 모두 간괘艮卦가 움직이는 것임을 말한다. 곤은 바야흐로 신神이 사물을 양육함을 말하지 않으니 오로지 이때만은 아니다. 태는 방향을 말하지 않았으나 정추正秋라고 말한 것은 추분秋分이다. 태兌는 추분을 말하지 않았으나 진震은 춘분이며, 감은 동지이며, 리離는 하지夏至이며, 건乾은 입동立冬이며, 간艮은 입춘立春, 손巽은 입하立夏, 곤은 입추立秋임을 알 수 있다. 태兌는 정추正秋라고 한 말은 정시正時이다. 리離는 성인이 남면하여 천하의 말을 듣고 광명하게 다스리니 나머지 괘도 또한 유추할 수 있으며, 건에서 싸움은 음양이 서로 부딪혀서 건이 이김을 말한다.(『의해활요』, 권9)

「설괘」는 팔괘의 방위를 말하며, 계절과 사물이 생성하는 가운데서의 작용을 말한다. 『역위易緯・건착도乾鑿度』는 여기에 기초하고, 또 팔괘의 방위가 나타내는 월분月份으로 사물이 생겨나는 가운데서의 작용을 설명하였다. 이 책에서 말하기를 "진震은 동쪽에서 사물을 생겨나게 하여 2월에 위치하며, 손巽은 동남쪽에서 확산하며 4월에 위치하며, 리離는 남쪽에서 자라나서 5월에 위치하며, 곤은 서남쪽에서 길러지며 6월에 위치하며, 태兌는 서쪽에서 거두어들이며 8월에 위치한다. 건은 서북쪽에서 제도制度하며 10월에 위치하며, 감坎은 북쪽에서 저장하며 11월에 위치하며, 간艮은 동북쪽에서 끝내고 시작하며 12월에 위치한다.…… 무릇 만물은 진震에서 처음 나오며, 진은 동쪽의 괘이다. 양기가 처음 생기며 형체를 받는 도道이므로 동쪽은 인仁이 되며, 리離는 남쪽의 괘이며, 양이 상괘에서 바름을 얻고 음은 하괘에서 바름을 얻으며, 존귀하고 비천함의 상이 예禮의 순서로 정해지므로 남쪽은 예가 된다. 태兌로 들어가서 태는 서쪽의 괘이며, 음이 움직여서 만물이 그 마땅함을 얻으니 의義의 이치이다. 그러므로 서쪽은 의義가 되며, 감坎을 차츰 나아간다. 감은 북쪽의 괘이며 음기가 형성되어 성하고 양기가 합하고 닫히니 신信의 종류이므로 북쪽은 신信이며, 무릇 사방의 의義가 모두 중앙으로 통합되므로 건・곤・간・손의 네 방향에 있으며, 중앙이 네 방향을 묶어서 나아가는 조건이다.…… 「설괘」와 『역위』는 서로 표리가 되며, 팔괘의 괘기卦氣 사상을 표현하여 나타낸다.

정현은 이미 「설괘」를 주석한 뒤 또 『역위』을 주석하였으며, 「설괘」에 대한 주석은 「설괘」와 『역위』에 대한 드러내어 밝힘으로 간주된다. 진震은 우레이며 2월의 우레가 소리를 발하여 만물이 생겨남을 알린다. 「설괘」에서 "우레로써 그것을 움직인다"(雷以動之)는 구절을 순상荀爽은 "건묘建卯의 달을 말하며, 진괘震卦가 움직임에 천지가 화합하며, 만물의 싹이 움직인다"라고 하였다. 『회남자』 「시칙훈時則訓」에서는 "중춘仲春의 달은 초요招搖8)로 묘卯를 가리킨다…… 그것은 동쪽에 위치하며,…… 이 달은 낮과 밤이 나뉘어(길이가 같고) 우레가 비로소 그 소리를 발함에 칩거蟄居한 벌레들이 다시 움직여 소생하며, 우레가 울리기 3일 전에 칼날을 휘둘러 만민에게 명령하기를 '우레가 곧 울린다'고 한다"라고 하였다. 『석명』 「석천」에는 "묘卯는 『역』에서 진震이며, 2월의 때이며, 우레가 처음 진동한다"라고 하였다. 그러므로 만물은 진震에서 나오며, 손은 바람이며 동남쪽이며 4월이며, 바람이 발산하는 특징이 있다. 「설괘」의 "바람이 확산한다"(風以散之)는 구절을 순상은 "월건이 사巳이며 2월이며, 만물이 상달하여 논밭과 들에 펼쳐 흩어짐을 말한다"라고 주석하였다. 『사기』 「율서律書」에 "청명에는 바람이 동남의 방향에 있고, 만물을 바람으로 불어 줌을 주관한다…… 십이지十二支로는 사巳이며, 사巳는 음이 이미 다하여 없음을 말한다"라고 하였다. 『설문說文』에는 "사巳는 사巳이다. 4월에 양기가 이미 나오고, 음기는 이미 저장되어 만물이 드러나서 문장文章을 이룬다"라고 하였다. 그러므로 "바람은 요동하여 가지런하다"라고 한다. 결潔은 다른 판본에는 "혈絜"로 썼는데, 두 글자는 통용한다. 고대에는 대부분 "결潔"을 백白, 혹은 건정乾淨(깨끗함)으로 해석하였는데, 마치 「초사송옥소혼楚辭宋玉掃魂」에서 (『楚辭』의) "짐은 어리고 청렴하여 깨끗하다네"(朕幼淸以潔兮)라는 구절을 "받지 않음을 렴廉이라고 하고, 오염되지 않음을 결潔이라고 한다"라고 주석하였다. 정현이 "신新"으로 해석한 것은 전의轉義한 뜻이다. 리離는 태양이며 광명이며 남쪽이며, 하루에서는 오시午時이며, 시간으로는 정오丁午이며, 밝게 비추어 만물이 무성茂盛하다. 『석명』 「석천」에는 "오午는 『역』에서 리離이다. 리離는 려麗(빛남)이다. 사물은 모두 서로 부착하여 빛나니 양기로써 무성茂盛하다"라고 하였다. 그러므로 "만물이 서로 드러남은 태양이 비춘 후에 크게 번성한다." 「설괘」를 보면 곤은 땅이며 어머니이며 땅은 만물을 기르며, 어머니는 자식을 낳는다. 곤 「상」에서는 "군자는 두터운 덕으로 사물을 기재記載한다"라고 하였다. 곤 「단」에서 "곤은 두텁게 사물을 실으며, 덕德을 합하여 한계가 없다"라고 하였다. 그러므로 곤은 힘써 기름의 뜻이 있다. 곤은 서남쪽에 자리하며, 시간으로는 미시未時이며, 「설괘」는 방향을 말하지 않았고, 시간도 말하지 않았는데, 이것은 왜냐하면 곤은 사물을 이롭게 하며 중앙에 위치하며 시간으로 나눌 수 없기 때문이다. 『백호통덕白虎通德』 「오행五行편」 "토土가 중앙에 있는 것은 만물을 드러내고 품음을 주관하며, 토土를 토土라고 하는 것은…… 토土는 시간으로 이름 부를 수 없기 때문이다"라고 하였고, 또 "오행이 왕을 바꿈에도 또한 반드시 토土를 따르며, 오사五四의 끝은 중앙에 위치하며 시간을 이름하지 않는다"라고

---

8) 역자 주: 28宿 가운데 氏宿에 속하며, 목동자리에 있는 별.

하였다. 오번은 "곤은 음만 있고 양이 없으므로 도道가 널리 분포되어 한 방향만 주관하지 않으며, 넓게 포함하고 크게 번성하며 만물을 잘 이룬다"라고 하였다. 태兌는 서쪽이며 8월이며, 태는 기뻐함이며, 연못이며 가을 하늘이며, 가을 하늘은 연못의 기운으로 그것을 윤택하게 하니 만물이 성숙하고 기뻐하고 즐거워한다. 『석명』 「석천」에 "유酉는 역에서 태兌이다. 태는 기쁨이다. 사물이 갖추어서 만족하니 모두 기쁨과 즐거움을 얻는다"라고 하였다. 「설괘」는 태에서 방소方所를 말하지 않고, 추천秋天을 돌출시켰다. 우번은 "태兌의 상象은 서쪽에서 드러나지 않으며 서쪽의 괘로 말하지 않았으며, 곤과 같은 뜻이다"라고 하였다. 건乾은 서북쪽이며 10월이며, 이때 음양이 교합하고, 양이 성하면 곧 음으로 변화한다. 그러므로 "음양이 서로 부딪혀" 싸우며, 인사人事에서는 임금이 양이며, 신하는 음이며, 이때 임금과 신하는 상대하여 합한다. 예를 들면 순상荀爽이 "건해建亥는 2월이며, 건과 곤이 함께 있으니 임금과 신하가 서로를 얻는다"라고 한 말과 같다. 감은 물이며 북쪽이며 11월이며, 물의 특징은 적셔 흐름이니, 곧 흘러 움직여도 게으르지 않다. 양기가 생겨서 감坎에 이르러 저장되며, 만물은 봄에 땅에서 생겨나 겨울에 땅으로 들어간다. 그러므로 만물은 모두 감坎으로 돌아가니 노력하는 괘이다. 귀歸는 곧 귀장歸藏이며, 노勞는 곧 노력하며 쉬지 않음이다. 간艮은 동북쪽이며 12월이며, 이때는 음과 양이 교체하며, 음기가 끝나고 양기가 시작된다. 『석명』 「석천」에 "축丑은 『역』에서 간閒이며, 간은 한限(한계)이다. 때가 와서 사물이 생겨남을 들을 수 있음은 제한된다"라고 하였다. 그러므로 간의 작용은 시작을 이루고 마침을 이루는 것이다. 끝으로 정현은 또한 절기節氣로써 팔괘를 설명하였다. 이것은 아마도 『역위』에 근원하였을 것이다. 『역위·통괘험通卦驗』에서 "건乾은 서북쪽으로 입동立冬을 주관한다.…… 감은 북쪽이며 동지를 주관한다.…… 간은 동북쪽이며 입춘을 주관한다.…… 진震은 동쪽이며 춘분을 주관한다.…… 손巽은 동남쪽이며 입하를 주관한다.…… 리離는 남쪽이며 하지를 주관한다.…… 곤은 서남쪽이며 입추를 주관한다.…… 태兌는 서쪽이며 추분을 주관한다"라고 하였다.

神也者, 妙萬物而爲言者也.

신神이란 만물을 묘용함을 말하는 것이다.

鄭注 : 共成萬物, 物不可得而分, 故合謂之神.(『漢上易傳』, 卷九; 『義海撮要』, 卷九)

　　만물을 함께 이루니 사물은 나눌 수 없으므로 합하여 신神이라고 한다.(『한상역전』, 권9; 『의해촬요』, 권9)

정현은 "묘妙"를 성成(이룸)으로 해석하였다. "함께 만물을 이룸"은 "만물을 묘용함"을 해석한 말이다. 아래의 문장으로 보면 뇌동雷動(우레의 움직임), 풍요風橈(바람의 흔들림), 화조火燥(불이 솟아 오름), 택열澤說(연못의 축축함), 수윤水潤(물의 윤택함), 간艮이 만물의 마침을 이룸을 말한다. 이러한 과정에서 "여섯 가지"는 서로 보충하고 서로 이루어 나누어질 수 없으며, 나누어지면 사물은 형태를 이루지 못하며, 합해지면 변화가 만물을 생성한다. 그러므로 "여섯 가지"는 합하여 만물을 화생化生하는 과정이므로 이를 "신神"이라고 한다.

動萬物者, 莫疾乎雷; 橈萬物者, 莫疾乎風; 燥萬物者, 莫熯乎火; 說萬物者, 莫說乎澤; 潤萬物者, 莫潤乎水; 終萬物始萬者, 莫盛乎艮.

만물을 움직임에 우레만큼 더 빠른 것이 없고, 만물을 흔듦에 바람보다 더 빠른 것이 없고, 만물을 말림에 불보다 더 잘 말리는 것이 없고, 만물을 기쁘게 함에 연못보다 더 윤택한 것이 없으며, 만물을 적심에 물보다 더 윤택함이 없고, 만물을 마치고 만물을 시작함에 간괘艮卦보다 성한 것이 없다.

鄭注 : 盛, 裹也.(『釋文』)

성盛(담다)은 리裹(둘러싸다)이다.(『석문』)

『설문』에는 "성盛은 보리와 기장이 그릇에 담아서 그로써 제사를 지낸다"라고 하였다. 『공양전』 환공 14년, 하휴何休는 "찰기장과 메기장을 자粢라고 하며, 그릇에 담으면 성盛이라고 한다"라고 하였다. 『시』 「보전甫田」의 공전孔傳에서는 "그릇에 담으면 성盛이라고 한다"라고 하였고, 정현은 『주례』 「전사甸師」에서도 "그릇에 담으면 성盛이라고 한다"라고 하였다. 호자봉은 "그릇에 있으면 그릇으로 둘러싸여져 있으므로 성盛(담다)은 둘러쌈의 뜻이 있다. 리裹는 물건을 넣고 쌈이다"(『周易鄭氏學』)라고 하였다. 호자봉의 설이 매우 옳다.

故水火相逮9). 雷風不相悖, 山澤通氣, 然後能變化, 旣成萬物也.

그러므로 물과 불이 서로 붙잡고, 우레와 바람이 서로 어그러지지 않으며, 산과 연못이 기氣를 통한 뒤에야 변화할 수 있고, 만물을 이룬다.

乾, 健也; 坤, 順也; 震, 動也; 巽, 入也; 坎, 陷也; 離, 麗也; 艮, 止也; 兌, 說也.

---

9) 금문본에는 "水火不相逮"라고 썼는데, 금문본에서 위의 "水火不相射"의 글과 백서본 『易之義』는 "水火相射"로 썼다는 것을 살펴보면, 정현이 말한 "水火相逮"는 반드시 근본이 있음을 알 수 있다.

건은 강건하고, 곤은 따르고, 진震은 움직이고, 손巽은 들어가고, 감은 빠지고, 리離는 붙으며, 간艮은 멈추고, 태兌는 기뻐한다.

乾爲馬, 坤爲牛, 震爲龍, 巽爲雞, 坎爲豕, 離爲雉, 艮爲狗.

건은 말이며, 곤은 소, 진은 용, 손은 닭, 감은 돼지, 리는 꿩, 간은 개다.

鄭注 : 艮卦在醜, 艮爲止以能吠, 守止人則屬艮. 以能言則屬兌, 兌爲言故也.10)(『周
　　　禮』, 「秋官・序官司」 疏)

　　　간괘는 축丑에 있고, 간은 멈춤으로써 짖을 수 있고, 사람을 멈추어 지키니
　　　간艮에 속한다. 말을 할 수 있으니 태兌에 속하며, 태가 말씀이 되는 까닭이다.(『周
　　　禮』, 「秋官・序官司」 疏)

이 조항은 정현의 주석이라고 분명하게 말할 수 없다. 다만 그 주석의 예로 볼 때 정현의
주석과 비슷하므로 역대의 편집자들이 대부분 정현의 주석으로 선택하여 넣었다. 괘기설을
살펴보면 간괘艮卦는 축丑에 있고 간은 멈춤이며, 이는 지키고 방어하는 개다. 또 천구성天狗星
(流星 혹은 彗星)이 동북쪽에 있으므로 간艮은 개다. 『구가역』에서는 "간은 멈춤이며 지킴과
방어를 주간한다. 간의 수는 3이며, 7×9=63이며, 3은 싸움을 주간하며, 싸움은 개다"라고
하였다. 간艮은 태괘兌卦와 획이 서로 반대이며, 태兌는 말씀이다.

兌爲羊.

태는 양羊이다.

鄭注 : 其畜好爲剛 .(『周禮』, 「夏官・羊人序官」 疏; 『周易訂詁』 十四)

　　　그 쌓음이 좋은 것이 군셈이다.(周禮』, 「夏官・羊人序官」 疏; 『周易訂詁』 十四)

태는 서쪽이며 금金이며, 양羊은 서쪽에 있는 동물이다. 『역위易緯・시류모是類謀』에서 "태산
太山에서 금계金雞를 잃고, 서악西嶽(華山)에서 옥양玉羊을 잃었다"라고 하였다. 혜동은 "양羊은
서쪽에 쌓음이다"라고 하였다. 또 「설괘」를 보면, 태兌는 매우 짠 소금剛鹵이므로 그 쌓음도
매우 짠 소금이며, 매우 짠 소금은 서족의 견고하고 소금의 질을 함유한 토지를 가리킨다.

---

10) 이 주석은 분명하게 정현의 주석이라고 말할 수는 없으며, 다만 정현의 뜻과 맞아서
　　왕응린이 책의 권말에 附記하였다.

『설문』에는 "노鹵는 서쪽은 소금 땅이다"라고 하였다.

乾爲首, 坤爲腹, 震爲足, 巽爲股, 坎爲耳, 離爲目, 艮爲手, 兌爲口.

건은 머리, 곤은 배, 진震은 발, 손은 정강이, 감은 귀, 리離는 눈, 간은 손, 태는 입이 된다.

鄭注 : 兌爲口, 兌上開似口.(『漢上易傳』, 卷九)

　　태兌는 입이며, 태兌의 위가 열린 것이 마치 입과 같다.(『한상역전』, 권9)

　　『한상역전』에 의하면 "정현본의 이 장에는 '건乾은 말의 앞이다(乾爲馬之前)라는 말이 있다"고 하였다. 태兌가 입이라는 말은 괘상의 의미를 취하였다. 태兌의 괘상卦象에서 상효上爻는 음陰이며, 음효는 끊어져 열려 있으므로 입(口)과 비슷하다.

乾, 天也, 故稱呼父; 坤, 地也, 故稱呼母. 震一索而得男, 故謂之長男, 巽一索而得女, 故謂之長女. 坎再索而得男, 故謂之中男; 離再索而得女, 故謂之中女. 艮三索而得男, 故謂之少男; 兌三索而得女, 故謂之少女.

건은 하늘이므로 아버지라고 부르며, 곤은 땅이므로 어머니라고 부른다. 진震은 처음으로 선택하여 남자아이를 얻었으므로 장남이라고 부르고, 손巽은 처음으로 선택하여 여자아이를 얻었으므로 장녀長女라고 불렀다. 감坎은 두 번째로 선택하여 남자아이를 얻었으므로 둘째 아들이라고 불렀고, 리離는 두 번째로 선택하여 여자아이를 얻었으므로 둘째 딸이라고 불렀다. 간艮은 세 번째로 선택하여 남자아이를 얻었으므로 소남少男이라고 불렀고, 태兌는 세 번째로 선택하여 여자아이를 얻었으므로 소녀少女라고 불렀다.

乾爲天,

건乾은 하늘이며,

鄭注 : 天淸明無形.(『漢上易傳』, 卷九)

　　하늘은 청명淸明하고 형태가 없다.(『한상역전』, 권9)

옛날 사람들은 하늘은 청명한 기로 구성된다고 생각하였으므로 청명하고 형태가 없다. 『소문素問』「음양응상대론陰陽應象大論」에서는 "양이 쌓여 하늘이 되고, 음이 쌓여 땅이 된다.……그러므로 맑은 양이 하늘이 되고, 탁한 음이 땅이 된다"라고 하였다. 『역위·건착도』에서는 "일자―者는 형태가 변하는 처음이며, 맑고 가벼운 것이 위로 가서 하늘이 되고, 탁하고 무거운 것이 아래로 가서 땅이 된다"라고 하였다. 『회남자』「천문훈」에서는 "도는 허확虛廓(텅 빈 울타리)에서 시작되며, 허확이 우주를 생겨나게 하고, 우주는 기氣를 생겨나게 하며, 기는 애은涯垠(경계, 한계)이 있으며, 맑은 양이 먼지와 티끌처럼 상태로 하늘이 되고, 무겁고 탁한 것이 엉기고 뭉쳐서 땅이 된다"라고 하였다.

爲圜, 爲君, 爲父, 爲玉, 爲金, 爲寒, 爲冰, 爲大赤, 爲良馬, 爲老馬, 爲瘠馬,

둥근 것이 되고, 임금이 되고 아버지가 되고 옥玉이 되고 쇠(金)가 되고 차가움이 되고, 얼음이 되고, 크고 붉은 것이 되고, 좋은 말이 되고, 늙은 말이 되고, 수척한 말이 되고,

鄭注 : 凡骨爲陽, 肉爲陰.(『漢上易傳』, 卷九)

　　무릇 뼈는 양이며, 살은 음이다.(『한상역전』, 권9)

건은 수척한 말이 되는 것은 곧 말의 뼈가 많고 살이 적기 때문에 하는 말이다. 뼈가 견고함이 양이며, 살이 부드러움은 음이다. 최경崔憬(생졸 미상, 唐, 孔穎達 이후)이 "뼈는 양이며, 살은 음이며, 건乾은 순양의 효로 뼈가 많기 때문에 수척한 말이 된다"라고 한 말과 같다.

爲駁馬, 爲水果.

얼룩말이 되고, 과일이 된다.

坤爲地, 爲母, 爲布, 爲釜, 爲吝嗇, 爲均,

곤坤은 땅이 되고 어머니가 되고 베가 되고 가마솥이 되고 인색함이 되고 균등함이 되고,

鄭注 : 今亦或作旬也.(『禮記』, 「內則」 注)

지금은 또한 간혹 순旬으로도 쓴다.(『禮記』, 「內則」 注)

고대에는 많이 순旬을 균均으로 가차하였다.『관자』「치미편(侈靡篇)」의 "旬身行"을 주석하기를 "모두 순旬을 균均으로 생각한다"라고 하였다. 풍豊괘 초구의 "雖旬天咎"에 대하여 왕필은 "순旬은 균均이다"라고 주석하였다. 10일이 순旬이 되며, 곤坤의 수가 10이므로 "순旬"이라고 한다.

爲子母牛, 爲大輿, 爲文, 爲衆, 爲柄, 其于地也爲黑.

새끼가 있는 어미 소가 되고, 큰 수레가 되고, 문채(文)가 되고, 무리가 되고, 자루가 되고, 땅에서는 흑색黑色이 된다.

震爲雷, 爲龍.

진震은 우레가 되고, 용龍이 되고,

鄭注 : 龍讀爲尨, 取日出時色雜也.(『漢上易傳』, 卷九)

용龍은 방尨으로 읽으며, 해가 떠오를 때의 잡색雜色에 근거하였다.(『한상역전』, 권9)

용龍은 우번은 "방駹"으로 썼다. 아울러 "방駹은 창색蒼色(푸른색)이며, 진震은 동쪽이므로 방駹이 된다. 옛날에는 '용龍'으로 쓰고 읽었는데, 위에서 이미 말한 용龍은 아니다'라고 하였다. 간보幹寶(282?~351)도 "방駹"으로 쓰고, "방駹은 잡색雜色이다"라고 하였다. 정현은 "용龍"을 "방尨"으로 읽었는데, 또한 "방駹"과 통한다.『주례』「추관·견인犬人」의 "凡幾, 珥, 沈, 辜, 用尨可也"라는 구절에 대하여 정현은 "그러므로 방尨을 용龍으로 쓰며 정사농鄭司農(鄭衆, ?~83)은 '…… 용龍은 방駹으로 읽으며, 잡색雜色을 말한다'고 했다'라고 하였다.『주례』「지관·목인牧人」의 "무릇 교외에서 훼사毁事에 제사할 때 용龍을 쓰도 된다"(凡外祭毁事, 用龍可也)는 구절에 대하여 정현은 "방尨은 용龍으로 쓴다"라고 하였다. 두자춘杜子春(BC 30?~AD 58)은 "용龍은 마땅히 방尨이며, 방은 잡색의 불순不純함을 말한다'라고 하였다.[11] 황석黃奭은 "옛날에는 방駹자를 대부분 '용龍'으로 썼으며, 우번과 간보의 판본은 경문經文의 용龍을 "駹"으로 고쳤으며, 옛날의 용龍자는 또한 방駹과 통하였다"(황석의 편집본『周易注』)라고 하였다. 조원필은 "창蒼

---

11) 정현의 주와 두자춘의 주는 오류가 있는데, 북경대학 출판사의『十三經注疏』의 교점본에 근거하여 고쳤다.

이란 검은 색과 황색이 섞인 것이며, 정현, 우번, 간보의 뜻이 같으며, '龍' '駹', '尨'은 고대에는 대부분 가차假借로 통하였으나, 그러나 그 뜻이 쉽게 와전되었으므로 정현이 '마땅히 바로잡았다고 했다'(『集解補釋』)라고 하였다.

爲玄黃, 爲專12), 爲大塗,
검정과 황색이 되고, 펼침이 되고, 큰 길이 되며,

鄭注 : 國中三道曰塗, 震上値房心, 塗而大者, 取房有三塗焉.(『漢上易傳』, 卷九)

> 나라 가운데의 세 가지 길을 도塗라고 하며, 진震은 위로 가서 방수房宿와 심수心宿에 이르며, 도塗가 큰 것은 방房 가운데 세 개의 도塗가 있다.(『한상역전』, 권9)

옛날 도로는 세 길로 나뉘는데, 『예기』「왕제」에서는 "도로는 남자는 오른쪽으로 가고, 부인은 왼쪽으로 다니며, 수레는 중앙으로 다닌다"라고 하였다. 정현은 "도道 에는 세 가지 도塗가 있으며 멀리 구별된다"라고 하였다. 진震은 묘卯이며, 묘는 위로 가서 방수房宿와 심수心宿에 이르며, 방수와 심수에 출입하는 세 길이 있다. 예를 들면 혜동은 "진震은 묘卯에 있고, 묘는 위로 가서 방수와 심수에 이른다. 『홍범』「오행전五行傳」에는 '출입에 절도가 없다고 하였는데, 정현은 '방房에는 세 길이 있는데, 출입의 상象이며, 삼도三塗는 곧 세 개의 길이다'라고 했다"라고 하였다.

爲長子, 爲決躁, 爲蒼筤竹, 爲萑葦,
장자長子가 되고, 결단하기를 조급함이 되고, 푸른 대나무가 되고, 갈대가 되며,

鄭注 : 竹類.(『漢上易傳』, 卷九)

> 대나무 종류이다.(『한상역전』, 권9)

『설문』에 "위葦는 큰 갈대(大葭)이다"라고 하였고, 또 "가葭는 갈대가 아직 꽃이 피고 열매가 맺지 않은 것이다"라고 하였다. 『하소정夏小正』에서는 "아직 꽃이 피고 열매가 맺지 않으면 추위萑葦(갈대)가 될 수 없으며, 꽃이 피고 열매가 맺은 후에 갈대가 된다"라고 하였다. 『구가역』에서는 "추위萑葦는 겸가蒹葭(갈대)이다. 뿌리와 줄기가 함께 자라며, 넓게 서로 연결되어 마치

---

12) 다른 판본에는 "旉"로 썼는데, 專과 旉는 통한다.

벼락이 치는 것과 같다'라고 하였다. 정현은 대나무 종류라고 해석하였는데, 또한 이 뜻을
취하였다.

其于馬也爲善鳴, 爲馵足, 爲作足, 爲的顙, 其于稼也爲反生,

그것이 말에게서는 울기를 잘함이 되고, 발이 흰 말이 되고, 빠른 발이 되고, 흰
이마가 되며, 곡식에서는 싹이 아래에서 위로 생겨남이 되고,

鄭注 : 生而反出也, 反其生者, 有生有不生.(『漢上易傳』, 卷九)

　　생겨나되 반대로 나오며, 반대로 생겨나오는 것은 생겨나오는 것도 있고
　　생겨나지 못하는 것도 있다.(『한상역전』, 권9)

종자種子가 아래를 향하여 처음 생겨나오는 것을 반생反生이라고 하며, 대부분 마두麻豆의
종류가 껍질을 쓰고 나옴을 가리킨다. 진震은 위로 두 음이 있고 아래에 하나의 양이 있으며,
하나의 양이 아래에서 움직임을 반생反生이라고 한다. 송표宋表는 "음이 위에 있고, 양이
아래에 있으므로 반생反生의 모시풀이다. 모시풀의 종류는 껍질을 쓰고 생겨난다"라고 하였
다. 공영달은 "그것이 처음 껍질을 쓰고 나오는 것을 취하였다"라고 하였다. 육덕명은 "마두麻
豆의 종류가 반생이며, 껍질을 뒤집어쓰고 나온다"라고 하였다. 이것은 곧 정현이 "생겨나되
반대로 나온다"고 한 말이다.

其究爲健, 爲蕃鮮.

궁극에는 굳건함이 되고, 무성하고 윤기가 있는 것이 된다.

巽爲木, 爲風, 爲長女, 爲繩直, 爲墨[13]**, 爲白, 爲長爲高, 爲進退, 爲不果, 爲臭, 其于人也爲宣發.**

손巽은 나무가 되고, 바람이 되고, 장녀가 되고, 먹줄이 되고, 흰 것이 되고, 긴
것이 되고, 높은 것이 되고, 나아감과 물러남이 되고, 냄새가 되고, 사람에서는

---

13) 墨은 금문본에는 "工"으로 썼으나, 晁氏易은 정현을 인용하여 "墨"으로 썼다. 이부손의
　　고증을 살펴보면, 위에서는 "繩"으로 썼는데, 여기서는 "墨"으로 쓴 것은 같은 종류의
　　뜻을 취하였다.

선발宣發(희고 빠진 頭髮)이 되고,

鄭注 : 宣發取四月靡草死, 發在人體, 猶靡草在地.(「考工記·車人」 疏)

> 선발宣發은 4월에 미초靡草(잡초)가 죽은 것에서 취하였으며, 발發(머리털)은
> 인체에서 땅에 있는 잡초와 같다.(「考工記·車人」 疏)

선宣은 금문본에는 "과寡"로 썼다. 『주례』「고공기·거인」에는 "수레를 모는 사람의 일은 반구半矩(半圓)를 선宣이라고 한다"라고 하였다. 정현은 "머리털(頭髮)이 호락皓落(흰머리만 남고 머리가 빠짐)을 선宣이라고 한다"라고 주석하였고, 가공언은 소疏에서 "'머리털이 흰머리만 남고 빠진 것을 선宣이라고 한다.'는 말은 선거宣去(머리털을 뽑아 버림)의 뜻이라고 할 수 있으며, 사람의 머리털이 세고 빠진다. 따라서 이 말은 머리털이 각각 세고 빠짐의 뜻이 있음을 해석한 것이다……「설괘」에서 '사람에서는 선발宣發(희고 빠진 頭髮)이 된다'고 한 것을 보면,…… 현재 『역』의 문장에서 '선宣'이라고 쓰지 않고, '과寡'라고 쓴 것은 대개 '宣'과 '寡'의 뜻이 양쪽으로 통할 수 있으므로 정현은 '宣'이라고 쓰고 '寡'라고 쓰지 않았다"라고 하였다. 『집해』에서는 우번을 인용하여 "하얗게 되므로 선발宣發(흰머리가 많고 머리숱이 적음)이라고 한다. 마융은 선宣을 머리털이 적음으로 보았는데 틀렸다"라고 하였다. 이로써 우번과 마융은 모두 "宣"으로 썼음을 알 수 있다. 마융은 '宣'을 머리털이 적음으로 보았으며, 이것은 "宣"과 "寡" 두 글자가 서로 통하는 증거이다.

爲黃[14]顙, 爲多白眼, 爲近利市三倍, 其究爲躁卦.

이마가 넓음이 되고, 눈에 흰자위가 많음이 되고, 이익에 가까이 하여 시세의 세 배가 되며, 궁극에는 조급한 괘卦가 된다.

坎爲水, 爲溝瀆, 爲隱伏, 爲矯輮[15], 爲弓輪, 其于人也爲加憂. 爲心病,

---

14) 『석문』과 『漢上叢說』을 "黃"으로 인용하여 썼으며, 금문본은 "廣"으로 썼으며, 『구가역』과 정현은 같으며, '黃'과 '廣'은 소리가 전이되고 또 형태가 서로 비슷하므로 상통한다.

15) 輮는 京房은 "柔"로 썼고, 荀爽은 "橈"로 썼으며, 宋衷(삼국시대 사람)과 王廙(276~322)는 "揉"로 썼다. 송충은 "뒤의 굽은 것을 곧게 하고(後曲者直), 곧은 것이 굽음이 揉가 된다"라고 하였다. 『설문』을 보면 "揉"가 없다. "輮"자는 마땅히 "柔"의 가차이다. 역자 주: 위 '後曲者直은 공영달의 소에서는 "使曲者直爲矯"라고 하였다. 문맥상 '後'가 아닌 '使'로 보아야 한다.

爲耳痛, 爲血卦, 爲赤, 其于馬也爲美脊, 爲亟心, 爲下首, 爲薄蹄, 爲曳, 其于輿也爲多眚, 爲通, 爲月.

감坎은 물이 되고, 도랑이 되고, 숨어 엎드림이 되고, 굽은 것을 바로잡음이 되고, 시위를 한껏 당긴 활(弓輪, 矯揉함)이 되고, 사람에게서는 근심을 더함이 된다. 심장병이 되고, 귀앓이가 되고, 피의 괘가 되고, 적색이 된다. 말(馬)에게서는 말 잔등이 아름다움이 되고, 마음의 급함이 되고, 머리를 아래로 떨굼이 되고, 발굽이 얇음이 되고, 끄는 것이 된다. 수레에게서는 하자가 많음이 되고, 통함이 되고, 달이 되고

鄭注 : 臣象也.(『文選』, 「月賦」[謝莊] 注)

　　신하의 상이다.(『文選』, 「月賦」[謝莊] 注)

　　고대에는 해와 달로서 임금과 신하를 상징하였는데, 해는 양이며 임금이고, 달은 음이며 신하다. 『시』「백주柏舟」의 "日居月諸"에 대하여 정현은 설명하기를 "해는 임금의 상이며, 달은 신하의 상이다"라고 하였다.

爲盜, 其于木也爲堅多心.

도둑이 된다. 나무에게서는 단단하고 속이 많음이 된다.

離爲火, 爲日, 爲電,

리離는 불이 되고, 해가 되고, 번개가 되고,

鄭注 : 取火明也, 久明似日, 暫明似電也.(『集解』)

　　불이 밝음을 취하였으며, 밝음이 오래되면 해와 비슷하며, 잠시 밝으면 번개와 비슷하다.(『집해』)

　　「설괘」를 보면 리離는 불이며, 태양이며, 밝음이다. 섬전閃電은 불이 일순간 비추는 것과 같다. 『석명』에서는 "전電은 인仁을 다 드러내면 곧 모두 없어진다"라고 하였다. 그러므로 리離는 번개이다.

爲中女, 爲甲冑, 爲戈兵, 其于人也爲大腹, 爲乾卦,

중녀中女가 되고, 갑옷과 투구가 되고, 창과 병기가 되며, 사람에게는 큰 배가
되고, 건괘乾卦가 되고,

鄭注 : 乾當爲幹, 陽在外能幹正也.(『釋文』; 『漢上易傳』, 「叢說」; 『象旨決錄』)

　　건乾은 마땅히 간幹으로 보아야 하며, 양이 밖에 있으니 그 일을 다스리고
　　그 근본을 바르게(幹正) 할 수 있다.(『釋文』; 『漢上易傳』, 「叢說」; 『象旨決錄』)

　　건乾과 간幹 두 글자는 통가하며, 정현은 "간幹"으로 읽었다. 리離의 상하의 두 효가 양효이므
로 "양이 밖에 있다"라고 하며, 상하의 두 효는 모두 바른 위치를 얻었으므로 "간정幹正"이라고
한다.

爲鱉, 爲蟹, 爲蠃, 爲蚌, 爲龜.

자라가 되고, 게가 되고, 소라가 되고, 조개가 되고, 거북이 된다.

鄭注 : 骨在外.(『周禮』, 「考工記・梓人」 疏)

　　뼈가 밖에 있다.(『周禮』, 「考工記・梓人」 疏)

　　자라・게・소라・조개・거북은 모두 딱딱한 껍질이 밖에 있어 마치 리괘離卦의 양陽이 밖에
있는 것과 같으므로 모두 리괘의 상이다. 『태평어람太平御覽』 941에서는 '리괘는 소라이다(離
爲蠃)'라는 구절을 "군셈이 밖에 있다"라고 주석하였는데 그 뜻이 같다.

其于木也爲科上槁.

나무에게서는 속이 비어 말라 버림이 된다.

鄭注 : 科上者, 陰在內爲疚.(『漢上易傳』, 卷九)

　　속이 빈 것(科上)은 음이 안에 있어 병이 된다.(『한상역전』, 권9)

　　과科는 우번은 "절折"로 썼다. 아마도 글자의 형태가 비슷하여 서로 바꾸어 썼을 것이다.
과상科上은 속이 빔을 가리킨다. 『석문』에는 "과科"를 해석하기를 "비었다"라고 하였다. 리괘
離卦는 밖이 실하고 가운데가 비었으므로 나무가 안이 비어서 병이 생김이 리괘의 상이다.
마치 송충이 "양이 안에 있으니 가운데가 비었고, 나무가 가운데가 비면 속이 비어 말라

버린다'라고 하였다. 고槀는 다른 판본에는 "고槀"라고 썼으며, "槀"가 옛 글자이다. 『주례』 「추관·小行人」의 "만약 국가에 군사의 전역戰役이 있으면, 전력을 다하여 돕도록 한다"(若國師役, 則全槀繪之)는 구절에 대하여 정현은 "고槀를 고槀로 썼다"라고 하였다. 단옥재는 『설문』에 서 "마른 나무(枯槀)는 벼 화(禾)의 고槀자이며, 옛날에는 모두 '높을 고(高)'를 위에 썼는데, 지금의 글자는 '高'를 오른쪽에 두었는데 틀렸다"라고 주석하였다. 고槀는 나무가 말라버림을 가리킨다. 『설문』에는 "고槀는 나무가 마른 것이다"라고 하였다. 과상고科上槀는 나무의 안이 비어서 말라 버림을 가리킨다.

艮爲山, 爲徑路,

간艮은 산이 되고, 작은 길이 되고

鄭注 : 田間之道曰徑路. 艮爲之者, 取山間鹿之蹊.(『初學記』,「居處部」;『錦繡萬化谷後集』二十五)

　　밭 사이의 길을 경로徑路라고 한다. 간艮이 길을 감이 되는 것은 산기슭 사이의 지름길(蹊)에서 취하였다.(『初學記』,「居處部」;『錦繡萬化谷後集』 25)

『설문』을 보면 "경徑(지름길)은 보도步道(사람이 다니는 길)이다"라고 하였는데, 보도步道는 곧 사람 과 가축이 다니는 소로小路이다. 『석명』에는 "경徑은 경經(길)이다. 사람이 따라서 다니는 길을 말한다"라고 하였다. 『주례』「지관·수인遂人」에는 "무릇 들을 관리함에는 무릇 사이를 통달 하게 하고, 통달하는 데는 길이 있다"라고 하였다. 정현은 "경徑, 진畛(두렁길), 도塗, 도道, 로路는 모두 수레와 보행으로 나라의 수도에 통하는 수단이다. 경徑은 우마牛馬까지 용납하며, 진畛은 큰 수레까지 용납하며, 도塗는 수레를 타고 갈 수 있는 길이다"라고 주석하였다. 간艮은 산이 되고 소남少男이 되므로 이는 산간山間의 소로小路를 말한다.

爲小石, 爲門闕, 爲果蓏, 爲閽寺, 爲小指[16], 爲狗, 爲鼠, 爲黔喙之屬,

작은 돌이 되고, 문이 되고, 과일과 풀의 열매가 되고, 내시內侍가 되고, 새끼손가락이 되고, 개가 되고, 쥐가 되고, 주둥이가 검은 짐승의 무리가 되며,

鄭注 : 謂虎豹之屬, 貪冒之類.(『釋文』;『古周易訂詁』十四) 取其爲山獸.(『漢上易傳』,「叢說」)

---

16) 금문본에는 "指"로 썼는데, 왜냐하면 "艮은 손이 됨"으로 손에는 손가락이 있고, 그러 므로 "새끼손가락"(小指)이라고 한다.

호랑이와 표범의 무리는 탐욕스러운 종류이다.(『석문』;『古周易訂詁』14) 그것이 산의 짐승이 되는 데서 취하였다.(『한상역전』,「총설」)

『집해』에서는 마융의 주석을 인용하여 "검훼黔喙는 고기를 먹는 짐승이며, 승냥이와 이리(豺狼)의 무리를 말한다"라고 주석하였다. 정현의 주석은 마융에 근원을 둔다.

其于木也爲堅多節.

나무에서는 단단하고 마디가 많음이 된다.

兌爲澤, 爲少女, 爲巫, 爲口舌, 爲毁折, 爲附決, 其于地也爲剛鹵, 爲妾, 爲陽.

태兌는 못이 되고, 소녀少女가 되고, 무당이 되고, 입과 혀가 되고, 헐고 꺾임이 되고, 붙음과 떨어짐이 된다. 그것이 땅에 있어서는 굳세고 짠 땅이 되고, 첩이 되고, 양陽이 된다.

鄭注 : 此陽謂爲養, 無家女行賃炊爨, 今時有之賤於妾也.(『漢上易傳』, 卷九;『周易訂詁』十四) 羊, 女使.(『周易玩辭』)

이 양陽은 기름이 되며, 집에 고용되어 밥을 짓는 여자가 없어, 지금에야 천하게 여기는 첩이 있다.(『한상역전』, 권9;『周易訂詁』14) 양羊은 여자 종이다.(『周易玩辭』)

양陽은 금문본에는 "양羊"으로 썼다.『회남자』「범론훈氾論訓」의 "산에서 올빼미와 양이 나온다"(山出梟陽)는 구절을 고형은 "효양梟陽은 산의 정기精氣이다.…… 규길迲吉(1783~1850, 후일 錢儀吉로 개명)은 '효양梟陽'을 『이아』를 보고 참고하였다. 정돈程敦(생졸 미상)은 『설문해자』에는 '효양梟羊'이라 썼는데, '陽'과 '羊'은 고대 문자로는 통하였다.『석명』에는 "양羊은 양陽이다"라고 하였는데, 이것이 '羊'과 '陽'이 통하는 또 하나의 예증이 된다. 왜냐하면「설괘說卦」이전에 이미 "羊"을 말하였고, 정현은 "羊"을 "陽"으로 해석하였다. 고대에서 양陽은 여자 종 즉 돌아갈 집이 없는 부녀로서 밥을 짓는 것을 생업으로 삼는 노예를 가리킨다. 고대에는 밥을 지음을 "양養"으로 여겼다.『공양전』선공宣公 12년의 "하인을 부려서 양養을 시중들다"(廝役扈養)는 구절에 대하여, 하휴何休는 "불로서 삶는 것을 양養이라고 한다"라고 주석하였으므로 정현도 "養"으로 해석하였다. 정현이 양陽을 양養으로 해석한 것은 『노시魯詩』에 근본하였다.『이아』

「석고」에 "양陽은 여予(줌)이다"라고 하였는데, 정현은 "이제 파복巴濮(重慶지방의 巴, 河南의 濮陽)의 사람들이 스스로를 이양阿陽이라고 부르는데 곧 이 뜻이라 할 수 있다. 학의행郝懿行(1757~1825)은 소疏에서 "그러므로 양陽이라고 함이 옳으며, 비천卑賤한 여자를 양陽이라고 하는 것은 비천한 남자를 양養이라고 부르는 것과 같다. 『모시毛詩』의 '상처를 어떻게 하는가?'(傷如之何)를 곽박郭璞은 『노시魯詩』를 인용하여 '양陽을 어떻게 하겠는가?'(陽如之何)라고 썼다. 이런 까닭에 정현은 양陽에 대한 설을 『노시』에 근원하였다"라고 하였다.

제6 서괘序卦

有天地, 然後有萬物生焉. 盈天地之間者唯萬物, 故受之以屯. 屯者,
盈也. 屯者, 物之始生也. 物生必蒙, 故受之以蒙.

하늘과 땅이 있은 뒤에 만물이 생기니, 하늘과 땅 사이에 가득 찬 것이 오직 만물이다.
그러므로 둔괘屯卦로써 받았다. 둔屯은 가득 참이다. 둔은 사물이 처음 생김이다.
사물이 생기면 반드시 어리므로 몽괘蒙卦로써 받았다.

鄭注 : 蒙, 幼小之貌, 齊人謂萌爲蒙也.(『集解』)

　　　몽蒙은 어리고 작은 모양이며, 제齊나라 사람들은 맹萌(싹)을 몽蒙이라고 불렀다.

　　　(『집해』)

「서괘序卦」를 보면, 몽蒙은 어림이니 사물이 어린 것이다. 치稺는 유치幼稺함을 가리킨다.
『설문』에서 "치稺는 어린 벼이다"라고 하였다. 그러므로 몽蒙에는 어리고 작음의 뜻이 있다.
맹萌은 싹이 틈을 가리키며, 싹이 틈은 곧 사물이 생겨남이다. 『설문』에는 "맹萌은 풀에 생겨나
는 싹이다"라고 하였다. 풀에 생겨나는 싹은 매우 작으므로 어리고 작음의 뜻이 있다. 몽蒙과
맹萌 두 글자는 서로 통한다. 자세한 해석은 『몽괘蒙卦』의 주석을 보라.

蒙者, 蒙也, 物之稺也. 物稺不可不養也.

몽蒙은 어림이니, 사물의 어린 것이다. 물건이 어리면 기르지 않을 수 없다.

鄭注 : 言孩稺不養則不長也.(『集解』)

　　　어린이나 어린 싹을 기르지 않으면 자라지 않음을 말한다.(『집해』)

치稺는 다른 판본에는 "치稚"로 썼다. "치稺"와 "치稚" 두 글자는 모두 어리고 작음(幼稚)의
뜻이 있다. 이부손은 "『설문』에서 '치稺는 어린 벼이다'라고 하였는데, 이는 전의轉義하여
어린 것의 총칭으로 본 것이다. 치稚는 속자이다"라고 하였다. 사물을 기르면 자라고, 기르지
않으면 자라지 않는다. 『맹자』「고자告子」에서는 "진실로 그 기름을 얻으면 자라지 않는
사물은 없다"라고 하였다.

故受之以需. 需者, 飮食之道也. 飮食必有訟,

그러므로 수괘需卦로써 받았다. 수需는 마시고 먹음의 도이다. 먹음에는 반드시
다툼이 있고,

鄭注 : 訟猶爭也. 言飮食之會, 恒多爭也.(『集解』)

　　송訟은 쟁爭다툼과 같다. 마시고 먹는 모임에는 항상 다툼이 많음을 말한다.(『집해』)

　『설문』에는 "송訟은 다툼이다"라고 하였다. 송訟에는 다툼과 송사의 뜻이 있다. 고대에는 생산력이 발달하지 않은 조건에서 다툼과 송사는 대부분 음식에서 생겼다. 『예기』「예운禮運」에는 "마시고 먹음과 남녀의 일은 사람의 큰 욕망이 거기에 존재한다"라고 하였다. 욕망이 있으면 반드시 다툼이 있으며, 그러므로 "마시고 먹는 모임에는 항상 다툼이 많다."

故受之以訟. 訟必有衆起, 故受之以師. 師者, 衆也. 衆必有所比, 故受之以比. 比者, 比也. 比必有所畜, 故受之以小畜. 物畜然後有禮, 故受之以履. 履然後安.[1] 故受之以泰. 泰者, 通也. 物不可終通, 故受之以否. 物不可以終否, 故受之以同人. 與人同者, 物必歸焉, 故受之以大有. 有大有不可以盈[2], 故受之以謙. 有大而能謙必豫,

　그러므로 송괘訟卦로서 받았다. 다툼은 반드시 무리로 일어나므로 사괘師卦로써 받았다. 사師는 무리이며 무리에는 반드시 돕는 바가 있으므로 비괘比卦로써 받았다. 비比는 도움이니 도움은 반드시 쌓임이 있으므로 소축괘小畜卦로써 받았다. 사물이 쌓인 뒤에 예禮가 있으므로 리괘履卦로써 받았다. 이행한 연후에 편안하므로 태괘泰卦로써 받았다. 태泰는 통함이다. 사물이 끝내 통할 수 없으므로 비괘否卦로써 받았다. 사물은 끝내 막히지 아니하기 때문에 동인괘同人卦로써 받았다. 사람과 함께하는 것은 사물도 반드시 거기로 돌아가기 때문에 대유괘大有卦로써 받았다. 크게 가진 자는 가득 채울 수 없으므로 겸괘謙卦로써 받았다. 큰 것을 소유하고도 겸손하면 반드시 즐겁기 때문에

鄭注 : 言國旣大而能謙, 則於政事恬豫. "雷出地奮, 豫", 豫行出而喜樂之意(『集解』)

　　나라가 이미 크고 겸양의 덕이 있으면 정사政事에 평온하고 기뻐한다. "우레가 울려 땅을 흔듦이 예豫이다." 예豫가 행하여 나오면 기쁘고 즐거움의 뜻이다.(『집해』)

---

1) 금문본에는 "履而泰然後安"으로 되어 있다. 晁錯은 "정현의 책에는 '而泰' 두 자가 없다"라고 하였다.
2) 금문본에는 "有大者, 不可以盈"으로 썼다. 조착은 "者"로 쓰고 정현은 "有"로 썼다.

이것은 대유大有괘와 겸謙괘를 이어서 한 말이다. "대유大有"는 대국을 가리킨다. 나라가 크고 겸손하면 정사는 반드시 기쁘고 즐겁다. 예豫는 기쁘고 즐거움의 뜻이 있다. 『이아』 「석고」에는 "예豫는 즐거움이다"라고 하였고, 예괘豫卦 「상」에는 "우레가 나와 땅을 흔듦이 예豫이다"라고 하였다. 이것은 우레가 땅으로 나오니 기쁘고 즐거움을 가리킨다. 예豫괘는 상괘가 진震, 하괘가 곤坤이며, 진은 우레 곤은 땅으로 우레가 땅으로 나오는 상象이 있다. 이도평은 "이것은 위 두 괘를 이어서 그 순서를 말한 것이며, 큼이 있으면 천하 국가의 상이 있고, 겸손할 수 있으면 정사에 평온함과 기뻐함의 휴식이 있다. 왕이 예에 밝으면 즐거움이 준비되고 따라서 '우레가 나와 땅을 흔듦'에서 취하여 예괘로 이어 나간다. '임금에 진震에서 나온다' (帝出震)가 '나옴'(出)이 되며, 진震이 족이 '행行'이 되며, 또한 양의 특성이 '기쁨과 즐거움'이므로 '예豫는 기쁨과 즐거움의 뜻을 나타낸다'"(『集解纂疏』)라고 하였다.

故受之以豫. 豫必有隨,

예괘豫卦로써 받았다. 즐거움은 반드시 따름이 있으므로

鄭注 : 喜樂而出, 人則隨以. 『孟子』曰: "吾君不遊, 吾何以休. 吾君不豫, 吾何以助." 此之謂也.(『正義』)

> 기쁨과 즐거움이 나오니 사람이 따른다. 『맹자』의 "나의 임금이 성찰(游)하지 않는데 내가 어찌 쉬며, 나의 임금이 기뻐하지(豫) 않은데 내가 어찌 도움을 받겠는가?"(吾君不游, 吾何以休, 吾君不豫, 吾何以助)는 이것을 말한다.(『정의』)

이것은 예괘와 수隨괘 두 괘를 서로 이은 것이다. 예豫에는 기쁨과 즐거움의 뜻이 있다. 수隨에는 따름의 뜻이 있다. "기쁨과 즐거움이 나옴"은 예괘를 말한 것이다. 예 「상」에서는 "우레가 나와 땅을 흔든다", "사람이 따른다"라고 하였는데, 이것은 수隨괘를 말하였다. 정현이 수괘를 주석하기를 "우레는 움직임이며, 태兌는 기뻐함이다. 안으로 움직이되 덕으로써 하고, 밖으로 기뻐하되 말로써 하니, 세상의 백성이 그 행동을 모두 원하여 따르므로 수隨라고 한다"라고 하였다. 정현은 또 『맹자』에서 하夏나라 조정의 언어(諺語속담)를 인용하여 '수종隨從'의 뜻을 설명하였다. 『맹자』 「양혜왕梁惠王」의 원래 구절은 "吾王(君)不游, 吾何以休, 吾王(君)不豫, 吾何以助"이다. 이 "예豫"는 곧 '유游'이다. 조기趙岐는 "예豫 또한 유游이며, 유游 또한 예豫이다"라고 하였다. 유游는 예豫를 가리키며, 군왕이 하민下民을 성찰함을 가리킨다. 『안자춘추晏子春秋』 「내편內篇·문하問下」에서는 "봄에 농사를 살펴서 부족함을 도와줌을 유游라고 하며, 가을에 수확하는 상황을 살펴서 모자람을 보조함을 예豫라고 한다"라고 하였다. 그러므로 이 속담은 "나의 왕이 봄 농사의 부족함을 성찰하지 않는데 내가 휴식할 수 없다. 나의 왕이 가을 추수의 부족함을 성찰하지 않는데, 내가 도울 수는 없다"라는 뜻이다.

故受之以隨. 以喜隨人者必有事, 故受之以蠱. 蠱者, 事也. 有事而後可大, 故受之以臨. 臨者, 大也. 物大然後可觀, 故受之以觀. 可觀而後有所合,

수괘隨卦로써 받았다. 기쁨으로써 사람을 따르는 자는 반드시 일이 있으므로 고괘蠱卦로써 받았다. 고蠱는 일이다. 일이 있는 뒤에 커질 수 있으므로 림괘臨卦로써 받았고, 림臨은 큼이다. 사물이 커진 다음에 볼 수 있으므로 관괘觀卦로써 받았다. 볼 수 있는 다음에 합合이 있으므로,

鄭注 : 『易緯·乾鑿度』曰: 陽起於子, 陽起於午. 天數大分, 以陽出離, 以陰入坎, 坎爲中男, 離爲中女. 太乙之行, 出從中男, 入從中女. 因陰陽男女之偶爲終始也.(『後漢書』, 「崔駰傳」 注; 『象旨訣錄』)

『역위·건착도』에서는 "양陽이 자子에서 일어나고 음은 오午에서 일어난다. 천수天數는 크게 나뉘고, 양陽으로써 리離에서 나오고, 음으로써 감坎으로 들어가며, 감은 중남中男이며, 리는 중녀中女이다. 태을太乙이 행함에 중남中男을 따라 나오고, 중녀를 따라 들어간다. 음양과 남녀가 우연히 만나기 때문에 마침과 시작이 된다"(『후한서』, 「崔駰傳」 주, 『象旨訣錄』)라고 하였다.

이것은 『역위·건착도』의 주석으로 『주역』의 주석이 아닌데, 왕응린과 호진형胡震亨(1569~1645) 등이 잘못 인용하였다.

故受之以噬嗑. 嗑者, 合也. 物不可以苟合而已, 故受之以賁. 賁者, 飾也. 致飾然後亨則盡矣, 故受之以剝. 剝者, 剝也. 物不可以終剝, 窮上反下, 故受之以復. 復則不妄矣, 故受之以无妄. 有无妄物然後畜3). 故受之以大畜. 物畜然後可養, 故受之以頤. 頤者, 養也. 不養則不可動, 故受之以大過.

서합噬嗑괘로써 받았다. 합嗑은 합함이다. 사물은 꾸밈으로 합할 수 없으므로 비괘賁卦로써 받았다. 비賁는 꾸밈이다. 꾸밈을 끝까지 이룬 후에 형통하면 다 되므로 박괘剝卦로써 받았다. 박剝은 깎음이다. 사물은 끝까지 깎을 수 없으니, 끝까지 위에 도달하면

---

3) 畜은 금문본에서는 "可畜"으로 썼다.

아래로 돌아오므로 복괘復卦로써 받았다. 회복하면 망령되지 않으므로 무망괘无妄卦로써 받았다. 망령됨이 없어진 뒤에 쌓음이 있으므로 대축괘大畜卦로써 받았다. 사물이 쌓인 뒤에 기를 수 있으므로 이괘頤卦로써 받았다. 이頤는 기름이다. 기르지 않으면 움직일 수 없으므로 대과괘大過卦로써 받았다.

鄭注 : 以養賢者, 宜過於厚.(『正義』)

　　어진 사람을 기름에는 마땅히 지나치리만큼 관후寬厚해야 한다.(『정의』)

이 구절은 상괘인 이괘頤卦를 이어서 한 말이다. "이頤는 기름이다." 기름에는 인재를 기름養賢의 뜻이 있다. 인재를 기름은 마땅히 지나치리만큼 후厚하게 베풀어야 하므로 이괘頤卦의 다음은 대과大過괘가 되며, 이 대과大過는 과다過多함을 가리키며, 과실過失이 아니다. 정현의 이 주석은 왕필과 한강백이 계승하였다. 왕필은 "음陰은 상과相過서로 지남의 과過이다"라고 하였고, 한강백은 "기르지 않으면 움직일 수 없으며, 기름이 여유가 있으면 후厚하다"라고 하였다.

物不可以終過, 故受之以坎. 坎者, 陷也. 陷必有所麗, 故受之以麗. 離者, 麗也.

사물은 마침을 지나 갈 수 없으므로 감괘坎卦로써 받았다. 감坎은 빠짐이다. 빠지면 반드시 걸리기 때문에 리괘離卦로써 받았다. 리離는 걸림이다.

有天地然後有萬物, 有萬物然後有男女, 有男女然後有夫婦, 有夫婦然後有父子, 有父子然後有君臣, 有君臣然後有上下, 有上下然後禮儀有所錯. 夫婦之道, 不可以不久也,

하늘과 땅이 있은 뒤에 만물이 있고, 만물이 있은 뒤에 남녀가 있고, 남녀가 있은 뒤에 부부가 있고, 부부가 있은 뒤에 부모와 자식이 있고, 부모와 자식이 있은 뒤에 군신이 있고, 군신이 있은 뒤에 상하가 있고, 상하가 있은 뒤에 예의禮儀에 어긋남이 있다. 부부夫婦의 도는 오래하지 않을 수 없으므로

鄭注 : 言夫婦當有終身之義, 夫婦之道謂咸·恒也.(『集解』)

　　부부는 마땅히 한평생 해야 함의 뜻이 있음을 말하며, 부부의 도를 함괘咸卦와

항괘恒卦라고 한다.(『집해』)

항恒에는 영원함(恒久)의 뜻이 있으며, 부부는 마땅히 영원해야 한다. 항「상」에서 "'부인이 곧고 길함은 하나를 따라서 마친다'라고 하였다. 이것은 "부부는 마땅히 한평생 해야 함의 뜻이 있음"을 말한다. 함과 恒 두 괘는 부부의 도를 대표한다. 함咸은 상괘는 태兌로 소녀少女이며, 하괘는 간艮으로 소남少男이며, 소남과 소녀가 감응하니 이를 신혼新婚이라 하고 곧「단」에서 "함咸은 감感이다. 부드러움이 위로 가고 굳셈이 아래로 와서 두 기氣가 감응하여 서로 함께하며, 멈추어 즐겁고 남자가 여자에게로 내려간다"고 한 말이 곧 이 뜻이다. 항괘는 상괘가 진震으로 장남이며, 하괘는 손巽으로 장녀이며, 장남과 장녀가 함께 살며 부부가 해로偕老한다. 또 상괘의 진震은 우레이며 하괘의 손巽은 바람이다. "우레와 바람이 함께하며, 손巽은 움직임이며, 굳셈과 부드러움이 모두 응하니 항恒이다." 항恒은 항구함이다. 이도평은 "함은 통함을 말하며, 항은 오래됨을 말하며, 함은 항을 계승한 것이며,「계사하」에서 말한 '통하면 오래다'이다"라고 하였다. 그러므로 "부부의 도를 함과 항이라고 한다"(『集解纂疏』)라고 하였다.

故受之以恒. 恒者, 久也. 物不可以終久于4)其所, 故受之以遯. 遯者, 退也. 物不可以終遯, 故受之以大壯. 物不可以終壯, 故受之以晉. 晉者, 進也. 進必有所傷, 故受之以明夷. 夷者, 傷也. 傷于外者, 必反于家, 故受之以家人. 家道窮必乖, 故受之以睽. 睽者, 乖也. 乖必有難, 故受之以蹇. 蹇者, 難也. 物不可以終難, 故受之以解. 解者, 緩也. 緩必有所失, 故受之以損. 損而不已必益, 故受之以益. 益而不已必決, 故受之以夬. 夬者, 決也. 決必有遇, 故受之以姤. 姤者, 遇也. 物相遇而後聚, 故受之以萃. 萃者, 聚也. 聚而上者謂之升, 故受之以升. 升而不已必困, 故受之以困. 困乎上者必反下, 故受之以井. 井道不可不革, 故受之以革. 革物者莫若鼎, 故受之以鼎. 主器者莫若長子,

항괘恒卦로써 받았다. 항恒은 오래함이다. 사물은 그 자리에서 끝날 때까지 오래할 수 없으므로 돈괘遯卦로써 받았다. 돈遯은 물러감이다. 사물은 끝까지 내 물러날 수 없으므로 대장괘大壯卦로써 받았다. 사물은 끝까지 성장할 수는 없으므로 진괘晉卦로써 받았다. 진晉은 나아감이다. 나아가면 반드시 상傷함이 있으므로 명이괘明夷卦로

---

4) 終久于는 금문본에는 "久居"로 썼다.

써 받았다. 이睽는 상함이다. 밖에서 상한 자는 반드시 집으로 돌아오므로 가인괘家人卦로써 받았다. 집안의 도가 끝나면 반드시 어그러지므로 규괘睽卦로써 받았다. 규睽는 어그러짐이다. 어그러지면 반드시 어려움이 있으므로 건괘蹇卦로써 받았다. 건蹇은 어려움이다. 사물은 끝까지 어려울 수 없기 때문에 해괘解卦로써 받았다. 해解는 느슨함이다. 느슨하면 반드시 잃음이 있으므로 손괘損卦로써 받았다. 덜어내되 반드시 더함을 마지않으므로 익괘益卦로써 받았다. 더하되 반드시 터지기를 마지않으므로 쾌괘夬卦로써 받았다. 쾌夬는 터짐이다. 터지면 반드시 만남이 있으니 구괘姤卦로써 받았다. 구姤는 만남이다. 사물이 서로 만난 뒤에 모이므로 췌괘萃卦로써 받았다. 췌萃는 모임이다. 모여서 올라가는 것을 승升이라고 하므로 승괘升卦로써 받았다. 오르되 반드시 곤궁해 마지않으므로 곤괘困卦로써 받았다. 위에서 곤궁한 것은 반드시 아래로 돌아오므로 정괘井卦로써 받았다. 우물의 도는 개혁하지 않을 수 없으므로 혁괘革卦로써 받았다. 물건을 개혁함은 솥과 같은 것이 없으므로 정괘鼎卦로써 받았다. 그릇을 주관하는 자는 맏아들만 한 자가 없으므로, 기물을 주관하는 사람은 맏아들만 한 사람이 없다.

鄭注 : 謂父退居田裏, 不能備祭宗廟, 長子當親視滌濯鼎俎.(『禮記』,「曲禮」 疏)

> 아버지가 향리에서 물러나서 종묘宗廟에 제사를 준비할 수 없으면 장자가
> 마땅히 친히 솥과 제대祭臺를 씻고 청소해야 함을 말한다.(『禮記』,「曲禮」 疏)

이것은 제사를 전수하는 일을 말한다. 『예기』「곡례」에는 "70세면 늙어서 전해야 한다"라고 하였는데, 정현은 "가사家事를 전하여 자손에게 일임하는 것을 종자宗子의 아버지라고 한다"라고 주석하였다. 옛날의 예를 보면 사람이 70세에 이르면 노인이라고 하며, 사람이 늙으면 물러나 가사를 후대에게 물려주고 그 가운데 제사의 예를 전수하는 것이 가장 중요하다. 70이 된 사람이 친히 스스로 종묘의 제사를 준비하여 솥과 제대祭臺를 씻고 청소할 때 그 큰아들이 마땅히 친히 그것을 보아야 한다. 80세에 이르면 제사를 주간하지 않으니 장자가 계승하기 때문이다. 공영달은 "70세 때 제사의 일을 오히려 친히 하고, 그 자식이 씻고 청소함을 보면 자손은…… 만약 80에 이르면 제사 또한 그만두어야 하며, 그러므로「왕제王制」에서는 '80에는 상례의 일을 함께 하지 않는다'라고 하였는데, '함께하지 않으면 제사지내지 않는다'라고 주석하였다"(『정의』)라고 하였다.

故受之以震. 震者, 動也. 物不可以終動, 止之, 故受之以艮. 艮者, 止也.

物不可以終止, 故受之以漸. 漸者, 進也. 進必有所歸, 故受之以歸妹. 得其所歸必大, 故受之以豐. 豐者, 大也. 窮大者必失其居, 故受之以旅. 旅而无所容, 故受之以巽. 巽者, 入也. 入而後說之, 故受之以兌. 兌者, 說也. 說而散之, 故受之以渙. 渙者, 離也. 物不可以終離, 故受之以節. 節而信之, 故受之以中孚. 有其信者必行之, 故受之以小過. 有過物者必濟, 故受之以旣濟. 物不可窮也, 故受之以未濟, 終焉.

그러므로 진괘震卦로써 받았다. 진震은 움직임이다. 사물은 끝까지 움직이기만 할 수 없어 멈추므로 간괘艮卦로써 받았다. 간艮은 멈춤이다. 사물은 끝까지 멈추기만 할 수 없으므로 점괘漸卦로써 받았다. 점漸은 나아감이다. 나아가면 반드시 돌아감이 있으므로 귀매괘歸妹卦로써 받았다. 돌아감을 얻으면 반드시 커지므로 풍괘豐卦로써 받았다. 풍豐은 큼이다. 커짐을 다한 것은 자리를 반드시 잃게 되므로 여괘旅卦로써 받았다. 나그네로 받아주는 곳이 없으므로 손괘巽卦로써 받았다. 손巽은 들어감이다. 들어간 뒤에 기뻐하므로 태괘兌卦로써 받았다. 태兌는 기뻐함이다. 기뻐하여 흩어지므로 환괘渙卦로써 받았다. 환渙은 떠남이다. 물건은 끝까지 떠나기만 할 수 없으므로 절괘節卦로써 받았다. 절도가 있어 그것을 믿으므로 중부괘中孚卦로써 받았다. 믿음이 있는 자는 반드시 행함이 있으므로 소과괘小過卦로써 받았다. 남보다 지나침이 있는 사물은 반드시 구제함이 있으므로 기제괘旣濟卦로써 받았다. 사물은 끝날 수 없으므로 미제괘未濟卦로써 받아 마친다.

제7 잡괘雜卦

乾剛坤柔, 比樂師憂. 夬者, 決也 臨觀之義, 或與或求. 屯見而不失其
居. 蒙雜而著. 震起也, 艮止也. 損益, 衰盛之始也.[1] 大畜, 時也; 无妄,
災也. 萃聚而升不來也, 謙輕而豫怠也. 噬嗑, 食也; 賁, 无色也, 兌說[2]
而巽伏也. 隨, 无故也; 蠱, 則飾[3]也. 剝, 爛也; 復, 反也. 晉, 晝也; 明夷,
誅也. 井通而困相遇也. 咸, 速也; 恒, 久也. 渙, 離也; 節, 止也. 解,
緩也; 蹇, 難也. 睽, 外也; 家人, 內也. 否泰, 反其類也.

건乾은 굳세고 곤坤은 부드럽고, 비比는 즐겁고 사師는 근심스럽다. 림臨과 관觀의
뜻은 혹은 주고 혹은 구한다. 둔屯은 드러나되 그 자리를 잃지 않는다. 몽蒙은
섞이며 드러난다. 진震은 일어남이고, 간艮은 그침이다. 손損과 익益은 성함과 쇠함의
시작이다. 대축大畜은 때이고, 무망无妄은 재앙이다. 췌萃는 모음이며 승升은 오지
않음이며, 겸謙은 가볍고 예豫는 게으름이다. 서합噬嗑은 먹는 것이고, 비賁는 색이
없다. 태兌는 나타남이고, 손巽은 엎드림이다. 수隨는 연고가 없음이고, 고蠱는
삼감이다. 박剝은 깎임이고, 복復은 돌아옴이다. 진晉은 낮이고, 명이明夷는 벰이다.
정井은 통함이고, 곤困은 서로 만남이다. 함咸은 빠름이고, 항恒은 오램이다. 환渙은
떠남이고, 절節은 그침이다. 해解는 느슨해짐이고, 건蹇은 어려움이다. 규睽는 밖이고,
가인家人은 안이다. 비否와 태泰는 그 부류를 뒤집어 놓은 것이다.

鄭注 : 先尊而後卑. 先通而後止者, 所以類陽事也.(『古周易訂詁』二)

　　　먼저 존중하고 뒤에 비천해지며, 먼저 통하고 뒤에 멈춤은 양사陽事(옳은
　　　일, 군자의 일)를 유추하는 까닭이다.(『古周易訂詁』 2)

비괘否卦와 태괘泰卦 두 괘는 서로 반대이며, 곧 비否를 뒤집으면 태泰가 되고, 태를 뒤집으면
비가 되며, 태와 비는 서로 바꾸어 다르게 된다. 태「단」을 보면 "군자의 도는 커짐이며,
소인의 도는 소멸이다"라고 하였고, 비否「단」에서는 "소인의 도는 커짐이며, 군자의 도는
소멸이다"라고 하였다. 태泰는 존귀하고 비否는 비천하다. 또「서괘」를 보면 "태泰는 통함이다"
라고 하였고, 태泰「단」에는 "하늘과 땅이 교접交接하여 만물이 통한다"라고 하였고, 비否

---

1) 衰盛은 금문본에는 "盛衰"로 썼다.
2) 兌說은 금문본에는 "兌見"으로 썼다.
3) 飾은 금문본에는 "飭"으로 썼으며, 『집해』본은 唐의 石經本과 같다. 淸의 이부손, 황석
　　과 현대의 호자봉 등의 고증에 의하면, 飾과 飭은 음은 전이되고 형태가 비슷하여 서
　　로 통한다. 『古周易訂詁』 10권에서는 "第"로 인용하였는데, 오류가 있다.

「단」에서는 "하늘과 땅이 교접하지 않으면 만물이 통하지 않는다"라고 하였다. 태는 통함이며, 비는 멈춤이므로 금문본의 괘서卦序를 따라서 보면 태괘泰卦가 먼저이며 비괘否卦는 뒤이며, 이것이 "먼저 존귀하고 뒤에 비천함"이며 "먼저 통하고 뒤에 멈춤"이다. 이는 사람들에게 "존귀함과 비천함", "통함과 멈춤"은 서로 바뀌어 다르게 되므로 마땅히 신중愼重함으로 그것을 방비防備해야 함을 경고한 말이다. 이를 일러 "양사陽事를 유추하는 까닭"이라고 한다. 양사陽事는 올바른 일(正面的事), 군자의 일을 가리킨다. 유류類는 추류推類 곧 유추類推이다.

大壯則止, 遯則退也. 大有, 衆也; 同人, 親也. 革, 去故也; 鼎, 取新也. 小過, 過也; 中孚, 信也. 豐, 多故也; 親寡, 旅也. 離上而坎下也. 小畜, 寡也; 履, 不處也. 需, 不進也; 訟, 不親也. 大過, 顚也;

대장괘大壯卦는 멈춤이고, 돈괘遯卦는 물러감이다. 대유괘大有卦는 무리이고, 동인괘同人卦는 친함이다. 혁괘革卦는 옛 것을 버림이며 정괘鼎卦는 새 것을 취함이다. 소과괘小過卦는 지나침이며 중부괘中孚卦는 믿음이다. 풍괘豐卦는 까닭이 많음이고, 친한 사람이 적음은 려괘旅卦이다. 리괘離卦는 올라가고, 감괘坎卦는 내려간다. 소축괘小畜卦는 적음이고, 리괘履卦는 머물지 않음이다. 수괘需卦는 나아가지 않음이고, 송괘訟卦는 친하지 않음이다. 대과괘大過卦는 엎어짐이다.

鄭注 : 自此以下, 音協似錯亂失正, 弗敢改耳.(『晁氏易』)

　　이 괘 이하는 음音이 서로 비슷하여 착란錯亂되어 바름을 잃었으므로, 감히 고치려 하지 않을 뿐이다.(『晁氏易』)

"대과괘大過卦는 엎어짐이다." 이하의 여덟 개의 괘는 둘씩 쌍으로 괘를 해석하지 않고, 독음讀音을 따라 착란되어 바름을 잃었기 때문에 정현은 단지 문제와 의문을 제시할 뿐이었으며 경經을 고치지 않음으로써 그 엄격하고 신중한 학풍을 표현하였다. 역사적으로 「잡괘雜卦」 이후 팔괘의 배열은 많은 이론이 존재한다. 한漢나라의 유학자 우번虞翻과 진晉의 유학자 간보幹寶는 이것이 「잡괘」의 작자의 독창적인 구상으로 보았다. 우번은 호체互體해석하여 "무왕武王이 주왕紂王을 정벌征伐함에 비유하였다." 간보는 변통變通으로 해석하여 성인의 도래와 후왕後王을 보여 주었으며, 도를 밝힘이 매우 잘 통하였고, 일을 함이 매우 훌륭하였다. 송宋의 소식蘇軾(1036~1101), 주진朱震(1072~1138), 채연蔡淵(1156~1236) 등은 정현의 설을 승인하였으며, 앞부분의 56개의 괘는 둘씩 쌍으로 해석하는 원칙에 근거하여 그다음의 여덟 개의 괘를 개정改正하였다. 원元의 오징吳澄(1249~1333)과 명明의 하해何楷(?~1645?) 등이 이를 따랐다. 개정 후의 배열 순서에는 두 가지가 있는데, 첫째, 이괘頤卦는 바름을 기름이며 대과괘大過卦는 뒤집어짐이다. 구괘姤卦는 만남이며 부드러움이 굳셈을 만남이며, 쾌괘夬卦는 터짐이며 굳셈이 부드러움을 터놓으며, 군자의 도는 자라나고 소인의 도는 근심스럽다. 점괘漸卦는 여자가 기다리는 남자에게로 되돌아감이며, 귀매괘歸妹卦는 여자의 마침이다. 기제괘旣濟卦는 정해짐이며 미제괘未濟卦는 남자의 마침이다. 이 주장은 소식을 대표로 한다. 둘째, 대과괘大過卦는 뒤집어짐이며 이괘頤卦는 바름을 기름이다. 기제괘旣濟卦는 정해짐이며 미제괘는 남자의 마침이다. 귀매괘歸妹卦는 여자의 마침이며 점괘漸卦는 여자가 기대리는 남자에게 되돌아감이다. 구괘姤卦는 만남이며 부드러움이 굳셈을 만남이며, 쾌괘夬卦는 터짐이며, 굳셈이 부드러움을 터놓으며, 군자의 도는 자라나고 소인의 도는 근심스럽다. 이 말은 채연蔡淵을 대표로 한다. 음운학으로 보면 후자가 옳다.

姤, 遇也. 柔遇剛也. 漸, 女歸待男行也. 頤, 養正也. 旣濟, 定也; 歸妹, 女之終也. 未濟, 男之窮也. 夬, 決也, 剛決柔也, 君子道長, 人小道消4)也.

구괘는 만남이며, 부드러움이 굳셈을 만난다. 점괘는 여자가 기다리는 남자에게 되돌아감이다. 이괘는 바름을 기름이다. 기제괘는 정해짐이며 귀매괘는 여자의 마침이다. 미제괘는 남자의 마침이다. 쾌괘는 굳셈이 부드러움을 터놓으며 군자의 도는 자라나고 소인의 도는 근심스럽다.

---

4) 消는 금문본에는 "憂"로 썼다.

부록

1. 역찬易贊

　　역易이라는 이름의 한 마디 말에는 세 가지 뜻이 포함되어 있다. 이간易簡이 하나며, 변역變易이 둘이며, 불역不易이 세 번째다. 「계사」에서는 "건곤乾坤은 역의 인온絪縕이로다!"라고 하였고, 또 "(건곤은) 역의 문호이다"라고 하였으며, 또 "무릇 건은 확연하게 사람에게 역을 보여 주며, 무릇 곤은 여유롭게(隤然) 사람에게 간이함을 보여 준다"라고 하였고, "역은 쉽게 알며, 간이하여 쉽게 따른다"라고 하였다. 이는 그 이간易簡의 법칙을 말하였다. 또 말하기를 "도가 되니 누차 옮기며, 변동에도 머물지 않고, 육허六虛(천지와 사방)에 두루 유행하며, 상하上下가 일정함이 없으며 굳셈과 부드러움이 서로 변하여, 전요典要(典故와 要點)가 될 수 없으며, 오직 변화를 따라간다"라고 하였다. 이는 시절을 따라 변역變易하고 출입하고 이동함을 말하였다. 또 말하기를 "하늘은 높고 땅은 낮으니 건과 곤이 정해진다. 낮음과 높음으로 진열陳列되니 귀함과 천함이 자리를 잡는다. 움직임과 고요함이 일정함이 있고, 굳셈과 부드러움이 갈라진다"라고 하였는데, 이는 그 베풀어 갖추고 배열됨이 바꿀 수 없음을 말한 것이다. 이 세 가지 의미에 근거하여 말하면 『역』의 도는 넓고도 크다.(『世說新語』 주) 하夏에서는 연산連山이라 하고, 은殷에서는 귀장歸藏이라 하고 주周에서는 주역周易이라 하였다. 연산은 산에서 구름이 나오듯이 계속 이어져 끊어짐이 없다. 귀장은 만물은 그 가운데로 저장되지 않음이 없다. 『주역』은 역도易道가 두루 보편적으로 준비되지 않음이 없음을 말한다.(『周易正義』, 권수) 복희伏羲가 십언十言의 가르침을 지었으니 건乾, 곤坤, 진震, 손巽, 감坎, 리離, 간艮, 태兌, 소消, 식息이다.(『주역정의』, 권수)

2. 역대 『주역정씨주』 서序·발跋 선록選錄

1. 왕응린王應麟(1223~1296), 『주역정주周易鄭注』 자서自序

　　정강성은 비씨역을 배워서 주석한 9권이 있는데, 대부분 호체互體를 논하였는데, 호체로써 『역』을 연구함은 좌씨 이래로 있었으며, 무릇 괘의 효에서 2효에서 4효까지, 3효에서 5효까지 두 체가 교차적으로 만나서 각각 하나의 괘를 이루며 이를 하나의 괘 속에 네 개의 괘가 있다고 하며, 「계사」에서 중효中爻라고 하며, 이른바 "팔괘가 서로 융합하고, 여섯 효가 서로 섞이니 오직 그 때와 사물이며, 사물이 섞여서 덕을 가진다"는 말이 이것이다. 오직 건과 곤만 호체가 없으며 모두 순수한 양이며 순수한 음이다. 나머지 육자六子의 괘1)는 모두 호체가 있다. 감괘坎卦의 여섯 획에서 그 호체는 간艮과 진震을 포함하며, 간과 진의 호체도 또한 감을 포함한다. 리괘離卦의 여섯 획에 그 호체는 태兑와 손巽을 포함하며 태와 손의 호체도 리離를 포함한다. 세 양의 괘의 체는 서로 스스로를 포함한다. 삼음의 괘의 체도 또한 서로 스스로를 포함한다. 왕필은 명리名理를 숭상하고 호체를 비난하였으나 규괘睽卦의 육이를 주석하면서 "시작은 비록 곤困에서 받았으나 끝남은 굳셈의 도움을 받았다"라고 하였다. 규는 초효에서 5효까지 곤困을 이루는데 이것은 호체를 이용한 것이다. 왕필이 비괘比卦의 육사와 같은 것을 주석함에 혹 정강성의 설을 이용하였으며, 종회鍾會(225~264)가 논의를 통하여 힘써 호체를 배척하였으나 순의荀顗(?~274)는 그를 비난하였다. 강좌江左2)의 정학鄭學은 왕학王學과 병립하였으며, 순숭荀崧(262~328)은

---

1) 역자 주: 乾과 坤이 부모가 되어 낳은 괘로 震·巽·坎·離·艮·兑를 말한다.

정강성의 책은 안연지顏延之(384~456)가 좨주祭酒가 됨으로써 정현을 왕의 지위에서 몰아내었다. 제齊(南齊)의 육징陸澄(425~494)이 왕검서王儉書에게 보낸 편지에서 "역은 상구商瞿(BC 522~?) 이후 비록 다른 학파의 학문이 있었지만 모두 상수象數를 근본으로 삼았고, 수년 후에 곧 왕필의 설이 있었다"라고 하였다. 왕제王濟(생졸 미상)는 "왕필이 잘못한 것이 많은데 하필이면 선유先儒를 한꺼번에 폐할 수 있겠는가? 만약 지금의 굉유宏儒로 말하면 정현의 주석을 폐할 수 없다"라고 하였다. 하북河北의 여러 유학자들은 오로지 정현을 위주로 하였다. 수隋나라가 일어나자 학자들은 왕필의 학문을 따랐고 드디어 중원의 스승이 되었고 이러한 경황을 조착晁錯은 개탄하였다. 역에는 성인의 도 네 가지가 있는데, 의리학義理學은 그 말씀으로 할 뿐이며, 변역變易과 상수象數와 점복占卜을 빠뜨릴 수 있겠는가? 이정조李鼎祚(생졸 미상, 당나라 중후기)는 "정현은 많이 천상天象을 참조參照하였으나 왕필은 오로지 인사人事로만 해석하였는데, 역도易道가 어찌 하늘과 사람에게 편벽되고 막히겠는가?"라고 하였다. 현재 정현의 『주역주周易注』는 전하지 않지만 그 학설은 이정조의 『집해集解』와 『석문釋文』, 『시』·『삼례』·『춘추』의 의소義疏, 『후한서』, 『문선주文選注』 등의 곳곳에서 드러나며 그것을 모아서 잇고 기록함으로써 선유先儒의 상수학象數學이 여기서 마땅히 고증이 있다고 할 수 있다. 그러나 정강성이 주해한 『시』는 글자를 많이 고쳤고, 『역』에 대한 주석도 또한 그러하다. 예를 들면 "포몽包蒙"을 "표彪"로, "분시豶豕"의 "아牙"(豶豕之牙)를 "호互"로 고쳤고, "포황包荒"을 "강康"으로 읽고, "석마번서錫馬蕃庶"를 "번차蕃遮"로 읽고, "개갑택皆甲宅"의 "개皆"를 "해解"로 읽고, "일악위소一握爲笑"의 "악握"을 "옥屋"으로 읽었는데, 그 학설은 거의 명확하다. 학자가 이에 삼가고 가려 해야 하는데, 일상을 싫어하고 새로운 것을 좋아하면

2) 역자 주: 揚子江 하류의 江蘇와 남동부의 浙江지방을 가리키는 말.

황자黃兹가 되지 않은 사람이 드물다.

　준의浚儀(현 하남성 開封) 사람 왕응린 쓰다.

2. 노견증盧見曾(1690~1768), 『정씨주역鄭氏周易』(惠棟) 서序

　정현의 학문은 학관에 설립되었으며, 한漢·위魏·육조六朝 수백 년 이래 이의異議를 제기하는 사람이 없다가 당의 정관貞觀(627~649)시기에 공영달이 『오경정의五經正義』를 찬하고, 『역』은 왕보사王輔嗣(왕필)의 책을 이용하고, 『서』는 공안국을 이용하니, 『역』과 『서』 두 경의 정현의 뜻은 드디어 사라지고, 현재 전하는 것은 『삼례三禮』와 『모시毛詩』뿐이다. 그러나 북송시기에 정현의 역은 오히려 「문언」·「설괘」·「서괘」·「잡괘」의 네 편이 있고, 『숭문총목崇文總目』에 실려 있고, 따라서 주진朱震(1072~1138, 자 漢上)과 조열지晁說之(1059~1129, 自號 景迂生, 『嵩山文集』)가 그것을 설명하여 그 이론을 갖추었는데, 남송에 이르러 네 편 또한 없어졌으며, 이에 준의浚儀의 왕응린(자 厚齋)이 비로소 여러 전적에서 수집하여 『정씨역鄭氏易』 한 권을 만들었으며, 앞에서는 호진형胡震亨(1569~1645, 자 孝轅)이 그 책을 간행하였음을 밝혔고, 부록으로이씨李氏(이정조)의 『역전易傳』의 후기를 실었다. 예전에 내가 『오경정의』에서선택한 정현鄭玄의 이간易間과 효진爻辰을 읽고, 처음에는 효진이 무엇인지몰랐는데, 정현이 주석한 『주례』 「태사太師」와 위굉사韋宏嗣가 자세하게주석한 『주어周語』가 곧 율가律家의 합진合辰이며, 악가樂家의 합성合聲의 방법임을 고찰해 보니, 대개 건乾과 곤坤의 12효가 좌우로 서로 섞이고, 『건착도』에서 말한 간시間時(12지로 하루의 시간을 표시)로 육진六辰을 다스리므로 그것을효진爻辰이라고 하였다. 한유漢儒들이 말한 역易에는 또한 가법家法이 있으며,그것은 적어도 이와 같은 차례로 만들지는 않았다. 후재厚齋(왕응린)가 편집한

데는 오히려 유루遺漏가 많았으나 나의 친구 원화元和(강소성 蘇州)의 혜동惠棟
(1697~1758, 자 定宇)이 고금의 이치에 밝아 거듭 더하고 거듭 수집하고, 아울러
주진朱震과 조승산의 설을 더하고 고쳐서 세 권으로 만들었다. 이제 호진형의
예증에 의거하여 거듭 이정조의 『전傳』의 뒤에 붙이고, 그것을 세상에
널리 전하도록 하였다. 내가 『역』을 공부하는 동안 매번 한유漢儒들이 남긴
책을 얻어서 인증印證을 구하였다. 비록 떨어져 나가고 빠지고 하여 온전하지
못하지만(斷簡殘編) 감히 등한시함이 있어서는 안 된다. 이 책이 전해짐이
비록 『삼례』와 『모시』처럼 완전하게 구비되지는 않았고, 그리하여 한학漢學
의 역의 뜻이 많이 존재하지 않지만, 옛것을 사랑하는 한 선비가 이것을
고찰하여 갖추어 놓은 것이다.

건륭乾隆 병자丙子 덕주德州의 노견증盧見曾 찬찬撰.

3. 노문초盧文弨(1717~1795), 『주역정주周易鄭注』(丁傑) 서序

정강성이 주석한 『주역』은 9권이며, 『당서唐書』 「예문지藝文志」에서는 10
권이라고 했는데, 송宋의 『숭문총목崇文總目』에 이르면 겨우 한 권만 남아
있다. 조열지와 진원陳元 두 학파에서도 모두 밝혀 기록하지 않았으며,
남송의 역학 연구자들이 인용한 것은 이미 전문全文이 아니었다. 말년에
이르러 사명왕四明王 후재厚齋(왕응린)가 다시 그것을 수집하여 이 책이 되었다.
명의 호진형이 이정조의 『집해集解』의 뒤에 원고를 조판하여 인쇄하였고,
따라서 이미 나온 『집해』는 기록하지 않았다. 요사린姚士粦(1559~?, 자 叔祥)은
25칙則을 증보하였으며, 황조皇朝(淸)의 동오東吳 혜동惠棟(1697~1758, 자 定宇,
강소성 蘇州)이 다시 자세하게 고치고 그 이지러지거나 빠뜨린 것을 가려서
그 차제를 바루어서 더욱 상세함을 더하였다. 대개 경전을 연구하는 도는

좋은 것을 찾아서 따르는 것보다 귀한 것이 없으며, 전문가에게 얽매여서는 안 되며, 하물며 『역』은 만상萬象을 포함하고 따라서 취하는 자료가 만족하게 갖추지 않음이 없음에랴! 정현의 역은 많이 호체를 논하였으며, 「계사전」에서 "사물이 섞임과 덕을 헤아림과 옳고 그름을 변별함은 그 가운데 효가 아니면 갖출 수 없다"고 하였고, 또 "물物은 서로 섞이므로 문文이라고 한다"라고 하였다. 이것이 곧 호체의 설이 나오게 된 바이다. 왕필은 스스로 혼자 공부하였으며, 결국은 강론하지 않고 두었으니 이 책도 또한 결국 실전失傳되었다. 왕필이 여러 전적들을 수집하여 편집하고 모았는데 그 공이 결코 적지 않으며 오류가 없을 수 없으나 창시자로서 어렵게 이룬 공이다. 최근에 귀안歸安(절강성 湖州)의 정결丁傑(1738~1807, 자 小山 호 小疋 孝廉3))이 다시 호진형과 혜동 두 본을 거듭 고정考正하여, 나아가 정현이 주석한 『역·건착도』의 문장에 찬입羼入(섞어 넣음)한 것을 간행하였다. 『한서주漢書注』에서 말한 정현은 곧 『한서』를 주석한 사람이며, 정강성을 가리키는 것이 아니다. 또 문자가 와전訛傳된 것이 있는데, 예를 들면 소축괘小畜卦의 "여열복輿說輻"은 마땅히 "(輿說)輹"으로 써야 하며, 쾌괘夬卦의 "장우규壯于頄"는 마땅히 "規顴"로 써야 한다는 등 하나하나 그것을 교정校正하였다. 또 왕필의 차서次序는 본래 많은 전착顚錯이 있으며, 호진형과 혜동이 비록 번갈아 수정을 하였으나 여전히 미진함이 있다. 이제 모두 정현역본을 참고하여 정돈하고 다시 모자라는 몇 가지 점을 모아서 보충하였다. 미약함을 떠받쳐 세상을 진작시키고 북해北海의 학문이 세상에 크게 드러나도록 하였으니 이는 왕응린과 여러 군자가 후세의 현자들에게 희망하는 소중한 것으로, 정실극丁實克이 그것을 이었는데 서로 위반됨이 아니라 서로 이루는 것이었다.

---

3) 역자 주: 孝廉은 본래 漢武帝 때 설립한 과거의 考試이며, 관리임용의 한 과목이며 "孝順親長, 廉能正直"의 뜻이다. 후대로 내려와 명·청 시기에는 관리 등용시험에 합격한 擧人을 가리키는 雅稱이었다.

어찌 홀로 얻은 것이겠으며, 앞사람의 단점을 헤아려서 따라갈 수 있는 것일진저! 나(노문초)는 왕응린이 편집한 책을 『시고詩考』,『정주고문상서鄭注古文尚書』,『논어』,『좌씨左氏』에 대한 가공언賈公彦과 복건服虔(생졸 미상, 동한 말기) 등의 뜻을 이용하여 마땅하게 정정訂正하였으며, 오직 『시고』만 조금 자세하게 더하였다. 이 책 또한 열독하면 정실극에 한참 정력精力이 모자란다. 이제 이 책을 봄에 노안老眼이 활연하게 더욱 밝게 하여 떠날 때 우리 당의 힘써 노력하는 사람이 있다는 생각을 품고 『왕씨경학오서王氏經學五書』를 함께 다듬어서 반드시 응하는 사람이 있음을 아노라! 자음字音에 대하여 정현도 때로 반어反語와 어떤 글자가 그 글자가 되는 바른 음이 아직 없었으며, 후대 사람이 그 의미를 따라서 그 독음讀音을 알고, 혹은 그 비유의 상황이 어려운 것과 쉬운 것을 버리고 쉽게 반절反切의 방법으로 학자들을 익히도록 하니, 비록 원문原文은 아니라도 요점은 정현에게 근본하니 버릴 수 없다. 무릇 이 책은 잃어버린 여분에서 거두어 정리하고, 다시 2, 3명의 군자의 폭넓은 심사와 정심함을 거쳐서 완전하고 불만이 없도록 하였다. 백세百世 이후에도 이 책을 읽는 사람은 이것을 보배로 여기리라!

건륭 45년 양월陽月(10월) 항동杭東 사람 노문초盧文弨 서序.

4. 장혜언張惠言(1761~1802), 『주역정씨주周易鄭氏注』(3권, 道光刊本) 자서自序

정현이 주석한 『주역』과 『당서』「예문지」에 수록된 것은 『숭문총목』에서는 겨우 「설괘」 한 권만 남았고, 그 후에 또한 없어졌다. 왕백후王伯厚(왕응린)가 모으고 수집한 것이 세 권이며, 현재 『옥해玉海』로 새겨진 것이 이것이다. 명의 호진형이 『집해』의 뒤에 붙여서 새겼으며, 요숙상이 증보하여 25조가 되었으며, 현재 『진체비서津逮祕書』4) 가운데 있다. 본조本朝의 징사徵士 혜동이

다시 살피고 바로잡아 『아우당총서雅雨堂叢書』 가운데 새겨 놓았으며, 귀안歸安의 교수 정걸丁傑이 거듭 고증한 후에 세 권을 정하였으며, 오래도록 계속 해령海寧의 방정方正 진전陳鱣1753~1817, 자 仲魚, 절강 海寧)이 그것을 산정刪定하였으며, 그 후 진전의 책도 또한 소疏가 없어졌다. 가경嘉慶(1796~1820) 3년 6월에 정소필丁小疋(정걸)이 후편의 정본을 나타내 보였으며, 내가 그 서문을 써 주었으며, 그 판본의 교정의 형식과 예는 다시 호진형과 혜동의 두 학파에 근원하였으며, 포경抱經 노문초와 시어侍御 손이곡孫頤谷, 수재秀才 장용당臧鏞堂(1766~1834, 자 在東)의 교정을 참고하여, 그 옳은 것을 선택하여 따랐기 때문에 이와 같이 정본으로 되었다. 무릇 왕응린본의 작자가 누구인가에 대하여 호진형과 혜동이 같으며, 호진형이 썼다고 하는 것은 혜동과 같고 왕필과는 다르다. 호진형과 혜동이 썼다는 것은 호진형이 『집해』본에 수록하였는데, 지금의 『집해』와는 다르며, 혜동과 정현의 주석이 그것을 따랐으나 이미 서로가 하나의 책이 되지 못하고, 따라서 두 갈래로 나왔다. 무릇 각 조항을 보충하여 모아서 그 사람을 표시하고 다시 되짚어 교정하였다. 왕필본의 예는 인용한 출처를 기록하지 않았으며, 혜동이 그것을 고증하여 주석하였으며, 아직 온전하지 않은 것은 모두 정걸이 그것을 보충하였으나 표시하여 나타내지 않은 것은 너무 번쇄煩瑣하기 때문이다.

7월 초6일 기록을 마치며, 장혜언張惠言.

5. 원균袁鈞(1752~1806), 『정씨일서역주鄭氏佚書易注』 자서自序

정강성의 학문은 비직費直의 역학을 9권으로 주석하였는데, 호체를 많이 논하였다. 호체로서 역을 공부한 것은 좌씨左氏 이래로 있었는데, 무릇

---

4) 역자 주: 손으로 기록한 잡록으로 明의 毛晉이 편집하였다.

각 괘의 효에서 2효에서 4효까지, 3효에서 5효까지 두 체가 서로 갈마들어 각각 하나의 괘를 이루는데 이를 '하나의 괘가 네 개의 괘를 포함하고 있다'라고 하며, 「계사」에서는 중효中爻라고 하며, 이른바 '팔괘가 서로 뒤섞이며, 여섯 효가 서로 섞이니 오직 그 때와 사물이며, 사물이 섞여서 그 덕을 헤아린다'는 말이 이것이다. 오직 건괘와 곤괘만 호체가 없으며, 대개 순양純陽이거나 순음純陰이며, 나머지 여섯 괘는 모두 호체가 있다. 감괘坎卦의 여섯 획은 그 호체에 간艮과 진震을 포함하며 간과 진의 호체도 또한 감괘를 포함한다. 리괘離卦의 여섯 획은 그 호체에 태兌와 손巽을 포함하며, 태와 손의 호체도 리離를 포함한다. 삼양三陽의 괘의 체는 서로 스스로를 포함하며, 삼음三陰의 괘의 체도 또한 순서가 있다고 한다. 원균은 정현의 『역주』를 참고하여 범서본전範書本傳과 진晉의 『중경부中經簿』를 나란히 실었으며, 『수지隋志』 9권, 『칠록七錄』 12권, 『구당서舊唐書』 「지志」와 권수가 같은 『칠록』, 『신당서新唐書』 「지志」 10권을 포함하였다. 수隋나라 초기에 정현의 학문이 점점 쇠미해졌으나 『숭문총목』에는 여전히 「문언」, 「설괘」, 「서괘」, 「잡괘」 네 편이 존재하였고, 『중흥서목中興書目』에서 처음 수록되지 않았으며, 현재 전하는 왕응린의 편집본은 후인이 말을 더하여 이루어진 것이며, 『옥해玉海』에는 『주역정주周易鄭注』가 있다. 명나라 호진형이 발간한 『집해』 본은 왕응린이 편집한 것을 취하여, 이미 『집해』에 있던 것은 부록으로 제외하였으므로 원래 편집본이 오히려 고찰할 만하며, 그러나 그 차례를 고찰하면 이미 정현이 지은 차례가 아니며, 또한 근거로 삼은 책이 분명하지 않고, 때로는 두 가지 책을 참고하여 출처가 분명하지 않으면 전하는 내용에 괴리가 있다. 공충원孔冲遠(574~648, 孔穎達)이 "『십익十翼』은 첫째 「상단上彖」, 둘째 「하단下彖」, 셋째 「상상上象」, 넷째 「하상下象」, 다섯째 「상계上繫」, 여섯째 「하계下繫」, 일곱째 「문언文言」, 여덟째 「설괘說卦」, 아홉째 「서괘序卦」, 열째 「잡괘雜卦」이며, 정현학의 무리들은 모두 이 설을 함께한다"라고 한 말을 참고하고, 『위지魏志』 「고귀향공기高貴鄕公紀」에서 황제가 박사博士 순우준淳于俊(생졸 미상, 256년 태학박사)에게 묻기를 "공자는 「단彖」과 「상象」을 지었으며, 정원鄭元(정현)5)이 주를 지었으며, 비록 성현聖賢이 다르지만 그 해석한 바는 경의 뜻과 같으며, 지금의 「단」과 「상」은 경문經文과 서로 이어져 있지 않은데 주석으로 연결하는 것은 무엇 때문인가?" 하니 순우준이 "정현이 단전彖傳과 상전象傳을 경전에 합한 것은 학자들로 하여금 이 역을 성찰하게 하려고 함이었습니다"라고 대답하니, 황제가 "만약 정원의 말이 맞는다면 학문은 진실로 편안하니 공자는 어찌 학자들과 합치하지 않았는가?"라고 하였다. 순우준은 "공자는 아마도 문왕과 서로 어긋남을 두려워하였기 때문에 합치하지 않았으며, 이는 성인聖人도 합치하지 못함을 겸양으로 여긴 것입니다"라고 대답하였다. 황제가 "만약 성인도 합치하지 못함을 겸양으로 여긴다면 정현은 어찌 홀로 겸양하지 않는가?"라고 하였다. 순우준이 "옛 뜻은 매우 깊고 성인의 질문은 오묘하고 멀어 신이 상세하게 다 답할 수 없습니다"라고 하였다. 이에 근거하면 정현의 역학은 곤괘 이하 모두 건괘의 예와 같으며, 특별히 「문언전」을 「계사전」 뒤로 물렸을 뿐이다. 충원(공영달)의 말은 오히려 실상이 없다. 이제 정현이 편집한 차례를 이용하여, 각 주석이 이 책에서 근거한 것이 일찍이 왕응린이 편집한 것이며, 아울러 원래의 편집본임을 나타나며, 『수지隋志』에 의거하여 9권으로 하였다.

---

5) 역자 주: 당시 황제였던 淮陽王(재위 23~25)의 이름이 劉玄이므로 避諱하여 鄭玄을 鄭元으로 썼다. 이하 '鄭元'은 鄭玄으로 통일한다.

6. 『사고전서총목四庫全書總目』 해제: 주역정강성주周易鄭康成注 1권

송의 왕응린이 편집하였다. 왕응린의 자는 백후伯厚이며 경원慶元(절강성 서남부) 사람이다. 스스로 출신지를 준의浚儀(하남성 開封)라고 하였는데 대개 그 조상의 원적原籍이다. 순우淳祐 원년에 진사가 되었으며, 실우實祐 4년에 다시 박학홍사과博學鴻詞科에 합격하였다. 관직은 예부상서겸급사중禮部尚書兼給事中에 이르렀다. 사적事蹟은 『송사宋史』 「유림전儒林傳」에 갖추어져 있다. 『수지隋志』에는 정현의 『주역주周易注』 아홉 권이 수록되어 있으며, 또한 정현과 왕필 두 사람의 주석이라고 말하며, 양구하梁丘賀와 진원陳元을 국학國學에 열거하였다. (남조의) 제齊시대에는 오직 정현의 뜻(鄭義6))만 전하였으나, 수隋나라 때 왕필의 주석이 성행하고, 정현의 학문은 점점 쇠미衰微해졌다. 그러나 『신당서新唐書』에는 10권이 수록되어 있는데, 이는 당나라 때까지도 그 책이 여전히 존재하였고, 따라서 이정조는 『집해』에서 많이 그것을 인용하였다. 송의 『숭문총목』에는 오직 한 권만 수록되었고, 보존된 것은 「문언」, 「서괘」, 「설괘」, 「잡괘」 네 편이며 나머지는 흩어져 없어졌다. 『중흥서목中興書目』에서부터 처음으로 수록되지 않았으니 남송과 북송의 사이에 없어졌고, 따라서 조열지와 주진이 일찍이 그 남겨진 문장을 볼 수 있었으나 순희淳熙(1174~1189) 이후 여러 유학자들이 거의 인용하지 않았다. 왕응린이 비로소 여러 책에서 두루 수집하고, 이것이 없어진 것을 안타깝게 여기고, 경문의 이자異字 또한 함께 보존하였다. 경문에 수집할 수 있는 것이 없으면 총록總錄에 간행하지 않았다. 또 정현의 주석으로 호체를 많이 말하고 아울러 『좌전』, 『예기』, 『주례정의周禮正義』에서 호체를 논한 것은 여덟 조條가 있으며 종류별로 부록附錄하였다. 원초元初(114~120)의 제오원선第五元先으로부터 받은 경씨역을 고찰하고, 또 마음으로 받은 비씨역을 따랐으므로

---

6) 역자 주: 鄭玄이 馬融의 학문을 이어받아 『易經』과 『尚書』 등에 진행한 注釋을 의미한다.

그 학문은 두 학파를 출입하였다. 그러나 그 대지大旨를 요약하면 비씨역의 의미가 많이 자리 잡고 있으며 실제로 『역』의 전승傳承에서의 정파가 되었다. 제나라의 육징과 왕검서는 "왕필이 주석한 역易은 원학元學의 근원이 되며, 이제 만약 유학자들이 숭상한다면 정현의 주석은 폐할 수 없다. 그 논의가 가장 돈독하다"라고 하였다. 당나라 초기 조칙으로 『정의正義』를 수정하니, 이로 인하여 정현을 몰아내고 왕필을 추숭하였으니 사리에 밝은 식견(達識) 이 아니다. 왕응린이 흩어져 없어진 나머지들을 찾아 놓아 없어진 것을 수집하고 모아서 한漢나라 『역』의 중요한 부분을 보존하였으니 잃어버린 경전에 돈독한 뜻이 있고 옛 뜻을 연구하는 마음을 가졌다고 할 수 있다. 근래에 혜동이 따로 고정考訂한 판본이 있으니 체제와 범례가 자못 엄밀하지 만, 경영經營의 창시자는 실제로 왕응린으로부터 시작하니 그 주워서 모음의 노고를 또한 잊을 수 없다. 이제 기록으로 함께 드러나니 그 공이 두 가지로 보존될 것이다.

7. 『사고전서총목』 해제: 신본정씨주역新本鄭氏周易 3권

현재의 조정에서 혜동이 편집하였다. 혜동의 자는 정우定字이며 장주長州 (현 절강성 長興縣) 사람이다. 처음 왕응린이 정현의 『역주』한 권을 편집하고, 그 후대 사람이 『옥해玉海』의 끝에 덧붙여서 간행하였으며, 비록 문장이 흠이 있고 구절이 끊어짐이 있지만 오히려 자못 한학漢學의 개략概略을 보여 주었으며, 경전의 전적에도 자못 세운 공이 있다. 그러나 간행한 책에서 다 드러내지 못하고, 또 순서의 선후와 행간行間과 경문經文이 서로 응하지 않고 또한 빠뜨리고 기록하지 않은 것도 있다. 혜동은 그 옛 판본으로 다시 보충하고 바로잡았다. 무릇 왕응린의 책에 기록된 것은 하나하나

원본을 찾아 고찰하고 그것이 어떤 책에서 나왔는가를 주석하고 그 믿을 만한 징험徵驗을 밝힘이 매우 자세하고 견실하다. 그 차례의 전후는 또한 모두 경문을 따라서 개정改正하였다. 다시 여러 전적들을 찾아서 수집하여 상경上經에 28조를 보충하고, 하경下經에 16조, 「계사전」에 14조, 「설괘전」에 22조, 「서괘전」에 7조, 「잡괘전」에 5조를 보충하여 왕응린의 『역찬易贊』한 편의 시작부분卷端으로 옮기고, 인용한 여러 경經의 정의正義에서 논한 호괘互卦 8조를 삭제하였다. 그리고 따로 정현의 『주례』「태사주太師注」에 근거하여 열두 달의 효진도爻辰圖를 만들었으며, 또 정현의 『월령주月令注』에 근거하여 효진에 해당하는 이십팔수도二十八宿圖를 만들어 권말에 붙였으며, 주진의 『한상역전』의 오류를 반박하였다. 비록 다른 사람이 한 일이지만 상고하고 핵실覈實함의 정밀함은 실제로 원서原書를 능가한다. 왕응린은 진실로 정현의 공신이며, 혜동은 편집인이며, 또한 왕필의 공신이라고 할 수 있다.

8. 주중부周中孚(1768~1831) 독서기讀書記: 『정당독서기보일鄭堂讀書記補逸』, 주역정강성주 1권(玉海後附刊本)

한漢의 정현(鄭元)이 찬撰하고 송宋의 왕응린이 편집하였다. 현玄은 자는 강성康成이며, 북해北海 고밀高密(현 산동성 濰坊) 사람이다. 건안建安 중기에 대사농大司農으로 부름을 받았으나 가지 않았다. 왕응린의 자는 백후伯厚이며 호는 후재厚齋이며 경원慶元 사람이며, 조상의 원적은 준의浚儀이며, 순우淳祐 (1241~1252) 원년에 진사進士가 되었으며, 보우寶祐(1253~1258) 4년에 다시 박학 홍사博學鴻詞가 되고, 벼슬은 예부상서겸급사중禮部尙書兼給事中에 이르렀다. 『사고전서四庫全書』에 기록되었다. 『수지隋志』에 실린 정현의 『주역주』 아홉 권을 보면『구당지舊唐志』와 같으며,『경전석문經典釋文』「서록敍錄」과『신당지新唐志』는 모두 열 권으로 지었다.『수지』는 정현과 왕필 두 사람의 주석이라고 하고, 양구하와 진원을 국학에 열거하였으며, (남조의) 제齊시대에는 오직 정현의 뜻만 전하였으나 수隋 때에는 왕필의 주석이 성행하고 정현의 학문은 점차 쇠미해지고 현재는 거의 끊어졌다. 대개『석문』과『정의』부터 왕필의 주석을 갖추어서 썼으므로 역사를 쓰는 사람은 그것을 개탄한다.『숭문총목』에 기록된 것은 겨우 한 권뿐이며, 오직「문언」,「설괘」,「서괘」,「잡괘」네 편만 있고 나머지는 모두 없어졌다. 가리키는 중요한 뜻(指趣)이 깊고 확실하며 옛 성인의 뜻과 그렇게 멀지 않았다.『문헌통고文獻通考』가 인용한 것을 보면,『통고』에 기록된 정강성의 역주易注에는 권卷의 수가 없다.『송지宋志』는『문언주의文言注義』한 권이 있다고 되어 있는데, 대개 그 첫 편에서부터 다음 세 편에까지 이어지며, 오히려『수지』에서는 한강백韓康伯이『계사주繫辭注』를 썼다고 하였다. 그러나 이 네 편의 주석도 남송시대에 이미 없어졌으며,『경의고經義考』에서는 풍의馮椅(1140~1232)를 인용하여 "『중흥서목』에서 없어졌음을 이로써 증명할 수 있다"라고 하였다. 후재厚齋(왕응린)가 비로소『석문』,『집해』와『시』,『예』,『춘추의소春秋義疏』,『후한서』,『문선주』등에서 인용한 것을 따라서 모아서 편집하여 이 판본을 완성하였으며, 전과 후에 서문序文과 발문跋文을 썼다. 정현의 역학을 고찰하면 매우 많이 호체를 논하였는데,「계사전」에서는 "사물이 섞임과 덕을 헤아림과 옳고 그름을 변별함은 그 가운데 효가 아니면 갖출 수 없다"고 하였다. 또 "사물이 서로 섞이므로 문文이라고 한다"라고 하였다. 이것이 곧 호체의 설이 나온 유래이며, 왕필의 역이 행해짐에 결국 버려두고 강론하지 않았으며, 이 책도 또한 결국 실전失傳되었다. 왕응린이 여러 서적들을 찾아 수집하여 종합하여 편집하였으니 공이 결코 적지 않으며, 그것은 그릇되게 후세에 전해질 수 없으니 일을 시작한 사람의 추세가 그렇게 한 것이다. 명의 요사린姚士粦, 국조(청)의 혜동惠棟(호 松崖)과 손당孫堂(생졸 미상, 자 步升)이 이로 이어서 그것을 보충하고 바로잡았으며, 정걸과 장혜언도 또한 판본을 정정하여 상세하고 정밀함을 배가하였다. 그 창업의 고난과 고통의 공로는 왕응린이 이것을 편집함을 추천하지 않을 수 없다.

9. 주중부 독서가: 『정당독서기보일』, 정씨주역鄭氏周易 3권(雅雨堂叢書本)

국조(청)의 혜동惠棟이 거듭 편찬하였다. 혜동은 자는 정우定宇이며 호는 송애松崖이며, 원화元和(806~820)시대 사람으로 선비인 혜기惠奇의 아들로 건륭乾隆 경오庚午년에 경학經學으로 천거薦擧되었다. 『사고전서』에 기록되었다. 살펴보면, 왕응린이 편집한 『주역정주周易鄭注』와 명의 호진형이 쓴 『비책회함祕冊彙函』 가운데서 일찍이 당의 이정조의 『역해易解』의 뒤를 이어서 간행되었으며, 요사린이 25조를 증보하였다. 혜동이 그것을 보고 미비함을 가리고 모았으며, 따라서 거듭 편집하고, 또 67조를 더하고, 왕응린의 처음 편집한 책의 출처를 자세하게 고찰하고 하나하나 주석으로 설명하였으며, 또한 경문에 따라 그 순서를 정리하여 『역찬易贊』이라는 한 편의 권의 첫머리에 옮기고, 인용하여 논한 호괘互卦 8조를 삭제하였고, 오직 정강성의 『주례』, 『예기』의 주와 그가 쓴 십이월효진도十二月爻辰圖와 효진과 상응하는 이십팔수도二十八宿圖를 권말에 붙였다. 비록 창시자가 공을 세우기 어렵고 그것을 이어받은 사람의 노력은 쉽지만 그 고찰의 견실堅實함과 정밀함은 후인들이 미칠 수 있는 바가 아니다. 권의 시작부분에 건륭 병자년에 노견증盧見曾(1690~1768, 호 雅雨)이 책을 간행한 서序가 있으며, 권말에 부록된 두 그림 가운데 한상漢上 주진朱震과 숭산嵩山 조열지晁說之의 설을 더하였는데, 실제로 그 오류를 핵실하여 바로잡았는지는 알 수 없으나 어떻게 송나라 사람의 학설에 무엇을 보태겠는가?

10. 주중부 독서가: 『정당독서기보일』, 정강성주역주鄭康成周易注 3권, 보유
補遺 1권(漢魏二十一家易注本)

국조(청)의 손당이 거듭 편찬하였다. 혜동의 책이 왕응린의 책을 보정補正
함에 모자란 바가 있었는데, 이 책은 또 혜동의 책에서 모자라는 점을
보정하였으니 고정考訂의 공이 오랠수록 더욱 엄밀함을 여기서 볼 수 있다.
손당은 자서自序에서 혜동의 책은 노견증이 간행한 판본에 머물러 있고,
안으로는 오히려 잘못되고 빠진 것도 있고, 주석한 책의 출처를 밝히지
않는 것도 있기 때문에 그 잘못을 바로잡고 빠진 것을 보충하고, 아직
주석하지 못한 것을 주석하고, 아울러 출처가 한결같지 않은 책도 있고,
정현의 원본에 아직 준비되어 열거하지 못한 것도 있어서 이제 준비하여
열거하고 고문古文이 금문今文과 다른 것이 있으면 간략하게 소견을 붙여서
그것을 증명하여 따로 보유補遺 한 권을 만들어 뒤에 부록하였으니, 대개
혜동의 책과 서로 어긋나지 않도록 하려는 까닭이다. 그 앞에는 여전히
왕응린의 원서原書, 노견증의 서序와 역찬易贊과 효진의 두 그림을 게재하였
다. 이 책이 찬집된 것은 정걸의 책 뒤이며, 간행된 것은 정걸의 책보다
먼저여서 양쪽이 서로 본 적이 없으나, 손당은 여전히 왕응린과 혜동을
따라갔으며, 정걸은 따로 격식과 범례를 이루었으므로 먼저 이 책에 뜻을
두었고, 다음으로 정걸의 책에 뜻을 두었다.

11. 주중부 독서가:「정당독서기보일」, 주역정주周易鄭注 12권

국조(청)의 정결丁傑이 거듭 편찬하고, 장혜언이 정정訂正하였다. 정걸의 자는 소필小疋이며 귀안歸安 사람으로 가경嘉慶 신축년에 진사가 되었으며, 관직은 영파부교수寧波府敎授였다. 장혜언의 자는 고문皋文이며 무진武進 사람이며, 기경 기미년에 진사가 되었고, 관직은 한림원편수翰林院編修였다. 이 책은 건륭 경자년에 편성되었으며, 앞에는 노문초의 서가 있고, 정걸이 다시 호진형으로 인하여 요사린과 혜동의 두 판본에 거듭 고정考訂하고 받들어 정현이 주석한 『역건착도易乾鑿度』의 문장에 섞어 넣어서 그것을 간행하였다. 『한서주漢書注』에서 말한 정씨는 곧 『한서』를 주석한 사람으로, 정현을 가리키지 않으며, 이는 글자가 잘못 전해진 것이다. 예를 들면, 소축괘小畜卦의 '輿說輻'은 마땅히 '輹'으로 써야 하며, 쾌괘의 '壯于頄'는 마땅히 '頯로 써야 한다는 등 하나하나 그것을 바로잡았다. 또 왕응린의 순서에는 본래 많은 전착顚錯이 있으며, 호진형과 혜동이 비록 교대로 다시 고쳤으나 여전히 미진함이 있다. 이제 정현역학의 본문을 종합하고 고치고 다시 미비한 것 약간을 모아서 보정하였다. 왕응린과 혜동의 여러 판본을 보면 모두 구절에 따라서 주석을 편집하였는데, 오직 이 판본은 경문을 모두 다 게재하였으며, 또한 상하의 경전에서 어떤 괘의 전傳에는 위에다 번호를 매겼으며, 주역周易이라는 두 글자는 아래에 열거하였으며, 대개 『모시정의毛詩正義』와 정현이 주석한 『주역』이라는 큰 이름을 아래의 문장에 둔 것에 근거한다. 12권으로 나눈 것은 대개 『석문서록釋文敍錄』에서 『칠록七錄』 12권의 문장을 인용한 데 근거한다. 그 하경下經의 「건전乾傳 제1」 아래 주에서 "십이 권의 차례에 대하여 『정의』에서는 '선유가 상象으로써 상하의 경에 부록하여 여섯 권으로 하였으니 「상계上繫」의 제7, 「하계下繫」의 제8, 「문언」의 제9, 「설괘」의 제10이다'라고 하였다. 그러므로 「서괘」 제11, 「잡괘」

제12도 정현의 원본이 대개 이와 같다"고 하였으니 진실로 그 근원이
있다. 장혜언은 또 복안覆案(深思)을 더하여 그 책이 더욱 정밀해졌다. 그리고
요사린과 정결 및 장수재臧秀才 등이 보충한 주석은 모두 해당구절 옆에
주석하여 요보姚補(요사린 보충), 혜보惠補, 장보臧補, 정보丁補 등의 두 작은
글자가 있고, 주석의 아래에 또 주해에 이용한 책의 출처와 고증을 밝혔다.
그러므로 노견증의 서에서 이 책을 언급하였으며, 잃어버린 나머지를
찾아 모으고, 다시 2~3명의 군자의 넓은 헤아림과 정밀한 조사를 거쳐야
완전하여 흠이 없을 수 있다.

12. 황석黃奭(1809~1853), 『주역정주周易鄭注』 자서

부활시킨 책 가운데 '심녕深寧의 노인7)만 한 것이 없으며 심녕의 노인이
부활시킨 여러 책 가운데 『주역정강성주周易鄭康成注』만큼 왕성한 것이 없으
나, 다만 편차編次의 선후가 경문과 상응하지 않고 어떤 책에서 여기에
인용하였는가를 밝히지도 않았다. 본 왕조의 혜송애惠松崖(혜동) 선생의 보용
補葺(반복적 補正의 노력)의 공이 있다. 왕응린이 인용한 것은 아직 인용하지
않은 곳에 각각 출처出處를 돌려보내고 90여 조를 보충하고 원래 여러
경전의 정의를 제거하고 호체 8조를 논하였으니, 왕응린의 쟁신諍臣(충직한
신하)이라고 할 수 있다. 그러나 또한 의문이 없을 수 없으니, 예를 들면
정현의 『주례周禮』「대사大師」주석에 근거하여 만든 십이월효진도十二月爻辰圖
와 또 『월령』주석에 근거하여 만든 효진이십팔수도爻辰二十八宿圖로써 주자
가 밝힌 『한상역전』에 반박하여 바로잡고, 왕광희汪光爔(1765~1807, 자 晉蕃,

---

7) 역자 주: '深寧의 노인'은 남송 말기 王應麟(1223~1296)을 가리킨다. 그의 호가 深寧居
士이며 왕응린이 창립한 학파를 "深寧學派라고 한다.

호 芝泉가 다시 일어나서 혜동의 효진도爻辰圖의 잘못을 논박하였지만, 잘못은 왕래汪萊(1768~1813, 자 孝嬰, 호 衡齋)인 것 같다. 왕래는 "정현의 역은 상象을 위주로 하며, 먼저 본괘의 상을 취하고 없으면 괘상에서 취하였으며, 호체의 상은 가서 서로가 상이 되고, 효진爻辰은 수상宿象(별자리의 상)에 해당하고, 설명을 붙인 말로 하여금 한 글자도 헛되이 하지 않도록 하였다. 그러나 성인이 단象을 말한 것은 상象을 말하고 효를 말한 것은 변變을 말한 것이다. 이는 단사象辭가 괘의 상에 상응하여 취한 것이 아님과 효사爻辭가 오직 한 효의 홀로 변함의 단사象辭(의미해석)임을 해명한 것이다"라고 하였다. 정현이 살펴본 이 예증은 오히려 모두 다 맞는 것은 아니다. 아! 송나라 사람들은 이미 불에 타 재만 남았으니, 정대창程大昌(1123~1195, 자 泰之)이 『역원易原』에서 "정강성이 십일·십이진·이십팔수를 이용하여 대연大衍의 50의 수에 응하였다"고 한 것은 『건착도乾鑿度』와 마음이 더한 북진北辰에 근원하였으며, 역의 이치가 아님이 없다고 억지로 부회한 데 불과하다. 정현의 학문적 병이라고 할 수 없으며 그러므로 진번晉蕃(汪光燨)이 공이 없는 것은 아님이 첫째 의문이다. 고서古書의 서序는 모두 마지막 권에 있는데, 혜동은 왜 『역찬』의 권 첫머리로 옮겼는지 알 수 없다. 즉 원래 『역론易論』에 부록된 4조인데 또한 다 삭제할 수 없었던 것이 두 번째 의문이다. 노견증盧見曾의 『아우당총서雅雨堂叢書』의 일에 혜동이 실제로 그 완성을 감독하였고, 육원랑陸陸元(550?~630, 자 德明)의 『역석문易釋文』과 이자주李資州(생졸 미상, 資州는 지금의 四川 資中縣)의 『역집易集』의 설명은 모두 혜동의 손으로 교정校定되었으며, 이 책에서는 『석문』에 대한 주석 수십 곳 이상이 누락되었다. 혹은 더욱 번거롭게 할 수 있는 것은 목공木工이 베끼기를 그만두는 것으로, 곧 "革改也"라는 세 글자는 『석문』과 "물과 불이 서로 자라서 더욱 움직인다"고 말한 『집해』를 하나로 섞지 않아야 하며, 또한 베껴 쓰기로 그것을 감당할 수 없으며, 그 인용에서 빠진 "역은 서계書契글자

로 사물을 표시하는 부호)로 이루어진다. 책으로써 나무의 표면에 그 일을
말함을 쓰고, 그 나무에 새기는 것을 서계書契라고 한다'는 한 조목은『석문』
을 쓴 것이며, 『역석문易釋文』이 아니다. 바로 그날 아우당雅雨堂(노견증)이
'역석문易釋文'의 한 가지를 판각하는 것을 멈추고 한마디 말을 하였다.
오직 "부름에 모이며, 문에서 부르니 국을 엎었다"(萃若號, 號戶羹反)는 한 조목條
目, "'공公에게 바칠 음식을 엎었다'에서 속餗은 나물이다"(覆公餗, 餗, 菜也)의
한 조목, "무리를 떠남은 추하다에서 '리離는 '거去'와 같다'"(離醜離也, 離猶去也)의
한 조목, "굳셈가 부드러움이 서로 마찰함에서 마摩는 박迫이다"(剛柔相摩,
摩, 迫也)의 한 조목, "즐기면서 익히는 바"(所樂而玩者)의 한 조목, "'대연大衍의
수'에서 연衍은 연演이다"(大衍之數, 衍, 演也)의 한 조목은 모두 노견증이 판각한
석문釋文에 있었는데, 모두 그것을 버렸다. "낮과 밤으로 세 번 만났다에서
접接은 승勝이다"(晝夜三接, 接, 勝也)의 한 조목은 왕응린을 주석하는 데 멈추면
또한 『석문』을 드러냄을 알지 못하며, 혜동은 끊음이 한결같이 않음이
흠이 되니, 어찌 이 서각書刻이 이루어진 뒤에 끝내 온전하게 점검(寓目)하지
못하였는가? 이것이 세 번째 의문이다. 이정조의『집해』는 모시毛詩의 분관分
冠과 소서小序의 예를 이용하여 서괘序卦를 64괘의 처음으로 분관하였고,
그러므로 "큰 것을 소유하고도 겸손하니"(有大而能謙) 반드시 즐겁다는 한
조목은 나라가 이미 크지만 능히 겸손함을 말한 것으로 권4에 보이며,
같은 말로 "이미 큰 것을 가지고도 겸손한 덕이 있다"(既大而有謙德)는 구절은
또 권17에 보이는데 모두 정현의 주석이며, 동이同異가 없을 수 없으며,
왕응린이 본래 인용한 것은 집해의 권4에 있으나 혜동은 홀로 권4를 버리고
권17을 취하였으니 이것은 진실로 두 곳에 존재하는 것이니 이것이 네
번째 의문이다. 왕응린이 본래 인용한 "소과괘는 형통하고 이롭고 곧다"(小過
亨利貞)의 한 조목은『한상역전』에 보이며, "양의가 사상을 낳는다"(兩儀生四象)
는 한 조목은『한상종설漢上從說』에 보이며, "볼만한 후에 합함이 있다"(可觀而

後有所命는 한 조목은 『후한서』 「최인전崔駰傳」의 주석에 보이며, 모두 혜동이 그 책들을 보지 못하여 그 출처를 밝히지 못한 것이며, 이 세 조목은 첫째는 『역위·건착도』에 나오며, 둘째는 『건착도주乾鑿度注』에 나오며 또한 아우당집에서 혜동이 함께 교정하여 간행한 책에도 있는데, 혜동이 끝내 살피지 못함이 다섯째 의문이다. 경문의 이자異字는 진실로 『석문』에 근거하여 정현의 뜻과 상관없이 또한 고사古寫를 이용하였으며, 예를 들면 "소축의 여열복與說輹"에서는 문득 "복輻"으로 쓰고, "쾌夬의 장우규壯于頄"에서는 문득 "규頍"로 쓴 것이 여섯 번째 의문이다. 삭제한 것은 원래 여러 경전의 정의正義에서 인용하여 논한 호체의 여덟 조목으로, 『좌전정의』에서 논한 귀매의 상육과 사괘師卦에서의 (호괘인) 림괘臨卦 두 조목은 비록 주석을 따름에 곧 정현의 주석이 결국 정의正義를 따른 것이므로 마땅히 삭제해야 한다. 오직 이미 『예기정의禮記正義』에서 논한 "건도변화乾道變化"와 『주례소周禮疏』에서 논한 "간위구艮爲狗"의 두 조목을 삭제하였는데, 『예기정의』에서 논한 항괘恒卦의 육오와 구삼, 그리고 대과에서 취한 것 세 조목은 왜 또한 삭제하지 않았으며, 혜동의 역한학易漢學 가운데의 정역鄭易 한 권은 곧 여전히 이 판본을 이용하였는데 저기에 보존된 이것은 삭제하였다. 『예기정의』에서 논한 고괘蠱卦의 상구 한 조목은 혹 삭제하기도 하고 삭제하지 않기도 한 것이 일곱 번째 의문이다. 새롭게 보충한 92개의 조목에 있는 25조목은 명의 요사린이 이미 보충한 것이며, 혜동이 보충한 것은 60여 조목에 그칠 뿐이다. 이미 왕응린의 판본에서 기재되지 않을 것을 보충한 것은 곧 기재된 것을 마땅히 버려서는 안 된다. 예를 들면 책의 첫머리(開卷)에서 원래 인용한 "건의 초구에서 『주역』은 변하는 것을 점占으로 보며, 그러므로 9라고 하고 6이라고 한다"는 한 조목, "사師는 장인이라야 길하다(師丈人吉)에서 '장인은 법도로써 사람들의 우두머리가 되는 사람이다'"라는 한 조목과 "비賁는 흰 말이 날 듯이 달려감이다(賁白馬翰如)"에서

'한백이다'(翰白也)"의 한 조목, "정기형옥(鼎其刑獄)에서 '신하가 사관(師官)을 헛되이 하여 임금의 아름다운 도를 잃게 하면 마땅히 집안에서 형벌을 받아야 한다'"는 한 조목, "대개 건곤에서 취한다(蓋取諸乾坤)는 구절에서 '다만 선비가 바른 자리가 없어 남쪽에 의탁하니 남쪽은 적색이다. 황색이면서 적색을 겸함이 훈(纁)(질나팔)이다'"라는 한 조목 등 이러한 것이 무릇 10여 조목이 빠졌고, 빠진 글자는 헤아림이 없으니 이것이 여덟 번째 의문이다. 원래 인용한 출처를 알 수 없는 것은 다만 왕씨(王氏)라고 표시하고 대부분은 여러 경전의 정의에서 나왔으므로 서로 비슷하다고 하여 없애 버렸다. 『한상역전』은 혜동이 근거로 삼았으나 그것을 다 채집하지 않은 것이 아홉 번째 의문이다. "용이 들판에서 싸운다(龍戰于野)에서 성인을 용에 비유하고 군자는 사(蛇)에 비유하였다"는 조목 아래의 주석에 마땅히 『의례향사례소(儀禮鄕射禮疏)』를 써야 하며, 『의례주(儀禮注)』를 쓰면 안 된다. 사(蛇)와 용(龍)은 군자의 무리와 같은 아홉 자는 왕씨전서에는 주석이 없고, 간혹 주석하고, 이 역시 잠깐만 받아들였고, 혜동은 이를 따르고 고치지 않은 것이 열 번째 의문이다. 무릇 이 열 가지 의심은 이미 장혜언, 정걸 등 여러 선생이 서로 이어서 혜동이 보충하지 못한 것을 보충하였으며, 아직 주석하지 못한 것은 보충하고 출처가 한결같지 않은 책을 주석하여, 갖추어 배열하고 『주역역해촬(周易易海撮)』에 기재(記載)하였다. 정현의 주석은 예를 들면 "천지의 변화를 아우르고 둘러서도 지나치지 않다"(範圍天地之化而不過)라는 한 조목, "한 번 음하고 한 번 양함을 도라고 한다"(一陰一陽謂之道)는 한 조목, "그것을 계승하는 것이 선이다"(繼之者善也)라는 한 조목, "곤이라는 것은 땅이다"(坤也者地也)라는 한 조목 등이다. 『역해촬요(易海撮要)』에 기재된 정현의 주석은 오히려 여기에 그치지 않는다. 조목을 헤아리면 단지 혹 정(鄭) 자를 썼거나, 혹 원(元) 자를 썼거나, 혹 강성(康成)이라는 글자를 썼거나 분명하게 이름이나 호를 쓴 것만 감히 취하고, 겨우 성(姓)만 쓴 것은 취하지 않았다. 모두 많은 수십 가지의 말이 일찍이 언급하는 사람이 없고, 널리 실사구시實事求是의 어려움만 믿고, 무지함을 헤아리지 않고 오랫동안 종사하고, 처음부터 속설에 미혹되어 정현은 먼저 경씨역을 전수받고 이어서 비씨역에 통하였다고 한다. 역사가들은 비씨역은 장구가 없고 다만 단사, 상사, 계사 등 열 편으로 상하의 경전을 해석하였다고 하니, 이로 말미암아 역을 말하는 사람은 모두 비씨역이 처음 경전을 합하였다고 하고, 혜동은 이 책을 보충하여 조씨晁氏(조열지)와 겸하여 취하였으나, 조씨는 곧 비직이 전한 「단」, 「상」, 「문언」으로 역의 효를 섞어서 해석하고, 「단」, 「상」, 「문언」에서 괘 가운데로 편입한 것을 비씨로부터 시작하였는데, 정현이 이미 비씨의 학문을 전하였고, 정현의 판본이 마땅히 지금과 같이 문언의 건괘가 있어 오래전에 그 설의 오류를 알았다. 무릇 역사에서는 "전傳이 경經에 합치하지 않는다고 말하고, 비씨도 곧 전으로써 경을 해석하였다고 하며 훈고와 구별하지 않을 뿐이다"라고 하였다. 그러므로 비씨역에는 오히려 12편이 본래 전하田何와 다르지 않으며, 그것을 「단」과 「상」으로 나누어 두 전을 경에 붙였으며, 비록 정현으로 말미암았지만 고귀향공高貴鄕公(曹髦, 241~260, 자 彦士)과 순우준淳于俊의 문답을 보면 오직 정현이 말한 「단」, 「상」이 경에 맞다고 하고, 나누어 「상전象傳」의 여섯 효에 붙인 것이라고 말하지 않으니 곤坤 이후의 경전은 서로 사이가 있어 왕필이 옮긴 것이며, 정현의 옛것이 아님이 분명하다. 『수지隋志』와 『구당지舊唐志』는 같이 "아홉 권"이라고 하였으며, 『석문』과 『신당지』는 함께 "열 권"이라고 하였으며, 북송 초에는 오히려 한 권만 있었고, 『숭문총목』에 수록된 것은 「문언」, 「설괘」, 「서괘」, 「잡괘」 네 편이다. 이것은 정현의 역학인 「문언」이 저절로 일관되게 전해진 증거가 된다. 왕씨의 담록에서 비각祕閣에 정현이 주석한 역易 한 권이 있었다고 하였으며, 문언이 그 한편으로 또한 송나라 때 사람들도 이것을 알고 있었고, 송 말에 곧 처음 이 책을 편집한 왕응린도 스스로 알지 않을 수 없으며, 『옥해玉海』의 『예문藝文』에 정현이 주석한 제구第九에서 드러나며, 「문언」, 「설괘」, 「서괘」, 「잡괘」 네 편은 학자들이 그 차례를 알 수 없으면서도, 이것은 정씨의 문언이라고 하였고, (아님을) 분명하게 알고 있으면서도 고의로 그것을 어겼는데, 이는 곧 처음 일을 한 사람의 책임으로 관대하게 볼 수 있으나, 진실로 후대 사람에게 책임이 있다. 혜동은 특히 백 가지는 엄밀하였으나 하나가 소홀疏忽하였을 뿐이니, 내가 어찌 빨리 「문언」을 「하계下繫」의 다음을 따르도록 고치지 않을 수 있겠는가? 고밀유서高密遺書(정현이 남긴 책)에 간략하게 갖추어진 사법師法을 따랐으며 초고初稿 여기에 남겨 두어 나의 잘못을 밝히고, 또한 차마 유학幼學을 버리기 도 어렵다.

도광道光 임인壬寅 동짓달 감천甘泉 황석黃奭 양해를 바라며.

13. 『속수사고전서총목續修四庫全書總目』, 상병화尚秉和(1870~1950) 해제: 주 역정씨주周易鄭氏注 3권(道光刊本)

청의 장혜언이 편집본에서 "혜언의 자는 고문皋文이며 강소성 무진武進(현 常州市의 武進區) 사람이며, 가경 4년에 진사가 되고, 서길사庶吉士와 산관수편수 散館授編修로 변경되었으며 7년에 세상을 떠났고, 저서에 『우씨역虞氏易』, 『주역정순의周易鄭荀義』가 있고, 다시 편집한 『정씨주鄭氏注』 세 권이 있다"고 하였다. 살펴보면 『정씨주』가 처음 편집된 것은 왕응린으로서 세 권으로 만들어졌으며, 『옥해玉海』 가운데서 간행하였으며, 명의 호진형胡震亨이 이 정조의 『집해』에 덧붙여서 간행한 후에 요사린이 25조목을 증보하여 『진체 비서津逮秘書』 속에 간행하였다. 청의 혜동이 다시 살피고 바로잡아 『아우당 총서雅雨堂叢書』에 속에 간행하였다. 왕응린 편집 이후 모두 그 근원한 것을

주석하지 않았으나 혜동은 각 조목의 아래에 그것을 주석하였고, 장혜언에
와서는 다시 혜씨본은 귀안의 소필小泏 정결의 후편의 정본을 참고하여
포경抱經 노문초, 이곡頤谷 손당, 재동在東 장수재가 각각 판본을 교정하여
다시 상·중·하 세 권으로 만들었으며 대개 각 편집에서 상세함을 더하였
으며, 장혜언에 이르러서는 살펴서 바로잡음이 더욱 정밀하게 갖추어져서
앞의 것보다 더욱 상세해졌다. 책 안에서의 많은 것, 예를 들면, 혜동은
경을 많이 고쳤으며, 노견증은 이정조의『집해』, 혜동의 심정審定을 거쳐서
경문을 마음대로 고친 것이 수도 없이 많으며 후세의 유학자들에게 경전을
혼란시킨 죄가 자못 죄가 크다. 곧 정현주석의 주석문을 편집함에 혜동에
의해 고쳐진 것이 매우 많으며 초학자들은 알지 못하며, 경문經文인지
주석문인지 어느 것이 원래 그러한가를 의심되는 것이 가장 이목耳目을
혼란스럽게 한다. 장혜언은 혜동이 고친 글자를 모두 지적하였는데, 예를
들면 겸謙자를 혜동은 모두 겸嗛자로 고쳐 썼으며, 일逸은 일佚로, 둔遯은
둔遁으로, 호괘互卦의 "호互"를 "아牙"로 고쳐 썼다. 비괘賁卦에서 "간지우상艮止
于上, 감험우하坎險于下"라고 주석한 것을 "작감험지우하作坎險止于下"라고 하여
멋대로 지止자를 더하였다. 괘상이 서로 맞지 않은 것도 있는데, "수우지需于
沚"에 대한 주석에서 "사접수자沙接水者"라고 하였다. "沚"는『석문』에 근거하
였고, "沙"는『시정의詩正義』에 근거하여 "沙"로 인용하였는데 곧 혜동은
주석의 문장인 "沙接水者"에서 "沙"를 "沘"로 고쳤으며, 경문의 "需于沚"에서
"沚"도 "沘"로 고쳤다.『설문』하에서 "담장譚長(생졸 미상, 許愼 시대 이전)은
사는 혹 불 화(火) 변을 따르며 화火는 子와 結의 반절이다"라고 하였다.
그러므로 "沙"는 간혹 "沘"로 썼으며 뜻이 같으며,『정의』에서는 "沙"로
인용하여 썼는데, 곧 "沙"라고 쓸 수 있는데 하필이면 "沘"로 고정하여
써서 다름을 나타내는가? 또 리괘離卦 육이의 주 "신성기업고길의愼成其業故吉
矣"를 혜동은 "신성기업즉길야愼成其業則吉也"로 고쳤으며 구사의 "突如"를 혜

동은 "兟"로 고쳐 썼는데 단옥재는 그것을 경전을 어지럽힘이라고 하였다. 그리고 "진여석서晉如碩鼠"의 구절에 대하여 주석은 이미 『시』를 인용하였는 데 또 "大鼠"로 설명하였고 이는 정현이 "석鼨"으로 쓰지 않았음이 매우 분명하지만 혜동은 경문에서 "석鼨"으로 고쳤으니 더욱 잘못이다. 그는 해괘解卦의 주석인 "호피왈갑呼皮曰甲"을 "호嘑"고 고쳤으며, 쾌괘夬卦의 주석 인 "고위지결故謂之決"에서 "決"을 "夬"로 고쳤으며, 곤괘困卦의 주석에서 "리기 적우주離氣赤又朱"와 "주심운적朱深云赤"에서 "又"를 "爲"로 "云"을 "曰"로 고쳤고, 뜻이 배반되고 어그러졌으며, 정현의 주석의 본래 의미를 잃고 결국은 자기 스스로의 사사로운 설이 되고 말았다. 책 안에 이러한 것을 만나면 아울러 그것을 지적해 내어서 혜동의 망령됨을 바로잡았으니 이 책의 공이다.

14. 『속수사고전서총목』, 가소민柯劭忞(1850~1933) 해제: 주역정주周易鄭注 20권

송나라의 왕응린이 찬집撰集하고, 청나라의 정걸丁傑이 다음으로 찬정撰定 하고, 장혜언이 정정訂正하였다. 정걸의 자는 소필小疋이며 절강의 귀안歸安 사람으로 건륭 46년에 진사가 되고 관직으로는 교수敎授였다. 장혜언은 강소江蘇의 무진武進 사람으로 가경 4년에 진사가 되고, 한림원편수翰林院編修 를 지냈다. 왕응린이 편집한 『주역정강성주周易鄭康成注』 한 권은 호진형胡震亨 이 이정조의 『집해』의 뒤에 덧붙여서 간행하였으며 이미 『집해』에 나타난 것은 수록하지 않았다. 요사린이 다시 25조목을 보충하였고, 청나라의 혜동이 다시 보정補正하여 왕응린이 편집한 것보다 92조목이 더 많아 고쳐서 세 권으로 만들었다. 왕응린 책과 혜동의 새로운 편집본 『정씨주역鄭氏周易』

세 권은『전제요前提要』에 이미 수록되었고, 왕결은 왕응린으로 말미암고, 혜동은 두 본을 함께 거듭 상고하고 바로잡았으며, 지난 것들을 모아서 이전의 정현이 주석한『역·건착도』의 문장과 함께 섞어서 간행하였다.『한서주漢書注』에서 말한 정씨 곧『한서』를 주석한 사람이 정강성을 가리키는 것이 아니며, 글자가 와전된 것 예를 들면 소축괘의 "輿脫輻"을 "輹"으로 썼으며, 대장괘의 "壯于頄"을 "頯"로 써서 하나하나 바로잡았다. 또 왕응린의 본에는 많이 어그러짐이 있어서, 왕결은『정역鄭易』의 본문을 참고하고 비교하여 정돈하였으며, 무릇 그 미비함을 모아서 보충함에 공용달의『정의』에 의거하고, 선사들을 편차編次를「단」과「상」의 부록된 본경本經으로써 부합시켰는데, 예를 들면 왕필본의 건乾괘의 예증 여섯 권,「상계上繫」제7,「하계下繫」제8,「문언」제9,「설괘」제10,「서괘」제11,「잡괘」제12를『칠록七錄』의 옛 판본으로 되돌려서 여러 학자들 가운데 가장 자세하게 정돈되었다. 노문초는 서문에서 미약함을 떠받치고 잃은 것을 드러내어 서술하였는데, 진실로 과분하게 칭찬한 것은 아니며, 장혜언도 한역漢易에 정통하여 다시 틀린 것을 바로잡아 고쳤으며, 자세하게 조사하여 밝힌 뜻이 매우 많으며, 책 가운데 장재동臧在東, 손이곡孫頤谷, 노포경盧抱經과 김 선생의 설을 인용하였고, 김 선생은 곧 김방金榜(1735~1801)이다. 또한 장혜언이 주워 모아 정걸이 미흡한 것을 보충한 것은 오직 개권開卷 상경上經의 건전乾傳 제일第一의 하下에서 장재동을 인용한 차서로 아홉 권이며, 이와 같이 나누어 제목을 표시하였는데, 말하기를 장재동이 왕필의 아홉 권의 차서에 의거한 것이 이것이라고 한다. 다시 또『석문』과『칠록』을 인용하여 12권을 만들었는데, 말하기를 정현의 원본이 본래 이와 같다고 하며, 대개 그 설이 두 가지가 있다. 정진鄭珍(1806~1864)의『정학록鄭學錄』을 보면 정현을 왕필과 함께 아우르는 것은 불합리하다고 극력 비판하였으며 논설이 성실하고 공평하므로 입장이 불분명한 견해(騎牆之見)로 볼 필요는 없다. 권말에는 정오正誤 여덟 조목을 덧붙였으며 『역찬』과 『역론』을 편집한 한 편이 있다. 주석하기를 "이상은 무진의 장혜언을 따라서 정걸의 판본을 바로잡아 고쳤다"라고 하였다. 이에 의하면 장혜언이 더하여 포함시켰음을 알 수 있고, 또 장용당藏鏞堂이 편찬한 『서록敍錄』과 『고정考訂』을 덧붙여 게재하였다. 정현의 『시』와 『예』에 대한 주석은 모두 경방의 역을 인용하였으며, 『역』을 주석함에 비직의 학문을 이용한 것과는 다르며, 또한 장혜언이 더하여 포함시켰다. 많은 자료를 폭넓게 인용하여 충분히 정현의 학문적 우익羽翼이 될 수 있으며, 정현의 역학을 연구하려는 사람들이 진실로 이 판본을 근저根柢로 삼지 않을 수 없다.

15. 반경정潘景鄭(1907~2003) 발跋 : 『저연루서발著硯樓書跋』, 혜송애(惠棟) 수교 본手校本 정씨주역

공영달이 『오경정의』를 전함에 정강성의 역은 이용하지 않고 왕보사의 뜻을 취한 것이 어찌 당시에 정현의 역이 이미 없어지거나 혹은 손상되어 남은 것이 없어서이겠는가? 그러나 『숭문총목』에 수록된 정현의 역학은 오히려 「문언」, 「설괘」, 「서괘」, 「잡괘」 네 편이나 되며 남송 초기에 없어졌으니 이는 세상에서 아직 완전하게 사라진 것은 아니었다. 왕후재王厚齋가 수집하여 『정씨역鄭氏易』 한 권을 편찬하였으며, 명나라 이래 이어져 끊어지지 않았다. 향리의 어진 선비인 혜송애 선생이 이를 이어서 늘려 편집하고 여기에 한상漢上 주진朱震과 숭산嵩山 조열지晁說之의 설을 더하여 세 권으로 고쳤으며, 정강성의 가법家法(학설)이 더욱 안전하게 모아졌다. 학문을 닦는 학자들이 한역漢易의 정의精義로 받들고, 노견증이 『아우당총서雅雨堂叢書』 속으로 들여서 간행하여 드디어 사림士林들에게 전송傳誦되어서 지금까지 없어지지 않았다. 이 초본抄本전에 노견증의 서문이 있었고, 이는 아우당 판본을 따라 나온 것이다. 책 가운데서 주필硃筆(붉은 잉크)로 교정하여 고친 것이 매우 많은데, 예를 들면 "만물출호진萬物出乎震"이라는 조목의 아래에 백수십 글자가 더하여졌으며, 그 필적을 살펴보면, 역시 송애 선생의 손에서 나왔다. 이것은 반드시 책이 이루어진 뒤에 거듭 산정하여 고친 것이며, 충분히 앞 현인이 책을 지음에 근면함의 징험徵驗이라고 할 수 있으며, 필요할 때마다 고쳐서 경솔하게 일을 하지 않았다. 권말에 채손봉蔡孫峰의 발跋 1편이 있는데, 그 사람과 고향의 사실이 자세하지 않고, 소애 선생의 유묵遺墨에서 분명하게 확인할 수 있는데 역시 공부하는 사람일 뿐이다. 이 책은 내가 10여 년 전에 제오시諸吳市에서 얻었는데 다행히 아직 논척論斥의 액운은 당하지 않았고, 우연히 책 상자에 있어 하나의 기쁨이 되었다. 책의 표지는 이미 손상되었지만 표면을 표구하고 그 전말을 뒤에 기록하였다.

경진庚辰 2월 6일 쓰다.

주요 참고논저

『周易鄭康成注』, (宋) 王應麟 輯, 臺灣無求備齋『易經集成』.

『鄭氏周易』, (淸) 惠棟 輯, 臺灣無求備齋『易經集成』.

『易解附錄』, (明) 胡震亨 輯, 姚氏燊 補, 臺灣無求備齋『易經集成』.

『周易鄭注』, (宋) 王應麟 輯, 丁傑 定, 張惠言 訂正, 臺灣無求備齋『易經集成』.

『周易鄭氏注』 三卷, (淸) 張惠言 輯, 張皋文全集(道光本).

『周易鄭氏義』, (淸) 張惠言 輯, 臺灣無求備齋『易經集成』.

『周易注』, (淸) 孫堂 輯, 『漢魏二十一家易注』(淸嘉慶四年平湖孫氏映雪草堂刻本).

『周易注』, (淸) 黃奭 輯, 臺灣無求備齋『易經集成』.

『周易注』, (淸) 袁鈞 輯, 齊文化叢書, 齊魯書社.

『易緯注』, (漢) 鄭玄 撰, (淸) 黃奭 輯, 上海古籍出版社, 1993年.

『鄭易小學』, (淸) 陶方琦 撰, 『續修四庫全書』本, 上海古籍出版社.

『鄭易馬氏學』, (淸) 陶方琦 撰, 『續修四庫全書』本, 上海古籍出版社.

『鄭易京氏學』, (淸) 陶方琦 撰, 『續修四庫全書』本, 上海古籍出版社.

『鄭玄集』(上下), 安作璋 主編, 齊文化叢書, 齊魯書社.

『周易鄭氏注箋釋』, 曹元弼 撰, 民國15年刻本.

『周易集解補釋』, 曹元弼 撰, 臺灣無求備齋『易經集成』.

『周易鄭氏學』, 胡自逢 撰, 臺灣文史出版社, 1990年.

『鄭玄之讖緯學』, 呂凱 撰, 臺灣商務印書館, 1982年.

『鄭學叢著』, 張舜徽 撰, 齊魯書社, 1984年.

『鄭康成年譜』, 王利器, 齊魯書社, 1983年.

『鄭玄研究文集』, 王振民 主編, 齊魯書社, 1999年.

『周易集解』, (唐) 李鼎祚 撰, 中國書店出版社, 1984年.

『周易正義』, (唐) 孔穎達 撰, 北京大學出版社, 1999年.

『周易音義』, (唐) 陸德明 撰, 臺灣無求備齋『易經集成』.

『周易述』, (淸) 惠棟 撰, 天津古籍書店影印, 1989年.

『易漢學』, (淸) 惠棟 撰, 四庫全書(上海古籍出版社影印).

『易經異文釋』, (淸) 李富孫 撰, 臺灣大易類聚初編.

『李氏易解剩義』, (淸) 李富孫 撰, 叢書集成初編.

『周易考異』, (淸) 宋翔鳳 撰, 臺灣大易類聚初編.

『六十四卦經解』, (淸) 朱駿聲 撰, 中華書局, 1988年.

『周易集解』, (淸) 孫星衍 撰, 上海書店, 1990年.

『周易集解纂疏』, (淸) 李道平 撰, 潘雨廷 點校, 中華書局, 1994年.

『周易古經今注』, 高亨 撰, 中華書局, 1990年.

『帛書周易校釋』, 鄧球柏 撰, 湖南人民出版社, 1987年.

『周易異文校釋』, 吳新楚 撰, 廣東人民出版社.

『戰國楚竹書』(三), 馬承源 主編, 上海古籍出版社, 2003年.

『史記』, (漢) 司馬遷 撰, 中華書局, 1958年.

『漢書』, (漢) 班固 撰, 唐顏師 古注, 中華書局, 1990年.

『後漢書』, (宋) 范曄 撰, 李賢 等 注, 中華書局, 1991年.

『經學歷史』, (淸) 皮錫瑞 撰, 中華書局出版, 1981年.

『經學歷史』, (淸) 皮錫瑞 撰, 中華書局出版, 1982年.

『中國經學史』, (日本) 本田成之 撰, 上海書店出版社, 2001年.

『經與經學』, 蔣伯潛, 蔣祖怡 撰, 上海書店出版社, 1998年.

『徐復觀論經學史二種』, 徐復觀 撰, 上海書店出版社, 2002年.

『魏晉南北朝隋唐經學史』, 章權才 撰, 廣東人民出版社, 1996年.

『中國經學史』, 吳雁南 等 主編, 福建人民出版社, 2001年.

『中國經學思想史』(一二卷), 姜廣輝 主編, 中國社會科學出版社, 2003年.

『先秦漢魏易例述評』, 屈萬里 撰, 臺灣學生書局, 1985年.

『易學哲學史』(一), 朱伯昆 撰, 北京大學出版社, 1989年.

『周易概論』, 劉大鈞 撰, 齊魯書社, 1984年.

『周易經傳與易學史新論』, 廖名春 撰, 齊魯書社, 2001年.

『帛書易傳初探』, 廖名春 撰, 臺灣文史哲出版社, 1998年.

『兩漢易學與道家思想』, 周立升 撰, 上海文化出版社, 2001年.

『象數易學發展史』第一卷, 林忠軍 撰, 齊魯書社, 1994年.

『兩漢易學研究』, 劉玉建 撰, 廣西教育出版社, 1996年.

『緯書集成』, (日本) 安居香山, 中村璋八 撰, 河北人民出版社.

『讖緯論略』, 鍾肇鵬 撰, 遼寧教育出版社, 1997年.

『易緯導讀』, 林忠軍 撰, 齊魯書社, 2003年.

『經今古文字考』, 金德建 撰, 齊魯書社, 1986年.

『今古文經學新論』, 王葆玹 撰, 中國社會科學出版社, 1997年.

『中國哲學的現代詮釋』, 景海峯 撰, 人民出版社, 2004年.

『說文解字注』, (漢) 許愼 撰, (淸) 段玉裁 注, 上海古籍出版社, 1997年.

『釋名』, (晉) 劉熙 撰, 漢魏叢書.

『說文解字義疏』, (淸) 桂馥 撰, 齊魯書社, 1987年.

『爾雅註疏』, (晉) 郭璞 注, (宋) 邢昺 疏, 北京大學出版社, 1999年.

『爾雅義疏』, (晉) 郭璞 注, (淸) 郝懿行 疏, 中國書店, 1982年.

『經籍纂詁』, (淸) 阮元 撰, 中華書局, 1995年.

『經傳釋詞』, (淸) 王引之 撰, 嶽麓書社, 1984年.

『方言音釋』, (淸) 丁惟汾 撰, 齊魯書社, 1985年.

『通假字典』, 馮其庸 審定, 鄧安生 纂著, 花山文藝出版社, 1998年.

『訓詁學』, 楊端志 撰, 山東文藝出版社, 1992年.

『經義考』, (淸) 朱彝尊, 中華書局, 1998年.

『四庫全書總目』, 中華書局, 1965年.

『續修四庫全書總目提要』, 中華書局, 1993年.

于豪亮, 「帛書周易」, 『文物』 1983年 第3期.

廖名春, 「上海博物館藏楚簡周易管窺」, 『周易硏究』 2003年 第3期.

廖名春, 「楚簡『周易』校釋記」(一), 『周易硏究』 2004年 第3期.

廖名春, 「楚簡『周易』校釋記」(二), 『周易硏究』 2004年 第5期.

劉大鈞, 「今・帛・竹『周易』疑難卦爻辭及其今古文辨析」(一), 『周易硏究』 2004
年 第5期.

劉大鈞, 「今・帛・竹『周易』疑難卦爻辭及其今古文辨析」(二), 『周易硏究』 2004
年 第6期.

韓自强, 「阜陽漢簡周易硏究」, 『道家文化硏究』 第18輯, 三聯書店, 2000年.

林忠軍, 「從戰國楚簡看通行『周易』版本的價值」, 『周易硏究』 2004年 第3期.

林忠軍, 「鄭玄易學述評」, 『周易硏究』 1993年 第1期.

林忠軍, 「鄭玄易學思想特色」, 『經學今詮三編』, 遼寧敎育出版社, 2002年.

林忠軍,「試論鄭玄易學天道觀」,『中國哲學史』2002年 第4期.

林忠軍,「鄭玄易數哲學」,『孔子研究』2003年 第3期.

林忠軍,「鄭玄與兩漢易學思潮」,『象數易學研究』第三輯, 巴蜀書社, 2003年.

孫希國,「鄭玄易象說研究」,『象數易學研究』(一), 齊魯書社, 1996年.

丁四新,「鄭氏易義」,『象數易學研究』(二), 齊魯書社, 1997年.

張濤,「鄭玄易學簡論」,『鄭玄研究文集』, 齊魯書社, 1999年.

潘柏年,「『周易鄭氏注』氣之雜論」,『首屆海峽兩岸青年論文發表會論文集』, 臺灣易經學會印.

劉玉建,「鄭玄爻辰說述評」,『周易研究』1995年 第3期.

劉玉建,「鄭玄易學雜論」,『首屆海峽兩岸青年論文發表會論文集』, 臺灣易經學會印.

후기

　정현은 양한의 가장 유명한 경학자이자 역학자이며,『주역주周易注』는 그의 마지막 저서로서 당시와 후세의 훈고학과 역학 및 전체 경학의 연구에 깊고 넓은 영향을 끼쳤다. 그러나 수당隨唐시대에 왕필의 역학 하나만을 존중하자 정현의 역학은 점점 쇠퇴해져서 북송과 남송의 사이에 없어지고 말았다. 다행히 송의 왕응린과 명나라의 호진형, 청의 혜동·정걸·장혜언·손당·원균·공광림·황석 등이 쇠미한 것을 도우고 없어진 것을 일으키고, 경經·사史·자子·집集·주註·소疏 등에서 흩어져 있는 없어진 설들을 수집하여 그로써 정현의『주역주』의 대략이 다시 세상에 나타나게 되었다. 또한 청의 혜동은『역한학易漢學』을 지었고, 장혜언은『주역정씨의周易鄭氏義』를 지었고, 도방기陶方琦(1845~1884, 자 子縝)는『정씨소학鄭氏小學』을 지었고, 민국民國의 조원필은『주역정주천석周易鄭注箋釋』을 지었으며, 현대의 대만학자 호자봉은『주역정씨학周易鄭氏學』을 지었고, 여개呂凱는『정현참위학鄭玄讖緯學』을 지었고, 정사신은「정현역학연구鄭玄易學研究」로 박사학위 논문을 쓰는 등 서로 다른 방식으로 정현역학에 대한 탐색을 진행하여, 현대의 우리에게 정현역학의 대의를 드러내어 보여 준 개척의 공이 있다. 그러나 이러한 연구에서 정현역학의 체계와『역주易注』에 대한 해석(정사신의 박사논문 외)이 훨씬 많고, 정현의『주역주』의 배후에 온장縕藏된 철학, 혹은 역학사상과 체계에 대한 것은 도리어 매우 적게 다루었다. 이에 느낌이 있어 비록 나의 역량이 부족하지만 『주역정씨학천미周易鄭氏學闡微』를 찬술撰述하여 앞의 현인들이 아직 미치지 못한 것을 시험 삼아 논함으로써 나의 미숙한 견해로써 훌륭한 고견高見이 나오기를 기대한다(抛磚引玉).

처음 정현역학을 공부하여 지금까지 이미 10여 년이 지났다. 1992년을 전후해서 『상수역학발전사象數易學發展史』 제1권을 썼을 때 처음으로 정현역학을 언급하였고, 정현의 상수역학을 쓴 후에 먼저 「정현역학술평鄭玄易學述評」이라는 제목으로 1993년 『주역연구周易研究』 제1기期에 발표하였다. 1996년 "정현『주역주』교석"으로 신청하여 산동성고적정리위원회山東省古籍整理委員會의 연구과제로 선정되었다. 그러나 『상수역학발전사』 제2권을 쓰는데 바빠서 정현의 『주역주』의 정리와 주석 작업을 중점으로 삼아 진행할수가 없었다. 1998년 『상수역학발전사』 제2권이 출판된 뒤에야 비로소정현의 『주역주』의 정리와 주석에 전념할 수 있었다. 1999년 중국사회과학원역사소中國社會科學院歷史所의 강광휘姜廣輝 선생의 요청에 응하여 그가 주관하는 국가의 중대한 사업인 "중국경학사상사中國經學思想史"에 참가하여 상수역학 부분을 담당하게 됨으로써 그 가운데 정현역학을 포괄하였다. 2000년'주역연구센터'가 정식으로 교육부의 인문사회과학의 중점연구의 거점據點으로 확립되었고, 마땅히 과제도 "정현역학연구鄭玄易學研究"의 거점역학의중대항목에서 부분과제로 열거되었고, 당시에 이미 정현의 『주역주』교석校釋의 초고가 완성되었다. 내가 이 거점의 "역대역학명저의 정리와 연구"(歷代易學名著整理和研究)라는 중대 항목을 담당함으로써 연구의 중점을 『역위易緯』에 두었고, "정현역학연구"는 임시로 진행을 멈추었다. 『역위』는 정현이주석하였으며, 『역위』에 대한 정리와 해석을 통하여 도리어 나는 더욱더정현의 역위학을 분명하게 이해할 수 있었다. 『역위도독易緯導讀』을 완성한후 비로소 정역학연구에 몰두할 수 있었으며, 이 시기를 전후로 『정현역학천도관鄭玄易學天道觀』, 『정현역수철학鄭玄易數哲學』, 『정현여양한역학鄭玄與兩漢易

學』등을 시리즈로 정현역학과 관련된 논문을 발표하였다. 논문을 종합하면 곧 강광휘 선생이 편집을 주관한『중국경학사상사中國經學思想史』의 제2권 38장의「정현역학사상적특색鄭玄易學思想的特色」이다.

정현역학을 탈고할 바로 그 무렵, 국내에는 해석학(詮釋學) 연구가 바야흐로 일어나 여물기 시작하여 날로 치열해져 학술계의 새로운 흐름이 되었고, 그 영향을 받아 나도 관련 있는 서양의 해석학 원전과 저작 그리고 중국의 해석학연구의 논저들을 열심히 읽었으며, 아울러 해석학 이론을 이용하여「정현역학방법鄭玄易學方法」부분을 새롭게 이해하고 수정하기를 시도하였으며, 이를 통하여 졸작拙作 가운데「정현역학전석방법鄭玄易學詮釋方法」을 형성하였다. 2003년 상해박물관에 소장된 초楚나라 죽간竹簡의『주역』이 출판되었고, 서로 다른 문자와 독특한 부호가 역학계를 진동시켰다. 나는 굶주리고 목마른 듯 복모좌濮茅左가 정리한 초간본의『주역』의 해석문을 존경하는 마음으로 읽었으며(拜讀), 금문본과 초의 죽간본을 서로 비교하고, 국내외 학술계의 출토문헌에 관한 연구성과를 결합하여 정현의『주역주』에 대한 해설부분을 수정하고 보충하였다. 2004년 11월에 드디어 정현역학의 수정작업을 마쳤다. 책의 원고가 완성되자 도리어 홀가분함을 느끼지 못하고 오직 큰 잘못이나 착오가 나오지 않을까 겁이 났으며, 특히 정현역학의 문자해석 부분에 관련하여, 비록 일찍이 우둔한 방법으로 매우 큰 노력으로 열심히『설문』,『이아』,『방언』,『석명釋名』과 그 앞사람의 문자학과 역학훈고 연구의 성과들을 읽었으나 훈고학은 결국 나의 장점이 아니어서 매번 이러한 문제를 만날 때마다 두렵고 불안하였다. 따라서 졸작이 완성된 후 보정保貞 형에게 바로잡아 줄 것을 청하였고, 보정 형은 많은 고귀한 건의를 해 주셨다. 또 같은 해 12월에 우리는 문헌출토에 관한 회의를 열었고, 회의기간을 빌려 참고가 되는 역학의 훈고학과 관련 있는 글을 존경하는 마음으로 읽었고, 또한 유대균劉大鈞 교수, 요명춘廖名春 교수의 초간본 『주역』에 관한 연구의 대작들을 존경하는 마음으로 읽고 도움을 받음이 매우 깊다. 회의에서 또한 문자훈고의 문제도 하의림何儀琳 교수, 양단지楊端志 교수, 복모좌濮茅左 연구원, 한자강韓自强 연구원 등의 전문가의 가르침을 받고 드디어 졸작에 대한 수정작업을 완성하였다. 졸작이 완성된 후 저명한 역학자인 유대균 교수, 여소강呂紹綱 교수가 흔쾌히 졸작을 위한 서문을 써 주었고, 저명한 서예가인 구양중석歐陽中石 선생이 매우 바쁜 와중에 졸작을 위하여 표지의 제목글씨(題簽)를 써 주었으며, 상해의 고적출판사의 동력군童力軍 선생은 졸작의 출판에 매우 어려운 노고를 아끼지 않았다. 여러 선생님의 두터운 사랑에 나는 감격을 금할 수 없으며, 여기서 다시 한 번 진심으로 감사드린다.

2005년 1월 산동대학에서 임충군林忠軍

지은이 임충군林忠軍

중국 山東省 출신. 山東大學 철학과를 졸업하고 현재 山東大學 易學與中國古代哲學研究中心 교수로 재직하고 있으며, 아울러 『周易研究』 부편집장, 山東省 泰山學者 특별초빙교수, 中國周易學會 부회장, 中國孔子基金會 학술위원, 北京大學儒藏編委會 위원, 中國朱子學會 상무이사 등을 겸임하고 있다. 中國國家社科基金 重點課題 및 教育部 人文社科研究重點基地 重大課題 4개 분야의 책임자를 맡고 있으며 기타 6개 프로젝트에 참여하고 있다. 대표저술 및 편저로는 『象數易學發展史』, 『易緯導讀』, 『易學源流與現代闡釋』, 『明代易學史』, 『清代易學史』, 『周易經傳白話解』, 『周易鄭氏學闡微』, 『周易鄭注導讀』 등이 있다.

옮긴이 손흥철孫興徹

연세대학교 철학과에서 학사 및 석·박사 학위를 받고 중국 南京大學 哲學系 방문학자를 지냈다. 안양대학교 교양대학 교수, 한국국제대학교 교수 등을 거쳐 현재 율곡학회 회장, 국제유학연합회 이사, 中國 河南省 國際河洛文化研究會 해외이사로 있다. 저서로 『녹문 임성주의 삶과 철학』, 『중국 고대사상과 제자백가』 등이 있고, 역서로는 『이정의 신유학』(원제: 『洛學源流』) 등이 있으며, 논문으로는 「율곡의 경세론과 疏通의 정신」, 「다산학의 재조명을 위한 시론」, 「인물성동이논쟁의 논거 분석」 등이 있다.

옮긴이 임해순林海順

중국 延邊大學 정치학과(사상정치교육 전공)를 졸업하였고, 경북대학교에 파견교수로 재직 중 철학과에서 박사학위를 받았다. 뉴질랜드 캔터베리대학교에 방문학자로 다녀왔으며 현재 연변대학 마르크스주의학원 교수로 재직 중이다. 대표논저로 『공자의 仁, 타자의 윤리로 다시 읽다』(공역), 『장립문 교수의 화합철학론』(공역), 「실사구시와 실용주의―등소평의 '흑묘백묘론'을 중심으로」(경북대 박사학위논문) 등이 있다.